MIJN NAAM IS BARBRA

MIJN
NAAM IS
BARBRA

(My Name Is Barbra)

BARBRA STREISAND

vip

Oorspronkelijke titel
My Name Is Barbra

First published in the United States by Viking, an imprint of Penguin Random House LLC

Vertaling
Robert Neugarten, Barbara Lampe en Theo van der Ster
Omslagontwerp
Barbra Streisand, bewerkt door Pinta Grafische Producties
Omslagfoto's
© Steve Schapiro/Getty Images (voorzijde), © Russell James (achterzijde)

ISBN 978 94 005 0834 7
NUR 661

Tweede druk, november 2023

Dit boek is opgedragen aan de vader die ik niet...
en de moeder die ik wel heb gekend.

Inhoud

Bijschriften bij de foto's aan het begin van de hoofdstukken

HOOFDSTUK 1 *Mijn moeder, Diana Streisand, en ik, ongeveer twee jaar oud.*

HOOFDSTUK 2 *Ik ben vijftien en probeer de flirt uit te hangen als de kantoorvamp in* Desk Set.

HOOFDSTUK 3 *Het portret dat ik rondstuurde toen ik zestien was. De meeste acteurs glimlachen, maar ik niet.*

HOOFDSTUK 4 *Voor het eerst in de schijnwerpers in The Bon Soir.*

HOOFDSTUK 5 *Als Miss Marmelstein. Ik heb moeten knokken om het in mijn secretaressestoel te mogen doen.*

HOOFDSTUK 6 *Onder het toeziend oog van Goddard Lieberson, Marty Erlichman en Dave Kapralik teken ik mijn eerste contract met Columbia Records.*

HOOFDSTUK 7 *Opnamesessie voor* The Barbra Streisand Album *met dirigent Peter Matz.*

HOOFDSTUK 8 *Het programmaboekje voor* Funny Girl *met mij en Sydney Chaplin.*

HOOFDSTUK 9 *De hoes van het album* People. *De foto is bij zonsopgang genomen op een strand bij Chicago.*

HOOFDSTUK 10 *Op de set van mijn eerste televisiespecial* My Name Is Barbra.

HOOFDSTUK 11 *Het klikte meteen tussen Michel Legrand en mij toen we gingen werken aan* Je m'appelle Barbra.

HOOFDSTUK 12 *In* Color Me Barbra *zing ik voor een verward ogende olifant.*

HOOFDSTUK 13 *Tijdens* A Happening in Central Park *droeg ik een jurk (die ik nog altijd heb!) in de stijl van Fortuny.*

HOOFDSTUK 14 *William Wyler en ik bespreken een scène op de set van* Funny Girl.

HOOFDSTUK 15 *Ik was dolblij met mijn Oscar voor* Funny Girl.

HOOFDSTUK 16 *Anthony Newley en ik vergelijken ons profiel op zijn verjaardagsfeest in 1965.*

HOOFDSTUK 17 *Mijn geliefde zoon Jason ging met me mee op locatie voor* Hello Dolly!

HOOFDSTUK 18 *Ik werd op mijn dertiende verliefd op Marlon Brando.*

HOOFDSTUK 19 *Ronduit stijlvol gekleed met Cecil Beaton op de set van* On a Clear Day You Can See Forever.

HOOFDSTUK 20 *Een heel stuk minder stijlvol gekleed met George Segal op de set van* The Owl and the Pussycat.

HOOFDSTUK 21 *Minister-president Pierre Trudeau en ik op weg naar een gala in Ottawa.*

HOOFDSTUK 22 *Een ontspannen moment met Ryan O'Neal en Peter Bogdanovich op de set van* What's Up, Doc?

HOOFDSTUK 23 *Politieke discussie met Bella Abzug tijdens de benefietavond die ik voor haar organiseerde.*

HOOFDSTUK 24 *Ik moest en zou Robert Redford hebben voor de rol van Hubbell in* The Way We Were.

HOOFDSTUK 25 *Tijdens* Barbra Streisand... and Other Musical Instruments *zong ik met muzikanten uit alle windstreken.*

HOOFDSTUK 26 *Ik vond dat Henry (een afkorting van Henrietta) in* For Pete's Sake *een kort, jongensachtig kapsel moest hebben.*

HOOFDSTUK 27 *Met regisseur Herb Ross op de set van* Funny Lady.

HOOFDSTUK 28 *In de opnamestudio voor mijn in 1975 verschenen album* Lazy Afternoon.

HOOFDSTUK 29 *Ik was dol op deze foto van Francesco Scavullo voor de hoes van* Classical Barbra.

HOOFDSTUK 30 *Even ontspannen met Kris Kristofferson tijdens de opnamen van* A Star Is Born.

HOOFDSTUK 31 *Met mijn eerste hond, Sadie. Ik wist pas dat ik een hondenmens was toen ik haar ontmoette.*

HOOFDSTUK 32 *Fotoshoot voor de poster van* The Main Event *met Ryan O'Neal. Hij plaagde me altijd.*

HOOFDSTUK 33 *Met de sensationele Donna Summer.*

HOOFDSTUK 34 *Ik luister met Barry Gibb en het team naar het album* Guilty.

HOOFDSTUK 35 *Opnamen van de muziek voor* Yentl *met Michel Legrand en de Bergmans.*

HOOFDSTUK 36 *Het was een uitdaging om* Yentl *te regisseren. Maar wat een genot!*

HOOFDSTUK 37 *Bij de Golden Globes, nadat ik had gewonnen voor Best Director en Best Picture.*

HOOFDSTUK 38 *In de studio met Stephen Sondheim om* The Broadway Album *op te nemen. Hij was uniek.*

HOOFDSTUK 39 *Op het podium tijdens het* One Voice*-concert in de achtertuin van mijn huis in Malibu.*

HOOFDSTUK 40 *Met Larry Kramer, de schrijver van* The Normal Heart.

HOOFDSTUK 41 *Even lachen met cinematograaf Andrzej Bartkowiak en regisseur Martin Ritt tijdens de opnamen van* Nuts.

HOOFDSTUK 42 *Don Johnson en ik op de dag dat we 'Till I Loved You' opnamen.*

HOOFDSTUK 43 *Ik was dol op Pat Conroy, de schrijver van* The Prince of Tides.

HOOFDSTUK 44 *Als regisseur van* The Prince of Tides.

HOOFDSTUK 45 *Met mijn tegenspeler Nick Nolte in* The Prince of Tides.

HOOFDSTUK 46 *Samen met mijn tieneridool Johnny Mathis in de opnamestudio. Wat een kick!*

HOOFDSTUK 47 *Ik houd me aan mijn belofte en zing 'Evergreen' voor president Clinton tijdens het inauguratiegala in 1993.*

HOOFDSTUK 48 *Backstage in het MGM Grand met Marvin Hamlisch en de Bergmans op oudjaarsavond 1993.*

HOOFDSTUK 49 *Met mijn moeder, Diana Streisand Kind.*

HOOFDSTUK 50 *Met Virginia Clinton, mijn 'zuidelijke moeder'.*

HOOFDSTUK 51 *Met mijn twee Emmy's voor de productie en de regie van* Barbra: The Concert.

HOOFDSTUK 52 *Ik was doodsbang voor mijn toespraak op de aan Harvard verbonden John F. Kennedy School of Government.*

HOOFDSTUK 53 *Lauren Bacall, Jeff Bridges en ik hebben plezier op de* wrap party *van* The Mirror Has Two Faces.

HOOFDSTUK 54 *Een van mijn lievelingsfoto's van Jim (met zijn veel te lange haar) en mij.*

HOOFDSTUK 55 *Tijdens mijn concert* Timeless *in Australië was ik voorbereid op regen.*

HOOFDSTUK 56 *Met de wereldberoemde dr. Noel Bairey Merz, de directeur van het Barbra Streisand Women's Heart Center.*

Hoofdstuk 57 *Samen met Jason zingen tijdens de* Back to Brooklyn-*tournee was een van de hoogtepunten van mijn leven.*

Hoofdstuk 58 *Mijn lieve, dierbare Sammie miste nooit een repetitie.*

Hoofdstuk 59 *Backstage na een concert met mijn briljante vriendin Madeleine Albright, destijds de Amerikaanse minister van Buitenlandse Zaken.*

Epiloog *Jim en ik met onze prachtige kleindochter Westlyn Reign Brolin.*

Proloog

'Een beminnelijke miereneter?'

Zo werd ik op mijn negentiende beschreven in een van mijn eerste recensies als professioneel actrice. Ik speelde in *I Can Get It for You Wholesale* een secretaresse met liefdesverdriet, en ik zag de overeenkomst wel zo'n beetje.

In de loop van het jaar daarna werd ik vergeleken met 'een zure kaki', 'een woedende hamster', 'een bijziende gazelle' en 'een zeezieke fret'.

Hemeltje. Zag ik er echt zo vreemd uit?

Een jaar later zat ik met exact hetzelfde gezicht in *Funny Girl*, mijn tweede Broadway-show, en was ik 'een orakel uit de oudheid', 'Nefertiti' en 'een Babylonische koningin'. Die beschrijvingen bevielen me al een stuk beter. Ik bleek ook 'een faraonisch profiel en scarabee-ogen' te hebben. Dat was vermoedelijk complimenteus bedoeld, al geef ik toe dat een van die ogen soms lijkt te loensen. En de betreffende farao had blijkbaar ook een enorme gok. De mensen zeiden vaak tegen me: 'Laat daar toch wat aan doen.' (Dat zeiden ze vast niet tegen de farao.)

Ik kreeg weleens het gevoel dat ze meer over die neus schreven dan over mij. In een omslagartikel in *Time* las ik: 'Deze neus is een altaar.' (Klinkt goed!) Maar de schrijver vervolgde: 'Het gezicht dat die neus in tweeën deelt is lang en droevig, en de blik in ruste is in essentie die van een jachthond.' (Minder goed.)

Dus wat is het nu? Ben ik een Babylonische koningin of een teckel?

Waarschijnlijk beide, afhankelijk van waar je staat.

Ik zou willen dat ik kon zeggen dat het me allemaal niets deed, maar dan zou ik liegen. Zelfs na al die jaren vind ik de beledigingen nog altijd kwetsend en kan ik de complimenten nauwelijks geloven. Het is gewoon zo: als beroemdheid ben je openbaar bezit. Je bent een voorwerp dat kan worden bestudeerd, gefotografeerd, geanalyseerd en ontleed. Maar al te vaak herken ik mezelf niet in het beeld dat ze van me schetsen. Ik ben er nooit aan gewend geraakt, en ik probeer zo min mogelijk over mezelf te lezen.

Maar soms zie je natuurlijk toch een tijdschrift liggen, in de wachtkamer van de tandarts bijvoorbeeld. (Ik ga graag naar de tandarts, want ik hou van het gevoel van een goed gereinigd gebit. Het is ook een rustig uur zonder telefoontjes.) Ik zag daar een keer een artikel over Neil Diamond, die op Erasmus Hall High School in Brooklyn een klas hoger zat dan ik. Eigenlijk ging het over zijn broer, die een krankzinnige badkuip had ontworpen met een stereo en allerlei andere elektronische gadgets. (Perfect, als je geëlektrocuteerd wilt worden!) Dat ding was niet goedkoop: 14.000 dollar! (Allemachtig!) Dus ik dacht: wie koopt er nou zoiets? En toen stond er dat ik een van zijn klanten was! Ik wist niet eens dat mijn vriend Neil een broer had, maar ik werd dus ingezet om zijn badkuip aan de man te brengen.

Dat was al irritant genoeg, maar er zijn ook verhalen die me echt raken. Op een avond kwam mijn lieve vriend Andrzej Bartkowiak, een briljante cinematograaf met wie ik heb samengewerkt aan twee speelfilms en een documentaire, bij me eten. (Andrzej kookte, want ik ben een ramp in de keuken. Ik zou water nog laten aanbranden.)

Andrzej was op bezoek geweest bij een bevriende arts aan wie hij had verteld dat hij bij mij ging dineren. Waarop de arts zei: 'Ik heb gehoord dat ze een echte bitch is.'

'Wat?' zei Andrzej. 'Waar heb je het over?'

'Dat het onmogelijk is om met haar samen te werken.'

'Belachelijk. Heb jij ooit met haar samengewerkt?'

'Nee.'

'Nou, ik wel. Drie keer. Het was een heerlijke samenwerking en ik mag haar heel graag.'

'Onzin. Ze is een bitch. Ik heb het zelf gelezen in een tijdschrift.'

Dat is dus de macht van het gedrukte woord.

De arts liet zich niet ompraten. Hij geloofde liever een journalist die me nooit had ontmoet dan iemand die me persoonlijk kende. Vreselijk irritant. Waarom wilde hij niet de waarheid accepteren?

Al veertig jaar lang vragen uitgevers me of ik mijn autobiografie wil schrijven. Ik wees die verzoeken altijd af omdat ik niet wil blijven vastzitten in het verleden. Ik leef liever in het nu. Ik ben eerlijk gezegd ook bang dat niemand de waarheid wil geloven, want er worden al zestig jaar lang verhalen over me verzonnen.

Nog niet zo lang geleden reden Jim en ik na een film naar huis. We stopten bij een supermarkt omdat ik trek had in koffie-ijs. Toen we hand in hand de supermarkt binnenliepen, zei een man die achter ons liep luid: 'Fijn dat jullie weer bij elkaar zijn!'

Weer bij elkaar? Waren we uit elkaar geweest? Was het me op een of andere manier ontgaan dat mijn man de echtelijke woning had verlaten?

Ik ben dol op feiten. Ik respecteer de waarheid. Ik kan woedend worden als mensen dingen verzinnen.

En dus heb ik na eindeloos lang twijfelen uiteindelijk ja gezegd tegen dit boek. Ik had het eerste hoofdstuk al in de jaren negentig geschreven (met potlood, want dat kun je weer uitgummen), maar dat ben ik later kwijtgeraakt. Nu zou ik willen dat ik kon typen, want toen ik eenmaal was begonnen kostte het me tien jaar, en ik heb ook andere verplichtingen (platen opnemen bijvoorbeeld) en ik ga mezelf snel saai vinden. Godzijdank heb ik altijd dagboeken bijgehouden. Die zijn nu van onschatbare waarde. Soms besefte ik dat ik het echte verhaal was vergeten. Dan moest ik dieper graven zonder te weten waar ik zou uitkomen.

Ik wilde als kind al actrice worden, misschien al vanaf de eerste keer dat ik naar de bioscoop ging en op mijn stoel stond om het doek te zien. Het is verbijsterend dat die droom is uitgekomen. Ik ben alle mensen die me hebben geholpen mijn doel te bereiken heel dankbaar.

Ze zeggen dat succes mensen verandert, maar zelf denk ik dat succes je méér maakt wie je al was.

Ik vind mezelf eerlijk gezegd vrij normaal. Ik ben geboren met een goede stem, en dan was er iets met mijn uiterlijk, mijn persoonlijkheid, een of ander talent dat veel mensen intrigerend vonden, of juist irritant. Ik weet dat ik veel vragen stel. Ik heb overal een mening over en ik zeg wat ik denk. Dat brengt me weleens in de problemen.

Ik ben niet heel sociaal. Ik vind het niet leuk om me op te doffen en uit te gaan. Ik blijf liever thuis met mijn man en mijn honden. Soms nodigen we familieleden en vrienden uit om te eten en een film te kijken, of we spelen rummikub of backgammon of hartenjagen. (Ik speel ook elke avond in het donker op mijn telefoon om de stress van de dag uit mijn hoofd te verwijderen.) Ik vind het heerlijk om te schilderen met mijn zoon Jason (die veel beter is dan ik) en kan urenlang foto's nemen in mijn tuin.

En omdat ik niet vaak uitga, vergeet ik weleens hoe de buitenwereld me ziet.

O, dat doet me aan iets denken. Toen ik laatst in het gebouw van mijn tandarts op de lift stond te wachten, zag ik dat er een vrouw naar me stond te staren. Ik ging iets verderop staan, maar ze bleef staren. Ik dacht: wat staat dat mens te staren? Heb ik iets van haar aan?

En toen dacht ik: o ja, ik ben hoe-heet-ze-ook-alweer.

Hoog tijd om alle fabeltjes over dat mens uit de wereld te helpen.

Daarom schrijf ik dit boek. Ik voel de verplichting tegenover de mensen die echt geïnteresseerd zijn in mijn werk, en in het proces achter het werk, en misschien zelfs de mens achter het proces.

Laten we dus maar beginnen...

1

Pulaski Street

Als er iets is waar ik slecht tegen kan, dan is het liegen. Misschien omdat ze tegen me hebben gelogen toen ik een kind was.

Op een dag toen ik acht was kwam mijn moeder me opzoeken in het Joodse zomerkamp in het Catskill-gebergte, waar ze me voor een paar weken naartoe had gestuurd. Ik had het daar niet naar mijn zin. De aardappelen (vermoedelijk uit blik) waren niet te eten. Ze smaakten nep. Ik duwde ze altijd subtiel van mijn bord en liet ze onder de tafel vallen. Dan schoof ik ze naar de andere kant van de tafel zodat ze niet zouden weten dat ik de dader was. Het enige om je op te verheugen was de vrijdagavond. Dan kregen we een groot stuk koosjere taart, een gele taart met chocoladeglazuur waarnaar ik later altijd ben blijven zoeken.

Ik liet als kind niet met me sollen. Ik greep mijn moeder vast zodra ze arriveerde en weigerde haar los te laten totdat ze met de nodige tegenzin had toegezegd dat ik mee mocht naar huis. Ik pakte snel mijn kleren in. Wat niet in mijn koffer paste, mijn indianenmantel en de kunstwerken die ik had geknutseld, deed ik in een kartonnen doos. We liepen naar haar auto. Achter het stuur zat een man die ik nog nooit had gezien. Ik geloof niet dat hij tijdens de rit naar huis ook maar één woord tegen me heeft gezegd. Hij zal wel boos zijn geweest omdat hij niet de enige was die met mijn moeder naar huis ging.

Mijn moeder vertelde me niet dat deze man, Louis Kind, mijn nieuwe stiefvader zou worden en dat ze zwanger was van mijn zusje.

Liegen door iets niet te zeggen is ook liegen.

We gingen niet naar het enige thuis dat ik kende, het appartement van mijn grootouders in Pulaski Street in Williamsburg. Hij parkeerde de auto voor een hoog bakstenen gebouw – er stonden nog veel meer van die gebouwen en ze zagen er allemaal hetzelfde uit – op Newkirk Avenue in Flatbush, een onderdeel van een groot socialewoningbouwproject dat The Vanderveer

Estates heette: een chique naam voor een niet erg chique plek. We hadden appartement 4G. Er was een lift, dat maakte veel indruk op me. Ik dacht dat we rijk waren geworden. De huur was 105 dollar per maand, veel hoger dan de 40 dollar van Pulaski Street.

Louis Kind sliep daar de eerste nacht niet. Ik sliep zoals altijd bij mijn moeder in bed. Toen ik de volgende ochtend wakker werd, voelde ik iets klikken in mijn oren als ik slikte.

Ik weet tot op de dag van vandaag niet of het iets fysiologisch was, of een nieuw bewustzijn van de innerlijke werking van mijn lichaam. Ik weet wel dat ik het schokkend vond dat mijn leven opeens zo drastisch was veranderd. Wie was die man? Pas tientallen jaren later vroeg ik aan mijn moeder waarom ze me niet rustig had verteld dat ze met hem ging trouwen en dat ze een kindje zou krijgen.

'Je vroeg er niet naar,' zei ze.

'Maar mam, ik was pas acht!'

Ik heb mijn vader nooit gekend. Er zijn geen foto's waarop hij mij als baby vasthoudt. Dat was erg teleurstellend. Ik vroeg me altijd af hoe dat kon. Waarom mijn moeder nooit een foto had genomen van ons tweeën.

Toen ik ouder was en haar vroeg waarom ze nooit met me over mijn vader had gesproken, zei ze: 'Ik wilde niet dat je hem zou missen.'

Ik heb haar logica nooit begrepen.

Mijn vader, Emanuel Streisand, was een bijzondere man. Hij had gestudeerd aan City College in New York en was lid van Phi Beta Kappa. Hij was een sporter, en een docent die zijn leven aan het onderwijs wijdde. Hij had een innovatief curriculum ontwikkeld om Engels te doceren aan jeugddelinquenten in Elmira Reformatory, een tuchthuis waar hij een leidinggevende functie had. Later doceerde hij Engels aan een middelbare ambachtsschool in Brooklyn terwijl hij ook nog eens aan zijn dissertatie werkte en cursusblokken volgde aan Cornell University, Hunter College en later het aan Columbia University verbonden Teachers College. Hij was opgegroeid in een orthodox-joodse familie, en dan mag je op vrijdag na zonsondergang niet in voertuigen rijden. De sabbat is een rustdag. Als hij op vrijdagavond tot laat op Teachers College bleef, moest hij helemaal van West 120th Street naar Brooklyn lopen.

Mijn vader was dol op kinderen. In de zomer van 1943 werkte hij om een extra zakcentje te verdienen als activiteitenbegeleider in een zomerkamp. Toen hij op een warme ochtend in augustus een inspecteur rondleidde in het kamp, kreeg hij een zware hoofdpijn. (Hij had al jaren last van migraine.) Die avond kreeg hij een epileptische aanval. Mijn moeder en een vriend probeerden hem stil te houden. Ze wisten niet dat dat eerder schadelijk was dan behulpzaam. De volgende ochtend werd hij in een ambulance naar een klein plaatselijk ziekenhuis gebracht. Hij kreeg een shot morfine en stopte met ademen.

Mijn moeder heeft mij en mijn broer Sheldon altijd verteld dat hij is overleden aan een hersenbloeding. We hebben jarenlang gedacht dat het misschien een erfelijke aandoening was. Niemand had het verband gelegd tussen de migraines en epileptische aanvallen en een eerder auto-ongeluk waarbij hij zijn hoofd had gestoten. Ze hadden nog geen MRI-scans om vast te stellen wat er gebeurde in zijn brein. Veel later vond ik een kopie van zijn overlijdensakte, waarin ik las dat hij was gestorven aan ademhalingsproblemen die vermoedelijk waren veroorzaakt door de morfine. Die hadden ze hem in zijn toestand niet mogen toedienen.

Mijn vader was pas vijfendertig. Opeens was Diana Rosen Streisand, die een jaar jonger was, een weduwe met twee jonge kinderen. Shelly was negen en ik was vijftien maanden. Jaren later vertelde mijn moeder me dat ik in de eerste maanden na de dood van mijn vader nog altijd op de vensterbank klom om te wachten op zijn thuiskomst. In zekere zin wacht ik nog altijd.

Omdat mijn moeder na de dood van mijn vader de huur van ons appartement niet meer kon betalen, trokken we in bij haar ouders. Mijn opa Louis Rosen en mijn grootmoeder Esther hadden een appartementje met slechts één slaapkamer dat nu vijf mensen moest huisvesten. Zij sliepen in wat ooit de huiskamer moet zijn geweest. Wij kregen de slaapkamer. Ik deelde het bed met mijn moeder. Shelly sliep naast ons op een opklapbedje. Er was een kleine, kille keuken waar ik vrijwel nooit kwam, maar ik herinner me wel de geur van de kaneelkoekjes die oma altijd bakte voor Chanoeka. We woonden hoofdzakelijk in de eetkamer, die was gemeubileerd met een rechthoekige mahoniehouten eettafel, een dressoir tegen de ene muur en een secretaire tegen de andere, en een ouderwetse houten radio. We hadden geen televisie. We zaten vaak naar de radio te kijken.

Ik kroop vaak onder de eettafel om te spelen. Dat gaf me een veilig gevoel. Ik draaide graag aan de metalen knop die de tafelbladen uit elkaar liet gaan. Mijn vroegste herinnering is dat ik onder die tafel zat en omhoogkeek. Ik zal een jaar of drie zijn geweest. Ik hoorde een gesprek tussen mijn moeder en haar zus. Ik besefte dat mijn moeder over iets sprak en dat haar zus over iets heel anders sprak. Ik voelde de miscommunicatie, maar ik had nog niet voldoende taal tot mijn beschikking om hun uit te leggen wat er verkeerd ging.

Dat was de eerste keer dat ik begreep hoe makkelijk het voor mensen is om elkaar verkeerd te begrijpen.

Ik observeerde graag. Ik wilde iemand zijn die waarnam wat er gebeurde zonder zelf te worden gezien. Ik glipte vaak snel onder de tafel als er weer eens een vrijer verscheen om mijn moeder mee uit te nemen. Ik wilde nooit dat ze zou gaan, want ik was doodsbang dat ze niet zou terugkomen. Ik zag een van die mannen, een zekere Saul, haar kussen en ik dacht dat hij haar pijn deed, ook al lachte ze. Hij had bruine tanden. Dat is tot op de dag van vandaag het eerste wat me opvalt aan een man, en het is een van de redenen waarom ik met Jim Brolin ben getrouwd. Hij heeft een fantastisch gebit.

Ik vond de meeste mannen raar, behalve mijn opa. Vanaf mijn vijfde nam hij me mee naar een orthodoxe sjoel (het Jiddische woord voor synagoge). Ik mocht naast hem zitten met de andere mannen. De vrouwen zaten elders. Ik kon het Hebreeuws volgen omdat ik een jesjiva bezocht waar we de woorden leerden lezen, maar ik wist niet wat ze betekenden. Je leest Hebreeuws van rechts naar links. Ik vind het nog altijd heel voor de hand liggend om tijdschriften van achteren naar voren te lezen. Dat geeft me ook het gevoel dat ik sneller lees. Ik voelde me een grote meid als ik naast de mannen zat. (Misschien was het daarom jaren later zo makkelijk om me in te leven in Yentl.)

Ik was gek op mijn opa, ook al heeft hij een keer mijn mond gespoeld met rode zeep van Lifebuoy toen ik een lelijk woord had gezegd. Maar ik wist dat hij van me hield. Ik mocht op zijn schoot zitten en haartjes uit zijn oor knippen. Dat is pas intimiteit.

Zijn liefde was mijn redding. Mijn kijk op mannen was dat ze je of in de steek lieten of gemeen tegen je deden. Mijn stiefvader was onaardig tegen mijn moeder. Mijn broer kwam me altijd ophalen van school, maar hij was veel ouder en vond het niet leuk om zijn kleine zusje op sleeptouw te nemen. Mijn oom Harry vond ik eng. Hij haalde vaak zijn kunstgebit uit zijn mond en dan maakte hij geluiden als een monster. Mijn grootvader liet me zien dat er ook goede mannen bestaan.

Ik was geen makkelijk kind. Ik wilde nooit eten (dat is nu moeilijk te geloven). Mijn moeder probeerde me te dwingen te eten. Ze gaf me tonische middelen en levertraan omdat ze dacht dat ik ziekelijk was. Daar komt bij dat ik tot ongeveer mijn tweede nagenoeg kaal was. Maar ik had energie genoeg. Ik ben een keer op het dressoir geklauterd en wist het scheermes van mijn opa te bemachtigen. Ik sneed mijn onderlip er bijna af toen ik probeerde me te scheren zoals ik hem dat had zien doen. Mijn oma had astma en kon niet achter me aan jagen. Ze noemde me *fabrent*, Jiddisch voor 'vurig'. Tobey Borookow, die in hetzelfde gebouw woonde, zorgde voor me als ik uit school kwam en mijn moeder op haar werk was.

Ik verafgoodde Tobey. Ze was het 'breivrouwtje' van onze buurt. Als we naast elkaar zaten, vertelde ze me alle roddels terwijl ik met mijn handen omhoog zat zodat ze de wol eromheen kon wikkelen om strengen te maken. Ik had geen pop, dus ik vulde een kruik met water en deed alsof. Tobey breide een klein roze truitje en een hoedje. Misschien ben ik daarom zo dol op de kleur roze. En ik zeg je: het leek meer op een echte baby dan een of andere kille pop.

Als ik kinderen met poppen en kleine fornuisjes en dat soort dingen zie spelen, wil ik tot op de dag van vandaag nog altijd meedoen.

Ik ben dol op bordeauxrood, vermoedelijk omdat Tobey een trui in die kleur voor me breide met houten knopen. Dat was het enige wat me onderscheidde van de andere kinderen in het eerste zomerkamp waar ik op mijn zevende naartoe werd gestuurd, een gezondheidskamp. Ik had bloedarmoede en de frisse buitenlucht werd geacht goed voor me te zijn. Maar ik was gewend aan de bloedhete lucht van Brooklyn, waar iedereen uit het raam hing omdat we geen airco hadden. De lucht op het platteland was zo fris dat mijn longen er pijn van deden. En dankzij de bomen kreeg ik een allergie die later uitmondde in astma.

Ik haatte dat kamp. Ik moest na aankomst meteen in een desinfecterend bad en ze haalden een luizenkam door mijn haar. Ik kreeg een gesteven blauw uniform en een enorme onderbroek die jeukte. (Dat zal wel de reden zijn waarom ik zo'n hekel heb aan de kleur koningsblauw.) Ik had heimwee, en elke middag als ik ging liggen voor het verplichte middagdutje had ik tranen in mijn ogen. (Ik deed al sinds mijn derde geen dutjes meer!) Toen een van de andere kinderen het zag en me ermee wilde plagen, zei ik: 'Ik huil niet, ik heb een losse traanklier.'

Zodra ik terug was in Brooklyn was ik veel gelukkiger en gezonder. Ik kon weer ademen! Ik weet nog dat ik in mijn oude vertrouwde rode houthakkershemd op het bed in het appartement van mijn oma zat. Alles was hetzelfde, toch voelde het anders. Was ik nog hetzelfde magere scharminkel dat enkele weken eerder was vertrokken? Mijn moeder was blij dat ik een paar kilo was aangekomen. Ik zag mezelf graag weerspiegeld in wieldoppen, want dan leek ik wat dikker.

Het wemelde in onze buurt van de kinderen. We speelden op straat en renden naar de stoep als er auto's aan kwamen. Een van onze favoriete spelletjes was *skelly*. Je gooide een flessendop in een van de genummerde vakken die we met krijt op het asfalt hadden getekend, en daar hinkelde je dan naartoe.

Ik haalde goede cijfers op de jesjiva. Ik kreeg alleen altijd een onvoldoende voor gedrag. Ik was ongeduldig en had geen manieren geleerd. Als de juf iets vroeg, stak ik mijn hand omhoog. Als ik niet de beurt kreeg, riep ik toch snel het antwoord. Een van de docenten zei een keer, het moet rond Chanoeka zijn geweest, dat we het woord 'Kerstmis' niet mochten uitspreken en onze vingers niet mochten kruisen. Dat vond ik helemaal nergens op slaan, dus zodra ze de klas uit was, zei ik: 'Kerstmis! Kerstmis! Kerstmis!' En maar hopen dat God me niet ter plekke dood zou laten neervallen.

Ik had twee beste vriendinnen. De ene was Joanne Micelli, een katholiek meisje dat naar St. John's Academy ging. Ik vond ze fascinerend, die katholieken: de nonnen, de priesters, de kostuums. Als ik een priester zag, zei ik 'goedemorgen, vader', want dat zei Joanne ook. Ik vond dat ze maar bofte dat ze niet alleen een echte vader had, maar ook nog een extra 'vader' die ook van haar leek te houden. Ik bewonderde haar prachtige kerk. Daarbij vergeleken was de jesjiva nogal nietig.

Mijn andere beste vriendin was Roslyn Arenstein, die net als haar ouders atheïstisch was. We zaten vaak met zijn drieën op de brandtrap van Roslyns gebouw (we sloegen een oude legerdeken over de reling om een tent te bouwen) serieuze filosofische gesprekken te voeren. Op een dag zei ik: 'Roz, luister: ik ga bewijzen dat er een God bestaat.' Er liep een man over straat en ik zei: 'Zie je die man? Ik ga bidden dat hij van de stoep af stapt.' Ik bad uit alle macht en ja hoor, hij verliet de stoep om over te steken. Ik had twee gedachten. De ene was: wow, dat was boffen! en de andere was: er is inderdaad een God en ik heb Hem door te bidden laten doen wat ik wilde.

Ik was gaan geloven in de kracht van de wil.

Ik ben altijd heel wilskrachtig geweest. Toen ik waterpokken had, moest ik van mijn moeder in bed blijven omdat ik koorts had. Maar ik bleef niet liggen. Ik trok mijn groene jas aan, zette mijn pet op en klauterde uit het raam (we woonden gelukkig op de begane grond) totdat mijn moeder me naar binnen sleurde.

Ik zei vaak tegen mijn moeder wat ze moest doen. Ik herinner me een keer toen zij en haar date (een slager) naar een film van Eddie Cantor zouden gaan en besloten me mee te nemen. Ik zal een jaar of zes zijn geweest. Omdat iedereen in onze buurt wist dat ik geen vader had, wilde ik niet op straat worden gezien met een vreemde man. Dus ik zei tegen haar: 'Ik wil alleen mee als hij eerst in zijn eentje naar de hoek loopt en daar op ons wacht.' Toen we vertrokken, keek ik om me heen om te zien of de buren misschien voor hun raam stonden. En verdraaid, daar stond Myrna, een groot meisje dat me altijd pestte, toe te kijken. Ik dacht: verdorie, nu denkt ze dat ik bij die vent hoor. Dat zou vreselijk zijn geweest, want ze zou het aan iedereen hebben verteld.

Ik stond in de buurt bekend als het meisje met de mooie stem. Ik zong graag in het portiek van ons gebouw. Het plafond was hoog, dus het galmde mooi. Ik vond het heerlijk om mijn hand over de koude messing trapleuningen te laten glijden. Soms zat ik met de andere meiden in onze portiek en zongen we in keurige samenzang liedjes uit de hitparade. Mijn moeder had een prachtige, voor opera's geschikte stem en ik had gehoord dat mijn vader in sjoel zong als de voorzanger ziek was.

Tobey had een zoon, Irving. Omdat hij een jongen was en we bevriend waren, noemde ik hem mijn 'vriendje', al sloeg hij me een keer tegen mijn hoofd met een plastic geweertje. We speelden vaak samen als Tobey 's middags op me paste. Ze hadden een piepkleine televisie waar een groot vergrootglas voor stond. We genoten van de films van Laurel en Hardy. Maar als Irving zijn vader hoorde thuiskomen, zei hij altijd: 'Mijn papa is thuis. Nu moet je gaan.'

Dat kwetste mijn gevoelens en heeft me jarenlang schade berokkend.

Meneer Borookow heette Abe. Hij had een aparte geur die me altijd is bijgebleven. Dat was zeker geen aftershave.

Ik vraag me af of mensen met vaders wel weten hoezeer ze hebben geboft. Mijn broer had in de eerste negen jaar van zijn leven de liefde en zorg van een vader ervaren, iemand die hem meenam naar musea, boekhandels, optochten. Onze vader las hem voor en kocht een radio voor hem. Hij liet Shelly kennismaken met tekenen en schilderen, bezigheden die een belangrijke rol gingen spelen in zijn leven.

Om als kind een goed zelfbeeld op te bouwen, heb je behoefte aan iemand die van je houdt en je het gevoel geeft dat je serieus wordt genomen, dat je gevoelens ertoe doen.

Maar ik zat met een stiefvader die duidelijk niet blij was met Shelly en mij. Lou Kind had al drie kinderen met wie hij niet samenwoonde en ik vermoed dat hij er niet meer wilde. Alles veranderde toen hij in ons leven verscheen. Ik sliep in ons nieuwe appartement op een ligbed in de gang. Mijn broer had de kleine slaapkamer en mijn moeder en die vreemde man sliepen in de grote slaapkamer.

Voordat ik het wist had ik er een zusje bij: Robyn. Toen ik ontdekte dat baby's pas na negen maanden verschenen, rekende ik negen maanden terug vanaf de geboorte van mijn zusje. Ik vroeg mijn moeder wat ze op die dag had gedaan. Ik had over seks gehoord (een ouder schoolgenootje had me bijgepraat in het trappenhuis), maar ik kon het niet geloven. Mijn moeder nam de gelegenheid niet te baat om me voor te lichten.

Ik hield vanaf het eerste moment dat ik haar zag van mijn zusje. Ze was zo mooi met haar blonde krullen en groene ogen. Ik kon urenlang naar haar kijken en was gefascineerd door elke beweging die ze maakte, elke flikkering in haar ogen. Een levende pop!

Ik haatte mijn stiefvader. Ik vond het vreselijk hoe hij mijn moeder behandelde. Hij was vaak onaardig tegen haar. Met mij sprak hij nooit. Ik herinner me dat ik een keer met hem meereed in zijn Pontiac met zo'n schuin aflopende achterkant. Hij stak een sigaret aan. Pall Mall. Ik hield van de geur van afgestreken lucifers. Hij blies een perfecte straal rook uit.

Op een dag gingen we uit rijden met Roz Arenstein. We zaten met zijn tweetjes achterin en ik voerde natuurlijk weer het woord. Opeens draaide mijn stiefvader zich om en zei: 'Waarom kun je niet rustig zijn, zoals je vriendin?'

Een poosje later vertelde mijn moeder dat Lou kleurenblind was. Toen ik daarna weer bij hem in de auto stapte, maakte ik me zorgen. Ik was bang dat hij geen verschil zag tussen het rode en het groene licht van een stoplicht. Ik zei steeds welke kleur het was, maar ik probeerde het subtiel te doen: 'Zo, wat een mooi ROOD licht!'

Niet zo gek dus dat hij een hekel aan me had.

Lou vroeg nooit hoe het met me was of hoe het op school ging. Hij zag me niet staan. Hij had geen enkele belangstelling voor me. Wat ik ook deed, ik kon nooit zijn goedkeuring of liefde afdwingen. Op een dag besloot ik ervoor te zorgen dat hij me lief zou vinden. Toen hij thuiskwam van zijn werk – hij verkocht tweedehandsauto's – zei ik papa in plaats van Lou, al kon ik het woord nauwelijks over mijn lippen krijgen. Ik had zijn pantoffels klaargezet. Toen hij op tv naar worstelen ging kijken, kroop ik over de vloer om niet door het beeld te lopen. Maar niets werkte. Hij ging me niet beter behandelen.

Ik denk dat ik toen al onbewust heb besloten dat ik me nooit zou verlagen voor een man.

De andere grote verandering in mijn leven was een nieuwe school. Na drie jaar op de jesjiva van Brooklyn zou ik beginnen in het vierde jaar van een openbare school, P.S. 89. Ik was alleen een keer in een openbare school geweest toen de jesjiva een voorstelling had georganiseerd en een zaal in P.S. 25 had gehuurd, want de jesjiva had geen zaal met een podium. Toen is de eerste foto genomen waarop ik zing, ogen gesloten, hoofd achterover. Er is niet veel veranderd.

Ik weet nog dat ik bang was dat de verpleegster van P.S. 89 die alle leerlingen snel onderzocht op een of andere manier het klikken in mijn oren kon 'zien' en dat ze zou zeggen dat ik niet naar school mocht. Ik voelde me als een buitenaards wezen.

Ik was anders dan anderen: een buitenbeentje, broodmager, en mijn moeder kocht kleren voor me die drie maten te groot waren. Dat hielp ook niet. Ze kocht veel te grote jurken, en dan naaide ze er drie voeringen in waarvan ze er elk jaar een verwijderde. Ik moest eindeloos lang dezelfde kleren dragen.

Ik was in zekere zin een ontembaar kind, een soort dier. Manieren en sociale vaardigheden waren me vreemd. Mijn vriendin Maxine Edelstein woonde op dezelfde verdieping als ik. Haar familie ging elke avond om zes uur aan tafel voor de maaltijd. Wij aten zelden samen. Ik wist niet dat je servet op je schoot moest liggen. Ik zat altijd met een opgetrokken knie op mijn stoel. Of ik at boven de pan in ons kleine keukentje. Als mijn broer thuiskwam, deed hij hetzelfde.

Ik had weinig discipline. Er waren in ons huis geen vaste gewoonten of regels. Mijn moeder zei nooit dat ik om zes uur thuis moest zijn, of hoe laat dan ook. Ik weet nog dat ik een keer een paar sigaretten van mijn stiefvader had gejat en die voor de spiegel rookte. Ik beeldde me in dat het een spotje voor Pall Mall was. Toen ik tien was, ging ik vaak stiekem op het dak staan roken. Daar stopte ik mee toen ik twaalf was. Ik heb mijn moeder leren roken. Ik zei: 'Nee, dat ziet er gek uit, je moet 'm zo vasthouden.'

Ik kreeg mijn moeder op een of andere manier zover dat ik naar de dansschool van Miss March mocht, want ik wilde ballerina worden. Ik kocht roze satijnen spitzen en naaide er roze satijnen linten op. Ik trok mijn spitzen elke dag na school aan en liep ermee door ons appartement. Ik had ze betaald van geld dat ik had verdiend door mensen naar hun tafel te brengen in Choy's, een Chinees restaurant. Ik handelde ook afhaalmaaltijden af. '*Si pic qvot.*' Kleine ribbetjes. '*Som teu.*' Drie loempia's. Ik was dol op de melodieuze Chinese taal. Als je een andere toon gebruikte, betekende een woord opeens iets heel anders.

Muriel Choy werd mijn tweede surrogaatmoeder. Tobey was de eerste.

Ik vond het heerlijk bij Muriel. Ik kon haar alles vragen en dan legde ze het uit, ook dingen waarover mijn moeder nooit sprak, zoals seks en koken. Ik kan haar overheerlijke gerechten nog altijd proeven: *lap chong* (worst), Chinese kool, gestoomde kip. Ik heb lang gezocht naar de dikke, droge loempia's die ze in dat restaurant serveerden, maar die vrijwel niemand meer maakt. (Een paar jaar geleden hebben we eindelijk een restaurant in Los Angeles gevonden dat ze nog heeft. Jim en ik eten er soms drie achter elkaar.)

Ik paste op Muriels kinderen als zij en haar man in het restaurant werkten. Toen ik op een avond – ik was elf – na het babysitten thuiskwam, belde ik aan, maar er deed niemand open. Het duurde minstens tien minuten, terwijl ik wist dat mijn moeder en Lou thuis waren. Ik ben weer teruggegaan naar Muriel, want daar lag mijn reservesleutel. Ik opende de voordeur, liep het appartement door en opende de deur van hun slaapkamer. Hun lichamen waren verstrengeld en ik was blijkbaar onzichtbaar. Ik liep geschokt weg en we hebben het voorval nooit besproken.

Ik nam me voor dat ik nooit meer onzichtbaar zou zijn.

Sommige herinneringen in het leven van een kind bepalen wie je later wordt. Ze geven voor altijd vorm aan je leven.

Ik kon niet op mijn moeder vertrouwen. Ik herinner me iets wat moet zijn gebeurd toen ik ongeveer zeven was. Ze nam me als verrassing mee naar de bioscoop. We liepen over straat en ik zag haar glimlachen. Ze glimlachte vaak in zichzelf. Opeens bleef ze staan.

Ik zei: 'Mam, wat is er aan de hand?'

Ze zei: 'We gaan niet. Ik heb me bedacht.'

Ik was ontzettend teleurgesteld en ik kan er nog altijd slecht tegen als mensen zich niet aan hun woord houden. Het is belangrijk om te doen wat je hebt beloofd. Dat is ook een van de vier inzichten in het gelijknamige boek van Don Miguel Ruiz: 'Wees onberispelijk in je woorden.'

Ik kon niet in vertrouwen met mijn moeder spreken, ook niet over de geluiden in mijn oren. Toen ik haar na die eerste avond over dat klikken vertelde, gaf ze me een warmwaterkruik om op te slapen. Ze heeft er later nooit meer naar gevraagd. Maar de geluiden verdwenen niet, en toen ik op een ochtend – ik zat in het zesde jaar – wakker werd, had ik iets nieuws: allerlei geluiden. 'Ping' en 'pong', als muzikaal vuurwerk dat afging in mijn hoofd. Heel eng. Toen veranderden de pings in een hoog piepen. Ik was doodsbang en sprak er met niemand over. Ik wikkelde een sjaal rond mijn hoofd omdat ik hoopte de geluiden buiten te sluiten, maar ik leek ze alleen maar dieper mijn hoofd in te duwen. Niets hielp.

Ik ben er toen niet mee naar de dokter gegaan. Jaren later hoorde ik dat dat piepen in je oren tinnitus heet. Het heeft te maken met de verbinding tussen het binnenoor en je brein. Allerlei artsen hebben me in de loop der jaren onderzocht, maar ze kunnen niets voor me doen. Tinnitus is een aandoening zonder aanwijsbare oorzaken en zonder genezing. Een mysterie.

Een goeroe zei ooit tegen me: 'Heel bijzonder. Je zit op een ander niveau van bewustzijn. Je hoort het geluid van het universum.'

'Dat lijkt me niet,' zei ik.

Als mensen tegen me zeggen 'ik ben net als jij' wil ik altijd zeggen: 'O, hoor jij ook altijd een piepend geluid?' Het is om gek van te worden. Ik werd er heel humeurig van, maar ik heb ermee leren leven. Het is vermoedelijk een van de redenen waarom ik altijd bezig moet zijn. Ik moet aan iets anders kunnen denken, mezelf afleiden van dat piepen.

Ik hunker naar stilte.

Die geluiden in mijn oor waren een vreselijk geheim dat ik voor me hield en waarmee ik helemaal alleen probeerde om te gaan. Van mijn moeder verwachtte ik geen hulp meer.

Op een dag kwam Ellen, de verloofde van mijn broer, naar ons huis om kennis te maken met de familie. We hadden niet vaak bezoek. Rozzie wilde ijs als toetje. Lou gaf Shelly wat geld en zei dat hij genoeg ijs moest kopen voor iedereen. Maar hij keek naar mij en zei: 'Maar niet voor haar.'

Toen zei hij iets kwetsends. Ik kon me de woorden niet precies herinneren. Een paar jaar later vroeg ik het aan Ellen, en ze zei: 'Het was ongelooflijk wreed. Hij noemde je lelijk.'

Ik moet het hebben weggestopt. Ik weet nog dat ik een ellendig gevoel kreeg van zijn woorden. Mijn moeder zei niets en bleef gewoon de tafel afruimen. Ik ging naar het kleine slaapkamertje (dat ik had geërfd toen Shelly uit huis ging) en ging op bed liggen, waar ik een uittreding had: ik zat tegen het plafond en keek neer op hoe ik daar lag... gevoelloos.

Ik dacht: waarom wil hij me kwetsen? Is het zo moeilijk om van me te houden?

Ik leefde vooral in mijn hoofd. Ik las een brochure over de negen symptomen van kanker en besloot dat ik ze allemaal had. Maar ik besprak mijn angst niet met mijn moeder. Toen ik bronchitis had, zei ze: 'Dat is je eigen schuld. Je had niet zonder trui naar buiten moeten gaan.' Ze gaf me een mosterdkompres: twee stukken van een gescheurd laken die ze had gedrenkt in mosterdpoeder van Colman's, opgelost in heet water. Toen ik keelpijn had, wond ze een dikke sok om mijn keel die ze als een soort kraag bevestigde met een veiligheidsspeld. 'En als de speld nou opengaat?' vroeg ik. 'Dan krijg ik pas pijn aan mijn keel!'

Mijn moeder verzorgde me zo goed als ze kon. Maar ze was niet warm, zoals moeders in films. Ik weet nog hoe bang ik was toen ze er niet was toen ik wakker werd nadat mijn amandelen waren geknipt. Het laatste wat ik had gezien was een rubberen ding dat over mijn gezicht werd gelegd om me ether toe te dienen. Het was alsof ik in een zwart gat tuimelde. Cirkels draaiden als spiralen door mijn hoofd en ik hoorde een merkwaardige dreun, als van een zware boor. Vlak voordat ik insliep, hoorde ik de gedempte stem van de arts.

Toen ik mijn ogen opende, vroeg ik me af: ben ik nog wel in deze wereld? Ik was helemaal alleen in de kamer. Mijn moeder had beloofd dat ze er zou zijn, maar ze was er niet. Ze was een ommetje gaan maken, vermoedelijk omdat ze zelf ook nerveus was. Ze begreep niet hoe belangrijk het was dat ze er op zulke momenten voor me was.

En dus hield ik alles binnen. Vooral mijn angsten. Ik had een keer een zwaar gevoel in mijn borst. Het wilde maar niet weggaan. Op de begane grond van een van de gebouwen in ons complex was een huisartsenpost. Pas na een week had ik voldoende moed bij elkaar geraapt om te gaan. Ik belde aan, maar de dokter was er niet. Maar wat denk je? Door het simpele feit dat ik het had aangedurfd om er in mijn eentje naartoe te gaan, verdwenen mijn symptomen. Dat zware gevoel was opeens weg.

Dat was mijn eerste psychosomatische aandoening.

Het kan niet gezond zijn geweest dat ik al die symptomen binnenhield. En ik was niet van nature blij met het leven. Ik dacht: dit kan niet alles zijn.

In diezelfde tijd ging een groep meisjes in een kring om me heen staan voor ons gebouw. Ze plaagden me. Om de kleren die ik droeg misschien? (Ik had die sjaal rond mijn hoofd.) Wat had ik gedaan om hen zo boos te maken?

Ik sloeg huilend op de vlucht en haalde Shelly om me te beschermen. Hij wilde niet komen en zei dat ik mezelf moest kunnen redden. Ik wist zeker dat mijn vader me zou hebben geholpen, maar nu besefte ik dat niemand me zou beschermen. Ik denk dat ik toen begon een muur rond mezelf op te bouwen.

Jaren later begreep ik dat ik door de dood van mijn vader niet alleen hem was kwijtgeraakt. Ook mijn moeder had emotioneel afscheid van me genomen. Dat kan ik haar niet verwijten. Ze was van de ene dag op de andere een weduwe die twee kinderen moest onderhouden. Ik heb haar toen ik volwassen was eens gevraagd waarom ze me nooit knuffelde of blijk gaf van haar liefde of zei dat ze van me hield.

'Daar had ik geen tijd voor,' antwoordde ze. 'Mijn ouders zeiden dat ook niet tegen mij, maar ik wist dat ze van me hielden.' Ze ging er gewoon van uit dat ik wel wist wat ze voelde. Maar ik wist het niet.

Een van de andere inzichten in het boek van Ruiz is: 'Ga niet uit van veronderstellingen.'

2

Waarom zou ik die rol niet spelen?

Ik was veertien toen ik voor het eerst op eigen houtje naar Manhattan ging. Ik stapte uit de metro van de Interborough Rapid Transit Company en stond op de hoek van Fiftieth Street en Broadway. Ik ging met mijn vriendin Anita Sussman naar een Broadway-show, alweer een primeur voor me. Manhattan was als een nieuwe wereld. Toen we uit het station kwamen en in het zonlicht stapten, kon ik niet geloven hoe open en weids alles was in vergelijking met Newkirk en Nostrand, de smalle straten bij ons complex. En er waren zoveel auto's! Je kon in Manhattan geen skelly spelen, dan zou je worden overreden.

Op de puien en luifels zag ik de namen van allerlei shows. De mogelijkheden leken onbegrensd.

We hadden kaartjes voor *The Diary of Anne Frank*. We zaten helemaal achterin op het balkon van het Cort Theatre. We hadden 1,89 dollar voor onze kaartjes betaald. (Of was het 1,98 dollar?) De acteurs waren ver weg, maar we zagen de volle breedte van het podium. Ik ben me later gaan realiseren dat er wat te zeggen is voor dat vogelperspectief. Ik kan me inmiddels betere plaatsen veroorloven, maar ik weet niet zo zeker of ze echt beter zijn. Als je te dichtbij zit, zie je de make-up en het zweet. Dat verstoort in zekere zin de illusie.

Ik was als gehypnotiseerd door het stuk. Ik weet nog dat ik dacht: Anne is veertien, ik ben veertien. Zij is Joods, ik ben Joods. Waarom zou ik die rol niet spelen? Ik had het gevoel dat ik het net zo goed zou doen als Susan Strasberg, vooral omdat Anne problemen had met haar moeder. Ze vond dat haar moeder haar niet begreep. Daar herkende ik natuurlijk wel iets in.

Vanaf dat moment gingen Anita en ik vrijwel elke zaterdag naar Broadway. Ik wilde vooral de serieuze drama's zien. Ik was minder geïnteresseerd in musicals. We zagen Paul Muni in *Inherit the Wind*. Ik geniet nog altijd van dat stuk. Het gaat over creationisme versus evolutie, godsdienst versus wetenschap. We mogen God dankbaar zijn dat ratio en de waarheid hebben gewonnen. Het was ook opwindend om Eva Le Gallienne en Irene Worth aan het werk te zien in *Mary Stuart*. Twee krachtige actrices die staatshoofden speelden, prachtig vond ik dat.

Ik wilde ook een serieuze actrice worden.

Ik denk dat ik voor het eerst acteerde toen ik een jaar of negen was. Ik zei iets wat mijn moeder niet beviel en ze gaf me een klap tegen mijn oor. Ik dacht: dat zal ik haar betaald zetten. Ik zal haar eens lekker bang maken. Toen ze weer iets zei, deed ik alsof ik haar niet hoorde. Ik deed alsof ik doof was, en het werkte. Ze geloofde me en zei: 'Barbara! Geef antwoord!' Ik zei steeds: 'Wat? Zei u iets?' Ze was doodsbang.

Ik zag vooral mensen acteren op tv. We hadden al een toestel. (Dat was het enige goede aan Lou Kind. Hij kocht een televisie, een Zenith.) Ik ging lekker voor de buis zitten en keek naar Milton Berle en Ed Sullivan. Ik hield ook van quizzen waarbij de presentator vragen stelde en je de antwoorden kon raden, zoals *The $64,000 Question*. Mijn lievelingsneef Lowell en ik speelden vaak samen en we bedachten onze eigen quiz, die we *Crack the Safe* noemden.

We kozen een willekeurige naam uit het telefoonboek en ik belde die persoon. Ik zei dat ik een radioquiz presenteerde en vroeg: 'Luistert u weleens naar ons programma *Crack the Safe* op WNIT?' (Dat station had ik zelf verzonnen.) De meeste mensen waren opgewonden omdat ze waren gebeld door een radioprogramma en zeiden: 'Natuurlijk, ik luister zo vaak mogelijk!' Dan legde ik de regels uit. Als ze vijf liedjes konden herkennen, wonnen ze een geldbedrag. Lowell zocht singles uit die hij draaide op de grammofoon, en ik hield de hoorn er zo dicht mogelijk bij. 'Herkent u dit nummer?' Als ze het juiste antwoord gaven, gingen we door naar het volgende nummer. 'Maar eerst,' zei ik dan, 'onderbreken we ons programma voor een reclame van onze sponsor... het wasmiddel Fab. Gebruikt u Fab?'

Ze zeiden altijd: 'Ja, er gaat niets boven Fab!' Een dame was zelfs zo enthousiast dat ze zei: 'Fab zit op dit moment te bubbelen in mijn wasmachine! Het is over de grond gestroomd.' Op zulke momenten moest ik Lowell tot bedaren brengen, want hij zat hard te giechelen. We stonden ervan te kijken hoe goedgelovig veel mensen waren. Dan veranderde ik mijn stem om alle rollen in de commercial te spelen.

Andere kinderen zouden het daarbij hebben gelaten, maar wij gingen verder. Als iemand alle nummers herkende, schreven we hun adres op. Dan kochten Lowell en ik bij de plaatselijke snuisterijenwinkel McCrory's nepgeld dat we in een envelop deden en opstuurden.

Ik was dol op die winkel, een echte *five-and-dime store* vol goedkope artikelen: kammen, haarspelden, lippenstift. Maar ik had nog een manier om aan spullen te komen, en daar ben ik niet trots op. Ik stal soms dingen.

Het was geen willekeurige winkeldiefstal. Ik was erg logisch ingesteld, dus ik had een systeem, dat was gebaseerd op iets wat me was opgevallen, namelijk dat veel mensen hun bonnetjes op de grond gooiden. Die raapte ik dan op. De meeste spulletjes kostten 1 dollar en daar kwam 3 cent belasting bij. Dan pakte ik een item dat 1,03 dollar kostte, kleine voorwerpen zoals een lippenstift of een make-upspiegeltje dat ik makkelijk in mijn zak kon laten glijden. Ik liep met bonzend hart naar de balie waar ze geld teruggaven en overhandigde het item en het bonnetje. Ik kreeg geld terug dat ik gebruikte om iets te kopen wat ik wilde hebben.

Je moet niet denken dat ik er plezier aan beleefde. Eerder een merkwaardige combinatie van opwinding en angst. Maar het was een prettige aanvulling op het geld dat ik verdiende bij Choy's. Ik verdiende daar 1 dollar per uur, en 50 cent per uur om op de kinderen te passen. Alle kleine beetjes hielpen, want zodra ik geld verdiende zei mijn moeder dat ik mijn eigen kleren moest betalen.

Ik herinner me een outfit waar ik heel dol op was: een rok en topje van katoen met kleine roze en witte ruitjes, afgezet met kant. Ik kocht er bijpassende schoenen bij, laag gesneden flatjes waarin een deel van mijn tenen zichtbaar was. Maar ik hield ook van een wat meer mannelijke, sportieve look, zoals het geruite overhemd dat ik met een broek eronder in het zomerkamp droeg.

Op een dag kocht ik een bermudashort bij A&S (Abraham & Straus, het beste warenhuis van Brooklyn). Ook met klassieke ruit, in blauw en groen. Toen ik in het pashokje stond, bedacht ik dat ik mijn rok eroverheen kon laten vallen om in de short de winkel uit te wandelen.

Het was kinderlijk eenvoudig. Ik denk dat ik ook wat andere kleren had meegenomen naar het pashokje, die ik al had teruggegeven aan de verkoper. Ik dacht: mijn god, hij weet niet dat ik die short nog draag. Dat was niet te zien onder mijn rok... Of toch? Mijn hart bonsde in mijn keel.

Ik weet niet meer of dat dezelfde dag was waarop ik een paar gele sokken stal. (Ik was helemaal in de ban van mijn talent als dief.) Ik had een papieren tas bij me, want ik had al iets anders gekocht. Toen ik op de drukke roltrap naar beneden ging, liet ik de sokken erin vallen. Ik bleef op de begane grond nog even staan om iets te bekijken wat mijn aandacht had getrokken. Opeens hoorde ik een vrouw zeggen: 'Ik heb je die sokken in je tas zien doen.'

Had ik haar goed verstaan? Of hoorde ik mijn slechte geweten? Ik liep snel naar de volgende balie, maar ze volgde me. Ik was zo bang dat ik niet durfde te kijken. Ik heb haar gezicht niet eens gezien. Ik zette de tas demonstratief op de grond en verliet de winkel. Dat was het einde van mijn criminele carrière. Ik heb nooit meer iets gestolen. Ik vond het leuk om grenzen af te tasten, maar ik kon niet tegen de vernedering en de schaamte die ik op dat moment voelde. Ik kon me niet voorstellen hoe het zou zijn als ik ooit echt werd betrapt en zou worden meegesleept naar het kantoor van de bedrijfsleider.

Als ik tegenwoordig in een hotel ben en iets zie wat ik leuk vind, een klein potje mosterd of zo, vraag ik altijd of ik het mag kopen.

Lou Kind vertrok uit ons huis toen ik dertien was, wat betekende dat ik nooit meer naar worstelen hoefde te kijken. Ik was blij dat hij weg was. (Ik wist niet of mijn moeder blij of verdrietig was, want ze sprak er niet over.) Ik haatte de minachtende toon waarop hij haar toesprak. Het werd veel rustiger in ons huis zonder Lou. Mijn beste herinnering aan die periode is dat ik op mijn bed filmtijdschriften lag te lezen en koffie-ijs van Breyer at. Het zat in een vierkante bak met drie gedeelten: koffie-ijs aan de zijkanten en kersenvanille-ijs in het midden, met stukjes kers erin. Dat at ik eerst en ik bewaarde het koffie-ijs, mijn favoriete smaak, voor het laatst. Ik wilde dat die smaak in mijn mond bleef hangen. (Ik at als ik de kans kreeg een hele bak leeg, maar ik bleef graatmager. Zo werkt mijn lichaam inmiddels helaas niet meer.)

Shelly en Ellen trouwden en ze voeren voor hun huwelijksreis met de SS Constitution naar Europa. We gingen ze met een paar familieleden uitzwaaien. Ik stond versteld van de afmetingen van het schip en ik vond het een duizelingwekkende gedachte dat ze de oceaan zouden oversteken om de wereld te zien. De mensen aan boord dronken champagne en lachten en converseerden in prachtige zalen met houten lambriseringen. Ik was bijna misselijk van jaloezie, want ik wilde ook op reis. Mijn moeder zei: 'Shelly, geef haar 5 dollar.' Maar mijn broer negeerde haar, en mij. (Toen ik hem jaren later aan dat voorval herinnerde, stuurde hij me een ingelijst biljet van 5 dollar.) Ik kon nauwelijks geloven dat hij op reis zou gaan terwijl ik terug moest naar ons sombere appartement.

Naar de film gaan was mijn manier om te ontsnappen. Pal naast mijn middelbare school, Erasmus Hall op Flatbush Avenue, stond een bioscoop, het Astor Theatre, waar buitenlandse films werden vertoond van regisseurs als Akira Kurosawa en Jules Dassin. Die namen zeiden me nog niets, maar ik was dol op hun films, zoals *Rashomon* en *Jamais le dimanche*. De ondertiteling en het feit dat het zwart-witfilms waren deerden me niet. Mijn liefde voor zwart-witbeelden is toen al ontstaan.

Ik bezweek ook voor de verlokkingen van de felle, volle kleuren van de films in de Loew's Kings, waar ze grote Hollywood-musicals vertoonden in technicolor. Ik herinner me Howard Keel en Kathryn Grayson in *Kiss Me Kate*. Ik vond haar beeldschoon met haar hoge, trillende stem.

De Loew's Kings was zo'n extravagant filmpaleis met stoelen van rood fluweel, een exotisch, geschilderd en verguld plafond, en Mello-Rolls, de beste ijshoorntjes. Plat vanboven, met al het ijs erin gepropt, helemaal tot onder in het hoorntje. Heel praktisch, want het lekte nauwelijks. En dan het snoep! Ik kocht meestal twee zakjes M&M's met pinda's en een doosje Good & Plenty, harde witte of roze cilinders met zachte zwarte drop. Alsof je juwelen at.

In die bioscoop zag ik mijn eerste film met Marlon Brando: *Guys and Dolls*. Mijn vriendin Barbara Sankel had me een foto van hem laten zien. Ik dacht: ziet er wel oké uit. Maar zodra ik hem op het witte doek zag, was ik verliefd. Ik dacht: mijn god, wie is dit wezen? Wat een gezicht! Die ogen, die lippen, dat gebit! Ik wilde zelf in films acteren, gewoon om Marlon Brando te kunnen kussen.

Guys and Dolls was de enige film ooit die ik twee keer op dezelfde middag heb gezien. Ik was binnengekomen halverwege een andere film. Ze hadden destijds twee films voor de prijs van één, maar het gebeurde niet vaak dat ik beide films van begin tot eind zag. Ik begreep nog niet dat bioscopen met schema's werkten en dat het de bedoeling was dat je kwam als de film begon. Ik liep gewoon naar binnen wanneer ik maar wilde, en dan bleef ik na de tweede film zitten om ook het begin van de eerste te zien.

Ik weet niet meer wat de andere film die dag was, want na *Guys and Dolls* had ik geen ruimte meer in mijn hoofd voor andere zaken. Ik staarde als gebiologeerd naar het doek. Na het einde moest ik die andere film helemaal uitzitten, barstend van ongeduld natuurlijk. Twee extra Mello-Rolls hielpen me erdoorheen. Ik was zo betoverd door Marlon Brando dat ik niet kon wachten om hem weer te zien.

Ik was dol op liefdesverhalen, zoals *Anna Karenina* met Greta Garbo. Ik stelde mezelf voor in de rol van de heldin, die zo'n heel ander leven leidde. Toen ik *The King and I* zag, wilde ik niet Deborah Kerr zijn, maar het personage dat ze speelde, de toegewijde lerares Anna. Ik wilde hoepelrokken dragen en in Siam wonen.

Later besefte ik dat de personages in mijn favoriete films elkaar meestal niet kregen aan het einde. Best interessant, want we denken allemaal dat we van een happy end houden. Toch is het de tragedie, het verlies, de gemiste kans, die de gevoelige snaar raakt en die we ons altijd blijven herinneren in ons hoofd en ons hart. *Anna Karenina* loopt slecht af, maar dat gaf me de kans om te huilen. Ik huilde niet vaak, maar in de bioscoop kon ik mijn tranen de vrije loop laten.

Anna Karenina was ook de eerste klassieke roman die ik las. Ik stapte moeiteloos van de jonge detective Nancy Drew over op Tolstoj. Ik was helemaal in de ban van Anna, die sterft voor de liefde. Want willen we niet allemaal passie voelen in het leven?

Ik was dol op de wereld van fictie, die veel opwindender en meeslepender was dan wat ik meemaakte in het echte leven. Ik vond het deprimerend om de donkere bioscoopzaal te verlaten en het nietsontziende licht van de werkelijkheid te betreden. Dan rook ik de stank van de straat, het vuilnis, de smerigheid. Mijn moeder wilde niet dat ik naar de bios zou gaan, want daarna had ik altijd een paar dagen een slecht humeur, zei ze.

Ik hield niet van de werkelijkheid. Op school was ik een buitenbeentje. Ik was nooit helemaal op mijn gemak als ik door de gang liep, ook al haalde ik hoge cijfers en was ik lid van de Arista Society, waarin je alleen werd toegelaten als je gemiddeld een negen had voor al je vakken. Het was belangrijk voor me om het goed te doen op school. Ik was een ijverige leerling die haar uitmuntend verzorgde huiswerk altijd op tijd inleverde. Ik heb een opstel van mezelf bewaard met de titel 'Mijn dertien jaren'. Ik had een '13' op het schutblad gemaakt van uitgeknipt papier, en het opstel was voorzien van een inhoudsopgave en familiefoto's. Hier is een fragment om je een indruk te geven: 'Op 24 juni 1955 vond er om kwart over negen een opwindend moment in mijn leven plaats in de aula van Public School 89: mijn diploma-uitreiking. Ik weet nog dat ik met een heel merkwaardig gevoel over het podium liep om mijn diploma in ontvangst te nemen. Ik hoorde mijn hakken tikken en was bang dat ze mijn onderrok konden zien. Toen ik het trapje af liep om terug te gaan naar mijn stoel, voelde ik me vreemd. Alsof alle ogen op mij waren gericht.' (Dat vond ik toen noch nu een prettig gevoel. Ik heb tot op de dag van vandaag een hekel aan awardshows bijwonen of over de rode loper lopen.)

'Hoewel ik mijn leraren graag mocht, was ik blij om te vertrekken.' (Zo ben ik nog altijd. Als ik klaar met iets ben, dan ben ik er ook kláár mee.) 'Ik ben deze zomer drie keer per week naar het strand gegaan. Ik heb daar niets bijzonders meegemaakt.'

Nee, het is geen veelbelovend leesvoer. Maar ik had gelukkig al toekomstplannen: 'Ik ben al zo lang als ik me kan herinneren geïnteresseerd in het theater. Van tijd tot tijd haal ik mijn dichtbundels en tijdschriften over dramatische kunst tevoorschijn en speel ik de stukken na. Ik heb gehoord over de American Academy of Dramatic Arts, waar het curriculum ook zanglessen bevat. Die mogelijkheid wil ik verder onderzoeken.' Ik vervolgde: 'Als alumnus van Erasmus hoop ik deel te nemen en bij te dragen aan buitenschoolse activiteiten.' En: 'Ik zal proberen al mijn taken zo goed mogelijk uit te voeren. Zo eindigt het verhaal van mijn leven tot nu toe. Ik kan alleen maar zeggen dat ik alles uit mijn mogelijkheden wil halen, en dat ik het leven zo plezierig mogelijk wil maken voor mezelf en voor alle mensen die ik ontmoet.'

Geen beroerd levensdoel! Ik was nogal serieus, zoals je kunt zien. Maar ik zag er niet uit zoals de andere goede leerlingen met wie ik omging. Ze droegen bruine Oxford-veterschoenen en brillen met dikke glazen. Ik had zelf aangebrachte blonde highlights in mijn haar. Ik weekte een stuk katoen in waterstofperoxide uit een flesje en bleekte strengen haar. Toen ik die look beu was, kocht ik bij Woolworth's een henna kleurspoeling van Noreen en probeerde ik me te ontdoen van het gebleekte gedeelte. Ik wist niet dat elke capsule kleine kristallen bevatte in verschillende kleuren, waardoor ik ook rode, groene en blauwe plukken kreeg. Ik zag eruit als een Londense punkrocker. Ik was mijn tijd ver vooruit, al was het totaal onbedoeld.

Ik experimenteerde ook met make-up. Door de donkere lippenstift van mijn moeder te vermengen met zinkoxide (dat gebruikte ik tegen puistjes) creëerde ik een bijzondere kleur, een soort magenta. Het was niets nieuws dat ik haar lippenstift leende. Toen ik twee was, had ze me al betrapt toen ik van haar dressoir dreigde te vallen terwijl ik met een gelukzalige glimlach lippenstift over mijn gezicht zat te smeren. Ik gebruikte de blauwe aquarelpotloden van mijn artistieke broer om oogschaduw aan te brengen. Ik zal het soms wel lichtelijk hebben overdreven. Toen ik een prijs kreeg voor de beste score voor Spaans van mijn klas (ik had een 9,9) zei mijn lerares mevrouw Thomas (je moest *Tomath* zeggen, met zo'n Castiliaanse lisp) bij de uitreiking: 'Je hoeft je ogen niet blauw te maken om een onderscheiding te krijgen.'

Het schaakwonderkind Bobby Fischer zat ook op Erasmus. Ik zie hem nog in zijn eentje in de kantine zitten met een bruine leren pet met oorkleppen en een dikke bruine corduroy broek. Hij lachte in zichzelf. Dat vond ik intrigerend. Hij zag eruit als een geschifte piloot uit een film uit de jaren veertig. Op een dag raapte ik al mijn moed bij elkaar om dag tegen hem te zeggen, maar hij was niet erg aardig. Hij was vooral geïnteresseerd in het nummer van *Mad* dat hij zat te lezen. Dat was de laatste keer dat ik hem aansprak. Hij was een buitenbeentje, net als ik.

Na Irving Borookow (met wie ik het op mijn zevende had uitgemaakt) had ik tijdens de middelbare school geen enkele date, behalve een keer met een Spaanse jongen. Hij was groot en knap. Ik ben zijn naam vergeten, maar ik zie zijn gezicht nog voor me. Ik weet ook nog wat ik droeg: een donkerblauwe jurk met een witte kraag en manchetten. Ik zal wel te veel aan het woord zijn geweest, want hij heeft me daarna nooit meer mee uit gevraagd.

En dat was het dan, wat jeugdige romantiek betreft. Ira Trachtenberg, een verlegen, blonde jongen die in hetzelfde complex woonde, wilde een keer met me naar Manhattan om *A Star Is Born* te zien, de versie met Judy Garland. Maar ik was bang dat hij in elkaar zou worden geslagen. Hoe moest ik dan terug zien te komen in Brooklyn?

Bovendien vond ik Joey Bauman leuker. Hij was stoer en kon me beschermen. Ik heb een fantastische foto van ons tweeën. Ik zit op zijn fiets en ik zie er niet beroerd uit. Best wel een lekker ding, heel anders dan op de foto's van mijn diploma-uitreiking, toen ik een afzichtelijk jarenvijftigkapsel had.

Mijn beste vriendin was Barbara Sulman. Vele jaren later, toen ik in New York *The Prince of Tides* maakte, liet ze een briefje achter in mijn trailer op straat. Ik vond het heerlijk om van haar te horen en nodigde haar uit om langs te komen. Ze zag er nog precies zo uit als toen ze dertien was, alleen wat langer. We vertelden elkaar altijd over onze dromen. Ik wilde een beroemd actrice worden, en zij wilde secretaresse worden met een man en twee kinderen. Al onze wensen waren uitgekomen.

Barbara en ik gingen vaak naar Brighton Beach om in Bay 2 op een handdoek te zonnen. We smeerden ons in met enorme hoeveelheden babyolie. We deden een paar druppeltjes jodium in de fles om onze huid nog donkerder te maken. Als ik thuiskwam, kon ik niet wachten om mijn zanderige badpak uit te doen en een douche te nemen. Dan keek ik naar het contrast tussen de witte huid die onder het badpak had gezeten en de huid die zon had gezien om vast te stellen hoe bruin ik was geworden. Het was bijna een wedstrijd. Na het douchen zochten we elkaar weer op om onze teint te vergelijken.

Ik deed veel alleen. Ik was erg onafhankelijk, waarschijnlijk omdat mijn enige levende ouder werkte. Dan moet je jezelf maar redden.

Ik kookte niet, maar ik was dol op bakken. Ik wilde dolgraag die gele taart maken die ik zo heerlijk had gevonden in zomerkamp Bais Yaakov. De cupcakes van Fischer kwamen er het dichtst bij in de buurt. En ik had andere favorieten. Bij de Duitse bakkerij van Ebinger, om de hoek bij ons gebouw, hadden ze de beste *chocolate blackout cake*. De Joodse bakkerij iets verderop heette Schenley's. Daar trakteerde ik mezelf op *Charlotte Russe*, gewoon omdat het er zo lekker uitzag met dat kersje erbovenop. En dan had je nog Besterman's, een *appetizing store* waar ze typisch Joodse lekkernijen verkochten zoals zure groene tomaten, bagels met zalm, en gerookte botervis, een klein plat visje met een glanzend gouden vel. Op de hoek zat de drugstore Cookie's, met aan de lunchcounter krukken met draaiende, ronde zittingen. Tegenover Cookie's zat een Italiaans snoepwinkeltje waar ik naast zwarte ook rode, groene en bruine drop kocht. Ze serveerden cola uit een spuit en maakten overheerlijke *egg cream*, een soort milkshake die ondanks de naam eieren noch room bevat. Geen idee waarom ze zo heten, want er zit alleen melk, chocoladesiroop (Fox's U-Bet) en spuitwater in. Mijn moeder gaf me milkshakes om me te laten aankomen, maar daar hield ik niet van. Te dik.

Omdat mijn moeder vaak in de weer was met mijn zusje, deed ik allerlei dingen alleen. Naar de tandarts gaan bijvoorbeeld: dr. Norman Greystone, aan de overkant van onze straat. Hij zei dat ik vijftien gaatjes had. Ik was ervan overtuigd dat hij gewoon geld wilde verdienen door in mijn tanden te boren, al moet ik toegeven dat ik inderdaad veel snoepte.

Toen ik veertien was, wees hij naar mijn hoektanden, en zei dat het nog altijd mijn melktanden waren. De meeste kinderen raken die kwijt als ze tien of elf zijn, maar de mijne zaten er nog. Hij wilde er vier trekken, twee aan elke kant, om ruimte te maken voor mijn volwassen gebit. Ik was geschokt en zei: 'Dat gaat niet gebeuren.' Ik wilde niet rondlopen met grote gaten aan beide kanten van mijn mond. Ik zei dat hij aan beide kanten één tand mocht trekken. Ik hoopte dat Moeder Natuur de rest zou regelen. (Ik weet niet meer of ik mijn moeder om toestemming heb gevraagd. Mijn besluit stond vast.)

Dr. Greystone stuurde me naar een orthodontist omdat hij zag dat een van mijn voortanden doorkwam achter de melktand en ik een beugel nodig had. Leuk, hoor. Ik was al zo onzeker over mijn uiterlijk, en een beugel was wel het laatste waar ik behoefte aan had. Toen de orthodontist zei dat het een slotjesbeugel zou worden, zei ik: 'Sorry, verstop ze maar achter mijn tanden, zodat niemand het ziet.' Dat kon wel bij het bovengebit, maar niet bij het ondergebit, dus ik zei dat hij dat maar moest vergeten. Daarom heb ik nog altijd een scheef ondergebit.

Het duurde twee jaar voordat ik al mijn volwassen tanden had. Iedereen dacht dat ik heel serieus was, want ik glimlachte nooit in die tijd. Dat was te gênant. Lachen was er al helemaal niet bij. Het was misschien sneller gegaan als ik dr. Greystone zijn gang had laten gaan. Maar ik dacht al vooruit. Hoe kon ik ooit het podium op met een beugel en twee grote gaten in mijn mond?

Ik had grootse plannen namelijk. Datzelfde jaar deed ik me ouder voor dan ik was om te worden toegelaten tot het introductieprogramma van de Malden Bridge Playhouse, een theater in het noorden van de staat New York. Tegen de tijd dat ik daar begon was ik vijftien, dat leek me wel volwassen genoeg.

Ik las het blad *Show Business*, dat te koop was in straatkiosken in Manhattan. Daarin zal ik wel hebben gelezen over Malden Bridge. Ik zie de man die daar de leiding had, John Hale, nog zo voor me. Hij was een lange, magere lat en leek op John Waters. Ik weet niet meer of ik auditie moest doen en de concurrentie stelde niet veel voor. Als je 150 dollar kon betalen, werd je toegelaten. Achteraf gezien vind ik dat heel raar. Je moest betalen om het vuile werk in het theater te doen. Maar goed, ik had geen 150 dollar, en mijn moeder al evenmin. Toen ik haar vroeg of ik erheen mocht, zei ze nee. Het zal op haar wel zijn overgekomen alsof ik bij het circus wilde gaan, en ze was geschokt. Maar ik was vastbesloten. Ik herinnerde haar eraan dat ik 500 dollar van mijn grootvader had geërfd en zei dat ik een gedeelte van dat geld wilde gebruiken voor de zomeropleiding.

Mijn moeder en ik hadden geen typische moeder-dochterrelatie. Ik had een zekere macht over haar. Of misschien bleef ik zo ongenadig doorzeuren dat ze het uiteindelijk maar opgaf.

Ze gaf me het geld.

Het begon me voor de wind te gaan! Ik ging naar Malden Bridge met Susan Dworkowitz, mijn beste vriendin van Erasmus, die ook actrice wilde worden en zelfs al een podiumnaam had gekozen: Susan Lanell. Ze was klein en maakte zich op met witte pancake. Ze droeg rode lippenstift en zag er met haar pixiekapsel uit als een porseleinen popje. En dan ik met mijn zelfgemaakte magenta lippenstift en blauwe oogschaduw. We waren een lekker stel samen.

Het theater had een seizoen van een week of tien. Het eerste stuk zou in juni in première gaan, maar wij, de leerlingen, mochten pas in juli het podium op. Het stuk was *The Teahouse of the August Moon* en we hadden piepkleine rollen. Susan was perfect gecast. Ik was dat niet, maar dat maakte me niet uit. Wat een genoegen om eindelijk op een podium te staan, een professioneel podium bij een echt theatergezelschap! Susan en ik hadden make-upkits van Max Factor gekocht. Ik vond het heerlijk om alle sticks open te draaien en de geur van schmink op te snuiven.

Ik was nog altijd bezorgd over de gaten in mijn gebit. Ik kneedde van Aspergum, dat lichter was dan kauwgum en meer de kleur van mijn tanden benaderde, iets wat op een tand moest lijken, en dat stopte ik in de holtes. Je kunt wel raden hoe dat afliep. Het overkwam me regelmatig dat zo'n Aspergum-tand er tijdens de voorstelling uit viel, en dan moest ik hem snel doorslikken.

Het leukste moment was altijd als we aan het einde van de week decors afbraken en de panelen nieuwe kleuren gaven voor de volgende voorstelling. We werkten met zijn allen door tot in de kleine uurtjes, en dan verschenen er tosti's en tomatensoep van Campbell's. Niets was zo heerlijk. Ik geloof dat ik in die tijd ook witte boterhammen met pindakaas en jam ben gaan waarderen. Ik was gewend aan salami en kaasspread.

In het vijfde stuk had ik eindelijk een rol met tekst. Ik speelde Elsa in *Desk*

Set. Ik zat op een bureau en moest een flirterig personage spelen. Maar ik kon niet flirten. Als je opgroeit zonder vader is het moeilijker om met mannen om te gaan. Je krijgt niet de kans om je vrouwelijkheid te ontwikkelen als reactie op zijn mannelijkheid. Wat doen kleine meisjes als ze verlegen zitten om de aandacht van hun pappie? Ze knuffelen hem als ze nieuw speelgoed of een nieuwe jurk willen hebben. Ze kussen hem en zeggen: 'Ik hou van je.' Ze leren manipuleren. Ik had geen flauw idee hoe ik mannen moest manipuleren of zelfs maar hoe ik op hen moest reageren, want ik had geen enkele relatie gehad met mijn stiefvader. Ik maakte om de rol te spelen instinctief gebruik van een aspect van mezelf dat ik nog niet kende.

Ik was dan ook verrast toen ik mijn eerste recensie las in de plaatselijke krant: 'Barbara Streisand zet een prima kantoorverleidster neer. Hou je in, jongens!'

Wow! 'Hou je in, jongens' nog wel. Was dat een grap? Vond de recensent me echt sexy? Ik stond versteld en was trots. Het was de eerste keer dat iemand me op welke manier dan ook aantrekkelijk had genoemd.

Aan het einde van het seizoen mochten de leerlingen zelf een voorstelling doen als beloning voor het feit dat ze het grootste deel van de zomer onzichtbaar achter de coulissen hadden doorgebracht. We deden *Picnic* en ik speelde Millie, het jongere zusje van de hoofdpersoon. Ik had de film met William Holden en Kim Novak gezien, waarin Millie werd gespeeld door Susan Strasberg. (Daar had je haar weer.) Ik kreeg opnieuw een goede recensie: 'De alledaags ogende Barbara Streisand transformeert zich op een volstrekt geloofwaardige manier van een tomboy tot een knappe meid die zich terdege bewust is van haar macht.'

Een vooruitziende recensie, want van 'alledaags ogend' naar 'knap' is in feite de blauwdruk van mijn hele carrière.

En dat was dat. Mijn route was uitgestippeld. Wat een glorieuze zomer! Ik kon het amper verdragen om terug te moeten naar school. Ik besloot extra bètavakken te volgen zodat ik zes maanden eerder mijn eindexamen kon halen om te beginnen met mijn carrière. Maar daar had ik toestemming voor nodig. De rector, mevrouw Cameron, liet mijn moeder komen voor overleg. Ze wilde weten waarom ik met mijn cijfers niet ging studeren; ik stond gemiddeld een 9,3. Mijn moeder vond studeren niet belangrijk. Ze wilde liever dat ik zou leren typen, zodat ik secretaresse op een school kon worden met lange betaalde vakanties. (Daarom liet ik mijn nagels groeien, zodat ik niet hoefde te typen.)

Voor mijn Engelse boekverslagen koos ik boeken van Stanislavski. Ik las zijn autobiografie *My Life in Art* en ook *An Actor Prepares*, het eerste boek van een trilogie waarin hij zijn theorieën over acteren uiteenzette, en daarna de twee andere delen. Ik schreef een paper over de sonnetten van Shakespeare. Op een ijskoude, besneeuwde avond nam ik de metro naar het Heckscher Theatre op de hoek van Fifth Avenue en 104th Street om George C. Scott te zien in *Richard III*. Ik was gek van Shakespeare.

Dat had ik van mijn vader, zoals ik ontdekte toen ik eindelijk zijn boeken onder ogen kreeg. Mijn moeder had die na zijn dood opgeslagen in de kelder van ons huis op Pulaski Street. Ik heb ze jaren later teruggehaald en nu koester ik die boeken: alle stukken van Shakespeare en werk van Charles Dickens en Mark Twain. Ik had als kind hier en daar in sommige boeken zitten krabbelen. Blijkbaar zat hij die te lezen met mij in de buurt. Zijn exemplaar van *Tales from Shakespeare* van Charles en Mary Lamb ligt nog altijd op mijn nachtkastje. Een heel charmant boek, waarin de verhalen worden samengevat voor kinderen. Wie weet. Misschien had hij het gekocht om mij uit voor te lezen.

Op Erasmus werden geen acteerlessen aangeboden, maar ik had gehoord over een radioclub die buiten school bij elkaar kwam. Ik deed auditie met een speech uit *Saint Joan* van George Bernard Shaw, de scène waarin Jeanne d'Arc voor het tribunaal pleit voor haar leven en vertelt over de stemmen in haar hoofd. Ik had van Stanislavski opgestoken dat je om een personage goed te kunnen spelen, moet proberen iets in jezelf te vinden wat je met het personage gemeen hebt. Omdat ik ook stemmen in mijn hoofd hoorde, kon ik de tekst van Jeanne d'Arc heel geloofwaardig brengen. Acteren is geloven... Dat was de titel van een ander boek dat ik las. Een van mijn lievelingsboeken uit die tijd.

Er was nog een regeltje uit het stuk dat iets bij me losmaakte. Als Jeanne d'Arc de vragen van het tribunaal beu is en wanhoopt omdat ze haar niet willen geloven, zegt ze: 'Er is een oud gezegde dat iemand die te veel de waarheid vertelt zeker zal worden opgehangen.'

Dat was voor mij een onthulling, en ik ben die woorden nooit vergeten. Ik vind dat je altijd de waarheid moet vertellen, maar die gewoonte heeft me in de loop der jaren weleens in de problemen gebracht.

Ik weet nog dat ik de brief van de club, die aan mijn moeder was geadresseerd, heb opengestoomd omdat ik wilde weten of ik was toegelaten. En ja, dat was ik. Maar ben ik ook gegaan? Dat weet ik niet meer. Ik was dol op de uitdaging om voor dat soort dingen te worden aangenomen. Maar als ik werd toegelaten, verloor ik vaak mijn belangstelling. Misschien ben ik één keer gegaan en viel het tegen. Of misschien vond ik het te ver weg.

Ik werd ook aangenomen voor het koor van Erasmus. Ik vond meneer DePietto, het hoofd van de muzieksectie, erg knap, maar hij zag me niet staan. Op de middelbare school was niemand onder de indruk van mijn stem, en ik was dat zelf ook niet. Mijn moeder vond juist wel van zichzelf dat ze een goede stem had, en ze had gelijk. Ze zong te pas en te onpas, bij bar mitswa's en andere familiebijeenkomsten. Maar ze heeft nooit iets gedaan met haar talent. Ze was op haar zeventiende met een vriendin bij het koor van de Metropolitan Opera gegaan. Maar ze waren na de eerste repetitie zo laat thuisgekomen 'dat onze ouders ongerust waren', vertelde ze jaren later aan een journalist. 'Toen hebben we het maar uit ons hoofd gezet.'

Ze had haar eigen muzikale ambities overboord gezet, maar had ze ambities voor mij? Ze nam me toen ik negen was mee naar de stad om auditie te doen voor MGM. Hoe was dat gegaan? Zochten ze jong talent en hadden ze een advertentie in de kranten gezet? Kwam het idee van mijn moeder, of had ik haar omgepraat? Ik weet het niet. Ik weet nog wel dat ik kunstjes zat te doen op de glijbaan en aan iedereen in de speeltuin vertelde dat ik naar MGM zou gaan. Ik was dol op de brullende leeuw aan het begin van de films van die studio. Ik zei dat ik waarschijnlijk snel beroemd zou zijn. Ik kon niet weten dat auditie doen niet hetzelfde is als werk aangeboden krijgen. Mijn moeder en ik werden verwelkomd door Dudley Wilkinson, een gedistingeerde man met zilvergrijs haar, hoofd van de afdeling talentenwerving. Hij schudde mijn hand en bracht me naar een glazen hokje. Heel raar, want ik hoorde geen geluiden van buiten, behalve als ze tegen me spraken door een luidspreker. Ik zong 'Have You Heard?' van Joni James, destijds mijn favoriete zangeres. Ik werd geloof ik niet muzikaal begeleid. En ik geloof dat we niets meer van de studio hebben gehoord.

Op mijn twaalfde deed ik auditie voor het televisieprogramma *Startime Kids*. Ze wilden me hebben, maar ik moest voordat ik in het programma mocht verschijnen lessen volgen. Ik ben een paar keer gegaan, maar de lessen waren op zaterdagochtend. Het was te veel gedoe voor mij en mijn moeder om daar te komen. Ze wilde dat ik ermee zou stoppen en daar had ik geen probleem mee.

In de zomer dat ik dertien was, gingen we een week naar het Catskill-gebergte, waar mijn moeder een pianist ontmoette die haar vertelde over een studio waar je zelf een plaat kon maken. Dat vond ze zo'n opwindende gedachte dat ze besloot het te doen. Ik dacht: prima, dan maak ik ook een plaat.

Mijn moeder en ik kozen songs uit, en op 29 december 1955 gingen we naar de Nola Studios om die op te nemen. Mijn moeder zong 'One Kiss' in een lichte operettestijl. Ze zong het prachtig. Beter dan Jeanette MacDonald, vond ik. Maar ze kreeg nauwelijks de kans om het refrein te zingen, want de pianist speelde eindeloze, complexe tussenstukjes. Ik was een tiener en wist van niks, maar het deugde gewoon niet. Hij probeerde hetzelfde te doen toen ik zong, maar ik zei: 'Wilt u misschien een korter intermezzo spelen?'

Ik zong die dag twee liedjes: 'Zing! Went the Strings of My Heart' en 'You'll Never Know', een song waar ik heel dol op was, met muziek van Warren Henry en een tekst van Mack Gordon. Het was een serieus nummer, want ik voelde me niet op mijn gemak met snellere stukken. De pianist en ik hadden afgesproken waar hij zou spelen en waar ik zou zingen. Maar bij een van de laatste noten kwam er iets uit mijn mond wat me totaal verraste. Ik zong niet de melodie zoals die was geschreven en zoals we hadden afgesproken – '*You'll never know what you don't... know... now...*' – maar ik zong drie totaal verschillende noten. Hoger, met een jazzachtig ritme, en een merkwaardige mineurnoot aan het einde.

Ik dacht: lieve hemel, waar kwam dat vandaan? Is dit wat ze inspiratie noemen? Ik wist nog niet dat een muzikant het improvisatie zou noemen: spelen met de melodie. Pas jaren later besefte ik tijdens een acteerklasje dat dit is wat we allemaal proberen te bereiken: volledig in het moment zijn, zonder vooringenomenheid, om spontaan te kunnen reageren.

Op mijn veertiende ging ik acteerlessen volgen in Manhattan. Mijn eerste docent was William Hickey van de Herbert Berghof Studio in Greenwich Village, die was opgericht door Herbert Berghof en zijn vrouw Uta Hagen. Daar had ik over gelezen in *Show Business*, denk ik. Maar ik ben niet lang bij Hickey gebleven. Ik begreep de helft van de tijd niet waar hij het over had. Ik weet nog dat ik een scène uit *The Glass Menagerie* voor hem deed. Ik dacht dat ik Laura heel aardig neerzette, vooral haar manke tred. Ik speelde graag personages met een beperking. Hij vroeg mij en mijn tegenspeler het nog eens te doen. Maar we waren nog maar net begonnen toen hij me onderbrak en vroeg: 'Heb je je bewegingen niet onthouden?'

'Hoezo?' vroeg ik. Hij vertelde dat je als acteur steeds dezelfde bewegingen moet uitvoeren. Ik zei: 'Bedoel je dat ik elke keer exact hetzelfde moet doen? Waarom?'

Ik moest altijd vragen stellen. Wat moet ik irritant zijn geweest.

Ik zag in *Show Business* ook een advertentie van het Cherry Lane Theatre. Ik ben ernaartoe gegaan om te vragen of ik er voor niets mocht werken om het vak te leren. Ze voerden destijds een productie van *Purple Dust* van Sean O'Casey uit die al enige tijd liep. Anita Miller speelde Avril, en ik hield haar nauwlettend in de gaten als ik enkele doordeweekse avonden na school en in de weekends backstage werkte.

Op mijn allereerste cv, dat ik maakte op mijn zestiende, noemde ik mezelf *assistant stage manager*, maar dat was overdreven. Ik leerde veel over belichting en geluid, maar een echte titel had ik niet. Ik beweerde ook dat ik de understudy voor de rol van Avril was, en dat is deels waar. Ik leerde de rol uit mijn hoofd, maar niet omdat iemand me had gevraagd dat te doen. Ik vond het heerlijk om te spreken met een Iers accent. Als ik het theater binnenkwam, begroette ik de toneelknechten met: '*Top o' the mornin' to you, boys!*'

Zoals ik al zei: ik was irritant.

Anita en ik raakten bevriend. We spraken vaak over acteren. Ze vertelde aan haar man, de acteerdocent Allan Miller, dat ik lessen wilde volgen. Maar hij had geen belangstelling om een vijftienjarige te begeleiden tijdens haar avonturen in de theaterwereld. Hij vond het vak te zwaar voor een meisje van mijn leeftijd. Maar ik liet me niet uit het veld slaan.

Op een avond nodigde Anita me uit om te komen eten in hun appartement. Ze was een voortreffelijke kok en maakte heerlijke erwten met suiker en broodkruimels. Ik kan ze nog proeven. Toen ik Allan tijdens de maaltijd vertelde dat ik dolgraag actrice wilde worden, zei hij dat hij me wel wilde lesgeven. Jaren later vertelde hij me dat hij, eigenlijk tegen wil en dank, ja had gezegd omdat ik een brandende passie had. Ik was 'zo rauw, zo primitief, zo open' dat hij was bezweken. Ik mocht naar zijn lessen komen als ik in ruil daarvoor op hun zoon Gregory wilde passen, die een schatje was. Ik werd verliefd op het hele gezin.

Mijn kennismaking met Anita en Allan was het begin van mijn echte opleiding. Hun appartement stond vol met boeken. Ik was vooral geïnteresseerd in moderne toneelstukken. Op hun planken vond ik het werk van Tennessee Williams, Arthur Miller en Lillian Hellman. Allan had een broer, die op een avond toen we samen oppasten muziek opzette. Het was *De vier seizoenen* van Vivaldi en ik dacht: mijn god, wat is dat? Ik had nog nooit zoiets gehoord en wilde meteen meer klassieke muziek horen. Ik luisterde naar Stravinsky's vioolconcert, nog altijd een van mijn favorieten; *Pini di Roma* van Respighi; *Le Sacre du Printemps* van Stravinsky. De meeste muziek hoef ik niet meer te horen als ik het een keer heb gehoord, maar deze stukken gaan me nooit vervelen. Ik denk ook aan *The Lark Ascending* van Ralph Vaughan Williams en de aria's van Puccini in de vertolking van Maria Callas. Ik kocht al die platen in de uitverkoop.

Ik was als een spons die alles in zich opnam.

Ik bezocht zo vaak mogelijk de lessen van Allan, die veel interessanter waren dan wat ze me op school probeerden te leren. Ik kreeg steeds meer het gevoel dat mijn echte leven zich elders afspeelde: in het Cherry Lane Theatre, in mijn acteerklasjes en thuis bij de Millers, die een soort surrogaatouders voor me waren. Ik ging alleen nog naar Brooklyn om te slapen, andere kleren aan te trekken en naar school te gaan. In de weekends ging ik vaak na de voorstelling met Anita mee naar huis om op de bank te slapen.

Ik voelde me tijdens de acteerklassen heel creatief. Ik herinner me een specifieke oefening waarbij Allan ons vroeg een levenloos voorwerp tot leven te laten komen. Ik koos voor een brokje chocolade. Ik stelde me voor dat ik met andere brokjes in deeg werd gegooid, dat ik werd gekneed en tot een koekje gevormd. Toen werd ik in een bloedhete oven geplaatst. Wat een ellende! Ik begon te smelten. Het was zo pijnlijk. Ik werd eindelijk vrijgelaten, de koude lucht in, en heel even was ik opgelucht. De koele lucht voelde heerlijk aan mijn lichaam. Maar ik wist nog niet dat ik snel stijf en solide zou worden, misvormd en verlamd. Ik kon niet bewegen. Daar lag ik dan op een blad met andere koekjes, in afwachting van het moment dat iemand me zou opeten... Aargh!

Het was denk ik een van mijn beste rollen.

De eerste belangrijke scène die ik deed kwam uit *The Rose Tattoo* van Tennessee Williams. Ik speelde een jong meisje dat zich intens aangetrokken voelt tot een jongen. Maar ze is seksueel onervaren en weet zich geen raad.

Ik was net zo onervaren als het personage en had geen idee hoe ik de scène moest spelen. Eerst dacht ik dat ik kon doen alsof ik in brand stond en hij ijs was, maar dat beeld was te pijnlijk. Het deed pijn als ik hem aanraakte, en dat was niet wat ik wilde.

Allan zei dat ik een intentie moest formuleren, dat ik moest bedenken wat ik in de scène wilde doen. Ik besloot dat mijn personage hem wilde aanraken en wilde dat hij haar zou aanraken. Maar ze was maagd en het klopte niet als ze hem op een expliciet seksuele manier zou benaderen. Het lag meer voor de hand dat ze een onschuldige manier zou bedenken om zijn lichaam te verkennen en fysiek contact te leggen.

Mijn tegenspeler en ik begonnen aan de scène. Ik denk dat ik heb geprobeerd mijn vingers door de zijne te vlechten. Op een gegeven moment stond ik op zijn voeten, als een klein meisje dat danst met haar vader. Even later deed ik alsof ik blind was en raakte ik zijn gezicht aan terwijl hij sprak; zijn ogen, neus, wangen. Ik onderzocht hoe het was om de huid van een man aan te raken. Zijn baardstoppels. Ik had geen vriendje en het was nieuw voor me.

Ik sloot mijn ogen om me volledig te concentreren op de aanraking. Ik wilde de gevoelens intenser maken. Het was gênant, maar ik vond dat het bij haar paste. Ik had geen idee wat ik daarna zou doen en mijn tegenspeler wist het ook niet. Ik geloof dat ik op een gegeven moment op zijn rug ben gesprongen. Aan het einde van de scène had hij een kop als een boei.

Ik stond versteld toen de hele groep applaudisseerde.

Allan zei dat hij zelden zo'n sexy scène had gezien. En ik probeerde niet eens sexy te zijn!

Ik schrok niet terug voor intimiderende rollen. Zelfs Medea heb ik geprobeerd. Ik deed haar fantastische monoloog uit de bewerking van Jean Anouilh: 'Waarom ben ik verminkt geboren? Waarom hebt u een meisje van me gemaakt? Waarom deze borsten, deze zwakte, deze open wond midden in mezelf?' Ik was vijftien en zij was een getrouwde vrouw met twee kinderen, maar ik herkende mezelf helemaal in haar. Ze verkende wat het is om een vrouw te zijn. Ik deed het zeker niet slecht.

Iemand die dat zag vroeg me of ik een scène met hem wilde doen voor zijn auditie voor de Actors Studio. Je moet begrijpen dat de Actors Studio voor acteurs de Olympus was. Lee Strasberg was onze god. Ik vond het een opwindende gedachte om die auditie te doen. We werkten aan een scène uit *Dino*, een televisiestuk van Reginald Rose. Mijn klasgenoot werd niet toegelaten, maar ik kreeg een brief waarin ze zeiden dat ze onder de indruk waren van mijn werk. Ze vroegen of ik wilde terugkomen om auditie te doen. Ik kon het nauwelijks geloven. Die brief werd een van mijn meest gekoesterde bezittingen. Ik vroeg Anita om de auditie met me te doen. We deden een scène uit *The Young and Fair* van N. Richard Nash. Ik was zo zenuwachtig dat ik de hele scène lang huilde. Het was over the top, volstrekt onbeheersbaar.

Een paar weken later kreeg ik een brief. Ik was niet aangenomen, maar ze schreven dat ik het opnieuw moest proberen als ik wat ouder was. Ik geloof dat het beleid was om geen mensen van onder de achttien aan te nemen.

Ze wilden me dus niet graag genoeg om een uitzondering te maken?

Oké. Misschien wilde ik hén wel niet. Maar ik bleef aan de Actors Studio denken, juist omdat ik er niet was toegelaten. Het leek me een intrigerende uitdaging om samen te werken met de vermaarde Strasberg, de vader van Susan. (Daar was ze weer!)

Als ik in de metro van en naar Brooklyn reed, schreef ik brieven aan Strasberg. Ik wilde mijn observaties over acteren met hem delen. Er was me iets opgevallen. Er zat een leerling in Allens groep die nauwelijks talent en geen enkel charisma had. Maar als hij een eenvoudige ontspanningsoefening deed waarbij je alleen in een stoel hoefde te zitten en zonder veel te bewegen de spanning in verschillende ledematen moest testen, werd hij opeens interessant. Een kleine beweging van zijn wenkbrauw of zijn vinger, of een ademtocht: het was allemaal razend fascinerend. Dankzij het simpele mysterie dat hij een mens was en nauwelijks iets deed, kon ik niet wegkijken van zijn gezicht.

Die oefening leerde me de kracht van eenvoud. Ik schreef aan Strasberg dat ik 'het iets in niets' had ontdekt. Mensen die hun ik de vrije loop gaven en al hun emoties eruit gooiden, hadden niet goed begrepen waar het bij The Method (de acteertechnieken van Stanislavski) om draaide.

Ik schreef ook aan Strasberg dat je, als je in de bevoorrechte positie bent dat je op het podium staat, boven het publiek, hun dan iets verschuldigd bent, iets waarachtigs. Ik dacht dat de waarheid een energie bevat die mensen kan raken.

In een van mijn brieven schreef ik zelfs: 'Ik heb gehoord dat u een starfucker bent.' (Dat zal wel iets te maken hebben gehad met zijn relatie met Marilyn Monroe.) Onvoorstelbaar toch? Jaren later, toen ik een scène voor hem deed in de Actors Studio in Los Angeles, heb ik hem een aantal van die brieven voorgelezen. (Maar niet de brief met die opmerking erin.) Ik had ze nooit verstuurd. Toch was het bevredigend om mijn gedachten op papier te zetten voor iemand voor wie ik zoveel respect had.

De zomer na de vijfde klas werden Anita en Allan gevraagd om een stuk te doen in The Clinton Playhouse in Connecticut. Ze vroegen of ik wilde meekomen om op Gregory te passen als ze aan het werk waren. Dat klonk leuker dan in Brooklyn blijven. Ik stond niet zelf op het podium, maar was wel vaak in het theater en raakte bevriend met de acteurs. De andere mannelijke hoofdrolspeler, naast Allan, was een jonge vent die voor het eerst zo'n zomerseizoen deed. Hij heette Warren Beatty, en hij vroeg me hem te helpen met zijn tekst. Als dat een versierpoging was, is het me compleet ontgaan. Hij speelde piano en ik was van hem onder de indruk. We gingen weleens samen eten en spraken over het leven. Hij was eenentwintig en lang, met het knappe uiterlijk van een filmster. De vrouwen lagen aan zijn voeten. Ik was zestien.

Warren heeft het verhaal over onze ontmoeting weleens verteld. Hij zegt dat hij me wel degelijk probeerde te versieren en dat ik hem afwees. (Daar kan hij niet lang kapot van zijn geweest; hij legde het gewoon aan met het volgende meisje.) Mijn moeder had me doodsbang gemaakt voor seks. Als je haar moest geloven, was zelfs zoenen al gevaarlijk als je ongehuwd was. Ik mocht niet eens handjes vasthouden. Daar kon je volgens haar ook ziek van worden.

Warren en ik werden vrienden voor het leven. Hij had en heeft de uitstraling van een ster. Als we elkaar zien, halen we altijd herinneringen op aan die zomer.

In september ging ik terug naar Erasmus en hoefde ik nog maar vier maanden door te komen voor mijn eindexamen. Maar er lag nog een obstakel op mijn pad: je kon alleen je diploma krijgen als je een zwemtest met goed gevolg aflegde. Dat was voor mij een nachtmerrie, want ik had watervrees. Dat was al begonnen op mijn zevende. Toen ik in het gezondheidskamp had geprobeerd te zwemmen, was ik bijna verdronken. Marie, een aardig ouder meisje, had me gered. Later, toen de Borookows me op een zondag meenamen naar de Brooklyn Botanic Garden, was ik in het zwembad gevallen. Hoewel het water niet diep was, raakte ik in paniek. Gelukkig kon Tobey me altijd troosten. Ze sloeg haar jas om me heen en we zijn in hun auto naar huis gereden. Ze hadden een mooie zwarte auto met een plat dak, zoals de auto in *It Happened One Night*. Ik mocht zelfs haar rode leren schoenen met hoge hakken dragen toen mijn kleren hingen te drogen.

Die watervrees was de schuld van mijn moeder. Ze ging nooit het zwembad in, maar stond aan de kant en liet het water over haar voeten klotsen. Ze dacht dat het net zo gevaarlijk was als handjes vasthouden. Ze had tegen me gezegd: 'Ga nooit het water in, want dan verdrink je.' Zelfs in het ondiepe water bij Brighton Beach klampte ik me wanhopig vast aan mijn zwemband.

En nu was ik zestien en zat ik eindeloos lang in de chloorstank op de glibberige rand van het zwembad van Erasmus. Wat hadden al mijn goede cijfers me opgeleverd? Ik moest nog altijd aan de overkant van dat helse zwembad zien te komen.

Ik besloot dat ik ging zwemmen, ook al zou het mijn dood worden. Ik sloot mijn ogen en liet me zo'n beetje in het water vallen. Op een of andere manier spetterde en peddelde ik naar de overkant.

Op 26 januari 1959 kreeg ik mijn diploma. Ik had lang naar die dag uitgekeken, maar uiteindelijk was het een anticlimax. Ik werd veel enthousiaster van het feit dat ik een rol had gekregen in mijn eerste professionele productie in Manhattan, in een stuk dat *Driftwood* heette. Ik had de auditieoproep in *Show Business* gezien. Het was niet bepaald Broadway, meer off-off-off-Broadway. Om heel eerlijk te zijn: in het zolderappartement van de schrijver, met een paar vouwstoelen om op te zitten, en je moest vijf gammele trappen op om er te komen. En professioneel was het bij nader inzien ook niet, want we werden niet betaald. Maar het was een echte rol. Ik was eindelijk klaar met de middelbare school. Ik was op weg.

3

Deze avond zou mijn leven kunnen veranderen

Het was duidelijk dat *Driftwood* me geen ster zou maken. Ik speelde de leider van een dievenbende. Ze heette Lorna en had een mysterieus verleden. (Hoe mysterieus kan ik zijn geweest op mijn zestiende?) Ik weet nog dat ik voor de première een broodje eiersalade at dat ik er meteen weer uit gooide omdat ik zo nerveus was. Joan Molinsky, die later haar naam veranderde in Joan Rivers, zat ook in de cast. Ik vond haar grappig, al was het geen komisch stuk. Ze bofte dat ze uit een rijke familie op Long Island kwam. Ze had niet alleen een vader, hij was nog dokter ook! Wow!

Het stuk had geen lange run, maar daar kon ik niet mee zitten. Ik had een woning in Manhattan gevonden waar ik kon samenwonen met mijn vriendin Susan Dworkowitz alias Lanell.

Het was een klein flatje op de derde verdieping van een gebouw zonder lift op 339 West Forty-Eighth Street tussen Eighth en Ninth Avenue. We betaalden 100 dollar per maand (ieder 50 dollar), maar het was mijn paradijsje. Het enige voordeel was dat het naast Curt Conway's Theatre Studio lag, waar Allan doceerde. Ik zou dus besparen op mijn metrokosten!

Ik had voor het eerst van mijn leven iets om in te richten. Ik ging naar een goedkope tapijtwinkel op Lower Fifth Avenue en kocht voor 39,95 dollar een nep-Perzisch tapijt. Een bank konden we ons niet veroorloven. Ik had uit het appartement van mijn moeder alleen twee turquoise (een van mijn minst favoriete kleuren) stoelen met ronde rugleuningen meegenomen en we hadden in een tweedehandszaak op Ninth Avenue een oude ladekast gevonden. En ik kocht een aquarium. Ik was dol op vissen, en dan hadden we iets om naar te kijken. Iets wat bewoog, als een vuurtje, want we hadden geen haard.

Wat ik ook niet had, was kunst. In de antiekwinkeltjes op Second Avenue vond ik voor een spotprijsje prachtig bewerkte vergulde lijsten Er zaten wel wat krasjes en andere beschadigingen op, maar daar werden ze alleen maar mooier van. Ik hing ze aan de muur, gewoon om een stuk lege ruimte heen.

Ik werkte niet ver van mijn appartement bij Michael Press, een drukkerij. Ik was aangenomen als dossierbeheerder en moest vooral brieven in enveloppen stoppen en die dichtlikken. Man, wat was die lijm smerig. Een vreselijke smaak. Ik dacht: waarom stop ik dit spul in mijn mond? Ik pakte een glas water en sloot de enveloppen met een natte vinger. Achteraf gezien had ik beter een kwastje kunnen kopen. Die vent die het sponsflesje heeft uitgevonden, zal wel steenrijk zijn geworden. Dat was gewoon een heel goed idee.

Ik nam ook de telefoon aan als de telefonist ging lunchen. Ik probeerde allerlei stemmen uit en deed alsof ik Frans of Italiaans of Brits was, gewoon om mezelf te vermaken. Je wist maar nooit wanneer ik een personage moest spelen met zo'n accent.

Ik had een simpel leven. Ik verdiende 55 dollar per week, dat was 45 netto. Zodra ik was betaald, ging ik mijn cheque verzilveren bij Seamen's Bank for Savings. (Je kreeg daar een welkomstcadeau als je een rekening opende, dus we dronken uit glazen met de tekst SEAMEN'S BANK FOR SAVINGS.) Dat was mijn eerste en belangrijkste bankrekening. Ik wist altijd tot op de penny nauwkeurig hoeveel erop stond en was apetrots als het me lukte om iets te sparen.

Ik ging naar huis met mijn 45 dollar en verdeelde het geld over verschillende enveloppen met opschriften als HUUR, GAS EN ELEKTRA, TELEFOON,

WAS, METRO en ETEN. (Die envelop maakte ik het dikst.) Ik at graag bij The Automat. Dan stopte ik er vijf cent in en trok ik een sandwich of een stuk taart of een kop soep uit de muur. Ze hadden heerlijke zoete aardappelen, maar ik werd een keer zo ziek van hun lamsvlees dat ik daarna jarenlang geen lamsvlees heb gegeten. Ik ging ook graag naar de *deli*. Niet de Joodse, waar ze te veel vlees op de broodjes deden. Die sandwiches kreeg ik niet in mijn mond. Ik ging naar de niet-Joodse en bestelde mijn favoriete broodje: geroosterd varkensvlees met mayonaise op wit brood. Verrukkelijk.

Alles was een avontuur, zelfs de was doen. Toen ik nog bij mijn moeder woonde, stonden de wasmachines in een bedompte kelder met overal leidingen waar ik het zo eng vond dat ik er niet heen durfde. Nu propten Susan en ik onze vuile kleren in kussenslopen die we naar de wasserette tussen Ninth en Tenth Avenue zeulden.

Ik was dol op het gevoel van schone lakens, maar een bed opmaken heb ik nooit onder de knie gekregen. Ze hadden ons in het kamp geleerd hoe je het doet zoals in een ziekenhuis, maar ik kon de juiste methode niet onthouden. Het maakte Susan niet uit, dus we maakten nooit onze bedden op. Maar het blijft gek dat kleine dingetjes je soms heel erg kunnen dwarszitten. Ik kan me levendig herinneren dat ik een keer in de deuropening van de slaapkamer naar de verkreukelde lakens keek en dacht: ik moet echt rijk en beroemd worden, dan kan ik iemand anders mijn bed laten opmaken.

Ik las in die tijd een essay dat veel indruk op me maakte: *The Quintessence of Ibsenism* van George Bernard Shaw. Ik dacht dat het over stukken van Ibsen zou gaan, maar het was vooral een filosofische kijk op de concepten achter die stukken en hoe die zich manifesteren in verschillende persoonlijkheidstypen. Ik heb jarenlang gezegd dat er een zin in dat boek stond die me enorm aansprak: 'Gedachten overstijgen materie.'

Maar toen ik niet lang geleden een exemplaar van het boek bestelde en het aandachtig doorbladerde, kon ik die zin niet vinden. Hoe was dat mogelijk? Ik heb zelfs andere edities geraadpleegd, maar ook daarin vond ik het niet.

Waar had ik het dan gelezen?

Of had ik het zelf bedacht?

Waar het ook vandaan komt, het is een fantastisch concept. Want als gedachten inderdaad materie overstegen, wilde dat zeggen dat ik dingen kon laten gebeuren door eraan te denken en ze te willen. Dat ik mijn eigen realiteit kon creëren. Ik wist als kind al dat het brein enorm krachtig was. Ik had immers die man de straat laten oversteken! (Zo'n beetje dan.)

Stel je voor! Een simpele gedachte, heel rustig, kan dingen veranderen. Misschien kon je met je verbeelding de realiteit creëren. Misschien kon ik actrice worden door me voor te stellen dat ik er een was. Al zei mijn moeder nog zo vaak: 'Verwacht er niet te veel van.'

Ik wist dat ik er niet uitzag zoals de meiden in de films. Ik weet niet meer of ze in zoveel woorden tegen me heeft gezegd: 'Je bent niet knap genoeg om filmster te worden.' Maar ik wist dat ze dat bedoelde. Mijn moeder was erg knap, met een klein neusje en blauwe ogen. Zij voldeed aan het ideaalbeeld, ik niet.

Maar ik klampte me vast aan dat idee: 'Gedachten overstijgen materie.'

Ik haastte me na mijn werk naar huis om naar een acteerklas te gaan of een klasgenoot te ontmoeten om een scène te repeteren. Allan gaf vier verschillende cursussen, en hij beweert dat ik ze allemaal volgde. Maar ik was ook nieuwsgierig naar andere docenten. Ik wilde niets missen. Ik schreef me in bij Eli Rill, die ook bij de Actors Studio zat. Maar omdat ik Allans gevoelens niet wilde kwetsen, gebruikte ik een andere naam: Angelina Scarangella. Die had ik uit het telefoonboek geplukt omdat hij zo mooi klonk. Ik heb die naam jarenlang gebruikt als ik incognito wilde zijn. Toen ik in Mount Sinai Hospital lag om te bevallen van mijn zoon Jason stond ik ook ingeschreven als Angelina Scarangella. En die naam staat tot op de dag van vandaag op de deur van mijn kleedkamer als ik op tournee ben. (Nu ik het aan jullie heb verteld, kan ik waarschijnlijk beter een andere naam kiezen...)

Ik volgde een paar lessen bij Rill, maar zijn manier van werken sprak me niet aan. Ik voelde me beter op mijn gemak bij Allan, die me liet werken aan een scène uit *A Phoenix Too Frequent* van Christopher Fry. Ik speelde een dienstmeisje in het oude Rome. Ik zat samen met mijn meesteres in een graftombe, want we hadden de wereld achter ons gelaten om ons bij haar dode echtgenoot te voegen. (Stel maar niet te veel vragen...) Dan duikt er opeens een knappe soldaat op. Ik moest voor hem vallen, maar ik vond de acteur die hem speelde niet aantrekkelijk. Omdat je altijd waarachtig en eerlijk moet zijn, zette ik een stuk chocoladetaart in de coulissen. Als ik over zijn schouder keek, zag ik die taart, en die vond ik wel aantrekkelijk.

Cis Corman speelde mijn meesteres, en dit was het begin van onze levenslange vriendschap. Ze zei dat ik haar al was opgevallen omdat ik een jas met bruin-en-roestkleurige ruiten droeg (die had ik bij de goedkope kledingzaak Loehmann's gekocht) en vaak achter in de klas cottagecheese zo uit de verpakking stond te eten. Ik was geen uitgesproken sociaal type. Maar ze vond het leuk dat ik altijd vragen stelde. Ik wilde de dingen echt begrijpen. Als ik iets niet begreep, bleef ik maar vragen stellen. Ik gooide gewoon alles eruit zoals ik dat ook op mijn zesde al had gedaan in de jesjiva.

Ik ging vaak naar Cis' appartement om te repeteren. Zo raakten we bevriend. Ze was tweeëndertig, twee keer zo oud als ik. En ze was getrouwd met een arts, wat volgens mijn moeder de ultieme doelstelling was voor een vrouw. Dr. Harvey Corman was een psychiater met een goede reputatie. Ze hadden vier kinderen, van wie de oudste niet veel jonger was dan ik. Cis zat in een heel andere levensfase dan ik. Terugkijkend zie ik dat ik vaak intense relaties had met oudere vrouwen. De verklaring ligt voor de hand: ik zocht een moeder. Maar ik denk ook dat we iets in elkaar herkenden. Cis stond met beide benen in het leven. Ze wilde altijd van alles doen en ondernemen. Ze was altijd beschikbaar voor me, dat vond ik heerlijk. Soms spraken we elkaar drie keer op een dag.

Dan belde ik en zei: 'Raad eens wat er nu weer is gebeurd?'

Ze lachte om mijn verhalen, en dan lachte ik om mezelf en dan kregen we beiden de slappe lach. We pasten perfect bij elkaar, al vroegen haar vrienden zich af wat ze moest met iemand die half zou oud was als zij.

Cis en Harvey werden ook weer surrogaatouders voor me. Ze woonden in zo'n heerlijk, kolossaal appartement in de Upper West Side met tien kamers. De keuken was mijn favoriete hangplek. De koelkast was altijd goedgevuld en alles was daar keurig en goed geordend. Dat was bij mijn moeder wel anders. Al het eten zag er verleidelijk uit. Gerookte zalm, aardappelsalade, gesneden fruit, allemaal vers ingepakt in folie en hapklaar. En ze hadden altijd roomijs in huis.

De scène waaraan we werkten in de lessen van Allan was onderdeel van een showcase, als de acteurs gasten mochten uitnodigen om hen te zien spelen. Harvey, die onze acteerambities steunde, kwam natuurlijk kijken. Hij overlaadde ons na de voorstelling met complimenten. Hij was een attente echtgenoot, en hij was oprecht geïnteresseerd in mij. Een heel ander soort man dan Lou Kind.

Ik keek of ik mijn moeder zag. Ik vond het gênant om op te treden met haar erbij. Ze was er zo fel op tegen dat ik actrice zou worden dat ik het een ongemakkelijke gedachte vond dat ze in het publiek naar me zat te kijken. Ik was bang voor wat ze zou zeggen. Ze stelde me weer niet teleur.

'Wat vond je ervan, mam?'

Ze fronste haar wenkbrauwen en zei: 'Je hebt magere armen.'

Dat was alles! Geen woord over mijn spel. Ze feliciteerde me niet en had niets te zeggen over mijn acteerwerk. Het was alsof ze me niet had zien spelen. Wat moest ik doen om haar aandacht en goedkeuring af te dwingen?

Zo gek is het dus niet dat ik wilde acteren. Het was een manier om aan mezelf te ontkomen en in de wereld van een ander te wonen.

Dustin Hoffman volgde ook acteerlessen in The Theatre Studio. Hij betaalde voor de cursussen door er als conciërge te werken. Ik vond hem wel een lekker ding, met die grappige look. Hij had verkering met Elaine Sobel, een vriendin van me van de cursus. Ze droeg een bril, maar ze was erg knap, zoals zo'n meid in een film uit de jaren vijftig die haar bril afzet en haar haar losdoet en voilà! Het was groot nieuws toen Dustin een paar jaar later een rol kreeg in een stuk in het alternatieve circuit. De conciërge van Curt Conway had werk als acteur!

Ik zat vaak in de bibliotheek op Forty-Second Street om de stukken te lezen waarin grote actrices als Sarah Bernhardt en Eleonora Duse hadden gespeeld. Ik las *L'Aiglon*, het verhaal van de zoon van Napoleon, dat Edmond Rostand had geschreven voor Bernhardt. Ze was destijds zesenvijftig, maar ze speelde doodleuk een jongen van twintig. Ze speelde ook Hamlet, en op haar vierenzeventigste speelde ze de veertienjarige Julia. Die vrouw kende geen angst. Ze was ook fantastisch in conventionele romantische rollen, zoals Marguerite in *La dame aux camélias* van Dumas fils, een rol die ook Duse heeft gespeeld. Toen ik jaren later aanwezig was bij lessen van Lee Strasberg, zag ik films van die twee. Duse speelde verbluffend simpel in vergelijking met Bernhardt, wier stijl bloemrijker was. Ik vond dat ze nogal overdreef. Toch had ik veel affiniteit met Sarah, want ze was Joods. Nou ja, half-Joods. En wat te denken van het feit dat ze dezelfde initialen had als ik, maar dan omgekeerd?

Ik heb gesproken met talloze mensen die zeiden dat hun ouders hen altijd meenamen naar het theater en hun interessante boeken gaven om te lezen om zo de synapsen in hun brein te stimuleren. Daar werd ik jaloers van. Dat zou mijn vader ook voor me hebben gedaan. Ik had het een en ander in te halen, en dat gaf me de prikkel om zo veel mogelijk te zien en te doen in mijn heerlijke stad, het cultureel overvloedig gezegende New York. Ik hunkerde naar kennis. Ik was als een leeg vat dat erop wachtte om te worden gevuld.

Susan en ik genoten met volle teugen van onze verkenningen van de stad. We zagen José Greco flamenco dansen en Ravi Shankar op zijn sitar spelen. We droomden ervan om aan boord van een vrachtschip de hele wereld over te reizen. Dat kon je destijds doen, het was niet duur.

Susan volgde ook acteerlessen. Op een avond gingen Allan en Anita haar zien optreden in een showcase. Ik zou op de kinderen passen. Ik was er zeker van dat ze onder de indruk zouden zijn en dat ze haar leuker zouden vinden dan mij. Zouden ze dan mij laten gaan en haar onder hun hoede nemen? Dan zou ik alweer verlaten zijn. Ik was enorm gespannen, zoals een verdachte die op de uitspraak in zijn proces wacht.

Toen ze eindelijk thuiskwamen, besprong ik ze zowat bij de deur.

'Hoe was het stuk?'

'Het was oké,' zei Allan.

'Wat vonden jullie van Susan?'

'Ze was oké.'

Ik wilde meer details horen. Ze vonden haar prima, maar ze waren ook weer niet extatisch over haar werk. Ik was opgelucht en schaamde me ook een beetje. Ik wilde dat Susan goed was, maar niet dat ze beter was dan ik.

Iemand had me verteld dat je gratis portretfoto's kreeg als je poseerde voor de leerlingen van het Institute of Photography. Dus dat deed ik, en de mensen van Michael Press maakten afdrukken op glanspapier van twintig bij vijfentwintig centimeter voor me. Maar toen ik daar een maand of negen had gewerkt, werd ik ontslagen. Ik moest huilen toen ik het hoorde. Ze stelden me gerust door te zeggen dat het niets te maken had met de kwaliteit van mijn werk. Het bedrijf ging inkrimpen. Ik vrolijkte op toen iemand me uitlegde hoe ik een uitkering moest aanvragen. Het was ongelooflijk, want ik kreeg bijna net zoveel geld als toen ik werkte, en ik hoefde er niet eens iets voor te doen! Ik moest alleen elke week in de rij staan om mijn cheque op te halen en te vertellen over de banen waarnaar ik had gesolliciteerd. Ik moest uiteraard weleens iets verzinnen, want ik ging echt geen moeite doen om weer kantoorwerk te krijgen. Ik wilde actrice worden.

Maar ik werd betrapt. Ik had gezegd dat ik naar CBS was geweest om te solliciteren. En dat was ook zo. Het ging alleen om een rol in een tv-programma en niet om een baan als secretaresse, zoals ik had beweerd. Ze hadden het gecontroleerd en zo liep ik tegen de lamp. Mijn straf was dat ik elke week in de rij moest staan alsof ik mijn cheque kwam halen. Maar ik zou vijf weken lang geen geld krijgen. Ze hadden de betalingen stopgezet. Ik dacht: vergeet het maar. Ik ga mijn tijd niet verdoen. Ik moet een andere manier verzinnen om aan geld te komen.

Ik had een paar baantjes, onder meer als ouvreuse in een schouwburg. Ik heb dat maar een paar keer gedaan, onder meer op oudjaarsavond, toen ik natuurlijk geen date had. Maar ik zag in elk geval een stuk, en ik kreeg er nog 4,15 dollar voor ook. Je moest een zwarte jurk met een grote witte kraag dragen. Ik probeerde altijd mijn gezicht te bedekken, want ik wist zeker dat ik ooit beroemd zou worden en ik wilde niet dat iemand zich dan zou herinneren dat ik hen ooit naar hun stoel had gebracht.

Ik poseerde bij tekencursussen van The Art Students League. Niet naakt, hoor. Daar was ik te verlegen voor. Maar ik vond het prima om te worden betaald om daar een paar uur te zitten met mijn kleren aan. De man die me had ingehuurd vond mijn gezicht 'interessant'. Ik wist niet dat ik een interessant gezicht had. Wat betekende dat? Oud? Anders? Mooi? Intrigerend? Het klonk goed. Positief. Al zeggen mensen vaak 'interessant' als ze niet weten wat ze ergens over moeten zeggen.

Het was in elk geval niet denigrerend.

Een oudere man vroeg of ik wilde komen poseren in zijn appartement. Er gingen alarmbellen af. (Dat had mijn moeder me goed geleerd.) Toen dacht ik: ach, ik ga het gewoon proberen. Maar toen hij de deur opendeed, veranderde ik van gedachten. Ik vond het eng om daar alleen met hem te zijn, dus ik heb me omgedraaid en ben naar huis gegaan. Dat was het einde van mijn carrière als model.

Als actrice kreeg ik geen werk. Ik kreeg te horen dat ik mijn gezicht moest laten zien, dat ik de hele dag van het ene kantoor van een *casting director* naar het andere moest lopen om te vragen of ze werk voor me hadden. Ik kon mezelf niet goed verkopen. Wat moest ik zeggen? 'Je moet mij nemen, hoor. Ik ben fantastisch!'

Ik werd niet eens gevraagd om te komen lezen. Hoe konden ze nou weten of je talent had als ze je niet hadden horen lezen? Ik vertikte het om te bedelen, dat vond ik vernederend. Daar was ik te trots voor. Ik dacht: als het zo moet, kan ik beter hoeden gaan ontwerpen of in een schoonheidssalon werken. Als ik werd afgewezen, zei ik altijd: 'Denk maar niet dat ik hier nog terugkom. Hier ga je spijt van krijgen.'

Ik ging naar het kantoor van David Suskind voor een piepkleine rol als beatnik in een van zijn series. Het personage heette April en ik was in april geboren, dus ik dacht: dat is een goed voorteken! Misschien krijg ik die rol wel. Ik droeg een zwarte maillot en een trenchcoat, mijn gebruikelijke outfit, dus ik zag er al uit als een beatnik. De casting director was een vrouw, Faye Lee. Ze keek op van haar papieren en zei: 'Ik wil je werk zien.'

'Mijn werk?' Daar zag ik de logica niet van in. 'Waarom wilt u mijn werk zien? We hebben het over een piepklein rolletje zonder tekst. Kijk gewoon naar me, dan weet u of ik de juiste look heb of niet.'

'Toch wil ik je werk zien.'

'Maar hoe kunt u mijn werk zien als ik geen werk krijg omdat mensen zoals u me alleen willen aannemen als ze mijn werk hebben gezien?'

Ze staarde me aan alsof ik een glas water over de vloer had leeggegoten en zei dat ik kon gaan.

Na twee dagen 'mijn gezicht laten zien' had ik er al genoeg van.

Ik besloot dat ik zou proberen om te worden toegelaten tot de privélessen van Lee Strasberg. (Maakt niet uit dat ik het al had geprobeerd bij de Actors Studio. Waarom zou je niet naar het hoogste streven?) Je moest een brief schrijven en dan duurde het zes maanden of een jaar voordat je mocht komen voor een gesprek. Maar ik was ongeduldig. Wie wil er nu een jaar wachten? Ik ben meer iemand van de onmiddellijke bevrediging. Dat zal wel iets te maken hebben met mijn vader. Onbewust denk ik aan zijn veel te korte leven, en dat ik alles er dus zo snel mogelijk in moet proppen.

Ik belde het kantoor van Strasberg en kreeg zijn secretaresse aan de lijn. Ik las op dat moment de stukken van Tennessee Williams, dus ik had de stemmen van zijn personages in mijn hoofd. Ik begon, zoals ik dat als telefoniste had gedaan, te spreken met een zuidelijk accent. Ik hing een heel verhaal op: dat ik dolgraag wilde acteren, maar dat mijn ouders me zouden dwingen terug te keren naar huis als ik niet werd toegelaten tot de cursus van meneer Strasberg. Toen ze vroeg waar ik vandaan kwam, keek ik naar het boek. Ik zei: 'Eh... eh... Tennessee.' Ze tuinde erin! Ik kon het nauwelijks geloven. Ik mocht een dag later al komen voor een gesprek met Strasberg.

Ik weet nog precies wat ik droeg: een olijfgroene jurk met een hoge taille die ik in een tweedehandswinkel had gekocht, met olijfgroene schoenen van Pappagallo met een strikje erop en gebogen hakken. Ik was dol op die schoenen, heel achttiende-eeuws. Ik heb altijd het gevoel gehad dat ik in de verkeerde tijd leefde.

Ik kwam op tijd (stiptheid is niet mijn beste eigenschap) en werd naar zijn kantoor gebracht. Een prachtige kamer vol boeken, donker en met een krakende houten vloer. Eindelijk stond ik oog in oog met Lee Strasberg, de beroemdste acteerdocent ter wereld. Ik kon mijn geluk niet op.

Hij was zo iemand die er vermoedelijk al oud had uitgezien toen hij nog jong was. Hij sprak heel rustig. Hij had een merkwaardige tic. Hij snoof tijdens het praten steeds door zijn neus, en dat leidde me nogal af. Hij deed me denken aan mijn oom Irving.

Ik ging zitten en hij vroeg: 'Wie zijn je favoriete acteurs?'

Ik wist precies wat hij wilde dat ik zou zeggen en wat iedere andere ambitieuze jonge acteur zou zeggen om een wit voetje te halen bij de meester. De juiste antwoorden waren Kim Stanley en Marlon Brando. Maar ik voelde een bepaalde aandrang. Ik ben nu eenmaal een tikje rebels.

'Rita Hayworth en Gregory Peck.'

Ik hoopte dat hij zou begrijpen dat ik uiteindelijk in films wilde spelen. (Ik was even vergeten dat hij geen gedachten kon lezen.)

Hij zei niets. We staarden elkaar aan. Uiteindelijk zei hij: 'Dus je wilt mijn lessen volgen?'

Ik vertelde hem de waarheid.

'Ja, want u bent de beste. U hebt samen met Stanislavski The Method ontwikkeld, en ik wil een groot actrice worden. Dus waarom zou ik niet naar u komen? U bent de meester. Maar er is wel een probleem. Ik heb niet genoeg geld om bij u te studeren. Ik heb al een beurs voor mijn lessen bij Allan Miller, die het vak van u heeft geleerd en The Method doceert. En ik heb het bij hem goed naar mijn zin.'

Dat was een interessant moment voor me. Ik was totaal niet geïntimideerd. Ik besefte dat ik hem niet nodig had. Maar ik had wel enorm veel respect voor zijn kennis. Ik ben erg leergierig.

'Misschien wilde ik u vooral ontmoeten om met u over het leven te praten... en muziek... en kunst.'

Hij keek me aan alsof ik gek was. Je zult begrijpen dat ik niet werd aangenomen.

Ik heb er na afloop over nagedacht. Vond hij me dan niet interessant?

Blijkbaar niet.

Ik zag een aankondiging voor een toneelstuk, *The Insect Comedy*, en ging auditie doen in het Jan Hus Playhouse in een buurtcentrum in een kerk op East Seventy-Fourth Street. Het stuk, dat in 1921 was geschreven door de Tsjechische broers Josef en Karel Čapek, was een maf, surrealistisch verhaal over insecten die zich gedroegen als mensen, en dan werd je geacht allerlei parallellen te trekken. In het eerste bedrijf speelde ik een vlinder en in het tweede een mot. Terry Leong ontwierp de kostuums. Hij creëerde op basis van een schets die ik had gemaakt een blouse van lavendelkleurige zijde met lange, wijde mouwen, als de vleugels van een vlinder.

Ik ontmoette daar Barry (toen nog Barré) Dennen, die ook in de cast zat. Ik vond hem aantrekkelijk en slim. Hij sprak Frans. Hij was tweeëntwintig en had over allerlei zaken veel kennis. Hij kon zelfs koken, dat zag ik als een groot voordeel. Hij woonde in een studio op West Ninth Street in Greenwich Village, in een gebouw met een luifel en een portier. Ik was diep onder de indruk. Voor een meisje met mijn achtergrond was het alsof hij in The Ritz woonde.

Barry had een grote verzameling platen uit de jaren dertig en veertig. Hij liet me fantastische muziek horen: Lee Wiley met 'I've Got Five Dollars', Ruth Etting met 'Love Me Or Leave Me', 'Why Was I Born?' van Helen Morgan.

Hij kwam op precies het goede moment in mijn leven met precies de goede muziek. Hoe groot is die kans nou?

Ik wist het nog niet, maar ik stond op het punt een nieuwe koers in te zetten.

Barry's muziek maakte veel meer in me los dan de hits die je op de radio hoorde. Ik wilde meer over die songs weten. Ik ontdekte dat ze allemaal uit Broadway-shows kwamen. Misschien bevielen ze me zo goed omdat ze werden gezongen door een personage en deel uitmaakten van een verhaal. Het waren niet zomaar songs. De show gaf ze meer context en betekenis.

Ik weet nog dat ik Lee Wiley 'Stormy Weather' hoorde zingen en dacht: wie heeft dit geschreven? Het is zo dramatisch. Die componist bleek Harold Arlen te zijn. Ik zocht hem op en hij bleek talloze fantastische songs te hebben geschreven die ik in films had gehoord, zoals 'Somewhere Over the Rainbow' uit *The Wizard of Oz* en 'The Man That Got Away' uit *A Star Is Born*.

Ik dacht: die vent is een genie. Zijn muziek leek al mijn angsten weer te geven. Zijn werk had een serieuze emotionele kern omdat het grotendeels was geschreven voor musicals.

Ik wilde zo dicht mogelijk bij de bron komen en vond de albums van die shows, zoals *House of Flowers* (1954) van Arlen, dat is gebaseerd op een kort verhaal van Truman Capote en zich afspeelt in Haïti. Harold was een Joodse componist, de zoon van een voorzanger, en hij had een fantastische musical geschreven met Haïti als locatie. Arlen en zijn medecomponisten, George en Ira Gershwin, hadden een oor voor mineurnoten die het hart raken en diep van binnenuit lijken te komen, noten die voortkomen uit pijn en verdriet, net als de duistere melodieën die de essentie vormen van Joodse muziek, gospel en blues, muziek die je niet loslaat.

Ik heb altijd een bijzondere connectie gevoeld met dat soort muziek. Er stond een song op dat album, 'A Sleepin' Bee', die me diep raakte en die me extra goed beviel omdat je het kon acteren. Het vertelde een verhaal. Je ging emotioneel van a naar b naar c. Heel intrigerend.

Ik kreeg nauwelijks de kans om echt te acteren, op een podium. *The Insect Comedy* hebben we niet vaker dan drie keer gespeeld. (Gek hè, dat niemand een stuk wilde zien over twee kevers die over het kapitalisme discussiëren?) Daarna kon ik geen werk als actrice vinden. Ik moet in *Show Business* hebben gelezen dat ze iemand zochten voor de rol van Liesl in een gezelschap dat op tournee zou gaan met *The Sound of Music*. Ik stuurde een foto en cv naar Eddie Blum, hoofd casting voor Rodgers en Hammerstein. Maanden later, toen ik het al lang en breed was vergeten, belde hij terug.

'Ik wil graag het meisje ontmoeten dat het aandurfde om die onooglijke foto te sturen,' zei hij. Ik moet toegeven dat hij gelijk had. Ik droeg een simpele, witte katoenen jurk die van Anita was geweest en staarde recht voor me uit, zonder glimlach of een zweem van persoonlijkheid. Ik wist niet dat je moest glimlachen. Ik was het verleerd, want ik hield al twee jaar lang mijn lippen op elkaar omdat ik niet wilde dat de mensen zouden zien dat ik tanden miste.

Ze zeiden altijd tegen me: 'Wat ben je toch serieus.' Ze hadden gelijk. Ik was in mezelf gekeerd en deed gewoon mijn werk. Ik deed nooit iets voor de lol. Ik wist niet eens hoe je lol moest hebben. In mijn familie deden we nooit leuke dingen. We trokken er niet op uit en gingen nooit ergens heen.

Ik ging voor Eddie staan en zong 'A Sleepin' Bee' voor hem. Het was duidelijk dat ik niet geschikt was voor de rol van een jong, blond, Oostenrijks meisje. Ik zal er wel te Joods hebben uitgezien, maar dat kwam toen nog niet bij me op. Toch moet Eddie onder de indruk zijn geweest, want hij zei dat ik prachtig zong en dat ik een goede pianist nodig had. Hij vond iemand voor me: de fantastische Peter Daniels, ook weer zo iemand die precies op het juiste moment in mijn leven verscheen. We hebben talloze jaren samengewerkt.

Ondertussen ging Susan ervandoor op dat vrachtschip. Ik was op het laatste moment afgehaakt, uit lafheid. Een deel van me wilde met haar meegaan om de wereld te zien, maar een ander deel wilde niet weg. Ik had het gevoel dat er eindelijk een beetje schot in mijn carrière zat, al was het nog niet erg concreet en had ik niet echt werk. Maar de gedachte dat Eddie Blum iets in me zag was voldoende om me gaande te houden.

En toen ging er na een paar dagen iets mis op dat schip van Susan en moest het terugkeren naar New York. Ik dacht: het is maar goed dat ik niet ben gegaan. Ik vond het zo sneu voor haar. Ze was al haar geld kwijt en moest weer bij haar ouders gaan wonen. Maar ik bewonderde haar avontuurlijke karakter.

Ik plaatste een advertentie voor een nieuwe huisgenoot, maar het meisje dat bij me kwam wonen probeerde me tot mijn grote schrik te versieren. Ik ben snel verhuisd, met achterlating van het aquarium, alle meubels, en het bestek van mijn moeder (die daar helemaal niet blij mee was).

Ik keerde terug naar Brooklyn, waar mijn moeder en Rozzie nog altijd in hetzelfde complex (maar verschillende gebouwen) woonden. Ik had mijn eigen kamer met een kast – een hele verbetering ten opzichte van mijn vorige appartement – en een Victrola. (Ik weet best dat je zo'n ding een grammofoon noemt, maar voor mij zal het altijd een Victrola zijn. Ik zeg ook nog altijd liever 'ijskast' dan 'koelkast'.) Ik luisterde keer op keer naar de jazzplaten van Ornette Coleman, Stan Getz en Miles Davis die ik had gevonden in een platenzaak in Greenwich Village, samen met platen van Ma Rainey en Bessie Smith. In de supermarkt verkochten ze in de uitverkoop albums voor 1,98 dollar. Daar kocht ik onder meer *Lady in Satin* van Billie Holiday en *Good Night, Dear Lord* van Johnny Mathis. Johnny was mijn favoriete mannelijke zanger sinds ik hem op mijn vijftiende had zien optreden in *The Ed Sullivan Show*. Ik vond hem hypnotiserend met die donkere, serieuze ogen en die licht trillende, expressieve stem. Ik weet nog dat ik dacht: mijn god, hij is de allerbeste. Zijn vermogen om noten eindeloos lang aan te houden moet me onbewust hebben geïnspireerd.

Ik leerde ook steeds meer klassieke muziek kennen. Als ik voor de spiegel in de badkamer *Romeo en Julia* van Tsjaikovski stond te dirigeren, huilde ik tranen met tuiten. Het verhaal was zo mooi en ontroerend! Toen het orkest een keer een crescendo speelde, hoorde ik opeens een rammelend geluid. Was dat de radiator of een nieuw geluid in mijn oren? (Die geluiden in mijn oren waren niet verdwenen.)

Ik ben niet lang in het appartement van mijn moeder gebleven. Ik was erg gesteld op mijn onafhankelijkheid, en weer thuis gaan wonen leek verdacht veel op een stap in de verkeerde richting. Het was bovendien voor mijn acteerlessen heel onhandig om steeds heen en weer te reizen naar Brooklyn. Ik had overdag nergens om naartoe te gaan.

Toen vroeg Barry of ik bij hem wilde intrekken. Hij had twee slaapbanken aan weerszijden van zijn studio, en daar nam ik er een van.

Even voor alle duidelijkheid: Barry en ik zijn nooit minnaars geweest. We waren goede vrienden. Ik dacht dat hij gay was. Toen hij me vertelde dat hij een zoon had, nam ik aan dat hij biseksueel was. Er was van tijd tot tijd wel sprake van enige seksuele spanning tussen ons tweeën. Het was verwarrend. Ik was erg onervaren en had geen flauw idee wat er aan de hand was. Was het Barry, of zou ik dat gevoel ook hebben gekregen met een ander? Misschien had ik gewoon last van opspelende hormonen. Als mensen vroegen waarom we samenwoonden, zeiden we dat we neef en nicht waren.

Barry was een van de eerste mannen die oog voor me had. Ik had geen goed zelfbeeld, al wist ik dat ik een aardige stem had en enig talent als actrice. Ik vond mezelf goed als Jeanne d'Arc, voortreffelijk als Medea, en briljant als een brokje chocolade. Allan gaf me het gevoel dat ik kon acteren en Eddie Blum vond dat ik kon zingen. Ik had zingen nooit serieus genomen, maar ik zat om werk verlegen en niemand was geïnteresseerd in een Medea van tienerleeftijd.

Barry vond ook dat ik een goede stem had, en hij had een Ampex-bandrecorder van professionele kwaliteit. We maakten een opname waarop ik 'A Sleepin' Bee' en 'A Taste of Honey' zong met gitaarbegeleiding van Barry. We stuurden die naar een belangrijke agent, die de opname prompt kwijtraakte en me een paar maanden later een lege band stuurde met een briefje: 'Sorry. Hier heb je een band ter vervanging.'

Barry vertelde me over The Lion, een club aan de overkant van de straat, waar elke week een talentenshow werd georganiseerd. (De eerste prijs was 50 dollar, maar ik werd vooral gelokt door de gratis maaltijd.) Ik zat bij Cis en Harvey in de keuken toen ik vertelde dat ik zou meedoen.

Cis vroeg: 'Wat ga je doen?'

'Zingen.'

'Barbara,' zei ze, 'ik ken je al twee jaar en ik heb je zelfs nog nooit horen neuriën.'

Ik voelde me in het defensief gedreven en zei: 'Nou, ik kan anders wel degelijk zingen.'

'Oké, zing dan maar iets voor ons.'

'Nee, dat kan ik niet. Dat is gênant.'

'Alsjeblieft... Zing maar wat je wilt.'

'Oké, maar ik kan jullie niet aankijken.'

Ik ging met mijn gezicht naar de muur staan en zong 'A Sleepin' Bee'. Toen ik me weer omdraaide, zag ik tranen over hun gezicht stromen. Dat was een hele schok, maar ik was ook heel blij.

Cis, Harvey en Barry kwamen in juni 1960 met me mee naar de avond van de talentenshow in The Lion. Ik was zo naïef... Ik had pas door dat het een gaybar was toen ik merkte dat Cis en ik de enige vrouwen waren. Ik zei tegen Burke McHugh, de eigenaar van de club, dat ik was geboren in het Turkse Smyrna. Dat vond ik interessant klinken. Ik wilde niet worden getypecast. Ik wilde niet dat de mensen vooroordelen zouden hebben omdat ik uit Brooklyn kwam.

Hij presenteerde me als Barbara Streisand uit Smyrna, maar hij sprak Smyrna niet goed uit. Hij zei 'Smerna'. Dus ik liet van me horen, net als destijds in de jesjiva, en riep: 'Nee, het is Smyrrrna, met een rollende r.'

Ik stond pal naast de pianist. (Ik had nog niet bedacht dat je op een krukje kon zitten. Maar er was ook geen plaats voor een krukje. Er was niet eens een podium.) Ik kon het publiek zien. Ze zaten aan tafeltjes te dineren en waren zo dichtbij dat ik makkelijk een vork had kunnen pakken om mee te eten. Dat was nogal ongemakkelijk.

Ik zong 'A Sleepin' Bee' voor een echt publiek. Het waren niet veel mensen, maar toch was het intimiderend.

Ik sloot mijn ogen (ik denk om niet al die vreemden te zien die me aanstaarden) en begon heel rustig met de song. Ik vertelde het verhaal. Maar toen, bij de laatste regel, '*when my one true love, I has found*', merkte ik dat ik op het woord '*love*' het hoge octaaf zocht en aanhield om mezelf de tijd te geven om de emotie echt te voelen voordat ik de song afrondde.

Het bleef enkele seconden stil in de zaal. Toen begon iedereen te klappen.

Ik schrok ervan, maar het was een heerlijk gevoel. Het publiek schreeuwde om meer, dus ik zette 'When Sunny Gets Blue' in, dat ik kende van een album van Johnny Mathis. Toen ik klaar was, leek er geen einde te komen aan het applaus.

Ik won die avond. Dat betekende dat ik een week later opnieuw mocht meedoen en dat ik een paar avonden per week kon optreden voor een publiek. Mijn salaris bestond uit die 50 dollar en zoveel *London broil* als ik maar kon eten, en die gemarineerde biefstuk was mijn favoriete gerecht op het menu.

Ik had meer liedjes nodig, die ik instudeerde bij pianist Peter Howard thuis. Hij was een grappig uitziende vent met een bril met dikke glazen en totaal geen humor. Hij had een klein hondje, Gus, dat vaak de kamer binnen trippelde, naar me keek en dan op zijn achterpoten ging staan hijgen. Ik dacht: hij vindt me in elk geval wel leuk.

Ik bleef maar winnen. Bij de tweede talentenshow zong ik 'Lullaby of Birdland' ter nagedachtenis aan mijn oom Larry, die altijd gek was geweest op die song en tragisch jong, op zijn vierenveertigste, was overleden aan een hartaanval. Hij en zijn vrouw Muriel waren altijd aardig voor me geweest. Ze was heel knap, met een prachtig wit gebit en lange rode nagels. Die nagels maakten veel indruk op me toen ik klein was, en dankzij haar wilde ik ze ook.

Ik droeg die avond het jasje van de zijden Japanse pyjama die mijn oom Harry na de Tweede Wereldoorlog had meegenomen voor mijn moeder. Achterstevoren, met de knoopjes op de rug, zodat het meer op een blouse leek.

Ik deed iets wat ik nog nooit had gedaan en daarna ook nooit meer heb gedaan. Ik wandelde opeens tijdens het zingen tussen de tafeltjes door. Ik weet niet wat me bezielde. Ik zal wel gelukkig zijn geweest. Het was gewoon weer zo'n moment, net zoals in de opnamestudio toen ik dertien was. Ik raakte zomaar uit het niets geïnspireerd. Het was ongepland en onbewust. En daarna heb ik die song nooit meer gezongen!

Mijn beperkte repertoire bestond verder uit 'Long Ago and Far Away' van Jerome Kern, met een tekst van Ira Gershwin, en 'I've Got Five Dollars' (nog bedankt, Lee!) van Richard Rodgers, met een tekst van Lorenz Hart. Die nummers heb ik na The Lion ook nooit meer gezongen. (Misschien zou ik er toch weer eens naar moeten kijken.)

Burke vond me erg goed en regelde een auditie voor me in The Bon Soir, een chiquere *supper club* op Eighth Street. Ik dacht: als dit serieus wordt en ik elke avond ga zingen, kan ik maar beter wat techniek leren om mijn stem te beschermen. Iemand kende een stemdocente, een exotische oudere dame. Ze heette Joyce en zal in de vijftig zijn geweest. Dat vond ik destijds stokoud. Ze zag eruit alsof ze uit een oud fotoalbum was gestapt. Ze gaf les in een donker, muf, rommelig appartement op West Fifty-Fourth Street vol kussens met franje en Perzische tapijten. Een paar katten zouden het plaatje compleet hebben gemaakt.

Ik kwam meteen ter zake: 'U geeft dus zanglessen. Hoe gaat dat in zijn werk?'

Ze staarde me aan (en gaf vermoedelijk de hoop op dat we een esoterische discussie zouden voeren over de mechanica van zingen) en vroeg of ik iets voor haar wilde zingen. Ze onderbrak me al na de eerste regel, '*When a bee lies sleeping*'.

'Nee nee nee nee nee. Er deugt niets van je dictie. De klinkers moeten korter om de juiste toon te zingen.' Ze begon over het verhemelte en dat je een beter geluid krijgt als je de mond ovaal maakt door je kaak te laten zakken. (Wat?) '*When a beh lies sleeping*,' zong ze.

'Maar het moet *bee* zijn.'

'Dit is zingen, liefje, niet spreken.'

'Waarom kan ik niet zingen zoals ik spreek? Als ik *bee* zeg, wordt mijn mond vanzelf breder. En nu gaat u me vertellen dat ik er een ovaal van moet maken?'

'Inderdaad! Zet je lippen op elkaar en zeg *beh*.'

'Maar dat ziet er raar uit. En het klinkt vreemd. Niemand zegt *beh*. Het woord is *bee*!'

Dat was mijn eerste en laatste zangles. Alles wat ze voorstelde klonk vreemd en onlogisch. Ik moest het op mijn eigen manier doen. Zo was ik het gewend.

En bovendien: ik was in de eerste plaats een actrice, geen zangeres.

Ik herinner me levendig dat ik vlak voor mijn auditie in The Bon Soir over straat liep en dacht: deze avond zou mijn leven kunnen veranderen. Dat voorgevoel had ik gewoon. Ik droeg een simpel zwart jurkje met iets wat ik had gevonden in een tweedehandswinkel, een antiek, zwart Perzisch vest met zilveren borduursel waar ik erg dol op was.

The Bon Soir leek sterk op veel andere nachtclubs in Greenwich Village. Het was klein en donker en je moest een trap af om er te komen. Het was er zelfs zo donker dat de obers zaklampjes bij zich hadden. De vaste band daar was The Three Flames, een jazztrio onder leiding van gitarist Tiger Haynes. Larry Storch was die avond het hoofdprogramma. Na zijn optreden vertelde Jimmy Daniels, de presentator, dat ze nog een kleine verrassing hadden. Ik liep het podium op. Een écht podium, want ik stond in een echte nachtclub.

Het was de eerste keer dat ik een schijnwerper op mijn gezicht voelde, een warme, troostrijke sensatie. Dankzij mijn nieuwe vriend – het licht – hoefde ik de gezichten van het publiek niet te zien, want opeens was alles wat ik voor me zag zwart. Ik kon me richten op wat ik als actrice wilde doen met de song die ik had gekozen, mezelf inleven in het jonge meisje dat zo behoedzaam een bij in haar hand houdt. Ik sloot me af voor het geluid van rinkelende glazen en begon te zingen: '*When a bee lies sleepin' in the palm of your hand...*'

Ik herkende veel in dat meisje, dat op zoek is naar liefde. Ze heeft iemand ontmoet die ze leuk vindt. Ze is blij dat hij haar ook lijkt te willen. Maar ze is er niet zeker van dat hij is wie hij lijkt te zijn. Toen ik tegen het einde de hoge noot haalde in '*my one true lo-ooove*' en die vasthield, hoorde ik al mensen klappen. Toen ik klaar was, bleef het applaus maar doorgaan.

Wat een kick! Ik moest een paar keer buigen, wat ik gênant vond. Ik denk dat ik mijn handpalmen ineensloeg en mijn hoofd een beetje liet zakken, als een soort Tibetaanse monnik. Ik heb nooit goed geweten hoe ik moet buigen of wat ik moet doen tijdens het applaus. Nog altijd niet. Ik krijg van applaus een ongemakkelijk gevoel. Meestal ga ik meteen door met het volgende nummer. Ik denk dat ik die avond nog twee songs heb gedaan, maar ik weet niet meer welke. Ik zal nooit vergeten wat er na afloop gebeurde. Toen ik van het podium kwam, pakte Larry Storch me bij mijn arm en hij zei: 'Meid, jij gaat een ster worden!' Net als in de film! Ik was verbijsterd. Overkwam dit mij echt? Toen kwam de vriendin van Tiger Haynes, de piepkleine Bea, naar me toe en zei: 'Nou, meisje, er is aan jou een fortuin te verdienen.'

Er ging een nieuwe wereld voor me open. Ik had op mijn achttiende opeens een contract om te zingen in The Bon Soir. Ik kreeg een engagement voor twee weken in september à 125 dollar per week (108 dollar netto).

Het was bizar. Ik was nog nooit in een nachtclub geweest voordat ik zong in The Bon Soir. Wat deed ik hier eigenlijk? Ik zou op Broadway moeten staan. Ik zou Julia moeten spelen. Maar ik had werk nodig, en dat lukte niet als actrice. Dan kon ik maar net zo goed zingen.

Maar september liet nog een paar maanden op zich wachten. Ik werkte niet meer in The Lion en had een baantje nodig. Mijn broer Shelly regelde iets tijdelijks voor me bij het reclamebureau van Ben Sackheim, waar hij zelf ook werkte. Hij wilde behulpzaam zijn, maar ik zag dat hij zich voor me geneerde. Ik kleedde me nog altijd als een beatnik. Op straat moest ik altijd voor hem uit lopen. Ik had vaak ladders in mijn kousen en dan zei hij dat ik andere moest aantrekken. Maar ik had geen last van ladders op de achterkant, want die kon ik toch niet zien.

Ik zat dus weer op kantoor, als telefoniste. Ik gebruikte mijn beste secretaressestem: 'Goedemorgen, met het Ben Sackheim Agency.' Dan probeerde ik de beller door te verbinden met de gevraagde persoon. Maar als er te veel telefoontjes tegelijk binnenkwamen, raakte ik weleens in de war. Dan verbond ik een reclameman die lunch wilde bestellen niet met de broodjeszaak, maar met een cliënt en dan bestelde hij zijn pastramisandwich bij de vertegenwoordiger van Chrysler.

Die zomer ontmoette ik Bob Schulenberg, een oude vriend van Barry die net vanuit Los Angeles naar New York was verhuisd. Hij was een kunstenaar, en altijd als we samen waren had hij een schetsblok bij zich. Ik vond hem getalenteerd, want hij maakte tekeningen van me waarop ik er behoorlijk goed uitzag. Het klikte meteen.

Ik had al van verschillende mensen te horen gekregen dat ik mijn neus moest laten doen en dat ik caps op mijn tanden moest laten plaatsen. Ik dacht: is mijn talent niet genoeg? Een neusreconstructie zou pijnlijk en kostbaar zijn. En hoe kon ik erop vertrouwen dat de arts precies zou doen wat ik wilde, en niet meer dan dat? Ik was dol op die knik in mijn neus. Moest ik misschien nadenken over een kleine aanpassing? De onderkant een beetje rechter maken en het puntje wat kleiner?

Nee. Ik vond het te riskant. En wie wist wat het met mijn stem zou doen? Een arts had me ooit verteld dat ik een scheef neustussenschot had. Misschien klink ik daarom zoals ik klink. Ik hield bovendien van grote neuzen. Zoals die van Silvana Mangano, een Italiaanse actrice die werd gezien als een schoonheid.

Bob had geen problemen met mijn neus en vond net als de man van de Art Students League dat ik een heel interessant gezicht had. Hij zag me met zijn kunstenaarsoog, en ik leerde iets van de manier waarop hij me tekende. Hij maakte met zijn potloden schaduwen onder mijn jukbeenderen en in de rimpel boven mijn oog. Ik dacht: dat kan ik ook met make-up doen. Ik gebruikte mijn oogpotloden, oogschaduw en foundation om hetzelfde effect te creëren.

Op een avond plakte hij me valse wimpers op om mijn ogen beter te laten uitkomen en ze groter te laten lijken. Ik vond eerlijk gezegd dat ze mijn ogen camoufleerden. Ze zaten ook niet lekker en het was een heel gedoe om ze aan te brengen. Ik deed iets anders: ik trok zwarte eyeliner tot voorbij mijn ooghoek om de ogen langer te laten lijken, zoals de gezichten van de mummies die ik had gezien in het Metropolitan Museum of Art. De Egyptische collectie was mijn favoriete gedeelte van het museum. Ik voelde me daar thuis. (Zou reïncarnatie echt bestaan?)

Ik voelde me niet alleen beter op mijn gemak met de muziek uit een andere tijd. Met kleren had ik hetzelfde. Mijn hele garderobe kwam uit tweedehandszaakjes. Je kon daar ongelooflijk mooie kleren vinden: fluwelen jurken uit de jaren twintig (zijden fluweel, wat heel anders aanvoelt dan het fluweel van tegenwoordig, dat deels synthetisch is); tafzijden bedjasjes met prachtige patronen en schitterend afgewerkte plooien; een stijlvolle jas van Battenberg-kant. De kwaliteit en het ambachtswerk waren van veel hogere kwaliteit dan bij de spullen die ik bij Abraham & Straus zag hangen. En alles was zo goedkoop! Ze hadden ook schitterende schoenen uit de edwardiaanse tijd met kraaltjes in het leer geborduurd. Stel je voor!

Iemand moest van die kleren hebben gehouden, want ze waren met veel zorg behandeld. Ze hadden de tand des tijds doorstaan. Ik had er geen probleem mee om ze te dragen, ook al waren ze dan tweedehands. Ik nam aan dat de vorige eigenaren rijk moesten zijn geweest en dat hun afdankertjes schoon waren. Naar die winkeltjes gaan was als zoeken naar een schat. De meeste kleren die ik daar kocht, heb ik nog altijd. Ik zie ze als oude vrienden.

In augustus kon ik stoppen met mijn werk als telefoniste, want ik had een rol gekregen. Ik denk dat iedereen bij het reclamebureau, en zeer zeker mijn broer, opgelucht ademhaalde toen ik vertrok. Lonny Chapman, een docent van mijn acteerschool, vroeg of ik wilde meedoen aan een zomerproductie van *The Boy Friend*, al ontdekte ik later dat hij dat had gedaan omdat een ander meisje was afgehaakt. Toch ging ik enthousiast naar The Cecilwood Theatre in Fishkill, New York. Het was mijn eerste musical en ik speelde Hortense – 'Or-tahnse' moest je zeggen – de Franse dienstmeid, dus al dat experimenteren met accenten kwam goed van pas. In mijn vrije tijd maakte ik plannen voor mijn optredens in The Bon Soir.

House of Flowers van Harold Arlens was een goed begin, maar ik wilde allerlei mogelijkheden aftasten. Ik luisterde naar alle albums van Broadwaymusicals die ik kon vinden. Die songs spraken me aan omdat er vaak een verhaal achter de teksten zat waar ik als actrice mijn tanden in kon zetten. Als ik elke song zag als een toneelstuk in drie bedrijven met een begin, een midden en een einde, werd zingen opeens veel interessanter. Ik kon alle technieken gebruiken die ik had geleerd in mijn acteerlessen: concentratie, persoonlijke identificatie met de tekst, gebruikmaken van een *sense memory* om emoties op te roepen.

Om geschikte songs te vinden, had ik behoefte aan partituren om de teksten te kunnen zien. Iemand vertelde me dat muziekuitgeverijen hun partituren gratis aan beroepszangers gaven, maar ik wist dat ze mijn naam niet zouden kennen. Ik vroeg mijn moeder of ze wilde bellen. Ze moest zich uitgeven voor de secretaresse van Vaughn Monroe, die destijds erg populair was. Ze zei iets als: 'De heer Monroe wil misschien dat-en-dat nummer zingen.' En verdraaid, ze stuurden me de partituren!

Het was de perfecte illustratie van iets wat Goethe ooit schreef: 'Als je je ergens op toelegt, spant het hele universum samen om je bij te staan.' En ik had me echt toegelegd op mijn carrière als zangeres.

The Bon Soir lokte klanten met de optredende artiesten. Dat betekende dat er advertenties in de kranten zouden komen, en misschien zelfs een poster op de deur. Ik ging nadenken over mijn naam.

Ik ben nooit dol geweest op de naam Barbara. Als we als kinderen speelden dat we secretaresses waren, liet ik me Sydney noemen. Ik hield van mannennamen. Sydney Streisand alliteereerde lekker. Samantha was mijn andere favoriete naam. (Die heb ik later gebruikt voor een hond die me erg dierbaar was.)

En dan was er nog de kwestie 'Streisand'. Er waren altijd mensen, in casting bijvoorbeeld, die vonden dat ik een andere achternaam moest kiezen. Ze wilden iets simpelers. Barbara Strand of Sands of zo, maar dat vond ik nep. Als ik beroemd werd, hoe moesten mijn vrienden van vroeger dan weten dat ik het was?

Ik bedacht dat ik ook alleen de middelste a in Barbara kon weglaten. Dan was ik Barbra. Dat was anders, uniek. Het zag er cool uit, en diep vanbinnen zou ik nog gewoon die goede oude Barbara Joan Streisand zijn, als je begrijpt wat ik bedoel.

Ik kon het niet over mijn hart verkrijgen om Streisand te veranderen, ook al werd die naam vaak verkeerd uitgesproken. Veel mensen zeggen 'Stryzand' of 'Stryzin'. Maar waarom zeggen ze het met een z? Er zit geen z in! Je zou denken dat ze 'sand' zien staan en het uitspreken met een s. Maar dat doen ze dus niet. Misschien had ik de spelling moeten veranderen in 'Strysand', met een y, maar dat vond ik lelijk staan. Ik besloot het te laten zoals het altijd was geweest.

Op 9 september 1961, mijn eerste avond in The Bon Soir, trad ik als derde op, na The Three Flames en het komische duo Tony and Eddie. Phyllis Diller was de headliner en zou als laatste optreden. Peter Daniels was inmiddels mijn vaste pianist, en ik denk dat ik begon met 'Keepin' Out of Mischief Now' van Fats Waller. Een ondeugende song, geestig en provocerend. Ik veranderde van tempo als ik daar zin in had en speelde met de melodie. De jongens van de band vielen in met '*oh yeah!*'. Een leuk nummer om te zingen.

Ik weet nog precies wat ik die avond aanhad. Het was weer zo'n heerlijke aanwinst uit een tweedehandszaakje: een blouse van begin twintigste eeuw met een hoge hals en lange mouwen. Het lijfje van zwart fluweel had baleinen, waardoor het een prachtige vorm had, en aan de achterkant knoopte je het dicht met veters. Zo elegant! Je kon het zo strak aantrekken als je maar wilde of juist heel los, afhankelijk van hoe zwaar je had getafeld. En het was geborduurd met schitterende kraaltjes van bewerkt metaal die glinsterden in de schijnwerpers. (Ik merkte later dat er ook veel op de grond waren gevallen.) Wie had ooit kunnen denken dat ik later kleren uit die periode zou dragen in

Hello, Dolly? Maar op dat moment was het voor mij geen kostuum. Het was een kunstwerk dat ik wilde delen met het publiek. Ik had mijn vriend Terry Leong een korte rok van zwart fluweel laten maken die er goed bij paste. Het contrast tussen hedendaags en antiek gaf een moderne draai aan de outfit. Om het af te maken droeg ik antieke ivoorkleurige satijnen schoenen met een vierkante gesp, ook weer gemaakt van kraaltjes en in de vorm van een vlinder.

Ik zong die avond ook 'A Sleepin' Bee', 'I Want to Be Bad', 'When Sunny Gets Blue', 'Lover, Come Back to Me' en 'Nobody's Heart Belongs to Me'. Ik probeerde de setlist zo veel mogelijk flow te geven qua muziek, teksten en emoties. Ik wilde het publiek, en mezelf, niet vervelen. De set moest ritme en vaart hebben, en ik liet een trage, ingetogen ballade volgen door een song met meer pit en tempo. Ik had songs uitgezocht die de actrice in me aan het werk zetten, en ik voelde dat het publiek me volgde. Het was een nieuw gevoel, duizelingwekkend eigenlijk, om te merken dat ik niet alleen mijn eigen stemmingen kon beïnvloeden, maar ook die van anderen.

Ik had zitten piekeren over iets onverwachts wat ik zou kunnen doen. En ik vond iets. Zou het in zo'n chique club niet leuk zijn om een kinderliedje te zingen? Iets heel onconventioneels, iets mals.

Barry stelde 'Who's Afraid of the Big Bad Wolf?' voor. Ik keek naar de tekst, waar ik nooit op had gelet, en dacht: ja, daar kan ik wel iets mee. De wolf had het op die arme biggetjes voorzien. Voor alle duidelijkheid: ik ben dol op varkens en biggetjes. Ze hebben grappig platte snuiten en zijn heel slim. (Ik verzamel allerlei snuisterijen van varkens. Ik heb er veel te veel.)

Ik zette dat liedje die avond dik aan. Ik liet de wolf blazen en de biggetjes sidderen van angst. Het publiek kwam niet meer bij van het lachen toen ik klaar was. Ze klapten nog altijd toen ik het podium verliet en naar het krappe kleedkamertje liep (veel meer dan een kast was het niet) dat ik deelde met Phyllis Diller. Ze zei dat alle haartjes op haar lichaam overeind waren gekomen toen ik begon te zingen.

Ik was geschokt toen ik mijn antieke schoenen uittrok. (Ze waren me te dierbaar om op straat te dragen.) Ze waren vijftig jaar oud, maar ze waren nagenoeg ongeschonden geweest toen ik ze had aangetrokken. Nu was het leer aan de binnenkant bijna zwart van mijn lichaamswarmte. (Toch heb ik ze gehouden, en ik heb ze nog steeds.)

De show was afgelopen.

Ik was uitgehongerd. Bob en Barry namen me mee naar Pam Pam, onze vaste stek, een tent die dag en nacht open was. Ze hadden een fantastische *baked potato*, krokant vanbuiten en zacht vanbinnen, precies zoals ik 'm lekker vind. Ze serveerden ook heerlijke hamburgers, medium rare. De jongens waren in een feeststemming, maar ik wilde meteen hun kritiekpunten horen. Ik wilde weten hoe ik mijn optreden nog beter kon maken.

Op de tweede avond droeg ik een oogverblindend jasje uit de victoriaanse tijd van wit katoen, afgebiesd met linten en kant. Dames uit die tijd droegen zoiets over een nachtjapon of jurk als ze hun haar kamden, om hun kleren te beschermen. Het oorspronkelijke lint was gerafeld, dus ik had zelf een roze satijnen lint door het kant genaaid, dat weer paste bij mijn roze satijnen schoenen uit de jaren twintig. Ze hadden charmante gespen, waarin een klein beetje satijn was verwerkt, als een roze roosje. Mijn moeder, die was komen kijken, vroeg na afloop waarom ik had opgetreden in mijn ondergoed.

Ditmaal had ze ook iets te zeggen over mijn optreden: 'Je stem is niet sterk genoeg. Drink een *guggle-muggle*.' Dat was een smerig drankje met warme chocolademelk en een rauw ei dat ze weleens voor me maakte om me te laten aankomen.

De recensenten waren het gelukkig niet met haar eens.

Barbra Streisand, een schokkend jonge, stijlvolle gamine met veel vibrato in haar stem, is een van de trekpleisters van de club die zich The Bon Soir noemt.

THE NEW YORK TIMES

The Bon Soir begint het nieuwe nachtclubseizoen met de vondst van het jaar. Ze heet Barbra Streisand, en je zult op basis van de stem en het zelfvertrouwen van deze Brooklynse niet geloven dat ze pas achttien is.

NEW YORK WORLD-TELEGRAM

Ze heeft nooit zangles gehad, kan niet lopen of buigen en weet niet hoe ze zich moet kleden, maar ze communiceert zo goed met haar publiek dat het dak eraf gaat als ze haar set afsluit met een serieuze vertolking van 'Who's Afraid of the Big Bad Wolf'.

DOROTHY KILGALLEN

Heerlijk allemaal, maar alle positieve opmerkingen gingen langs me heen en ik focuste op de kritiekpunten. Ik was de complimentjes allemaal weer vergeten, dus ik was verbaasd toen ik ze onlangs tegenkwam in een van de oude plakboeken van mijn moeder. (Die komen nu handig van pas.) Destijds merkte ik alleen op dat sommige recensenten kennelijk dachten dat mijn vintage kleren een gimmick waren.

Wat? Ik vond die kleren prachtig. Ik kon me bovendien niets anders veroorloven. Maar ze mochten niet afleiden van waar het werkelijk om ging. Phyllis Diller, die schat, zei dat ik een echte avondjurk nodig had om in te zingen. We zijn gaan shoppen en ze trakteerde me op een dure cocktailjurk. Maar ik wist in zo'n jurk niet meer wie ik was. Het paste niet bij me.

Hoe kon ik haar dat vertellen? Ze was zo lief voor me geweest en ik wilde haar gevoelens niet kwetsen. Maar ze zou het merken als ik die jurk niet droeg, dus ik moest iets tegen haar zeggen. Ik vroeg of ze het vervelend zou vinden als ik de jurk zou terugbrengen en het geld zou gebruiken om stof te kopen om iets te laten maken. Ze begreep het helemaal. Wat een opluchting!

Mijn boeking werd keer op keer verlengd. Die twee weken werden er uiteindelijk elf. Ik had het enorm naar mijn zin. Peter Daniels was de ideale pianist voor me. Tiger Haynes en Averill Pollard (de bassist) lachten nog altijd om mijn grapjes, en ik vond het heerlijk als ze me *baby* noemden. Ik improviseerde inmiddels en maakte tussen de songs door praatjes met het publiek, dat ook veel lachte. Ik gebruikte de werkelijkheid en maakte de toeschouwers deelgenoot van wat ik dacht en voelde. Dat was een ontdekking. Jarenlang had ik te horen gekregen dat ik te serieus was. Nu dacht ik: misschien ben ik wel grappig. Mooi zo, dat kan ik ook gebruiken.

Toen ik op een avond de eerste song wilde inzetten, merkte ik dat ik kauwgum in mijn mond had. Ik plakte het tegen de microfoonstandaard en iedereen moest lachen. Dus dat bleef ik van tijd tot tijd doen om het ijs te breken.

Ik vond het niet meer eng om te zingen voor een publiek. Ik werd pas later bang, toen ik succesvol werd. Toen ik jong was, had ik niets te verliezen.

4

The Bon Soir

Ik begon fans te krijgen. Ik hoorde dat er mensen naar The Bon Soir kwamen speciaal om mij te zien optreden. Dat kon ik maar moeilijk geloven, maar er was geen ontkomen aan: de club zat elke avond vol. De enige reden dat ik in november moest stoppen, was dat ze al een andere zangeres hadden geboekt, Felicia Sanders. Tiger Haynes vertelde me dat ze in de jaren veertig bij bigbands had gezongen. Bij een van haar nummers vloeide er elke avond bij exact hetzelfde regeltje een traan over haar wang. Wow, dacht ik, hoe doet ze dat?

En waarom zou je het willen?

Het was zo anders dan hoe ik werkte. Ik ben niet zo'n performer die kan huilen op commando. Ik wist niet of ik tijdens een bepaald nummer zou worden bevangen door emoties, laat staan op welk moment. Ik probeerde mijn songs elke keer te zingen alsof het de eerste keer was. Ik koos afhankelijk van mijn stemming een andere frasering of andere noten.

Het was verbijsterend hoeveel aandacht ik kreeg, want het was maar een kleine club. Ik werd zelfs genoemd in *Variety*: 'Nachtegaaltje Barbra Streisand, met een cameo-gezicht,* heeft een warme, heldere stem.' Een cameo-gezicht? Het zal wel een compliment zijn geweest. Ik had een agent in de arm genomen: Irvin Arthur. Hij kwam vaak in de clubs en had me gezien in The Bon Soir. Hij werkte voor The Associated Booking Corporation, de firma van Joe Glaser. Joe had Billie Holiday en Louis Armstrong vertegenwoordigd, dat sprak me erg aan. Nu zou Irvin mijn agent zijn voor de clubs. Ik mocht hem graag. Hij had als kind polio gehad en liep met een stok.

Irvin liet mijn naam vallen bij Ted Rozar, die op een avond naar me kwam kijken en zich voorstelde als 'de enige niet-Joodse manager in de business'. Dat sprak me aan. Hij had in elk geval een goed gevoel voor humor. Hij nam me mee naar een chic restaurant met stoelen van rood fluweel en witte tafelkleden. Dat was nieuw voor me. Ik dacht bij een restaurant vooral aan die Ierse tenten op Eighth Avenue met donkere leren bankjes en goede cornedbeef met kool. Of ik ging naar een Griek voor spanakopita en soep van ei en citroensap.

Die fluwelen stoelen gaven de doorslag. Ik dacht: ik kan hem maar net zo goed aannemen, want hij gaat blijkbaar een deel van mijn maaltijden betalen. Nu werkten er al twee professionals voor me. Maar regelden ze iets voor me?

Niets. Helemaal niets. Maandenlang. Ik vond het verontrustend om weer werkloos te zijn. Ik kon niet geloven dat er geen aanbiedingen kwamen.

Uiteindelijk regelde Irvin een boeking voor me in de Caucus Club in Detroit, te beginnen op 2 maart. Ik pakte mijn koffers in alsof ik zou afreizen naar de wildernis. Je kon maar nooit weten of ze in Detroit een behoorlijke drugstore hadden, toch? Ik nam de trein. Ik was nog nooit ergens geweest, behalve in het Catskill-gebergte en een paar dagen in het huis van mijn oudtante Gussie in Connecticut toen ik een jaar of vijf was. Ik heb een foto van mezelf met twee honden op het terrein. Jeff en Snuffy. Waar ik vandaan kwam hadden mensen geen honden, want ze woonden in kleine appartementen in Brooklyn.

En nu ging ik helemaal alleen naar een vreemde stad, waar ik in een hotel zou verblijven! Heel opwindend, al was Hotel Wolverine in hartje Detroit allesbehalve luxueus. Maar ik had een bed, een badkamer, een klerenkast en een kaptafel. Ik had nog nooit een kaptafel gehad, en trouwens ook geen badkamer die ik niet hoefde te delen met anderen.

---

* Een cameo is een kort optreden van een bekend persoon in bijvoorbeeld een film of serie.

De Caucus Club moest Detroits equivalent zijn van de 21 Club in New York (waar ik nooit was geweest, dus ik had geen idee of dat klopte), en het was meer een restaurant dan een nachtclub. Alles was à la carte. Een hamburger kostte 2,20 dollar, dat vond ik belachelijk duur. De zaal was niet echt geschikt voor entertainment. Er stond een zuil in het midden. Ik ging op een krukje naast de piano zitten, en dan leunde ik bij het ene nummer de ene kant op en bij het volgende nummer de andere kant op zodat iedereen in de zaal me de helft van de tijd kon zien.

Mijn garderobe voldeed vermoedelijk niet aan de plaatselijke eisen. Ik had drie jurken, dat maakte mijn leven simpel. Ik had niet veel tijd nodig om te bedenken wat ik zou aantrekken. (Net als nu, want ik draag eigenlijk elke dag dezelfde ruimvallende zwarte blouse en broek.) Ik had onder meer een lange wollen jurk, een soort koker, die ik zowel aan de bovenkant als aan de onderkant kon oprollen om van avond tot avond of zelfs van song tot song mijn look aan te passen.

Mijn grootste probleem was de pianist. Ik kon Peter Daniels niet meenemen vanuit New York, dat was te duur, dus ik moest optreden met de vaste pianist van de club. Die vent keek me aan met een merkwaardige blik. We hadden geen klik, en hij stond ervan te kijken dat ik maar zo weinig songs kende. Ik had er meer nodig, want ik moest een paar optredens per avond doen en ik wilde niet dat ik het saai zou gaan vinden. Ik dook opnieuw in het werk van Harold Arlen, mijn favoriete componist, en vond 'Right as the Rain' en 'I Had Myself a True Love'. We voegden ook 'Lorelei' van de Gershwins aan mijn repertoire toe. Maar het was onbegonnen werk om die vent een interessant arrangement te laten bedenken. Hij was lang niet zo inventief als Peter.

Peter en ik zaten muzikaal op dezelfde golflengte. Hij kon akkoorden spelen die mijn ziel raakten en iets in me losmaakten. Ik heb me altijd aangetrokken gevoeld tot muziek met een rafelrandje. Combinaties van noten die eigenlijk niet goed met elkaar samengaan, zodat het een beetje gaat schuren. Ik bedoel het type dissonantie dat je hoort in het eerste vioolconcert van Bartók (dat ik ook had gekocht in de supermarkt) en de tiende symfonie van Mahler, ook een favoriet van me.

Maar deze vent kwam met akkoorden die conventioneel waren. Gewoontjes, alledaags. Misschien had hij een te gelukkige jeugd gehad. Er zat geen angst in zijn spel. Ik miste de diepgang. Hij hoorde niet wat ik hoorde, en ik kon het hem niet uitleggen omdat ik geen noten kon lezen. Ik kan het nog altijd niet. Ik kan akkoorden niet beschrijven in muzikale termen. Ik hoor ze gewoon in mijn hoofd. Ik kan ze niet benoemen. Dat was voor Peter geen probleem. Hij speelde combinaties voor me totdat we iets goed vonden.

Dan zei ik: 'Ja, dat is het! Dat is het akkoord, maar er ontbreekt nog een noot.'

En dan zong ik die noot.

Als hij die toevoegde aan het akkoord, zei ik: 'Ja, dat is het! Dat is wat ik hoor.'

Dan vroeg ik: 'Welke noot is dat?' En dan legde hij uit: 'Het is een E-akkoord met een verminderde kwint. Je lijkt altijd de negen of de elf te willen horen, de afwijkende noot in plaats van de typische noten in een conventioneel akkoord.'

Het zal wel. Ik snap het nog altijd niet. Peter snapte het gelukkig wel.

De pianist in Detroit wilde ook niet Peters geschreven partituren spelen. Misschien was zijn ego te groot... of te klein. Misschien was hij niet goed genoeg om in te zien dat ze fantastisch waren. Het enige goede wat hij deed is dat hij me een rol bezorgde in een commercial voor kattenvoer, een ervaring waarvan ik gebruikmaakte toen ik Esther Hoffman speelde in *A Star Is Born*. Ik krijg nog elk jaar een royaltycheque van ongeveer 14 dollar voor dat spotje. Ik zal dus nooit meer honger hoeven lijden!

Ik kwam destijds altijd te laat. Drie minuten voordat ik op moest, stormde ik de club binnen en dan deed ik snel mijn jas uit en vloog ik het podium op. Maar als ik daar eenmaal stond, was ik heel helder. Ik voelde me op het podium kalmer dan in het echte leven. Daar had ik de controle. Als ik zing, heb ik geen haast. Ik kan de tijd nemen. Het publiek moet zich maar aanpassen aan mijn tempo.

Les Gruber, de eigenaar van de club, vond het een leuk idee als ik van tijd tot tijd bij de toeschouwers aanschoof om een praatje te maken. Hij wilde dat ik me sociaal zou gedragen, maar met vreemden babbelen is niet echt mijn ding. In The Lion of The Bon Soir had ik dat nooit gedaan. De mensen moesten backstage komen als ze me wilden spreken. Maar in de Caucus Club was er geen backstage. Ik weet niet eens meer zeker of er een kleedkamer was.

Het is grappig dat ik zoveel tijd doorbracht in nachtclubs, want normaal gesproken zou je me daar niet zien. Ik drink niet en erg sociaal was ik ook niet. Als een man me een drankje aanbood, zei ik vaak dat ik liever een baked potato wilde en dan was het gesprek meteen weer afgelopen. Toch heb ik daar veel goede vrienden gemaakt, zoals Bernie Moray, de manager van Robinson's

Furniture Company, en Dick Sloan, die eigenaar was van een bioscoopketen. Dat waren vaste gasten die onder het genot van een sliptongetje zakendeden. Ze waren al wat ouder. Nou ja, tegen de veertig en dat vond ik oud. Bernie was getrouwd en Dick ook, geloof ik. Maar ze waren aardig en ze steunden me, net als een ander stel, Bobby en Marilyn Sosnick. Die vier waren mijn familie daar. Ik at vaak bij de Sosnicks. Tussen de sets in hing ik ook vaak rond met Neil Wolfe, die pianospeelde in de cocktaillounge. Hij was een lieverd met dik, golvend haar die stapelverliefd was op een blond meisje dat op Kim Novak leek. Hij raakte niet over haar uitgepraat. Hij was aardig tegen me en we raakten goed bevriend.

Ik ontmoette ook Doris Fisher, een elegante dame die mooie kleren droeg en in een schitterend appartement woonde. Ik was vooral onder de indruk van het feit dat ze 'Put the Blame on Mame' had geschreven, een nummer dat Rita Hayworth zong in *Gilda*.

Toen ik eenmaal mijn repertoire had samengesteld, had ik veel vrije tijd. Ik weet niet veel meer over de culturele trekpleisters van Detroit, maar de racebaan herinner ik me wel. Ik zette vaak 2 dollar in op een paard dat ik gewoon had gekozen op gevoel. Ik won vaak, hoewel ik niets van paarden wist! Dan kreeg ik 6 dollar terug voor mijn 2 dollar. Pure winst! Je kon ook een paard huren in het park op Belle Isle. Daar heb ik leren rijden. Nou ja, ik leerde hoe je op een paard moet zitten dat langzaam rondloopt en van tijd tot tijd aan boombladeren knabbelt. Het was heerlijk om wat dichter bij de hemel te zijn.

Ik was net gesetteld in Detroit toen ik onverwacht moest vertrekken. Ted Rozar was ook de manager van Orson Bean, die als gastpresentator *The Jack Paar Show* ging doen en me wel wilde hebben als gast. Zo maakte ik op 5 april 1961 mijn televisiedebuut. Ik stapte voor het eerst in een vliegtuig, want het moest allemaal snel en er was te weinig tijd om met de trein van Detroit naar New York te reizen. Ik was doodsbang vanwege de geluiden in mijn oor. Zouden mijn trommelvliezen knappen? Zou er bloed uit mijn oren stromen? Zou ik de rest van mijn leven doof blijven?

Ik nam het risico en overleefde de vlucht. Ik genoot er zelfs van, want ze hadden in de economyclass heerlijk eten op kleine plastic dienbladen. (Ik ben altijd dol geweest op miniatuurtjes.)

Ik was voor het optreden gekleed door de Robinson's Furniture Company en zei dat ook tijdens de uitzending. Bernie had me rondgeleid door de showroom van de meubelzaak. Ik had over een sofa van bordeauxrode damast gezegd: 'Daar zou je een mooie jurk van kunnen maken.' Toen had hij me een lap van de stof gegeven. (Ik heb tegenwoordig gordijnen van bordeauxrode damast in mijn eetkamer. Sommige dingen veranderen nooit.) Ik stuurde de stof en een schets naar New York en Terry Leong maakte de jurk voor me. Hij had mijn maten al. Ik kocht een prachtig paar satijnen schoenen van Fiorentina, die ik in dezelfde kleur liet verven. Ze kostten 40 dollar, een hele uitgave.

Mijn broer had me uitgenodigd om de nacht voor het optreden in zijn huis op Long Island te logeren. Zijn vrouw Ellen zou bijna bevallen en hij wilde dat ik de volgende ochtend met hem zou meegaan naar het ziekenhuis, waar ze een keizersnede zou ondergaan. Maar het werd allemaal te hectisch, en ik kon niet samen met hem wachten op de geboorte van mijn nichtje Erica. Ik moest mijn schoenen ophalen en naar de studio om te repeteren.

Ik liep de winkel binnen en wie denk je dat daar schoenen zat te passen? Die Faye, de castingagent die me had weggestuurd toen ik auditie kwam doen voor een minuscuul tv-rolletje.

'Wat doe jij hier?' vroeg ze. Ze was verbaasd me te zien in zo'n exclusieve winkel.

'Ik kom mijn schoenen ophalen. Ik treed vanavond op in *The Jack Paar Show*. Maar wat doe jíj hier?'

Het was heel bevredigend.

Ik geloof dat ik die avond niet eens nerveus was. Ik zong 'A Sleepin' Bee', het nummer dat ik al honderd keer had gezongen. Ik voelde me fantastisch in mijn jurk van meubelstof en mijn elegante schoenen van Fiorentina. Ik was een meter vijfenzestig en woog vijftig kilo. Ik was broodmager. Ik propte vaak twee sjaaltjes in mijn onderbroek om mijn heupen op te vullen. Niet van achteren, want forse billen had ik wel. Voor mijn tweede nummer 'When the Sun Comes Out' droeg ik een simpele zwarte kokerjurk. Het publiek applaudisseerde nog altijd toen Orson gebaarde dat ik bij hem en de andere gasten moest komen zitten.

Ik was dolblij en enorm opgewonden. Phyllis Diller zat ook in het programma, dat stelde me erg op mijn gemak. Bernie en Dick hadden bloemen naar mijn kleedkamer gestuurd en ik heb ze bedankt in de uitzending. Ik wist dat ze keken. Wat een kick! Ik ging zitten en raakte niet uitgepraat over de camera's en de lichten, die ik enorm fascinerend vond. Zo maakten ze dus tv! Hoewel ik onder de hete lampen zat, had ik het koud. Dat zei ik tegen Orson en toen gaf Phyllis me haar handschoenen.

Ik vloog terug naar Detroit en Les gaf me een bonus omdat hij blij was met de gratis publiciteit voor zijn restaurant op de nationale televisie. En hij verlengde mijn boeking.

Na acht weken in Detroit nam ik de trein naar Saint Louis. Ik was geboekt in de Crystal Palace, de nachtclub van Jay Landesman, die bereid was om jong talent een kans te geven. Zijn vrouw Fran, een tekstschrijver, liet me een van haar songs zien, 'Spring Can Really Hang You Up the Most'. Ik denk bij *spring* (voorjaar) meteen aan allergieën, maar haar song had een mooie tekst en een melodie die je bijbleef. Ik voegde het toe aan mijn repertoire. Ik mocht de Landesmans graag en voelde me thuis in hun club, die chiquer was dan de andere waarin ik had opgetreden: glas-in-loodramen, antieke kroonluchters, met rood fluweel beklede stoelen. Ze zetten me in een appartement boven de club met prachtige houten lambriseringen, marmeren wasbakken en een betegelde open haard. Ik wilde daar voor altijd blijven.

Ik stond in het voorprogramma van The Smothers Brothers en een andere komiek, Marc London. Na mijn set ging ik achter in de zaal staan om Dick en Tommy aan het werk te zien. Ik vond Tommy ontzettend grappig. Hij deed alsof hij zes was, en zijn oudere broer was de aangever. Ik herkende mezelf in dat soort onschuld. Het kind was nog sterk in me aanwezig. Ik werd aangetrokken door zijn talent. Hij kon mensen aan het lachen maken en hij zag er nog leuk uit ook, een echte WASP (*White Anglo-Saxon Protestant*) met kort blond haar en een bleke huid.

Ik experimenteerde met 'Soon It's Gonna Rain', een eigentijds nummer uit *The Fantasticks*, alweer een musical waarvoor ik vergeefs auditie had gedaan. Het was een onconventionele musical, en het personage dat het nummer zong was zestien. Ik dacht: ik ben verdomme zestien en onconventioneel. Waarom heb ik die rol niet gekregen?

Toen ik de show zag in de Sullivan Street Playhouse was ik onder de indruk van het eenvoudige decor: een houten platform, een kwart maan op een rond stuk karton met op de achterkant de zon. Alles draaide om het verhaal. Voor de muzikale begeleiding werden alleen een piano en een harp gebruikt, een heerlijke combinatie. (De producer, Lore Noto, zei jaren later tegen me: 'Ongelooflijk eigenlijk dat we je niet hebben aangenomen.')

'Soon It's Gonna Rain' was in de musical een eenvoudig, onschuldig liedje van twee jonge mensen die verliefd op elkaar worden. Ze verheugen zich op de regen, want dan kunnen ze naar binnen gaan om bij elkaar te zijn. Ik gaf er een persoonlijke interpretatie aan. Ik identificeerde me met het meisje.

Ze was aanvankelijk verlegen en op haar hoede. Maar als de regen kwam, liet ik de muziek aanzwellen en de drums rollen om aan te geven hoe haar emoties zich opbouwden. Het is haar seksueel ontwaken. Toen ging ik na het echte einde van de song weer terug naar het begin. Ik zong de eerste twee regels nogmaals, nu met nieuwe kennis en gevoelens van trots en vreugde, alsof ze eindelijk een vrouw is geworden. Het liedje eindigt positief, met iets van opluchting. Haar wens is in vervulling gegaan en ze heeft liefde of seks ervaren, wat je ook maar wilt geloven.

Als ik het beschrijf, klinkt het analytisch, maar het was vooral een intuïtief proces. Ik begreep mijn gevoelens en putte uit het gedeelte van mezelf dat zich herkende in het liedje.

Het was soms raar om in een nachtclub liefdesliedjes te zingen terwijl ik niets wist over de liefde.

In mei ging ik terug naar New York voor een reeks optredens van een maand in The Bon Soir. Na mij kwam de komiek Phil Leeds, en Renée Taylor was het hoofdprogramma. Ik vond haar grappig. Op een avond verloor ze een cap van een tand. Dat ding vloog over het podium. Ik moest erom lachen, al was dat niet erg aardig van me.

Dat zijn de dingen waarvan ik in een deuk lig, als iemand heel even zijn waardigheid verliest. Je ziet door een haarscheurtje in de façade de kwetsbaarheid die we allemaal met elkaar gemeen hebben. We proberen altijd de schijn op te houden dat we beschaafd zijn, dat we de touwtjes in handen hebben. Maar dat beeld klopt niet.

Verder is het niet makkelijk om me te laten lachen. De meeste dingen vind ik totaal niet grappig. Soms vertelt mijn man een mop en dan zit iedereen aan tafel te lachen, behalve ik. 'Wat is daar nou grappig aan?' Dan ga ik het in alle stilte analyseren. En als ik dan in een serie of een film iets zie wat echt grappig is, zeg ik heel droog: 'Kijk, dat is nou grappig.'

Ik neem comedy erg serieus.

Op een avond was ik klaar met mijn set. Ik liep naar de kleedkamer – als je het zo mocht noemen, want je kon je er nauwelijks omkleden – die ik deelde met Renée. Ze maakte zich klaar voor haar optreden. Ik had de deur nog maar net dichtgedaan of er werd al aangeklopt. Het was een man, en ik liep de gang in om met hem te spreken. Hij maakte me complimentjes en zei: 'Ik kreeg kippenvel zodra je begon te zingen.'

'Ik ben eigenlijk geen zangeres,' zei ik. 'Ik ben actrice, en ik doe dit alleen omdat ik geen rollen krijg als actrice.'

'Als je net zo goed kunt acteren als je zingt, is er geen houden aan met jou. Ik heb je net komisch en dramatisch bezig gezien. Je hebt me laten lachen en huilen. Ik denk dat je een schitterende carrière tegemoet gaat: platen, televisie, het theater, films.'

'Mijn grote ambitie is om een filmster te worden,' gaf ik toe.

'Nou Barbra, ik denk dat je binnen de kortste keren alle awards in deze business gaat winnen... de Grammy, de Emmy, de Tony, de Oscar.'

Het was verbijsterend, alsof de man die ik net had ontmoet al mijn dromen bekrachtigde.

Hij vroeg of ik iemand had die me vertegenwoordigde. Toen ik zei dat ik een manager had, liet hij het erbij zitten. Hij was heel aardig, heel beleefd. Hij gaf me zijn visitekaartje en zei dat ik hem kon bellen als ik ooit op welke manier dan ook hulp nodig had.

Zo ontmoette ik Marty Erlichman, die naar de club was gekomen om zijn vriend Phil Leeds te zien. Maar zodra hij mij hoorde zingen, vergat hij Phil en kwam hij backstage om zich voor te stellen. Hij heeft Phils optreden die avond niet gezien.

Ik voelde me meteen op mijn gemak bij Marty. Hij leek op de jongens uit mijn oude buurt: donker haar, een bril, aardig gezicht, een beetje mollig. Hij bleek ook in Brooklyn te zijn opgegroeid, vlak bij waar ik had gewoond. We spraken dezelfde taal.

Het was heerlijk om weer in New York te zijn, al was de situatie nog niet ideaal. Ik had geen appartement, want ik woonde niet meer bij Barry. Het was misgelopen toen hij naar Californië was gegaan om zijn ouders te bezoeken. Op de avond dat hij zou terugkomen, had ik al zijn favoriete eten in huis gehaald om hem te verrassen met een feestmaal. Maar hij kwam niet. Ik was bezorgd. Was zijn vliegtuig neergestort? De avond daarna kwam hij ook niet en die daarna ook niet. Hij belde ook niet.

Na ongeveer een week kwam hij opeens nonchalant binnenwandelen. Ik was woedend. Hij had besloten langer te blijven, maar hij had niet de moeite genomen om me dat te laten weten. Zijn ouders wisten niet dat ik ook in zijn appartement woonde en hij wilde niet dat ze het nummer zouden zien op hun telefoonrekening. Kom op, zeg... Was hij zo bang voor zijn ouders? Had hij geen manier kunnen vinden om contact met me op te nemen? Zijn verhaal klopte niet.

Toen ik op een avond eerder dan verwacht thuiskwam, liep er een vent die ik niet kende de badkamer uit, met alleen een handdoek om zijn middel. Ik was geschokt en dacht: mijn god, ik zou hier niet moeten zijn. Barry had nooit iemand meegenomen naar huis. Dat kon niet echt, want ik woonde er ook. Hij bleek gay te zijn, en hij had nog een heel ander leven waarvan ik geen deel uitmaakte. Ik had gedacht dat we het zo goed konden vinden dat we huisgenoten konden blijven. Ik zag in dat ik hem voor de voeten liep.

Ik draaide me om en liep weg. Ik heb vanuit een telefooncel mijn vriendin Elaine Sobel gebeld en ben meteen naar haar appartement gegaan.

Ik was overstuur, al is dat achteraf gezien misschien unfair. Barry was me niets verschuldigd. We hadden geen romantische relatie en hadden zelfs nooit gezoend. Toch voelde ik me afgewezen. Misschien deed het me denken aan die keren dat ik als kind met mijn vriendje Irving naar Laurel en Hardy zat te kijken en hij me wegstuurde als zijn vader thuiskwam.

Ik wilde een relatie zoals de relaties die ik uit films kende, gebaseerd op wederzijdse liefde, respect en aardigheid. Ik begreep dat ik mijn kansen niet verhoogde door samen te wonen met iemand die niet mijn partner kon zijn. Ik wilde meer.

Barry en ik zijn nog enige tijd bevriend gebleven. Maar later, toen hij weigerde een aantal banden met opnamen van mijn zang terug te geven, heb ik hem geschrapt uit mijn leven. Daar heb ik geen moeite mee als mensen me teleurstellen. Dat is niet een van mijn beste eigenschappen. Ik kan een muur bouwen en mensen buitensluiten.

Maar op dat moment was hij een van de weinige mannen die ik kende, en ik begreep ze geen van allen. Ik zag Eddie Blum, de casting director van Rodgers en Hammerstein, als een vriend. Hij steunde me en daar zal ik hem altijd dankbaar voor zijn. Hij nodigde me uit voor een weekend in zijn buitenhuis, waar ik zijn tengere, blonde vrouw en zijn dochter ontmoette. Ik vond het heerlijk om naast hem te zitten en met zijn Caterpillar-tractor door de velden te rijden. Zijn buurman was Lee J. Cobb, dat vond ik erg indrukwekkend. Ik was al fan van Cobb sinds ik hem had gezien in *On the Waterfront*. Ik mocht Eddie graag, totdat hij me kwam opzoeken in Detroit en een versierpoging deed. Wat? Hij was oud genoeg om mijn vader te zijn.

Nog een laatste opmerking over Barry: ik zal hem altijd dankbaar zijn omdat hij al in me geloofde toen ik een tiener was. Maar in 1977 schreef hij een boek over me. Hij had een krankzinnige liefdesrelatie tussen ons verzonnen. Misschien dacht hij dat hij onze vriendschap moest aandikken om meer exemplaren te verkopen. Ik was zo gekwetst dat ik het niet kon lezen.

Het is op zijn zachtst gezegd vreemd om te lezen over de verschillende mannen die beweren dat ze mijn eerste minnaar waren, vooral als ik geen flauw idee heb wie ze zijn. Ik ben heus wel het een en ander vergeten, maar niet dat!

Het was niet Barry, en het was zeker niet een of andere vent uit een acteerklasje die over onze niet-bestaande relatie vertelt in een aantal niet-geautoriseerde biografieën die over me zijn geschreven. Ik lees die boeken nooit, want ik kan niet tegen de leugens. Maar ik ken mensen die ze hebben gelezen en dan hoor ik weleens iets, zoals wat die vent heeft gezegd. Ik was echt sprakeloos. Ik heb geen flauw idee wie hij zou kunnen zijn. Omdat ik ook zijn naam niet herkende, heb ik Allan Miller gebeld, de docent, en hij wist ook niet wie hij was! Geloof me, ik zou dolgraag willen dat er een knappe, getalenteerde leerling was geweest die me leuk vond, en die ik ook leuk vond.

De gedachte dat iemand een verhaal verzint over een romance met mij... Walgelijk gewoon. Het was een vreselijke inbreuk op mijn privacy. En dan wordt zo'n verhaal naverteld in het ene boek na het andere omdat de schrijvers die verzonnen nonsens blijven herhalen.

Ik zal je de waarheid vertellen. Ik had mijn eerste liefdesrelatie toen ik achttien was, al is liefdesrelatie misschien een te groot woord. De man in kwestie en ik brachten samen een aantal interessante avonden door. Hij gaf me een keer bij volle maan een sigaret. Ik nam een trekje en kon opeens nog nauwelijks op mijn benen staan. Ik dacht dat het zijn nabijheid was, maar het was marihuana. Dat had ik nog nooit gerookt (en daarna heel sporadisch). Van het een kwam het ander. Ik ga niet in details treden. Gebruik je fantasie.

Toen we elkaar de volgende dag tegenkwamen, zei hij alleen 'hoi'. Toen liep hij door alsof er niets tussen ons was gebeurd. Oké, dat was dan dat. Het was niet bepaald *From Here to Eternity*. Ik voelde me weer eens niet gezien.

Ik haatte hem omdat hij niet wat aardiger was. Maar het had iets in me losgemaakt. Op sommige avonden was ik net een krolse kat. Mijn lichaam hunkerde naar hem. Ik had nog nooit zulke gevoelens ervaren. Het gaf me in elk geval materiaal om mee te werken toen ik op 22 mei voor de tweede keer in *The Jack Paar Show* stond. Orson Bean nam die avond opnieuw de presentatie over en hij had me weer gevraagd. Ik zong over verlangen, een onderwerp dat ik voor het eerst echt begreep.

Na de opname belde ik met de muurtelefoon in de keuken van Cis mijn tante Anna. Het programma zou een paar uur later worden uitgezonden en ik wilde er zeker van zijn dat ze zou kijken. Er zit een song in *Yentl* met als openingsregel '*There are moments you remember all your life*'. Dit was zo'n moment dat ik nooit zal vergeten. Iemand nam op en vertelde me dat mijn lieve tante was overleden in de armen van oom Harry. Ze was na een hysterectomie thuisgekomen en had een embolie gekregen.

Elke keer als ik op tv kwam, leek er iets te gebeuren met een van mijn dierbaren. Bij mijn tv-debuut was mijn nichtje Erica geboren en nu was mijn lievelingstante gestorven. Mijn hart was gebroken. Ze had twee zoons, Lowell en Harvey, en ze vond het altijd heerlijk als ik op bezoek kwam. Ik denk dat ze ervan genoot om een meisje om zich heen te hebben. Ze hield van me, en ik hield van haar. We waren vaak samen. Ik logeerde graag in hun appartement op Eastern Parkway. Soms duwden Lowell en ik de meubels tegen de muren om te dansen op muziek van Tito Puente. Harvey danste met mijn moeder. Ik ben gek op latinmuziek; de samba en de mambo. Lowell en ik oefenden samen en dansten voor zijn familie op zijn bar mitswa-feest. Hij en zijn vader waren honkbalfans. Harvey hield van design. Hij zocht de stoffen uit voor zijn moeder. Toen ik zes of zeven was, zei ik dat hij een meisje was. Hij heeft twee jaar niet tegen me gesproken.

Ik kon het natuurlijk niet weten, maar ik had duidelijk iets aangevoeld. Jaren later kwam Harvey uit de kast, maar in die tijd sprak je nog niet over zulke gevoelens. Ik vond het leuk dat hij kon vertellen wat de verschillen waren tussen linnen en fluweel.

Ik ben om te beginnen al geen lachebekje. Ik staar me al snel blind op de duistere kant van het leven. Na de dood van tante Anna raakte ik gefrustreerd over mijn leven. Mijn werk in The Bon Soir was slechts tijdverdrijf, vond ik, want eigenlijk wachtte ik op het moment dat iemand me een rol zou aanbieden. Maar dan hield ik mezelf weer voor dat het allemaal niet zo erg was. Ik kwam er toch van rond? En elk optreden was het equivalent van acteren in een theatervoorstelling. Soms deed ik op het podium de ontspanningsoefeningen die we in de klas deden. Ik begon met mijn tenen en ging dan omhoog naar mijn armen en vingers. Ik richtte mijn brein op elk deel van mijn lichaam, voelde wat daar gebeurde, ontspande een voor een mijn lichaamsdelen. Het publiek had geen flauw idee wat ik stond te doen.

Week na week bleef ik mijn optreden verbeteren. Toen iemand me vertelde dat niemand ooit opent met een ballad, wilde ik dat natuurlijk juist wel doen. Ik kon mijn ogen sluiten en naar mijn eigen plekje gaan. Niet naar buiten reiken, maar juist naar binnen.

Ik zag soms artiesten op tv die ik maar raar vond. Ze smeerden het publiek stroop om de mond, zeiden steeds hoe geweldig dat publiek was. Ze zeiden dingen als: 'Ik krijg pas het gevoel dat ik leef als ik op het podium sta.' O, echt? Ze kwamen behoeftig over. Ze smeekten om liefde. Niet om aan te zien.

Diep vanbinnen was ik nog behoeftiger dan die artiesten.

Maar ik vond dat je dat niet moest laten zien. Dat voelde voor mij niet goed. Het was vernederend. Ik wilde niet smeken om te worden bemind. Dat vond ik gênant. Het geheim is volgens mij juist dat je geen contact zoekt. Dat is nutteloos. Je moet naar binnen reiken. Ik merkte dat het publiek zich meer tot me aangetrokken voelde naarmate ik me meer in mezelf keerde.

Dat is de kracht van gedachten. Gedachten overstijgen niet alleen materie, maar ze communiceren ook. Als ze maar oprecht zijn. Emoties kun je niet faken. Alles moet voortkomen uit een eerlijke plaats diep in jezelf. Andere mensen herkennen dat en dan wordt er iets bij hen losgemaakt.

Soms voelde ik niets, en dat moest ik dan accepteren. Dan probeerde ik me zo rustig mogelijk te concentreren. Toen ik voor het eerst 'Cry Me a River' zong, gebruikte ik een oefening die we in de klas deden. Ik riep een emotionele herinnering op door iemands gezicht voor me te zien. Ik dacht aan de jongen die me onder het maanlicht een sigaret had gegeven, en het maakte me boos, maar dan echt. Uiteindelijk had ik onmiddellijk toegang tot mijn emoties zodra ik een liedje inzette. Ik had een bijna pavloviaanse respons op de muziek.

Ik had nog altijd geen woning. Elaine bood me haar bank aan, maar ze scharrelde nog altijd met Dustin Hoffman en ik wilde het stel niet voor de voeten lopen. Ik verbleef een poosje in een kamer in het gunstig gelegen Hotel Earle, vlak om de hoek bij The Bon Soir. Ze hadden het meubilair gesprayd met gespikkelde verf, zodat je het stof niet kon zien. Ik herinner me dat Stanley Beck een keer naar mijn kamer kwam. We hadden elkaar ontmoet toen ik die zomer acteerde in Malden Bridge, waar hij me had geregisseerd in *Picnic*. Hij speelde bij het gezelschap de mannelijke hoofdrollen, en Emily Cobb speelde de vrouwelijke. (Jaren later kon ik haar tot mijn vreugde een rolletje geven in *The Way We Were*; ze zit aan een tafel tegenover het Plaza Hotel antioorlogsbrochures uit te delen.)

Stanley en ik kwamen elkaar weer tegen toen ik een voorstelling van *Le Balcon* van Jean Genet bezocht in Circle in the Square in hartje New York en hij op het podium stond. Hij had een masculiene uitstraling en zag er niet slecht uit. We zijn een paar keer samen uitgegaan, maar het stelde niet veel voor. Toen hij naar mijn kamer kwam, werd ik zo nerveus dat ik hem vroeg weer te vertrekken. Ik zei dat ik me niet lekker voelde, maar ik zag ertegen op om er iets fysieks van te maken. Zo zie je dat ik me de mannen in mijn leven wel degelijk herinner, al was het maar omdat er in die tijd zo weinig waren.

Een week nadat mijn boeking in The Bon Soir ten einde liep, had ik een gastoptreden in *PM East* op een plaatselijke televisiezender. Dat had ik te danken aan de producer, Mert Koplin, die me had zien optreden in de club. Mert was een schat van een man, maar de presentator, Mike Wallace, was kil en afstandelijk. Hij miste de hartelijke persoonlijkheid die de meeste presentatoren hebben. Mike was bot. Dat kwam hem later handig van pas toen hij in *60 Minutes* kritische vragen afvuurde op de mensen die hij interviewde. Maar het hielp hem niet om zijn gasten op een charmante manier aan de praat te krijgen in *PM East*.

Ik nam hem voor het programma apart en zei: 'Moet je horen. Ik kan niet alleen zingen, ik kan ook praten.' Ik liet hem mijn sleutelhanger zien en zei: 'Je zou me naar mijn sleutels kunnen vragen.' Toen ik bij hem aan tafel zat, zei hij: 'Ik heb hier je aardse bezittingen.' Hij liet mijn portemonnee en mijn sleutelhanger zien.

'Hoe kom je daar nou aan?' vroeg ik om het spel mee te spelen.

'Ik zie tien sleutels,' zei hij. 'Waarom heb je zoveel sleutels, Barbra? Wat maken ze allemaal open? Heb je tien woningen?'

'Nee, geen tien. Ik heb er zes.'

Zes was misschien licht overdreven, maar ik had wel een aantal vaste plaatsen waar ik kon overnachten op het aluminium opklapbed dat ik voor 12,95 dollar bij Whelan's Drug Store had gekocht en altijd meezeulde. Mijn neef Harvey had een appartement op West Eighteenth Street dat ik door de week kon gebruiken, want hij was alleen thuis in de weekends. Dan verkaste ik op vrijdag naar de repetitiestudio van Peter Daniels op Eighth Avenue, waar alleen een piano stond. Het was nogal eng om daar 's avonds laat naartoe te gaan. Het was een donker, somber gebouw.

Mike probeerde er een grapje van te maken. 'Dus je deelt overal in de stad bedden?'

Ik legde uit dat ik mijn bed op verschillende plaatsen neerzette, maar het niet deelde. 'Dat is een belangrijk onderscheid.'

Een van de sleutels was van Don Softness, de persagent van *PM East*, die dat werk ook voor mij ging doen. Toen hij hoorde dat ik geen appartement had, gaf hij me de sleutel van zijn kantoor, waar een comfortabele bank stond. De enige voorwaarde was dat ik voor halfnegen weg moest zijn, want dan kwam het personeel. Ik had niet zien aankomen dat hij op een ochtend opeens voor mijn neus stond en probeerde me te versieren. Hoewel ik hem aantrekkelijk vond met zijn korte grijze haar, heb ik hem zijn sleutel teruggegeven.

Ondertussen zocht ik weer naar werk. Tijdens de acteerlessen was ik bevriend geraakt met Rick Edelstein toen we samen een scène repeteerden uit *The Petrified Forest*. Ik mocht hem graag. Hij was volwassener dan mijn andere mannelijke klasgenoten, want hij was al getrouwd en had vier kinderen. ’s Avonds werkte hij als ober in de bekende jazzclub The Village Vanguard. Hij regelde een auditie voor me bij de eigenaar, Max Gordon. Miles Davis speelde daar toevallig en Rick had geregeld dat zijn muzikanten me zouden begeleiden. Maar Max Gordon zag het niet in me zitten.

Net toen ik dreigde blut te raken, werd ik geboekt in The Town N’ Country, een restaurant in het Canadese Winnipeg. De Canadezen zagen het ook niet in me zitten, geloof ik. Vooral als ik songs ten gehore bracht die ze niet kenden, zoals ‘Come to the Supermarket in Old Peking’.

Daarna werd ik opnieuw geboekt in de Caucus Club. Dat was fijn, maar ze wilden me slechts 150 dollar per week betalen (hetzelfde bedrag als bij mijn eerdere boeking daar), terwijl ik in The Bon Soir 175 dollar had gekregen. Ik vond dat ze hetzelfde moesten betalen en me gratis eten moesten geven. Het was immers een restaurant. Maar Les Gruber gaf ondanks de inspanningen van Ted Rozar geen krimp. Ik had al het een en ander aan te merken op Ted, en nu kon hij ook al geen opslag voor me regelen.

Toen haalde ik het visitekaartje van Marty Erlichman tevoorschijn. Ik belde hem. Marty zei ‘dat regel ik voor je’ en nam onmiddellijk het vliegtuig naar Detroit. Hij ging met Les onderhandelen en toen kreeg ik opeens 200 dollar per week plus avondmaaltijden. Heel indrukwekkend. Ik ontdekte later dat Marty Ted ook niet zover had gekregen dat hij me opslag wilde geven. Hij betaalde die extra 50 dollar uit zijn eigen zak. En je kunt niet zeggen dat hij het breed had, want Marty’s ‘kantoor’ was destijds een telefooncel op Fifty-Third Street, met een rolletje kleingeld op zak.

Maar hij bleef in Detroit om voor me te zorgen, wat Ted nooit had gedaan. Marty legde veel meer toewijding aan de dag. Ik had voor het eerst van mijn leven iemand die me beschermde. Ik wilde dat Marty mijn manager zou worden, maar dat betekende dat ik me op een of andere manier moest ontdoen van mijn contract met Ted.

Ted vond het geloof ik niet heel erg dat hij me kwijtraakte. Maar dat is weer zo’n merkwaardig menselijk trekje: soms ben je niet echt geïnteresseerd in iets, maar als een ander het wil, wil jij het ook. Marty vroeg wat hij wilde hebben om mijn contract te verscheuren. 5.000 dollar, zei Ted. Ik had een aantal dozen vintage kleding in zijn kantoor gezet die hij gegijzeld hield totdat de kwestie was opgelost.

Marty raakte tijdens ons verblijf in Detroit bevriend met Bobby Sosnick, die nog altijd vrijwel elke avond naar de club kwam. Ze zaten vaak samen aan een tafeltje martini's te drinken. Toen Bobby hoorde dat we probeerden Ted uit te kopen en dat Marty een telefooncel gebruikte als kantoor, gaf hij Marty een cheque van 10.000 dollar. De helft moest hij gebruiken om mij te bevrijden van Ted en de rest van het geld kon hij besteden aan een kantoor. Hij zag het geld als een investering in mijn carrière.

Ik vond het een interessante kwestie, want de meeste mensen komen nooit te weten wat hun exacte waarde is op de open markt.

Ik was licht teleurgesteld toen Marty erin slaagde om van 5.000 dollar af te dingen tot 1.250 dollar en later zelfs tot 750 dollar. Was ik niet meer waard dan dat?

Het was een spotprijsje, voor Marty en voor mij.

Het betekende ook dat Marty Bobby's aanbod niet hoefde te accepteren. Dat was fijn, want we wilden niet dat Bobby als het ware een aandeel in me zou hebben. Er was nog wel een probleempje. Marty had helemaal geen 750 dollar. Dat was ik vergeten totdat Marty het verhaal weer eens vertelde tijdens een verjaardagsfeestje dat ik in 2014 voor hem organiseerde.

Ik vroeg: 'Hoe ben je aan dat geld gekomen?'

Hij zei: 'Iemand heeft het me geleend.'

'Wie dan?'

'Jij!'

Bedenk dat ik mijn geld had gespaard sinds ik op mijn zestiende een bankrekening had geopend.

Ik kreeg mijn kleren terug, en dat was het einde van mijn werkrelatie met Ted, al werkte ik nog wel samen met Irvin Arthur. Toen ik op een dag zijn kantoor bezocht, vertelde hij dat Enrico Banducci, de eigenaar van de club hungry i in San Francisco, in de kamer ernaast zat. Maar hij kon Enrico niet zover krijgen dat hij me wilde aannemen.

Ik besloot dat ik hem op andere gedachten moest brengen. Maar het zit niet in mijn aard om mezelf schaamteloos aan te prijzen. Ik kon het alleen doen door in de huid van een personage te kruipen. Ik liep de kamer binnen en zei tegen Enrico dat hij enorme spijt zou krijgen als hij me niet zou boeken. 'Je zult me smeken om een contract, want ik word een superster. En dan zul je willen dat je me vroeg in mijn carrière een kans had gegeven.' Ik maakte er een heel spektakel van, maar ik was doodsbang. Ik geloof dat ik zelfs bij hem op schoot ging zitten, en dat is niets voor mij. Het moet een moment van inspiratie zijn geweest. En uiteindelijk boekte hij me! Ik was apetrots dat ik hem had overtuigd.

Ondertussen deed ik nog steeds audities voor theaterrollen. Toen ik in The Lion zong, had ik de impresario Jeff Hunter leren kennen. Hij was een van de eerste mensen die me steunden. Hij vond dat ik talent had en was vooral onder de indruk van wat ik tijdens het zingen met mijn handen deed. Jaren later zei hij: 'Niemand heeft haar handen ooit zo goed gebruikt als jij.' Hij beloofde dat hij zijn ogen voor me zou openhouden en dat hij me zou inseinen als hij iets voorbij zag komen waar ik misschien geschikt voor was. Hij heeft zich aan die belofte gehouden. Hij stuurde me naar een auditie voor *Another Evening with Harry Stoones*, een off-Broadway-productie die was geschreven door een zekere Jeff Harris. Het was een komische revue met razendsnelle sketches en een paar liedjes, ook geschreven door Jeff. De cast bestond uit acht mensen, onder wie Diana Sands, die op Broadway de hoofdrol had gespeeld in een productie van *A Raisin in the Sun*, en een nog jonge Dom DeLuise. Mijn naam stond in het programmaboekje als laatste vermeld.

Het was een heerlijke ervaring. Ik speelde verschillende personages en zong een aantal liedjes. Een van de songs ging over de gevaren van New Jersey. Ik zong het in een zwarte jurk uit de jaren veertig en schoenen met plateauzolen uit dezelfde periode. Er was ook een komische song die 'Value' heette, waarin ik uitlegde waarom ik verliefd was op een zekere Harold Mengert.

Wie was het ook weer die zei 'met satire verkoop je geen kaartjes'? Ik heb het opgezocht: het was George S. Kaufman. En we hebben zijn gelijk bewezen. We hadden onze eerste en laatste voorstelling op zaterdag 21 oktober 1961, na weken van repetities en negen try-outs.

Maar Jeff Hunter kwam die avond kijken en hij was onder de indruk. Hij stuurde me naar een auditie voor een productie die mijn leven ingrijpend heeft veranderd. Ik zal hem altijd dankbaar zijn en sta voorgoed bij hem in het krijt.

I Can Get It for You Wholesale was een belangrijke Broadway-show van Jerome Weidman, met muziek en songteksten van Harold Rome. Arthur Laurents, die het libretto had geschreven voor *West Side Story* en *Gypsy*, was de regisseur. David Merrick was de producent. Allemaal grote namen uit het Broadwaywereldje. Ik was bang dat zulke kopstukken me nooit zouden willen hebben.

Dat is de negatieve inslag die ik van mijn moeder heb meegekregen. Ze zei altijd tegen me: 'Reken nooit op iets goeds, want God pakt het meteen weer af.' Ik denk dat ik die negativiteit gebruikte als zelfbescherming.

Het was midden november toen ik auditie ging doen. Aangezien het stuk zich afspeelde in de jaren dertig had ik een jas uit die periode aangetrokken om in de juiste stemming te komen. De jas was gemaakt van de gladde, honingkleurige wol van het karakulschaap, rond de kraag en zoom afgebiesd met vossenbont in dezelfde kleur. (Je had toen nog geen Dierenbescherming.) Ik had de jas voor 10 dollar in een tweedehandszaakje gekocht en had nog nooit zoiets moois gezien. Het was vooral bijzonder omdat de binnenkant net zo mooi was als de buitenkant. De voering was geborduurd met een patroon van kleurrijke bloemenmanden van chenille met een zakje van zijde met ruches. Iemand had ontzettend zijn best gedaan voor iets wat bijna niemand ooit te zien zou krijgen. Dat vond ik een heerlijke gedachte. Ik heb die jas nog steeds. De voeringstof is uit elkaar gevallen, maar de bloemetjes van chenille zijn ongeschonden.

Iemand riep mijn naam om en ik stapte op het lege podium van het St. James Theatre. Ik had mijn jas aangehouden zodat iedereen ervan kon genieten. Degene die me aankondigde sprak mijn naam natuurlijk verkeerd uit, dus ik moest hem verbeteren. Terwijl ik dat uitlegde, zette ik mijn boodschappentas neer. Ik had altijd iets te eten bij me. Ongezouten pretzels, Oreo's (maar ik verwijder die witte drek in het midden), amandelen. Je weet maar nooit wanneer je trek krijgt in een snack. Dat idee heb ik van mijn moeder, denk ik. Dat is misschien een aspect van het collectieve onbewuste geheugen van Europese Joden. Wat moest een mens als er een pogrom kwam en je snel het land moest verlaten? Dan is het handig om iets te eten te hebben.

Ik deed mijn hand boven mijn ogen en tuurde de donkere zaal in, maar ik zag geen gezichten. 'Hallo! Is daar iemand? Wat willen jullie dat ik doe?'

Een stem antwoordde: 'Kun je zingen?'

Ik dacht: als ik niet kon zingen, zou ik hier dan staan? Maar ik zei: 'Ja, ik denk dat ik wel kan zingen. Ze zeggen dat ik aardig kan zingen. Wat wilt u horen?'

Toen er niet meteen werd geantwoord, zei ik: 'Wilt u iets snels horen of iets langzaams?' Het was alsof ik achter de toonbank van een broodjeszaak stond. Gaan we nog bestellen? Pastrami of ham?

Iemand zei: 'Wat je maar wilt.'

'Het wordt een comedy, toch? Dan doe ik iets grappigs.'

Ik haalde mijn partituren uit mijn boodschappentas en liep naar de piano, maar ik had niet door dat de bladzijden, die aan elkaar vastzaten, zich achter me ontvouwden tot een staart van zeven meter. Nou ja, ik deed alsof ik het niet doorhad, want ik deed het expres om te laten zien dat ik grappig kon zijn. En het leek te werken, want ik hoorde een paar mensen gniffelen.

Ik vroeg de pianist het liedje op het bovenste vel te spelen en zette 'Value' in:

Call me a boob, call me a schlemiel.
Call me a brain with a missing wheel.
Call me what you will, but nonetheless I'm still in love with Harold Mengert.
And it's not because he has a car. Arnie Fleischer has a car.
But a car is just a car...

De man die tegen me had gesproken – hij bleek Arthur Laurents te zijn – lachte en vroeg: 'Heb je een ballad?'

'O, zeker, een paar zelfs.' Ik vroeg de pianist of hij 'Have I Stayed Too Long at the Fair?' wilde spelen, ook weer een song uit een obscure musical die me goed beviel omdat ik de tekst kon acteren. Het ging over verlangen, over de behoefte aan iemand die om je geeft. Ik herkende er veel in.

Jerome Weidman was er die dag ook. Hij heeft mijn auditie later beschreven in een tijdschriftartikel. Ik zou willen dat ik zo poëtisch kon schrijven. Ik kan alleen maar zeggen dat ik op dat podium stond, me terugtrok in mijn innerlijke wereld en vergat dat er anderen aanwezig waren.

Heel zacht, met een stem met de waarheid van een paslood en de zuiverheid van zeep op water, met het kalme gezag van iemand die het onvermijdelijke heeft gezien, vertelde ze, zo simpel en rechtstreeks en ontroerend als Homerus vertelde over de dood van Hector, het beklemmende verhaal van het meisje who stayed too long at the fair. Het was een liedje, een mooi liedje. Maar vertolkt door de stem en persoonlijkheid van dit merkwaardige kind werd het meer dan dat. We hoorden muziek en woorden, maar we ervaarden iets wat alleen de beste kunst een mens kan geven: een moment waarop de waarheid wordt onthuld.

JEROME WEIDMAN

Het bleef stil toen ik klaar was met zingen. Toen vroegen ze of ik nog een nummer wilde zingen, en toen nog een.

Ik hoorde dat ze onderling spraken. Toen stond Arthur op. Hij vroeg of ik over een paar uur wilde terugkomen.

'Waarom moet ik terugkomen?' vroeg ik. 'Was het niet goed, wat u net hebt gehoord?'

Ik geloof dat Arthur moest lachen. Hij zei dat David Merrick later zou komen, en ze wilden dat hij me ook zou horen zingen.

'Ik kan niet terugkomen,' zei ik. 'Ik heb een kappersafspraak.'

Ik kon hun schok zo ongeveer horen. Ik wist dat niemand ooit nee zei tegen een verzoek om terug te komen voor een vervolgauditie. Ik wist ook dat ik iets grappigs had gezegd. Maar het was ook waar.

'Ik doe vanavond het voorprogramma in The Blue Angel en ik moet mijn haar laten doen. Hé, kom anders allemaal kijken!'

'Kun je niet terugkomen na de kapper?' vroeg Arthur.

Ik riep naar Marty, die achter in de zaal zat: 'Marty, heb ik daar tijd voor?'

Hij zal zijn handen wel voor zijn gezicht hebben geslagen. 'Ja!' riep hij fel. 'Ja, natuurlijk heb je tijd.'

The Blue Angel was een supper club op East Fifty-Second Street met een betere locatie dan The Bon Soir en dus ook iets chiquer. Marty had Max Gordon, een van de eigenaren, zover gekregen dat hij nog een keer naar me wilde luisteren en ditmaal had hij me aangenomen.

Ik ging na de kapper terug naar het theater. Toen ik weer op het podium stond, vroeg ik: 'Nou, wat vinden jullie?'

Ze stonden versteld, want ze dachten dat ik mijn auditie bedoelde.

'Nee, mijn haar!' zei ik. 'Het is anders. Vinden jullie het leuk?'

Ik geloof dat ze me een raar mens vonden.

Ik zong opnieuw mijn liedjes. Merrick was er inmiddels ook. Ik dacht dat het goed ging, maar ik was er niet zeker van. Ik merkte dat er op de stoelen druk werd overlegd. Ik hoorde pas jaren later van toneelmeester Bob Schear dat Merrick hem al na mijn eerste nummer bij zich had geroepen en had gezegd: 'Laat haar niet gaan. Nee, weet je wat? Doe de deur maar op slot.'

Ik was gekomen voor de rol van de ingénue, maar nu vroegen ze of ik Miss Marmelstein wilde spelen, een secretaresse met een gebroken hart. Arthur zei dat ze die rol aanvankelijk aan een wat oudere vrouw hadden willen geven, maar dat ze er anders over waren gaan denken.

'Prima,' zei ik. 'Waarom niet? Ik ben uiteindelijk een actrice.'

Ze gaven me de muziek voor haar nummer en vroegen of ik de volgende week kon terugkomen om het te zingen. Toen ik naar de uitgang liep, werd ik aangehouden door Bob Schear, die mijn adres en telefoonnummer vroeg.

‘Mijn adres? Nou, doordeweeks ben ik meestal op West Eighteenth Street, maar in het weekend slaap ik in een repetitiestudio op Eighth Avenue.’

Hij begreep me niet goed. ‘Heb je geen appartement?’

‘Nee, maar ik ben zoekende. Ik lees elke avond de advertenties in *The New York Times*, maar ik kan niets betaalbaars vinden.’

‘Ik kan het aan mijn huisbaas vragen,’ zei hij. ‘Ik geloof dat er een appartement leegstaat in het gebouw waar ik woon.’

Het was een appartementencomplex op 1155 Third Avenue, vlak bij Sixty-Seventh Street. Bobs huisbaas was Oscar Karp. Zijn naam (‘karper’) paste perfect bij hem, want hij had een visrestaurant, Oscar’s Salt of the Sea, op de begane grond. Bob heeft die avond met hem gesproken, maar Oscar wilde me pas ontvangen om me het appartement te tonen toen Bob beloofde garant te staan voor de huur. Het was op de tweede verdieping en er was geen lift. Zodra je je eerste stap zette op de kale trap, rook je vis.

Het was alsof ik maar niet kon loskomen van dat aroma. De ouders van mijn vader hadden een viswinkel en ik herinner me de aanblik en geur van al die vissen nog heel goed, op ijs gerangschikt op metalen schalen. Mijn grootouders woonden boven de winkel. We kwamen er niet vaak, want ze hadden een hekel aan mijn moeder en vonden (dat was een onredelijk verwijt) dat ze de dood van mijn vader op haar geweten had.

Ik kan tot op de dag van vandaag alleen vis eten zonder geur.

Het appartement bestond uit vier kamertjes achter elkaar, zonder gang, en met een badkuip in de keuken. De huur was 60 dollar per maand. Zodra ik het zag, zei ik: ‘Ik neem het.’ Ik zou dus net als mijn grootouders boven vis gaan wonen. Maar ik had in elk geval altijd eten in de buurt, en ik raakte goed bevriend met Oscar.

Het ging me voor de wind. Ik had een appartement in de East Side van Manhattan, waar ik altijd had willen wonen. Dat betekende dat ik niet meer terug hoefde naar Brooklyn. En ik mocht terugkomen voor een tweede auditie voor een musical op Broadway.

Ik studeerde het nummer van Miss Marmelstein in. Toen ik terugging om het te zingen voor Arthur en anderen, zei ik: ‘Ik wil het graag zittend in een stoel zingen, als jullie dat goed vinden.’ Daar had ik twee redenen voor. Om te beginnen was ik nerveus en wilde ik niet staan. Daar kwam bij dat het me grappig leek als de secretaresse haar lied zong in een bureaustoel op wieltjes, zodat ze rollend over het podium kon gaan door zich af te zetten met haar voeten. Zo zag ik het voor me.

Vlak voordat ik ging zingen bedacht ik dat ik kauwgum in mijn mond had, dus dat plakte ik onder de stoel. Het nummer leek goed te gaan. Iedereen lachte en Arthur zei iets als: 'Dank je. Je hoort nog van ons.'

Later hoorde ik dat Arthur na mijn vertrek onder de stoel had gekeken om te zien of mijn kauwgum er nog zat. Ik denk dat hij wilde weten of het een spontaan moment was geweest. Had ik echt kauwgum gekauwd? Of was het een gepland geintje?

Volgens Arthur zat er geen kauwgum.

Luister, ik zou echt geen kauwgum hebben achtergelaten op hun stoel. Dat is vandalisme. Zoiets doe je niet. Maar als je de waarheid wilt weten? Ik heb de kauwgum weer verwijderd voor ik wegging en heb die weer in mijn mond gedaan. Er zat nog best een beetje smaak aan.

5

Miss Marmelstein

Ik weet nog dat ik voordat ik wegging vanaf het podium heb geroepen: 'Ik heb een nieuw telefoonnummer, dus ik hoop dat iemand belt!' En ik zei wat mijn nummer was. Er stond nog geen meubilair in mijn appartement, maar ik had al wel een telefoon laten installeren en ik verlangde ernaar om door iemand te worden gebeld, het maakte niet uit door wie.

En verdraaid, er belde iemand. Die avond ging de telefoon, en de stem aan de andere kant van de lijn zei: 'Ik ben Elliott Gould. Ik was er vanmiddag bij en ik vond je fantastisch.'

Toen hing hij op.

Ik had geen idee wie hij was.

Toen hoorde ik dat ik de rol had gekregen, mijn eerste rol in een echte Broadway-productie.

De meeste acteurs van negentien zouden dolblij zijn geweest, maar je weet inmiddels dat ik anders in elkaar zit. Ik vond het vooral *bashert,* zoals ze in het Jiddisch zeggen. Het betekent: het heeft zo moeten zijn. Ik had het gevoel dat ik gewoon werkte aan de verwezenlijking van de visie die ik had gehad op mijn zevende. Dit was mijn lotsbestemming en ik was er helemaal klaar voor.

Ik was voor zover ik me herinner niet nerveus op de eerste repetitiedag begin januari 1962 in de oude Ziegfeld Roof-studio boven in het New Amsterdam Theatre. Zo'n eerste dag is in de theaterwereld een ritueel. De hele cast zit rond de tafel. Iedereen wordt voorgesteld. De decorontwerper laat een maquette van de set zien, de kostuumontwerper toont een paar schetsen. Ik keek toe en luisterde. Er zaten allemaal volwassenen. Ik was een tiener. En ik was in grote groepen pijnlijk verlegen. Ik wist niet hoe ik mensen moest aanspreken, kon geen gesprekje aanknopen. Ik had totaal geen sociale vaardigheden.

We begonnen het script hardop te lezen. Ik keek naar de grote jonge vent met krullend donker haar die de hoofdrol speelde. Dat was dus Elliott Gould, de stem aan de telefoon. Hij had een lieve glimlach en warme bruine ogen. Het meisje dat de ingénue speelde (de rol waarvoor ik eigenlijk auditie had gedaan) was Marilyn Cooper. Ze was knap en tenger en ik had nog nooit zo'n schattig neusje gezien. Iedereen noemde haar Coopie. Haar personage was Elliotts *love interest*, maar ze zagen er absoluut niet uit als een stel. Ze kwam maar net tot zijn borst.

Toen we even pauze hadden, gingen de meeste mensen roken, of ze gingen naar een telefooncel om te bellen. Elliott rookte een dunne sigaar. Hij kwam naar me toe en bood mij er ook een aan. Die nam ik aan, ook al had ik nog nooit een sigaar gerookt. Het was meer een soort bruine sigaret die erg lekker rook. Ze zaten in een blikje en het merk heette Schimmelpenninck. (Als je die naam hardop zegt, weet je meteen waarom ik moest lachen.) Ik vond het een schattige manier om me aan te spreken. Ik vond hem leuk en we raakten aan de praat.

De pauze was al snel weer voorbij en we gingen weer bij de rest van de cast aan tafel zitten voor de lezing. Ik had een kleine rol met alleen zo nu en dan een paar regeltjes, dus ik had genoeg tijd om aan mijn biografietje te werken. De persagent had me gevraagd iets te schrijven voor *Playbill* en ik had mijn creativiteit de vrije loop gelaten: 'Barbra Streisand, negentien jaar oud, is geboren in Madagascar en grootgebracht in Rangoon. Ze bezocht Erasmus High School in Brooklyn en verscheen in de off-Broadway-productie *Another*

Evening with Harry Stoones, die welgeteld één keer is opgevoerd.'

Ik wilde het wat interessanter maken, want ik vond mezelf vrij oninteressant. Ik dacht: als een Joods meisje uit Brooklyn de Joodse secretaresse Yetta Tessye Marmelstein speelt, dat is toch flauw? Zou het niet intrigerender zijn als ik iets mysterieus heb? Als ik uit een of ander exotisch buitenland kwam? (Ik geloof dat ik het een maand later heb veranderd en zei dat ik was geboren op Aruba en naar de jesjiva in Brooklyn was geweest. Dat vond ik nog grappiger.)

Ik had als vaste theaterbezoeker altijd geobsedeerd de bio's van acteurs gelezen. Ze zaten altijd bij de Actors Studio.

De laatste regel van mijn bio was: 'Ze is geen lid van de Actors Studio.'

Dat vond ik grappig. Misschien was ik nog altijd licht gekwetst omdat ze me niet hadden aangenomen, ook al was ik dan strikt genomen te jong. Maar ik weet zeker dat de behoefte om het ongelijk van allerlei mensen te bewijzen een van de drijvende factoren is geweest achter mijn succes. Wat zouden ze spijt hebben als ik eenmaal beroemd was!

Maar de mensen van *Playbill* zaten niet op mijn humor te wachten en vroegen uiteindelijk of ik het wilde veranderen.

In vergelijking met mij met mijn mini-bio was Elliott een veteraan. Hij stond al zowat zijn hele leven op de planken. Hij trad op zijn tiende al met een revue-act op in een hotel in het Catskill-gebergte en stond op zijn dertiende als onderdeel van een vaudeville-act in The Palace. Zijn moeder zat hem achter zijn vodden om de showbusiness in te gaan – het tegenovergestelde van mijn moeder – en hij deed zijn uiterste best voor haar. Maar hij had nog nooit een belangrijke rol gehad. Toen hij auditie deed voor *Wholesale* zat hij in het koor van een andere musical, *Irma la Douce*.

Het was zijn grote kans, en ook de mijne.

In tegenstelling tot Elliott had ik nooit gejaagd op baantjes in het koor. Ik geloof niet dat het ooit bij me is opgekomen. Me langzaam omhoogwerken? Nee, dat paste niet in mijn plan. Daar was ik te ongeduldig voor. Ik wil onmiddellijke bevrediging. Ik wist dat het voor mij alles of niets zou zijn. Ik moest en zou meteen naar de top, anders zou ik een ander vak kiezen. Ik wilde substantiële rollen, anders wilde ik niet al die tijd investeren.

Ik was ook bang. Want toen ik vijftien was, keek ik vaak naar mijn leven alsof het werd geprojecteerd op een tv-scherm. Maar als ik naar de toekomst keek en mezelf voorstelde als negentienjarige, was het scherm opeens leeg. Wat betekende dat? Zou ik zo jong sterven?

En dus prees ik mezelf gelukkig dat ik er nog was. Ik besloot geen minuut te verspillen.

De repetities verliepen niet uitgesproken goed voor me. Niet dat ik problemen had met de rol, hoor. Ik had in een kantoor gewerkt en zelfs achter een *switchboard* gezeten. Ik kende deze jonge vrouw. Ze was niet mij, maar wel iemand die ik herkende. Iemand die geen vriendje had, nooit mee uit werd gevraagd, altijd over het hoofd werd gezien. Ik was eigenlijk te jong voor de rol, want ze moest een oude vrijster zijn en ik was pas negentien. Maar daar had ik geen moeite mee.

Ik had wel problemen met de regieaanwijzingen van Arthur Laurents. We werkten aan het begin van het stuk. Miss Marmelstein zit in het kantoor van haar baas, wiens kledingfabriek failliet dreigt te gaan omdat een deel van zijn personeel staakt. We deden de scène, en als Arthur een gebaar zag dat hem beviel, zei hij: 'Vasthouden.'

'Vasthouden?' antwoordde ik. 'Wat betekent dat?'

'Dat je het elke keer zo moet doen.'

Ik snapte niet wat hij bedoelde. 'Dat ik het hoe moet doen?'

'Zoals je de scène net speelde,' legde hij uit. 'Zoals je je voet neerzette, dat was goed.'

'Mijn voet?' Ik wist al niet eens meer wat ik had gedaan.

'Ja. Dat was leuk, zoals je die voet neerzette. Blijf dat doen.'

Hè? Hoe kon ik het blijven doen als ik niet wist wat ik had gedaan?

Dan werd hij boos en schreeuwde hij: 'Wat is dat toch met jou? Je bent zo ongedisciplineerd! Je doet het nooit twee keer op dezelfde manier!'

Nee, natuurlijk niet. Ik had geleerd dat ik in het moment moest zijn, dat ik moest luisteren en reageren. Dat was voor mij de juiste aanpak. De ene avond wilde ik misschien achteroverleunen in mijn stoel, of mijn blik anders richten, of een woord een andere lading geven. En wat maakte het uit, als ik maar de woorden uitsprak die op papier stonden? Wat was daar mis mee? Ik was zoekende. Ik was aan het experimenteren. Je hebt een zekere vrijheid nodig om creatief te kunnen zijn.

Als ik in het personage blijf en authentiek ben, dan werkt het meestal wel. Als ik iets echt voel, dan voelt het publiek het ook, daar ben ik van overtuigd. Echte emoties communiceren zichzelf. Wat uit het hart komt, kan andere harten raken.

Arthur had een andere instelling. Hij wilde voor elke scène een serie vaste poses. Je doet dit, dan doe je dat. Hij probeerde me telkens te 'corrigeren', maar zijn opmerkingen gingen bij mij het ene oor in en het andere oor uit. Want zo werkte ik gewoon niet. De spanning bereikte een climax rond mijn solonummer in de show, 'Miss Marmelstein'. De arme, veelgeplaagde secretaresse heeft het eindelijk helemaal gehad. Iedereen bedelft haar onder het werk, maar niemand heeft oog voor haar. Ze kennen niet eens haar voornaam. En niemand heeft haar ooit een bijnaam gegeven. Daar herkende ik iets in, want ik had ook nooit een bijnaam gehad.

En dus zingt ze:

Oh, why is it always 'Miss Marmelstein'?
Nobody calls me, 'Hey, baby doll!' or 'Honey dear' or 'Sweetie pie'

Toen we het nummer gingen repeteren, nam ik aan dat ik het zou zingen vanuit mijn stoel. Zo had ik het gedaan tijdens de auditie en iedereen leek het leuk te vinden. Ik dacht zelfs dat ik daarom de rol had gekregen. (Nooit denken!)

Ik vond het een logisch idee. Ik had me laten inspireren door de situatie. Het leek me grappig om mezelf tijdens het zingen met mijn voeten voort te duwen over het podium.

'Nee nee nee nee,' zei Arthur. 'Geen sprake van. Nu gaan we het ensceneren.' Hij dacht blijkbaar dat ze iets leukers konden bedenken.

Daar werd Herb Ross voor betaald. Hij was de choreograaf. Hij bedacht een enscenering waarbij allerlei mensen achter me heen en weer over het podium liepen. Dat leidde ontzettend af. En ik moest tegelijkertijd zingen en lopen.

Ik zei: 'Dit voelt helemaal verkeerd. Tegen wie heeft ze het eigenlijk? We hebben al die mensen op het podium. Zingt ze de ene regel tegen de een en het volgende regeltje tegen een ander?'

Het was verwarrend en ik snapte het niet. Ik zei steeds tegen Arthur dat het niet werkte. Op een dag, toen ik na de zoveelste poging om de scène te doen op de grond zat, gaf hij me er in het bijzijn van de hele cast lelijk van langs. Het was vernederend. Ik boog mijn hoofd en verborg mijn gezicht achter mijn haar.

Je zou kunnen zeggen dat ik twee persoonlijkheden had. Ik was niet alleen de stoere straatmeid die zich door niemand iets liet doen, maar ook nog altijd een kwetsbaar klein meisje.

Jerome Weidman kwam me troosten. Hij had mijn handen zien bewegen in mijn schoot en dacht dat ik beefde van woede.

Maar ik beefde niet. Ik schetste de plattegrond van mijn nieuwe appartement.

'Kijk,' zei ik tegen hem. 'Dit zou een goede plaats zijn voor de bank. Ik heb alleen geen bank. Denk je dat er plaats is voor een bank?'

Arthur en ik waren het dus niet altijd met elkaar eens, maar ik had in elk geval al iets goeds overgehouden aan de productie: mijn flatje. Ik was er gek op, al moet ik toegeven dat mijn paleisje wel een paar tekortkomingen had. Als je de voordeur opende, stond je meteen pal voor het bad, dat in de keuken stond. En het woord 'keuken' is aan de rooskleurige kant. De gootsteen was ongeveer zo groot als twee van die bakjes waarin je ijsklontjes maakt.

Ik moest afwassen in de badkuip waarin ik ook baadde en de was deed. Ik knielde naast de badkuip met overal net gewassen, nadruppelende beha's om me heen. Dat is de reden dat ik nu rugklachten heb: omdat ik altijd over dat bad gebogen zat. Als ik het bad niet gebruikte, legde ik er een houten plank overheen om een aanrecht te hebben. Maar dat zat weer niet op de juiste hoogte. Ik moest op de vloer zitten om groente te snijden.

De woonkamer was klein. De slaapkamer was nog kleiner en zo smal dat ik er nauwelijks een eenpersoonsbed in kwijt kon. Als je de deur opende, was er geen ruimte voor een nachtkastje. Via een raam kon je de keuken in kijken. Dat vond ik merkwaardig, maar charmant. Daar kon ik kanten gordijntjes hangen! Het enige echte raam in de flat keek uit op een bakstenen muur. (Het was mijn grote droom om ooit een appartement met een echt uitzicht te hebben.)

En de badkamer? Ik weet niet of ik het een badkamer kan noemen, want er was alleen een toilet. Geen gootsteen, geen douche, geen kastjes. Het was zo krap dat ik er claustrofobisch van werd. Ik moest iets vinden wat me kon afleiden en plakte interessante krantenartikelen op de muur – mijn versie van behang – die ik aflakte.

Het was geen ideaal appartement. Maar het was van mij en van mij alleen. En ik kon altijd een portie gefrituurde mosselen halen in Oscars restaurant om boven op te eten.

Ik begon onmiddellijk aan de inrichting. Ik kocht voor 10 dollar een replica van *Badende vrouw* van Rembrandt. Ze tilde haar crèmekleurige hemd op tot boven haar knieën en stapte in het water. De kleuren waren monochroom, talloze tinten bruin met een vlek Rembrandt-rood. Omdat de print iets kleiner was dan mijn antieke lijst, gebruikte ik zwarte isolatietape om een passe-partout te creëren. Ik hing het op aan de muur in mijn woonkamer naast mijn antieke lijsten, die ik opnieuw leeg liet. Ik had drie oude ovale familiefoto's in tinnen lijstjes. Ik was dol op de zachte sepiatinten. Op een van de foto's stond mijn overgrootmoeder. (Ze hangen tegenwoordig in mijn hobbykamer.) In een van mijn geliefde tweedehandswinkels vond ik een oude hoedenstandaard voor mijn vintage hoeden.

Ik zal nooit het moment vergeten dat ik vele jaren later 'mijn' Rembrandt zag hangen in The National Gallery in Londen. Mijn god, het origineel was nog wel even wat anders! Het schilderij was zo ontzettend levendig, en het glinsterde. Ik vond mijn goedkope replica al mooi, maar hier viel mijn mond van open.

Een ander belangrijk voordeel van het appartement was dat het om de hoek lag van de Dumont-studio's, waar *PM East* werd opgenomen. Mert Koplin bleef me uitnodigen om een paar nummers te zingen en even te babbelen met Mike Wallace. Ik denk dat ze me een fijne gast vonden omdat ze nooit wisten wat ik ging zeggen. Ik weidde een keer uit over de gevaren van melk nadat ik in het tijdschrift *Prevention* had gelezen dat koeien hun kalfjes afwijzen zodra ze tanden krijgen. Waarom drinken wij dan nog melk als we eenmaal tanden hebben? Ik vond het een logisch verhaal en ik wilde deze informatie wereldkundig maken.

Dat zal wel zijn waarom ze me 'een mal mens' gingen noemen.

Hoe buitenissiger ik was, hoe leuker ze me vonden. (Veel van wat ik zei over gezondheid bleek later nog te kloppen ook.)

Tijdens een van de afleveringen ging het over succes. Ik was de enige onbekende in een studio vol beroemdheden zoals de acteurs Anthony Quinn en Mickey Rooney, regisseur Rod Serling en producent David Susskind, die aan *Requiem for a Heavyweight* werkten. Nadat ik 'Ding! Dong! The Witch Is Dead' had gezongen, kwam ik er ook bij zitten. Ik zag dat Susskind, een man met de verfijnde uitstraling van een academicus, geen idee had wat hij van me moest vinden. Ik was uitgelaten en giechelde veel en ik sprak de beroemde producer, een man bij wie de meeste jonge actrices in het gevlij zouden willen komen, aan door precies te zeggen wat ik dacht: 'U vindt me eng, hè?'

Dat kon Susskind niet over zijn kant laten gaan. 'Nee, ik vind je niet eng. Maar ik zal je vertellen wat je wel met me doet. Je geeft me de behoefte om een nieuwe taal te bedenken. Want ik ken geen woorden om je te beschrijven.'

Ik antwoordde vrolijk: 'Ze hoeven me niet te beschrijven, als ze maar óver me schrijven.'

Mike Wallace kwam terug op het thema succes. Later zong ik 'Bewitched, Bothered and Bewildered', en toen ik er weer bij kwam zitten, begon Susskind me te complimenteren. (Ik had blijkbaar eindelijk iets gezongen wat hem beviel.) 'Je zingt prachtig,' zei hij. 'Deze jongedame wordt een grote ster. Ze bulkt van het talent. Ze communiceert goed en kan haar melancholie, haar kracht en al haar emoties delen met haar publiek. Maar ze zingt moeilijk toegankelijke, esoterische liedjes, en ik denk dat veel luisteraars zullen denken: wat, wie?'

Ik was het niet met hem eens. 'Nee hoor, dat denken ze niet.'

Toen we bespraken hoe moeilijk het is om succes te hebben in de showbusiness, zocht ik opnieuw de confrontatie met Susskind.

Ik zei: 'U wilde me niet ontmoeten toen ik naar Talent Associates kwam.' (Dat was zijn productiebedrijf.)

'Ik ontvang nooit acteurs,' legde hij uit.

'Uw mensen wilden me niet horen lezen of wat dan ook. Dat wilde ik niet blijven meemaken. Daarom ben ik gestopt met het theater.'

Ik was nog altijd gekwetst omdat zijn casting director Faye Lee me zo slecht had behandeld. En nu zat ik met hem te kibbelen op tv! Ik sprak uit naam van alle gefrustreerde acteurs.

Bij een andere show had ik tegen Mort gezegd dat ik wilde dat Mike zou beginnen over het zenboeddhisme. Ik ging helemaal op in het zenboeddhisme, maar toen raakte ik het boek kwijt. Ik had in *Spirit of Zen* van Alan Watts een zinnetje aangetroffen dat me bij de keel had gegrepen: 'Als we onze ogen op de horizon gericht houden, zien we niet wat er aan onze voeten ligt.'

Dat was een belangrijke les voor me. Ik vroeg me af wat ik allemaal miste.

Meestal speelde ik het spelletje met Mike mee als de camera's liepen, maar die dag vond ik hem irritant. Ik zong in The Blue Angel toen we die aflevering opnamen, en toen hij vertelde dat mijn boeking was verlengd, zei hij: 'En dat heeft ze allemaal te danken aan het zenboeddhisme.'

Ik wist dat hij wilde dat ik een heel verhaal zou ophouden over 'verlichting' en dat ik een zenboeddhist was – wat ik niet was – zodat hij me belachelijk kon maken. Dat hoorde er allemaal bij, maar iemands geloof belachelijk maken ging me te ver.

Ik zweeg en hij probeerde me onder druk te zetten: 'Jij wilde het er toch over hebben? Toe maar. Vertel maar.'

Ik staarde hem aan. 'Vroeger vond ik je aardig.' (De aanwezige crewleden lachten.)

'Nee, echt waar,' zei ik. 'In tegenstelling tot veel andere mensen bewonder ik je aanpak.' (Er werd harder gelachen.) 'Ik vind het goed dat je mensen uit hun tent lokt. Maar daar moet je bij mij niet mee aankomen.' (Opnieuw gelach.)

Ik was brutaal. Ik nam het op tegen de presentator en iedereen leek het leuk te vinden. Ze vonden me grappig, denk ik. Ik weet het niet. Ik begreep niet dat ik de regels overtrad. Ik voelde me niet geïntimideerd door Mike. Ik heb me nooit echt geïntimideerd gevoeld, door wie dan ook.

Terug naar *Wholesale*. Ik leerde de cast kennen. Ik was dol op Lillian Roth, die Elliotts moeder speelde. Ze had een prachtige glimlach en kuiltjes in haar wangen. Een warme vrouw, een beetje zoals Phyllis Diller. En ze had een intrigerend verleden: een carrière als zangeres en actrice. Een drankprobleem. Ze had het hele verhaal verteld in haar autobiografie *I'll Cry Tomorrow*. Ik had de verfilming gezien, waarin ze werd gespeeld door Susan Hayward.

Sheree North en ik deelden een kleedkamer. Ze speelde het revuemeisje dat probeert Elliotts personage te verleiden. Ik raakte zeer aan haar gehecht.

Maar aanvankelijk was Elliott mijn enige maatje. Toen we elkaar beter leerden kennen, ontdekten we dat we beiden van spelletjes hielden. Na onze werkdag gingen we naar de speelhallen op Forty-Second Street, vlak bij het New Amsterdam, om Pokerino en Fascination te spelen. Daarna gingen we chinezen. Je kon het geen echte dates noemen, het kwam gewoon goed uit en we hadden niets anders te doen. Ik was bij dates ook geen knip voor de neus waard. Ik wist nooit wat ik moest zeggen of doen. Ik had een paar dates gehad en die waren erg stroef verlopen.

Ik vond Elliott ook niet uitgesproken aantrekkelijk, totdat ik op een dag zijn nek zag. Toen was ik om. Ik weet niet waarom. Het was gewoon een stukje bloot vlees en ik wilde het aanraken. Opeens werd hij meer dan een vriend. Hij was een man, met een mannenlichaam, en er veranderde iets in me.

Is het niet interessant dat iemand opeens een stuk aantrekkelijker kan worden? Het was alsof ik door nieuwe ogen naar hem keek. Lang en donker was hij altijd al geweest, en nu vond ik hem ook knap. Ik wilde zijn dikke krullen strelen.

Ik viel nooit op die Tab Hunter-types met blond haar en blauwe ogen. Die waren me te knap. Geef mij maar een masculien gezicht, zoals dat van mijn vader. Ogen met een ziel, een krachtige mond. Mannen met dunne lippen heb ik nooit aantrekkelijk gevonden. Brando had een uitmuntende mond.

Ik vond Elliott een kruising van Humphrey Bogart en Jean-Paul Belmondo, met zo'n Schimmelpenninck tussen zijn lippen bengelend. Hij zei dat ik een kruising was van Sophia Loren en Y.A. Tittle. Ik had geen flauw idee wie Y.A. Tittle was. Nog steeds niet trouwens.

Elliott had een fantastisch gevoel voor humor. We hadden het een keer over het Tibetaanse boeddhisme en de dalai lama. Elliott zei dat hij nog nooit van hem had gehoord. De volgende dag kreeg ik een pakketje van hem met cornedbeef, pastrami, augurken en koolsla met een briefje: 'Van de Deli Lama.'

Als je me kunt laten lachen, is het halve werk al gedaan.

Ik was negentien en hij was drieëntwintig, maar we waren jong en onschuldig en ik denk dat we dat in elkaar herkenden. Dat was een van de dingen die ik leuk aan hem vond.

Toen gingen we op een avond naar een Japanse horrorfilm over een gigantische mot die bij zijn pogingen om zijn twee menselijke helpers te redden half Tokio in puin legt. (De film moest het niet van zijn plot hebben.) Moderne horrorfilms vind ik veel te gewelddadig, maar als meisje was ik gefascineerd door films als *Them!*, *The Blob* en *The Day the Earth Stood Still.* Ik vond het toen nog leuk om me te pletter te schrikken. Op de kermis genoot ik vooral van het spookhuis.

Het sneeuwde toen we na de film de bioscoop verlieten. Het was prachtig. De straten waren onherkenbaar door de pas gevallen sneeuw, de stad was kalm en verstild. We wandelden naar Rockefeller Center. Ik stond naar het schaatsbaantje te kijken toen Elliott opeens sneeuw van de grond raapte om een sneeuwbal te maken. Ik rende weg, hij achtervolgde me, en opeens hadden we om twee uur 's nachts een sneeuwballengevecht. Hij kondigde uiteindelijk een wapenstilstand af, liep naar me toe en waste heel teder mijn gezicht met sneeuw. Toen kuste hij me heel licht. Het was heel romantisch, als iets wat je in een film ziet.

Later die nacht zei hij hoe mooi hij me vond. Het was de eerste keer dat een man zoiets tegen me zei.

Hoewel hij de hoofdrolspeler van de voorstelling was, had hij het niet aangelegd met de snoezige Marilyn of de sexy Sheree. Hij was verliefd geworden op mij.

Het was heerlijk dat we elkaar hadden gevonden, want verder was niemand erg van ons onder de indruk. We dreigden beiden te worden ontslagen. Elliott transpireerde erg. Als hij danste, zag je de zweetdruppels om hem heen vliegen. En ik had nog altijd een gebrek aan 'discipline'.

Ik worstelde nog altijd met het liedje van Miss Marmelstein. Ik hoorde mezelf steeds maar weer zeggen: ‘Dit voelt niet natuurlijk aan. Het past niet bij haar. Ik vind het ongemakkelijk.’

Herb probeerde het nummer op allerlei manieren te ensceneren, maar hij en Arthur kregen het niet voor elkaar.

Ik smeekte: ‘Laat het me doen zoals tijdens de auditie! Dat vonden jullie toch zo leuk? Het paste bij het personage en het stuk. Ze is een secretaresse die in haar stoel zit en zich klagend tot het publiek wendt.’ Ze zingt nota bene: ‘*Do you know what I mean?*’ Dan weet je toch genoeg? Ze neemt de toeschouwers in vertrouwen. Ik kon mezelf al in die stoel zien zitten, en dan reed ik, als een eend met mijn voeten peddelend, naar de voetlichten om zo dicht mogelijk bij het publiek te komen.

Ik ging op mijn intuïtie af, zoals ik dat mijn leven lang al doe. Als je me regieaanwijzingen geeft die niet deugen, dan zeg ik er iets van.

De meeste jonge actrices die een rol krijgen op Broadway nemen het niet op tegen de regisseur. Ze zijn allang blij dat ze daar mogen zijn.

Zo was ik niet. Ik was erg onafhankelijk. Dat had te maken met mijn opvoeding, denk ik. Die was op een bepaalde manier verschrikkelijk maar heeft waarschijnlijk ook bijgedragen aan mijn succes. Omdat mijn moeder nauwelijks controle over me had, heb ik nooit geleerd me ondergeschikt te maken aan gezag. Ik was eraan gewend om mijn eigen ding te doen, of het nu ging om buitenspelen of in mijn eentje in de metro naar New York gaan.

De gang van zaken was destijds dat je een voorstelling eerst in een of twee andere steden uitprobeerde voordat je in première ging op Broadway. Eventuele problemen werden buiten New York opgelost. We zouden twee weken in Philadelphia spelen en daarna drie in Boston.

Tijdens de generale repetitie in Philadelphia werkte ‘Miss Marmelstein’ nog altijd niet goed. Ik had het op Arthurs manier geprobeerd, want ik vind dat je altijd je best moet doen om de visie van de regisseur te verwezenlijken. Maar ik kan nu eenmaal niet goed doen alsof. Het moest voor mij op een of andere manier kloppen. En het klopte niet.

Ik werd wanhopig. Ik wist niet wat ik moest doen. Ik dacht: ik moet Marty bellen. Vragen de nachtclubs nog naar me?

Ik dacht dat het beter voor me zou zijn om te vertrekken. Maar ik ben niet iemand die zomaar opgeeft.

Ik besloot Arthur er nog een laatste keer op aan te spreken. Het liet me koud dat hij me misschien zou ontslaan.

Ik zei: 'Mijn solo werkt niet. Laat het me alsjeblieft proberen in mijn stoel.'

Inmiddels was hij helemaal gefrustreerd. Eindelijk verloor hij zijn geduld, en hij snauwde: 'Oké, oké, doe het dan verdomme maar in je stoel!'

Ik deed het op de premièreavond op mijn eigen manier en kreeg een open doekje.

Ik was dolblij, maar ik hoorde ook een stemmetje in me zeggen: Arthur gaat hier niet blij mee zijn. Hij zal woedend zijn dat ik gelijk heb.

Arthur zei na de voorstelling niets tegen me. Hij kwam niet naar mijn kleedkamer met een complimentje, iets als 'fijn dat we eindelijk een goede manier hebben gevonden' of 'goed gedaan'. Diep vanbinnen had ik daar natuurlijk op gehoopt.

De volgende ochtend kwam de hele cast bij elkaar voor de nabespreking. Dat is vaste prik. De regisseur vertelt iedereen wat er wel en niet werkte en reikt ideeën aan om je rol te verbeteren.

Hoewel ik me onwillekeurig al schrap had gezet, was ik niet voorbereid op wat Arthur die ochtend in het bijzijn van iedereen deed. Hij kafferde me uit. Hij was echt woedend. Jerome Weidman was erbij en beschreef het moment in zijn al eerder geciteerde artikel: 'Terwijl de woorden van de regisseur als gifpijltjes op haar af vlogen, leken de andere leden van de cast in zichzelf te kruipen, alsof ze bang waren om te worden geraakt door kritiek die zo fel en nietsontziend was dat je er al verminkt van kon raken als je toevallig in de buurt was.'

Arthur schreeuwde dingen die zo pijnlijk waren dat ik ze heb verdrongen.

Ik ben huilend van het podium gerend.

Ik kon het niet geloven. De show was onderbroken door een daverend applaus. Dat was mijn zonde, ook al werd ik in de recensies geprezen. De plaatselijke recensenten waren niet overdreven gecharmeerd van de voorstelling. Je zou met een beetje goede wil kunnen zeggen dat de recensies gemengd waren. Maar mij hadden ze eruit gepikt: 'Barbra Streisand blinkt uit,' schreven ze. En: 'Haar nummer is het hoogtepunt van de show.'

Ondertussen verdubbelde David Merrick mijn salaris van 175 dollar tot 350 dollar per week en werd mijn foto, in de stoel, opgehangen aan de pui van het theater.

Na Philadelphia trokken we naar Boston. Arthur werkte nog altijd aan een aantal scènes. Mijn aandeel in een ander liedje, 'What Are They Doing to Us Now?', was vergroot. Ik was nu de leider van het koor van kantoorwerkers dat zich wanhopig vastklampt aan het meubilair als het in beslag wordt genomen.

Met mijn solo bemoeide Arthur zich niet meer. Avond aan avond kreeg ik een daverend applaus. God, wat moet hij zich hebben geërgerd.

Toen we weer in New York waren, nodigde ik Bob Schulenberg en Barry Dennen uit voor de première voor vrienden en familie. Bob herinnert zich die avond beter dan ik:

'Na "Miss Marmelstein" begon het publiek te joelen. Toen we na afloop in haar kleedkamer zaten, zei Barbra: "Had dat nou niet gedaan."

"Wat?"

"Bravo roepen."

"Barbra, de hele zaal zat dat te roepen, niet alleen ik." Ze begreep er niets van. We gingen iets drinken bij Sardi's aan de overkant van de straat. Toen we binnenkwamen, werd er voor haar geapplaudisseerd. Iedereen had het al gehoord.'

Ik genoot van die reacties, maar Arthur liet het er niet bij zitten.

Ik zal nooit vergeten wat hij op 22 maart, de avond van de première in het Shubert Theatre, tegen me zei. Ik denk dat ik door de lobby het gebouw was binnengekomen, want ik weet nog dat ik achter in de zaal naar het podium stond te kijken. Opeens stond Arthur naast me. Ik zie zijn gezicht nog voor me. Hij had een kaaklijn als een slang: vierkant, en breed van onderen. Hij bitste me toe: 'Jij zult nooit een succes worden. Nooit! Je hebt geen discipline.'

Een goede regisseur zou nooit zo tegen een acteur spreken en zou nooit op de premièreavond proberen die persoon te breken. Het was alsof hij wilde dat ik het zou verpesten, zelfs als dat ten koste ging van zijn eigen voorstelling. Of hij het nu wist of niet, hij probeerde me mijn zelfvertrouwen te ontnemen en me zo overstuur te maken dat de scène die avond zou mislukken. Dan zouden we moeten teruggrijpen op de enscenering die hij had uitgedacht met Herb Ross.

Het zou kunnen dat ons conflict nog een ander aspect had. Ik denk dat Arthur iets voelde voor Elliott. Misschien gaf Arthur mij de schuld van het feit dat zijn gevoelens niet werden beantwoord en strafte hij me uit jaloezie. Wie zal het zeggen?

Arthur was een gecompliceerde man, maar ik begreep hoe de vork in de steel zat. En ik wist ook: ik ga dit vaker meemaken. Dit is blijkbaar wat ik met mensen doe. Ze worden boos op me.

Mijn moeder en mijn broer bezochten de première en gingen na afloop mee naar het feest in Sardi's, waar iedereen op de recensies wachtte. Ik kan je alleen vertellen wat erin stond omdat mijn moeder alle recensies heeft bewaard. (En wat ben ik haar dankbaar, want ik bewaarde nooit iets.) Walter Kerr schreef in de *Herald Tribune* over 'een wezen met mooie, donkere ogen en uitvouwbare enkels. (Jazeker, Barbra is correct gespeld. En Barbra is fantastisch.)' Howard Taubman van *The New York Times* vond Elliott 'een sympathieke nieuwkomer' en noemde mij 'de vondst van de avond'. Maar de andere recensies vielen minder positief uit voor Elliott, en zijn pijn raakte ook mij.

Ik kon niet echt genieten van mijn succes. Ik voelde me schuldig en dat was nieuw voor me. Ik wilde geen betere recensies krijgen dan hij. Uiteindelijk was Elliott de ster van de show, en ik wilde dolgraag dat hij erkenning zou krijgen. Hij was uitstekend in een moeilijke rol. Zagen ze dat dan niet?

Mijn hart stond even stil. Ik dacht: nee toch. Doe me dit nu niet aan. Ik wil niet de man in mijn leven overschaduwen. Ik wilde dat hij van me zou blijven houden, zonder jaloezie of wrok.

Jaren later vertelde Elliott me dat hij op een dag, toen we al ver waren in het repetitieproces, in de coulissen had staan kijken toen ik mijn solonummer zong en had gedacht: ik wil haar zo goed mogelijk steunen. Haar carrière is belangrijker dan die van mij.

Wat een gulle reactie!

Mijn angsten waren ongegrond, want hij was oprecht blij met mijn succes. Opeens waren er verslaggevers die me wilden interviewen. Ik werkte graag mee, want ik hield er meestal een maaltijd aan over. Ik was nog zo naïef dat ik alles vertelde wat er in me opkwam. Toen ik werd geïnterviewd voor de rubriek 'Talk of the Town' van *The New York Times* vroeg ik: 'Wat wil je weten?' en zei ik dingen als: 'Ik was kaal tot mijn tweede. Ik denk dat ik van Mars kom of zo. Ik ben een Stier, dus ik leef op pure wilskracht. Ik ben geboren op 24 april. Ik haat de naam Barbara. Ik heb de tweede a geschrapt en ik denk dat ik net zo lang blijf schrappen totdat ik alleen nog de B heb. Dat scheelt iedereen veel schrijfwerk.'

Het maakte me duidelijk niet uit wat ze van me zouden vinden. Ik gebruikte geen filter. Het was nieuw voor me dat er iemand naar me luisterde. Ik vertelde de verslaggever over mijn vader en over mijn moeder, die het nooit fijn vond om Brooklyn te verlaten. 'Ze zit er nu ook. Ze is naar de première van *Wholesale* komen kijken, maar ik geloof niet dat ze begreep wat ik probeerde te doen. Ze wil vooral weten of ik genoeg eet en of ik me warm genoeg kleed. Ze is heel eenvoudig en non-intellectueel en heeft nauwelijks belangstelling voor het theater. Ze is gewoon iemand die leeft en ademt.'

Ik had in Elliott iemand gevonden die me echt begreep. Ik had hem op de avond van de eerste voorstelling in Philadelphia een bloem gegeven met een briefje met de tekst: 'Voor mijn clandestiene minnaar.' Elliott weet nog wat hij daarvan vond: 'Ik kende het woord "clandestien" niet. Het klonk als een piratenfilm.'

Tegen de tijd dat we in première gingen in New York waren we bijna altijd samen. Elliott is een meter negentig, dus ik vind het ongelooflijk dat we met zijn tweeën in mijn smalle bed sliepen. Toen we jaren later terugkeken op die periode zei hij: 'Dat is pas intimiteit. Ik heb in mijn hele leven niet zo goed geslapen.'

We waren net Hans en Grietje, twee eenzame kinderen in het bos die elkaar hadden gevonden. Het was alsof we in mijn kleine flatje vadertje en moedertje speelden. Ik had mijn woning met veel liefde ingericht, maar koken is niet een van mijn sterke punten. Mijn idee van koken was dat ik een blik maïs opentrok, de inhoud in een pan kwakte, melk toevoegde en het gas aanzette. En voilà: maïssoep! Ik gooide ook maïs door de pannenkoekenmix van Aunt Jemima om maïskoekjes te bakken.

Ik at het liefst kant-en-klaarmaaltijden, maar alleen die van Swanson's. Ze hadden de beste gefrituurde kip, die je kreeg met aardappelpuree en een groentemix – maïs, worteltjes, sperziebonen en doperwtjes – in een handig klein blikje, wat goed uitkwam want ik hoefde niets af te wassen in mijn badkuip. Die kip was voor mij het toppunt van culinaire heerlijkheid. Soms maakte ik drie maaltijden voor ons tweeën, want de porties waren vrij klein. Als toetje aten we een plak chocoladecake van Sara Lee. (Ik was geen fan van dat kleine, mierzoete stukje appelgebak dat bij de kant-en-klaarmaaltijd zat.) Ik had een speciale techniek om de cake (die ook uit de vriezer kwam) te serveren. Ik zette de cake onder de grill totdat het glazuur verdampte en je kleine belletjes zag opborrelen. Het werd donkerder en kristalliseerde een beetje, wat de chocoladesmaak versterkte. Zo kwamen we toch nog een beetje in de buurt van een zelfgebakken cake. Toen ik optrad in de Caucus Club in Detroit heb ik Nathan Cummings ontmoet, de eigenaar van Sara Lee. Heel leuk, want voor mij was hij een beroemdheid.

Elliott en ik nodigden David Merrick en zijn zakenpartner Jack Schlissel uit om te komen eten. Ik moest altijd lachen om Jack. Elliott kon heerlijke geroosterde aardappelen maken, en hij braadde een lamsbout. Ik maakte zoete doperwten met suiker en broodkruimels, het recept dat ik van Anita Miller had geleerd. Omdat we geen eettafel hadden, moesten we improviseren en serveerden we de maaltijd op mijn antieke naaimachine. (Het was zo'n ouderwetse die zat ingebouwd in een tafel. De naaimachine kwam tevoorschijn als je een stuk hout in het midden optilde.) Vraag me niet hoe we er vier couverts op hebben gekregen.

Begin april werd ik genomineerd voor een Tony Award voor Best Performance by a Featured Actress in a Musical. (De stoel had eigenlijk ook een nominatie verdiend.) De volgende ochtend zat ik in het televisieprogramma *Today*. Dat was een uitdaging, want ik moest vroeg opstaan en al zingen terwijl ik nog half sliep. Ik was een theatermens! Ik dineerde na de voorstelling, ging pas om drie of vier uur naar bed en stond op om een uur of twaalf. (Zo doe ik het nog altijd graag.)

Om acht uur 's ochtends ben ik niet op mijn best. Ik zong met de nodige moeite 'Much More' en 'Right as the Rain' en maakte een praatje met John Chancellor, de presentator. Hij probeerde zonnig en warm over te komen en vroeg of ik was gemaakt van 'al het goede van de aarde'.

Alsjeblieft zeg. Hoe moet je zo'n vraag beantwoorden? Ik zei gewoon: 'Nee.'

Die arme stakker probeerde het opnieuw. 'Van songs dan misschien?'

'Ik ben van vlees en bloed.'

Ik was altijd heel letterlijk.

Van de Tony Awards herinner ik me niets. Volgens Elliott waren we erbij. Ik denk dat hij meer overstuur was dan ik toen ik verloor van Phyllis Newman in *Subways Are for Sleeping*. (Zevenenveertig jaar later nodigde ik haar uit voor mijn concert *One Night Only* in de Village Vanguard; zo zie je maar weer dat ik niet rancuneus ben.) De Tony's werden destijds uitgereikt tijdens een diner in het Waldorf-Astoria. Zonder televisiecamera's, dus ik kan je niet eens vertellen wat ik droeg. En nu hoor ik van mijn assistent dat ik dat jaar de poll van de New York Drama Critics heb gewonnen. Echt waar? Wat leuk! Was er een officiële uitreiking? Ben ik gegaan? Ook dat weet ik niet meer.

Hoewel je het aan mijn reacties nauwelijks kon merken, genoot ik met volle teugen van alle aandacht en erkenning. Ik heb laatst een radio-interview uit die tijd beluisterd. De interviewer complimenteert me met de goede recensies en de Tony-nominatie en zegt: 'Het gaat allemaal heel snel voor je. Hoe voelt dat nou?'

Hij hoopte natuurlijk dat ik enthousiast en geanimeerd zou vertellen hoe opwindend het was.

Maar ik antwoordde vlak: 'Ik voel er eigenlijk niet veel bij.'

Hij probeert me op weg te helpen: 'Bedoel je dat het nog erg verwarrend is?'

En denk je dat ik hem vertel wat hij wil horen? Vergeet het maar. Ik geef een eerlijk antwoord: 'Nee, het is heel prozaïsch. Ik kan niet doen wat ik wil omdat ik elke avond in het theater moet zijn.'

'Ze klaagt nu al!'

Je begrijpt wel waarom sommige mensen moeite met me hadden. Ik hield me niet aan de spelregels. Misschien begreep ik niet dat het een spel was. Ik wist niet hoe ik me charmant moest voordoen. Als ik dat had geweten, had ik niet altijd de waarheid verteld. Dan zou ik verhalen hebben verzonnen. Zoals Jeanne d'Arc zegt in *Saint Joan* van George Bernard Shaw: 'Wie te veel vertelt, kan erop rekenen dat ze wordt opgehangen.'

Ik besefte niet dat ik mezelf aan het opknopen was.

Toen ik een jaar eerder voor het eerst op tv was geweest bij Orson Bean was ik nog zo opgewonden geweest. Wat was er in de tussentijd met me gebeurd? Had ik last van shellshock? Geloofde ik niet in mijn succes? En ik was zo serieus. Het laatste wat ik zei voordat de interviewer me onderbrak was: 'Ik heb het gevoel dat ik maar weinig tijd heb voor alle dingen die ik moet doen.'

Als ik heel eerlijk ben: ik begon *Wholesale* al na een paar weken saai te vinden. Ik hoefde geen scènes meer te leren, geen nieuwe ideeën uit te proberen. Ik was klaar voor de uitdaging van een nieuwe rol. Dat stak ik niet onder stoelen of banken, zelfs niet als ik met de pers sprak.

Nu ik de beperkingen van het werken in een Broadway-show had leren kennen, om nog maar te zwijgen over mijn aanvaringen met Arthur, was het zingen in nachtclubs opeens een stuk aantrekkelijker geworden. Daar regisseerde ik mijn eigen show en had ik de hoofdrol, precies zoals ik het wilde.

Daarom zei ik ja toen ik in mei weer een serie optredens kon doen in The Bon Soir. Na de buigingen op Broadway trok ik snel mijn kostuum uit en nam een taxi naar het centrum.

Op dat podium had ik de touwtjes in handen. Ik verdiende inmiddels aardig en had met het grootste gemak naar Bergdorf Goodman kunnen gaan om een elegante cocktailjurk te kopen, iets in de stijl van wat andere zangeressen droegen op tv. (Ik kocht in die periode mijn eerste bontjas, die me werd verkocht als 'zorina' oftewel sabelmarter uit Alaska, maar het was in feite... stinkdier. Ik kon de jas niet dragen als het regende, want als het bont nat werd, rook het naar stinkdier.)

Maar mijn hele punt was nu net dat ik er in The Bon Soir niet wilde uitzien als andere zangeressen. Ik had een andere look voor ogen. Een zwart-wit mannenvest van visgraat tweed met een blouse van witte chiffon met een losse strik in de nek. De bijpassende rok, die tot de vloer reikte, had een split aan de zijkant en een rode voering die mooi afstak tegen het tweed. Die outfit was zowel masculien als feminien. Die dichotomie heeft me altijd aangesproken. (Ik draag zulke vesten en rokken nog altijd. Mijn stijl is in al die jaren niet veranderd.)

Ik maakte een schets en dan ging ik shoppen met Terry Leong, op zoek naar stoffen voor mannenkleren. Voordat Terry naar Europa verhuisde, stelde hij me voor aan Tony Antine, een andere getalenteerde ontwerper. Dankzij die twee kon ik zelf mijn kleren ontwerpen. Ik paste de kleren thuis en dan deden ze eventuele aanpassingen op mijn naaimachine, die niet op elektriciteit werkte, maar met een pedaal. Ik heb dat apparaat nog en het werkt perfect.

Ik wist dat mijn kleren onconventioneel waren, maar ik was niet op mijn gemak in conventionele jurken.

Ik droeg geen antieke kleren meer op het podium, want ik had gemerkt dat de critici niet alleen mij recenseerden, maar ook mijn kleding. Niemand mocht gaan denken dat mijn outfits een gimmick waren. De meeste artiesten die een handelsmerk bedenken, houden eraan vast. Maar daar ben ik een heel rare in: zodra iets succesvol was, liet ik het achter me.

Hetzelfde gebeurde toen ik mezelf voor het eerst op tv zag. Ik merkte dat ik tijdens het zingen een beweging maakte waarvan ik me niet bewust was. Ik bracht mijn duim en middelvinger bij elkaar, zoals een boeddhistisch standbeeld of een yogi. Ik deed niet aan yoga. Waar kwam dat vandaan? Had ik het ergens gezien? (Misschien ben ik in een eerder leven een Balinese danseres geweest.)

Het was een intuïtief gebaar, maar ik vond het verdacht veel op een maniertje lijken. En omdat ik geen maniertjes wilde, ben ik er doelbewust mee gestopt. Ik wilde niet dat ze zouden zeggen dat ik geaffecteerd overkwam. Ik kon me al voorstellen dat mensen het zouden imiteren, en ik wilde niet geimiteerd worden.

Ik werkte aan mijn look, en ik werkte ook aan mijn 'act', al hou ik niet van dat woord. Het wekt de indruk dat het nep is. Ik wilde op het podium juist authentiek zijn.

De band musiceerde al als ik het podium betrad, en soms liet ik dat lang doorgaan terwijl ik er zwijgend bij stond. Dan kwam het publiek tot rust. Ik gaf de mensen die nog zaten te eten en te drinken de kans om op te kijken en te zien dat ik er was. Pas dan zette ik 'Much More' in uit *The Fantasticks*, een nummer met een fantastische tekst waarmee ik me kon voorstellen aan mijn publiek.

I'd like to do the things I've dreamed about, but never done before
Perhaps I'm bad or wild or mad, with lots of grief in store
But I want much more than keeping house...
Much more! Much more! Much more!

Het had voor mij geschreven kunnen zijn.

Ik begon graag met een ballad omdat ik uptempo songs niet belangrijk vond, en de eerste momenten van je set zijn heel belangrijk. Soms deed ik twee ballads achter elkaar om de sfeer vast te houden. Een onschuldige song als 'Right as the Rain' was me op het lijf geschreven, want ik kon dat jonge meisje spelen dat verliefd wordt. Of 'Nobody's Heart Belongs to Me' van Rodgers en Hart. Dat is een heerlijk nummer om te zingen, want wat de tekst zegt komt niet overeen met de gevoelens van het personage. Ik kon doen alsof ik het prima vond zonder geliefde: '*Heigh-ho, who cares?*' Ze vindt het natuurlijk wel degelijk belangrijk, maar dat laat ze pas aan het eind van de song merken, als haar werkelijke gevoelens (en die van mij) eruit komen.

Sommige liedjes lijken een dialoog met elkaar te voeren. Toen ik 'Anyplace I Hang My Hat Is Home' koppelde aan 'A Straw in the Wind' (beide songs zijn van Harold Arlen) dacht ik: het is alsof ik een kort toneelstuk schrijf. Ik vind het heerlijk als een personage op een bepaalde manier begint, maar aan het einde ingrijpend is veranderd. Deze medley gaf me de kans om het dramatisch aan te pakken en een scala aan emoties te tonen. Aan het begin, als ze rondzweeft '*like a straw in the wind*', is het rustig en vriendelijk en een beetje loom, maar dan bouwt het zich op tot de schreeuw van '*my man is gone*', en dan horen we haar pijn. Maar haar emoties blijven verschuiven, soms van de ene maat op de andere. Aanvankelijk houdt ze stug vol dat ze het fijn vindt om ongebonden te zijn, '*free and easy*', en dan is er verdriet, en dan woede, en uiteindelijk een soort trots verzet, en dan hebben dezelfde woorden opeens een heel andere betekenis.

Daarna gooide ik de stemming radicaal om. Ik wilde geen etiket opgeplakt krijgen of in een hokje of categorie worden gestopt. Zodra het publiek dacht dat ik ballads zong, deed ik iets heel anders. Dan kwam ik met: '*You better not shout, you better not cry. You better not pout, I'm telling you why*' om dan met een uitgestreken gezicht te melden: '*Santa Claus is dead.*'

Dan had ik hun aandacht. En er werd hard gelachen.

Ik weet nog hoe blij ik was toen ik een partituur vond met vijf kinderliedjes van Leonard Bernstein. Een van de songs heette ongelooflijk genoeg 'My Name Is Barbara'. Ik stond er versteld van dat zoiets bestond. Ik had geen geld om materiaal te laten schrijven, dus dit was een geschenk. Dat is nou bashert.

Goethe zei het al: als je je ergens op toelegt, spant het hele universum samen om je te helpen.

Een van de andere liedjes van Bernstein begon met de woorden '*I hate music, but I love to sing!*' Met dat nummer begon ik weleens. Dan hielden de mensen meteen hun mond omdat ze zich afvroegen wat ik probeerde te doen. Het was perfect voor me, want ik kon me er helemaal mee identificeren. Die liedjes waren geschreven om te worden gezongen door kinderen. '*My mother said that babies come in bottles.*' Ik kon zo'n kind spelen. Ik kon dat kind zijn omdat ik zelf diep vanbinnen nog grotendeels een kind was. Dat aspect leeft nog altijd heel sterk in me.

Ik kon in de loop van mijn set wel tien verschillende mensen spelen en was in dat opzicht een heel theatergezelschap. Mijn liedjes waren korte toneelstukken waarin ik de enige actrice was. Ik vond het inmiddels leuk om te zingen in clubs. Ik zong ongeveer acht liedjes en stond zo'n drie kwartier op het podium. Perfect vond ik dat.

6

Die maffe liedjes

Het geheugen is wispelturig. Sommige momenten staan onuitwisbaar in mijn geheugen gegrift. Ik zie het gezicht van de ander voor me en weet precies waar we stonden. Andere momenten zijn in de loop van de jaren beneveld en vager geworden, als pastelschilderingen.

Jule Styne was mijn geliefde prins, een briljante songwriter die een sleutelrol zou spelen in mijn carrière. Toch weet ik niet precies wanneer we elkaar leerden kennen. Iemand zei dat hij me had gezien in *Wholesale*, maar ik denk dat we elkaar hebben ontmoet in The Bon Soir, op een van die avonden dat ik om middernacht optrad na mijn voorstelling op Broadway. Marty wist dat Jule de muziek schreef voor een nieuwe show die was gebaseerd op het leven van de populaire vaudeville-comédienne Fanny Brice. Haar naam zei me op dat moment nog niets.

Marty wist wel wie ze was en dacht dat ik geschikt was voor de rol. Daarom had hij geregeld dat ik op 24 april 1962, mijn twintigste verjaardag, bij mijn optreden in *PM East* niet alleen een taart kreeg, maar ook 'de jaarlijkse Fanny Brice Award', die uiteraard niet bestond. Marty en Don Softness hadden het bedacht en Mert Koplin werkte graag mee. Ik zal Mert altijd dankbaar zijn, hij was een van mijn eerste voorvechters. Altijd als er een belangrijke acteur of regisseur in het programma zat die me misschien kon helpen met mijn carrière, regelde hij dat ik ook werd uitgenodigd.

De 'award' hoorde bij de pogingen om de aandacht te trekken van Ray Stark, de producent van de musical over Fanny Brice. Marty maakte gebruik van alle kanalen die hij kon bedenken en belde Jule om hem te vragen te komen kijken in The Bon Soir. Hij had zijn nummer aan Jeff Hunter gevraagd.

Jule kwam, zag en was zo enthousiast dat ik er zelf ook opgewonden van werd. Hij was een kleine man met grote talenten, en hij overlaadde me met duizelingwekkende complimenten: fantastisch, subliem, meeslepend. Ik wist wie hij was: de componist van *Gentlemen Prefer Blondes*, *Gypsy* en *Bells Are Ringing*, een man die ontelbaar veel succesvolle songs had geschreven. Maar hij probeerde geen indruk op me te maken met zijn palmares, wat ik al veel anderen had zien doen. Jule wilde alleen over mij praten. Hij was nieuwsgierig, geestig en onderhoudend. Ik was meteen dol op hem.

En hij zal wel blij zijn geweest met wat hij hoorde, want hij kwam avond na avond terug en nam allerlei mensen mee. Hij was als de nieuwe bekeerling van een geloof die probeerde anderen over te halen er ook bij te komen. Jule stelde me voor aan twee van mijn beste vrienden, Marilyn en Alan Bergman, die deel gingen uitmaken van mijn familie. Ze waren een getrouwd stel dat de tekst had geschreven van het door Frank Sinatra gezongen 'Nice 'n' Easy' en later talloze fantastische nummers voor me zou schrijven, waaronder 'The Way We Were' en 'Papa, Can You Hear Me?'.

Ze werkten met Jule aan een show die hij produceerde en regisseerde. Ze hadden de hele dag zangeressen auditie laten doen toen hij zei: 'Ik neem jullie mee naar een club in het centrum om een fantastische zangeres te horen.' Volgens Marilyn was dat wel het laatste waar zij en Alan zin in hadden. 'Jule,' had ze geprotesteerd, 'we luisteren al de hele dag naar zingende meiden!'

'Zij is anders,' had hij gezegd.

'En hij had gelijk,' zegt Marilyn. 'Zodra Barbra begon te zingen, begreep ik dat Jule niet had overdreven.'

En Alan zegt: 'Zodra Barbra begon te zingen, begon Marilyn te huilen.'

Marilyn weer: 'Barbra verscheen op een piepklein podium. Peter Daniels begeleidde haar op de piano. Ik denk dat ze begon met "My Name Is Barbara". Ik zal ook "A Sleepin' Bee" nooit vergeten. Ik stond versteld van haar talent.'

'De originaliteit spatte ervanaf,' zegt Alan. 'En dan heb ik het niet alleen over haar stem. Je hebt drie dingen nodig om een fantastische zanger te zijn: het hoofd, het hart en de keel. De intelligentie van het hoofd, het gevoel dat uit het hart komt, en het talent om te zingen met je keel. Barbra heeft alles in huis.'

Toen ik na mijn optreden in mijn kleedkamertje zat, werd er aangeklopt. Ik zag eerst dat heerlijke, open gezicht van Marilyn. Ze kwam binnen en Alan volgde. Ze keek me aan en zei: 'Heb je enig idee hoe fantastisch je bent?'

Ik dacht: wat? Ik had geen idee wat ik moest antwoorden. Ik was misschien zelfs enigszins argwanend. Als mensen me een compliment gaven, was mijn eerste reactie om in mijn schulp te kruipen en te denken: wat willen ze van me?

Marilyn vertelde me jaren later dat ze meteen al dacht: wat een stomme vraag. En toen antwoordde ze zichzelf in stilte: natuurlijk weet ze dat. Ze moet het weten. Want ze dacht dat niemand zoveel talent kon hebben zonder precies te weten wat ze doet.

Daarna ontmoette ik Marilyn en Alan weer in het appartement van Jule, zo'n stijlvol optrekje op Park Avenue. Maar het was karig gemeubileerd. Veel meer dan een piano, een kaarttafel en een paar stoelen stond er niet. Ik geloof dat ik meer meubels in mijn kleine flatje had dan de Stynes bezaten. En ze woonden nota bene op Park Avenue!

Er was een simpele verklaring. Ik hoorde dat Jule gokverslaafd was. Ik denk dat hij zijn meubels had vergokt. (Dat gebeurde volgens de Bergmans wel vaker.) Het was een zaterdagmiddag, en ik was langsgekomen tussen het matinee en de avondvoorstelling van *Wholesale* om naar een paar songs en een gedeelte van de score te luisteren van een nieuwe musical die hij opzette. De naam was *Carte Blanche*, geloof ik, en het ging over een creditcardbedrijf. Hij dacht dat het misschien iets voor mij zou zijn. Ik had weinig tijd en was met mijn hoofd waarschijnlijk al bij de Chinese maaltijd die ik dreigde mis te lopen.

Jules roodharige Engelse echtgenote Margaret (iedereen noemde haar Maggie) was erg knap en had een voortreffelijke intuïtie. Het was alsof ze gedachten kon lezen.

'Barbra, zal ik een sandwich voor je maken? Je zult wel trek hebben.'

Trek? Ik had destijds altijd trek. Tegenwoordig ook nog, als ik heel eerlijk ben.

'Heb je kip?' vroeg ik. Ik wilde niet te hoog van de toren blazen door te vragen om een broodje geroosterd varkensvlees. Dat bestelde ik altijd in de deli. Ik kon me niet voorstellen dat Jule Styne varkensvlees in zijn koelkast had liggen.

Maggie ging naar de keuken en kwam terug met een kipsandwich op wit brood, met mayonaise. Het was heerlijk.

Marilyn ziet me daar nog altijd zitten 'in een lange zwarte jas met hoge zwarte laarzen en een zwarte Russische bontmuts. Barbra at haar sandwich en ik keek als gebiologeerd naar haar lange rode nagels, afgetekend tegen het witte brood.'

Dat bewijst maar weer eens hoe wispelturig het geheugen kan zijn. Ik had korte nagels toen ik in *Wholesale* speelde, want ik speelde een slonzige secretaresse. Maar het is een ijzersterk beeld en ik wil Marilyn niet tegenspreken. Ze moet die rode nagels ooit hebben gezien.

Ik was niet onder de indruk van wat Jule die middag liet horen van zijn musical. De schrijvers waren er ook en ik wilde hun gevoelens niet kwetsen, dus ik zei: 'Ik denk niet dat ik hier geschikt voor ben, maar het lijkt me geknipt voor Carol Burnett!'

Later hoorde ik dat die lui ook schreven voor de show waarin Carol zat, die werd gepresenteerd door Garry Moore. Ik denk dat ze de musical hadden geschreven met haar in gedachten, dat zij het had afgewezen en dat ze het toen aan mij aanboden.

Maar ik was niet geïnteresseerd. Toen beschreef ik het soort show dat ik graag zou willen doen als ik ooit de kans zou krijgen.

'Het moet om te beginnen dramatisch zijn. Misschien geen humoristische musical, meer een serieus verhaal met muziek. Het personage moet multidimensionaal zijn en een zeker bereik hebben. Misschien een script dat begint als ze nog vrij jong is en haar volgt op weg naar de volwassenheid. En met een liefdesverhaal erbij.'

Ik kon niet weten dat ik een beschrijving gaf van mijn volgende rol.

Ik vind dat toch zo interessant: als je zoals ik geloof dat gedachten materie overstijgen – of laat ik het zo zeggen: dat je verbeelding de realiteit kan vormen – dan ga je toch denken...

Bij het Fanny Brice-project van Ray Stark ging het niet bepaald van een leien dakje. Als ik een mystieke inslag had, zou ik hebben gezegd dat Ray wachtte totdat ik volwassen genoeg zou zijn om Fanny te spelen.

Ray werkte al ruim tien jaar aan het project. Hij was getrouwd met Fanny's dochter, Francis. In zekere zin was het project een geschenk voor zijn vrouw. Hij wilde de carrière van haar moeder in het zonnetje zetten en haar huwelijk met Frans vader Nick Arnstein, een aantrekkelijke gokker met morele beperkingen. Ray wilde aanvankelijk een film maken en ik had gehoord dat hij een aantal scripts had laten schrijven, onder meer door Ben Hecht. In 1960 nam hij Isobel Lennart in de arm, een succesvolle scenarist die onder meer *The Sundowners* (met Robert Mitchum en Deborah Kerr als Australische schaapherders) had geschreven, en ook *Love Me Or Leave Me* met Doris Day als de zangeres Ruth Etting en James Cagney als haar man, een gangster. (Misschien zag Ray overeenkomsten met Fanny en Nick.)

Isobel leverde een script dat Ray beviel. Het heette *My Man*. Toen Ray van gedachten veranderde (vermoedelijk omdat hij de film niet kon financieren) en besloot er een Broadway-show van te maken, werkte ze opeens aan een musical. Voor het theater schrijven is heel anders dan voor het witte doek schrijven, en Isobel gaf ruiterlijk toe dat het een proces van vallen en opstaan was.

In de zomer van 1962, toen ik bij het project betrokken raakte, had het script nog allerlei tekortkomingen. Isobel was aan het herschrijven met de briljante Jerome Robbins, die *West Side Story* had bedacht en de podiumversie had gechoreografeerd en geregisseerd. Ray had Jerry erbij gehaald als regisseur omdat hij wanhopig verlegen zat om creatieve input en hij wist dat niemand zo goed was als Jerry. Ray wist ook dat hij zonder een goed script geen show had, en hij zocht ook nog altijd een actrice die de hoofdrol voor haar rekening kon nemen. Jerry vond dat hij Anne Bancroft moest nemen, die toen al een ster was en een Tony had gewonnen voor *The Miracle Worker*, de rol waarvoor ze niet lang daarna ook een Oscar zou winnen.

Ik stond niet of nauwelijks op hun radar. Ik was gewoon een naam op een lange lijst die ik heb gezien in een brief van Ray aan David Merrick in Jerry's archief. Hou je vast, dit zijn de namen: Eydie Gormé, Mimi Hines, Carol Burnett, Anne Bancroft, Mary Martin, Tammy Grimes, Zohra Lampert, Judy Holliday, Suzanne Pleshette, Kaye Stevens, Paula Prentiss, Mitzi Gaynor, Chita Rivera, Lee Becker en ik. (Lee Becker moest ik even opzoeken. Ze was een danseres en actrice die voor Jerry had gewerkt in *The King and I* en *West Side Story*.) Ik was duidelijk de minst beroemde van de hele groep.

Niemand steunde me totdat Jerry me zag in The Bon Soir en op slag mijn grootste fan werd. Hij nam daarna Ray mee naar de club. Ray op zijn beurt kwam terug met David Merrick, die hij had gevraagd zijn productiepartner te worden voor het verhaal van Fanny Brice omdat hij nog nooit een Broadway-musical had gedaan. Ik heb gehoord dat Ray het meteen zag zitten, maar dat zijn vrouw er anders over dacht. Ze vond me niet de juiste persoon om haar moeder te spelen. Ze had een oudere actrice voor ogen, eleganter en verfijnder. Maar later, toen ik meer over Fanny te weten kwam, ontdekte ik dat haar populariteit juist voor een belangrijk deel te maken had met haar gebrek aan pretenties. Ze was geboren op de Lower East Side van New York, waar haar ouders een saloon hadden, en ze heeft nooit geheimzinnig gedaan over haar afkomst.

Maar Fran had het hoog in de bol. Volgens Maggie Styne zei ze nadat ze me voor het eerst had gezien: 'Gaat zij mijn moeder spelen? Ik zou haar niet eens aannemen als dienstmeid!'

Jerry zag het ook niet echt zitten. Hij vond dat ze een gevestigde naam nodig hadden, een actrice die de tekortkomingen van het script zou kunnen camoufleren. (Hij had me op dat moment nog niet zien optreden.) Maar ik hoorde veel later dat Ray ernstige bezwaren had tegen Jerry's eerste keuze, Anne Bancroft. Jule deelde die bewaren. Zijn songs hadden behoefte aan een zangeres met een groot bereik en hij betwijfelde of Bancroft ze zou aankunnen. En zoals hij toegaf nadat hij me had horen zingen: 'In mijn hoofd schreef ik eigenlijk voor Barbra.' Maggie vertelde me later dat hij haar toen ze me hoorden zingen in de club had vastgepakt en had gezegd: 'Dit meisje moet Fanny Brice worden!' En ze zei erbij: 'Ik zal het nooit vergeten. Hij brak zowat mijn arm.'

Nu hoefde hij alleen nog de rest van het team te overtuigen.

Het oordeel van Jerome Robbins zou de doorslag geven, maar het was moeilijk om hem ergens op vast te pinnen. Jule had geprobeerd hem naar The Blue Angel te halen, waar ik vanaf half juli een maand lang optrad, maar Jerry wilde niet met hem meekomen omdat hij Jule 'te enthousiast' vond. Hij wilde in zijn eentje komen, maar het werd begin augustus en hij had zich nog altijd niet laten zien. Ondertussen had Isobel, die in Los Angeles woonde en niet naar New York kon komen, haar vriendin Doris Vidor (de dochter van Harry Warner, een van de Warner Brothers, en de weduwe van de regisseur Charles Vidor) gevraagd om naar The Blue Angel te gaan en te zien hoe ik was. Nadat Doris verslag had uitgebracht, vroeg Isobel haar of ze ook Jerry op de hoogte wilde brengen.

Ik heb Doris' briefje aan Jerry (het zit ook in zijn archief) pas recentelijk onder ogen gekregen. Ze schreef: 'Ik heb zelden iemand met zoveel talent gezien, maar ik was vooral onder de indruk van haar persoonlijkheid en wat ze in me losmaakte. Dit meisje draagt een unieke droefenis en emotionele impact over aan haar publiek. Ik denk dat ze de jonge Fanny Brice is zoals je haar wilt laten zien.'

Dat is een van de onverwachte voordelen van een boek schrijven. Ik had er aanvankelijk gemengde gevoelens over, want ik leef nu eenmaal niet graag in het verleden. *Been there, done that*... en ik ging weer verder. Maar als ik ga vertellen over het verleden, wil ik dicht bij de waarheid blijven. Ik moest research verrichten om bepaalde dingen uit te zoeken, en dan is het heerlijk om zo'n briefje te vinden.

Hoewel ik Doris Vidor niet kende en zij mij ook niet, had ze recht in mijn ziel gekeken. Ik zou willen dat ik destijds had geweten dat ze dat briefje had geschreven. Ik zou haar graag hebben bedankt.

En misschien gaf haar briefje de doorslag, want Jerry kwam naar me kijken en we konden eindelijk kennismaken. Later, op 9 augustus, stuurde hij Isobel een telegram met de tekst: HEB NET EEN LANG UITPUTTEND GESPREK GEHAD MET BARBARA EN VOND HAAR ERG GETALENTEERD ERG MAL ERG AMBITIEUS ERG BOEIEND ERG DINAMISCH ERG ONVOORSPELBAAR STOP IK LAAT HAAR MAANDAG LEZEN. (Je moest destijds Western Union bellen en de tekst van je telegram mondeling doorgeven. Iemand had blijkbaar mijn naam en het woord 'dynamisch' verkeerd gespeld.)

Ik op mijn beurt vond Jerry erg boeiend. Ik vond hem waanzinnig getalenteerd en fascinerend. Hij was begonnen als danser, en hij had het lichaam van een danser, met die panterachtige finesse. Hij was charismatisch, enigmatisch en sexy. Hij was een en al charme, en ik vond dat hij een fantastische smaak had. Ik wist dat hij coregisseur was geweest van een van de eerste shows die ik ooit zag op Broadway, *The Pajama Game*, en dat hij als choreograaf betrokken was geweest bij *On the Town*, *The King and I* en *Peter Pan*, een productie die hij ook had geregisseerd. En later had hij zo'n belangrijke rol gespeeld bij *West Side Story* en *Gypsy*. Hij was een coryfee in de theatergeschiedenis. Ik bewonderde hem en wilde dolgraag een goede indruk op hem maken.

Ray stuurde me een vroege versie van het tweede bedrijf. Isobel werkte in nauwe samenwerking met Jerry aan revisies. Alles was nog volop in beweging.

Die eerste auditie kan ik me niet herinneren. Ik weet alleen de datum, die vermeld stond in het telegram in Jerry's archief. Jule heeft me verteld dat hij erbij was en dat ik zwarte laarzen en een kozakkenmuts droeg. Jerry en ik werkten aan de scène, maar toen ik die las voor het hele gezelschap, schijn ik dat niet te hebben gedaan zoals we hadden afgesproken. Volgens Jule riep Jerry: 'Je moet hier huilen, Barbra.'

Ik zei: 'Sorry, meneer Robbins. Maar ik kan niet huilen met deze tekst.'

Volgens Jule was Isobel erbij. Ze sprong uit haar stoel en zei: 'Dat kan ik u niet kwalijk nemen, mevrouw Streisand. Het is een vreselijke tekst. En nog wel van mijn hand.' Dat klinkt inderdaad als Isobel, die heel eerlijk en direct was.

Volgens mij beschrijft Jule een van mijn latere audities, toen Isobel was ingevlogen en ik een scène las voor de groep. Ik herinner me dat ik tegen Jerry zei dat ik niet kon huilen en dat ik zodra ik die woorden had uitgesproken dacht: o nee, wat zeg ik nu?

Ik dacht dat ik de rol had verspeeld.

Ik zal Jerry's reactie nooit vergeten. Hij werd niet boos op me omdat ik niet huilde, want hij begreep het. Hij wist dat het script nog niet goed genoeg was. Hij waardeerde het dat ik niet deed alsof, dat ik geen emoties voorwendde die ik niet voelde. Dat vond hij eerlijk en authentiek. Als ik inderdaad dat gevoel voor waarachtigheid had, zag hij mijn potentieel. Hij wilde met een actrice werken, niet met een zangeres.

Maar het definitieve besluit was nog altijd niet genomen. Ik hoorde pas veel later dat Anne Bancroft zich had teruggetrokken toen ze de muziek hoorde. 'Ik doe niet mee,' had ze gezegd. 'Die nummers kan ik niet zingen.' En Carol Burnett schijnt te hebben gezegd: 'Ik zou het graag doen, maar ik denk eerlijk gezegd dat jullie een Joodse actrice moeten nemen.' Ze hebben serieus nagedacht over Eydie Gormé, maar zij wilde dat haar man, Steve Lawrence, de rol van Nick Arnstein zou spelen en dat zag niemand zitten.

Ik begreep inmiddels dat ze niet stonden te popelen om mij de rol te geven.

Jule, mijn trouwe ridder op het witte paard, die zelfs bereid was om uit mijn naam Fran Stark te bestrijden, deed alles wat hij maar kon. Toen ik op 21 augustus optrad in *The Tonight Show* zei gastpresentator Groucho Marx: 'Ik heb vorige week met Jule gedineerd. Hij zei dat je ideaal zou zijn voor die musical waaraan hij werkt... Hoe heet die ook alweer?'

'Het is het levensverhaal van Fanny Brice.'

'Hij zei: "Het gaat tussen haar en die meid die met Garry Moore werkt."'

'Carol Burnett.'

'En die meid van Bancroft. Nou, dan bevind je je in goed gezelschap. Als die actrices je concurrenten zijn, ben je wel gearriveerd.'

Zo zag ik het zelf nog niet, dus ik maakte er een grapje van en zei: 'Nou, ik word in warenhuizen nog altijd niet bediend.'

Ik had het gevoel dat er nog niet veel was veranderd, ook al hing mijn foto dan aan de pui van een theater op Broadway. En het werd steeds moeilijker om avond aan avond dezelfde regels te zeggen en dezelfde handelingen uit te voeren.

Ik was vastgelopen.

Ik was dankbaar dat *Wholesale* op mijn pad was gekomen. Ik kon het geld goed gebruiken en het was fijn om elke avond een podium te delen met Elliott. Maar ik maakte me altijd zorgen dat de productie elk moment kon worden stopgezet. Zo goed liep de voorstelling niet. De zaal zat nog een beetje vol omdat ze twee kaartjes aanboden voor de prijs van een. Ik wilde niet dat mijn naam in verband werd gebracht met een flop.

Als het niets zou worden met *Funny Girl*, had ik iets anders nodig.

Marty was al voor me aan de slag gegaan. Zijn belangrijkste prioriteit was een platencontract. Hij had Goddard Lieberson benaderd, de baas van Columbia Records en een legendarisch figuur in de muziekindustrie. Goddard, die zelf componist en een kunstkenner was, was een elegante man. Hij was getrouwd met de beroemde Russische ballerina Vera Zorina, die veel met Balanchine had gewerkt, en hij had Columbia prestige verleend. Hij had veel klassieke albums voor het label geproduceerd, platen die ik had gekocht, dus ik kende zijn naam. Hij hield ook van musicals. Hij had zich hardgemaakt voor het concept van soundtrackalbums met de originele cast en een aantal van de beste albums in dat genre geproduceerd, zoals *South Pacific*, *The Sound of Music* en *My Fair Lady*.

Hij produceerde ook het album van *I Can Get It for You Wholesale* en was tijdens de opnamen in de studio aanwezig als supervisor.

Ik had hem al ontmoet, want Marty had me auditie voor hem laten doen. Ik was onder de indruk. Ik vond hem sophisticated en intelligent. Maar Goddard vond mijn stem 'te Broadway' voor Midden-Amerika. Hij zei dat ik niet doorsnee genoeg was en dat mijn muziek niet vaak genoeg op de radio zou worden gespeeld om door te breken, want iedereen luisterde inmiddels naar rock-'n-roll. Hij dacht dat er geen publiek zou zijn voor een zangeres die ballads zong, en nog onbekende ballads ook.

Het hielp ook niet dat John Hammond, een van zijn naaste medewerkers, het totaal niet in me zag zitten. Hammond had gewerkt met Count Basie en Billie Holiday. Toen hij me voor het eerst hoorde, wist hij niet of ik wit of zwart was. Het schijnt dat hij geen concurrentie wilde voor Aretha Franklin, die hij net had ondergebracht bij het label. Dat was in elk geval het gerucht dat Marty had gehoord.

Marty was dus verbaasd toen hij bericht kreeg dat Goddard hem wilde ontmoeten. Marty was enthousiast omdat hij dacht dat Goddard zijn mening over me had herzien. Maar Goddard vroeg of ik wilde zingen op een gepland album voor het vijfentwintigjarige jubileum van de show *Pins and Needles* waarvoor de teksten en muziek waren geschreven door Harold Rome, die ook verantwoordelijk was voor *Wholesale*.

Ik zei natuurlijk ja. Ik had het geld nodig. Ik geloof dat ik 200 dollar heb gekregen, geen winstpercentage.

De show deed me denken aan *Wholesale. Pins and Needles* was een satirische revue die oorspronkelijk in 1937 was geproduceerd door de International Ladies' Garment Workers Union om het personeel te vermaken en was opgevoerd door de mensen die stoffen coupeerden en naaimachines bedienden. Je zag er de eerste aanzet in van thema's waarop Rome later zou voortbouwen. Elliott was dol op de songs. Die waren niet echt mijn smaak, maar ik kon wel wat met 'Doing the Reactionary' en 'Nobody Makes a Pass at Me', een nummer in de stijl van 'Miss Marmelstein'. Het was makkelijk.

Hoewel ik inmiddels had gezongen op twee Columbia-albums, wilde Goddard me nog altijd niet onder contract nemen. Ik bewaarde geen recensies, maar godzijdank hield mijn moeder plakboeken bij, waarin ik een recensie aantrof van het *Wholesale*-album van de hand van John S. Wilson, die in *The New York Times* schreef: 'De musicalversie van Jerome Weidmans *I Can Get It for You Wholesale* is niet memorabel dankzij de muziek en teksten van Harold Rome, maar verdient wel degelijk een vermelding in de geschiedenisboekjes vanwege het Broadway-debuut van Barbra Streisand. Mevrouw Streisand heeft zo'n levendige, prikkelende stijl van zingen dat ze zich als een oogverblindend baken verheft uit de ploeterende alledaagsheid van de show om haar heen.'

Heel aardig en complimenteus, maar geloof me: ik vond het bij elke lovende recensie vreselijk voor Elliott. Ik gunde hem dezelfde positieve aandacht. Ik had inmiddels Judy Garland gezien in *A Star Is Born* en dacht: jezus, dat is niet het leven dat ik wil hebben, dat de vrouw beroemder wordt dan de man en dat hij dan doodgaat.

Maar al mijn goede recensies hadden zich nog altijd niet vertaald in een platencontract.

Marty nam zich voor om me meer onder de aandacht te brengen. Eind mei verscheen ik in *The Garry Moore Show*. De producer was op uitnodiging van Jeff Hunter naar *Wholesale* komen kijken en vond me goed.

Ik had veel plezier bij die show. Voor het openingsnummer kwam ik met Robert Goulet, die op Broadway de hoofdrol Lancelot speelde in *Camelot*, aanrijden op een golfkarretje. Ik zong 'When the Sun Comes Out' en deed voor het eerst 'Happy Days Are Here Again', dat daarna een belangrijke song werd in mijn repertoire.

Zo'n vrolijk, uitgelaten liedje zou normaal gesproken niet mijn eerste keuze zijn geweest. Ik zal je vertellen hoe het ging. Ze hadden in dat programma een vaste rubriek, 'That Wonderful Year', waarin die avond het jaar 1929 centraal stond. Misschien niet de meest gelukkige keuze, want in dat jaar crashte de aandelenmarkt en begon de Grote Depressie.

Ken Welch, de *musical director*, liet me een lijst liedjes zien die ik kon zingen, en een van die liedjes was 'Happy Days Are Here Again'. We probeerden het en ik zei: 'Zo kan ik het niet zingen. Het is te snel voor me. Kunnen we het misschien vertragen en er een ballad van maken?'

Ik deed altijd zulke dingen: het tempo veranderen, een song een nieuwe interpretatie geven. Ken en zijn vrouw Mitzie hadden een fantastisch idee: ik ben een rijke vrouw die bij de crash alles is kwijtgeraakt. Ik loop een bar binnen om een borrel te drinken, maar ik heb geen cent op zak. Opeens had ik een personage om te spelen en dat maakte meteen iets in me los. Ik dacht: wat kan ik verder nog doen om je meer te vertellen over deze vrouw? Ik liep vol zelfvertrouwen de bar binnen, als een model op de catwalk. Ik duwde mijn bontstola tegen mijn borst en wachtte op de ober, die mijn stoel aanschoof. Ik liet een vinger over de stoelleuning glijden om te zien of er stof lag.

Ondertussen werd er prachtige muziek ten gehore gebracht; een serie noten, in een hoog tempo, aan het begin van het nummer. Dat was een vondst van Ken en dirigent Irwin Kostal, die een schitterende orkestratie had bedacht. Ken en Mitzie hadden een ijzersterk extra couplet geschreven. Ik zong tegen de ober: 'Kan ik met een vierkaraats oorbel een glas champagne kopen?' Ik deed mijn oorbel af en gaf die aan hem. 'Champagne, want ik heb iets te vieren! *My last million dollars just went down the drain... I'm broke, I'm poor, I'm back where I started. And Joe, I'm sure I've never felt so lighthearted*.' Ik drink het glas in één teug leeg en vraag om nog een glas. Ik drink het ene glas na het andere en doe al mijn sieraden af. Uiteindelijk geef ik hem de stola in ruil voor de fles. Het nummer kreeg een duistere, ironische sfeer. Het publiek vond het prachtig.

De bedoeling was dat ik via mijn tv-optredens een nieuw publiek zou vinden, want Marty wilde nog steeds bewijzen dat mijn kwaliteiten verder reikten dan een paar clubs in Greenwich Village. Toen ik eind mei twee weken optrad in The Bon Soir, was ik de headliner. Mijn salaris schoot omhoog van 175 dollar naar 1.250 dollar per week. Dat was volgens Marty extra bijzonder omdat ik maar één set per avond deed en ik nog altijd in *Wholesale* stond.

Hij wees me ook op de voortreffelijke recensies.

Leonard Harris schreef in *The New York World-Telegram & Sun*:

Toen Barbra Streisand enkele maanden geleden optrad in The Bon Soir, durfde een schuchtere recensent te zeggen dat ze 'misschien wel' de beste jonge zangeres is die we hebben. Nu Barbra weer in dezelfde club staat, is het moment gekomen om alle schroom af te werpen en klare taal te spreken.

We kunnen alle kwalificaties weglaten. De ster van 'I Can Get It for You Wholesale' is de beste, en daar hebben we geen 'misschien' of 'jong' of 'oud' voor nodig. Ze is nu twintig. Tegen de tijd dat ze dertig is, zal ze alle records hebben gebroken.

Haar stem heeft zoetheid, bereik, kleur en flexibiliteit. Kies de beste zangeres, in welk genre je maar wilt, en Barbra steekt haar naar de kroon op haar eigen terrein. En Barbra's eigen stijl – lieflijk en grappig, maar met serieuze impact – is origineel en onvergetelijk.

Reken maar dat Marty ervoor zorgde dat Goddard die recensie onder ogen kreeg.

En weet je wie er op de eerste avond zonder reservering op de stoep stond toen ik in juli terugkeerde naar The Blue Angel voor een engagement van een maand shows die om middernacht begonnen? Goddard Lieberson. Marty regelde uiteraard een stoel voor hem. Na de show belde Goddard Marty om te zeggen dat hij er inmiddels anders over dacht. Hij bood me een contract aan.

Eindelijk had ik iets nieuws om me mee bezig te houden. Ik tekende op 1 oktober mijn contract met Columbia Records en twee weken later was ik in de studio om mijn eerste single op te nemen: 'Happy Days Are Here Again' met op de B-kant 'When the Sun Comes Out'. Ik herinner me die studio nog goed, want die was gevestigd in een oude presbyteriaanse kerk op East Thirtieth Street. Het was één grote ruimte van wel dertig meter hoog met een fenomenale akoestiek. Iemand vertelde me dat Leonard Bernstein, Vladimir Horowitz en Miles Davis er graag opnamen. Ik begreep heel goed waarom, want alles klonk daar fantastisch. Die studio was zelfs beter dan mijn lobby, waar ik vroeger altijd zong als meisje van vijf.

Die lieve, toegewijde Marty dacht altijd na over wat het beste zou zijn voor mij, en niet aan wat hem de hoogste commissie zou opleveren. Het contract dat hij had bedongen was onvoorstelbaar gunstig voor een nieuwkomer. Ik had creatieve vrijheid gekregen. Iets belangrijkers was er voor mij niet. Ik mocht dan klein zijn – een *pishica,* zeggen ze in het Jiddisch – maar in dat opzicht wilde ik van geen wijken weten. Ik kon zelf kiezen welke nummers ik zou zingen, en als een album me niet beviel, kon ik het op de plank laten liggen. Ik kon zelf het concept bepalen, wat ook betekende dat de hele verantwoordelijkheid bij mij lag.

Iemand van Columbia kwam met het idee dat ik mijn eerste album live zou opnemen in The Bon Soir. Dat was veel goedkoper dan een studioplaat met een heel orkest, en dat was waarschijnlijk wat het label aansprak. Ik stond vanaf half oktober weer een maand lang in de club. Het leek me een uitstekend idee, want ik wilde de sfeer vastleggen van een liveoptreden met een echt publiek. De bezoekers van de club, die me in zekere zin hadden ontdekt en erg loyaal waren geweest, waren mijn mensen. Ze hielden van mij en mijn materiaal. Ze vonden mijn songs niet te esoterisch of te 'Broadway'.

Dat vond ook David Kapralik niet, de A&R-man (*artists and repertoire*) van Columbia, die er bij Goddard op had aangedrongen om me een contract te geven. Op de eerste geplande avond van de opnamen kwam Dave naar de club om me te introduceren, en zelfs hij, een van mijn grootste pleitbezorgers, kreeg het voor elkaar om mijn naam verkeerd uit te spreken. Nadat ik hem heel zachtjes had verbeterd, zette ik het openingsnummer 'My Name Is Barbara' in. Ik was nog maar net begonnen aan 'Much More', het tweede nummer, toen de microfoon het liet afweten. Mike Berniker, die het album produceerde, zei dat er een zekering was doorgeslagen.

Ik zei: 'Je meent het niet!'

We stonden allemaal klaar om het album op te nemen met professionele apparatuur en toen sloeg er simpelweg een zekering door! We waren amper begonnen en moesten alweer stoppen. Gelukkig kon de geluidstechnicus iets improviseren zodat ik verder kon met mijn set.

Het was heerlijk om in een vertrouwde omgeving te zijn. Ik werd vergezeld door mijn oude maatjes Tiger Haynes op gitaar en Averill Pollard op bas, die al met me hadden gespeeld op de avond van mijn eerste auditie in The Bon Soir. Ze waren altijd aardig voor me geweest. John Cressi was de drummer en uiteraard zat Peter Daniels achter de piano. We deden al mijn oude liedjes, zoals 'A Sleepin' Bee', 'Cry Me a River' en 'Keepin' Out of Mischief Now'.

Maar toen we de tapes beluisterden, merkten we dat de geluidskwaliteit niet goed genoeg was vanwege de beroerde akoestiek in de club. We konden die opnamen niet uitbrengen.

Ondertussen was mijn eerste single uitgekomen, al had bijna niemand het door. Columbia deed niets aan promotie en had maar weinig exemplaren laten maken. Zelfs als iemand het nummer toevallig op de radio had gehoord en het wilde kopen, zou men het niet vinden in de winkels. Marty was witheet. Hij wist dat de single geen eerlijke kans had gekregen. Hij zette Columbia onder druk om meteen een tweede single uit te brengen. Een muziekuitgever had hem een song aangeboden: 'My Coloring Book' van John Kander en Fred Ebb. Ik was er niet dol op; ik vond zowel de melodie als de tekst niet meer dan oké. Maar Marty vond dat ik iets moderns moest doen om de aandacht van de diskjockeys te trekken. Hij geloofde in de song, en ik geloofde in Marty, dus ik nam het op, met 'Love Come Back to Me' op de B-kant.

Ik had eerlijk gezegd andere prioriteiten. Als ik op het album maar mijn gang mocht gaan, maakte ik me niet al te druk over de single.

Helaas had de man die Marty had benaderd met 'My Coloring Book' hem niet verteld dat ook twee andere zangeressen, Kitty Kallen en Sandy Stewart, het zouden opnemen. Alle versies kwamen ongeveer tegelijkertijd uit. 'Ik was erin geluisd,' zegt Marty erover. 'Nou ja, zo leer je nog eens wat. Barbra had er geen last van, want ze kwam op de radio en liet zich horen in dat marktsegment.'

Ik zong het op 16 december in *The Ed Sullivan Show*, en Ed kon mijn naam ook weer niet uitspreken. Tijdens de repetities hoorde ik hem steeds zeggen: 'Hier is een jonge ster van het Columbia-label, een groot talent... Barbra Streis-land.' Ik werd er gek van en ik wilde er zeker van zijn dat hij het niet verkeerd zou doen tijdens de uitzending. Vlak voordat ik het podium op ging, fluisterde ik hem vanuit de coulissen nog toe 'Strei-sand! Strei-sand! Zoals *sand* op het strand!' En toen hield hij het niet meer tijdens zijn introductie: 'Ik moet zo lachen om die meid.' Maar hij sprak in elk geval voor één keer mijn naam correct uit.

Ik zit inmiddels zestig jaar in de showbusiness en nog altijd spreken ze mijn naam verkeerd uit.

Zegt iemand ooit Oprah Wine-frey? Nee. Judy Gaarland? Nee.

Als je je iPhone iets over me vraagt, spreekt zelfs Siri mijn naam verkeerd uit. Iemand heeft het me laten horen.

Ik heb Tim Cook van Apple erover gebeld. Hij zei dat ze het zouden regelen. En dat hebben ze gedaan.

Maar terug naar Ed Sullivan.

Ik heb daar elk laatste beetje emotie uit de nummers van mijn tweede single gewrongen. Het hielp blijkbaar, want na het optreden schoten de verkoopcijfers omhoog. Marty was blij, maar ik maakte me zorgen. Ik zag mezelf niet als iemand die kon aanslaan bij een massapubliek. Ik vond eigenlijk dat ik al te populair aan het worden was.

Ik was een buitenbeentje. Ik wilde succes hebben, maar op mijn eigen voorwaarden. Ik wilde niet veranderen. Ik wilde me niet voordoen als iemand anders.

Marty stelde me gerust en zei dat ik dat niet hoefde te doen.

Dat was waarom ik al na onze eerste ontmoeting in The Bon Soir voor Marty had gekozen. Hij was anders dan andere mensen in de business, die altijd zeiden dat ik mijn neus moest laten verbouwen, dat ik andere kleren moest dragen, dat ik niet altijd die 'maffe liedjes' moest zingen.

Ik was dol op die maffe liedjes. En nu ging ik ze opnemen voor het nageslacht.

Ik had tijd genoeg, want na een run van negen maanden speelden we op 8 december de laatste voorstelling van *I Can Get It for You Wholesale*.

Ik was eindelijk vrij.

Vrij om te focussen op mijn album. Ik zou me door niemand, maar dan ook niemand, laten vertellen wat ik moest zingen.

7

Alle puzzelstukjes vallen op hun plek

Zodra ik wist dat ik een album ging opnemen, wilde ik weten wie de arrangementen deed voor Harold Arlen, want die persoon wilde ik inhuren om hetzelfde te doen voor mij.

Ik zei altijd dat Harold Arlen mijn favoriete componist was, dus je zult begrijpen hoe blij ik was toen hij in hoogsteigen persoon naar de club kwam om me te zien optreden. Hij was een elegante man met zo'n kleine snor die mijn vader ook had. Arlen was net als George en Ira Gershwin een Joodse componist die de pijn van onderdrukking voelde en al zijn angsten, maar ook het genot van de liefde, kon verwerken in zijn gevoelige muziek. We spraken even met elkaar in mijn kleine kleedkamertje en hij gaf me zijn nummer. Arlen was zo aardig dat ik durfde te bellen om te zeggen dat ik een album ging maken en hem te vragen of hij een arrangeur kon aanbevelen.

Hij zei 'Peter Matz' en die naam kwam me vaag bekend voor. Ik bedacht waar ik zijn naam eerder had gezien: op de hoes van het album *The Music of Harold Arlen*. Meer hoefde ik niet te weten. Marty regelde een afspraak en we ontmoetten Peter in een restaurant. Hij was een aardig uitziende vent met donkere krullen en een warme glimlach. Hij droeg een bril en maakte een intelligente indruk. Ik was onmiddellijk op hem gesteld.

Peter was vierendertig. Hij was getrouwd en had een kind. Hij had meer van de wereld gezien dan ik. Hij had gereisd en na zijn studietijd twee jaar in Parijs gewoond voordat hij naar New York was verhuisd. Hij had met Marlene Dietrich en Noël Coward aan hun nachtclubacts gewerkt. Hij was een jaar eerder genomineerd voor een Tony Award voor zijn werk als dirigent en musical director voor de musical *No Strings* van Richard Rodgers.

Ik vond hem sophisticated, charmant en aantrekkelijk op zo'n Joodse, intellectuele manier. Hij was serieus, maar dat ging gepaard met een droog gevoel voor humor. Dat sprak me aan. Hij las graag en we spraken vaak over boeken.

In januari ging ik vrijwel dagelijks naar zijn appartement op West End Avenue om de songs door te nemen die ik wilde opnemen. Peter zat aan de piano en speelde terwijl ik zong. Ik vertelde hem wat ik in mijn hoofd hoorde en dan was het zijn taak om die songs, die ik gewend was te zingen met piano, gitaar en bas, verder uit te werken door partijen te schrijven voor de andere instrumenten in het orkest.

Wat me vooral zo goed beviel aan Peter was dat hij goed naar de tekst en de muziek luisterde en net als ik probeerde alle nuances tot hun recht te laten komen. We zaten op dezelfde golflengte. Hij begreep emoties. En hij begreep mijn stem. Hij wist hoe hij die kon laten schitteren en hij maakte optimaal gebruik van de dramatische mogelijkheden van een tekst. Ik vond zijn arrangementen ongebruikelijk, maar ze hadden altijd een bepaalde sound. Je kon zijn werk herkennen aan de manier waarop hij voor de koperblazers en fluiten schreef, en hoe hij met de strijkers omging.

We hebben het hele album aan het einde van januari opgenomen in drie dagen. Ongelooflijk eigenlijk. Tegenwoordig duurt het soms een heel jaar om nummers te kiezen, arrangementen te bedenken, orkestpartijen te schrijven, het album op te nemen, te editen en te mixen. In 1963 was het hele proces nog veel eenvoudiger.

Hoewel Peter en ik alles uitgebreid hadden besproken, hoorde ik de arrangementen pas voor het eerst in de opnamestudio. (Tegenwoordig kan de arrangeur met een synthesizer een demo van de orkestratie maken, zodat we eventueel samen veranderingen kunnen aanbrengen voordat we beginnen aan peperdure sessies met de muzikanten.)

We deden drie of vier nummers per dag, die we gewoon van begin tot eind speelden, tenzij iemand een grote fout maakte. Dan moest het opnieuw.

Maar dat konden we niet al te vaak doen. Daar hadden we de tijd en het geld niet voor. Stel je eens de intense sfeer voor als je in een studio zit vol mensen die allemaal geconcentreerd bezig zijn met dezelfde bladmuziek. De adrenaline laat zich gelden en je krijgt een verbijsterend gevoel. Ik leefde altijd op van dat gevoel van opwinding. En gevaar, want het kon elk moment zomaar misgaan.

Dan kozen we simpelweg de beste take voor het album, ook als iemand ergens een vlakke noot of het verkeerde akkoord had gespeeld. Jammer dan. We deden het ermee. Zulke dingetjes fiksten we in die tijd nog niet.

We werkten met drie sporen: een voor de stem en twee voor het orkest. Ik geloof dat je zo'n spoor niet meer kon editen als het eenmaal was ingespeeld.

Tegenwoordig kun je gebruikmaken van meer dan honderd sporen en kan elke noot worden gemanipuleerd. Een plaat mixen is alsof je probeert een enorme legpuzzel op te lossen. Je kunt stukjes uit verschillende takes gebruiken en instrumenten toevoegen of weghalen, het geluid finetunen. Je kunt als je wilt elke lettergreep aanpassen.

En helpt dat, dat je al die keuzes hebt, een nagenoeg eindeloze hoeveelheid combinaties en mogelijkheden?

Ik vraag het me weleens af.

Vaak kies ik voor die ene take, die ene vertolking met een complete emotie, en dan fiks ik misschien hier en daar een noot.

Ik vond dat ik even naar dat eerste album moest luisteren voordat ik dit zou schrijven. Ik moest mezelf ertoe dwingen. Ik luister nooit naar mijn platen en kijk nooit naar mijn films als ze af zijn. (Mijn vrienden weten dat ze nooit mijn muziek moeten opzetten als ik in de buurt ben.) Er zijn vast mensen die graag hun eigen werk zien, zoals Gloria Swanson in *Sunset Boulevard*. En in het echte leven Ronald Reagan, over wie werd gezegd dat hij graag naar zijn eigen films keek. Zo ben ik niet. *Been there, done that.* Ik ben ook bang dat ik alles zou willen aanpassen.

Omdat Columbia ons een klein budget had gegeven, konden we ons geen volledig orkest veroorloven. Zeker niet meer dan dertig musici. Tegenwoordig gebruik ik er zeventig of tachtig. Het klinkt vreemd, maar met een groter orkest kun je een rustiger, intenser geluid krijgen. Omdat je meer diepgang kunt halen uit de noten van al die instrumenten.

Dat was het soort orkest dat ik had gehoord in al die musicalfilms, het geluid dat ik hoorde in mijn hoofd. Maar het mocht niet zo zijn, en Peter moest scharrelen en improviseren en voor elke sessie weer verschillende combinaties van musici bij elkaar zetten. Daardoor klinkt het hier en daar nogal dun.

Het openingsnummer is 'Cry me a River', dat min of meer hetzelfde klinkt als de versie die ik zong in The Bon Soir, met een origineel arrangement dat ik had gedaan met Peter Daniels. Ik had gezegd dat ik het nummer wilde beginnen met alleen de bas. Peter Matz zei vaak dat hij voor zijn werk aan dat album veel te danken had gehad aan Peter Daniels.

Ik hield van die song omdat ik goed uit de voeten kon met de dramatische tekst.

You drove me, nearly drove me out of my head
While you never shed a tear...

Told me love was too plebeian
Told me you were through with me
And now you say you love me...

Julie London, die de oorspronkelijke versie deed, zong het zacht en zwoel en bleef steeds in hetzelfde tempo. Ik interpreteerde het nummer anders. Het meisje is boos omdat ze is afgewezen. Het heeft haar haast tot waanzin gedreven. Als ik die gevoelens wilde laten horen, kon ik niet hetzelfde tempo aanhouden. In het echte leven veranderen we vaak het ritme als we aan het woord zijn. Dat was extra dramatisch, vooral omdat mijn benadering van songs veel leek op verhalen vertellen. Wát zeg je tegen me? En na je verraad heb je ook nog de moed om bij me terug te komen? Dan zal ik je laten bewijzen dat je echt van me houdt ook.

Het is een hartstochtelijk, bitter nummer. Dan slaat de stemming om met 'My Honey's Loving Arms', een vrolijk nummer dat gewoon lekker swingt. Hoor je die bliepjes in het intro? Dat is die typische Peter Matz-sound.

In 'I'll Tell the Man in the Street' volg ik de melodie, maar in 'A Taste of Honey' moeten de instrumenten mij volgen. Ik vond dat het geïmproviseerd moest klinken, alsof ik meer sprak dan zong. Ik wilde het heel zuiver hebben, niet veel meer dan mijn stem en een gitaar, zoals ik die song had gedaan met Barry.

Ik streefde naar muzikale verscheidenheid. Ik betwijfel of ik me er destijds van bewust was, maar het album was een soort auditie, en een verdomd goede. Kijk maar: ik kan boos zijn, en schattig, en lief, en dan droevig. Peter was goed afgestemd op de actrice in mij en de dramatische mogelijkheden van de songs. Dat maakte onze samenwerking zo heerlijk.

En hij was zo slim. Als ik een hoge noot niet haalde, vroeg ik: 'Weet je misschien een manier om naar een lagere toonsoort te gaan zodat het klinkt alsof je omhooggaat?' Dat leek me wiskundig gezien gewoon logisch. Beide Peters konden dat. Als ik vandaag de dag aan een album werk met mijn briljante arrangeur en dirigent Bill Ross, hoef ik maar een half woord te zeggen en hij weet al wat ik bedoel. Ik zie het nog altijd als een truc, maar voor deze getalenteerde musici is het een eitje.

Er staat een nummer op het album waar ik niet naar durf te luisteren: 'Happy Days Are Here Again'. Mijn concept was dat de hele wereld op instorten stond (ik was erg geschrokken van de Cubacrisis van oktober 1962), maar ik was ontevreden over het einde. Ik ben aan het *geshreyen* (Jiddisch voor schreeuwen) en wordt gênant emotioneel. Ik wilde dat de muziek aan het einde zou instorten, als een Mahler-symfonie, met mooie én tragische akkoorden! Niet alleen onplezierige. Maar ik had het denk ik niet goed uitgelegd aan Peter, en ik wilde geen kritiek leveren op zijn arrangement.

We hadden ook zo weinig tijd. Ik stond onder hoge druk om snel te werken. We hadden een budget van 18.000 dollar en dat was zelfs in die jaren erg krap. Eerlijk gezegd voel ik die druk nog altijd als ik aan het opnemen ben (ook al is er veel meer geld beschikbaar).

Toen ik 'Happy Days Are Here Again' enkele jaren later zong in mijn eerste tv-special, liet ik Peter een ander arrangement maken voor het einde. Dat is de versie die op het album *Greatest Hits* staat en die ik vaak live heb gezongen, al breng ik nog altijd veranderingen aan. Het is na al die jaren nog altijd niet zoals ik het hebben wil.

Het laatste nummer is 'A Sleepin' Bee'. Het is de enige song van Harold Arlen op het album. Ik was dolblij toen hij zei dat hij de tekst voor de hoes wilde schrijven. Een van mijn mooiste herinneringen is dat ik Harold bezocht in zijn appartement in Central Park West en naast hem aan de piano plaatsnam om samen met hem zijn liedjes te zingen.

Harold schreef een prachtige tekst voor op de binnenhoes. Hij begon met de vraag: 'Hebt u ooit Helen Morgan horen zingen? Bent u ooit in een theater geweest als Fanny Brice haar clowneske comedy-act deed?' (Hij had een vooruitziende blik!) En dan: 'Hebt u ooit een schilderij van Modigliani gezien?'

Wow! Dat was bijna eng. Want als ik mijn favoriete schilder moest kiezen, zou ik vermoedelijk Modigliani noemen. Maar ik hou ook veel van Vincent van Gogh, Egon Schiele, Edward Hopper, Gustav Klimt en Edvard Munch. (Gelukkig is het geen wedstrijd, zoals de Oscars, dus ik hoef niet te kiezen.)

Terug naar 'A Sleepin' Bee'. Er zaten wat dingetjes in het arrangement die me niet bevielen, maar dat heb ik niet tegen Peter gezegd. Ik was een beetje verliefd op hem geworden en wilde hem niet kwetsen. We hadden trouwens geen tijd meer om het op te lossen, en we konden het niet weglaten. Dat was het nummer dat mijn carrière in gang had gezet. Je hoort dat meisje hunkeren naar liefde.

Zelf hunkerde ik inmiddels naar alles.

Ik geloof dat ik 'A Sleepin' Bee' niet vaak meer heb gezongen nadat ik het had opgenomen voor mijn album. Vooral omdat ik niet blij was met het arrangement, maar ook omdat ik dat onschuldige meisje met die bij in haar hand was ontgroeid. Ik was in ontwikkeling.

Toen de sessies voorbij waren en we de beste takes hadden gekozen, moesten we nog een titel kiezen. De mensen van Columbia hadden wel wat ideeen, die in de meeste gevallen volstrekt oninteressant waren. Maar een van die mogelijke titels is me bijgebleven: *Sweet and Saucy Streisand*. Je zult je wel kunnen voorstellen hoe ik daarop reageerde.

Ik keek al die kerels stuk voor stuk aan en zei: 'Waarom niet gewoon *The Barbra Streisand Album*? Want dat is het. En dat is waar mensen om zullen vragen als ze me op tv hebben gezien en een platenzaak binnenlopen.'

De foto voor de hoes is in The Bon Soir genomen door de huisfotograaf van Columbia op een van de avonden dat we het livealbum opnamen dat er nooit is gekomen. Ik draag de visgraat tweed outfit met de blouse van chiffon.

Ik vond de foto oké, maar niets bijzonders. Designer John Berg liet me verschillende fonts zien en ik zocht er een uit die later DeVinne Italic bleek te heten; sterk en simpel, maar met een zekere subtiliteit. (Dat is weer die dichotomie waarop ik zo dol ben.) Ik heb dat lettertype later nog vaak gebruikt voor andere hoezen.

Ik liet Peter Matz op de hoes vermelden als arrangeur en dirigent. Dat had ik niet hoeven te doen, maar ik mocht Peter graag en hij had het proces soepel laten verlopen. Ik was hem dankbaar.

The Barbra Streisand Album verscheen op 25 februari 1963, vier weken nadat we het hadden opgenomen. Snel, hoor! (Ik had moeten vragen of ze het een dag eerder wilden uitbrengen, want 24 is mijn geluksgetal.) De recensies schijnen erg goed te zijn geweest, maar ik kan me daarvan niets herinneren. Ik weet nog wel dat ik niet lang daarna een brief ontving van Arthur Laurents. Er stond:

> *Mijn beste Barbra,*
>
> *Het zou kunnen dat je boos wordt als je deze brief leest. Maar lees hem alsjeblieft opnieuw en probeer je in te denken waarom ik je schrijf, want ik denk dat je een uitzonderlijk talent hebt en ik ben persoonlijk zeer op je gesteld. (Die affectie koester ik ondanks allerlei aspecten van je persoonlijkheid die het gevolg zijn van het feit dat je bang, jong en ambitieus bent.)*
>
> *De aanleiding is dat ik naar je album heb geluisterd, een album dat model kan staan voor alles wat je is overkomen sinds je succes in Wholesale. Ik zal er geen doekjes om winden: het album is slecht en dat is hoofdzakelijk jouw schuld. Je bent in de val getrapt waarin zoveel jonge artiesten vallen. Maar jij bent er met open ogen in gesprongen terwijl je heel goed wist wat je deed.*
>
> *Een van de doelstellingen van artiesten in welk medium dan ook is om simpel te zijn. Dat is meteen ook een van de moeilijkste dingen die er zijn. Je album is een rommelig allegaartje van maniertjes en overtollige ornamenten: slagroom op het glazuur van de toch al zo complexe taart die, zo moet gezegd, is gemaakt van de beste ingrediënten: je stem, je zangtalent, je instinct als jonge actrice en je persoonlijke sensitiviteit.*
>
> *Toen ik je voor het eerst 'Cry Me a River' hoorde zingen, begreep ik eindelijk waar dat lied over gaat. Maar op het album is datzelfde liedje de overdreven dramatische schreeuw van een hysterische vrouw.*

In de rest van de brief bekritiseerde hij drie getikte bladzijden lang alle nummers van het album.

En weet je wat? Ik was het met hem eens en heb hem dat laten weten in een brief. Ik heb zelden een goed woord over voor mijn eigen werk. Niemand is zo kritisch op mijn werk als ik.

Ik vond Arthurs brief in mijn archief, maar ik had geen kopie van mijn antwoord bewaard. Ik heb die nu wel, dankzij Stephen Sondheim. Zijn archivaris nam toevallig de papieren van Arthur in de Library of Congress door. Hij kwam die brief tegen, dacht dat ik er misschien belangstelling voor zou hebben, en stuurde hem op. Dit was mijn antwoord:

> *Beste Arthur,*
>
> *Ik werd zeker niet boos van je brief, want ik zal de eerste zijn om te erkennen dat het album niet deugt. Ik verstijfde achter de microfoon door de druk omdat we het in drie dagen moesten doen zonder het budget te overschrijden. Musici die niet konden blijven, muzikale passages die we niet voor elkaar kregen, concepten die de arrangeur en ik niet adequaat hebben kunnen uitwerken. Het resultaat is een vreselijk album en vanwege mijn zelfdestructieve, luie aard dacht ik: rot dan ook maar op. Terwijl ik had moeten ontspannen, ben ik verstijfd en heb ik geprobeerd alle tekortkomingen te compenseren. Het resultaat is een gapende, hysterische leegte.*

Ik accepteerde Arthurs kritiek en ging zelfs nog een stapje verder. Het was alsof ik zijn harde kritiek had geïnternaliseerd en er nog een schepje bovenop gooide. Ik schreef: 'Je kent me, dus je weet dat ik altijd graag kritiek ontvang.'

Misschien zou een psycholoog kunnen verklaren waarom ik zo achteloos een album neersabelde dat veel voor me betekende, zeker als je bedenkt dat ik al wist hoe wreed en manipulatief Arthur kon zijn.

Maar ik gaf niet op alle punten toe. Arthur beschuldigde me ervan dat ik Lena Horne imiteerde. Dat raakte me diep. Horne had een schitterend, sexy lichaam, droeg prachtige jurken en had een unieke stijl. Ze deed iets heel anders dan ik. Dus ik verdedigde mezelf. Ik had haar nog niet eens zien optreden. Ik had ook een veel te groot ego om anderen na te apen. Het zou niet eens bij me opkomen. Ik deed alles altijd op mijn eigen manier. Zo is het en niet anders.

Ik vond het interessant om te zien hoe Arthur de rol van autoriteit opeiste:

> *Dit is je eerste album. Leer ervan. Ik weet dat je helaas iemand bent die het uitgesproken moeilijk vindt om van haar ervaringen te leren, om toe te geven dat je hulp nodig hebt en die hulp te aanvaarden. Je geeft voortdurend hoog op van het feit dat je een artiest bent en ik vermoed dat je niemand vertrouwt behalve jezelf. Maar Barbra, je weet in deze fase van je leven gewoon niet genoeg om alleen op je eigen oordeel af te gaan. (En je moet als mens wel geloven dat je anderen kunt vertrouwen; anders wordt je leven erg schamel.)*

Ik deins er juist altijd voor terug om mezelf een 'artiest' te noemen. Ik denk bij die term eerder aan Modigliani of Rembrandt. Ik ben er eerlijk gezegd ook niet van overtuigd dat echte artiesten veel naar anderen luisteren.

Maar mensen vertrouwen, dat was wel degelijk iets waar ik moeite mee had. Dat had Arthur goed gezien. Maar de onuitgesproken boodschap van de brief was dat hij de leraar was, de goeroe, de man op wie ik moest vertrouwen om niet opnieuw fouten te maken. Hij schreef bijvoorbeeld: 'Er bestaan nu eenmaal geen performers met een perfecte smaak. Daarom hebben ze regisseurs nodig.'

Ik denk dat hij graag weer een rol wilde spelen in mijn leven nu ik succesvol was. Maar ik schreef hem: 'Je brief was gemeen. Ik geloof niet dat je me wilde helpen. Je wilde me kwetsen.'

Ik denk dat hij nog verbitterd was over ons conflict rond 'Miss Marmelstein' en dat hij onder meer boos was omdat ik in die kwestie gelijk had.

Ik vond ook nog iets positiefs om te zeggen, want hij schreef goede dialogen voor krachtige personages: 'Je bent een fantastische schrijver. Ik zou willen dat je iets voor me schreef.' (Dat heeft hij uiteindelijk gedaan, met *The Way We Were*. Maar dat verhaal komt later.)

Ik was dus niet kapot van Arthurs kritiek. Maar ik was wel onredelijk kritisch over een album dat bij de eerstvolgende Grammy-uitreiking won in de categorieën Album of the Year en Best Female Vocal Performance. (Ik kan me geen felicitatiebriefje van Arthur herinneren.)

Grappig eigenlijk: je zou denken dat ik meer zou weten van mijn eerste Grammy-uitreiking. Maar de enige reden dat ik me überhaupt iets herinner is dat Quincy Jones, die later een dierbare vriend van me werd, die avond ook zijn eerste Grammy won en me jaren later een foto stuurde van ons tweeën en een aantal andere winnaars. Ik weet niet waarom ik niet meer aandacht besteedde aan awards. Misschien vond ik het gênant om prijzen te winnen.

Het was dus een opwindende periode, maar veel ervan staat me nu nog maar vaag bij.

Ze is twintig jaar oud, ze heeft een schandalig bereik van drie octaven, ze heeft meer dynamische power dan iedereen die ik me kan herinneren sinds Libby Holman of Helen Morgan... Ze is de hipste zangeres sinds de explosie die we Lena Horne noemen, en als er over vijftig jaar nog goede nummers worden geschreven, dan zal ze er tegen die tijd nog zijn.

Robert Ruark in een recensie van Barbra in The Blue Angel in januari 1963

Marty bereidde een tournee voor om aandacht aan te wakkeren voor het album. Toen Elliott en ik werden gevraagd om mee te doen aan een productie van *On the Town* in Londen stond ik in dubio. Elliott was altijd met me meegekomen als ik ergens optrad, maar nu besloot hij deze klus op zich te nemen. Ik was blij voor hem, maar ik wist niet of het ook voor mij de juiste keuze was. Het was eigenlijk een beroerde tijd om het land te verlaten, want mijn album was net uitgebracht.

Maar als ik nee zei, zouden we elkaar maandenlang niet zien. Misschien zelfs nog langer als zijn show een hit was. We wisten niet wat dat zou betekenen voor onze relatie.

Elliott en ik gingen met Marty bij Sardi's eten en er ontstond een gespannen sfeertje toen we het hadden over de vraag of ik al dan niet naar Londen zou gaan.

Elliott keek me aan en vroeg: 'Wat is er belangrijker? Ik of je platencarrière?' Ik zei 'jij bent belangrijker' en zei dat ik hem zou vergezellen naar Londen.

Dat was het goede antwoord. Hij wilde horen dat hij belangrijker voor me was dan mijn carrière. En nu ik hem het antwoord had gegeven waarop hij had gehoopt, was hij niet van plan me eraan te houden. Hij zei: 'Dat is heel lief van je. Maar je gaat niet mee naar Londen. Je gaat je tournee doen.'

Ik begon in februari in The Frolic, een club in Revere Beach, vlak buiten Boston. (Marty vertelde me dat die tent werd gerund door gangsters. Ik dacht: die kunnen me dan mooi beschermen als er problemen komen.) Wie had ooit kunnen denken dat ik aan het einde van die tournee voor 6.700 mensen zou optreden in het uitverkochte Shrine Auditorium in Los Angeles?

1963 was het jaar waarin voor mij alle stukjes van de puzzel op hun plaats vielen.

Na The Frolic had ik een boeking in The Chateau in Cleveland. Terwijl ik daar 's avonds optrad, deed ik overdag *The Mike Douglas Show*. Mike was een schat. Hij liet me een hele week lang optreden en deed alles wat hij maar kon om mij en mijn album te promoten. Ik denk dat ik alle nummers van de plaat daar heb gezongen en ik deed ook dienst als copresentator. Ik hielp mee aan interviews met de andere gasten, deed komische sketches en heb Mike zelfs geleerd skelly te spelen als een kind uit Brooklyn.

Toen ik weer in New York was, stond ik weer in *The Tonight Show*. Ook Johnny Carson steunde mijn carrière. Hij zei in de uitzending: 'Ik lees zoveel goede dingen over je! Een mooie foto en een recensie in *Time*.'

'Ja, fantastisch,' antwoordde ik.

'Als je binnenkort een grote ster bent, zien we je zeker niet meer terug in mijn programma.'

Je snapt wel wat hij wilde dat ik zou zeggen. Iets van: natuurlijk wel, ik kom altijd dolgraag in je show!

Maar wat deed ik? Ik zei, half serieus en half voor de grap: 'Nee, nooit meer.'

Hij maakte er snel een grapje van. 'Ze meent het waarschijnlijk nog ook!'

Dat was in zekere zin ook zo. Ik ben na 1963 nooit meer in het programma van Johnny Carson geweest (al was dat meer toeval dan een doelbewuste keuze). Ik voelde me nooit op mijn gemak in liveprogramma's, vooral als het allemaal snel moest. Ik trad niet graag op met muzikanten die ik niet kende. Ik werd er nerveus van.

Voordat hij moest vertrekken voor de repetities is Elliott met me meegegaan naar Miami, waar ik optrad in Hotel Eden Roc. Tijdens ons verblijf daar gaf hij me een ring en kocht ik ook een ring voor hem. Elliott vond het naar om me te verlaten. 'Je moet me trouw blijven,' zei hij. 'Ik wil onze relatie bekrachtigen. In spiritueel opzicht zijn we getrouwd.'

De presentator van een radioprogramma waarin ik optrad zag mijn ring en vroeg of Elliott en ik waren getrouwd. Ik wist niet wat ik moest zeggen en was niet ervaren genoeg om de vraag behendig te ontwijken. We droegen immers een ring, en we woonden samen, wat in die tijd nog voor opgetrokken wenkbrauwen zorgde. Omdat ik geen zin had in al die vragen antwoordde ik: 'Ja, we zijn getrouwd.' En dat werd toen groot nieuws.

Ik vond het een malle toestand. Waarom was het zo belangrijk voor anderen? Het leek me een privéaangelegenheid, maar nu was het in de openbaarheid gekomen. Ik vond het ergerlijk dat er zo op ons werd gelet.

Elliott vloog naar Londen en ik vloog de andere kant op, naar San Francisco, voor optredens in the hungry i. Weet je nog hoe ik aan het begin van mijn carrière had geleurd bij Enrico Banducci, de eigenaar van die club? Dit was mijn eerste kans om mijn afspraak met hem na te komen. Woody Allen trad er ook op, maar we hebben elkaar nauwelijks gesproken. We waren twee eenlingen die niets tegen elkaar zeiden. Hij zat te lezen in zijn kleedkamer en ik zat te lezen in de mijne.

Ik geloof dat het tijdens deze reis was dat iemand me vroeg: 'Hoe kun je de noten zo lang aanhouden?'

Ik dacht even na en zei: 'Omdat ik het wil.'

Het is een kwestie van wilskracht. Ik wilde die noot vasthouden, dus ik deed het. Maar toen ging ik erover nadenken: hoe doe ik dat eigenlijk, noten vasthouden? Ik had het onbewust gedaan en het kostte me nooit moeite, maar opeens werd het een bewust proces, en toen kon ik het niet meer.

Doodsbang werd ik ervan. Ik had voor het eerst in mijn leven stemproblemen. Ik haalde een paar hoge noten niet. Ik kreeg laryngitis toen ik twee avonden achter elkaar moest optreden. Ik nam de stemcoach Judy Davis in de arm.

Ze vroeg me te zingen en keek aandachtig toe.

Ik was bezorgd. Had ik mijn stem beschadigd? Was ik die voorgoed kwijt? Maar ze stelde me meteen gerust. 'Wat je doet als je zingt is helemaal correct. Het is goed, het is natuurlijk. Ik zou het je niet beter kunnen leren. Maar ik kan je wel laten zien wat er fysiologisch gebeurt als je zingt, zodat je het beter begrijpt.'

Dat was interessant. Ze haalde een afbeelding tevoorschijn en sprak over allerlei aspecten van stemprojectie. Ik was opgelucht dat er niets mis was. Ze zei dat ik moest ontspannen en gewoon moest blijven doen wat ik deed. Ik zal haar altijd dankbaar zijn.

Toen ik haar spreekkamer verliet, bedacht ik dat ik me een probleem had ingebeeld dat niet bestond. Nu ik dat begreep, kon ik het probleem oplossen. Ik werd weer eens herinnerd aan de kracht van het brein. Ik denk dat de echte reden dat ik mijn stem verloor voortkwam uit schuldgevoel omdat ik niet met Elliott naar Engeland was gegaan.

De volgende keer dat ik mijn mond opende om te zingen was mijn stem als vanouds.

Zodra mijn werkschema het toeliet, ging ik naar Londen om hem op te zoeken. Elliott gaf een fortuin uit voor een kamer in het Savoy. Een klein, charmant kamertje boven in het hotel, dat vroeger bestemd was voor personeel. Elliott hoefde van zijn regisseur Joe Layton een paar dagen niet te repeteren. Elliott speelde een matroos, en hij herinnerde zich wat Joe zei tegen de twee acteurs die zijn maatjes speelden toen hij terugkwam: 'Zien jullie hoe gelukkig Elliott is? Die blik wil ik ook bij jullie zien.'

Ik reisde mee toen het gezelschap naar Oxford trok voor try-outs. Het hotel had heel hoge, heerlijk zachte bedden. Terwijl Elliott repeteerde met Joe bracht ik tijd door met Evelyn, Joe's vrouw. We gingen vaak shoppen. Ik vond prachtige vale tinten lippenstift in een klein winkeltje met goedkope spulletjes. (Ik hou niet van donkere tinten, want ik wil geen aandacht vestigen op mijn te grote mond.) Ik heb die lippenstiften jarenlang in al mijn films gedragen.

Toen ik weer in Amerika was, vloog ik naar Californië voor *The Dinah Shore Show*. Mijn moeder, die een groot fan was van Dinah, was onder de indruk. Die gastoptredens (ik had ook weer in *The Ed Sullivan Show* gestaan) werkten goed. Mijn album kwam steeds hoger. De mond-tot-mondreclame van mijn uitverkochte engagement in the hungry i zal ook hebben geholpen.

In de laatste twee weken van mei was ik in New York, waar ik in Basin Street East het voorprogramma verzorgde voor Benny Goodman en zijn jazzband. (Maar na de eerste avond besloot Goodman dat hij niet na me wilde optreden en ging hij als eerste op.) Truman Capote, Cecil Beaton en Tennessee Williams zaten op verschillende avonden in het publiek. Dat zou je serendipiteit kunnen noemen, want Capote schreef de dramatekst voor *House of Flowers*, de show die me mijn eerste song 'A Sleepin' Bee' opleverde. Beaton en ik zouden later samenwerken aan *On a Clear Day You Can See Forever* en Tennessee Williams leek me te kennen, al ben ik er niet zeker van dat we elkaar ooit hebben ontmoet (en dat zou ik me toch herinneren). Toch schreef hij deze inzichtelijke woorden over me:

Het is niet mijn bedoeling om mevrouw Streisand te analyseren, maar ik herken het verlegen, veronachtzaamde kind dat een verhaal te vertellen had maar niet wist hoe dat moest. Ik acteerde scènes met mijn zus en mijn moeder, en al snel werden woorden mijn redding, vrienden met wie ik tijd kon doorbrengen, die me veilig maakten, zeker van mijn positie. Ik denk dat Barbra Streisand eerst en vooral een actrice is, een voortreffelijke actrice die heeft ontdekt dat het lot en een grillige God haar hebben behept met een instrument dat zelfs zij niet helemaal begrijpt.

En dan kon ze worden gehoord en gezien en bemind.

Ze vertelt verhalen met een hoofdbeweging, die katachtige ogen, die handen die eindigen in dodelijke, zelfbeschermende nagels. Je zult naar me luisteren, zegt ze, en je zult van me leren en je zult me beminnen, maar ik laat je niet dichtbij komen.

Er zijn grenzen.

Niet aan haar talent, wel aan de relatie tussen deze artiest en haar publiek.

We willen haar begrijpen, haar vragen hoe ze dingen doet, maar dat zou haar beperken en definiëren en haar weer in die kooi plaatsen waaruit ze is ontsnapt.

De beste kunstenaars zijn altijd op de vlucht.

Mijn god, hoe is het mogelijk dat hij dat allemaal aanvoelde? Ik zou hem dolgraag hebben ontmoet. Ik wilde hem van alles vragen. Ik had hem kunnen vertellen dat ik een van zijn stukken las toen ik probeerde Lee Strasberg te bereiken. Daar had hij vast om moeten lachen.

Het management van Basin Street East was zo lief om me een avond vrij te geven zodat ik tijdens het jaarlijkse White House Correspondents' Dinner kon zingen voor president John F. Kennedy. Iemand vertelde me dat hij me had gezien in *The Dinah Shore Show* en persoonlijk om me had gevraagd. Je begrijpt inmiddels wel dat ik over allerlei dingen ontzettend blasé kan doen, maar dit vond zelfs ik opwindend. Marty en Peter Daniels kwamen mee. Peter dirigeerde het orkest. Ik zong drie nummers en eindigde met 'Happy Days Are Here Again'. Met JFK als onze president had ik het gevoel dat die woorden echt klopten, dus ik zong het met veel vreugde.

Als liefhebber van kleding uit het napoleontische tijdperk had ik een jurk in empirestijl ontworpen met een ronde hals en korte mouwen. De jurk was van zachte, grijze wol en had aan de voorkant een rij knopen die naar beneden toe steeds groter werden. Hij had een split aan de voorkant waaronder een crèmekleurige koker zichtbaar was.

Na het diner gingen alle artiesten in een rij staan om de president te ontmoeten. De staf was duidelijk over het protocol. Het moest een snelle meet-and-greet worden, meer niet. We mochten hem niet ophouden met ordinaire verzoekjes om een handtekening.

Toen JFK bij mij was aangekomen, zei hij dat ik een prachtige stem had. Hij vroeg: 'Hoe lang zing je al?'

Ik zei: 'Ongeveer net zo lang als u al president bent.'

Hij lachte, en toen deed ik wat ons was verboden. Ik vroeg of hij zijn handtekening wilde zetten op een kaartje van het diner. Voor mijn moeder. Toen hij het teruggaf, zei ik: '*You're a doll.*' Zo zeggen we dat in Brooklyn. U bent een schat. Sommige mensen leken verbaasd te zijn omdat ik dat tegen de president had gezegd. Maar het glipte er gewoon uit.

En hij was ook een schat. Hij straalde gewoon. Hij had een aura rond zijn hoofd. Hij was een soort rockster. Ik zweer je: er stonden buiten meiden voor hem te gillen.

Ik stak het kaartje in mijn decolleté en was het al kwijt toen ik thuiskwam. Ongelooflijk! Maar die jurk heb ik nog in mijn verzameling antieke kleren.

Op mijn tweede album, dat ik op drie dagen in juni opnam, kwam ook 'Gotta Move', dat Peter Matz voor me had geschreven en dat we al hadden opgenomen tijdens de sessies in februari. Het was een energiek nummer. Peter had iets in me gezien wat hij verwerkte in de tekst:

Gotta move, gotta get out, gotta leave this place
Gotta find some place, some other place, some brand new place
Some place where each face that I see won't be staring back at me
Telling me what to be and how to be it!

(Die opname is verwerkt in een reclamespotje van Bud Light-bier dat in 2022 werd vertoond tijdens de Super Bowl. Zo bereik je nog eens een ander publiek!)

Er stonden vijf songs van Harold Arlen op dat album, nummers die ik graag zong omdat ze personages en een ziel hadden. Ik begon met 'Any Place I Hang My Hat Is Home' en deed ook 'Right as the Rain', 'Down with Love', 'When the Sun Comes Out' en 'Like a Straw in the Wind'. Voor de finale had ik 'Any Place I Hang My Hat Is Home' en 'Like a Straw in the Wind' samengevoegd omdat ik gecharmeerd was van de tegenstelling tussen die twee filosofische beweringen. Ik reis overal naartoe, maar ik voel me ook overal thuis.

En hoe noemde ik dit album? Je kunt het waarschijnlijk wel raden: *The Second Barbra Streisand Album*. Als ik nu de foto op de hoes zie, denk ik: oei, vreselijk. Helemaal vanuit de verkeerde hoek genomen. (Ik wist toen niet beter.) Alleen mijn haar zag er goed uit. (Fred Glaser had me geknipt in Chicago.)

De tekst op de achterkant, van de hand van die lieve Jule Styne, geeft me nog altijd een heerlijk gevoel: 'Barbra is de eerste zangeres die ik ooit heb gehoord die in al haar nummers een fantastische actrice is. Aan het begin van elke song laat ze het personage zien. Vervolgens creëert ze een conflict (waardoor de tekst veel meer betekenis krijgt dan je zou verwachten), en dan zorgt ze voor een magnifieke afsluiting, zodat je al na een song van een paar minuten compleet overweldigd bent.'

Als ik even een sprongetje vooruit mag maken: mijn derde album heette *The Third Album*. Daarna ben ik gestopt met nummeren. Ik was dat patroon beu. Het album was grotendeels opgenomen in 1963 maar werd pas uitgebracht in februari 1964. Veel van de songs waren oude vertrouwde musicalliedjes. Maar ik werkte met een nieuwe arrangeur, Ray Ellis, op 'Melancholy Baby', 'Taking a Chance on Love', 'As Time Goes By' en 'It Had to Be You'. Ik had Rays naam gevonden op mijn favoriete Billie Holiday-album, *Lady in Satin*. Ik dacht dat hij wel goed moest zijn als zij hem had gekozen. Ray was inderdaad fantastisch en we hebben jarenlang samengewerkt. Hij had een heel herkenbaar geluid, net als Peter Matz, en hij gebruikte graag fluiten.

De foto voor de hoes was door Roddy McDowell genomen op de set van *The Judy Garland Show*. Dat was handig, want zo hoefde ik niet weer een fotoshoot te ondergaan. Het leek me intrigerend om de foto klein af te drukken in de rechterbovenhoek. Maar nu vraag ik me af waarom ik dat een goed idee vond. Misschien wilde ik eens iets anders dan de close-ups van de twee eerdere hoezen.

Sammy Cahn, de tekstschrijver van talloze fantastische songs waaronder 'Come Fly with Me', 'High Hopes' en 'Three Coins in the Fountain', had me zien optreden in het Riviera Hotel en schreef de hoestekst:

'Ze trad alle regels met voeten en begon met een ballad in plaats van het traditionele uptempo-nummer. Ik had mijn schok daarover net verwerkt toen ik tot mijn verbijstering constateerde dat iedereen was gestopt met eten. En het was nog verbijsterender dat de obers geen eten meer opdienden. Ik heb in de showbusiness maar een of twee mensen gezien met zoveel macht over hun publiek. Ik heb niet eens op het hoofdprogramma gewacht, maar ben meteen backstage gegaan, waar ik als een blok voor haar viel.'

Ik noemde Sammy vaak liefdevol 'mijn tandarts' omdat hij er zo uitzag. Sammy was niet alleen een fantastische tekstschrijver, maar ook een heel lieve, grappige man.

Tussen alle opnamesessies en nachtclubotptredens in waren ook de audities voor *Funny Girl* nog aan de gang. Jerry Robbins had me drie of vier keer laten terugkomen. Hoewel Marty zegt dat ik zeven audities heb gedaan, herinner ik me er maar vier. Maar het besluit was nog altijd niet genomen. Het werd frustrerend. Waarom hadden ze er zo lang voor nodig? Ik vroeg Marty het na te vragen. Hij belde Jeff Hunter, die tegen hem zei: 'Dat is nu eenmaal het proces.' Toen Marty vroeg of het een goed idee was om David Merrick te bellen, antwoordde Jeff: 'Ik zou geen slapende honden wakker maken.' Maar Marty stond inmiddels op goede voet met Merrick, die tegen hem zei dat hij Jerry moest bellen. Dus dat deed Marty.

Jerry speelde open kaart. Hij zei tegen Marty: 'Ik wist al dat Barbra het eerste bedrijf kon spelen, als Fanny nog jong is, toen ik haar voor het eerst hoorde zingen. Maar in het tweede bedrijf is ze getrouwd en heeft ze een kind. Ik weet niet of ze die stap kan maken.'

Ik was eenentwintig. Fanny Brice is negentien aan het begin van de musical en zesendertig aan het einde. Jerry was voor het latere gedeelte op zoek naar een zekere volwassenheid. Hij vroeg Marty of ik de volgende dag wilde langskomen.

Hoe moest ik in één nacht volwassen worden? Ik had geen idee. Ik belde Allan Miller, mijn oude acteerdocent.

Allan lachte toen ik vertelde wat ik nodig had, maar hij wilde wel een poging wagen en zei dat hij naar mijn appartement zou komen. Hij had een lijst opgesteld van eigenschappen die de suggestie van volwassenheid wekken, met woorden als 'verantwoordelijk' en 'gesetteld'. Het was een begin, maar die aanpak was me te abstract.

We bespraken een aantal bekende mensen die je 'volwassen' zou kunnen noemen en hoe ze zich gedroegen. Maar ook dat werd niets, want ik hou er niet van om mensen te imiteren.

Allan zag mijn Rembrandt-replica van de badende jonge vrouw hangen.

Hij vroeg: 'En zij dan? Vind je haar volwassen?'

'Min of meer.' Maar ik kon niet uitleggen waarom.

Allan pakte door. 'Wat doet ze?'

'Ze is aan het pootjebaden in het beekje en ze tilt haar rok op zodat die niet nat wordt.'

'Inderdaad. En verder? Spettert ze met water, lacht ze, maakt ze er een spel van?'

'Nee, alleen pootjebaden. Dat is alles.'

'Precies. Ze doet alleen wat noodzakelijk is.'

Ik begreep waar hij naartoe wilde. 'O, ik snap het!' En ik maakte een of andere handbeweging.

Allan vroeg: 'Was het noodzakelijk om met je handen te wapperen om me te vertellen dat je het snapte?'

'Nee,' zei ik hoofdschuddend.

'Was het noodzakelijk om je hoofd te schudden?'

'Nee,' zei ik.

'Dat dus,' zei hij. 'Dat is het. Nu klink je heel volwassen.'

Ik begreep wat hij bedoelde. Het draaide om eenvoud; dat je alleen doet wat nodig is, en verder niets. Het ging om de afwezigheid van beweging. Als je ouder bent, spring je niet meer als een rusteloze tiener heen en weer van de ene voet op de andere. Je bent beheerst.

Dat kon ik wel. En het werkte. De auditie ging goed.

We kregen bericht. Ik moest nog een laatste keer komen om een monoloog te doen. Ze beloofden dat het daarna afgelopen zou zijn.

Ik was natuurlijk zenuwachtig, dus ik kwam te laat.

Jerry was woedend. 'We zitten al veertig minuten op je te wachten. Ik hoop maar dat je al die moeite waard bent.'

Dat was geen ideaal begin. Ik bood mijn excuses aan en bedacht een smoesje, maar ik wist dat het helemaal mijn schuld was. Hij had het volste recht om boos te zijn.

Maar ik mocht me niet van mijn stuk laten brengen. Misschien heb ik me achteloos voorgedaan, of in elk geval gedaan alsof ik de rol niet wanhopig graag wilde hebben. Maar op dat moment, toen het erop leek dat ik de rol zonder een goede reden had verspeeld, wist ik hoe graag ik die wilde hebben.

Ik stond doodstil. Ik sloot mijn ogen en probeerde alle razende, vluchtige gedachten te verwijderen uit mijn brein, al mijn zorgen en angsten. Ik concentreerde me op de scène en wat ik wilde doen. Ik liet me door de woorden naar de emoties voeren.

Ik zat in het moment.

Toen ik klaar was, sprong Jerry uit zijn stoel om me te omhelzen. Hij zei: 'Dat was fantastisch. Wat mij betreft ben je Fanny Brice.'

Ik was ongelooflijk blij en verbijsterd.

Eind juli werd officieel bekendgemaakt dat ik de hoofdrol zou spelen in *Funny Girl*. Maar we konden nog niet beginnen met de repetities, want er werd nog altijd geschreven. Dat kwam goed uit, want ik moest nog allerlei nachtcluboptredens doen.

Ik was de laatste drie weken van juni in Chicago, waar ik optrad in Mister Kelly's. Mijn eerste album stond inmiddels op nummer 14 in de lijst van *Billboard*. Joan Baez en ik waren om beurten de bestverkopende zangeres.

In juli stond ik in het Riviera Hotel in Las Vegas in het voorprogramma van Liberace. Hij had me zien optreden in The Bon Soir, en later zaten we in dezelfde aflevering van *The Ed Sullivan Show*. Lee was een schat van een man die me op alle mogelijke manieren wilde helpen. Vandaar dat hij me dat voorprogramma had aangeboden. Maar dit was een heel nieuw publiek voor me. Zijn fans waren niet automatisch ook mijn fans. Ik geloof niet dat ze begrepen wat ik probeerde te doen. Op de eerste paar avonden hadden ze nauwelijks aandacht voor me. Ze zaten gewoon op hem te wachten.

Lee vond het naar voor me en besloot er iets aan te doen. Hij zei: 'Luister, ik heb een plan. Ik ga het podium op, speel een minuut of tien en dan introduceer ik jou als mijn nieuwe ontdekking. We zetten het lekker dik aan.'

Het werkte perfect. Ik deed dezelfde set, maar nu kwamen de mensen aan het einde uit hun stoelen voor een staande ovatie. Mijn stemming sloeg om en ik genoot ervan. De komiek Dick Shawn werkte vlakbij en soms spraken we na onze optredens af voor lange autoritten door de woestijn, waar de sterren, ver weg van de stadslichten, veel feller schenen. Dick maakte tijdens het rijden onophoudelijk grappen. Ik geloof niet dat ik ooit zo hard heb gelachen.

Ik voelde me fantastisch. Mijn eerste album stond al op nummer 8. Maar met Elliott ging het minder goed. *On the Town* had niet veel succes en ze moesten de show eerder dan verwacht stopzetten. Hij vloog terug naar New York en kwam me opzoeken in Las Vegas. Er gebeurde iets toen hij aankwam. Ik denk dat we ruzie hebben gemaakt. Ik had hem verteld dat ik veel tijd had doorgebracht met Dick Shawn en hij was jaloers.

Ik zei dat ik Dick niet aantrekkelijk vond. (Hij had heel veel haar op zijn borst, en ik kreeg er geen goed gevoel van.)

Maar ik weet niet zeker of Elliott zich er beter van ging voelen. Hij voelde aan dat ik tijdens zijn afwezigheid met één voet buiten onze relatie was gestapt, alsof ik op zoek was naar iets anders.

Ik speelde open kaart. 'Ik heb niet veel mannen gekend. Misschien moet ik nog wat seksuele ervaringen opdoen. Stel dat ik Marlon Brando ontmoet en met hem naar bed wil?'

Elliott keek me aan en haalde de kou uit de lucht. 'Nou, als ik Marlon Brando ontmoet, wil ik ook met hem naar bed.'

Ik proestte het uit. Elliott had een heerlijk gevoel voor humor en ik moest altijd om hem lachen. Toen we terug waren in New York vroeg ik hem op zoek te gaan naar een nieuw appartement voor ons tweeën. Het was tijd om afscheid te nemen van die badkuip in de keuken.

Elliott bleek een neus voor onroerend goed te hebben en ik ontving al snel een stapel polaroids van een huurappartement dat hem beviel. Ik wilde dat hij foto's zou nemen met mensen erop zodat ik de afmetingen kon beoordelen. Hij ging er nog een keer heen, ditmaal met onze vriendin Ashley Feinstein, die tijdens *Wholesale* had gewerkt als de secretaresse van Arthur Laurents. Ik heb nog altijd de polaroids van de verschillende kamers, telkens met Ashley of Elliott. Ik had aan één blik op de nieuwe foto's genoeg om te zeggen: 'Doen.'

Het was een appartement van twee verdiepingen in het penthouse van The Ardsley, een art-decogebouw op 3220 Central Park West, in 1930 ontworpen door de architect Emery Roth. Het was elegant en ruim, met zes kamers, twee open haarden, een wenteltrap en glazen deuren die toegang gaven tot een terras waar je uitkeek over de halve stad. Lorenz Hart, de tekstschrijver van het beroemde songwritersduo Rodgers en Hart (van onder meer 'Blue Moon', 'Bewitched, Bothered and Bewildered' en 'My Funny Valentine'), had er ooit gewoond met zijn moeder.

Het was nogal een verbetering ten opzichte van mijn flatje boven een visrestaurant.

We verhuisden in augustus. Ik had nauwelijks tijd om ons schamele meubilair een plaatsje te geven, want ik moest alweer naar Los Angeles voor optredens in de Cocoanut Grove, de beroemde nachtclub in het Ambassador Hotel. Er stonden neppalmen in de zaal, die rekwisieten waren geweest in *The Sheik*, een film met Rudolph Valentino. De hele club was maf en exotisch en feestelijk. Het was niet niks om daar te mogen optreden. Marty zei dat alle impresario's van Hollywood zouden komen kijken omdat ik op dat moment niemand had die me vertegenwoordigde. Ze kwamen inderdaad en namen hun grootste sterren mee: Henry Fonda, Kirk Douglas, Jack Benny, Edward G. Robinson, Ray Milland, Jack Lemmon. Ik denk dat Ray Stark ook iets te maken had met de gastenlijst op mijn eerste avond. Ik ging de hoofdrol spelen in zijn voorstelling, dus hij wilde dat ik groots werd ontvangen.

Marilyn en Alan Bergman waren ook van de partij. Toen ze naar hun tafel liepen, werden ze aangesproken door Milton Berle en zijn vrouw Ruth. 'Die Ruth was me er eentje,' vertelt Marilyn. 'Ze keek me aan en zei: "Ongelooflijk dat we hier allemaal zijn voor een of andere *fakakta* folkzangeres."' (Fakakta is Jiddisch voor beroerd.) Ik raakte later goed bevriend met Milton. Hij leerde me een kaarttruc die ik nog altijd in de vingers heb.

Zijn vrouw was vast niet de enige in de zaal die er zo over dacht. Ik was dus heel nerveus. De club had geen kleedkamer. Ze gaven me een suite op de tweede verdieping. Ik kwam een uur te laat voor mijn eigen optreden en moest razendsnel mijn make-up en haar doen. Ik had een outfit die ik voor het eerst zou dragen, een zelfontworpen crèmekleurige blouse met een matrozenkraag met zwarte bies. Ik was gek op die look. Het was wat matrozen droegen, maar in satijn waardoor het zowel masculien als feminien was. De blouse was zo ruimvallend dat ik goed kon ademen tijdens het zingen. Ik wilde er een lange zwarte rok bij dragen met een split tot aan de knie. Ik maakte een schets en liet de outfit in verschillende kleuren (zoals bordeauxrood en ivoorwit) maken door een kostuumbedrijf.

Toen ik eindelijk het podium betrad, bleef ik even staan om naar het applaus te luisteren. Ik moest de tijd nemen om het te verwerken. Het was in zeker opzicht ongelooflijk, en toch gebeurde het. Al die grote sterren waren gekomen om mij te zien! Zelfs ik moest toegeven dat het verbijsterend was, en ik zei tegen het publiek: 'Ik ben zo'n idioot die tot een paar jaar geleden alle filmbladen las, en nu zitten jullie hier in levenden lijve!' En toen: 'Wat een merkwaardige zaal is dit... zo breed. Als ik had geweten dat jullie aan beide kanten zouden zitten, had ik wel even mijn neus laten rechtzetten.'

De zaal barstte in lachen uit en het ijs was gebroken. Heerlijk, want nu kon ik ontspannen zingen. Aan het einde van de show bleven ze maar klappen. Uiteindelijk zei ik: 'Ik ken geen songs meer.' Tony Curtis riep vanuit de zaal: 'Dan begin je gewoon van voren af aan!'

Het was een ongelooflijke ontvangst, beter dan ik had durven dromen. Toen ik eindelijk het podium kon verlaten, liep ik naar mijn suite om me om te kleden voor de afterparty. Freddie Fields en David Begelman, die niet lang daarvoor een agency hadden opgericht, Creative Management Associates, stonden me al op te wachten om me te feliciteren. Marty heeft zich altijd afgevraagd hoe het mogelijk was dat ze er eerder waren dan ik.

Ik trok een zelfontworpen jurk aan: gingang met kleine rode en witte ruitjes, lange pofmouwen van witte chiffon en een band gingang aan de mouwen. Dat was wat mij betreft het toonbeeld van elegantie: een lange avondjurk, maar gemaakt van materiaal van 69 dollarcent de strekkende meter dat meestal werd gebruikt voor keukengordijnen.

Waarom zou je 1.000 dollar uitgeven aan een chique jurk met pailletten? Ik kocht liever iets simpels, dan kon ik de rest uitgeven aan meubels voor mijn nieuwe appartement. Ik heb bovendien altijd van gingang gehouden. Maar sommige mensen in Hollywood zullen wel hebben gedacht dat ik een tafelkleed had aangetrokken.

Marty vergezelde me naar het feest, waar ik tot mijn vreugde twee vertrouwde gezichten zag. Jule en Maggie Styne waren ingevlogen vanuit New York om erbij te zijn. Anders zou ik bijna niemand hebben gekend, afgezien van Ray Stark en de Bergmans. Ik heb foto's van die avond gezien: ik met Natalie Wood en Robert Wagner. Maar ik heb ook foto's gezien waarop ik mijn handen voor mijn gezicht houd om me te verbergen voor de camera. Ik denk dat het me allemaal te veel werd.

Ik herinner me dat ik James Mason heb ontmoet, met die diepe, welluidende stem die ik kende uit *A Star Is Born*. Toen hij mijn hand in de zijne had, zag ik dat hij eeltige handen had. (Misschien deed hij graag dingen buitenshuis.) Iemand vertelde me dat Steve McQueen er ook was, maar ik herinner me niet dat ik hem heb ontmoet. En hoe zou ik dat kunnen vergeten?

Elliott was niet bij de première, maar hij vloog wel op 29 augustus naar Los Angeles om zijn verjaardag met me te vieren. Het had een verrassing moeten zijn, maar mijn moeder belde en zei: 'Niet tegen Elliott zeggen dat ik het heb verteld, maar hij komt je opzoeken.' Ik was woedend op haar. Later vroeg ik waarom ze de verrassing had verpest.

Ze zei: 'Ik was bang dat je een hartaanval zou krijgen.'

Ze probeerde me altijd te besmetten met haar angsten. Ik heb een leven lang geprobeerd eraan te ontkomen. Dat heeft me een fortuin gekost aan therapie.

Het nieuws dat ik de hoofdrol zou spelen in *Funny Girl* was de aanleiding voor een reeks interviews, waar ik voor deze ene keer graag aan meewerkte. Het was onvermijdelijk dat mijn 'echtgenoot' ter sprake kwam. Dan moest ik weer over Elliott spreken en mezelf dieper in het gat ingraven dat ik zelf had gecreëerd. De situatie werd ongemakkelijk. Wat zou er gebeuren als iemand ontdekte dat we helemaal niet getrouwd waren?

Ik hield van Elliott. Hij was zo vertrouwd en hij kwam uit Brooklyn en hij was heerlijk nuchter. Toch was ik er nog altijd niet zeker van dat ik klaar was voor het huwelijk. Ik was pas eenentwintig en hij was mijn eerste echte vriendje. Ik wilde niet dat de kwestie van ons huwelijk zo'n groot ding zou worden.

Op een dag keek ik hem aan en zei: 'Oké, we doen het gewoon!' We zijn op 13 september in een door Marty gehuurde auto naar Carson City gereden, in de staat Nevada, waar je heel makkelijk kon trouwen. Heel anders dan in New York, waar je een bloedonderzoek moest laten doen (wat ik doodeng vond, want ik hou niet van naalden) en drie dagen moest wachten. Nevada was echt een uitkomst.

(Tientallen jaren later, toen ik werkte aan een film over de fotograaf Margaret Bourke-White, ontdekte ik dat zij en de schrijver Erskine Caldwell ook in Carson City waren getrouwd. Een heerlijk toeval.)

Ik droeg mijn eenvoudige seersucker pakje toen we plaatsnamen voor de ambtenaar van de burgerlijke stand, die een klein spraakgebrek had. De woorden 'geachte aanwezigen' kwamen er nogal gebrekkig uit. Elliott en ik keken elkaar aan en begonnen te giechelen. Ik weet dat het niet beleefd was en ik ben er niet trots op, maar we waren nerveus en we konden er niets aan doen.

Ik bood mijn excuses aan. 'Sorry. Zou u misschien opnieuw willen beginnen?'

Ik herinner me niet veel van de plechtigheid. Maar toen de ambtenaar vroeg of ik wilde beloven dat ik mijn man zou 'beminnen, eren en gehoorzamen', vroeg ik of ik dat 'gehoorzamen' mocht weglaten.

Marty was meegekomen om onze getuige te zijn. Hebben we het in elk geval nog gevierd met een maaltijd in Carson City? Als ik mezelf een beetje ken, moet ik honger hebben gehad. En toen zijn we helemaal naar Lake Tahoe gereden, want ik moest die vrijdagavond optreden.

Toen kregen Elliott en ik ruzie. Die arme stakker. Hij zal wel iets hebben gedaan wat me irriteerde en toen was ik op de avond van onze bruiloft boos en prikkelbaar. Ik weet niet meer waar het over ging. Waarschijnlijk was het een symptoom van iets anders wat me dwarszat, iets groters. Want zoals Elliott nu zegt: 'Ik denk niet dat je echt wilde trouwen.'

Dat kan kloppen. Ik had genoten van ons intieme moment in Florida met de ring, die ik had omgedaan om te ervaren hoe het zou zijn om getrouwd te zijn. Maar nu vroeg ik me af: wat heb ik gedaan?

We waren voor de wet met elkaar verbonden, maar die band voelde opeens te strak.

Elliott en ik leken zo sterk op elkaar. We waren in zekere zin twee Joodse zwerfhonden. Ik denk eigenlijk niet dat twee mensen die zo sterk op elkaar lijken zouden moeten trouwen. Er was geen mysterie.

Ik zong in Harrah's, en Liberace had een fijn huis voor me geregeld. Het was een houten hut, omringd door naaldbomen en vlak bij het meer. Er was ook een boot bij. Ik was op een middag aan het varen met Elliott toen in het huis de telefoon ging. Marty nam op. Het was Ray Stark, die Marty vertelde dat hij David Merrick had uitgekocht en dat David niet meer als coproducent betrokken was bij *Funny Girl*.

Ik had het zo druk gehad met mijn albums en tournee dat ik nauwelijks aan *Funny Girl* had gedacht. Ik wist dat er nog altijd aan werd gewerkt. Jule had me een aantal nieuwe songs laten horen toen hij in Californië was. Maar ik had nog geen definitief script ontvangen. Pas veel later hoorde ik wat een toestand het was geweest. Ray had moeite met de veranderingen die Jerry had aangebracht omdat hij die absoluut noodzakelijk vond voor het script. Jerry had het bijltje erbij neergegooid, en zijn advocaat had Ray in een brief verboden gebruik te maken van alle ideeën die Jerry had bijgedragen aan de voorstelling. Rays advocaat schreef terug dat Ray zich niet bewust was van door Jerry geleverde bijdragen. Toen heeft Jerry een gedetailleerde lijst opgesteld die voor eens en voor altijd duidelijk maakte dat zijn vingerafdrukken op allerlei manieren op het script stonden. Moesten ze dan helemaal van voren af aan beginnen? Merrick zal wel hebben gedacht dat het een prima moment was om eruit te stappen, want hij wilde zich richten op zijn eigen musical, *Hello, Dolly!*

Ray probeerde Merricks vertrek positief te framen, alsof er niets zou veranderen. Maar toen Marty ophing, ging hij erover nadenken. Er knaagde iets aan hem. Want het contract dat ik had getekend, dat was toch met David Merrick?

Hij vroeg de advocaat in New York of ze het wilde checken. En ja hoor, Marty's geheugen had hem niet in de steek gelaten. En nu zat hij met een andere vraag. Was dat contract nog wel rechtsgeldig nu David Merrick zich had teruggetrokken?

Het antwoord was nee. Je kunt een persoonlijke arbeidsovereenkomst niet overdragen.

Marty zei al maandenlang tegen Ray dat hij me te weinig betaalde. Ik had een goed verkopend album en mijn tweede album, dat net uit was, steeg in de albumlijst nog sneller dan het eerste. 'Barbra was hard op weg om een grote ster te worden,' herinnert Marty zich. 'Er waren zelfs twijfels of het überhaupt nog wel een goed idee voor haar was om *Funny Girl* te doen, want ze kon in de clubs duizenden dollars per week meer verdienen.'

Maar ik was een actrice, geen zangeres, en ik wilde weer op de planken staan. Het was belangrijk voor me om de show te doen. Marty is gaan onderhandelen over mijn contract. Hij begreep de economische aspecten en stelde zich alleszins redelijk op, maar Ray probeerde voortdurend tegen te stribbelen. Hij brulde en schreeuwde en dreigde een andere actrice te nemen. Marty gaf geen krimp. Ik was vergeten wat mijn gage was, dus ik moest Marty bellen. Hij vertelde dat het 2.000 dollar was geweest en dat hij het in de onderhandelingen had opgetrokken tot 2.500 dollar. Dat was in die tijd nog echt wat, 500 dollar extra. Verder had hij voor elkaar gekregen dat ik achttien maanden bij de show moest blijven in plaats van twintig, zoals aanvankelijk was afgesproken.

Het geld liet me koud, maar ik was dolblij om weer iets te gaan doen waarvan ik zoveel hield.

Na mijn optredens in Harrah's had ik een paar dagen vrij voordat ik in Los Angeles moest zijn. Elliott en ik besloten een korte huwelijksreis te maken. We verlieten Lake Tahoe in een auto die Elliott had gehuurd. Hij had geen rijbewijs en ik merkte al snel dat hij totaal niet kon rijden. Als hij schakelde, schokte de auto naar voren en naar achteren. Ik werd kotsmisselijk. Tot overmaat van ramp zagen we dichte mist op ons af komen toen we Big Sur naderden. We konden geen hand voor ogen zien. Elliott zat over het stuur gebogen en tuurde de duisternis in. Ik was doodsbang.

Hij had om een of andere reden gedacht dat het een goed idee zou zijn om me mee te nemen naar de new-age-retraite Esalen. We verdwaalden uiteraard en kwamen pas heel laat aan. Het was er uitgestorven. Eindelijk verscheen er iemand, die ons liet inchecken en ons met een zaklamp over een onverhard pad tussen de bomen begeleidde. Het rook niet naar naaldbomen. Er hing een smerige stank. 'Wat is die geur?' vroeg ik. Onze gids antwoordde: 'Zwavel, uit de warmwaterbronnen. Iedereen komt hier om te baden in het water. Dat heeft een helende werking.'

Kleding was niet verplicht.

Gatver!

Ik klemde mijn kaken op elkaar en probeerde niet tegen de rotsen te knallen die soms pardoes opdoken uit het donker. Er schraapten takken over mijn gezicht. Toen de gids het licht in onze hut aandeed, zagen we niets dan hout en kale vloeren. Het was alsof ik was geteleporteerd naar dat kamp waar ik het zo slecht naar mijn zin had gehad toen ik acht was. Het bed was een futon, zo dun dat er toen ik ging zitten niets meegaf.

Ik keek om me heen. Geen tv?

'Nu is de maat vol,' zei ik tegen Elliott. 'Geen tv, dat gaat te ver.' (Klinkt als mijn dialoog uit *The Owl and the Pussycat*.)

We rammelden van de honger, maar aan roomservice deden ze niet. Hoe durfden ze zichzelf een hotel te noemen? Ik was gewend aan het Catskill-gebergte, waar je vierentwintig uur per dag een broodje pastrami kon krijgen. In Joodse hotels draait alles om het eten.

We zijn weer in de auto gestapt en naar het dichtstbijzijnde motel gereden, waar ze met een grote neonverlichting lieten weten dat ze tv hadden. We hadden in een wegrestaurant hamburgers en frietjes gehaald die we voor de buis hebben opgegeten.

Dat was dan onze huwelijksreis.

Het maakte niet uit, want er was in het echte leven zoveel aan de hand dat het op een fantasiewereld begon te lijken. Die eerste glimp van Hollywood was aanlokkelijk geweest. Elliott en ik stoeiden in het zwembad van het Beverly Hills Hotel terwijl Bob Willoughby ons fotografeerde voor het tijdschrift *Glamour*. De acteur en komiek Danny Thomas en zijn vrouw Rose Marie waren ontzettend aardig en we werden uitgenodigd om te komen eten. Het was alsof we werden verwelkomd in zijn familie.

De stad had natuurlijk ook iets vorstelijks. We werden uitgenodigd voor een etentje bij Bill en Edie Goetz. Bill was een van de originele partners geweest in wat uiteindelijk 20th Century Fox werd. Edie was de dochter van Louis B. Mayer, een van de oprichters van MGM. Ik had nog nooit zo'n huis gezien. Ze hadden schilderijen van Monet, Degas, Cézanne, Picasso en Modigliani. Er hing een zelfportret van Vincent van Gogh dat ik heel fascinerend vond omdat het onvoltooid was. (Ik geloof dat later is vastgesteld dat het geen echte Van Gogh was.) Ik besefte voor het eerst dat mensen een schitterend schilderij konden kopen en het aan de muur konden hangen. Verbijsterend vond ik dat.

Ik ontdekte ook nog iets anders, dankzij de horde beroemdheden die naar mijn kleedkamer kwam toen ik optrad in de Cocoanut Grove. Want wat denk je? Het waren doodgewone mensen. De ene was klein, een ander werd kaal, een derde dronk misschien iets te veel. Ik vond het heel grappig, en interessant, en ook troostrijk.

Ik hield onmiddellijk van Californië en ik wist dat ik er ooit zou wonen. Alles klopt daar gewoon. Een strakblauwe lucht, een warm briesje, en je kon de sinaasappels zo van de bomen plukken. Marty huurde op mijn verzoek een cabriolet en we reden over Sunset Boulevard, maar ik had niet veel tijd voor de toeristische trekpleisters. Ik had het te druk met werken. Ik zong met Bob Hope en Dean Martin in een special van NBC. Begin oktober deed ik een gastoptreden in *The Judy Garland Show*. Dat betekende veel voor mij en Marty. Toen Freddie Fields en David Begelman waren neergestreken in mijn suite in het Ambassador om Marty ervan te overtuigen dat ze me moesten vertegenwoordigen, had hij gezegd: 'Je kunt haar krijgen als je de show van Garland voor ons regelt.' Een dag later had Marty het contract in zijn hand. Freddie en David vertegenwoordigden Judy, en nu vertegenwoordigden ze ook mij.

Er werkten allerlei fantastische mensen bij dat programma. Norman Jewison, die later een aantal voortreffelijke films heeft geregisseerd, was de *executive producer*, en Gary Smith was de *production designer*. (Hij heeft later ook een aantal van mijn specials gedaan.) Mort Lindsey, die later voor me heeft gedirigeerd, was de musical director. Mel Tormé leverde speciale muzikale bijdragen. En dan had je uiteraard nog Judy. Legendarisch was ze. Een en al hart en ziel. Een godin.

Toen ik een paar jaar eerder een keer door Manhattan liep, zag ik een aankondiging waarop stond dat Judy Garland een show opnam. Ik ging naar binnen en nam plaats in het publiek. Ik zag haar optreden en ze was magnifiek. En nu zou ik met haar gaan zingen.

Ik heb lang gedacht dat het idee voor ons duet afkomstig was van Mel Tormé. Maar in zijn autobiografie onthulde hij dat het Judy's idee was om 'Happy Days Are Here Again' en 'Get Happy' te combineren. Hij vertelt dat hij haar kleedkamer binnenliep terwijl ze naar mijn song luisterde. Ze haalde de naald van het vinyl, zette die weer terug aan het begin en zei: 'Luister.' Toen zong ze de song mee, in contrapunt.

Ik zal nooit vergeten dat we dat duet zongen. We zaten naast elkaar (ik droeg mijn witte matrozenkiel) en ik zag dat ze beefde. Ze greep mijn arm alsof ze bang was dat ze zou omvallen. Toen pakte ze mijn hand, die ze heel stevig bleef vasthouden. Ze liet me pas aan het einde van het nummer weer los. Ik kon het niet geloven en dacht: dit is Judy Garland! Waarom is ze zo bang?

Ik voelde erg met haar mee.

Ze was pas eenenveertig, ik was eenentwintig. Maar nu, na al die jaren, begrijp ik het. Op een of andere manier word je banger als je ouder wordt. Als je succes hebt, neemt de druk toe omdat er steeds meer mensen zijn die lijken te wachten op het moment dat je flopt. Judy hield van Liebfraumilch, een zoete Duitse witte wijn. Ze bood me een glas aan. Ik zei nee, want ik hou niet van wijn. Ik had ook niets nodig om te ontspannen, want ik was niet nerveus. Ik was gewoon dolblij dat ik met haar mocht zingen.

Er was een segment van het programma, 'Be My Guest', waarin Judy haar gasten voorstelde in een liedje van Mel en muziek die hij speciaal voor elke gast had geschreven. Toen ik opkwam, zong ik: 'Nou, als ik dan toch je gast ben, heb ik een verzoekje.'

'Wat je maar wilt,' zong ze terug.

'Wat ik maar wil?'

'Wat je maar wilt!'

Toen zei ik: 'Mag ik het van je overnemen?'

Het was dialoog van Mel of een van de schrijvers die ze me hadden gegeven omdat ze dachten dat erom zou worden gelachen. Maar op een of andere manier hebben ze er in de loop van de jaren een heel ander verhaal van gemaakt, dat ik dat op haar podium zei en het echt meende!

Bespottelijk.

Veel mensen wilden graag een soort rivaliteit tussen ons zien. Toen ze niets konden vinden, hebben ze maar iets verzonnen. Judy was juist heel hartelijk. We deden een medley waarin we om de beurt een stukje zongen. Het was zeker niet zo dat ze alleen op zichzelf was gefocust. Ze veegde heel moederlijk een lok haar uit mijn gezicht. Volgens Judy's dochter Liza Minnelli had haar moeder toen ze me voor het eerst hoorde zingen gezegd: 'Ik trek mijn mond nooit meer open.' Want zo was Judy, vol zelfspot en heel kwetsbaar.

Dat gold zeker niet voor de volgende gast. Ze hadden zo'n 'spontaan' tv-momentje bedacht. Judy complimenteerde me om mijn krachtige stem en toen hoorden we opeens het uit duizenden herkenbare, en zéér krachtige, stemgeluid van Ethel Merman die op een stoel in de zaal zat te zingen. Ze kwam het podium op om gedag te zeggen en samen met de twee andere aanwezige krachtige zangeressen, Judy en ik, 'There's No Business Like Show Business' te zingen. Ik deed dapper mee (ik droeg inmiddels mijn bordeaux-rode blouse) en probeerde enthousiast over te komen, maar ik kende amper de tekst. Dat maakte allemaal niet uit. Je kon mij en Judy toch niet horen, want Ethel schetterde overal bovenuit.

Toen ik dat nummer later terugzag, vond ik dat ik er net zo ongemakkelijk en gegeneerd uitzag als ik me had gevoeld. Ik heb nooit goed uit de voeten gekund met een tekst als '*there's no business like show business*'.

De show werd opgenomen op vrijdag 4 oktober. Bill Paley, de oprichter van CBS, en James Aubrey, de president van de zender, waren er die avond ook. Ze waren zo blij met wat ze zagen dat ze het programma zo snel mogelijk wilden uitzenden, hoewel er al een andere aflevering klaarlag. Ze lieten de montage doen op zaterdag zodat de show al op zondag 6 oktober kon worden uitgezonden.

Ik werd genomineerd voor een Emmy voor Outstanding Performance in a Variety or Musical Program or Series. Ook Judy kreeg een nominatie. Alle genomineerden behalve ik waren de sterren van hun eigen wekelijkse programma's. Danny Kaye won de Emmy.

Judy en ik raakten bevriend. We spraken elkaar vaak aan de telefoon, en ze kwam naar een van de schaarse feestjes (vier in vijfendertig jaar) die ik gaf in mijn appartement in New York. Ze kwam pas laat en ze zei iets wat ik nooit goed heb begrepen: 'Zorg ervoor dat ze je niet aandoen wat ze mij hebben aangedaan.' Ik had haar moeten vragen wat ze bedoelde, maar ik wilde niet nieuwsgierig overkomen.

Zes jaar na ons duet was ze dood, zevenenveertig jaar oud.

Wat een tragedie, en wat een verlies. Ze was een uitzonderlijk talent. Zoals Marty zei na mijn optreden in haar programma: 'Nu is er geen goede reden meer om op te draven voor die malle shows. Beter dan dit gaat het niet worden.'

De dag na de opname met Judy trad ik met Sammy Davis jr. en The Dave Brubeck Quartet op in de Hollywood Bowl. Dat was een flinke stap vooruit ten opzichte van de kleine clubs en zelfs de zaal waarin ik had gespeeld in Las Vegas. Er kwamen die avond 17.500 mensen kijken.

Het is een heerlijke plek om op te treden, want je bent buiten, onder de sterren, in een groot amfitheater uit de jaren twintig waar elke artiest die je maar kunt bedenken ooit heeft gestaan. De toeschouwers kunnen eten bestellen dat wordt bezorgd op hun plaatsen. Anderen luisteren naar de muziek onder het genot van een zelf meegebrachte picknick.

Pal voor het podium bevond zich een soort slotgracht met een catwalk erlangs. Veel artiesten lopen op een gegeven moment tijdens hun set achteloos langs dat water om even dichter bij hun publiek te zijn.

Maar ik niet. Ik was bang dat ik erin zou vallen, zoals ik op mijn vijfde in de vijver van de Brooklyn Botanic Garden was getuimeld. (Tientallen jaren later zong ik daar op een ijskoude novemberavond met mijn zoon. Ik moest mijn jas aanhouden tijdens mijn optreden. Jason wandelde langs het water, maar ik durfde het nog altijd niet.)

Ik had nog nooit van haar gehoord. Ze stond voor het optreden backstage te trillen als een riet. Maar ze liep het podium op en overrompelde het publiek. Sammy Davis trad na haar op. Hij gooide al zijn kwaliteiten als showman ertegenaan, maar hij had het niet makkelijk na Streisand.

Dave Brubeck over het concert in The Hollywood Bowl

Ik stond versteld van de reactie van het publiek. Het was heel bijzonder om zoveel mensen te horen applaudisseren. Een schitterend hoogtepunt aan het einde van mijn verblijf in Los Angeles.

Ik ging terug naar New York om te beginnen met de repetities van *Funny Girl*, maar er was toch weer vertraging. Ik vond het niet erg om wat tijd voor mezelf te hebben.

Marty dacht er anders over. Hij wilde meer shows boeken zodat ik optimaal gebruik kon maken van het momentum van mijn albums. En het Witte Huis had gebeld. De president en de first lady wilden dat ik zou komen optreden op 5 december. Wow, dat klonk te gek.

Ondertussen was ik druk bezig om al die lege kamers in ons nieuwe appartement van meubilair te voorzien.

Een van de eerste stukken die ik kocht was een scheepsbureau van knoestig walnotenhout, waar ik in de antiekhandel van Renée Taylor aan de West Side 80 dollar voor betaalde. Het had fascinerend genoeg een geheim compartiment. Ik zette hem in de hal, waar hij bleef staan totdat ik verhuisde. Ik vond een oude tandartskast van email met talloze kleine laatjes, ideaal voor mijn linten, antieke schoengespen en naaispulletjes.

De grote blikvanger in de slaapkamer was een bed uit de achttiende eeuw, prachtig bewerkt en met een baldakijn. Ik drapeerde er olijfgroene damast overheen zodat ik me kon voelen als Desdemona uit *Othello* van Shakespeare (voordat ze wordt verstikt). Op East Fifty-Seventh Street vond ik in de winkel van Lillian Nassau prachtig art-nouveau-meubilair, zoals een schitterend kastje van Émile Gallé waarop ik mijn oog had laten vallen, en tiffanylampen.

De winkels die antieke meubels verkochten, hadden vaak ook antieke juwelen. Ik was dol op antieke juwelen. Net als bij antieke kleding waren de kwaliteit en het vakmanschap van een heel ander niveau dan bij moderne stukken. Ik had bij Larry Ford, een handelaar met een winkel in het Diamond District, mijn oog laten vallen op een antieke armband van zoetwaterparels en diamant. Ik paste hem en hij paste perfect. Een prachtig sieraad, maar peperduur: 750 dollar, wat vandaag de dag een spotprijs zou zijn voor een stuk van die kwaliteit. Ik aarzelde, maar toen bedacht ik iets. Ik vermoedde dat het stuk was bedoeld als een choker. Ik dacht te weten hoe het weer zou kunnen omgewerkt tot een choker, en dan zou ik het op twee manieren kunnen gebruiken. Ik maakte een schets van een witgouden verlengstuk en vroeg Larry of hij het voor me kon maken. Toen hij ja zei, besloot ik mezelf te trakteren. Het was mijn eerste serieuze antieke sieraad. Ik kreeg zowel een armband als een choker. Dan kon ik de prijs wel rechtvaardigen.

Ik was op een dag in november in zijn winkel toen we op de radio hoorden dat president Kennedy was doodgeschoten. Larry en ik keken elkaar vol ongeloof aan. Alle activiteit in de stad en het hele land kwam tot stilstand. Ik was net als iedereen met stomheid geslagen en wilde alleen maar naar huis. Ik hield een taxi aan en stapte in. We reden door Central Park en ik zat murw geslagen door het raam te kijken. We reden langs een man op een bankje... Wacht even, was dat Elliott? Ik wist niet zeker of hij het was, maar ik vroeg de chauffeur te stoppen, duwde hem wat geld in handen en stapte uit.

Het was inderdaad Elliott, en zodra hij me zag naderen stond hij op en liep naar me toe. We konden geen van tweeën geloven dat we elkaar op dat moment hadden gevonden. We omhelsden elkaar en hielden elkaar stevig vast. Toen gingen we zitten om ons verdriet te delen. We waren onvoorstelbaar bedroefd en net als veel anderen die dag misschien zelfs in shock. We misten de energie om in beweging te komen.

Maar de wereld draait door. Aan het einde van de maand begon het laatste gedeelte van mijn tournee, dat Marty zo kort van tevoren in elkaar had gedraaid dat we niet eens tijd hadden om er promotie voor te doen. Toch was het eerste optreden, in Chicago, uitverkocht. Marty had zelfs nog een tweede show weten te regelen. Daarna bezocht ik nog vijf andere steden. De tournee eindigde met een optreden in het Shrine Auditorium in Los Angeles.

De tijd van de kleine clubs waarvan ik zoveel hield was voorbij. Ik opereerde nu op een heel andere schaal en zong voor duizenden mensen. Het was niet de intimiteit waaraan ik gewend was. De reden waarom ik zo naadloos kon overstappen naar veel grotere zalen was dat ik niets veranderde. Ik deed dezelfde show. Ik sprak tegen het publiek als er iets bij me opkwam. Alleen het orkest was groter geworden. Godzijdank was Peter Daniels erbij als dirigent. Zijn aanwezigheid gaf me een veilig gevoel. Het waren mijn eerste *one woman*-optredens.

Mijn beide albums stonden inmiddels in de top 10 van *Billboard*. Het tweede album kwam zelfs op nummer 2. En weet je wie me van de eerste plaats afhield? The Singing Nun. '*Domi-nique-nique-nique s'en allait tout simplement.*' Veel mensen konden dat aanstekelijke refrein niet uit hun hoofd krijgen. Ik bleef maar achter haar op nummer 2 staan. Toen arriveerden in februari The Beatles in Amerika en hadden de non en ik het nakijken. Ze klonken sensationeel, dus mij hoorde je niet klagen.

Zelfs ik moest toegeven dat 1963 een bijzonder jaar was geweest. Ik verdiende aanvankelijk 125 dollar per week, en nu kreeg ik onvoorstelbare bedragen aangeboden om een week lang te zingen: 8.000, 10.000, 15.000 dollar. Ik zag het als speelgoedgeld. Ik kon het niet bevatten.

Als kers op de taart werd ik eind december door het tijdschrift *Cue* uitgeroepen tot Entertainer of the Year. Ik stond voor het eerst op een cover en won mijn eerste onderscheiding. (De Grammy's werden pas in mei 1964 uitgereikt.) En de prijs werd uitgereikt tijdens een chic diner. Dat vond ik toen nog een bonus.

Maar ik had het inmiddels erg druk, want de repetities voor *Funny Girl* waren eindelijk begonnen.

8

Funny Girl *op Broadway*

Ik had het soort project dat ik graag wilde doen beschreven in het appartement van Jule Styne, en hier was het dan: de rol die me volgens veel mensen op het lijf was geschreven. Ik was blij dat het script serieus inging op het leven van Fanny Brice en niet alleen haar komische sketches liet zien. Ze kreeg de mensen aan het lachen met haar personage Baby Snooks. Dan droeg ze een meisjesjurk en sprak ze met een meisjesstem. Daarna bespeelde ze de emoties met haar tranentrekker 'My Man'. Ik had nog nooit een rol met zo'n groot emotioneel bereik gespeeld. Ik was onder de indruk van het liefdesverhaal en hoe de muziek uit dat verhaal voortkwam.

Ik bekeek een paar foto's en heb een van haar platen beluisterd, maar ik wist al van meet af aan dat ik haar niet wilde imiteren. Ik moest haar van binnenuit begrijpen. Ik moest manieren vinden om me met haar te identificeren.

Er waren evidente overeenkomsten: we waren beiden Joods en kwamen uit New York City. Zij kwam van de Lower East Side en we hadden een vergelijkbare cadans als we spraken. Ik had al gemerkt dat de mensen vaak lachten als ik sprak met het accent dat ik in mijn jeugd in Brooklyn had gehoord, met die typisch Joodse uitspraak. Ik dacht vaak: waarom dan? Ik probeerde niet eens grappig te zijn. Ik was enigszins bezorgd omdat haar komische stijl, die vette Joodse humor, me niet zo aansprak.

Maar toen gebeurde er iets waardoor al mijn zorgen verdwenen. Ik kreeg een manuscript in handen dat Fanny als het ware voor me ontsloot. Het was een transcriptie van een serie gesprekken tussen haar en Goddard Lieberson, die haar had geïnterviewd voor een boek dat nooit is verschenen. We hadden beiden een connectie met Goddard. Over serendipiteit gesproken! (Ik zeg het nog maar eens: 'Als je je ergens op toelegt, spant het hele universum samen om je te helpen.') Dit was als een geschenk van God. Of van Goddard, wiens bijnaam trouwens 'God' was. Hij gaf me de tekst, het zullen ongeveer honderd pagina's zijn geweest. Het was op een heel intiem niveau erg onthullend over haar, wat voor mij als actrice interessant was.

Ik wil altijd een connectie vinden met de rol die ik speel en dan proberen om zo diep te gaan als ik maar kan. Welke eigenschappen van het personage tref ik ook bij mezelf aan? Sommige mensen proberen aan zichzelf te ontkomen als ze acteren, maar ik denk dat ik juist dichter bij mezelf kom. Ik ontdek mezelf en het proces geeft me de kans om meer van mezelf te tonen. Ik ben niet echt een karakteracteur, in elk geval geen acteur die zichzelf helemaal achter zich laat. Daar moet je erg slim voor zijn, en ik ben niet zo slim.

Voor mij draait alles om de vraag: hoe kan ik het personage dienen? Wat denk ik of voel ik of heb ik ervaren dat ik kan gebruiken? We hebben allemaal talloze zelven. Je kunt gebruikmaken van verschillende aspecten van je psyche.

Toen ik Fanny's interviews had gelezen – haar eigen woorden – begreep ik dat zij en ik angstaanjagend veel gemeen hadden. We hadden beiden Joodse moeders die zich over twee dingen zorgen maakten: eten en hoe ze ons moesten uithuwelijken (niet noodzakelijkerwijs in die volgorde.) We hadden beiden het type zelfvertrouwen dat over alle obstakels heen dendert, maar ook een grote onzekerheid over ons uiterlijk.

We hielden beiden van mooie spullen en wilden die op allerlei manieren om ons heen hebben. Kunstwerken, meubels, juwelen, bontjassen. Die spullen waren het tegengif voor onze bescheiden afkomst. Fanny hield van mooie kleren en we hielden zelfs van dezelfde kleuren: gebroken wit en zwart, kleuren die niet afleiden. Net als ik was ze gek op interieurontwerp. Ze verzamelde meubels van Chippendale. Ik weet nog hoe merkwaardig ik die meubels vond toen ik ze zag op de set. (Dit was later, toen we de filmversie maakten.) Ik dacht: wat vond ze daar nou zo mooi aan? Het is donker en benauwend. Ik hield destijds van Frans meubilair en vond er toen niets aan. Dat kwam pas later. Ik heb nu ook dat soort stukken in mijn woonkamer staan.

Fanny en ik werden aangetrokken tot dezelfde types mannen: knap, en soms ook *bad boys*, al denk ik dat we beiden ook wel wisten dat het geen succes zou worden als we iets met zo iemand zouden beginnen. Maar als het op de liefde aankomt, speelt ratio soms de tweede viool.

Ik zag haar als een zielsverwante en dacht dat ik iets kon laten zien van haar essentie. Als ik me zou richten op de zaken die we gemeen hadden en er trouw aan zou blijven, zou ik ook trouw zijn aan haar.

Het was alsof het lot me deze rol had gegeven. Hoewel Fanny een grote ster was geweest en ik nog een groentje was, had ik het gevoel dat haar verhaal en het mijne met elkaar waren vervlochten.

De minder salonfähige aspecten werden – het was wel Broadway! – geromantiseerd. Fanny was gevallen voor Nick Arnstein, een beroepscharmeur die zijn geld verdiende met gokken en andere zaken die niet altijd door de beugel konden. Ook als hij in de problemen kwam, was en bleef ze loyaal aan hem, al was hij zelf lang niet altijd loyaal tegenover haar. Maar wie wil dat horen? Het is niet bepaald Romeo en Julia.

En dus werd het verhaal opgeschoond om Nick sympathieker te maken. Om harten te kunnen breken moest hij minder een oplichter zijn en meer een tragisch figuur. We moesten het beeld respecteren dat Fran Stark had van haar ouders. Zij zag haar vader en moeder als heiligen. De harde realiteit kon ze maar gedeeltelijk aan.

Ondertussen werkte mijn lieve vriend Jule Styne aan de songs. Bob Merrill schreef de teksten nadat Stephen Sondheim het project had afgewezen. Ray had in eerste instantie Mary Martin op het oog gehad voor de vrouwelijke hoofdrol, en ik hoorde van Marty dat Steve daar bezwaar tegen had gemaakt omdat hij vond dat ze een Joodse actrice moesten nemen. 'En als ze niet Joods is, moet ze op zijn minst een neus hebben!' Ik vroeg Steve er een paar jaar geleden naar toen we songs bespraken voor mijn album *Encore*. Hij lachte en zei dat het citaat hem vaag bekend voorkwam. Maar hij zei ook: 'De belangrijkste reden waarom ik het afwees was dit: hoewel ik altijd graag samenwerkte met Jule en we samen *Gypsy* hadden gedaan, had ik mezelf plechtig voorgenomen dat ik voor mijn volgende show zowel de muziek als de teksten zou schrijven.'

Daar had ik begrip voor, maar ik bleef natuurlijk zitten met de gedachte dat ik toen al had kunnen samenwerken met Stephen Sondheim en dat ik dat vonkje van erkenning had kunnen voelen, zoals met Jule en Jerry.

Bob Merrill was een kille vent. Toen ik voor het eerst zijn song 'People' hoorde en de tekst zag, had ik een vraag voor hem.

'Zijn niet juist de mensen die geen mensen nodig hebben de grootste bofkonten van de wereld?' (Dat was half voor de grap.)

'Nee,' zei hij lomp, en daarmee was de kous af.

Jule daarentegen was een schat (een *mensch*, in het Jiddisch). Ik droeg hem op handen. Hij was warm en liefhebbend en steunde me altijd. Ik had het gevoel dat hij me zag, begreep en waardeerde. Hij wilde me muziek geven die me zou helpen met mijn stem te pronken. Als hij spanningen waarnam tussen Bob en mij, sloop hij op kousenvoetjes tussen ons in om met zijn humor de kou uit de lucht te halen. Hij kon heerlijk ondeugend zijn. Overal waar Jule was, werd gelachen. En hij had een merkwaardige eigenschap die ik zal illustreren aan de hand van het volgende gesprekje.

Stel dat ik iets tegen Jule zei als: 'Jule, ik kom er niet uit. Zal ik voor dit nummer de groene jurk dragen of de blauwe?'

'Ik vind de blauwe mooi.'

Dan zei ik: 'Maar de groene jurk is lichter, dat past misschien beter bij het decor.'

'Ja, natuurlijk, de groene. Geen twijfel mogelijk: de groene.'

Zie je wat ik bedoel? Misschien wilde hij me gewoon tevreden houden. Hij was een gecompliceerde man en hij had ook zijn demonen, maar hij zorgde ervoor dat zijn collega's er geen last van hadden. Ik genoot van onze samenwerking. Hij maakte me aan het lachen – wat niet makkelijk is – en met zijn muziek kon hij me laten huilen.

De pianist tijdens de repetities was ook zo'n mensch, een lieverd van negentien die luisterde naar de naam Marvin Hamlisch. Hij speelde niet alleen piano, maar haalde ook koffie voor iedereen. Omdat ik geen koffie drink, moest hij voor mij altijd een chocoladedonut meenemen. Hij nam er altijd twee voor me mee. Zo begon onze muzikale liefdesaffaire.

Marvin had uit mijn buurt kunnen komen. We spraken in hetzelfde ritme. Hij sprak snel en dacht snel. Op en top New Yawk. We spraken veel over eten. Hij wist welke deli de beste gerookte vis had. Jaren later, toen ik geobsedeerd raakte door quenelles, was hij een van de weinige mensen die wist wat ik bedoelde. Hij kon zelfs een restaurant aanraden waar ze werden geserveerd.

Marvin was een oase van warmte in wat vaak een kil, genadeloos milieu is. En hij was getalenteerd, briljant zelfs. Dat was me toen al duidelijk.

Ik genoot van de repetities. Ik vond het heerlijk om aan de scènes te werken en ik vond het niet erg als we een dag later een heel andere versie kregen van Isobel. Ze was warm en attent, een genoegen om mee samen te werken. Als ik een probleem had met een claus hoefde ik alleen maar tegen haar te zeggen 'dit voelt niet helemaal goed' en dan ging ze eraan werken. Ze luisterde in tegenstelling tot Bob altijd aandachtig en wilde mij en anderen die met suggesties kwamen altijd tegemoetkomen. Terugkijkend zou ik willen dat ik wat tactvoller was geweest als ik vroeg om aanpassingen van de tekst. Maar ik wist niet beter. Ik zei gewoon wat ik dacht.

Ik denk dat Isobel zichzelf niet zag als een conventionele schoonheid. Misschien was dat de reden waarom ze dit personage zo goed kon schrijven. Maar we hebben het nooit besproken. We hadden geen vriendschappelijke relatie. We waren gewoon twee serieuze dames die goed werk wilden leveren. Ik wist niet hoe ze over me dacht totdat ik een verhaal las dat ze over me had geschreven voor een *roast* in de Friars Club in 1969:

Het was mijn eerste show, dus ik verwachtte problemen... van iedereen behalve Barbra, een meisje van twintig dat haar eerste hoofdrol speelde. Ik dacht dat ze dolblij en dankbaar en overweldigd zou zijn, dat ze niets te zeggen zou hebben dan: 'Bedankt allemaal!'

Maar daar stond ze dan met zo'n vinger van een kilometer lang naar het libretto te wijzen. En wat zei ze? 'Nou, ik vond je eerste versie van deze scène veel beter!'

Ik probeerde tijd te winnen om een vernietigend antwoord te formuleren en wierp een steelse blik op de pagina. Een minuut later schreef ik braaf weer de oude versie op. Die meid van twintig had gelijk.

Als je haar 's ochtends een gloednieuwe scène gaf, speelde ze die nog dezelfde avond perfect. Ik kan het weten, want zo ging het op dertig opeenvolgende avonden.

En dan hebben we nog de beroemde schrijverstactiek: 'Bevalt die tekstregel je niet? Prima! Schrijf het zelf maar.'

Ik geef niet graag in het openbaar toe dat ik een lafaard ben, maar die truc heb ik nooit aangedurfd met Barbra. Ik was te bang dat ze het zou doen, dat ze het zou kunnen, en dat ze misschien – heel misschien – een beter regeltje zou bedenken dan ik had geschreven.

Ik zou willen dat ik haar beter had leren kennen. Dat was een gemiste kans.

Ray had al de nodige schrijvers afgewerkt, en hij had ook verschillende regisseurs nodig. Ik vond het vreselijk dat Jerome Robbins, voor wie ik veel respect had, niet meer bij het project was betrokken.

Ray haalde Bob Fosse erbij. We hadden een aantal vruchtbare besprekingen met hem in New York. Maar Bob zag al na een maand in dat ook hij niet kon dealen met Ray. Heel jammer, want ik mocht Bob graag. Ik heb goede herinneringen aan zijn choreografie in *The Pajama Game*, die ik op mijn veertiende zag. Je hoefde maar naar hem te kijken of met hem te spreken om te begrijpen hoeveel talent hij had. Hij had iets mysterieus over zich, een zeker charisma. Je zag het in zijn ogen, in zijn bewegingen, zelfs in zijn kledingkeuzes. Hij droeg opengeknoopte overhemden en kaki broeken. Casual en moeiteloos elegant, net als Jerry.

Garson Kanin, de derde regisseur die Ray inhuurde, was formeler. Hij droeg altijd een pak en een das. Dat was symbolisch voor zijn mentaliteit. Hij was strenger, meer in zichzelf gekeerd ook. Hij zag eruit alsof hij uit een andere tijd kwam. Ik vond hem erg afstandelijk. Ik zou willen dat ik toen al had geweten dat hij *The Diary of Anne Frank* had geregisseerd, het eerste stuk dat ik ooit zag op Broadway. Dan had ik hem misschien aardiger gevonden.

Ik wist dat alle anderen in de repetitieruimte meer ervaring hadden dan ik. Ik had nog maar met een paar professionele regisseurs gewerkt. Toch voelde ik aan dat er iets niet klopte. Was het niet de bedoeling dat de regisseur met zijn vrouwelijke hoofdrolspeler sprak? Maar Garson zat daar maar op de vijfde rij te fluisteren met zijn vrouw, Ruth Gordon. Ze waren een vreemd stel. Hij was eenenvijftig. Klein en mager, fysiek bepaald geen indrukwekkende man. Zij was zevenenzestig. Als je haar van achteren zag, zou je denken dat ze veel jonger was, want ze had een goed figuurtje. Maar als ze zich omdraaide, zag je hoe oud ze werkelijk was. Dat vond ik verfrissend. Ze had ervoor kunnen kiezen om haar rimpels te camoufleren, maar dat deed ze niet.

Je zou niet hebben gedacht dat ze bij elkaar pasten, maar ze waren erg toegewijd aan elkaar. Ik zal Ruth altijd dankbaar zijn dat ze me voorstelde aan mijn geliefde Gracie, die haar kleedster was, en ook die van Margaret Sullivan, en ook de mijne werd.

Gracie zei aanvankelijk niet veel en dat was erg rustig. Maar toen we elkaar beter leerden kennen, kwam ze los. Ze woonde in Harlem. Ik genoot van haar verhalen over de Cotton Club. Op een dag zei ze: 'O, trouwens, Adele Moon, die de kleedster was van Fanny Brice, woont in hetzelfde gebouw als ik.'

Ik vond het verbijsterend. En we waren ook nog eens in het theater, de Winter Garden, waar Fanny Brice in 1933 voor het laatst had opgetreden in *Ziegfeld Follies*. Ik wilde Adele ontmoeten, maar ze was tweeënnegentig en wilde volgens Gracie niet over Fanny spreken.

Gracie was als een moeder voor me. Ze heeft zeventien jaar voor me gewerkt en woonde in mijn huis, totdat ze een beroerte kreeg. Ze was erbij toen mijn zoon werd geboren. Ze is met ons meegegaan naar Hollywood. We reden elke dag samen naar de studio en weer terug. Ze noemde me Barney Oldfield (een pionier van de autoracesport) omdat ik vaak te hard reed, vermoedelijk omdat ik weer eens te laat dreigde te komen. Gracie had een dochter, Dorothy, van ongeveer mijn leeftijd, en we gingen met elkaar om als zussen. Gracie kon me laten lachen. Zelf kon ze lachen totdat de tranen over haar wangen rolden.

Terug naar Garson. Ik zou willen dat Ruth hem had toegefluisterd hoe je met acteurs moet omgaan. Ze had in mijn geboortejaar op Broadway een van de hoofdrollen gespeeld in *Three Sisters* van Tsjechov. Ik vermoedde dat ze meer begreep over hoe acteurs werken dan haar man. Soms probeerde ik iets nieuws in een scène en dan keek ik naar Garson om te zien wat hij ervan vond. Niets... Geen woord. Soms knikte hij met zijn hoofd of glimlachte hij. Maar hij kwam nooit met bruikbare suggesties zoals ik die bij de auditie van Jerry had gekregen. Hij doeg geen ideeën aan en liet me nooit improviseren. Ray vertelde dat Garson me met rust liet omdat hij vond dat ik het goed deed. Dat zal hij inderdaad wel hebben gevonden. Maar ik vond mezelf niet goed genoeg en ik wist dat ik beter kon.

Toen ging Garson opeens als hij iets goed vond tegen me zeggen: 'Zo blijven doen.' O, nee! Is dat hetzelfde als 'vasthouden'? Ik vrees van wel. Na Arthur Laurents zat ik opnieuw met een regisseur die niet begreep hoe ik werkte.

Ik legde het maar weer eens uit: 'Ik kan het niet elke keer op precies dezelfde manier doen.'

Door het vast te houden maak je het dood. Zo zie ik het.

De logica ontging me. Waarom zou een regisseur niet willen dat het spel van zijn acteurs elke avond nieuw en fris is? Natuurlijk moet je een elementair kader creëren. Je weet dat bepaalde dingen werken, en de tekst en enscenering staan vast. Maar binnen die structuur kon je alsnog voor dingen openstaan, leek me. Zo erg kon het toch niet zijn als ik een bepaalde beweging niet steeds op exact hetzelfde moment uitvoerde? Moest ik dan maar een zoutpilaar worden?

Ik probeerde Garson te overtuigen, maar het haalde niets uit.

Dan raakte hij geïrriteerd, en dan stond hij eindelijk op uit zijn stoel en kwam naar het podium om met me te spreken. Hij pakte me een keer zo hard bij mijn pols dat het pijn deed. Hij drukte mijn bloedvaten zowat dicht en sprak zo zacht tegen me dat ik er geen woord van verstond, misschien omdat hij de bloedtoevoer naar mijn hersenen had afgesneden.

Ik had liever gehad dat hij tegen me schreeuwde. Ik wist dat hij boos was, maar hij sprak heel beheerst. In mijn buurt van Joden en Italianen werd er veel geschreeuwd. Hij was als een Jood die niet Joods wilde zijn. Ik had de indruk dat hij probeerde zijn emoties te onderdrukken. Dat was nieuw voor me.

Het was alsof we verschillende talen spraken. Ik begreep zijn taal niet en ik ben er zeker van dat hij geen woord begreep van de mijne. Hij begreep niets van de instrumenten die ik gebruikte, zoals *sense memory* om een emotie op te roepen of improvisatie om in een scène een nieuw idee te vinden.

Ik stond er alleen voor. We stonden op Broadway en werden geacht professionals te zijn, maar tijdens mijn acteerlessen had ik meer opbouwende kritiek gekregen en was ik dieper in mijn scènes gedoken.

Je kunt jezelf niet zien als je op het podium staat. Ik zat dringend verlegen om feedback. Vlak voor Kerstmis belde ik Allan Miller om hem te vragen naar een repetitie te komen waarbij we het hele stuk zouden spelen. Ik vertrouwde zijn oordeel en had behoefte aan een nuchtere blik. Na afloop hebben we twee uur in een Chinees restaurant gezeten en gaf Allan zijn ongezouten mening. Dat was hoe het proces hoorde te gaan. Dit was de uitwisseling van ideeën die ik opwindend vond en die me energie gaf, maar die ik node had gemist.

Toen ik thuiskwam, heb ik Marty gebeld met het verzoek om een financiële regeling te treffen met Allan zodat hij elke dag naar de repetities kon komen. We moesten een verhaal bedenken, want ik vreesde dat Garson beledigd zou zijn als hij wist wat Allan kwam doen. We zeiden dat Allan mijn neef uit Philadelphia was die me was komen opzoeken. Hij kwam naar de repetities omdat we elkaar anders niet konden zien. Aan Ray vertelde ik wel hoe het echt zat. Hij zei: 'Doe wat je moet doen, maar zorg ervoor dat Garson er niet achter komt.'

Allan had ook tips voor Sydney Chaplin, die Nick Arnstein zou spelen. Top! Misschien zou dat onze scènes wat energieker maken. Ik vertelde Sydney wie Allan was en nodigde hem uit om op een zondagmiddag naar mijn appartement te komen om met zijn drieën te werken. Hij vond het een prima idee.

Sydney was lang, knap en donker, grijzend aan de slapen. Hij had vaak een sigarettenhouder in zijn mond en hij had een perfect gebit. (Je weet inmiddels dat ik van mooie tanden hou.) Hij had de verfijnde uitstraling die ik associeerde met Europese mannen, al kende ik alleen de Europese mannen die ik in films had gezien. Hij was een beroepscharmeur, wat hem bij uitstek geschikt maakte voor de rol van Nick.

Ik vond hem fascinerend. Hij behoorde tot de koninklijke familie van Hollywood. Zijn vader was de grote Charlie Chaplin, een van de weinige komieken om wie ik moest lachen. Sydney was de enige die ik kende met een kamerdienaar. (Hij had niet lang daarvoor zijn erfenis ontvangen.) Hij was erg attent. Ik voelde dat hij me aantrekkelijk vond, en ook dat was leuk.

Ik weet nog precies dat Sydney op die zondag met Allan voor de gelambriseerde vouwdeuren van mijn woonkamer stond. Ik was gek op die deuren. Ze stonden meestal open, zodat je de open haard kon zien zodra je de foyer binnenliep. (Er brandde in de wintermaanden altijd een vuur.) Maar die middag sloot ik ze om een decor te maken voor Sydney en mij. We begonnen met onze eerste scène, waarin Fanny Nick ontmoet. Allan zei dat we vooral moesten improviseren.

Als Nick backstage komt en aanklopt bij Fanny's kleedkamer in Keeney's Theatre leek het me leuk als ik op handen en knieën op de grond zat zodat ik eerst zijn mooie patentleren schoenen zou zien. Dan zou ik mijn ogen langs de broek van zijn smoking omhoog laten gaan naar zijn witte overhemd met ruches en ten slotte naar zijn gezicht. '*Gorgeous!*'

Ik dacht visueel, alsof ik de scène regisseerde in een film en de camera mijn standpunt vertegenwoordigde, zodat het publiek Nick Arnstein voor het eerst zou zien door Fanny's ogen. De 'camera' gaat geleidelijk omhoog naar zijn gezicht, dat maakt het dynamischer. Fanny voelt zich dwaas als ze bedenkt dat ze nog op de grond zit en probeert dat te maskeren door snel een hond na te doen. Ik deed 'waf waf' en Allan en Sydney lachten.

Garson lachte ook toen ik dat stukje voor hem speelde, en we hielden het in de voorstelling. (Ik denk dat het ook goed zou hebben gewerkt in de film, maar Willy Wyler wilde er niet van weten en daar legde ik me bij neer.)

Als we met Allan werkten, benaderden Sydney en ik het materiaal heel anders. We probeerden allerlei dingen uit. Het was heerlijk en bevrijdend. Ik had opeens het gevoel dat het stuk me ongekende mogelijkheden bood.

Als tijdens de repetities de lunchpauze aanbrak, stelde Sydney vaak voor dat we samen een hapje zouden eten. Ik zei altijd ja, want dan konden we doorgaan waar we waren gebleven en over het script praten. Sydney stond overal voor open. Hij was geïnteresseerd in mijn ideeën over het stuk en was bereid ze uit te proberen. Het was fijn om te weten dat ook hij moeite had met Garsons werkwijze. We waren kameraden.

In januari verkaste het hele gezelschap naar Boston voor een paar weken try-outs. Mijn lunches met Sydney werden avondmaaltijden, en we gingen als vanzelf ook over andere onderwerpen spreken. Sydney had heel wat van de wereld gezien. Hij had getennist met Greta Garbo en de pagina's van de bladmuziek omgedraaid terwijl Albert Einstein vioolspeelde.

We werden langzaam maar zeker vrienden, en toen liep die vriendschap uit op iets meer.

Als je op het podium of op het witte doek een personage speelt dat verliefd wordt op een ander personage, moet je alle manieren bedenken waarop je werkelijk van diegene zou kunnen houden. Het gevolg is soms dat de acteurs ook echt verliefd op elkaar worden, in elk geval tijdelijk. Of misschien moet ik zeggen dat ze bezwijken voor de aantrekkingskracht. Het is in de meeste gevallen geen echte liefde. Het is een risico van het vak. Een deel van je wordt het personage, en je gedraagt je zoals het personage zich zou gedragen. Dan kan het gebeuren dat je vatbaar wordt voor de charmes van je tegenspeler.

Mijn vatbaarheid werd versterkt door het feit dat Elliott en ik problemen hadden. Heel grappig eigenlijk: hij hield van gokken, net als Nick Arnstein. Maar in werkelijkheid was het niet zo grappig. Ik had geen ervaring met dat soort zaken. Ik wist niet hoe ik hem kon helpen. De voorstelling eiste al mijn tijd en aandacht op. Het was mijn eerste hoofdrol. Ik ging er helemaal in op en werd steeds closer met Sydney.

Uiteindelijk staat acteren gelijk aan geloven. Ik ging geloven dat ik was gevallen voor Sydney, omdat hij voor mij viel.

Als je buiten de stad bent, is het alsof je in een andere wereld leeft. De hotelkamer is je thuis, dat maakt alles al licht surrealistisch. Maar tegelijkertijd is het hyperrealistisch, alsof alles wat je denkt, doet en voelt te maken heeft met het stuk. Je bent niet samen met je wederhelft en voelt je meer betrokken bij je personage dan bij het leven dat je hebt achtergelaten. Jij en het personage worden één, jullie smelten samen.

Je begeeft je op verraderlijk terrein.

Allan kwam ook naar Boston, want de show was nog volop in ontwikkeling en zijn mening was belangrijk voor me. Hij zat op het balkon zodat niemand zag dat hij er was. Hij verbleef in een ander hotel dan Garson, Ruth en ik.

Ik was op een dag in de lobby toen Ruth een groot pakket kwam halen dat voor het echtpaar was bezorgd. Ze vertelde dat ze altijd hun eigen lakens en kussenslopen meenamen als ze op reis waren en dat ze die net als hun kleren naar New York stuurden om te worden gereinigd door hun huishoudster, die ze daarna weer retour stuurde.

Wat zegt ze nou?

De Kanins waren wereldrecordhouders smetvrees. Ze vertrouwden de wasserijdienst van het hotel niet en lieten hun spullen liever in hun eigen water wassen door vertrouwde handen en met hun favoriete wasmiddel. Ik stond ervan te kijken. Ik was onder de indruk, maar ik vond het ook een beetje geschift.

De première in Boston zal ik nooit vergeten. Er woedde een enorme sneeuwstorm. Er waren wegen afgezet, er werden vluchten gecanceld. Elliott kon komen, maar mijn nieuwe agent David Begelman was gestrand en miste de voorstelling. Elliotts agent Sue Mengers had ook een cliënt in de cast: Kay Medford, de lieve dame die mijn moeder speelde en die me heel dierbaar was. Ze had altijd haar hond bij zich. Hij leek op Sandy, de hond uit de cartoons van *Little Orphan Annie*. Hij was haar trouwe metgezel. Het was heerlijk dat Kay dat rolletje had gekregen. Ze maakte er iets onvergetelijks van. Het was wonderbaarlijk hoe ze de zaal kon laten lachen met een doodgewoon tekstregeltje.

Ook Sue haalde Boston die avond niet. Misschien hadden zij en David geboft. De show duurde vier uur, er kwam geen einde aan. Het doek viel pas na middernacht. Het kwam de geloofwaardigheid van het verhaal vermoedelijk ook niet ten goede dat de met tape tussen mijn borsten bevestigde microfoon op een gegeven moment signalen van de politieradio oppikte, en wel zo luid dat de mensen op de voorste rijen het konden horen.

Maar de show had nog veel ergere problemen. De recensies waren gemengd, maar iedereen was het erover eens dat het tweede bedrijf een enorme domper was. Het werd met de dag duidelijker dat Garson het niet kon oplossen. Er heerste een gespannen sfeer. En terwijl dat allemaal speelde ging Garson op een middag tijdens een repetitie naar het balkon, waar hij Allan zag zitten met een notieblok en een pen.

Garson was woedend. Hij rende naar beneden en ging in de lobby de confrontatie aan met Marty.

'Waar haal je het lef vandaan om een acteerdocent te halen? Ik ben hier de regisseur!'

Als Marty het verhaal vertelt, beschrijft hij dat hij steeds keek naar een adertje dat in Garsons voorhoofd klopte en almaar groter werd naarmate Garson bozer en bozer werd. Marty deed een stap naar achteren, bang als hij was dat het adertje zou springen.

Een van de redenen waarom Marty al bijna zestig jaar in mijn leven is, is zijn uitzonderlijke wijsheid. Hij weet precies wanneer hij de strijd moet aangaan om te krijgen wat hij wil. Hij gooide geen olie op het vuur, maar liet Garson uitrazen. Toen Garson uiteindelijk afdroop, zat Marty met bepaalde vragen. Hoe was Garson het te weten gekomen? Allan was extreem voorzichtig geweest: hij was elke dag in het theater gearriveerd voordat Garson kwam en pas weggegaan als Garson al lang en breed was vertrokken. Dat was niet zo moeilijk, want Garson was een gewoontedier. Je kon op zijn komen en gaan de klok gelijkzetten en hij verliet zelden zijn stoel. Waarom was hij opeens naar het balkon gegaan?

Allan dacht dat hij misschien de akoestiek wilde checken, maar dat zou de eerste keer zijn geweest.

Toen zei Ray tegen Marty: 'Ik heb gehoord dat je mot hebt gehad met Garson. Wat is er gebeurd? Heeft hij ontslag genomen?'

Het kwartje viel.

Iedereen wist dat de show in de problemen zat. Het lag voor de hand dat Ray Jerry had benaderd over de mogelijkheid dat hij zou terugkeren om de problemen op te lossen. Maar dan moest Ray twee regisseurs betalen. Tenzij Garson op wonderbaarlijke wijze zijn biezen zou pakken.

Had Ray Garson getipt dat Allan op het balkon zat?

Als dat al zo was, werkte het niet. Garson nam geen ontslag en Allan bleef met toestemming van Ray op het balkon zitten. Garson moest maar doen alsof hij het niet wist.

In de eerste week van februari gingen we naar Philadelphia voor meer try-outs. De voorstelling was nog altijd verre van perfect en Ray begreep dat hij niet meer kon wachten op een wonder. Op 19 februari verliet Garson abrupt de productie en keerde Jerry terug.

Ik was dolblij. Eindelijk had ik een regisseur die ik vertrouwde, een man met wie ik graag samenwerkte. Jerry had een briljant theaterbrein. Hij dacht in beelden en begreep alle aspecten van een voorstelling. Hij kon gedetailleerd uitweiden over de motivatie van een personage en uitleggen waarom een bepaald lichtfilter niet de juiste kleur had. Hij was een verhalenverteller bij uitstek. Hij herkende de waarheid als hij die zag of voelde in het spel van een acteur. En als die waarheid er nog niet was, kon hij je helpen die te vinden. Ik hoorde dat hij had gezegd: 'Streisand is inmiddels zo goed dat ik wil dat de rest van de voorstelling hetzelfde niveau haalt.'

Het is op alle fronten touwtrekken.

De mafkees is oogverblindend. Haar schoonheid, samengesteld uit onmogelijk onconventionele gelaatstrekken, verbijstert. Haar bewegingen zijn bizar wild en volledig elegant. Haar lichaam is een verzameling ongemakkelijke hoeken en sensuele rondingen. Het rekt zich knetterend uit en lijkt zich te verlengen als de schijnwerpers aangaan. Haar El Greco-handen hebben Siamese danskunst en de antennes van insecten bestudeerd. Ze gesticuleert om zich heen, besprenkelt haar omgeving met buitenissige patronen, maar elke beweging is een volstrekt nauwkeurige ruimtelijke compositie.

Haar afstandelijkheid is net zo krachtig als haar passie. Het kind is ook de vrouw. Je wilt het kind beschermen en de vrouw behouden. Ze komt op je af met een tartende onafhankelijkheid, maar communiceert de dringende behoefte aan bewondering en goedkeuring. Ze lacht om sexy te zijn. Ze is sexy. Ze stelt je op de proef met kinderlijke koppigheid, onstuimigheid en verwaandheid, erkent dat je gelijk hebt zonder het toe te geven en weet alles in balans te houden met kunstzinnigheid en gratie...

> *Ze komt vaak te laat bij repetities, lukraak gekleed in een no-nonsense-outfit, haar haar onder een pet geduwd. Ze accepteert de twaalf pagina's nieuw materiaal voor de voorstelling van die avond en bestudeert ze terwijl ze de helft van het broodje wegwerkt dat ze van je heeft gebietst en een paar slokken van andermans cola. Ze berekent tijdens het lezen als een simultaantolk wat het effect van al die aanpassingen zal zijn op de emotionele en lichamelijke patronen, haar posities op het podium, de kostuums, het opkomen en afgaan, enzovoort. Als ze klaar is met lezen, reageert ze onmiddellijk en fel – wat ze er ook van vindt – en komt ze niet meer terug op haar mening. Die dag in elk geval niet meer. Tijdens repetities verkent ze op haar rommelige, onderzoekende, grillige manier haar grenzen. Ze durft overal heen te gaan, alles te proberen. Je kunt haar nooit ergens op vastpinnen. In een repetitie van enkele uren heeft ze afgetast en bedacht wat ze moet doen, maar wat er op het podium gaat gebeuren wordt elders overwogen: achter haar ogen en in haar vezels. Die avond zien we op het podium geen chaotisch, morsig meisje, maar een tovenares die zonder enige aarzeling alle veranderingen moeiteloos afwerkt en een spoor van spartelende collega's achterlaat.*
>
> Jerome Robbins

Stel je voor hoe het was om de ogen van die man op je gericht te hebben. Voor zowat de eerste keer in mijn leven voelde ik me gezien. Dat gevoel had nog geen enkele regisseur me gegeven.

De première in New York, die al een keer was uitgesteld, werd opnieuw uitgesteld om Jerry meer tijd te geven. Hij haalde de hele voorstelling uit elkaar en voegde de onderdelen weer samen. Het gevolg? Alles werd sneller, scherper, origineler. Iedereen werkte zich in het zweet om zijn veranderingen uit te voeren.

Het was zo ontzettend stimulerend om met Jerry samen te werken! Daarom hou ik zo van het proces, meer nog dan van het eindresultaat. Hij dwong me om echt na te denken. Het was alsof we elke dag een ander stuk speelden. Ik voelde bij elke voorstelling de adrenaline door mijn lijf jakkeren. Sommige mensen waren uitgeput, het werd ze te veel. Ik bloeide juist op. Peter

Daniels, die was aangesteld als assistent-dirigent, zei altijd dat ik op mijn best was in 'oorlogssituaties'. En Sydney maakte me het hof zoals Nick Fanny het hof maakte. Dat maakte onze scènes een stuk opwindender.

Ik had het gevoel dat ik elke vezel van mijn lijf gebruikte. Met Jerry als creatieve partner zag ik al mijn scènes met nieuwe ogen. Hij begreep mijn manier van werken. Hij was een van de eerste leden geweest van de Actors Studio, die was opgericht door zijn vrienden van The Group Theatre: Robert Lewis, Elia Kazan en Cheryl Crawford. We spraken dezelfde taal. Als ik het over sense memory had, of de andere technieken die deel uitmaken van The Method, begreep hij waar ik het over had.

Jerry was blij met mijn idee om te blaffen tijdens Fanny's eerste ontmoeting met Nick en kwam met een idee: hij stelde voor dat Nick terug zou blaffen. Dat had grappig kunnen zijn. Maar we hebben het geprobeerd en om een of andere reden werkte het niet. Misschien was het niet elegant genoeg voor Nick (en Sydney).

Ik ben gek op mensen met ideeën. Als Jerry sprak, dan luisterde je. Hij had een magnetische aantrekkingskracht en een aangeboren kennis, smaak en integriteit die je zelden tegenkomt.

Jerry analyseerde het stuk en zag iets essentieels. 'Het verhaal draait om Fanny,' zei hij. Het publiek was betrokken bij haar verhaal. Maar telkens als de focus verschoof naar Nick, werd die connectie verbroken. Je merkte dat het publiek onrustig werd. De opwinding die we hadden opgebouwd, die culmineerde in het enthousiasmerende 'Don't Rain on My Parade' aan het einde van het eerste bedrijf verdampte in het tweede. Dat lag gedeeltelijk aan het verhaal, dat deprimerend werd omdat het huwelijk van Fanny en Nick op de klippen liep. Maar alleen Fanny probeerde de relatie in stand te houden. Zij belichaamde het momentum, en dat betekende volgens Jerry dat de focus bij haar moest blijven.

Hij voerde een reeks operatieve ingrepen uit en schrapte een aantal liedjes en scènes met secundaire personages om de vaart erin te houden. Dat kon ik begrijpen. Maar ik zag ook dat hij fors in Sydneys scènes hakte en zelfs zijn solonummers verwijderde. Verdorie, dacht ik. Dat waren ongeveer de enige momenten dat ik niet op het podium was, mijn enige adempauzes. Ik vond het naar dat die verdwenen en maakte me zorgen: wat zou Sydney ervan vinden? Ik miste vooral 'Sleep Now, Baby Bunting', het liedje dat Nick zong voor onze dochter. Het was een interessant moment voor Sydney, dat hem de kans gaf iets te laten zien van zijn innerlijke strubbelingen. Zijn liefde voor zijn dochter tegenover de wrok die hij voelt voor Fanny, die op het podium een fortuin verdient dat hij weer verspeelt in casino's en op de renbaan.

Jerry had duidelijke ideeën over de dynamiek tussen Fanny en Nick. Logisch, want hij had maandenlang met Isobel aan het script gewerkt. Hij zei: 'Dit verhaal gaat over een sterke vrouw die om zich vrouw te voelen kiest voor een elegante, liefhebbende, maar zwakke man. Haar kracht gaat ten koste van zijn liefde en mannelijkheid en richt die uiteindelijk ten gronde.'

De eigenschappen die ze aanvankelijk aantrekkelijk in elkaar vinden, zijn ook de eigenschappen die het einde van hun relatie onvermijdelijk maken. Jerry legde uit: 'Nick voelt zich aangetrokken tot Fanny omdat ze al die dingen is die hij niet is. Zijn hele leven is een act, maar dat geeft hij niet toe. Hij is niet bereid om het harde werk te doen dat hij moet doen om zijn doelstellingen te verwezenlijken. Fanny weet juist heel goed wat hard werken is. Ze is erg realistisch. Nick denkt dat hij toch waardevol moet zijn als iemand die zo eerlijk en authentiek is in hem gelooft.'

Zulke karakteranalyses had Garson ons nooit gegeven.

Je weet nooit welke dingen je kunnen helpen om een beter inzicht te krijgen in je personage. Toen we op een dag bespraken waarom Fanny bij Nick blijft, zei Jerry: 'Nick is bang voor wat hij vanbinnen is, en hij wil worden bemind om hoe hij overkomt. Zij is bang voor wie ze aan de buitenkant is en wil worden bemind om wat ze vanbinnen is.'

Ik wist niet wat ik daarvan moest vinden. Iedere vrouw wil om beide aspecten worden bewonderd, denk ik. Maar het was Jerry, dus het leverde in elk geval een zinnige discussie op.

Eindelijk had ik een regisseur die me na elke voorstelling vertelde wat ik goed en minder goed had gedaan. Zijn kritiek kon heel specifiek zijn:

'Eerder op de vloer in kleedkamer Keeney voor eerste ontmoeting met Nick.'

'Te ruw. Sadie, pak het eleganter aan, als een revuemeisje.'

'Doe alsof je rozen ruikt.' Wat een heerlijke gedachte.

'Kijk voor "Ben je van plan avances te maken" naar de chaise longue.'

Jerry was een meester in de choreografie van comedy. 'You Are Woman, I Am Man', het liedje in de verleidingsscène, was aanvankelijk een solonummer van Nick. Maar het kwam niet uit de verf en Jerry had een idee. Hij vroeg Jule en Bob een tegenmelodie te schrijven met een tekst die duidelijk maakt wat Fanny op dat moment denkt. Die verwerkten we de volgende dag in het nummer en het publiek moest hard lachen.

Isobel bracht alle veranderingen aan waar Jerry om vroeg en het viel me op dat ze in mijn spraakritme was gaan schrijven. Langzaam maar zeker gingen mijn karakter en die van het personage steeds meer in elkaar op. Jerry besloot er gebruik van te maken, want hij vond dat het de show ten goede kwam.

'Ik ben geen bazig type' – dan een lach – 'maar jij wel, dat weet je best.'

Jerry en ik hadden dezelfde manier van werken. We waren altijd, of we nu drama deden of comedy, op zoek naar de waarheid. Het genre maakte niet uit, het moest altijd de waarheid zijn. Hij begreep dat ik mijn eigen manier had om die waarheid te vinden. Hij probeerde me nooit in een hokje te stoppen.

Zoals ik voor elke scène in het moment wilde zijn, zo had ik ook voor elke song mijn vrijheid nodig. De tekst en muziek veranderden natuurlijk niet. Maar ik speelde soms, afhankelijk van mijn stemming, met de frasering. Ik had dus behoefte aan een dirigent die me kon volgen. Hij moest aanvoelen waar ik was en wat ik die avond voelde. Hij moest met me in het moment zijn.

Dat waren niet bepaald de sterke kanten van Lehman Engel, de dirigent van *I Can Get It for You Wholesale*. Hij kwam op een avond na de voorstelling naar mijn kleedkamer; ik zal wel weer hebben geëxperimenteerd met de timing van 'Miss Marmelstein' en een paar noten hebben geïmproviseerd.

'Barbra, lieve schat. Mag ik je iets vragen?'

'Ga je gang,' zei ik, terwijl ik me afschminkte.

'Heb je enig idee hoeveel mensen er in het orkest spelen?'

'Hm... Ongeveer vijfentwintig misschien?'

'En weet je wat die mensen hun hele leven hebben gedaan?'

'Wat dan?'

'Ze hebben gewacht op de kans om voor jou te spelen.'

Dat snapte ik niet. 'Lehman, wat bedoel je?'

'Hoe kunnen ze voor je spelen als ik niet weet wat je gaat doen?'

Ik stopte met afschminken en keek hem aan. 'Mag ik jou nu een vraag stellen?'

'Natuurlijk.'

'Wat doe je als ik daar sta te acteren?'

'Naar jou kijken.'

'Precies! Jij kunt meer naar mij kijken dan ik naar jou. Dus ik vrees dat jij mij zult moeten volgen, want andersom lukt het niet. Tenzij jij het liedje wilt zingen. Dan dirigeer ik het orkest wel.'

We zijn nooit echt vrienden geworden.

Ik was dan ook enorm blij met Milton Rosenstock, die de dirigent was geweest bij *Gypsy* van Jule en andere fantastische musicals en ook weer zo goed was bij *Funny Girl*. Hij was als een vader voor me; een lieve, vriendelijke man met een prachtige grijze snor en baard. Hij kwam elke avond naar mijn kleedkamer om in een ontspannen sfeer de voorstelling na te bespreken voordat we naar huis gingen.

Hij zei dingen als: 'Wat deed je aan het einde van "Don't Rain on My Parade"? Je zong veel sneller.'

'Klopt. Wat vond je ervan?'

'Het werkte goed. Voelde je de opwinding niet?'

Milt was de eerste die me liet zien wat een fantastische dirigent kan doen, en ik wil hem daarvoor bedanken. Hij was een heerlijke muzikale partner. Peter Daniels was mijn eerste, Marvin Hamlisch was een andere, en vandaag de dag is Bill Ross mijn favoriete dirigent omdat we zowat in hetzelfde ritme ademhalen.

Na twee maanden buiten de stad gingen we in maart eindelijk terug naar New York voor drie laatste weken van try-outs in het Winter Garden Theatre. Jerry bleef tot het allerlaatste moment veranderingen aanbrengen. Op 26 maart, de avond van de première, stonden Sydney en ik vlak voordat het doek opging een nieuwe versie van de slotscène te repeteren. We hadden al eenenveertig versies ingestudeerd, die uiteindelijk alle waren geschrapt. We hadden de net getypte vellen papier een uur voor de voorstelling in handen geduwd gekregen. Toen we de scène die avond speelden, was het de eerste keer dat we die deden voor een publiek. Die tweeënveertigste versie was een blijvertje. Ook tweeënveertig is een van mijn geluksgetallen.

Ze applaudisseerden al voordat het doek naar beneden kwam. Er kwam een staande ovatie en we schijnen drieëntwintig keer te zijn teruggekomen om te buigen. Drieëntwintig lijkt me overdreven, maar mijn herinneringen zijn wazig. Ik kon alleen maar denken dat het project waaraan we zo hard hadden gewerkt nu af was; het verhaal, de liedjes, de show, de voorstelling. Dat was het dan. We hadden de première achter de rug. Ik weet niet eens of ik gelukkig was. Ik voelde geloof ik niet veel.

Ik ging naar mijn kleedkamer. Ik moest me omkleden voor het feest dat Ray had georganiseerd in de Rainbow Room, maar er kwamen steeds mensen om me te feliciteren. Ik werd omhelsd en gekust door Jerry, Jule, Milt, Isobel, en Ray, en Marty, en Elliott. Sydney had me voor de voorstelling onder vier ogen een paar oorbellen van Cartier met diamanten en smaragden gegeven. Ik was geschokt. Wat een extravagant cadeau! Nu dacht ik: verdorie. Hoe kan ik die oorbellen ooit aan mijn man laten zien? Wat zou hij ervan vinden? Hij zou waarschijnlijk vragen stellen die ik niet wilde beantwoorden.

En nu moest ik daar gaan staan, naast Elliott, terwijl Sydney er ook stond met Noelle, zijn mooie Franse echtgenote, die net zo lief was als haar naam klonk. Wat had ik mezelf in de nesten gewerkt! Ik dacht: zo goed kan ik nu ook weer niet acteren. Ik kan beter bij hem uit de buurt blijven.

Ondertussen werd de rij voor mijn deur steeds langer. Ik heb gehoord dat Goddard Lieberson er was. Ik weet ook dat ik een foto heb die die avond is genomen van Ethel Merman en mij in mijn kleedkamer. Maar ik kan me niet eens alle gezichten herinneren. Iedereen gaf me heerlijke complimentjes, maar die wilde ik niet horen. Ik vroeg Elliott of hij Allan en Anita wilde opsnorren, want ik wilde weten wat Allan te zeggen had. Was er misschien iets aan mijn spel die avond wat hem niet beviel? Had hij verbeterpunten?

Toen mijn kleedkamer eindelijk leeg was, trok ik een zwarte fluwelen jurk van Don Loper aan die ik had gekocht in een winkel in Beverly Hills. De bandjes en het lijfje waren afgezet met zwart satijn en de jurk had een bijzondere halslijn die niet afzakte in de richting van de borsten, maar juist omhoogging naar een kleine piek in het midden. Heel simpel, vond ik, als een standbeeld of een schilderij van John Singer Sargent, mijn persoonlijke variant van *Madame X*. De interne constructie was ook prachtig, met een lijfje met baleinen. Ik zag er heel slank uit in die jurk. Kijk mij nou weer: ik herinner me meer over de jurk dan over het feest.

Dat was al volop bezig tegen de tijd dat Elliott en ik in Rockefeller Center aankwamen, op de vierenzestigste verdieping uit de lift stapten en door de volgepakte balzaal liepen. Ik hield me stevig vast aan zijn arm, want ik werd verblind door felle tv-lichten en flitscamera's. De verslaggevers duwden hun microfoons in mijn gezicht. Mensen bepotelden me en graaiden naar mijn fluwelen mantel uit de jaren dertig. (Ik had er vol bewondering naar gekeken bij het kostuumbedrijf en gevraagd of ik de mantel kon kopen, maar dat mocht niet. Ik was dus extra verrast en blij toen ik hem van Ray cadeau kreeg.)

Plotseling zag ik wat succes en roem of hoe je het wilt noemen eigenlijk inhield. Ik werd er niet vrolijk van.

Ik luisterde laatst naar een radio-interview dat ik die avond heb gedaan met de sympathieke journalist Fred Robbins. Ik zie zijn vriendelijke gezicht nog voor me. Zijn neus stond een beetje scheef. Hij vroeg opgewonden: 'Wat betekent deze premièreavond voor je, Barbra?'

Je zou denken dat ik net zo uitgelaten was als hij, maar ik was kalm en ingetogen. Ik klink doodmoe. Ik was opgelucht dat we de lange aanloop achter de rug hadden, maar nu werd ik geconfronteerd met een onontkoombaar feit dat ik tijdens de chaotische voorbereidingen op de première over het hoofd had gezien: dat ik achttien maanden lang elke avond op dat podium moest gaan staan om steeds weer hetzelfde te doen. Het was als een lange gevangenisstraf.

Ik stond oog in oog met de harde werkelijkheid. De teleurstelling. Ik hoefde geen scènes meer te leren, geen aanpassingen meer te doen.

Dat is waarschijnlijk waarom ik niet erg enthousiast klonk toen ik tegen hem zei: 'Ik weet het niet. Je kunt vreemd genoeg niet zeggen dat ik mijn hele leven op deze avond heb gewacht. Het is een avond... Aan de ene kant heerlijk, aan de andere kant... Dit is een van de vele dingen die ik wil doen.'

'Was de uitvoering van vanavond anders? Opwindender misschien dan alle andere?'

'Nee... Minder.'

'Waarom?'

'Het publiek bij premières heeft alles al gezien, ze komen om te oordelen, weet je wel. En als mensen komen om te oordelen... dat werkt remmend. Dan komt er druk op te staan. Ik haat premières. Vreselijk gewoon.'

Ja hoor, ik deed het weer. Ik moest weer zo nodig zeggen wat ik echt dacht tegen iemand die me gewoon blij wilde horen babbelen. Ray Stark zei trouwens tegen dezelfde verslaggever dat het publiek 'ouder' was dan wat we gewend waren. Godzijdank hadden we Jule, die in zijn interview oprecht opgewonden klonk: 'We hebben liedjes geschreven en vanavond heeft Barbra Streisand ons laten horen hoe ze moeten worden gezongen. Die meid is uniek, dat meen ik echt. Niet nep, maar helemaal eerlijk. Ze is een van de beste zangers die ik ken, en ik heb alle groten gehoord.'

Ik heb nog niet de helft gezien van alle mensen die er die avond waren. Ik herinner me wel Jason Robards en Lauren Bacall, die lief en enthousiast waren, en goedgekleed. Ik kon nog niet weten dat ik ooit met hem zou samenwerken in een tv-special en dat ik haar zou regisseren in een rol waarvoor ze een Oscar-nominatie kreeg.

Ik stond versteld van haar fantastische spel. Ik dacht: wat doe ik eigenlijk nog? Ze is eenentwintig en heeft zoveel talent en klasse.

JASON ROBARDS

Ik zag meteen: ze is de beste die ik ooit heb gezien. Ze kan acteren, ze kan zingen, ze heeft charisma. Dan ben je een ster.

LAUREN BACALL

Ik heb foto's gezien van Bette Davis en Angela Lansbury, en nu vraag ik me af waarom ik hen niet heb ontmoet. Dat zou ik heerlijk hebben gevonden. Marty vertelde me dat Bette Davis een paar dagen later als gast in *What's My Line?* had gezegd: 'Ik geloof dat ik hoteldebotel verliefd ben op Barbra Streisand. Ik heb nog nooit zoiets goeds gezien. Mijn mond viel open van bewondering.'

Ik zou willen dat ik de kans had gekregen om met haar te spreken. Ik was dol op haar films. Maar ik hield me op de vlakte en probeerde zo veel mogelijk te ontkomen aan interviews. In tegenstelling tot mijn moeder, die natuurlijk stond te popelen om voor de camera's te verschijnen.

'Nou, mama Streisand, wat vindt u van deze hele affaire?'

'Ik ben enorm blij.'

'Waar heeft ze al dat talent vandaan?'

'Het zingen heeft ze van haar moeder en het acteertalent heeft ze ook van haar moeder. Haar intelligentie heeft ze geërfd van haar lieve vader, die een PhD had en een fantastische docent was die talloze leerlingen heeft geholpen hun zelfrespect te vinden. Hij was plaatsvervangend schoolhoofd van Elmira Reformatory.'

Het was duidelijk dat mama met volle teugen genoot.

Ik kan soms een beetje toondoof zijn. Toen Fred Robbins vroeg of ik me in mijn 'stoutste dromen' had kunnen voorstellen dat zoiets als dit me ooit zou overkomen, antwoordde ik: 'Natuurlijk.'

Ik begrijp dat sommige mensen dat arrogant vinden, maar ik probeerde eerlijk te zijn. Ik heb altijd het gevoel gehad dat ik beroemd zou worden. Ik wist het al vanaf die keer dat ik in mijn deuropening naar mijn niet-opgemaakte bed stond te staren. Ik had een visioen. Ik denk weleens dat ik het allemaal met mijn wilskracht tot werkelijkheid heb gemaakt. Ik wilde als jong meisje al actrice worden en ik vond dat het moment was gekomen dat de wereld zou overeenstemmen met mijn dromen.

De aanvragen voor interviews en tv-optredens stroomden binnen. Ik werd elke avond bij de artiesteningang opgewacht door mensen die om mijn handtekening bedelden. Er waren zelfs fans die me volgden. Op een regenachtige dag legde een jonge fan zijn jas voor me over een plas regenwater alsof ik een prinses was. Schokkend vond ik dat. Ik zei dat hij zijn jas moest pakken en dat nooit meer moest doen. Voor niemand.

Ik dacht dat ik na *Wholesale* al veel aandacht had gekregen, maar dat viel in het niet bij wat er nu gebeurde. Een paar weken na de première van *Funny Girl* stond ik op de cover van *Time* en weer een paar weken later op de cover van *Life*.

Volgens Ray vertaalde publiciteit zich rechtstreeks in kaartverkoop. Ik deed tientallen interviews. De verslaggevers konden hun geluk niet op, want ik had nog altijd niet geleerd dat ik moest nadenken voordat ik mijn mond opentrok.

Ik zei tegen iemand van *The New York Times:* 'Ik zit in een grote musical, en het zal me na een poosje wel de keel gaan uithangen. Als je iets keer op keer doet, verdwijnt de uitdaging. Maar het is leuk zolang het duurt. Ik heb altijd geweten dat ik rijk en beroemd zou worden. De beste. Ik wist dat ik nooit middelmaat zou kunnen zijn.'

Ik ga door de grond als ik die artikelen nu lees. Heb ik die dingen echt gezegd?

Misschien zei ik het voor de grap, maar ik denk het niet. Die uitspraken zien er op papier, als je niet hoort hoe ik ze zei, ontzettend verwaand uit. Ironisch eigenlijk, want zo voelde ik me niet.

De loftuitingen stroomden binnen, maar ik had een voorgevoel over wat me te wachten stond.

Ik was niet meer de underdog, die malle meid voor wie iedereen sympathie voelde. Ik was nu een doelwit.

Een vrouwelijke verslaggever opende het offensief in een artikel in *Life*. Waarom maken vrouwen elkaar altijd het leven zuur? Is het jaloezie? Hoe dan ook, deze vrouw was gemeen. Ze schetste een beeld waarin ik mezelf niet herkende en legde me woorden in de mond die ik zeer zeker niet had gezegd.

De wittebroodsweken waren voorbij.

De pers was aardig voor me geweest toen ik een maf, mager meisje uit

Brooklyn was, toen ik tweedehands kleren droeg en in kleine clubjes zong. Maar toen kwamen *Wholesale* en mijn albums en *Funny Girl* en verzonnen ze een nieuw verhaal. Ik was het lelijke eendje dat op een of andere manier was veranderd in een zwaan. We zijn allemaal groot geworden met sprookjes. Wie houdt er nu niet van een goed Assepoester-verhaal?

Maar ze konden het niet laten en begonnen af te geven op het fantasiebeeld dat ze zelf hadden gecreëerd.

Ik raakte gedeprimeerd van die interviews. Waarom zou ik mijn tijd verspillen als ze toch niet publiceerden wat ik had gezegd? Waarom volstond de waarheid niet? Ik zag al snel in dat je alleen maar meer aandacht trok als je probeerde een verhaal te corrigeren. Dat was niet het soort aandacht dat ik wilde. Ik wilde niet dat ze me zo nauwlettend in de gaten hielden. Ik had het gevoel dat ze me hadden vastgepind op een snijtafel, dat ze me hadden opengesneden en bestudeerd.

Ik had me iets heel anders voorgesteld bij mijn roem.

Je moet bedenken dat ik van nature negatief was ingesteld. Mijn moeder had een negatieve kijk op het leven, en ik was haar kind. De wereld had haar teleurgesteld. Haar eerste man was overleden. Haar tweede man had haar verlaten. Ze geloofde niet meer in dromen. Niet in haar eigen dromen en ook niet in de mijne.

Toen ik op de premièreavond van *Funny Girl* mijn moeder zocht in het publiek, was ze er niet. Toen ik later vroeg waarom ze niet op haar stoel zat, zei ze: 'Ik was te nerveus. Ik ben een eindje gaan wandelen.'

Ze had mijn voorstelling gemist. Mijn moeder had me alweer niet zien optreden.

Ik voelde als kind nooit haar goedkeuring. Ze steunde me niet in mijn dromen. Ik kan me niet herinneren dat ze me ooit een compliment heeft gegeven. Toen ik haar een keer naar de reden vroeg, zei ze: 'Ik wilde niet dat je kapsones zou krijgen.' Dat was blijkbaar haar filosofie: 'Overlaad je kinderen niet met lof.' Ik was niet gewend aan complimentjes. Zo gek was het dus niet dat ik het applaus niet vertrouwde.

Ik wist niet hoe ik moest reageren. 'Dank je wel' zeggen, vermoed ik. Ik was altijd enigszins gegeneerd. Toen ik nog in nachtclubs zong, ging ik meteen door met het volgende nummer. Alsof ik bang was om te erkennen dat ze voor me klapten. God verhoede dat ik ervan zou genieten. En ik wilde al helemaal niet het risico lopen dat ik te lang zou wachten en dat het applaus zou wegebben.

Bij *Funny Girl* applaudisseerde het publiek al als ik het podium betrad. Dat vond ik pas ongemakkelijk. Ik wilde zeggen: wacht nou, ik heb nog helemaal niets gedaan!

Als je applaus kon krijgen zonder dat je iets had gedaan, wat was het dan waard?

De recensenten vonden me fantastisch. Maar wat betekent dat eigenlijk? Ik had geen idee. Ik hoopte dat ik een goede actrice was en ik vond dat ik goed kon zingen. Maar de critici gingen maar door. Kim Skalecki, die in 1977 begon als mijn assistent en tegenwoordig mijn archieven beheert, liet me de recensies zien. Geen wonder dat ik zo reageerde.

Als New York Parijs was, zou Broadway tijdelijk kunnen overwegen zichzelf de Rue Streisand te noemen. Sommige sterren laten alleen de luifel oplichten, maar Barbra Streisand zet het hele theater in vuur en vlam. Haar profiel zou afkomstig kunnen zijn van een oeroud bas-reliëf uit de Nijlvallei, maar haar tong is geweekt in het asfalt van de spraakpatronen van de Lower East Side van Manhattan... Ze kan een frase van een liedje grommend en krakend tot stilstand laten komen of diezelfde frase lyrisch laten zweven als kringelende rook. Het is alsof ze haar tekst niet uit haar hoofd heeft geleerd, maar in haar hart heeft gekerfd... Actrice, nachtegaaltje, danseres, comédienne, imitator, clown. Ze is de nieuwste theaterster en ze heeft alles in huis.

TIME

Een van de recensenten schreef: 'Magnifiek, subliem, stralend, buitengewoon, elektrisch... Alle superlatieven schieten tekort om Barbra Streisand te beschrijven.' Dat was heel bevredigend om te lezen, maar dat gevoel verdween meteen weer. Toen dacht ik: hoe moet ik dat ooit waarmaken? Het publiek kwam voor een mooie voorstelling. Wat verwachtten ze? Hoe goed moest ik precies zijn? Wat zou er gebeuren als ik op een avond wat minder subliem was?

Ik wilde niemand teleurstellen.

Die twijfels heb ik nog steeds. De twee fundamentele eigenschappen van mijn karakter zijn een enorm zelfvertrouwen en een diepe onzekerheid. De onzekerheid voedt het zelfvertrouwen en het zelfvertrouwen voedt de onzekerheid. Ze gaan hand in hand. Brugh Joy, een arts die zich niet alleen op het lichaam richt, maar ook op de geest, vertelde me jaren later: 'Samen bewaken ze het evenwicht.'

Funny Girl veranderde mijn leven en presenteerde me aan de wereld. Ik speelde een jonge vrouw die aan het begin van haar carrière ongemakkelijk en onaantrekkelijk was. Dat was het personage, dus dat probeerde ik over te brengen. Maar ik was zo overtuigend dat mensen het personage gingen verwarren met mij. De titel, de dialogen, en het eerste nummer, 'If a Girl Isn't Pretty' maakten zoveel werk van het feit dat Fanny er grappig uitziet (voor de goede orde: het was al geschreven voordat ik de rol kreeg) dat het publiek het zo ging zien en dat over mij ging geloven.

Slechts een enkeling, zoals Isobel Lennart, had oog voor de discrepantie. In datzelfde stuk voor de Friars Club schreef ze:

> *Hoe zou je het vinden als je een libretto had geschreven over een onknap meisje en er werd een onknap meisje gecast om haar te spelen, dat dan op de eerste avond dat ze een publiek heeft tijdens de première in Boston mooi wordt waar je bij zit? En dat ze bij elke voorstelling mooier wordt totdat ze tegen de tijd van de première in New York zonder enige twijfel een van de grootste schoonheden aller tijden is?*

Richard Burton en Elizabeth Taylor kwamen naar de voorstelling en namen me na afloop mee uit eten. Toen ik in de damestoiletten stond met Liz en Natalie Wood, twee beeldschone filmsterren, vroegen ze mij hoe ik mijn make-up deed. (Natalie is mijn lipgloss gaan gebruiken.)

Nog zo'n rare tegenstelling: dat 'onknappe meisje' stond in alle modebladen. In 1964 verscheen ik in drie verschillende nummers van *Vogue*, gefotografeerd door Cecil Beaton, Bert Stern en Irving Penn. Behoorlijk intimiderend, want Beaton was de officiële fotograaf van de Britse koningin! We hadden elkaar in 1963 al ontmoet in Basin Street East. Toen we in het najaar van dat jaar beiden in Los Angeles waren, vroeg hij of hij me mocht fotograferen. Ik was nerveus voor die shoot, dus ik kwam weer eens te laat, zo laat zelfs dat zijn assistenten al waren vertrokken. 'Wat jammer nou,' zei hij. 'En nu zijn we het licht kwijt.' Hij had me buiten willen fotograferen, maar het was al te donker. Hij heeft binnen nog een aantal schitterende foto's van me genomen door te focussen op wat hij mijn 'Cleopatra-profiel' noemde, met 'een moedige lijn van voorhoofd naar neus'. Zelfs de bult op mijn neus vond hij mooi! Zijn foto van me stond in het maartnummer, rond de tijd van de première.

Hoewel ik een ster was op Broadway, zag ik mezelf niet als een ster. (En nog altijd niet.) Ik vond het gewoon heerlijk om zoveel plakken meloen te kopen als ik maar wilde en alleen de rijpe stukken ervan op te eten. Het kwam niet eens bij me op om een auto met chauffeur te vragen zoals andere acteurs met hoofdrollen deden. Ik nam gewoon een taxi naar het theater, zo reisde ik naar mijn werk. En soms – best vaak eigenlijk – vertrok ik te laat uit mijn appartement. Dat was geen mooie eigenschap, dat geef ik toe. Maar ik wilde niet te lang in mijn kleedkamer zitten. Ik vond het fijn om op het podium te worden gekwakt en te dealen met de realiteit van het moment.

Dus dan stond ik op een straathoek om een taxi aan te houden, maar soms waren er geen taxi's te bekennen. Waar ik woonde, op West Ninety-Second Street, zag je soms weinig taxi's. En het was een heel eind naar de Winter Garden op West Fifty-First Street.

Soms raakte ik in paniek. Ik beende een keer met tranen in mijn ogen over Central Park West, wanhopig om het theater te bereiken. Ik heb een keer tegen het raam van een vrachtwagen geklopt die stond te wachten voor een stoplicht. 'Kunt u me misschien helpen? Ik speel de hoofdrol in een Broadway-show die niet kan beginnen als ik niet op tijd kom. Mag ik meerijden naar Fifty-First Street?' Ik ben ook een keer meegelift in een politiewagen.

Ik besloot dat ik geen keus had. Ik had echt een auto nodig, dus ik kocht een tweedehands Bentley uit 1959, die minder herkenbaar was dan een Rolls-Royce, maar een prachtige vorm had. En ik vond een glazen tiffanyvaas om achterin te zetten, voor bloemen.

Ik heb ongeveer twee weken lang een chauffeur gehad, maar dat was geen succes. Ik betrapte hem een keer toen hij zijn sokken waste in mijn gootsteen. Ik vond het bovendien gênant om in die auto te rijden. Ik besloot het risico te nemen dat ik van tijd tot tijd te laat zou komen en ging weer taxi's nemen, vooral voor de anonimiteit.

Lee Strasberg zat op een avond in de zaal en kwam na de voorstelling backstage. Dat was opwindend. Hij was een legende, de man aan wie ik in de metro al die (nooit verstuurde) brieven had geschreven over mijn kijk op acteren, de grote Method-expert. Hij kwam me complimenteren. Ik genoot ervan, maar ik vond dat ik iets op te biechten had.

'Lee, moet je horen, ik kom altijd te laat. Soms kan ik geen taxi vinden en dan sta ik net op tijd op het podium. Dan kom ik niet aan een voorbereiding toe. Ik weet dat een acteur zich moet voorbereiden, maar ik doe dat niet. Daar voel ik me schuldig over.'

Hij keek me aan en zei: 'Je niet voorbereiden is blijkbaar jouw manier van voorbereiden.'

Dat vond ik heel diepzinnig. En voor mij was het nog waar ook. In de eerste scène loopt Fanny het lege podium op. Ze blijft in het midden staan en kijkt het lege theater in. In werkelijkheid was het natuurlijk niet leeg, want het publiek zat er. Maar dat was mijn moment om mijn gedachten te ordenen en mijn balans te vinden. Mijn hele voorbereiding voltrok zich op het podium.

Ik leerde het publiek al te lezen voordat de voorstelling was begonnen. Er hingen speakers in mijn kleedkamer. Die hebben ze altijd in theaters, zodat de acteurs kunnen volgen wat er op het podium gebeurt en weten wanneer ze hun entree moeten maken. Ze kunnen ook alles horen wat er in de zaal gebeurt. Ik hoorde het ruisen van de kleren van het publiek als de mensen binnenkwamen en kon hun persoonlijkheden inschatten op basis van hun gesprekken en hun reacties op de ouverture.

Je moet namelijk weten dat elk publiek anders is. Op dinsdag- en donderdagavonden komen de echte theaterliefhebbers. Die zijn rustig en serieus. Dat vind ik het ideale publiek. Op vrijdag en zaterdag is de sfeer onstuimiger. Dan zitten er veel stelletjes, die lekker hebben gegeten en gedronken. Ze willen plezier maken. Ze hebben vaak meer belangstelling voor andere zaken dan voor het stuk. Bij de matinees op woensdag en zaterdag zijn er vooral veel vrouwen. Dan hoor je veel gebabbel en ruisende tassen, want de dames hebben geshopt. Ze zijn blij dat ze in het theater zijn en hebben zin om te lachen.

Als een publiek kwam om te genieten en een positieve instelling had, werkte ik harder. Die mensen hadden waardering voor wat ik deed, dus ik wilde graag iets teruggeven. Als ik een negatieve sfeer voelde, nam ik afstand. De meeste acteurs zouden proberen die mensen voor zich te winnen. Ik deed dat niet.

Ik was nog geen gevestigde ster, iemand die ze al vaak hadden gezien en die ze al goed vonden. De meeste mensen hadden over me gelezen of gehoord, maar ze hadden me nog nooit zien optreden. Er waren twee veelvoorkomende houdingen: 'Laat maar eens zien, want je kunt onmogelijk zo goed zijn als ze zeggen', en 'Ik sta te popelen om dit te zien, want ik heb gehoord hoe goed je bent'.

Ik merkte het verschil.

Natuurlijk was ik zelf ook elke avond anders. Als ik moe was, kon ik minder energie in de voorstelling steken. Het is geen eenvoudige opdracht om acht keer per week dezelfde rol te spelen met dezelfde vrolijkheid en energie. Ik hield van het theater, maar ik haatte het ook, al is dat misschien wat te sterk uitgedrukt. Ik hield ervan omdat ik de kans kreeg zoveel verschillende emoties te uiten en in de huid van een ander te kruipen. Maar het was ook frustrerend omdat het zo ongrijpbaar was, zo vluchtig. Je moet de magie elke keer weer creëren, avond na avond. Dat is niet altijd makkelijk.

En het werkt niet als je doet alsof. Sommige acteurs kunnen dat, maar ik heb geen idee hoe het moet.

En zien de mensen in de zaal het verschil?

Ja, op een of andere manier zien ze het. Ze voelen het. Ik heb altijd bewondering gehad voor het publiek. Stuk voor stuk zijn het misschien niet de slimste mensen, maar het collectief is geniaal. Ik zie het publiek als een waarheidsbarometer.

De relatie tussen acteurs en publiek is fascinerend. Het is balanceren op het slappe koord. Er zijn bepaalde regels die je nooit mag overtreden. Als de acteur de vierde wand doorbreekt en de balans tussen fantasie en werkelijkheid verstoort, verdwijnt de magie. Je moet in het moment zijn, goed luisteren, denken en reageren op wat er gebeurt. Ik weet nog dat ik diep onder de indruk was van een scène met Marlon Brando en Eva Marie Saint in *On the Waterfront*. Ik bedoel dat moment waarop ze haar handschoen laat vallen en hij die opraapt en zelf aantrekt. Dat vond ik zelfs als tiener een onvoorstelbaar onthullend gebaar. Ik voelde de waarheid ervan. Ik wist zeker dat het niet was gepland. Ik heb Marlon er jaren later naar gevraagd. Het stond inderdaad niet in het script. De handschoen viel en Brando reageerde zoals zijn personage dat zou doen. Zo creëerde hij een schitterend, teder moment.

Tijdens *Funny Girl* viel er op een avond een klerenhanger op de grond. Ook dat was niet de bedoeling. De vierde wand stond onder druk. Ik voelde dat het publiek zich afvroeg: hoort het erbij? Wat gaat ze doen? Gaat ze dat ding oprapen?

Als je doet alsof de klerenhanger er niet ligt, heb je een probleem. Want in het echte leven zou je hem altijd oprapen. Als je die realiteit uit het oog verliest, als je de klerenhanger negeert en doet alsof hij niet is gevallen, herinner je de toeschouwers eraan dat ze niet naar het echte leven kijken, maar naar een stuk. Dat beschadigt hun fantasie. Je kunt het publiek in een oogwenk kwijtraken, en zie ze dan maar weer terug te krijgen.

Ik werd steeds beter in het werken met een publiek en vond elke avond de emotionele waarheid in elke scène. Mijn vader gaf altijd gouden sterretjes aan mijn broer Shelly als hij zijn huiswerk goed had gedaan. Hoewel hij er niet meer was, verlangde ik naar die sterretjes.

En ik kreeg een ster, of het equivalent van een ster, dankzij een brief van Henry Fonda. Ik was al heel blij geweest toen hij me kwam opzoeken in de Cocoanut Grove, maar dit betekende nog meer voor me. Hij schreef:

> *Lieve Barbra,*
>
> ***Ik kon laatst niet backstage komen, en dat is maar goed ook. Ik zou je alleen maar in verlegenheid hebben gebracht.***
>
> ***Ik wist al dat je een fantastische zangeres bent – bedenk dat ik je grootste fan ben. Je kunt wat mij betreft geen kwaad doen, dus het zou me niet mogen verbazen dat je ook kunt acteren. Maar lieve hemel, zeg (om het een beetje beschaafd te houden). Je speelde het zo schitterend economisch (dat is hier het sleutelwoord) dat ik weer helemaal uit mijn bol ging.***
>
> ***Ik zou kunnen uitweiden over specifieke scènes, maar dan kun je die misschien niet meer onbevangen spelen.***
>
> ***Ik ben ongelooflijk trots op je. Ik zeg tegen mijn kinderen dat ze naar je moeten komen kijken, want ze kunnen veel van je leren.***
>
> ***Je bent beeldschoon. Ik hou van je.***

Ik koesterde die brief, net als die van Frank Sinatra, die had geschreven: 'Als ik gisteravond niet sprakeloos was geweest, zou ik hebben gezegd dat je magnifiek bent en dat ik van je hou.'

Tientallen jaren later, in 1993, vroeg Frank of ik 'I've Got a Crush on You' met hem wilde zingen voor zijn album *Duets*. Daarna stuurde hij me een gouden klok van Tiffany met een inscriptie met de tekst LOVE, FRANK en opnieuw een briefje:

Met jou zingen was als een droom die uitkwam. Nogmaals bedankt.

Al mijn liefde,
Francis Albert

Ik zag Frank later dat jaar in Las Vegas, toen ik bezig was met de voorbereidingen op mijn show in het MGM Grand en hij ergens in de buurt optrad. Marty en ik hebben na zijn show met hem gesoupeerd en we hebben Don Rickles zien optreden. Mijn bijzonderste herinnering aan Frank is van veel eerder in mijn carrière, toen ik hem op een feest tegen het lijf liep en hij zei: 'Meid, als iemand je ooit problemen bezorgt... Je hoeft me maar te bellen. Dan regel ik het voor je.'

Wow! Hij stond in de startblokken om me te beschermen. Gelukkig heb ik hem nooit hoeven bellen.

Terug naar *Funny Girl.*

Ik vond het inmiddels absurd dat ik het zover had laten komen met Sydney. Zoals veel mannen die te vaak te horen hebben gekregen hoe charmant ze zijn hoorde hij zichzelf graag praten, en hij vertelde steeds weer dezelfde verhalen. Het begon saai te worden. De show was het enige wat we gemeen hadden. Hij ging graag naar Sardi's, maar ik had daar altijd het gevoel dat iedereen naar ons zat te kijken. Ik ging liever naar een cafetaria. Op een avond, toen Elliott en ik na een feestje naar huis gingen, had ik opeens zin in rijstpudding. Zonder rozijnen. Sommige mensen hebben liever rozijnen in hun rijstpudding. Ik niet, maar rijstpudding zonder rozijnen is moeilijker te vinden. Alle restaurants waren gesloten, maar Elliott vond een tentje op Tenth Avenue dat vierentwintig uur per dag geopend was, waar ze heerlijke rijstpudding hadden.

Ik kon me onmogelijk een voorstelling maken van Sydney Chaplin met zijn kostuums van Savile Row en zijn Franse stropdassen in zo'n sjofele eettent.

Omdat ik geen geheimen wilde hebben voor mijn man, vertelde ik Elliott op een dag wat er was gebeurd. Ik wilde dat hij me uit de situatie zou bevrijden en dat hij zou zeggen dat hij van me hield.

Ik denk dat hij het begreep en dat hij me vergaf, maar hij was gekwetst. En ik wilde hem niet nog meer kwetsen.

Ik heb tegen Sydney gezegd dat we niet op de oude voet konden verdergaan en dat ik mijn huwelijk niet op het spel wilde zetten.

De flirt was over en het leek enige tijd goed te gaan. Maar ik denk dat hij het niet gewend was dat een vrouw hem de bons gaf. Ik had zijn ijdelheid en trots gekrenkt. Hij was boos en hij wist precies hoe hij me moest straffen.

Toen we op een avond op het podium stonden, begon hij tijdens een scène onverstaanbaar te mompelen. Eerst dacht ik dat ik het me inbeeldde. Ik hoorde immers altijd geluiden.

Toen dacht ik: nee, hij is echt aan het spreken. Maar wat zei hij? Was het improvisatie, iets nieuws wat hij wilde proberen in de scène?

Maar wacht eens even. Verstond ik dat goed? Nee, dat kon niet kloppen. Hij kon toch niet zulke gemene, vreselijke dingen zeggen? Woorden als '*shit*' en '*crap*' en '*damn*'? Maar hij zei ze. Hij schold me uit. Hij probeerde me uit mijn tent te lokken door me een bitch te noemen, en erger. De meest afschuwelijke benamingen. Terwijl het publiek dacht dat hij lieve woordjes in mijn oor prevelde, sneerde hij: 'Nou, die scène heb je weer goed verpest.'

Ik had nog nooit zoiets meegemaakt. Ik luister altijd aandachtig naar wat mijn tegenspelers zeggen. Dat maakte het moeilijk om niet te reageren. Ik moest mezelf dwingen om me te beperken tot de dialoog in het script. Maar het was alsof ik tegen een sprekende muur speelde, want Sydney was al zijn belangstelling voor de scène verloren. Hij deed gewoon alsof. Hij probeerde uit alle macht me overstuur te maken. Het was alsof hij me met de grond gelijk wilde maken. Op de momenten dat hij niet anders kon dan naar me kijken, keek hij niet naar mijn ogen, maar naar mijn voorhoofd.

Ik was er kapot van. Ik wilde het discreet oplossen. Ik ging naar zijn kleedkamer om met hem te praten. Ik zei: 'Laat het alsjeblieft los. We zijn beiden getrouwd.' Maar hij weigerde te luisteren.

Het was een nachtmerrie. Ik was elke avond misselijk als ik me rond halfacht voorbereidde op de voorstelling. Ik voelde al de druk dat ik de verwachtingen van het publiek moest waarmaken. Nu had ik er nog een vijand bij: mijn tegenspeler.

Ik werd fysiek ziek van de situatie met Sydney. Soms moest ik overgeven. Ik bezocht een arts, die me laudanum voorschreef, een bittere bruine vloeistof die ik op mijn tong moest druppelen. Dat moest me helpen het einde van de voorstelling te halen.

Maar het rommelde in mijn maag. Zodra het doek opging, stond ik vrijwel de hele voorstelling op het podium. Opeens was ik bang. Wat zou er gebeuren als ik echt misselijk werd en snel naar de wc moest? Moest ik dan de voorstelling onderbreken en vragen of het doek naar beneden kon? En wat dan? Zou de toneelmeester op het podium komen om zijn excuses te maken?

Zo ontstond mijn plankenkoorts.

Mijn gezicht liep rood aan. Ik was bang dat ik zou flauwvallen. Ik was voor het eerst in mijn leven bang dat ik mijn tekst zou vergeten. Ik was overstuur door Sydneys gedrag. Ik moest steeds denken: waar ben ik? Welke scène spelen we nu? Wat speel ik eigenlijk? Ik heb een paar keer moeten rennen om het mannentoilet te bereiken, dat dichter bij het podium was.

Ik leefde in een hel en niemand in het gezelschap wist ervan. Ik vond het te gênant om erover te spreken.

Ik zocht Sydney opnieuw op in zijn kleedkamer.

'Waarom doe je dit? Laat het los, dan kunnen we vrienden zijn.'

Hij was bijzonder kil. Van de charmante vent die ik had leren kennen, was geen spoor meer te bekennen. Ik herkende hem niet meer. Ik had nooit gedacht dat hij zo rancuneus kon zijn. Waarom kon hij me niet met rust laten en een gelukkig leven leiden met zijn knappe Franse vrouw?

Hij bleef maar doorgaan en ik vond dat ik geen keus had. Ik ben naar Dick Evans gegaan, de toneelmeester. Hij regelde een bespreking: Ray, Sydney en ik. We probeerden Sydney met redelijke argumenten om te praten. Ik zei tegen hem: als ik iets verkeerds heb gedaan of als ik je heb gekwetst, zeg het dan. Dan zal ik proberen mijn gedrag aan te passen.

Maar hij had niets te zeggen en kwam alleen met een slappe smoes. Er waren zaken die hem niet bevielen aan de voorstelling, zoals de enscenering en het script. Maar het was niet aan hem om er iets aan te doen.

Het werd enige tijd rustiger, maar toen begon hij toch weer. Dick stuurde hem dagelijks briefjes om hem aan te spreken op zijn gedrag. Sydney deed zelfs dingen die ten koste gingen van de enscenering. Er was tijdens 'You Are Woman, I Am Man' een moment waarop ik langs de chaise longue liep. Hij moest me dan bij mijn arm pakken en me naast hem op de chaise longue trekken. Dat weigerde hij nu te doen, zodat ik langs moest lopen en dan zonder enige reden moest terugkomen. Toen Dick hem erop aansprak, antwoordde hij kortaf: 'Ik heb geen behoefte aan je input.' Ook liet hij weten: 'Ik ben het beu om de show op haar manier te doen. Nu ga ik de dingen op mijn eigen manier doen.' Hij weigerde om dat moment bij de chaise longue in ere te herstellen.

Sydneys gedrag was zo schadelijk en onprofessioneel dat ik in therapie ging.

Toen ik achttien was had ik dr. Harvey Corman, de man van Cis, horen zeggen dat Columbia University in het kader van een onderzoek gratis therapie aanbood aan mensen die dat nodig hadden. Ik vond het een intrigerend idee en was gaan spreken met de arts die het onderzoek leidde. Ik zei dat ik niet echt behoefte had aan therapie, maar dat ik hoopte dat hij me interessant genoeg zou vinden om me toch aan te nemen, zoals ik dat eerder had gedaan met Lee Strasberg. De arts reageerde net zoals Lee en ik werd niet toegelaten.

Nu had ik echt hulp nodig. Harvey raadde me een collega aan.

Ik had last van paniekaanvallen. Ik was elke avond doodsbang om het podium op te gaan. Ik wilde stoppen voor mijn gezondheid, maar ik ben niet iemand die dingen niet afmaakt. Ik januari barstte ik na een voorstelling in tranen uit omdat Sydney zich naarder dan ooit had gedragen. Ray was met hem gaan praten, maar Sydney had hem schreeuwend weggestuurd.

Pas in april 1965 klaagden Ray en het gezelschap hem aan bij Actors' Equity, de acteursvakbond. Ray zag het wel zitten om zich van Sydney te ontdoen, want hij betaalde hem een fortuin voor een rol die Jerry drastisch had ingekort.

Maar het werkte niet. Tijdens de hoorzitting wist Sydney het panel, dat exclusief uit mannen bestond, met zijn charme voor zich te winnen. Je moet blijkbaar een moord plegen voordat Equity instemt met je ontslag. Die avond had ik er genoeg van. De stoom kwam uit mijn oren toen ik in de coulissen stond te wachten om op te gaan. Volgens Dicks aantekeningen zei ik tegen Sydney: 'Hou gewoon je kop en volg het script.' Dat deed hij niet, en aan het einde van het eerste bedrijf heb ik tegen Dick gezegd dat ik weigerde het podium te betreden voor het tweede.

Hij eruit of ik eruit.

Die arme Dick wist me nog zover te krijgen dat ik opging. Maar toen was het voor mij echt einde verhaal. Ik voelde me als Ingrid Bergman in *Gaslight*. Ik was bang dat Sydney me tot waanzin zou drijven.

We hadden opnieuw een bespreking met Ray. Sydney stond op het podium tegen ons te schreeuwen: 'Ik heb jullie allemaal niet nodig! Ik ben de zoon van Charlie Chaplin en ik heb 500.000 dollar op mijn bankrekening staan.' (Dat zou in hedendaags geld 5 miljoen of zelfs nog meer zijn.)

En toen was hij weg. Op 1 juli 1965 werd Sydney vervangen door Johnny Desmond.

Ik kan achteraf nauwelijks geloven dat zoiets vreselijks me is overkomen en dat ik er ruim een jaar onder heb moeten lijden. Maar ik vertikte het om me door hem kapot te laten maken.

Die oorbellen met smaragden en diamanten heb ik nooit gedragen.

Sydney had zich afschuwelijk gedragen, maar ik moet toegeven dat hij beter geschikt was voor de rol. Johnny Desmond gedroeg zich alsof hij in een nachtclub stond. Tijdens zijn eerste optreden keek hij nadat ik 'People' had gezongen naar het publiek en begon hij te klappen, alsof hij wilde zeggen: 'Applausje voor de dame!' Ik staarde hem geschokt aan en zei zodra we van het podium waren tegen hem: 'Doe dat nooit meer. We hanteren in het theater de vierde wand tussen de acteurs en het publiek. Die mag je nooit doorbreken. Nooit! Het is goedkoop en vulgair en je verbreekt de magie.'

Ik was de grote ster, maar ironisch genoeg hunkerde ik avond aan avond naar het einde van de voorstelling. Mijn grote wens was uitgekomen. Ik was beroemd, want de kranten en tijdschriften volgden alles wat ik deed. Maar de journalisten verdraaiden nog altijd mijn woorden om hun artikelen een negatieve inslag te geven. Bij veel artikelen dacht ik: dit is vreselijk. Wat zullen de mensen een hekel aan me krijgen! Het was erg pijnlijk.

Ik begon me terug te trekken. Ik had een nieuwe pr-man ingehuurd, Lee Solters, en ik wilde dat hij me zo veel mogelijk uit de kranten hield. Ik vond zelfs de positieve artikelen, waarin ik werd afgeschilderd als een groot succes, vreselijk omdat ze de indruk wekten dat mijn leven iets was om jaloers op te zijn.

Ik heb nooit begrepen waarom mensen jaloers op me zouden zijn. Ik wilde smeken: wees alsjeblieft niet jaloers op me. Ik ben elke avond misselijk van angst. Als ik me op straat vertoon, zijn er altijd mensen die me volgen. Ik heb geen idee wat ze willen. Ik ben heus niet zo fantastisch. Echt niet. Zet me niet op een voetstuk, want ik weet dat ik je uiteindelijk zal teleurstellen.

Ik had altijd gedacht dat ik alleen mijn talent hoefde te geven om succes te hebben, dat ik alleen maar hard hoefde te werken. Dat andere aspect van roem begrijp ik niet goed. Het is alsof je een pact sluit met de duivel. Hoeveel van je ziel en je privéleven moet je precies inleveren?

Ik ben bereid om in mijn creatieve leven alles te geven wat ik heb, maar ik ben niet bereid mijn hele leven op te geven. Maar als ik elke avond op het podium stond, had ik weinig tijd over voor een leven. Ik was in de ogen van het publiek een *funny girl*. Maar zoals ik tegen de verslaggever van *Life* zei: 'Als ik niet optreed, heb ik nog niet echt een vaststaande persoonlijkheid.'

Ik heb mezelf nooit erg interessant gevonden, en op mijn eenentwintigste al helemaal niet.

Ik was eerst een persoonlijkheid en pas later een persoon.

9

People... people who need people

'P*eople... people who need people...*'

Ik zong het voor het eerst toen ik eenentwintig was. Vijftig jaar later is het nog altijd het eerste nummer waaraan mensen denken als ze mijn naam horen. Maar de meeste mensen weten niet dat het bijna was geschrapt uit *Funny Girl*.

Volgens Jule Styne was Garson Kanin niet blij met de song. Na twee repetitieweken liet hij Jule en Bob komen om het over 'People' te hebben.

'Ik vind dat het niet bij het personage past,' zei Garson. 'Ze heeft net een vent ontmoet. Waarom is ze opeens zo filosofisch?'

Jule stond versteld. 'Het is het beste liedje van de show,' zei hij.

Hij was niet de enige die dat vond. Niet voor niets stond ik op 20 december 1963 na een lange repetitiedag van middernacht tot drie uur in een opnamestudio 'People' te zingen. Ray wilde het als single uitbrengen om de show te promoten. Peter Daniels, die me begeleidde op piano, herinnert zich: 'Niemand zei een woord toen je "People" had gezongen. Je kon een speld horen vallen. Jule had tranen in zijn ogen toen we het afluisterden. Het was een erg emotioneel moment.'

Jule zei tegen Garson: 'Dat liedje komt verdomme op nummer 1 in de hitparade.'

Bob zei: 'Het moet in de show blijven. Het dak gaat eraf als je Barbra in een spotlight die song laat zingen.'

Garson was niet overtuigd. Hij vond nog altijd dat het niet werkte, al zat het probleem meer in zijn enscenering dan in het liedje zelf. Er stonden te veel leden van de cast op het podium en ze zongen zowat mee. Het werd pas in februari gefikst, toen Jerry Robbins het overnam tijdens de try-outs in Philadelphia en er weer een teder moment van maakte met alleen Fanny en Nick.

De single was toen al een maand uit. Het publiek kende de song zo goed dat ze al klapten als ze het hoorden in de ouverture. Bobs voorspelling kwam uit: ik kreeg altijd een staande ovatie als ik het had gezongen. Hij en Jule moesten er zelfs een extra stukje voor schrijven, een soort korte toegift.

Ongeveer een week na de première namen we het album op voor Capitol Records, dat in de productie had geïnvesteerd. Dat was niet mijn eigen label, maar Marty had tijdens de onderhandelingen geregeld dat ik een aantal liedjes uit *Funny Girl* op mijn eigen album voor Columbia mocht zetten.

'People' werd een enorme hit. Toen ik in juli en augustus een nieuw album ging opnemen, lag het voor de hand dat het de titelsong zou worden. Ik moet even uitleggen dat de versie op dit album en ook de single afweken van de versie die ik op het podium zong. Op Broadway (en op het album van de musical) heeft het een inleidend couplet en een grote fanfare met blazers aan het einde. Voor de single hebben we dat eerste couplet geschrapt (de song was langer dan de gebruikelijke drie minuten) en Peter Matz had een rustiger einde geschreven met meer reflectie.

Ik had alle songs die ik in clubs en tijdens concerten zong al gebruikt voor mijn eerste drie albums, dus ik was terug bij af en moest op zoek naar nieuw materiaal. Ik vond het nog altijd heerlijk om vergeten pareltjes uit ondergewaardeerde musicals te ontdekken. 'Don't Like Goodbyes' kwam ook weer uit *House of Flowers*. 'How Does the Wine Taste?' kwam uit *We Take the Town*, een musical die het niet verder had geschopt dan Philadelphia. Irving Berlins 'Supper Time' kwam uit *As Thousands Cheer*, een van zijn minder bekende musicals.

Ik heb altijd gedacht dat Jule 'Absent Minded Me' voor dit album had geschreven, en dat klopt gedeeltelijk. Hij schreef speciaal voor mij een nieuwe melodie, maar de tekst was gerecycled van een oudere song van Bob Merrill waarvan ik tot voor kort geen weet had. Ik moet zeggen dat ik Jules versie beter vind. De melodie is subliem en Bobs tekst is geestig:

I'm losing a key or missing a glove
Just like me to lose my love

Ik koos ook 'Will He Like Me?' uit *She Loves Me* en 'My Lord and Master' uit *The King and I*, een show die ik zeer bewonderde.

Het label wilde voor de hoes natuurlijk weer een close-up van mijn gezicht gebruiken. Dat was destijds de norm. Ik vond het geen interessant idee en was eerlijk gezegd op zoek naar een manier om geen fotoshoot te hoeven doen.

Ik heb het nooit prettig gevonden om te worden gefotografeerd. Het is een heel gedoe en erg tijdrovend. Ik bedacht dat ik een jaar eerder een shoot had gedaan toen ik optrad in Mister Kelly's in Chicago. Ik had de fotograaf, Don Bronstein, na mijn optreden getroffen en hij had een paar straatfoto's van me genomen voor de club. Het was al laat, twee of drie uur 's nachts, en Don stelde voor dat we naar het strand zouden gaan. Hij wilde me fotograferen als de zon opkwam.

Daar was ik wel voor in. Ik was pas eenentwintig, dus ik schrok er niet voor terug om een nacht door te halen. We hebben nog wat gegeten in een diner die de hele nacht openbleef, dat maakte het nog leuker.

Hij fotografeerde me in verschillende poses. Ik vroeg of hij me ook van achteren wilde fotograferen terwijl ik gewoon op het strand naar de boven het meer opkomende zon keek, een bleke, citroenkleurige schijf in een pastelkleurige lucht die langzaam van blauw in violet in roze veranderde. Het was de eerste zonsopkomst die ik ooit zag. Ik liet het wonder van de natuur in alle rust op me inwerken. Don legde een eerlijk moment vast. Dat is waar ik in mijn werk altijd naar streef.

Ik gaf die foto aan de art director voor de hoes. Hij keek ernaar en zei: 'Je kunt niet een foto van je rug op de hoes zetten. De mensen willen je gezicht zien.'

Ik vond het juist perfect, want de foto had iets mysterieus. Don had op een heel kalme manier de stemming vastgelegd. De afdeling marketing zag het totaal niet zitten en ook de labelbazen waren fel op mijn plan tegen. Toen kwam die clausule in mijn contract over 'creatieve controle' handig van pas! Ik kreeg de hoes die ik wilde.

Ik zal je eerlijk zeggen dat het een fijne overwinning was toen *People* de Grammy voor Best Album Cover won. Peter Matz won voor zijn arrangementen, en ik won voor Best Female Vocal Performance. Heel bevredigend, want ik was er niet zeker van geweest dat het album een hit zou worden. Het was een interessante periode in de muziek, vooral voor traditionele zangers. Rock-'n-roll en Beatle-mania draaiden op volle toeren. Mijn fantastische A&R-man Jay Landers, met wie ik al dertig jaar samenwerk, heeft me net verteld dat *People* de eerste plaats van de albumlijst overnam van de soundtrack van *A Hard Day's Night* van The Beatles. Zij wonnen dat jaar hun eerste Grammy voor Best New Artist en *Funny Girl* won in de categorie Best Broadway Cast Album.

Heel grappig eigenlijk: hoewel The Beatles en ik ongeveer even oud waren, ging mijn voorkeur uit naar muziek uit een eerdere periode. Ik was gek op ballads. Jule gaf me 'People' om te zingen en die song raakte, zoals ik schreef in een eerbetoon aan zijn carrière, 'over de hele wereld een gevoelige snaar'.

Als ik 'People' live zong, was het een liefdesliedje voor een personage zonder een partner in haar leven. De betekenis veranderde naarmate ik ouder werd en een breder perspectief verwierf. Maar de essentie van de boodschap achter het nummer is nog altijd dezelfde. Hoewel de buitenwereld – mode, politiek, de populaire cultuur – altijd aan verandering onderhevig is, veranderen mensen vanbinnen niet zo sterk. We willen allemaal dezelfde dingen in het leven: liefde, familie, een gemeenschap. We willen verbinding maken. We hebben elkaar nodig en zijn dus allemaal '*people who need people*'.

Hoewel ik het snel beu word als ik steeds weer dezelfde nummers zing, zal ik 'People' altijd blijven vertolken. Ik zal de song altijd blijven waarderen en ik zal altijd blijven houden van de man die het heeft geschreven.

Dank je, Jule.

10

Weer kind

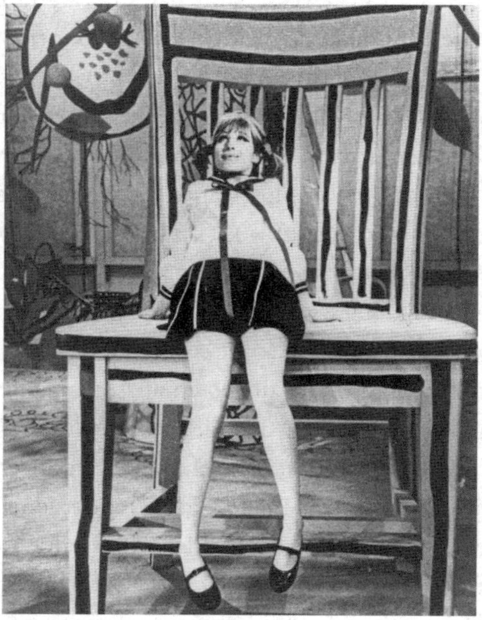

Mijn eerste tv-special kwam op het juiste moment. Ik had meer dan een jaar lang elke avond dezelfde tekst uitgesproken en dezelfde nummers gezongen in *Funny Girl*. Ik zat dringend verlegen om iets nieuws. Marty zag het als de volgende stap in de carrière die we altijd voor ogen hadden gehad. Hij sloot een deal met CBS dat ik exclusief voor die zender specials zou maken, een lucratieve overeenkomst met een potentiële looptijd van tien jaar. Maar het opvallendste aan de deal was dat hij dezelfde clausule had afgedwongen die ik in mijn platencontract had staan. Ik zou ook voor mijn specials de creatieve controle hebben.

Dat was voor mij de enige manier waarop zoiets een succes kon worden.

Ik was geen fan van het gebruikelijke revue-achtige format van specials, waarbij de ster gasten introduceerde met wie hij of zij babbelde en misschien een song of een sketch deed. Ik had inmiddels in voldoende tv-shows gestaan om te weten hoe het werkte en ik wist dat die aanpak voor mij niet geschikt was. Ik zag mezelf niet als een gastvrouw. Ik vond mezelf niet charmant genoeg voor die rol. Ik moest iets doen wat beter bij me paste.

Marty begreep dat en haalde er een extreem getalenteerd team bij. Dwight Hemion zou regisseren en Tom John zou de sets ontwerpen. Joe Layton, met wie ik bevriend was geraakt toen hij in Londen Elliott regisseerde in *On the Town*, zou de shownummers regisseren, al is daarmee de lading van zijn uiteindelijke bijdrage niet gedekt. Hij was in feite de coregisseur terwijl Dwight met veel kennis van zaken de cameracrew coördineerde. Peter Matz zou de arrangementen schrijven en dirigeren. Ik had me voorgenomen de special in elkaar te zetten zonder ook maar één voorstelling van *Funny Girl* te missen.

Omdat ik nog niet wist welke vorm de show zou krijgen, begonnen we ideeën uit te wisselen. Iedereen was creatief. Er waren geen ego's. We waren allemaal opgewonden en hoopten dat we iets nieuws konden maken, iets opwindends.

Langzaam maar zeker ontstond er een concept. Ik voelde niets voor de gebruikelijke monoloog aan het begin. Ik wilde niet spreken. Ik wilde eerst zingen. Bij voorkeur iets origineels en onverwachts, zodat de kijkers meteen geïntrigeerd zouden raken. Zodra ik dat had gezegd, lag de keuze voor de hand. Dat korte nummer met de beklijvende melodie van Leonard Bernstein dat ik had gezongen in The Bon Soir, een song die voor mij leek te zijn voorbestemd.

Het programma begon met een zwart scherm. Je hoorde alleen mijn stem: Ik zong: '*My mother said that babies come in bottles.*' Een kleine foto van mij als zesjarige werd steeds groter en transformeerde tot een close-up terwijl ik live de laatste woorden van het lied zong: '*My Name Is Barbara.*' Alleen mijn gezicht, tegen een zwarte achtergrond. Alles op tv was toen nog zwart-wit, wat diepe, rijke contrasten opleverde. Het was in al zijn eenvoud een veelzeggend beeld. Ik heb altijd van de kracht van zwart en wit gehouden, al sinds ik als scholier naar buitenlandse films keek.

Toen zette ik meteen 'Much More' in, het liedje uit *The Fantasticks*.

Pas na die song kreeg je de titel te zien: *My Name Is Barbra*. Je wist pas na vier minuten waar je naar zat te kijken. Ik wilde een sfeer creëren om het publiek bij het programma te betrekken. Is het niet veel interessanter om er pas langzaam achter te komen? (En dan maar hopen dat ze niet gingen zappen.)

Ik wilde het programma benaderen als een toneelstuk of een korte film met drie bedrijven. Dat was bekend terrein voor me, want zo zag ik mijn songs ook. Het moest gaan over de dualiteit die ik voelde in mijn leven. Ik werd geacht een volwassen vrouw te zijn, maar vanbinnen was ik nog altijd dat kleine meisje. Het was verwarrend, zoals in *Alice in Wonderland*.

Na een reclameblokje begon het eerste bedrijf ermee dat ik zong '*I'm late, I'm late, for a very important date*', het liedje van het witte konijn uit de Disney-film. Er wordt opnieuw een mysterie geïntroduceerd. Waarom komt ze te laat? Waar gaat ze naartoe? Het is meer dan een song, het is het begin van een verhaal. Ik ren de ene kamer na de andere in omdat ik iets zoek.

Ik draag een jurk die Bill Blass voor me had gemaakt, een langere versie van mijn matrozenkiel, van donkerblauwe chiffon en met een taille in empirestijl, met een wit kraagje en een rode strik. Ik wilde lichte chiffon zodat de jurk met me kon meebewegen en van achteren zou opwaaien als ik over hellingen en trappen rende en verschillende kamers verkende. Kleine groepjes muzikanten bespeelden bij de verschillende songs verschillende instrumenten.

Elke song had betekenis voor me. Ik zag het sensuele 'How Does the Wine Taste?' als een metafoor voor een onschuldige maagd die zich afvraagt hoe seks voelt.

Ik was pas tweeëntwintig en nog onzeker over mijn seksuele aantrekkingskracht.

Dwight gaf me het gevoel dat ik mooi en sexy was. Als hij tijdens de repetities naar de monitors keek, zei hij dingen als: 'Draai je gezicht vijf centimeter naar rechts.' Dan riep hij opeens enthousiast: 'Mijn god, moet je die close-up zien. Fantastisch!'

Ik herinner me die close-ups. Ik was er zelf ook van onder de indruk. Ik kon nauwelijks geloven dat het hetzelfde gezicht was dat ik zag als ik in de spiegel keek. Dwight toonde me mijn gezicht zoals ik het nog nooit had gezien. Ik kende het nog niet goed. Ik had nooit veel nagedacht over de beste hoeken om ernaar te kijken. Pas later, toen ik mezelf vaak op tv had gezien, begreep ik dat de twee helften van mijn gezicht erg verschillend waren. De linkerkant is zachter. Van rechts gezien zijn mijn gelaatstrekken prominenter. Daarom geef ik de voorkeur aan de linkerkant. Dat is veiliger. Maar het is me in de loop der jaren opgevallen dat ook bepaalde hoeken aan de rechterkant erg goed zijn. Helaas kan ik niet goed bepalen welke. Is het vanuit een hoog perspectief? Of toch laag? Ik weet het niet, het kan alle kanten op.

Bij Dwight was het altijd goed. Ik weet niet hoe hij het deed, maar hij deed het. Ik kon hem vertrouwen, en hij was zo loyaal dat ik me kon richten op mijn innerlijke werk. Het was heerlijk om samen te werken met mensen van wie ik hield en die ik kon vertrouwen. Het gaf me de kans om vrij en spontaan te zijn. Ik voelde me veilig in de handen van mijn team.

En dus kon ik, ook al was het dan een tv-special, een dieper gedeelte van mezelf verkennen. Ik had me van jongs af aan altijd alleen gevoeld. En omdat ik me nog altijd sterk identificeerde met het kind in mezelf, dacht ik: ik wil een kamer met jongens die instrumenten bespelen. Ik loop naar binnen en ben bijna te groot voor die kleine kamer. Ik ga zitten en speel 'A Kid Again' op een speelgoedpiano. Ik was dol op dat klaterende geluid. Je ziet een close-up van mijn vingers en mijn eenvoudige, dunne gouden trouwring. Als ik zing '*I wish I were a kid again*' is het voor mij geen vrolijk liedje. Die wetenschap maakt het bitterzoet.

Dan wordt er een deur opengegooid. De gordijnen bij het raam wapperen in de wind en ik hoor buiten kinderstemmen die roepen: 'Barbra is gek, Barbra is gek!' Ik had iets nodig om me naar buiten te lokken en dat beeld herinnerde ik me uit mijn jeugd. Het leek op wat de meisjes zeiden toen ze zich tegen me keerden. Als ik naar de deur loop, is het alsof ik steeds kleiner word. Die truc werd mogelijk gemaakt door het decorontwerp. We waren verbijsterd toen we het op film zagen.

Ik keek naar Tom en zei: 'Briljant! Hoe heb je dat gedaan?'

Hij legde uit dat ze de ruimte hadden voorzien van 'gedwongen perspectief'. Dat creëerde een optische illusie waardoor ik tijdens het weglopen kleiner leek te worden. Begrijpen doe ik het nog altijd niet.

Als ik door de deuropening stap, word ik weer een kind. Ik ben gekleed als een meisje van vijf in een matrozenkiel en een rok, een witte maillot en bandschoenen. Ik rende door de door Tom ontworpen speeltuin, die heerlijk maf en surrealistisch was, een tot leven gekomen kindertekening. Dan klim ik op een hoge stoel waarvoor ik te klein ben, zoals Alice als ze het drankje heeft gedronken.

Dat gedeelte was erg leuk om op te nemen. Als het doek was gevallen op Broadway verliet ik om ongeveer halfeen het theater om naar de tv-studio te gaan, waar we werkten tot een uur of vier 's nachts. Het leek me leuk om een medley te maken van drie songs, die zou beginnen met 'I'm Five' van Milton Schafer en eindigen met 'Sweet Zoo' van Jeff Harris, de schrijver van *Another Evening with Harry Stoones*. Ik wilde het in één take opnemen, zonder cuts, zodat ik in het brein van het kind kon blijven. Het was een uitdaging om zoiets voor tv in één ononderbroken take te doen, want de medley zou vijf minuten duren. De camera moest me volgen terwijl ik bijna struikelde over een aantal kolossale potloden op de grond, ondeugend met mijn voet in een plas regenwater stapte en speeltoestellen beklom. Joe en ik hadden een enscenering bedacht die me de kans gaf om een beetje te improviseren, en Dwight wist alles in beeld te brengen. Peter had inventieve muziek geschreven om de actie op te sieren met intrigerende geluiden. Ik zou voor dat nummer het liefst mijn make-up hebben verwijderd. Maar daar was geen tijd voor, want ik moest een scène later weer een volwassene zijn. Ik loop terug door de deur, maar de jongens zijn weg. Ik ben alleen en zing 'Where is the Wonder?' een prachtige song over de behoefte om nooit de verwondering van onze jeugd te verliezen.

Als ik wegren, zing ik weer '*I'm late*' en dan wordt een kamer verderop – de kamer die ik al de hele tijd zocht – eindelijk onthuld waar ik te laat voor ben. Ik loop naar binnen en wordt opeens omringd door een groot orkest. Alle muzikanten zijn bij elkaar gekomen om me te begeleiden voor 'People', de afsluiting van het eerste bedrijf.

Na een reclameonderbreking zit ik aan het begin van het tweede bedrijf in een casual broek en een coltrui en met een heel ander kapsel op een drum. Dit is mijn eigen haar, veel korter dan de pruik die ik in het eerste bedrijf droeg. Ik doe niet alsof ik niet merk dat mijn haar op miraculeuze wijze is veranderd, maar maak een grap dat ik backstage snel ben gekapt. Het programma is al tweeëntwintig minuten bezig (commercials niet meegeteld), en dit is de eerste keer dat ik het publiek toespreek.

Dat had ik niet eens opgemerkt, maar iemand wees me erop. Ik vond het heel normaal, maar ik begrijp dat wat ik normaal vind niet altijd strookt met wat anderen normaal vinden. Ik had geen zin in al die overbodige plichtplegingen. Later ging ik tijdens concerten meer spreken, maar alleen omdat ik behoefte had aan een korte pauze tussen de songs. Ik had in nachtclubs natuurlijk ook geen script. Ik improviseerde gewoon.

We lieten Bob Emmett een korte komische monoloog schrijven over een parelmoerknoopje, een variant op iets wat ik vaak had gedaan in The Bon Soir. Ik was dol op die stomme verhaaltjes. Er zat geen publiek in de studio, dus ik moest op mijn intuïtie vertrouwen om stiltes te laten vallen waar ik dacht dat er zou worden gelachen.

Een van de schrijvers met wie we hadden gesproken, Shelley Berman, stelde voor dat we de studio zouden verlaten om op locatie te filmen. Heel interessant, want dat deed je destijds nog niet op tv. Maar Joe en ik vonden het een uitstekend idee. Het was het tegenovergestelde van het eerste bedrijf. Ik werd nu geen kind, maar werd getransformeerd tot een elegante vrouw. We gebruikten de song 'Second Hand Rose' als inleiding op een shot waarin ik met paard-en-wagen aankom bij het chique warenhuis Bergdorf Goodman. We maakten die opnamen midden in de nacht, toen er nauwelijks verkeer op straat was. Marty speelt een piepklein rolletje. Hij is de koetsier met hoge hoed die me helpt uitstappen.

Ik zwierf al door Bergdorf toen ik me nog niet eens een flesje nagellak kon veroorloven. Ik zag die winkel als het toonbeeld van mode, en nu hadden ze de hele zaak aan me toevertrouwd! Dat was echt genieten. Ik had als tiener onder meer besloten dat ik beroemd wilde worden omdat ik dan goede service zou krijgen in warenhuizen. Tegenwoordig mag ik zelfs na sluitingstijd winkels in! Dat is een van de voordeeltjes van mijn roem. Ze zetten zelfs snacks voor me klaar. Ik neem vaak mijn peetdochters of goede vrienden mee. (Er is veel veranderd sinds ik de A&S in Fulton Street het toppunt van chic vond.)

We hadden een ironisch concept bedacht voor de muziek in Bergdorf. Ik zong een medley van songs uit de crisisjaren zoals 'I Got Plenty of Nothing' terwijl ik in bont gehuld door deze tempel van luxe dartelde. Ik liet, mijn rug naar de camera, een jas van vossenbont verleidelijk van mijn schouders glijden en zo kreeg de kijker een door mij ontworpen jurk met open rug te zien. Dan verander ik in een ander personage, een krantenjongen die 'Brother, Can You Spare A Dime?' zingt in een korte broek en pet, beide van nerts.

Emeric Partos maakte alle bontjassen, waaronder ook de jas van marterbont waarmee ik als een matador wapperde tijdens 'Nobody Knows You When You're Down and Out'. Ik moest erop stampen met mijn hakken, maar daar zag ik tegen op. Ik was bang dat ik die schitterende jas zou beschadigen.

Maar Emeric zei: 'Dat bont is sterker dan jij.'

Als ik de winkel verlaat, draag ik mijn versie van iets wat ik in films had gezien, een rijkostuum uit de edwardiaanse tijd. Ik had Emeric gevraagd zo'n kostuum te maken van bont. Hij koos witte karakulwol (zoals mijn vintage jas). Halston, die toen nog niet beroemd was, ontwierp de hoge witte hoed. Ik weet niet van wie de met stras afgezette zweep kwam. Het was een heerlijke fantasie. Aan het einde ben ik terug in de studio, waar ik in een sweater 'The Best Things in Life Are Free' zing.

In het derde bedrijf zijn we terug bij de eenvoud van het eerste en sta ik op het podium in een simpele zwarte jurk. Ook die had ik door Bill Blass laten maken op basis van mijn schets. Ik ben weer gewoon Barbra, het meisje en de vrouw. Het is een synthese van de eerste twee bedrijven.

Alleen bij dit gedeelte was publiek aanwezig. We lieten ze op tape de eerste twee bedrijven zien (voor het applaus en het lachen, dat we er later in mixten) voordat ik opkwam om live te zingen. Het waren liedjes die ik vaak in clubs had gedaan, zoals 'When the Sun Comes Out' en 'Lover Come Back to Me'. Bij die laatste song kon ik me uitleven qua ritme. Soms keek ik naar Peter, die met zijn baton in zijn hand voor het orkest stond en me van tijd tot tijd aankeek met een oprechte glimlach die zei: gaat lekker! Deze take gaat 'm worden. Dat gaf me een goed gevoel, en ik glimlachte terug. Die connectie hebben we altijd gehad. Die spontane momenten hielpen me reageren, want ik kon nooit een nepglimlach op mijn gezicht toveren voor het publiek. Ik glimlach alleen als ik iets grappig vind. En ik glimlach naar mensen van wie ik hou.

Ik had Dwight gevraagd een paar monitors neer te zetten zodat ik steeds kon zien hoe ik eruitzag. Als ik opzijkeek en een glimp opving van Joe, die stralend in de coulissen stond, hield ik die pose iets langer vast als het een interessant shot opleverde. Ik dacht al als een regisseur. Ik hielp met de beeldcompositie en was altijd op zoek naar de beste shots.

Ik zei tegen het publiek: 'Er speelt momenteel een musical op Broadway, *Funny Girl.* Die is heel goed. Ik ben er dol op, ik ga elke avond.' Daar werd hard om gelachen. Ik deed drie nummers van Jule Styne uit de show, en daarna zong ik 'My Man', dat we op Broadway niet gebruikten omdat de hele score geschreven moest zijn door Jule. Maar het was wel de song die veel mensen associeerden met Fanny Brice. Ik denk dat ik het nog nooit had gezongen voor een publiek. Het was een passende afsluiting van het derde bedrijf.

Toen zong ik, bijna als een soort toegift, 'Happy Days Are Here Again'. Maar ik maakte het bijna onbelangrijk door de aftiteling eroverheen te laten lopen. Dat vonden veel mensen raar, maar ik vond het ordinair om mijn bekendste nummer helemaal tot het einde te bewaren. Het begon simpel, maar de song bouwde zich op. (Ik had Peter gevraagd het arrangement aan het einde te veranderen, want ik was ontevreden over de albumversie.) De belichting was eenvoudig en dramatisch. Dwight deed fantastische dingen met de camera's. Tijdens de laatste regel van het liedje verschijnen er verschillende afbeeldingen van mijn gezicht – boem boem boem – waarna de twee aan de zijkant verdwijnen en er alleen nog een grote close-up overblijft in het midden.

Ik ben ontzettend trots op die show, die stijl had en de juiste vorm, een emotioneel verhaal vertelde en zowel drama als humor bevatte. Ik was dolblij met het getalenteerde team waarmee ik had samengewerkt. Maar een week voor de geplande uitzending stuurde Marty een tape naar CBS zodat het management de show kon zien. Michael Dann, het hoofd van de afdeling programmering, zei na het zien van de special tegen Marty dat hij mijn carrière eigenhandig had verwoest. Dann wilde allerlei veranderingen aanbrengen, maar ik beriep me op mijn creatieve vrijheid en veranderde niets.

My Name Is Barbra werd uitgezonden op woensdagavond 28 april 1965. Ik was die avond uiteraard in de Winter Garden, waar de pauze net was begonnen. De hele cast kwam naar mijn kleedkamer om de eerste vijftien minuten van het programma te zien voordat we weer het podium op moesten.

Toen die avond het doek was gevallen, ging ik naar Bergdorf Goodman voor een feest ter gelegenheid van de special dat was georganiseerd door de eigenaars van Bergdorf, die in een penthouse boven de winkel woonden. Toen ik te horen kreeg dat Lee Solters aan de lijn hing met de eerste recensies, zocht ik even een slaapkamer op. Hij las voor wat de recensent van UPI had geschreven: ‘Barbra Streisand uit Brooklyn, drieëntwintig jaar oud, presenteerde gisteravond haar eerste tv-special. Het resultaat is niets meer of minder dan een hoogtepunt in de Amerikaanse showbusiness, in welk medium of in welke tijd dan ook. Ze is schokkend goed.’

Ik vroeg: ‘Heeft hij dat echt geschreven?’ Ik voelde mijn gezicht rood aanlopen. Lee ging verder met voorlezen: ‘Ze zou weleens de meest getalenteerde en veelzijdige entertainer kunnen zijn die dit land ooit heeft voortgebracht.’ Mijn god! Het was als dat moment waarop ik de eerste recensies van *Funny Girl* hoorde. Hadden die mensen het echt over mij? Als ik iets doe, weet ik nooit of het goed is of slecht. En ik ben altijd geneigd het slechtste te geloven. Dus deze loftuitingen leken bijna te goed om waar te zijn.

Lee bleef voorlezen, maar ik ving alleen nog zo nu en dan een flard op: ‘Een briljante comédienne’; ‘fantastische actrice’; ‘beeldschoon’; ‘kruipt onder je huid’; ‘meisjesachtig, elegant, intens, hilarisch’. En: ‘Ze weet je te raken tot in elke vezel. En dan slaat ze je knock-out.’

Wow. Na zo’n recensie kun je maar beter meteen met pensioen gaan. Maar weet je wat? Ik was niet tevreden. Ik bleef maar aan Lee vragen: ‘Was er ook iets wat de critici niet beviel?’ Ik wilde specifieke kritiekpunten horen, niet alleen superlatieven.

In september kwam het team weer bij elkaar voor de uitreiking van de

Emmy Awards in New York. Dat was een opwindende avond. Garry Moore was de presentator. Ik mocht hem graag, want hij had me een van mijn eerste kansen gegeven op tv. We waren genomineerd voor zes Emmy's: voor *outstanding program, direction, performer, music, choreography* en *art direction*. We wonnen er vijf, waaronder mijn eerste voor '*individual achievement by an actor or performer*'. Ik droeg de zwarte jurk uit de show onder een lange jas van zwarte kant met pailletten die glinsterden toen ik het podium betrad. Nadat Garry me de Emmy had overhandigd, liet ik weten dat ik een ladder in mijn kous had. 'Zul je altijd zien, net vanavond!' Toen vertelde ik het publiek dat ik dol was op 'het televisiegebeuren', want ik had uitgerekend dat ik achtenvijftig jaar lang in *Funny Girl* zou moeten spelen om zoveel mensen te bereiken als er op één avond naar de special hadden gekeken. En ik citeerde een brief van een fan, die had geschreven: 'Lieve mevrouw Streisand... Een kort briefje om u te laten weten hoezeer ik heb genoten van uw show. Ik vond u de beste van alle mensen die eraan meewerkten.'

Mijn enige teleurstelling was dat Dwight niet won in zijn categorie. Dat vond ik ronduit schandalig, maar die misser werd later ruimschoots gecompenseerd toen de Directors Guild hem een award gaf voor de beste regie van een televisieprogramma. De show won tot mijn grote vreugde ook de prestigieuze Peabody Award, en ik won een Grammy voor het album, dat niet lang na de uitzending op de markt kwam.

Ik had voorgesteld dat ze de foto van mij als zesjarige die we aan het begin van de special hadden gebruikt ook op de hoes zouden zetten. Daar had ik twee redenen voor. In de eerste plaats was ik te lui om een nieuwe foto te laten maken. In de tweede plaats: er stonden kinderliedjes op het album. Waarom zouden we dan geen kinderfoto van me gebruiken? De foto was genomen door mijn broer Shelly toen hij net een nieuwe camera had. Ik weet nog dat ik een platgedrukte magenta strik van een bonbondoos had geplukt om op mijn jurk te plakken, zodat ik er mooier zou uitzien op de foto. Ik was dan ook blij toen die foto werd genomineerd voor beste hoes. Het was Shelly's enige Grammy-nominatie, die hij moest delen met een grafisch ontwerper van Columbia Records. Sneu dat ze niet hebben gewonnen. Soms zit het tegen in het leven.

Ik was dolblij, want ik had al die positieve reacties niet verwacht. Het voelde goed toen we het programma in elkaar zetten. De concepten deugden. Ik had een sterk team en zelf deed ik het ook behoorlijk goed. Ik wist alleen nog niet hoe goed.

Ik was niet de enige die blij was met de reacties. Wat zullen de bazen van CBS opgelucht zijn geweest! Michael Dann heeft na de uitzending Marty gebeld om zijn excuses aan te bieden en te zeggen dat hij het verkeerd had gezien.

My Name Is Barbra werd in oktober 1965 opnieuw uitgezonden, en dat viel samen met alweer een nieuw album: *My Name Is Barbra, Two*. De meeste songs hadden niets te maken met de special. Het waren gewoon liedjes die ik goed vond.

Ik ontdekte 'She Touched Me' omdat Elliott het zong. Hij zat in de Broadway-musical *Drat! The Cat!* De repetities vonden plaats in de periode waarin ik aan het album werkte. De show hield het tot ieders teleurstelling maar een week vol. Maar ik vond dat liedje, over prille liefdesgevoelens, erg ontroerend. Ik verwisselde de genders, nam het op als 'He Touched Me' en het werd een hit.

Don Costa deed het arrangement. Dit album markeert het begin van onze lange samenwerking. Hij was verlegen en ingetogen, maar zijn werk was verbijsterend goed en hij gebruikte vaak onverwachte akkoorden. Hij was erg vindingrijk. Als ik met hem samenwerkte, wist ik nooit van tevoren hoe het orkest zou klinken. Don speelde geen piano. Hij liet me op zijn gitaar horen wat hij in gedachten had, maar dan wist ik nog niet veel. Het was altijd een prettige verrassing als ik het eindresultaat te horen kreeg.

Een andere song was me aangeboden door David Shire, die ik had leren kennen toen hij tijdens het tweede jaar van *Funny Girl* achter de piano zat in de orkestbak. Hij liet me op een dag tussen het matinee en de avondvoorstelling door een aantal nummers horen die hij had geschreven met zijn partner, Richard Maltby jr. Ik was onder de indruk van het sombere 'No More Songs for Me'. Ik kon altijd goed uit de voeten met treurige liedjes.

Ik zei tegen Don: 'Ik hoor vooral cello's bij dit nummer' en hij schreef een prachtig arrangement. Op de dag dat we het zouden opnemen, hadden we eerst een aantal andere nummers gedaan en toen hadden we zoals zo vaak geen tijd meer. Maar ik moest nog een laatste nummer opnemen, dus ik zei tegen Marty: 'Het laat me koud wat we moeten betalen aan overuren. Ik moet dit afmaken!' (Daarom gaan mijn albums altijd over hun budget heen. Muziek is voor mij belangrijker dan geld.)

We waren begonnen met een grote groep cello's, maar de meeste musici waren al vertrokken omdat ze andere verplichtingen hadden. Er waren nog maar vier cellisten, dus ik zei: 'Oké, we doen het met vier cello's en die mixen we later flink naar voren.' Dat is wat je hoort op het album. Het werkt verdomd goed, omdat Dons arrangement zo goed was.

Hij deed voor dit album vijf songs, waaronder 'The Shadow of Your Smile'. Omdat ik iets anders wilde dan de versie in de film *The Sandpiper* (met Elizabeth Taylor en Richard Burton) stelde ik voor dat we het zouden doen als een bossanova. Don schreef er een prachtig arrangement voor. Hij vond altijd een manier om me meer te geven dan ik had durven verwachten.

Het album bood enige afleiding, en de special was een bevredigende ervaring geweest.

Maar ik werd nog altijd avond aan avond verwacht in de Winter Garden.

11

Je m'appelle Barbra

Ik was wanhopig op zoek naar iets anders om mijn aandacht op te richten. Een hoge pief van Columbia vroeg of ik misschien een paar songs in het Frans wilde opnemen voor een EP voor de Europese markt, en ik zei ja. Ik was altijd dol geweest op de Franse taal, maar ik had die niet echt bestudeerd. Ik had ooit een paar lessen genomen, maar de stem van mijn leraar was zo monotoon dat ik er letterlijk van in slaap viel. Mijn oogleden werden zwaar en dan moest ik zeggen: 'Kunt u misschien even wachten?' Dat deed hij, en dan dommelde ik weg op zijn bank.

Zingen in het Frans zou dus een hele opgave worden, maar ik vertrouwde op mijn goede oor voor details. Toen ik nog voor Michael Press werkte, had ik immers al allerlei accenten gebruikt. Ik had bovendien een talenknobbel en ik was leergierig.

Columbia stelde voor dat we er iemand bij zouden halen die het Franse repertoire kende.

Ik ging nog altijd vaak naar buitenlandse films en had recent Jacques Demy's *Les Parapluies de Cherbourg* gezien, waarin alle dialoog werd gezongen. Ik was gecharmeerd van twee songs met prachtige melodieën: 'Devant

Le Garage' en 'Recit de Cassard', beide gecomponeerd door Michel Legrand.

De man van Columbia bleek als schnabbel ook Michel te managen. Michel werd ingevlogen vanuit Parijs en op de avond dat hij aankwam zag hij *Funny Girl*, waarna we elkaar backstage ontmoetten.

Ik was al na enkele minuten erg van hem gecharmeerd. Michel was warm en sympathiek. Hij had een dikke bos donkere krullen en een bril, en hij droeg een stropdas die hij snel losser deed om te kunnen werken. Hij nam plaats achter de kleine piano in mijn kleedkamer en begon te spelen.

Dat werd onze vaste werkwijze. Gelukkig was hij net als ik een nachtmens. Hij kwam rond middernacht naar het theater, als iedereen weg was en we het rijk alleen hadden. Hij speelde een song voor me, en als ik het goed vond, probeerde ik het te zingen. Hij zat boordevol met ideeën en kon me laten lachen, zodat ik altijd plezier had. Ook Michel genoot van onze sessies. Hij zei in een artikel over die tijd: 'Als ik eindelijk het theater verliet, zag ik tot mijn verbijstering dat het al vier of vijf uur 's nachts was. De tijd was verstreken zonder dat ik er erg in had. Het was een euforische ervaring.'

Een van de eerste stukken waaraan we werkten was 'Autumn Leaves'. Ik wist niet dat die song oorspronkelijk Frans was. Ik kende alleen de Engelstalige versie met een tekst van Johnny Mercer, die erover gaat dat herinneringen aan een oude geliefde altijd terugkeren in de herfst. Ik wilde ook de Franse tekst zien, die misschien aspecten bevatte die mijn interpretatie van het liedje konden beïnvloeden. Ik moet een tekst analyseren, precies zoals ik een script zou analyseren. Michel vertelde dat de tekst een op muziek gezet gedicht van Jacques Prévert was. Toen hij het voor me vertaalde, besefte ik dat de song een extra laag had. Alleen al de Franse titel 'Les Feuilles Mortes' (dode bladeren) is duisterder. Prévert schreef het gedicht kort na de Tweede Wereldoorlog en de beelden, zoals gevallen bladeren 'die met grote schoppen worden opgeschept', doen denken aan de dood en verwoesting van oorlog. De geliefden zijn van elkaar gescheiden door gebeurtenissen die buiten hun macht liggen. Hun voetafdrukken in het zand worden weggeveegd door de zee, hun gedeelde herinneringen worden als bladeren weggeblazen 'naar de kille nacht van de vergetelheid'.

Het was een somber, ontroerend nummer dat ik niet op de conventionele manier met een orkest wilde zingen. Ik had een kleiner, intiem geluid in mijn hoofd, iets met de sfeer van een strijkkwartet misschien. Dat stelde ik voor aan Michel. Ik zei: 'Kan het beginnen met één instrument, een cello bijvoorbeeld?' Michel vond het een fantastisch idee, maar hij koos voor een altviool.

Hij liet de virtuoos Emanuel Vardi komen, die een schitterend en complex intro speelde. Ik dacht dat het zou uitmonden in een lang legato, misschien met twee instrumenten die het zouden opbouwen als ik begon te zingen. Maar de altviool maakte een plukkend geluid. De technische term daarvoor is pizzicato.

Toen ik, in het Engels, begon met het bekende gedeelte van de song ('*The falling leaves drift by the window*'), ging de altviool over van pizzicato naar arco, dat wordt gespeeld met een strijkstok. Dan komt mijn favoriete passage in de brug – '*Since you went away*' – waarin het hele kwartet lang aangehouden noten speelt totdat de altviool terugkeert naar dat plukkende geluid. En dan hoor je weer het hele kwartet, maar alleen op het laatste akkoord.

Na een paar takes dacht Michel dat we er waren. Maar zoals hij later in een interview zei: 'Ze was zo dol op die song dat ze zei: "Laten we het nog eens doen, gewoon omdat het zo heerlijk is." Dat vond ik een fantastische manier om te werken.'

Wat hij niet wist, was dat alleen het gedeelte waarin ik zong met de legato spelende strijkers me beviel, en vooral het kwartet. Ik had hem verteld dat ik het pizzicatogedeelte minder goed vond, maar hij had gelachen en me op die charmante Franse manier omhelsd. Hij zei: 'Geloof me, dit is de juiste aanpak.'

En ik had het laten gaan, want ik wilde zijn gevoelens niet kwetsen.

Nu begrijp ik dat ik had moeten zeggen: 'Michel, het werkt gewoon niet voor mij. Ik wil meer horen van het strijkkwartet. Laat ze helemaal tot aan het einde spelen. Ik wil niet terug naar het pizzicato.' Ik vond het een soort coitus interruptus: vlak voor de climax stopte het kwartet.

Het voorval drukte me met de neus op iets waarvan ik dacht dat ik het al eerder had geleerd: dat je nooit je eerste ingeving moet negeren. Als de muziek niet klinkt zoals je je die had voorgesteld moet je gewoon zeggen: 'Het voelt niet goed.'

Daar valt niets tegen in te brengen. Het zijn namelijk mijn gevoelens, en ik ben degene die het nummer zingt. Pogingen om me op intellectueel niveau te overtuigen zijn zinloos, want het is een instinctieve reactie die diep in mijn maag begint en via mijn brein uiteindelijk mijn keel bereikt. Zelfs als de rest van de wereld het eindresultaat geen succes vindt, kan het goed zijn voor mij. Ik probeer tegenwoordig nooit genoegen te nemen met minder dan dat.

En dan is er nog iets, en dat is de reden waarom ik nooit naar mijn eigen platen luister tenzij ik een nummer live ga uitvoeren: ik hoor altijd wel iets wat ik zou willen veranderen. In dit geval zou ik er niet meer voor kiezen om die twee hoge noten aan het einde te zingen. Ik had een lagere noot moeten zingen, donkerder, zodat de song was geëindigd met meer droefenis. En nog een laatste ding: ik zou willen dat ik het helemaal in het Frans had gezongen!

Ook de eerste opnamesessies voor de EP deden we steeds om middernacht na de voorstelling. Michel zei dat het normaal gesproken suïcidaal zou zijn om een zangeres op te nemen die net tweeënhalf uur op het podium had gestaan. Maar ik zag het anders: *Funny Girl* was mijn warming-up.

Ik was zo enthousiast over het project dat ik al verder dacht dan die EP. Ik wilde een heel album met Frans materiaal opnemen voor de Amerikaanse markt.

Toen ze dat bij Columbia hoorden, kregen ze koudwatervrees. Ze zeiden tegen Marty dat hij me dat plan uit mijn hoofd moest praten. Het was een krankzinnig idee en zo'n album zou niet verkopen. Maar de commerciële vooruitzichten lieten me koud. Ik had bovendien al besloten dat ik niet alle songs helemaal in het Frans zou zingen. Van sommige nummers alleen een paar coupletten. Ook als de mensen niet elk woord konden verstaan, zouden de melodieën en emoties iets bij ze losmaken.

Ik zong uiteindelijk drie songs van Michel op het album, waaronder 'La Valse des Lilas' ('Once Upon a Summertime'), dat hij tien jaar eerder had geschreven, op zijn tweeëntwintigste. Dat zette me aan het denken. Ik was al drieëntwintig. Ik kon geen tijd meer verliezen. Kon ik zelf een nummer schrijven? Met een Franse tekst misschien?

Dus dat deed ik. Ik componeerde de melodie en Eddy Marnay, een schat van een man die vaak met Michel werkte, schreef een tekst voor me. Ik vertelde hem dat ik het liedje had geschreven door noot voor noot met één vinger op de piano te spelen. Daarom begint de tekst met: '*Avec un doigt sur un piano.*' Daarna dacht ik aan een eerste liefde: '*J'avais dans mes mains, ton coeur et le mien.*' Dat betekent dat ik jouw hart en het mijne in mijn hand hield, en met mijn eerste liefde vond ik mijn eerste liedje: '*J'ai trouvé cette chanson.*'

De tekst beschrijft gewoon hoe ik het liedje schreef. Het was de waarheid, en dat werkt bij mij altijd goed. Omdat het de eerste melodie was die ik ooit had geschreven, vond ik dat het ook die naam verdiende: 'Ma première chanson'.

Michel en ik bleven daarna met tussenpozen anderhalf jaar werken aan het album, dat we uiteindelijk *Je m'appelle Barbra* noemden. Bij de laatste opnamesessie was ik zwanger van Jason. Je zou het dus in allerlei opzichten een werk van liefde kunnen noemen.

Ik heb voor de grap weleens gezegd dat het het minst populaire album was dat ik ooit heb gemaakt, maar ik heb de cijfers nog eens bekeken en het valt best mee: nummer 5 op de albumlijst van *Billboard*. Het is beter verkocht dan ik dacht.

Het album markeert ook het begin van mijn bijzondere samenwerking met Michel en uiteindelijk de Bergmans die uitmondde in *Yentl*.

12

Gotta Move

Funny Girl was nog altijd erg succesvol, maar ik kon niet wachten om ermee te kunnen stoppen. Ik had een grote kalender op de muur van mijn kleedkamer gehangen en streepte elke voorstelling af. Mijn contract zou eindigen in december, maar Ray wilde me niet laten gaan. Omdat hij wist dat hij geen schijn van kans maakte om me te strikken voor nog meer voorstellingen in New York, stelde hij voor dat we met de show naar Londen zouden gaan. Aanvankelijk zei ik: 'Nee, absoluut niet.' Maar Ray bleef aandringen en zei dat het een korte run zou worden. Ik dacht erover na en besefte dat ik niet wilde dat een ander de rol zou spelen in Londen. Ook het idee om daar enige tijd te wonen sprak me aan. Ik werd gelokt door al die malle winkeltjes en heerlijke high teas met warme scones en kleine sandwiches.

Mijn laatste voorstelling in New York was op zaterdagavond 25 december, Kerstmis 1965... en het was een schitterend geschenk. Licht aan het einde van de tunnel! Ik had voor deze voorstelling oude vrienden uitgenodigd, zoals Bob Schear, de toneelmeester van *I Can Get It for You Wholesale.* Hij kwam aanzetten met zo'n oude, zware spoelenrecorder die hij aansloot op de luidspreker in mijn kleedkamer om, alleen voor mij, een opname te maken van mijn laatste avond. Ik wilde ook een kopie laten maken voor Jule, die er die avond opnieuw bij was, zoals hij er ook bij was geweest aan het begin. Die lieve Jule die me onvoorwaardelijk steunde en altijd klaarstond met een grap of een nieuwe song.

Bob kwam vroeg om het geluid te checken. Hij vertelde me dat er mensen in het publiek zaten die tien of vijftien voorstellingen hadden bijgewoond. Marty was er natuurlijk ook, en Elliott zat naast Cis op de eerste rij.

Voordat het doek opging, kwam er zo'n mededeling die de meeste theaterbezoekers liever niet horen, omdat er meestal wordt gezegd dat de ster voor wie ze zijn gekomen om een of andere reden niet meespeelt en dat een ander die rol overneemt. Maar die avond hoorden ze door de luidsprekers: 'Dames en heren, de rol van Fanny Brice zal vanavond worden vertolkt door... Barbra Streisand.' De hele zaal haalde opgelucht adem en applaudisseerde en lachte. Het orkest zette de ouverture in.

Het publiek was er vanaf het moment dat ik het podium betrad helemaal voor me. De mensen luisterden aandachtig naar elk woord en waren in gespannen afwachting van elk volgend nummer. Ik had het gevoel dat ik werd gedragen op golven van applaus. Ik genoot van de gedachte dat ik voor het laatst op het podium van de Winter Garden stond. Alles verliep probleemloos, totdat ik 'People' ging zingen. Ik dacht: oké, nog maar twee nummers, dan is het pauze. En toen, midden in de song, toen ik zong '*With one person, one very special person, a feeling deep in your soul says you were half, now you're whole*', werd ik opeens overweldigd door emoties. Mijn stem sloeg over. Ik had een brok in mijn keel en kon nauwelijks ademen, laat staan zingen. Ik kon geen woord meer uitbrengen. Ik huilde.

Ik huil niet snel, in elk geval niet in het echte leven. Ik huil bij films, om liefdesverhalen die slecht aflopen of om tragische gebeurtenissen met kinderen of honden. Maar dat ik zomaar op het podium in tranen uitbarstte, dat vond ik ontzettend gênant. Het was zo'n moment waarop de tijd blijft stilstaan en je geen idee hebt wat er gaat gebeuren.

Niemand wist het. Iedereen hield zijn adem in en vroeg het zich af. Rent ze zo meteen van het podium af? Gaat ze instorten? Moeten we het doek laten zakken? Iemand nam op dat moment een foto van Cis en Elliott, en ook zij zaten te huilen, met van die verfomfaaide gezichten die mensen trekken als ze uit volle borst janken. Ik heb die foto jarenlang bewaard in mijn scheepsbureau.

Ik stond als met stomheid geslagen op het podium. Er gierden allerlei gedachten door mijn hoofd. Waarom huilde ik? Waar kwamen die emoties vandaan? Ze moesten diep uit mijn onderbewuste zijn gekomen, anders hadden ze me niet zo overrompeld. Het had misschien te maken met het feit dat ik de dagen had geteld totdat ik de show achter me kon laten. Ik werd overspoeld door herinneringen. Aan al mijn audities; de regisseurs die elkaar in hoog tempo opvolgden; tweeënveertig versies van de slotscène; de conflicten met Sydney en Ray, die me haast tot wanhoop hadden gedreven. Ik besefte opeens hoeveel de show voor me betekende, ondanks alle strubbelingen die ik had meegemaakt.

Op een of andere manier haalde ik het einde van het nummer. Maar ik denk dat het publiek wist dat het niet gespeeld was. Zodra ik de laatste regel had gezongen – '*People who need people are the luckiest people in the world!*' – weerklonk er een oorverdovend applaus. Ze riepen '*Brava! Brava!*' zoals in de opera. Het applaus hield niet op, het ging maar door. Zo kreeg ik de kans om me voldoende te herstellen om de rest van het bedrijf af te maken.

Ik begreep dat de mensen vooral ontroerd waren omdat ik probeerde mijn emoties binnen te houden. Ik zei steeds tegen mezelf: je wilt niet huilen, je mag niet huilen. Maar de tranen stroomden over mijn wangen. Daar reageerde het publiek zo sterk op. Daarom huilden ze met me mee.

Het moge duidelijk zijn dat je geen emotie kunt binnenhouden die je niet echt voelt. Maar ik ben als actrice vooral geïnteresseerd in de kracht van beheersing.

Ik was aan het einde van de voorstelling helemaal leeg. Ik voelde gelijke delen uitgelatenheid en opluchting. Er was ook droefenis, omdat ik diep in mijn hart wist dat ik nooit meer op Broadway zou staan. Het conflict met Sydney had het voor altijd voor me verpest.

Ondertussen was het publiek overeind gekomen voor een staande ovatie. Ook toen de cast kwam buigen, gingen ze niet zitten. Toen ik als laatste terugkeerde op het podium bereikte het applaus een crescendo. Ik keek uit over het publiek en voelde een enorme dankbaarheid voor al die mensen die me zo bewonderden. Ik zag de gezichten van vrienden en familieleden die me altijd hadden gesteund. Toen ik een groot boeket rode rozen in handen geduwd kreeg, deed ik iets wat ik bij balletvoorstellingen had gezien. De prima ballerina pakt altijd een roos die ze als geste van dankbaarheid aan haar partner geeft. Ik pakte een roos en gooide die naar Elliott, maar Cis ving de bloem. (Ik weet niet of Elliott haar dat ooit heeft vergeven. Het is nu zesenvijftig jaar later en hij begon er opnieuw over in een briefje dat hij me recent stuurde voor mijn verjaardag.)

Ik gaf het boeket aan een lid van de cast dat vlak naast me stond en nam het woord:

Het is moeilijk om hier te staan. Ik hou niet van speeches en ik geef al helemaal liever geen speeches en ik verbreek niet graag de illusie. Maar ik heb op het podium ontdekt... Ik wil zeggen dat deze avond heel bijzonder voor me is.

Het heeft lang geduurd... Twee jaar, een flink stuk van mijn leven. En het was fantastisch. Ik wil iedereen bedanken die betrokken was bij Funny Girl: de fantastische cast (ik draaide me om en opnieuw sloeg mijn stem over), Johnny Desmond en Kay Medford en Lee Allen, die vanavond ook vertrekt, en iedereen. Ik ga verder geen namen noemen, want ik weet dat ik dan mensen zal vergeten.

Maar ik wil graag iets doen om mijn respect te tonen, een laatste eerbetoon aan de fantastische dame over wie dit stuk gaat, aan de Winter Garden en aan Funny Girl.

Toen zette ik 'My Man' in, Fanny's bekendste song. Dat was mijn bescheiden manier om niet alleen haar te bedanken, maar ook het publiek. Ik wilde hun liefde beantwoorden met een blijk van liefde van mijn kant. Ik zong het ook voor Ray, die de song altijd in de show had willen opnemen. Ik zong de eerste regel a capella. Toen kwam de piano erbij en even later de rest van het orkest. Toen ik klaar was en een reverence maakte, werd er weer luid geapplaudisseerd en gejuicht en kreeg ik opnieuw een staande ovatie. Het orkest speelde de eerste akkoorden van 'Auld Lang Syne'. De castleden haakten hun armen in elkaar en begonnen te zingen, en het publiek zong mee. Samen zongen we het nummer af, en daarna waren er mensen die riepen 'Hiep hiep hoera, hiep hiep hoera!' De cast en ik verlieten het podium en het orkest speelde 'People' terwijl de toeschouwers hun jassen aantrokken en de zaal verlieten.

Het was afgelopen.

Ik had de gewoonte om kleine kritiekpunten te geven en dat deed ik ook op die laatste avond. Het was me opgevallen dat de nepbloemen er een beetje stoffig uitzagen en dat vertelde ik aan de rekwisiteur. Ik wilde dat alles op en top in orde zou zijn voor Mimi Hines, die de rol vanaf de komende maandag zou overnemen.

Backstage stond een grote, charismatische man me met wijd geopende armen op te wachten: Jerry Robbins. Het was een heerlijk weerzien. Hij was uiteindelijk degene die me de rol had bezorgd. Ik dank God op mijn blote knietjes dat hij me aannam. Anders was mijn leven heel anders verlopen. Ik liet me in zijn armen vallen en gaf hem een lange knuffel.

Mijn samenwerking met Jerry had iets bevestigd wat ik altijd intuïtief had aangevoeld. Ik vond het heerlijk om samen te werken met mensen die stevig in hun schoenen stonden. Ik had die mensen echt nodig. Ik bedoel mensen met passie en integriteit en veel gevoel en creativiteit. Jerry was begonnen als choreograaf. Hij was buiten de wereld van het klassieke ballet gestapt en had een belangrijke bijdrage geleverd aan de moderne danskunst. Later werd hij regisseur, en ook op dat terrein had hij enorm veel talent. Misschien had het verloop van zijn carrière me zonder dat ik er erg in had duidelijk gemaakt dat je, als je zoveel talent en zo'n heldere visie hebt, je kans kunt grijpen om ook andere artistieke terreinen te verkennen. De integriteit van die visie vertaalt zich ook naar andere media.

En het is niet erg als je bang bent. Iedereen die heel goed is, is bang. Gebruik die angst om doortastend op te treden en nieuwe dingen te proberen. Ik heb veel van Jerry geleerd over verhalen vertellen en waar de focus moet liggen. Ik knoopte al die lessen goed in mijn oren en gebruikte ze toen ik zelf ging regisseren.

Jerry was anders, een Joodse jongen. Ik was ook anders, en ook ik was Joods. Er zijn mystieke zaken die een band smeden tussen mensen. Ik denk dat onze Joodse achtergrond een van die zaken was. Jerry en ik herkenden iets in elkaar. De pijn van het anders-zijn en de behoefte om ons te uiten. We waren zielsverwanten.

Ze verrast altijd. Haar optredens verbijsteren, prikkelen, bevredigen. Als ze zingt, is ze net zo eerlijk en net zo angstaanjagend direct met haar gevoelens alsof ze ooit met je in bed heeft gelegen of dat ooit zal doen. De bevrediging die ze je geeft, zadelt je ook op met een honger die zowel vreselijk als heerlijk is. Want wat moet er worden van deze vrouw? Ze is nog altijd onvoltooid. Waar gaat ze heen, wat gaat ze doen? Ondanks al haar talent en haar uitstraling, haar glamour, uniekheid, passie, geestigheid en spontaniteit is ze nog altijd in wording. Er gaat nog meer komen, de dingen zullen veranderen, er staat iets te gebeuren. En wat nog gaat komen, zal niet lijken op wat al is geweest. Ze belooft steeds meer verrassingen. En zo voegt ze een bijzonder mysterie toe aan haar toch al zo buitengewone talenten, en dat is het echte bewijs dat we te maken hebben met een ster. Ze is een van die zeldzame, fascinerende performers die je bezweren en je dan onweerstaanbaar naar binnen slepen zodat je je blijft afvragen wat er zal gebeuren op het volgende moment, in het volgende bedrijf, in het volgende stuk.

JEROME ROBBINS

Mijn laatste ontmoeting met Jerry was in City Center in New York. Ik had kaartjes gekocht voor *Afternoon of a Fawn*, een klassiek stuk dat hij had gechoreografeerd voor twee dansers in oefenkleren in een eenvoudig decor met alleen een barre en een spiegelmuur, zoals in een balletstudio. Er zat een moment in de voorstelling dat ik nooit zal vergeten. De muziek van Debussy zwol aan, groots en vol en uitgelaten, en net als je dacht dat de dansers op elkaar af zouden rennen om in elkaars armen te vallen, bleek Jerry een heel andere keuze te hebben gemaakt. De bewegingen werden niet grootser, maar juist klein en intiem. Ik kan niet met woorden beschrijven hoe mooi dat was.

Na afloop ging ik backstage. Ik wist niet of Jerry er die avond zou zijn, maar hij was er. We stonden op het lege podium glimlachend tegenover elkaar. Hij had zo'n lieve, oprechte glimlach. Het was heerlijk om hem weer te zien, gezellig bij te praten en hem te omhelzen.

Je ziet in zijn werk dat hij niet bang was om diep in zijn innerlijke zelf te duiken en gecompliceerde psychologische kwesties te onderzoeken. Veel van mijn beste herinneringen aan *Funny Girl* hebben met hem te maken. Ik hield van Jerry en ik mis hem. Zoals zoveel andere goede mannen is hij veel te jong gestorven.

Ik had na de lange reeks voorstellingen in New York een korte pauze voor de première in Londen in april. Maar ik kreeg nauwelijks de kans om ervan te genieten, want er was werk aan de winkel voor mijn tweede tv-special. Ik werkte weer samen met hetzelfde fantastische team: Joe, Peter, Dwight, Tom, Bob en Marty. Omdat de eerste special zo goed was aangeslagen, besloten we vast te houden aan een structuur met drie bedrijven. Ik wilde ook weer de studio verlaten, en deze show zou in kleur worden uitgezonden. En waar denk ik aan als ik aan kleur denk? Schilderijen.

Ik zei: 'We doen het in een museum.'

Kunst heeft me altijd gefascineerd. Op mijn zestiende kocht ik mijn eerste kunstwerk: die replica van Rembrandt, waarvoor ik 10 dollar betaalde. Ik doolde vaak door de galeries van New York en vroeg me af hoe het zou zijn om rijk genoeg te zijn om een schilderij te kunnen kopen. Toen ik zeventien was, bezocht ik een tentoonstelling in Galerie St. Etienne, waar ik bezweek voor de charmes van Gustav Klimt en Egon Schiele. Ik herinner me een schilderij... Alleen een babyhoofdje bovenaan, en de rest van het doek was een caleidoscopische zee van kleur. Ik informeerde naar de prijs en kreeg te horen dat het 200.000 dollar moest kosten, een ongelooflijk bedrag. Het doek hangt tegenwoordig in The National Gallery in Washington D.C. en is vele miljoenen waard.

Ik deed mijn eerste grote aanschaf toen ik tweeëntwintig was met geld van mijn albums en *Funny Girl.* Ik kocht in de galerie van Richard Feigen een klein doek van Matisse. Ik was dol op zijn werk. Je ziet een vrouw op een stoel. Hij had het geschilderd in 1924. Ik ben geboren op de vierentwintigste, dus dat leek me een gunstig voorteken, en de gedachte om een werk van hem te bezitten was gewoon te verleidelijk. Maar 55.000 dollar was veel geld en ik was niet echt dol op dat specifieke schilderij, dus ik aarzelde nog. Richard was erg aardig. Hij zei dat hij bereid was het doek binnen achttien maanden van me terug te kopen als ik spijt zou krijgen van de aanschaf. Dat gaf de doorslag.

Ik ging ermee naar Matisse' zoon Pierre, die bevestigde dat het authentiek was. Maar hij was het ook met me eens dat het geen bijzonder werk was. Ik besefte dat niet elk schilderij van een fantastische kunstenaar een fantastisch schilderij hoeft te zijn.

Niet veel later liep ik langs de galerie van Klaus Perls op Madison Avenue en bleef ik staan staren naar een naakt van Amedeo Modigliani. Ik vind zijn werk ontroerend, misschien vanwege de passie. Ik liep naar binnen om te vragen wat het moest kosten. 70.000 dollar, zeiden ze. Zoveel geld had ik niet, want ik had net de Matisse gekocht. (Ik had de Matisse meteen moeten terugbrengen – wat ik uiteindelijk toch heb gedaan – om de Modigliani te kopen. Ik heb nog altijd spijt dat ik dat schilderij heb laten lopen. Het hangt tegenwoordig in The Metropolitan Museum of Art. Een vergelijkbaar naakt van Modigliani is niet lang geleden bij Christie's verkocht voor 170,4 miljoen dollar.)

Hoe dan ook: ik wilde het eerste bedrijf van de special in een museum opnemen. We hebben eerst The Metropolitan Museum of Art benaderd met het verzoek of we daar mochten filmen. Dat was lastig, want het museum was zeven dagen per week geopend. Maar het Philadelphia Museum of Art was op zondag gesloten en de directeur van dat museum was toeschietelijker. We reden met zijn allen naar Philadelphia om het te bekijken. Zodra ik de grote kalkstenen trap in de ontvangsthal zag, zei ik: 'Dit is fantastisch!' Ik zag in een van de zalen *The Concert Singer* van Thomas Eakins en dacht: helemaal perfect. Ik zei tegen mijn jongens: 'Wat vinden jullie ervan als ik in het schilderij ga? Als ik het schilderij wórd?'

Zo ontstond het eerste bedrijf.

Ik had de song 'Draw Me a Circle' gevonden, en zo begonnen we de special. Ik tekende een cirkel die langzaam een gezicht werd. Het zag eruit als iets wat een kind zou maken met kleurpotloden. Daarna veranderden de ogen in een shot van mijn ogen en gezicht, en dan werd er verf overheen gespetterd en werd het weer de tekening. Het was kleurrijk en origineel en het zette de toon voor de rest van de special.

Ik had al die maanden elke avond hetzelfde personage gespeeld op het podium. Nu wilde ik zo veel mogelijk personages spelen. Dus dat deed ik.

Aan het begin van de eerste akte loop ik door het museum, gekleed als een dienstmeid uit de victoriaanse tijd met een donkergroene fluwelen jurk (die ik in Filene's Basement had gevonden) met een wit schort. Ik moest een soort conciërge voorstellen die de standbeelden afstoft en het museum bewaakt. Het was avond, en ik liep alleen door de zalen. Ik ging een aantal zalen in en veranderde in verschillende schilderijen terwijl ik mijn songs deed.

Joe had alles tot op de seconde nauwkeurig getimed, want de choreografie moest ervoor zorgen dat ik steeds op exact het juiste moment op de juiste plek zou zijn. We konden alleen filmen in de periode waarin het museum gesloten was, van zaterdagavond zes uur tot het moment op maandagochtend dat de eerste medewerkers zouden arriveren. We hadden zesendertig uur voor een bijzonder ingewikkelde sequentie met talloze camera-instellingen en changementen. Dat was al een hele uitdaging.

Toen gebeurde er iets rampzaligs. Twee van de drie Marconi-kleurencamera's die we hadden meegekregen van CBS lieten het afweten. (De camera's waren nog nooit op locatie gebruikt.) Daar viel absoluut niets aan te doen. We hadden geen reserveonderdelen, want het was gloednieuwe technologie.

Joe moest alle scènes razendsnel opnieuw ensceneren zodat we ze konden opnemen met slechts één camera.

We hadden geen tijd om te slapen. Ik zong 'One Kiss' om halfzes 's ochtends (in een roze jurk, zoals de vrouw die is afgebeeld op *The Concert Singer*). Ik was zo ontzettend moe dat ik de hoge noten nauwelijks haalde. 'One Kiss' was een van de liedjes die mijn moeder had gezongen toen we op mijn dertiende onze plaatjes opnamen in de Nola Studios. Ik dacht dat mijn moeder blij zou zijn met mijn eerbetoon aan haar. (Maar nee hoor. Toen ze het programma zag, klaagde ze woedend: 'Je hebt me nageaapt! Je hebt mijn liedje gestolen.')

Toen werd ik Marie Antoinette en zong ik een grappige versie van de 'Minute Waltz' terwijl ik petitfours verorberde en naar de wachtende guillotine keek. (Ik had een uurtje kunnen slapen terwijl die scène werd voorbereid. Maar om mijn flink uit de kluiten gewassen pruik te beschermen legde ik mijn nek op een houtblok, zoals een geisha.) Toen gingen we naar de zaal met moderne kunst.

Ik wilde Peters 'Gotta Move' zingen, omdat ik dacht dat de koortsachtige energie van die song goed bij de abstracte schilderijen zou passen. Ik heb in dat segment mijn eigen korte haar, draag een maffe op-art-jurk en heb bij wijze van surrealistische touch gekleurde stras aangebracht tussen mijn ogen en wenkbrauwen. Ik had de juweeltjes stuk voor stuk eigenhandig opgeplakt met superlijm. (Wat een waanzin!)

Maar mijn favoriete personage uit die sequentie (en mijn favoriete schilderij) is Modigliani's *Portret van een Poolse vrouw*. (Ik was zo gek op dat schilderij dat ik heb geprobeerd het te kopen van het museum. Maar ze wilden het niet kwijt.) Een shot van mij terwijl ik naar het schilderij kijk verandert in een shot van mij in de kleren van de vrouw op het schilderij terwijl ik aan net zo'n tafel zit. Ik zag iets in haar ogen wat me deed vermoeden dat ze was gekwetst door haar geliefde. Daarom zong ik 'Non C'est Rien', een song over pogingen om je pijn te verbergen.

Ik sta op en loop uit het shot en dan zie je me weer in de zaal, waar ik naar het schilderij kijk, maar ik draag nog altijd haar jurk en het schilderij toont nu de lege stoel. De vrouw is uit het schilderij verdwenen, wat best eng is. Dat beeld kwam bij me op, daar kan ik geen logische reden voor geven. Ik zag het voor me en dacht dat het interessant zou zijn. Het mysterie wil ook wat.

Verschillende mensen hadden mijn profiel vergeleken met dat van Nefertiti, dus het leek me leuk om aan het einde in haar te transformeren. Ik ben dol op dat shot op de Egyptische afdeling, waar je me weerspiegeld ziet in een vijver, en dan rimpelt het water en verandert mijn gezicht in dat van haar. (Ik kon destijds nog ondersteboven naar mezelf kijken. Dat zou ik nu doodeng vinden.) Die scène leverde het museum een probleem op. Nog jaren daarna kwamen bezoekers bij de informatiebalie klagen dat ze de Egyptische afdeling niet konden vinden. Best logisch, want die afdeling bestaat niet. Tom had de set gebouwd in de studio in New York. Hij had fantastisch werk geleverd. Zelfs de kleinste details klopten. Ik zei tegen hem dat ik dit gedeelte van de show wilde afsluiten met het kleine gezicht dat we aan het begin hadden gebruikt. De camera gaat omhoog en dan zie je het gezicht tussen de hiërogliefen. De cirkel is rond, en zo eindigt het eerste bedrijf.

Er is trouwens nog een andere cirkel, die ik pas recent ontdekte toen ik *Madame Hanka Zborowska* kocht, een schilderij van Modigliani. Ik keek naar de afgebeelde vrouw en vroeg me af waarom ze me bekend voorkwam. Ik ontdekte dat zij dezelfde Poolse vrouw is als op het schilderij in het museum! Ik had in 1966 een diepe connectie met haar gevoeld en nu was ze op een of andere manier bij me teruggekeerd. Misschien was het bashert.

Voor het tweede bedrijf wilde ik iets met dieren doen, want behalve van kunst hou ik ook erg van dieren. Ik wilde mijn lieve poedel Sadie een rol geven. Ik had haar op een verrassingsfeestje voor mijn tweeëntwintigste verjaardag gekregen van de cast van *Funny Girl*. Er stond een grote doos onder de taart en iemand zei: 'Steek je handen er maar in.' Ik voelde iets harigs. Een bontmuts misschien? Maar het was wel erg beweeglijk voor een hoofddeksel. Toen haalde ik een piepkleine puppy tevoorschijn met zo'n poedelkapsel. Ik had nog nooit een hond gehad. Ik wist niet eens dat ik een hondenmens was totdat ik Sadie ontmoette.

Mijn team bedacht een circusthema, wat betekende dat ik er allerlei dieren bij kon halen. Ik zong 'Funny Face' tegen een Shetland-pony en schudde de hand van een baviaantje. Het leukste moment was toen ik een dansje maakte met vijf kleine pinguïns op 'Sam, You Made the Pants Too Long'. Schattige pinguïns, en ze sprongen in het juiste ritme op. Ze waren helaas niet dol op de hitte van de studiolichten. We moesten tussen de takes door voortdurend stoppen om ze te laten afkoelen in een ijsbox.

Joe stelde voor dat ik een kooi met een tijger zou binnenlopen, en dat ik nonchalant langs het roofdier zou lopen, maar veel banger zou zijn voor een kitten die brult en me (na een paar maten van 'What's New, Pussycat?') op de vlucht laat slaan. Hij had makkelijk praten. De tijger ontsnapte en gooide allerlei spullen omver. Oké, zei Joe, dan doen we het niet. Ik was doodsbang, maar ik dacht: ik doe het gewoon, en toen deed ik het. Want als het zou werken, zou het een fantastisch shot opleveren. En als ik het niet had overleefd? Ach, ik doe alles voor mijn kunst!

Daarna vergelijk ik mijn profiel met dat van een 'beminnelijke miereneter' terwijl ik zing: '*We have so much in common, it's a phenomenon*', een fragment uit 'Small World' uit *Gypsy*. Ik draag een bodysuit met zilveren pailletten van Normal Neill waarvoor ik bij Filene's Basement 89 dollar had betaald. Ik weet nog dat ik dacht: logisch dat het in de uitverkoop ligt, want wie koopt er nu zoiets? Maar het was perfect voor de show. Ik droeg het met een roze ruche rond mijn hals en een topje en broek van oranje chiffon. (Ik besloot pas later dat ik een hekel heb aan die kleur.)

Dan verlaat het circus de stad. Ik blijf moederziel alleen achter en zing 'Have I Stayed Too Long at the Fair', maar dan springt Sadie in mijn armen. Ik zal nooit meer alleen zijn, want ik heb mijn lieve meisje, en ze is altijd blij om me te zien. Ik zing 'Look at That Face' tegen haar, een magnifiek nummer van Tony Newley en Leslie Bricusse. Ik was recent bevriend geraakt met Tony. Ik vond het heerlijk dat Sadie altijd haar koppie op mijn schouder legde, als een kind, en zo sloten we het tweede bedrijf af.

Het derde bedrijf was een liveoptreden, net als in de eerste special. Omdat ik toen zwart had gedragen, wilde ik gebroken wit dragen. Ik had precies de geschikte jurk (opnieuw een koopje), een wollen jurk in empirestijl waarvoor ik 30 dollar had betaald. Oorbellen van nepdiamanten en -parels waren de enige sieraden die ik droeg. Ik droeg dezelfde oorbellen twee jaar later toen ik in de slotscène van de film *Funny Girl* 'My Man' zong. Daarna ben ik ze kwijtgeraakt. Toen ik jaren later op een kleine vissersboot in Cabo San Lucas voer, zei de kapitein tegen me: 'O trouwens, mijn moeder heeft je oorbellen. Ze maakte bontjassen en je had ze in de zak van een jas laten zitten.'

Ik was dolblij. Ik gaf hem mijn adres en hij beloofde me de oorbellen op te sturen, maar ik heb ze nooit ontvangen. Jammer dat hij zich niet aan zijn belofte heeft gehouden. Ik mis die oorbellen nog altijd. Ze waren niet veel waard, maar voor mij hadden ze een sentimentele waarde.

David Shire was Peters assistent bij de special, en ik was onder de indruk van 'Starting Here, Starting Now', een nieuw nummer dat hij had geschreven met Richard Maltby jr. Toen David op een dag achter de piano zat en we aan het arrangement werkten, vroeg ik of hij een grote climax kon maken aan het einde van het woord '*now*', om dan naar een andere toonsoort te gaan, waarna de noot nog verder omhoogging. Zo hoorde ik het in mijn hoofd. Nadat David het had geprobeerd, keek hij me aan en zei: 'Wow, dat lijkt totaal niet meer op wat ik aanvankelijk in mijn hoofd had.'

Ik zei heel rustig: 'O, vind je het niet goed?'

'Niet goed? Ik vind het te gek. Je hebt een heel alledaags liedje getransformeerd tot een aria.'

Ik was blij dat hij zo blij was.

'Nu heeft het nummer echt drama,' zei hij.

We gebruikten het aan het einde van de show, als de aftiteling door het beeld rolt. De tekst riep de sfeer op van een nieuw begin. Dat leek me een interessante twist aan het einde. Ik eindig graag in hogere sferen. Niet alleen muzikaal, maar ook emotioneel.

En dat was het dan. Mijn tweede special. Omdat *Color me Barbra* dezelfde structuur had als *My Name is Barbra* zag ik de twee specials als twee helften van een geheel. We namen de show op in februari. Zodra we klaar waren, stapte ik in het vliegtuig naar Europa.

Beide specials waren gesponsord door Chemstrand, een bedrijf dat nylon garen maakte voor tapijten. We konden nog niet weten dat het bedrijf zou fuseren met Monsanto en zou uitgroeien tot een enorm bedrijf in chemicaliën. Ik dacht dat ze gewoon tapijten maakten!

Chemstrand was zo tevreden over de reacties op de eerste special en zo blij met de tweede dat ze me in feite een vakantie in Europa aanboden als bedankje. We waren al in overleg over een derde, maar ik had nog geen scherpomlijnde ideeën. Je kunt nu eenmaal niet drie helften hebben. We zouden misschien iets kunnen doen met mode. Hoe dan ook, het idee was dat ik naar Parijs zou gaan om kleren voor de special uit te zoeken uit de collecties van de couturiers.

Diana Vreeland, de hoofdredacteur van *Vogue*, had aardige dingen over me gezegd en zag iets in me toen veel anderen nog nare grappen over me maakten, zoals: 'Mijn vrouw is naar de kapper geweest en zei: "Ik wil de look van Barbra Streisand." Toen heeft hij haar tegen haar neus geslagen met de haarborstel.'

Vreeland nodigde me uit voor een lunch in haar appartement, dat al net zo stijlvol was als zij. Alle muren, gordijnen en bijna al het meubilair in haar beroemde woonkamer waren gestoffeerd met een felrode stof met een bloemenpatroon. Ze noemde het haar 'tuin in de hel'. De eettafel stond in een alkoof, waar de muren en bankjes ook weer gedurfde strepen en kleuren hadden. Ik had gehoord dat ze nogal dominant was, maar ik vond haar heel warm, met een unieke persoonlijkheid. Ze was grappig en nuchter, heel aantrekkelijke eigenschappen. Al lang voordat iemand zich kon voorstellen dat ik ooit op de lijst van best geklede mensen zou staan, zag zij me al als een mode-icoon. Toen ze hoorde dat ik naar Parijs zou gaan, zei ze: 'Hé, laten we iets voor *Vogue* doen! Ik laat je door Richard Avedon fotograferen in de nieuwste mode.'

Wat een feest om vier weken lang door Europa te reizen! Ik was al in Engeland geweest toen Elliott daar acteerde, maar Frankrijk en Italië waren voor ons beiden onbekend terrein. De kers op de taart was dat ik Cis en Harvey kon uitnodigen mee te komen en dat Chemstrand alles betaalde.

Man, wat hadden we veel plezier. We aten in de beste restaurants en verbleven in de beste hotels. Ik stond versteld van het formaat van onze suite in Hotel Hassler in Rome, dat twee keer zo groot was als ons appartement in New York. Het was meer iets voor een keizer, met prachtig vormgegeven vensters, zijden gordijnen en schitterende meubels in empirestijl. Cis en ik kozen beiden een slaapkamer uit. Ook die waren enorm. De bedden waren zo groot als een klein schip. Ik voelde me als Assepoester die een nacht mag logeren in het paleis.

In de woonkamer stond een schitterende mahoniehouten eettafel, dus we kregen meteen trek. We belden roomservice en er verscheen een elegante Italiaanse ober die een lange lijst delicatessen opsomde. De ene specialiteit klonk nog heerlijker en exotischer dan de andere. Toen Elliott aan de beurt was om te bestellen, zei hij: 'Doe mij maar een broodje pastrami.'

Ik zal de blik op het gezicht van de ober nooit vergeten. Ik denk niet dat hij wist wat pastrami was.

Toen zei Elliott: 'Op roggebrood.'

We kwamen niet meer bij van het lachen. Mijn ribben deden pijn en ik snakte naar adem. Elke keer als Cis en ik elkaar aankeken, moesten we weer lachen. We konden gewoon niet stoppen. We zijn uiteindelijk maar een heel eind uit elkaar aan verschillende kanten van de suite gaan zitten zodat we tot bedaren konden komen terwijl we op het eten wachtten. Elliott en ik kropen zo ongeveer naar onze slaapkamer en Cis en Harvey zochten hun eigen kamer op, kilometers verderop aan de andere kant van de suite.

Op een avond kwamen we in Parijs de Franse producer Eddie Barclay tegen, die samenwerkte met Michel Legrand en Jacques Brel. Ik was een groot fan van Brel. Ik vond hem een fantastische zanger en songwriter. Ik had talloze malen naar zijn album *La Valse a Mille Temps* geluisterd, waar een nummer op stond dat me erg ontroerde: 'Ne Me Quitte Pas', een gepassioneerde, kwetsbare smeekbede aan zijn geliefde om hem niet te verlaten. Toen Barclay vertelde dat Brel optrad in Marseille besloot ik dat we moesten gaan. Ik wilde de kans niet missen om hem live te zien. Eddie zei dat hij tegen Brels manager zou zeggen dat ik dat nummer zo goed vond en dat ik me erop verheugde om het hem te horen zingen.

We vlogen naar Marseille. Ik wilde natuurlijk bouillabaisse proberen, de beroemde stoofpot die daar in de streek voor het eerst werd gemaakt door vissers (van de vis die ze niet konden verkopen, vermoed ik). Ik wilde het bestellen in ons hotel, maar het stond die avond niet op het menu. Ik was erg teleurgesteld, maar het was te laat om ergens anders heen te gaan. We moesten snel eten voordat we naar het concert gingen. Ik droeg mijn beige bontjas met een bijpassende muts. Cis vond dat setje zo mooi dat ik beide kledingstukken voor haar had laten maken in zwart-wit vossenbont. We zagen eruit als merkwaardige bontzusjes. Toen we gingen zitten, hoorde ik achter me mensen fluisteren: '*Chapeau! Chapeau!*' Dat was helaas geen compliment, maar ze wilden dat we onze hoeden zouden afzetten om hun zicht niet te belemmeren.

Nog een teleurstelling: Brel zong mijn favoriete nummer niet. Het zat allemaal niet mee die avond.

Na het optreden gingen we backstage. Brel opende de deur van zijn kleedkamer met een biertje in zijn ene hand en een jonge vrouw in zijn andere. Ik geloof niet dat hij blij was met de onderbreking en hij was overduidelijk geen fan van onze outfits. Hij haatte de bourgeoisie, en ik denk dat hij ons bourgeois vond.

Soms is het beter om je idolen niet te ontmoeten.

Ik ben nooit mijn teleurstelling vergeten over het feit dat Brel het vertikte om de song te zingen die hem beroemd had gemaakt. Ik heb er veel over nagedacht. Toen ik nog optrad in The Bon Soir zei ik als iemand om een nummer vroeg altijd, een beetje voor de grap: 'Ik doe geen verzoekjes.' Jaren later, toen ik mijn optredens in Las Vegas voorbereidde, schrapte ik mijn oude songs omdat ik met nieuw materiaal aan de slag wilde. Maar de fans hielden van die songs en wilden hun favorieten horen, precies zoals ik wilde dat Brel mijn lievelingsliedje zou zingen. Het is gewoon niet aardig om zo'n verzoek af te wijzen. Dus ik bleef 'People' en 'Happy Days' zingen, ook al deed ik dat niet altijd voor mijn plezier. Ik probeerde gewoon elke keer iets nieuws te ontdekken in die songs.

Terug naar Marseille. Op de weg terug naar het hotel zag ik een ijskraampje. We namen allemaal twee bolletjes en ik zat vol. Toen we het hotel binnenliepen, werden we begroet door de enthousiast glimlachende manager, die met een vet Frans accent zei: 'Ik heb een verrassing. We hebben bouillabaisse voor u gemaakt, madame!'

Wat konden we doen? Het was ontzettend aardig, dus we moesten wel naar het restaurant om te eten. Ik kon hem toch niet teleurstellen? De stoofpot had na het ijsje een uitgesproken knoflooksmaak. En er zat iets in wat niet goed viel, want een paar uur later moest ik overgeven. Ik haalde de volgende ochtend ternauwernood het vliegtuig en had voortdurend het gevoel dat ik weer zou moeten overgeven. De vlucht was zo turbulent dat ik nog misselijker werd. Dat was de enige keer ooit dat ik het zakje heb moeten pakken dat altijd in de achterkant van de stoel voor je zit. Ik dacht: echt waar? Nou, vergeet het maar. Wat er ook gebeurt, ik ga niet overgeven in een papieren zakje. Dus ik hield het binnen.

Ik ben tien dagen lang misselijk geweest. Ik moest mezelf uit mijn hotel in Parijs slepen om naar de collecties te gaan kijken. Ik heb foto's van mezelf gezien in een zelfontworpen jaguarpak en -muts. Ik zit bij Chanel op de eerste rij strak voor me uit te kijken. Ik was bang dat ik van de kleinste beweging zomaar tijdens de show zou moeten kokhalzen. Ik zie op de foto dat Marlene Dietrich vier stoelen bij me vandaan zit, maar dat wist ik niet toen ik daar zat. Ik heb alleen maar vage herinneringen aan die dag. Ik herinner me zo'n beetje dat ik Coco Chanel heb ontmoet, want ik heb een foto waarop we naar elkaar glimlachen, zij met dat krachtige, beeldschone gezicht. Normaal gesproken zou ik heel opgewonden zijn geweest en haar hebben bestookt met vragen, maar ik voelde me zo ellendig dat ik alleen maar ergens wilde gaan liggen.

Elk boertje deed me denken aan die bouillabaisse.

Ik weet dat ik meer shows heb bezocht. Toen ik me klaarmaakte om naar Dior te gaan, voelde ik me extreem beroerd, waardoor ik te laat kwam. Toen ik arriveerde, bleken ze op me te hebben gewacht, wat ik erg gênant vond. (De gravin van Windsor was not amused.)

Maar ik genoot van de creaties. Ik vond het destijds nog heerlijk om kleding van couturiers te dragen. Ik was erg chic op mijn drieëntwintigste.

Het was een feest om te worden gefotografeerd door Avedon. Ik had al een keer met hem gewerkt voor *Harper's Bazaar*, toen hij me fotografeerde met een strak geometrisch kapsel en een arm vol dikke armbanden met witte en zwarte strepen. Ook dat waren zwart-witfoto's, heel simpel en elegant. Ik heb een van die foto's gebruikt voor *Je m'appelle Barbra*. Avedon was een kleine man met een groot talent. Knap, met een warrige haardos en een enorme zwarte bril die de blik van zijn priemende ogen uitvergrootte. Zijn studio was, in lijn met zijn esthetische opvattingen, eenvoudig en schaars gemeubileerd. Hij fotografeerde mensen vaak met alleen een vel wit papier als achtergrond. Geen rekwisieten, niets wat kon afleiden van de gefotografeerde persoon. Hij wist precies welke hoeken goed zouden werken voor mijn gezicht. Ik hoefde niets te zeggen. Hij verspilde ook geen tijd door met de belichting te rommelen. Als hij me van links fotografeerde, stond het felle licht links. Ik weet nog dat hij een stroboscoop gebruikte, met een witte paraplureflector om het licht diffuus te maken.

Tijdens een van onze sessies zei ik: 'Ik wil graag jóú fotograferen.' Dat liet hij toe, een intrigerende verwisseling van de rollen. Ik geloof dat ik zelfs zijn camera gebruikte.

Stel je voor: ik was in Parijs met Avedon, wat een droom was (hij was de inspiratie voor het personage dat Fred Astaire speelt in een van mijn lievelingsfilms: *Funny Face*, met ook Audrey Hepburn) en ik had gefantaseerd over chocoladesoufflé, foie gras, vichysoisse en heerlijke baguettes met ham en kaas. Maar ik kreeg al maagpijn als ik alleen maar aan voedsel dacht. Ik had geen trek en verloor zienderogen gewicht. Ik kon niets hebben, zelfs de gebakken aardappelen die Elliott meebracht naar de studio waren te veel voor me. Mijn huid had een groene teint. Ik kon amper spreken. Vind je het gek dat ik er op foto's van die reis niet op mijn best uitzie?

Ondertussen begreep ik niet wat mijn Franse kapper Alexandre met mijn haar deed. En de kleren die de stylist me liet zien waren in sommige gevallen ronduit buitenissig.

Ik was na de periode waarin ik mijn kleren vooral uit tweedehandswinkels haalde conservatiever geworden. Als Elliott en ik uitgingen, droeg ik vaak parels. Ik streefde naar een elegante, subtiele look. Maar Alexandre, die het haar van prinses Grace en de gravin van Windsor had gedaan, en dat van Liz Taylor in *Cleopatra*, stapelde haarstukken op mijn hoofd die hij verwrong tot merkwaardige, gebeeldhouwde knotten. Als ik me goed had gevoeld, had ik tegengestribbeld, want ik was vaak ontevreden over de look die hij me gaf. 'Weet je dit wel zeker?' vroeg ik soms. 'Het voelt raar en het ziet er eerlijk gezegd ook raar uit.'

Maar ik was te zwak om in verzet te komen. Ik dacht: deze mensen zijn toppers in hun vak. Ze zullen wel weten wat ze doen. En ik wilde niemand voor het hoofd stoten.

Ik stond te kijken van het shot dat ze uiteindelijk hebben gekozen voor de cover van *Vogue*. Ik heb een brede glimlach op mijn gezicht, wat nog helemaal niet zo makkelijk is als je de steel van een narcis tussen je lippen klemt. (Vraag maar niet.)

Het was niet de afbeelding van mijn dromen.

Toen *Color Me Barbra* werd uitgezonden op 30 maart 1966, was ik opnieuw in Europa. Ik at weer en was begonnen met de repetities voor de Londense productie van *Funny Girl*. Lee Allen en Kay Medford waren met me meegekomen voor de run van drie maanden. Ik had een nieuwe Nick (Michael Craig) en een nieuwe cast die de show moest leren die Lee, Kay en ik met onze ogen dicht hadden kunnen spelen. Toch werkten we zorgvuldig aan alle scènes. Het was natuurlijk wel Londen, de bakermat van het beste theater en briljante acteurs als Laurence Olivier en Judi Dench.

Ik miste Sadie vreselijk. Ze mocht niet mee vanwege een Britse wet die bepaalde dat honden zes maanden in quarantaine moesten voordat ze het land in mochten. Maar na zes maanden zou ik al lang en breed weer thuis zijn! Godzijdank had ik thee en scones om me te troosten, en ik ging naar de East End om fish-and-chips te kopen. Verpakt in een oude krant, zoals het hoort. Veel mensen mopperden over het Engelse eten, maar ik smulde ervan. Simpel voedsel, zoals rosbief en Yorkshire pudding met mierikswortel. Beter gaat het niet worden, toch?

Nadenken over mijn volgende maaltijd was een manier om de stress te verlichten. Ik was bang dat ik niet zou kunnen voldoen aan de hoge verwachtingen en de hype. Al voor de première op 13 april 1966 was de hele reeks voorstellingen uitverkocht. Op de avond daarvoor speelden we op een gala-avond voor een van de goede doelen van prinses Margaret, die ook in de zaal zat. Ik vond het publiek merkwaardig kil. Zaten ze zo ingespannen naar haar te kijken dat ze niet normaal op mij konden reageren?

Ik had haar een halfjaar eerder ontmoet tijdens een feestje in New York, waar ze had verteld dat ze al mijn albums had. Dat vond ik eervol en verrassend. Ik had liever gehad dat ze de voorstelling had kunnen zien met een normaal publiek. Na afloop gingen we met de hele cast op het podium staan om haar te begroeten. Ze zei dat ze van mijn spel had genoten, en ik antwoordde: 'U zou hier eens moeten zijn op een avond dat u niet hier bent.'

Het publiek laat zich soms afleiden door de aanwezigheid van beroemdheden. Tijdens de première zat de zaal er vol mee: Peter Sellers, Britt Ekland, David Niven, John Huston, Tommy Steele, Rex Harrison en Leslie Caron. We moesten zes keer terugkomen om te buigen. Dat schijnt veel te zijn voor Engelse maatstaven. Misschien klapten ze uit beleefdheid.

Ik was blij dat het achter de rug was en ging snel terug naar mijn kleedkamer, waar ik werd opgewacht door Marty, Elliott, Cis en Gracie. Ik probeerde me snel van mijn kostuum te ontdoen en me om te kleden voor de afterparty toen Cis me een paar wollen babyslofjes liet zien en zei: 'Ik word grootmoeder.'

Ik dacht meteen aan haar oudste zoon. 'Heeft Jeff een meisje zwanger gemaakt?'

'Nee, jij bent het!'

'Wat?!'

Ik was totaal vergeten dat ik een Friedman-test had laten doen door een vriendin van Cis. Rachel, de vrouw van de komiek Jonathan Miller, was ook arts. Met die test konden ze vaststellen of je zwanger was en na een week kreeg je de uitslag. Cis, Elliott en Gracie wisten het al, maar ze hadden gewacht en wilden me het nieuws pas vertellen als de druk van de première was verdwenen.

Ik stond versteld. Ik ging met mijn vrienden naar het feest, maar ik was er niet bij met mijn hoofd. Ik weet nog dat Rex Harrison me feliciteerde en dat ik hem bedankte, maar om een heel andere reden. Ik kon alleen maar aan mijn baby denken.

Het nieuws kwam als een schok. Elliott en ik woonden al samen sinds mijn negentiende en ik was nu bijna vierentwintig. Ik had jarenlang gedacht dat er iets mis met me was, want ik was nooit zwanger geworden. Een kindje krijgen vond ik iets voor andere vrouwen, niet voor mij. En toen was er een avond toen ik net in Londen was voor de repetities. Elliott en ik waren in onze suite in Hotel Savoy. We hadden ruzie, ik weet niet meer waarover. Het werd fysiek, en toen was het een kwestie van verleiding en weerstand en woede en passie. Heel verwarrend. Ik stopte met vechten en keerde me in mezelf, in mijn lichaam, om te voelen, te vergeven, te delen, om aardig te zijn, en kwetsbaar. Die avond is het gebeurd. Ik kon het moment van conceptie voelen.

Het was verbijsterend. Ik was zo gelukkig! Eindelijk voelde ik me normaal. Maar toen dacht ik: mijn god! Marty had een lange concerttournee geregeld met optredens in twintig Amerikaanse steden, die meteen na de voorstellingen in Londen zou beginnen. En dan was er nog de derde tv-special. En het belangrijkste: de film van *Funny Girl*.

Het klonk als een enorme berg werk, terwijl ik niets liever wilde dan thuisblijven en vegeteren, zwanger zijn, en alles lezen wat er maar te lezen was over baby's. Het was een wonder! Alle andere zaken moesten maar wachten.

Ray had eindelijk mijn filmcontract getekend, maar hij had het me erg moeilijk gemaakt. Hij maakte er altijd een machtsstrijd van. Hij wilde me de rol alleen geven als ik hem een optie zou geven om nog drie andere films met me te maken. Dat leek verdacht veel op chantage. Jarenlang in zakelijk opzicht vastzitten aan Ray was wel het laatste wat ik wilde. Maar als ik tegenstribbelde, verschenen er opeens geruchten over andere actrices die in aanmerking zouden komen voor de rol. (Ray onderhield goede relaties met de roddelbladen.)

'Ik geloof nooit dat hij je *Funny Girl* kan afnemen,' zei Marty tegen me.

Ik was daar minder zeker van. 'Je kent Ray,' zei ik. 'Hij is altijd bereid het kind weg te werpen met het badwater.'

Ik weet nog dat ik met mijn impresario David Begelman in mijn bordeauxrode kamer in New York zat te bedenken wat we moesten doen. Hij vroeg: 'Ben je bereid de rol te verliezen?'

Ik moest even nadenken. 'Nee, dat wil ik niet. Ik kan het me niet veroorloven om *Funny Girl* te verliezen.'

Toen vroeg ik: 'David, het is toch de taak van een producent om materiaal te vinden?'

'Inderdaad.'

'Want dat lijkt me het moeilijkste aspect van de overeenkomst. Ray is een producent van naam. Laat hem dan maar geschikte projecten voor me zoeken.'

Dan kon ik de deal rechtvaardigen. Ik zei tegen Marty: 'Het is oké. Ik ben bereid nog drie films te maken met Ray. Sluit de deal.'

We moesten het nog eens worden over mijn gage. Marty zei tegen Ray: 'Geef haar gewoon 1 dollar plus 10 procent van de bruto-opbrengsten.' Dat was typisch Marty, die altijd op de lange termijn dacht.

Ray sloeg zijn voorstel af. Hij betaalde me 200.000 dollar, en de gages voor de drie latere films zouden ongeveer net zo hoog zijn. Marty was er niet blij mee, maar hij had geen keus. Hij zei nog wel: 'Als de film een hit wordt, willen we een bonus.'

Ray zei: 'Oké, dan geef ik jullie 5 procent van de netto-opbrengst of 200.000 dollar.'

Ik maak nu even een sprong in de tijd om je te verklappen hoe het afliep. Toen *Funny Girl* uitkwam, koos ik voor de 5 procent. Maar Ray zei: 'Nee, ik heb toch besloten je twee ton te geven.'

Wat vind je daar nou van? Ik kon er gewoon niet op rekenen dat hij zich aan zijn beloften hield.

Terug naar Londen en mijn onverwachte zwangerschap. Ik maakte me zorgen of ik wel kon doorgaan met de voorstelling. Het leek me in elk geval een goed idee om tijdens de verleidingsscène niet meer op de bank te springen. Grappig genoeg werd ik niet 's ochtends misselijk, zoals veel zwangere vrouwen, maar 's avonds, vlak voor de voorstelling. (Dat had misschien te maken met het tijdsverschil, want in New York was het op dat moment ochtend.) Ik wilde dolgraag vertrekken, maar dat ging niet. We waren nog maar net begonnen. Ik ben bovendien niet iemand die zomaar opgeeft. Ik had het niet opgegeven toen Sydney Chaplin me door een hel liet gaan en was ook niet van plan dat nu te doen.

Cis en ik bespraken de kwestie toen we aan het shoppen waren met haar jonge dochter Nina. We waren net ingestapt in zo'n grote rode Engelse dubbeldekker toen ik zag dat Nina was achtergebleven op de stoep. Ik sprong zonder na te denken uit de al rijdende bus, viel en rolde over de grond zonder erbij stil te staan dat ik zwanger was. Cis stapte bij de volgende halte uit en rende terug om ons te vinden.

Ik was doodsbang dat ik de baby iets had aangedaan en we gingen onmiddellijk naar mijn gynaecoloog. (Hij was tot mijn grote vreugde ook de gynaecoloog van de koningin.) Hij zei iets heel geruststellends: 'Als het zo moet zijn, blijft de foetus vastzitten.'

Dat gaf me het vertrouwen dat het veilig was om te blijven optreden. Ik vatte de gewoonte op om backstage te breien. Ik wilde een dekentje maken voor de baby. Ik breide losse vierkante lapjes in bruin en verschillende kleuren rood en voegde ze samen in een patchwork. (Ik heb dat dekentje nog altijd.)

Ik herinner me de eerste bewegingen na vier maanden, alsof er een vlinder in mijn buik zat. Ik wilde me koesteren in dat gevoel van heerlijke verwondering. Eind juni ging ik de studio in om de eerste liedjes op te nemen voor een kerstalbum. Ik dacht dat het kindje rond Kerstmis geboren zou worden, en dat bracht me op een idee. Ik sprak met Lan O'Kun (die de grappige tekst bij 'The Minute Waltz' had geschreven) en hij componeerde een song voor me, 'The Best Gift', die uiteraard over een kind ging.

Ik besloot dat ik vier van de twintig concerten kon doen, en niet meer. De kranten speculeerden over het geld dat ik zou verliezen door de tournee in te korten en kwamen met de term 'een baby van 1 miljoen'. Alsof je ooit een prijskaartje zou kunnen plakken op een kind!

Op het feest na de laatste voorstelling in juli dronk de hele cast champagne, maar ik hield het bij spuitwater. Toen vloog ik terug naar Amerika. Elliott en Sadie stonden me op te wachten op het vliegveld. Ik deed mijn vier concerten en ging toen heerlijk naar huis om in het gezelschap van Sadie te relaxen, te eten en op mijn baby te wachten. Ik kocht allerlei medische boeken om te kunnen bijhouden wat er met me gebeurde. Ik vind de werking van het menselijk lichaam eindeloos fascinerend. Er groeide zomaar een nieuw mensje in me!

Ik genoot ervan om zwanger te zijn. Het was de meest creatieve periode van mijn leven. Ik boekte sessies bij een zwangerschapscoach. Ik maakte plannen voor een natuurlijke bevalling, want ik wilde anesthesie vermijden om geen moment te missen van de ervaring van het baren. Ik luisterde eindeloos vaak naar een plaat van een vrouw die bij elke wee rustig hijgde (zo werd het mij ook geleerd) en deed elke hijg braaf na. (Ik klonk als een loopse hond.) Aan het einde hoorde je een pasgeboren baby huilen. Dan moest ik altijd huilen. Ik wilde dat mijn ervaring net zo sereen zou zijn als op die plaat.

Maar die vlieger ging niet op. Het universum had andere plannen.

Om te beginnen kwam de baby tien dagen te laat en lag hij in stuit. Dat ontdekte ik een week voor de uitgerekende datum. Ik werd er nerveus van en was allerminst kalm toen de vliezen braken. Mijn tanden begonnen zelfs te klapperen. Elliott reed me naar het Mount Sinai-ziekenhuis, waar ik incheckte als Angelina Scarangella, het pseudoniem dat ik vroeger had gebruikt voor acteercursussen.

Destijds lieten ze je zelfs bij een stuitligging je weeën ervaren. (Tegenwoordig niet meer; ze voeren nu standaard een keizersnede uit.) Na acht uur was het kindje nog altijd niet gedraaid. En die weeën waren heel anders dan op de plaat. Ik had het gevoel dat er een wasmachine in mijn buik zat. Hijgen hielp niet. De weeën kwamen ook niet met vaste tussenpozen. Er zat geen enkele regelmaat in. Ze kwamen na acht minuten, dan na twintig, na vijf, na vijftien. Niets aan deze geboorte was gewoon. Ik bleef me maar afvragen: gaat het wel goed? Ik werd steeds banger en mijn bloeddruk liep op. Uiteindelijk besloot de arts een keizersnede uit te voeren. Ik was bij bewustzijn. Ze gaven me alleen een ruggenprik. Het was eng, want ik verloor alle gevoel in mijn benen en was bang dat het nooit meer zou terugkomen. Ze brachten een gordijn aan, zodat ik niet kon zien hoe ik werd opengesneden. Gelukkig maar. Dat zou ik niet aan hebben gekund.

Mijn droom over een natuurlijke bevalling was verdampt. Ik voelde me een ontzettende mislukkeling.

Maar toen werd onze zoon geboren. Zo mooi, zo sterk en alert. Het was 29 december 1966. Zodra ik hem in mijn armen had, werd ik overspoeld door geluk omdat hij gezond was. Ik was ongelooflijk dankbaar.

Ik keek verwonderd naar zijn kleine, perfecte vingers en tenen, staarde diep in zijn ogen en vroeg me af: wie ben jij? We noemden hem Jason Emanuel. Jason omdat we dat een leuke naam vonden en Emanuel naar mijn vader. De verpleegsters noemden hem Flirt, omdat hij hen steeds volgde met zijn ogen.

We moesten tien dagen in het ziekenhuis blijven omdat ze mijn bloeddruk in de gaten wilden houden. Omdat Sadie niet op bezoek mocht komen, hing Elliott een foto van een hond die op haar leek bij mijn bed. We vierden oudjaarsavond in mijn kamer met Cis en Harvey, die champagne en ballonnen hadden meegenomen.

Ik vond het niet erg om in het ziekenhuis te blijven. Het was een goede plaats om uit te rusten, goed na te denken over wat er was gebeurd en te proberen te begrijpen hoe ontstellend belangrijk het was: dat je leven in je draagt en op de wereld zet. Elliott was bijna altijd bij me en ik had voor het eerst het gevoel dat ik deel uitmaakte van een gezin. Ik voelde me eindelijk een vrouw, omdat de apparatuur die ik van God had gekregen goed functioneerde.

Ik kon alleen maar naar Jason kijken. Ik kon nauwelijks geloven dat Elliott en ik dat kleine mensje hadden gemaakt. Hij was mijn mooiste geschenk, en dat is hij altijd gebleven. *The best gift.*

13

Stel dat er niemand komt kijken?

In april 1967, ruim drie maanden na de bevalling, was ik weer in de studio om te repeteren voor *The Belle of 14th Street*. Er was een jaar verstreken sinds *Color Me Barbra* was uitgezonden en CBS zat te springen om een nieuwe special. Marty en ik hadden beloofd dat we er één per jaar zouden maken. Dat vonden we genoeg. Anders zouden de specials niet meer speciaal zijn! Maar mijn zwangerschap betekende dat alles moest worden uitgesteld en we liepen achter op de planning. Om dat in te halen moest ik er twee opnemen voordat ik zou beginnen met de opnamen van *Funny Girl*. Want als dat eenmaal begon, had ik nergens anders meer tijd voor. Ray had de film voor me uitgesteld, maar ik had beloofd dat ik in mei in Hollywood zou zijn om te beginnen met de preproductie.

We hadden dus twee maanden voor twee specials.

Eerst kwam *The Belle of 14th Street*. Joe Layton stelde voor om een vaudeville-show te doen zoals je die begin twintigste eeuw had kunnen zien in de theaters op Fourteenth Street in New York. Ik vond het een heerlijk idee omdat het me opnieuw de kans zou geven allerlei personages te spelen in de vorm van de verschillende artiesten in de show. Ik kon ook gasten uitnodigen, maar niet op de gebruikelijke manier, met mij als gastvrouw. Ze konden allen hun eigen act doen. Dat kwam handig uit, want ik hoefde niet in alle scènes te zitten.

Ik genoot van het moederschap en had minder tijd (en kon minder belangstelling opbrengen) om een televisieprogramma in elkaar te zetten. Ik liet veel aan Joe en Bob Emmett over. (Joe zou deze special regisseren, want Dwight Hemion was niet beschikbaar.)

We namen de show eind april op in de loop van vier dagen. Ik zat niet eens in het openingsnummer. Die eer gunde ik aan mijn gast Jason Robards. Normaal gesproken kwam een klassiek geschoold acteur als Jason niet opdraven voor dit soort shows. Hij was beroemd geworden door de gekwelde personages van Eugene O'Neill te spelen en dat is een heel andere wereld dan musicals en comedy. Maar ik had altijd Shakespeare willen doen en ik had gelezen dat vaudeville-acteurs vaak passages uit zijn werk voordroegen. Dus ik zei tegen Joe: 'Laten we Shakespeare doen, en dan halen we er een echte acteur bij als mijn tegenspeler.'

Heel grappig: ik stond te popelen om Shakespeare te doen en Jason stond te popelen om te zingen. De fabuleuze drama-acteur deed met zes lijvige dames een revuenummertje dat was gebaseerd op een act uit die tijd die de Beef Trust Girls heette. (Ik had niets te maken met de nummers waarin ik zelf niet voorkwam.)

Bob had *The Tempest* ingekort tot zeven minuten. Dat is absurd, dat weet ik ook wel, maar het was voor mij eindelijk weer eens een kans om iets met Shakespeare te doen. Het was een feest om met Jason te werken, die de smaak duidelijk te pakken had en zijn teksten heel gedreven uitsprak. We speelden beiden verschillende rollen. We lieten ook de changementen backstage zien, en malle dingen zoals Jasons personage die uit een fles sterkedrank drinkt.

Het concept was dat we een getrouwd stel waren, acteurs die door het hele land reizen om hun act te doen. Ik vond het een heerlijke rol. Ik droeg een pruik met een enorm suikerspinkapsel en sprak met een vet accent uit de zuidelijke staten: '*I'd like to throw y'all a big kiss!*' En in de rol van de verwaande operaster Madame Schmausen-Schmidt kon ik mijn Duitse accent gebruiken. Ik moet al lachen als ik haar naam schrijf.

Ik geloof dat veel mensen niet warm of koud werden van de ouderwetse vaudeville-acts. Maar ik plaatste geen vraagtekens bij Joe's keuzes en bleef buiten het creatieve proces. Ik was gewoon blij om het achter de rug te hebben.

Ik zou geen ja moeten zeggen tegen dingen als ik er niet echt voor kan gaan.

Ik wilde de special na *Belle* simpel houden: alleen een concert. Marty stelde voor dat we het live zouden doen in Central Park.

Maar dingen zijn nooit simpel. Zeker niet als je in de zomer een gratis openluchtconcert wilt geven in New York City.

A Happening in Central Park zou plaatsvinden op zaterdagavond 17 juni. Ik kon alleen voor het weekend komen, want ik was al begonnen met de repetities voor *Funny Girl* in Los Angeles. (Ray gaf me een halve extra vrije dag zodat ik op tijd in New York kon zijn om op vrijdagavond een generale repetitie te doen.)

Het was al bijna middernacht toen mijn vliegtuig landde. Marty haalde me op en we reden meteen naar Central Park. Hij had me gewaarschuwd dat er waarschijnlijk veel mensen zouden komen kijken, dus daar was ik op voorbereid. Maar toen we bij Sheep Meadow kwamen, waar het podium was gebouwd, zag ik alleen onze crew. Ik dacht: mijn god, stel dat er niemand komt kijken? (We ontdekten later dat er niemand was omdat het park om twaalf uur sloot.)

Ik ging naar mijn trailer om mijn eerste jurk aan te trekken zodat we konden zien hoe die eruitzag onder de lichten. Ik had een originele jurk van Fortuny gekocht in bordeauxrood, een van mijn lievelingskleuren. Die jurk beviel me zo goed dat ik Irene Sharaff, die de kostuums had gedaan voor *Funny Girl* op Broadway, had gevraagd er voor het concert een kopie van te maken in oudroze. Mario Fortuny, die begin twintigste eeuw in Venetië woonde, ontwierp schitterende kleren, die eruitzien alsof ze gedragen hadden kunnen worden door de Griekse maagden in de Acropolis. Zijn jurken zijn in feite zuilen van onvoorstelbaar gedetailleerd geplisseerde zijde. Ze volgen op een schitterende manier de contouren van het lichaam en suggereren de rondingen die ze bedekken. Ik had Irene ook gevraagd om een mantel van geplisseerde chiffon te maken. Ik dacht dat het zou opbollen in de wind. De mensen die zo ver weg zaten dat ze mijn gezicht niet konden zien, zouden in elk geval mijn mantel zien. (Er waren toen nog geen grote schermen om het publiek te tonen wat de tv-camera's vastlegden.)

Robert Scheerer, de regisseur, wilde wat camerabewegingen doornemen en de belichting checken. Ik moest wennen aan het doorzichtige podium. Tom John had het gemaakt van plexiglas, een briljant idee, want het liet de natuurlijke schoonheid van het park intact en leek boven de rotsformaties te zweven. Het was alsof ik op lucht liep. Ik moest wel uitkijken dat ik er niet vanaf zou tuimelen door een stap te ver naar voren te lopen.

We werkten door tot halfvier in de ochtend. Marty bracht me naar huis om een paar uur te slapen voordat ik weer moest opstaan. Het regende die nacht en er werd nog meer regen verwacht. Dat was slecht nieuws. Marty had een regenverzekering afgesloten bij Lloyd's of London, maar hij zei: 'Het is niet alleen de regen. De modder is veel erger. Hoe moeten de mensen gaan zitten?' Er stonden geen stoelen voor het publiek. De mensen moesten dekens en misschien een picknick meenemen en een plaatsje zoeken op de grond. Als Sheep Meadow in een modderpoel zou veranderen, zou het een enorme smeerboel worden. Marty had geprobeerd ons ook te verzekeren tegen modder, maar niemand bij Lloyd's wist hoe je modder moest definiëren en hoeveel modder er zou moeten zijn om uit te betalen. Marty had het er maar bij laten zitten.

Het weer was niet ons enige probleem. Marty maakte zich ook zorgen over het geluid. Dit was twee jaar voor Woodstock en het tijdperk van groots opgezette openluchtconcerten. De geluidsinstallaties van die tijd waren niet geschikt voor een grote open ruimte als Sheep Meadow. Marty huurde Phil Ramone in, een geluidstechnicus met de reputatie dat hij vindingrijk was. Phil bedacht een systeem met twaalf over het grasveld verspreide geluidstorens met een nieuw type speakers met een groot bereik. Toen ik bij de repetitie aan Phil werd voorgesteld, vertelde hij dat hij een manier had bedacht om de vertraging tegen te gaan zodat de mensen die honderden meters bij het podium vandaan zaten de muziek op hetzelfde moment zouden horen als de mensen die vooraan zaten. Hij vertelde er niet bij dat zijn idee nog nooit was getest in de praktijk.

Toen ik op zaterdag wakker werd, keek ik angstig uit het raam. De regen was in elk geval voor het moment gestopt. Ik ging naar een studio om te repeteren met het orkest. Daarna gingen we naar Sheep Meadow voor de soundcheck. Het was nog altijd zo vochtig dat de strijkinstrumenten voortdurend moesten worden gestemd. Mort Lindsey, mijn dirigent, maakte zich grote zorgen.

Toen werden de kabels die van het podium naar de geluidswagen liepen ernstig beschadigd omdat er een truck overheen reed die een schijnwerper kwam afleveren, een ramp die Phils systeem in gevaar bracht. Hij moest snel technici optrommelen om naar het park te komen en met soldeerbouten de kabels te repareren.

En dan is er nog een probleem met gratis openluchtconcerten: we hadden geen flauw idee hoeveel mensen er zouden komen. Ik dacht dat ik mezelf gelukkig mocht prijzen als het er 25.000 zouden zijn. Ze hadden gezegd dat 60.000 fantastisch zou zijn. Het record voor Sheep Meadow was 75.000 mensen bij een optreden van Leonard Bernstein en de New York Philharmonic.

We hadden ons geen zorgen hoeven maken.

Al om zes uur 's ochtends kwamen er fans om de beste plaatsen op het grasveld op te eisen. Om zes uur 's avonds waren er 60.000 mensen. En om negen uur, het aanvangstijdstip, stonden er 135.000 mensen op het gras. Er stonden er ook nog eens 15.000 aan de randen en veel mensen luisterden mee vanuit de appartementen in Central Park West. (Dat gaf me het gevoel dat ik thuis was, want het deed me denken aan Brooklyn.) August Heckscher, de baas van de New Yorkse parkendienst, betrad het podium om de meute te vertellen dat ze het grootste concertpubliek waren in de geschiedenis van het park.

Elliott was er uiteraard, en ook burgemeester John Lindsay, het latere congreslid Bella Abzug, Calvin Klein en Andy Warhol. De menigte had zich over het veld verspreid en er was gelukkig geen modder. Opeens viel alles op zijn plaats. De vochtigheid was afgenomen, de techniek werkte en het orkest zat klaar.

We konden echter nog niet beginnen, want het was nog licht. We moesten wachten totdat het donkerder zou worden om te kunnen filmen. Om kwart voor tien was het eindelijk zover. Mort Lindsey hief zijn baton en de ouverture begon.

Als we niet hadden gewacht, hadden we niet het eerste shot kunnen opnemen dat ik voor ogen had voor het begin van de special, waarin een aan een helikopter bevestigde camera door de donkere stad vliegt terwijl ik 'The Nearness of You' zing in voice-over. Eerst is de camera gericht op de felverlichte antenne van het Empire State Building. Dan gaat hij over Times Square en Broadway in de richting van Central Park, waar de heli blijft hangen boven het enige felverlichte gedeelte in de duisternis: mijn podium. Dan krijgen we een shot van het publiek. Het zou een fortuin hebben gekost om de zesendertig hectaren van Sheep Meadow helemaal te verlichten, dus je kunt niet goed zien hoe groot het is. Uiteindelijk komt er een shot van mij terwijl ik op het podium de laatste noten zing. Als het te licht was geweest, zou dat shot niet hebben aangesloten bij de shots van het donkere park.

In de sequentie die ik voor ogen had, zouden we meteen na de shots van de stad inzoomen op mijn gezicht. Maar de helikopter mocht niet zo dichtbij komen dat zo'n zoomshot mogelijk was. 'The Nearness of You' was ook niet het eerste nummer dat ik zong (het was het tweede), maar het leek beter bij de romantische, nachtelijke sfeer van de openingsmontage te passen dan mijn eerste nummer, 'Any Place I Hang My Hat is Home'. Daarom begonnen we de special ermee. Ik geloof dat ik die avond achtentwintig nummers heb gezongen of zelfs nog meer. Het optreden duurde tweeënhalf uur. Maar de special duurde maar een uur, dus we moesten meer dan de helft van de songs schrappen. We hebben ook met de volgorde gerommeld voor de juiste afwisseling.

Na het eerste nummer zie je de beelden waarop ik het podium betreed. Ik kom onder de tonen van 'Happy Days Are Here Again' de trap af en hef mijn armen, waardoor ik mijn mantel van roze chiffon spreid als vleugels. Het publiek geeft me een staande ovatie en ik zeg: 'Maar ik heb nog helemaal niks gedaan!'

Daar werd hard om gelachen. Die opmerking stond niet in het script. Ik plande destijds niet wat ik zou zeggen. Ik zei gewoon wat in me opkwam.

Het was een magische avond. Ik deed oude vertrouwde liedjes zoals Arlens 'Down with Love', nieuwe songs als 'Love Is Like a Newborn Child', dramatische nummers als 'Cry Me a River' en humoristische dingetjes als 'Marry the Martian'. Moeder Natuur werkte ook mee. Toen ik in 'Natural Sounds' zong over '*the rushing sound of wind in the trees*' blies de wind, die uit het niets leek te komen, exact op het juiste moment door mijn haar.

In het tweede gedeelte droeg ik een rode jurk van Donald Brooks omdat ik dacht dat rood goed zou werken in de avond. Ik liet het publiek meezingen met het laatste refrein van 'Second Hand Rose'. Dat hadden ze tijdens de soundcheck al spontaan gedaan en het leek me leuk. Op de dvd kun je ze helaas nauwelijks horen omdat er geen microfoons in het publiek stonden. Ik bedankte iedereen ('jullie zijn heerlijke... *people*') en zette 'People' in, het laatste nummer. Daarna verliet ik het podium.

Ze bleven maar klappen totdat ik eindelijk terugkwam. Ik wachtte totdat het rustiger was geworden en zong een toegift die niemand zag aankomen.

Op die warme zomeravond halverwege juni zong ik 'Silent Night'. Het is een prachtig lied over een moeder en haar kind. Waarom zou je het bewaren voor Kerstmis?

Toen zong ik het geplande 'Happy Days Are Here Again', maar ik raakte in paniek omdat ik geen rode lichtjes zag op de camera's. Ik dacht: mijn god, de camera's doen het niet meer! (Dat was ook al gebeurd bij *Color Me Barbra.*) Ik zag dat een van de camera's achteruitreed over het spoor dat Robert Scheerer speciaal voor dit moment had laten aanleggen, maar ook op die camera brandde geen lichtje. Lekker dan, dacht ik, de grote finale van mijn show wordt niet gefilmd! Ik geloof dat iemand gebaarde dat ik moest doorgaan. Oké, dacht ik, ik heb het niet in de hand. Ik zing het voor de mensen in het park.

Toen het nummer klaar was, drong het publiek op in de richting van het podium. Ik zwaaide gedag en verdween in de duisternis. Drie kwartier later ging het regenen.

De recensent van *The New York Times* schreef de volgende dag dat ik 'volslagen ontspannen' overkwam. 'Zoals ze zelf al zong in haar eerste nummer: "*Free and easy*".' Hij moest eens weten.

Ik was die avond nerveuzer dan normaal. Op vrijdagavond had Marty te horen gekregen dat tweehonderdzestig van de driehonderd politieagenten die bij mijn concert zouden zijn niet zouden komen omdat ze de veiligheid moesten waarborgen van de Russische premier Aleksej Kosygin, die naar New York was gekomen om de Verenigde Naties toe te spreken. Dat was verontrustend. De Zesdaagse Oorlog tussen de Arabieren en de Israëli's was net afgelopen en de spanningen waren nog niet uit de lucht. Ook was net bekend geworden dat Omar Sharif mijn tegenspeler zou zijn in *Funny Girl.* Niet iedereen was er blij mee dat een Arabische man een Joodse vrouw het hof zou maken.

Ik had me geen zorgen hoeven maken, want we hadden geen politie nodig. Er waren totaal geen problemen met de enorme mensenmenigte. Iedereen gedroeg zich voorbeeldig, al las ik later dat ze veel vuilnis en spullen hadden achtergelaten, waaronder een zilveren wijnemmer, een wuft korset en een kunstgebit. Hoe kun je zoiets vergeten?

Maar er gebeurde die avond iets wat ik ontzettend eng vond. Ik vergat de tekst van 'When the Sun Comes Out', een nummer dat ik nota bene goed kende. Er waren destijds nog geen autocues om me te redden. Ik was het even helemaal kwijt en ik kon het niet geestig of charmant oplossen. Mijn ergste nachtmerrie voltrok zich ten overstaan van 150.000 mensen. Ik was erg overstuur. Ik was tot mijn enorme schrik de controle kwijt.

Ik heb daarna zevenentwintig jaar lang niet live opgetreden.

Ik kreeg na het concert te horen dat de camera's wel degelijk hadden gedraaid tijdens 'Happy Days'. Het liedje staat dus ook op de dvd. Maar weet je wat ik net heb ontdekt? Robert Scheerer heeft jaren later toegegeven dat hij de rode lichtjes had laten uitzetten 'zodat ze niet zou weten waar ik was. Ik wilde niet dat ze zou weten vanuit welke hoek ik haar opnam. Ik wilde de mogelijkheid hebben om waar ik maar wilde te snijden, en ik wilde niet dat ze het gevoel zou hebben dat ze er zus of zo moest uitzien. Dat vond ik te beperkend.'

Wat?

Dat slaat nergens op. Ik weet precies wat ik doe, en ik wil graag weten waar de camera staat zodat ik ermee kan spelen. Dacht hij werkelijk dat ik het beter zou doen als hij me op die manier voor de gek hield?

Ik hou er niet van als ze zulke dingen met me doen. Ik raakte in paniek tijdens het zingen. Dat was nergens voor nodig geweest.

Daarom heb ik graag zelf de touwtjes in handen.

14

Funny Girl *in Hollywood*

Het was opnieuw Elliott die een plek voor ons vond om te wonen tijdens de opnamen van *Funny Girl*. Het huis, in de Engelse plattelandsstijl, had een historische connectie met Hollywood, want Greta Garbo en Marlene Dietrich hadden er gewoond. Dat klonk goed!

We hadden nog maar nauwelijks uitgepakt toen Ray Stark al belde om te zeggen dat hij een welkomstfeest voor me gaf. Hij had honderden mensen uitgenodigd die blijkbaar allemaal hadden toegezegd te zullen komen, want hij noemde zo ongeveer alle filmsterren op die je maar kunt bedenken: John Wayne, Jimmy Stewart, Gregory Peck, Gary Cooper, Cary Grant, Merle Oberon, Jennifer Jones, Rosalind Russell...

Ik hou niet van grote feesten. Ik kan er niet van genieten, want ik word verlegen. Ik was bang dat al die grote sterren naar me zouden kijken en zouden denken: wat is er nou zo bijzonder aan haar?

Ik werd al misselijk als ik eraan dacht. Tegen de tijd dat ik me moest omkleden, was ik zo nerveus dat ik moest overgeven. Ik denk dat ik wel zes keer iets anders heb aangetrokken. Is deze outfit goed genoeg voor Hollywood? En hoe zit het met mijn haar?

Ik belandde in een negatieve spiraal die werd aangestuurd door besluiteloosheid en angst. Elliott en Marty hebben me uiteindelijk zo ongeveer het huis uit moeten slepen.

Ik kwam anderhalf uur te laat op mijn eigen feest. Ray en Fran waren woedend. Marty probeerde uit te leggen dat ik niet lekker was, maar Ray wilde het niet horen. Hij wilde met me pronken en me zo snel mogelijk voorstellen aan de gasten. Maar ik was terughoudend. Ik kende die gezichten alleen van het witte doek. Wat moest ik tegen die mensen zeggen? Ik kon niet over koetjes en kalfjes praten. Complimenten als 'ik ben een bewonderaar van je werk' of 'ik heb al je films gezien' kwamen me hol en nietszeggend voor. In een wanhopige poging om tijd te rekken, vroeg ik Ray wie er zoal waren. Hij keek om zich heen en wees Steve McQueen, Natalie Wood, Ginger Rogers en Marlon Brando aan.

'Marlon Brando?' Ik kon niet geloven dat die befaamde eenling, die niets wilde weten van Hollywood, naar een feest ter ere van mij was gekomen. 'Ik wil met hem spreken.'

Brando zat aan een tafeltje met een paar anderen. Ik ging erbij zitten en ben de rest van de avond niet meer opgestaan. Hij was de acteur die ik het meest bewonderde. Ik had hem al een paar keer ontmoet, eerst in New York en later in Londen (daarover later meer), en had meteen een klik gevoeld. We begonnen te praten alsof we elkaar gisteren nog hadden gezien.

Er waren uiteraard roddelcolumnisten op het feest, want Ray cultiveerde zijn relatie met die lui zorgvuldig. Ik had blijkbaar niet voldoende aandacht voor ze, want ze schreven dat ik nauwelijks de moeite had genomen om me even te vertonen. Ze deden alsof ik opzettelijk heel Hollywood had beledigd.

Ik vermoed dat sommige mensen al een hekel aan me hadden voordat ik goed en wel uit het vliegtuig was gestapt, omdat ik zonder ook maar een screentest te hebben gedaan contracten op zak had voor drie grote speelfilms: *Funny Girl*, *Hello, Dolly!* en *On a Clear Day You Can See Forever*. Maar die eerste golf van publiciteit met al die negatieve columns hielp ook zeker niet. Opeens had ik de reputatie dat ik onbeschoft was, maar ik was alleen maar bang.

Ik besefte niet dat het misschien slim was om er iets aan te doen. Al zou ik geen idee hebben gehad hoe dat moest. Het was me duidelijk dat sommige journalisten al van tevoren wisten wat ze van me vonden en wat ze over me zouden schrijven. Het maakte niet uit wat ik zei. Ze luisterden toch niet. En positief gingen ze niet worden, want het is veel moeilijker om een stuk met een positieve inslag interessant te maken. Het zijn altijd de negatieve artikelen die aandacht trekken.

En voor interviews had ik geen tijd, want er was werk aan de winkel.

Ik was vijfentwintig en ik maakte mijn eerste film.

Ik had tegen Ray gezegd dat ik een serieuze regisseur wilde, iemand die drama's had geregisseerd en geen musicals. De meeste mensen zien musicals als een slagroomtaartje, maar *Funny Girl* vertelde – ook al zaten er songs in – een serieus, aangrijpend verhaal. Ik wilde iemand die met het drama uit de voeten kon en de film meer diepgang kon geven. Ray huurde Sidney Lumet in. Ik was onder de indruk van zijn *Twelve Angry Men* en *The Pawnbroker*. Ik had Sidney al ontmoet in de sociale sfeer en vond hem hartelijk en aardig.

Maar Sidney wilde niet dat Isobel Lennart het scenario zou schrijven. Dat baarde me zorgen. Waarom negeerde hij de vrouw die het personage in feite had gecreëerd? Niemand kende het materiaal beter dan zij.

Maar Sidney was een fantastische regisseur en ik nam maar aan dat hij zijn eigen versie wilde maken. Hij koos een schrijver bij wie hij zich beter op zijn gemak voelde. Dan moet het maar, dacht ik.

Hij wilde het verhaal een nieuwe draai geven. Op een dag belde hij me en zei: 'Het scenario is af. Ik denk dat je heel blij zult worden.'

Dat is voor mij altijd de kus des doods. Ik heb liever dat ze me niet vertellen hoe leuk ik iets ga vinden. Van zo'n opmerking krijg ik te hooggespannen verwachtingen. Ik heb liever dat ze zeggen: 'Hopelijk bevalt het.'

Ik las het script in mijn zeventiende-eeuwse hemelbed. (Ik werk vaak in bed. Je kunt het maar net zo goed naar je zin hebben.) Al bij de eerste bladzijden zonk de moed me in de schoenen. Sidney had het openingsnummer 'If a Girl Isn't Pretty' gesitueerd in een park vol kinderwagens en liet de camera inzoomen op alle snoezige baby's. Dan zag je een huilende, veel minder snoezige baby, en dat was Fanny.

Lieve hemel. Ik werd opeens doodmoe en dacht: ik heb behoefte aan een dutje.

Toen ik wakker werd, las ik verder. Tijdens 'I'm the Greatest Star' begonnen de instrumenten in de orkestbak op magische wijze uit zichzelf te spelen. Mijn maag draaide ervan om. Ik ging weer slapen, alsof het een slechte droom was waaruit ik 's ochtends wakker zou worden.

De volgende ochtend pakte ik het script er opnieuw bij. Er was een scène die ‘Het vak leren’ heette, waarin de jonge Fanny vanuit de coulissen naar een revueshow kijkt en Sophie Tucker en Eddie Cantor bestudeert. Dat zat me zo ontzettend dwars dat ik Sidney belde om het erover te hebben.

‘Sidney, we hebben een probleem. Echt originele performers staan niet in de coulissen om hun collega’s te bestuderen.’

Hij zei: ‘Mijn vader zat in die wereld en hij stond ook vaak in de coulissen.’

‘Maar jouw vader is geen ster geworden.’

Op dat moment besefte ik dat het niet zou werken. Hij had Fanny’s verhaal laten versmelten met het verhaal van zijn vader.

Ik belde Ray en zei: ‘We moeten Isobel er weer bij halen. Sidney zit niet op het juiste spoor.’

Soms is een regisseur gewoon niet geschikt voor het materiaal. Musicals waren denk ik niet Sidneys sterke kant. Hij heeft daarna nog fantastische films gemaakt, zoals *Dog Day Afternoon* en *Network*.

Omdat we nog altijd behoefte hadden aan een goede, serieuze regisseur, benaderde Ray William Wyler. Ik was dolblij toen Willy zijn medewerking toezegde.

Stel je eens voor hoe gezegend ik me voelde. Ik zou mijn eerste film maken met William Wyler, de man die meer acteurs aan een Oscar had geholpen dan wie dan ook in de filmgeschiedenis: Bette Davis in *Jezebel*, Greer Garson in *Mrs. Miniver*, Fredric March in *The Best Years of Our Lives*, Audrey Hepburn in *Roman Holiday*.

Ik heb Funny Girl alleen gedaan omdat Barbra erin speelde. Anders zou ik het nooit hebben gedaan.

William Wyler

Bij onze eerste ontmoeting staarde Willy naar mijn gezicht. Hij legde teder zijn hand onder mijn kin en draaide mijn hoofd om mijn profiel te bestuderen. Het was iets wat je zag in films uit de jaren veertig, als een jonge vrouw wordt ontdekt en haar hele leven ingrijpend verandert. Willy was vijfenzestig toen de opnamen begonnen. Dat is tegenwoordig nog best jong, maar ik vond hem stokoud. Een oude meester van de filmkunst.

Het was alsof we voor elkaar waren voorbestemd. Willy en ik hadden een fantastische relatie. Ik zocht hem elke ochtend op om de scènes te bespreken die we die dag zouden doen. Ik nam mijn dossiers mee met alle alternatieve versies, inclusief *My Man*, Isobels eerste scriptversie uit 1960, en de varianten die we in Boston, Philadelphia en New York hadden gespeeld van de musical.

Willy pikte de dingen eruit die hem bevielen. We werkten vanaf de eerste dag als gelijken samen omdat hij wist dat ik het personage door en door kende. Ik had de rol voordat we de film gingen maken honderden malen gespeeld. Willy stond altijd open voor mijn ideeën. Daar moeten sommige buitenstaanders van hebben opgekeken: een debutante met een mening! Maar het is me opgevallen dat mensen met echt talent zich nooit bedreigd voelen door de input van anderen, zeker als ze zijn van de kracht van hun eigen ideeën. Soms nam Willy mijn suggesties over, soms wees hij ze af. Hij zei vaak: 'We doen het op mijn manier, en dan doen we het op jouw manier, en dan zien we wel wat het best werkt.' Hij gaf me altijd het gevoel dat ik betrokken was bij het proces.

Op 11 juli, de eerste opnamedag, waren we in een verlaten, laatnegentiende-eeuws treinstation met enorm hoge plafonds, romaanse bakstenen bogen en gietijzeren hekken. We deden de scène waarin de meiden van de *Ziegfeld*-revue in Baltimore arriveren. Ik had opeens een idee voor het moment waarop ik uit de trein stap. Ik vroeg aan Willy: 'Wat dacht je ervan als ik een variant doe op Garbo's entree in *Anna Karenina*?' Garbo gaat in die beroemde scène schuil achter de stoom die van de locomotief af komt. Als de stoomwolk optrekt, zien we haar met haar schitterende gezicht uit de trein komen. Het leek me geestig om hetzelfde shot te doen, maar nu zou ik er staan, hoestend en proestend en de stoom uit mijn ogen wuivend.

Die suggestie nam Willy niet over, maar ik mocht een aangepaste versie doen als ik van het trapje was geklauterd. Als er een fotograaf op me af komt en vraagt 'Wilt u even glimlachen, mevrouw Brice?', neem ik een paar dramatische poses aan en hoest ik vanwege de stoom. Ik improviseerde het regeltje 'Nemen we die foto nog?', die ik glimlachend, maar met op elkaar geklemde lippen uitsprak omdat hij er zo lang over deed. Ik bleef met op elkaar geperste lippen praten terwijl de andere meiden langsliepen. Het was een grappig moment dat Willy uiteindelijk heeft gebruikt voor de film.

Hoewel ik het nog niet besefte, dacht ik al als een regisseur. Ik zag de scène in mijn hoofd voor me en dacht na over wat we er nog meer mee konden doen. Willy stimuleerde me daarin. Hij begreep mijn manier van werken en mijn behoefte om me vrij te voelen om in het moment nieuwe dingen te bedenken. Hij probeerde nooit me klein te houden. Wat een held!

Hij was mijn beste publiek. Soms deed ik een scène, en als ik dan naar hem keek om te zien wat hij ervan vond, zag ik hem huilen of lachen, wat meestal niet goed was voor de geluidsopname. Dat had ik nog nooit een regisseur zien doen. Hij was bij me in het moment en gunde zichzelf de vrijheid om te reageren als een echt publiek. Het was heerlijk. Hij was mijn emotionele spiegel. Soms zat hij te roken en te hoesten, en dan kringelde de rook voor de lens en werd het hoesten opgepikt door de microfoon en was de take onbruikbaar. Maar wat dan nog? Dan deden we het gewoon nog een keer. Het was een geschenk om iemand te hebben die zo sterk op me reageerde en me begeleidde tijdens het proces.

Je kunt volgens mij aan een film zien wat de regisseur vindt van een acteur. Dat zie je terug in het spel. Ik denk dat Willy trots op me was. Daarom was mijn filmdebuut zo succesvol. Hij beeldde me liefhebbend af omdat hij op me gesteld was en wilde dat ook het publiek op me gesteld zou zijn.

Het andere geschenk dat ik kreeg was Harry Stradling, die was geboren in 1901, een jaar voor Willy. Harry was een van de beste cinematografen en het was een voorrecht om met hem te werken. Hij had alle grote sterren voor zijn lens gehad: Marlene Dietrich, Vivien Leigh, Katharine Hepburn, Ingrid Bergman, Rosalind Russell, Carole Lombard. Hij wist de typerende schoonheid van al die actrices optimaal in beeld te brengen. Ik was gek op die vrouwen, deels omdat ik vond dat ik in de jaren veertig had moeten werken, toen vrouwelijke personages slim en sterk waren en geen blad voor de mond namen. Ze moesten wel, want de mannen vochten in de oorlog. Ze droegen maatkleding, deden belangrijk werk, gaven leiding aan het gezin en maakten de keuzes die verhalen aanstuurden.

Toen ik in Hollywood arriveerde, waren de studio's vooral bezig met flauwe films over strandfeestjes. Het was de tijd van schattige blondines met wipneusjes, zoals Sandra Dee. In dat hokje paste ik duidelijk niet. Niemand die naar me keek zou ooit zeggen: die meid moet filmster worden! Ik heb een merkwaardig gezicht, met een sterk verschillende linker- en rechterkant. De meeste filmsterren zijn makkelijk te filmen omdat ze symmetrische gezichten hebben: grote hoofden met aantrekkelijke, regelmatige gelaatstrekken en grote, expressieve ogen. Ik heb een klein hoofd en een scheve neus, mijn mond is te groot en mijn ogen zijn te klein.

Harry verwelkomde de uitdaging. Hij maakte grondig studie van de vorm van mijn gezicht. We leerden elkaar goed kennen tijdens de make-up- en belichtingstests.

Ik maakte me zorgen over die tests. Stel dat ik er niet goed genoeg zou uitzien op het witte doek? Zouden ze me dan naar huis sturen?

Ik hield mezelf voor dat topfotografen als Richard Avedon en Cecil Beaton me graag hadden gefotografeerd. En Dwight Hemion had in mijn tv-specials laten zien hoe goed ik eruit kon zien. Maar dat was op een veel kleiner scherm.

Toen de make-up-mensen mijn gezicht kwamen analyseren, dacht ik: mooi, daar zijn de experts. Laten we maar eens kijken wat ze met me kunnen doen.

Maar toen ze klaar waren en ik in de spiegel keek, herkende ik mezelf niet. Ze hadden rouge op mijn wangen aangebracht (dat deed ik altijd onder mijn jukbeenderen) en hadden donkere lippenstift gebruikt in plaats van de lichtere tint die mijn voorkeur had. Ik zei: 'Heel erg bedankt', maar toen vroeg ik: 'Is het oké als we ook een test doen waarbij ik mezelf opmaak?' De studio vond het prima.

En welke versie denk je dat Harry koos?

De mijne. Ik heb bij die film zelf mijn make-up gedaan en ben dat altijd blijven doen.

Omdat Willy nog nooit een musical had geregisseerd (en gedeeltelijk doof was) haalde Ray de voortreffelijke choreograaf Herb Ross, die ik al kende van *I Can Get It for You Wholesale*, erbij voor de muzikale sequenties. Ik zat naast Herb, die bij de tests de leiding had, toen ik voor het eerst mijn gezicht zag op het witte doek. Ik stond versteld van mijn eigen schoonheid.

Het was de eerste keer in mijn leven dat ik mezelf mooi vond. Ik was blij dat het donker was in de zaal, want ik was gênant tevreden met mezelf.

Ze zag er op het witte doek wonderbaarlijk goed uit. Niemand had kunnen weten dat haar huid zo'n weerspiegelende gloed zou hebben, dat ze er zo stralend zou uitzien. Dat was een heerlijke bonus.

HERBERT ROSS

Ik was zo opgelucht dat ik me weer zorgen ging maken. Het personage moest onaantrekkelijk zijn, en ik dacht opeens: misschien zie ik er te goed uit. Is dat wel oké voor de rol? Daar leek niemand mee te zitten.

Wat je op het scherm ziet, is Harry's visie van mij. Hij vond het heerlijk dat ik anders was en hij wilde met me pronken. Hij zei tegen een journalist van *Life*: 'Ik ben dol op die neus. Je moet niet proberen om Barbra op Marilyn Monroe te laten lijken. Maar ze heeft wel degelijk een mooi gezicht, omdat er ook iets achter zit.'

Hij was een meester van de belichting. Ze gebruikten destijds hard licht, het type licht dat rechtstreeks in je gezicht schijnt. Het laat je ogen stralen, maakt je tanden wit en laat je huid glimmen. Ideaal voor een look van glamour, en typerend voor dat tijdperk. Als je tegenwoordig naar films kijkt, zie je niet eens de kleur van de ogen. Daar heb je een speciaal ogenlichtje voor nodig dat de meeste hedendaagse cinematografen niet gebruiken. Mijn ogen liggen zo diep in mijn kassen dat Harry gebruikmaakte van iets wat hij, vernoemd naar mij, Streilight noemde; een lamp die werd vastgehouden door een camera-assistent (*best boy*) die me overal volgde. Er was ook een apparaat dat koekeloeris werd genoemd, een soort scherm dat gestippelde lichtpatronen creëert, zoals wanneer je in een bos onder een bladerdek staat. Het breekt en verzacht het licht.

Als je kijkt naar de actrices met wie Harry heeft gewerkt, zie je meteen dat hij een voorkeur had voor vrouwen met een mening. Dietrich bijvoorbeeld stond erom bekend dat ze alles wist over belichting. Maar ik durf te wedden dat niemand hem ooit zoveel vragen heeft gesteld als ik. Ik was gefascineerd door zijn licht en de talloze verschillende effecten die hij kon creëren. Hij leek het gelukkig niet erg te vinden. Ik denk zelfs dat hij het fijn vond om te spreken met iemand die zo geïnteresseerd was in zijn werk. Hij was een fantastische leraar: aardig en scheutig met zijn uitleg.

We experimenteerden urenlang met half licht, licht van bovenaf en gewoon een harde, krachtige spot (daarmee zag ik er het best uit). Ik kon het licht voelen. Op een of andere manier voelde ik aan of het flatteus was of niet. En omdat hij wist dat mijn intuïtie klopte, luisterde hij naar me. Ik leerde ook de camera kennen en wist al van tevoren welke standpunten goed zouden werken. Ik kon bijvoorbeeld tegen hem zeggen: 'Ik heb het gevoel dat de camera te laag staat.' Dan checkte hij het, en als hij het met me eens was, zei hij met die nasale stem: 'Jongens, haal de camera vijf centimeter naar boven.' Als hij het niet met me eens was, zei hij: 'Nee, het is goed. De camera staat goed.' Ik schikte me altijd in zijn oordeel, want ik respecteerde zijn expertise. Ik voelde me bij hem totaal veilig, zo veilig dat ik hem erbij wilde hebben voor al mijn films. Hij deed mijn eerste vier films, totdat hij niet meer kon werken.

Zo kwam het natuurlijk niet in de pers. Tijdens de opnamen publiceerden de kranten allerlei verhalen: dat ik niet met Harry overweg kon en dat ik William Wyler vertelde hoe hij me moest regisseren. Dat is belachelijk. Ik weet niet waar die verhalen vandaan kwamen. Nou ja, misschien kan ik het wel raden. Misschien zat Ray erachter. Hij wilde zo veel mogelijk publiciteit genereren.

Willy probeerde de geruchten de kop in te drukken. Hij zei in een blad: 'Ik hoor verhalen dat Barbra met me zou hebben geruzied tijdens het filmen, maar die kloppen niet. Ze werkte keihard aan haar rol. Ze wilde altijd beter worden. Haar toewijding was imposant. Ze vertrouwde me, en ik vertrouwde haar.'

Ik vind het vreselijk dat mensen denken dat ik hem en Harry zou hebben verteld hoe ze hun werk moesten doen. Zo is de diva-mythe ontstaan die me altijd is blijven achtervolgen. Ik deelde geen bevelen uit. Ik stelde gewoon vragen, want door te vragen kon ik leren.

Blijkbaar hadden bepaalde mensen een probleem met vrouwen met een mening. En dus werd er gezegd dat ik de macht probeerde over te nemen.

Vlak voordat de opnamen begonnen, kreeg Elliott zijn eerste belangrijke filmrol in het door William Friedkin geregisseerde *The Night They Raided Minsky's*. Hij moest voor de opnamen naar New York, en opeens zat ik moederziel alleen in Hollywood. Jason bleef bij mij, en omdat ik lange dagen maakte, kwam de oppas elke dag met hem naar de set zodat ik hem tussen de takes in kon knuffelen.

Ik was dolblij voor Elliott. Als ik heel eerlijk ben, denk ik dat we geen van tweeën moeite hadden met de situatie. Er was iets veranderd tussen ons. We waren al een paar jaar uit elkaar aan het groeien. Toen hij naar New York vertrok, miste ik hem lang niet zoveel als je zou verwachten. Er was een andere liefde in mijn leven gekomen: film.

Ik ging helemaal op in het productieproces van *Funny Girl*.

We namen eerst alle muzikale nummers op. Herb deed de muzikale sequenties, Willy de dialoogscènes. Willy leek het niet erg te vinden. Hij had niet de behoefte om de dansscènes te choreograferen. Hij wist bovendien dat de eindverantwoordelijkheid bij hem lag. Niets van wat Herb deed, zou ooit de film halen zonder Willy's toestemming.

We hadden geloof ik twaalf weken om de muzieknummers in te studeren. Wat een weelde! Dat zou vandaag de dag onmogelijk zijn. Herbs vrouw Nora

Kaye was ballerina geweest en gaf elke ochtend een balletlesje voor het gezelschap. Ik stond gewoon aan de barre pliés te doen met de dansers. Ik was in de zevende hemel. Eindelijk was mijn kinderdroom uitgekomen. Ik was een danseres!

Een van de nieuwe nummers die voor de film waren geschreven, was een parodie op *Het Zwanenmeer* (we spraken op de set van *Het Kippenmeer*). Heel even denk je dat het een echt ballet gaat worden. Herb liet het *corps de ballet* klassieke passen uitvoeren. Hij gebruikte een nieuwe gyroscopische camera waarmee hij fantastische shots van bovenaf kon maken. Dan verschijnt Fanny ten tonele. Mijn hoofddeksel en tutu in die scène waren gemodelleerd naar die van Anna Pavlova, al had ik dan wel wat extra veren op mijn achterwerk. Ik was een zwanenkoningin die iets terugzei, en dan ook nog eens met een vet Brooklyns-Joods accent. Toen prins Siegfried, die werd gespeeld door de bekende danser Tommy Rall, zijn kruisboog op me richtte, zei ik fel: 'Wat ga je doen? Op de zwanen schieten? Deze schatjes? Mijn zwanenmeisjes? Jij bent niet de slimste, hè?'

Alle dansers stonden *en pointe* behalve ik. (Ik wilde best een poging wagen, maar Ray wilde niet het risico nemen dat ik zou vallen.) Ik had veel plezier met de komische sketches, bijna te veel. Als ik op en neer spring, houd ik mijn borsten vast. En als ik 'prins!' roep en hij op me afrent, zet ik mijn handen in mijn zij en zeg: 'Waar is dat nou voor nodig? Kun je niet normaal lopen?' Als hij me later optilt, stijg ik met mijn armen flapperend op naar het plafond, waarna ik heen en weer vlieg over het podium. (Dat tuigje zat echt niet lekker.)

We hadden geloof ik een hele week nodig voor die scène, waarvan Willy uiteindelijk nog geen vier minuten gebruikte. Hij schrapte het gedeelte waarin de prins per ongeluk mij verwondt in plaats van de slechterik. Ik loop voorovergebogen van de pijn naar de prins, trek de pijl eruit en steek hem. Ik vond het kostelijk, maar Willy vond de scène te lang. Als ik de film nu zie, mis ik nog altijd die afsluiting.

Het was duidelijk niet Willy's favoriete scène.

Soms kwam Willy naar de set om te kijken hoe het ging, maar hij was er volgens Marty maar zelden in de eerste opnameweken, toen we de muzikale nummers deden. Maar op een dag zat Willy naar de opnamen van die dag te kijken (de *dailies*) en zag hij op de filmklapper onder 'regisseur' de naam 'H. Ross' staan. Toen was de maat vol. Volgens Marty kwam hij daarna elke dag naar de set.

Ik heb om dit hoofdstuk te schrijven voor het eerst in minstens vijftig jaar naar *Funny Girl* gekeken. Het mooie van films is dat ze iets voor altijd vastleggen. In het theater verdampt het spel van de acteurs onmiddellijk. Er blijft niets over behalve een herinnering, en dan nog alleen voor de mensen die erbij waren.

Ik weet nog dat ik zodra de camera's gingen draaien het gevoel kreeg dat ik deze rol speelde voor het nageslacht. Elke keer als we klaar waren met een scène vouwde ik de betreffende bladzijden in het script om (zo deed Willy het ook) en dacht ik: dat is ook weer gedaan. Het is nu voor altijd veilig vastgelegd op film. Het was bevredigend en geruststellend dat er iets zou voortleven. Ik ben nu eenmaal sinds de voortijdige dood van mijn vader geobsedeerd door sterfelijkheid.

Die film is als een tijdcapsule. Elke scène neemt me mee terug naar de dag waarop we die opnamen.

Neem bijvoorbeeld de openingssequentie. Wat gunde Willy me een heerlijke entree! Je ziet een theaterluifel met een aankondiging van de *Ziegfeld Follies* en dan een vrouw in een luipaardjas en -hoed. Maar je ziet alleen haar rug. We zien haar gezicht pas als ze in de coulissen van het theater blijft staan voor een spiegel met een vergulde lijst.

Dan spreek ik de eerste woorden van de film uit: '*Hello, gorgeous.*'

Ik glimlach, maar dan brokkelt de glimlach af. We zien angst, onzekerheid, eenzaamheid. Fanny is bang dat de man van wie ze houdt haar zal verlaten.

Maar je ziet niet Fanny in de spiegel. Je ziet mij.

'Hello, gorgeous.' Hallo, schoonheid. Hoe ironisch wil je het hebben? Ik was een mager scharminkel uit Brooklyn. Ik was van ver gekomen en had keihard gewerkt voor deze rol. Ik was de ster van de film en mijn droom was uitgekomen. Maar tegelijkertijd was ik mijn man aan het verliezen. Ik wist niet hoe ik dat moest oplossen. Ik wist niet eens of ik het wilde oplossen. En ik had een baby van negen maanden. Ik voelde me enorm kwetsbaar, en dat zie je in mijn ogen.

Na een poosje wend ik me af om het podium op te lopen. Ik kijk uit over de lege stoelen en speel een paar noten uit 'People' op de piano. Dan beuk ik met mijn handen op de toetsen. Willy gebruikte dat gebroken akkoord, een mysterieus geluid, voor een cut naar een shot van bovenaf van een klein mensje in een grote theaterzaal. Ik loop langzaam naar het midden van het podium, hoor denkbeeldig applaus en schiet met een denkbeeldig machinegeweer op het denkbeeldige publiek. Eén keer, twee keer, en als toegift een laatste schot naar het balkon.

De beschieting van het publiek stond niet in het script. Het kwam voort uit mijn ideeën over Fanny's gevoelens op dat moment. Ze vindt dat het publiek en de verplichtingen van haar carrière een wig hebben gedreven tussen haar en Nick.

We namen deze scène op in het oude Pantages Theatre in het centrum van Los Angeles, dat ooit een revuetheater was. Ik ga zitten op een stoel in de zaal en leg mijn kin op mijn handen. (Mijn nagels waren veel te lang! Belachelijk gewoon.)

Ik laat mijn hoofd tegen de stoelleuning zakken. Ik herinner me nog dat Harry dit shot uitlichtte. Hij was er heel opgewonden over. Hij en Willy stonden te popelen om close-ups te doen. Ik hoor Harry nog tegen de jongens roepen: 'Oké, zet de vijfenzeventig erop!' Of: 'Nu, de honderd.' Dat waren de lenzen die hij wilde gebruiken.

Maar ik ben een actrice die niet erg op close-ups is gesteld. (Ik had als tiener acne en wilde niet dat ze mijn poriën zouden zien.) Ik gaf de voorkeur aan wat Harry het 'twee T's'-shot' noemde, met de onderkant van het frame vlak boven de borst. Dat vond ik close genoeg.

Ik kon urenlang over shots praten met Harry en Willy. Die gesprekken waren voor mij als filmmaker van onschatbare waarde. Ik mocht van Willy zelfs meekijken naar de dailies. Ik wist het toen nog niet, maar dat is een zeldzaam voorrecht. Veel acteurs willen ze niet zien. Maar ik was erg objectief over mezelf. Ik zag niet mezelf, maar 'haar'. Ik voelde geen connectie met de persoon die ik op het scherm zag.

Misschien zou ik een betere actrice zijn als ik me uitsluitend zou bezighouden met mijn eigen rol. Maar ik voel me betrokken bij de hele film. Hoe staat deze scène in verband met de volgende? Heeft dit moment een functie voor het verhaal?

Willy stond bekend als een perfectionist. (Logisch dat we het zo goed met elkaar konden vinden!) Hij had zelfs de bijnaam 'Forty-take Wyler', maar ik kan me niet herinneren dat we inderdaad zoveel takes moesten doen van een scène. We kwamen niet eens in de buurt. Ik zou zeggen dat het er gemiddeld tussen de vier en de zes waren. Laurence Olivier vertelde een beroemd verhaal over Willy, die hem regisseerde in *Wuthering Heights*. Willy zou na elke take hebben gezegd: 'Nog een keer.' Uiteindelijk was Olivier zo moe dat hij zei: 'Luister. Ik heb de scène staand gedaan en zittend gedaan. Ik heb hem snel gedaan en langzaam gedaan. Met een glimlach, met een grijns. Terwijl ik aan mijn oor krabde. Met mijn rug naar de camera. Hoe wil je dan dat ik het doe?'

Waarop Willy alleen maar had gezegd: 'Beter.'

Hij kon niet altijd duidelijk maken wat hij wilde, of misschien had hij gewoon geen behoefte om het werk van zijn acteurs te analyseren. Hij hield het meestal bij simpele opmerkingen. 'Sneller.' 'Langzamer.'

Ik vond het fascinerend dat zo'n meesterlijke filmmaker een heel bescheiden man was die simpele woorden gebruikte. Zijn benadering was nooit intellectueel. Het ging erom of hij werd ontroerd of niet.

We hadden samen veel pret. Ik kon hem plagen. 'Kom op, Willy. Als je niet kunt horen wat ik zeg, hoe weet je dan of het goed is of niet?'

Dan lachte hij en zei: 'Ja ja ja. In de dailies zetten we gewoon het geluid wat harder.'

Hij wist wat hij wilde, en wat voor mij heel belangrijk was: hij herkende de waarheid als hij die zag of voelde. Als Willy zei dat de scène goed was, dan wist ik dat die goed was. Ik hoefde nooit te twijfelen aan zijn oordeel. Dat gaf me een heerlijk gevoel. Ik kon hem volledig vertrouwen.

Na die openingssequentie gaat de film terug in de tijd. Fanny denkt aan haar beginperiode in het theater. In de eerste twee nummers ('If a Girl Isn't Pretty' en 'I'm the Greatest Star') draag ik een matrozenkiel en een wijde broek. Ik denk dat ik haar lichaamstaal goed heb getroffen. Ze is slungelig en ongemakkelijk. Herb bedacht de shots en dan bewoog ik me volgens de afspraken over de set terwijl ik playbackte op de muziek, die we al eerder hadden opgenomen. Ik had voordat we begonnen met de opnamen de hele score ingezongen met een orkest onder leiding van de fantastische Walter Scharf.

Ik heb een pesthekel aan playbacken, wat het geeft je niet de kans om in het moment te zijn. Je moet proberen het liedje precies te zingen zoals je het een paar maanden eerder hebt gezongen. Het is erg kunstmatig. Maar zo ging het bij musicals.

Gelukkig mocht ik wel de rolschaatsscène doen. Die was al in een vroeg stadium verwijderd uit de Broadway-show omdat het te gevaarlijk was om die scène elke avond te doen. Dat is het moment dat Fanny en Nick elkaar ontmoeten. Kijk eens naar Omar Sharif in dat prachtige overhemd met ruches. Wat is hij charmant en charismatisch met die oogverblindende glimlach.

Het lag niet bepaald voor de hand om Omar te kiezen voor de rol van Nick Arnstein. Ik vond hem erg goed in *Lawrence of Arabia*. Maar hij was een in Egypte geboren Arabier die een Jood uit New Jersey speelde. Dat werd niet lang nadat hij was gecast een probleem toen de Zesdaagse Oorlog tussen Israël en Egypte uitbrak. Sommige mensen bij de studio werden nerveus en wilden hem vervangen. Maar Willy, die Joods was, hield voet bij stuk. Hij vond het on-Amerikaans om een acteur te ontslaan omdat hij uit Egypte kwam en zei: 'Als Omar deze film niet maakt, maak ik 'm ook niet.'

Omar mocht blijven, maar de controverse kreeg een staartje. Toen een publiciteitsfoto van ons tweeën terwijl we een scène instudeerden de Egyptische pers haalde, kwam er een beweging op gang om hem zijn staatsburgerschap te ontnemen. Een van de krantenkoppen luidde: OMAR KUST BARBRA, EGYPTE WOEDEND. Mijn reactie was: 'Egypte boos? Je zou eens moeten horen wat mijn tante Anna ervan vindt!' (Voor alle duidelijkheid: dat was een grapje.) De film werd uiteindelijk verboden in Egypte, net als al zijn andere films. En dat alles omdat hij een Joods personage speelde dat voor een Joods meisje valt.

Voor Fanny was het liefde op het eerste gezicht. Dat had ik niet bepaald met Omar. Ik vond hem aanvankelijk ronduit onbeschoft. Hij deed niet eens zijn hand voor zijn mond als hij hoestte. En ik vroeg me af waarom de kappers zijn haar zo steil hadden gemaakt. Het leek wel een nat tapijt en het zag er niet uit.

Omars eerste reactie op mij was al niet anders. Hij zei tegen een verslaggever: 'Mijn eerste indruk was dat ze niet echt knap is. Maar ik moet eerlijk zijn: na drie dagen begon ik haar mooi te vinden en voelde ik lust voor deze vrouw.'

Ik heb geen idee wat ik had gedaan om hem zo te betoveren. Het kan niet veel zijn geweest. Maar als je voelt dat iemand op je reageert, gaat je vrouwelijkheid opspelen. En naarmate hij zich meer aangetrokken ging voelen tot mij ging ik me meer aangetrokken voelen tot hem.

Ik ontdekte mijn macht als vrouw.

Ik voelde het ook bij Willy. Als we een scène bespraken, wenkte hij soms dat ik dichterbij moest komen. 'Wat zei je? Fluister het maar in mijn oor.' Dat maakte alles wat ik tegen hem zei bijzonder. Ik hield van de intimiteit. Als ik iets tegen hem wilde zeggen, fluisterde ik het automatisch in zijn goede oor. Ik zag dat hij ervan genoot, en dat maakte iets teders in me los.

Willy was hoffelijk, een echte gentleman. Soms nodigde hij me uit voor de lunch. Als we genoeg tijd hadden, gingen we naar The Captain's Table, zo'n typisch oud Hollywood-restaurant met mahoniehouten stoelen met rood leer en obers in jasjes en met stropdassen die je salade kwamen mengen aan je tafel. Ik genoot van de tijd die we samen doorbrachten en stelde hem allerlei vragen over zijn vroege films.

Ik heb ergens gelezen dat Willy vaak een soort beroepsmatige verliefdheid koesterde voor zijn vrouwelijke hoofdrolspelers. Dat komt het werk ten goede, want als de regisseur je het gevoel geeft dat je wordt gewaardeerd, wil je hem nog meer behagen. Ik weet zeker dat Willy zich bewust was van die dynamiek. Ik denk dat hij het cultiveerde, want die chemie zie je terug op het doek en verleent het acteerwerk een bijzonder extra aspect. Als je hem ernaar vroeg, grijnsde Willy ondeugend, en dan zei hij: 'Hoe denk je dat al die vrouwen hun Oscars hebben gewonnen?'

Bette Davis noemde Willy de liefde van haar leven, maar hij was te discreet om dat soort persoonlijke zaken te bespreken, en hij gedroeg zich onberispelijk tegenover me.

Fanny's verhaal en het mijne waren vervlochten geraakt. Zo is er dat moment waarop ze auditie doet voor de *Ziegfeld Follies* en ze het durft op te nemen tegen de grote Flo Ziegfeld. Dat moment dat ze haar partituur oprolt tot een telescoop en hem bekijkt terwijl hij op het balkon zit, had ik bedacht. Ik had het op een avond geprobeerd in het theater. Er werd gelachen, dus ik heb het erin gelaten. Ik identificeerde me met Fanny als ze tegen hem zegt: 'Een regel als "*I am the beautiful reflection of my love's affection*" kan ik niet zingen. Dat is gênant.'

Ik identificeerde me nog meer met haar als ze tegen zijn wensen in een kussen onder haar trouwjurk doet en de grote finale verandert in een komisch nummer. Het is zo'n groot succes dat hij (net als Arthur Laurents bij *Wholesale*) moet inbinden en zelfs belooft dat hij een extra nummer voor haar zal uitkiezen.

Maar Fanny wil niet dat hij een nummer voor haar uitkiest. Want zoals ze zegt: 'Een van de dingen die ik zeker weet, is dat ik zelf mijn songs wil uitkiezen.'

Zo'n clausule had ik ook in mijn platencontract laten zetten. (Isobel zei altijd dat ze het script op maat voor me had geschreven.)

In het stuk had ik al de transformatie moeten maken van een stuntelig meisje naar een volwassen vrouw, en dat moest ik voor de film opnieuw doen. De ontwikkeling komt op gang nadat ik 'People' heb gezongen. Het moment waarop Nick Fanny's kin in zijn hand neemt en voorover leunt voor hun eerste kus is erg belangrijk, het intiemste moment van de film. Toen ik het een dag later zag in de dailies, vond ik dat het niet voldoende uit de verf kwam. Ik deelde mijn bedenkingen met Willy. Hoewel ik close-ups bij voorkeur uit de weg ging, vond ik dat de camera voor dat moment zo dichtbij mogelijk moest zijn om alle gevoelens op Fanny's gezicht vast te leggen: angst, nervositeit, gespannen afwachting. Ze ervaart emoties die ze niet eerder heeft gekend. Ze is zich op een nieuwe manier bewust van haar lichaam. Haar gezicht vertelt het verhaal.

Willy was het met me eens en we deden de scène opnieuw. Het is de grootste close-up van de film. Dan verandert Fanny voor heel even weer in een meisje als ze de spanning verlicht door een dansje te doen, waarna Nick wegrijdt in zijn auto. Ik had dat dansje al uitgeprobeerd op Broadway, en het werkte.

De hele sequentie is schitterend geënsceneerd en geregisseerd. Toch zijn er dingen die ik nu anders zou doen. Waarom heb ik zo'n enorm kapsel? Natuurlijk, het waren de jaren zestig, en toen waren die bouffantkapsels in de mode. Maar sommige pruiken hebben genoeg haar voor twee mensen! Ik zie ook een verandering in de beeldkwaliteit als Harry een filter gebruikt voor de close-ups, ook iets wat destijds gebruikelijk was. Na een scherp, helder *two shot* wordt het beeld een klein beetje waziger voor het *glamour shot*, en dat leidt me telkens af. Toen ik zelf ging regisseren, liet ik altijd hetzelfde filter gebruiken voor de two shots en de close-ups.

Iets wat ik niet zou veranderen is de jurk met de bolletjes op de mouw en lagen groene chiffon over roze zijde. Irene Sharaff, de kostuumontwerpster, maakte vaak zulke verrassende combinaties, en dat creëert in dit geval een fraai rimpeleffect. Het is mijn favoriete jurk uit de film. (Ik heb de originele versie die ik op Broadway droeg nog altijd in mijn kast met antieke kleren.) Irene was geen warme, hartelijke vrouw. Ze maakte een afstandelijke indruk. Maar dat maakte niet uit, want ze was ontzettend goed in haar werk.

Ik vond het opwindend om manieren te bedenken om dingen anders te doen in de film. In de grote verleidingsscène, als Nick Fanny uitnodigt voor een intiem etentje, zingen ze 'You Are Woman, I Am Man'. Op het podium was het een duet, maar voor de film vroeg ik of ik mijn gedeelte als voice-over kon zingen. Dat is minder raar dan je zou denken. We luisteren naar Fanny's gedachten terwijl ze reageert op Nicks avances. Het maakte het grappiger, en ik dacht: dan hoef ik weer een nummer minder te playbacken. (Ik ben dol op voice-overs; jaren later heb ik dat middel uitgebreid gebruikt in *Yentl*.)

Het was makkelijk om te flirten met Omar. We waren inmiddels close. Toen hij me een keer in het weekend mee uit eten vroeg, zei ik ja.

Ik was nieuwsgierig naar zijn leven in Europa. Ik ontdekte dat hij bridgekampioen was, en vanaf dat moment gingen we vaak kaarten op de set. Je komt veel over mensen te weten door een spelletje met hen te spelen. Houden ze zich aan de regels of spelen ze vals? Willen ze koste wat het kost winnen, of zijn ze goede verliezers? Bij kaartspelletjes is het fijn om gewoon bij iemand te zitten en diens aanwezigheid te voelen. Je hoeft niet te spreken, tenzij je dat wilt. Dat voelde prettig.

We gingen nog een paar keer uit eten. We reden een keer over de Pacific Coast Highway naar een visrestaurant aan het water. Omar en ik zaten achterin te praten en hielden elkaars hand vast terwijl de chauffeur zijn ogen op de weg hield gericht.

Zo leerden we elkaar kennen, en dat was nuttig voor de relatie tussen onze personages.

Het meest iconische nummer in de film is waarschijnlijk 'Don't Rain on My Parade', samen met 'People' en 'My Man'. En net voor dat nummer gaf Irene me een jurk met mijn minst favoriete kleur: oranje.

Het was een hete dag in juli en de jurk was gemaakt van crêpewol. Ik rende keer op keer voor elke take met mijn gele rozen en mijn koffers door het treinstation en voelde het zweet in mijn nek druppelen. Ik droeg zelfs een bontmuts en een mof, ook van bont! Ik dacht dat ik zou flauwvallen. Maar als ik die scène nu zie, moet ik zeggen dat het alle moeite en ongemak waard was. Herb had alles briljant in elkaar gezet. Ik ben dol op het shot door het traliewerk tussen de treinsporen waarbij ik aan de ene kant loop en de camera me volgt aan de andere kant, zodat de spijlen aan me voorbijtrekken.

Prachtig.

Herb kon goed overweg met die schitterende oude ruimten. De camerabewegingen volgen de muziek en hij maakte op de juiste momenten de juiste cuts om het ritme te versterken.

Ik begrijp waarom Irene me oranje wilde laten dragen. Dan pik je me er meteen van een afstand uit als we de bewegende trein zien en ik voor het raam zit. De vrouw tegenover me is Cis Corman, en ze heeft Sadie op schoot. Omdat ik wist dat ik urenlang in die trein zou zitten, had ik mijn beste vriendin en mijn lieve hond erbij gehaald om me gezelschap te houden. Het ziet eruit als een plezierritje, maar het was bloedheet in die treincoupé.

Het publiek heeft geen idee hoe acteurs soms moeten afzien voor een shot. Als ik uit de taxi stap en aankom bij de pier ('*Hey Mr. Arnstein, here I am!*') blijf ik opeens staan. Ook de muziek komt tot stilstand. Ik zie dat het schip al is vertrokken. Dan begint de muziek weer, die zich opbouwt tot een crescendo terwijl ik naar een sleepboot ren. Het shot daarna is gemaakt door een moedige cameraman die uit een helikopter hing die in de richting van de sleepboot vloog toen die door de haven voer. Het is een totaalshot, en dankzij die oranje outfit kun je me zien staan op de boeg. Als de camera dichterbij komt, zie je dat ik een boeket gele rozen omhooghoudt, een echo van het Vrijheidsbeeld met haar fakkel vlak achter me. Herb maakte weer eens optimaal gebruik van de omgeving.

De scheepstoeter klinkt en dan komt de climax:

Get ready for me, love, 'cause I'm a comer
I simply gotta march, my heart's a drummer
Nobody, no, nobody, is gonna rain on my parade!

Ik had op de sleepboot een microfoontje in mijn oor, waarmee ze me de opname lieten horen waarop ik moest playbacken. Maar er ging iets mis. De muziek sloeg over, misschien omdat de boot over een golf voer. Als je goed luistert, hoor je een heel korte onderbreking omdat een ultrakort gedeelte van de opname ontbreekt. Ik hoopte dat de geluidstechnici dat konden fiksen. Maar er was niets aan te doen, zeiden ze. De zaak lag niet sync. Ik kon het nauwelijks geloven, maar ik denk dat ik de enige ben die er last van heeft.

En heb je trouwens het getal op de sleepboot gezien? Ik zag het pas in de dailies. Het is mijn geluksgetal vierentwintig.

Ik zou willen dat ik mijn aankomst in Nicks hut op het schip zou kunnen overdoen. De rozen zijn tegen die tijd verwelkt. De eerste keer dat we het opnamen, giechelde ik toen de steward de deur opende. Ik smeekte Willy om het meteen op te nemen, want ik wilde het graag achter de hand hebben. Maar zo werkte hij niet. De vertraging zal wel iets te maken hebben gehad met de belichting of een ander technisch probleem. Maar na nog een paar takes lachte ik niet meer, en ik kon niet doen alsof. Het moment was verloren gegaan.

Ik heb van die ervaring iets geleerd. De eerste poging van een acteur om iets te doen is vaak de beste. Toen ik zelf regisseur werd, probeerde ik de acteurs al te filmen zodra de camera draait. Zo geef je de scène de kans om meteen op gang te komen.

Er zit nog een moment in de tweede akte dat me irriteert. Op een dag had Willy zoveel rugpijn dat hij moest thuisblijven, waarna Herb de geplande scène overnam. Nick en Fanny zijn inmiddels getrouwd en Fanny spreekt met haar vriend Eddie. Het is haar eerste werkdag nadat ze een kind heeft gekregen.

Ik doe met veel pijn en moeite een paar sit-ups. (Daar hoefde ik niet voor te acteren.) 'Kijk mij nou. Ik adem als een walvis. Dat kind heeft me jaren van mijn leven gekost, ik zou haar voor de rechter moeten slepen! Maar wat is ze knap, hè?'

Eddie antwoordt: 'Frances? Ik heb nog nooit zo'n schatje gezien. Zo levendig, zo alert.'

'Maar is ze ook knap?' vraag ik met kwetsbare stem. Het is belangrijk voor Fanny dat haar dochter knap is. Ze wil niet dat haar kind te maken zal krijgen met de afwijzing waarvan ze zelf zoveel last heeft gehad omdat ze geen traditionele schoonheid is.

Haar oude vriend Eddie begrijpt het meteen en zegt: 'Ja, Fran. Ze is knap... heel knap.'

Het is een onthullend moment omdat Fanny haar pijn laat zien. Toen we de scène bekeken in de dailies, dacht ik dat het goed werkte. Maar Willy wilde de scène opnieuw doen.

Waarom toch, vroeg ik me af. Hij zei dat hij niet tevreden was met het resultaat. En het was uiteraard zijn goed recht om het opnieuw te doen. Maar ik dacht: heeft het er misschien mee te maken dat Herb deze scène heeft gedaan? Herb was een choreograaf met ambities als regisseur. Hij had geëist dat hij de credits zou krijgen als regisseur van de muzikale nummers. Zat dat Willy misschien dwars?

Alle kunstenaars hebben een flink ego nodig om succes te kunnen hebben. Misschien wilde Willy niet de vingerafdrukken van een andere regisseur op een van zijn scènes. Daar had ik alle begrip voor.

We deden de scène opnieuw en we kwamen bij dat regeltje: 'Maar is ze ook knap?'

Willy zei: 'Ik wil dat je het stoerder zegt. Met meer kracht.'

Ik was verbaasd en zei: 'Maar dat is niet wat ze voelt. Fanny is op dit moment niet alleen stoer, maar ook extreem kwetsbaar.' Ik moest bijna huilen van dat regeltje. Ik vond dat het publiek de pijn moest zien die ze haar leven lang had gevoeld om schampere opmerkingen over haar uiterlijk.

Willy was het niet met me eens. Hij hield voet bij stuk en deed het op zijn manier. Het is het enige moment in de film dat ik niet geloof omdat ik vond dat het niet de juiste keuze was.

Het was de enige keer dat ik een glimp opving van Willy's kwetsbaarheid.

Maar het was maar een kort moment te midden van talloze meesterlijke herinneringen.

Meestal werkte het perfect als Willy iets wilde. Als Nick Fanny's première in het groots opgezette *Zwanenmeer*-nummer heeft gemist, gaat Willy meteen naar een close-up van Fanny, die alleen in haar donkere woonkamer zit te roken, haar hoofd achterovergeleund tegen de bank. Ik vroeg aan Willy en Harry: 'Weten jullie zeker dat jullie dit willen? Het is niet mijn goede kant.' Maar ze zeiden ja en ze bleken het tot mijn verbazing goed te hebben gezien. Het was een interessant shot dat me weer iets leerde over mijn gezicht. Vanuit bepaalde invalshoeken is ook de 'verkeerde' kant bruikbaar.

Ik vind het heerlijk om ongelijk te hebben. Dat zijn leerzame momenten.

Het camerawerk in deze scène is een wondertje. Als Nick eindelijk strompelend binnenkomt na zijn pokeravond probeert hij zijn excuses aan te bieden. Hij leest de recensies voor en smeert haar stroop om de mond. Fanny zegt geen woord. Willy laat de hele tijd Nick in beeld om te verduidelijken dat hij een probleem heeft. Het publiek ziet mijn gezicht pas als Fanny opstaat en woedend de confrontatie met hem aangaat. Irene was zo lief om me in deze scène mijn bordeauxrode jurk van Fortuny te laten dragen, een elegante outfit die laat zien dat Fanny de kinderlijke matrozenkiel achter zich heeft gelaten.

De scène eindigt met een andere close-up van me, bijna het tegenovergestelde van hoe we begonnen. We zien nu de andere (goede) kant van mijn gezicht. Ik ben gaan staan en het is licht in de kamer. Fanny tast niet meer in het duister, want ze heeft iets fundamenteels ingezien over haar man. Nick verkiest gokken boven haar. Diep vanbinnen is er bij haar iets veranderd.

Wat een briljante manier om de camera het verhaal te laten vertellen. Willy bezondigde zich nooit aan imposant camerawerk dat vooral de aandacht op zichzelf vestigt. Zijn sterkste punt was dat het verhaal altijd op de eerste plaats kwam en dat hij natuurlijke manieren vond om het te vertellen. Zijn camera stond altijd op de juiste plek en hij koos altijd het beste moment om naar een close-up te gaan zodat je zag wat hij wilde dat je zag.

Hij vermeed shots met overbodige uitleg. Als Nick uit de gevangenis komt en Fanny's kleedkamer bezoekt, horen we hem niet aan de deur kloppen en zien we niet dat ze die opent. Nee, we krijgen Nick voor het eerst te zien zoals Fanny hem ziet, als de onverwachte weerspiegeling in de spiegel in haar kleedkamer, zodat beide gezichten in het shot zijn. De emotie had altijd Willy's hoogste prioriteit.

Nick komt Fanny vertellen dat hun huwelijk voorbij is, maar ze heeft het vrijwel meteen door en bespaart hem de moeite. Uit liefde onderdrukt ze haar emoties en doet ze alsof ze hetzelfde wil.

Op Broadway zong ik na Nicks vertrek opnieuw 'Don't Rain on My Parade'. Ik begon, gezeten aan mijn kaptafel, langzaam en werkte naar een krachtige climax toe. Zo maakt Fanny duidelijk dat haar leven verdergaat. Maar voor de film koos Ray 'My Man', omdat het beroemd was en Fanny en ik inmiddels beiden met dat liedje werden geassocieerd. Ik had het gezongen in mijn eerste tv-special in 1965 en opgenomen voor het bijbehorende album.

Ik zei tegen Harry dat ik het in een zwarte jurk wilde zingen op een zwart podium. De eenvoud van dat idee sprak me aan. Je zou alleen mijn gezicht en handen zien, afgetekend tegen het zwart. Ik had zoiets al eens op tv gedaan en het werkte goed. Maar Harry zei: 'Nee, dat is te kaal.' Hij wilde wat lichten aan de zijkant plaatsen, en dat deed hij ook: mooie magenta, blauwe en paarse lichten op palen.

Het was de laatste scène die we opnamen. Toen ik de volgende dag naar de dailies kwam kijken, zat de hele zaal vol. Marty had een aantal mensen van Columbia meegebracht. Er werd nota bene geklapt toen de song was afgelopen. Ze feliciteerden Willy, voorspelden dat de film een hit zou worden en speculeerden al over Oscars.

Ik zat rustig naast Willy, die me aankeek en zei: 'En Barbra, wat vind jij ervan?'

Ik keek hem aan. 'Ik denk dat ik het nog beter kan doen.'

Er viel een doodse stilte in de zaal.

Het was voor mij zo klaar als een klontje dat ik live moest zingen in plaats van playbacken op een opname. Het voelde niet authentiek, want ik zat vast aan bepaalde lipbewegingen en kon niet doen wat ik in het moment wilde doen. Ik wist dat ik zou moeten huilen, want het liedje komt na de scène in de kleedkamer als Nick en ik uit elkaar gaan. Maar ik had niet gehuild toen we de song opnamen.

Ik zei: 'Willy, de emotie is er gewoon niet. Ik wil het graag opnieuw doen, maar dan live.'

Hij keek me bedachtzaam aan en zei: 'Oké, dan doen we het.'

Dat was niet zo makkelijk als het klinkt. De film was al afgerond en de leden van de crew waren andere dingen gaan doen. Maar Willy kreeg het voor elkaar. Het duurde een paar dagen, maar uiteindelijk waren de mensen die we nodig hadden weer op de set. Walter Scharf zat naast het podium achter de piano. Omar was ook gekomen, dat was ontzettend aardig van hem. Hij stond in de coulissen, buiten het zicht van de camera, maar ik kon als ik wilde naar hem kijken om mijn emoties te triggeren.

Ik zei tegen Willy dat alleen het eerste deel van het liedje, dat in close-up was opgenomen, live moest zijn. Dan kon ik in het moment zijn, en als dan de tranen zouden komen, zou de stem overeenstemmen met het beeld. Het laatste gedeelte, als ik mezelf heb herpakt, was prima. Dat was een totaalshot waarin je niet kon zien dat ik playbackte.

Ik denk dat we tien takes hebben gedaan van het begin. De rauwe emotie is hoorbaar in mijn stem. Ik raakte telkens op een ander moment ontroerd.

Er komen nog altijd mensen naar me toe om te vertellen dat ze hebben gehuild bij die scène. Maar waarom moeten ze eigenlijk huilen? Ik denk omdat Fanny wordt overmand door emoties en ze wanhopig hard haar best doet om zich te beheersen en niet in te storten. Dat raakt mensen in het hart en maakt het moment krachtig en pijnlijk. Haar poging om het binnen te houden. Het zou minder ontroerend zijn als ze zich liet gaan en begon te huilen. Zoals ik al had ontdekt tijdens de première: het is de beheersing.

Als je als personage probeert de controle te behouden terwijl vanbinnen je hele wereld instort, gaat het publiek met je mee en hopen ze dat je het redt, dat het goed met je blijft gaan.

Ik ben Willy zo dankbaar dat hij me de kans gaf het opnieuw te doen. En wie zal het zeggen? Misschien heeft die scène me mijn Oscar opgeleverd.

Als de song eindigt, trekt de camera zich terug. Ik sla mijn armen open, doe mijn hoofd achterover, sluit mijn ogen, en de spotlight die op me gericht staat wordt gedoofd. Het scherm wordt zwart. De film is afgelopen.

Als Willy en ik naar de dailies zaten te kijken, dacht ik steeds: take 2 van deze scène is de beste. Of: voor die scène zou ik kiezen voor de eerste twee regels van take 1, daarna is het einde van take 4 het beste. Toen Willy me de ruwe versie van de film liet zien, dacht ik: hij heeft in 95 procent van de gevallen de keuzes gemaakt die ik ook zou hebben gemaakt! Dat laat wel zien dat we op één lijn zaten.

Ik was tijdens de opnameperiode een aantal keren te laat gekomen en voelde me daar schuldig over. Dat was een tekortkoming van me, maar tegenwoordig kom ik nooit meer te laat op de set. Aan het einde van de opnameperiode gaf ik Willy een antiek horloge met de inscriptie: OM DE VERLOREN TIJD GOED TE MAKEN. MET AL MIJN LIEFDE, BARBRA.

Willy gaf me een regisseursmegafoon met een stempel met de inscripties

BARBRA STREISAND DGA en VOOR BARBRA VAN WILLY. Ik vond het heerlijk dat hij me hoog genoeg had zitten om me zo'n cadeau te geven en me aan te moedigen om regisseur te worden. (De DGA is de regisseursvakbond.) Het was grappig en nog vooruitziend ook. Die megafoon is een van mijn meest gekoesterde bezittingen.

Harry schreef me toen we klaar waren een prachtige brief:

> *Laten we proberen een verhaal te vinden, niet een musical. Je zou nu iets heel anders moeten doen.*
>
> *Als we iets vinden wat je bevalt, zou je de hoofdrol kunnen spelen én regisseren. Dat wil je toch? Stel je voor... Je zou de eerste succesvolle vrouwelijke regisseur kunnen worden in onze business.*
>
> *Zo'n film zou je kunnen maken voor veel minder dan 1 miljoen. We zouden niet eens een studio nodig hebben, maar op locaties opnemen en de 40 procent besparen die je doorgaans uitgeeft aan studiokosten.*
>
> *Barbra, ik loop al jarenlang rond met dit idee en het kan alleen lukken als iemand als jij erbij betrokken bent.*
>
> *Ik denk dat je wel weet dat ik enorm op je gesteld en trots op je ben.*
>
> *Liefs en kussen, Harry*

Ik had Harry altijd gezien als een soort grootvader, maar hij was zijn tijd ver vooruit en had al een beeld van de beweging van de onafhankelijke film. Net als Willy heeft hij me altijd gesteund en aangemoedigd. Ik vond het een eer dat ze vonden dat ik moest regisseren.

Het was zo'n heerlijke ervaring geweest om *Funny Girl* op te nemen dat ik ontzet was als iemand er anders over dacht. Anne Francis, die de vurige oudere showgirl speelde, gaf in *The Tonight Show* mij de schuld van het feit dat haar rol flink was ingekort. Ik dacht: waar heeft ze het over? Ik bepaalde toch niet wat er wel of niet in de film zat. Willy had de leiding gehad. Hij en Robert Swink deden de montage en Willy had haar rol grotendeels geschrapt, zoals Jerome Robbins dezelfde rol had ingekort voor de Broadway-versie. Tientallen jaren later gaf ze toe dat haar persagent haar die dingen had laten zeggen. Ze bood me in een open brief haar excuses aan. Maar de schade was al aangericht.

Als ik het voor het zeggen had gehad, zou ik de *Zwanenmeer*-sequentie langer hebben gemaakt. Ik mocht de montage van die scène van Ray overdoen, maar op dat moment was de film al af en er was al drukwerk gemaakt, dus er was geen schijn van kans dat er nog veranderingen zouden worden aangebracht. Maar ik wilde het nummer behouden zodat het in elk geval in een of andere vorm zou blijven bestaan. We hadden er zo hard aan gewerkt en we hadden zoveel tijd geïnvesteerd aan de choreografie, de repetities en de opname dat ik niet kon accepteren dat de scène niet werd gebruikt. Hoe kon je dat allemaal weggooien? (Ik heb bij al mijn films de behoefte gehad om de *trims*, de stukjes film die zijn geschrapt, te bewaren. Dat materiaal had waarde, al was het dan alleen voor mij.)

Ray regelde een editor die er met me aan zou werken.

Ik ging helemaal op in het proces. Het was alsof je een legpuzzel maakte, maar met een belangrijk verschil: er waren ontelbaar veel manieren om de puzzel te leggen. Ik moest tot mijn teleurstelling vaststellen dat er al stukjes ontbraken. Een deel van het materiaal was onvindbaar, dus ik kon niet de versie maken die ik voor ogen had.

Hoewel het een korte sequentie was, kreeg ik te maken met duivelse dilemma's. Ik vond het vreselijk om afstand te moeten doen van de pas de deux (als de twee hoofdpersonen met elkaar dansen). Een grappig stukje, maar dat zou het te lang hebben gemaakt.

Ik deed mijn uiterste best en ik heb het resultaat van mijn werk altijd bewaard. Het was het eerste stukje film dat ik zelf had gemonteerd. Ik schreef Ray een bedankbriefje: 'Als je me ooit iets cadeau wilt doen, hoef ik geen diamant van dertig karaat, maar een Moviola van dertig pond.' (Dat was de machine die we gebruikten bij de montage.)

Dat was een van mijn betere ervaringen met Ray, maar we stonden eerlijk gezegd ook vaak tegenover elkaar. Toen we de musical speelden, moest ik hem vaak vragen mijn kleedkamer te verlaten. Ik vond dat ik hem niet helemaal kon vertrouwen. Maar als Ray lief was, dan was hij ook echt lief. Na de film stuurde hij me een briefje waarin hij zei dat ik geen 'probleem' was. En zelfs als ik dat wel was, was het nog niet erg, want ik zong 'als een nachtegaaltje'. Hij sloot af met:

> *Oké, Barbra: doe je eigen make-up maar, doe zelf je haar, controleer de belichting, verander naar believen het script, ontwerp de kostuums, kies het meubilair uit en regel de publiciteit. Maar wat je ook doet: blijf zingen!*
>
> *Liefs, Ray*

Ik geef toe dat ik me inderdaad met alles bemoeide.

De film zou in september in première gaan. Columbia wilde het soundtrackalbum een maand eerder uitbrengen om de belangstelling aan te zwengelen. Ze stuurden me de nummers zodra ze klaar waren, want ik wilde horen of alles goed was. Toen ik 'You Are Woman, I Am Man' hoorde, dacht ik: wacht eens even, dit klopt niet. Het klinkt vreemd. Opeens begreep ik wat het was. Ik kon mezelf niet horen ademen. Ik belde de geluidstechnicus, die trots vertelde dat ze het hadden 'opgeschoond' en alle ademgeluiden die je bij het zingen nu eenmaal voortbrengt hadden verwijderd.

Ik was geschokt. Geen mens kan zingen zonder adem te halen.

Ik zei: 'Waar zijn die ademtochten nu? Liggen ze bij het vuilnis? Zou je ze willen terugvinden en weer toevoegen?' Dat hebben ze gedaan.

De première was op 18 september 1968 in het Criterion Theatre op Times Square in New York. Arnold Scaasi had mijn outfit gemaakt: een perzikkleurige jurk met een doorzichtige laag met juwelen afgezette tule en een bijpassende hoed van tule. (De jurk had een A-lijn en had dus geen middel. Ik droeg graag ruimzittende kleren zodat ik broodjes pastrami kon blijven eten.)

Het was een nieuwe ervaring voor me om te gast te zijn bij mijn eigen première. Meestal genieten mijn vrienden van de voorstelling terwijl ik op het podium sta te ploeteren. Ditmaal kon ik in alle rust kijken zonder me zorgen te maken dat ik mijn tekst zou vergeten of dat ik een hoge noot niet zou halen. De voorstelling was af, voorgoed vastgelegd op celluloid.

Ik ben dol op film! Het is voor mij het perfecte medium. Je doet een scène en dan is het voorbij. Gepiept. De mensen kunnen zien hoe ik met hart en ziel acteer en zing en zweet terwijl ik lekker thuis in bad zit.

Ik was nerveus, want ik had de film nog niet met een publiek gezien. Hoe zouden ze reageren? Na mijn eerste song, 'I'm the Greatest Star', begonnen ze te applaudisseren. Dat bleven ze doen na bijna alle liedjes. Ray was dolblij. 'Dat doen ze nooit!' zei hij tegen mij en iedereen die het maar wilde horen. 'Soms klappen ze aan het einde, maar nooit terwijl de film nog loopt. Dit is net als een première op Broadway!'

Na de film was er een groot feest in een tent op Times Square. Elliott, Cis en Harvey waren er ook. Marty week natuurlijk niet van mijn zijde.

De première was een gala-avond voor de jeugdprojecten van burgemeester John Lindsay. Lindsay was een Republikein, maar hij had goede politieke ideeën. Ik heb zelfs gezongen op een benefietavond toen hij een jaar later campagne voerde voor een tweede ambtstermijn.

Hij verwelkomde me terug in New York en zei: ‘Brooklyn heeft ons al veel grote talenten geschonken, en als er iemand is die dat talent belichaamt, dan is het Barbra Streisand. Dit is een fantastische avond voor ons allen.’

Hij had van de film genoten en zei: ‘Ik heb zo’n gevoel dat het wel goed komt met jou.’

Dat ging me te ver en ik onderbrak hem: ‘Wacht...!’

Hij lachte, maar mijn negatieve kant moest en zou zich even laten horen. Of was het dat oude Joodse bijgeloof dat je de goden niet in verzoeking moet brengen door te zeggen hoe heerlijk het allemaal gaat worden?

Eén première was niet genoeg voor Ray. Hij organiseerde er drie. De volgende was in oktober in Los Angeles en in januari vlogen we naar Londen voor alweer een première, waarbij prinses Margaret als gastvrouw optrad voor een van de goede doelen die ze steunde. Elliott was erbij in Los Angeles, maar hij ging niet mee naar Europa. Cis nam zijn plaats in.

Ik droeg een donkergroene fluwelen jurk en een groen fluwelen jasje met een kraag en manchetten van marterbont. Ik had Arnold Scaasi gevraagd al het bont van knoopjes te voorzien. Waarom zou je het alleen gebruiken voor één jurk? Ik liet hem nog drie andere outfits maken waar het bont ook aan kon worden vastgemaakt.

Ik had het goed naar mijn zin bij de première in Londen. Prinses Margaret, die ik al eerder had ontmoet, was die avond erg vriendelijk. Haar man, Lord Snowden, was een aardige vent. Hij had een titel gekregen door zijn huwelijk, maar hij deed niet uit de hoogte. Hij ging heel normaal met ons om en was een gezellige gesprekspartner.

Een van mijn tafelgenoten was de talkshowpresentator David Frost. Hij was erg geestig en je kon met hem lachen. Maar hij sprak met consumptie, dus je moest wegduiken als hij aan het woord was. Aan de andere kant zat ook weer zo’n elegante man die me vaag bekend voorkwam. Hij werd aan me voorgesteld als Pierre Trudeau. Cis en ik keken elkaar aan en trokken onze wenkbrauwen op, want ik had enkele maanden eerder nog geklaagd dat het zo moeilijk was om interessante mannen te ontmoeten. We lagen op mijn bed in *Life* te bladeren en hadden een artikel gezien over Pierre Trudeau, de pas verkozen premier van Canada.

De journalist beschreef hem zo: ‘Er is niets gewoon aan de volgende premier van Canada. Hij draagt wat hij wil, wanneer hij wil. Hij kan zomaar in het House of Commons verschijnen met een choker en sandalen. Hij heeft de bruine band in judo, gaat vrijduiken in Tahiti en is ooit met zijn handen vol belangrijke wetsdocumenten van de trapleuning van het House of Commons gegleden.'

Interessante tegenstellingen! Hij was een serieuze politicus en bohemien tegelijk. Dat zie je niet vaak. 'Met zo'n man zou ik wel iets willen hebben,' had ik tegen Cis gezegd.

En nu zat hij opeens naast me aan tafel! Dat was nog eens onverwacht. Hoe was hij hier beland? Had ik hem misschien zelf opgeroepen?

Trudeau was elegant, intelligent en intens, een combinatie van Albert Einstein en Napoleon (maar dan groter). En hij deed belangrijk werk. Ik was diep onder de indruk.

Hij boog naar me toe en vroeg me ten dans. Ik was opeens verlegen en voelde me stuntelig. Ik kon me helemaal voorstellen hoe alle ogen in de zaal op ons gericht zouden zijn en dacht: die foto haalt de voorpagina van *The London Times*. Ik had geen zin in nog meer publiciteit, dus ik zei: 'Ik dans niet in het openbaar.'

Hij zal me wel vreemd hebben gevonden, of geremd. Maar hij bleef beleefd en vroeg heel hoffelijk aan Cis of zij misschien wilde dansen. Ze zei enthousiast ja. En weet je welke foto de kranten de volgende dag op hun voorpagina's zetten? Cis met Pierre Trudeau.

Ik ging ervan uit dat dat het einde zou zijn van mijn contact met hem. Doodzonde, want ik vond hem erg interessant. Ik kon nog niet weten dat hij enkele maanden later opnieuw in mijn leven zou verschijnen.

15

Hello, gorgeous

De reden waarom ik überhaupt nadacht over andere mannen, en waarom Elliott niet met me was meegekomen naar Europa, was dat we tegen die tijd vaker niet samen waren dan wel.

We hadden altijd meningsverschillen gehad. Tijdens de run van *Funny Girl* reden we een keer in zijn Bentley ergens heen met zijn agent Sue Mengers. Elliott reed, en we kregen mot over iets (ik heb geen idee meer wat het was). Opeens zette hij de auto stil en stapte hij midden op straat uit. Ik opende mijn portier, rende naar de andere kant, sprong in de chauffeursstoel en reed verder. Een eng moment, maar Sue en ik zagen er ook wel de lol van in.

Ik had onophoudelijk gewerkt en ik sluit niet uit dat ik ervoor had gekozen om de problemen met Elliott te negeren. Ik had niet het gevoel dat hij gebukt ging onder het feit dat ik meer verdiende dan hij, maar Elliott heeft later gezegd dat hij daar wel degelijk moeite mee had. Misschien was dat een van de redenen waarom hij zwaarder ging gokken.

Ik verklap geen geheimen, want Elliott heeft in interviews openhartig gesproken over zijn liefde voor gokken. Ik wist dat hij van sport hield en dat hij honkbal en American football en basketbal op de voet volgde. Maar ik wist niet dat hij op wedstrijden gokte. Toen ik erachter kwam, dacht ik dat het om kleine bedragen ging, zoals toen ik naar de racebaan ging en 2 dollar inzette op een paard.

Bij Elliott liep het uit de hand.

De parallellen met Fanny Brice en Nicky Arnstein ontgingen me niet. En net als Fanny wist ook ik niet hoe ik de situatie moest aanpakken.

Toen Elliott opnamen had in New York terwijl ik in Los Angeles werkte, werd de kloof tussen ons groter. Hoewel we officieel nog een stel waren, leidden we totaal verschillende levens.

Ik was weer erg eenzaam. Dat was vermoedelijk waarom ik steeds ja zei als Omar me uitnodigde voor etentjes. Hij was goed gezelschap en het was fijn om de warmte van zijn aandacht te voelen. Het is bij etentjes gebleven.

Maar hij bleef brieven schrijven toen de film klaar was en hij naar Europa was afgereisd voor een ander filmproject. Ik was die brieven vergeten, misschien omdat ik destijds niet wist hoe ik erop moest reageren, totdat ik dit boek ging schrijven en ze terugvond in een stapel persoonlijke aandenkens. Er staan dingen in als: 'Ik wil in mijn leven niets liever dan jou bij me hebben en overal samen naartoe gaan, je in mijn armen houden, je in slaap brengen en wakker maken. Je kussen, met je praten, met mijn hele wezen van je houden... En de hele tijd zing je tegen me.'

Ik was helemaal van hem in de ban, tot dat laatste regeltje over mijn zang.

Maar even serieus: ik denk dat hij nog in de fantasiewereld van de film leefde.

Hij vervolgde: 'Ik heb al je albums gekocht. Ik luister er voortdurend naar en doe alsof al je teksten exclusief voor mij zijn bestemd. Tikje brutaal, hè? Slaap zacht, engel van me. Ik zal de hele nacht mijn kussen omhelzen en van je dromen. Ben ik misschien je vent?'

Het was nogal overweldigend. Het waren echte liefdesbrieven zoals ik ze nog nooit had ontvangen en hij deed verwoede pogingen om me naar Parijs te laten komen voor oudjaar. Ik dacht: waar ben ik nu weer in verzeild geraakt?

De samenwerking met Omar was me uitstekend bevallen en hij was een fantastische *leading man*. Maar dit zou onze vriendschap naar een ander niveau tillen. Ik was nog altijd getrouwd, al hadden we dan problemen, en ik had een kind. Ik zag het idee dat we elkaar zouden ontmoeten in Parijs als een fantasie. Dat moest het blijven, ik wilde niet dat het realiteit zou worden. Onze onderlinge aantrekkingskracht werkte goed voor de film, maar ik zag geen toekomst voor ons. Ik ben iemand die dingen goed kan visualiseren: een film die ik ga maken, een nummer dat ik ga zingen, een huis dat ik ga ontwerpen. Als ik iets niet voor me kan zien, kan ik er beter niet aan beginnen.

De liefdesaffaire van de film was voorbij, in elk geval van mijn kant.

Omar was teleurgesteld toen ik hem schreef om te vertellen dat ik niet kon komen. Ik heb niet lang geleden zijn kleinzoon ontmoet, die me vertelde dat Omar tegen hem had gezegd: 'Afgezien van je grootmoeder was Barbra de enige die mijn hart heeft gestolen. Als het anders was gelopen, had ze je oma kunnen zijn.'

Daar ben ik niet zo zeker van, maar het zijn lieve woorden.

Tegen de tijd dat ik werd genomineerd voor een Oscar als Best Actress voor *Funny Girl* hadden Elliott en ik bekendgemaakt dat we uit elkaar gingen. Toch vroeg ik hem met me mee te gaan naar de uitreiking in april 1969. Hij kwam naar mijn kleedkamer op het studioterrein van Paramount, waar ik *On a Clear Day You Can See Forever* aan het opnemen was. De uitreiking begon al zo vroeg dat het makkelijker was om me daar om te kleden dan om tussendoor naar huis te gaan. Arnold Scaasi en mijn kapper Fred Glaser waren gekomen om me te helpen.

Er lagen twee outfits klaar. De eerste was een lange zwarte jurk in empirestijl met een ronde nek en lange mouwen van doorzichtige stof over een degelijke zwarte onderjurk. Onder het lint onder de buste viel de rok in kleine plooien tot op de grond. Ik wilde de jurk combineren met een doorzichtige organza mantel met een kap die, dacht ik, garant zou staan voor een dramatische entree op de rode loper. Het was een elegante outfit. Ik was er dol op.

De tweede outfit had een meer jeugdige look. Het was een broekpak dat Arnold speciaal voor de Oscars had ontworpen en het zag er op de schets fantastisch uit. Het pak was gemaakt van zwarte netstof met grote, ronde plastic pailletten en geaccentueerd met een wit kraagje en dito manchetten. (Ik heb een zwak voor die look.) Het pak paste goed bij de tot mijn kin vallende pruik die ik al droeg sinds de shoot van die dag, wat betekende dat ik de pruik gewoon kon blijven dragen zodat Fred niet een ingewikkeld kapsel hoefde te bedenken dat bij de jurk paste.

Ik stond in dubio, maar toen dacht ik: misschien bof ik en win ik later nog een keer een Oscar. Dan ga ik tegen die tijd wel elegant doen, maar voor nu kleed ik me liever als de zesentwintigjarige die ik ben. Elliott, Fred en Arnold gaven ook de voorkeur aan het broekpak.

Maar het haar gaf de doorslag. Het was vooral een pragmatische beslissing, want ik dreigde weer eens te laat te komen. Ik koos het broekpak en we haastten ons naar het Dorothy Chandler Pavillion.

Ik was nerveuzer over het evenement dan over mijn award. Ik verheugde me er vooral op om Gregory Peck te zien, de voorzitter van de Academy. Twee maanden eerder, bij de uitreiking van de Golden Globes, had ik me een buitenstaander gevoeld, alsof iedereen behalve ik precies wist hoe ze zich moesten gedragen. Toen ik won, werd het allemaal nog vreemder en surrealistischer. Ik was blij met Greg. Hij was een goede vriend van Willy en had de set van *Funny Girl* bezocht om ons aan het werk te zien. Hij begroette me alsof we oude vrienden waren en we poseerden voor foto's. (Hij ontving die avond de Cecil B. DeMille Award.) Zijn warme omhelzing gaf me eindelijk het gevoel dat ik deel uitmaakte van de Hollywood-gemeenschap.

Gregory Peck was een schat van een man die vanaf het begin in me geloofde. Voordat ik hem leerde kennen, ging ik naar zijn huis kijken, dat te koop stond. Ik keek in zijn platenkast, en hij bleek al mijn albums te hebben, wat me zeer ontroerde. (Maar degene die het etiket op de plank had geplakt, had mijn naam verkeerd gespeld. Ik heb een pen gepakt om de overtollige a door te strepen.)

Ik ontmoette hem voor het eerst op een feestje in Hollywood. Ik had zoveel bewondering voor hem dat ik hem niet durfde aan te spreken. Ik vond hem de knapste mannelijke filmster. Hij werd onderschat omdat hij zo simpel acteerde.

Ik kon de kans niet laten lopen. En omdat ik niet zo goed ben in gebabbel over koetjes en kalfjes, vroeg ik recht voor zijn raap wat ik wilde weten: 'Vindt u het irritant als ze het meer over uw uiterlijk hebben dan over uw spel?'

Als hij al schrok van mijn lompe vraag – dat zou niet vreemd zijn geweest, want we kenden elkaar niet – liet hij er niets van merken. We stonden aan de rand van een houten platform dat een zwembad afdekte en voerden een echt gesprek. Hij gaf een genuanceerd antwoord, maar waar het op neerkwam was: ja.

Ik ben dol op zulke gesprekken. We bleven die gesprekken jaren later voeren tijdens etentjes toen Greg en zijn lieve vrouw Veronique vlak bij me kwamen wonen op Carolwood Drive.

Terug naar de Oscars. *Funny Girl* was genomineerd voor acht Academy Awards, waaronder Best Picture. Ik was dolblij dat mijn vriendin Kay Medford was genomineerd voor Best Supporting Actress en mijn dierbare Harry Stradling voor Best Cinematography en Walter Scharf voor Best Adaptation Score. En ik was genomineerd voor Best Actress.

Ik had niet verwacht dat ik zou winnen. Ik was al heel opgewonden over de nominatie, en het maakte me nederig. Maar ik heb me altijd afgevraagd waarom het een wedstrijd moet zijn. Waarom geven ze niet gewoon vijf Oscars voor de beste vijf rollen van het jaar? (Al is dat aantal ook willekeurig. In sommige jaren zijn er misschien vijf Oscar-waardige rollen, in andere zes.) Ik was blij met de juichende reacties en de film was een hit. De best bezochte film van het jaar, of misschien nummer 2, na *2001: A Space Odyssey*. (Afhankelijk van welke rekenmethode je gebruikt.) Maar ik was bang dat de negatieve verhalen in de roddelcolumns ervoor zouden zorgen dat veel mensen niet op me zouden stemmen. De film verloor in de loop van de avond de ene Oscar na de andere en ik werd steeds pessimistischer. Ik concurreerde ook met vier van de beste actrices van Hollywood: Patricia Neal, Joanne Woodward, Vanessa Redgrave en Katharine Hepburn.

De uitreiking duurde drie uur. Best Actress was een van de laatste awards. Ik kneep hard in Elliotts hand toen Ingrid Bergman het podium betrad.

Ze noemde de genomineerden, opende de envelop en zei: 'De winnaar is... Het is een ex aequo!' Ze was duidelijk verbaasd en bleef even stil. 'De winnaressen zijn Katharine Hepburn in *The Lion in Winter*...' (Daar kon ik mee leven, want ze was fantastisch in die film.) 'En Barbra Streisand.'

Ik was geschokt. Ik kon het niet geloven. Ik keek naar Elliott. Hij glimlachte, dus ik droomde blijkbaar niet. Ik moest snel mijn kauwgum uit mijn mond halen en onder mijn stoel plakken. Ik dacht: wat ga ik in vredesnaam zeggen? Anthony Harvey, de regisseur van *The Lion in Winter*, zat achter me, en omdat hij de award van Katharine Hepburn in ontvangst zou nemen, pakte hij mijn hand vast en liepen we samen naar het podium. Gelukkig maar, want zonder zijn stevige greep zou ik zeker zijn gevallen toen ik met mijn hak in mijn broekspijp bleef hangen en struikelend de trap op liep. (Arnold, die broek was te lang!)

Ik was niet helemaal mezelf. Ingrid Bergman gaf me de Oscar en ik liet hem bijna uit mijn handen vallen. (Waarom is dat ding zo zwaar?) Ik was blij dat Anthony eerst het woord nam, want dat gaf me de kans om op adem te komen. Toen was ik aan de beurt. Ik staarde nog altijd naar dat beroemde gouden beeldje in mijn handen. Het was zo mooi dat ik tegen mijn Oscar zei: '*Hello, gorgeous.*' Dat was ongepland, zoals ook mijn overwinning ongepland was.

Het publiek lachte en klapte enthousiast. Ik probeerde iedereen te bedanken. Ik bewaarde Willy Wyler voor het laatst. Lest best! Ik wist hoe ik had geboft met Willy als regisseur bij mijn eerste film. Ik was al de veertiende acteur die onder zijn regie een Oscar won. Hij was sensitief en zag alles. Hij wist het als het acteerwerk klopte en nam nooit genoegen met minder. Ik hield van Willy en zal hem altijd dankbaar blijven. Zijn nalatenschap zal altijd voortleven. Hij begreep de mysteries van het menselijk hart.

Ik sloot mijn toespraak af met: 'Iemand vroeg me ooit of ik gelukkig was, en ik antwoordde: "Is dat een grap? Ik zou doodongelukkig zijn als ik gelukkig was!" Ik wil graag alle leden van de Academy bedanken, want ze hebben me doodongelukkig gemaakt. Dank u.'

Toen liep ik het podium af met Ingrid Bergman.

Pfoeh, dat hadden we ook weer gehad.

De laatste award was die voor Best Picture, en die verloren we ook, aan *Oliver!* (Ja, *Oliver!* Stanley Kubricks briljante *2001* was niet eens genomineerd.)

Ik was erg teleurgesteld dat *Funny Girl* niet meer awards had gewonnen. Maar het ergste moest nog komen. Toen ik dat zwarte broekpak had aangetrokken in mijn kleedkamer zag het er elegant uit, en iedereen steunde mijn keuze. Maar we hadden ons niet gerealiseerd dat het onder de felle lichten doorzichtig zou worden. Ik schaamde me kapot toen ik de tv-beelden zag. Het leek alsof ik er niets onder droeg. (Maar het broekpak was gevoerd met huidkleurige zijde.) Het was ontzettend gênant. Ik schaam me nog altijd als ik eraan terugdenk. Er werd meer over mijn outfit gesproken dan over mijn Oscar.

Toen ik de volgende dag mijn moeder belde om het over mijn Oscar te hebben, zei ze: 'Zulke kleding draag je toch niet in het openbaar!' Voor één keer had ze gelijk.

Katharine Hepburn was aardiger. Ze stuurde me een telegram dat ik altijd heb bewaard:

Lieve Barbra,

Ik vind je eersteklas en je zit van top tot teen vol met wat het ook moge zijn en ik ben er trots op dat we samen een jaar lang aan de top mogen staan. Ik hoop dat ik dankzij osmose iets kan overnemen van die bijzondere eigenschap van je.

Met warme groeten,
Kate Hepburn

Ik stuurde haar bloemen en een briefje:

Lieve Kate (al vind ik dat ik eigenlijk mevrouw Hepburn moet zeggen),

Wat ontzettend lief om me zo'n heerlijk briefje te sturen. Het is ook mij een grote eer om dit met je te mogen delen. Maar ik moet je iets vragen...

Het is al lastig genoeg dat we in dezelfde sector opereren, maar moet je nu ook nog gaan zingen? [Ze ging de hoofdrol spelen in de musical Coco op Broadway.]

Met de grootste bewondering,
Barbra

Elliott zegt dat hij die avond stoned was. (Dat was nieuw voor me.) Hij was veranderd sinds we uit elkaar waren gegaan. Hij had een jonge vrouw ontmoet die deel uitmaakte van een scene die 'gebruikte'. Ze woonden tegen die tijd al samen in Greenwich Village.

Maar onze scheiding had niets te maken met anderen. Ik was over een aantal dingen boos op hem, en het is een understatement om te zeggen dat ik bang was voor de drugs. Ik rookte zelf geen wiet, al herinner ik me een avond toen ik met Peter Sellers en Britt Ekland uitging in Los Angeles. Ik denk dat ik een paar trekjes had genomen van wat ze rookten, of misschien kwam het door het meeroken, maar we zaten tijdens het eten de hele tijd te giechelen. Op een gegeven moment bedachten we de vreemdste ijssmaken. 'Wat dachten jullie van biefstukijs!' zei ik. We lagen allemaal in een deuk. Dan kun je wel nagaan hoe ver heen we waren.

Toen ik in 1970 optrad in Las Vegas, deed ik een monoloog over mijn zenuwen en dat sommige mensen pillen slikken, maar dat ik nauwelijks een aspirientje kan wegkrijgen en dat het hoe dan ook beter is om niet afhankelijk te zijn van emotionele lapmiddelen. Aan het einde haalde ik een nepjoint tevoorschijn. Die stak ik aan en dan ging ik raar praten, alsof ik de rook binnenhield. Daar werd hard om gelachen. Op oudjaar stak ik een echte joint aan die iemand me had gegeven, die ik doorgaf aan de ritmesectie. Maar ik hield niet van het gevoel dat ik ervan kreeg: duizelig en wazig, alsof ik de controle was kwijtgeraakt.

Ik heb daarna nooit meer gerookt.

Ik ben in feite te realistisch om me aangetrokken te voelen tot drugs of alcohol (die heb ik ook nooit lekker gevonden). Het leven is van zichzelf al fascinerend genoeg.

Elliott ging er veel verder mee. Dat hoorde ik tenminste. Ik ging daardoor nog meer afstand van hem nemen.

We waren nog zo onschuldig toen we elkaar leerden kennen. Twee jonge kinderen tegen de rest van de wereld. Twee Joodse buitenbeentjes die elkaar hadden gevonden. We bezweken voor de conventies en zijn getrouwd op een leeftijd die me nu belachelijk jong voorkomt. Ik was eenentwintig, hij was vijfentwintig.

Ik was in 1963 nog niet klaar voor het huwelijk, maar in 1969 was ik meer dan klaar voor een echtscheiding. Ik moest op eigen benen staan en de dingen ontdekken die ik nog niet had ontdekt. Ik had behoefde aan avontuur en opwinding.

16

De doos van Pandora

En dat brengt me bij Anthony Newley. Die lieve Tony.

Ik had hem op Broadway zien optreden in *Stop the World – I Want to Get Off* bij een gala-avond voor het Actors Fund (in 1962, toen ik in *Wholesale* speelde). Ik dacht: mijn god, wat een talent heeft die kerel. Hij acteerde niet alleen, maar had ook de dramatekst en de muziek geschreven, met Leslie Bricusse. Prachtige songs, zoals 'What Kind of Fool Am I?' Ik was diep onder de indruk.

Op een avond nadat *Wholesale* was stopgezet, ging ik met Marty naar de Playboy Club. Mijn oude manager had me opgezadeld met de verplichting om daar in de loop van drie jaar een aantal weken op te treden. Maar ik zei tegen Marty: 'Zorg er alsjeblieft voor dat ik eronderuit kom. Hoe moet ik hier ooit zingen? Ze hebben niet eens een podium.' Het voelde als een flinke stap terug in mijn carrière.

Toen ik opkeek, zag ik een man en een vrouw de trap af lopen, de club in. Hij was erg knap, met golvend donker haar, en zij was oogverblindend in een rode jurk. Hij was aan het woord, zij lachte om wat hij te zeggen had. Dat beeld is me altijd bijgebleven. Ik weet nog dat ik dacht: wat een beeldschoon stel! Toen besefte ik dat het Tony Newley en Joan Collins waren. Ze waren eerder dat jaar getrouwd.

Ik heb geen poging gedaan om hen aan te spreken. Ik had het gevoel dat ze totaal onbereikbaar waren. Ze waren sterren terwijl ik nog ploeterde in bijrollen.

Een jaar later stond ik op Broadway in *Funny Girl* en was ik ook een ster. Tony was ook weer terug. Zijn voorstelling *The Roar of the Greasepaint – The Smell of the Crowd* was in 1965 in première gegaan. Hij zong daarin opnieuw een prachtig liedje dat me niet onberoerd liet, 'Who Can I Turn to?'.

Ik keek tegen hem op. Ik was dol op zijn onconventionele gezicht, zijn scheve glimlach en die typische cockney-charme. Tony was op zijn zestiende door David Lean gecast als de Artful Dodger in een verfilming van Dickens' *Oliver Twist.* Ik vond dat hij er nog precies zo uitzag. Ik was erg gecharmeerd van het brutale jochie in de film. Dat heerlijk brutale had hij ruim twintig jaar later nog altijd.

Tony en Joan en Elliott en ik raakten bevriend. Ze kwamen naar me kijken toen ik een eenmalig optreden deed in Forest Hills op een avond dat ik vrij had van *Funny Girl,* en Elliott en ik bezochten een feest ter gelegenheid van Tony's vierendertigste verjaardag in het New Yorkse steakhouse Danny's Hideaway. In *Color Me Barbra* zong ik een van zijn songs, 'Look at That Face', voor mijn lieve Sadie. Tony en Joan verhuisden naar Los Angeles, en niet lang daarna trok ik daar ook heen om *Funny Girl* te filmen.

Toen Tony zesendertig werd, gaf Joan een feest voor hem in hun huis op Summit Drive. Ik heb daar iets gedaan wat ik nooit doe. Allerlei mensen stonden op om een korte speech te houden. Ik stond ook op en zong de eerste regel van 'People', maar ik veranderde de woorden in '*Newley... people who need Newley... are the luckiest people in the world.*' Ik zong alleen die regel, maar het feit dat ik de behoefte had om dat te doen was veelzeggend, of had dat in elk geval voor me moeten zijn.

Grappig genoeg hebben Elliott en ik dat huis later gehuurd toen Tony en Joan naar Malta gingen voor een film die hij zou regisseren. Ik werkte in die tijd aan *Hello, Dolly!* Tegen de tijd dat ze terugkwamen, waren we verkast naar een huis op Carolwood Drive dat Elliott had gevonden. Het ging in die periode niet goed met ons huwelijk, en Tony en Joan bleken hetzelfde door te maken. Het was puur toeval, maar zowel de Newleys als de Goulds maakten in 1969 hun scheiding bekend.

Ik had gehoord dat Tony op jongere vrouwen viel. Hij noemde zichzelf een bad boy, en dat was hij in zekere zin ook wel. Ik heb altijd een zwak gehad voor bad boys. (Denk maar aan Joey Bauman op het schoolplein.) Tony was op zijn veertiende van school gegaan om acteur en muzikant te worden. We hadden een soortgelijk temperament, en ik vond hem net anders genoeg om me tot hem aangetrokken te voelen.

Tony had een seksueel charisma waar veel vrouwen voor vielen. Dat zie je vaak bij promiscue mannen. Ze zijn extra verleidelijk omdat ze een uitdaging vormen. Je denkt: ben ik misschien de vrouw voor wie hij monogaam wil worden? Kan hij genoeg van me houden om dat te doen?

Tony en ik 'openden de doos van Pandora en ontketenden een wervelwind die onze werelden aan stukken zal scheuren of ons voor altijd aan elkaar zal verbinden', zoals hij schreef in een dichtbundel die hij me gaf.

Het was een heerlijke romance.

Hij schreef prachtige brieven, die vaak waren opgesierd met een schets of een collage. Hij zat vol met ideeën.

Ik schrijf een tweede afscheidsgedicht voor je:
Ik zal je nachtelijke bezoekjes en dagelijkse gesprekken missen
Je kapotte bril, die kleine gilletjes
Alice en de telefoon
The lark ascending
Thuiskomen

Ik had hem laten kennismaken met 'The Lark Ascending', een schitterend muziekstuk van Vaughn Williams waarnaar we keer op keer luisterden.

Hij schreef eronder: 'PS Ik wil natuurlijk zeggen: ik heb je lief. Maar als je slim bent, vernietig je deze brief.'

Dat is Tony ten voeten uit. Hij was slim en geestig, een fantastische schrijver. Hij had ook goede inzichten: 'Ik bel je vanavond en dan hoop ik dat je met die heerlijke stem van honing en citroen tegen me zegt dat ik niet stout mag zijn. Barbra, twee mensen in één: de diva en het kind. (Dat niemand dat nou ziet.)'

Dat trof me. Net als Jerry Robbins begreep hij het kind in me. Dat was een van de redenen waarom hij me raakte.

Tony plaagde me graag:

> *Lieve Diva, ik ben al geruime tijd een groot fan van je. Als je de bijgevoegde elpee [hij had me zijn nieuwe plaat gestuurd] verhit boven open vuur, kun je er een prachtige bloemenvaas van maken. Ik verafgood je. TN.*

Daar moest ik om lachen, al was ik niet zo zeker van dat woord 'verafgoden'. Het was heerlijk om te horen, maar ik kon het nauwelijks geloven.

Ik kreeg altijd een ongemakkelijk gevoel als een man bleef uitweiden over mijn stem. Dan ging ik me afvragen: houdt hij van mij of alleen van mijn stem? Is hij gewoon een fan?

Dat was denk ik het moment waarop ik, net als bij Omar, afstand begon te nemen.

Nog een briefje van Tony:

> *Probeer me gvd alsjeblieft een beetje te missen.*

Tony was vaak op reis, en we kenden elkaar niet goed genoeg om me het gevoel te geven dat we een serieuze relatie hadden. Ik belde blijkbaar niet snel genoeg terug, want in het volgende briefje stond:

> *Liefste B, zou je wat minder willen bellen? Liefs, Tone.*

Hij was een ervaren versierder, en ik zal van tijd tot tijd wel niet voldoende toeschietelijk hebben gereageerd, waarschijnlijk omdat ik nog altijd op mijn hoede was en de nodige afstand in acht bleef nemen. Ik was bang om te worden gekwetst. Maar ik was in oktober 1969 wel bij de première van zijn nachtclubact in de Empire Room van het Waldorf, en dat ontging de kranten niet. Ik wilde anoniem zijn, maar dat zat er niet meer in.

Hij ondertekende zijn brieven vaak met 'Liefs, Simon'. Ik ontdekte later dat Simon de naam was van zijn oudste kind, met zijn tweede vrouw. (Joan was zijn derde vrouw; we zijn nog altijd bevriend.) De jongen was geboren met ernstige aandoeningen en heeft slechts zes weken geleefd. Nu begrijp ik waarom hij die naam gebruikte. Hij had de pijn nog niet verwerkt.

Net als de meeste creatieve mensen werd Tony gekweld door demonen.

En hij heeft me inderdaad gekwetst. Hij deed iets waar ik erg overstuur van raakte en waardoor ik hem heel anders ging zien. Ik was woedend en wilde niet met hem spreken. Zo eindigde onze relatie.

Ik vond het heerlijk dat hij hield van het kind in me, maar hij zorgde niet goed genoeg voor de vrouw in me.

Tientallen jaren later, in 1992, gaf hij Sue Mengers (die ook Tony vertegenwoordigde) een voor mij bestemde disk. Ik wist niet wat ik moest verwachten. Was het misschien een liedje dat hij had geschreven waarvan hij wilde dat ik het zou zingen?

Ik zal het nooit vergeten. Ik zat aan mijn kaptafel in het huis op Carolwood Drive toen ik het beluisterde. Het nummer heette 'Too Much Woman' en dit is de tekst:

Can't seem to talk about you very well
Hard to find the colors for your smile
Although you haunt my conscience like a child
Hungry in the dark, the lark ascending
Why did we discard our happy ending?

I heard you on the radio today
All at once I'm falling back in time
That voice you stole from heaven
Though even God forgives you for the crime.

They played you on the radio today
I could swear you sang for me alone
What kind of fool would lose you?
The greatest love I've known.

How strange that we should meet again this way
Shaking hands as though we'd never met
I never really wanted to be free
I never really wanted to be free
But you were too much woman for me.

Ik was geschokt en verbijsterd, overmand door emoties die ik diep had weggestopt. Ik moest er keer op keer naar luisteren om het te kunnen verwerken.

Ik was diep ontroerd door het liedje en kon nauwelijks bevatten dat hij dat voor mij had geschreven. Het was alsof ik opnieuw een liefdesbrief van hem ontving.

Maar ik heb hem niet gebeld. Ik voelde me gevleid, maar wat was er te zeggen?

'Waarom heb je destijds niet beter je best gedaan om contact op te nemen?'

Of: 'Hield je echt zoveel van me?'

Hij was zo'n sterke vent, maar ik was 'te veel vrouw' voor hem? Was hij echt zo kwetsbaar?

Nou, dat was ik ook.

Die kwetsbare kant van me zien mensen vaak over het hoofd. Of ze zijn er bang voor. Ze zien alleen mijn sterke kant.

Als ik iemand die me heeft gekwetst uit mijn leven verwijder, laat ik die persoon echt los en kijk ik niet meer achterom. Dat is een mechanisme dat ik heb opgebouwd om mezelf te beschermen.

Ik zal Sue wel hebben gevraagd of ze hem wilde bedanken. Einde verhaal.

Tony is gestorven in 1999. Er zijn in die laatste jaren momenten geweest waarop ik overwoog hem te bellen om te spreken over onze relatie, maar ik heb het uiteindelijk niet gedaan. En nu was hij dood, heel verdrietig. Hij was een heel bijzonder mens. Een schitterende acteur, een fantastische muzikant, een dichter.

In 2016 heb ik op mijn eigen manier een eerbetoon aan hem gebracht. We hadden een video gevonden van een tv-optreden waar Tony 'Who Can I Turn to?' zingt. We hebben er een duet van gemaakt zodat hij en ik samen konden zingen. Het staat op mijn album *Encore* en ik heb het nummer dat jaar ook live uitgevoerd tijdens mijn concerttournee. Ik luisterde elke avond terwijl we samen zongen (de video werd geprojecteerd op een scherm boven het podium) aandachtig naar hem. Ik begreep elk woord en voelde zijn kwetsbaarheid:

And maybe tomorrow, I'll find what I'm after
I'll throw off my sorrow, beg, steal, or borrow my share of laughter.
With you I could learn to... with you on a new day...
But who can I turn to if you turn away?

Al zijn passie en al zijn pijn zitten in die tekst. Ik werd overweldigd door herinneringen en voelde mezelf als ik dat nummer zong 'terugvallen in de tijd'. Het verleden werd voor heel even het heden, en ik had een inzicht op een heel persoonlijk niveau. Tony en ik hadden beiden een pijnlijke jeugd gehad. We zochten altijd naar liefde. We hadden geleerd om, als de dingen niet gingen zoals we dat wilden, muren te bouwen om onszelf te beschermen tegen de pijn, een pijn die nooit helemaal weggaat.

Maar ik wil die muren niet meer om me heen.

Ik heb tranen in mijn ogen nu ik over Tony schrijf. Als ik had geprobeerd contact met hem op te nemen, zou ik misschien niet al die jaren alleen zijn geweest.

Ik had hem moeten bellen.

17

Hello, Dolly!

Ik was in mijn jeugd verliefd op twee mannen. Marlon Brando was de belangrijkste, maar ik was ook dol op Gene Kelly, vooral in *Marjorie Morningstar*. Ik vond zijn droevige glimlach erg ontwapenend. Ik zag hem op het witte doek verliefd worden op Natalie Wood en vroeg me af hoe het zou zijn als iemand verliefd zou worden op mij. Maar ik was maar een tiener en ik was dankbaar dat ik in een bioscoop met airco Mello-Rolls en Good & Plenty zat te smikkelen. Maar mijn leven ontpopte zich tot een Assepoester-verhaal, want ik zou Natalie Wood ontmoeten, raakte goed bevriend met Marlon Brando en heb geacteerd onder regie van Gene Kelly.

De film die Gene en ik samen maakten was *Hello, Dolly!*

Ik wilde die film niet maken. Ik vond mezelf niet geschikt voor de rol. Ik was te jong, dat kon iedereen zien. Het personage in het stuk is een vrouw van middelbare leeftijd. Carol Channing was halverwege de veertig toen ze de rol creëerde op Broadway. Ik was vierentwintig toen Ernest Lehman me vroeg of ik geïnteresseerd was in de filmversie. Hij zou de film regisseren en het script schrijven. Hij had ook *West Side Story*, *The Sound of Music*, *North by Northwest* en *Who's Afraid of Virginia Woolf?* geschreven, dus ik had veel respect voor hem. Ik begreep alleen niet waarom hij mij wilde.

Ik heb geprobeerd het hem uit zijn hoofd te praten. Toen ik vroeg waarom hij niet Carol Channing had gevraagd, zei hij dat hij een gedeelte van *Thoroughly Modern Millie* had gezien en dat hij haar persoonlijkheid te groot vond voor het witte doek. Hij zou haar de rol hoe dan ook niet aanbieden, ook niet als ik die zou afslaan. Geloof me: ik wilde veel liever dat hij Carol zou nemen.

Ik zei dat het verhaal ontroerender zou zijn als Dolly ouder was, een eenzame vrouw die zich na de dood van haar man wanhopig vastklampt aan wat misschien haar laatste kans is om ooit nog te trouwen. Hij luisterde beleefd en wees me erop dat een vrouw op elke leeftijd weduwe kan worden. Hij was er zeker van dat ik de rol ontroerender zou spelen dan wie dan ook, en dat ik ook de komische aspecten van het script tot hun recht zou laten komen. Hij kon niet wachten om me de liedjes te horen zingen.

Heel vleiend allemaal, en extra verleidelijk omdat Ernie geen vleier was. Hij was rustig en verlegen. Juist daarom wilde ik horen wat hij te zeggen had.

Hij was bereid om meer dan een jaar te wachten om de film te maken. Dat kon ook niet anders, want ik zat al vast aan *Funny Girl*. En dan was er ook nog de fantastische producer Howard Koch, die me wilde strikken voor *On a Clear Day You Can See Forever*. Marty was zo trots. Ik had nog nooit op een soundstage gestaan, maar hij moest al deals sluiten voor drie belangrijke studiofilms! Hij zei steeds: 'Je bent al een internationale ster voordat ze ook maar één rol film aan je hebben besteed.'

Toch twijfelde ik nog.

Zodra Gene Kelly was aangenomen om *Dolly* te regisseren, nam hij het vliegtuig naar New York om te lunchen met Marty en mij. Ik wilde naar The Oak Room in het Plaza Hotel, want daar hadden ze heerlijke vichyssoise, steak Diane en chocoladesoufflé. Ik viel meteen met de deur in huis en zei tegen Gene: 'Ik vond je fantastisch in *Marjorie Morningstar*!'

Dat vond hij fijn om te horen. Hij was in de tien jaar sinds hij die film had gemaakt sterk verouderd en had grijzende slapen. Ik wilde alles horen over zijn concept voor *Hello, Dolly!* en begon hem al met vragen te bestoken voordat we ons eten hadden besteld.

'Hoe zie je de film voor je?' Ik vond het een flinterdun, ouderwets verhaal en hoopte dat hij een originele benadering zou kiezen. 'Wat is je visie?'

Gene bestudeerde het menu.

'Welke stijl heb je voor ogen?'

Hij keek me aan en vroeg: 'Hoe bedoel je?'

'Nou,' zei ik, 'wil je het filmen als een toneelstuk, rechttoe, rechtaan met statische shots? Of liever met een bewegende camera? Het is een kostuumstuk, dus wil je zachte, gedempte kleuren? Of juist heel fel? Ik ben dol op buitenlandse films, waarin ze vaak opnemen vanuit onverwachte hoeken of door objecten heen, zoals een kanten gordijn. Dat zou ook interessant kunnen zijn...'

Hij keek me vlak aan. Ik had meteen moeten begrijpen dat onze communicatie een probleem zou worden. Achteraf denk ik dat ik hem doodsbang heb gemaakt.

Ik hoorde dat Gene de rol van Horace Vandergelder, de man met wie Dolly wil trouwen, aan Walter Matthau had gegeven.

Wat? Walter had mijn vader kunnen zijn.

Heel vreemd: ik was te jong en hij was te oud. Dat is toch geen handige combinatie? Van een aantal andere keuzes stond ik ook te kijken. Je zou denken dat de ingénues in elk geval jonger moesten zijn om een soort contrast te creëren met mij. Maar nee hoor, de gecaste acteurs waren ongeveer van mijn leeftijd. Er waren er twee zelfs ouder dan ik!

Ik dacht: ik kan deze film niet doen. 'Te laat,' zei Marty. 'Het contract is getekend. Als je eruit stapt, slepen ze je voor de rechter.'

Mijn god! Ik besloot er maar het beste van te maken.

We waren in december 1967 klaar met *Funny Girl*, waarna ik een maand thuis kon zijn voordat ik in februari moest beginnen met repetities voor de dansnummers in *Dolly* en de opnamen van de songs. En ik moest natuurlijk urenlang stilstaan om kostuums te passen. De kostuums waren in zekere zin het beste onderdeel van de film. En het waren er maar zes. Dat vond ik ook fijn, want ik had een enorme hekel aan kostuums passen, ook toen al.

Het was al mijn derde samenwerking met Irene Sharaff, de kostuumontwerpster. Irene was een intimiderende dame met een voortreffelijke smaak. Ze was nogal kil en aristocratisch, met haar haar in een strakke knot en allerlei exotische armbanden en ringen. Ik waardeerde haar talent en zij waardeerde mijn intuïtie. Ze gaf me ooit een prachtig houten Balinees beeldje van een hand en vertelde me dat ze vond dat ik interessante dingen deed met mijn handen.

Ik wilde net als Dolly rood haar hebben en stelde kleuren voor die daar goed bij zouden passen: roze, bordeauxrood, perzik, groen, en vooral lavendel.

Voor de eerste scènes kleedde Irene me in een schitterend wijnkleurig jasje met beige kant en een fantastische rok die ze bij elkaar had genaaid van vintage sjaals met paisleymotief. Dat was een geniale ingeving. Boven dat ensemble droeg ik een schitterende hoed met veren in herfstkleuren. Er zouden nog meer van die heerlijke hoeden komen.

Voor Dolly's reisje naar New York ontwierp ze een elegante lavendelkleurige jurk met een patroon van linten met ruches en besprenkeld met bloemetjes die stuk voor stuk met de hand op de jurk waren genaaid. Ik was er dol op. De sterren van tegenwoordig mogen hun kostuums meestal houden. Maar het was pas mijn tweede film, en ik kreeg ze niet mee. Maar ik zag mijn kans schoon toen de jurk in 2011 werd geveild. Ik moest en zou hem hebben. Ik verwachtte dat hij 5.000 tot 10.000 dollar zou opleveren, maar de biedingen schoten de lucht in. Ik wilde de jurk zo graag hebben dat ik uiteindelijk 73.000 dollar heb betaald. (Oei!) Hij is nu te bewonderen in de antieke kledingzaak in de kelder van mijn schuur. Ik zie die jurk als een kunstwerk dat ik wilde conserveren.

Er was ook een negligé van zacht geplooide perzikkleurige chiffon. Die wapperde om me heen zodat de kijker zo nu en dan een glimp opving van het korset eronder. Ik mocht het negligé aan het einde van de shoot van Irene mee naar huis nemen, en ook die hangt in mijn winkel. Er waren ook nog een jurk in zacht, stoffig roze, en een crèmekleurige trouwjurk van tafzijde. Die tafzijde zou aanvankelijk worden gebruikt voor een onderrok. Irene wilde er iets ingewikkelds met kant overheen doen. Maar toen ik het paste, zag het er zo mooi uit – heel simpel en puur – dat ik haar zover kreeg dat ze het liet zoals het was en er alleen een voering in naaide. Ik vond dat het geschulpte kant prachtig omlaagviel van de rand van de hoed.

Ik heb het beste kostuum – of het slechtste, als je het mij vraagt – voor het laatst bewaard. Ik bedoel de beroemde jurk die Dolly draagt tijdens de climax van de film, als ze langzaam van de trap loopt in de Harmonia Gardens en wordt ontvangen met een serenade van het enige nummer uit de film dat veel mensen zich herinneren: 'Hello, Dolly!'

Het is het grote moment, en de scharlaken jurk die Carol Channing ervoor droeg in de Broadway-versie is ook het enige kostuum dat veel mensen zich herinneren. Maar ik wilde geen scharlaken jurk. Ik draag nooit rood. Rood staat naar mijn smaak alleen goed bij bruin of zwart haar. Ik wilde ook niet de theaterversie imiteren. Ik dacht meer aan donkergroen fluweel, maar Irene was bang dat het dan te veel op Kerstmis zou lijken in een scène waarin ook al obers in rode jasjes en een trap met een rood tapijt voorkwamen. Ik moest haar gelijk geven. Ze ontwierp een weelderige jurk in warm, goudachtig brons, die ze van top tot teen liet afzetten met gouden borduursel en juwelen.

Het was een peperduur kostuum, volgens het persbericht de duurste jurk die ooit was gemaakt voor een film. Irene had echt gouddraad en echte edelstenen gebruikt om de jurk te laten glinsteren onder de lichten. Maar al die tierlantijnen hadden de jurk loodzwaar gemaakt: achttien kilo, om precies te zijn. Ik kon er nauwelijks in lopen, laat staan dansen.

Ik heb een anekdote die veel duidelijk maakt over Irene. Toen we het nummer repeteerden op de set, droeg ik een versie van de jurk van mousseline, omdat de echte nog niet klaar was. Ik struikelde bij het dansen over de sleep. Ook de dansers om me heen hadden er last van. Michael Kidd, de choreograaf, nam Ernie apart en zei: 'We moeten van die sleep af.'

Ernie aarzelde en zei: 'We moeten met Irene overleggen.'

Irene werd naar de set geroepen. Michael legde uit wat het probleem was. Haar blik verraadde niets. Ze zei alleen: 'Laat maar even zien wat je bedoelt.'

De muziek begon weer. Ik struikelde opnieuw over de sleep, en de andere dansers ook.

'Zie je wat ik bedoel?' vroeg Michael. 'Je moet die sleep aanpassen.'

'Nee, Michael,' zei ze ijzig. 'Jij moet de choreografie aanpassen.'

Uiteindelijk werd de sleep ingekort.

Veel mensen hebben tegen me gezegd hoe schitterend de jurk er in de film uitzag, maar het was een nachtmerrie om dat gevaarte te dragen. Na de opname van die scène wilde ik die jurk nooit meer zien.

Maar ik had veel ergere problemen. Ik wist wie Fanny Brice was, maar ik had geen idee wie Dolly Levi was. Ze stond ver van me af en ik had hulp nodig om haar te leren kennen. Ik herkende niets in het verhaal en moest diep in mezelf graven om aspecten van mezelf te vinden die ik kon gebruiken om haar te spelen. Dolly is een charmante koppelaarster, iemand die in elke situatie een plannetje heeft. Ze kan uitzonderlijk goed mensen manipuleren. Maar zo ben ik niet. Als ik ook maar half zo sluw was geweest, had ik een manier kunnen bedenken om uit de film te stappen. Of had ik in elk geval van Gene Kelly kunnen krijgen wat ik nodig had.

Ik merkte dat hij geen behoefte had aan diepzinnige gesprekken over het personage en haar motivatie. Ik moest de rol op eigen houtje invullen. Toen ik research deed voor dit boek, las ik met enige verbazing dat Gene betreurde hoe het was gelopen. Hij zei een paar jaar na de film: 'Als we meer tijd hadden gehad, had ik haar kunnen helpen om het personage helderder te definiëren. Maar we hadden haast, dus ik heb het aan haar overgelaten.' (Daar ga ik hem wat aardiger van vinden.)

Hij bleek tot mijn grote teleurstelling niet de man te zijn die ik had bewonderd in zijn films. Hij maakte vaak nare opmerkingen tegen de vrouwen op de set. Hij was op een dag zo onbeschoft tegen een danseres dat ik hem apart nam en vroeg: 'Waarom deed je zo gemeen tegen haar?' Hij lachte het weg en zei: 'Inderdaad, ik pakte haar hard aan, maar dat is oké. Vroeger schreeuwde ik ook zo tegen een danseres, en ze is later met me getrouwd.'

Gelukkig kon ik altijd rekenen op Gracie, mijn assistent en surrogaatmoeder. En die lieve Harry Stradling. Als hij achter de camera stond, wist ik dat ik in veilige handen was. Ook bij deze film werd Jason elke dag naar de set gebracht, zodat ik in mijn vrije momenten met hem kon spelen. Ik droeg gewoon mijn kostuum en dan pakte ik hem op met zo'n enorme hoed op mijn hoofd. (Geen wonder dat 'hoed' een van zijn eerste woordjes was.) Ik droeg altijd hoeden, op de set en in het echte leven. In de eerste plaats omdat ik van hoeden hou. Alle soorten, van petten tot tulbanden. En ten tweede opdat ze mijn platte haar verborgen als ik mijn pruik had afgedaan.

Op het studioterrein van 20th Century Fox deden de trailers dienst als kleedkamers. Toen de fantastische *set designer* Walter Scott me vroeg hoe ik de mijne ingericht wilde hebben, zei ik: 'Kun je iets maken in de stijl van de privétreincoupé van Sarah Bernhardt?' (Niet onlogisch, want trailers hebben dezelfde vorm als treincoupés.) Sarah reisde met haar coupé het hele land door als ze op tournee was.

'Geen probleem,' zei Walter. 'Wat is je lievelingskleur?'

'Oudroze.' Ik ben altijd gek geweest op die kleur. Het heeft iets antieks, alsof het een verleden heeft.

Walter leefde zich uit op mijn idee. Ik stond versteld toen ik de trailer te zien kreeg. Als ik naar binnen liep, werd het meteen makkelijker om in mijn personage te komen. Jason en Sadie en ik konden heerlijk relaxen op een messing bed van oudroze damast met roze fluwelen gordijnen. Ook de muren waren gestoffeerd met roze fluweel en damast. Omdat ik zelf mijn make-up deed, had ik een kaptafel nodig. Ik had gevraagd of Walter er een kon maken met een schuivend bovenblad waaronder ik al mijn spulletjes kon verbergen. Zo doe ik het nog altijd. Walter en de decorbouwers hadden zichzelf overtroffen. (Ik had die trailer later bij de veiling van MGM-spullen moeten kopen, maar ik dacht: waar laat ik zo'n ding?)

Dezelfde decorafdeling was verantwoordelijk voor de enorme set die het New York City van 1890 tot leven liet komen, met als middelpunt een straat met gebouwen erlangs die net zo lang was als het hele studioterrein. Een verbijsterend bouwwerk. Er reed zelfs een verhoogde trein rond, en daaronder trokken paarden trolleys voort. De set had een oppervlakte van zes hectare en schijnt 2 miljoen dollar te hebben gekost. In het geld van 1967!

We namen daar de grote optocht met duizenden figuranten op aan het einde van de eerste akte. Dolly, die naar de optocht staat te kijken, ziet Horace marcheren met zijn regiment en rent op hem af om met hem te spreken. Als ze wegloopt, raakt ze verzeild in een fanfarekorps en zingt ze mee met 'Before the Parade Passes By'.

Gene vond dat de scène ermee moest eindigen dat de camera op me inzoomt voor een close-up. Ik dacht: waarom zou je in vredesnaam kiezen voor een close-up als je een schitterende set en een cast van duizenden mensen tot je beschikking hebt? Is dat dan de climax, dat ik een lange noot aanhoud met mijn mond open? Wat is er te zien behalve mijn zilveren vullingen? (Ik had niet de moeite genomen om die te laten vervangen.)

Ik kwam met een voorstel. 'We kunnen het ook anders doen,' zei ik. 'Beginnen met een close-up en eindigen met een totaalshot, snap je?' Dan zouden de kijkers de optocht zien in zijn volle glorie, met alle fanfarekorpsen en banieren en toeschouwers langs de straat, terwijl Dolly in de verte steeds kleiner wordt. Als je een fortuin uitgeeft aan een set, wil je toch ook met zo'n kunstwerk pronken?

Gene was het niet met me eens. Ik besloot de zaak aan Ernie voor te leggen. Hij vond mijn idee prima en we hebben het op beide manieren opgenomen. Zelfs Gene moest toen hij de dailies zag toegeven dat mijn manier beter was, dus zo is het in de film gekomen.

Ik zat vol met vragen. Ik stel altijd vragen als ik aan een film werk. Ernie stond er altijd voor open. Hij leek zich vaak dezelfde dingen af te vragen als ik. Ik belde hem 's avonds over mijn tekst in de scène van de volgende dag of om bepaalde ideeën over een shot te bespreken. Ik weet niet hoe ik de film zonder hem zou zijn doorgekomen.

Hij was de redelijkheid zelve in een omgeving die met de dag merkwaardiger werd. Ik vind mezelf niet paranoïde, maar de manier waarop Gene en Walter Matthau zich tegenover me gedroegen was niet positief. Walter was zelfs openlijk vijandig. Ik had geen idee waarom.

We hadden elkaar een paar jaar eerder leren kennen, en toen liep het ook al niet vlot. Het was in 1965, en ik was gaan kijken naar een productie van *The Glass Menagerie* met mijn vriendin en buurvrouw Rosie Morgenstern (die optrad onder de naam Piper Laurie), die in hetzelfde gebouw op 320 Central Park West woonde als ik. Ze speelde Laura, de eerste rol die ik ooit had gedaan toen ik begon met acteerklasjes. Na afloop ging ik backstage om haar te feliciteren. Toen ik in haar kleedkamer zat, ging de deur open en stak Walter zijn hoofd naar binnen. Hij keek me aan en zei: 'O, jij bent zeker Barbara Harris. Je hebt iets aan je neus laten doen, hè?'

Ik was met stomheid geslagen en staarde hem aan. Barbara Harris? Die had juist een klein neusje. Maakte hij een grap? Zo ja, dan snapte ik hem niet. (En nog altijd niet.)

Drie jaar later speelden we tegenover elkaar.

Ik zal nooit de dag vergeten waarop we de scène opnamen met paard-en-wagen. Dat deden we op locatie in Garrison, New York. Ik had een leuk idee: Dolly zou naast de wagen opduiken – je zou in eerste instantie alleen haar hoed zien – terwijl Horace niet wist dat ze daar was. Ik vroeg Gene wat hij ervan vond en we probeerden het. De crew begon te lachen, maar opeens werd het stil omdat Walter begon te schreeuwen.

Hij sloot zijn ogen en riep: 'Wie denkt ze verdomme dat ze is? Ik zit al dertig jaar in het vak en zij komt net kijken. Haar eerste film is nog niet eens uit, maar mevrouw neemt gewoon de regie over. Hou liever je kop en laat de regisseur regisseren!'

Hij keek me aan met een blik van pure haat en zei: 'Jij mag dan de zangeres zijn in deze film, maar ik ben de acteur! Ik heb meer talent in mijn scheten dan jij in je hele lichaam!'

Ik stond versteld. Als ik bij *Funny Girl* met een idee kwam, zei Willy gewoon of hij het goed of slecht vond. En Omar zou nooit tegen me zijn uitgevaren zoals Walter deed. Ik was zwaar aangeslagen.

Ik kon me niet verdedigen. Ik kon geen woord uitbrengen en ik stond daar maar. Ik voelde me zo vernederd dat ik huilend van de set ben gerend. Daar ben ik niet trots op. Ik zou willen dat ik iets had teruggezegd. Maar ik wil nooit gemeen of haatdragend doen tegen mensen. Zo zit ik niet in elkaar. Ik wil sterk zijn, maar nooit onaardig.

De opnamen werden even stopgezet terwijl ik tot bedaren kwam. Ik kan me niet herinneren dat Gene even met me is komen praten of dat Walter ooit zijn excuses heeft aangeboden.

Ik vermoedde dat er meer achter zijn uitbarsting zat dan ik kon begrijpen.

Er was iets aan de hand, maar ik wist niet wat het was. Er heerste een gespannen sfeer op de set. Gene en Michael Kidd zaten elkaar in de haren over de choreografie, Irene zei dat ze nooit meer voor Ernie wilde werken, en Ernie deed wanhopig zijn best om het iedereen naar de zin te maken.

Laat ik het zo zeggen: het was niet makkelijk om elke dag naar mijn werk te gaan.

Een van de weinige scènes in de film die ik goed vind is die in Harmonia Gardens, als Dolly tijdens een maaltijd met Horace zegt: 'Jij gaat jouw kant op' – en ze wijst met haar rechterarm naar een kant – 'en ik ga mijn eigen kant op' – en dan wijst ze met haar linkerarm dezelfde kant op. Dat vond ik grappig. De dialoog ging razendsnel, dat vind ik altijd leuk.

Ik moest tijdens het spreken steeds blijven eten. Walter had niet veel tekst, maar hij verhaspelde het voortdurend en we moesten de scène keer op keer opnieuw doen. Ik werd misselijk van al dat eten en Walter leek het met leedvermaak aan te zien. De dumplings waren van eiwit gemaakt en smaakten vreselijk. De kalkoen werd onder de warme lichten al snel droog. Bij mijn zoveelste hap moest ik kokhalzen. Toen had ik het gehad, en ik zei: 'Ik kan dit niet.' Zonder te schreeuwen, zonder stemverheffing. Ik stond op, keek Gene aan en zei: 'Ik kom wel weer terug als hij zijn tekst kent.'

Ik weet zeker dat Walter zijn tekst opzettelijk verhaspelde, gewoon om me te pesten. Want in zijn andere scènes was hij altijd goed voorbereid. En waarom sprak Gene hem er niet op aan? Dat was zijn taak. Hij had het niet aan mij mogen overlaten.

En weet je wat? Er was inderdaad iets aan de hand. Toen de zaak een paar dagen later enigszins was gekalmeerd, heb ik Walter opgezocht in zijn kleedkamer om te vragen of ik even met hem kon spreken. Ik zei: 'Ik vraag me af waarom je zo onaardig tegen me doet. Wat heb ik je ooit misdaan?'

'Je hebt mij niets misdaan,' antwoordde hij. 'Maar wel een vriend van me.'

Ik begreep niet wat hij bedoelde. 'Waar heb je het over?'

'Je hebt mijn vriend gekwetst.'

'Walter, wie is die vriend dan? Ik snap het niet.'

'Gene en ik gaan elke week pokeren met een groep vrienden, onder wie Sydney Chaplin. Hij is een goede vriend van ons, en jij hebt hem schandalig behandeld.'

'Ik heb hém schandalig behandeld? Dat klopt niet, Walter.'

Ik vertelde hem wat er werkelijk was gebeurd. Ik dacht: het kan geen kwaad. Hij kende Sydneys versie blijkbaar al. Opeens viel alles op zijn plaats. Ik had de jongensclub tegen me in het harnas gejaagd.

Ik hoorde dat Walter zelfs naar Richard Zanuck, het hoofd van de studio, was gestapt om zich over me te beklagen. Dick had hem zwijgend aangehoord en uiteindelijk geantwoord: 'Ik zou je graag helpen, maar de film heet nu eenmaal niet *Hello, Walter!*'

De bezoeking eindigde pas in juli 1968, toen de film was opgenomen. Ernie gaf me een originele brief van Sarah Bernhardt. Een prachtig cadeau en een van mijn meest gekoesterde bezittingen. Hij staat in de foyer van de art-nouveaukamer. Ik moet altijd aan hem denken als ik die brief zie.

Afgezien daarvan heb ik niet veel goede herinneringen aan die film. Het was leuk om met Louis Armstrong te zingen. We hadden dezelfde boeker voor nachtclubs, Joe Glaser, en ik weet nog dat Joe me vertelde dat hij Louis elke week duizend briefjes van 1 dollar moest geven. Als hij die in zijn zakken had, voelde Louis zich rijk. Heel herkenbaar. Het was zoals wat ik deed als ik mijn weeksalaris van 45 dollar over enveloppen verdeelde. Louis was een schat. En het was heerlijk om opnieuw te werken met Harry Stradling. En ik had een fijne relatie met Michael Kidd.

Maar ik blijf van mening dat de groots opgezette muzikale nummers het flinterdunne verhaaltje overweldigen. Ik vind het altijd verrassend als mensen zeggen dat ze het zo'n heerlijke film vonden. Dan heeft er in elk geval nog iemand van genoten.

Eind 1968 was de montage gedaan en kon de film worden uitgebracht, maar de première liet nog een halfjaar op zich wachten. Dat kwam door David Merrick, die de show had geproduceerd op Broadway. Hij had de rechten aan 20th Century Fox verkocht op voorwaarde dat de film pas mocht uitkomen als de musical was stopgezet. Maar de show liep na vier jaar nog steeds! De studio heeft Merrick uiteindelijk uitgekocht, en op 16 december 1969 ging de film in première. Ik werkte op dat moment aan mijn vierde film, *The Owl and the Pussycat*. Die werd opgenomen in New York, dus daar werd de première gehouden.

Het werd een van de meest angstaanjagende ervaringen van mijn leven. De straten en stoepen in de buurt van het Rivoli Theatre op Broadway stonden volgepakt met duizenden schreeuwende fans. Toen we kwamen aanrijden in de limousine werden we omsingeld door mensen die naar binnen keken en tegen de ramen en deuren bonsden. Ik zat in de val, voelde me als een dier in een kooi. De fotografen probeerden foto's te nemen door de ramen en overal werd geflitst. De meute leek steeds groter te worden en ze begonnen de auto heen en weer te duwen. Het leek op die scène van Marlon Brando in zijn auto in *The Ugly American*. Ik raakte in paniek.

Het leek eindeloos lang te duren, totdat de politie eindelijk de mensen van de auto kon trekken en ruimte kon maken zodat we konden uitstappen om naar de bioscoop te rennen. Ik stond te trillen op mijn benen en kon nauwelijks lopen. Toen botste er een fotograaf tegen me aan. Ik zou zeker zijn gevallen als Marty die vent niet deels had opgevangen. Ze begonnen te knokken, en ik zag dat de fotograaf Marty probeerde te slaan met zijn camera. Op dat moment trok iemand me weg en werd ik naar binnen gebracht. Ik schreeuwde: 'Waar is Marty? Help Marty!' Even later zag ik hem in de lobby. De camera had hem geraakt boven zijn oog. Zijn bril was kapot en er druppelde bloed over zijn gezicht.

Ik kon de mensen buiten nog altijd horen roepen, en ik dacht: dit is krankzinnig. Onmenselijk. Ik wil nooit meer naar een première.

Die avond begon ik echt een hekel te krijgen aan mijn 'sterrenstatus'.

Van de rest van de première herinner ik me weinig. Er is niets blijven hangen na die momenten van pure angst.

Ik heb jarenlang gedacht dat de critici niet onder de indruk waren van mij en de film. Maar mijn archivaris Kim heeft me net de recensies laten zien, en die waren toch behoorlijk positief. Vincent Canby van *The New York Times* had problemen met de film als geheel, maar noemde mij 'een stuk nationaal erfgoed'. En Pauline Kael, voor wie ik veel respect had, legde in *The New Yorker* het probleem genadeloos bloot:

> *Streisand heeft in Hello, Dolly! bijna niets om mee te werken. De film zit vol met die mechanische nep-opwinding van grote Broadway-shows. Ze is niet zo'n zangeres die alleen aardig kan acteren als je haar op een heel beperkte manier gebruikt. Ze ontketent zo'n stortvloed van emoties dat het gebrek aan subtiliteit van het personage wordt blootgelegd. Ik heb geen flauw idee wat deze vrouw niet kan. Het is bijna ongelooflijk, maar ze weet zelfs van deze rol een echte vrouw te maken, waardoor de film nog ergens op lijkt. Barbra Streisand heeft een kwikzilverachtig, explosief talent dat schreeuwt om een nieuw tijdperk van filmmusicals.*

Soms zou ik willen dat ik mezelf kon zien door de ogen van anderen.

18

Brando

Eerst stuurde hij me een bericht. Iemand kwam op een feestje op me af en zei: 'Marlon Brando heeft tegen me gezegd: "Als je ooit Barbra Streisand tegenkomt, moet je tegen haar zeggen dat ik haar een fantastisch wijf vind."' Ik was negentien of twintig. Ik vraag me af waarin hij me had gezien. Een tv-optreden misschien.

Een jaar of twee later werd ik gevraagd om te zingen tijdens een benefietavond van het Student Nonviolent Coordinating Committee (SNCC), dat zich onder meer inzette voor de registratie van zwarte kiezers in Mississippi. Het was 25 april 1965, een zondag, als ik vrij had van *Funny Girl*. Ik was onder de indruk van de grote namen die zouden optreden, zoals Harry Belafonte, Sidney Poitier, Diahann Carroll, Sammy Davis jr. en... Marlon Brando.

Ik had Belafonte bewonderd in de film *Carmen Jones* en had Poitier op Broadway gezien in *A Raisin in the Sun*. Ik was opgewonden toen ik die avond de Grand Ballroom van het Hilton Hotel binnenliep. Ik kon nuttig werk doen voor een belangrijke sociale kwestie, en zou bovendien twee fantastisch getalenteerde en intelligente mannen ontmoeten. Twee mannen met een oogverblindende glimlach en een schitterend gebit!

Maar de grootste trekpleister was Brando, want niemand was in mijn ogen zo knap, briljant en getalenteerd als hij.

Ik was net drieëntwintig en droeg een jurk in empirestijl van Donald Brooks; grijze chiffon met bijna geen rug, afgezien van twee brede bandjes met grote knopen van stras.

Voordat ik op moest, stond ik links van het podium in de coulissen te kijken of ik Brando zag. Ik kon misschien al een glimp van hem opvangen voordat we officieel aan elkaar werden voorgesteld.

Plotseling werd ik op mijn rug gekust. Wie zou zoiets durven? Ik draaide me om en zag hém. Mijn idool.

Ik gooide er gewoon uit wat ik dacht: 'Je vernielt mijn fantasie.'

Hij zei zacht: 'Als je zo'n rug hebt, moet je er niet raar van opkijken als die wordt gekust.'

Ik geloof dat mijn hart even stilstond. Wat een tekst! Het leek wel een regeltje uit een film.

Ik zou willen dat ik ook zo'n slim antwoord had gehad, maar ik was de kunst van het flirten niet machtig. Toen hoorde ik dat Sidney Poitier me aankondigde en moest ik Brando achterlaten om het podium op te gaan. Ik had gekozen voor 'Supper Time', een krachtig, bitterzoet maar ook strijdbaar nummer over een vrouw wier man '*ain't coming home no more*' omdat hij is gelyncht.

Ik was extra zenuwachtig omdat ik wist dat hij in de coulissen naar me stond te kijken. Brando, de beste acteur aller tijden. Dat wist ik al vanaf mijn dertiende. Vlak nadat ik het nummer had ingezet, hoorde ik ergens backstage een geluid. Ik was totaal van slag. Ik stopte met zingen, wat ik normaal gesproken nooit zou doen. Als professional leer je om onder alle omstandigheden door te gaan. Maar ik was zo in de war van zijn aanwezigheid dat de song helemaal perfect moest zijn. Voor hem.

Ik begon opnieuw.

In elk geval zag hij mijn profiel van links, mijn goede kant.

Toen ik ongeveer een jaar later in Londen bezig was met de repetities voor *Funny Girl* nodigde Warren Beatty me uit voor een feestje in het huis van Leslie Caron, zijn vriendin. Omdat Elliott in New York was, nam ik mijn lieve vriendin Gracie mee. We liepen de woonkamer binnen, waar een lange bank stond. Van de mensen die erop zaten, konden we alleen de achterkant zien.

Warren stelde me voor en ze draaiden een voor een hun hoofd om. (Het was heel filmisch. Erg goed geregisseerd, als we echt in een film hadden gezeten.)

'Je kent Leslie... Herb Sargent... James Coburn.' En wie zat daar? Marlon Brando!

Zodra hij zich omdraaide, zei ik weer precies wat ik dacht: 'Heb je je gebit laten doen?'

Lekkere binnenkomer, zeg. Had ik niet iets charmanters kunnen bedenken? Nee hoor, ik niet.

Ik had net *Bedtime Story* gezien en het was me opgevallen dat zijn gebit er anders uitzag. Ik had zijn tanden altijd erg mooi gevonden, net scheef genoeg dat het interessant was, met licht over elkaar geschoven voortanden.

Hij wees naar een tand en zei: 'Inderdaad, ik heb deze laten doen.'

Warren stelde me voor aan de andere gasten, die ik me niet meer kan herinneren. Behalve de Polynesische schoonheid Tarita, Brando's derde vrouw, die aan de andere kant van de bank zat.

Omdat ik nu eenmaal heel verlegen ben, liep ik weg en ging ik een praatje maken met iemand anders, terwijl Brando in feite de enige was met wie ik wilde spreken. Ik dacht: wat ongelooflijk stom! Waarom zei ik dat? Dat was mijn grote kans. Waarom had ik niet geprobeerd een echt gesprek met hem aan te knopen?

De keiharde waarheid is: ik wist niet hoe dat moest.

Maar toen pakte iemand mijn hand, en een stem, die uit duizenden herkenbare stem van Marlon Brando, zei: 'Je lijkt je te vervelen.'

Opnieuw de perfecte tekst. Zat ik in een film? Misschien kon het leven zijn zoals in films, want dit gebeurde echt. Was het echt mogelijk dat hij vond dat ik iets interessants had gezegd?

Want weet je, met eerlijkheid zit je altijd goed. Zelfs als het recht voor zijn raap is. Zelfs als het sommige mensen een beetje op afstand houdt. Maar Brando kwam dichterbij. Hij pakte mijn hand en nam me mee naar een andere kamer, waar we onder vier ogen konden praten.

Waarom had ik het gevoel dat ik hem kende en dat hij mij kende? Je voelt het intuïtief aan als er een connectie is, al voordat er een woord is gezegd. Op een of andere manier herken je elkaar. Is het een soort trilling? Iets chemisch misschien, als feromonen? Ik kan het niet verklaren. Het is bijna mystiek. Metafysisch.

We hebben vier uur met zijn tweeën in die kamer gezeten. Hij vertelde me zijn hele levensverhaal. Over zijn ouders, die alcoholisten waren. Dat was heel typerend voor ons. We sloegen de prietpraat over en kwamen meteen ter zake.

Zijn vader vond acteren iets voor mietjes en geloofde niet in hem, precies zoals mijn moeder weinig vertrouwen had in mij. We voelden de afkeuring. We waren opgegroeid met het gevoel dat we niet werden gezien. Ik weet zeker dat mijn vader me zou hebben begrepen, maar hij was dood. Marlons moeder steunde hem, maar had hem aan zijn lot overgelaten door naar de fles te grijpen.

Die wond, die leegte die je nooit kunt vullen.

Ik heb hierover trouwens nooit gesproken toen Marlon nog leefde. Ik heb nooit iets onthuld over onze ontmoetingen. Ook dat hadden we gemeen. Zodra iemand over ons ging roddelen, verbraken we de vriendschap met die persoon.

Hij vertelde me eens over een kamer waar hij was geweest met een vrouw, en hoe de doorschijnende witte gordijnen wapperden in het briesje terwijl ze de liefde bedreven. Dat zijn de sense memories waar je als acteur iets aan hebt. Denk aan die gordijnen en alle emoties van het moment komen weer terug. Hij vertelde dat hij niet goed overweg kon met Anna Magnani toen ze *The Fugitive Kind* maakten. Dat kon ik nauwelijks geloven. Ik vond haar een fantastische actrice en had verwacht dat hij haar op handen droeg. Ze voelde zich aangetrokken tot hem (dat kon ik heel goed begrijpen), maar het was niet wederzijds.

Toen we al een uur of drie zaten te praten, keek hij me aan en zei: 'Ik wil je graag neuken.'

Daar schrok ik van. 'Dat klinkt vreselijk,' zei ik.

Hij dacht na en zei: 'Oké. Dan wil ik graag met je naar een museum.'

'Ja, dat is romantisch. Dat wil ik wel.' Dat was een fantasietje van me, om met iemand die ik aantrekkelijk vond door een museum te lopen en samen prachtige kunst te ontdekken.

Toen bedacht ik dat zijn vrouw in de andere kamer zat. 'En Tarita dan? Waarom ben je met haar getrouwd?' Marlon en ik wonden er geen doekjes om.

Hij keek in de richting van de andere kamer, dacht na en zei: 'Ze is als een stuk rijp fruit.'

Ik begreep wat hij bedoelde. Ze was heerlijk, maar was dat genoeg?

We spraken over het huwelijk en relaties. Toen zei hij zomaar iets wat ik schokkend vond.

'Ik denk niet dat jij en Elliott nog lang bij elkaar zullen zijn.'

Ik was uit het veld geslagen. 'Ik ben met hem getrouwd. Wat bedoel je?'

'Hij is niet knap genoeg voor je.'

Ik nam aanvankelijk aanstoot aan zijn woorden. Ik weet dat de meeste mensen Elliott geen hunk vinden, maar ik vond dat hij er leuk uitzag. Pas jaren later besefte ik dat Marlon het goed had gezien. Begreep hij mijn zoektocht naar schoonheid beter dan ik?

Was hij naar hetzelfde op zoek? De beeldschone Tarita had hem een zoon geschonken. Ik was gaan denken dat ik geen kinderen kon krijgen. Toen ik naar dat feestje ging wist ik nog niet dat ik zwanger was.

Op de dag dat mijn zwangerschap werd bekendgemaakt in de kranten hing Marlon aan de lijn.

'Nou, hoe gaan we de kleine noemen?'

'Geen idee. Heb je suggesties?'

'Ik hou erg van de naam Christian.' Zo had hij zijn zoon genoemd.

Ik vroeg: 'En als het een meisje is?'

'Christiana.'

Daarna leidden onze levens ons verschillende kanten op tot 1972, toen we beiden in Los Angeles woonden. Op een dag ging de telefoon. Ik nam op en hoorde zijn stem.

'Kom mee naar de woestijn. We gaan de wilde bloemen bekijken en slapen onder de sterren.'

Wow. Vooral niet beginnen met iets veiligs als: 'Hé, hallo, hoe gaat het?' Dat doe ik ook nooit. Ook niet in e-mails. Ik sla de beleefde plichtplegingen over en kom meteen ter zake.

Ik was dertig, net gescheiden en had geen man in mijn leven. Hij was achtenveertig en gescheiden van Tarita.

Ik zei: 'Ik ken je niet goed genoeg om in de woestijn te blijven slapen. Maar voor een dagtripje ga ik wel mee.'

Dat vind ik achteraf een ongelooflijke reactie. Ongelooflijk stom! Ik zou nu veel avontuurlijker zijn, maar ik was destijds in seksueel opzicht nog erg onzeker. Ik was dat keurige Joodse meisje uit Brooklyn dat onder de indruk was van de waarschuwingen van haar moeder. Bovendien: hoe poets je je tanden in de woestijn? Slaap je met je make-up op?

Het was me allemaal een beetje te echt.

Maar een dagje uit was prima, dus ik trok een broek van donkerblauwe badstof en een donkerblauw T-shirt aan voor de woestijn. Marlon haalde me op in zijn jeep. Ik heb geen idee waar we naartoe zijn gegaan. Voor mijn gevoel reden we urenlang langs droge, ritselende alsemstruiken. Toen we trek kregen, zijn we gestopt bij een armetierig hamburgertentje, ver van alles vandaan, met een hordeur die piepte en kraakte toen we naar binnen liepen. Het interieur bestond uit onafgewerkt hout en verbleekte verf met vlekken van duizenden sigaretten die er waren gerookt. We zaten aan de bar op ronddraaiende krukken. Er was maar één andere klant. Ik vraag me af of hij ervan opkeek dat Marlon Brando en Barbra Streisand langskwamen.

Ik had het zelf ook nog niet helemaal verwerkt. Naast me zat Marlon Brando!

Een deel van mijn brein dacht: waarom wil hij tijd met me doorbrengen?

Toen bedacht ik: o, natuurlijk, ik ben hoe-heet-ze. Ik heb films gemaakt en een karrenvracht albums verkocht. Waarom zou hij geen tijd met me willen doorbrengen?

Ik zat altijd met strijdige gevoelens. Ik kende min of meer mijn eigen macht, maar ook weer niet. Ik opereerde aan de twee uiteinden van een schaal en er zat verdraaid weinig in het midden.

Daar zijn vast complexe redenen voor. Ik zou waarschijnlijk nog twintig jaar in therapie moeten gaan om alles helder te krijgen. Maar daar heb ik de tijd niet voor, en zo geïnteresseerd ben ik nu ook weer niet. Ik vind mezelf niet zo fascinerend. (Daarom ben ik lang geleden gestopt met therapie. Ik was genoeg over mezelf te weten gekomen.)

Grappig genoeg heb ik mezelf nooit gezien als een filmster, zelfs niet nadat ik een Oscar had gewonnen. Sterren, dat waren mensen als Sophia Loren, die ik een keer heb ontmoet toen ze in Londen naar *Funny Girl* kwam kijken. Ze vond het heerlijk dat ik zwanger was en heeft na Jasons geboorte schattige blauwe babyslofjes gestuurd. Ze probeerde al jaren kinderen te krijgen. Toen ze twee jaar later op Jasons verjaardag ook een zoontje kreeg, heb ik haar een cadeautje gestuurd. We hebben nog grapjes gemaakt over het toeval. En Elizabeth Taylor, dát is nog eens een filmster! Ik leerde haar kennen en vond haar een topwijf, totaal pretentieloos en heerlijk grofgebekt.

Maar Brando had voor mij altijd een zekere mystiek behouden. Ik geloof niet dat ik hem ooit heb verteld dat ik al vanaf mijn tienertijd een groot fan van hem was. Ik was nog altijd fan, al was hij dan een paar pondjes aangekomen en waren zijn lippen dunner dan ze waren geweest in *On the Waterfront*. Hij had een intrigerende mond, maar je lippen worden kleiner als je ouder wordt. Zijn haar was uitgedund, maar die knobbel op zijn neus zat er nog. Ook dat hadden we weer gemeen, al had hij zijn knobbel vermoedelijk opgelopen in een vechtpartij, terwijl ik met de mijne was geboren. Mijn vader, een heel knappe man, had die knobbel. Ik had een knobbel. Marlon had een knobbel. Die knobbel en zijn glimlach, daar viel ik voor.

Toen we na ons bezoek aan de woestijn naar huis reden, vertelde hij over zijn samenwerking met Bernardo Bertolucci voor *Last Tango in Paris*. Hij zei dat hij zich gebruikt voelde omdat het verhaal zo persoonlijk was geworden. Hij had het gevoel dat hij was gemanipuleerd om zijn verleden te onthullen. Dat begreep ik aanvankelijk niet. Daar ging het toch juist om? Dat je je ervaringen gebruikte om je te identificeren met het personage?

Maar toen begreep ik wat hij bedoelde. Het kan ook te diep gaan. Voor hem was die rol te dicht bij zijn kern gekomen. Met andere woorden: je kunt het punt bereiken waarop je te veel laat zien, zeker als het voor de film van een ander is. Je moet iets voor jezelf bewaren.

Ik kon zijn woede niet volledig begrijpen, maar ik luisterde naar hem en probeerde empathie te tonen. Ik was blij dat hij zich zo goed op zijn gemak voelde dat hij dit met me wilde bespreken.

Na dat tripje spraken we elkaar regelmatig. Toen ik op een dag in de keuken van het huis op Carolwood Drive zat, belde hij met een verzoek: 'Zing een liedje voor me.'

'Een liedje? Denk je dat ik hier de hele dag zingend door het huis loop? Ik zing niet eens onder de douche. Ik vraag jou toch ook niet om een monoloog uit *Hamlet* te doen?'

Waarop hij tot mijn verbijstering een monoloog uit *Hamlet* voordroeg. Ik dacht: wie gaat me ooit geloven als ik vertel dat Marlon Brando Shakespeare voordroeg terwijl ik in de keuken zat? Ik hield de telefoon vast en wenste dat er een manier bestond om het moment vast te leggen. Maar ik had geen bandrecorder bij de hand en ik wilde hem niet onderbreken.

Toen ik weer een woord kon uitbrengen, zei ik dat ik er enorm van had genoten. Ik vroeg: 'Hoeveel monologen heb je eigenlijk paraat?'

'Geen uitvluchten zoeken,' zei hij. 'Nu ben jij aan de beurt.'

Ik moest iets voor hem zingen, maar welk liedje? Ik koos 'Nobody's Heart Belongs to Me' van Rodgers en Hart. Ik zong het omdat het kort was, maar toch een verhaal vertelde over een eenzame vrouw die geen man in haar leven heeft. Ze houdt stug vol dat ze dat prima vindt, maar dat is niet zo. Ik denk dat ik hem zonder het door te hebben wilde laten weten wat er speelde in mijn leven.

Toen ik jonger was en alleen, zat ik soms urenlang aan de telefoon met

Marlon. Hij voelde zich goed op zijn gemak met vrouwen. Dat had misschien iets te maken met zijn geliefde kindermeisje, een beeldschone, achttienjarige vrouw van Deens-Indonesische afkomst. Toen hij vijf was, kroop hij vaak bij haar in bed en sliepen ze, beiden naakt, de hele nacht naast elkaar.

Brando was een heel zinnelijke man. Ik heb in mijn dagboek geschreven dat hij eens na een telefoongesprek van tweeënhalf uur tegen me zei: 'Ik kus je op de binnenkant van je dij en op je lippen.'

De taal van het lichaam ging hem heel gemakkelijk af.

Naarmate de tijd verstreek en ik in nieuwe relaties belandde, werden onze telefoongesprekken korter. Ik werd meestal snel onrustig en dan zei ik: 'Ik moet gaan, fijne avond.'

Toen ik net een relatie had met Jon Peters, trokken we er rond kerst samen op uit voor een skivakantie. Maar Jon werd ziek en moest naar huis, zodat we op oudjaarsavond in de slaapkamer van het huis op Carolwood Drive zaten toen de telefoon ging. Jon nam op, luisterde, zei 'ja hoor, natuurlijk' en hing op.

'Wie was het?' vroeg ik.

'Een vent die zei dat hij Marlon Brando was.'

Als blikken konden doden. 'Sukkel, dat was echt Marlon Brando! Hij is een vriend van me.'

Jon keek me lang aan en zei: 'O, jezus, dat is natuurlijk zo. Jij bent Barbra Streisand, dus dan kan hij heel goed Marlon Brando zijn.'

Marlon kwam een keer toen ik samenwoonde met Jon naar de ranch. We hadden geen bank in de woonkamer, daar waren we te onconventioneel voor. We hadden een matras voor de haard gelegd met een paar patchworkdekens en kussens van antieke stoffen. (Wat kan ik zeggen? Het waren de jaren zeventig.) Marlon ging op de kussens liggen en kon niet meer overeind komen omdat hij te zwaar was. Toen besloot ik dat we beter een bank konden kopen.

Ik geloof niet dat hij erg op Jon gesteld was, maar hij was erg gesteld op het gedeelte van Jon dat Cherokee was. Marlon zette zich in voor de rechten van inheemse Amerikanen. We hadden vaak lange gesprekken over politiek. Het kon de carrière van een acteur destijds nog zware schade toebrengen als hij een kant koos. Dat liet Brando koud. Hij zag politiek als de verantwoordelijkheid van alle burgers. Zo dacht ik er ook over.

Hij belde me op een avond nadat hij op tv *The Way We Were* had gezien en zei: 'Je bent een fantastische actrice.' Wat een heerlijk compliment! Hij zei ook: 'Je zou vaker rode lippenstift moeten dragen', waarop ik zei dat dat klopte voor het personage, maar niet voor mij. Toen bekritiseerde hij mijn taalgebruik. 'Waarom zeg je steeds "*like*"?'

Hij had gelijk. Ik was dat woord te vaak gaan gebruiken, alsof ik een tiener uit The Valley was. Het was een soort verbale tic.

'Daar moet je echt mee stoppen,' zei hij.

Ik zei dat hij te kritisch was, net als mijn moeder. Maar als anderen voortdurend 'like' zeiden, hoorde ik hoe irritant het was. Marlon had gelijk. Iets is waar of het is niet waar. Het is nooit 'like'. Like wat dan? Waarom hebben we dat woordje nodig? Het is overbodig. Ik schrapte het uit mijn vocabulaire.

Ik zat een keer in mijn camper op weg naar een filmset toen Marlon belde om te zeggen dat hij net *Funny Girl* had gezien.

'Je was erg goed, maar wat ren jij raar.'

'Hoezo, raar? Staan mijn voeten naar binnen gekeerd?'

'Nee, dat niet, maar je rent als een meisje.'

'Hoe zou ik anders moeten rennen?'

Ik heb de film weer bekeken en ik moet toegeven dat hij gelijk had. Ik ren inderdaad raar.

Ik heb Marlon nooit naar zijn werk als acteur gevraagd, want ik dacht: wie wil het daar nou over hebben? Dat is als wanneer ze mij vragen hoe ik zing. Hoe kan ik het uitleggen? Het is een geschenk, een gave. Maar ergens in de jaren tachtig, toen ik samenwoonde met Richard Baskin, belde Marlon toen we op een avond in bed lagen. Het beloofde een lang gesprek te worden, en om Richard niet lastig te vallen ging ik naar de badkamer om met Marlon te spreken. Ik was in die tijd bezig met de opnamen van *Nuts* en er waren problemen, dus ik vertelde over alles wat er speelde.

Om een of andere reden begon hij te vertellen over zijn werkproces. Omdat ik me inmiddels minder zorgen maakte over wat hij van me vond, vroeg ik hoe hij teksten uit zijn hoofd leerde. Hij zei dat hij zijn tekst nooit kon onthouden en dat hij die op zijn handen schreef, of onder een tafel of op het plafond. Ik vond dat hij als acteur vaak interessante keuzes maakte door bijvoorbeeld naar beneden te kijken als de kijker juist graag zijn gezicht wilde zien. Hij keek zelden de kant op die je verwachtte. Ik wist nu waarom: hij keek naar zijn tekst! Wat een slim idee.

Hij vertelde dat hij inmiddels een beter systeem had. Hij had een oordopje in en zijn assistent gaf hem steeds zijn tekstregels.

'Hoe kun je acteren als er iemand in je oor praat?' vroeg ik. 'Verstoort dat niet je ritme, en het in het moment zijn?'

Nee, zei hij. Ik kon het me niet voorstellen, maar hij deed het briljant.

Acteren was voor ons geen intellectuele aangelegenheid. Marlon zag het brein als de vijand van de acteur. Zijn techniek was intuïtief, net als de mijne. Ik kon me niet identificeren met acteurs die van tevoren hadden gepland hoe ze elk regeltje zouden uitspreken, die al wisten welke intonatie ze zouden gebruiken en wat het sleutelwoord in de zin zou zijn. Ik zeg niet dat het niet deugt. Die methode heeft gewerkt voor een aantal fantastische acteurs. Laurence Olivier bijvoorbeeld, die zijn rol beeldhouwde zoals een kunstenaar marmer bewerkt. Ik weet nog dat ik hem in een theater in Londen Othello zag spelen. Ik vond hem briljant, maar de man achter me zat boe te roepen. Ik was zo woedend dat ik me omdraaide en zei: 'Hoe durft u? Hij was groots!'

'Nee,' zei de man. 'Ik heb deze productie zeven keer gezien en hij haalde vanavond niet zijn normale niveau.'

'Maar u hoeft de avond toch niet te verpesten voor de anderen?'

Hoe durft zo'n vent te denken dat het elke avond exact dezelfde voorstelling moet zijn? Dat zou ik oersaai vinden. Ik verras mezelf liever. Als ik in het moment ben, komt het er elke keer anders uit. Dat houdt het interessant voor mezelf en hopelijk ook voor het publiek. Ik werk van binnen naar buiten, net als Brando. Olivier werkt van buiten naar binnen. Als ik acteurs uiteindelijk kan geloven, maakt het mij niet uit hoe ze het doen.

Ik keek vooral zo graag naar Brando omdat hij altijd in het moment was en omdat het echt was, alsof hij altijd net even de controle kwijt was. Je ziet een leven, een denkend brein. Je wist nooit wat hij ging doen of zeggen.

Brando was net zo fascinerend als de personages die hij speelde. Dat maakte hem een filmster. Je moet een krachtige persoonlijkheid hebben die zich manifesteert in alles wat je doet.

Toen ik in 1994 werkte aan de film van mijn concert in Las Vegas wilde ik hem laten zien wat ik had gedaan met de song 'I'll Know' uit *Guys and Dolls*. Ik had op de beelden op het scherm Jean Simmons vervangen door mezelf zodat we het liedje samen konden doen als een duet.

Ik heb helaas nooit echt met hem geacteerd. Ik droomde ervan om de jonge Cleopatra te spelen tegenover Brando als Julius Caesar in *Caesar and Cleopatra* van George Bernard Shaw. (Als ik Marlon niet kon krijgen, was Orson Welles mijn tweede keus.) Ook wilde ik de volwassen Cleopatra spelen in

Antony and Cleopatra van Shakespeare, met Marlon als Marcus Antonius. Het leek me een goed plan om die twee stukken te verfilmen voor de televisie. Stel je voor hoe goed hij zou zijn geweest in die rollen.

Ik had harder mijn best moeten doen om die droom te verwezenlijken.

Marlon zat in mijn witte kantoor en bekeek de *Guys and Dolls*-sequentie. Toen wilde hij het hele concert zien! Daar werd ik heel blij van.

Een paar maanden later vroeg ik hem te eten. Hij kwam veel te laat. Uiteindelijk belde hij met het bericht dat hij door de politie was aangehouden omdat hij te hard had gereden.

'Toen moest ik dus zeggen dat ik naar het huis van Barbra Streisand reed voor een etentje.'

Ik hoop maar dat hij geen bekeuring heeft gekregen.

Toen hij eindelijk arriveerde, kon hij niet uit zijn auto stappen. Hij was zo zwaar dat hij vastzat achter het stuur. Ik heb zijn arm moeten pakken om hem eruit te trekken.

Toen hij eindelijk binnen was, zei hij: 'Laten we niet praten. Kijk alleen maar in mijn ogen.'

Hij had zich op de bank laten vallen en ik knielde op het tapijt, met de salontafel tussen ons in, en keek naar hem op. Erg lang duurde de stilte niet, want ik moest al snel giechelen. Na het eten gingen we naar beneden om een film te zien, al weet ik niet of we daar ooit aan toe zijn gekomen, want we bleven maar praten. Hij masseerde mijn voeten en vertelde me over hoe ze *On the Waterfront* hadden gemaakt, mijn favoriete film van hem. Ik wilde precies weten wat er allemaal was gebeurd op de dag dat ze de scène in de taxi hadden opgenomen. (Je ziet op een gegeven moment een close-up van de chauffeur in de achteruitkijkspiegel. Weet je wie hij was? Nehemiah Persoff, die mijn vader speelde in *Yentl*. Ik ben dat shot nooit vergeten. Het was een van de redenen waarom ik Nehemiah die rol gaf.)

Ik vroeg Marlon hoe de befaamde scène met '*I could have been a contender*' tot stand was gekomen. Stond die helemaal in het script? Hij vertelde dat de uiteindelijke versie afwijkt van de geschreven versie. Hij geloofde niet dat de oudere broer de jongere, van wie hij zielsveel hield, zo zwaar zou bedreigen. Hij had Elia Kazan, de regisseur, gevraagd of ze een take mochten doen waarin ze hun eigen versie zouden improviseren. Kazan zei dat ze even de tijd moesten nemen om eraan te werken, en dat deden ze.

Op het moment dat Rod Steiger de revolver tevoorschijn haalt en op Brando richt, had Brando moeten zeggen: '*Put down the gun.*' Maar hij duwde het wapen weg, keek zijn broer hoofdschuddend aan en zei alleen maar: '*Charley... Charley... Oh, Charley.*'

Zijn gevoelens waren niet in woorden te vatten. Brando en Steiger deden wat goed voelde in het moment. Kazan gebruikte hun take uiteindelijk in de film.

Brando vertelde me trots dat het zijn idee was geweest. Die trots begreep ik heel goed. Zelfs de beste acteur van onze tijd hunkerde naar erkenning voor bepaalde keuzes die hij had gemaakt. Zo zijn mensen nu eenmaal.

Goede acteurs kijken meestal naar het hele script en passen dan hun tekst aan. We werken voortdurend aan onze dialoog om die authentieker te maken en meer in de buurt te komen van wat we denken dat het personage zou zeggen. Goede regisseurs staan altijd open voor goede suggesties. Ze zouden wel gek zijn als ze niet luisterden.

Marlon vertelde me dat hij zijn rol in *Apocalypse Now* ingrijpend had aangepast. Hij had geboft dat hij samenwerkte met de fantastische regisseur Francis Ford Coppola, die hem alle vrijheid gaf. Ik weet niet precies wat Marlon had gedaan, maar het werkte. Hij was briljant in die rol.

De volgende keer dat we elkaar spraken was helaas na de dood van zijn dochter. Ik begreep dat hij kapot moest zijn en schreef hem een briefje: 'Wat een vreselijk nieuws over Cheyenne. Ik weet hoeveel je van haar hield. Sommige mensen hebben het hier op aarde zo moeilijk dat ze ergens anders naartoe moeten. Ik wens je oprecht alle sterkte.'

Hij belde om me te bedanken, en het werd een lang gesprek.

We waren geen van beiden mensen die makkelijk anderen vertrouwden, maar er was een opvallende overlap in de mensen die we wel vertrouwden: Quincy Jones, Mike Medavoy, Carol Matthau. Marlon verscheen een keer voor een etentje bij Quincy in een bordeauxrood trainingspak met strepen aan de zijkant. Hij woog inmiddels minstens honderdvijfentwintig kilo. Hij vertelde me dat hij elke avond een liter ijs at. Daar herkende ik wel iets in, want ik ben ook dol op ijs. Er gaat niets boven een grote bol McConnell's Brazilian Coffee in een krokant hoorntje, vers uit hun winkel in Santa Barbara. De intense smaak van het ijs, dat wordt gemaakt van echte koffiebonen, en dan het gladde, rijke mondgevoel. Je kunt het ijs van McConnell's niet zomaar in elke supermarkt kopen, en deze smaak is helemaal moeilijk te vinden. Je zult je kunnen voorstellen dat ik regelmatig smoesjes verzin om naar Santa Barbara te gaan. Dan springen Jim en ik in de pick-up en rijden we langs de kust. Ik zie die winkel als een vakantielocatie. Ik sta echt te springen om ernaartoe te gaan. Soms moeten we even naar hun filiaal in Ventura. Maar de laatste keer dat we daar waren, hadden ze alleen koffie-ijs met stukjes chocolade, en dan hoeft het voor mij niet meer.

In een noodgeval bel ik soms mijn rozenmannetje Dan Bifano met het verzoek of hij een paar bekertjes ijs voor me kan meenemen als hij mijn tuin komt checken, wat hij wekelijks doet. Hij heeft me een keer voor mijn verjaardag een hele bak ijs gegeven. Die maakte het helaas niet lang. Ik heb nog wekenlang boete gedaan op de loopband.

Terug naar het huis van Quincy. Ik begon tijdens het eten over een recent artikel waarin Marlon had verteld dat hij een hekel had aan de filmindustrie. Ik kon met hem meevoelen. Ik probeerde al meer dan twintig jaar een filmversie van Larry Kramers toneelstuk *The Normal Heart* van de grond te krijgen en vond de worsteling om het te slijten aan een studio bijzonder vernederend.

Marlon zei in dat artikel dat hij een hekel had aan acteren.

'Kom nou toch,' zei ik. 'Er moet iets in je zitten wat ervan houdt, of er in elk geval van heeft gehouden.'

Hij zei: 'Acteren is voor meisjes.'

Ik had er niet over door moeten gaan. Maar het zat me dwars dat hij zijn vader nabauwde. Ik weet niet waarom ik die avond zo strijdlustig was en hem bleef opjutten.

'Ik doe het voor het geld,' zei hij.

'Echt waar, Marlon?' vroeg ik. 'Zijn er nooit momenten geweest waarop je genoot van bepaalde rollen?'

Ik zag dat hij geïrriteerd raakte, maar ik kon het niet hebben dat hij zijn talent bagatelliseerde. Ik had de indruk dat hij was vastgelopen in zijn verleden en zijn woede. Ik wilde juist over het heden spreken en nieuwe ideeën uitwisselen.

De filmindustrie maakt het je niet makkelijk. Marlon moest auditie doen voor *The Godfather*. De studio wilde hem niet. Ze vonden hem een lastpak, en vonden dat hij niet geschikt was voor de rol. Ze behandelden hem alsof zijn tijd was geweest. Hij propte zijn wangen vol met Kleenex, zette een videocamera aan, maakte een opname van zichzelf als Don Corleone en kreeg de rol.

Ik moet zeggen dat ik het ook niet altijd fijn vind om actrice te zijn. Ik vind het vervelend als ze mijn make-up doen, of mijn haar. Dat ze altijd om je heen hangen. Ik vind het vervelend om kostuums te passen en om mijn tekst te leren en om voor dag en dauw op te staan. Ik heb films gemaakt waar ik met heel mijn hart aan werkte, maar ook films waarbij dat niet het geval was. Ik vind regisseren uitdagender en uiteindelijk ook bevredigender. Marlon heeft maar één film geregisseerd, *One-Eyed Jacks*. Ik weet niet waarom hij daarna nooit meer heeft geregisseerd. Hij schreef in zijn autobiografie dat je als regisseur te vroeg moet opstaan. Maar er moeten andere redenen zijn geweest. Ach, wat zijn er veel vragen die ik hem niet heb gesteld.

Waarom willen sommige mensen acteren? Ik heb de indruk dat veel acteurs een ongelukkige jeugd hebben gehad. Marlon had altijd het gevoel dat hij niet voldeed aan de verwachtingen van zijn vader. Zijn succes deed hem niets. Hij kon er niet van genieten. Het was moeilijk voor hem om de lof te accepteren, zoals dat ook voor mij moeilijk was. De mensen die je niet prijzen voelen vertrouwder aan, dus dat zijn de mensen die je gelooft. Ik herinner me nooit de goede recensies, alleen de slechte. Marlon besloot geen interviews meer te geven omdat hij het beu was dat hij altijd verkeerd werd geciteerd. Ik heb hetzelfde gedaan. Maar dat maakte het alleen maar erger, want de media besloten dat we arrogant waren. Journalisten vatten het persoonlijk op als je niet met ze wilt spreken. Dan krijgen ze een nog grotere hekel aan je. Ze gaan verhalen over je bedenken, want de kranten moeten hoe dan ook vol. Ik vond het vreselijk om te worden opgejaagd door de pers. Daarom wilde Marlon ontsnappen naar dat eiland in de buurt van Tahiti. Dat begreep ik heel goed.

Toen Marlon ouder werd, ging hij mompelen. Het was bijna alsof hij sliste, alsof hij nauwelijks moeite deed om zich verstaanbaar te maken. Toen hij voor de laatste keer kwam eten in mijn huis in Malibu kreeg ik de indruk dat het elk moment helemaal verkeerd met hem kon gaan. Toen hij binnenkwam, druppelde er bloed over zijn been. Hij had zich op een of andere manier verwond in zijn auto. John Travolta, die Marlon kende, was die avond ook te gast, en hij voerde terwijl Jim en ik toekeken een of andere spirituele geneestruc uit. Marlon zei tegen John dat het was alsof hij even zijn lichaam had verlaten en van bovenaf neerkeek op zichzelf. Dat hij machteloos was geweest en niet kon bewegen; hetzelfde gevoel dat ik had gekregen toen Lou Kind zo wreed tegen me deed.

Ik had ook Jims zoon Josh uitgenodigd, want ik wist dat hij een groot Brando-fan was. Kelly Preston stelde voor dat we een foto zouden nemen van het hele gezelschap. Dat zou ik normaal gesproken nooit doen. Ik vind het niet fijn als er foto's van me worden gemaakt. Maar ik ben blij dat ik die foto heb.

Nu ik Marlons autobiografie opnieuw lees en een documentaire over zijn leven heb bekeken, vallen me nog meer overeenkomsten op tussen hem en mij. Hij bedacht vaak krankzinnige verhalen over waar hij was geboren. Ik dacht dat ik de enige was die dat deed! (Denk aan mijn biografietje voor *Playbill*: 'Grootgebracht in Rangoon.') En we zijn na onze vroege successen geen van beiden ooit teruggekeerd naar het theater. Hij had twee langlopende voorstellingen gedaan, *I Remember Mama* en *A Streetcar Named Desire*, en hij wilde er net als ik al na een paar weken mee stoppen. En net als ik arriveerde hij vaak op het allerlaatste moment in het theater.

We genoten geen van beiden van de aandacht die gepaard ging met onze roem. In eerste instantie wilden we worden gezien, maar daarna zagen de mensen ons niet meer voor wie we waren. We waren mythen geworden. Ze verwarden ons met de personages die we speelden. Dat was niet het soort aandacht waarnaar ik had verlangd. Het was oppervlakkig. Ze kenden me niet. Hoe konden ze dan zeggen dat ze van me hielden? Ik zat ook niet te wachten op liefde van iedereen. Ik wilde liefde van mijn familie en een maatje.

Marlon overleed op 1 juli 2004. De herdenkingsplechtigheid vond plaats in het huis van Mike Medavoy. Jack Nicholson, Warren Beatty en Annette Bening, Johnny Depp en Michael Jackson waren erbij, en natuurlijk ook Marlons familie. Quincy Jones en Ed Begley jr. spraken. Ik kwam te weten dat Marlon een uitvinder was. Ed vertelde dat Marlon een stemapparaatje voor zijn conga's had uitgevonden. Hij had zelfs een patent! Die nieuwsgierigheid en verbeeldingskracht zag je ook terug in zijn betrokkenheid bij het milieu. Marlon wilde zijn eiland ombouwen tot een levend laboratorium voor research om alternatieve bronnen als zonne-energie, biobrandstof en aquacultuur te ontwikkelen. Om die doelstelling te bereiken werkte hij aan een ecovriendelijk resort dat hem de kans zou geven om de schoonheid van zijn paradijsje op een duurzame manier te delen met anderen. (Zo zou het aircosysteem worden gekoeld met water diep uit de zee.)

Eens te meer was Marlon zijn tijd vooruit dankzij zijn inzet om onze planeet te behouden en beschermen. Zelf zet ik me ook al tientallen jaren in voor die goede zaak.

Ik vlieg niet graag, maar enige tijd geleden nodigden Mike Medavoy en zijn lieve vrouw Irena mij en Jim uit om naar het resort in Tahiti te gaan dat is gebouwd om Marlons nagedachtenis te eren. Ze hebben ook een researchcentrum neergezet.

Het is heel bijzonder geworden, oogverblindend mooi en bijzonder vredig. Ik zat naar de oceaan te kijken en dacht aan Marlon, die wilde ontsnappen aan de wereld en tegelijkertijd zoveel voor die wereld deed.

Hij was een gecompliceerd, bijzonder mens. Ik koester onze vriendschap. Er was niemand zoals hij.

Een van mijn dierbaarste herinneringen is aan die keer dat hij me vanuit Londen belde nadat hij *The Way We Were* voor de tweede keer op tv had gezien.

'Je was in de laatste scène zo kwetsbaar dat ik weer helemaal opnieuw verliefd op je werd,' zei hij. 'We hadden meer moeten doen toen we jong waren. Veel neuken, kinderen krijgen. Ga jezelf maar een kus geven in de spiegel voor me.'

19

Daisy en Melinda

Wow, dacht ik, wat een fantastische rol. Twee rollen zelfs!

On a Clear Day You Can See Forever begint ermee dat Daisy Gamble, een meisje uit het hedendaagse New York, college volgt bij dr. Marc Chabot, die naast hoogleraar ook psychiater is. Hij spreekt over hypnose, en Daisy is zo vatbaar dat ze onbedoeld wordt gehypnotiseerd. Dat brengt haar op de gedachte om hem na het college te vragen of hij haar wil hypnotiseren zodat ze kan stoppen met roken. Dat is haar enige slechte gewoonte, maar Chabot ontdekt dat Daisy zeldzame talenten heeft. Ze kan voorwerpen terugvinden waarvan hij nog niet eens weet dat hij ze is kwijtgeraakt en weet al van tevoren dat de telefoon zal gaan. Ze kan zelfs bloemen laten groeien.

Als Chabot Daisy in zijn kantoor hypnotiseert, gebeurt er iets bijzonders: ze wordt iemand anders en spreekt over een eerder leven als Melinda Winifred Waine Tentrees, een elegante courtisane uit het Engeland van de vroege negentiende eeuw.

Heerlijk! Ik zou zowel de maffe meid vol zelfspot spelen (die heel dicht bij me lag) als de verfijnde vrouw van de wereld, die met een keurig Engels accent sprak. De personages belichaamden een tegenstelling die ik ook vaak aantrof in mijn eigen karakter: onzekerheid versus zelfvertrouwen.

Het was een ongebruikelijk onderwerp voor een musical. Ik was geïnteresseerd in buitenzintuiglijke waarneming en ik geloof in reïncarnatie en zielsverhuizing, zeker na een ervaring die ik jaren na het opnemen van de film had. Ik ging samen met mijn vriendin Donna Karan voor een retraite naar het instituut van Deepak Chopra in Massachusetts, waar je vegetarisch eet en ayurvedische behandelingen ondergaat. (Ze gieten olie over je hoofd. Donna vond het heerlijk. Ik vond het vreselijk.) Je krijgt speciale massages van twee vrouwen tegelijk; de ene doet je hoofd, de andere je voeten. Ze coördineren hun bewegingen. Ze kijken elkaar aan en bewegen als één; de ene neemt je linkerarm en de andere je rechterarm. Ik maakte er grapjes over: 'Oei, meiden, dat gaat niet synchroon. Beter samenwerken, hoor.' Iedereen moest giechelen, dus we konden er niet echt van genieten en ontspannen.

Toen moesten we naar een kamer om te mediteren. Donna en ik gingen naar binnen. Ik hoorde haar al snel snurken. En dat terwijl ik probeerde me te concentreren. Het idee is dat je brein tot rust komt zodat je dieper in je bewustzijn kunt duiken. Je krijgt een mantra, een woord dat je moet zeggen, en dat je herhaalt als het nodig is, terwijl je je gedachten gewoon door je brein laat gaan. Je zoekt naar de ruimte, de stilte tussen de gedachten en de mantra in. Ik weet nog dat ik voor het eerst mijn mantra kreeg. Ik sprak met mijn vriend Sandy Gallin, die veel mediteert. Hij vertelde me dat hij er zo rustig van werd, en ik zei: 'Je weet natuurlijk dat je je mantra nooit aan iemand mag vertellen.' Waarna ik mijn mantra er per ongeluk uit gooide.

Mediteren ging me meestal niet eenvoudig af. Je moet het twee keer per dag vijftien minuten doen, maar ik kon nooit zo lang stilzitten. Mijn brein maakte overuren en zag bijvoorbeeld dat mijn ene gordijn korter was dan het andere of dat het tijd werd om de laden in mijn badkamer eens uit te mesten. Maar tijdens die retraite was er verder niets te doen. Ik merkte dat er steeds minder gedachten door mijn hoofd gingen. Ik hoefde minder vaak mijn mantra te herhalen. Ik zonk weg in die diepe stilte, het niets. Zonder een gedachte in mijn hoofd.

En in die stilte gebeurde er iets heel bijzonders. Ik voelde iets opkomen. Het verliet de huls van mijn zelf en liet mijn lichaam achter. Ik dacht: lieve hemel, wat is dit?

Maakt het deel uit van mij? En wat is 'mij' eigenlijk?

Was het mijn ziel die mijn lichaam verliet? Wat het ook was, het was angstaanjagend en ik wilde dat het zou terugkeren in mijn lichaam. Maar het was ook hoopgevend, dat idee dat een ziel los van het lichaam kon rondzweven. Dus wie zal het zeggen? Misschien is het echt zo dat de ziel voortleeft na je dood. En wie weet waar die ziel dan naartoe gaat? Verhuist die misschien naar een ander mens?

Je zult mij niet horen zeggen dat ik het antwoord weet. Ik stel alleen de vraag.

Heb je ooit iemand ontmoet met wie je onmiddellijk een diepe connectie had? Alsof je die persoon al kende zonder dat jullie een woord hadden gesproken. Op een of andere manier herkenden jullie elkaar. En als je dan aan de praat raakt en tijd doorbrengt met elkaar, heb je het gevoel dat je echt wordt gezien. Is dat wat ze bedoelen met het woord zielsverwant?

Mijn lieve vriendin Cis was hoe dan ook een zielsverwant. Ik weet zeker dat we elkaar zo zagen. We hadden een onmiskenbare connectie.

Er zijn mensen die op een bijna mystieke manier iets bij je losmaken. Toen ik als tiener over Sarah Bernhardt las, kon ik niet geloven hoeveel we gemeen hadden. Na haar eerste optreden had haar moeder tegen haar gezegd: 'Je armen zijn te mager.' Mijn moeder had precies hetzelfde gezegd! Hoe meer ik las, hoe meer overeenkomsten ik vond. Ook zij werd achtervolgd door de pers. Ze zei ooit: 'Er wordt over geen vrouw ter wereld zoveel gelogen als over mij.' Ook zij was politiek actief en dat kwam haar op felle kritiek te staan. Ook zij durfde altijd te zeggen wat moest worden gezegd.

Is het mogelijk dat een aspect van haar in mij is wedergeboren?

Ach, niets is onmogelijk.

Aan het einde van de retraite gaf Deepak ons een van zijn boeken en reden Donna en ik terug naar New York. Toen ik thuiskwam, ging ik naar het terras bij mijn slaapkamer om de bloemen te zien die daar waren geplant tijdens mijn afwezigheid. Ik had witte en roze chrysanten besteld, maar deze waren roestkleurig en geel! Ik belde het tuincentrum en zei: 'Jullie hebben me de verkeerde kleuren gegeven.'

De man zei: 'De kwekerij had ze niet in roze en wit, dus we hebben deze gekozen.'

Ik zei: 'Was het niet beter geweest om even met mij te overleggen?'

Maar toen dacht ik: wat maakt het uit? Het was een heel gedoe geweest om de bloemen en potaarde naar de eenentwintigste verdieping te krijgen. En ik wilde die arme bloemen niet doden door ze weg te gooien. Dus trok ik maar mijn vitrage dicht zodat ik ze niet hoefde te zien. Een paar weken later keek Cis naar buiten en zei: 'Hé, je hebt nieuwe bloemen.'

Ik zei: 'Nee hoor, dat zijn dezelfde.'

Ze zei: 'Nou, ze zijn nu roze en wit.'

Ik kon het niet geloven. Hoe was roestkleurig in oudroze veranderd en geel in gebroken wit? In de kleuren die ik had gewild? Ik belde het tuincentrum om te vragen of het speciale chrysanten waren die van kleur veranderen.

Het antwoord was nee.

Ik belde Deepak en vroeg hem: 'Wat is er aan de hand? Hoe is het mogelijk dat mijn bloemen van kleur zijn veranderd?'

Hij zei: 'Je hebt blijkbaar dat boek dat ik je gaf nog niet gelezen.'

'Nee,' zei ik. 'Ik heb nog geen tijd gehad.'

'Lees het hoofdstuk over verlangens maar.'

Dus ik ging lezen. En inderdaad, het ging erover dat verlangen verandering kan bewerkstelligen. Waren de bloemen van kleur veranderd omdat ik het wilde? Misschien was het weer een voorbeeld van de kalme, intense kracht van de wil, de wilskracht die ik had gevoeld toen ik als tiener in de deuropening van mijn slaapkamer stond en uit alle macht wilde dat ik een beroemde actrice zou worden die anderen haar bed kon laten opmaken.

Misschien had ik tijdens het filmen iets meegekregen van Daisy, die bloemen kon laten groeien. Ik kon dat niet, maar ik kon ze wel van kleur laten veranderen!

Ik vond het dus geen vreemde gedachte dat de ziel die ooit van Melinda was geweest in Daisy kon varen. Beide vrouwen voelden zich aangetrokken tot foute mannen. In verschillende eeuwen, maar volgens hetzelfde patroon. Je bent gedoemd oude patronen te herhalen totdat je ze herkent en verbreekt. Met andere woorden: je wordt wedergeboren totdat je je lesje leert. Pas dan kan de ziel rusten.

Het was duidelijk dat Alan Jay Lerner zijn eigen theorieën over deze kwesties had. Hij schreef het script voor de film, en ook het libretto en de songteksten voor de oorspronkelijke Broadway-musical. Alan was een gecompliceerde man met een onrustig karakter. Hij had binnen altijd een zonnebril op om zijn ogen te beschermen tegen het licht, en hij droeg witte katoenen handschoenen zodat hij niet kon nagelbijten. Ik wilde hem uithoren en met hem over buitenzintuiglijke waarneming en reïncarnatie spreken. Burton Lane, die de muziek had geschreven, was nogal verlegen en zei niet veel.

Net als met Ernest Lehman bij *Hello, Dolly!* had ik het goed getroffen met de producent, Howard Koch. Hij had achter me aan gezeten voor de rol. Toen ik ja zei, wilde hij mijn input horen voordat hij een regisseur en een mannelijke tegenspeler benaderde. We dachten dat Vincente Minnelli, die veel klassieke musicals had geregisseerd, een goede keuze zou zijn. Zijn laatste twee films hadden niet aan de verwachtingen voldaan en hij had al vijf jaar geen film meer gemaakt, maar daar hadden we geen moeite mee. Ik vond het belangrijker dat hij *Gigi* had geregisseerd, een film waarvan ik veel hield. Ik was ervan overtuigd dat hij de juiste aanpak zou vinden. Ik was meteen op hem gesteld toen ik hem ontmoette. Vincente was een lieverd.

Het was minder eenvoudig om een leading man te vinden. Richard Harris, die net King Arthur had gespeeld in de filmversie van de musical *Camelot* van Lerner en Loewe, wees ons af. Er werd gefluisterd dat ook Frank Sinatra en Gregory Peck voor de rol hadden bedankt, maar ik weet niet of dat klopt. Heel jammer, want met beide mannen had ik wel willen samenwerken. Louis Jordan, die de hoofdrol had gespeeld in *Gigi*, had aanvankelijk de rol van de dokter gespeeld. Maar hij was al afgehaakt voordat het stuk Broadway haalde. Misschien had hij het idee in Howards hoofd geplant dat een Fransman de rol kon spelen. Zo kwamen we uit bij Yves Montand. Ik had hem gezien in Franse films als *Le Salaire de la Peur* en was me er vaag van bewust dat Edith Piaf hem aan het begin van de jaren veertig, toen hij zijn carrière begon als zanger, onder haar hoede had genomen. Ik vond het een intrigerende gedachte en stond te popelen om zijn vrouw Simone Signoret te ontmoeten, die veel indruk op me had gemaakt in *Ship of Fools*. Het gerucht ging dat Yves een affaire had gehad met Marilyn Monroe toen ze samen *Let's Make Love* maakten. Dat maakte hem nog intrigerender, want ik was een groot bewonderaar van Marilyns schoonheid en kwetsbaarheid.

Howard wilde weten wie ik de kostuums wilde laten ontwerpen. Omdat Melinda en Daisy zo verschillend waren en leefden in verschillende tijdperken dacht ik: waarom nemen we niet twee kostuumontwerpers, een voor elke periode?

Ik had de hulp van Arnold Scaasi al ingeroepen voor outfits voor premières en andere bijzondere gelegenheden, dus ik stelde voor dat hij de kleren van Daisy zou kunnen doen. Howard wilde hem een kans geven, al had Arnold nog nooit filmkostuums ontworpen. Scaasi en ik konden goed samenwerken. Ik maakte een schets, of hij maakte een schets, en dan verfijnden we het ontwerp. Zo bouwden we stukje bij beetje een chique garderobe op die je zomaar in een modeblad had kunnen aantreffen. Dat was totaal niet realistisch, want er was in 1969 geen studente te vinden die zich zo kleedde.

Nou ja, misschien was ze rijk. We besloten ons er geen zorgen over te maken en het gewoon te zien als een aspect van het verhaal, dat een en al fantasie was. Daisy hield van bloemen, dus daar maakten we een thema van. We leefden ons uit op haar slaapkamer, waar haar nachtjapon met bloemetjespatroon bij haar lakens met bloemetjespatroon paste. Een andere jurk met een ander bloemetjespatroon paste weer bij een stoel, het behang en de gordijnen. Dat idee was ontleend aan mijn appartement in New York, waar ik iets vergelijkbaars had gedaan in mijn woonkamer. Ik had een jurk gemaakt van dezelfde stof met paisleymotief die ik had gebruikt voor een bank uit de victoriaanse tijd.

Ik denk dat het idee om Cecil Beaton in te huren voor Melinda's garderobe van Vincente kwam, want ze hadden al samengewerkt aan *Gigi*. Daar werd ik heel blij van, want ik vond Cecil een genie. Stel je voor: de grote Cecil Beaton, de man die Leslie Caron had gekleed in *Gigi*, en Audrey Hepburn in *My Fair Lady* en voor beide films een Oscar had gewonnen. Hij had een onberispelijke smaak en was een interessante gesprekspartner. Hij vertelde me ooit dat ik een 'oeroud' gezicht had. Dat klonk intrigerend! Ik had het gevoel dat hij een beeld van me had waarvan ik alleen zo nu en dan een glimp kon opvangen. Hij gaf me een nieuwe kijk op mezelf. En hij was hartelijk en scheutig met zijn affectie.

Melinda leefde tijdens het Engelse regency-tijdperk en droeg jurken in empirestijl met een hoge buste en dan stof die recht omlaag tot aan de vloer valt. Die stijl was perfect voor me. (Ik ben in de verkeerde tijd geboren.) Ik heb lange benen en een korte romp, dus jurken met een strakke taille staan me niet goed.

Cecil en ik zaten op dezelfde golflengte. Ik stond versteld van zijn ontwerpen. Hij had een encyclopedische kennis van de periode, en om de camera te verleiden voegde hij originele details toe aan historisch correcte jurken. Ik ben ook dol op details, en we vonden het heerlijk om elkaar te verrassen met de ideale accessoires. Ik had een kleine verzameling cameeën en zei: 'We zouden ze aan een snoer kunnen doen als hoofdtooi.' Cecil voerde het prachtig uit en ik droeg het sieraad (dat ik nog altijd heb) in de scène in het casino.

Op een gegeven moment in de film zegt dr. Chabot tegen Melinda dat hij haar niet meer kan zien. Hij is geobsedeerd door haar geraakt en weet dat hij hun relatie moet beëindigen. Ze zegt: 'Ik zal je missen.' Het is een droevige scène. Ik moest denken aan een klein schilderij dat ik bezat van madame Récamier, een Franse tijdgenote van Melinda, die in een simpele witte jurk op haar divan ligt. Ik liet Cecil het schilderij zien, want het leek me een goed idee als Melissa een soortgelijke jurk zou dragen.

Hij kende het schilderij en vond het een fantastisch idee. En omdat ik van monochromatische dingen hou, zei ik: 'Wat zou je denken van perzik in plaats van wit?'

Hij zei: 'Ja! Perzikkleurige chiffon, precies de kleur van je huid. Dat maakt het nog sensueler.'

'Te gek! Je ziet niet goed waar de jurk ophoudt en waar ik begin!'

Cecil maakte iets wat nog mooier was dan de jurk op het schilderij en de set designer regelde een divan zodat ik dezelfde pose kon aannemen als madame Récamier.

Ik heb nog nooit zo fijn samengewerkt met een kostuumontwerper als met Cecil. En ik heb me nooit zo mooi gevoeld als in de kostuums die hij voor me ontwierp. Hij kon het alledaagse transformeren tot iets exotisch. Het was een genot om zijn fantasieën te volgen.

Streisand is buitengewoon, welke standaard je ook hanteert. De camera, zeker in de handen van een goede fotograaf, staat nooit onverschillig tegenover haar. Haar gezicht is fascinerend, haar persoonlijkheid is fascinerend. Samen zijn ze ronduit betoverend. Ik heb nog nooit iemand ontmoet die zich op haar jonge leeftijd al zo bewust was van zichzelf en zichzelf zo goed kende. Ik denk dat zij van alle actrices met wie ik heb gewerkt het grootste bereik had in de rollen die ze speelde. Haar gezicht is als een schilderij uit verschillende historische perioden. Barbra zou onvergetelijk zijn als een Britse, of als een Egyptische, of als een keizerin uit de Ming-dynastie.

CECIL BEATON

Ik was de laatste twee maanden van 1968 druk bezig met de preproductie. Ik moest songs opnemen, repeteren, kostuums passen. In januari 1969, vlak voordat we gingen opnemen, organiseerde Paramount een 'Reïncarnatiebal' in het Beverly Hilton om publiciteit te genereren voor de film. Ik kwam als de Franse schrijfster Colette. (Marty, mijn escorte, kwam als Louis Pasteur.) Ik hield van haar werk. Ze was aards en intuïtief. Ze had een bewonderenswaardig onconventioneel leven geleid, op haar eigen voorwaarden. Ik was ook dol op haar look: donkere ogen en kroezend haar. Ik liet mijn kapper

Fred Glaser mijn korte haar kroezen. Ik droeg een mantel met Battenbergkant van rond 1900 die ik had gevonden op een antiekbeurs. Ik ontwierp een bijpassende mouwloze, lange jurk met een kanten kraagje.

Ik genoot van het maken van *Clear Day*, al rookte ik niet (daar was ik op mijn twaalfde mee gestopt) en moest ik voor de film voortdurend roken. Het was leuk om twee rollen te spelen, en ook nog het cockney-meisje dat Melinda in feite was (dus eigenlijk waren het drie rollen). Harry stond achter de camera en zorgde er al voor de derde film achter elkaar voor dat ik er zo goed mogelijk uitzag. En ik verafgoodde Vincente. Hij was erg lief en we konden het goed met elkaar vinden. Ik kon mijn ideeën voor een scène altijd aan hem voorleggen. Dan vroeg ik: 'Hoe zie jij het voor je?'

Hij vertelde het en dan zei ik: 'Ja, dat is goed, zeg.'

Dan zei hij: 'Nee, ik vind jouw idee beter.'

Dan zei ik: 'Nee, jóúw idee is beter.'

En dan lachten we omdat ik vaak zijn ideeën beter vond en hij de mijne.

Ik weet nog dat ik voor het eerst de set van de spreekkamer van de arts betrad en dacht: dit is belachelijk. Er is geen psycholoog of psychiater met zo'n enorme spreekkamer met een hoog plafond, een statige open haard, genoeg meubilair voor een hotellobby en een wenteltrap naar de bovenverdieping. Die afmetingen maakten het makkelijker om de camera te bewegen, maar die kamer was net zo onrealistisch als de kleren van Daisy. Maar je moet bedenken dat de film werd gezien als een groots opgezette musical, ook al naderde dat tijdperk zijn einde.

In het midden van de enorme set zat Yves Montand. Ik had met hem te doen, want ik zag dat hij zich ongemakkelijk voelde in zijn rol. Hij maakte een viriele, krachtige indruk als hij, altijd gekleed in een bruin overhemd en een bruine broek – dat was zijn handelsmerk – zong in het Frans. Hij trok volle zalen. Maar in een film voor een Amerikaanse studio moest hij in het Engels acteren, en dat was lastig voor hem. Het was alsof hij een ander mens was. Het was een merkwaardige ervaring om met hem te acteren.

Daisy voelt zich tot hem aangetrokken. Dat was een uitdaging, want er was geen enkele chemie tussen Yves en mij.

De mensen zeiden weleens dat ik me erg bewust was van de camera, alsof dat een slechte zaak was. Maar ik zal je wat zeggen: Yves was zich ook bewust van de camera. Hij was altijd bezig met hoe hij eruitzag en wilde dat vooral zijn linkerkant in beeld zou komen. Ik had dezelfde voorkeur, dus dat was een probleem als we tegenover elkaar stonden of zaten.

Ik moet toegeven dat ik iets heb gedaan waar ik niet trots op ben. Maar ik kon de verleiding niet weerstaan. Ik heb een keer in een scène geprobeerd hem te foppen. Ik improviseerde een regeltje en zei iets in de trant van: 'Ik kan bepaalde dingen doen met bloemen, wist je dat?' Ik wees naar een plant op de vensterbank en zei: 'Zie je die plant?'

Maar hij vertikte het om te kijken, want dan zou zijn rechterkant in beeld komen.

Jack Nicholson zat ook in die film, in een piepkleine rol. Hij had *Easy Rider* al opgenomen, maar die film was nog niet uit en ik had geen idee wie hij was. Ik vond dat hij een goed gezicht, een mooi gebit en een heel aparte stem had. We hadden samen een scène op het dak, waar hij tegenover me zit met zijn benen over elkaar geslagen. Vincente gaf hem heel specifieke instructies: 'Nee, sla je been er zó overheen. En dan je bovenlichaam een beetje naar links draaien.' Hij bleef Jacks lichaam maar in andere posities zetten. Jack oogde steeds ongemakkelijker. Hij zal wel het gevoel hebben gehad dat hij in een dwangbuis werd geperst.

Toen ik later *Easy Rider* zag, zei ik: 'Hé, wacht eens even. Zat hij niet ook in onze film?' Ik kon het niet geloven. Jack Nicholson is een fantastische acteur, maar hij kreeg in *Clear Day* niet de kans om het te laten zien.

In april vlogen we naar Engeland om op te nemen in het Royal Pavillion in Brighton. Ik heb een verhaal over die vliegreis, maar dan moet ik je eerst iets vertellen over een etentje bij Howard Koch thuis. Volgens Richard Baskin, die we later nog uitgebreider zullen tegenkomen, hebben hij en ik elkaar daar voor het eerst ontmoet. Ik herinner me dat niet, maar hij was destijds nog een student wiens moeder, Shirley, goed bevriend was met Howard en zijn vrouw. Omdat Shirley Baskin niet lang daarvoor weduwe was geworden, had Howard haar uitgenodigd om mee te komen naar Engeland.

Shirley had een doos brownies bij zich die ze uitdeelde in het vliegtuig. Mijn god, zoiets lekkers had ik nog nooit gegeten. Er zaten walnoten in. Ik begrijp best dat veel mensen vanwege mogelijke allergieën geen brownies met walnoten meer maken. Maar doe even normaal; brownies zonder walnoten? Wat houd je dan over? Als ze me gewone brownies geven, duw ik altijd in elke brownie een paar walnoten.

Shirley heeft jarenlang rondverteld dat ik in het vliegtuig de hele doos brownies heb leeggegeten, maar dat is zwaar overdreven. Al geef ik grif toe dat ik er meer dan twee heb gegeten. (Zes misschien, het waren kleintjes.) Toen ik een paar jaar geleden haar vernissage bezocht (ze beplakt voorwerpen met schitterende, gelakte postzegels) hebben we weer gelachen over de vraag of ik nu wel of niet alle brownies had opgegeten. Ze was een schat van een vrouw en is honderdeen jaar oud geworden.

Terug naar de film en het Royal Pavilion, dat door George IV is gebouwd als een soort oriëntaalse fantasie, compleet met koepels en minaretten en Chinees behang. Er had nog nooit een productie toestemming gekregen om daar te filmen, en ik had nog nooit zoiets gezien. Ik kon niet beslissen of ik het mooi vond of grotesk. Een beetje van allebei, besloot ik uiteindelijk. Grotesk mooi, zoals sommige werken van Gaudí. We namen de scène met het banket op in de echte *banquet hall*, en het gaf me een gevoel van macht om daar te mogen werken. De sfeer was tastbaar. Het was makkelijk om in Melinda te veranderen als ik aan die tafel zat met bestek van goud en zilver en de aantrekkelijke man versierde die tegenover me zat.

Cecil had zichzelf overtroffen met mijn jurk voor die scène. Het was een ivoren zuil van crêpezijde met een borduursel van parels, stras en zilverdraad, aan de voorkant geopend zodat je een met stras geborduurde onderrok zag. Het decolleté liet weinig aan de verbeelding over. Om de outfit te completeren had Cecil een schitterende tulband gemaakt, ook van crêpezijde, met borduursel van stras en vol met parels, waar iedere Indiase maharadja jaloers op zou zijn.

Cecil heeft me een deel van de lof voor die tulband gegund omdat ik die vaak droeg. Hij zei: 'Het was een idee van ons tweeën om Streisand een glorieuze witte tulband te geven om haar gelaatstrekken nog sterker te accentueren. Tegelijkertijd was ze honderd procent vrouwelijk, betoverend, schaamteloos seksueel.'

Ik hoor vaak mensen zeggen dat ze die scène heel erotisch vonden. Terwijl het liedje 'Love with All the Trimmings' te horen was in voice-over (ik hoefde gelukkig niet te playbacken) streelde ik mijn wang met een champagneglas dat ik langzaam over mijn decolleté liet glijden terwijl ik de man tegenover me strak bleef aankijken. Het shot wisselde close-ups af: ik, hij, ik, hij. Ik geloof dat Harry een speciaal filter op de camera had gezet om het stras extra te laten glinsteren.

Ik had ook een idee voor het moment dat Melinda en die man, Robert Tentrees, elkaar kussen. Ik vroeg Vincente wat hij ervan zou vinden om om ons heen te cirkelen, van het ene profiel naar het andere, voor een shot van honderdtachtig graden. Hij stond ervoor open. Harry zei: 'Het wordt moeilijk om dat van twee kanten goed te belichten, maar ik zal het proberen.'

Hij deed het en het werkte perfect.

Helaas was de acteur die Tentrees speelde (Melinda's aanstaande tweede echtgenoot) geen type voor wie ik in katzwijm viel. Ik zag bovendien angst in zijn ogen, en dat is altijd een afknapper. Ik voelde me niet tot hem aangetrokken en moest dus iets anders bedenken om over te fantaseren. (Ditmaal was het niet chocoladetaart.)

Howard kwam na afloop vragen: 'Aan wie dacht je?'

Ik antwoordde: 'Dat zal ik nooit verklappen.'

Het is al moeilijk genoeg om je emoties in het bijzijn van de camera te tonen als je je tegenspeler aantrekkelijk vindt. Het kan lastig zijn om te bepalen hoeveel je wilt laten zien, maar je kunt dan in elk geval gebruikmaken van iets wat er echt is. Als die werkelijkheid er niet is en je geen belangstelling hebt voor de ander, kan het lastig worden om begeerte te tonen.

Het hielp zeker dat ik in die tijd een goed gevoel had over mezelf. George Lazenby, die vlak daarvoor James Bond had gespeeld in *On Her Majesty's Secret Service*, bezocht op een dag de set. Hij was viriel, knap en charmant en was dol op flirten. We hadden het leuk samen. Hij kwam me vaak op zijn motor halen om te gaan eten in een herberg ergens op het platteland. Maar ik hield hem op afstand, want ik had het druk. Ik moest mijn tekst leren en voor mijn zoon zorgen. (Jason was zoals altijd bij me. De crew had voor hem het uniform van de Queen's Guards nagemaakt, compleet met een muts van berenbont.)

Ik wilde niet dezelfde fout maken als Melinda. Ze was aangetrokken tot de verkeerde man, die haar slecht behandelde en haar verliet. Daisy maakte dezelfde fout. Ze wilde het haar vriendje naar de zin maken, maar hij schatte haar niet op waarde. Ze is inmiddels gevallen voor dr. Chabot, die echter verliefd is geworden op de verleidelijke, zelfverzekerde Melinda. Voor Daisy heeft hij niets dan minachting. Als Daisy erachter komt dat hij verliefd is op haar andere zelf, zingt ze 'What Did I Have That I Don't Have?' Ik was dol op dat liedje, dat een slimme tekst had:

I'm just a victim of time, obsolete in my prime
Out-of-date and outclassed, by my past!

Er is geen liefdesverhaal tussen Daisy en de dokter, al lijkt het er aan het einde op dat ze in een toekomstig leven samen zullen zijn. (Sorry als het ingewikkeld klinkt, maar dat was het nu eenmaal.) Als Melinda zichzelf verwijt dat ze verliefd wordt op Tentrees, probeert Chabot haar te troosten met de woorden: 'Een man moet voor jou sterk genoeg zijn dat je hem kunt respecteren, maar zwak genoeg dat je van hem kunt houden.'

Dat was mijn favoriete regel uit het script, want hij was helemaal raak. Ik hou van kracht, maar het is de kwetsbaarheid in een man die me kan raken in mijn hart.

We hadden in Engeland helaas geen tijd om antiekwinkeltjes af te struinen of galerieën te bezoeken. Ik was dol geworden op art nouveau en verzamelde in gestaag tempo glaswerk en meubels in die stijl. Ik wilde er bijpassende schilderijen bij! Ik had in mijn jeugd al kennisgemaakt met het werk van Egon Schiele en Gustav Klimt, die me naar de Wiener Secession-beweging hadden geleid, de Oostenrijkse versie van art nouveau. (Later heb ik twee kantoren ingericht in die stijl, met meubels van de architect Josef Hoffmann.)

Ik wist nog niets over Klimt of Schiele toen ik hun werk ontdekte in een galerie in New York. Mijn reactie was puur intuïtief. Hun werk sprak me meteen aan. Ik zou niet kunnen zeggen hoe of waarom. Ik herkende iets in hun werk. Misschien had het feit dat de ouders van mijn vader uit Oostenrijk kwamen er iets mee te maken. Bij Schiele voelde ik me denk ik aangetrokken tot de droefenis en het idee dat zijn doeken nooit helemaal af leken te zijn.

Ik denk dat ik de galeriehouder in New York heb gevraagd waar ik het werk van Klimt en Schiele in Londen zou kunnen vinden. De Marlborough Gallery had drie stukken en ze waren zo aardig die naar mijn hotel te brengen. Er was een schilderij van Klimt, *Ria Munk op haar sterfbed*. Ria was vierentwintig en hield van een schrijver, een rokkenjager van veertig. Ze had zichzelf met een revolver van het leven beroofd toen hij het uitmaakte. Haar moeder had het portret van haar dochter op haar sterfbed laten maken. Ze was lid van een prominente Joodse familie in Wenen die Klimt steunde. Ze hadden oog voor de schoonheid van zijn kunst toen veel van hun landgenoten die nog van de hand wezen als verdorven.

Marlborough had twee aquarellen van Schiele, *Mannelijk naakt* en *Zittend naakt met paarse kousen*. Ik kocht beide werken voor 8.000 dollar per doek. Voor het schilderij van Ria Munk betaalde ik 17.500 dollar.

Aan die bedragen zie je wel dat deze kunstenaars nog niet waren ontdekt door het grote publiek. De prijzen van hun werk gingen pas veel later door het dak. Ik heb die drie schilderijen later bij verschillende gelegenheden verkocht met een aardige winst, maar het kwam niet in de buurt van de miljoenen die ze tegenwoordig waard zijn. Zo zie je maar: je moet nooit kunstwerken verkopen waarvan je houdt. Ik heb er nog altijd spijt van. Het was een domme beslissing die ik impulsief maakte om op te ruimen en niet het bezit te zijn van mijn bezittingen.

Na Londen vlogen we naar New York voor meer locatiewerk, en in mei gingen we naar Los Angeles. De shoot duurde langer dan verwacht – dat is niet ongebruikelijk – en mijn contract liep af. Ik vond het niet erg om een paar dagen langer te werken. Ik had wel een verzoek. Ik bewonderde de victoriaanse glas-in-loodpanelen die werden gebruikt voor het prieel bij de ingang van het casino en had tegen Howard gezegd: 'Ik doe het gratis als je mij die glazen panelen geeft.'

'Je mag ze hebben,' zei hij. Hij was blij dat hij ervanaf was en ze niet hoefde op te slaan. Ik herinner me de dag dat de grote houten kratten werden bezorgd en ik moest constateren dat slechts een paar van de panelen echt waren. De rest was nep, door de studio gemaakt om het prieel te completeren. Dat was me niet opgevallen. (Ach, de magie van films!) De studio heeft ze voor 500 dollar van me gehuurd om te gebruiken in *The Great White Hope*. Ik stortte dat geld op mijn oude spaarrekening bij Seamen's Bank in New York, die ik had geopend toen ik nog drie a's in mijn voornaam had. Dat zie ik als écht geld. Ik had nooit het gevoel dat de gages die ik voor mijn films verdiende echt waren. (Misschien omdat ik de cheques niet te zien kreeg. Die gingen rechtstreeks naar mijn zakenmanager.)

Ik mocht mijn kostuums houden. Ik heb nog altijd de elegante jurk in de stijl van Madame Récamier en die mooie crèmekleurige jurk (al is de tulband verloren gegaan bij een overstroming). De rest heb ik weggegeven voor een veiling ten bate van mijn stichting. Ik had geen kastruimte meer.

Ik had die schitterende kostuums moeten bewaren. Dit is weer zo typerend voor me. Ik onderschatte de waarde van die oude kostuums omdat ik mijn eigen waarde onderschat.

Aan het einde van de film wilde ik Vincente een bijzonder cadeau geven. Het was me opgevallen dat hij geen suiker in zijn koffie deed, alleen melk. Ik vond een antieke koffieset, liet de suikerpot weg, en liet er een inscriptie in zetten met de tekst: VOOR VINCENTE, DIE IK VERAFGOOD. LIEFS, BARBRA. En op het melkkannetje: JE BENT DE MELK IN MIJN KOFFIE.

Vincente gaf me een prachtig ingelijste schets van Sarah Bernhardt en zei tegen me dat ik was voorbestemd om die legendarische actrice ooit te spelen. Dat was een geweldige verrassing. Hoe kon hij weten dat ik haar zo fascinerend vond?

Toen ik als tiener research naar haar deed in de bibliotheek, zag ik een foto van haar als Hamlet. Ik dacht: wat een fantastisch idee, een vrouw die een mannenrol speelt. Want in de tijd van Shakespeare speelden mannen alle vrouwenrollen. Ik vond het inspirerend en wilde al haar rollen spelen.

En weet je? Dat wil ik nog altijd.

20

Hoeveel zingende prostituees ken jij?

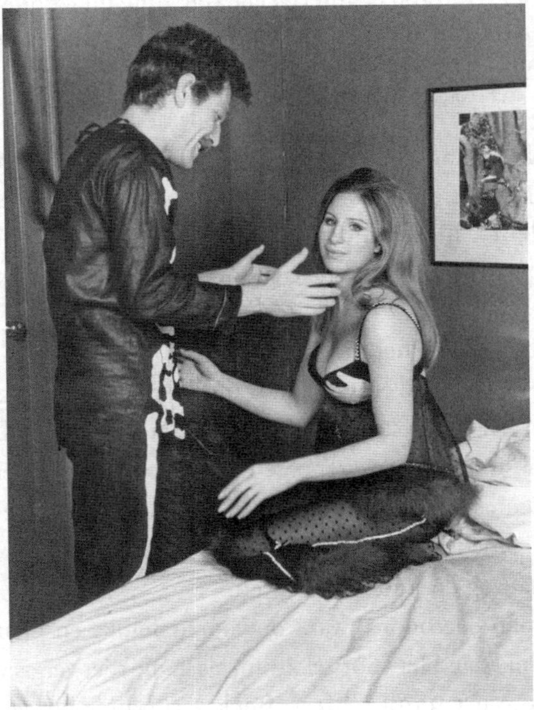

Het idee om *The Owl and the Pussycat* te doen sprak me aan zodra Ray met het voorstel kwam. Ik kende het materiaal al, want ik had het stuk in Londen gezien met Alan Alda en Diana Sands in de hoofdrollen. Het was hip en grappig en anders dan alles wat ik al had gedaan. Het was een romantische comedy, maar met niet al te veel romantiek en best veel realiteit. De plot was een eigentijdse bewerking van de gedachte dat tegenpolen elkaar aantrekken. Felix, een rustige jonge vent met ambities als schrijver die voorlopig in een boekhandel werkt, ontmoet de uitbundige Doris, die haar magere salaris als actrice aanvult als prostituee, maar wel in deeltijd: 'Ik mag dan een prostituee zijn, maar ik ben niet promiscue!'

Er is me iets opgevallen. Als je naar de films uit die periode kijkt (denk aan *Klute*, *McCabe and Mrs. Miller*, *Cinderella Liberty*), zou je zomaar kunnen denken dat alle vrouwen prostituee of huisvrouw waren.

Het was een goede rol. Eindelijk zou ik iemand van mijn eigen leeftijd spelen. Ik kon zelfs mijn eigen haar gebruiken in plaats van een pruik. En ik had een idee. Zou het niet fantastisch zijn om Sidney Poitier te casten als mijn tegenspeler? Dan zou de interraciale verdeling intact blijven die zo goed had gewerkt in de toneelversie. Bill Manhoff, de schrijver van het stuk, had de rassen van de personages niet gespecificeerd en die kwestie kwam in het script niet ter sprake. Dat bood kansen voor de film, dus ik zei: 'Laten we het wat sociaal relevanter maken.' De goede grappen lagen voor het oprapen. Sidney kon uit een chique zwarte familie komen. Als hij me dan meenam naar zijn ouderlijk huis, zouden ze geschokt zijn over het slonzige witte meisje en op haar neerkijken. Dat had de film een extra dimensie kunnen geven.

Maar de studio wilde het niet.

Toen stelde ik Oskar Werner voor, want ik vond hem erg goed in *Ship of Fools*. Dan zou het stel bestaan uit een Joodse vrouw en een Duitse man en konden we ook weer op een grappige manier met stereotyperingen spelen. Sociaal commentaar slaat altijd beter aan als het wordt gepresenteerd in de vorm van een comedy.

Maar ook dat zag de studio niet zitten.

Nog geen man overboord, want de voortreffelijke en hilarische George Segal was beschikbaar. Het voorstel kwam als ik me niet vergis van zijn vriend Buck Henry, die het script schreef. Buck verplaatste het verhaal van San Francisco naar New York en schreef snelle, grappige dialogen in het ritme van hoe New Yorkers spreken. We hoefden niets te veranderen. Mijn vriend Herb Ross was de regisseur. Ik had weer om Harry Stradling gevraagd als cinematograaf, dus ik wist dat ik in goede handen zou zijn. Het was heerlijk om terug te zijn in New York, waar we de hele film opnamen in het najaar van 1969. Ik kon elke avond naar huis.

Mijn enige probleem was Ray, die in de kranten had aangekondigd dat mijn personage zou worden aangepast en dat ze in haar vrije tijd ook folkzangeres was.

Ik belde hem op en zei: 'Ray, ik heb toch gezegd dat ik in deze film niet ga zingen?'

Ik had al in drie films achter elkaar gezongen. De tijd was rijp om tegenover mezelf en de filmindustrie te bewijzen dat ik een film kon dragen door alleen te acteren.

Maar misschien was Ray daar minder zeker van.

Hij wist donders goed hoe ik erover dacht, maar hij bleef onjuiste informatie lekken door te zeggen dat ik vier liedjes zou zingen. En hij had ook al gelogen toen hij probeerde me te dwingen mijn contract te tekenen door te dreigen dat hij de rol van Fanny Brice aan Anne Bancroft of Carol Burnett zou geven. Ik was weer woedend op hem. Toen een journalist me vroeg of ik zou zingen in de film, antwoordde ik lomp: 'Hoeveel zingende prostituees ken jij?'

Ik vraag me weleens af of Ray het leuk vond om me te stangen. Gaf het hem een pervers genoegen om me boos te maken? Ik denk dat het een machtsstrijd was tussen de patriarchale producent en de snel stijgende ster. Toen ik al op alle manieren duidelijk had gemaakt dat ik niet wilde zingen, kwam hij nog aanzetten met een nummer dat hij had laten schrijven in de hoop dat ik het zou zingen als de aftiteling liep, of als achtergrond bij een montagesequentie.

Dat was de druppel. Ik zei: 'Ray, schrijf het maar op je buik. Ik ga onder geen enkel beding zingen in deze film.'

Toen hij me een schuldgevoel probeerde op te dringen – alsof ik de film schade toebracht door het personage te spelen zoals het was geschreven – hield ik voet bij stuk en probeerde ik hem te negeren.

Gelukkig waren alle andere mensen die aan de film werkten sympathieker. Ik had het zo goed naar mijn zin dat ik elke ochtend fluitend naar mijn werk ging. George en ik hadden als vanzelf een klik, waardoor we heel vrij en spontaan met elkaar konden omgaan. Hij was een prima acteur met een groot bereik, van serieus drama zoals *Who's Afraid of Virginia Woolf?* tot een klucht als *Where's Poppa?* En hij speelde banjo in zijn eigen jazzband. We sloten meteen vriendschap. Ik herinner me de perziktaart die zijn vrouw Marion maakte toen ik het echtpaar in de zomer bezocht in The Hamptons. Het was de lekkerste die ik ooit heb geproefd, met verse perziken en zelfgemaakte slagroom, die niet te zoet was.

George en ik hadden veel pret. Ik genoot van de maffe scènes, zoals die waarin hij achter een aquarium hurkt en doet alsof hij een tv is omdat Doris niet in slaap kan vallen zonder een tv. (Ik ga niet eens proberen het uit te leggen. Kijk maar naar de dvd.) Ik draag een krankzinnige outfit: een pyjama van doorzichtige zwarte stof met twee satijnen handafdrukken op de borsten en het woord DORIS in roze satijn op mijn kont. (Die outfit was geen idee van de kostuumontwerper, maar van Buck, die de pyjama gedetailleerd had beschreven in het script.)

De film werd grotendeels opgenomen op locatie: op straat, in een bar in de buurt van Times Square, in de boekhandel Doubleday, in een winkeltje met tweedehands kleding op Eighth Street. Het was het echte New York, niet een aangeharkte Hollywood-versie. De stad was in 1969 niet op zijn best. Het was smerig en morsig, dus dat lieten we ook zien. De set van het appartement van Felix met verschillende sloten op de deur, piepkleine kamertjes en een vreemd binnenraam deed me denken aan mijn kleine appartementje boven Oscars visrestaurant. Ik had het geschetst voor de art director omdat ik toen al geïnteresseerd was in decorontwerp. Hij heeft een aantal elementen overgenomen. Maar Felix' appartement was prettiger dan het mijne was geweest. Hij had tenminste geen badkuip in zijn keuken! Maar het was en bleef een vervallen bende.

Ook het script, dat voor die tijd vrij gewaagd was, mikte op realisme. George had een heuse naaktscène. Nou ja, niet helemaal. Een strategisch geplaatste bureaulamp deed dienst als vijgenblad. Als ze hem naakt betrapt, moet Doris lachen en blijven lachen.

Heb je weleens geprobeerd een minuut lang te lachen zonder onderbreking? Dat is geen eenvoudige opgave.

Ik vroeg aan de rekwisiteur: 'Bestaan er misschien platen met verschillende soorten lachen?'

Hij zei: 'Ik zal kijken of ik iets kan vinden.'

Ik luisterde er voor elke take naar, want ik moest ervan lachen. Toen moest ik doen alsof ik de hik had gekregen van al dat lachen. Ook dat was moeilijker dan je zou denken. Lang hikken trekt een zware wissel op je lichaam.

Maar dat was allemaal niets vergeleken bij de angsten die ik doorstond voor mijn naaktscène.

Toen Herb vroeg of ik een naaktscène wilde doen, zei ik: 'Absoluut niet.'

Toen vroeg hij: 'Topless dan misschien?'

Filmmakers zochten in die tijd de grenzen op om te zien hoe ver ze konden gaan met naaktheid. Ik denk dat Herb met onze film in de frontlinie wilde staan. Hij wilde dat ik zonder shirtje naar het bed zou lopen, waar George op me lag te wachten. Felix en Doris hebben uiteindelijk seks nadat ze beiden uit hun appartement zijn gezet en hebben aangebeld bij een vriend van Felix. Die werd gespeeld door de getalenteerde komiek Robert Klein, die later in mijn voorprogramma zou staan in Las Vegas. Zijn vriendin werd gespeeld door Marilyn Chambers (die in de aftiteling staat als Evelyn Lang), die de pornofilm *Behind the Green Door* zou maken. Was zij niet veel geschikter voor een naaktscène?

Ik voelde me er om twee redenen heel ongemakkelijk over. In de eerste plaats: ik ben verlegen. In de tweede plaats: wat zou mijn moeder ervan vinden?

Maar ik ben nu eenmaal een actrice die zich altijd ondergeschikt maakt aan de visie van de regisseur en Herb bleef maar aandringen. Hij wilde dolgraag dat ik het zou doen.

Hij had makkelijk praten.

'Ik doe het, maar op één voorwaarde,' zei ik. 'Dat de scène wordt verwijderd als hij me niet bevalt.'

Daar stemde hij mee in.

Alleen Herb, Harry, George en ik bleven op de set. George lag al op het bed, maar ik was zo nerveus dat ik de scène maar bleef bespreken met Herb. Ik geef het toe: ik probeerde tijd te rekken. Het duurde zo lang dat George uiteindelijk in slaap viel.

Wat zijn mannen toch heerlijk. Hij kon gewoon een dutje doen terwijl ik zowat liep te hyperventileren.

Ik zei tegen Herb: 'Ik kan het niet. Kijk naar mijn armen. Ik heb kippenvel!'

Hij moest lachen. Hij was niet van plan zich op andere gedachten te laten brengen.

'Oké, we gaan het doen,' zei ik uiteindelijk. 'Dan is dat ook weer achter de rug.'

Maar vlak voordat de camera's gingen draaien, nam ik Herb en George apart. Ik nam ze mee een inloopkast in, trok mijn shirtje omhoog en zei: 'Oké, kijk naar mijn borsten.' Het was mijn kostuumrepetitie, maar dan zonder kostuum. Ik wilde niet dat de camera erbij zou zijn als ik voor de eerste keer topless was.

We liepen de kast weer uit. Herb zei: 'Actie!' en ik kwakte mijn shirtje weg en liep naar het bed. '*Cut. Print,*' zei Herb. 'Prachtig, Barbra.'

Toen Herb me een dag later onder vier ogen de opnamen liet zien, sloot ik aanvankelijk mijn ogen. Toen dwong ik mezelf te kijken.

En ik liet de scène verwijderen. Waarom? Omdat ik het te echt vond. Je hebt filmwerkelijkheid en je hebt de echte werkelijkheid. Ik vond het te echt voor de comedy die we maakten. Het leidde af. 'O, Barbra laat haar borsten zien...' Het zou de film schaden en ten koste gaan van de humor van het volgende shot, als Felix zich onder de dekens nestelt. Het publiek gaat zich ongemakkelijk voelen als je te veel laat zien.

Daar kwam bij dat een bioscoopkaartje in die tijd maar 3,50 dollar kostte. Ik zei voor de grap tegen Herb: 'Als ze mijn borsten te zien krijgen, moeten we veel meer vragen.'

Hij hield zich aan zijn woord en gaf me de opnamen.

Ook zonder mijn topless scène werd de film alleen goedgekeurd voor kijkers boven de zeventien. Ik schijn de eerste vrouwelijke ster te zijn geweest die op het witte doek het woord *fuck* zei. Eigenlijk was het *fuck off*, en dat zei ik tegen een groepje mannen dat naar Doris joelt als ze met Felix van de trappen van het Lincoln Center loopt. Als ze de euvele moed heeft gehad de mannen uit te dagen, stappen ze uit hun auto en jagen ze ons de parkeergarage in, waar we ze weten af te schudden.

Ik geloof dat we een alternatieve tv-versie hebben gemaakt met de woorden *up yours!* Maar voor de dvd hebben ze dat om onduidelijke redenen helemaal verwijderd, waardoor de gewelddadige reactie van de mannen uit het niets lijkt te komen. Ik had de dvd nooit bekeken, maar wilde de film zien om dit hoofdstuk te kunnen schrijven. Jammer. Ik zou hebben geprobeerd om die uitroep weer in de film te zetten. Het was grappig, en echt.

We namen de laatste scène van de film op in Sheep Meadow in Central Park, waar ik achttien maanden eerder gratis had opgetreden. Het was een intense scène. We krijgen ruzie en dan vergeven we elkaar. George en ik moesten een heel scala aan emoties doorlopen. We deden de ene take na de andere en ik kon niet huilen. Het werd steeds later en ik kon me steeds slechter concentreren omdat ik me moest omkleden om enkele uren later de première van *Hello, Dolly!* bij te wonen, waar ik totaal geen zin in had.

Het moment van de uiteindelijke verzoening tussen Doris en Felix is prachtig geschreven. Ze doen alsof ze elkaar voor het eerst ontmoeten en beginnen, ditmaal zonder pretenties, opnieuw. In het laatste shot gaan ze samen op zoek naar een appartement. 'Wie zal het zeggen?' zegt Felix. 'Misschien vinden we wel een woning met een televisie.'

De chemie tussen Streisand en Segal wordt gekenmerkt door een mooi, uitgekiend professionalisme. Waren Hepburn en Tracy ooit zo goed samen, zelfs op hun allerbest, zoals in Pat and Mike? Misschien, maar ze waren zeker niet beter. Segal is een bijzonder acteur: hij doet nooit iets verkeerd. Je zult hem nooit betrappen op een vals gebaar en hij doet nooit iets wat zijn personage eigenlijk niet zou doen. Streisand, momenteel met afstand de beste komische filmactrice van Amerika, heeft voldoende intuïtie en beheersing om haar fenomenale levendigheid in toom te houden. Ze is net als duizenden meisjes die je dagelijks in de metro ziet, maar dan méér. Ze is zowel het archetype als het origineel, en dat maakt haar een ster.

PAULINE KAEL, *THE NEW YORKER*

Ik heb de recensies opgesnord en de meeste waren enthousiast. Ook het publiek hield van de film. *The Owl and the Pussycat* stond op nummer 10 op de lijst van de best bekeken films van dat jaar. De enige schaduw die over de ervaring viel was dat Harry drie weken voor het einde van de opnameperiode gezondheidsklachten kreeg en zijn werk moest neerleggen. Ik maakte me ernstige zorgen over hem, want hij had jaren eerder, voordat we *Funny Girl* maakten, al een hartaanval gehad. Harry vloog naar huis, naar Los Angeles, en Ray haalde Andrew Laszlo erbij om het van hem over te nemen. Ik weet bijna zeker dat Harry Andrew exact had verteld wat hij moest doen, want hij kopieerde braaf Harry's stijl.

Het was raar om met een ander te werken. Niemand kon Harry vervangen. Hij was zoveel meer dan een cinematograaf voor me. Hij was een dierbare vriend, een mentor, een vaderfiguur. Het was een zegen om hem achter de camera te hebben. Ik vertrouwde hem volledig en hield oprecht van hem.

Harry vertrok in december. Op 14 februari overleed hij na een nieuwe hartaanval, enkele uren nadat hij had gehoord dat hij voor de veertiende keer was genomineerd voor een Oscar, voor *Hello, Dolly!* Hij was pas achtenzestig.

Ik was er kapot van. Ik kan nog altijd die uit duizenden herkenbare, nasale stem horen: 'Jongens, haal de camera vijf centimeter naar boven.' Ik zou willen dat we de kans hadden gekregen om samen een onafhankelijke film te maken zoals hij had voorgesteld. Dat zou een fantastische ervaring zijn geweest.

Ik had wel enige afleiding, want op 27 januari, een week nadat we de opnamen hadden afgerond, was ik op weg naar Canada om Pierre Trudeau te ontmoeten.

21

De minister-president

Na onze eerste ontmoeting bij de première van *Funny Girl* in Londen stuurde minister-president Pierre Trudeau me een aardig briefje om me te feliciteren met mijn Oscar. Dat was in april 1969, en ik had teruggeschreven om hem te bedanken. We hebben elkaar een paar keer gesproken, maar het lukte niet om elkaar te zien. Ik moest *Clear Day* maken en hij moest een land runnen.

Toen ik in november in New York was om *The Owl and the Pussycat* te filmen, nam hij het vliegtuig om mij te zien... en ook U Thant, de secretaris-generaal van de Verenigde Naties. Ik was onder de indruk. Pierre was nauw betrokken bij belangrijke geopolitieke kwesties. Hij opereerde op een heel ander niveau dan iedereen die ik kende. Dat vond ik zeer intrigerend.

Hij zei dat hij met me wilde dineren, waar ik maar wilde.

Oké, maar dan niet in een of andere hippe tent. Ik ben dol op eten, maar ik word niet graag bekeken als ik aan tafel zit. Ik zocht iets intiems, met misschien maar een paar tafels. Ik had gelezen over Casa Brasil, een klein restaurant in een herenhuis aan de Upper East Side waar ze zonder menu werkten. Je moest reserveren, want ze ontvingen elke avond maar twee gasten. Je at wat de kok die avond serveerde. We kregen palmharten als voorgerecht en daarna geroosterde eend. Toen ze zei dat het toetje tapioca was, moest ik aan mijn jeugd denken. Ik heb een hekel aan drilpudding, en wrongel (bah!) kon ik al helemaal niet door mijn keel krijgen. Soms maakte mijn moeder heerlijke tapioca. Maar van deze tapioca moest ik niks hebben. De korrels, normaal gesproken witte pareltjes, waren rood omdat ze waren gekookt in rode wijn. Geef mij maar liever tapioca op de traditionele manier, zo uit het pak. En het moet niet langer dan een minuut worden gekookt.

Mijn eventuele nervositeit verdampte al snel, want Pierre was een heerlijke gesprekspartner. Het was erg gezellig. Toen hij me in een auto naar huis bracht, pakte hij mijn hand vast. Mijn eerste gedachte was: mijn god! Ik kon alleen denken aan mijn moeder, die altijd had gezegd dat ik geen handjes moest vasthouden met jongens. Alsof ik er een infectie van kon oplopen. Ik was nog altijd heel ouderwets.

Op een andere avond nam ik Pierre mee naar mijn favoriete Chinese restaurant, een onooglijk tentje op de hoek van Bayard Street en The Bowery in Chinatown, waar ze de vreemdste dingen op het menu hadden staan, zoals vogeltjes met het kopje er nog aan. Ik bestelde altijd slakken in zwartebonensaus. Dat waren niet die grote Franse slakken met veel knoflook (die ik ook heerlijk vind, begrijp me niet verkeerd). Ze waren bereid in zalige Chinese specerijen en zo klein dat je een tandenstoker nodig had om ze eruit te halen. De clientèle was overwegend Chinees. Het was prettig dat niemand ons herkende. Ze hadden het veel te druk met eten!

Pierre vond het ook een fijn restaurant. Hij was heel elegant, maar had totaal geen pretenties en was eindeloos nieuwsgierig. Hij was een avonturier die in zijn jeugd met een rugzak door het Midden-Oosten en Azië had gereisd. Hij had met zijn charisma zoveel enthousiasme gegenereerd dat de Canadese pers de term 'Trudeau-mania' had gelanceerd.

Veel vrouwen vonden hem aantrekkelijk; ik ook. Hij had een heerlijke glimlach en jukbeenderen die leken te zijn gebeeldhouwd uit marmer. Ik genoot van de nabijheid van een man die ook in de schijnwerpers stond. Dat gaf mij de kans om in de schaduw te blijven.

Toen hij op een avond naar mijn appartement kwam, heb ik voor hem gekookt. Ik had kooklessen gehad van een Perzische vrouw. Ik had geen tijd voor een uitgebreide cursus, dus mijn repertoire was beperkt gebleven. Ik had om precies te zijn drie gerechten in de vingers: moussaka, Perzische rijst en chocoladesoufflé (mijn favoriet). Dus dat serveerde ik. Pierre was onder de indruk. Dat was ik zelf ook. (Het was de eerste en waarschijnlijk ook de laatste keer dat ik een echte maaltijd voor iemand heb gekookt.)

Het was makkelijker om thuis te blijven, want zodra we buiten de deur kwamen, werden we belaagd door paparazzi. Hij onderging het gelaten. Toen een journalist hem vroeg: 'Hoe lang kent u Barbra al?' antwoordde hij: 'Nog niet lang genoeg.'

Toen ik klaar was met *The Owl and the Pussycat* had ik meer vrije tijd. Pierre vroeg of ik naar Ottawa wilde komen om samen met hem een gala te bezoeken ter gelegenheid van het honderdjarig bestaan van de provincie Manitoba. Ik wist niet of ik er al aan toe was om onze relatie wereldkundig te maken, maar Pierre had geen bedenkingen. Voordat hij de politiek in was gegaan, was Pierre advocaat geweest en had hij gedoceerd aan een rechtenfaculteit, dus hij kon zijn zaak goed bepleiten.

Toch twijfelde ik nog. Ik weet nog dat ik de kwestie in mijn keuken besprak met Elliott, die Jason kwam bezoeken.

Ik zei: 'Hij is al een paar keer hierheen gekomen, dus nu ben ik aan de beurt. Maar ik weet niet wat ik moet doen. Vind je dat ik moet gaan?'

Elliott zei: 'Ja, je moet vooral gaan.'

Hij bevestigde wat ik al dacht: dat het interessant zou zijn om deze man te observeren in zijn eigen omgeving. Maar ik vond het een eng idee om in mijn eentje op reis te gaan. Ik vroeg Pierre of ik een vriendin mocht meenemen. Een soort chaperonne, want ik had het gevoel dat ik zou worden geïntroduceerd aan het hof. 'Natuurlijk,' zei Pierre. En dus vloog ik naar Ottawa in het vertrouwde gezelschap van Cis. We waren uitgenodigd om te logeren in Pierres ambtswoning. Toen we kwamen aanrijden, zag ik het adres: 24 Sussex Drive. Mijn god, dacht ik, het heeft zo moeten zijn! Vierentwintig, mijn geluksgetal.

Pierre had geregeld dat iemand van zijn staf Cis zou escorteren naar het gala. We waren allemaal in het huis en maakten ons klaar voor het vertrek. Ik kwam als laatste mijn kamer uit. Ik herinner me dat moment, want Cis heeft het in de loop der jaren vaak naverteld: 'Je had zijn gezicht moeten zien toen je bovenaan de trap verscheen, van top tot teen in het wit. Zijn ogen sprongen zowat uit hun kassen en zijn mond viel open. Je was een schitterende sneeuwkoningin en hij bleef maar naar je staren toen je de trap af liep.'

Het was inderdaad een prachtige outfit, een crèmekleurige wollen jurk in empirestijl met een kort jasje met crèmekleurig bont op de kraag en manchetten, met een bijpassende muts en mof, een beetje à la Anna Karenina. Arnold Scaasi had het voor me gemaakt op basis van mijn schets. Ik wilde een mof omdat ik die altijd mooi vond in kostuumfilms, en omdat ik mijn handen erin kwijt kon en ze nog warm kon houden ook. (Het is koud in Canada!) Ik droeg destijds vaak een mof, en ik vroeg Arnold altijd om een rits in de voering te zetten zodat ik een plaatsje had voor lippenstift, een spiegeltje en een zakdoek. De mof deed dus ook dienst als handtas.

Pierre zag er aantrekkelijk uit in zijn smoking en met een rode roos (zijn handelsmerk) in zijn revers. Ik had vlinders in mijn buik.

Toen we arriveerden bij het National Arts Centre sprong Pierre al zo ongeveer uit de auto voordat we stilstonden. Hij liep om de auto heen om het portier voor me te openen. Vanaf dat moment was het alsof alle ogen op ons waren gericht.

Ik voelde me een beetje als Jackie Kennedy toen ik gearmd met deze voorname man, de leider van zijn land, de zaal binnenliep.

Hij begroette her en der mensen. Iedereen wilde een praatje met hem maken. Toen we eindelijk de koninklijke loge bereikten, stond het hele publiek op. Heel opwindend, alsof ik in een sprookje was beland. Hij was die avond de prins en ik de prinses. Toen werden de lichten gedoofd. Tijdens het optreden van het Royal Winnipeg Ballet hield hij in het donker mijn hand vast. (Ditmaal dacht ik niet aan mijn moeder.)

Na de buigingen werden we backstage gebracht om de dansers te feliciteren. Dat was voor mij weer eens wat anders. Meestal had ik zelf opgetreden en stond ik keurig in de rij te wachten om te worden begroet door vips. Nu stond ik aan de andere kant.

De volgende dag woonde ik een bijeenkomst van het parlement bij, waar Pierre alle vragen beantwoordde alsof hij op zijn gemak tennisballen terugsloeg. Op een gegeven moment zei een lid van de oppositie: 'Ik wil de minister-president iets vragen... als hij tenminste zijn ogen lang genoeg van de bezoekerstribune kan afhouden om antwoord te geven.' Daar werd smakelijk om gelachen en Pierre bloosde. Ik lachte en bloosde ook. Het was een opwindend moment dat ik nooit zal vergeten.

Ik herinner me een heerlijke lunch à deux met een stoofpotje van oesters in de ambtswoning. (Hij gaf me al zijn crackers. Toen ging ik hem nog leuker vinden.) Die avond was ik de eregast bij een diner waarvoor Pierre dertig gasten had uitgenodigd. Hij wilde me voorstellen aan zijn vrienden en een aantal plaatselijke kunstenaars. Tot mijn schrik stond iedereen om tien uur op om te vertrekken. Had ik iets verkeerds gezegd? Een assistent stelde me gerust. De gasten hadden bij hun uitnodiging ook een eindtijd gekregen. Pierre had een volle agenda, waar hij zich zeer gedisciplineerd aan hield.

Later die avond zei ik tegen Pierre dat ook ik soms wenste dat mijn gasten niet zo lang zouden blijven plakken, maar dat ik dat niet al op voorhand tegen ze durfde te zeggen. Hij lachte en zei: 'Soms komt een protocol handig van pas. En ik breng mijn tijd veel liever met jou door.'

Ik vond het charmant om te zien dat zijn late snack bestond uit een glas melk en een paar chocozoenen. Hij bood ze mij ook aan en ik nam er een, maar ik sloopte het gedeelte met chocolade en geklopt eiwit eraf en at alleen het wafeltje.

Niet lang daarna nodigde hij me opnieuw uit, ditmaal voor een weekend in zijn buitenhuis. Ik ging alleen. We reden naar zijn officiële verblijf aan Harrington Lake. Het was alsof we de hele wereld achter ons lieten. We verbleven in een enorme cottage met uitzicht over het water. Er stond een klein huisje op stelten, dat was een sauna. Die wilde hij me graag laten zien, dus nadat we onze koffers hadden uitgepakt liepen we door de sneeuw en namen we plaats in de sauna. Toen we daar een poosje keurig in handdoeken gewikkeld hadden gezeten, zei hij: 'Nu moeten we het water in.'

Wat? Dat kon hij op zijn buik schrijven. Zoals je weet laat mijn zwemvaardigheid ernstig te wensen over. En het water in het meer was ijskoud! Ik ben een doetje. Ik overweeg pas mijn teen in het zwembad te steken bij een watertemperatuur van minstens dertig graden.

'Kom op!' riep hij. 'Wil je het niet proberen?'

'Nee, dank je.'

Ik zat rillend in mijn bontjas op het strand toe te kijken terwijl Pierre naakt in het ijzige meer dook. Mijn god! Toen hij eruit kwam, rolde hij als toegift ook nog door de sneeuw. Het schijnt goed te zijn voor de bloedsomloop en het cardiovasculair systeem om van extreme hitte naar extreme kou te gaan. (Ik ben er niet zo zeker van.)

Mijn moeder zou het geschokt hebben aangezien. Ze was zo bang dat ik kou zou vatten dat ze me niet eens naar buiten liet gaan als het sneeuwde. En ze had me doodsangsten aangejaagd over zwemmen. Pierres bereidheid om die dingen te ondergaan maakte hem extra aantrekkelijk voor me. Hij was een echt buitenmens. Hij had zelfs bergen beklommen! En dan heb ik het nog niet eens over zijn brein. Hij was me in intellectueel opzicht evident de baas, maar ik geniet altijd van het gezelschap van mensen van wie ik iets kan leren.

Pierre was de leider van de Liberal Party. Hij was zijn tijd vooruit. Hij voerde een nieuwe abortuswet in en legaliseerde homoseksualiteit. 'De staat heeft niets te zoeken in de slaapkamers van de natie,' zei hij. Hij was in de beste betekenis van het woord een globalist, een strategische denker die begreep dat we allemaal met elkaar verbonden zijn. Hij was een van de eerste westerse leiders die betrekkingen aanknoopte met communistisch China en zei: 'Het feit dat twee derde deel van de wereldbevolking elke avond met honger naar bed gaat, is een grotere bedreiging dan fascistische of communistische ideologieën of zelfs atoombommen.' Hij geloofde in multiculturalisme. Hij loste het conflict op met de Franstalige separatistische beweging in Quebec en herenigde zo de natie. Hij voerde ook strengere wetten op wapenbeheersing in.

Pierre was trots op zijn progressieve ideeën. Ik dweepte met zijn politieke denkbeelden en had bewondering voor zijn prestaties. Ik weet nog dat ik op een middag met mijn hoofd op zijn schoot een script las terwijl hij belangrijke papieren doornam. Ik dacht: wat een genot.

Mijn fantasie was dat ik naar Canada zou verhuizen en goed Frans zou leren spreken. Ik kon campagne voor hem voeren en me inzetten voor zijn politieke doelstellingen. Ik zou alleen films doen die in Canada werden opgenomen, want ik kon niet van hem vragen dat hij naar Los Angeles zou verhuizen. Zijn leven was belangrijker dan het mijne. Ik liet met mijn werk mensen genieten, maar zijn werk was belangrijk voor de hele wereld.

Een andere reden waarom ik hem aantrekkelijk vond was misschien dat hij op mijn vader leek. Hij was zowel een sportman als een intellectueel, een zeldzame combinatie.

Maar hij was ook oud genoeg om mijn vader te zijn. Ik was zevenentwintig, Pierre was vijftig. Dat voelde toch wel een beetje vreemd, vond ik. Toen hij wat serieuzer begon te worden, kwam de fantasie in onzachte aanraking met de werkelijkheid. Ik wist niet hoe ik moest omgaan met een man die in een heel andere levensfase zat en duidelijk vond dat het tijd werd om te trouwen. Ik was net gescheiden en wilde niet halsoverkop beginnen aan een nieuw huwelijk. Ik ben er vrij zeker van dat hij een gezin wilde stichten. Ik had een zoon en het leek me geen goed idee om met Jason zo ver uit de buurt van zijn vader te gaan wonen. De bevalling was bovendien zo zwaar geweest dat mijn artsen hadden gezegd dat het riskant zou zijn om nog een kind te krijgen.

Ik was eerlijk gezegd nogal bang voor de intensiteit van onze relatie.

Ik had bovendien een succesvolle carrière. Wilde ik die achter me laten om mezelf volledig aan een man te wijden? Ik werd verscheurd door twijfels, maar diep vanbinnen wist ik dat het antwoord nee was. Dat ik niet bereid was om het werk op te geven dat me uitdaagde en voedde. Voor niemand.

Ik vluchtte naar Los Angeles om afstand tussen ons te creëren. Ik had gelukkig een fijne plek om te wonen. Ik had het huurhuis op Carolwood Drive gekocht, vooral omdat ik geen zin had om mijn kleren te verhuizen. En misschien omdat ik onbewust al wist dat Los Angeles mijn uiteindelijke woonplaats zou worden. Ik kreeg meteen een goed gevoel van dat huis toen Marty en ik het gingen bekijken. Ik was het beu om in de koude New Yorkse winters rillend in een dikke jas over straat te lopen. In mijn appartement in Central Park West werd om tien uur 's avonds de verwarming uitgezet, dus ik had het altijd koud. Ik kocht straalkacheltjes die ik van kamer naar kamer zeulde. Bovendien werd het bedrag dat ik als huur had betaald voor het huis op Carolwood Drive van de koopprijs afgetrokken. Dat vond ik een prima deal.

Nu ik terug was in mijn eigen wereld, begon dat hele verhaal met Trudeau steeds meer op een droom te lijken.

Ik had zoveel bewondering voor Pierre. Hij was iemand die ik volledig kon respecteren. Een staatsman, een visionair, een iconoclast. Hij was een intrigerende combinatie van tegenstellingen: een elegante man, maar ook een vrijdenker die op sandalen naar het parlement kwam. Wat hij ook zei of deed, hij was altijd eloquent en gracieus, altijd waardig. Maar er ontbrak iets. Mijn brein was verliefd, maar mijn lichaam niet.

Het was een voorrecht om hem te hebben gekend en we hebben nog dertig jaar contact onderhouden. Hij belde me toen hij een in 1930 gebouwd art-decohuis in Montreal kocht, want ik had hem laten kennismaken met die stijl. Ik had hem foto's laten zien van het art-decohuis dat ik liet bouwen in Malibu en nu wilde hij zijn huis delen met mij. Hij was apetrots en zei:

'Ik heb een echte! Kom je het bewonderen?' Die trip naar Montreal heb ik niet gemaakt, maar hij is nog een paar keer naar New York gekomen. In 1983 bijvoorbeeld, toen hij me vergezelde naar een gala van het United Jewish Appeal waar ik de eregast was. En in 1994 nodigde ik hem uit om mee te komen naar het diner van de Elie Wiesel Foundation, waar ik een speech gaf ter ere van Hillary Clinton.

Pierre was ruim vijftien jaar minister-president. Hij ontving de Albert Einstein Peace Prize voor zijn inspanningen om de verspreiding van nucleaire wapens af te remmen.

In 2000 hoorde ik dat hij ziek was. Ik schreef hem een briefje om hem te laten weten hoeveel onze relatie voor me betekende. Toen hij later dat jaar overleed, had de wereld een groot staatsman verloren en was ik een goede vriend kwijtgeraakt.

We spoelen even door naar 2003, toen Jim de rol van Ronald Reagan speelde in een miniserie die werd opgenomen in Montreal. Whoopi Goldberg was zo lief om me haar bus en chauffeurs te lenen, zodat ik in het gezelschap van Renata Buser (die al sinds 1974 mijn fantastische personal assistant en rechterhand is) en mijn drie maanden oude puppy Samantha op pad kon gaan om hem te bezoeken. (Inderdaad, ik heb drie dagen in een bus gezeten om van Los Angeles naar Montreal te rijden. Zo'n grote hekel heb ik namelijk aan vliegen, net als Whoopi trouwens.)

Ik had er spijt van dat ik Pierres huis niet eerder had bezocht, maar nu kreeg ik die kans alsnog. We maakten een afspraak, en toen we aanbelden werden we begroet door een knappe jonge vent met donker haar. Dat was mijn eerste ontmoeting met Pierres oudste zoon, Justin. Hij leidde ons rond en wees ons op de details, precies zoals zijn vader dat zou hebben gedaan. Pierre had jarenlang gewerkt om het Maison Cormier te restaureren tot zijn oorspronkelijke staat. Het staat inmiddels op de monumentenlijst. Na de rondleiding spraken we met Justin over zijn vader. Ik was zowel gelukkig als verdrietig. Het was een ontroerende ervaring om daar te zitten met zijn zoon.

Justin en ik hielden contact. In maart 2006 kwam hij met zijn vrouw Sophie, met wie hij het jaar daarvoor was getrouwd, eten in ons huis in Malibu. Sophie schreef over entertainment en ze was in Los Angeles voor de Oscars. Ik vond haar erg leuk, en wat een prachtig stel! Toen ik zeven maanden later tijdens een tournee optrad in Montreal, nodigde ik hen uit. Ze zaten op de eerste rij. Ik vertelde het publiek dat Sophie en Justin er waren en haalde herinneringen op aan zijn vader.

Toen ik in 2012 opnieuw in Montreal was voor een optreden, zaten ze weer in het publiek. Ze hadden inmiddels twee kinderen. Ze kwamen na afloop backstage en gaven me een exemplaar van het tijdschrift *Maclean's* met Justin op de cover. In het artikel werd hij 'de populairste politicus van Canada' genoemd. Ik begreep heel goed waarom, want hij is net zo slim en charmant als zijn vader.

Toen ik drie avonden later optrad in Ottawa zei ik: 'Ottawa maakt veel herinneringen bij me los.' Ik vertelde over mijn reis naar de stad in 1970 om Pierre te bezoeken. En ik vertelde het publiek hoeveel bewondering ik had voor zijn zoon Justin: 'Hij zit boordevol progressieve ideeën voor de mensen en voor dit prachtige land, dus wie zal het zeggen? Misschien woont hij over een paar jaar ook in het huis op 24 Essex Drive.'

Ik was trots toen Justin in 2015 werd verkozen tot minister-president van Canada. (Net als alle lieve Joodse jongens uit Brooklyn ging hij ging hetzelfde werk doen als zijn vader!) Justin is een vooruitstrevende politicus die het beste in mensen naar boven wil brengen. Hij heeft een eigenschap die cruciaal is voor echte leiders: nederigheid. Hij is aardig en empathisch en geeft meer om mensen dan om bedrijven. Pierre zou trots op hem zijn geweest.

22

Een screwballcomedy

In het voorjaar van 1970 had ik even geen zin om weer aan het werk te gaan nadat ik in hoog tempo vier films had gemaakt. Jason was altijd bij me op de set, maar hij was inmiddels drie en ik wilde met hem thuis zijn om te zien hoe het was om een normaal leven te leiden. Ik wilde pannenkoeken voor hem bakken, samen spelletjes spelen, buiten zitten en voorlezen. Ik wilde liever de zon op mijn gezicht voelen dan felle spotlights.

Ik had een aantal verplichtingen waaraan ik me niet kon onttrekken, zoals de Oscars. De traditie schrijft voor dat de winnares van Best Actress van vorig jaar de Oscar uitreikt aan de Best Actor van het huidige jaar, dus in april draafde ik op om het gouden beeldje te overhandigen aan John Wayne. Een paar dagen later stond ik op een podium in New York, waar ik een ere-Tony ontving als Star of the Decade. Die onderscheiding betekende veel voor me, want die werd gegeven door de theatergemeenschap die me al vroeg welkom had geheten. Ik was erg dankbaar.

Zo vreemd was het niet dat ik moe was. Ik jongleerde met twee carrières, als zangeres en actrice. In de periode waarin ik vier films had gemaakt, had ik vijf albums opgenomen (en dan tel ik de drie soundtracks niet mee). En het moge duidelijk zijn: als ik meer tijd besteedde aan films, had ik minder tijd voor muziek.

Toen ik in 1967 het opnameschema van *Funny Girl* onder ogen kreeg, begreep ik dat ik er minstens zeven maanden mee bezig zou zijn. Marty en ik besloten nog snel wat studiosessies te plannen in maart, voordat ik zou beginnen aan de film. Ik herinner me zo weinig van dat album, dat *Simply Streisand* heette, dat ik Marty heb moeten bellen om te vragen hoe het tot stand is gekomen.

'Dat album was mijn idee,' zei hij. 'Omdat ik zo dol ben op die oude bekende songs.'

Er stonden klassiekers op als 'My Funny Valentine' en 'More Than You Know'. Ik nam niet vaak hits op. Dat liet ik aan anderen over. 'I'll Know' (uit *Guys and Dolls*) wilde ik graag zingen, maar de andere liedjes vond ik minder interessant, en mijn hart lag er niet in.

Dit album kreeg pas na enkele tientallen jaren een gouden plaat voor meer dan 500.000 verkochte exemplaren. Dat was ongebruikelijk. Marty vertelde me: 'Je eerste zeven albums leverden allemaal vrijwel onmiddellijk een gouden plaat op.' Die reeks werd onderbroken door *Simply Streisand*, een album dat ik voor Marty maakte, en vlak daarvoor door *Je m'appelle Barbra*, dat ik voor mezelf had gemaakt.

Goddard Lieberson had Clive Davis aangesteld als baas van Columbia Records. Clive wilde dat ik met mijn tijd zou meegaan. Je hoorde op de radio alleen nog rock-'n-roll, en ik had ongeveer dezelfde leeftijd als die artiesten. Ik was volgens Clive te ouderwets bezig met al die oude liedjes die ik zong. Hij had een punt. Daarom koos ik in 1969 een andere koers met *What About Today?*, een album met werk van singer-songwriters als Paul Simon, Jimmy Webb, en John Lennon en Paul McCartney, al wist ik niet goed wat ik aan hun werk kon toevoegen.

Ik schreef op de achterkant van de hoes dat het album was 'opgedragen aan alle jongeren die zich verzetten tegen onverschilligheid, korte metten maken met middelmatigheid, een betere toekomst eisen en de liedjes van nu schrijven en zingen'.

Maar als het de bedoeling was dat het album jongeren zou aanspreken, hadden we beter een andere hoes kunnen kiezen. Er stond een foto van

Richard Avedon op waarop ik meer op Colette leek dan op een straatrebel die de barricades bestormt. Ik had die foto al, en hij was zo goed dat ik dacht: gewoon gebruiken. Maar als ik eigentijds wilde overkomen, was het niet slim dat ik eruitzag als een Parijse vrouw uit de negentiende eeuw.

Ook de selectie van de gekozen songs gaf tegenstrijdige signalen af. Ik vond het heerlijk om 'With a Little Help from My Friends' in een jazzy jasje te steken. Ik speelde met het ritme door de song te vertragen en dan weer te versnellen. Ik improviseerde en ging in dialoog met de tekst. Dat klonk modern, maar het nummer daarna was 'Alfie' van Burt Bacharach en Hal David, het soort prachtige ballad dat ik zong toen ik net begon.

Marty vertelde me na de release van *What About Today?* dat Clive vond dat het album niet ver genoeg ging en dat ik vanwege de traditionele arrangementen nog gewoon als een Broadway-zangeres klonk. Hij had gelijk, al was er naar mijn smaak niks mis mee om een Broadway-zangeres te zijn. (Blijkbaar verkoop je dan niet genoeg platen.)

Clive schijnt ook niet erg blij te zijn geweest met mijn volgende project, een album waaraan ik al werkte. Het heette *The Singer* en was geïnspireerd door Kurt Weill en Bertolt Brecht. Ik vond hun vorm van politieke satire al intrigerend sinds ik op mijn zestiende een productie van *Die Sieben Todsünden* had gezien in City Center in New York. Zoiets had ik nog nooit meegemaakt: een 'gezongen ballet', geregisseerd en gechoreografeerd door George Balanchine met muziek van Weill, een libretto van Brecht, en Lotte Lenya in de hoofdrol van Anna. Er was een ballerina die haar spiegelbeeld speelde, alsof het personage in tweeën was gesplitst. (Je begrijpt wel waarom ik dat fascinerend vond.) Ik wilde iets doen met datzelfde gevoel van mysterie en diepgang, en die typische bitterheid en angst verkennen die kenmerkend zijn voor het Duitse expressionisme.

Laten we het erop houden dat Clive mijn enthousiasme niet deelde. Sterker nog: hij liet Marty in niet mis te verstane bewoordingen weten dat ik mijn plan moest opgeven.

Maar dit verhaal krijgt nog een staartje. In september 1975 kreeg ik een briefje van niemand minder dan de grote George Balanchine:

Geachte mevrouw Streisand,

Mijn partner Lincoln Kirstein en ik koesteren al enige tijd de wens om mijn productie van Kurt Weills Die Sieben Todsünden *opnieuw uit te voeren. Het probleem is echter dat we geen actrice kunnen vinden met voldoende projectie, dictie, bereik, en het juiste uiterlijk. En ze moet nog kunnen acteren ook.*

Ik ken uw werk en ben van mening dat u de enige bent die Anna kan spelen. Ik ben alleen bereid dit werk nieuw leven in te blazen als u die rol wilt zingen.

Je kunt je wel voorstellen hoe heerlijk het was om dat te lezen.

Dus wat deed ik? Ik schreef terug:

Geachte heer Balanchine,

Bedankt voor uw warme, heerlijke brief. De voorstelling van Die Sieben Todsünden *met Lotte Lenya was een van de meest memorabele die ik ooit heb gezien.*

Ik vind het eervol en bijzonder complimenteus dat u me vraagt mee te werken aan deze nieuwe productie.

Helaas moest ik het aanbod afwijzen omdat ik al tot over mijn oren in de preproductie van *A Star Is Born* zat, waarvan de opnamen enkele maanden later zouden beginnen.

Dat is weer typerend voor mij: ik raak zo geobsedeerd door het project waar ik mee bezig ben dat ik me niet wil laten afleiden door andere zaken. Zo verloor ik een bijzondere kans. Ik zou dolgraag met Balanchine hebben gewerkt. Ik had beter mijn best moeten doen om het te laten gebeuren.

Maar ik moet eerlijk zijn. Ik was ook opgelucht dat ik niet beschikbaar was, want ik was er onzeker over. Ik durfde er niet op te rekenen dat ik zou kunnen tippen aan wat ik Lenya had zien doen. Ze was magnifiek en ging helemaal op in haar personage. Ik dacht niet dat ik zo goed zou kunnen zijn.

Hoe dan ook: Clive zag het niet zitten dat ik zou zingen in de stijl van Weill en Brecht. Dat was niet zijn idee van 'eigentijds'. Hij wilde me laten samenwerken met de hippe jonge producer Richard Perry om aan een hip nieuw geluid te werken.

Ik dacht: ik probeer het gewoon. Ik stond voor alles open, als hij maar niet ging proberen iets van me te maken wat ik niet was. Het feit dat iets populair is, wil niet meteen zeggen dat het bij me past. En ik stond altijd argwanend tegenover commercieel succes, zelfs mijn eigen succes. Dan ging ik me zorgen maken. Raakte ik misschien mijn scherpe kantjes kwijt? Ik had liever een kleine groep toegewijde fans.

Maar ik was wel degelijk bereid om een nieuwe koers te volgen en mijn grenzen te verleggen. Ik vond Richard meteen sympathiek. Hij was lang en slungelig, met een dikke dos krullend donker haar en een warme glimlach die bij zijn warme hart paste. Ik werkte voor het eerst samen met een producer van mijn eigen leeftijd. We waren beiden achtentwintig en kwamen beiden uit Brooklyn. We raakten onmiddellijk bevriend.

Richard wist precies welke songs bij welke artiesten pasten en hij had een helder beeld van wat hij in muzikaal opzicht met me wilde doen. Hij had bij onze eerste afspraak een karrenvracht songs meegenomen waar we samen naar luisterden. Alle eventuele twijfels over onze samenwerking verdampten en ik dacht: dit zou weleens leuk kunnen worden, en heel bevrijdend.

Hij liet me 'I Don't Know Where I Stand' van Joni Mitchell en 'Maybe' van Harry Nilsson horen. En toen nam hij op een dag Randy Newman mee. Randy ging achter de piano zitten. Ik vond hem meteen een intrigerend type met een maffe, charmante uitstraling. Zijn teksten waren al net zo bijzonder:

Maybe I'll write you a letter, maybe I'll give you a call
Maybe I'll drop you a line when I'm feelin' better
Maybe I won't after all...

Misschien had dat nummer ook 'Maybe' moeten heten.

Maar het heette 'Let Me Go', en Randy's versie klonk erg relaxed. Richard en ik kozen voor een bluesy aanpak die me aan Bessie Smith deed denken.

En dan was er nog Laura Nyro. Richard was een fan van het eerste uur, en we kozen drie van haar songs, waaronder 'Stoney End'. Ik zong het tijdens de eerste opnamesessie voor het album. Richard herinnert me eraan dat we om zeven uur 's avonds begonnen en pas om halfzes de volgende ochtend klaar waren. Ik ben een nachtmens, dus het was voor mij niets nieuws om zo lang te werken. Maar volgens Richard was het de langste sessie in de geschiedenis van de muzikantenvakbond van Los Angeles. Maar we hebben die avond en nacht vijf songs opgenomen (het halve album!) en ik heb niemand horen klagen. (Ook dat is volgens Richard een wonder.)

Het is eigenlijk ironisch dat 'Stoney End' de titel van het album werd, want het klikte niet meteen tussen mij en die song. Ik moest me een heel andere mindset aanmeten en had geen idee waar het over ging. '*Going down the stoney end*', wat betekende dat eigenlijk? Het leek me duister, maar de melodie was opbeurend. Heel verwarrend.

Richard wilde dat ik op de tel zou zingen. Dat vind ik altijd moeilijk, want dan kan ik minder vrijuit fraseren dan ik gewend ben.

Ik zei: 'Zo kan ik het niet! Ik moet het zingen zoals ik het voel.' Ik stond op het punt ermee te kappen.

Dat wilde Richard niet accepteren. 'Ik weet dat je het kunt,' zei hij steeds. 'Probeer het gewoon.'

Makkelijker gezegd dan gedaan. Ik voelde me onder druk gezet. Maar ik klemde mijn tanden op elkaar en vond uiteindelijk een manier waarop het nog min of meer natuurlijk overkwam.

'Stoney End' zou als single verschijnen en Richard en ik hadden gewed of het een hit zou worden. Hij zei ja, ik zei nee. We reden samen op Sunset Boulevard toen we de diskjockey hoorden zeggen dat het op nummer 1 stond in Los Angeles. Wat een heerlijke manier om een weddenschap te verliezen!

Gelukkig werd ook het album een groot succes. Die gouden plaat kwam er al snel. Clive en Columbia waren in hun nopjes. Richard en ik maakten een opvolger, *Barbra Joan Streisand*, met opnieuw een song van Laura Nyro en werk van onder meer Carole King, John Lennon en Burt Bacharach en Hal David. Ook die leverde een gouden plaat op.

Dat was erg bevredigend, want ik had tegenover mezelf bewezen dat ik wel degelijk met mijn tijd kon meegaan.

Maar 'Stoney End' heb ik pas veel later weer gezongen. Elke keer als ik een concert voorbereidde, drong mijn team erop aan dat ik het zou zingen. 'Dan gaan de fans uit hun dak!' Maar ik durfde het niet aan, want ik voelde me niet op mijn gemak met dat liedje. Het kwam niet bij me op dat het misschien belangrijk was om mijn hits te zingen.

Uiteindelijk besloot ik er na veel gesmeek een fragment van te zingen tijdens een concert in de Hollywood Bowl in 2012, het laatste optreden van mijn *Back to Brooklyn*-tournee. Mijn team had het goed gezien. De fans gingen uit hun dak.

Er gebeurde iets interessants toen we in 2019 songs bespraken voor mijn concert in Hyde Park. Jarenlang had iedereen deze versie van het eerste couplet gezongen:

I was born from love, and my poor mother worked the mines
I was raised on the good book Jesus, 'till I read between the lines
Now I don't believe I want to see the morning...

Zo zong ik het zelf ook, al had ik het nooit begrepen. Maar Jay Landers ontdekte dat Laura ook een alternatieve versie had geschreven:

I was born from love, and I was raised on golden rules
'till the love of a winsome Johnny taught me love was made for fools
Now I don't believe I want to see the morning...

Aha, iemand heeft dus haar hart gebroken! Na negenenveertig jaar kon ik eindelijk uit de voeten met de tekst.

Terug naar 1970. Het succes dat me dat jaar echt gelukkig maakte was niet mijn eigen succes, maar dat van Elliott. Toen ik bij de Oscars was om de award voor Best Supporting Actor uit te delen, was Elliott er ook. Niet als mijn escorte, maar omdat hij was genomineerd voor zijn bijrol in *Bob & Carol & Ted & Alice*. Ik was blij voor hem. Hij was eindelijk doorgebroken, hoewel hij geen klassieke leading man was, maar iets heel anders. Hij was misschien niet op een conventionele manier 'knap', maar wel heel innemend, en hij had een bijtend gevoel voor humor.

Ik zou natuurlijk ook nooit zijn getrouwd met een sukkel!

Ik was teleurgesteld toen hij niet won. Maar het maakte nauwelijks uit, want tegen die tijd was *M.A.S.H.* al verschenen, en ook dat werd een enorme hit. In september stond hij op de cover van *Time* met de kop STER VOOR EEN GESPANNEN TIJDPERK. Dat was een keerpunt in zijn carrière. Ik vond het heerlijk dat hij succes had en uit mijn schaduw was getreden.

Hij had het zo druk dat hij naar mijn smaak te weinig tijd doorbracht met Jason. Ik wilde dat ze een sterke band zouden hebben en probeerde ervoor te zorgen dat Jason een positief beeld had van zijn vader.

Ik vertrouwde het niet toen Elliott me vroeg een flink bedrag te investeren in een productiebedrijf dat hij had opgericht met Jack Brodsky, die als pr-man voor Ray had gewerkt. Maar ik wilde hem steunen, dus ik zei ja. Ik dacht dat ik nooit meer een cent van mijn geld zou terugzien. Maar wat denk je? Ze maakten één succesfilm: *Everything You Always Wanted to Know About Sex* van Woody Allen. Ik krijg er nog altijd cheques voor, die geloof ik zelfs groter zijn dan mijn cheques voor *Funny Girl*.

Het was een duizelingwekkend moment voor Elliott. Hij kreeg allerlei aanbiedingen, waaronder een wel heel bijzondere. Ingmar Bergman wilde hem casten voor zijn volgende film, *The Touch*, met Bibi Andersson en Max von Sydow. Het zou Bergmans eerste Engelstalige film worden, en zijn eerste met een Amerikaanse acteur. En hij koos Elliott. Ik was diep onder de indruk.

Ik zag mijn eerste Bergman-film, *The Seventh Seal*, als middelbarescholier in het Astor Theatre. Ik zat als gebiologeerd te kijken en herinner me de man in de cape nog heel goed. Wat een krachtig beeld! Zo simpel en mysterieus. Later zag ik *Wild Strawberries*. Ik herinner me de klok zonder wijzers en de over straat tuimelende doodskist. En dan die uitgestoken hand...

Het is alsof die beelden aan je bewuste brein voorbijgaan en rechtstreeks inspelen op het onbewuste. Je kunt ze nooit meer vergeten. Ik las later dat veel van die beelden waren ontleend aan Bergmans dromen.

Ik moest wel gaan toen Elliott me uitnodigde om naar Zweden te komen. Wie zou ooit de kans afslaan om Bergman te ontmoeten?

Ik stapte uit het vliegtuig en daar stond hij! Hij was met Elliott en Liv Ullmann naar het vliegveld gekomen om me op te halen. Hij omhelsde en knuffelde me. Heel warm en hartelijk, alsof we al vrienden waren. Dat was heel typerend voor hem. Hij had een open kijk op mensen, ideeën en het leven.

Ik heb een aantal dagen op de set rondgehangen om hem te zien regisseren. Op een gegeven moment knielde hij buiten het frame van het shot bij Elliotts voeten om hem terwijl de camera draaide door de scène heen te praten en hem het emotionele moment en de reactie te ontlokken die hij wilde zien.

Het was simpel en intiem en werkte wonderbaarlijk goed. (Toen ik twaalf jaar later mijn eerste film *Yentl* regisseerde, gebruikte ik die techniek met Amy Irving voor de scène in haar huwelijksnacht.)

Het was fascinerend om op Bergmans set rond te lopen. Ik voelde allerlei emoties opkomen. Ik wilde zelf dolgraag met Bergman werken en kreeg meer respect voor Elliott. Helaas was ons samenzijn in Stockholm nogal gecompliceerd.

We waren al meer dan een jaar uit elkaar. Maar nu sliepen we in dezelfde hotelkamer, in hetzelfde bed zelfs. Waarom had Elliott me uitgenodigd? Hij was er natuurlijk trots op dat hij me kon voorstellen aan Bergman. Maar zat er meer achter? Had het ook iets te maken met onze relatie? Ik denk dat hij net als ik onzeker was over het vervolg. We hadden een zoon die we beiden op handen droegen. Ik was opgegroeid zonder vader en wilde dat het voor Jason anders zou zijn.

Het was dat laatste moment van verbondenheid voordat je besluit...

Ik vond al die tegenstrijdige gevoelens die door mijn lichaam jakkerden erg verwarrend. Elliott en ik gingen op een avond dineren bij Max von Sydow. Het was daar 's avonds erg afgelegen en angstaanjagend. Ik kreeg een astma-aanval en moest vertrekken.

Het is soms verbijsterend hoe het lichaam werkt. Ik denk dat ik diep vanbinnen wist dat mijn huwelijk niet te redden was.

Toen ik in het vliegtuig zat om terug te keren naar New York – ik was zoals altijd als ik moet vliegen nogal gespannen – bleken we vertraging te hebben. De gezagvoerder liet weten dat er een technisch probleem was en dat we moesten wachten op een onderdeel. Ik zag door het raam een man wegfietsen om het onderdeel ergens op te pikken en dacht: dit is geen goed voorteken. Moet ik uitstappen en een ander vliegtuig nemen? Maar het kan natuurlijk ook dat het volgende vliegtuig is voorbestemd om neer te storten. Ik kan beter blijven zitten.

Op dat moment schoot het universum me weer eens te hulp. Ik raakte in gesprek met de vrouw naast me, die een bekende psychiater bleek te zijn. Dankzij haar hulp kon ik in het vliegtuig blijven zonder een paniekaanval te krijgen. De vlucht duurde negen uur en we hebben geloof ik de hele tijd gesproken. Over relaties, en loslaten, mijn angst om alleen te zijn, en mijn gevoelens voor Elliott.

Hij vertelde me jaren later dat hij niet had beseft dat dit zijn laatste kans met me was.

Maar hoe dan ook: we hadden er geen van beiden voor gekozen om die laatste kans te grijpen.

Ik wil nu we het toch over Bergman hebben even vooruitgaan in de tijd, want ik heb weleens mensen horen beweren dat ik hem zou hebben benaderd om een filmversie te maken van *Die lustige Witwe*. Maar het was omgekeerd. Het voorstel kwam van hem, in een brief die hij me schreef op 10 december 1972.

Het zou nooit bij me zijn opgekomen om *Die lustige Witwe* te doen. Ik zal de oude film (*The Merry Widow*) met Jeanette MacDonald en Maurice Chevalier wel hebben gezien, maar ik had het nooit overwogen als iets wat ik kon doen. Het idee kwam van hem. Hij had in 1954 de operette geregisseerd en schreef dat hij 'er altijd dol op was geweest. De muziek is van het hoogste niveau en het verhaal zit slim in elkaar. Het ademt de sfeer van Wenen en Parijs begin twintigste eeuw in een verhaal vol tederheid en humor.'

Hij vervolgde: 'Ik wil die film maken als Barbra Streisand ja zegt.'

Ik had mijn twijfels over het onderwerp. Het klonk allemaal nogal ouderwets. Maar het was Bergman! Ik zou alles met hem hebben gedaan. We spraken elkaar aan de telefoon. Hij was heel gul en noemde me zijn partner.

Zes maanden later liet hij me in een tweede brief weten dat hij aan het script werkte en 'goede vooruitgang' boekte. Hij stelde voor dat we elkaar zouden ontmoeten als het af was, 'zodat we met het script in handen kunnen spreken over kunst en het leven'. Ik kon niet wachten.

Een maand later stuurde hij me opnieuw een brief om me bij te praten. Hij schreef dat hij had gedineerd met Dino De Laurentiis, die de film wilde financieren. Bergman dacht nog ongeveer vier maanden nodig te hebben voor het script. Hij vroeg of ik vanaf augustus 1974 een periode wilde vrijhouden om de film op te nemen. In de laatste alinea schreef hij: 'Ik heb vaak last van slapeloosheid. Dan ga ik mijn bed uit en ga ik in mijn studeerkamer op een heerlijk comfortabele stoel zitten terwijl ik uitkijk over de zee en naar muziek luister. In de nacht van 14 juli was er een concert van Barbra Streisand dat bijna een uur duurde. Ik was gelukkig en dankbaar.'

Ik kon hem daar zien zitten en ik vond het ontroerend dat ik hem gelukkig kon maken met mijn muziek.

Hij stuurde me de eerste akte van zijn script. Ik vond het briljant. Ondeugend en heerlijk. De eerste scène speelde zich af in een herberg waar de mannen de vrouwen over stoelen lieten buigen. Het was seksueel heel vrij en open. Dat beeld herinner ik me na al die jaren nog. Hij had het vermogen om krachtige beelden op te roepen.

Ik liet hem weten hoe enthousiast ik was.

Hij stuurde me de tweede akte, die erg tegenviel. Veel zaken die in de eerste akte waren aangekondigd werden herhaald. Het verhaal ging nergens heen. Ik kreeg er geen goed gevoel bij.

Ik vertelde hem aan de telefoon dat ik vond dat de tweede akte nog niet het gewenste niveau had. Ik dacht dat we in gesprek zouden blijven om de problemen op te lossen. Ik wilde dolgraag door hem worden geregisseerd. Ik vertrouwde hem meteen. En ik vertelde hem over iets waaraan ik had gewerkt, mijn idee om Isaac Bashevis Singers korte verhaal 'Yentl, the Yeshiva Boy' te verfilmen.

Ongeveer een week na dat gesprek ontving ik een goed doordachte en lieve brief van hem, waarin hij schreef:

Ik vind het enorm vrijgevig van je als je zegt dat je bereid bent jezelf aan me toe te vertrouwen. Maar lieve Barbra, als je niet echt enthousiast bent over de rol is het beter om de waarheid onder ogen te zien en onze samenwerking aan dit project stop te zetten.

Maar ik heb een suggestie. Ik wil een ander project met je bespreken. (Waarom niet dat interessante verhaal waarover je me vertelde?) Ik wil graag met je samenwerken aan een film die ons beiden interesseert en stimuleert.

Mijn hart was gebroken. Ik wilde niet dat hij *Die lustige Witwe* zou laten vallen. Er moest gewoon nog aan de tweede akte worden gewerkt. Dat heb je altijd met eerste scriptversies. Maar ik denk dat hij geen aanpassingen wilde doen. Hij zal er zelf wel tevreden over zijn geweest en had deze beleefde manier gekozen om zich terug te trekken. Ik heb nog geprobeerd hem op het hart te drukken dat hij de moed niet moest opgeven. Maar er waren ook problemen met de financiering en Bergman besloot het project op de plank te leggen.

Ik zal me altijd blijven afvragen hoe die film zou zijn geworden, want hij had het vermogen om zijn actrices – zijn muzen eigenlijk – hun beste werk te ontlokken. Denk aan Ingrid Thulin, Bibi Andersson en Liv Ullmann. Ze gaven zoveel van zichzelf prijs onder zijn regie. Dat moet iets te maken hebben gehad met zijn kwaliteiten als regisseur en zijn behoefte om dieper te gaan.

Het was alsof onze paden elkaar opnieuw kruisten bij de Oscars van 1984. Maar alleen in spirituele zin, want we waren er die avond geen van beiden bij. *Fanny och Alexander* was genomineerd in verschillende categorieën en hetzelfde gold voor *Yentl*, de film die ik na vijftien jaar eindelijk had kunnen maken. Ik voelde me nederig en vereerd. Het was mijn eerste film, voor hem een van de laatste.

Ik had altijd veel ontzag voor hem en dat heb ik nog steeds. Hij heeft ongelooflijk veel impact gehad en had een universele invloed op filmmakers. Bergman had een unieke visie en een bijzondere, herkenbare stijl: krachtig en simpel, vaak in zwart-wit, heel minimalistisch. Hij had een enorme verbeeldingskracht en de beelden die hij bedacht zullen nooit worden vergeten.

We gaan weer terug naar 1970 en mijn persoonlijk wel en wee. Ik zat in de put. Al mijn relaties liepen stuk. Ik was op zoek naar een leraar of een zakenman in plaats van iemand uit de showbusiness.

Maar op een avond ontmoette ik Ryan O'Neal, tijdens een etentje bij een vriendin. Ik geloof dat hij met Sue Mengers was meegekomen, hij was een cliënt van haar. Hij vond me leuk en vroeg haar om mijn nummer. Ryan had net *Love Story* gemaakt met Ali McGraw en hij belde om me uit te nodigen voor een screening. Hij was geestig en charmant en nam zichzelf en de meeste andere dingen niet al te serieus. En hij zag er goed uit. Dat hielp natuurlijk ook.

We kregen verkering en het ging allemaal heel makkelijk en gezellig. Dat was een nieuwe dynamiek voor me. Toen hij na enige tijd zei dat hij van me hield, antwoordde ik: 'Hoe bedoel je? Je kent me helemaal niet.'

Ik was weer eens te letterlijk.

Hij las de wensen uit mijn ogen en ik had veel plezier met hem. Er werd weer eens gelachen in mijn leven.

Maar toen gebeurde er iets waarvan ik erg van slag raakte. Ik werd gebeld door John Calley, hoofd productie bij Warner Bros., een schat van een man en een goede vriend. Hij vertelde dat Elliott, die net was begonnen aan zijn nieuwe film, *A Glimpse of Tiger*, was ingestort. Hij had met de regisseur geruzied, zijn tegenspeelster bedreigd en wilde niet meer naar de set komen. De studio had besloten de stekker eruit te trekken en de film af te blazen.

Wat? Ik kon het nauwelijks geloven. Sommige mensen dachten dat Elliotts gedrag te maken had met drugs. Jaren later vertelde hij me: 'Ik had geen probleem met drugs, maar met de werkelijkheid.'

Het was een catastrofe. Elliotts reputatie lag aan diggelen, en als de studio besloot hem aan te klagen zou hij potentieel een enorme schadevergoeding moeten betalen. Niemand zou meer met hem willen samenwerken. Ik was ten einde raad. Maar John Calley had een plan. Hij stelde voor dat ik de film zou overnemen. Ze konden Elliotts personage in een vrouw veranderen. Ik vroeg of hij me het script wilde sturen. Ik was bereid alles te doen om dat project te redden en Elliott uit de problemen te helpen. Hij was uiteindelijk de vader van mijn kind.

Opeens maakte ik een film voor Warner Bros. John was zo attent om me te vragen wie ik erbij wilde halen als regisseur. Ik had van Sue goede dingen gehoord over een jong talent, Peter Bogdanovich, een cliënt van haar die net *The Last Picture Show* had gemaakt. Peter was nog bezig de puntjes op de i te zetten. Bijna niemand had de film nog gezien, maar Sue regelde dat John en ik de film konden zien bij de studio.

John moest halverwege weg (nadat hij me had toegefluisterd dat hij de film fantastisch vond) en ik keek als gebiologeerd toe. Peter had iets gedaan wat destijds ongehoord was. Hij had een zwart-witfilm gemaakt, een briljante keuze om het kale landschap van Texas in beeld te brengen. Elk shot knalde van het doek. Aan het einde zat ik te huilen.

Peter stond me op te wachten toen ik de zaal verliet. Ik vertelde hem hoe goed ik zijn film vond. Hij begeleidde me naar mijn auto en we spraken nog steeds toen ik instapte en ging zitten. 'Ik wil graag een film met je maken,' zei hij tegen me. 'Maar niet *A Glimpse of Tiger*. Ik zie het script niet zitten.'

'Waarom niet?'

'Het is soft, sentimenteel, en oninteressant. Het wil een duistere comedy zijn, maar het is niet grappig.'

'Ik heb net een comedy gedaan,' zei ik. 'Nu wil ik iets serieus doen.'

'Ik heb net iets serieus gedaan,' zei hij. 'Ik wil een comedy doen.'

We moesten lachen om de ironie van de situatie.

Ik was eerlijk gezegd ook niet ondersteboven van *A Glimpse of Tiger*. Ik had er geen probleem mee om die film te droppen voor iets anders, want ik wilde graag met Peter werken. Ik belde John, en John belde Peter en zei: 'Oké, stel dat je een film mag maken met Barbra. Wat zou je doen?'

Peter zei: 'Een screwballcomedy. Een maffe meid en een saaie vent. Ze verneukt zijn leven en aan het einde zijn ze een stel. Iets in de stijl van *Bringing Up Baby*.'

John zei: 'Oké. Ga je gang. Door wie wil je het laten schrijven?'

Peter stelde Robert Benton en David Newman voor, met wie hij had samengewerkt bij *Esquire*. Dat vond John een voortreffelijk idee, want die twee hadden *Bonnie and Clyde* geschreven.

En zo begon *What's Up, Doc?*

Ik begreep niet precies wat Peter op het oog had, maar ik wilde de film graag doen. Ik had ook al bedacht dat Ryan mijn tegenspeler kon zijn, want ik wist hoe grappig hij was in het echte leven.

John vond het een prima idee, want Ryan was hot. Hij had net een Oscarnominatie gekregen voor *Love Story*, die hard op weg was om de best bezochte film van het jaar te worden. Wie zou hem niet in zijn film willen hebben?

Nou... Peter dus. Hij zei tegen Sue dat Ryan niet geschikt was voor de rol. Toen ze vroeg of hij *Love Story* had gezien, zei hij dat hij die niet had gezien en ook niet van plan was dat te doen. Sue zei: 'Ik betaal je kaartje. Hij draait in Westwood.'

Peter ging, onder dwang, en belde Sue later om te zeggen dat hij moest toegeven dat Ryan erg aantrekkelijk was, maar dat hij op geen enkel moment de indruk had gekregen dat Ryan grappig kon zijn.

'Ga met hem lunchen,' zei Sue.

Dat gaf de doorslag, want Peter zag wat ik ook had gezien. Hij vond Ryan vermakelijk, charmant, grappig en gezegend met zelfspot. Peter waarschuwde Ryan dat hij hem, als hij de rol zou aannemen, genadeloos zou aanpakken. Hij zou zich een kort kapsel moeten laten aanmeten en een seersucker pak dragen.

Ryan was voor alles in en zei dat hij het dolgraag wilde doen.

Peter vroeg of ik *Bringing Up Baby* en *The Awful Truth* had gezien. Ryan kende die films niet en ik kan me niet herinneren of ik ze had gezien, dus Peter vertoonde ze voor ons. Ik was dol op het gekibbel tussen Katharine Hepburn en Cary Grant in *Bringing Up Baby.* Ik ben dol op snelle dialogen. Dat sprak me ook aan in de fantastische films die Hepburn maakte met Spencer Tracy, zoals *Adam's Rib* en *Pat and Mike*. Ryan en ik vonden *Bringing Up Baby* geen dijenkletser, maar we vertrouwden Peter en wilden het erop wagen.

Benton en Newman zouden het script schrijven, maar ze hadden maar drie weken de tijd voordat ze moesten beginnen aan een volgende film. Peter was optimistisch en zei: 'Als Howard Hawks en Ben Hecht maar elf dagen nodig hadden voor *Scarface*, fiksen wij dit wel in drie weken.' Peter werkte elke dag met de schrijvers. Na drie weken hadden ze een script, maar het was nog niet goed genoeg. Dat besefte Peter ook: 'Misschien hadden Hawks en Hecht toch iets langer nodig. En wij waren natuurlijk ook niet zo goed als Hawks en Hecht.'

Hij poetste het script zelf nog een keer op en liet ons het hardop lezen. Het verhaal was nogal verwarrend. Het leek over koffers te gaan. In een van de koffers zaten Ryans stenen, in een andere zaten mijn kleren, en in weer een derde koffer zaten de juwelen van een societydame. Maar ik was dol op de personages. Ryan en ik zeiden ja. Peter haalde Buck Henry erbij, mijn oude makker van *The Owl and the Pussycat*, om het grappiger te maken.

Buck is van nature grappig, hoewel hij er juist heel serieus uitziet (wat hem nog grappiger maakt). Hij zei tegen Peter: 'Je zult me wel haten, maar ik vind het niet ingewikkeld genoeg.' Hij bedacht een vierde koffer met geheime documenten, want heel Amerika was op dat moment in de ban van de Pentagon Papers.

Op een gegeven moment belde Peter Buck om te vragen hoe het ging met de nieuwe versie. Buck zei: 'Nu even niet zo goed. Ik ben verdomme een koffer kwijt en ik weet niet waar ik die heb neergezet.'

Hij was niet de enige. Ik wist ook nooit waar al die koffers waren. Ik kon de plot niet volgen en begreep niet wie wat van wie stal. Uiteindelijk heb ik het maar opgegeven. Waarom zou je überhaupt proberen het op een rijtje te zetten? Het was geen serieus drama. Het was een klucht en Peter wist precies hoe hij wilde dat we het zouden spelen.

Tegen Ryan zei hij: 'Denk aan Cary Grant.'

Toen Ryan niet leek te begrijpen wat dat betekende, belde Peter Cary Grant en liet hij die twee bij elkaar komen. 'Misschien heeft hij tips voor je.'

Ryan maakte na die afspraak een verwarde indruk. Ik stond te popelen om te horen welke wijze woorden de grote Cary Grant hem had toevertrouwd.

'Hij zei dat ik bruin moest worden. Dan hoef je niet zo lang bij de make-up te zitten.'

'Was dat alles?'

'O, en nog iets. Dat ik zijden onderbroeken moet dragen.'

Zelfs met de juiste onderbroeken had Ryan nog altijd weinig vertrouwen in zijn talenten als komisch acteur. Hij gaf grif toe dat hij geen flauw idee had hoe hij de rol moest spelen. Peter speelde voorafgaand aan elke scène alles voor. Hij sprak de regels uit en maakte de gebaren zoals hij wilde dat Ryan dat zou doen.

Peter was erg grappig. Toen ik hem daarmee complimenteerde, vertelde hij dat hij ooit was begonnen als acteur. Hij had op zijn vijftiende les gehad van Stella Adler. In zijn hart was hij een performer. Je kunt er een glimp van opvangen in de trailer, als hij 'As Time Goes By' zingt, terwijl hij op een piano ligt. Hij was daar mijn stand-in, omdat hij dat leuk vond, zodat onze briljante cinematograaf László Kovács de camerabewegingen kon plannen.

Het was heerlijk om samen te werken met László, die een nieuw type cinematograaf vertegenwoordigde. Hij had *Easy Rider* en *Five Easy Pieces* gedaan. Zijn ogen flonkerden en hij zat boordevol levensvreugde. Het is heerlijk om je cinematograaf te kunnen vertrouwen. Je kunt focussen op je eigen werk in de wetenschap dat hij goed voor je zal zorgen.

De production designer was de talentvolle Polly Platt, Peters ex-vrouw, die een goede vriendin van me werd. En de editor was de vindingrijke Verna Fields, die enkele jaren later beroemd zou worden omdat ze de montage van *Jaws* had gedaan. Ook zij werd een goede vriendin. Peter had een voortreffelijk team verzameld en de sfeer op de set was uitstekend.

Aan het begin van de opnameperiode kwam ik elke dag met nieuwe ideeën naar de set, net als tijdens mijn samenwerking met Willy.

'Peter, wat zou je ervan zeggen als ik heel zelfverzekerd het hotel binnenloop en struikel en op de grond val?'

En dan zei hij: 'Nee.'

Dus daar hield ik maar mee op. Het was bijna grappig als hij weer eens nee zei. Hij was ontzettend zeker van zichzelf. Peter had geen enkele behoefte aan discussies en zocht niet naar compromissen. Fysieke comedy is heel specifiek. Hij wist precies wat hij wilde en zag alles al voor zich. Hij zag het als tijdverspilling om ons te laten improviseren.

Ik begreep al snel dat het het best zou werken als ik gewoon mijn mond hield en deed wat hij zei. Zo zit ik eigenlijk niet in elkaar. Maar ik wilde een teamspeler zijn en Peter had de leiding.

Ik vond lang niet alle grappen leuk, en dat baarde me zorgen. Ik begon te twijfelen aan de film en werd onzeker. Toen ik een keer niet wist wat mijn personage voelde, zei Peter: 'Probeer het eens zo.' En dan droeg hij mijn tekstregel voor. Dat is nu net wat professionele acteurs hun regisseur niet graag zien doen.

Ik stond ervan te kijken en zei: 'Peter, ga jij me nu vertellen hoe ik mijn tekst moet doen?'

'Ik probeer je alleen te laten zien hoe je het zou kunnen zeggen,' antwoordde hij.

Toen ik die avond Sue aan de lijn had, vertelde ik over het voorval, maar niet op een negatieve manier. Ik gaf haar alleen een verslag van mijn dag. Maar Peter vertelde me later dat ze hem had gebeld en had gezegd: 'Ga jij Barbra Streisand vertellen hoe ze haar tekst moet doen?'

'Ja, zo werk ik. Maar ze hoeft het niet precies op mijn manier te doen.'

'Nou, ze is er niet blij mee.'

Dat was niet waar. Ik had nooit een regisseur gehad die zoiets deed, dus het was een beetje vreemd. Maar ik zat er niet echt mee. Zo teergevoelig ben ik nu ook weer niet.

Ik was niet beledigd, maar Sue was plaatsvervangend beledigd en had besloten Peter een standje te geven. Of misschien was ze op die bazige manier van haar gewoon overdreven beschermend. Ik kan gek worden van zulk gedrag, dat je soms ziet als vertegenwoordigers van de artiest denken zelf de artiest te zijn, dat ze uit naam van de artiest kunnen spreken en net zo machtig zijn als de artiest. Sommige agenten wijzen scripts af zonder het aan hun cliënt te vertellen. Of pr-mensen stellen eisen die nooit bij de artiest zouden opkomen. En dan krijgt de artiest een slechte reputatie!

Ik weet niet meer precies hoe Sue mijn agent is geworden. We waren aanvankelijk gewoon bevriend. Ze was Elliotts agent. Toen ik op Broadway *Funny Girl* deed, vermoedden we dat Sue hem gebruikte om bij mij in de buurt te komen. Maar ik zocht geen agent. David Begelman en Freddie Fields waren belangrijke spelers, dus waarom zou ik overstappen naar Sue?

Toen ging ze werken voor hun firma, CMA, en langzaam maar zeker werd ze bij gebrek aan andere opties mijn agent. (Ik kwam daar nooit op kantoor en besefte pas later dat David en Freddie grotere plannen hadden. Ze hebben later beiden een studio geleid.)

Sue was erg vermakelijk. Ze vertelde altijd fantastische verhalen. Maar ik had nooit het gevoel dat ik haar echt kon vertrouwen. Als ik bij haar thuis was, hoorde ik haar soms aan de lijn met een andere cliënt: 'Hallo, lieverd. Ja, alles gaat goed. Maak je geen zorgen. Ze vonden je fantastisch.' En dan hing ze op en zei ze op een heel andere toon: 'Kutwijf!'

Ik keek haar aan en vroeg: 'Spreek je ook zo over mij?'

'Nee, natuurlijk niet,' zei ze dan. Maar ik was er niet zeker van.

Sue was een sluipschutter. Ze kon inzoomen op iemands zwakke punten en die persoon dan met één zin neersabelen. Toch vonden veel mensen haar charmant, zolang ze het maar niet op hen had gemunt met haar vileine geestigheid.

En ze kende geen grenzen. Elliott en ik hadden een keer in de zomer voor twee weken een huis buiten New York gehuurd, zodat Jason op het strand kon spelen. Cis en Harvey kwamen op bezoek. Sue kwam ook en ze zwom gewoon naakt in het zwembad in het bijzijn van Harvey, die ze nauwelijks kende. Ze was bepaald niet slank, maar dat liet haar koud. Ik vond het schokkend, maar ik was ook onder de indruk omdat ze zich zo vrij voelde. Heel anders dan ik. Ze was openhartig over haar avontuurtjes met mannen. Toen we op een dag bij mij thuis zaten te lunchen, ging de telefoon. Ik nam op en het was een hijger. Ik zei: 'Momentje...' En toen keek ik Sue aan en zei: 'Het is voor jou.'

Daar hebben we nog jaren om gelachen. Sue kon me altijd laten lachen. Toen ik single was, nam ik haar vaak mee naar feestjes omdat ik niet alleen wilde gaan. Ze zegt dat ze veel van haar cliënten zo heeft ontmoet.

Sue was de ultieme netwerker en een klassieke bemoeial. Dat ze Peter zo lastigviel was relatief onbelangrijk. Het had gelukkig geen effect op mijn werkrelatie met hem. Hij wist dat ik blij was met zijn input, en later in de opnameperiode waren er momenten dat ik zei: 'Ik begrijp niet wat je wilt. Laat maar horen, dat vind ik prima. Zeg maar hoe ik deze regel moet doen.'

Het was vermakelijk. Je kon zien dat Peter mijn rol wilde spelen, en ook alle andere rollen. En hij was erg grappig, dus ik kon er maar net zo goed in meegaan. Hij was uiteindelijk de regisseur en het ging om zijn visie, niet om de mijne. Ik probeer me altijd ondergeschikt te maken aan de visie van de regisseur.

Peter vertelt graag een verhaal over de opnamen van het liedje 'As Time Goes By'. Hij zei: 'Je kent het regeltje "*On that you can rely*"?'

Ik zei: 'Uiteraard.'

'Zou je "*can*" willen benadrukken?'

'Ga je me nu zelfs vertellen hoe ik moet zingen?'

We moesten lachen. Ik probeerde het, en het werkte.

Peter was enthousiast en intelligent. Zijn brein werkte snel en hij wilde altijd dat we een hoog tempo zouden aanhouden. Dat was voor mij geen probleem, want ik kwam uit Brooklyn, waar iedereen snel sprak. Ryan had het er moeilijker mee, maar uiteindelijk lukte het. Er waren scènes waarin iedereen razendsnel sprak en elkaar in de rede viel en er waren sketchachtige scènes waarin alles tot op de milliseconde moest kloppen. Heerlijk vond ik dat.

De stunts waren zo eng! Dacht je dat ik er zin in had om de straat over te steken terwijl er twee motoren op me af raceten?

Natuurlijk niet. Ik ben een lafaard. Ik kneep mijn ogen dicht en prevelde een gebedje. Toen stak ik over en de motoren misten me op een haartje en botsten zoals gepland tegen elkaar aan. (Wat ik allemaal overheb voor de kunst!)

Het engste was dat ik, met Ryan voorop, over de heuvels van San Francisco moest fietsen. Dat was een ongelooflijke achtervolgingsscène vol grappen en stunts: de ladder, de glasplaat, de Chinese draak, het cement, en toen reden we in die Kever door de zigzaggende straat en uiteindelijk de San Francisco Bay in.

Het mag een wonder heten dat er geen gewonden zijn gevallen. Nou ja, Ryan liep een blessure op tijdens een scène in zijn hotelkamer, als hij me aantreft in zijn badkuip. Hij moest achteruitdeinzen en struikelen, maar bij zijn landing bezeerde hij zijn rug. Toen de film klaar was, moest hij worden geopereerd. (Zul je net zien: je overleeft een helse achtervolging en raakt gewond door op een zacht tapijt te vallen!)

Ik herinner me die scène om een andere reden. Een roddelcolumnist schreef dat ik een ander bad had 'geëist'. In werkelijkheid was het eerste bad niet diep genoeg, zodat de bubbels mijn borsten niet bedekten (en die wilde ik niet laten zien). We hebben een dieper bad gebruikt, maar om een heel praktische reden.

Peter creëerde een ontspannen sfeer en we hebben veel gelachen. Peter lachte zelf het hardst, want hij genoot van het regisseren. We hadden een uitstekende cast. Madeline Kahn was in haar eerste film om je te bescheuren. Austin Pendleton was fantastisch, Kenneth Mars was hilarisch.

En ik? Was ik grappig? Knetterde het tussen Ryan en mij? Ik ben er niet zeker van.

Onze relatie was al uitgedoofd voordat de opnamen begonnen. Ik denk dat ik te serieus was voor Ryan. Hij wilde gewoon plezier hebben en hij was niet blij als ik opeens heel intens ging doen. We gingen uit elkaar, maar we bleven bevriend. Toch was het soms ongemakkelijk om voor de camera verliefd op hem te moeten worden terwijl we er in het echte leven een punt achter hadden gezet. Mijn vriend Graham Nash schoot me te hulp. Hij woonde in San Francisco en kwam me vaak ophalen op de set om samen te eten. Dat bood enige troost.

Met Kerstmis 1971 was ik in Las Vegas voor optredens in het Hilton. Ik ben nooit een fan geweest van al die geforceerde vrolijkheid rond de feestdagen, en nu had ik in elk geval iets te doen met oudjaar. Dat was vooral prettig omdat ik single was. Ik had Elliott in juni laten weten dat ik geen oplossing meer zag voor onze problemen. Hij was nog altijd met die vrouw met wie hij had samengewoond in Greenwich Village. Ze was inmiddels zwanger. Hij is naar de Dominicaanse Republiek gevlogen om snel onze scheiding te regelen.

Een paar weken na mijn terugkomst uit Las Vegas vertoonde Peter de film voor mij, Ryan, John en een paar anderen. Er werd hier en daar gelachen, maar niemand ging echt uit zijn bol. Opeens werd ik bang. Het was alsof al mijn twijfels over de film werden bevestigd. Misschien lag het niet aan mij dat ik de grappen niet snapte. Misschien was de film gewoon niet leuk.

Mijn contract bepaalde dat ik naast mijn salaris 10 procent van de brutoopbrengst zou krijgen. Dat kon oplopen tot 15 procent als de film uit de rode cijfers zou komen. Maar stel dat er niemand zou komen kijken? Ik betaalde destijds 70 procent belasting. Je zou er haast voor kiezen om niet te werken, want je hield heel weinig over. Mijn zakenmanager zei dat ik niet genoeg op de bank had staan en raadde me aan mijn aandeel van 10 procent terug te verkopen aan Warner Bros.

Dat was achteraf de stomste deal die ik ooit heb gesloten.

De film ging in première in Radio City Music Hall in New York en brak alle huisrecords. Er werd zo hard gelachen dat je het buiten kon horen. *What's Up, Doc?* werd een grote hit. Alleen *The Godfather* en *The Poseidon Adventure* werden dat jaar beter bezocht.

Dus ik was de pineut.

23

Waar de vrouw thuishoort

Het is heerlijk om mensen te laten lachen, maar na de doldwaze slapstick van *What's Up, Doc?* wilde ik weer het contact voelen met de echte wereld.

Maar die echte wereld was ingewikkeld. De jaren zestig waren turbulent geweest. Na de schok van de moord op John F. Kennedy wilde ik het liefst in bed kruipen en de dekens over me heen trekken. In plaats daarvan zong ik in 1964 bij de Democratic National Convention om Kennedy's opvolger Lyndon Johnson – ook een Democraat – te steunen. En in 1965 werd *Funny Girl* op Broadway één avond stopgezet om me de kans te geven op te treden bij zijn inauguratie. Maar ik kon er niet van genieten.

In april van dat jaar, na de gewelddadige aanval op door Martin Luther King jr. aangevoerde demonstranten in Selma, in de staat Alabama, mocht ik bijdragen aan *Broadway Answers Selma*, een voorstelling met een ongelooflijke cast met Harry Belafonte, Sammy Davis jr., Martin Sheen, Sir John Gielgud, Ethel Merman en vele anderen. Al die Broadway-sterren sloegen op hun vrije avond de handen ineen om geld in te zamelen voor The Anti-Defamation League en The Southern Christian Leadership Conference. Drie weken later stond ik opnieuw op het podium met onder meer Harry, Sammy, Sidney Poitier, Diahann Carroll en Marlon Brando om geld in te zamelen om The Student Nonviolent Coordinating Committee in staat te stellen zwarte mensen te helpen bij hun kiezersregistratie zodat ze gebruik konden maken van hun stemrecht.

In januari 1968, toen de Vietnam-oorlog in volle gang was, werkte ik met onder meer Harry en Diahann, Paul Newman, Joanna Woodward en Carl Reiner mee aan het concert *Broadway for Peace* in Lincoln Center. Leonard Bernstein begeleidde me op de piano en ik zong zijn 'So Pretty', een song met een bitterzoete tekst van Betty Comden en Adolph Green, waarin een land wordt beschreven:

Full of lovely temples painted gold, modern cities, jungles ages old
And the people are so pretty there, shining smiles, and shiny eyes and hair
Then I had to ask my teacher, why war was making all those people die?

Ik ben altijd iemand geweest die vragen stelt. En naarmate ik me bewuster ging bezighouden met politiek, ging ik er alleen maar meer stellen. Want die oorlog riep allerlei vragen bij me op.

Een paar maanden later zong ik bij een fundraiser voor Eugene McCarthy, die dapper genoeg was om het als het over de oorlog ging zelfs op te nemen tegen zijn eigen partij. Ik werd opnieuw begeleid door Bernstein. Het was niet alledaags om zo'n grootheid als pianist te hebben, maar Leonard wilde graag zijn steentje bijdragen. We waren allemaal hartstochtelijke tegenstanders van de oorlog.

In 1970 ging ik Bella Abzug steunen, die zich in New York kandidaat had gesteld voor het Huis van Afgevaardigden. Bella nam geen blad voor de mond en kon soms lomp overkomen. Ze voldeed niet aan het stereotypische beeld dat we hebben van politici. Maar daar kon ik me wel in herkennen, want zelf voldeed ik niet aan het stereotypische beeld dat we hebben van actrices. Bella zette zich in voor thema's die ik belangrijk vond: vrouwenrechten, homorechten, burgerrechten, nucleaire ontwapening, het beëindigen van de oorlog. Ze was een echtgenote, een moeder en een voortreffelijke advocaat die bereid was om te vechten voor de zaken waarin ze geloofde. Haar bijnaam was 'Battling Bella'. Ze was enorm vasthoudend en liet zich niet klein houden. Ze vertikte het om alleen de rol te spelen die de samenleving haar had toegewezen. Haar slogan speelde er behendig op in: 'Deze vrouw hoort thuis... in het Huis van Afgevaardigden.' Ze wilde barrières slechten om te waarborgen dat alle vrouwen en mannen gelijke kansen zouden krijgen om de beste versie van zichzelf te kunnen zijn.

Ik wilde dat Bella verkozen zou worden omdat we haar stem hard nodig hadden op de plaatsen waar beslissingen worden genomen. Vrouwen maken de helft van de bevolking uit, maar er zaten en zitten er nog altijd belachelijk weinig in het Huis. Ik denk echt dat vrouwen de wereld moeten redden, want de meeste mannen hebben er een potje van gemaakt.

Toen Bella vroeg of ik campagne voor haar wilde voeren, zei ik natuurlijk ja. We stonden naast elkaar op de dieplader van een truck en reden door haar district. Het campagnevoeren zat niet zo in mijn aard. Ik spreek niet graag in het openbaar. Ik word er nerveus van en dan kom ik niet goed uit mijn woorden. Een politieke speech geven voor mensen op straat? Dat is mijn nachtmerrie.

Bella was een geboren performer. Ze kon met iedereen spreken, dat was haar grote talent. En wat nog belangrijker was: ze kon goed luisteren. Ze was oprecht geïnteresseerd in anderen. Ze lachte en maakte grapjes en sprak Jiddisch met de Joodse mannen en vrouwen die zich op de Lower East Side rond haar truck verzamelden om te zien wat er aan de hand was. Daar stonden we dan: twee Joodse meiden. Bella uit The Bronx en Barbra uit Brooklyn. Wat hadden we het ver geschopt!

Ze stelde me voor en gaf me de microfoon. Ik heb geen idee meer wat ik zei. Ik weet nog wel dat we *knishes* kochten bij Yonah Schimmel. Ze hadden er een met blauwe bessen en kaas die onvoorstelbaar lekker was. Ik ben er laatst nog eens geweest en hij was minder lekker. Maar het is altijd moeilijk om je reputatie waar te maken. Zelfs voor een knish.

Ik organiseerde een fundraiser voor Bella in een huis aan de Upper East Side waarvan ik korte tijd eigenaar was. Ik was bezweken voor het rasterwerk in art-decostijl op de voordeur en kocht het toen ik door wooncoöperaties op Park Avenue en Fifth Avenue was geweigerd omdat ik actrice was. Ze zullen wel hebben gedacht dat ik de hele tijd harde muziek zou draaien en woeste feesten zou geven, maar zo ben ik niet. (Ik heb vijfendertig jaar in Central Park West gewoond en heb in die tijd denk ik één feest gegeven.)

Of werd ik afgewezen omdat ik Joods was?

Die afwijzing haalde de kranten en leidde tot een onderzoek van de openbaar aanklager van de staat naar de handelwijze van wooncoöperaties.

Maar ik had dus een leeg herenhuis en er kwam een feest. Het moest allemaal heel snel gebeuren. Ik schreef uitnodigingen op mijn briefpapier: 'Reken op sterren van het theater en het witte doek. Reken op drankjes en canapés. Maar reken niet op meubilair!'

Vrijwilligers van de campagne hielpen een handje om het huis op orde te krijgen. Ik zat op handen en knieën de vloer te schrobben, want de vorige bewoonster was een hoarder die bovendien nooit schoonmaakte. Toen ze haar huis uit werd gezet, schijnt ze een revolver te hebben gebruikt. Ja, dat lees je goed. Onroerend goed in New York is een kwestie van leven en dood. De politie vertelde me dat ze mensen bedreigde met dat wapen. Ik heb met mijn eigen ogen een kogelgat in het raam gezien. (Gelukkig had ze het zo druk met hamsteren dat ze het huis niet had laten renoveren, zodat alle mooie art-decodetails uit 1929 nog intact waren. Het appartement had zelfs een garage!)

We maakten het schoon, en ik geloof dat we 25 dollar toegang vroegen voor de fundraiser. Veel mensen vroegen Harry en mij om handtekeningen, dus daar zijn we ook geld voor gaan vragen.

Het was een leuke avond. Gloria Steinem was er, en William vanden Heuvel, die de assistent van Robert Kennedy was geweest toe hij minister van Justitie was. Het was het enige feest dat ik in dat huis heb gegeven, want ik ben er uiteindelijk niet gaan wonen. (Ik kon het niet over mijn hart verkrijgen om het uitzicht vanuit mijn appartement in Central Park West op te geven.)

Op een zondagavond twee dagen voor de verkiezing trad ik in het kader van *Broadway for Bella* in Madison Square op met onder meer Lauren Bacall, Gwen Verdon en Alan Alda.

Ik ging rond tienen op en sloot de avond af met zes nummers, waaronder 'Happy Days'. Ik had het al gezongen voor twee presidenten, John F. Kennedy en Lyndon B. Johnson, en nu wilde ik het zingen voor Bella.

Ik weet nog hoe nerveus ik op de avond van de verkiezingen voor haar was. Ik zat met Pete Hamill, een verslaggever die de race volgde voor de *New York Post*, in een taxi op weg naar het campagnehoofdkwartier toen we op de radio hoorden dat Bella had verloren. Ik was er kapot van. Maar toen we aankwamen, waren er meer uitslagen binnengekomen en bleek dat Bella had gewonnen. Wat een wonder! We waren verbijsterd en dolgelukkig.

Op haar eerste dag in het Congres kwam ze met een wetsvoorstel voor de terugtrekking van de Amerikaanse troepen uit Vietnam. Dat is nou gotspe, in de beste zin van het woord. Een van haar uitspraken is me altijd bijgebleven: 'Vrouwen hebben altijd geleerd dat ze zich gedeisd moeten houden en braaf hun lippen moeten stiften. Maar die tijd is voorbij.'

Bella hield zich in het Huis niet op de vlakte. Ze trapte deuren in om het pad te effenen voor andere vrouwen. En die volgden haar voorbeeld.

In 1971 draaide de beweging voor vrouwenrechten op volle toeren. Vrouwen hielden demonstraties voor gelijke betaling en zetten het Congres onder druk om voor het amendement voor gelijke rechten voor mannen en vrouwen te stemmen. (Bella was een van de pleitbezorgers van het wetsvoorstel.) Ik probeerde ook volgens die principes te leven door de verantwoordelijkheid voor mijn filmcarrière in eigen hand te nemen. Mijn agent Freddie Fields had een plan voor zijn cliënten (ik, Paul Newman en Sidney Poitier). Hij vond dat we een bedrijf moesten vormen. In 1969 richtte hij First Artists op. Het concept was dat we alle films konden maken die we maar wilden voor een budget van 3 tot 6 miljoen dollar, en dat we de complete autonomie zouden hebben. Maar we zouden geen voorschot betaald krijgen. Als de film een hit werd, werden we goed betaald, maar pas na afloop. Als de film flopte, had de artiest pech gehad en kreeg geen cent. We waren bovendien persoonlijk aansprakelijk voor budgetoverschrijdingen.

Het was dus een gok, maar ik hou wel van een risico. Het was een bijzondere deal, maar het idee was niet helemaal nieuw. Mary Pickford, Charlie Chaplin, Douglas Fairbanks en D.W. Griffith hadden vanuit dezelfde behoefte aan creatieve onafhankelijkheid in 1919 United Artists opgericht. Toch moet ik Freddie nageven dat hij zijn tijd ver vooruit was. (Later sloten ook Steve McQueen en Dustin Hoffman zich bij ons aan.) Ik ging nog een stap verder en richtte mijn eigen productiebedrijf Barwood Films op. En ik maakte Cis mijn partner, omdat ze mijn trouwste vriendin was en altijd zinnige dingen te zeggen had over scripts.

Ik wilde absoluut dat mijn eerste film voor Barwood en First Artists een zekere relevantie zou hebben. Ik wilde actuele sociale en politiek kwesties aansnijden. Ik koos *Up the Sandbox*, het verhaal van Margaret Reynolds, een liefhebbende echtgenote en moeder. Ze zorgt voor twee kleine kinderen en kan met veel pijn en moeite het huishouden draaiende houden, maar in haar dromen leidt ze andere levens en bespreekt ze bijvoorbeeld politieke aangelegenheden met Fidel Castro. Ze is een intelligente vrouw die dreigt te worden bedolven onder poepluiers. Ze zorgt voor alles en iedereen, behalve voor zichzelf. Maar ze komt op het punt dat ze haar behoeften niet meer kan onderdrukken. Ze wil naast haar gezin ook een carrière die haar voldoening kan schenken.

Het was een dilemma waar veel vrouwen mee te maken hadden. Ook ik. Net als veel andere moeders kon ik moeilijk de juiste balans vinden tussen mijn werk en mijn kind. Ik had vijf films gemaakt in vier jaar tijd. Ik maakte lange dagen, en ik wilde natuurlijk vaker en langer bij Jason zijn. Ik bofte dat ik me een fantastische Schotse oppas kon veroorloven (ze heette Babs en had de Tweede Wereldoorlog overleefd, dus van Hollywood werd ze niet warm of koud), maar ik wilde niet dat mijn zoon werd opgevoed door anderen.

Aan de ene kant verlangde ik ernaar om thuis te blijven met mijn kind, maar aan de andere kant had ik de krachtige behoefte aan een manier van expressie, net als Margaret. Ze houdt zielsveel van haar man en kinderen, maar ze wil ook schrijven en misschien zelfs een studie oppakken.

Mijn vraag was: waarom zou een vrouw niet een gezin én een carrière kunnen hebben? Margaret wilde het een en het ander. En ik ook.

Ik had het project gevonden dankzij Irwin Winkler. Hij had Freddie de roman van Anne Richardson Roiphe gegeven met de suggestie dat ik het boek zou lezen. Irwin zou de film produceren met zijn partner Robert Chartoff, en ze hadden de toneelschrijver Paul Zindel, die een Pulitzerprijs had gewonnen, ingehuurd om het script te schrijven. Ik vond het belangrijk dat we Margaret goed zouden treffen, dus ik heb dagenlang met Paul aan het script gewerkt. Hij was naar Las Vegas gekomen, waar ik met de feestdagen optrad in het Hilton. Als ik 's avonds zong, ging Paul naar het casino, waar hij nota bene 25.000 dollar won.

We haalden de regisseur Irvin Kershner erbij. Ik was onder de indruk van zijn film *Loving*, met mijn vriend George Segal in de hoofdrol. Kersh had het vermogen om het echte leven in beeld te brengen. Dat zie je niet alleen aan de intieme acteerprestaties die hij zijn cast wist te ontlokken, maar ook aan de sets. Margarets appartement is een van de meest realistische New Yorkse appartementen die ik ooit in een film heb gezien: rommelig, vol met persoonlijke eigenaardigheden, een beetje te krap. Kersh had een vriend met een appartement op Riverside Drive dat hem geknipt leek voor dit gezin. Hij nam er foto's van zodat de decorafdeling het appartement op een soundstage kon nabouwen, tot de lift aan toe. Ik bewonderde zijn oog voor detail. Hij was bovendien een schat van een man. We werden vrienden voor het leven.

Hij zag dat ik goed oplette waar hij de camera neerzette. Als hij een gecompliceerd shot aan het plannen was, zei hij vaak: 'Kom maar even kijken, Barbra.' Dan liet hij me plaatsnemen op de dolly en vertelde gedetailleerd wat hij ging doen. Hij haalde mijn stand-in erbij, zodat ik precies zag wat de camera zou zien.

Als hij het even niet wist, gaf hij dat gewoon toe. Dan zei hij: 'Barbra, ik zit vast. Wat vind jij?' Dan probeerde ik iets te bedenken. We hadden echt een klik. Later zei hij daarover: 'Mede dankzij de toestand van het script heeft ze aan talloze scènes bijgedragen. Het was een zeer vruchtbare samenwerking.' Hij vond toen we met de opnamen begonnen dat het script nog niet echt klaar was, dus we hebben tijdens het proces nog veel aanpassingen gedaan.

De film heeft een aparte, bijna achteloze sfeer, alsof alles is geïmproviseerd. Het heeft meer de sfeer van een kunstzinnige Europese film dan die van een project van een Hollywood-ster. Ik wilde geloofwaardig en realistisch overkomen, niet als een glamourmeisje. Daarom wilde ik dezelfde cinematograaf die *Loving* had gedaan: de fantastische Gordon Willis, die alles er heel echt kon laten uitzien.

Gordy (die ook *The Godfather* deed, die uitkwam toen wij begonnen te filmen) was een verlegen, fascinerende man. (Ik vind mensen met talent altijd fascinerend.) Hij heeft me veel geleerd over licht en hoe goed het kan werken om er spaarzaam gebruik van te maken. Je krijgt in de film niet voortdurend de gezichten van de acteurs goed te zien. Soms zijn ze overschaduwd of op een andere manier aan het zicht onttrokken. Gordy vertrouwde het donker en nam graag risico's. Vaak kon je mijn ogen niet zien, want hij geloofde niet in het gebruik van een ogenlichtje. Gordy's stijl was heel anders dan de gebruikelijke Hollywood-stijl, totaal niet theatraal. Hij deed niet aan glamourshots. Hij gebruikte zelfs nauwelijks close-ups. Hij filmde me vaak door deuropeningen of ramen heen, alsof ik was betrapt in het moment. Dat deed hij magnifiek. Ik zie er heel natuurlijk uit, zoals je me in het echte leven zou zien.

Toen we begonnen met opnemen zei ik tegen hem: 'Ik heb een sterke voorkeur voor de linkerkant van mijn gezicht.'

Hij dacht dat ik gek was geworden en zei: 'Barbra, denk je dat je in de film alleen maar van rechts naar links loopt? Nooit een keer van links naar rechts?'

Ik lachte en zei: 'Oké, oké. Neem me maar op zoals je wilt.'

Het punt was: ik vertrouwde hem.

Hij was het niet met me eens en wilde me laten zien dat mijn rechterkant beter was, of in elk geval net zo goed. Ik ben maar gestopt met me zorgen maken over de camerahoek en gaf me over aan zijn expertise en goede zorgen. En dankzij Gordy, dat genie, zag ik er fantastisch uit. Hij liet me een kant van mezelf zien die ik nog niet kende.

Het grappigste is dat hij aan het einde van de opnameperiode tegen me zei: 'Weet je? Je linkerkant is inderdaad beter.' Hij was goudeerlijk. Nadat hij het voor me had bevestigd, heb ik me nooit meer ongemakkelijk gevoeld om erom te vragen.

Up the Sandbox begint met een tinkelende speelgoedpiano. Dat had ik voorgesteld aan Billy Goldenberg, die de muziek schreef, omdat ik dacht dat het goed zou passen bij een film over kinderen en het moederschap.

Ik ben dol op het eerste shot van de film: een baby die wordt gebaad, mijn handen die blote billetjes wassen. Dan wikkel ik hem in een handdoek en leg ik hem op de vloer om voor zijn zus te zorgen, die nog in bad zit. Het meisje voelde zich zo vrij en reageerde zo natuurlijk dat onze improvisaties vaak beter waren dan het scenario.

Ik herkende veel in Margaret. Ik had zelf zo kunnen zijn als mijn vader niet was gestorven en ik was getrouwd (met iemand die net als hij in het onderwijs zat) en een paar kinderen had gekregen. Het script raakte ook aan mijn relatie met mijn moeder, die altijd alleen zei wat ik verkeerd deed, net als Margarets moeder. Ik plaatste ook vraagtekens bij de rollen die zo diep in ons verankerd lijken te liggen: dat de man werkt terwijl de vrouw thuisblijft om voor de kinderen te zorgen.

Het dramatische conflict in de film speelt zich af in Margarets hoofd en was dus moeilijk om over het voetlicht te brengen. Margaret ontdekt dat ze zwanger is en weet niet zeker of ze een derde kind wil. Ze wordt heen en weer geslingerd tussen de primaire behoefte om te moederen en haar verlangen naar een zinvolle carrière. Ik vond het interessant dat de film geen kant kiest. Het was werkelijk een film over vrouwenemancipatie omdat het ging over het recht van vrouwen om zelf hun route uit te stippelen. Dat betekende ook dat ze het recht had om te kiezen of ze dat kind wilde of niet.

Dat was destijds nog een radicale gedachte. In 1971, toen de film werd geschreven, was abortus (onder bepaalde voorwaarden) toegestaan in slechts zes Amerikaanse staten en in Washington D.C. Pas in 1973, een jaar nadat de film uitkwam, werd abortus in het hele land uit het strafwetboek geschrapt dankzij *Roe v. Wade*, de befaamde uitspraak van het Hooggerechtshof. (Nu ik dit schrijf, heeft dat hof tot mijn grote schok vrouwen weer het recht ontnomen om baas te zijn in eigen buik. Het is bijzonder verontrustend dat we deze strijd opnieuw moeten voeren nadat abortus vijftig jaar lang wettelijk toegestaan is geweest.)

Maar daar gaat de film niet over. Het woord 'abortus' wordt pas elf minuten voor het einde voor het eerst uitgesproken. Margaret denkt erover na, maar ze zegt het niet hardop. Ze zou ervoor kunnen kiezen. En die keuze zou haar niet meteen een slecht mens maken.

Als Margaret te horen krijgt dat ze zwanger is (van een arts die meer vragen stelt over Paul, haar man, dan over haar), wil ze het nieuws meteen delen met Paul, die wordt gespeeld door David Selby. (Cis, die de casting deed, had hem gevonden.) Als ze hem gaat opzoeken op de universiteit, ziet ze dat hij zit te lunchen met een vrouwelijke collega. Ze vertrekt zonder iets te zeggen. Maar als ze door de gang loopt, draait ze zich om en ziet ze die collega uit Pauls werkkamer komen. Ze vraagt haar plompverloren of ze een affaire heeft met haar man. De vrouw geeft dat toe, maar zegt tegen Margaret: 'Paul houdt heel veel van je. Dat heeft hij me verteld.' Dan gaat ze haar eigen kamer binnen.

Margaret loopt weg, en dan zien we opnieuw de vrouw uit Pauls werkkamer komen. Het is de eerste indicatie dat er iets merkwaardigs aan de hand is. Ditmaal overweegt Margaret de vrouw aan te spreken, maar ze doet het niet. Ze is te bang. We begrijpen dat het eerdere gesprek alleen heeft plaatsgevonden in haar hoofd. Het is een fantasie.

Dat vond ik erg goed. We gebruikten geen traditionele technieken (zoals een vervagend beeld) om de kijker te laten weten dat ze de hele scène heeft bedacht. We riepen iets van mysterie op: was het echt gebeurd? Zo maakt de kijker kennis met de stijl van de film, die heen en weer gaat tussen realiteit en fantasie.

De verbeelding is krachtig. Fantasieën kunnen je innerlijke leven verrijken en je naar onbekende plaatsen brengen. Als ik nooit had gefantaseerd over een acteercarrière, was ik misschien geen actrice geworden.

Als ze later iets gaat drinken met haar kinderen, loopt Margaret haar voormalig docent Latijns-Amerikaanse Studies tegen het lijf, die zich een door haar geschreven paper herinnert en zegt dat ze ooit een veelbelovende schrijfster was. Hij nodigt haar uit voor een persconferentie van Fidel Castro. (Of toch niet?) In een latere fantasie stelt Margaret Castro een provocerende vraag. Ze zegt iets wat ik tot op de dag van vandaag geloof: 'Onze wereld is broos, zoals u weet. Hij is in groot gevaar. Onze wereld heeft elk klein beetje liefde en zorg nodig om niet te sterven. Waar gaan we die liefhebbende zorg vinden? Op militaire academies? In kabinetten en regeringen? Nee! In de vrouwen. Als we dan toch kracht moeten gebruiken, laten we het dan hebben over de kracht van moeders die hun zoons een echte vorm van mannelijkheid kunnen meegeven en zo een nieuw type mannen creëren: mannen die niet hoeven rond te rennen met speelgoedgeweertjes en uniformen om te laten zien hoe mannelijk ze zijn. Mannen die hun spieren niet gebruiken om te verwoesten, maar om te bouwen en te behouden. Mannen die niet haten en niet bang zijn om op te staan voor de liefde. We hoeven niet méér op jullie te lijken, meneer. We moeten meer worden zoals onszelf.'

Castro vindt het intrigerend en vraagt haar mee naar zijn hotelkamer, waar hij haar probeert te paaien met wijn. Dan volgt er een cut van hem die haar achtervolgt door de kamer, naar twee mensen in bed. Het zijn Margaret en haar man, ze bedrijven de liefde. Als ze wakker wordt, staart ze naar het wijnglas op haar nachtkastje.

In het echte leven kan soms een voorwerp – een kleur, een geluid, een glas wijn – een herinnering triggeren, of een fantasie. Mensen die we net hebben gezien in Margarets echte leven verschijnen niet lang daarna in haar fantasieleven, maar in een andere vorm. Als je goed kijkt, zie je dat de Spaanssprekende serveerster in de drugstore terugkomt als Castro's assistent.

We namen Margarets fantasieën op zoals we vonden dat het moest. We volgden het voorbeeld van veel Europese films en legden niet alles uit. Het was riskant om het aan de kijker over te laten om uit te maken hoe het zat. De overgangen waren zo naadloos dat veel mensen niet begrepen waar de realiteit ophield en de fantasie begon. Het was subtiel, en dat beviel me uitstekend. Maar veel mensen snapten het helaas niet.

Dat besefte ik pas later. Tijdens de opnamen ging ik helemaal op in mijn personage. Het was een heel persoonlijke film voor me, want het was de eerste keer dat ik situaties uit mijn leven in een film verwerkte. Ik had een appartement geregeld voor mijn moeder in het gebouw waar ik woonde en ze stond voortdurend onaangekondigd bij me voor de deur. Dan zei ik vaak hetzelfde wat we Margaret tegen haar moeder lieten zeggen: 'Ik heb je al zestien miljoen keer gevraagd of je wilt bellen voordat je langskomt.' Als Margaret het vertikt om het kettinkje los te maken en haar moeder binnen te laten, steekt haar moeder een enorme tang door de deur naar binnen en knipt ze het kettinkje door. (Dat was het enige gedeelte dat mij niet zelf was overkomen.)

Ik vertelde Kersh ook over een familiereünie bij mijn neef Harvey, waar veel familieleden waren die elkaar al heel lang niet meer hadden gezien. Het ging stroef, want er waren ook mensen bij die elkaar toch al nooit hadden gemogen. Mijn broer Shelly neemt altijd foto's, waar hij ook is. Tijdens dat feest kon ik geen woord met hem wisselen omdat hij steeds zijn camera voor zijn gezicht had. Ik zei: 'Shelly, je bent niet echt hier. Je gaat dit pas ervaren als je de foto's hebt ontwikkeld.'

Dat was de inspiratie voor het feestje in de film en gaf me het idee om het in 8mm op te nemen, als een homemovie, en heen-en-weer te snijden tussen dat formaat en de 35mm-beelden die we gebruikten voor de rest van de film. Ook weer zo'n maf voorstel: een film in een film. Kersh en Gordy vonden het een goed idee. Voor de eerste helft van die scène gebruikten we niet eens een script. De acteurs kregen voordat we aan het werk gingen een paar eigenschappen van hun personage en we moesten improviseren. Omdat mijn moeder vaak zonder aanleiding ging zingen, lieten we een personage luid zingen terwijl iedereen haar negeert. En een nichtje (zo vader, zo dochter) drijft Margaret tot waanzin door voortdurend foto's van haar te nemen.

Halverwege het feestje besluit Margarets moeder het hele gezelschap mede te delen dat haar dochter zwanger is. In de fantasie dwarsboomt Margaret dat door het gezicht van haar moeder in een taart te duwen. Bravo voor de actrice Jane Hoffman, die zich daarvoor opofferde.

Ik nam elke vrijdagavond bier en broodjes mee voor de cast en crew om te vieren dat we alweer een week hadden voltooid. In de weekends waren we vrij. Op 15 april 1972, een zaterdag, zong ik in het L.A. Forum bij een door Warren Beatty georganiseerd concert om geld in te zamelen voor de campagne van George McGovern, die president wilde worden. Er traden fantastische artiesten op, zoals James Taylor, Carole King en Quincy Jones. Ik was bang dat ik zou worden uitgejouwd omdat mijn muziek minder eigentijds was dan wat die mensen deden. Ik wilde als eerste optreden, want dan had ik het maar gehad. Maar Marty zei: 'Niks ervan. Jij bent de grootste ster, dus je speelt als laatste. Je krijgt meer applaus als je opkomt dan al die anderen krijgen aan het einde van hun set. Als ik ongelijk heb, vertegenwoordig ik je zo lang als ik nog leef voor niets.'

Marty had gelijk. Het werd een heerlijke avond. Warrens vrienden – mensen als Jack Nicholson, Julie Christie, Burt Lancaster, Raquel Welch, James Earl Jones, Goldie Hawn en Gene Hackman – brachten de mensen naar hun stoel, dus het publiek was al opgewonden voordat ze hadden plaatsgenomen.

Ik was zo zenuwachtig dat ik de tekst van 'Stoney End' (die ik altijd vergat) in krijt op het podium had laten zetten. Ik moest het opbiechten aan het publiek om te verklaren waarom ik steeds omlaagkeek. Ze klapten nog ook. Eerlijkheid duurt het langst!

Eind mei vloog ik naar Nairobi. Om een of andere krankzinnige reden gingen we naar Afrika om de Afrikaanse fantasie op te nemen die we hadden bedacht, waarin de vrouwen de leiding hebben terwijl de mannen boter karnen en voor de kinderen zorgen. (We hadden het wat mij betreft ook een halfuur verderop in The Valley kunnen opnemen.)

Ik vond Afrika prachtig en angstaanjagend. Ik kwam op een ochtend te laat op de set omdat er een giraffe op de weg stond die niet opzij wilde stappen. Een schitterend dier, van achteren verlicht door de zon. Een glorieus moment. Maar ik was minder dol op de aapjes die ons kamp binnenslopen en mijn spullen jatten. En als je 's avonds in slaap wilt vallen, zijn in de verte brullende leeuwen wel het laatste wat je wilt horen.

Na het werk ging ik vaak met Gordy en Kersh naar een restaurantje aan de rivier. Ze hingen daar altijd een groot stuk vlees op de andere oever om dieren te lokken. Dat was het entertainment, dat je wachtte op de dieren die dat kwamen opeten. Ik kreeg een merkwaardig gevoel als ik toekeek, alsof ik inbreuk maakte op hun privacy. Maar het zorgde er in elk geval voor dat ze óns niet probeerden op te eten.

Ik wilde op een avond na het eten teruglopen naar mijn kamer, maar ik werd tegengehouden door een wacht die zei: 'Ik moet met u meelopen.' Gelukkig maar dat hij erbij was, want tijdens de wandeling gleed het licht van zijn zaklamp over een neushoorn die pal voor ons stond. Ik was doodsbang.

Ik liep tijdens die reis ook een parasiet op. Ik voelde me akelig en viel af. Maar de intense hitte was nog erger. Ik zat urenlang met mijn ondersteuningsteam (dat inmiddels naast mijn lieve Gracie ook bestond uit mijn kleedster Shirlee Strahm en mijn haarstyliste Kaye Pownall) in een bloedhete trailer op de set. Het wemelde van de vliegen en we hadden geen airco. Op mijn ergste momenten dacht ik dat ik aan de hitte zou bezwijken en net als mijn vader jong zou sterven. Maar die drie vrouwen hebben me erdoorheen gesleept. (*Clear Day* was de eerste film waarbij ik samenwerkte met Shirlee en Kaye, en we zijn elkaar trouw gebleven. We hebben maar liefst elf films met elkaar gemaakt.)

Een onverwacht genoegen van die reis was dat ik het Samburu-volk leerde kennen en met de kinderen heb gezongen. Met een van de vrouwen van de stam sloot ik een bijzondere vriendschap. Hoewel we elkaar niet verstonden, konden we prima communiceren. Ze liet me zien hoe ik een outfit kon maken door stukken stof af te scheuren en met veiligheidsspelden aan elkaar te bevestigen. Ze maakte sieraden van telefoonkabels en kralen. Om haar ogen op te maken gebruikte ze een soort wattenstaafje dat ze had gemaakt van een takje en een draadje van de rok van haar man. Dan vond ze een bepaalde blauwe steen, waar ze op spuugde. Dan haalde ze het wattenstaafje erdoorheen en bracht die blauwe kleur aan op haar oogleden. Ze deed het ook bij mij. Dat was een hele stap voor me, want ik doe altijd zelf mijn make-up.

Ik had natuurlijk Jason bij me, zoals altijd als ik op locatie werk. Hij vond het heerlijk in Afrika. Hij was vijf, dus ik wist dat de dieren een grote trekpleister voor hem zouden zijn. Maar hij was ook gefascineerd toen ik hem een boek voorlas over de archeologen Louis en Mary Leakey, die fossielen hadden opgegraven die aantoonden dat Afrika de geboorteplaats was van de eerste mensen. Ik heb wat kippenbotjes voor hem begraven zodat hij zelf ook een opgraving kon doen.

Ook dat was een reden waarom ik zo persoonlijk reageerde op *Up the Sandbox*: net als ik deed Margaret haar uiterste best om een goede moeder te zijn. De film stelde een belangrijke vraag: waarom wordt de rol van de moeder in onze samenleving zo sterk ondergewaardeerd? Het is toch juist belangrijk om de volgende generatie te vormen? Toch hadden veel vrouwen die 'alleen maar' huisvrouw waren geen positief zelfbeeld. Vrouwen als Margaret, die het gevoel had dat ze onderdeed voor de vrouwelijke collega's van haar man. De film wilde vrouwen in hun kracht zetten en hun laten zien wat ze waard waren, of ze er nu voor hadden gekozen om thuis te werken, of buitenshuis, of beide.

In de laatste fantasie bezoekt Margaret een abortuskliniek. Maar ze vertrekt al voor de ingreep en zoeft op haar ziekenhuisbed door een speeltuin vol kinderen. (Een van die kinderen was Jason. Je ziet hem tegen de draaimolen duwen en erop springen.) Ze wordt uit haar bed gekwakt en landt in de zandbak. De speeltuin is opeens leeg, en dan zitten we weer in de realiteit, waar ze wakker wordt in haar lege appartement. Paul gaat met de kinderen naar het park. We zien haar zwaaien naar hem en naar de kinderen, die in de draaimolen zitten. Ze is de vorige avond flauwgevallen en Paul vraagt: 'Hoe voel je je?'

Ze zegt: 'Ik ben zwanger.'

Margaret heeft haar keuze gemaakt. Ze wil het kindje houden. Dat verklaart haar opwinding aan het einde als ze in een taxi stapt, gelukzalig glimlacht en naar Paul zwaait, die achterblijft met hun kinderen.

Die glimlach zegt: ik ga het een doen en het ander niet laten. Ik ga meer doen dan ik ooit heb gedaan. Ik ga mijn volledige potentieel verwezenlijken.

Margaret houdt van haar gezin, maar ze heeft ingezien dat haar man een groter gedeelte van het werk op zich moet nemen en dat het nu zijn beurt is om voor de kinderen te zorgen terwijl zij haar eigen ding gaat doen. In elk geval op die dag, en hopelijk nog talloze toekomstige dagen.

Ik ben apetrots op deze film, die helaas flopte. Ik weet nog dat ik er vlak na de première met een vriendin naar ging kijken in een bioscoop in Westwood en dat er maar vier mensen in de zaal zaten. Ik geneerde me en was overstuur. De mensen wilden me blijkbaar niet zien in de rol van een gewone huisvrouw. Ze hadden geen belangstelling voor me als ik niet was opgesmukt. De film had geen imposante decors en mooie kostuums. Ze zagen liever de grotere Barbra die haar longen uit haar lijf zingt of grappen maakt.

Zouden ze me alleen accepteren in musicals of comedy's?

Ik wist dat ik meer in mijn mars had. (Ik had Medea gespeeld toen ik vijftien was!)

Marty benaderde in die periode de grote tv-stations met het voorstel dat ik een aantal toneelklassiekers zou doen voor tv, waaronder *Romeo en Julia*. Het enige wat ze wilden weten was: 'Gaat ze erin zingen?'

Nee dus. Marty was zo slim om erop te wijzen dat dat al was gebeurd, in *West Side Story*. Toen hadden ze geen interesse meer. De moed zonk me in de schoenen.

Ze willen je altijd in een hokje stoppen. Ze willen dat je keer op keer dezelfde rol speelt, zoals ze je voor het eerst hebben gezien en zoals ze je goed vonden. Maar dat kan heel benauwend worden. Ik wilde juist groeien, als mens en als actrice.

Het was pijnlijk. Een van de dingen die me op de been hielden, was een briefje van Orson Welles. Hij ging een tv-special maken en wilde dat ik zou meewerken aan *De koopman van Venetië*. Hij schreef:

Lieve Barbra Streisand,

Alsjeblieft, alsjeblieft, alsjeblieft!
Ik beloof je dat het leuk wordt en het wordt een authentieke tv-happening.

Orson dacht in elk geval wel dat ik ook andere dingen kon doen. Waarom het er niet van is gekomen? Wie zal het zeggen. Het is hoe dan ook een gemiste kans.

Een van de problemen met *Up the Sandbox* was de ronduit misleidende publiciteitscampagne. De film werd gepresenteerd als een doldwaze komedie. Veel mensen verwachtten iets in de trant van *What's Up, Doc?* en waren teleurgesteld over deze rare... ja, wat was het eigenlijk? Een komedie is het zeer zeker niet, of misschien kunnen we spreken van een serieuze komedie. Of nog beter: een drama met een paar lachmomenten.

De studio besloot de film uit te brengen met Kerstmis. Helemaal geen goed idee, want het was gewoon geen film voor de feestdagen.

Hij werd ook gekeurd voor boven de zeventien omdat je toevallig de blote borsten te zien kreeg van een van de Afrikaanse vrouwen. En van Castro. (Maar daar zul je echt de film voor moeten bekijken.) Dat vond ik bespottelijk. Wat is er mis met borsten?

De film maakte dus op zijn zachtst gezegd weinig los, en ik heb hem al die jaren gezien als een ondergeschoven kindje. Ik durfde haast niet naar de recensies te kijken, maar die waren tot mijn verbazing goed tot zeer goed.

> *Up the Sandbox is echt iets bijzonders: een slimme, fantasierijke, onconventionele comedy over het getrouwde en huiselijke leven in de middenklasse die ook nog eens ontroerend en teder is. Dit is met lichtjaren afstand de meest innemende en onderhoudende nieuwe film van deze feestdagen.*
>
> Gary Arnold, *The Washington Post*

> *Barbra Streisand heeft niet eerder zo'n mysterieuze, sensuele frisheid geëtaleerd. Ze straalt aan alle kanten. Als Margaret, de vrouw van een docent aan Columbia en de moeder van twee kinderen is ze, zoals Garbo dat was, reden genoeg om deze film te gaan zien. Als er zoiets bestaat als totale empathie, dan beschikt ze erover.*
>
> Pauline Kael, *The New Yorker*

Ik heb de film opnieuw gezien en zou bepaalde dingen nu anders doen. Ik zou harder vechten om Margarets kus met haar vriendje, een zwarte revolutionair, in de film te houden. Dat was in een fantasiescène waarin ze het Vrijheidsbeeld opblazen. (Margaret zag het beeld als een vals symbool omdat ze het gevoel had dat vrijheid voor haar als vrouw niet was weggelegd.) We moesten de kus verwijderen van de studio. De explosie mocht in de film blijven. Dat zegt wel iets over deze wereld.

Hoewel dit mijn eerste film voor mijn eigen bedrijf was, zie ik nu dat ik terughoudend was om me mijn macht toe te eigenen. Dat is best ironisch als je bedenkt dat de film juist gaat over een vrouw die de regie neemt over haar leven. Ik zie dat ik niet eens in de aftiteling sta als producent. Marty staat vermeld als *executive* namens Barwood Films. Dat is zo typerend voor me. De aftiteling liet me koud. Ik wilde alleen maar de film zo goed mogelijk maken.

De filmcriticus Peter Rainer heeft niet lang geleden tegen een vriend van me gezegd dat hij *Up the Sandbox* ziet als een ondergewaardeerde film die nodig aan een nieuwe evaluatie toe is. Dat zou interessant kunnen worden. Ik vraag me af hoe de kijkers van nu na meer dan vijftig jaar naar de film zouden kijken.

Ik vind het nog altijd een goede film en geloof nog altijd in de boodschap. En voor vrouwen in onze samenleving is en blijft het een loodzware uitdaging om hun potentieel te verwezenlijken.

24

The Way We Were

Ray Stark benaderde Arthur Laurents met het verzoek of hij iets voor me wilde schrijven. Ray was onder de indruk van het succes van *The Sound of Music* en *The Miracle Worker* en dacht: laten we die twee films combineren. Barbra kan kinderen met beperkingen in Brooklyn leren zingen! Arthur zag het idee op zijn zachtst gezegd niet zitten, maar hij kwam me opzoeken om erover te spreken. Ik was nog minder enthousiast, maar op een gegeven moment kwamen we over politiek te spreken. Arthur wist dat ik politiek actief was, en terwijl ik zat te raaskallen over de toestand van de wereld moest hij denken aan een slimme meid die hij in zijn studententijd had gekend. Ze was afkomstig uit de lagere middenklasse, was voorzitter van de Youth Communist League (YCL) en heette Fanny Price. Een grappig toeval, of was het een voorteken? Hij zei: 'Ze was intens, gepassioneerd en Joods. Net als jij.'

Arthur ging naar huis en schreef een concept. Ik las het en dacht: lieve hemel! Dit is fantastisch. Ik was helemaal dol op het verhaal. Het personage, Katie Morosky, raakte me diep. Ze leefde hartstochtelijk en was begaan met de wereld. Ik begreep haar helemaal. Ik wist waarom ze verliefd werd op Hubbell Gardiner, de knappe sportheld die ook nog eens goed kon schrijven. Arthur vertelde me dat Hubbell was samengesteld uit verschillende mensen die hij kende, onder wie Peter Viertel, de aristocratische intellectueel uit Hollywood die ging jagen met Ernest Hemingway en scripts schreef voor John Huston.

David Lean heeft ooit gezegd dat je aan vijf fantastische scènes in een script genoeg hebt om een fantastische film te maken. Er zaten er zeker vijf in *The Way We Were*, dus ik belde Ray en zei opgewonden: 'Ik ben er dolblij mee!'

Ray zei: 'Fijn dat je zo blij bent. Maar als je deze film wilt doen, moeten we je contract verlengen met nog een film.'

'Wat? Omdat ik het graag doe, moet ik een extra film doen? Dat is niet eerlijk!'

Hij gaf geen krimp.

Ik was woedend. Bedenk dat hij me de filmversie van *Funny Girl* alleen had laten doen als ik een contract met hem tekende voor nog eens drie films. Ik had *The Owl and the Pussycat* al gedaan en *Funny Lady* (het vervolg op *Funny Girl*, waar ik niet echt op zat te wachten) was in preproductie. Ik had aangenomen dat *The Way We Were* de derde en laatste film van onze deal zou zijn. Dat had ik dus verkeerd gezien. Je moet nooit zomaar iets aannemen.

Ray kwam weer eens terug op gedane beloften. Hij had zomaar besloten dat *The Way We Were* niet zou meetellen voor ons contract. Ik snapte er niets van. Ik tast tot op de dag van vandaag in het duister over de voorwaarden van dat contract. Ik heb Marty gebeld om te vragen hoe het was gebeurd en Marty zei: 'Zo was Ray nu eenmaal. Hij was een taaie onderhandelaar. Hij wilde met je blijven werken en dan speelde hij dit soort spelletjes. Zo ging hij met iedereen om. Hij was niet geliefd.'

Het was een doorzichtige poging om nog een extra film uit me te persen.

Ray zei: 'Ik betaal je veel meer als je deze film buiten het contract om doet. Ik zal je hetzelfde betalen als wat je kreeg voor *What's Up, Doc?*'

Het liet me koud hoeveel geld hij bood. Het ging niet om het geld, maar om het principe. Ik wilde geen minuut langer bij hem onder contract staan dan strikt noodzakelijk. En dus hield ik voet bij stuk.

Ik zei: 'Wat mij betreft valt *The Way We Were* gewoon onder het contract dat we hebben gesloten. Je kunt me niet zomaar chanteren.'

Ik speelde het niet slim, want nu zou ik gewoon het oorspronkelijke, in 1965 bepaalde bedrag krijgen, terwijl ik voor *What's Up, Doc?* vijf keer zoveel had gekregen, plus dat winstpercentage dat ik tot mijn schade en schande had terugverkocht aan de studio. Maar dat vond ik niet erg, want het moment dat ik Ray achter me kon laten was weer dichterbij gekomen.

Het is soms kostbaar om vast te houden aan je principes. Maar ik kan in elk geval zeggen dat ik trouw blijf aan mijn normen en waarden.

Ik denk dat Arthur voorstelde dat Sydney Pollack zou kunnen regisseren. Hij vertelde me dat Sydney had geacteerd en acteercursussen had gegeven in The Neighborhood Playhouse in New York. Mooi, dacht ik, dan zal hij wel begrip hebben voor de werkwijze van zijn cast. Ik had zijn films *The Slender Thread* en *They Shoot Horses, Don't They?* gezien en wist dat hij goed uit de voeten kon met serieus materiaal. Haal hem er vooral bij, zei ik tegen Ray. Ik mocht Sydney meteen graag en voelde me voldoende bij hem op mijn gemak om hem te vragen of hij wilde overwegen om Harry Stradling jr. aan te nemen als cinematograaf. Dat deed ik uiteraard uit liefde voor zijn vader.

Ik had ook al een acteur op het oog voor de rol van Hubbell: Robert Redford, die goed bevriend was met Sydney. Alles leek op zijn plaats te vallen.

Veel mensen merkten Bob voor het eerst op in *Barefoot in the Park*, maar die film maakte op mij weinig indruk. Het was een lichte comedy en Bob deed keurig wat er van hem werd verlangd. Pas na het zien van *This Property Is Condemned* van Sydney begreep ik wat er allemaal schuilging achter zijn helderblauwe ogen.

Ik voelde me niet tot hem aangetrokken vanwege zijn uiterlijk. Mannen met blond haar en blauwe ogen zijn mijn type niet. Ik vond hem knap met zijn fraaie kaaklijn en zijn schitterende gebit. Maar het was vooral Bobs complexiteit die ik intrigerend vond. Je weet nooit precies wat hij denkt, en juist dat maakt hem zo fascinerend op het witte doek. Net als alle andere grote filmsterren begrijpt Bob hoe belangrijk het is om iets achter te houden.

Je krijgt nooit alles te zien. Dat is het mysterie, de reden waarom je altijd naar hem wilt blijven kijken.

Bob zit vol tegenstellingen. Hij is een intellectuele cowboy, een charismatische ster die tot de beste acteurs van zijn generatie behoort. Maar net als mijn man lijkt hij zich te verontschuldigen voor zijn uiterlijk. Dat vond ik een prettige eigenschap.

Vandaar dat ik Bob wilde voor de rol van Hubbell. Maar hij zei nee.

Sydney en Bob waren close, dus ik hoopte dat Sydney hem zou kunnen overhalen. En ik moet het Sydney nageven: hij deed net zo hard zijn best als ik omdat we beiden vonden dat de film alleen zou werken met Redford. Het is net als met tennis: ik wist dat ik zelf ook beter zou presteren als ik tegenover een goede speler stond.

Maar Bob vond (en hij had gelijk) dat het script te veel was gefocust op Katie en dat Hubbell niet uit de verf kwam. Bob vroeg Sydney: 'Wie is die vent? Hij komt niet tot leven. Hij wil niets. Wat wil die vent?' Bob vond hem 'oppervlakkig en eendimensionaal. Niet een echt mens.' Of zoals Sydney zei: 'Een pin-upgirl, maar dan omgekeerd.'

Omdat ik Bob er hoe dan ook bij wilde hebben zei ik tegen Sydney: 'Geef hem alles wat hij wil. Schrijf extra scènes om zijn personage sterker te maken. Maak het gelijkwaardig.' Sydney zette de voortreffelijke schrijvers David Rayfiel en Alvin Sargent aan het werk om Bobs rol interessanter te maken en diep onder zijn oogverblindende uiterlijk te duiken. Ik vroeg Ray om aan al zijn salariseisen te voldoen. 'Doe het maar van de gage die je mij zou hebben betaald.'

Maar Bob bleef nee zeggen. Ik was er kapot van.

Ray vond dat we ons eroverheen moesten zetten en een andere acteur moesten nemen. Hij zal wel hebben gedacht dat iedere blonde acteur zou volstaan. Ryan O'Neal was de volgende op zijn lijstje. Sydney smeekte om een week tijd om op Redford in te praten. Ik zei dat Ray hem die week moest gunnen en bleef bidden. Ze hebben er tot het laatste moment over onderhandeld. Ik was druk bezig met *Up the Sandbox.* Toen we op locatie waren in Afrika, kreeg ik een telegram van Sue Mengers met twee woorden: 'Barbra Redford.' Ik begreep dat hij eindelijk ja had gezegd. Ik was door het dolle heen. Bobs terughoudendheid heeft een positieve invloed gehad op het script. De veranderingen die hij afdwong, hebben zijn personage rijker en interessanter gemaakt.

Hubbell en Katie zijn heel verschillend. Hij is de zwijgzame blonde hunk zonder een duidelijke politieke inslag en zij is een geopinieerde, uitgesproken pacifistische Joodse meid. Het script is gebaseerd op de gedachte dat tegenpolen elkaar aantrekken. En dat was ook zo.

Bob en ik waren oprecht nieuwsgierig naar elkaar en ik denk dat je dat terugziet in de film. Hij vroeg hoe het was geweest om op te groeien in Brooklyn. Hij zal me wel exotisch hebben gevonden. Maar ik vond hem juist exotisch, want hij was opgegroeid in het zonnige Californië. Surfte hij? Ging hij vissen? In zee zwemmen na het eten?

Ik wist dat hij andere gewaagde dingen deed, zoals skiën. Op twee dunne latjes razendsnel van een berg afdalen is niet een vaardigheid die je snel zult leren op de straten van Flatbush. Hij kon beeldend en meeslepend vertellen over de plaatsen waar hij in het weekend had geskied, en hoe hij helemaal alleen op bergtoppen stond, omringd door ongerept natuurschoon. Het leek me eng, maar het klonk ook goed, en ik dacht: zou ik dat ooit kunnen doen? Hij heeft me geïnspireerd om te leren skiën. Dat zou ik anders nooit hebben gedaan, want je kunt wel botten breken!

Bob is een eenling. Ook dat is een onderdeel van zijn charme. Ik ben zelf ook niet van de achteloze prietpraat. De film ging over twee mensen die zich van elkaar bewust zijn, maar zich in verschillende sociale kringen begeven. Ik denk dat Bob en ik gevoelsmatig hadden besloten om in het begin niet veel tijd met elkaar door te brengen. Het proces van wederzijdse ontdekking moest plaatsvinden voor de camera.

We hebben de film opgenomen in chronologische volgorde van de gebeurtenissen. Dat is een groot geschenk voor acteurs. Tegen de tijd dat Katie en Hubbell zich gemakkelijk voelden met elkaar, gold hetzelfde voor Bob en mij. Toen we scènes opnamen op het strand van Malibu kwam Bob een keer aanrijden op zijn motor. Hij vroeg of ik een ritje wilde maken. Ik was niet zo'n meisje dat er altijd van had gedroomd om met wapperend haar op een motor over de snelweg te racen. (Daar krijg je alleen maar klitten van!) Toch ben ik opgestapt. Ik greep me vast aan zijn middel alsof mijn leven ervan afhing. Toen we eenmaal reden, was ik merkwaardig genoeg niet bang meer. Ik voelde me veilig bij hem.

Ik had geen idee waar we naartoe gingen. We reden door een tunnel en toen door een mij totaal onbekende canyon naar een mysterieuze plek vol eikenbomen. We passeerden een beekje waar het naar wilde venkel rook. Het was alsof we de beschaving ver achter ons hadden gelaten. Het was heel privé.

Ik kon natuurlijk niet weten dat ik daar een jaar later in een huis zou wonen dat op een moderne schuur lijkt. Ik legde dat verband pas lang nadat ik er was gaan wonen, toen ik op een dag door de tunnel reed en bedacht dat ik daar met Bob was geweest. Ik heb dat huis twintig jaar aangehouden als mijn tweede woning. Toen heb ik het aan de staat Californië geschonken om te worden gebruikt als een klimaatcentrum.

Het was heerlijk om samen te werken met Bob. We hadden een echte klik, dat kon het publiek ook zien. Het is altijd moeilijk om uit te leggen waarom een bepaalde combinatie van twee acteurs wel of niet werkt, maar Bob heeft het in een interview geprobeerd: 'Barbra's vrouwelijkheid brengt het mannelijke in een man naar boven, en haar mannelijkheid brengt het vrouwelijke in een man naar boven; zijn kwetsbare of romantische kant, hoe je het maar wilt noemen.'

Wat een slim inzicht! Logisch dat ik hem graag mocht.

Voordat ik dit hoofdstuk ging schrijven, heb ik de film weer bekeken, voor het eerst sinds 1998. Toen werkte ik mee aan *Looking Back*, een documentaire over de totstandkoming van de film, die op de dvd stond die vijfentwintig jaar na de première is uitgebracht.

Sydney, Arthur en ik waren geïnterviewd. Ik hoorde Sydney tot mijn grote verbazing zeggen dat Bob en ik verschillende manieren van werken hadden; dat ik uitvoerig wilde repeteren terwijl Bob de scènes gewoon wilde opnemen. Zo herinner ik me het niet! Ik repeteer liever niet al te veel. Ik ben vaak op mijn best bij de eerste take. Dan ben ik spontaan en origineel. Je wilt niet die spontaniteit verliezen omdat je te vaak hebt gerepeteerd.

Het publiek kan het zien als een acteur echt denkt, voelt en reageert. Je kunt emoties onmogelijk veinzen als je gezicht in close-up te zien is op een scherm van zeven meter hoog. De camera kijkt er dwars doorheen en ziet de waarheid. Als je aandachtig kijkt en luistert, wordt dat duidelijk. Dat is volgens mij het kenmerk van goed acteren. Bob en ik zijn goede luisteraars. We moesten ook wel aandachtig luisteren, want we wisten nooit wat de ander zou gaan doen. We konden heerlijk op elkaar reageren omdat we oog hadden voor het belang van in het moment zijn.

Dat zie je goed in een scène vroeg in de film, als Katie van een van haar baantjes naar huis loopt en Hubbell aan een tafel ziet zitten bij het plaatselijke hotel. Ze steekt over om hem te ontlopen, maar hij ziet haar en roept haar.

Ze kan even geen gespreksonderwerp bedenken en zegt: 'Mevrouw Simpson is getrouwd met de Hertog van Windsor. Dat staat morgen in de krant.'

'Hoe weet je dat?' vraagt hij. 'De kranten zijn er nog niet.'

'Ik werk twee avonden per week in de zetterij.'

'Jij laat het er ook nooit bij zitten, hè?'

Katie heeft allerlei baantjes om haar studie te financieren, maar ze wil niet dat hij dat weet. Ze haalt haar schouders op en zegt: 'Nou, bedankt. Je hebt me geholpen om over te steken.'

Maar als ze wegloopt, vertelt hij haar belangrijk nieuws: hij heeft voor het eerst een verhaal verkocht. Katie ontspant en is oprecht blij voor hem. Dan is er een ontroerend moment als hij zegt 'zet je voet eens hier neer', omdat hij ziet dat haar veter loszit. Dat was een idee van Alvin Sargent. (De scène kwam oorspronkelijk uit Arthurs pen.) Bob strikt mijn veter, geeft er een klopje op en houdt mijn voet iets langer vast dan strikt noodzakelijk is. Een klein, maar veelzeggend gebaar, want je begrijpt dat er iets speelt tussen die twee, dat ze een connectie hebben.

Er is nog een gebaar dat altijd wordt geassocieerd met deze film. Je ziet het voor het eerst als Katie Hubbell zeven jaar na hun afstuderen slapend aantreft op zijn kruk in de bar van El Morocco. Ze vindt hem adembenemend aantrekkelijk in zijn kraakheldere marine-uniform. Bobs dikke haar viel vaak over zijn voorhoofd en het voelde tijdens de opnamen heel natuurlijk aan als ik zijn haar uit zijn ogen veegde. Het stond niet in het script. Het was gewoon iets wat ik wilde doen in het moment.

Het was voor mij, Barbra, een heel intiem gebaar, maar het paste perfect bij Katie. Het was misschien iets wat ze destijds op de universiteit al had willen doen, maar nooit had gedurfd. Nu zit hij te slapen op een barkruk, dus waarom zou ze niet?

We zagen het in de dailies en iedereen vond het zo prachtig dat ik andere momenten in het verhaal zocht om het te doen. (Ik zie een film altijd als een geheel.) Het is een fysiek gebaar dat ons dichter bij elkaar brengt en later meer betekenis heeft. Het werkt als een memorabele melodie in een filmscore. Opeens zwelt de muziek aan en hoef je niets meer te zeggen. Het is pavloviaans. Het gevoel komt automatisch op.

Iedereen lijkt zich dat gebaar te herinneren. Katie Couric vroeg me zelfs het bij haar te doen toen ik tientallen jaren later in haar praatprogramma zat. Zo zie je dat een spontaan moment dat voortkomt uit de waarheid van het moment veel weerklank kan hebben.

De zwart-witte jurk met kersen van rood bakeliet langs de hals die ik draag in de scène in El Morocco had ik gekocht in een winkel in Los Angeles. De bakelieten armbanden waren ook van mij. Ik gebruik zelf nooit rode lippenstift, maar in deze film deed ik het wel. Het paste bij de periode. Ik had bij die winkel een aantal jurken in de stijl van de jaren veertig gekocht, want de kostuumschetsen die ik te zien kreeg bevielen me niet. Ze pasten niet bij mij en het personage. Zo heb ik Ray een boel geld bespaard.

Als Katie Hubbells haar aanraakt, valt de muziek in de nachtclub weg en horen we voor de eerste keer Marvin Hamlisch' prachtige thema. De muziek begint met het geluid van klokken. (Marvin was geïnspireerd geraakt door de klokkentoren van Union College in Schenectady, in New York, waar we de campusscènes opnamen.) Dan, als ik de melodie neurie en de tekst begin te zingen, verschijnt de aftiteling. De klokken zijn een mooie overgang als de film teruggaat naar 1937, de studententijd van Hubbell en Katie, als hun verhaal begint.

Een goed muzikaal thema kan een film, vooral een liefdesverhaal, een emotionele dimensie geven die je nog lang bijblijft nadat je de bioscoop hebt verlaten. Het nummer 'The Way We Were' is net zo beroemd als de film. Dat bewijst maar weer eens hoe belangrijk muziek kan zijn voor een film. Stel je *The Wizard of Oz* eens voor zonder 'Over the Rainbow' of *Breakfast at Tiffany's* zonder 'Moon River'!

Ray gaf me een lijst met mogelijke componisten. Ik zag de naam van mijn oude vriend Marvin, met wie ik op Broadway had samengewerkt aan *Funny Girl*. Ik zei meteen: 'Ja, hem moet je nemen!' Het lag voor de hand om Marilyn en Alan Bergman erbij te halen voor de tekst, want ik was goed met hen bevriend en ze hadden al een Oscar gewonnen. Ik werk graag samen met mensen die ik ken en vertrouw. Dan is het hele proces veel leuker en kun je in steno met elkaar communiceren. Dat maakt het opwindend voor me.

Maar de song die je kent is niet de song die Marvin me in eerste instantie liet horen. Dat is altijd een belangrijk moment voor de componist en de zanger, maar ook zenuwslopend. Je wilt het goed vinden. Je wilt dat het fantastisch is. Het enige wat ik op dat moment wist was dat het 'The Way We Were' heette.

Marvin nam plaats achter de piano in mijn woonkamer en speelde een teder, herhaald akkoord. Toen kwam de melodie erbij. Ik spitste mijn oren. Ik vond het te gek. Dat eerste regeltje van de melodie was sensationeel. Maar toen ging het letterlijk bergafwaarts. De basnoten onder de tweede regel ('*misty watercolor memories*') volgden de toonladder omlaag, en dat maakte het voor mij te somber. De brug vond ik prachtig, maar het einde was nog verre van perfect.

Het is niet eenvoudig om muziek te beschrijven met woorden. Het is makkelijker te begrijpen als je de documentaire op dvd ziet, waarin Marvin eerst de originele melodie speelt en dan de definitieve song, zodat je de veranderingen die ik voorstelde kunt horen.

Marvin zegt erover: 'We zaten bij elkaar en ze neuriede stukjes. Langzaam maar zeker werd het een ingrijpende verandering.' Hij doelt op het feit dat de noten onder '*misty watercolor memories*' nu omhooggaan, in een rijzende sequentie, in plaats van omlaag. Ik herinner me dat ik het naast Marvin bij de piano stond te zingen zoals het in mijn hoofd zat.

Ik zou willen dat ik wist waar ideeën vandaan komen. Ze ontkiemen vanuit een impuls die tegen je zegt: dit is niet helemaal goed. Het klinkt niet goed. Maar ik kan het niet analyseren, want ik deed het op gevoel.

Marvin was het met me eens en verwerkte het meteen in de song. Hij zegt op de dvd: 'Ze heeft me enorm geholpen bij het schrijven.' Dat is heel gul van hem. Dat maakte het zo heerlijk om met Marvin muziek te maken. Hij stond stevig genoeg in zijn schoenen en had voldoende vertrouwen in zijn talent om open te staan voor suggesties.

Songs maken altijd een evolutie door. Marvin had het belangrijkste gedeelte fantastisch op papier gezet: die eerste negen noten, die je voor altijd bijblijven. Ik had ook nog een suggestie over de slotregels:

So it's the laughter, we will remember
Whenever we remember, the way we were...

Ook de originele melodie onder '*We will remember / Whenever we remember*' ging naar beneden, maar ik ging bij het zingen als vanzelf omhoog en wilde dat de noten nog hoger zouden worden. Het voelde voor mij emotioneel en muzikaal beter aan als de melodie zich aan het einde zou verheffen om de passie van de liefdesgeschiedenis en de emotionele impact van het stuklopen ervan te beschrijven. (Dat is de actrice in me, die het drama van het moment aanvoelt.)

Ook die suggestie nam Marvin over, zodat het liedje zich nu opbouwt tot een climax op de hoogste noten en dan helemaal aan het einde bij de woorden '*the way we were*' afdaalt naar lage noten. Zodat het nog rustiger en droeviger wordt, om het besef uit te drukken dat de relatie voorbij is. En zo zong ik het.

Een groot gedeelte van de tekst was er al vanaf het begin, zoals dat poëtische beeld '*misty watercolor images*' en het prachtige laatste refrein met deze inzichtelijke regels:

Mem'ries may be beautiful and yet,
What's too painful to remember, we simply choose to forget...

Maar zelfs tekstschrijvers van het niveau van Marilyn en Alan doen aanpassingen tijdens de evolutie van een song. Er was bijvoorbeeld een vroege versie (met de oude melodie) die begon met de woorden '*rain falls on a distant afternoon*'. Heel intrigerend, maar andere tekstflarden ('*warm chestnut kisses*' en '*we gave the sunrise to one another*') vond ik te sentimenteel.

Het fijne van de Bergmans was dat ze eraan bleven werken totdat ze een veel betere tekst hadden geschreven. Maar er was nog één dingetje.

De eerste regel was '*daydreams light the corners of my mind*'. Dat 'dagdromen' klopte niet. Ik vond het te zwak en te vaag voor de gevoelens die de muziek in me losmaakte. De film gaat bovendien niet over verzonnen dagdromen, maar over echte herinneringen. Ik zei: 'Waarom beginnen we niet ook met het woord "*memories*"? Het is krachtig en brengt alles bij elkaar.'

De Bergmans begrepen precies wat ik bedoelde. Het lag voor de hand, want de eerste keer dat je het nummer hoort, mijmert Katie over Hubbell en gaat het verhaal terug in de tijd. En het moet gewerkt hebben, want veel mensen denken dat het liedje 'Memories' heet.

Zo werkten we met zijn vieren. Ego's waren niet belangrijk. We wilden alleen het nummer zo goed mogelijk maken. De uiteindelijke song – tekst én muziek – beschrijft op een oprechte, universele manier dat gevoel van spijt. Ik wilde dat het liedje bij de kijkers precies de juiste emotionele registers zou bespelen. Ik denk dat ik mijn zin heb gekregen.

Er was nog een laatste stukje improvisatie: ik merkte dat ik neuriede bij het intro. Dat doe ik vaker als ik opneem, om mijn stem voor te bereiden en op te warmen. Meestal wordt het uit de opname verwijderd. Maar Sydney was dol op dat neuriën en vond het ideaal voor de titelsequentie omdat het publiek op een kalme, natuurlijke manier in de song en de flashback werd getrokken.

De opnamen begonnen in september 1972 op Union College. Ik was dertig, Bob was zesendertig. Onze personages waren vroege twintigers, maar daar zat niemand mee. Zulke zaken ontgaan de kijker als het verhaal en de acteurs goed genoeg zijn. Ik had tijdens de eerste weken nog last van de parasiet die ik had opgelopen in Afrika. Ik had vaak hoofdpijn en kon me moeilijk concentreren. Alles was wazig en surrealistisch. Ik was dolblij met Kaye, die weer mijn haar deed en elke avond mijn hoofd en voeten masseerde zodat ik in slaap kon vallen. Ik kon geen voedsel binnenhouden. Het was vreselijk. Ik was zo mager dat mijn benen eruitzagen als tandenstokers. Ik woog nog maar tweeënvijftig kilo, wat trouwens goed werkte voor de studente die ik speelde. Ik ging me langzaam maar zeker beter voelen, en was weer in staat om iets te eten.

David Rayfiel, die een huis had in de buurt van de universiteit, nodigde me uit om bij hem te logeren terwijl we daar opnamen. Ik sloeg zijn aanbod af, want ik voelde dat hij zich tot me aangetrokken voelde en wilde niet dat het iets zou worden. Als ik werk, kan ik er geen nieuwe relatie bij hebben. Hij was erg aantrekkelijk, een meter negentig met dik, grijzend haar en een knap gezicht. Hij was een schat van een man en een fantastische schrijver die me prachtige brieven stuurde. Toch hield ik hem op afstand. Misschien omdat hij te aardig was. Ik was in die tijd niet geïnteresseerd in mannen die me echt leuk vonden. Dat was een van mijn problemen: ik viel op mannen die ik niet kon krijgen.

Laat ik dat even verduidelijken. Ik zat nog met onverwerkte kwesties die te maken hadden met mijn stiefvader. Lou Kind, die helemaal niet zo *kind* (aardig) was. David, die juist lief en attent was, paste niet in mijn vertrouwde patroon. En hij was beschikbaar, dus ik zal hem wel niet als een uitdaging hebben gezien. Sneu eigenlijk. Ik droeg hem als mens op handen (we zijn tot zijn dood bevriend gebleven) en wilde hem niet kwetsen. Dat zal ook wel een reden zijn geweest waarom ik in die eerste maand zo misselijk was.

Terug naar de film. Ik herkende veel van mezelf in Katie. Interessant genoeg waren veel van mijn kleren ook geschikt voor haar. Voor de scène waarin Katie op de campus een toespraak houdt over haar inzet voor de wereldvrede (die in 1937 gevaar liep vanwege de Spaanse Burgeroorlog), droeg ik een vintage bruine rok en een schildpadketting uit mijn eigen garderobe. Katie is de idealistische voorzitter van de YCL in een tijd waarin veel progressieve denkers zich aangetrokken voelen tot het communisme, dat zich inzet voor de rechten van werkers en het utopische concept van een rechtvaardigere maatschappij. Haar sceptische studiegenoten bespotten haar. Ik had me in mijn jeugd vaak een buitenbeentje gevoeld, dus dat voelde heel natuurlijk. In de bibliotheek, als ik tijdens het studeren heimelijke blikken werp op Hubbell, draag ik mijn eigen vintage oudroze trui. Ik was dol op de pruik met krullen, een creatie van Kaye (die overigens heerlijke saladedressing maakte en zonnebloempitten gebruikte voordat iedereen dat ging doen).

Ik ben in deze film weer eens de onconventioneel ogende vrouw die verliefd wordt op de knappe prins: Hubbell, de gevierde atleet, de populaire jongen van de campus. Alles gaat vanzelf bij hem, zelfs schrijven. Zeker in vergelijking met Katie, die eindeloos blijft piekeren over een kort verhaal dat ze schrijft en (net als ik) zo ontzettend veel van zichzelf eist. Als Hubbells verhaal wordt uitgekozen om te worden voorgelezen in de klas, is ze zo teleurgesteld dat ze haar eigen verhaal verscheurt en in de prullenbak gooit.

Ik moest in die scène huilen, maar om een of andere reden lukte het niet. Sydney nam me apart en sloeg zijn armen om me heen, en dat was al genoeg. De tranen stroomden over mijn wangen.

Wat een feest was het om elke dag te kunnen werken met acteurs en een regisseur die ik respecteerde! Als ik vastzat, wist Sydney me altijd op de juiste manier te bespelen. Hij sprak de taal van de acteurs. Soms waren woorden niet eens nodig en had hij genoeg aan een simpele aanraking.

Als Katie Hubbell tegen het lijf loopt in El Morocco heeft ze hem niet meer gezien sinds hij Frank McVeigh, haar collega van de YCL, op de rug tikte om even met haar te dansen tijdens hun afstudeerbal.

Het is inmiddels 1944 en de hele wereld is in de ban van de oorlog. Hij zit bij de marine, zij werkt voor een radiostation. Omdat Hubbell, die te veel heeft gedronken, tot niets meer in staat is, moet ze hem meenemen naar huis. Hij valt in haar bed in slaap als ze koffie aan het zetten is. Katie staart naar hem, ontdoet zich in alle kalmte van haar jurk en onderjurk, en stapt ook in het bed. Ze kan nauwelijks geloven dat ze eindelijk naast de man ligt op wie ze al zo lang verliefd is. Ze raakt teder zijn haar aan. Hij komt dichter bij haar liggen, kust haar hals en begint de liefde met haar te bedrijven. Op de automatische piloot, want hij slaapt zowat.

Je zou denken dat je zo'n scène heel natuurlijk speelt. Je hoeft niet te acteren, je moet alleen in het moment zijn.

Toch heb ik er altijd moeite mee. Ik ben erg op mijn privacy gesteld en vind het moeilijk om intiem te zijn als ik word bekeken. Het is ongemakkelijk en eng, en in dit geval smolten mijn gevoelens samen met die van Katie. Ik dacht: ze wil niet dat hij stopt, maar ze is bijna bang om te reageren. Zou ze dan de betovering verbreken? Ze ervaart de onvermijdelijke twijfels: zal ik hem teleurstellen? Zal hij mij teleurstellen?

Want als hij wakker wordt... Wat dan?

Al die emoties spelen over haar gezicht. Maar uiteindelijk verdwijnt haar vluchtige glimlach en zegt ze: 'Hubbell... Ik ben het. Katie. Je wist toch wel dat ik het was?' Er valt een traan uit haar oog.

De volgende ochtend kan Hubbell zich niets herinneren, of hij doet alsof.

Bob is zo goed in die scène. Hij wil alleen maar een elegante exit maken. Hij blijft niet eens lang genoeg om het ontbijt op te eten dat Katie voor hem heeft gemaakt. Als hij later terugkomt naar de stad en gebruikmaakt van haar aanbod om te blijven logeren, wisselt Katie al haar voedselbonnen in om een heerlijke maaltijd in te kopen. (Natuurlijk, want ze is Joods!)

Hij verlaat het huis net als ze bepakt en bezakt met boodschappen thuiskomt. Ze zegt: 'Ik heb steaks en gebakken aardappelen met zure room en bieslook en sla en ik bak een taart! Ik had eigenlijk een runderstoofpotje willen maken, want dat is mijn specialiteit, maar ik wist niet of je ooit runderstoofpot hebt gegeten en of je wel van runderstoofpot houdt. Ik had ook geen tijd want dat moet je een dag van tevoren maken. Je moet blijven eten, daar is geen ontkomen aan!'

Redford zegt: 'Welke soort taart?' met de nadruk op 'taart'. Ik vond de nadruk op 'soort' meer voor de hand liggen. Zo van: voor een lekkere soort blijf ik wel. Het leek me grappiger en charmanter als Hubbell haar vermakelijk vond. Vandaar dat ik aan Bob vroeg: 'Zou je ooit door mij geregisseerd willen worden?'

'Ja, dat zou ik best willen,' antwoordde hij. Daar was ik erg blij mee. Het getuigde van veel vertrouwen van zijn kant, want ik had nog geen enkele ervaring als regisseur.

Hubbell blijft eten om de simpele reden dat Katie hem een schuldgevoel heeft aangepraat. Hij raakt pas echt geïntrigeerd als ze na de maaltijd zijn roman tevoorschijn haalt en hem eerlijk vertelt wat ze ervan vindt.

Hoewel Katie in hem gelooft, deinst ze er niet voor terug om hem te vertellen op welke punten zijn boek tekortschiet. Eigenlijk is dat het begin van hun romance. Mensen worden vaak verliefd op hun leraren en mentoren; mensen die genoeg om hen geven om hen te stimuleren de beste versie van zichzelf te zijn.

Er is een prachtig moment waarop hij naar haar kijkt alsof hij haar voor het eerst ziet. Ze raken elkaar aan en vrijen voor de open haard. In Arthurs eerste script buigt Hubbell zich over haar heen om te zeggen: 'Ditmaal zal ik beter zijn.'

Hij wist dus nog wel degelijk dat ze het op die eerste avond hadden gedaan! Maar die regel is geschrapt. Ik weet niet waarom. Misschien vond Sydney dat het Hubbell minder sympathiek maakte, maar ik vond het interessanter als Hubbell terugkwam op zijn eerdere gedrag en zich er subtiel voor verontschuldigde.

Ik vond dat Sydney de scène in het radiostation, als Katie en Hubbell uit elkaar gaan, erg slim had geënsceneerd. Aanvankelijk staan ze aan weerszijden van de glasplaat van de studio. Hubbell zegt: 'Luister, Katie...' Ze valt hem in de rede: 'Begin nooit met "luister", want dan komt er altijd slecht nieuws.' Hij zegt dat hij vindt dat het niet goed gaat met hun relatie. Zij zegt dat ze denkt dat ze weet waarom. 'Ik hoor niet thuis op Beekman Place. Dat is wat er echt mis is.' Omdat ze niet wil dat Hubbell haar ziet huilen, keert ze hem haar rug toe om te bedaren. Maar hij legt haar sleutel neer en vertrekt.

In de volgende scène liet Sydney me heel rustig Hubbells jasje uit de kast halen, opvouwen en in een koffer leggen. Dan maak ik een stapeltje van de bladzijden van zijn manuscript en sluit ik het deksel van zijn typemachine. Ik kantel mijn hoofd naar achteren om mijn tranen binnen te houden.

Ik herinner me die dag nog goed. Mijn eerste ingeving als actrice was dat Katie woedend was. Ik weet uit ervaring dat je, als je diep bent gekwetst, vaak uit woede handelt om de pijn weg te stoppen. Als het aan mij had gelegen, had ik de kleren uit de kast gegrist en in de koffer gekwakt, had ik zijn scheercrème uit het medicijnkastje gepakt en in de prullenbak gegooid en had ik het vel uit de typemachine getrokken en het deksel dichtgesmeten.

Sydney zag het anders. Hij wilde dat ik droevig en betraand zou zijn, dus zo deed ik het. Bij het terugzien van die scène vond ik dat zijn aanpak goed werkte, vooral in combinatie met Marvins prachtige muziek. Maar ik maakte me zorgen over de film als geheel, want we hadden drie scènes achter elkaar waarin Katie huilt. In de scène erna belt ze Hubbell op en huilt ze onophoudelijk. Woede zou beter hebben gewerkt als inleiding op die scène.

Ik heb al gezegd dat er vijf fantastische scènes in de eerste scriptversie stonden. De scène aan de telefoon hoort bij die vijf. Bijna elk woord van die scène stond al vanaf het begin in het script.

De scène behoort tot Arthurs beste werk. Ik hoefde geen voorbereiding te doen. Ik wilde er niet over spreken en wilde zelfs niet repeteren. Ik wilde het gewoon doen. Ik vond de woorden al ontroerend toen ik ze voor het eerst las. Je gaat al huilen als je ze uitspreekt.

Je hoeft als actrice alleen op je techniek en The Method te vertrouwen als je niets in een scène herkent. Als die helemaal natuurlijk is, laat je het gaan, laat je je emoties de vrije loop. Jij bent het medium dat het personage gebruikt om te spreken. Het is alsof de emoties opborrelen vanuit het onderbewuste. Je reageert puur op gevoel.

Katie belt, en als Hubbell opneemt zegt ze: 'Ik ben het.' De tranen kwamen meteen. Ik sloeg mijn hand voor mijn gezicht en improviseerde iets: 'Hubbell... Wacht even. Blijf hangen. Niet weggaan.' Ondertussen haalde ik mijn zakdoek tevoorschijn.

Ik zal wel om een zakdoek hebben gevraagd omdat ik wist dat ik tijdens die scène zou huilen. Ik wist alleen niet op welk moment.

'Luister, Hubbell. Dit is een vreemde situatie. Ik weet dat ik me niet hoef te verontschuldigen voor wat ik zei, want ik weet dat jij weet... Maar het gekke is dat ik je iets wil vragen, een verzoek. Ik kan niet slapen, Hubbell, en het zou enorm helpen als ik iemand had om mee te praten. Als ik een beste vriend had of zo, iemand met wie ik dit kan bespreken. Maar het punt is: jij bent mijn beste vriend. Stom, hè? Ik vind het zo stom!' (Ik hoorde mijn stem een octaaf omhooggaan.) 'Je bent de beste vriend die ik ooit heb gehad.'

Wat een prachtig idee. Hubbell is haar beste vriend, en ze heeft niemand met wie ze over Hubbell kan spreken behalve Hubbell. Dat klopte helemaal.

'Het zou me enorm helpen als je naar me toe zou willen komen om me door deze nacht heen te helpen, Hubbell. Ik beloof dat ik je niet zal aanraken of je zal smeken of je in verlegenheid zal brengen. Maar ik moet gewoon met mijn beste vriend spreken over iemand die we beiden kennen.'

We deden twee takes. In de eerste was ik me totaal niet bewust van de camera. Ik had geen beheersing over mijn stem of mijn tranen of de mechanische aspecten van het shot. Maar tijdens de tweede take dacht ik: waarom komt de camera niet dichterbij tijdens mijn monoloog?

Ik kan het altijd voelen als de camera nadert. Ik doe minder naarmate hij dichterbij komt. Dat is puur op gevoel. Maar dat gebeurde nu niet.

Ik kon alleen maar denken: waarom houd ik dat zakdoekje bij mijn gezicht? Ik zal me wel hebben gegeneerd voor mijn loopneus.

Het is pijnlijk om te zien. Ik houd mijn hand eindeloos lang voor mijn gezicht. Je ziet mijn ogen niet. Je hoort de emoties, maar je ziet ze niet.

Begrijp me niet verkeerd. Dat kan soms fantastisch uitpakken. Maar dat was hier niet zo.

Ik zou willen dat Sydney had gezegd: 'Barbra, probeer het eens zonder zakdoekje. Of pak het wel, maar leg het ook weer weg. Wat kan mij die loopneus schelen?'

Arthur schreef in zijn memoires: 'Wat zou ik graag de regie hebben overgenomen tijdens dat telefoongesprek. Waarom verbergt ze haar gezicht? Daar was geen enkele goede reden voor. Barbra Streisand wist heel goed hoe het was om te worden afgewezen. Ze had behoefte aan iemand die haar begreep.'

Arthur legde de schuld bij Sydney: 'Ze hebben het niet opnieuw gedaan; als dat wel was gebeurd, en goed was gebeurd, zou ze de Oscar hebben gewonnen.'

Dat wilde ik niet geloven.

Nu ik weer naar mijn eigen spel heb gekeken, denk ik: nee, het is niet goed genoeg. Ik wilde de scène zo graag spelen dat ik mezelf niet in de hand had. Alle emoties kwamen eruit. Ik had die zakdoek moeten wegleggen, en ik had minder moeten doen. Het was aangrijpender geweest als Katie had geprobeerd haar gevoelens in toom te houden. Ik zeg het nog maar eens: de beheersing is wat mensen raakt.

Ik zou willen dat ik het kon overdoen.

Sydney was zelf acteur. Hij begreep het belang van dit moment. Had hij me maar even in toom gehouden. Had hij me maar even de tijd gegeven om een paar extra takes te doen om tot rust te komen. Of had hij me maar gevraagd het op een andere manier te proberen.

Ik vind het moeilijk om hierover te schrijven. Ik droeg Sydney op handen. Ik respecteerde hem als regisseur en hij was een dierbare vriend. We vertelden elkaar over en weer onze geheimen. Hij heeft mijn geheimen meegenomen naar het graf, en ik zal de zijne nooit aan iemand vertellen. Ik vertrouwde erop dat hij zou doen wat het beste was voor de film. Maar ik denk dat hij zich verantwoordelijk voelde omdat hij Redford had overgehaald om de film te doen terwijl ik de meer in het oog lopende rol had. Misschien probeerde hij onbewust het evenwicht te herstellen door wat minder aandacht te besteden aan een aantal scènes die belangrijk waren voor Katie. Ik dacht dat hij me als actrice zou beschermen. Maar misschien dacht hij meer aan Redford. Dat besefte ik pas toen ik de film onlangs weer zag.

Arthur vertelt in zijn memoires wat hij tegen Sydney zei: 'Je maakt Redfords rol groter omdat hij de blonde vent is die je zelf had willen zijn. Maar de film draait om Barbra. Het is háár verhaal, wat je ook doet. Kijk uit dat je de film niet kapotmaakt door hem te belangrijk te maken.'

Arthur kon wreed zijn en ik denk dat hij in dit geval te streng oordeelde over Sydney. Ik vond het verhaal juist interessanter als Katie en Hubbell elkaar in evenwicht hielden. Dat liet zien dat ze voor elkaar bestemd waren. Dat maakte het ook zo ontroerend dat Hubbell haar na het telefoongesprek opzoekt. Ze vraagt hem waarom ze niet bij elkaar kunnen zijn.

Hij antwoordt: 'Omdat jij te hard je best doet! Elke minuut van de dag. Ik krijg nooit eens tijd om ontspannen van het leven te genieten.'

Hij heeft gelijk. Katie dringt er voortdurend op aan dat hij zijn boek moet voltooien, maar alleen omdat ze volledig in hem gelooft. Daarmee wint ze hem uiteindelijk voor zich.

'Katie, je verwacht zoveel van me.'

'Maar je bent ook niet niks.'

In de volgende scène zitten ze op een zeilboot en zien we op de achtergrond de kust van Malibu. Dan zien we Katie poppetjes van een bruid en bruidegom op een plank zetten in hun strandhuis. Zo komen we te weten dat ze zijn getrouwd en naar Los Angeles zijn verhuisd. En dat in een paar shots en zonder woorden. Knap werk, Sydney.

Bob plaagde me graag, zoals Hubbell Katie plaagt. We hadden veel plezier toen we het feest filmden waar iedereen is verkleed als een van de Marx Brothers. Ik was Harpo, Bob was Groucho. De echte Groucho kwam naar de set om gedag te zeggen. (Hij had duidelijk het beste kostuum.) Als Katie ruzie dreigt te maken met de regisseur die Hubbells boek verfilmt, slaat Bob zijn hand voor mijn mond. Talloze mensen hebben in mijn leven geprobeerd me het zwijgen op te leggen, maar nooit op zo'n grappige manier.

Vooral de scènes waarin de sfeer plotseling omslaat van luchtig naar serieus waren interessant om te spelen. Zoals de scène waarin Katie aan het koken is en fantaseert dat ze naar Frankrijk zullen verhuizen, waar Hubbell zijn roman kan voltooien. Hij stapt snel over op een ander onderwerp en vraagt naar haar werk (ze maakt voor een filmstudio samenvattingen van boeken). Katie vertelt over een nep-synopsis die ze voor de lol heeft geschreven: 'Er is een kibboets van Chinese Joden die rijst en matzes eten en ze zijn heel gelukkig.' Ze lachen, en dan zegt ze dat ze er nog een heeft: 'Over een luidruchtige Joodse meid uit New York City die naar Malibu verhuist en haar knappe goj vertelt dat ze zwanger is.'

Bobs reactie is perfect. Heel even is Hubbell sprakeloos. Dan komt hij naar haar toe om haar te omarmen, maar heel teder. Hij is dolgelukkig. Het feit dat ze een kindje gaan krijgen, brengt hen dichter bij elkaar. Op een andere avond zien we ze in het huis van de regisseur schuifelen. (Dat vind ik veel sexyer dan iets voor de hand liggends als een kus.) De sfeer slaat opnieuw om als de regisseur een draadje aantreft achter een schilderij van Picasso en de gasten tot hun schok ontdekken dat ze worden afgeluisterd.

Arthur sneed een onderwerp aan waaraan de meeste filmmakers hun vingers niet wilden branden: de manier waarop de overheid, beducht op communisten, vanaf 1947 Hollywood op de korrel nam en regisseurs, scenaristen, acteurs en producenten opriep om te verschijnen voor het House Un-American Activities Committee (HUAC). De meeste mensen noemden namen als ze vragen moesten beantwoorden over 'subversieve types'. Maar de leden van de 'Hollywood Ten' weigerden te antwoorden en werden als dank voor hun integriteit door de studio's op de zwarte lijst gezet, waardoor ze geen werk kregen. Dat kostte die mensen hun carrière of soms zelfs hun leven.

Arthur had zelf op de zwarte lijst gestaan, dus dit verhaal was heel persoonlijk voor hem. Helaas belandde een groot deel van dat verhaal niet in de definitieve versie van de film.

Katie wil naar Washington afreizen om de Hollywood Ten te steunen, maar Hubbell wil niet dat ze gaat. Hij is boos.

'En ga je dan de baby meenemen?'

'Ja, dat leek me wel.'

Hubbell antwoordt: 'Ja, je kunt maar beter zo vroeg mogelijk beginnen met de opvoeding.'

Ze dansen om het echte onderwerp heen. Ze zeggen nooit precies wat ze bedoelen. Dat zijn de beste dialogen.

Hubbell schenkt iets te drinken in en zegt: 'We zijn weer terug bij waar we ooit zijn begonnen, hè?'

'Dat is niet waar, Hubbell,' antwoordt ze.

Katies claus was aanvankelijk langer. Ze zei ook nog: 'In mijn studententijd stond ik onder een esdoorn propaganda te maken voor de Spaanse loyalisten en lieten jullie geen Joden toe in jullie dispuuthuis. Nu ben je getrouwd met een Jodin en gaat ze bevallen van je kind. We wonen op het strand in Malibu. In Californië. Dat is niet waar we zijn begonnen.'

Het was zowel een subtiele veroordeling van zijn vooroordelen als een bevestiging van hun onderlinge band. Maar die laatste regels werden geschrapt en nu zegt Hubbell meteen: 'Oké. Waarom blijven we niet allemaal thuis?'

'Dat kan ik niet,' zegt Katie.

Ook de rest van de scène, waarin ze uitlegt waarom ze niet op haar handen kan blijven zitten terwijl hun vrienden gevaar lopen, haalde de film niet. Katie is een politiek dier. Hubbell is dat niet. De keuze om die tekst te schrappen miskende de rol die politiek speelt (en de conflicten die het creëert) in hun huwelijk.

Hubbell komt Katie ophalen als ze terugkeert op Union Station. De pers is op volle sterkte uitgerukt. Als Katie vragen van verslaggevers staat te beantwoorden, wordt ze aangevallen door een woedende man die haar een 'communistische hoer' noemt. Hubbell snelt haar te hulp, slaat de man, en krijgt zelf ook een klap voordat de politie tussenbeide kan komen. (Die scène had David geschreven om Hubbell meer ruggengraat te geven.) Het echtpaar vlucht naar een nagenoeg leeg restaurant.

Het gedeelte daarna was ronduit briljant. Het onderbouwt Hubbells kijk op de zaak, en wat hij zegt is legitiem. Arthur schreef de eerste versie, die later nog werd verbeterd door David en Alvin, die hun eigen ideeën erin verwerkten. Hubbell spreekt haar aan op de Hollywood Ten en is voor één keer net zo gepassioneerd als Katie. Redford is fantastisch in deze scène.

'Het is zonde van je tijd en energie. Die mannen en hun gezinnen gaan het vreselijk zwaar krijgen en er gaat niets veranderen... niets! En als ze allemaal weer uit de gevangenis zijn, na vijf of zes jaar vol woede en wrok, en als het weer mogelijk is voor een of andere fascist van een producent om een communistische scenarist in te huren omdat zijn film in de problemen zit, dan zal hij het doen. Ze zullen het beiden doen. Ze zullen samen films maken. Ze gaan met elkaar uit eten, ze gaan samen tennissen. Ze zullen proberen elkaars vrouwen te versieren. Maar waarom hebben die lui dan in de gevangenis gezeten? Om een politiek ruzietje?'

Maar Katie staat klaar om de barricades te bestormen.

'Hubbell, je zegt dat ik mijn ogen moet sluiten voor het feit dat die mensen worden verwoest. En waarom? Zodat jij kunt blijven werken in een stad die alleen geïnteresseerd is in poen en de ruggengraat mist om zich in te zetten voor andere zaken.'

'Nee, ik zeg dat mensen belangrijker zijn dan een godvergeten heksenjacht. Jij en ik... zijn belangrijker dan de goede zaak, belangrijker dan principes.'

'Hubbell, mensen *zíjn* hun principes!'

Het verschil tussen Katie en Hubbell ligt verankerd in die laatste drie regels dialoog van Arthurs hand.

Er was op een gegeven moment sprake van dat 'mensen *zíjn* hun principes' zou worden geschrapt. Maar ik vond dat die woorden zoveel duidelijk maakten over Katie en protesteerde zo fel dat het regeltje werd gehandhaafd.

Arthur had het vermogen om levenslang gevoelde emoties weer te geven in heel weinig woorden. Al was niet alles wat hij schreef perfect. Ik hoorde over eerdere versies van het script – waarin Hubbell een affaire heeft met de vrouw van de regisseur, de regisseur probeert Katie te versieren en Katie op haar beurt probeert een tennisleraar te versieren – die ik belachelijk vond. Al die nonsens ging ten koste van de centrale liefdesrelatie en maakte Hubbell minder aantrekkelijk. Dat werkt niet in een liefdesverhaal, want je wilt dat het publiek meeleeft met beide partners.

Maar de essentie van Arthurs verhaal was verbluffend goed. Dat was waarvoor ik bleef knokken terwijl hij het script keer op keer herschreef en ook de andere schrijvers met aanpassingen kwamen. Ik vond het ontroerend dat hij het script speciaal voor mij had geschreven. Ik wilde zijn werk beschermen.

Arthur was zich terdege bewust van mijn inspanningen. Hij schreef in zijn memoires: 'Ze was een onvermoeibare kwelgeest en wroette in mijn eerdere versies op zoek naar een scène hier en een paar regels daar, die ze meenam naar de set om Sydney aan zijn kop te zaniken dat hij ze moest terughalen. Ze kende Katie Morosky beter dan hij haar kende, en ze vocht voor Katie zoals Katie zelf zou hebben gevochten.'

Het punt is dat Sydney Arthur niet mocht. Daarom had hij zijn eigen schrijvers erbij gehaald. En Arthur was ook niet dol op Sydney. Vandaar dat ik als intermediair moest optreden. Ik belde Sydney vaak 's avonds op om een scène te bespreken. Soms las ik regels voor uit een eerdere versie in de hoop dat ik Arthurs woorden in ere kon herstellen. Dat had ik ook gedaan toen ik Willy de verschillende versies van *Funny Girl* liet zien.

Soms leverde het iets op en soms ook niet, want Sydney had natuurlijk ook zijn ideeën. Ik vond een aantal van de keuzes die hij in de montage maakte erg goed. Hij verwijderde de scène waarin Katie Hubbell ziet vertrekken met zijn vriendin uit zijn studententijd. Hij bedacht een subtielere manier om het publiek te laten weten dat ze op de hoogte is. Dat deed hij tijdens de scène in de projectiezaal. Als de niet al te goede film is afgelopen, blijven alleen Katie en Hubbell achter. Hij maakt een spottende opmerking over iets wat een van hun vriendinnen heeft gezegd. Als Katie het voor haar opneemt, zegt hij: 'Katie, je zult tot op de dag van je dood een schat van een Joods meisje blijven.'

Ze stuurt het gesprek een andere kant op door te zeggen: 'Ben jij nog altijd een brave goj?'

Hij antwoordt: 'Dat ben ik nooit geweest. Katie, het probleem tussen jou en mij heeft niets te maken met een ander meisje. Geef het toch op. Alsjeblieft.'

'Dat kan ik niet. Ik vind het vreselijk wat je met je boek hebt gedaan.' (Dat vindt ze erger dan zijn slippertje; dat vindt ze ergerlijk, maar het zou er nooit toe kunnen leiden dat ze uit elkaar gaan.) 'Ik haat de film. Ik haat die mensen. Ik haat de palmbomen. Ik zou willen dat het hier eens zou regenen. O, ik wil... Ik wil...'

'Wat?'

'Ik wil dat we van elkaar houden.'

Arthur had nog een regel geschreven in die scène. Hubbell zegt: 'We houden toch ook van elkaar. Dat is nou net het probleem, Katie. Dat we van elkaar houden.'

Ik heb geen idee waarom Sydney die regel uit de film heeft gelaten. Misschien wilde hij het niet te complex maken. Mij kan het nooit complex genoeg zijn. Dan wil je een film keer op keer zien, om steeds dieper in de betekenis te duiken.

Maar nu moeten we het hebben over het meest tragische verlies. Ik had nooit zien aankomen dat Sydney twee van de vijf scènes die ik zo goed vond in Arthurs versie zou weglaten. Ze raken aan de kern van de film.

Het eerste moment zat vlak na de scène in de projectiezaal. Het is een andere dag en Katie is met boodschappen op weg naar huis. Als ze over de campus van UCLA rijdt, ziet ze dat een jonge vrouw een toespraak houdt. Er staan mensen te luisteren. Katie blijft ook staan om te luisteren. De jonge vrouw vraagt haar toehoorders de faculteitsleden te steunen die weigeren een eed van loyaliteit af te leggen. Ze zegt: 'Het is al begonnen. De inquisitie zet onze docenten op een zwarte lijst. Ze hebben informanten in onze collegezalen en laboratoria.'

Ik herinner me de opnamen van die scène als de dag van gisteren. Die scène gaf exact aan waar de titel *The Way We Were* om draaide. Het gaat erover dat je terugkijkt op je verleden en je herinnert hoe je was. Ik hoefde me er niet op voor te bereiden en ik hoefde niet te repeteren.

Ik vond het prima dat Sydney de camera in een van de shots zo had neergezet dat hij mijn reactie kon filmen. Het eerste wat ik als Katie dacht was dat de jonge studente me deed denken aan mezelf toen ik op de campus sprak over de Spaanse Burgeroorlog. Ik moet glimlachen. Mijn god, zag ik er ook zo uit? Klonk ik zo? Droeg ik ook van die pathetische kleren? Dan zoomt de camera in en slaan mijn emoties om. Het meisje is serieus en oprecht en de mensen joelen naar haar en roepen kritische opmerkingen. Dat kent Katie maar al te goed. Ik wist precies wat ze doormaakte en de tranen welden op in mijn ogen.

Ik dacht: wat is er van me geworden? Waar is dat meisje dat ik ooit was, die meid vol passie, die de wereld wilde redden en klaarstond om tegen onrecht te strijden? Ik heb mijn ziel verkocht. Ik schrijf samenvattingen van stomme boeken en bedenk belachelijke verhalen over Chinezen die matzes eten om mezelf een beetje te vermaken. Tegen de tijd dat ik close-up in beeld ben, sta ik te huilen.

Ik deed het in één take omdat alles klopte. Ik zag de scène helemaal voor me. Je zou dat prachtige thema van Marvin horen opkomen onder de stem van het meisje en de schampere opmerkingen van haar toehoorders. Katies reactie zou extra veel impact hebben omdat het allemaal één enkel shot zou zijn.

Ik stond te popelen om de dailies te zien, want ik dacht dat we een mooie scène hadden. Ik werkte die dag niet, maar er werd een screening voor me geregeld. Ik zat in mijn eentje naar de scène te kijken. Er was beeld, maar geen geluid.

Wat was er gebeurd?

De geluidsman bleek aan Sydney te hebben gevraagd: 'Heeft ze tekst?' Sydney had nee gezegd en toen was de man alvast naar de volgende locatie gegaan. Dat betekende dat ik het huilen later moest opnemen en dat ik de emoties zou moeten ophoesten in een opnamehokje. Waarom had Sydney de geluidstechnicus niet laten blijven?

Het was vast een oprechte vergissing, maar waarom nu net bij zo'n cruciale scène?

Toen Sydney veel later naar mijn huis kwam om me de *rough cut* te laten zien, stond ik versteld van de manier waarop de scène was gemonteerd. Je zag eerst het shot waarin ik kwam aanrijden, dan het kleine groepje dat zich had verzameld rond de jonge vrouw, en dan zag je me om haar glimlachen. Dan een closer shot van haar, dan de huilende Katie.

Dat kan toch niet! De overgang deugt niet. Je moet de hele take gebruiken om de emoties op Katies gezicht te zien veranderen. Sydney zei dat het inzoomen te lang duurde. Maar ik heb het getimed en het waren maar een paar seconden.

Het leek alsof er twee verschillende takes waren gebruikt, en de overgang was niet geloofwaardig. Hij had de tussenliggende frames verwijderd, waardoor je niet zag hoe de ene emotie overging in de andere. Dat ging ten koste van de impact van haar ervaring.

Toen ik de definitieve versie zag, bleek dat Sydney de scène helemaal had verwijderd. Het was nota bene een moment waarvan Katie ernstig overstuur raakte. Ze ging nadenken over haar verleden en ze nam zich voor om andere prioriteiten te stellen voor haar toekomst. Een diep inzicht, in een onmisbare scène die nog geen minuut duurde.

Ik was ontzettend teleurgesteld.

Ik miste die scène vooral zo erg omdat hij zowel emotioneel als structureel perfect werkte. Ik vond dat Katie en Hubbell na hun ruzie in de projectiezaal even wat tijd zonder elkaar moesten doorbrengen. Arthur had de scène met Katie op de campus van UCLA geschreven en David en Alvin hadden als tegenwicht een goede scène geschreven met Hubbell en zijn beste vriend J.J. op een boot. Ze doen hun favoriete spelletje: herinneringen ophalen aan hun verleden. J.J. vraagt: 'Wat was je beste jaar?'

Hubbell antwoordt: 'Mijn beste jaar was... 1944. Nee, 1945... '46.' Hij denkt terug aan de tijd toen hij en Katie net samen waren. Dat is een subtiele manier om aan te geven dat hij nog altijd van haar houdt. Het was helemaal raak dat beide personages terugdenken aan hoe ze waren geweest. *The way we were*.

In de volgende scène zijn Katie en Hubbell samen in hun huis in Malibu. Ze gaan bijna eten. Ook deze scène was tot mijn verbijstering geschrapt.

Hubbell staat met een kurkentrekker te rommelen en vraagt opeens: 'Wie is Frank McVeigh?'

Katie is verbaasd. 'Frank McVeigh? Die goeie ouwe Frankie. Een studiegenoot van me. We zaten samen in de YCL. Hoezo?'

'Hij heeft je naam genoemd.'

'Hij heeft wat?' Ze is verbijsterd en gaat zitten. 'Wat een rat. Dit is echt krankzinnig. Hij had me meegenomen naar het bal en toen heb jij hem afgetikt. Wat zou hij ze kunnen vertellen? Verdomme, ik ben al in de oorlog uit de partij gestapt.'

Frankie (die wordt gespeeld door James Woods) was al die jaren jaloers geweest omdat Katie was bezweken voor de charmes van Hubbell. Dit was zijn wraak. Heel menselijk: het zijn vaak kinderachtige dingen die mensen aanzetten tot vreselijke daden.

De volgende regels van Arthur hebben we zelfs niet opgenomen. Katie vraagt Hubbell wat HUAC haar ten laste kan leggen.

'Ze zeggen dat je hebt geprobeerd de studio een subversieve film te laten maken.'

'Wat?'

'Je hebt een boek aanbevolen dat regelrechte propaganda zou zijn voor China.'

Ze begint te lachen omdat ze beseft dat hij het heeft over haar verzonnen synopsis over de Chinese kibboets en de matzes. (Ik heb geprobeerd die passage weer in het script te krijgen, maar Sydney zei dat niemand het zou geloven, dat het te belachelijk was.)

Arthur heeft altijd gezegd dat de climax van de film zich voordoet als het liefdesverhaal en het politieke verhaal samenkomen, en dat is nu net in die scène. De studiobazen zien Katie als subversief. En als Hubbell, die voor een studio werkt, een subversieve echtgenote heeft, kan hij worden ontslagen.

Frankies verraad betekent dat Katie voor de commissie moet verschijnen en dat er van haar wordt verwacht dat ze namen gaat noemen.

Katie zegt: 'Hubbell, er is nooit een rechtvaardiging om mensen te verraden. Nooit! En er is iets grondig mis met een land dat een beroep doet op verraders.'

'Jezus, denk je dat ik wil dat je dat doet?' antwoordt hij. Een fantastische tekstregel, de expressie van Hubbells krachtige persoonlijkheid en zijn liefde en steun voor Katie.

'Ik weet het niet... Ik weet alleen dat jij geen werk meer kunt krijgen als ik geen namen noem.'

'Oké,' zegt hij. 'Dan zal ik mijn boek moeten afmaken.' Hij gaat haar dus niet vragen iets te doen wat strijdig is met haar principes. Hij komt aanlopen met de borden en zegt: 'Laten we eten.'

Katie gaat met de blik op oneindig op de bank zitten en zegt: 'Het is verbijsterend hoe beslissingen je soms tegen wil en dank worden opgedrongen.'

Ze kijkt Hubbell aan. 'Je wilde dat boek eigenlijk niet afmaken, hè?'

'Ik weet het niet. Ik heb het nut er nooit zo van ingezien.'

'En je wilde ook niet naar Frankrijk, hè?'

'Inderdaad. Maar jij wilde dat ik zou gaan.'

En nu zien we háár krachtige persoonlijkheid, want ze is bereid om het huwelijk dat zoveel voor haar betekent op te offeren om hem te redden. Ze zegt: 'Als we zouden scheiden, zou je geen subversieve echtgenote hebben. Dat zou alles oplossen, denk je ook niet?'

'Nee,' antwoordt Hubbell. 'Dat zou niet alles oplossen.'

Maar haar besluit staat vast. Ze weet dat het de enige juiste beslissing is, want ze gaat geen namen noemen en ze wil niet dat hij zal worden gestraft voor haar overtuigingen. Ze hebben een kruispunt bereikt, en ze mijmert over het verleden. 'Zou het niet heerlijk zijn als we oud waren en we dit alles hadden overleefd? Alles zou makkelijk en ongecompliceerd zijn, zoals toen we jong waren.'

'Nee Katie, het is nooit ongecompliceerd geweest.'

'Maar we hebben het heerlijk gehad, hè?'

'Ja,' zegt hij. 'Het was heerlijk.'

En dan komt er een regeltje waar je hart van breekt: 'Wil je iets voor me doen, Hubbell? Wil je bij me blijven tot de baby is geboren?'

Ze neemt de beslissing om hem te laten gaan, juist omdat ze zielsveel van hem houdt. Ze moet ook trouw blijven aan zichzelf. Ze kan niet in Hollywood blijven en ze weet dat Hubbell daar juist thuishoort. En dan verkrijgt haar beslissing nog een extra dimensie als ze beseft dat ze hem al die jaren onder druk heeft gezet om iets te zijn wat hij niet wilde zijn, ergens te wonen waar hij niet wilde wonen en iets te schrijven wat hij niet wilde schrijven.

Ze heeft altijd gedacht dat Hubbell zichzelf ziet zoals zij hem ziet, maar in feite is hij bang dat hij niet aan dat beeld kan voldoen. Zoals hij al zei toen ze in New York voor het eerst uit elkaar gingen: 'Je verwacht zoveel van me.' Dat heeft hij altijd ervaren als een zware last. Nu hoort en begrijpt ze eindelijk wat hij altijd heeft gezegd. Ze laat hem vrij, een gebaar van kracht en liefde en gulheid, juist omdat het haar zo ontzettend veel pijn doet.

Maar daarvan zien we bijna niets terug in de film.

We zien alleen dat Hubbell de borden op tafel zet, en dan zegt Katie: 'Het is verbijsterend hoe beslissingen je soms tegen wil en dank worden opgedrongen.'

Welke beslissingen? Die regel komt uit de lucht vallen. We hebben geen idee wat ze bedoelt, want het dialoogje over Frank McVeigh ontbreekt. Zijn verraad is de katalysator voor alles wat erna komt. Zonder die scène en de scène op de UCLA-campus is de plot ontkracht. We zijn de essentie van Katie verloren. En ook die van Hubbell, wiens teksten zouden hebben aangetoond dat hij bereid was haar te steunen.

Zonder die twee cruciale scènes zien we niets van haar gevoel dat ze in Hollywood zichzelf is kwijtgeraakt en niets over het feit dat haar naam is genoemd voor de commissie, niets over de factoren die haar besluit motiveren. Dat is allemaal weg. De kijker denkt dat ze uit elkaar gaan omdat hij met een andere vrouw heeft geslapen.

Sydney vertelde in de documentaire dat ze de film op een vrijdagavond aan een testpubliek hadden laten zien en hadden vastgesteld dat het een flop was. Hij zegt dat ze vijf scènes hebben verwijderd, 'allemaal scènes over politiek', en dat de film een avond later – op zaterdag dus – als een hit werd beoordeeld. (Maar Marty was er beide avonden bij en zegt dat de film op beide avonden enthousiast werd ontvangen.)

Over drie van die scènes ben ik het met Sydney eens. Dat waren scènes met bijfiguren die zo lang over politiek debatteerden dat zelfs ik het saai ging vinden.

Natuurlijk, haal die scènes er vooral uit. Dat scheelde een kwartier en ze voegden weinig toe. Maar schrap niet de twee scènes die zo belangrijk zijn voor de plot. Schrap niet de drieënhalve minuut die het hart van de film vormen.

Het was niets meer of minder dan verraad van Arthurs verhaal. Het verwoestte het personage Katie, en het verwoestte ook mij.

Ik was in 1973 zo boos dat ik vroeg of ik de verwijderde scènes mocht hebben. Ze liggen in een kluis in mijn huis. (Net als de outtakes van mijn muziekopnamen, tv-specials en een aantal andere films.) Toen we in 1998 de dvd maakten omdat de film vijfentwintig jaar oud was, vroeg ik Sydney of we de verwijderde scènes konden laten zien in de documentaire. Hij had makkelijk nee kunnen zeggen, maar hij was zo lief om me mijn zin te geven omdat hij wist hoe belangrijk de film voor me was. Hij gedroeg zich als een echte vriend.

Arthur en ik lichtten in de documentaire toe dat je door het verwijderen van die scènes cruciale informatie mist. Sydney erkende: 'Je zult me nog altijd niet horen zeggen dat ik gelijk had.' Ray Stark en de studio hadden hem onder druk gezet om de politieke component weg te laten, want ze waren bang dat veel mensen dat aspect saai zouden vinden. Sydney vertelde aan een journalist: 'We waren tijdens de opnamen voortdurend bezig om het script bij te spijkeren. We stonden onder zware druk. Columbia stond er slecht voor. De studio had al jaren geen hit meer gehad en onze film ging over zijn budget heen. Bob kon niet met Ray Stark overweg, en ik ook niet. We konden geen manier vinden om de politieke dimensie succesvol te laten samengaan met het liefdesverhaal.'

Ray maakte zich zorgen. Arthur schreef in zijn boek dat Ray Sydney na de eerste screening in San Francisco had opgedragen om die scènes uit de film te halen. Sydney en Margaret Booth – Rays favoriete editor, een stoere tante die nog een heel ander Hollywood had meegemaakt – zijn naar het projectiehokje gegaan en hebben haastig met een scheermes een stuk uit de film gesneden. Ik vermoed dat ze geen tijd hadden om na te denken over wat dat met de film als geheel zou doen. Sydney stond onder druk om een hit af te leveren en hij heeft de handdoek in de ring gegooid. De politiek moest eruit, om commerciële redenen.

Ik heb Ray gesmeekt, maar hij steunde me niet. Dat heeft me erg teleurgesteld. Het was weer onze oude machtsstrijd. Ray heeft me echt laten zitten.

Ik stond machteloos. Ik moest denken aan dat moment toen ik als jong meisje in de deuropening van mijn moeders slaapkamer stond en ijskoud werd genegeerd. Ik had opnieuw het gevoel dat ik niet werd gezien of gehoord. Ik smeekte Sydney om die twee scènes weer in de film te zetten, maar hij deed het niet.

Dat was het moment dat ik dacht: het is mooi geweest. Ik had bij mijn albums, tv-specials en concerten altijd de creatieve eindverantwoordelijkheid gehad. Ik besefte dat het tijd werd dat ik ook bij mijn films meer te zeggen zou hebben. Ik besloot dat ik moest gaan regisseren.

Maar tegen succes is weinig in te brengen. De film werd een enorme hit. De enige film tot aan dat moment waaraan Columbia nog beter had verdiend schijnt *Funny Girl* te zijn geweest. Ik heb nooit geweten dat Sydney een groot deel van het succes aan mij heeft toegeschreven totdat ik research ging doen voor dit hoofdstuk. Ik las dat hij had gezegd: 'We kunnen er niet omheen dat Barbra grotendeels verantwoordelijk was voor het voortbestaan van Columbia.'

Dat vond ik ontroerend.

The Way We Were kreeg zes Oscar-nominaties, maar ik vond het een rare lijst. Geen nominatie voor Best Picture. Sydney was niet genomineerd voor Best Director en Arthur was niet genomineerd voor zijn script.

De reden dat de film die belangrijke nominaties misliep, was misschien dat veel mensen toch iets misten en niet begrepen waarom Katie en Hubbell uit elkaar gingen. Verschillende critici wezen op onvolkomenheden in het script. Pauline Kael schreef: 'Het verhaal draait om een beslissende wending in het leven van de personages die zich abrupt voltrekt en niet logisch overkomt.' En Roger Ebert: 'Plotseling houden ze om onverklaarbare redenen niet meer van elkaar. Ze gaan uit elkaar zonder iets – de plot bijvoorbeeld – te verhelderen.'

Ik vond het eervol dat ik werd genomineerd voor Best Actress, maar ik was teleurgesteld dat Bob niet was genomineerd voor onze film, want hij was geweldig erin. (Hij werd dat jaar wel genomineerd voor *The Sting*.)

'The Way We Were' ging in elk geval wel op voor Best Original Song. De Academy wilde dat ik het nummer zou zingen bij de uitreiking. Maar ik bedankte voor de eer, want ik had weer eens last van plankenkoorts. Als ik zenuwachtig word, krijg ik hartkloppingen. Dan gaat mijn stem trillen en verlies ik er de controle over. Een vreselijk gevoel dat ik niet opnieuw wilde meemaken. Ze hebben Peggy Lee gevraagd en daar had ik geen moeite mee. (Ik wilde vooral worden gezien als actrice, niet als zangeres.) Achteraf zou ik willen dat ik mijn rug had gerecht en het liedje toch had gezongen.

Nu ik terugkijk op die periode besef ik dat mijn gevoelens nog complexer waren dan ik tegenover mezelf kon toegeven. Dat is vast ook de reden waarom ik niet naar de Oscar-uitreiking wilde. Ik schaamde me omdat cruciale aspecten van mijn rol niet in de film zaten. Ik kon de gedachte niet verdragen dat ik in de zaal zou zitten, dat ik moest glimlachen voor de camera en maar moest doen alsof alles pico bello in orde was. Dus heb ik me maar backstage verstopt.

Ik was opgelucht toen ze mijn naam niet omriepen. De winnares was Glenda Jackson voor *A Touch of Class*, die er ook niet was. (Ik was dus in elk geval niet de enige.)

De enige mensen van onze film die met een Oscar naar huis gingen waren Marvin voor zijn soundtrack en de muziek voor de song, en Alan en Marilyn voor de tekst. Ik was blij, want ze hadden het echt verdiend.

Ik ben er zeker van dat de song veel heeft bijgedragen aan het succes van de film, maar Sydney heeft me verteld dat Redford eigenlijk niet wilde dat ik zou zingen. Bob bevestigde dat toen hij in 2010 in *Oprah* verscheen, waar hij tot mijn verbazing herinneringen ophaalde aan *The Way We Were*. Misschien had hij niet voorzien dat Sydney en Marvin de song zo naadloos in de film zouden verwerken dat ze onlosmakelijk met elkaar zijn verbonden.

Net als de film werd het nummer een grote hit. Toen Marty het voor het eerst hoorde, zei hij: 'Ik ben toondoof, maar als ik deze melodie al na één keer horen kan neuriën, kan de rest van de wereld het ook. Die komt op nummer 1.'

Naast de Oscar won het liedje ook de Golden Globe voor Best Original Song en de Grammy voor Song of the Year.

Ik vond vooral de manier waarop Marvin de song in de slotscène gebruikte erg ontroerend. De melodie begint terwijl we Central Park zien in verschillende seizoenen, die symbool staan voor het verstrijken van de tijd. Marvins akkoorden worden steeds droeviger.

We hadden een korte werkpauze ingelast voordat we de laatste scène opnamen in New York. Sydney en ik vlogen terug in hetzelfde vliegtuig. Ik heb onze tijd samen goed benut, want ik haalde hem over om meer van Arthurs bijdragen een plaats te geven in de film.

De scène begint met een shot van het iconische Plaza Hotel. We zien Katie ernaartoe lopen. Ze ziet Hubbell bij de ingang staan. Hij ziet haar ook en doet een *double take*. (Double takes zijn ontzettend moeilijk, maar die van Bob was fantastisch.) Hij glimlacht. Zij glimlacht ook en steekt de straat over om met hem te spreken. Je hoort voortdurend de muziek. We zien in een *long shot* dat ze elkaar kussen en omhelzen. Hij is in het gezelschap van een andere vrouw, die hij aan Katie voorstelt. We horen geen dialoog, maar hun lichaamstaal maakt duidelijk dat de sfeer gemoedelijk is.

In het volgende shot is de camera dichterbij. Hubbell vraagt of ze nog getrouwd is. (Zij is dus ook verdergegaan met haar leven.) Katie vraagt waarom hij in New York is. Hij vertelt dat hij aan een tv-show werkt. De portier komt zeggen dat zijn taxi klaarstaat. Katie zegt dat ze haast heeft en steekt snel weer over om een stapel 'BAN DE BOM'-flyers te pakken. (Ze doet weer het werk waarvan ze houdt.) Dan hoort ze Hubbell, die inmiddels alleen is, zeggen: 'Jij laat het er ook nooit bij zitten, hè?' Een prachtige referentie aan de eerdere scène waarin hij haar veter strikt.

'Alleen als ik er echt toe word gedwongen,' zegt Katie. 'Maar ik kan goed tegen mijn verlies.'

'Beter dan ik.' Een uitstekend regeltje. Het zegt alles, maar zonder het te zeggen.

'Ik heb er ook meer ervaring mee.' Dan zegt ze: 'Wat een leuke meid, Hubbell. Kom gezellig een keer een borrel met haar drinken.'

'Dat kan ik niet... Dat gaat niet.'

Katie, die hem zoals altijd goed begrijpt zegt: 'Dat weet ik.'

En dat is het moment dat ik het haar van zijn voorhoofd veeg. Hij pakt mijn hand en we omhelzen elkaar. We hielden elkaar lang vast om ons te herinneren hoe we ooit waren geweest voordat we elkaar lieten gaan.

Ik wist vanaf het moment dat ik dat gebaar voor het eerst maakte in de nachtclub dat het aan het einde van de film hard zou aankomen. Als ik zijn haar aanraak, begint de muziek weer om de emoties te onderstrepen en ons te herinneren aan alles wat er is gebeurd vanaf hun eerste ontmoeting.

'Hoe gaat het met haar?' vraagt hij. Hij heeft hun dochter niet meer gezien sinds haar geboorte. (Al heb ik me altijd voorgesteld dat Katie hem elk jaar op haar verjaardag foto's van haar stuurde.)

'Ze is prachtig. Je zou zo trots op haar zijn, Hubbell.'

'Dat doet me deugd. Is hij een goede vader?'

'Ja, heel goed.'

'Mooi.'

Hij kijkt naar beneden en pakt een flyer. De muziek zwelt aan terwijl ze elkaar nog een laatste keer aankijken. Hij zegt '*See ya, Katie*', steekt de straat over en verdwijnt opnieuw uit haar leven.

'*See ya, Hubbell*,' zegt ze zacht.

Ook dat is een bitterzoete echo, die verwijst naar hun afscheid na hun eerste gezamenlijke nacht in haar appartement. De camera zwenkt weg en we zien Katie op straat flyers uitdelen. Mijn stem zingt het nummer tijdens de aftiteling. Op dat moment is het publiek meestal in tranen. Maar bij de eerste screening werd er niet gehuild. Marvin begreep meteen waarom. Hij had voor het einde een andere melodie gebruikt, omdat hij bang was dat hij dat ene thema al te vaak had laten horen. 'Domme fout,' zei hij, en hij heeft van zijn eigen geld (de studio wilde niet in de buidel tasten) het orkest laten opdraven om het einde opnieuw op te nemen met de inmiddels vertrouwde muziek. Ik kan me de film niet voorstellen zonder die muziek.

Het is bevredigend dat *The Way We Were* inmiddels wordt gezien als een klassieker. The American Film Institute zette de film op de zesde plaats van een lijst met de honderd beste romantische films, in het eervolle gezelschap van bijvoorbeeld *Gone with the Wind* en *Casablanca*.

Ook ik hou veel van *The Way We Were*, een hoogtepunt in mijn carrière. Het is een van Bobs beste acteerprestaties, en vermoedelijk ook een van mijn beste rollen. Ik vind het heerlijk als we worden genoemd als een van de meest onvergetelijke stellen van het witte doek. We hebben iets gemaakt wat lang zal standhouden, langer dan de meeste huwelijken.

Sydney heeft een prachtige film afgeleverd. Ik weet dat de film een succes is, maar hij had nog beter kunnen zijn met die twee essentiële scènes. Het is nog altijd een mooi liefdesverhaal, maar waarom zou je niet naast de emotionele zeggingskracht ook de complexiteit en kracht van de politieke context een plaats geven in de film?

Omdat mijn werk aan dit boek allerlei herinneringen bij me losmaakte, vroeg ik in het voorjaar van 2021 aan Marty of hij Tom Rothman wilde bellen, de baas van Sony (het bedrijf dat Columbia bezit) met de vraag of ze plannen hadden voor 2023, als de film de eerbiedwaardige leeftijd van vijftig jaren zou bereiken.

Toen Marty me vertelde dat ze de oorspronkelijke film wilden uitbrengen op blu-ray dacht ik: misschien is dit mijn kans om eindelijk die ontbrekende scènes in ere te herstellen. Niet alleen voor mezelf, maar ook voor Katie en voor iedereen die zo dol is op deze film. Ik moest en zou Tom overtuigen dat hij ook een *extended version* zou uitbrengen.

Ik ben ervan overtuigd dat ook Sydney, als hij nog zou leven, die twee scènes in de film zou willen zetten omdat ze niet alleen over politiek gaan, maar ook over zoveel meer.

En dus deed ik iets wat ik al wilde doen sinds 1973. Ik had alle verwijderde beelden bewaard en haalde Mike Atick erbij, de editor die ook met me aan de eerste dvd had gewerkt, om ze met mijn Avid-montageapparaat weer in de film te plaatsen. Ik had het gevoel dat er een zware verantwoordelijkheid op me rustte. Het was alsof ik Arthur, maar ook de personages, eindelijk kon geven wat hun toekwam. Ik wilde ook een stukje terughalen van de monoloog waarin Katie uitlegt waarom ze naar Washington moet gaan om hun vrienden te steunen, want die woorden laten zien dat ze geen politieke angsten kent. En ik vond het belangrijk om ook de laatste regels van de scène in de filmzaal te tonen, als Katie zegt 'ik wil dat we van elkaar houden' en Hubbell antwoordt: 'We houden toch ook van elkaar. Dat is nou net het probleem, Katie. Dat we van elkaar houden.'

Ik begrijp inmiddels waarom Sydney die regel moest schrappen, want die strookte niet met zijn veronderstelling dat de relatie voorbij was. Hij zei in de documentaire: 'Je begrijpt dat het einde nadert voor die twee. Aan het einde van de scène in de projectiezaal is het zover.'

Ik was het niet met hem eens, en het is niet in lijn met wat Arthur had geschreven. Katie houdt van Hubbell en ze is er de vrouw niet naar om hem te verlaten vanwege een onenightstand met een oud vriendinnetje. Die tekstregel bevestigt dat Hubbell nog altijd van Katie houdt. Die was er vanaf Arthurs eerste script, en een van de redenen dat ik hem zo mooi vind is dat het klopt. Liefde is nu eenmaal gecompliceerd. Ik denk dat Sydney het wilde vereenvoudigen omdat hij niet kon hebben dat ze beiden hun liefde uitspreken op het moment dat 'het einde nadert'.

Maar ik probeer er ook naar te kijken zoals het publiek het ziet, want iedereen zit te duimen dat het stel het zal redden en bij elkaar blijft. De enige reden waarom ze dat niet doen is omdat Katies naam is genoemd voor de commissie en zij besluit de relatie te beëindigen om hem te beschermen. Juist dat maakt emoties los bij het publiek. Stel je voor hoe vreselijk het moet zijn als je van iemand houdt, maar wordt gedwongen om jezelf die liefde te ontzeggen.

Er waren nog meer momenten die ik een plaatsje had willen geven, zoals de scène waarin ze tegen hem zegt dat hij achter de typemachine moet blijven zitten en vooral moet blijven werken. Maar ik wist dat ik, als ik te veel zou aanpassen, het risico zou lopen dat er helemaal geen aanpassingen zouden komen. Ik moest prioriteiten stellen en me richten op de zaken die echt belangrijk waren voor het verhaal. En die originele beelden pasten er perfect in, simpelweg omdat ze er thuishoorden. Dat was bashert.

Een paar weken later stuurde ik de nieuwe versie naar Tom Rothman, met wie ik later die dag een telefonische afspraak had. Hij had er nog niet naar kunnen kijken toen we spraken, maar zijn eerste reactie beloofde weinig goeds. Hij zei in feite: 'Je kunt de film niet veranderen. Het moet blijven zoals Sydney het heeft achtergelaten.'

'Ik wil de originele versie niet vervangen,' zei ik. 'Het is een klassieker die voor altijd zal blijven bestaan. Ik wil mensen de kans geven om ook de langere versie te zien door beide versies uit te brengen in dezelfde box.'

Ik vertelde dat Sydney ook jaren na de release van de film nog twijfelde over de verwijderde scènes. Maar dat wilde Tom Sydney zelf horen zeggen. Na ons gesprek schreef ik een brief van acht velletjes waarin ik productiememo's citeerde waarin Sydney zegt dat hij de scène op UCLA 'bijzonder goed' vond. Het gesprek over Frankie McVeigh vond hij belangrijk omdat we, zoals hij schreef, 'moeten zien welke prijs de relatie en deze twee mensen moeten betalen'.

Ik vond het sneu om te zien dat Sydney was blijven twijfelen aan de kwaliteit van zijn werk. Hij zei in een interview: 'De film heeft ernstige tekortkomingen, maar wordt gered door het spel van de twee acteurs.' (Dat is veel te bescheiden.) In een ander interview zei hij: 'Ik stond onder ongelooflijk zware druk, want niemand geloofde in de film.'

Nu ik zelf een aantal films heb geregisseerd, begrijp ik precies wat hij bedoelde. Daar komt bij dat de zwarte lijst tot in de vroege jaren zestig werd gehanteerd, helemaal niet zo lang voor 1973 dus. Veel mensen in Hollywood werden liever niet herinnerd aan de rol die ze in die periode hadden gespeeld of wilden niet de Republikeinen voor het hoofd stoten die de dienst uitmaakten in Washington. President Nixon was zelf bijzonder actief geweest in HUAC. Sydney zei in een ander interview: 'De weerstand van de studio heeft ervoor gezorgd dat we de film veel van zijn kracht moesten ontnemen. Daardoor smolten de politiek en het liefdesverhaal minder goed samen dan mogelijk was geweest.'

We stuurden Rothman die brief halverwege juli, en toen begon het lange, lange wachten.

De zomer verstreek en er kwam maar geen antwoord. Ik wilde de kwestie dolgraag bespreken met Robert Redford. Ik wilde toelichten wat ik probeerde te doen en ik wilde weten hoe hij erover dacht.

Ik belde hem op. Bob was zoals altijd fantastisch: open, nadenkend en sympathiek. Hij zei dat hij me onvoorwaardelijk zou steunen. Dat betekende heel veel voor me. We hebben meer dan een uur gesproken over allerlei dingen, zoals onze samenwerking van destijds, politiek en kunst.

Uiteindelijk zei hij: 'Ik moet gaan, Babs. Ik hou zielsveel van je en zal dat altijd blijven doen.'

Ik zei 'ik hou ook van jou' en nodigde hem en Sibylle, zijn vrouw, uit om bij Jim en mij te komen eten als ze weer eens in Los Angeles zouden zijn. Ik zei hoe heerlijk ik het vond om hem te spreken en hij zei: 'Ik vind het ook heerlijk om met jou te spreken. Altijd.' Het was fijn dat de connectie die we hadden toen we de film maakten er nog altijd was.

Bobs steun versterkte mijn vastberadenheid om Sony ervan te overtuigen dat die cruciale scènes weer in de film moesten. In augustus stuurde ik Tom een e-mail waarin ik bij wijze van zachte dwang nieuwe argumenten aanvoerde om mijn standpunten te ondersteunen. Hij liet me weten dat het een moeilijke situatie was en dat hij meer tijd nodig had om een oplossing te vinden omdat hij en veel anderen op vakantie waren.

Oké. Ik stuurde opnieuw een mailtje om hem te bedanken voor zijn reactie en nam de gelegenheid te baat om mijn zaak nogmaals te bepleiten. Je kunt gerust zeggen dat ik meedogenloos te werk ging.

Maar uiteindelijk toonde Tom wel mededogen! Midden september belde hij om te vertellen dat zowel de originele als de verlengde versie een plaatsje zou krijgen op de blu-ray.

Ik was sprakeloos. Halleluja! Dit was al sinds 1973 mijn grote wens. Terwijl ik druk bezig was mijn dankbaarheid te uiten en hem te vertellen hoeveel dit voor me betekende, zei ik opeens: 'O, en dan heb ik nog iets. Nu we toch bezig zijn: zou je de film ook op iTunes willen zetten zoals we dat hebben gedaan met *A Star Is Born*, zodat de originele versie en mijn versie met de extra scènes beschikbaar zijn voor dezelfde prijs?'

Het bleef even stil aan de andere kant van de lijn, maar toen zei ik: 'Jonge mensen kopen toch geen blu-rays meer. Ze streamen alles, en zo boren we een nieuw publiek aan voor deze film.'

Ik vond het bemoedigend dat hij niet meteen nee zei, maar hij zei later: 'Ik heb ook geen ja gezegd.' Ik hoorde pas vier maanden later dat hij toestemming had gegeven voor zo'n dubbele iTunes-release.

Ik kan nauwelijks de woorden vinden om duidelijk te maken hoe blij ik ben dat iedereen nu de kans heeft om de film te zien zoals hij eigenlijk had moeten zijn. Het heeft vijftig jaar geduurd, maar mijn droom is eindelijk uitgekomen.

Zoals Hubbell tegen Katie zei: 'Jij laat het er ook nooit bij zitten, hè?'

Inderdaad. Katie liet het er nooit bij zitten. En ik ook niet.

25

With a Little Help from My Friends

Ze zeggen dat kunst het leven imiteert, maar soms is het andersom. In het voorjaar van 1973, enkele maanden na het einde van de opnamen van *The Way We Were*, werd ik uitgenodigd om op te treden op een benefietavond voor Daniel Ellsberg, die terechtstond omdat hij de Pentagon Papers had gelekt. Hij riskeerde zijn leven omdat hij dacht dat het Congres en het Amerikaanse volk de Vietnam-oorlog onmiddellijk zouden beëindigen als ze de waarheid zouden kennen.

Voor mij gaat er niets boven de waarheid. Ik was een fel tegenstander van de oorlog en ik vond het net als Katie belangrijk om mensen te steunen die bereid waren hun nek uit te steken voor hun principes.

Het proces tegen Ellsberg liep al vier maanden en hij was bijna blut. Als hij niet snel aan meer geld zou komen, zou hij zich niet optimaal kunnen verdedigen. De avond moest dus snel in elkaar worden geknutseld. Stanley Sheinbaum, de voorzitter van de American Civic Liberties Union (ACLU), liet een tent neerzetten in de achtertuin van de producent Jennings Lang en nodigde tweehonderd mensen uit à 250 dollar per stel. Het idee was dat ik in ruil voor donaties de verzoeknummers van het publiek zou zingen. Best spannend, want ik doe meestal geen verzoeknummers en ik bereid mijn concerten doorgaans wekenlang heel zorgvuldig voor. Ik had geen idee wat er van moment tot moment kon gebeuren. Dat was opwindend, maar ook een beetje eng. Gelukkig werd ik op de piano begeleid door Marvin Hamlisch, die een groot repertoire aan nummers bij zich had zodat ik even kon spieken als dat nodig was.

Peter Bogdanovich bood 1.000 dollar voor 'You're the Top', een liedje dat ik had gezongen tijdens de aftiteling van *What's Up, Doc?* Ik zei: 'Die film heeft 35 miljoen opgeleverd, Peter. Ga je me afschepen met 1.000 dollar? Oké. Er is alleen één voorbehoud. Voor dat geld zing ik het couplet niet!'

David Geffen zat in het publiek met Joni Mitchell en vroeg om haar 'I Don't Know Where I Stand'. Ik vond het eng om het te zingen in haar bijzijn en zei (maar half voor de grap): 'Sorry, Joni.' Maar het was ook fijn om haar te vertellen dat ik dol was op haar muziek en haar zangstijl. Het was heel bijzonder om 'With a Little Help from My Friends' te zingen terwijl er drie Beatles aanwezig waren: George Harrison, Ringo Starr en John Lennon (met Yoko Ono). Er kwamen ook telefonische verzoekjes, dat was helemaal lachen. Carl Reiner belde, naar eigen zeggen vanuit 'het toilet van de Friars Club... En ze zijn hier bezig met een bar mitswa.' We zongen samen 'Twinkle, Twinkle, Little Star'. Marty's vrouw Miko belde vanuit Japan en vroeg of ik voor 263.000 yen 'The Very Thought of You' wilde zingen, want dat was Marty's lievelingsnummer. En omdat het die avond, 7 april 1973, de tweeënveertigste verjaardag van Daniel Ellsberg was, zong ik met alle genoegen 'Happy Birthday' voor hem.

De avond bracht 50.000 dollar op, dat was destijds een enorm bedrag. Niet lang geleden kwam Dan in het huis van onze gezamenlijke vriendin Lynda Resnick (hij had haar kopieerapparaat gebruikt om de Pentagon Papers te kopiëren) naar me toe om me nogmaals te bedanken.

Hij zei dat die 50.000 dollar hem de kans hadden gegeven om het proces twee weken voort te zetten, en dat die twee weken van cruciaal belang waren geweest. Want in die periode kwam het nieuws naar buiten dat er was ingebroken in het kantoor van Dans psychiater en dat Nixon erachter zat. De aanklacht tegen Dan werd ingetrokken vanwege onbehoorlijk gedrag van de overheid en daarna begonnen de hoorzittingen rond Watergate. Dat was het begin van het einde voor Nixon.

Dan vertelde dat hij zichzelf zag als een schakel in een reeks van gebeurtenissen die Nixon uiteindelijk dwong te vertrekken. Hij keek me aan en zei: 'Jij was ook een schakel!'

Ik kan alleen maar zeggen dat ik trots ben dat ik met mijn concert een bijdrage kon leveren. (Dan Ellsberg overleed in juni 2023.)

Ik wil nog even terug naar *The Way We Were*, want ik kreeg die zomer net als Katie te maken met een zwarte lijst. De hoorzittingen brachten aan het licht dat Nixon een 'vijandenlijst' had bijgehouden. Ik stond er ook op, net als onder meer Edward Kennedy, George McGovern, Shirley Chisholm, Bella Abzug, Eugene McCarthy, Paul Newman en Gregory Peck.

Dat was ijzingwekkend. Wat was Nixon van plan met de mensen op zijn lijst?

We zullen het nooit weten, maar alle eventuele angsten die ik voelde werden overschaduwd door mijn solidariteit met de mensen die die zwakke, leugenachtige man zagen voor wat hij was en zich uitspraken om de rechtsstaat te beschermen. Het was eervol om deel uit te maken van dat illustere gezelschap.

Ik werkte die zomer aan *Barbra Streisand... and Other Musical Instruments*, mijn vijfde special voor CBS. Er waren vijf jaar verstreken sinds *A Happening in Central Park*, want ik had het druk gehad met andere zaken (zeven films bijvoorbeeld, en talloze albums) en ik zat met mijn hoofd bij andere zaken. Tot mijn grote vreugde had Marty mijn oude partners Dwight Hemion en Joe Layton er weer bij gehaald. Er waren ook nieuwe gezichten: Gary Smith bijvoorbeeld, die ik had ontmoet toen ik in de show van Judy Garland zat en die nu samen met Dwight de productie voor zijn rekening nam; en Ken en Mitzie Welch, die muziek zouden schrijven, zoals ze dat ook al voor me hadden gedaan voor de show van Garry Moore. We zouden de special opnemen in Londen, want daar werkten Dwight en Gary. Daar werd ik erg gelukkig van, want ik ben dol op die stad.

De hele show draaide om muziek en er werd nauwelijks gesproken. Aan het begin hoor je me stemoefeningen doen (die deed ik eigenlijk nooit). Ik sta in te zingen met de leden van het orkest om me heen, en je denkt dat het een normaal concert gaat worden. Maar dan komen er allerlei muzikanten bij: Ierse doedelzakspelers, Spaanse gitaristen, Afrikanen die op de slagtanden van olifanten speelden, en zelfs een orgelspeler met een papegaai. Als mijn stoel wiebelt, komt een aardige man met een zingende zaag me te hulp om een paar centimeter van een van de poten af te zagen.

Het idee was dat we fantastisch getalenteerde muzikanten uit alle windstreken in het zonnetje zouden zetten. Ik zei altijd hoe saai het was om steeds dezelfde liedjes te zingen op steeds dezelfde manier, maar ditmaal zou ik het heel anders doen.

We bouwden 'I've Got Rhythm' uit tot een medley die me van de ene muzikale cultuur naar de andere bracht. Joe's enscenering was briljant. Een merkwaardig geluid lokt me naar een gat in de vloer. Ik glijd langs een touw naar beneden en opeens word ik omringd door Indiase muzikanten, onder wie Ravi Shankar met zijn sitar. Dan brengen steeds nieuwe geluiden me naar steeds andere culturen, waar bekende nummers zoals 'People' in een nieuw jasje worden gestoken. Het ene nummer wordt begeleid door een Japanse koto, een ander door Turkse tamboerijnen of trommels van inheemse Amerikanen. Ik vond het heerlijk om langs al die landen te reizen en steeds op andere manieren te zingen en te bewegen. Maar als je goed kijkt, zie je een constante factor: een simpele, ruimvallende jurk. Ik had de jurk, waarvan ik het origineel had gekocht bij Holly's Harp in Los Angeles, in verschillende kleuren laten namaken en droeg er voor elke scène andere accessoires bij.

Dan verandert de sfeer opnieuw en word ik niet omringd door muzikanten, maar door futuristische synthesizers, die dienst weigeren en ontploffen. Als de rook is opgetrokken, sta ik tot mijn grote vreugde naast een piano die wordt bespeeld door de grote Ray Charles, die ik altijd heb bewonderd. Hij zingt vanuit zijn ziel, en hij was ook nog eens een schat van een man. (Het hielp natuurlijk ook dat hij heel knap en sensueel was.) We zongen 'Crying Time', wat mij betreft het hoogtepunt van de special. We deden het nummer twaalf keer en Ray zong het telkens weer anders. Hij was net zo dol op spontaniteit als ik.

Toen kwam het merkwaardigste onderdeel van de show. Om het thema te illustreren – dat de wereld is gemaakt van muziek en dat je die op de meest onverwachte plaatsen kunt aantreffen – hadden we Ken en Mitzie een 'Concerto for Voice and Appliances' laten schrijven voor onder meer elektrische fruitpersen, een pruttelende cafetière, een fluitende theeketel, blenders, naaimachines, wekkers, telefoons, deurbellen en een wasmachine die werd bediend door Marty, die er voor zijn korte optreden bijzonder stijlvol uitzag in een smoking. Toen kwamen alle muzikanten uit al die verschillende culturen (en een papegaai) weer op het podium voor de grote finale. Ik zong: '*Make your own kind of music, sing your own special song... it's a musical world!*' Als climax sprongen er twee stukken toast uit een broodrooster.

Ik genoot altijd van het maken van die specials, want we hadden een ijzersterk team en konden risico's nemen. Maar mijn contract met CBS zat er nu op en dat was een opluchting, want het was een verplichting minder.

Het was al moeilijk genoeg om te voldoen aan de voorwaarden van mijn platencontract. Als ik een album niet voor de deadline kon inleveren omdat ik bezig was met filmopnamen, zei ik tegen Marty: 'Ik heb het te druk.' Dan regelde hij het met Columbia. Hij zei altijd geruststellend tegen me: 'Ze gaan je echt niet voor de rechter slepen.'

Dat deden ze inderdaad niet, en ik heb het vanaf het begin van mijn carrière altijd goed naar mijn zin gehad bij Columbia Records.

Tijdens de opnamen van *The Way We Were* had ik geen tijd om na te denken over een nieuw album, en daarna ging ik aan de slag met de special. Toen we die eenmaal hadden afgerond, ging ik op 12 september de studio in om mijn eigen versie van de titelsong van de film op te nemen. Die wilden we als single uitbrengen in een nieuw arrangement. Marvins arrangement was perfect voor de film, maar voor de radio moest het ritmischer zijn en wat eigentijdser klinken. Marty Paich kwam erbij om het wat meer pop-achtig te maken. Hij vertelt: 'Ik denk dat we vier uur aan de opname hebben gewerkt en vier uur aan de mixage. Zo zie je maar dat je met de juiste artiest en het juiste orkest in één avond een hit kunt maken.' Dat was de goede oude tijd. Ik vond het heerlijk om door te halen en een nummer meteen af te maken.

Twee weken later kwam de single op de markt.

We werkten zo snel omdat Columbia de single wilde gebruiken om aandacht te genereren voor de film, die drie weken later in première zou gaan. Dat plan lukte, want 'The Way We Were' werd mijn eerste nummer 1-hit en was uiteindelijk de bestverkochte single van het jaar.

Ik bouwde ook een nieuw album om het nummer heen en ging de studio in om 'Something So Right' van Paul Simon, 'All in Love Is Fair' van Stevie Wonder en 'Being at War with Each Other' van Carole King op te nemen. De Vietnam-oorlog was in volle gang en ik werd elke avond overweldigd door de beelden van dood en vernietiging in de journaals. Mensen gingen de straat op om te protesteren en raakten slaags met de politie, maar Carole benaderde de kwestie op een andere manier. Haar nummer herinnert ons aangrijpend aan het simpele feit dat we allemaal met elkaar in verband staan:

Everyone comes from one father, one mother
So why do we complicate our lives so much by
Being at war with each other?

Goede vraag.

Er waren ook songs van Michel Legrand en de Bergmans, waaronder het fraaie 'What Are You Doing the Rest of Your Life?' Toen ze me die song lieten horen, zei ik meteen: 'Die wil ik opnemen!'

Ik wilde het album *The Way We Were* noemen, maar Ray Stark dreigde dat hij dan een proces zou aanspannen.

Hij wilde niet dat mijn album dezelfde naam zou hebben als zijn album, de soundtrack van de film. Beide albums zaten bij Columbia Records, dus je kon niet zeggen dat ze elkaar beconcurreerden, en ze zouden beide uitkomen in januari 1974.

Het was niet ongebruikelijk dat ik mijn eigen popversie van het nummer op mijn album zette, en de meeste mensen begrijpen het verschil tussen een soundtrack en een normaal album. Ik dacht juist dat de albums elkaar over en weer konden helpen. Dat mensen de ene versie zouden horen en ook nieuwsgierig zouden zijn naar de andere.

Waarom deed Ray dan zo moeilijk?

Een van de executives van Columbia dacht het te weten: 'Ray heeft geen aandeel in jouw versie. Daar draait het in feite om. Als we een proces willen vermijden, moeten we de filmtitel van het album halen.'

Ik moet even uitleggen wat er op de originele hoes van mijn album stond. Je weet al dat ik fotoshoots bij voorkeur mijd, dus ik wilde gebruikmaken van een shoot die ik een jaar eerder met Steve Shapiro had gedaan voor *Harper's Bazaar*. Ik hou van de kleurencombinatie rood-zwart die je vaak tegenkomt bij sieraden uit de jaren veertig. En ik was in een nostalgische bui, want we zouden *The Way We Were* gaan opnemen. Ik droeg een zwart jasje uit mijn eigen garderobe en een zwarte tulband met een doorzichtige zwarte sjaal omdat ik geen zin had om bij de kapper te gaan zitten. Ik deed snel mijn make-up: rode lippenstift zoals in de jaren veertig, smokey eyes en rode nagels. En op het laatste moment zei ik: 'Wacht, er is nog iets', en toen deed ik mijn rode bakelieten ring uit de jaren veertig om.

We deden de shoot op het balkon van mijn huis op Carolwood Drive. Ik liep naar buiten, legde mijn hand op de pilaar om de ring te tonen, en dat was dat.

Ik dacht dat de titel *The Way We Were* boven mijn hand moest komen, bij voorkeur in rode letters met een zwarte schaduw.

Ik gaf de foto aan de afdeling artwork van Columbia. Toen ze me de hoes stuurden, zei ik: 'Wat is er gebeurd? Er is iets vreemds.'

Iemand bleek de bobbel uit mijn neus te hebben gehaald! Ze dachten vermoedelijk dat ik dat fijn zou vinden, maar ik ben erg aan die bobbel gehecht. Die bobbel en ik hebben samen het nodige meegemaakt. Het is mijn bobbel, dus ik zei tegen de art director: 'Als ik een andere neus wil, ga ik wel naar een arts. Ik wil mijn bobbel terug.'

En toen moest dankzij Ray de titel van de hoes worden verwijderd en had het album geen naam meer. Columbia heeft er op het laatste moment een sticker op laten plakken: 'Met de hitsingle THE WAY WE WERE en ALL IN LOVE IS FAIR.' Maar het design was verpest en ze hadden de verkeerde kleur gebruikt: felroze! Had het dan in elk geval rood gemaakt, met zwarte letters.

Ik denk dat Ray er op een perverse manier van genoot om met me te ruziën. Hij gooide altijd de knuppel in het hoenderhok. Ik denk dat hij me vooral als zijn concurrent zag.

Volslagen belachelijk.

Hij wilde niet dat de projecten die ik zonder hem deed succesvol waren.

26

Wat bezielde me?

Als ik de lijst met films zie die ik in die periode heb afgeslagen, denk ik: wat bezielde me? Maar dat is achteraf altijd makkelijk gezegd.

They Shoot Horses, Don't They? ging over een wanhopige jonge vrouw die meedoet aan een wedstrijd marathondansen. Ik dacht: mijn god, dan moet ik elke dag urenlang dansen! (Ik zei toch al dat ik lui ben?) Ik was ook bezorgd omdat mijn moeder me altijd had verteld dat mijn vader was gestorven omdat hij te hard had gewerkt. Ik was diep vanbinnen bang dat mij hetzelfde zou overkomen en wilde niet al te veel druk op mezelf leggen. Ik ben pas op mijn dertigste begonnen met sporten. Hoe dan ook: Jane Fonda kreeg die rol, en dat was een ideale keuze.

Ik wees ook *Klute* af omdat ik al een keer een prostituee had gespeeld en ik nog niet wist dat de fantastische Alan J. Pakula de film zou regisseren. Ook die rol ging naar Jane, die er een Oscar voor won. Een paar jaar later kreeg ik *Julia* aangeboden. Die rol had ik dolgraag willen spelen, maar ik was druk bezig met *A Star Is Born*. Sue Mengers zei: 'Maak je geen zorgen, want die film wordt toch niet gemaakt.' Hij werd wel gemaakt, ook weer met Jane in de hoofdrol. Ik zei voor de grap tegen haar: 'Je hebt je hele carrière aan mij te danken!'

Ik zou alles uit mijn handen hebben laten vallen om te kunnen samenwerken met de briljante regisseur Fred Zinnemann, maar hij was nog niet bij *Julia* betrokken toen ik werd benaderd.

Zo ging het ook met *Alice Doesn't Live Here Anymore*. Er was nog geen regisseur bij betrokken toen ik het script las. Zo heb ik mijn kans gemist om samen te werken met de uniek getalenteerde Martin Scorsese. Ik aarzelde ook omdat ik bang was dat de kijkers me niet geloofwaardig zouden vinden als een derderangs nachtclubzangeres. (Ik kon nog niet weten dat ik tien jaar later toch zo'n rol zou spelen in de flop *All Night Long*.)

Zelfs *Cabaret* heb ik afgewezen, want het stuk beviel me niet. Ik zou natuurlijk wel degelijk hebben toegehapt als ik had geweten dat Bob Fosse de film zou regisseren. Hij was korte tijd betrokken geweest bij *Funny Girl* en ik had genoten van onze samenwerking.

Welk project koos ik dan wel? Een flauwe comedy die *For Pete's Sake* heette maar net zo goed *For Marty's Sake* had kunnen heten, want ik deed het voor hem. Marty wilde films produceren en dit zou zijn eerste credit worden. Hij had het hele project op poten gezet. Hij liet Stanley Shapiro, die een aantal succesvolle comedy's had geschreven voor Doris Day en Rock Hudson, het script schrijven. Marty wilde dat Peter Yates de film zou regisseren en dat vond ik goed. Ik wilde de briljante cinematograaf László Kovács erbij halen, met wie ik zo fijn had samengewerkt bij *What's Up, Doc?* Ik had ook invloed op de keuze om Michael Sarrazin mijn echtgenoot te laten spelen, maar meer heb ik niet bijgedragen. Ik vond dat Michael een interessant gezicht had, en hij had een interessante vriendin, de Engelse actrice Jacqueline Bisset, dus het leek me oké om met hem te werken.

Hij zou Pete spelen, die als taxichauffeur werkt om geld te verdienen om weer te gaan studeren. Maar hij krijgt een tip voor de aandelenmarkt: buikspek van varkens kopen. (Wat is buikspek eigenlijk? En waarom zou je erop gokken? Ze gokken toch ook niet op kippen?)

Ik speelde zijn toegewijde echtgenote, die het geld dat haar man nodig heeft voor zijn investering leent van een woekeraar en in allerlei komische en gevaarlijke perikelen belandt bij haar pogingen om het geld terug te betalen. Inderdaad, het klinkt bespottelijk, maar het moest voor slapstick doorgaan. Mijn personage heette Beverly, maar dat vond ik te gewoontjes. Ik dacht: ik geef haar een mannennaam. Het werd Henry, een afkorting van Henrietta.

Ik was er nog niet over uit hoe ze haar haar moest dragen toen ik op een avond een feestje bezocht bij Carol Burnett thuis. Ik zag een vrouw met een kort, jongensachtig kapsel en dacht: ja, dat is de juiste look! Het was perfect voor Henry en een welkome afwisseling na mijn ouderwetse kapsel in *The Way We Were*.

Ik liep naar de vrouw toe en vroeg wie haar haar deed.

Ze zei: 'Jon Peters.'

Het was de zomer van 1973. Ik vroeg mijn assistent of ze Jon Peters wilde bellen om hem te vragen of hij een pruik wilde maken voor de film. Ik wilde om twee redenen een pruik. In de eerste plaats omdat ik mijn lange, steile haar niet wilde afknippen, en in de tweede plaats omdat ik tijdens het filmen zou kunnen uitslapen terwijl mijn filmhaar werd verzorgd in de make-up-trailer.

Jon wilde het graag doen. Hij vertelde me later dat hij al jaren tegen mensen zei dat hij mijn haar deed. Hij oogstte in feite lof voor het kapsel dat Fred Glaser in Chicago me had aangemeten. Maar zo is Jon nu eenmaal, een lefgozer.

Hij onderhield soms een troebele relatie met de waarheid. Maar daar bleef ik destijds nog niet al te lang bij stilstaan.

We maakten een afspraak in mijn huis op Carolwood Drive. Jon zegt dat ik hem drie kwartier heb laten wachten. Dat zal wel kloppen, want ik deed altijd tien dingen tegelijk. Maar uiteindelijk belde mijn assistent met het bericht: 'Hij vertrekt.'

'Laat hem niet gaan,' zei ik. 'Ik kom meteen naar beneden.'

Jon liet de motor van zijn rode Ferrari al ronken, maar mijn assistent bracht hem weer naar binnen. Ik zag meteen dat hij pissig was. Ik wilde me verontschuldigen, maar hij onderbrak me: 'Doe dat nooit meer.'

Dat vond ik opvallend. De meeste mensen zouden zich nederig opstellen of het voorval bagatelliseren. Ik nam hem aandachtig op. Jon was niet bepaald gekleed voor een zakelijke afspraak. Hij droeg een tot zijn borst opengeknoopt hemd, een strakke spijkerbroek en een inheems Amerikaanse ketting. Ik dacht: wie ís die vent?

Ik vertelde hem dat ik een aantrekkelijke vrouw had ontmoet die hij had geknipt. Hij begreep meteen wie ik bedoelde en wist de indruk te wekken dat hij haar heel goed kende, en niet alleen als cliënt. Het was alsof hij bang was dat ik zou denken dat hij gay was.

Dat was dus meteen duidelijk. Ik wist trouwens al dat hij getrouwd was met Lesley Ann Warren, die op Broadway met Elliott in *Drat! The Cat!* had gespeeld.

Ik zei: 'Je vrouw heeft veel talent.'

'We zijn uit elkaar,' zei hij. 'Maar bedankt voor het compliment.'

Ik begon weer over het kapsel. Ik vroeg of hij een pruik in die stijl voor me kon maken. Hij was een en al zelfvertrouwen. 'Ja, dat is een makkie. Dat kan ik wel.' Ik ontdekte later dat hij nog nooit een pruik had gemaakt.

Ik zei: 'Laten we naar boven gaan. Daar is mijn make-upkamer.' Dat klinkt als heel wat, maar het was niet meer dan een kleine nis met, dankzij een kleurloos glas-in-loodraam, mooi natuurlijk licht. Er was net genoeg ruimte voor een witgeverfd bureau met een make-upspiegel met lichten die ik van de studio had gekregen, een stoel en een stereo-installatie zodat ik naar liedjes kon luisteren die ik moest opnemen. Het heerlijkste was dat ik eten binnen handbereik had, want de make-upkamer was uitgerust met een ouderwetse keukenlift die, compleet met katrollen, al in 1929 in het huis was geïnstalleerd. Als ik een kop thee wilde, hoefde er niemand trappen op en af.

Ik wilde voor de spiegel plaatsnemen om Jon de kans te geven naar mijn haar te kijken. Toen we de trap op liepen, voelde ik achter me zijn priemende ogen. Ik bleef staan, draaide me om en vroeg: 'Waarom staar je zo naar me?'

'Je hebt een heerlijke kont,' zei hij.

Niemand had ooit zo tegen me gesproken. (In elk geval niet luttele minuten nadat ik hem had leren kennen.) Jon was totaal niet geïntimideerd. Dat beviel me wel. Het was weer eens iets anders en het kwam authentiek over. Hij behandelde me niet als een onbereikbare ster. Het was ontwapenend. (Ik onthield zijn woorden en liet ze door John Norman zeggen als hij in *A Star Is Born* voor de eerste keer achter Esther aan de trap naar haar appartement op loopt.)

Jon moest een paar keer naar mijn huis komen. We hebben geëxperimenteerd met goedkope pruiken voordat hij de definitieve kon maken. We voerden uitgebreide gesprekken. Hij vertelde me dat zijn vader, een Cherokee, onverwacht was gestorven toen Jon nog een kind was. Zijn moeder was hertrouwd met een man die haar en Jon niet goed behandelde. Dat hadden we dan alvast gemeen, want ik had het ook niet getroffen met mijn stiefvader. We waren rebelse kinderen uit disfunctionele gezinnen. Ook hij had een letter uit zijn naam verwijderd, want hij heette eigenlijk John. Net als ik wilde hij uniek zijn.

En net als ik was Jon heel direct. Hij zei: 'Je bent een sexy jonge meid. Je hebt prachtige benen, een mooie huid, fantastische tieten. Waarom kleed je je als iemand die dubbel zo oud is?'

Daar zat wat in. Maar ik was discreet en het zou nooit bij me zijn opgekomen om te pronken met mijn lichaam. (Alleen in een rol, zoals in *The Owl and the Pussycat*.) Maar zijn woorden inspireerden me uiteindelijk om de jurken met een A-lijn en hoogwaardige couture te dumpen en me meer naar mijn leeftijd te kleden.

Op een dag droeg ik schoenen met plateauzolen. Toen ik de kamer binnenliep, voelde ik intuïtief aan dat Jon zich ongemakkelijk voelde over zijn lengte van ongeveer een meter vijfenzeventig. Ik schopte snel mijn schoenen uit en zei: 'Zie je, ik ben helemaal niet zo lang.'

Ik denk dat ik hem op zijn gemak wilde stellen.

Dat was blijkbaar gelukt, want niet lang daarna zei hij: 'Zou je ooit met me willen uitgaan?'

Ik zei: 'Nee, je bent niet mijn type. Ik val op oudere mannen met meer verfijning. Ik zie mezelf eerder met een arts of een advocaat.'

Bij onze volgende ontmoeting had Jon een pijp in zijn mond en droeg hij een fluwelen smokingjasje over zijn T-shirt en spijkerbroek en, om het af te maken, een bril met hoornen montuur. De rode Ferrari waarin hij altijd onder luid geraas kwam aanrijden, had plaatsgemaakt voor een conservatievere keuze: een donkergroene vierdeurs Jaguar. (Die was niet van hem, ontdekte ik later, maar van zijn neef Silvio.)

Ik moest lachen. Jon leek nog altijd niet op een advocaat, maar het was een dappere poging. Hij heeft een sterke persoonlijkheid: als hij iets wil, gaat hij er ook voor.

'Zullen we gaan lunchen?' vroeg hij.

'Ik doe niet aan lunch,' zei ik. 'En ik vind je nogal opdringerig.'

Maar hij liet zich niet afwijzen. Uiteindelijk zei ik tegen hem: 'Als ik vrij neem, ga ik liever tennissen.' Ik was in die tijd verslingerd aan tennis.

Hij zei: ‘Prima, ik wil best met je tennissen.’

Ik begreep dat hij het nooit zou opgeven, dus ik zei ja.

We reden naar de tennisbaan. Het was de eerste keer dat ik met hem het huis verliet. Jon gedroeg zich stoer en liep rond alsof hij een beroepsspeler was, maar ik zag meteen dat hij nog nooit had getennist. Hij kende de puntentelling niet. Maar wat denk je? Hij won wel van me.

Op de weg terug naar huis stopte hij om te tanken. Toen hij moest betalen, keek hij me aan en zei: ‘Ik heb alleen honderd. Heb jij misschien een briefje van tien?’

Ik stond versteld, maar ik gaf hem het geld.

Hij heeft het nooit terugbetaald.

Achteraf zou je kunnen zeggen dat ik dat soort dingen niet zo makkelijk door de vingers had moeten zien. Maar ik was eenzaam, die ene alleenstaande vrouw terwijl verder iedereen een partner leek te hebben. Ik had net een relatie achter de rug met een knappe zakenman die lieve gedichten voor me schreef. Hij wilde het me naar de zin maken en deed heerlijke dingen. Hij verraste me een keer met tickets naar Hawaii en nam me soms mee om een weekend te skiën. Maar hij zat nog in een andere relatie en ik zag geen toekomst voor ons, dus ik heb er na een paar maanden een punt achter gezet.

Hij was zo overstuur dat hij naar San Francisco is gegaan om aan Lesley Ann Warren, die daar een stuk deed, te vertellen dat haar ex iets met me had. Hij zal wel hebben gehoopt dat ze het een halt zou toeroepen, maar het liet Lesley koud. Ze vond hem een tikje geschift. Ik was geschokt, vooral omdat die vent eigenlijk bezet was.

Dat was een van de redenen waarom ik in therapie was gegaan: ik koos vaak voor mannen die niet beschikbaar waren en ik wilde weten waarom.

Als kind was eenzaamheid voor mij de normaalste zaak van de wereld. Ik was in zekere zin bang voor relaties. Ik had ook niet de beste rolmodellen gehad. Mijn stiefvader behandelde mijn moeder en mij slecht. Het was de veilige keuze om te vallen op mannen die ik niet kon krijgen, want de uitkomst stond al vast. Ik zou alleen achterblijven en weer in mijn vertrouwde toestand van eenzaamheid verkeren.

En dat bracht dan weer dat oude gevoel naar boven dat ik het niet waard was om van te worden gehouden.

Harvey Corman vroeg me ooit: ‘Waarom neem je genoegen met de kruimeltjes?’

Ik heb in de loop van de tijd met hulp van anderen geleerd dat je aan jezelf moet werken als je wilt veranderen. Meer dan tien jaar later zei Brugh Joy, een fantastische arts en jungiaanse therapeut, iets wat me diep raakte: 'Je kunt een patroon pas doorbreken als je het grondig kent en begrijpt.'

Laat ik het zo zeggen: ik had het helemaal gehad met mijn gebruikelijke manier van doen.

Jon was in elk geval wel beschikbaar. En vasthoudend. En hij leerde me kennen op een moment dat ik emotioneel kwetsbaar was.

Ik vond hem aanvankelijk niet aantrekkelijk. Hij zag er leuk uit, maar meer ook niet. Maar toen gaf hij me een foto van zichzelf als kind, en hij leek als twee druppels water op mijn neef Lowell op die leeftijd. Verbijsterend vond ik dat. Het moest wel een teken zijn. Maar onze relatie ontwikkelde zich langzaam, want ik was op mijn hoede. Er was iets aan Jon wat me niet beviel. Hij was te agressief, te opdringerig. Toen nam hij op een dag zijn zoon Christopher, die een jaar jonger was dan Jason, mee naar mijn huis. Ik vond het leuk dat hij een zoon had.

Ik verlangde naar een gezin en Jon en ik zaten in hetzelfde schuitje. Ik bedacht hoe heerlijk het voor Jason zou zijn om een speelkameraadje en een volwassen man in de buurt te hebben. Ik was er alleen niet zeker van dat Jon die volwassen man moest zijn.

In september nam ik het vliegtuig naar New York voor de opnamen van *For Pete's Sake*. Die film stond zo ver van me af dat ik me nauwelijks kan herinneren dat ik eraan werkte. Het is een lege bladzijde in mijn leven, als een film die ik niet ken. Terwijl ik er zelf in meespeel!

Ik had aan Gene Callahan, de fantastische production designer die ook *Funny Girl* had gedaan, verteld dat ik lege lijsten had opgehangen in mijn eerste appartement. Die lijsten hangen ook in het appartement van Pete en Henry: wit op een bruine muur. Ik was dol op de simpele witte meubelen die hij had gekozen voor de woonkamer. Later, toen ik spullen van de American arts-and-crafts-beweging ging verzamelen, begreep ik dat het Mission Style-meubelen waren die ze voor de film wit hadden geverfd.

Ik weet nog dat ik voor de scène als Pete in bad zit dacht dat het leuk zou zijn als hij me erin zou trekken, om te laten zien hoe leuk en speels ze met elkaar omgaan. Ze hebben een goed, liefdevol huwelijk. Vandaar dat ze zich voor hem in allerlei bochten wringt en zelfs met de plaatselijke hoerenmadam (een atypische rol van Molly Picon) gaat praten om te zien of ze de schuld misschien kan afbetalen door te tippelen.

Wat kan ik ervan zeggen? Ik kan me verder alleen de hond en de stier herinneren. Hoewel de intimiderende Duitse herder die me achtervolgt door een metrocoupé en dan over straat goed was afgericht, was ik nog altijd bang voor hem. (Dit was voordat ik zelf een Duitse herder had, mijn lieve Charity.) Alle reacties van die hond waren perfect. Ik was echt onder de indruk van hem.

Henry leert een stel veedieven kennen, en je ziet in de scène waarin ik in een camper rijd een echte stier zijn kop naar binnen steken. Ik was opnieuw doodsbang, maar toen hij met zijn enorme tong over mijn arm likte, moest ik lachen.

De koeien ontsnappen uiteraard. Henry volgt het spoor van vernieling dat ze aanrichten en belandt in een winkel die kristal verkoopt. De eigenaar staat er geschokt bij en Henry kan nauwelijks geloven dat alle uitgestalde producten ongeschonden zijn.

Ze zegt: 'Niets gebroken?'

'Het is een wonder,' zegt hij.

'Nou, afkloppen dan maar,' zegt ze. Ze tikt tegen de muur, en er vallen twintig kristallen kroonluchters van het plafond aan splinters op de grond.

Peter Yates regisseerde die grap voortreffelijk. Dat is vermoedelijk de reden waarom Vincent Canby van *The New York Times* de film beschreef als 'een doldwaze ouderwetse klucht'. Hij was zowat de enige die er zo over dacht.

Tijdens de badscène viel mijn pruik in het water. We haalden Jon naar New York om het te fiksen, maar bij aankomst bleek hij geen flauw benul te hebben wat hij ermee moest doen. (Maar wat hij deed werkte wel.)

Hij vroeg me tijdens zijn korte bezoek: 'Waarom doe je eigenlijk geen concerten?'

Ik zei: 'Ik weet het niet.' Ik had geen zin om hem te vertellen over mijn plankenkoorts, die nog was verergerd sinds die keer dat ik in Central Park de woorden van een nummer was vergeten.

'Concerten zijn een enorme onderneming,' zei ik. 'Wie gaat dat allemaal regelen?'

Toen zei hij: 'Ik!'

Ik dacht dat hij gek was geworden, maar hij was ervan overtuigd dat hij ook dat zou kunnen. Zijn zelfvertrouwen kende geen grenzen.

Toen ik weer terug was in Los Angeles probeerde ik bij Jon uit de buurt te blijven, maar hij bleef achter me aan zitten. Hij zei dat ik hem deed denken aan een vlinder: mooi maar ongrijpbaar. Hij wist dat ik van antieke sieraden hield, en op een dag kwam hij naar de set met een antieke broche van diamanten en saffieren in de vorm van een vlinder. Een week later gaf hij me opnieuw een vlinder, een antieke Navajo-broche van zilver en turquoise.

Hij wist me altijd te verrassen.

Toen ik zijn huis in The Valley bezocht, dacht ik: zo, hij heeft er echt oog voor! Je zag het aan de details. Ik bewonderde het oude hout, maar Jon zei dat het nieuw was. Vrienden van hem waren speelgoedmakers en konden alles met hout. Ze hadden het geschuurd, geschraapt en bewerkt zodat het er oud en verweerd uitzag. Er hingen antieke kanten gordijnen voor de ramen. Ik dacht: wow, interessant. Een combinatie van rustiek en verfijnd, het mannelijke en het vrouwelijke. Dat had ik niet verwacht van zo'n macho. Ik vond het aantrekkelijk dat hij niet bang was om zijn vrouwelijke kant te laten zien.

Langzaam maar zeker bezweek ik voor zijn volhardende aanpak. Ik besloot me voor hem open te stellen en een nieuwe relatie te beginnen, met alle risico's van dien. Maanden na onze eerste ontmoeting gingen we eindelijk een weekend naar de woestijn. We verbleven in de Al Capone Cottage in Two Bunch Palms, waar we tot diep in de nacht op de vloer van de badkamer over onze levens spraken. Het is altijd makkelijker om persoonlijke informatie uit te wisselen in een kleine ruimte.

We waren in allerlei opzichten elkaars tegenpolen. Jon hield van paarden. Zijn vader had hem leren rijden. Mijn schaarse ervaringen met paarden waren niet goed afgelopen. Toen ik achttien was en in de Caucus Club in Detroit zong ben ik op een paard gestapt, maar ik durfde hem alleen maar heel langzaam te laten stappen. Jaren later nodigde mijn vriendin Polly Platt, de production designer van *What's Up, Doc?*, me uit om met haar te gaan rijden. Maar halverwege het ritje besloot mijn paard terug te keren naar de stal. Hij draaide zich om en begon te galopperen zoals paarden in films dat vaak doen. Mijn cap vloog van mijn hoofd en ik hield me uit alle macht vast. Ik nam me voor om nooit meer op een paard te stappen. Ik was zo bang voor paarden (een van mijn vele angsten) dat ik er later allergisch voor werd.

Maar Jon leek nergens bang voor te zijn. Niets boezemde hem angst in.

Ik stapte een keer bij een pompstation uit de auto om mijn benen te strekken toen er een man naar me toe kwam die zei: 'Ben jij Barbra Streisand?'

Ik zei: 'Nee.' (Ik heb soms geen zin om haar te zijn.)

Maar die vent gaf het niet op. Hij liep achter me aan en zei: 'Je lijkt anders wel op haar.'

'Maar ik ben haar niet.' Ik probeerde hem af te schudden.

Toen zei hij snerend: 'Ik vind haar toch niks.'

Opeens stond Jon naast me. Hij sprak de man erop aan dat hij me had beledigd. Jon pakte zijn das en trok er zo hard aan dat het hemd van de man van achteren in tweeën werd gescheurd. (Het was blijkbaar een duur overhemd. Die vent heeft Jon aangeklaagd en schikte voor 7.000 dollar.)

Ik was boos. Waarom moest Jon zo overdreven reageren en stennis schoppen?

Maar diep vanbinnen was ik blij.

Mijn broer schoot me nooit te hulp als ik hem nodig had, maar Jon wel.

Ik begrijp nu waarom ik hem aantrekkelijk vond. Hij was de nieuwe versie van Joey Bauman uit de speeltuin, de stoere vent die me kon beschermen.

Hij kon heel empathisch zijn. Toen we voor het eerst met zijn allen in Jons huis bleven slapen, was Jason zijn lievelingsdekentje vergeten. Hij was overstuur en wilde naar huis. Jon ging naast hem zitten en zei: 'Als je het echt nodig hebt, ook al is het midden in de nacht, zeg het dan tegen me. Dan rij ik naar jullie huis om het te halen.' Die belofte was al genoeg om mijn zoon op zijn gemak te stellen. Hij is die nacht niet wakker geworden en heeft nooit meer om dat dekentje gevraagd.

Ik was onder de indruk van Jons emotionele intelligentie.

Onze relatie werd serieuzer en we besloten een huis te zoeken waar we met zijn allen konden wonen. We werden op slag verliefd op het eerste huis dat we zagen, in Malibu. Het lag erg afgelegen aan het einde van een canyon met op de achtergrond de Santa Monica Mountains. Ik zag al helemaal voor me dat mijn zoon zou opgroeien in de vrije natuur: geen toerbussen meer die voor ons huis bleven staan terwijl mijn naam werd omgeroepen door luidsprekers. Alleen maar het murmelende beekje en de ruisende bladeren en de driehonderd jaar oude eikenbomen.

We kochten de ranch op Valentijnsdag 1974. (Het was niet echt een ranch, maar het terrein was zo groot dat je het haast ging denken.) De gedachte was dat we het huis samen zouden kopen. Ik nam dus ook aan dat het op ons beider namen zou staan.

Maar Jon zei: 'Ik wil iets met je bespreken. Ik heb erover nagedacht en ik wil het huis liever alleen bezitten.' Ik was geschokt, en niet zo'n beetje ook. Maar hij legde het uit: 'Als we op Carolwood Drive zijn, ben ik bij jou thuis. Als we hier komen, wil ik dat je bij mij thuis bent.' Ik was er niet blij mee, want ik dacht dat het juist de bedoeling was dat het óns huis zou worden. En ik werd nog minder blij toen hij me schaapachtig aankeek en zei: 'En ik moet je het geld schuldig blijven, want ik heb het nu niet.'

Hij bleek niet eens genoeg geld te hebben om te betalen voor zijn eigen helft. Hij gaf me zijn rode Ferrari (die destijds 19.000 dollar waard was en waarin ik niet kon rijden) als aanbetaling en beloofde de rest van de schuld binnen vijf jaar te voldoen. 'Zonder rente,' zei hij. (Jon was een sluwe onderhandelaar. Maar ik ben ook boos op mijn zakenmanager in New York, die zei dat het fiscaal aantrekkelijk was om het huis op Jons naam te zetten.)

Ik vraag me soms af waarom ik toen niet meteen bij Jon ben weggegaan. Toen we elkaar ontmoetten, woonde Gracie bij me in op Carolwood Drive. Ik zie nog helder voor me dat ze haar hoofd schudde toen ze hoorde dat Jons sterrenbeeld Tweelingen was, en dat ze zei: 'Nee, nee... Die mannen hebben twee persoonlijkheden. Je kunt ze niet vertrouwen.' Ik kan haar achteraf geen ongelijk geven.

De belangrijkste reden waarom ik bij Jon bleef was denk ik dat hij wist wat hij moest doen op de zondagen. Ik voelde me in mijn eentje verloren, want zodra ik er met Jason op uit trok, werden we omringd door mensen. Ik wilde niets liever voor mijn zoon dan een normale jeugd. Zelfs een simpel uitstapje naar het park was een bezoeking, want ik werd altijd herkend en achtervolgd. Ik had geen behoefte aan die aandacht. Jason hield er ook niet van, en hij pikte mijn gevoelens erover op. Toen ik met hem en Marilyn Bergman en haar dochter Julie een screening van *Willy Wonka and the Chocolate Factory* bijwoonde, werden we belaagd door fotografen. Zelfs bij de toiletten stonden ze ons op te wachten. Na de voorstelling probeerden we onopvallend weg te komen via de achteruitgang, maar ze renden om het gebouw heen om ons te treffen. Jason stak zijn tong uit naar een fotograaf. Ik kon hem moeilijk een standje geven, want ik had hetzelfde willen doen.

Het werd heel anders toen ik een man in mijn leven had. Nu had ik iemand die me in bescherming kon nemen, en we konden dingen samen doen. Jon bedacht leuke uitstapjes voor ons en de jongens. We gingen naar de dierentuin en Disneyland en de ouderwetse kermisattracties op de Santa Monica Pier. Het was heerlijk om door de ogen van de jongens van de wereld te genieten. Op een dag kwam Jon aanzetten met een leeuwenwelpje dat hij in het grote vogelhuis zette dat bij ons huis hoorde. De jongens waren dolblij, totdat Christopher bijna werd gebeten. We hebben contact opgenomen met Tippi Hedren en het leeuwtje naar haar dierenopvang gebracht.

Jon kocht ook een paard, een zwart-witte Appaloosa met wilde, krankzinnige ogen. Ideaal voor Jon, want het was een hele uitdaging om op het dier te rijden.

Ook ik had in die tijd behoefte aan uitdagingen. Omdat ik mijn angst voor paarden wilde overwinnen, leerden Jason en ik paardrijden bij de Malibu Riding Club. We hebben zelfs gesprongen! En wat denk je? Mijn allergie verdween.

Ik naderde op een dag een hindernis toen ik Jon op me af zag komen. Ik zei: 'Let maar eens op!' Ik wilde hem laten zien wat ik kon zodat hij trots op me zou zijn.

Maar ze zeggen niet voor niets 'hoogmoed komt voor de val'. Het paard steigerde en ik viel eraf. Merkwaardig genoeg viel Jason, die in een andere ruimte les had, op hetzelfde moment ook van zijn paard. Dat was het einde van onze avonturen met paarden. We wilden geen van tweeën ooit weer op een paard stappen. Mijn angsten kwamen terug, en mijn allergie ook. (Wat maar weer eens aantoont dat het brein het lichaam de baas is.)

Ik was duidelijk niet in de wieg gelegd voor een leven als cowgirl, maar ik richtte met veel plezier onze ranch in. Het was een eigentijds bouwwerk in de vorm van een schuur, goedkoop gebouwd met aluminium deuren en parketvloeren. Het was in feite één grote ruimte, dat vond ik er mooi aan. Jason en ik hebben later beiden van die schuurachtige huizen gebouwd, dus die vorm heeft blijkbaar veel indruk gemaakt. Er was een smal keukentje dat amper geschikt was om in te koken (al heb ik er een keer spareribs in hoisinsaus gemaakt), een klein toilet, twee slaapkamers voor de jongens, elk met een stapelbed met een laddertje naar het bovenbed voor logerende vriendjes, en een slaapkamer met badkamer voor Jon en mij.

Het was een hele opgave om iets te doen met al die lege ruimte. Jon haalde de speelgoedmakers erbij om het hout op de muren te polijsten. Ze bouwden ook het merendeel van het meubilair. Het was heerlijk eenvoudig: we bespraken 's ochtends wat voor een kast we wilden en dan was die een dag later klaar. We hoefden niet maandenlang te wachten op onze bestelling.

Het was mijn hippieperiode. We zetten geen bank voor de open haard, maar we legden een groot matras op de vloer met patchworkdekens en dikke kussens. De speelgoedmakers bouwden een L-vormige houten kast die tot heuphoogte kwam om alles op zijn plaats te houden. Ik verzamelde tiffanylampen die ik erbovenop zette. Ze staken mooi af tegen het ruige, gepolijste hout.

De goedkoop ogende aluminium deuren werden vervangen door houten deuren met ramen. Voor de voordeur gebruikte ik het glas in lood van de set van *Clear Day*. Ik wilde een prachtig stuk hout voor een schoorsteenmantel bij de open haard, maar Jon en ik werden het er niet over eens wat het moest zijn. De plafonds waren zo hoog dat we bomen in potten hebben neergezet om gescheiden ruimten te creëren. We lieten dakramen inbouwen om ze meer zon te geven. Het was een glorieuze aanblik als het zonlicht door de groene bladeren werd gefilterd en stippelpatronen maakte op de vloer. Je had in dat huis het gevoel dat je in de vrije natuur was.

Ik bewaar goede herinneringen aan Chanoeka en kerstochtend, als de jongens ons al om zes uur wakker maakten en ik warme chocolademelk en bagels voor ze maakte. Ze konden niet wachten om hun cadeaus uit te pakken. Er waren zoveel mensen die cadeaus stuurden dat we een regel hadden ingevoerd: ze mochten alles openmaken en er de hele dag mee spelen, maar dan moesten ze een paar dingen kiezen die ze wilden houden. De rest gaven we weg aan kinderziekenhuizen.

Christopher woonde bij zijn moeder, maar Lesley was zo lief om hem veel tijd te laten doorbrengen met zijn vader. Christopher mocht zelfs een heel jaar bij ons zijn toen Jon en ik besloten de jongens van hun school in de stad te halen en ze inschreven op een lokale school in Malibu, om onafgebroken buiten de stad te wonen. Daar konden de jongens heerlijk over de plattelandsweg fietsen, en ik fietste zelf ook.

Toen Jon op een dag thuiskwam, zei hij bezorgd: 'Ik zag een vrouw op een fiets en ik dacht: o nee, ik val op een andere vrouw. Maar toen ik haar inhaalde zag ik dat jij het was.'

We hadden daar een magisch leven. Jason en Christopher trokken er samen of met andere kinderen uit de buurt op uit om het bos te verkennen en de beek te volgen tot de plaats waar die uitmondde in een waterval. Jason vond daar een keer een pijlpunt. Hij en Christopher slingerden door de lucht aan touwladders en sliepen onder de sterren als ze daar zin in hadden. Ik gaf Jason een kleine filmcamera om korte griezelfilms te maken met zijn vrienden.

Ik leerde in Malibu Renata kennen, die al tientallen jaren mijn personal assistant is. Ze paste op voor een stel bij ons in de buurt. Toen ik op een dag een wond in de vorm van een kruisje op haar arm zag, vroeg ik wat er was gebeurd. Ze vertelde dat ze door een ratelslang was gebeten en dat ze met een mes in haar arm had gesneden en het gif eruit had gezogen. Ik wist meteen dat ik haar in mijn leven wilde hebben. Ze heeft sindsdien altijd voor me gewerkt.

Ik genoot volop van mijn vrije tijd. Ik volgde een cursus Chinees koken bij een buurvrouw en bezocht met een andere de Renaissance Faire. We namen de kinderen mee. We hadden een heel alledaags leven. Er woonden daar aanvankelijk geen mensen uit de showbusiness, maar dat veranderde geleidelijk. Don Henley van The Eagles en Mick Fleetwood van Fleetwood Mac kochten huizen in dezelfde canyon, maar we gingen niet met elkaar om. Ik denk dat we allemaal erg gesteld waren op onze privacy. Maar geloof het of niet: in 1978 wonnen we alle drie Grammy's (ik won er twee voor 'Evergreen') en toen gingen we het de Grammy Canyon noemen.

Maar nu loop ik op de zaken vooruit. In 1974, toen Jon en ik een huis waren gaan delen en elkaars kinderen verzorgden, besloot Jon dat hij ook mijn werk wilde delen. Ik ging een nieuw album maken en hij zei: 'Laat mij het produceren.'

Ik dacht: wat? Ben je gek geworden?

Hij zei: 'Ik wil je sexy kant laten zien.'

Dat was intrigerend. Ik had mezelf nooit gezien als 'sexy' en had nooit nummers gekozen vanuit dat perspectief. Miste ik iets?

Misschien was dat idee van Jon zo gek nog niet. Er zat wel wat in. We hadden een kersverse relatie en het leek me leuk om samen naar de studio te gaan. Maar in Hollywood vonden ze het verdacht. Men zag de relatie in termen van status en vond dat we niet bij elkaar pasten. Ik was een 'ster' en hij was een kapper. Ik vind dat je mensen niet in hokjes moet stoppen.

Jon stond op een kruispunt in zijn carrière en moest beslissen of hij zijn salons zou verkopen of zijn onderneming juist zou opschalen door er een franchise van te maken. Voordat we elkaar leerden kennen, had hij zichzelf gezien als een soort Vidal Sassoon. Het plan was om een fortuin te verdienen door zijn eigen haarproducten te maken en over de hele wereld filialen te openen. Maar toen hij mij leerde kennen, vond hij mijn wereld interessanter dan de zijne. Hij wilde er deel van uitmaken.

Ik wist al dat ik albums kon produceren, dus ik dacht: ik laat het hem gewoon doen. Dat geeft hem de nodige naamsbekendheid. Als het misgaat, kan ik hem altijd uit de brand helpen. Want heel eerlijk gezegd: Jon wist hoegenaamd niets over muziek produceren. Hij zei tegen een journalist: 'Toen ik de studio binnenliep en die mengtafel met vierentwintig sporen zag, dacht ik dat ik in de cockpit van een 747 was beland. Ik wist van toeten noch blazen. Barbra heeft het leeuwendeel van het werk gedaan, want ik werd rond twee uur 's nachts zo moe dat ik in slaap viel.' (Jon kon erg grappig zijn als hij de waarheid sprak.)

Jon had zich erop verkeken en gaf dat later ook toe: 'Ik had goede instincten, maar ik miste de vaardigheden. Barbra moest me redden.'

En niet alleen toen. Ik heb hem later nog een aantal malen gered.

Maar ik stond versteld toen Jon alsnog wilde worden genoemd als de enige producer. Hij wilde ook de credit voor het ontwerp van de hoes, want hij zei dat het zijn idee was geweest om een vlieg op een pakje boter te gebruiken voor het album, dat *Butterfly* heette. (Ik wilde het psychedelische portret dat op de achterkant staat gebruiken voor de hoes.) Het was zo belangrijk voor zijn ego dat ik er geen van punt van maakte of dat ik hem een slecht gevoel gaf door hem erop te wijzen dat hij voortdurend mijn hulp nodig had gehad.

Omdat Jon niet wist wie hij moest inhuren voor de opnamesessies, nam ik die beslissingen. Ik haalde de fantastische saxofonist Tom Scott erbij om zeven nummers te arrangeren. De drie andere songs werden gearrangeerd door Lee Holdridge, die ik kende van zijn voortreffelijke werk met Neil Diamond.

Jon wilde me 'Type Thang' van Isaac Hayes laten zingen. Het was duidelijk niet mijn genre, maar ik was bereid het te proberen. Toen ik het in de studio aan het zingen was, liet hij opeens de band stoppen.

Ik liep het hokje uit en zei: 'Wat is er aan de hand?'

Jon zei: 'Ik geloof dat je het niet begrijpt. Je hebt een fantastisch instrument, maar je gaat niet echt tot het uiterste, hè?'

Je had in de studio een speld kunnen horen vallen.

Maar het punt is dat hij gelijk had, dat wist ik ook wel.

'Ik ben nu eenmaal geen Janis Joplin. Dat is niet mijn stijl van zingen.'

Maar Jon luisterde niet. Hij had zich iets in zijn hoofd gezet en begon me te vertellen hoe ik het nummer moest zingen. Het sloeg nergens op, dus ik onderbrak hem en zei rustig: 'Doe het anders even voor.'

'Prima,' zei hij. Hij gebaarde dat de band moest beginnen en zong het liedje.

Jon kan geen noot zingen, maar ik liet hem zonder onderbrekingen zijn gang gaan. Toen hij klaar was, zei ik heel serieus: 'Er is me iets interessants opgevallen, Jon. Een soort dissonantie tussen je mond en je brein.'

De muzikanten lachten en klapten. Ik ging weer het hokje in en maakte het nummer af. Ik probeerde het zo funky mogelijk te doen. Maar het werd niet echt goed en we hebben 'Type Thang' uiteindelijk niet op het album gezet.

Op muzikaal gebied waren Jon en ik het niet altijd eens.

Maar ik moet hem nageven dat hij me heeft gestimuleerd om mijn grenzen te verkennen. Ik zou uit mezelf nooit het Bob Marley-nummer 'Guava Jelly' hebben gekozen. Maar het staat op het album, net als 'Grandma's Hands' van Bill Withers, een nummer waar ik dol op ben en dat ook nog eens een van de favoriete songs van mijn man is.

Ik heb lang gedacht dat *Butterfly* was geflopt, maar we hebben het opgezocht en het album heeft het verrassend goed gedaan: het haalde de dertiende plaats in de albumlijst en ik kreeg er al na zeven weken een gouden plaat voor. Ik had blijkbaar heel trouwe fans.

27

Funny Lady

Ray Stark benaderde me over een vervolg op *Funny Girl*. Ik liep niet over van enthousiasme. Weliswaar hield ik erg veel van deze film, maar ik had Fanny Brice al heel wat jaren gespeeld.

Ray zag het zo: als het één keer heeft gewerkt, werkt het een volgende keer ook.

Ik zag het anders. Ik had geen zin om *Funny Lady* te doen, maar ik had geen keus want ik stond onder contract.

Van het eerste script dat ik onder ogen kreeg, van Arnold Schulman, was ik niet onder de indruk. Met de oudere Fanny voelde ik niet diezelfde vanzelfsprekende band die ik automatisch met de jongere versie had gevoeld. De film zou alleen werken als ik die connectie kon vinden. Ze had nu een hardere buitenkant en probeerde niet langer door iedereen aardig gevonden te worden. Dat kon ik me goed voorstellen. Ze noemde iedereen 'kind' omdat ze geen namen kon onthouden. Ze voedde haar kinderen in haar eentje op, zonder de man van wie ze hield. Dat moet haar verdriet hebben gedaan. Zoals veel bekende komieken was ze in het echte leven nogal serieus. Daar kon ik me wel in herkennen; beter dan in de slapstickroutines die ze deed. Het soort comedy dat bij Fanny's act hoorde, had mij nooit aangesproken. Daarvoor zou ik uit mijn comfortzone moeten stappen, en ik wist niet of ik dat wel kon. Voor mij betekende het een stap terug.

Toen kreeg ik echter een nieuwe versie van het script door Jay Presson Allen. Hierin werd meer nadruk gelegd op Fanny's emotionele leven. Dat maakte de rol veel intrigerender voor me. Dit was een vrouw die eindelijk haar dromen over mannen losliet. Ze was volwassen geworden. En daardoor kon ze zich openstellen voor een man als Billy Rose, een theaterimpresario die niet conventioneel aantrekkelijk was (in het echte leven) maar wel slim en succesvol. Ze dacht dat dit was wat ze nodig had. Fanny was verfrissend eerlijk over haar relatie met Billy. In de gesprekken met Goddard Lieberson zei ze: 'Ik was stapelverliefd op Nicky Arnstein, maar Billy Rose vond ik "heel leuk".' Ik wist precies wat ze bedoelde. Ze herkende iets in hem, en daar reageerde ze op. Billy had gevoel voor humor en was recht voor z'n raap, een beetje zoals Fanny zelf; een man met een stoere buitenkant maar een zachtaardige binnenkant (zo wordt hij tenminste geportretteerd in de film).

Daar kon ik me mee identificeren. Elliott en ik leken in veel opzichten op elkaar, maar nu voelde ik me aangetrokken tot mensen die anders waren dan ik. Ik heb echter geleerd dat je je, naarmate je jezelf beter accepteert, meer aangetrokken voelt tot mensen die op je lijken.

Ik deed mijn uiterste best om enthousiast te raken voor deze rol. Wat zeker hielp, was dat de film zou worden geregisseerd door mijn oude vriend Herb Ross. Dus zette ik mijn twijfels aan de kant.

John Kander en Fred Ebb schreven de filmmuziek (ze lagen goed in de markt na hun recente succes: de verfilming van *Cabaret*), en we waren in de studio van Columbia Records aan het opnemen toen ik bezoek kreeg. Prins Charles was met de Britse marine met zijn schip in San Diego en maakte een uitstapje naar Los Angeles. Er werd hem gevraagd wie hij wilde ontmoeten. 'Ze hadden waarschijnlijk verwacht dat ik Raquel Welch zou zeggen,' zei hij, 'maar ik koos Barbra Streisand. Ik wilde de vrouw achter de stem weleens ontmoeten.'

De prins was heel charmant, maar ik wist niet wat ik moest zeggen. Je kunt ook moeilijk een echt gesprek voeren als je omringd bent door vijftig fotografen die doorlopend plaatjes schieten. Ik bood hem een slokje van mijn thee aan... En de huidige koning van Engeland dronk uit mijn kopje. Dat was blijkbaar nog nooit vertoond. De Britse media maakten er een internationaal incident van.

Bij de prins viel de thee wel in goede aarde. 'Hoe heet deze thee?' vroeg hij.

'Constant Comment.'

Ik kon niets bedenken om het gesprek op gang te houden. En ik ben zo op mijn werk gefocust dat ik me schuldig voelde over al die muzikanten die op me zaten te wachten. We zaten tenslotte midden in een sessie. Ik vrees dat ik niet zo hoffelijk was als had gemoeten. Daar komt bij dat ik net als prins Charles verlegen ben, maar op een of andere manier ontstond er toch een klik, want deze ontmoeting was het begin van een onverwachte vriendschap.

De opnamen voor *Funny Lady* begonnen in april 1974.

Ik was onder de indruk van wat Vilmos Zsigmond met *McCabe and Mrs. Miller* had gedaan en stelde hem voor als cinematograaf toen geen van de mensen met wie ik eerder had gewerkt beschikbaar was. László Kovács werkte aan *Shampoo*, en Gordy was bezig met het tweede deel van *The Godfather*. Vilmos had zich verdiept in de Amerikaanse vaudeville van de jaren dertig en wilde de film een realistischer uiterlijk geven. Maar toen Ray en het management van Columbia de eerste opnamen onder ogen kregen, waren ze niet tevreden, en ik kon het er niet mee oneens zijn. Het was te donker en gruizig voor een vervolg op *Funny Girl*, en het draaide erop uit dat Vilmos werd ontslagen. Ik had graag de kans gehad om met hem aan een ander soort film te werken.

Ray belde de ervaren cinematograaf James Wong Howe. Hij was de volgende ochtend al op de set. Jimmy was vierenzeventig en al gepensioneerd, maar deze film wilde hij nog maken. Voor mij was het een voorrecht om met deze geweldige man te werken. Zijn carrière omspande de hele geschiedenis van Hollywood. Jimmy's eerste opdracht kreeg hij van Cecil B. DeMille. Dat was nog in de tijd van de stomme film. Uiteindelijk maakte hij meer dan honderd films, en hij is genomineerd voor niet minder dan zestien Academy Awards. (Hij won er twee, voor *The Rose Tattoo* en *Hud*.) Hij werd gezien als een meester in zwart-wit, maar hij was even goed in staat de levendige kleuren te leveren die wij voor ogen hadden. Weliswaar had hij sinds *Yankee Doodle Dandy* in 1942 niet meer aan een musical gewerkt, maar hij rolde zijn mouwen op en liet meteen, zonder enige voorbereiding, de camera's draaien.

We hadden meteen een klik. Ik vertelde hem over mijn jeugd bij Muriel Choy en dat ze als een tweede moeder voor me was geweest, en dat ik op mijn twaalfde bestellingen opnam in haar Chinese restaurant. Ondertussen stelde

Jimmy mijn eerste close-up op. Ik was gewend aan Harry Stradling, die voor close-ups altijd een diffuusfilter voor de lens plaatste. In die tijd was dat de gewoonte, vooral voor musicals. Ik vond het maar vreemd. Waarom zou je voor een close-up een filter zetten en dat vervolgens verwijderen voor een groothoekshot? Nogmaals, ik vond het vreemd, maar ik had het geaccepteerd omdat het nu eenmaal op die manier werd gedaan.

Dus ik vroeg aan Jimmy: 'Wat voor diffuusfilter gebruik je?'

'Geen,' zei hij.

'O? Waarom niet?'

Jimmy zei: 'Dit is echt een prachtige lens. Hij heeft rond de 5.000 of 6.000 dollar gekost, en de resolutie is geweldig, dus die ga ik niet verpesten door er een stuk glas van 2,50 voor te zetten. Als ik een effect wil, gebruik ik daar liever licht voor.'

Tot mijn verbazing is dat precies wat hij deed, en ik had weer iets geleerd. Toen ik de opnamen van die dag zag, zei ik: 'Dit is ongelooflijk. Ik vind het echt heel mooi.'

Jimmy was een schat. Als we niet over licht discussieerden, was Chinees eten ons favoriete onderwerp. Cha siu bao is wat mij betreft een van de lekkerste gerechten: een gestoomd broodje met geroosterd varkensvlees in Kantonese stijl. In 2000 was ik in Australië voor het concert *Timeless*. Er was een Chinees restaurant in het hotel, en ik bestelde daar cha siu bao voor het ontbijt, de lunch en als avondeten. (Waarom ook niet?)

Toen ik Jimmy over mijn obsessie had verteld, won hij mijn hart toen hij me op een dag zelfgemaakte cha siu bao bracht. God, wat was dat lekker. Iemand had me ooit een grappig verhaal verteld. Jimmy had zijn eigen Chinese restaurant geopend, en er kwam een fotograaf om een paar foto's te maken. Hij wist niet wie James Wong Howe was, behalve dan de eigenaar van het restaurant, en toen Jimmy hem advies wilde geven, zei de fotograaf: 'Zorg jij nu maar voor de noedels. Dan zorg ik wel voor de foto's.'

Funny Lady is nog zo'n film die ik niet meer heb gezien nadat ik hem had gemaakt. Waarschijnlijk omdat mijn aanvankelijke tegenzin de hele ervaring kleurde, had ik de film uit mijn hoofd gezet, maar toen ik hem ten slotte opnieuw bekeek was ik aangenaam verrast.

James Caan is er erg goed in. Hij was de eerste acteur met wie ik werkte die net zo snel praatte als ik. Dat was een leuke ervaring. Hij was een aardige kerel, en veel aantrekkelijker dan de man die hij in de film moest portretteren. Ik heb de echte Billy Rose ook ontmoet. Die was kort en gedrongen. James

Caan was lang en slank. Nu zie ik dat hij in de film steeds naar voren leunt. Dat is een interessante keuze, omdat hij daardoor korter lijkt. Bovendien komt zijn nerveuze energie zo goed tot uiting. James maakte hem een beetje tot een sloddervos, een man die de hele tijd pistachenootjes eet en een spoor van doppen achterlaat. Als Fanny in zijn club komt en hij aan haar tafeltje plaatsneemt, zegt ze dat er sigarettenas op zijn jasje zit. Zelf is ze inmiddels heel elegant. Ze draagt dure kleren en koopt antieke meubels, terwijl Billy geen manieren heeft. Zo steekt hij bijvoorbeeld wel zijn eigen sigaret aan, maar biedt hij haar niet ook een vuurtje aan.

Fanny en Billy hebben een stormachtige relatie, ze maken vaak ruzie en er wordt veel gescholden. Op dat gebied waren ze aan elkaar gewaagd. Geen van beiden gaf een krimp. Dat deel van de rol was makkelijk. Ik had tenslotte veel geoefend met Jon, en met Ray.

Jon was een beetje lomp, net als Billy. En ook net als Billy stoomde hij recht vooruit en kreeg hij alles voor elkaar. Jaren later bouwde Jon een huis in Beverly Park. Hij liet me het terrein zien en zei: 'Hier komen grote rotsen, en daar komt een brug.' Na de oplevering zag ik inderdaad een brug en rotsen, maar toen ik ze aanraakte zag ik dat het namaakrotsen waren. (Een perfecte metafoor.)

Jon lachte. 'Tja, zo was het goedkoper,' zei hij. (Dat klonk precies als Billy Rose.)

En dan was er Ray... en de ruzie in Fanny's kleedkamer. Ze riep tegen Billy dat hij haar alleen moest laten, terwijl ze een veren hoofdtooi opzet en met haar tomahawk zwaait. Dat was gebaseerd op een ware gebeurtenis tussen Ray en mij in de tijd dat ik *Funny Girl* speelde op Broadway. We stonden daar tegen elkaar te schreeuwen, totdat ik riep: 'Ga mijn kleedkamer uit!' terwijl Gracie met open mond toekeek.

Soms ging Ray te ver. En soms ging Billy te ver met Fanny. Jimmy's karakter paste goed bij zijn personage. Zelf maakte hij ook graag grapjes. Er is een scène in Fanny's kleedkamer waarin Billy haar op haar achterste slaat en zij roept: 'Ben je nu helemaal?' Als hij haar impulsief vastpakt voor een kus, roept ze: 'Hou op!' Ze grijpt het eerste wat ze kan vinden, een busje talkpoeder, en gooit het over zijn hoofd. Ze lacht en verontschuldigt zich, een beetje bang voor zijn reactie. Volgens het script raapt Billy het busje op en gooit hij de rest van de talkpoeder in haar gezicht.

'Ik vind het geen goed idee dat hij haar die talkpoeder in haar gezicht gooit,' zei ik tegen Herb. 'Dat spul is giftig. Dat wil je niet in je longen krijgen.'

Jimmy zei: 'Natuurlijk. Geen probleem. Je hebt gelijk.'

Hij beloofde het busje op te pakken alsof hij me ging slaan, maar op het laatste moment te stoppen.

'Je kunt niet met je ogen knipperen,' zei hij. 'Vertrouw me gewoon.'

Maar toen we de scène opnamen, gooide hij de talkpoeder recht in mijn gezicht.

Dat was dus wat mijn vertrouwen me opleverde.

Jimmy kwam niet meer bij. Hij kon nauwelijks op zijn benen blijven staan, zo hard moest hij lachen. Ik was in shock. Het was verschrikkelijk. De talkpoeder zat in mijn ogen, in mijn neus, in mijn mond en in mijn longen. Secondelang kon ik niet eens ademen. Ik spuugde zo veel mogelijk uit en probeerde het uit mijn ogen te wrijven. Ik moest kokhalzen en wendde me af van de camera. Ik kon niet eens praten. Maar ik bleef in mijn rol en deed mee met de grap. Het lukte me zelfs om met hem mee te lachen toen hij me omdraaide om ons, wit van het poeder, in de spiegel te bekijken.

Ondanks mijn gevoelens was ik niet van plan de opname te stoppen. Ik was vastbesloten Herb alles te geven wat hij nodig had, want ik peinsde er niet over die scène nog een keer te doen.

Conflicten zijn altijd interessant om te spelen voor acteurs. Als twee mensen ruziën, kan dat niet alleen louterend maar ook stimulerend zijn. Jimmy en ik maakten van elke ruzie gebruik om de seksuele spanning tussen Fanny en Billy te versterken. Bijna tegen beter weten in begint ze hem aantrekkelijk te vinden. Tussen Jon en mij ging het precies zo. En dan verschijnt Nick Arnstein weer op het toneel en stuurt hij Fanny's nieuwe leven in de war. Hij bezoekt haar in haar kleedkamer na de show, en als de camera hem van zijn schoenen naar boven filmt (net zoals ik hem in *Funny Girl* voor het eerst op het podium zag), is ze op dat moment weer opnieuw verliefd.

Ik vond het fijn om Omar weer te zien. Deze keer hadden ze zijn haar niet steil gemaakt, zoals in *Funny Girl*. Het was dik en krullend; hij was een knappe man. Maar de vonk was er voor mij niet meer. Wat er ook was geweest tussen ons, het was bij mij weg zodra ik het personage van Fanny niet meer hoefde te spelen. Wie weet wat er was gebeurd als ik hem naar Parijs was gevolgd. Maar dat had ik niet gedaan.

Fanny hoopt nog steeds op een hereniging met Nick. Herb zette de scène perfect op, van haar opwinding en de val op haar achterste in de kast tot het moment waarop Nick zijn arm om haar heen slaat en zij zijn hand kust... en de trouwring aan zijn vinger ziet. Hij kon de moed niet opbrengen om het haar te vertellen.

Vervolgens zien we Fanny alleen, gekwetst en overstuur. Die scène leidt tot de volgende, waarin ze een liedje zingt in het verlaten theater, 'How Lucky Can You Get'. Als ik er nu weer naar kijk, vind ik de enscenering prachtig. Jimmy Wong Howe zorgde voor een dramatische belichting. Als Fanny het lege toneel op loopt, wordt ze verlicht door niet meer dan één heldere, naar beneden gerichte lamp. De zwarte satijnen jurk die ik droeg was ook dramatisch, met een diep uitgesneden voorkant en een vrijwel blote rug, op een paar bandjes met stras na. Ik ben dol op de vloeiende lijnen van die jarendertiglook, en Ray Aghayan en Bob Mackie ontwierpen de ene prachtige outfit na de andere voor me.

Dus ik vond de kleding leuk, de grappige en serieuze relatie tussen Fanny en Billy vond ik ook leuk... Maar sommige muzieknummers, zoals 'Great Day', gaan mijn begrip nog steeds te boven. Het decor was overdreven, de kostuums voor het koor waren belachelijk, en het geheel duurde veel te lang.

'Isn't This Better?' was meer mijn stijl. Het is het eenvoudigste nummer in de film, maar het idee erachter is complex. In de tekst wordt beschreven hoe Fanny haar nieuwe huwelijk probeert te rechtvaardigen. Ze zit met Billy in een treincoupé en zelfs in hun huwelijksnacht krijgen ze ruzie. (Hmm... Elliott en ik ook.)

Jimmy Caan en ik werkten goed samen. We improviseerden waar nodig en praatten door elkaar heen. Onze ruzie escaleert tot een handgemeen en hij loopt een bloedneus op. Fanny vergeet haar boosheid en verzorgt hem liefdevol. De sfeer verandert. Ze kussen, en in het volgende shot zien we Fanny in het donker terwijl ze op het bed zit en zachtjes zingt.

We filmden alles in één take (zo werk ik graag), en Jimmy Wong Howe overtrof zichzelf met deze scène. De belichting is prachtig, een en al schaduw en flakkerend schijnsel; je ziet het gezicht van Fanny nauwelijks. De scène is even stil en sereen als het liedje. Dat is een gedurfde keuze. Jimmy kon die donkere sfeer en die diepte bereiken zonder de glamour te verliezen. En het camerawerk is al even goed. Terwijl ik zing, zoomt de camera uit, zodat we ook Billy zien, slapend op haar schoot, terwijl Fanny zijn haar streelt. Vervolgens zoomt de camera weer in op haar gezicht. Het geheel is zacht, en er is ook een subtiele verandering in het licht. Af en toe wordt haar gezicht even verlicht door de voorbijsnellende lichten buiten het raam terwijl de trein door de nacht raast.

Ik wist hoe het voelde om je niet volledig aan iemand te geven. Verderop in de film is er een goede scène waarin Billy opgelucht is dat Fanny meer om hem geeft dan hij (of zij) aanvankelijk had gedacht. Die scène was goed geschreven.

En ik vond het mooi om te zien dat Fanny ten slotte ziet wie en hoe Nick in werkelijkheid is: oppervlakkig en egocentrisch. Als meisje was ze onder de indruk van hem omdat hij zeven tandenborstels had, één voor elke dag van de week. Maar ze is geen meisje meer. 'Al die jaren ben ik alleen maar verliefd geweest op een stel verdomde tandenborstels,' zegt ze.

Het deed me deugd dat die tandenborstels eindelijk een plekje in de film kregen. Het was een veelzeggend detail en kwam nog uit een van de eerste versies van het script dat Isobel Lennart voor *Funny Girl* had geschreven. Ik had Willy erover verteld, maar destijds paste het niet in de film. Er was gewoon geen ruimte voor. Maar in deze film paste het perfect.

Fanny loopt Nicks kamer uit; eindelijk is ze vrij van hem. Die scène hebben we opgenomen in het Beverly Hills Hotel. Dat kun je zien aan het behang met de grote groene palmbladeren in de hal. Daarna komt de scène met de auto en het kleine vliegtuigje, een dubbeldekker, als ze zich naar Billy haast om hem te verrassen. (Ik vermoed dat Ray probeerde de scène 'Don't Rain on My Parade' uit *Funny Girl* na te bootsen.)

Ik had al verteld dat ik vliegangst heb. Je kunt je dus wel voorstellen hoe ik me voelde toen ik in die dubbeldekker uit 1937 stapte, met een volledig open cockpit voor de piloot en daarachter ook een volledig open stoel voor mij. Ik was zo bang dat ik dacht dat ik nog voor we waren opgestegen een hartaanval zou krijgen.

We filmden op Santa Monica Airport, en het voornemen was dat we al snel weer zouden landen. De piloot voerde het toerental van de motor op, het vliegtuig versnelde en steeg op... Maar toen bleven we maar vliegen... en vliegen. Wat was er aan de hand? Ik kon geen contact maken met de piloot; het lawaai van de motor en de wind maakte het onmogelijk elkaar te verstaan. Het eerste wat ik dacht was: ik word ontvoerd. En toen we maar rondjes bleven draaien, dacht ik: de radio doet het niet. Zo kunnen we nooit landen.

Wat heeft me in godsnaam bezield dat ik mijn leven in de waagschaal stel voor een verdomde film?

Toen we eindelijk landden zat ik te gillen, zo is me later verteld. Dat was maar twintig minuten later, zei de assistent-regisseur, maar voor mij voelde het als een heel leven. Blijkbaar was er vertraging en stonden er vliegtuigen te wachten om op te stijgen. Dat was de reden dat we niet meteen konden landen. Maar dat wist ik niet, en je kunt me geloven als ik zeg dat ik nog nooit zo blij ben geweest om vaste grond onder mijn voeten te voelen.

Als ik nu naar de film kijk, kan ik het niet laten naar het scherm te roepen: 'Waarom bel je hem niet gewoon!'

Tegen de tijd dat ze arriveert, is het te laat en is zij degene die verrast wordt: ze betrapt hem in bed met zijn nieuwe vriendin.

Het is hartverscheurend; ze beseft eindelijk dat ze niet langer van Nick maar van Billy houdt. Maar hij heeft niet op haar gewacht. En wederom blijft ze alleen achter, net als aan het eind van *Funny Girl*.

In juli waren we klaar met de opnamen, en zoals altijd signeerde ik voor iedereen een van mijn albums en had ik bijzondere cadeautjes voor belangrijke mensen en mijn speciale team. Ik hou van aandenkens. Als iemand die je graag mag je een betekenisvol cadeau geeft, denk je elke keer als je ernaar kijkt aan die persoon. Jimmy Caan doet graag mee aan rodeo's. Voor hem had ik een gesp voor zijn cowboyriem van zilver. Voor James Wong Howe vond ik een oude filmcamera, en ik liet er een metalen plaatje bij maken met de woorden: BEDANKT VOOR JE TALENTEN, JE VRIJGEVIGHEID EN DE CHA SIU BAO. *Funny Lady* was de laatste film die hij zou maken.

Funny Lady was ook de laatste film die ik voor Ray Stark zou maken. Eindelijk had ik aan alle voorwaarden van mijn contract voldaan, en ter gelegenheid daarvan gaf ik Ray een antieke spiegel met deze boodschap er met lippenstift op geschreven: VOLLEDIG BETAALD. En ik had er een gedenkplaatje bij gedaan met de woorden: OOK AL VERGEET IK HET SOMS TE ZEGGEN, BEDANKT, RAY. LIEFS, BARBRA.

Daarmee bedoelde ik dat ik hem altijd dankbaar zal zijn voor *Funny Girl*, en omdat hij *The Way We Were* voor me had geproduceerd. Dat had ik zeer op prijs gesteld. Maar ik was niet vergeten dat hij misbruik van me had gemaakt, en toen de twee vorige films een grote hit bleken te zijn, had hij zich niet bepaald van zijn meest gulle kant laten zien.

Ik had Jon verteld dat Ray verschillende afspraken niet was nagekomen. Op een van zijn feestjes had hij me een keer een wietbrownie gegeven zonder me dat te vertellen. Zelf moet Ray die avond ook meer dan een beetje high zijn geweest, want hij had de euvele moed om zijn hand op mijn knie te leggen. Ik veegde 'm snel weg en vertrok meteen, trillend van de zenuwen. Het was walgelijk. Mijn hart bonkte zo snel van de marihuana dat ik moeite had om naar huis te rijden. En het hield niet op. Mijn hart bleef tekeergaan. Ik was zo bang dat ik Marilyn en Alan Bergman belde. Ze kwamen meteen en bleven de hele nacht om over me te waken. Dat waardeerde ik zeer.

De volgende ochtend ging ik naar de dokter en kreeg ik te horen dat mijn hartslag tweehonderd slagen per minuut was. En ik ben dankbaar voor de pil die ik van hem kreeg, waardoor mijn hartslag eindelijk kalmeerde. Maar het duurde een jaar voordat ik weer alleen auto durfde te rijden. Het was een nare ervaring, en ik vermoed dat Jon daar wraak voor wilde nemen. Toen hij Ray voor het eerst ontmoette, pakte hij hem beet en zette hij hem hardhandig op een bank. Dat was de wilde man in hem. Je kunt er donder op zeggen dat Ray dat niet erg kon waarderen.

Jon kon weleens een beetje raar doen, maar hij had een soort radar voor macht: wie die heeft, en hoe hij die kon krijgen en gebruiken.

We reden een keer over Sunset Boulevard en zagen een groot reclamebord voor *Funny Lady* met mijn foto. 'Bah,' zei ik. 'Dat lijkt helemaal niet op mij.'

'Je kunt ze vragen het te veranderen,' zei hij. Daar was ik zelf nooit op gekomen. Ik ging ervan uit dat er niets meer aan veranderd kon worden als zo'n bord eenmaal geplaatst was. Maar ik waagde het erop en belde Marty om hem te vragen of Ray het kon veranderen. En Ray deed het.

Dat moet ik Ray nageven: hij wist hoe hij zijn eigen producten moest promoten. Hij zorgde ervoor dat *Funny Lady* een vliegende start kreeg; niet alleen met een première in Washington D.C. op 9 maart, maar ook met een concert in het Kennedy Center dat live door ABC werd uitgezonden. Ik zong liedjes uit de film en deed ook een duet met Jimmy Caan. De avond was een benefiet voor de Special Olympics. De organisatie is opgericht door Eunice Kennedy Shriver, dus er zaten veel Kennedy's in het publiek, en president Ford was er ook. En ik was ontroerd toen Muhammad Ali, die zich enorm had ingezet voor de Special Olympics (en die ook de wereldkampioen zwaargewicht was) en twee van de kinderen me een medaille overhandigden als dank voor mijn steun.

Na nog meer premières in New York en Los Angeles vlogen we naar Londen voor een Europese première. Ook dit was voor een goed doel, en ook deze keer was er een staatshoofd bij: koningin Elizabeth II.

Ik vind het altijd fijn om weer in Engeland te zijn. Ik hou van alles wat Brits is: de winkels, zoals Thomas Goode met hun mooie porselein en zilver, de beleefdheid, de taxi's, de architectuur. Maar waar ik niet van hield was het gevoel dat ik had toen ik in de rij stond om de koningin te ontmoeten. Ik worstelde met de vraag of ik een kniebuiging moest maken of niet. Ze was tenslotte niet míjn koningin. En het hele concept van buigen voor wie dan ook vond ik vernederend. Ik moest onwillekeurig denken aan die oude opvattingen over acteurs als tweederangsburgers, die in plaats van door de voordeur via de keuken moesten; de prins en het showmeisje. Dat raakte me in mijn koppigheid.

Er waren heel wat regels. Volgens het protocol mag je pas je mond opendoen als de koningin je aanspreekt. En vrouwen moesten verplicht handschoenen dragen.

Huh? Dat leek me iets uit een andere tijd. En als de vrouwen handschoenen moesten dragen, waarom hoefden de mannen dat dan niet?

Jon daagde me uit het aan haar te vragen. 'Wedden dat ik het doe?' zei ik.

'Oké,' zei hij. '100 dollar.'

En ik dacht: waarom ook niet? (Dit is waarschijnlijk de reden dat ik een onvoldoende kreeg voor gedrag op de jesjiva.)

Toen ik ten slotte oog in oog stond met de koningin maakte ik iets wat op een knicks leek, en zij gaf me een compliment (dat ik natuurlijk vergeten ben). En toen vroeg ik: 'Waarom moeten vrouwen handschoenen dragen als ze u de hand willen schudden maar mannen niet?'

Ze keek een beetje geschrokken. Ze had er waarschijnlijk nog nooit over nagedacht. Ze zei: 'Daar moet ik mijn gedachten eens over laten gaan. Maar ik veronderstel dat het gewoon de traditie is.' Toen glimlachte ze minzaam en wendde zich tot haar assistent, die haar snel ergens anders mee naartoe nam. De volgende dag stond een foto van onze ontmoeting op de voorpagina van alle Engelse kranten, en sommige kranten maakten ook melding van mijn schokkende vraag.

Waarom heb ik dat nu weer gedaan? dacht ik bij mezelf. Wat ik eigenlijk deed was een formele regel doorprikken. We stonden daar allemaal zo stijf als soldaten in de rij, en ik probeerde het ongemak enigszins te verlichten. In elk geval had ik de weddenschap gewonnen.

Na Londen vlogen we naar Parijs voor wederom een première. En de eerste plek die ik na de landing bezocht, was zoals altijd Les Halles, de gigantische voedselmarkt met al die fantastische, ouderwetse restaurants die de meest verse vis en schelpdieren serveren, rechtstreeks van de vissersboten. Ik ben dol op oesters, en we bestelden een grote schotel. Ze waren heerlijk, maar een paar uur later zat ik op mijn knieën over te geven in de badkamer van het Hôtel Plaza Athenée.

Ik kon me nauwelijks voortbewegen, om over me aankleden en in het openbaar verschijnen maar te zwijgen. Sue Mengers liep in en uit. Ze was allesbehalve een bron van medeleven.

'Barbra,' zei ze. 'Kom op. Kleed je aan. We moeten ervandoor.'

Het volgende moment stormde Ray de kamer in en schreeuwde dwars door de badkamerdeur tegen me: 'Barbra, we moeten gaan!'

Jon schreeuwde op zijn beurt tegen Ray: 'Zie je dan niet dat ze ziek is!'

Ray ontstak in woede. 'Het kan me niet verdommen of ze ziek is. We moeten nú gaan. De president van Frankrijk is onder de genodigden.'

Ik hoorde hun stemmen en probeerde wanhopig om op te staan, maar telkens kwam er een nieuwe golf misselijkheid naar boven. Jon ondersteunde mijn voorhoofd met zijn hand terwijl ik op mijn knieën zat te kokhalzen. Ten slotte sloot ik mijn ogen en zakte in elkaar op de koude tegels. Ik wilde huilen, maar zelfs daar was ik te beroerd voor. Na verloop van tijd kwam er een dokter. Ik kreeg een sterke pil, waardoor ik kon slapen. Ik sliep niet alleen die nacht, maar ook de hele vliegreis naar huis.

Zo miste ik mijn eigen première, maar ik was niet de enige. De president was er evenmin. Het scheen dat hij op het laatste moment nog het een en ander af te handelen had. Dat zorgde er wel voor dat ik me iets beter voelde over de hele situatie.

28

Lazy Afternoon

Het had tien jaar gekost, maar Ray had eindelijk niets meer over me te zeggen. Het voelde alsof ik een gevangenisstraf had uitgezeten. Het was een enorme opluchting om van die verplichting af te zijn. Ik was weer een vrij mens, en ik kon de dingen doen waar ik voorheen nooit tijd voor had.

Mijn oude vriend Rick Edelstein regisseerde een scène uit *Oom Vanja* in de Actors Studio in Hollywood. Daar ging ik heen. Sally Kirkland, die ik had leren kennen toen ze een kleine rol had in *The Way We Were*, had een rol in het stuk, en ik herinnerde me hoe graag ik als meisje in een stuk van Tsjechov, Ibsen en Shakespeare wilde spelen.

Na afloop spraken we allemaal met Lee Strasberg. Hij vroeg: 'Welke rol zou je willen spelen?'

'Julia,' antwoordde ik.

Ik had een haarscherp beeld van haar, want ik wilde haar ontzettend graag spelen, maar ik had de hoop dat dat ooit zou lukken al opgegeven.

Strasberg zei: 'Waarom ook niet? Kies maar een scène.'

Dat deed ik. Sally en ik repeteerden de scène en speelden deze een paar weken later voor Lee. Ik had niemand uitgenodigd voor de uitvoering. Ik was bang dat ik niet goed genoeg was. Het nieuws was echter toch uitgelekt. Er stond een lange rij voor de deur, en de zaal zat tot de nok toe vol.

Het was de scène waarin Julia haar kindermeisje op pad heeft gestuurd om uit te zoeken of Romeo met haar zal trouwen. Het kindermeisje doet er echter te lang over, en Julia wordt ongeduldig. Ze is nog geen veertien, dus ik dacht dat haar emoties, zoals bij ieder meisje van die leeftijd, van de ene op de andere minuut zouden wisselen. Ze is opgewonden. Dan slaat de angst toe. Vervolgens is ze vol goede hoop, en dan is ze weer onzeker. Ik droeg een lange jurk, zodat ik me beter in die tijd kon inleven. Ik liet me voorover op een antieke bank vallen met de gedachte dat Julia zichzelf waarschijnlijk zou proberen af te leiden door romantische gedichten te lezen en snoep te eten.

Dan springt ze gefrustreerd op en zegt ze haar eerste regels: 'De klok sloeg negen toen ik mijn kindermeisje eropuit stuurde. Ze beloofde binnen een halfuur terug te zijn.'

Maar ondertussen waren er drie uur voorbij, en ik vond dat Julia iets nodig had om haar woede op te koelen. Ik had een dartbord neergezet, zodat ze er pijltjes naar kon gooien (in plaats van naar het kindermeisje). Waar is ze? Hoe durft ze me zo lang te laten wachten!

Zodra Sally binnenkwam, greep ik haar vast. Ik wilde het nieuws over Romeo zo snel mogelijk horen. Maar Sally begon te ratelen, en Julia gooide geërgerd een paar kussens naar haar toe. Bij haar geliefde kindermeisje hoefde Julia niet netjes en welgemanierd te zijn, zoals bij haar ouders aan het hof. Ze kon gewoon zichzelf zijn. Het kindermeisje moest lachen en gaf toe. Ze vertelde Julia dat Romeo hun huwelijk voor die middag had geregeld.

In tegenstelling tot de gebruikelijke interpretatie van het stuk en de vrolijk wegrennende Julia's die ik heb gezien, bleef ik stokstijf stilstaan. De gedachten die me als Julia door het hoofd schoten waren een mix van vreugde en angst: o god, gebeurt dit echt? Ben ik klaar voor het huwelijk?

Of was ze gewoon een meisje dat verliefd was op de liefde?

Tot dat moment was het niet meer dan een romantische fantasie. Nu dringt de realiteit van wat ze heeft gedaan echter pas goed tot haar door. (Julia was degene die het huwelijk voorstelde.) Ze is bang. Dus ik stond als aan de grond genageld, en Sally moest me met beide handen de deur uit werken. Dat hadden we niet van tevoren gepland. Het gebeurde omdat we in het moment meebewogen met wat er was.

Toen het moment was aangebroken dat we kritiek van Lee kregen, was ik zo gespannen als een boog. Ik had tenslotte een heel eigen interpretatie aan mijn personage gegeven. Mijn Julia was geen geïdealiseerd engeltje. Ze was een typische tiener. Soms gedroeg ze zich als een verwend nest. Voor mij voelde dat authentieker.

Maar tot mijn verbazing had Lee geen kritiek. Niet: 'Je had dit of dat moeten doen.' Ik herinner me dat nog, omdat ik graag had willen weten of ik mijn interpretatie kon verbeteren. Helaas ben ik vergeten wat hij zei. Het was zo technisch dat ik geen idee had van wat hij bedoelde.

Pas tientallen jaren later, toen Sally me na een concert achter de coulissen opzocht, kreeg ik van haar te horen wat er toen gebeurd was. 'Dat moment staat me nog helder voor de geest,' zei ze. 'Lee zei: "Barbra, je hebt de beste Julia neergezet die ik ooit heb gezien."'

Zei hij dat echt? Sally knikte. 'Echt waar. Ik was erbij!'

Tot zover mijn vertolking van Shakespeare. Ondertussen vond ik het fijn om thuis te zijn. Eindelijk had ik wat tijd voor mezelf. En toen trok een ander project mijn aandacht.

Mijn vriend Rob Friedman van Warner Brothers had me een nieuw album gegeven waarvan hij vermoedde dat ik het wel zou weten te waarderen. De naam van het album was *Widescreen*. Het was gemaakt door Rupert Holmes, die zijn eigen liedjes schreef. Iets in zijn muziek sprak me aan. Elk liedje was als een klein toneelstukje, met teksten die zowel eigenzinnig waren als slim, en ook grappig en droevig (en soms allemaal tegelijkertijd). Ik luisterde er voortdurend naar. Dat is voor mij zeer ongebruikelijk. Doorgaans hoef ik een album maar één keer te horen.

Ik dacht dat ik misschien een paar van zijn songs zou kunnen coveren op mijn volgende album. Dus vroeg ik om zijn nummer in New York en belde hem op. Hij was verbijsterd toen hij mijn stem hoorde.

Het was alsof er op een knop was gedrukt. Plotseling was er elektriciteit in mijn leven en zag ik hoe het was om overal licht te hebben. Voor mij was het niets minder dan een wonder.

Rupert Holmes

We hadden een heel goed gesprek, en ik was zo van hem onder de indruk dat ik hem in L.A. uitnodigde. Rupert was zowel arrangeur als componist en tekstschrijver. Het leek me dat we samen zouden kunnen werken aan nieuwe arrangementen voor de liedjes die ik wilde maken. Eenmaal in L.A. duurde het niet lang voordat ik hem vroeg of hij met mij aan het hele album wilde werken.

Daarbij ging ik volledig op mijn gevoel af. Het klikte tussen ons, en het stoorde me geenszins dat hij nog onbekend was en nog nooit iets van deze orde van grootte had gedaan. Ik wist dat het een risico was, maar daar hou ik wel van.

Ik had al bepaalde nummers in gedachten, zoals 'Lazy Afternoon', wat ook de titel van het album zou worden. Daarvoor ben ik dank verschuldigd aan Francis Ford Coppola; hij was het die de suggestie deed tijdens een sukiyakimaaltijd. Het kwam uit een lang vervlogen tijd, een musical uit de jaren vijftig, *The Golden Apple*, en ik vond het een prachtig nummer. Het is langzaam en sensueel, en het roept treffend dat dromerige gevoel op van een lome middag, wanneer je alles even loslaat en je ontspant. Dat was nu precies wat er in mijn leven gebeurde: ik had een heerlijke tijd, zonder films en zonder verplichtingen. Terwijl ik het met Rupert over dit liedje had, moest ik denken aan Alice, hoe ze haar gemak ervan neemt aan de oever van de rivier voordat het witte konijn verschijnt. Ik zei: 'Kunnen we met de muziek ook een gevoel overbrengen dat er iets magisch en wonderlijks gebeurt?'

En hij slaagde erin precies die sfeer met zijn arrangement te vangen.

Al binnen een paar weken communiceerden we op het niveau van goede vrienden. En het was griezelig hoe hij gevoelens voor me kon uitdrukken zonder dat ik ze zelf onder woorden had gebracht. Op een dag kwam hij naar me toe en zei hij dat hij iets voor me had geschreven. Hij nam plaats achter de piano en speelde 'My Father's Song'. Het ging over de vader naar wie iedereen weleens had verlangd; een vader die zegt: 'Wat er ook gebeurt, ik sta achter je.'

Hoe wist hij dat?

Het raakte me diep.

Een andere keer zaten we samen achter de piano en werkten we de muziek uit voor verschillende arrangementen, en ik begon me te vervelen. 'Ik denk dat ik een liedje ga schrijven,' zei ik, en ik neuriede het begin van een melodie. Rupert volgde me en improviseerde een paar akkoorden. Na een paar valse starts en aanpassingen hadden we de hele melodie geschreven. Het is een fascinerend proces: als je er echt diep in gaat, is het alsof de noten er maar op één manier uit kunnen komen.

We namen het snel op en werkten toen ideeën voor de tekst uit. In de eerste maat van de melodie werden drie noten benadrukt, dus daar hadden we drie woorden voor nodig, en omdat het liedje bijna terloops in me was opgekomen, leek 'By the Way' me wel een goede titel. 'Wat vind je ervan als we deze zin steeds weer laten terugkomen? Die drie woorden hebben tenslotte meerdere betekenissen. Het lijkt me interessant om te zien op hoeveel manieren je ze kunt gebruiken.'

De volgende dag had Rupert al een voorstel en een ruwe versie. (Ik hou van mensen die snel werken.) Terwijl we zijn versie doornamen, had ik alweer een idee. 'Weet je wat ik echt mooi zou vinden? Als we het nummer ook met de titel konden laten eindigen.'

Dat was een puzzel, maar hij loste het briljant op:

By the way, did I hear you say, if some night I seem too lonely?
You would stay, oh and by the way
Have I told you yet that only recently, he moved out on me?
He was gone long before he really left, I knew it
'By the way,' he began to say, 'Love takes time, I'm in a hurry'

... oh, and by the way, I thought I mentioned you can stay
Leave the lights, you don't look a thing like he did
And it's time to play, it's another day
Why can't we make love fall by the way?

Dat bedoel ik: elk liedje is een toneelstukje. En ik kon me heel goed inleven in dit personage, iemand die nog steeds lijdt onder een scheiding maar net een nieuwe liefde had ontmoet. Er is nog een regel over hoe haar ex de handdoeken meenam die ze hadden gestolen uit een motel in Tennessee: '*took the towels we stole from some motel in Tennessee*'. Dat is typisch Rupert: zo specifiek en visueel dat je het bijna als in een film voor je kunt zien. Je kunt je voorstellen hoe gelukkig ze waren in dat kleine motelkamertje, maar nu heeft hij haar zelfs die herinnering ontnomen.

Ik had het heel fijn gevonden om naast Rupert achter de piano te zitten en dit nummer te schrijven, en het is een bijzondere gedachte dat een liedje dat voortkwam uit een kort moment voor altijd zal blijven bestaan.

Rupert was zo makkelijk om mee samen te werken. Maar op de avond voor onze eerste opname in de studio voelde ik dat er iets mis was. 'Je bent toch niet nerveus?' zei ik.

'Ik ben doodsbang,' gaf hij toe.

'Waarom dan?'

'Omdat je mijn liedjes en mijn arrangementen zingt, en dat met een groot orkest,' legde hij uit. 'Ik ga dirigeren. Dat is het spectaculairste wat ik ooit in mijn leven heb gedaan. Ik hoop dat ik het aankan.'

De volgende dag in de studio sprak ik hem meteen aan. Ik overhandigde hem een pakketje, verpakt in vloeipapier. Er zat een spel Rupert Bear-speelkaarten uit Engeland in, waar deze beer een geliefde stripfiguur is. Op het papier had ik het volgende geschreven: 'Lieve Rupert, wees niet bang. Jij bent de beste. Liefs en bedankt, Barbra.'

Dat had blijkbaar het gewenste effect, want de opname verliep vlekkeloos. Als ik het me goed herinner, namen we als eerste 'Widescreen' op. Dat was eigenlijk toepasselijk, want het was dat nummer dat me ervan overtuigde dat Rupert mijn gedachten kon lezen en ze in onze songs verwerkte. Hij schreef over iets wat ik als dertienjarige had gevoeld, toen ik op een zomermiddag in Brooklyn de bioscoop uit liep en in de hete, vochtige lucht van de straat terechtkwam. Op dat moment wilde ik niets liever dan weer de bioscoop in om in die kleurige dromen te leven.

De tekst eindigde met deze regels:

Oh widescreen, take the world away
Break me from the day
Make me be what's not for real
And make me feel like a star
Make me what you are

Maar dat meisje was ik niet meer. Als ik nu nadacht over de realiteit van het leven en dat vergeleek met de fantasiewereld van de film, dan koos ik toch voor het leven, zelfs met al zijn hitte en vochtigheid.

Daarom vroeg ik Rupert of hij die regels voor me kon wijzigen, en hij bedacht nieuwe woorden, die een nieuw soort volwassenheid weerspiegelden:

No, widescreen, dreams are more than you
How can lies be true?
All we have is life and mind, and love we find with a friend
Oh, let the movie end

Perfect.

Dat kon ik zingen, want dat geloofde ik. En Rupert begreep het.

De fotosessie voor de albumhoes was al even makkelijk als de opnamen. Ik vroeg Steve Schapiro om naar de ranch te komen. Ik wikkelde een sjaal om mijn hoofd omdat ik geen zin had om mijn haar te doen, hulde me in een roze vintage-achtig topje en een rok, deed roze lippenstift op en ging tussen de kussens liggen op de matras die diende als de belangrijkste zithoek in de schuur. Ik was blootsvoets en ontspannen. Ik zag er een beetje uit als een bohemien, en de bedoeling was een romantische, luie sfeer neer te zetten. Steve en ik waren in ongeveer twintig minuten klaar. Zo kan het gaan als je een goede fotograaf hebt die je vertrouwt.

Ik had een visie die de hoes en het album samenbracht. En met de hulp van Rupert werd die visie volledig bewaarheid. De toon was consistent. Dat werd, toen *Lazy Afternoon* uitkwam in oktober 1975, door minstens enkele recensenten erkend. In de *Los Angeles Times* schreef Robert Hilburn dat Rupert Holmes 'Streisand haar meest authentieke geluid met hedendaagse popinvloeden heeft gegeven'.

Dat woord 'authentiek' vond ik erg leuk om te lezen.

Het album was geen doorslaand succes, misschien omdat er geen hitsingle op stond waarmee diskjockeys de verkoop konden stimuleren. Maar ik hou er nog steeds van. Het was ook voor dit album dat ik voor het eerst zelf de tekst op de binnenhoes schreef omdat ik zo graag iets over elk nummer wilde vertellen. Het was een beetje een vreemd en dromerig album, en ik denk er nog steeds met liefde aan terug.

29

Classical Barbra

Eigenlijk was het allemaal begonnen met Maria Callas.

Nadat ik als tiener Billie Holidays album *Lady in Satin* en het album *Good Night, Dear Lord* van Johnny Mathis in een supermarkt had gekocht, was mijn volgende grote ontdekking (ik was toen al halverwege de twintig) Maria Callas. Ik kocht een album waarop ze aria's van Puccini ten gehore brengt. Dat bleef de enige plaat die ik jaar in, jaar uit bleef draaien.

Ik ben niet zo vaak in de gelegenheid om naar muziek te luisteren. En ik draai geen muziek tijdens een van mijn zeldzame etentjes, want dat leidt me te veel af. Ik concentreer me liever op de gesprekken.

Als ik baantjes trek in het zwembad zet ik weleens zo'n rustgevende natuuropname op. Daar houden mijn honden ook van: ze vallen er prompt van in slaap. En het kalmeert mijn hersenen; ik hoef dan niet na te denken.

Naar muziek luisteren is werk voor mij. Als ik een nieuw nummer of een album opneem, luister ik er eerst maandenlang dag en nacht naar, voordat ik zing en nadat ik zing. Eerst de orkestraties, dan alle verschillende takes, en vervolgens verschillende mixen op alle geluidssystemen. In mijn woonkamer, op mijn telefoon, in de auto. Dus het laatste wat ik wil doen als ik eindelijk ophoud met werken en me wil ontspannen is naar nog meer muziek luisteren. Ik speel liever spelletjes op mijn telefoon. Zo houd ik de dagelijkse problemen uit mijn gedachten.

In de jaren tachtig heb ik al mijn albums op vinyl weggegeven. Een cd heb ik nog wel gekocht, van Callas die Puccini zingt. Die wilde ik gewoon hebben. Ik ben haar stem nooit beu geworden. Onlangs zag ik een documentaire over haar, en voor het eerst zag ik haar gezicht terwijl ze zong. Ze was een echte actrice. Ze zong niet alleen de noten, ze voelde elke emotie, en deze leken ergens diep van binnenuit te komen. En ik weet nog dat ik dacht: ja, dat is wat me al die tijd zo heeft aangetrokken.

Er stond één aria op dat album, 'Senza Mamma' uit de opera *Suor Angelica*, en die had ik altijd in mijn hoofd. De melodie was zo mooi, zo vol passie. Dat werd de katalysator voor *Classical Barbra*. Ik wist dat ik geen fantastische sopraanstem had. (Mijn moeder zou het waarschijnlijk heel mooi hebben kunnen zingen, maar die was niet erg geïnteresseerd in opera. Haar favoriete nummer was 'Sunrise, Sunset' uit *Fiddler on the Roof*. Tijdens bar mitswa's stond ze altijd te trappelen van ongeduld om het ten gehore te brengen. Ondertussen verstopte ik me.)

Maar misschien zou ik die aria wel met mijn stembereik kunnen zingen, dacht ik. En toen ontmoette ik Claus Ogerman en besefte ik dat hij de perfecte persoon zou zijn om me daarbij te helpen.

Claus was zeer begaafd; een multitalent. Hij kon een concert componeren, een symfonieorkest dirigeren en een nummer 1-hit arrangeren. Hij stapte moeiteloos over van het ene naar het andere genre: jazz, pop, r&b, klassiek. Hij werkte met iedereen, van Frank Sinatra tot Lesley Gore, Antonio Carlos Jobim tot Oscar Peterson. Hij had een prachtig arrangement van een nummer van Carole King voor mijn album *Stoney End* gemaakt, maar we leerden elkaar pas eind 1970 echt kennen. Dat was tijdens onze samenwerking in het Riviera Hotel in Las Vegas, waar hij voor me arrangeerde en het orkest dirigeerde.

Tegen die tijd spookte het idee om een klassiek album te maken al een tijdje door mijn hoofd. Ik mag nu eenmaal graag mijn grenzen verkennen. Het was een beetje eng, maar ook een uitdaging. Het was volkomen anders dan wat ik ooit had gedaan. Ik werd beschouwd als een popzangeres en er werd van me verwacht dat ik me bij mijn leest hield. Bovendien ben ik niet klassiek getraind. (Eerlijk gezegd heb ik geen enkele muzikale opleiding.) Maar ik hou er niet van om in een hokje gestopt te worden.

Het was dankzij mijn vriendschap met Claus dat dit project uiteindelijk werkelijkheid kon worden. Ik had een arrangeur nodig die vertrouwd was met klassiek materiaal, en dat was Claus. Hij was geboren in Duitsland, en hij was bekend met het volledige repertoire van Duitse liederen; al die pijnlijk romantische liedjes van negentiende-eeuwse componisten als Franz Schubert en Robert Schumann. Doorgaans werden deze uitgevoerd door een zangeres met alleen een piano als begeleiding. En Claus had verstand van opera, dus hij kon me vertellen welke aria's goed zouden werken.

Ik had een uitdaging gewild. Nou, die kreeg ik. Het proces was moeilijk, maar zeer de moeite waard, omdat ik het leuk vond om iets nieuws te leren. Wat er uiteindelijk op het album kwam was dit: een delicaat stuk van Debussy, dat ik zong in het Frans, een volks slaapliedje in een Frans provinciaal dialect, 'Verschwiegene Liebe', een melancholisch stuk van Hugo Wolf in het Duits (met Claus die me op de piano begeleidde), een aria van Händel in het Italiaans, een etherisch stuk van Gabriel Fauré, ook in het Frans, en nog een stuk van Fauré (dat had geen woorden, dus neuriede ik) en zelfs een lied in het Latijn, uit *Carmina Burana* van Carl Orff. Het allerlaatste nummer, 'I Loved You', was het enige in het Engels. Dat was een gedicht van Alexander Poesjkin, vertaald uit het Russisch (waarin het oorspronkelijk was geschreven) en op muziek gezet door Claus.

De opnamen voor het album waren in 1973, maar het verscheen pas in 1976. Het duurde zo lang omdat ik bleef denken dat ik een betere versie kon maken.

Toen kreeg ik het echter druk met *A Star Is Born*. Ik werkte non-stop aan het script én aan de muziek, en ik moest noodgedwongen al het andere opzijschuiven. Ondertussen liet Columbia me niet met rust en probeerde me tot nog een album te bewegen, maar aangezien ik daar geen tijd voor had, moest ik dit project met tegenzin loslaten. En Columbia was allesbehalve enthousiast om een album uit te brengen waarop ik dit esoterische repertoire verkende.

Liederen zingen is een gedisciplineerde kunstvorm. De ritmes zijn heel specifiek en lijken in niets op mijn natuurlijke stijl. Ik geniet graag de volledige vrijheid als ik nummers vormgeef. Ik vond ook dat er niets op de vocale zuiverheid van het album aan te merken moest zijn. Helaas was ik daar niet geheel zeker van. Ik wilde '*This is a work in progress*' op de achterkant zetten, maar Columbia vroeg me dat niet te doen. Dus deed ik het niet. (Ik wilde dat ik het toch had gedaan. Eigenlijk zou ik het ook op de achterkant van dit boek moeten zetten.) Er werd geopperd om het album *Follow the Lieder* te noemen. Dat leek me zowel leuk als pretentieloos. Maar we wilden er niet de draak mee steken, dus kozen we *Classical Barbra*. Eenvoudig en direct. Voor de hoes koos ik een foto van een shoot die ik een jaar eerder met Francesco Scavullo voor *Vogue* had gedaan. (Zie je het patroon?) Leonard Bernstein schreef een tekst voor de achterkant, en zo stuurden we het album de wereld in.

En toen gebeurde er iets heel bijzonders. Glenn Gould, de briljante, bekende klassieke pianist, recenseerde mijn album voor het tijdschrift *High Fidelity*.

> *Ik ben een enorme fan van Streisand. Daar wind ik geen doekjes om. Voor mij is de stem van Streisand niet minder dan een natuurwonder, een instrument met een oneindige diversiteit en klankkleur. Geen enkele frase wordt aan haar lot overgelaten. Veel van het affect heeft een hoge mate van intimiteit; je hebt het gevoel dat je luistert naar een moment dat zeer privé is. Dat komt doordat we niet kunnen anticiperen op haar bedoeling.*
>
> GLENN GOULD

Hij noemde het 'moedig' dat ik buiten mijn niche durfde te treden. Dat woord zou ik zelf niet zo snel gebruiken... eerder gek. Maar ik dacht er niet op die manier over. Ik was gewoon in de ban van de muziek. En ik keek niet bepaald uit naar de recensies, maar deze verscheen als een geschenk uit de hemel.

Het was een buitengewoon compliment. Gould stelde een paar klassieke stukken voor die hij me wilde laten horen. Hij bood zelfs aan voor me te spelen. (Waarom ging ik niet op zijn aanbod in? Weer een gemiste kans.)

Tijdens een interview in 1974 voor *Rolling Stone* zei hij: 'Op haar best is Barbra Streisand waarschijnlijk de grootste zingende actrice sinds Maria Callas.' Doorgaans wordt er niet gezegd dat ik een actrice ben die toevallig ook nog zingt. En het is wel heel frappant dat Gould Maria Callas noemde, want het was tenslotte haar aria die me had geïnspireerd om dit album te maken.

Maar de mooiste verrassing was iets wat ik nooit had verwacht. Namelijk dat ik genomineerd was voor een Grammy in de categorie Best Classical Vocal Soloist Performance. Dat was een enorme verrassing... een wel heel mooie verrassing. Natuurlijk verwachtte ik niet dat ik zou winnen (Beverly Sills ging met de eer strijken), maar dat deed er niet toe. Mij ging het erom dat ik me aan een geheel nieuwe muziekcategorie had gewaagd. Die nominatie was voor mij een blijk van officiële goedkeuring.

Claus en ik bleven bevriend. En er is iets waarvan ik me destijds niet eens bewust was. Later bleek dat Claus een deel van de orkestraties voor Billie Holiday op *Lady in Satin* had gedaan. Dat was dus het album dat ik destijds in de supermarkt had gevonden. Geweldig toch? Dat maakte de cirkel op een of andere manier rond. Het was alsof het zo moest zijn; het voelde bashert.

Andere dingen zijn echter weer niet voorbestemd, denk ik. In de jaren negentig zag ik Zoe Caldwell een schitterende performance geven als Maria Callas. Dat was het toneelstuk *Master Class* van Terrence McNally. Het was een zowel ontroerend als realistisch stuk over de eindeloze inspanning die het werk van een zangeres met zich meebrengt, en ook over de offers die in naam van de kunst worden gebracht. Ik identificeerde me volledig met deze vrouw: haar zoektocht naar perfectie, haar liefdes en de verliezen die ze had geleden. Ik informeerde onmiddellijk naar de filmrechten, maar kreeg te horen dat die al in het bezit waren van Faye Dunaway. Om de paar jaar informeerde ik naar de status en kreeg ik te horen dat zij ze nog steeds had. Het is haar echter nooit gelukt om de film te maken.

Dus ook ik heb die film niet kunnen maken. Maar een paar jaar geleden regisseerde mijn vriend Billy Friedkin een productie van *Suor Angelica* voor de Los Angeles Opera, en toen kreeg ik eindelijk het verhaal te zien rond mijn favoriete aria, 'Senza Mamma'. Die heb ik voor het album niet gedaan. Daar was vast een reden voor, maar die kan ik me niet herinneren. Waarschijnlijk was ik bang dat ik het nooit zo goed zou kunnen doen als Maria Callas. Die aria was heilig voor me. Hij was van haar, voor altijd.

30

A Star Is Born

Jon was degene die het script uit een stapel viste. Hij had Sue Mengers verteld dat hij alles wilde zien wat ik toegestuurd kreeg, en hij vond *Rainbow Road* van Joan Didion en John Gregory Dunne een goed boek. Het was een onopgesmukte blik achter de schermen van de wereld van de rock-'n-roll, en ik had het al terzijde gelegd omdat ik warmte in het verhaal miste. Het liefdesverhaal tussen de twee artiesten hing er een beetje bij. Uit de titel bleek het weliswaar niet, maar het leed geen twijfel dat het een variatie was op *A Star Is Born*. De carrière van de man doofde langzaam maar zeker uit, terwijl de vrouw op het punt stond door te breken.

'Wat een geweldig verhaal!' riep Jon.

'Inderdaad,' zei ik. 'Het is een geweldig verhaal. Maar het is al twee keer gemaakt.'

Jon had er geen idee van dat het een nieuwe versie was van een oude film, want *A Star Is Born* was hem onbekend.

De eerste versie stamde uit 1937, met Janet Gaynor als de aankomende actrice, Esther Blodgett, en Fredric March als de getroebleerde ster, Norman Maine. In 1954 kwam er een remake als musical, met Judy Garland en James Mason.

Nu was het 1974. Het leek erop dat het idee om de twintig jaar de kop weer opstak. Het is een klassiek verhaal, zoals *Romeo en Julia*. Dat doet het altijd goed. Ik vond Judy Garland er echt in stralen. Elke emotie voelde als volkomen echt, en veel van de liedjes waren geschreven door de beroemde Harold Arlen en Ira Gershwin. Het waren prachtige nummers. Waarom zou je een nieuwe versie maken van iets wat al perfect was?

Ik had er geen zin in, maar ik had een verplichting aan First Artists en moest dus voor een bepaalde datum een film met hen maken. Dus las ik het script opnieuw.

Voor hun onderzoek had het echtpaar Dunne en Didion een rockband gevolgd (naar verluidt was het Led Zeppelin) en wat ze hadden geschreven had meer weg van een documentaire. Jon focuste vooral op alle losbandige details over het leven op tournee, maar zelf had ik meer belangstelling voor het liefdesverhaal. Dat was naar mijn mening waar het verhaal om draaide, maar dat was door de vele scènes over managers, groupies en motelkamers volledig ondergesneeuwd. (Het duurde tweeënvijftig pagina's voordat de hoofdpersonen aan het woord kwamen.)

Tijdens het lezen van het script dacht ik: hier kan ik misschien wel iets mee. Het liefdesverhaal moest de kern van het verhaal worden, en we moesten niet bang zijn om het *A Star Is Born* te noemen... En de relatie van het stel zou aan de huidige tijd aangepast moeten worden. Het feminisme was op zijn hoogtepunt, en ik besefte dat ik via het personage van Esther iets over vrouwen kon zeggen.

Het is opmerkelijk dat ik eigenlijk nooit veel aandacht aan de vrouwenbeweging had geschonken toen ik begon met werken. Kreeg ik minder betaald dan een man in dezelfde positie? Ik dacht zelf van niet. Ik maakte weliswaar het ene album na het andere, maar ik had eerlijk gezegd geen idee wat ik ervoor betaald kreeg. Het geld interesseerde me niet. Voor mij was het vooral belangrijk dat ik de creatieve controle behield.

Zelf had ik over de manier waarop ik werd behandeld niets te klagen, maar in het algemeen waren vrouwen niet zo gelukkig. Vrouwen streden voor erkenning, kansen en gelijk loon voor gelijke arbeid. Hier lag een kans om een musical te maken met wat een krachtig liefdesverhaal zou kunnen zijn, en tegelijkertijd konden we proberen een subtiele boodschap over te brengen.

Ik ben helemaal voor vrouwen en vrouwenrechten, maar als je het te hard van de daken schreeuwt, haken mensen af. Feministen die hun beha verbrandden. Daar begreep ik niets van. Wat hadden beha's ermee te maken? (Misschien stonden ze symbool voor de manier waarop vrouwen zich beperkt en onderdrukt voelden?) Mij maakte het niet uit, ik droeg er toch bijna nooit een. Nu ik dit schrijf heb ik er meer begrip voor. In een revolutie moet je soms de grenzen opzoeken, om vervolgens in het midden uit te komen en een beter evenwicht te bereiken.

De veranderende rol van de vrouw zie je heel goed als je het karakter van Esther in de jaren dertig vergelijkt met dat in de jaren vijftig, en ten slotte met dat in de jaren zeventig. De vrouwen in oudere films waren veel passiever. Zoals ik mijn personage zag, had ze het hart op de tong en was ze niet bang het tegen mannen op te nemen.

Ik wilde ook laten zien hoe groot de druk is waar artiesten aan blootstaan, en die in sommige gevallen tot zelfvernietiging heeft geleid. Naar mijn mening kon het publiek in de film zien wat het echt betekent om in de publieke belangstelling te staan. Daar had ik zelf genoeg ervaring mee. De media zijn altijd op zoek naar drama. Ze prijzen je de hemel in en kraken je vervolgens weer af. De bewondering van fans kan je een geweldig gevoel geven... totdat je je achtervolgd begint te voelen. Ik ben door fans tot in de toiletruimte gevolgd om een handtekening.

Wat ik ook wilde onderzoeken in de film was de relatie tussen mannen en vrouwen: de opwinding, de conflicten, het plezier, de pijn... De pijn van liefde en verlies. In de eerdere versies verhieven de geliefden zelden hun stem tegen elkaar. Zij aanbad hem, hij aanbad haar. Ruzie of onenigheid hadden ze nooit.

De lieve manier waarop ze met elkaar omgingen was heel ontroerend, maar ik denk dat die oude Hollywood-films heel wat mensen hebben teleurgesteld met het beeld dat ze schetsten. Die Hollywood-romantiek kwam je in het echte leven maar zelden tegen, en als je eigen relatie niet aan dat beeld voldeed, dacht je dat er iets mis mee was. Ik beleefde ups en downs met Jon. Waarom zou je daar niet eerlijk over zijn? Vertel de waarheid.

Het verhaal kreeg me in zijn greep. Ik zag veel mogelijkheden, en ik besloot me aan het project te verbinden. Ik zou de film samen met Jon produceren.

Het was tenslotte zijn idee geweest. Hij zou niet beperkt worden door de twee eerdere versies, zo hield ik mezelf voor. Die had hij immers nooit gezien. Hij durfde van het gebaande pad af te wijken.

Maar ondanks het feit dat hij zich op een nieuw terrein begaf en geen ervaring had, wilde hij de titel van producer niet met me delen. Dat had alarmbellen in mijn hoofd moeten doen afgaan, maar ik zag hoe onzeker hij was en hoe wanhopig hij naar die status verlangde. En ik wist dat het hem op de set meer respect zou opleveren. Dus dacht ik: oké, hij mag die titel hebben. Dan stel ik me wel tevreden met de titel van executive producer.

Wat ik niet wist, en wat niemand me vertelde, was dat als de film in de prijzen zou vallen, Jon daar als producer als enige recht op zou hebben. Ik was er niet van op de hoogte dat de executive producer geen prijs kreeg. Ik let niet zo op titels, en ik keek zeker niet zo ver vooruit. Ik wilde gewoon een film maken.

En ik wilde dat Sydney Pollack, een man die ik kende en respecteerde, de regie zou doen. Hij liet ons maanden wachten op zijn beslissing, en ten slotte was het een nee.

Jon zei: 'Ik doe de regie zelf wel.'

Mijn eerste reactie was: 'Je maakt zeker een grapje?'

Maar het zette me wel aan het denken. Tegen die tijd had ik negen films gemaakt, en hier had ik een man die absoluut geen ervaring had en er toch van overtuigd was dat hij wel even een film kon regisseren.

Nou, dacht ik, als hij dat kan, dan kan ik het ook. Die gedachte duurde niet lang. Ik was er niet van overtuigd dat ik daar al genoeg voor wist. En trouwens, ik had mijn handen vol aan de filmmuziek.

Marty maakte me erop attent dat hij een gesprek had gehad met John Calley, het hoofd van Warner Bros. 'Stel je voor, Jon Peters wil de film regisseren,' had Marty gezegd.

'Zolang Barbra Streisand er maar in zit,' had John geantwoord, 'kan het me niet schelen wie hem regisseert.'

Ik wou dat ik genoeg zelfvertrouwen had gehad om het gewoon zelf te doen. Dat zou de hele ervaring een stuk makkelijker hebben gemaakt.

We waren nog steeds op zoek naar een regisseur toen ik Frank Pierson benaderde om het script te herschrijven. Ik was onder de indruk van zijn script voor *Dog Day Afternoon*, en ik hoopte dat hij het liefdesverhaal meer naar voren kon halen zonder het verhaal aan authenticiteit te laten inboeten.

Didion en Dunne hadden de namen van de personages veranderd in Esther

McQueen en John Norman Howard. Zijn naam was prima, maar die van haar? Zie ik eruit als een Ierse? Ik ben er trots op Joods te zijn, dus ik dacht: waarom maken we haar niet Joods? Laten we haar Esther Hoffman noemen, in plaats van een van die onschuldige filmnamen, zoals Brown of Jones. In Hollywood was iedereen bang om Joods te zijn.

Ik had al een cinematograaf in gedachten. Ik was onder de indruk van het werk van Robert Surtees in *The Last Picture Show* en *The Graduate*. Dus regelde ik een ontmoeting met hem. Ik liet hem foto's zien van mensen op het podium, meestal in het licht van de schijnwerpers, maar ook met tegenlicht en met gekleurd licht. Ik wilde een theatrale sfeer rond Esther en John Norman scheppen die ook doordrong in hun privéleven. Zo wilde ik de indruk wekken dat ze nooit aan de schijnwerpers konden ontsnappen. Bob was geweldig. Hij waardeerde mijn inbreng en was blij dat ik met hem meedacht.

Als production designer koos ik Polly Platt. Ik kende haar nog van *The Last Picture Show* en *What's Up, Doc?*, en we waren bevriend geraakt. Ze leverde briljant werk met het huis van adobe, dat ze met haar ploeg in de woestijn bouwde. Ik vroeg haar te zorgen voor hoge ramen en dakramen om de personages de hele tijd in het licht te houden. (Nog een variatie op die voortdurende schijnwerpers waar ze ook in hun privéleven niet aan konden ontkomen.)

Ik had veel vertrouwen in het team dat we hadden samengesteld. En toen deed Frank Pierson iets wat ik nooit had verwacht. Hij chanteerde ons.

Vlak nadat hij me een eerste opzet van het nieuwe script had gegeven (daarin was het liefdesverhaal nog niet eens uitgewerkt), zei hij: 'Trouwens, ik wil deze film ook regisseren. En ik schrijf geen nieuwe versie tenzij ik groen licht voor de regie krijg.'

Ik zag hem als regisseur helemaal niet zitten. Hij had maar één (mislukte) film geregisseerd, en bovendien wist hij niets van musicals. Maar ik stond onder enorme druk. We moesten binnenkort beginnen met filmen.

Om niet in paniek te raken, haalde ik diep adem. Misschien was de situatie nog te redden. Ik was de executive producer. En de afspraak met First Artists betekende dat ik het laatste woord had, dus had ik uiteindelijk ook de controle. Zolang we het beeldmateriaal kregen dat we nodig hadden, kon ik het naar believen vormgeven.

Dus sloot ik een deal met Frank. 'Je mag de regie doen,' zei ik, 'maar je moet één ding goed begrijpen. Ik ben persoonlijk verantwoordelijk voor dit project... voor elke cent. Mijn bedrijf, Barwood Films, maakt het voor First

Artists, en ik moet verantwoording afleggen aan de filmmaatschappij, aan Warner Brothers. Elke dollar die we uitgeven boven het budget van 6 miljoen dollar komt uit mijn eigen zak. Dus moet ik betrokken worden bij elke beslissing. Jij mag met de eer gaan strijken, maar we doen het samen.'

Hij ging akkoord.

Toen ik zijn huis zag, had ik kunnen weten dat het niet zou werken. Dat voelde als een koude doos: niets dan staal, glas en beton... En Frank was net zo koud. De problemen begonnen al meteen. Terugkijkend besef ik dat het moeilijk voor hem moet zijn geweest dat een vrouw de leiding had. Voordat we begonnen met filmen, nodigde ik hem uit om bij mij thuis op Carolwood Drive te komen lunchen. Zo hoopte ik de spanning tussen ons weg te nemen en een manier te vinden om goed samen te werken.

Ik zei: 'Ik weet dat we het over veel dingen oneens zijn, en ik ben niet je favoriete persoon. Maar probeer in het belang van de film alsjeblieft iets aan mij te vinden wat je leuk vindt. Anders gaat het ten koste van de film.'

Ik denk niet dat Frank begreep wat ik zei. Sterker nog, hij begreep het volledig verkeerd.

'Ik hou van je,' zei hij, 'maar ik ben niet iemand die met zijn gevoelens te koop loopt.'

'Ik vraag niet om je liefde,' antwoordde ik. Dat woord klonk zo hol uit zijn mond.

Ik koos voor een praktische en objectieve benadering, en gaf hem aanwijzingen over hoe je het beste uit een acteur kunt halen. Ik vertelde hem over werken met Willy Wyler en Sydney Pollack, en hoe er iets moois gebeurt als een regisseur de sterren van zijn film op waarde weet te schatten. De acteurs stellen zich open en hebben vertrouwen. Er heerst een ontspannen gevoel op de set.

Maar Frank en ik hebben nooit zo'n verstandhouding weten te bewerkstelligen. Hij had zijn positie vooraf geaccepteerd en begreep dat ik meer was dan alleen een actrice. Maar zodra we begonnen met de opnamen, leek hij onze afspraak te zijn vergeten.

Hij was weliswaar regisseur, maar wist niet waar hij de camera moest neerzetten. Hij veranderde wel vijf keer van gedachten en dreef de crew en de cinematograaf tot het uiterste. Na de eerste opnamedag liepen we al een dag achter.

We begonnen met de scène waarin Kris Kristofferson, die John Norman Howard speelt, een kleine club bezoekt om tot rust te komen na zijn concert.

Het is daar dat hij Esther ziet zingen. Hij wil niets meer dan zitten en met rust gelaten worden, maar er willen mensen met hem op de foto. Een man vraagt hem op te staan en voor zijn vriendin te zingen. Als John Norman weigert, wordt hij agressief.

Ik stopte meer van mijn eigen ervaring in deze film dan ik ooit eerder had gedaan. En de scène in de club was gebaseerd op mijn eigen ervaring. Iets vergelijkbaars was mij ook overkomen. Normale grenzen, zo heb ik gemerkt, de basale omgangsvormen die je met andere mensen in acht neemt, ook met vreemden, tellen soms niet als mensen 'een ster' in de gaten krijgen. Ze onderbreken rustig een gesprek met mijn zoon en vragen dan om een handtekening, of ze proberen een foto te maken in een restaurant op het moment dat ik mijn tanden in een sparerib zet.

Soms vragen mensen zelfs of ik iets wil zingen, alsof ik een zeehond ben die kunstjes doet. Ze denken dat het makkelijk voor me is. Dat is het echter helemaal niet. Ik zing thuis niet, ik zing onder de douche niet, en ik zing ook niet op feestjes. Dus in een restaurant even opstaan om iets te zingen voor een vreemde? Je kunt me net zo goed vragen om van een brug te springen. Maar als je niet doet wat ze vragen, kunnen mensen zich tegen je keren en gemeen worden. Dan zeggen ze bijvoorbeeld dat ze nooit meer een plaat van je zullen kopen. Ooit hebben ze een album van je gekocht, en dat verschaft hun, zo denken ze, bepaalde rechten. Alsof ze je bezitten.

Laat ik hier duidelijk over zijn. Ik ben mijn fans dankbaar. Ze hebben me tientallen jaren gesteund. Maar soms wil ik gewoon mijn spareribs eten.

John Norman geeft de man uiteindelijk een klap, en er ontstaat een gevecht waar iedereen aan meedoet. Esther trekt hem weg, en ze rennen naar zijn limo. Ze zitten er nog niet in of de mensen die hen zijn gevolgd, rammen met hun vuisten op het dak. (Dat kwam rechtstreeks uit de première van *Hello, Dolly!* Daar heb ik zelfs nu nog nachtmerries van.)

Kris kende deze wereld ook van binnenuit. De rol van John Norman Howard leek hem op het lijf geschreven. Hij hoefde bijna niet te acteren. Hij was muzikant, songwriter, dichter... Met een ontwapenende kwetsbaarheid die te zien was in zijn ogen.

God, wat was hij aantrekkelijk. Ik herinner me de eerste keer dat we elkaar ontmoetten. Dat was een paar jaar vóór dit project. Marty belde en vroeg: 'Ga je mee naar Kris Kristofferson? Hij treedt op in de Troubadour. Ik heb gehoord dat hij goed is.' Dus ik ging ik mee, en daar stond hij op het podium, zo mooi, met perfecte witte tanden, en op blote voeten. Ongelooflijk sexy.

Ik dacht: hmmm...

We zagen elkaar daarna nog een tijdje; hij met zijn Bull Durham-sigaretten. Hij maakte zuigzoenen in mijn hals. Gelukkig had ik een tweedelig badpak van Rudi Gernreich met een colletje, zodat ik ze kon verbergen.

Dus ik kende Kris, en ik voelde me op mijn gemak bij hem. Er was een kort moment dat het Jon een goed idee leek om zijn idool, Elvis Presley, te vragen voor de rol. Dus vlogen Jon en ik naar Las Vegas. We woonden een show van hem bij en gingen backstage voor een ontmoeting met Elvis en zijn manager, Colonel Parker. Het duurde even voordat Elvis verscheen, en toen hij eindelijk binnenkwam, verontschuldigde hij zich. 'Sorry dat ik jullie heb laten wachten, maar ik heb een probleem. Er vliegt nu een meisje rond in mijn vliegtuig.' (Dat was waar. Er cirkelde echt een vrouw in een vliegtuig boven ons.) 'En ik weet niet of ik haar wel of niet moet laten landen. Wat denken jullie?'

Ik vroeg: 'Waarom zit ze in je vliegtuig?'

'Ze bleef maar praten en praten, terwijl ik me gereedmaakte voor mijn optreden. Ik werd gek van haar.'

'Laat haar landen,' zei ik, 'en vertel haar de waarheid. Leg uit dat je tijd voor jezelf nodig hebt voordat je optreedt. Dat zal ze echt wel begrijpen.'

We spraken over de film, en Elvis was geïnteresseerd. Maar het is duidelijk niets geworden. Volgens Marty vroeg Colonel Parker meer geld dan we ons konden veroorloven. En volgens Jon wilde Colonel Parker de film produceren. Daar ben ik niet geheel zeker van. Ik zag wel dat Elvis heel wat zwaarder was geworden en niet meer op zijn top was, hoewel hij nog steeds volle zalen trok. Misschien stond het verhaal een beetje te dicht bij zijn eigen leven, en heeft Colonel Parker hem omgepraat.

Toen het niet doorging, zei Jon: 'Misschien moet ik die rol dan maar spelen.'

Hij maakte geen grapje. Hij was klaar voor zijn debuut. Maar ik niet.

Ik zei: 'Jon, wie denk je nou dat je bent? Je bent geen ster. Ik zeg het niet graag, maar dat ben je alleen in je eigen gedachten.'

Hoe dan ook, ik had er geen spijt van dat Elvis uit beeld was. Kris was de juiste keuze.

Kies de juiste persoon en je bent al halverwege. Voor de rol van Brian, John Normans manager, viel mijn keus op Paul Mazursky, die zowel regisseur was als schrijver. Hij straalde een natuurlijke autoriteit uit, net als het personage dat hij zou spelen. Met andere woorden, hij had niet veel regie nodig. Ik hoefde hem niet te helpen om sterk en belangrijk over te komen. Dat was hij al.

Ik wilde nieuwe muziek voor deze film. Nieuw in de zin dat niemand het ooit eerder had gehoord. En dit was een prachtige kans. John Norman en Esther waren allebei singer-songwriter. Dat betekende dat ze zich ook via hun muziek konden uiten.

Ook Kris was een bekende songwriter. Hij schreef en zong relaxte countrymuziek met welsprekende teksten die de eenvoud van het genre overstegen. (Hij had met een Rhodes-beurs aan de universiteit van Oxford gestudeerd.) Voor John Norman Howards muziek zochten we echter ruige rock-'n-roll. En die van Esther moest bij mij passen. Ik moest me ermee kunnen identificeren.

Dus vroeg ik Rupert Holmes of hij de filmmuziek wilde schrijven omdat we zo'n goede verstandhouding hadden gekregen tijdens het werk aan mijn album, *Lazy Afternoon*. Ik was in de wolken toen hij ja zei. Hij was heel attent en stelde allerlei vragen met de bedoeling beelden te vinden die persoonlijk voor me waren, zodat hij deze in de songteksten kon verwerken. Rupert herinnerde zich dat ik had overwogen een bijenkorf voor de ranch te kopen. Het fascineerde hem dat bij bijen de koningin de dienst uitmaakt. Met dat idee in zijn achterhoofd schreef hij 'Queen Bee' voor me. Dat vond ik erg goed gevonden van hem. Ik vertelde hem dat ik altijd al cello had willen leren spelen en Portugees had willen leren spreken. Dat verwerkte hij in de tekst van 'Everything'. Dat liedje ging erover dat je als vrouw de moed moet kunnen opbrengen om meer te willen dan alleen een echtgenoot.

Esther leek me het soort meisje dat gitaar zou spelen, dus nam ik gitaarles. (Ik knipte de nagels aan mijn linkerhand kort, maar hield ze lang aan de rechterhand om te kunnen tokkelen.) Ik was enorm onder de indruk van al die vrouwelijke songwriters – Joni Mitchell, Carole King, Laura Nyro – die gitaar of piano konden spelen en hun eigen muziek konden schrijven. Toen ik jong was, wilde ik piano leren spelen. Mijn moeder regelde een paar lessen, maar ik moest in het huis van iemand anders oefenen want zelf hadden we geen piano. Dat was erg onhandig, dus stopte ik ermee. En als ik trouwens niet meteen al piano kon spelen als Vladimir Horowitz, dan hoefde het voor mij niet.

De gitaar was voor mij veel makkelijker te hanteren. Ik kon naar de symbolen op papier kijken en de akkoorden uitzoeken. Mijn gitaarlerares zei dat ze zelf ook muziek schreef, en op een dag vroeg ik haar om wat voor me te spelen. Opeens voelde ik me een mislukkeling. Ik kon alleen maar liedjes van anderen zingen. Ik herinner me nog hoe verdrietig ik was, en dat ik me terugtrok in de badkamer. Toen ik begon te huilen, liet Jon zich van zijn liefste en meest bemoedigende kant zien. 'Jij kunt het ook,' zei hij. 'Ook jij kunt je eigen liedjes schrijven.'

In feite had ik al een paar liedjes geschreven, maar op een of andere manier telde dat niet voor mij.

Jon pushte me om mijn grenzen te verkennen. En toen sloeg de schrik Rupert om het hart, want hij had nog nooit muziek voor een hele film geschreven. Hij raakte in paniek en vloog terug naar huis in New York. Dat kwam als een complete verrassing. Als hij ergens mee zat, liet hij dat nooit merken. Maar we konden niet eindeloos op hem wachten. We wisten niet eens of en wanneer hij terug zou komen. We hadden die liedjes nodig. We konden het ons niet veroorloven langer te wachten, dus ik dacht: ik moet het proberen.

Zo heb ik 'Evergreen' geschreven.

Ik hoorde een melodie in mijn hoofd en moest de akkoorden vinden die erbij hoorden, zodat ik deze op de gitaar kon spelen. Ik bakte er niet veel van, en dat is nog zacht uitgedrukt. Jason, Chris en Jon werden gek van me. Ik hoor ze nog smeken: 'Kun je alsjeblieft ophouden dat liedje te spelen!'

Maar ik zocht naar die ongrijpbare noten.

Ik denk dat iedereen opgelucht was toen ik het eindelijk af had. In mijn hoofd hoorde ik bepaalde akkoorden veranderen als ik de laatste noot vasthield... 'evergreeeeen'. Maar ik kon mijn vinger er niet op leggen. Maar op een dag hield ik mijn vingers op de onderste frets en gleed eroverheen naar boven, een voor een, en zo vond ik de noten. Wauw! Wat een ontdekking. Wat voor akkoorden het precies waren, zou ik je niet kunnen vertellen, maar ik had ze!

Ik weet nog dat ik op de grond zat en het liedje over de telefoon speelde voor de Bergmans. 'Dat is leuk,' zeiden ze.

Maar toen ik het voor Marty speelde, kreeg ik een heel enthousiaste reactie. 'Op 22 januari heb je een nummer 1-hit,' zei hij. Dat leek me wel heel erg overdreven, maar hij had gelijk. (De film verscheen in december 1976, en op 15 januari 1977 stond 'Evergreen' op nummer 1. Hij zat er maar een week naast.)

Toen ik de melodie helemaal af had, vroeg ik Kris de tekst te schrijven. Ik vond het een fijn idee dat de twee hoofdrolspelers in de film samen een liedje schreven. Maar toen kwam er niets uit zijn handen, en ik wilde niet aandringen. (Jaren later gaf hij me eindelijk wat hij had geschreven. Hij legde uit dat hij me deze nooit had gestuurd omdat hij het niet goed genoeg vond.)

Toen ik niet langer kon wachten, benaderde ik Paul Williams. Hij had teksten voor veel populaire liedjes geschreven. Ik zong mijn melodie voor hem en vroeg: 'Kun je daar iets mee?' Hij zei: 'Dat is prachtig. Dat is je liefdesthema.'

Ik was blij dat hij het mooi vond, maar zijn tekst wilde maar niet komen. Uiteindelijk hadden we een versie die ik goed vond; '*easy chair*' en '*morning air*' waren heel mooi, maar ik wilde dat hij wat meer experimenteerde, en hier en daar iets anders probeerde. Maar hij zette zijn hakken in het zand. Vervolgens nam hij niet meer op als ik belde.

Het was bekend dat hij een alcoholprobleem had. Dat maakte het werken met hem niet makkelijker. Ik kon weinig anders dan het loslaten en de situatie accepteren. En ik was blij voor ons beiden dat hetgeen hij me al had gegeven zo ontzettend goed was.

Jaren later verontschuldigde Paul zich. Hij bezocht ondertussen regelmatig AA-bijeenkomsten en wilde, als onderdeel van het herstelproces, goedmaken wat hij me toen had aangedaan. Dat waardeerde ik enorm.

Het had veel tijd gekost, maar uiteindelijk had ik mijn liedje. Ik had een jaar lang gitaarlessen genomen om het in de film te kunnen spelen. En toen heb ik de scène eruit geknipt. Hoe ironisch...

Dat vond plaats op de ochtend na de ontmoeting van John Norman en Esther, als hij terugkomt met een pizza voor het ontbijt. Hij pakt wat muziek waar ze aan gewerkt heeft en vraagt haar een van de nummers voor hem te spelen.

Esther is verlegen en houdt de boot af, maar hij geeft haar de gitaar. 'Als je lacht, vermoord ik je,' zegt ze gekscherend. (Dat was een improvisatie.) Ze is zo nerveus dat ze met haar rug naar hem toe gaat staan, net zoals ik deed toen ik de eerste keer voor Cis en Harvey zong. Het is een heel echt moment, ik worstel met de gitaar en neurie de melodie van 'Evergreen'. De camera schakelt over naar Kris die luistert, en dan weer naar mij terwijl ik gitaar speel. Als ik klaar ben, draai ik me om om te zien wat hij denkt. Het is belangrijk voor Esther dat hij het mooi vindt, maar hij ligt diep in slaap op de bank te snurken. Ik hield van dat moment.

Dus waarom heb ik het er dan toch uit geknipt? Ik kan erg hard zijn voor mezelf, en ik knip eerder mijn eigen scènes dan die van een ander eruit. In de montageruimte neem ik elk moment objectief onder de loep, en in dit geval was ik bezorgd over het tempo. Ik wilde meteen naar het concert in de woestijn.

Het is een bekend gezegde: '*Sometimes you have to kill your darlings.*'

Tijdens het schrijven van dit boek heb ik de film nog eens bekeken, en ik ben er niet zeker van dat ik toen gelijk had. (Net speelde ik nog een interessant akkoord op de gitaar dat ik op de plaat niet gebruikt heb. Maar ja.)

Er is een groot verschil tussen deze film en de meeste musicals. De muziek wordt doorgaans opgenomen in de studio en maanden later tijdens de opnamen weer afgespeeld. Er zijn artiesten die hun vocale prestaties makkelijk keer op keer op dezelfde manier kunnen laten horen. Ik niet. En je weet dat ik een bloedhekel heb aan lipsynchronisatie.

Dus zei ik: 'Weet je wat? We doen de muziek live.'

Om dat voor elkaar te krijgen, nam ik de fenomenale Phil Ramone in de arm. Hij gaf ons twee van de beste mobiele opnamewagens; het equivalent van een *sound stage* op elke locatie. Het was enorm bevrijdend om keer op keer de energie van een liveoptreden te hebben.

Frank wilde bestaand beeldmateriaal inzetten voor de grote concertscène. Maar Jon had een beter idee.

'Waarom organiseren we geen echt concert?' stelde hij voor. 'We kunnen zelfs entree vragen, en er nog geld aan verdienen ook.'

Een briljant idee! Dit was mijn wereld. Ik had al opgetreden op grote locaties, maar die waren niets vergeleken bij het Sun Devil Stadium in Tempe, in Arizona, waar we het concert wilden opnemen. Marty stelde voor om Bill Graham in te huren. Bill was een bekende concertpromotor, en hij had optredens georganiseerd voor Peter Frampton, Santana en verschillende andere acts. We waren van plan om de scènes die we nodig hadden tijdens het echte concert te filmen en de reacties van een echt publiek mee te nemen in plaats van met strategisch geplaatste figuranten de indruk van een menigte te wekken, zoals dat in Hollywood de gewoonte is.

Het probleem was dat iedereen er vanaf zonsopkomst tot zonsondergang bij moest zijn. Dat betekende een hele dag onder de brandende zon in een openluchtarena. Van tevoren hadden we geen idee hoe groot het publiek zou worden.

Uiteindelijk kwamen er 70.000 mensen. We stuurden een camera met een helikopter de lucht in voor dat spectaculaire shot waarin John Norman en Esther over de heuvel vliegen en plotseling het volle stadion zien. Uiteindelijk kwamen er zoveel mensen dat we het record voor het grootste concert in

Arizona vestigden. We betaalden de artiesten, dekten onze kosten en hadden toen nog genoeg over om 25.000 dollar aan de March of Dimes te doneren.

Toen ik de menigte zag, verstijfde ik. Het leed geen twijfel dat ze voor een rockconcert waren gekomen, en ik was bang dat ze me van het podium zouden joelen als ik 'The Way We Were' en 'People' zou zingen. Ze zouden mijn muziek vast ouderwets vinden, vreesde ik. En de opstelling was geheel anders dan bij mijn eigen concerten. Ik had nooit een grote ploeg mensen op het podium. Dat leidde alleen maar af. Ik wilde ook nieuwe nummers testen die speciaal voor de film waren geschreven, waaronder 'Evergreen'. En dan was er het feit dat ik nog nauwelijks met de band had gerepeteerd. Dat maakte mijn onzekerheid nog groter.

Het leek me het beste om het publiek gewoon de waarheid te vertellen. Ik liep het podium op en zei dat ik een nummer ging zingen dat ik zelf had geschreven maar nog niet eerder had uitgevoerd... en dat ik erg nerveus was.

Godzijdank was de reactie van het publiek positief.

Ik warmde het publiek op voor Kris. Het duurde lang voordat hij eindelijk op het podium verscheen en optrad. Er stonden meerdere mensen van de crew in het publiek met camera's om de reacties op te vangen en die ruwe, *handheld look* te krijgen die ik zo mooi vind. Die dag hadden we er volgens mij achttien uur op zitten.

De film bevat nog meer concertscènes, maar die zijn opgenomen in een auditorium en kostten niet zoveel moeite. In de scène waarmee de film begint zie je een frisbee die door de lucht vliegt en gevangen wordt door de ronddraaiende spots. Op dat moment verkeert het bioscooppubliek nog in het ongewisse over waar de scène zich afspeelt. Vervolgens hoor je gebonk. Het publiek in de film wordt ongeduldig. Ze wachten op John Norman Howard en stampen met hun voeten.

Dat kunnen we ze niet kwalijk nemen. Artiesten mogen niet te laat komen. (Ja ja, ik weet het...) En dan is er iets wat kan gebeuren met het publiek tijdens een rock-'n-roll-concert; een moment waarop de stemming kan omslaan en in plaats van onrustig verandert in gewelddadig. Dat is wat we wilden overbrengen: hoe snel het kan gebeuren dat een publiek zich tegen een artiest keert terwijl ze er toch entree voor betaald hebben.

Als Kris uiteindelijk op het podium verschijnt, net voordat het uit de hand dreigt te lopen, zie je hem van achteren verlicht, een donker silhouet tegen de verblindende lichten. Daarvoor had ik Jules Fisher ingeschakeld, een beroemde lichtontwerper die ik nog kende uit mijn Broadway-tijd. Hij verzorgde het licht voor alle podiumscènes, zodat we precies de theatrale look kregen die ik voor ogen had.

Voor de scène waarin John Norman onverwacht Esther het podium op haalt, hadden we een krachtig nummer nodig dat ze kon zingen. Iets waar het publiek enthousiast over kon worden. Eerder had ik het daarover gehad met Paul Williams en Kenny Ascher. Ik vroeg: 'Waarom is het altijd het mannetje van de maan? Kan het niet een vrouw zijn? Kun je daar een liedje over schrijven?' Zo kwamen ze op 'The Woman in the Moon'.

Trouwens, het was de gewoonte om eerst een wide shot te doen, vervolgens een medium shot en ten slotte de close-up. Daar zag ik de logica niet van. Ik wist dat de beelden die waarschijnlijk op het scherm zouden verschijnen meestal medium shots of close-ups zouden zijn. Dus waarom zouden we die niet eerst maken? Mijn eerste opname is vaak de beste. Dat wilde ik niet verspillen aan een wide shot, en ik vond het ook niet nodig om mijn stem daarmee meer te belasten dan nodig. Dus voor deze film braken we met een oude gewoonte en filmden we mijn eerste optreden in close-up, terwijl we voor het medium shot tegelijkertijd een andere camera gebruikten. Zo maakten we drie opnamen van hetzelfde liedje. Vervolgens moest ik ter plekke in het auditorium beslissen welke take ik het mooist vond. Dat zou het deel zijn dat we opnieuw zouden opnemen in een wide shot, zodat we het publiek erbij konden betrekken. Ik kreeg een enorme kick van al die snelle beslissingen die we moesten nemen.

Maar Frank en ik bleven het oneens. Hierover, en over andere dingen. Op een keer schoot ik een beetje uit mijn slof tegen hem en zei: 'Het spijt me. Ik ben niet altijd even tactvol. Ik weet niet hoe ik moet *schmeichelen*.' (Dat is Jiddisch voor vleien met gladde praatjes.) 'Ik weet alleen hoe ik recht voor z'n raap moet zijn.'

'Dat is prima,' antwoordde hij. 'Ik zeg gewoon dat ik het met je eens ben. Vervolgens doe ik achter je rug om toch wat ik zelf wil.'

We hadden dus nogal verschillende manieren van werken. Ik was overal open over. Hij was heel stiekem. Passief-agressief. Soms vond hij een locatie niet goed genoeg en ging hij op zoek naar iets beters. Daar maakte hij mij nooit deelgenoot van, en uiteindelijk keerde hij weer terug naar de oorspronkelijke locatie. Daarmee verspilde hij tijd en geld.

Op een middag verdween hij gewoon. Het bleek dat hij naar zijn therapeut was gegaan. Het werd steeds erger, en ik had geen andere keuze dan de controle naar me toe trekken.

Hij had nooit geleerd om met acteurs om te gaan. Op een dag vroeg ik hem wat hij vond van twee verschillende manieren om een scène te spelen. Zijn antwoord: 'Ik ben neutraal.'

'Frank, als je regisseert, kun je niet neutraal zijn. De acteur heeft feedback nodig: een spiegel, een reactie. Je moet een keuze maken. Dan heeft de acteur iets om te proberen, ook al pakt het niet goed uit.'

Ik probeerde hem aan zijn verstand te brengen dat hij met zijn acteurs moest communiceren, dat hij al hun talenten moest gebruiken en hen tegelijkertijd vrij genoeg moest laten, zodat ze konden improviseren. Iedere figurant is belangrijk! Elk detail is belangrijk!

Mijn aandacht voor detail viel bij hem niet in goede aarde. Als ik me met de sets of met de kostuums bezighield, leek hij me als een bemoeial te beschouwen.

In feite denk ik dat hij zich niet op zijn gemak voelde bij mensen. Tijdens de lunch zat hij altijd alleen. Hij deed geen moeite om met de acteurs van gedachten te wisselen en hun een gevoel van hun personages en hun belang in de film te geven. Hij beschikte niet over de gevoeligheid die je moet hebben als je te maken hebt met een acteur die geest, wezen en ziel blootgeeft.

Er is bijvoorbeeld een beroemde scène die in elke versie van *A Star Is Born* zit. In onze versie is John Norman alleen thuis als de telefoon gaat. Daardoor wordt hij onderbroken terwijl hij een liedje aan het schrijven is (en dat tegelijkertijd opneemt). Er is niemand om de telefoon te beantwoorden, dus doet hij het uiteindelijk zelf. Het blijkt voor Esther te zijn. Hij luistert en zegt dan: 'Nee, dit is niet haar secretaresse... Nee, dit is niet haar antwoordapparaat.' Kris legde de hoorn erop en Frank riep: 'Cut!', maar dat was te snel. Hij gaf Kris niet de gelegenheid de scène af te maken. De pijn die Kris voelde was van zijn gezicht af te lezen, en het was een ontroerend gezicht. Maar Frank zag dat niet. Niets is zo goedkoop als een paar meter film, legde ik uit. Met andere woorden, hij kon rustig de camera wat langer laten draaien om elke nuance van een emotie te kunnen vastleggen.

Ik kom uit het theater. Daar wordt niet geknipt. Dus ik geef er de voorkeur aan om een scène of een liedje in één keer op te nemen, van begin tot eind, in plaats van het in stukjes te hakken. In de scène waarin Kris en ik 'Evergreen' zingen, zag ik hoe we het in één take konden doen. Ik legde het uit aan Frank, en zo hebben we het ook gefilmd.

Het is een beetje riskant om een scène in één take op te nemen, maar het is ook op een leuke manier spannend. Iedereen loopt op zijn tenen: de acteurs, de regisseur, de cameraploeg... Want alle betrokkenen weten dat één foutje de hele opname kan verpesten. In de montageruimte heb je dan geen andere shots waarnaar je kunt overstappen. Je risico is niet gedekt. Als er dus iets fout gaat, moet je weer opnieuw beginnen.

Bij de eerste take voelde ik me prima. Ik zong de eerste maten van het liedje, en Kris begon mee te zingen met de zin '*You and I will make each night a first*'. Na het zingen van die ene regel, draaide hij zich verlegen om en moesten we de scène afbreken. Het voelde een beetje ongemakkelijk voor hem om met mij mee te zingen.

Ik probeerde hem gerust te stellen en zei dat ik hem nodig had bij het liedje. Dat moment in de opnamestudio ging niet alleen over Esther. Het ging over hen samen. Voor mij was het een andere vorm van een liefdesscène.

Ik had gezegd: 'Maak je geen zorgen dat je een fout maakt. Als je in het moment bent, bestaat er niet zoiets als een fout. Wat je ook doet, het is goed. Ik zorg er wel voor dat het goed komt.'

Dus toen deden we take twee. Eerst zie je een hand op een microfoon (dat bepaalt de grootte van het shot). Dan verschijnt Esthers gezicht in beeld. Ze begint te neuriën. Een moment later verschijnt een andere hand in beeld. Het publiek weet niet van wie die hand is, en de vingers verstrengelen zich met die van Esther. Dan zie je de achterkant van een hoofd. Je ziet deze persoon voorover buigen om zachtjes Esthers hand te kussen.

Dat was trouwens niet gepland. Ik wilde die scène niet plannen. Ik wilde hem zelfs niet repeteren. Ik wilde gewoon filmen en kijken wat er gebeurde. Dan is het pas echt leuk.

Dat kusje op haar hand is zo'n intiem gebaar, en zo in het moment. En mijn reactie is ook geheel oprecht. In het moment zijn dwingt je als acteur echt om te luisteren en te reageren omdat je niet weet wat er gaat gebeuren. Dat is het soort spanning waar ik van hou.

Nu beweegt de camera, en het is bijna alsof hij met de muziek meebeweegt. Als de cirkel rond is, zien we eindelijk een gezicht. Het is John Norman. Hij luistert met al zijn aandacht. Je ziet hoe goed deze twee mensen op elkaar zijn ingespeeld. Kris schudde zijn hoofd en lachte op het moment dat hij mee zou gaan zingen. Maar deze keer, toen hij zich weer wilde afwenden, trok ik hem terug in het beeldkader en hield ik hem daar.

We lachten. Ik gaf hem een kus... ik was zo dankbaar dat hij niet stopte, zoals in de eerste take.

Hij zei zachtjes iets liefs tegen me, ik weet niet eens meer wat het was, maar ik weet wel dat het niet in het script stond. Mijn hart maakte een sprongetje.

We zijn in het moment en we genieten van wat we doen. De camera draait om ons heen tot alleen het gezicht van Kris over mijn schouder te zien is. Dan gaat de camera weer naar de andere kant en keren we terug naar het tweede shot. Hij raakt mijn hand aan. Ik raak zijn baard aan. Ik steek de draak met mezelf als ik mijn keel vasthoud bij de laatste lange noot, omdat ik niet zeker weet of ik deze kan volhouden. Vergeet niet dat het een live-opname was.

De camera is nog steeds in beweging en kijkt nu over zijn schouder als hij naar me toe leunt en me kust als we het nummer beëindigen. Ik lach voluit, want ik was echt blij.

De ironie van het geval was dat ik na dit alles degene was die de fout maakte. Ik vergat de tekst van mijn eigen liedje! Toen we zongen '*I was always certain love would grow*' liet ik '*always*' weg en miste ik een beat, maar dat gaf niet.

Het was een perfecte take... spontaan en echt. De chemie tussen ons was voelbaar. Je kunt een dergelijke opwinding moeilijk acteren. De camera pikt de waarheid op. En dat had nooit gekund als we hadden staan lipsyncen op een vooraf opgenomen nummer.

Ik wist dat take twee de beste was. Dus ik zei: 'Goed, we hebben het!'

Maar Frank zei: 'Ik denk dat het opnieuw moet.'

'Waarom?'

'De beeldgrootte klopt niet,' zei hij. Dus deden we het uit beleefdheid nog een keer... en nog een keer. In de derde take was de camera te ver weg, en in de vierde take was hij juist te dichtbij.

Raad eens welke take we uiteindelijk hebben gekozen? Take twee. Waarom? Omdat dat de beste was. De take was echt. Die take was natuurlijk. En hij zag het niet. Hij kón het niet zien.

Het was een feit dat Frank geen goede van een minder goede performance kon onderscheiden.

Een andere keer zong ik een liedje, met de camera op mijn profiel gericht. Het ging heel goed. Ik kon het voelen. Ik was op het goede spoor. Mijn stem was goed. Ik zat midden in het liedje. Ik had mijn ogen dicht en bevond me in mijn eigen wereld, één met het onderwerp, en hij riep: 'Cut!'

Verbaasd vroeg ik: 'Waarom stoppen we?'

'Je hoofd ging uit beeld.'

'Nou en? Het komt wel weer terug.'

Hij had de cameraman moeten zeggen me gewoon te volgen. Wat je als regisseur echt nooit moet doen, is een goede performance stoppen. Ik moest hem apart nemen en het hem onder vier ogen zeggen: 'Luister eens, ik weet wanneer een nummer goed gaat en wanneer niet. Als dat niet zo is, dan stop ik zelf wel.'

Frank maakte van elke dag een strijd. Hij was vastbesloten iedereen te laten zien dat híj de leiding had. Ik wist nooit of hij niet weer zou ingrijpen. Kris wist het ook niet, en er kwam een moment dat hij me vroeg of ik op de set kon zijn voor al zijn scènes. Ik zei: 'Maar natuurlijk.'

Kris had geen formele acteertraining genoten, maar hij is slim en gevoelig, en hij kon zijn teksten opzeggen alsof hij ze net had bedacht. En soms had hij dat ook. Hij voelde zich vrij om te improviseren. Dat maakte hem tot een geweldige partner. Het was een veeleisende rol, maar hij speelde een heel overtuigende opgebrande rockster die te veel publiek heeft gezien. Ze blijven roepen om toegiften, en hij geeft te veel van zichzelf. En dan, als het publiek vertrokken is, heeft hij niets meer over.

Ik moedigde hem aan als hij zich onzeker voelde. Ik zei tegen hem: 'Maak je geen zorgen over je acteerprestaties. Wees gewoon jezelf.' Hij was zo rauw en natuurlijk, en ik was erg gevleid dat hij om mijn regie vroeg. Hij zei: 'Wat denk je hiervan? Wat wil je dat ik doe?' Hij gaf zich aan me over. Hij vertrouwde me. Daar was ik erg dankbaar voor.

Een van de grootste tekortkomingen in het oorspronkelijke script was dat er geen liefdesscène was. Dat is altijd een van de moeilijkste dingen in een film. Hoe maak je een liefdesscène die fris en natuurlijk is? Hoe maak je dat tot een bijzondere scène? Ik hoopte dat Frank er een kon schrijven, maar dat deed hij niet. (Ik had eerder moeten beseffen dat hij vooral een talent had voor mannendialogen. Van romantiek had hij geen kaas gegeten.) Voordat we begonnen met filmen, was ik al maandenlang bezig uit te zoeken hoe we de liefdesscène vorm konden geven. Ik maakte een afspraak met Leon Russell om te zien of hij samen met mij een liedje voor de film wilde schrijven. We zaten samen aan de piano in mijn huis ideeën uit te wisselen toen hij opstond om naar het toilet te gaan. Ik speelde iets voor mezelf, iets heel eenvoudigs dat ik eerder had geschreven.

Leon kwam terug en vroeg wat het was. Ik zei dat het een klassiek melodietje was dat ik een paar jaar daarvoor had gecomponeerd, toen ik werkte aan *Classical Barbra*.

Hij vond het mooi en zei dat het een goed liedje zou kunnen worden. Ik zag niet in hoe. Leon vroeg me het opnieuw te spelen, zodat hij me kon laten horen wat hij bedoelde. Terwijl ik speelde, neuriede hij een tegenmelodie. Het resultaat was zo prachtig dat ik er helemaal van ondersteboven was.

Zo schreven we 'Lost Inside of You'.

Nadat Leon was vertrokken, besefte ik dat dit de scène was waar ik op had gewacht: twee mensen aan de piano, met de muziek die hen verbindt. Dat moment tussen ons tweeën zou de overgang naar de liefdesscène kunnen worden. Uiteraard zouden Esther en John Norman elkaar ontmoeten via hun muziek, eerst intiem bij de piano, en dan intiem met elkaar. In dramatisch opzicht was het volkomen logisch.

Ik had een bandrecorder laten lopen tijdens de sessie met Leon. Ik transcribeerde de opname, en dat werd, met een paar aanpassingen, de dialoog in de film.

John Norman komt langs en zegt: 'Jezus, dat is mooi. Wat is het?'

'O, niets bijzonders. Gewoon iets wat ik geschreven heb. Later, als het volwassen is, wordt het misschien een sonate.'

'Het zou een heel mooi liedje kunnen worden.'

'Dat kan ik me niet voorstellen. De noten zijn zo hoog dat niemand deze ooit zou kunnen zingen.'

John Norman vraagt Esther om het opnieuw te spelen, net als Leon aan mij had gevraagd. En dan zingt hij de tegenmelodie, zoals Leon die voor mij neuriede.

Esther is stomverbaasd. Ze blijft hem verbaasd aankijken en slaat een verkeerde noot aan.

'Het spijt me. Het spijt me. Oooo, dat was zo goed! Ik ging zo op in wat jij deed dat ik mijn eigen liedje helemaal vergat.'

Dat stond trouwens niet in het script. Ik keek naar Kris in plaats van naar de toetsen en sloeg een verkeerde noot aan. Maar ik stopte niet. Ik maakte er juist gebruik van. Gebruik de werkelijkheid. Dat is waar we naar zoeken. Fouten kunnen heel mooi zijn.

Ons spel werd meer ongedwongen, en toen zong Kris '*When you came inside my life*'. Dat was tenminste de bedoeling, maar hij kwam niet verder dan '*When you came*', want hij moest lachen. Hij zei: 'Ik moet me over dat woord heen zetten, anders vergeef je het me nooit.' Ik moest ook lachen, en ik sloeg wederom verkeerde toetsen aan op de piano. Ik wist nooit precies waar Kris mee voor de dag zou komen, en ik vond het heerlijk om te reageren op wat ik van hem kreeg. Zo zie je de spontaniteit en de opwinding van twee mensen die elkaar ontdekken.

Die scène is de aanleiding tot hun eerste kus. Hij tilt haar op en draagt haar naar een paar kussens bij de open haard. Esther kijkt op hem neer terwijl ze haar blouse uittrekt. Dan komt John Norman in beeld om haar te omhelzen. (En om mijn borsten af te schermen. Ik laat graag iets aan de verbeelding over!)

En dan gaat het beeld op zwart. Ik had deze scène als volgt voor ogen: de camera gaat van zwart naar zwart en verplaatst zich naar een zwarte badkamer in art deco, waar het enige licht afkomstig is van een groot aantal in bierblikjes gestoken kaarsen rond het bad, waar John Norman en Esther samen in zitten.

De avond voordat we de scène zouden opnemen, bekeek ik de set. Mijn mond viel open. Ik had gevraagd om zwarte tegels met een roze rand, maar ze hadden precies het tegenovergestelde gedaan: roze tegels met een zwart randje. Dat zou niet werken voor wat ik in gedachten had met die dissolve.

Het productieteam liet zich van zijn beste kant zien en bleef de hele nacht op om de roze tegels zwart en de zwarte tegels roze te schilderen. Zo kreeg ik toch wat ik nodig had.

Kris was blijkbaar van plan de scène naakt te spelen. Ik droeg een klein slipje, maar Jon stond erop dat Kris een zwembroek aantrok. Hij was zo jaloers op Kris en zo bezitterig jegens mij dat het een probleem werd. We hadden Jons goede vriend Uncle Rudy ingehuurd om John Normans chauffeur Mo te spelen. Het werd me duidelijk dat hij me in de gaten hield om ervoor te zorgen dat ik geen verkeerde dingen deed. God verhoede dat ik in de trailer van Kris zou belanden of hem in de mijne zou uitnodigen.

Ik wilde Jon niet van streek maken, maar hij veroorzaakte zoveel stress dat ik degene was die van slag raakte. Ik kan me niet meer herinneren of ik hem uiteindelijk vroeg van de set weg te blijven tijdens deze scène of dat hij uit zichzelf besloot dat hij er beter niet bij kon zijn.

Het idee om make-up op het gezicht van Kris aan te brengen terwijl we in bad zaten, kwam voort uit iets wat Jons neef echt was overkomen. Toen hij ons erover vertelde, leek het ons een goed voorbeeld van hoeveel plezier deze twee mensen samen hadden. Een man die echt mannelijk is, is niet bang voor zijn vrouwelijke kant. En het hoorde allemaal bij het thema. Ik speelde in deze film met mannelijke en vrouwelijke stereotypen.

Ik wilde dat Esther soms mannenkleren droeg, en ik had haar opzettelijk in een kostuum van Ralph Lauren gekleed voor de scène waarin ze John Norman vertelt dat ze met hem wil trouwen. Die wisseling van de traditionele rollen beviel me. Esther is echt de drijvende kracht in deze relatie. Zij bepaalt de voorwaarden.

Ik wilde in deze film seksueel agressiever zijn en zo een ander type personage spelen dan ik ooit had gedaan. Er is een moment in de liefdesscène waarop Esther op John Norman neerkijkt en haar riem losmaakt. Ik moest aan Clint Eastwood denken, die maakte ook altijd zijn riem los voordat hij seks had. Daarom wilde ik dat Esther bovenop zat. Waarom moet het altijd de man zijn die zijn riem losmaakt?

Esther neemt wat ze wil. Daar schaamt ze zich niet voor, maar volgens mij is dat voor veel vrouwen een groot probleem. Er is een exemplarische scène, die ik er dom genoeg uit geknipt heb: 'Ik wil alles... jou, muziek, katten, honden, baby's.'

Veel vrouwen voelen dat ook zo.

Maar John Norman is zeer depressief, en je kunt een man niet redden als hij niet gered wil worden.

In de film van 1954 staat Judy Garland in de keuken om een sandwich voor James Mason te maken. Hij roept haar terug en zegt: 'Ik wilde alleen nog een keer naar je kijken.' Dat zijn de laatste woorden die hij tegen haar zegt voordat hij de zee in loopt.

In onze film maakt John Norman Esther op een vroege ochtend zacht wakker en vertelt haar waar hij heen gaat. Maar eigenlijk is dat zijn afscheid. Hij staart haar voor het laatst aan, en Esther zegt: 'Wat?'

'Ik wilde gewoon naar je kijken, schat.'

Ze fluistert 'ik hou van je', en hij zegt hetzelfde. Dan rijdt hij weg, steeds sneller, totdat hij met zijn auto verongelukt.

Het was mijn idee dat Esther na John Normans dood opeens zijn stem in huis zou horen. Een moment lang denkt ze dat hij op een of andere manier terug is. Maar het blijkt een bandopname te zijn, die hij eerder maakte toen hij een liedje aan het schrijven was en hij door de telefoon werd onderbroken. In de volgende scène praat ze tegen de bandopname en is ze boos omdat hij dood is. Die scène had een speciale betekenis voor me. Daarmee wilde ik iets uitdrukken wat heel persoonlijk voor me was. Ik ben nog steeds dat meisje wier vader stierf. Toen ik opgroeide, had ik altijd het gevoel dat ik iets miste. Daar was ik boos over. Ik wilde zijn zoals alle andere kleine meisjes wier papa elke avond thuiskwam.

Mijn gevoel zei me dat Esther zou huilen. We deden een paar takes. Als ze de bandopname verscheurt, komt de camera dichterbij voor een close-up.

Maar hoe hard ik ook mijn best deed, de tranen wilden maar niet komen. Je zou denken dat dit heel makkelijk voor me zou zijn: gewoon aan mijn vader denken. Maar het wilde niet lukken. Uiteindelijk werd ik zo boos op mezelf dat ik hard 'Shit!' riep. Dat triggerde mijn emoties. Gebruikmaken van wat ik op dat moment echt voelde zette de kraan open. Waarom moest John Norman sterven? Waarom moest mijn vader sterven? En het kwam er allemaal uit.

In de slotscène van de film zingt Esther het laatste nummer van John Norman, het nummer waar hij zijn laatste bandopname van had gemaakt. De film opent en eindigt dus met een concert. Het concert is de eerste keer voor Esther dat ze na de dood van haar man in het openbaar verschijnt. Ze loopt naar haar plaats achter de coulissen. We zien haar van bovenaf en haar lichaam werpt een lange schaduw op de vloer. De inspiratie voor dat beeld kwam van een schilderij van Erté dat ik bezat. Op het schilderij zie je een kleine vrouwenfiguur op een podium, met op het gordijn achter haar een enorme schaduw. Het is waar: je schaduw als artiest is veel groter dan jij, de echte persoon. Mensen maken je groter dan je bent en projecteren van alles op je. Dat zijn dingen die vaak niets te maken hebben met wie je in werkelijkheid bent.

In de film zie je die schaduw op de vloer slechts een paar seconden. De meeste mensen zullen het waarschijnlijk niet eens opmerken. Maar ik schat de emotionele intelligentie van het publiek hoog in, waardoor dat beeld een subliminale indruk achterlaat.

Ze wordt als volgt aangekondigd: 'Dames en heren, Esther Hoffman Howard.' Dat was onze moderne versie van Judy Garlands tekst 'Mrs. Norman Maine'. Het is Esthers naam plus de zijne. Ze voegt zijn naam aan de hare toe omdat ze niet wil dat mensen hem vergeten.

Als het doek opent, stapt ze naar voren, een donker silhouet tegen het licht. Ze begint heel zachtjes en zingt 'With One More Look at You', het liedje dat hij nooit voor haar heeft kunnen spelen. Via de muziek hoort ze hem tot haar spreken. Hij heeft haar zijn gevoelens voor haar nagelaten in het lied. Wat een geschenk.

Het volgende nummer is het lied waarmee John Norman bekend is geworden: 'Watch Closely Now'. Ze begint langzamer dan het origineel maar versnelt dan het tempo, totdat haar zang lijkt op die van een rockster, op die van hem. Hij leeft in haar voort.

We namen het in één take van zevenenhalve minuut op, met een camera die heel langzaam om haar heen draait. Alleen de belichting veranderde voortdurend, om het visueel interessant te maken.

Toen ik de laatste noot zong, kreeg ik een staande ovatie van het publiek. Geweldig, dacht ik. We hebben het. Godzijdank zijn we klaar. Ik keerde me naar Jon en vroeg: 'Hoe was het?'

'Ik heb niet gehuild.'

Ik keek hem aan en zei: 'Fuck!' Ik draaide me om en liep weg.

Ik ging in mijn eentje terug naar het hotel. Samen met de crew bekeek ik de opnamen van die dag. Maar ik kon Jons opmerking niet vergeten.

Ik had een sterke emotionele reactie van hem verwacht. Het zat me dwars dat hij niet had gehuild.

En ik besefte dat ik zelf ook niet gehuild had. Ik stond volledig in de technische modus voor de opname. Voordat we de opname startten, had ik de wisselende belichting doorgenomen met Jules en Bob: laten we naar rood gaan hier, en hier naar roze. Misschien had ik niet echt goed contact met mijn diepere gevoelens. En wie weet: ik wilde het waarschijnlijk achter de rug hebben, het vastgelegd hebben... zodat ik er in de montageruimte mee aan de gang kon.

Ik wist dat de set nog niet was opgeruimd.

Dus ik dacht, wat maakt het uit? Ik probeer het gewoon nog een keer.

Ik ging naar Jon en zei: 'We doen het over.' Maar ik verbood hem te komen kijken. (Ik was nog steeds boos op hem.)

Dus deed ik het nog een keer, en dat is de opname die we voor de film hebben gekozen. Ik had de tranen al in mijn ogen staan voordat ik aan het eind van het eerste nummer was. De emoties welden op. Wie weet waarvandaan? Het is natuurlijk het onderwerp... iemand verliezen van wie je houdt roept veel herinneringen op, maar het is ook wat er in je hoofd omgaat. Ik was boos op mezelf omdat het de dag ervoor niet lukte. De waarheid is dat je op het moment zelf niet weet of je emoties door het liedje, door het verhaal of door iets in jezelf worden opgewekt. Maar uiteindelijk komt alles samen en vul je de emotionele kloof op een manier die past bij je personage.

De tranen rolden over mijn wangen toen ik begon aan het tweede liedje, zíjn liedje.

Trouwens, als je echt huilt, kun je moeilijk zingen. Je stembanden zijn dan gespannen. Je kunt niet zuiver zingen. En toen begon ook mijn neus nogal te lopen. Ik probeerde hem snel met één hand af te vegen. Maar toen het tempo versnelde en ik mijn hoofd sneller op en neer bewoog, stroomde het eruit. Ik draaide me om en veegde mijn neus weer af.

Niets kon mij of de show stoppen. Esther is op dreef; ze wordt high van de muziek en de herinnering aan haar geliefde.

Het verhaal dat we met de film vertelden ontroerde me. Esther vond eindelijk iemand om van te houden, en hij hield ook van haar. En dan gaat hij dood. Het is een krachtig verhaal.

Toen ik de laatste noten had gezongen, kwam Jon naar me toe. Hij was naar binnen geslopen om toch te kijken. Deze keer huilde hij. Hij had gelijk gehad. Deze take was beter.

De montage van de rest van de film was al klaar toen ik nog steeds aan deze laatste scène werkte. Het was een opname van zeven minuten. Ik had één versie waarbij ik deze opbrak met een paar snelle cuts, maar ik was er niet tevreden over. Zodra we erin knipten boette de scène wat mij betrof aan spanning in. Ik kon het publiek in de bioscoop bij wijze van spreken horen denken: laten we nu maar vast gaan, zodat we als eersten met onze auto de garage uit kunnen.

Er kwam een moment dat er geen tijd meer was om al die cuts opnieuw te monteren. We moesten al in het vliegtuig naar Phoenix stappen voor de preview. Dus heb ik de lange, doorlopende take er weer ingezet. Aan het eind van de film heeft Esther haar hoofd achterover. Ze houdt haar ogen gesloten, en dan bevriest het beeld. De aftiteling rolt over het laatste shot en je hoort 'Evergreen'.

De film scoorde goed. We vroegen het publiek van de preview om hun beoordeling op een kaartje te schrijven. Het resultaat was rond de 96 procent uitstekend, zeer goed en goed. Dus dacht ik: oké. Laat het maar los.

Maar nu ik de film opnieuw bekijk, denk ik: shit. Ik weet niet of ik toen wel de juiste keuze heb gemaakt. Is die laatste scène eigenlijk niet te lang, met mij die alles in close-up zingt? Ik werd moe van het kijken naar mijn druk heen en weer bewegende hoofd.

Ik zou een zeer goede recensent zijn, vooral over mezelf.

Willy Wyler vertelde me dat hij zijn films na jaren nog een keer bekeek. Hij monteerde stukken opnieuw op een Moviola-apparaat, alleen voor zichzelf. Daar kon ik me eerst niets bij voorstellen, maar nu begrijp ik het heel goed. Misschien vind ik het leuk om dit ooit nog eens opnieuw te monteren. Als Esther het liedje van John Norman begint te zingen en de muziek meer rock-'n-roll wordt, zou ik een shot van een terugbewegende camera kunnen gebruiken. Op dat moment wordt zij hem, als het ware, en ik meen me te herinneren dat we haar tijdens dat eerste concert vanuit dezelfde hoek hebben gefilmd als hem. En je moet het publiek ook dol van enthousiasme zien worden. Ik weet nog dat ik betere reactieshots hoopte te vinden. Mensen die hun adem inhouden, dan weer terug naar haar close-up... En als ze zijn liedje begint te zingen, zie je mensen die met open mond beseffen wat er gebeurt. En ten slotte een shot van een hoog standpunt, alsof John Norman op haar neerkijkt.

Daar hadden we echter geen opnamen van. In alle drukte van die laatste dag zijn sommige opnamen die ik had gewild niet gemaakt.

Het idee van die snelle cuts vind ik nog steeds goed. De scène wordt er misschien dynamischer door. Maar zou hij dezelfde impact hebben?

Het feit is dat ik gewoon geen tijd meer had. En op het laatste moment kampten we ook nog met een crisis. We keken naar de laatste versie toen Laura Ziskin (destijds Jons assistente, en later de producent van *Pretty Woman* en *Spider-Man*) zei: 'Weet je, je mist het gedeelte waarin Esther Hoffman beroemd wordt.'

Ik zei: 'Je hebt helemaal gelijk. Wat doen we nu? Dat kunnen we nu niet meer filmen.' Het was drie dagen voor de preview.

En toen dacht ik: wacht eens even. Kris en ik hadden een echte persconferentie gedaan in het Sun Devil Stadium. Die was door Jeff Werner gefilmd voor een documentaire over het maken van de film. Waarom gebruiken we die niet? Het is nergens aan te zien dat wij het zelf waren in plaats van de personages.

Ik wendde me tot Jeff en vroeg hem: 'Kun je de beelden van de persconferentie zo bewerken dat het lijkt alsof niet ik maar Esther geïnterviewd wordt? We hebben niet meer dan drieënhalve minuut nodig.'

Hij deed het niet alleen, hij deed het heel mooi.

Toen kwam mijn vriendin Verna Fields om een en ander te proberen in de montageruimte die ik had ingericht in een oud gebouwtje op de ranch, met zwarte stof over de ramen gespannen. Ik liet haar de shots zien en zei: 'Ik denk dat het werkt, maar er zit geen spanning in. Ik zou er wel wat lichtflitsen bij willen.'

'O,' zei Verna, 'wacht maar. Dat krijg ik wel voor elkaar.'

Om het gewenste effect te bereiken, monteerde ze enkele lege beelden uit de film erin... en opeens, cut cut cut, had ik mijn flitslichten. Ik was in de wolken. Ik zie haar nog staan bij die Moviola met al die slierten film om haar nek.

Mijn vaste editor, Peter Zinner, verscheen de maandag daarop weer. Hij maakte een geërgerde indruk nadat hij die scène had gezien.

Peter Zinner en ik konden gewoon niet zo goed met elkaar overweg. Telkens als ik vroeg 'Waarom gaan we niet van dit shot naar dat shot?' zei hij: 'Nee. Dat werkt niet.' En dan moest ik aandringen. 'Probeer het nou gewoon. Volgens mij werkt het wél. En als het niet werkt, wil ik dat met mijn eigen ogen zien, zodat ik het begrijp.' Alles was een strijd.

Ik had graag twee montageteams tot mijn beschikking, zodat ik rond de klok kon blijven werken als ik dat wilde. De eerste ploeg werkte van negen uur 's ochtends tot rond zes uur 's avonds. De volgende ploeg kwam om zeven uur 's avonds en werkte tot drie uur 's nachts. Helena, een geweldige Europese vrouw die voor mij en Jon op de ranch werkte, voorzag iedereen van eten. De ploeg telde twee vrouwelijke editors, maar ik merkte dat de mannen niet erg bereid waren om hen iets belangrijks te laten doen. Vrouwen waren blijkbaar goed genoeg om de filmblikken te dragen of een spoel te verwisselen, maar ze moesten niet aan het werk van de mannen komen. Als ik hun echter iets te monteren gaf, bleek dat de vrouwen minstens even competent waren. En toen het huis op een dag door brand werd bedreigd, waren het de vrouwen die er als eersten aan dachten om de film veilig te stellen.

Ik kan volledig opgaan in het montageproces. Eigenlijk is dat mijn favoriete onderdeel als ik een film maak. Het is fascinerend te zien hoe je de prestatie van een acteur nog beter kunt maken. Zo is er dat moment waarop Esther op de plek van het ongeluk aankomt en bij John Normans lichaam knielt, zijn hoofd vasthoudt, wat takjes uit zijn haar plukt en het bloed van zijn wang veegt. Ik stelde me voor dat hij koud zou aanvoelen, dus zei ik: 'Hij heeft een deken nodig. Kun je hem alsjeblieft een deken brengen?' Toen de paramedici me vertelden dat ik uit de weg moest gaan, riep ik: 'Nee, nee, nee, nee, nee, nee!' Paul Mazursky, die John Normans manager speelt, moet me wegtrekken terwijl ik smeek: 'Wees alsjeblieft voorzichtig met hem. Doe hem geen pijn.'

Nog maar een uur geleden leefde deze man nog. Hij was warm, mooi... hield haar vast... En nu is hij er niet meer. Het is onvoorstelbaar.

Een groot deel van die scène was geïmproviseerd. Eigenlijk was de enige zin van Esther die in het script stond: 'Wees voorzichtig.' We deden twee of drie takes, en in de montageruimte luisterde ik aandachtig. In de klank van haar stem hoor je de waarheid. Ik zocht naar de meest oprechte nee's en wilde dat de pijn in haar stem zich opbouwde. Misschien zou ik elke nee uit een andere take halen.

Ik zat zo diep in de film dat ik naar het einde toe waarschijnlijk niet zo objectief meer was. Ik werkte onder een strakke deadline. Frank Pierson had zijn versie van de film namelijk al afgeleverd. De studio was er echter niet tevreden over. Dus kreeg ik als producent de kans om een volgende, betere versie te maken. Dat moest echter wel snel gebeuren.

Aanvankelijk werkten we met een *temp dub* (een voorlopige soundtrack) die we heel snel, in drie dagen, voltooiden. Dat lieten we als een voorlopige versie aan de studio zien. Godzijdank vonden ze het goed.

Maar dan denk je: nu komt het erop aan. Dit is voor het nageslacht. Dit is de muziek die de hele wereld te horen krijgt. Dus moet je het wel goed doen.

Maar ja, wat is goed? Dit is waar ik gek word van mijn eigen perfectionisme. Want je kunt je eigen oren niet meer vertrouwen. In de temp dub klonk de piano nog prima, maar toen dacht je er niet verder over na. Nu je dat wel doet, lijkt hij toch te zacht. Dus laat je de geluidstechnici eraan werken. Ze maken het geluid van de piano wat harder en spelen het terug.

O, nee. Nu lijkt het weer te hard.

Ik liet altijd een temp dub lopen, zodat ik in een later stadium naar de oorspronkelijke take kon luisteren en mijn eerste ideeën op waarde kon schatten. Het lijkt erop dat ik vooral in de problemen kom als ik aan mezelf begin te twijfelen.

Als dat dreigde te gebeuren, keek ik nog eens naar het begin en ging ik uit van de temp dub. Zo bracht ik zeventien weken door om de soundtrack te finetunen. Ik genoot van elke minuut, of beter gezegd: het was altijd productief. Ik had dan ook een fantastisch team onder leiding van Buzz Knudsen, de hoofdmixer. (En niet te vergeten Charity, mijn verlegen Duitse herder, die het zich gemakkelijk placht te maken aan mijn voeten.) Buzz was een virtuoos aan het mengpaneel; ik voelde me vereerd dat ik met hem kon werken. Hij was zo iemand die heel knorrig overkwam, maar vanbinnen een ontzettend lieve schat was die alles voor je zou doen.

Ik moet er wel bij zeggen dat onze manier van werken niet bepaald conventioneel was. We waren net begonnen met mixen bij Todd-AO toen we bezoek kregen van Steve Katz, die samenwerkte met Ray Dolby. Hij had een geavanceerde manier van geluidsoverdracht in de aanbieding: betrouwbaarder en met meer kanalen. Ik raakte echter pas echt geïnteresseerd toen hij zei dat het de kijker zou omringen met geluid.

'Dat is precies wat we nodig hebben,' riep ik. 'In de eerste scène van deze film zit je namelijk meteen in een rockconcert. Ik wil dat het publiek zich in de arena waant, met voelbaar geluid dat overal vandaan komt. Het begin van de film moet luid en opwindend zijn, zodat je helemaal opgaat in de muziek en je de muziek in je lichaam voelt... Net als in het echt.'

Het was een nieuwe, nog niet echt getoetste technologie, maar ik hou van nieuwe ideeën. Zo werd *A Star Is Born* de eerste film met Dolby Stereo. (Wil je een technisch verhaal? Vierkanaals optisch geluid, links, midden, rechts en surround op 35mm-film.) Het budget van 6 miljoen dollar was al op, en de Dolby-mix kostte nog 1 miljoen. Zoals eerder gezegd was de afspraak met First Artists dat extra kosten uit mijn zak kwamen. Dus zei ik: 'Ik betaal ervoor,' want het was het waard. Toen Warner Brothers de film zag en de soundtrack hoorde, waren ze zo onder de indruk dat ze alsnog de rekening betaalden. Dat was erg aardig van ze.

Vervolgens wilde ik zeker stellen dat al ons werk niet verloren ging. Dus blik ik hier even vooruit en deel ik de brief die ik bij de filmblikken meegaf toen we de film uitbrachten:

> ***U hebt net een exemplaar van onze film A Star Is Born ontvangen. Ik heb begrepen dat u de film binnenkort in uw bioscoop zult vertonen en wil u hierbij een succesvolle voorstelling wensen. Het mag duidelijk zijn dat ik zeer enthousiast ben over A Star Is Born. Tegelijkertijd voel ik de angst van een moeder om haar kind de wereld in te sturen.***
>
> ***Ervaring heeft ons geleerd dat de film, zowel voor wat betreft beeld als geluid, het best tot zijn recht komt als enkele basale maar toch zeer belangrijke richtlijnen in acht worden genomen. Als u het geluidsniveau instelt, let er dan op dat spoel 1 en 2 op maximaal volume staan. Deze zijn met opzet zo gemixt en verschaffen de film precies het juiste geluidsniveau. Als u het volume om welke reden dan ook zachter moet zetten, is het belangrijk dat u het volume voor spoel 3 hoger zet en voor de rest van de film gelijk houdt. De kleur is ook op zijn best bij 14,5 kaarskracht.***
>
> ***Alvast bedankt, en zorg alstublieft goed voor mijn kind.***

Misschien ben ik een beetje obsessief.

Terug naar het mixen. Omdat ik zoveel tijd doorbracht in de geluidsstudio van Todd-AO, liet ik Jasons oppas met hem langskomen. Hij was nu bijna tien, en op een dag zei hij tegen me: 'Mijn vader zegt dat je te lang werkt en mij te weinig ziet.'

Oef! Dat deed pijn. Mijn altijd op de achtergrond sluimerende schuldgevoel sloeg toe. Mijn eerste reactie was boosheid, op Elliott omdat hij me tegenover onze zoon bekritiseerde in plaats van me te steunen. Dat schoof ik echter al snel aan de kant, zodat ik me op Jason kon concentreren.

Ik probeerde altijd tegen hem te praten als een volwassene. Ik keek hem aan en zei: 'Weet je, ik hoop dat je als je ouder bent de kans krijgt om iets te doen wat je echt leuk vindt... Dat je net als ik je werk met passie kunt doen. En dan zul je denk ik wel begrijpen waarom ik zo hard werk. Ik zie het als een missie, en als ik daarmee klaar ben, ben ik weer de hele dag thuis.'

Te midden van alle hectiek en de druk om de nasynchronisatie en de montage op tijd klaar te krijgen, gaf een vriend me een artikel dat Frank had geschreven (maar nog niet gepubliceerd) over het maken van de film. Iemand in het kantoor van zijn agent had het stuk gelezen en was zo geschokt dat ze een exemplaar aan mijn vriendin Joan Ashby had gegeven, zodat die het aan mij kon laten lezen.

De adem stokte in mijn keel.

Ik kon mijn ogen niet geloven, en ik wil het nu niet herlezen. Frank had er blijkbaar veel plezier in om mij en Jon en onze 'film van 6 miljoen dollar' belachelijk te maken. Hij verdraaide de feiten en zei dat hij me had moeten overhalen om de sessie met Leon Russell in het script te zetten en Bob Surtees in te huren... terwijl het precies andersom was geweest.

Ik was woedend en belde hem onmiddellijk op. 'Hoe kon je zo liegen?'

Leed hij soms aan waanvoorstellingen?

En hij deed met opzet iets zo ontzettend wreeds dat het gewetenloos was. Hij schilderde Kris af als een alcoholist. Zijn artikel was één groot verraad. Er zijn dingen die een acteur deelt met een regisseur. Dat zijn persoonlijke dingen over zichzelf, zijn familie, of zijn vriendschappen. Deze hebben betrekking op werk, en het spreekt voor zich dat ze niet met andere mensen moeten worden besproken. Eigenlijk valt dat onder het beroepsgeheim, zoals de relatie met een priester, een arts of een advocaat. De taak van Frank was regisseur, niet roddeltante.

'Ik kan je niet tegenhouden als je dit wilt publiceren,' zei ik. 'Maar laat het niet ten koste gaan van de film, alsjeblieft. Geef de film een kans. Een eerlijke kans. Waarom probeer je een film te ondermijnen waar we allemaal zo hard aan gewerkt hebben?'

Hij zei dat het artikel puur privé was. Niet bedoeld voor publicatie.

'Waarom heb je het dan geschreven?' vroeg ik.

'Om het van me af te schrijven.'

Ik zei: 'Vertel jezelf dan ten minste de waarheid. Zoals het er nu staat, hou je jezelf vanaf het begin voor de gek.' Als de film zo'n nachtmerrie voor hem was geweest, waarom was hij er dan mee doorgegaan? Ik weet nog wat hij een keer tegen me zei: 'Dankzij jou sta ik er goed op.'

In zijn artikel zei hij echter het tegenovergestelde. In elke anekdote schilderde hij zichzelf af als redder en Jon en mij als dwazen. Toen ik hem daarop aansprak, herhaalde hij telkens weer dat het artikel niet voor publicatie bedoeld was.

En ik was zo dom hem te geloven.

Ik realiseerde me nog steeds niet dat ik te maken had met een pathologische leugenaar. Ik heb het al eerder gezegd: met mensen die liegen kan ik niet overweg.

Dat gesprek was begin oktober. Een maand later, op 11 november, zouden we de film gaan bekijken in Phoenix. In de geest van verzoening belde ik Frank en nodigde hem uit om erbij te zijn. Hij accepteerde de uitnodiging, en nadat hij de film had gezien zei hij dat ik uitstekend werk had geleverd. De volgende ochtend kwam hij aan het woord in de column van Army Archerd in *Variety*: 'Ik ben heel blij met het resultaat! Barbra heeft andere keuzes gemaakt dan ik zou hebben gedaan, maar we zijn het in principe altijd eens geweest. Ik vind haar een briljante editor, en het is mijn mening dat ze heel goed zou kunnen regisseren.' En dat eerste publiek was weg van de film. Ik was in de wolken.

Maar dat duurde niet lang. Slechts drie dagen later, op een maandagochtend, verscheen het artikel van Frank in een tijdschrift, met mijn silhouet op de cover. Ik was er hevig van ontdaan. Ik moest meteen naar de dokter, want ik kreeg zulke heftige hartkloppingen dat ik dacht dat ik een hartaanval kreeg.

Ik begreep niet hoe hij zo destructief kon zijn, niet alleen voor de film maar ook voor zichzelf. Misschien voelde hij zich buitengesloten door alle aandacht van de media voor mij, Jon en Kris. Misschien waren zijn tekortkomingen op de set te veel voor zijn ego. En nu lanceerde hij een aanval op twee fronten. Als de film een succes was, was dat aan hem te danken. Was het daarentegen een flop, dan was dat aan ons te wijten. Of misschien was hij gewoon bitter. Alleen zijn psychiater weet er het fijne van.

Het enige wat ik weet is dat wat hij deed onethisch, onprofessioneel en immoreel was. Geen enkel ander artikel heeft me ooit zo'n diep gevoel van onrecht gegeven. Er was niets wat ik eraan kon doen, en ik wist dat heel veel mensen het zouden lezen en geloven. Ik voelde me als dat schilderij *De Schreeuw* van Edvard Munch... Een schreeuw zonder geluid.

De media smulden van Franks artikel. De film was al veroordeeld voordat het publiek hem kon zien en zelf een oordeel kon vellen. Hij ging op 19 december 1976 in première in Los Angeles, en op 25 december in New York en de rest van het land. De recensies behoorden tot de slechtste uit mijn carrière. Ik was er zo van overstuur dat ik niet eens bij de première in New York wilde zijn. Maar Jon en Kris wisten me zover te krijgen. Ik moest mijn hoofd hooghouden, zeiden ze, en we gingen met zijn drieën.

De recensenten in New York waren het ergst. Ik hoorde dat een recensent tegen het scherm praatte. Zo'n hekel had hij eraan. Roger Ebert vond het geweldig, maar ik herinner me natuurlijk de slechte recensies. Het was ongelooflijk waar ze hun aandacht op richtten. Aan het einde van de film, in de kleine lettertjes van de aftiteling, die snel voorbijkomen, staat: 'Mevrouw Streisands kleding uit... haar eigen klerenkast.' Dat was waar. Ik had echt geen tijd om naar schetsen te kijken en kleren te passen, dus dook ik gewoon in mijn eigen klerenkast. Ik had een grote collectie antieke kleding die ik altijd droeg, en ik pakte datgene waarvan ik dacht dat Esther het zou dragen. Voor de scène bij de Grammy's had ik echter geen jurk. Mijn oog viel op een paar vintage Assuit-sjaaltjes die ik jaren daarvoor had gekocht. Die waren gemaakt van heel dun zilver (zoiets als kerstversiering) en op zwarte tule gestikt, zodat je een bewegend, glinsterend effect kreeg. Dat was precies wat ik wilde. Ik nam er twee en drapeerde ze schuin op een paspop. Zo ontwierp ik mijn eigen jurk, met de stof aan één kant aan de achterkant opgerold, zodat deze van precies de juiste hoogte over de vloer zou strijken. Daarna liet ik er van een andere sjaal nog een cape bij maken.

(Die outfit was zo'n succes dat ik hem ook droeg naar de echte Grammy's in 1977, om de Record of the Year Award uit te reiken).

Ik dacht: dit is hoe Esther zich zou kleden, cool en elegant tegelijk. Met ons beperkte budget moesten we nu eenmaal geld besparen.

Aan de reacties te oordelen zou je denken dat je eigen kleren gebruiken een misdaad was.

Ik wilde dat ik die recensies had kunnen negeren. Maar ik was er kapot van. Het was een enorme schok. Vooral omdat het publiek tijdens de previews, en collega's, professionele mensen die ik respecteer, er heel enthousiast over waren. Miloš Forman belde en zei dat hij het een prachtige film vond.

Zelf vond ik dat de film heel mooi tot zijn recht kwam op het grote doek van de bioscoop. Bob Surtees had de film een prachtige glans gegeven. Het overtrof alles wat ik voor ogen had gehad. Hij schreef me een heel lief briefje nadat de film voor de bioscoop was vrijgegeven. Hij zei dat ik 'de meeste eer' verdiende omdat mijn ideeën hem 'voortdurend hadden geïnspireerd'.

En Kris was zo dankbaar en blij dat hij gestopt was met drinken (dat kan ik nu zeggen omdat hij er zelf over gesproken heeft). Af en toe had ik het gevoel dat ik mijn verstand aan het verliezen was. Hoe is het mogelijk dat sommige mensen met de film weglopen en andere er geen goed woord voor overhebben?

Het leed geen twijfel dat het artikel van Frank de recensenten had beïnvloed. De recensent van de *Los Angeles Times* citeerde er zelfs uit. Sommige recensenten leken niet zozeer de film maar mijn relatie met Jon te becommentariëren.

Maar raad eens? Het publiek oordeelde heel wat positiever over de film, want ze kochten er kaartjes voor. *A Star Is Born* werd de best bekeken film uit mijn carrière, en de op een na best verdienende film van het jaar. (*Rocky* stond bovenaan.)

Zelf hield ik ook het meest aan deze film over, want ik had een percentage van de winst bedongen bij First Artists.

Het door mij geschreven 'Evergreen' stond bovenaan de hitlijsten. Ook dat deed de populariteit van de film geen kwaad. Ik was dolgelukkig toen het nummer de Golden Globe Award won voor Best Original Song. De film was genomineerd voor vijf Golden Globe Awards. Die wisten we allemaal te verzilveren: Best Actor, Best Actress, Best Motion Picture/Musical or Comedy, en Best Original Score.

Het deed me deugd dat Bob Surtees werd genomineerd voor een Oscar voor Best Cinematography, terwijl Roger Kellaway genomineerd werd voor Best Adapted Score en Buzz Knudson werd genomineerd voor Best Sound. (Die zeventien weken die ik met Buzz aan het geluid had gewerkt, waren dus de moeite waard geweest. Daarna hebben we samen nog drie films gemaakt.)

En woorden schieten tekort voor het voorrecht om een Academy Award te ontvangen voor Best Original Song. (De muziek was van mij en de tekst was van Paul.) Naar verluidt was ik de eerste vrouw die als componist was geëerd. Zelfs in mijn wildste dromen had ik nooit verwacht dat ik een Oscar zou winnen voor muziek die ik had geschreven. Dat blijft iets heel bijzonders voor me.

En toen viel 'Evergreen' in de prijzen: drie Grammy Awards, voor Best

Arrangement, Best Female Pop Vocal Performance, en als klap op de vuurpijl Song of the Year.

Telkens als ik het nummer op de radio hoor ben ik nog trots.

Werken aan *A Star Is Born* had me drie jaar van mijn leven gekost en had fysiek en emotioneel een zware tol van me geëist. Waarschijnlijk had ik er goed aan gedaan Frank de laan uit te sturen, maar ik was bang om opnieuw te beginnen met een ander, bang dat ik het in mijn eentje niet zou trekken, en bang dat ik in de media aangevallen zou worden omdat ik de leiding naar me toe trok.

Wat is er verkeerd aan als een vrouw de controle pakt? Warren Beatty en Robert Redford (en nog heel wat anderen) hielden de controle over hun films, en niemand neemt het hun kwalijk. Redford was zowel producent als een van de hoofdrolspelers van *All the President's Men*. Hij zat in de montageruimte, net als ik. Hij hield toezicht op de nasynchronisatie, net als ik.

En had ik er wel goed aan gedaan om mijn vriend in te huren als producent? Nadat ik Jon met *A Star Is Born* een vliegende start had gegeven, ging hij door met films produceren. Zoals *Caddyshack*, dat uitgroeide tot een cultfavoriet. Jon was een straatjongen met een goed gevoel voor wat het publiek wilde zien. Hij had het al over films over stripfiguren voordat iemand anders dat als mogelijkheid zag. Hij produceerde *Batman*, een film die miljoenen opbracht en het begin was van een franchise. Hij opende zelfs een eigen studio met een partner, Peter Guber. Visie had hij dus wel... Net als ik.

A Star Is Born was binnen de planning en binnen het budget gereed. En het werd de meest succesvolle film die ik ooit heb gemaakt.

Ik had dus helemaal gelijk dat ik de controle naar me toe haalde.

Ik wil degene zijn die verantwoordelijk is voor alles wat ik doe in mijn leven, of dat nu goed is of slecht. Ik heb beelden in mijn hoofd... Ik hoor muziek... Ik droom. En het geeft me heel veel voldoening als die dromen uitkomen, in de bioscoop of op een album.

Ik wil het publiek behagen, en het is me duidelijk geworden dat de beste manier om het publiek te behagen is door mezelf te behagen.

Eerder in dit hoofdstuk heb ik al opgemerkt dat me het heel leuk leek nog eens een paar dingen in deze film recht te zetten die me altijd dwars hebben gezeten.

In 2018 kreeg ik eindelijk de kans. Bradley Cooper had net zijn versie van *A Star Is Born* gemaakt, en Netflix wilde mijn versie ook voor hun abonnees beschikbaar maken. 'Dat klinkt geweldig,' zei ik. 'Maar dan maak ik daar een speciale versie voor. Ik wil de scène waarin ik "Evergreen" voor het eerst op de gitaar speel er weer in, en ik wil het einde aanpassen.'

Ik belde Warner Brothers om te vragen of ik het beeldmateriaal kon krijgen. Dat bleek moeilijker dan ik had gedacht. Veertig jaar geleden hadden ze dat begraven in een zoutmijn onder Kansas City, kreeg ik te horen. Daar bewaren ze hun negatieven, in een kluis, om ze tegen ontbinding te beschermen.

Er gingen dagen voorbij zonder dat ik het beloofde materiaal ontving. Ik belde Tony Rastatter, de editor die de zoektocht leidde. Hij was altijd zeer behulpzaam en zei: 'We hebben ze nog steeds niet gevonden.' Het enige wat ik zelf had was een oude versie van niet al te beste kwaliteit die ik in mijn eigen kluis had bewaard.

Hoe vaker ik keek naar de originele ruwe montage van Esther die haar liedje speelt voor John Norman, hoe onzinniger het me voorkwam dat we het eruit hadden gehaald. Het ziet er heel onschuldig uit als je mij het precies zo hoort doen als ik het geschreven heb, terwijl ik de melodie neurie en mezelf onbeholpen begeleid op de gitaar. De scène vertelt belangrijke informatie aan het publiek, namelijk dat Esther haar eigen liedjes schrijft. En het is ook het eerste moment van intimiteit tussen de twee hoofdpersonen. Ze geeft zich in creatieve zin bloot aan een voor haar nog nieuwe man, en hij raakt steeds meer geïntrigeerd door haar. De latere scène, als ze samen het inmiddels voltooide liedje zingen in de opnamestudio, nu met een tekst die duidelijk over hem gaat, krijgt door die eerste scène meer diepte. Zowel hun relatie als het liefdesverhaal wordt er sterker van.

In 1976 had ik dat allemaal genegeerd. Haal het er maar uit, dacht ik. Ik hoef er niet zo vaak in. Dat haalt de vaart eruit.

Maar nu ik de scène opnieuw bekeek, ontstond ook het verlangen om meer close-ups van Kris toe te voegen. Zijn reactie op Esther is belangrijk voor het verhaal. Ik was dan ook blij toen Tony eindelijk nog een paar eruit geknipte stukjes film vond, zodat ik meer shots van Kris had om mee te werken.

Beperkingen zijn er echter altijd. De fragmenten van de laatste scène, waarin Esther het liefdesliedje 'With One More Look at You' zingt en dan overgaat op John Normans bekende rocknummer 'Watch Closely Now', kreeg ik pas de laatste dag in handen. Voor vier van de zeven filmrollen die ik had gekregen, had ik niet eens tijd om ernaar te kijken. Wederom kwam ik tijd tekort.

Het was mijn bedoeling dat het laatste nummer meer als rock-'n-roll zou voelen, maar de alternatieve cut die in 1976 snel was gedaan, was daar niet geschikt voor. En nu weet ik eindelijk waarom. Je kunt de lange close-up van Esther niet afbreken met een paar wide shots aan het eind. Als je geen close-up meer ziet, verlies je de emotionele band die met haar is ontstaan. Het was dus zaak er voortdurend naar terug te keren. Je moet het gevoel hebben dat je in haar hoofd zit, terwijl je haar steeds wilder ziet dansen naarmate de muziek steeds sneller gaat.

Toen we de scène opnamen, had ik er geen idee van dat ik zoveel bewoog. Maar toen ik de beelden nog een keer zag, dacht ik: waarom laten we dit niet zien?

Als ze '*watch closely now*' zingt, leek het me mooi als ze in de spotlights keek, alsof dat licht zijn energie is en ze het liedje rechtstreeks voor hem zingt. Ze beseft dat hij altijd een deel van haar zal zijn en dat geeft haar kracht.

Daar had ik helaas niet de juiste opname voor, maar Jim vond op zijn laptop nog wat standaard beeldmateriaal van een spotlight. Dank je wel, schat. Ik geloof dat het me 170 dollar kostte. Dat was het ruim waard.

Mijn bedoeling was meerdere keren cuts in te voegen naar het publiek, maar van het publiek had ik slechts één opname. Hoogstwaarschijnlijk waren er meer te vinden in de vier filmrollen die ik nog niet had gezien, maar ik was al bijna twee weken te laat met aanleveren aan Netflix, dus ik besloot het erbij te laten.

Nu volgen de shots elkaar langzaam op, en dan steeds sneller en wilder, totdat het beeld aan het eind helemaal bevriest. En dan is de film afgelopen. En mijn montagesessie ook, om twee uur 's nachts, toen Netflix de film praktisch uit mijn handen rukte.

Eindelijk, tweeënveertig jaar later, denk ik dat ik er iets beters van heb gemaakt. Maar is dat wel zo? Helemaal zeker weet ik het nooit.

En nu denk ik: goh, misschien kan ik die ontbrekende beelden van het ballet van *Het Zwanenmeer* in *Funny Girl* ook nog herstellen. En er zijn nog twee scènes in *Yentl* – met de koppelaarster, en wanneer ze het jasje van Avigdor herstelt – die ik destijds heb geschrapt vanwege de tijdsdruk. Die zou ik graag alsnog in de film zetten.

Nu ik weet waar al die oude negatieven worden bewaard, kan ik er misschien nog eens in duiken.

31

Geloof niet wat je leest

De soundtrack van *A Star Is Born* stond zes weken op nummer 1, en de directie van Columbia vertelde me opgetogen dat er meer albums van waren verkocht dan van welke andere soundtrack ook (uiteindelijk zijn er wereldwijd tien miljoen exemplaren van verkocht, zo is mij verteld). En ze stonden te trappelen om mee te delen in het fenomenale succes. Dus stond ik een paar maanden na de première weer in de studio om aan een volgend album te werken. Dat werd *Superman*. Een begin had ik al, want er waren twee nummers die ik heel mooi vond, maar die ik niet in de film had opgenomen omdat andere nummers net iets beter pasten.

Een daarvan was 'Answer Me', dat ik aan de piano met Kenny Ascher had geschreven toen we eigenlijk een arrangement voor een ander nummer aan het maken waren. 'Wacht even,' zei ik. 'Ik heb nu deze melodie in mijn hoofd. Als ik hem neurie, kun je dan de noten voor me opschrijven?' (Zo gaat het vaak bij mij. De inspiratie komt op als ik iets anders aan het doen ben.)

Het was een complexe melodie, zeker geen popliedje. Waar het vandaan kwam wist ik niet, en ik had ook geen idee waar het heen ging. Het welde gewoon op uit het niets, en het bleef me verrassen terwijl ik het neuriede. De intervallen zijn nogal vreemd, dus helemaal harmonieus is het niet. Maar ik heb onconventionele melodieën altijd mooi gevonden. En Kenny deed het fantastisch en volgde mijn aanwijzingen.

We namen de melodie op een cassette op, en vervolgens overlegde ik met Paul Williams over de tekst. Ik zei: 'Misschien kan het liedje beginnen met van die willekeurige gedachten die door je hoofd gaan als je voor het eerst met iemand vrijt, zoals de vraag hoe het de volgende ochtend zal zijn om wakker te worden naast iemand die je nog maar net kent.'

Paul vond het een goed idee en schreef het volgende:

Do you wake up very slowly? Does it take a while before you smile?
Are your dreams like premonitions? Have you lived them through?
Some people do...

En dan ontvouwt het nummer zich, niet volgens een traditionele structuur, maar meer in een vrije vorm, met een vers dat vervolgens overgaat in een ander vers met een andere melodie:

I hope you'll answer me with patient eyes
No hurried words, foolish or wise
Answer me, answer me with soft silent touches
They'll tell me as much as I need to know

Ik weet niet hoe ik het zou kunnen omschrijven. Een atonaal gedicht komt er nog het dichtstbij. *'Answer me'* kwam telkens terug in het nummer, en het blijkt wel dat er een rode draad door mijn denken loopt, want ik vroeg Paul of hij net als bij 'By the Way' met dezelfde zin kon eindigen, alleen op een andere manier. En hij schreef:

If we must part, should someone ask who's touched your heart
Perhaps you'll answer... me

Het was een prachtig liedje, maar de tekst en de melodie waren een beetje melancholisch, en dat werkte eigenlijk niet in de film, omdat dit niet het einde maar het begin van een relatie was. Ondertussen had ik die enerverende sessie met Leon Russell aan de piano gehad die uitmondde in 'Lost Inside of You', en ik wist meteen dat dit liedje het moment van de klik tussen de geliefden moest worden. Voor 'Answer Me' was dus geen plaats meer.

Het andere nummer dat de film niet had gehaald, was 'Lullaby for Myself'. Ik had Rupert Holmes gevraagd iets voor Esther te schrijven voor het begin van de film, een liedje dat het publiek meer informatie over haar zou verschaffen... Dat ze met een man had geleefd maar nu alleen was en blij was met haar onafhankelijkheid. Zoals zo vaak was de songtekst van Rupert zeer realistisch en stonden er mooie regels in, zoals: '*And your aim becomes to please yourself and not to aim to please.*' Het was een goed liedje, maar uiteindelijk kozen we voor een ander nummer van hem dat nog beter bij de film paste, genaamd 'Everything'.

Ik wilde meer feministische liedjes voor dit nieuwe album. Maar ik zat zogezegd in de postnatale fase. Ik had zoveel werk in de film gestopt dat ik volledig was uitgeput, en ik was ook nog steeds druk met de publiciteit, dus zelf had ik geen tijd voor nieuwe liedjes. Daarom haalden we Charles Koppelman erbij. We kenden elkaar al, want Columbia had hem naar ons toe gestuurd toen ze zich zorgen maakten over Jons vorderingen met *Butterfly*. Charles was niet het soort producent dat alles zelf regelde, maar hij had veel contacten die hem van het nodige materiaal voorzagen. Zo hadden we onder meer 'My Heart Belongs to Me' aan hem te danken. Dat was een variatie op liedjes zoals 'My Heart Belongs to Daddy' omdat de vrouw zich hier niet overleverde aan een man, maar haar hart voor zichzelf claimde. En wat gebeurde er? Tot mijn verrassing werd het een hit.

Charles bracht me ook in contact met getalenteerde artiesten als Billy Joel. Jaren later vertelde Billy me dat zijn eigen moeder hem pas als een succes beschouwde nadat ik zijn liedje 'New York State of Mind' op dit album had opgenomen en gezongen.

Charles stelde ook voor om Neil Sedaka uit te nodigen op de ranch en naar enkele van zijn liedjes te luisteren. Neil was in het gezelschap van Leba, zijn vrouw. Ze vertelde me dat ze zich aanvankelijk zorgen had gemaakt over het bezoek omdat ze in een roddelblad had gelezen dat ik vogels vrij liet rondvliegen in mijn huis.

Wat? In werkelijkheid had ik gewoon twee parkieten in een kooitje, net als veel andere meisjes uit Brooklyn! Ik was al die belachelijke verhalen meer dan zat. Maar in plaats van mezelf gek te laten maken en erop te reageren, gebruikte ik mijn gevoelens voor een nieuw liedje. De titel had ik al: 'Don't

Believe What You Read'. Het onderwerp kwam het best tot zijn recht als rock-'n-roll (niet echt mijn ding), dus gaf Charles de tekst voor zover ik die had aan Ron Nagle, die het andere rocknummer op het album, 'Cabin Fever', had geschreven.

Mijn eerste impuls als ik iets over mezelf las dat gelogen was, was om een rectificatie te vragen. Marty praatte me dat uit mijn hoofd en adviseerde me het te negeren. Wat hij zei was logisch. Een klacht zou alleen maar olie op het vuur zijn. Maar leugens maken me woedend. Het irriteerde me mateloos dat zulke onzin voor iedereen te lezen was. Er zijn mensen die publiciteit heerlijk vinden, maar ik betaalde een persagent om me juist uit de media te houden. Maar niets kon de enorme golf van kritiek stremmen die na *A Star Is Born* ontstond.

Ik was het zat om elke keer weer de andere wang toe te keren. Dus om het een en ander recht te zetten, stemde ik toe in een interview met Lawrence Grobel, een journalist van *Playboy* die me al vaak om een interview had gevraagd. Dat lijkt misschien een vreemde keuze, maar *Playboy* stond niet alleen bekend om hun covers van topless vrouwen, maar ook om hun serieuze, diepgaande interviews. En wat maakt het ook uit, dacht ik. Dan wordt het ten minste door mannen gelezen.

Ik was van plan er geen doekjes om te winden en Frank Piersons destructieve leugens te ontkrachten. Ik zat dus vol woede, maar na maanden van interviews besefte ik dat onder mijn woede veel pijn verborgen lag. Stukje bij beetje liet ik het los. Ik wilde Frank geen ruimte meer toestaan in mijn hoofd. En ik besefte nog iets. Als ik alle onzin die hij spuide – niet alleen over mij en Jon, maar ook over Kris – wilde tegenspreken, kon ik er niet onderuit om dat alles te herhalen. En dat was wel het laatste wat ik wilde.

Dus besloot ik niet in de aanval te gaan, zoals hij wel had gedaan. Ik ben Barry Colson, de hoofdredacteur, zeer erkentelijk dat hij me de tekst aan liet passen om mijn veranderde houding weer te geven.

Natuurlijk ging een van de eerste vragen van Grobel over 'de obsessieve controle die je uitoefent over elk van je projecten'.

Interessant toch, dat een vrouw die de controle neemt over haar eigen werk als obsessief wordt beschouwd?

Ik antwoordde: 'Oké, maar laten we eerst vaststellen wat we met "controle" bedoelen, want dat woord heeft een negatieve betekenis. Laat ik het zo stellen: als ik het woord "controle" gebruik, bedoel ik daarmee artistieke verantwoordelijkheid. Als je bedoelt dat ik volledig toegewijd ben aan wat ik doe en dat alle aspecten van een project belangrijk voor me zijn, dan is het antwoord ja.' Ik probeerde uit te leggen dat ik geïnteresseerd ben in alles wat met een project te maken heeft, tot en met de tekst op de filmposters.

Tijdens een interview word je gedwongen je gedachten duidelijk onder woorden te brengen. Dat is een groot voordeel. Maar het kan wel erg saai worden als je de hele tijd over jezelf praat. Toen de interviewer me vroeg of ik veel seksuele fantasieën had, draaide ik de rollen om en zei ik: 'Natuurlijk, jij dan niet?'

Hij bleef doorvragen. 'Hoe avontuurlijk ben je in bed?'

'Wat? Nou... Ik heb wel een paar boeken met erotische kunst.'

'Hoe vaak ben jij degene die het initiatief neemt tijdens de seks?'

'We gaan gelijk op, schat, we zijn gelijk.'

Hij wilde meer details horen dan waar ik over mezelf nieuwsgierig naar ben. Toen hij vroeg of ik ooit iets 'romantisch' had gehad met Warren Beatty, flapte ik eruit: 'Heel kortstondig.'

Ik zei het eerste wat er in me opkwam en speelde de vrouw van de wereld die alles al gezien en gedaan heeft. Warren en ik kennen elkaar al heel lang, en er is weleens iets gebeurd. Onlangs hadden we het over politiek en andere dingen toen hij zei: 'Ik weet nog waarom we uit elkaar gingen.'

Ik zei: 'Waren we dan samen?'

Toen hing ik op en vroeg mezelf af: heb ik met Warren geslapen? Ik geloof dat ik het me herinner. Ik denk het wel. Waarschijnlijk één keer.

Mijn leven was een beetje vreemd in 1977. In de roddelpers kreeg ik een berg negativiteit over me heen, maar de film was een groot succes. Vrouwen lieten hun haar knippen en een permanent zetten zoals de mijne... Of liever gezegd, zoals die van Esther. (Ik had die permanent gekregen van Soonie Paik. Sindsdien is ze mijn kapster.)

Mensen lieten de recensies voor wat ze waren. Sommige mensen zagen de film zelfs meerdere keren. Als dat geen bevestiging is. Ik was vervuld van dankbaarheid... Het eerste wat ik schreef voor het album *Superman* was: 'Ik wil iedereen bedanken voor de geweldige steun bij *A Star Is Born*. Dankzij jullie was al het harde werk de moeite waard!'

Ik probeerde met alles wat ik in me had te genieten van deze succesvolle momenten. Het zou makkelijker zijn geweest als ik zo zelfverzekerd had kunnen zijn als het personage dat ik in de film had gespeeld. Maar dat ben ik nu eenmaal niet.

Daarom betekende die enorme steun van het publiek zoveel voor me. Ik kreeg brieven van vrouwen die zeiden dat de film hen had geïnspireerd om de controle over hun leven te pakken en in zichzelf te geloven. Dat was ontzettend bemoedigend.

Voor de hoes van de elpee droeg ik een wit Superman-T-shirt en witte shorts. Dat paste bij de film. Het was dezelfde outfit die Esther kort in de film had gedragen.

Die hoes was eigenlijk niets voor mij, en dat gold zeker voor de outfit die ik droeg. Die liet veel meer zien dan wat ik doorgaans droeg. Maar dat T-shirt en die shorts zeiden iets wezenlijks over het zelfvertrouwen van Esther, en over haar vrije geest en de manier waarop ze haar eigen seksualiteit omarmde.

Maar nu, op de hoes van het album, was ik het zelf die mijn eigen kracht en seksualiteit opeiste, of er ten minste niet meer bang voor was. Dat was een grote stap voor me, want ik heb me altijd onzeker gevoeld over mijn uiterlijk. Toen ik als tiener filmtijdschriften las en ervan droomde filmster te worden, geloofde ik eigenlijk niet dat dat iets voor mij was. Ik dacht dat ik actrice in het theater zou worden. Daar komt het publiek niet zo dichtbij.

Ik weet nog hoe geschokt ik was toen Warren Beatty een keer nogal bot zei dat 'een filmster begeerlijk moet zijn'.

Nou ja, ik was een filmster, dus ik neem aan dat er mensen waren die zo over me dachten.

Had ik mezelf ooit als sexy beschouwd? Nee.

En nu wilde *Playboy* me op de cover van de uitgave met mijn interview. Dat zou een primeur zijn voor het tijdschrift, zeiden ze. Ik dacht: nou, dat zal niemand verwachten. Dus ik zei oké, zolang ik maar wel de zeggenschap kreeg over de foto die ze gebruikten. Tijdens de shoot kreeg ik een speciaal Playboy Bunny-kostuum... In feite een minuscuul zwart badpak met een push-upbeha. Zoiets had ik zelf niet in mijn kast hangen. Dit was totaal anders dan het beeld dat ik van mezelf had. Ik voelde me daarom erg ongemakkelijk in dat ding, maar ik moet toegeven dat ik het ook wel leuk vond, en voor mijn figuur was het heel flatterend. Maar de symboliek ervan stond me tegen. Ik was per slot van rekening feministe, en ik wilde niet iets doen wat kon worden beschouwd als verraad aan de beweging. En eerlijk gezegd dacht ik: beter zie ik er niet te sexy uit, want dan nemen mensen mij misschien niet serieus als filmmaker.

Om die reden kleedde ik me om in dezelfde witte shorts die ik had gedragen op het album *Superman*, met het verschil dat niet het Superman-logo maar het *Playboy*-logo op het T-shirt stond.

Opmerkelijk eigenlijk: als tiener droom je ervan mooi en verleidelijk te zijn en mannen aan te trekken, maar nu de gelegenheid zich voordeed, deinsde ik terug. Nu was ik juist bang om de aandacht van mannen te trekken. Dat was niet zo vreemd, want in die tijd had ik te maken met een stalker die op een nacht inbrak in het kantoor van Kim naast mijn huis en daar een douche nam. Hij kwam nog een keer terug en stal mijn kleine cabriolet. Daarmee checkte hij in bij het Beverly Hills Hotel en zei dat hij mijn echtgenoot was, de koning van Israël, en ik was zijn koningin. Gelukkig belde de manager de politie, en zelfs de FBI raakte erbij betrokken. Op een dag reed Renata naar huis met Jason, die toen twaalf jaar was. Toen ze naar de deur liepen, zag mijn zoon een man die zich verstopt had onder de auto die op de oprijlaan geparkeerd stond. Renata reed achteruit en naar het huis van Gregory Peck, onze buurman, om de politie te bellen.

Dat zijn slechts twee incidenten die me bang maakten. Dus het laatste wat ik wilde was te uitdagend zijn. Dus koos ik de meest bedekkende foto, waar je zelfs niet een vleugje van een borst of een glimp van mijn billen op zag. Wel een beetje ironisch voor een cover van *Playboy*. Het enige wat ik uitdeed waren mijn sokken!

De foto met het Bunny-logo zou hun waarschijnlijk hogere verkoopcijfers hebben opgeleverd, maar daar heb ik nooit toestemming voor gegeven. Waar ik wel toestemming voor gaf was een goede zin voor op de cover: 'Wat doet een leuk Joods meisje zoals ik op de cover van *Playboy*?'

Jaren later gaf ik mijn echtgenoot Jim een ingelijste afdruk van die Bunnyfoto. Die was echter alleen voor hemzelf bestemd. Niemand anders heeft hem ooit gezien. Maar nu zet ik hem in dit boek, want ik ben trots dat mijn lichaam toen mooi genoeg was voor zo'n outfit... Mijn haar en mijn boezem zien er goed uit, en mijn benen waren fantastisch.

Ik woog destijds rond de zestig kilo. Hoeveel ik nu weeg houd ik voor mezelf. Laat ik het zo stellen: het hangt ervan af hoeveel ijsjes ik heb gegeten.

Terug naar het album. Ik had de fotoshoot met *Playboy* al gepland toen Charles belde en zei dat hij een liedje genaamd 'Superman' voor me wilde spelen. Ik kon mijn oren niet geloven. Ik had al besloten dat Superman-T-shirt te dragen, en nu gaf Charles me een liedje met diezelfde titel... Het was als een geschenk van het universum. En het was nog een heel leuk liedje ook, met een draai die je niet verwacht. Het ging niet over een man, maar over een vrouw die zich krachtig voelt door de liefde. Dit is perfect, dacht ik. Ik noem het album *Superman.*

En die foto leek me bij uitstek geschikt voor de hoes. Na alle kritiek en negatieve oordelen van de media stond ik nog steeds stevig overeind.

Terugkijkend besef ik dat hier ook een van mijn basisprincipes in het geding is, maar het zou nog een paar jaar duren voordat ik dat duidelijk onder woorden kon brengen. Vrouwen moeten beoordeeld worden op hun werk in plaats van op de lengte van hun benen. We kunnen meer zijn dan maar één ding: intelligent maar ook sexy, sterk maar ook kwetsbaar, met diepe gedachten en diepe gevoelens. Kiezen zou niet nodig moeten zijn.

Het volgende album na *Superman* was *Songbird.* Mensen vroegen zich vast af waarom er een hond op de hoes stond in plaats van een vogel, maar ik nam de titel niet zo letterlijk. Ik had niets met een vogel, maar wel met mijn hond Sadie. Ze was mijn eerste hond, en we waren verknocht aan elkaar. Ze vond het fijn als ik haar droeg met haar kop dicht bij mijn hart, of als ze over mijn schouder naar de wereld kon kijken.

De ranch was bij uitstek een plek voor honden, dus kregen we er van lieverlee nog vijf. Hun foto's staan op de achterkant, samen met de puppy's. (We wilden er geen enkele overslaan.)

Jon beschouwde zichzelf als een stoere vent en wilde honden die daarbij pasten. Dus kocht hij een dobermann, Big Red, die soms naar bezoekers hapte om te laten zien wie de baas was. Jon kwam ook thuis met een prachtige Duitse herder. Maar tot zijn verdriet en mijn vreugde was die herder zo bang voor mensen dat ze in elkaar kromp als er vreemden in de buurt waren. Jon wilde haar terugbrengen, maar ik identificeerde me met haar angst. Mijn hart ging naar haar uit, want ze moet in haar verleden een paar trauma's opgelopen hebben. Ik noemde haar Charity omdat ze zo lief was. Ze was mijn vriendin. We gingen overal samen heen, zelfs naar het werk, en ondanks haar angst had ik het gevoel dat ze me beschermde. Mensen waren altijd als vanzelf bang voor haar. Ze hadden er geen idee van dat zij banger was voor hen.

Toen ik een paar maanden naar New York moest, kon ik haar niet achterlaten. Renata ging vooruit om het appartement voor me in te richten en stelde voor dat ze Charity mee zou nemen, maar we bedachten dat ze naar niemand anders dan naar mij luisterde. Dus maakte ik een bandopname waarop ik dingen zei als: 'Charity, stap in de auto, schat.' 'Nu mag je uitstappen.' 'Ga maar slapen, liefje.' Maar gedurende de twee dagen voordat ik zou arriveren, leek Charity terneergeslagen en wilde ze niet eten. Renata maakte zich zorgen. Toen kreeg ze een idee. Ze zette een van mijn albums op. Charity spitste haar oren, en even later zat ze te eten.

We hadden nog een andere dobermann, Rocky, die in mijn huis op Carolwood Drive verbleef. Ook hij was een vriendelijk schepsel. Daar kun je aan zien dat je een hond nooit moet beoordelen op zijn ras. Hij was een zeer elegant dier, zwart en glanzend, en hij zat altijd met zijn voorpoten over elkaar, als een standbeeld van Anubis, de Egyptische god met de kop van een jakhals. Zo zag Rocky eruit, met dezelfde lange oren. (Ik heb ze nooit laten couperen.)

Cis en Harvey logeerden een keer op Carolwood Drive, en ze reden door de poort naar binnen terwijl Rocky naar buiten rende. Hij werd aangereden door een auto, maar gelukkig was het onze buurman, die hem godzijdank meteen naar de dierenarts bracht. Hij was er slecht aan toe. Hij had een paar gebroken ribben, zijn heup was ook gebroken en hij had een doorboorde long. De dierenarts wist niet zeker of Rocky het zou halen, en in elk geval zou hij een operatie nodig hebben om weer te kunnen lopen. Ik wilde hem niet alleen laten. Ik nam hem mee naar huis en verzorgde hem daar, met de hulp van Jason. Op zijn zwarte vacht verschenen witte vlekken door het trauma dat hij had doorgemaakt, maar hij werd met de dag sterker, en na een maand liep hij weer rond. Zo zie je maar dat liefde kan genezen.

Behalve een heleboel hondenfoto's stonden er uiteraard ook liedjes op het album. 'Tomorrow' uit de musical *Annie* was waarschijnlijk het bekendste nummer. Dat kreeg echter niet de meeste aandacht. Het nummer dat de meeste mensen zich herinneren van dat album is 'You Don't Bring Me Flowers'. Het was gecomponeerd door Neil Diamond met een tekst van Marilyn en Alan Bergman. Zijn eigen versie had hij al opgenomen. Nu deed ik de mijne.

En toen gebeurde er iets opmerkelijks.

Een dj van een radiostation in Louisville, in Kentucky, zat midden in een scheiding en de tekst ontroerde hem. Hij stelde vast dat de versie van Neil en die van mij in dezelfde toonsoort waren en kreeg een idee. Waarom zou hij ze niet samenvoegen, alsof het een dialoog was tussen een man en een vrouw die met elkaar hun relatie bespreken? Hij maakte een tape van zijn samengevoegde versie en liet deze horen op zijn radiostation. De respons was enorm... Platenzaken werden overspoeld met aanvragen voor een duet dat eigenlijk niet bestond.

Dus gingen Neil en ik samen de studio in om een duet op te nemen. (Tijdens een recent concert zei ik: 'Bloemisten doen sindsdien goede zaken.')

Het liedje kwam binnen op nummer 1 in de hitlijsten en werd vervolgens genomineerd voor Record of the Year en Best Pop Vocal Performance by a Duo, Group or Chorus... En we werden gevraagd om het live te zingen tijdens de Grammy's. Ik aarzelde maar besloot dat ik het moest doen, niet speciaal voor mezelf maar op zijn minst voor Marilyn en Alan.

Voor de repetitie had de regisseur drie krukjes op het podium gezet, een voor Neil, een voor mij, en een in het midden met een boeket bloemen. Ik wierp er één blik op en zei: 'Mag ik een suggestie doen? De tekst van het liedje is "You don't bring me flowers". Dus laten we dan ook geen boeket hebben. Hetzelfde geldt voor de krukjes. Dit zijn geen mensen die dicht bij elkaar willen zitten. Verder van elkaar is beter.

Ik zal de blik op zijn gezicht nooit vergeten. (Het zijn misschien dit soort voorvallen waarom mensen denken dat ik moeilijk ben om mee te werken.) De directeur was stomverbaasd, maar uiteindelijk was hij het denk ik wel met me eens.

Het management van de Grammy's had het optreden van Neil en mij bewust buiten de media gehouden. (Ik was er eerlijk gezegd niet eens zeker van dat ik er de moed voor kon opbrengen.) Dus zei ik tegen de regisseur: 'Ik ben blij dat je het geheim hebt gehouden, en ik heb nog een voorstel. Kondig ons pas aan als we daadwerkelijk op het podium verschijnen. Zo wordt het voor het publiek nog meer een verrassing. Zet gewoon twee spots aan weerszijden van het podium. Dan verschijnen we in het licht en lopen we al zingend langzaam naar elkaar toe.'

Ik nam Neil apart en zei: 'Zullen we hier samen aan werken in mijn kleedkamer?' Toen we alleen waren zei ik: 'Heb je de film *Brief Encounter* gezien? Een man en een vrouw zitten in hun woonkamer en praten niet met elkaar. Hij leest de krant. Zij naait. Zo zie ik ons. Op het podium doen we alsof we al twintig jaar getrouwd zijn en er van de relatie niet veel meer over is.'

Neil begreep het meteen. Hij is volkomen op zijn gemak op het podium, maar ik stond vlak voor we opgingen te trillen in de coulissen. Voor mij was het de eerste keer dat ik zong bij de Grammy's. Het staat me nog levendig voor de geest. Met onvaste stem liep ik naar Neil toe. In gedachten prevelde ik: *beheers je, Barbra*. En godzijdank lukte dat me uiteindelijk.

Het nummer was als een klein toneelstukje. De emoties kwamen vanzelf uit de tekst en onze enscenering: twee mensen die naar elkaar toe lopen als ze elkaar uiteindelijk de waarheid vertellen. Dat had ik niet zo bedacht. Maar intuïtief had ik aangevoeld dat een gewoon duet, met twee zangers naast elkaar, geen recht zou doen aan het verhaal. Ik begreep dat het interessanter was als we in het begin ver van elkaar stonden. Dan bouwt de dramatische spanning zich op als we elkaar naderen, en aan het einde van het nummer leef je mee met dit stel, dat alleen bij elkaar komt om afscheid te nemen.

Toen Neil en ik elkaar ten slotte midden op het podium ontmoetten, reikte ik impulsief naar zijn gezicht om het te strelen. Het publiek werd wild. Neil hield mijn hand vast, en aan het eind van het liedje bracht hij hem naar zijn lippen en drukte er een kus op.

Dat hadden we tijdens de repetitie niet gedaan. Maar in het moment namen we de vrijheid en konden we spontaan reageren.

Het liedje oogstte een daverend applaus.

32

De strijd tussen de seksen

Na *A Star Is Born* wilde ik een pauze inlassen. Geen nieuwe film, maar gewoon zitten en ontspannen. Na een paar maanden verveelde ik me al. Ik had een nieuw project nodig. Dus dacht ik: dit is het moment om dat gebouw op de ranch in jarenvijftigstijl, dat ik als montageruimte had gebruikt, eens te verbouwen. Het was een L-vormig krot, bruin gepleisterd met een plat dak en goedkope glazen schuifdeuren. Er was werkelijk niets mooi aan. Het gebouwtje was een doorn in mijn oog, en ik vroeg me af wat ik ermee kon. Was er nog een manier om er iets van te maken?

Ik hou er niet zo van om dingen af te breken. Liever probeer ik het te doen met wat ik aantref. Het gebouw bestuderend, dacht ik: het heeft tenminste wel rechte lijnen... een geometrische vorm... En zo kwam ik op art deco. Dat mijn gedachten die kant op gingen was niet zo vreemd. Ik verzamelde al jaren art-decovoorwerpen en ik had ook een projectiezaal in art-decostijl ontworpen voor de kelder van Carolwood Drive. Als ik van dit gedrocht op een of andere manier een art-decohuis zou kunnen maken, had ik een reden om nog meer kunst te verzamelen.

Dat gebouwtje, en ook de projectiezaal, werden uiteindelijk een toonkast voor een kunstenares die ik tijdens een reis naar Parijs had ontdekt.

Ik verbleef destijds in een klein hotel, en aan de overkant van de straat was een boekwinkel waar een lang, dun boek in de etalage mijn aandacht trok. De foto op het omslag viel me meteen op: een schilderij van een vrouw in jarentwintigkleding in een groene Bugatti. De achtergrond was zwart, en de naam, Tamara de Lempicka, stond er in grote gouden letters op. Ik had nog nooit van haar gehoord (dat gold voor de meeste mensen in de jaren zeventig), maar die foto bleek een zelfportret, en er was iets aan haar donkere ogen, rode lippen en de bijna achteloze en tegelijkertijd zelfverzekerde manier waarop ze haar auto bestuurde. Het liet me niet los. Ze had een verfrissend originele kijk op art deco. In haar tijd was ze redelijk succesvol, maar jaren later was ze in de vergetelheid geraakt.

Het betekende veel voor me dat ik een vrouwelijke schilder had gevonden in wie ik me zo goed herkende. Ik wilde meer van haar werk zien. In de Galerie du Luxembourg zag ik haar *Portrait d'Ira P.* Het was een vrouw in een parelgrijze satijnen jurk en een rode sjaal, met in haar lange, elegante handen (met roodgelakte vingernagels) een boeket aronskelken. Dat schilderij moest ik hebben. Ik kocht het voor 67.000 dollar (nu zijn haar schilderijen miljoenen waard) en hing het op in de filmzaal, die ik in dezelfde kleuren had geschilderd.

In de loop van de tijd zou ik nog vijf van haar werken kopen, waaronder *Adam et Eve*, dat over het algemeen wordt beschouwd als haar meesterwerk. Dat kwam in de hal van het art-decohuis te hangen, maar op dat moment was dat nog ver weg. (Uiteindelijk zou ik er vijf jaar voor nodig hebben om het te voltooien.)

Op een dag belde Sydney Pollack. 'Waarom werk je niet?' vroeg hij.

'Ik werk wel,' zei ik. 'Ik ben een huis aan het verbouwen. Dat is ook werk.'

'Dat zal wel,' antwoordde hij. 'Maar je bent actrice. Wat je dus zou moeten doen is acteren.'

'Ik lees af en toe een script,' zei ik. 'Maar er zit niets bijzonders bij. Ze kunnen ermee door.'

Het was erg ontmoedigend. Voordat we met de opnamen van *A Star Is Born* begonnen, had ik bijna twee jaar in mijn eentje aan het script gewerkt. Ik stond bepaald niet te springen om zoiets nog een keer te doen. Tijdens het gesprek met Sydney moest ik opeens denken aan iets wat François Truffaut me had verteld tijdens onze ontmoeting in het huis van mijn vriend Mike Medavoy. We waren het erover eens dat het moeilijk was om goed materiaal te vinden. Hij zei: 'Niet elke film is misschien een meesterwerk, maar aan het eind van je carrière heb je een oeuvre waar goede en minder goede films tussen zitten. Het punt is dat je moet blijven werken. Je kunt niet blijven wachten tot het perfecte script voorbijkomt.'

Ik dacht: dit zijn twee briljante regisseurs, en ze hebben gelijk. Waar was ik mee bezig? Wachten tot ik iets van Tsjechov aangeboden kreeg?

Ik bleek uiteindelijk niet eens een keus te hebben. Ik had een afspraak met First Artists voor drie films. Die moest ik nakomen, want ik was hun nog één film schuldig. Dat werd actueel toen ze de rechten kochten van een script dat *The Main Event* werd. De serieuze film waar ik op had gehoopt, was het bepaald niet, maar het script had een zekere charme, en ik zou mijn komische talent weer eens kunnen inzetten. Aangezien ik ook de producent was, met zeggenschap over de *final cut*, zou ik ook een zekere mate van controle kunnen uitoefenen.

Het was het verhaal van een door de wol geverfde zakenvrouw die een ex-bokser van het type ruwe bolster, blanke pit gaat managen nadat haar boekhouder al haar geld heeft verduisterd. Het ging met andere woorden over een vrouw in een mannenwereld die de baas is, en dat is een onderwerp waar ik iets van afweet. De film bood een slimme kijk op de strijd tussen de seksen, maar onder alle grappen zag ik een kans om iets zinnigs te zeggen over de veranderende rollen van mannen en vrouwen in een eveneens veranderende maatschappij. Er kwamen onderwerpen in aan de orde waar ik al een tijdje over nadacht, zoals discriminatie op grond van geslacht, genderstereotypen en gelijke kansen voor mannen en vrouwen. Wat mij betrof was het een veelbelovend verhaal. Zoals alle goede comedy's zou ook deze het beter doen bij het grote publiek als we aansloten op iets wat in de samenleving speelde.

Het personage dat ik speelde heette Hillary Kramer en was eigenaar van een parfumbedrijf. Vanaf het begin van de film gaat ze lijnrecht tegen de normen voor mannen en vrouwen in. Voor haar nieuwste geurtje mengt ze twee parfums, en als men haar vertelt dat dat niet kan omdat het ene voor mannen en het andere voor vrouwen is, roept ze: 'O, maar dat kan best!'

Hoe ze haar nieuwe product moet promoten, weet ze ook al: 'Het is het enige geurtje dat een man voor een vrouw kan kopen, maar een man kan het ook kopen voor een andere man, en een vrouw kan het voor een man kopen maar ook voor een andere vrouw. Is dat niet geweldig? Heb ik nog iemand overgeslagen?'

Ik hield van die snelle, snedige dialogen. Een beetje in de stijl van de screwballcomedy's uit de jaren veertig. En dat riep onvermijdelijk herinneringen op aan *What's Up, Doc?* en Ryan O'Neal. Hij was de enige die ik wilde voor de rol van bokser Eddie Scanlon. Hij was een geweldige acteerpartner, grappig en hij kon ook heel goed op een slapstick-achtige manier vallen. En als klap op de vuurpijl kende hij zijn weg in de boksring al, aangezien hij al vanaf zijn tiende jaar bokste.

De casting is natuurlijk essentieel voor het succes van een film. Zelf weet ik maar al te goed hoeveel stress een auditie kan opleveren, dus ik probeer de acteurs altijd op hun gemak te stellen. Toen Patti d'Arbanville auditie deed voor de rol van Ryans vriendin, zag ik dat ze moest hoesten maar zich inhield. Dus ik zei: 'Patti, je mag best even hoesten.' En dat deed ze. Er kwam een oorverdovend geblaf uit dat tere schepsel.

Ik zei: 'Die rol is voor jou.'

Ik wist namelijk dat ik het in de film kon gebruiken. Je hoort haar al hoesten voordat je haar ziet en dan wist je dat ze eraan kwam.

Ik was dus heel tevreden met de cast, en ook zeker met Mario Tosi, de cinematograaf. Maar ik heb nooit een goede verstandhouding ontwikkeld met Howard Zieff, de regisseur, die op een vreemde manier afstandelijk was. Hij was niet echt bij het script betrokken, waar ik meestal aan werkte met de schrijvers, Gail Parent en Andrew Smith, om de dialogen wat scherper te maken, vaak tot aan het moment dat we een scène moesten filmen.

Ruim over de helft van de opnamen hadden we nog steeds geen goed einde. Ik sprak met mijn vrienden op de set en vroeg ze om hun ideeën met me te delen. De eerste interessante suggestie kwam van de geluidsman. Ik ging ermee naar Howard. Hij zei: 'De geluidsman? Je wilt dat ik naar een idee van de geluidsman luister?'

'Ja,' zei ik. 'Waarom niet?'

Je weet nooit waar een goed idee vandaan kan komen, dus vind ik dat je niemand op voorhand moet afwijzen. Zelfs mijn chauffeur gaf me een idee van vier pagina's, maar van Howard kreeg ik niets.

Het stond in de sterren geschreven dat hij en ik nooit goed met elkaar overweg zouden kunnen.

Dat doet me denken aan iets anders waar ik een hele kluif aan had tijdens het maken van deze film... Jon Peters en Ryan O'Neal uit elkaar houden.

Jon wist dat ik iets met Ryan had gehad, ook al was dat inmiddels verleden tijd. Maar hij was nog steeds belachelijk jaloers. Ryan had dat in de gaten, en telkens wanneer hij Jon in het vizier kreeg, deed hij iets intiems, zoals mijn achterste vastpakken of aan mijn oor snuffelen. Hij plaagt graag, en Jon was een dankbaar onderwerp.

Op een dag werd Jon zo boos dat hij Ryan uitdaagde voor een gevecht. Mannen kunnen echt zo idioot doen. En Jon gedroeg zich als een kind.

Godzijdank bedachten we ten slotte een bevredigend einde en konden we de film afronden. Maar er zat me nog steeds iets dwars. Het had te maken met de liefdesscène die we hadden opgenomen in een hut bij Cedar Lake, in de San Bernardino Mountains. Hillary en Eddie moeten onverwachts een bed delen in een hotel op de avond voor Eddie's grote gevecht. Ik dacht dat we een leuke draai aan het verhaal konden geven als we Hillary degene lieten zijn die het initiatief nam voor seks. Het was een grappige scène, maar het enige resultaat was dat ze met elkaar naar bed gingen. Naar mijn mening hadden we niet genoeg gedaan om hun relatie naar een hoger plan te tillen.

En opeens wist ik het: wat er ontbrak was een scène over de volgende ochtend. Howard was het er niet mee eens, maar ik ging toch aan de slag met Gail en Andrew, en toen we de scène hadden geschreven, ging ik met Ryan en Mario, en met een kleine crew terug naar Cedar Lake en deed ik de regie.

Ik wilde laten zien hoezeer deze twee mensen emotioneel van elkaar verschilden, en dat leidde tot de tot nu grootste omkering van de traditionele rollen. In films gaat het meestal zo: als een man en een vrouw met elkaar in bed terechtkomen, is het de vrouw die een band krijgt met de man. Het cliché is dat ze aan een huwelijk begint te denken omdat ze de relatie wil formaliseren. In dit geval is het echter omgekeerd: Eddie voelt zich nu verbonden met Hillary. Terwijl hij nog nageniet van hun liefdevolle nacht, stelt hij argeloos voor dat ze met het geld dat hij met zijn grote gevecht zal winnen samen een bedrijf beginnen: 'Misschien een autowasstraat of een restaurant... Iets waar jij ook voor een groot deel in kunt meedoen.'

Hillary is verbaasd en zegt: 'O? Mijn plan is eigenlijk om ooit weer iets met parfum te doen.'

'Ach nee, dat is niets voor mij.'

'Dat snap ik, maar het is dan ook voor mij.'

'Maar... Hoe kun je zoiets doen als het niet is wat ik wil?'

'Heel simpel. Dat kan ik doen met het geld dat je me schuldig bent.'

'Wacht eens even. We zijn nu toch samen? Waarom zou ik je dan nog geld schuldig zijn?'

'Omdat we dat zo hebben afgesproken.'

'Maar... vannacht hebben we gevreeën.'

'En dat gaat me 47.311 dollar kosten? Ik was me er niet van bewust dat er een meter liep.'

Tijdens de preview werd daar hard om gelachen. Eddie betoogt dat hij de man is, en dat hij dus voortaan voor het geld moet zorgen, en vervolgens zegt hij dat ze gek is als ze denkt dat hij iets zal beginnen met een vrouw die meer geld verdient dan hij.

Dat vindt Hillary te belachelijk voor woorden. 'Wie denkt er nog zo?' vraagt ze.

'Alle mensen in mijn buurt.'

Dit was destijds een reëel probleem en om die reden wilde ik het ter sprake brengen. Wat gebeurt er met de dynamiek tussen man en vrouw als de vrouw de belangrijkste kostwinner is? Is dat een verschuiving van de macht?

Eddie heeft een traditioneel beeld van de man-vrouwrelatie, en als Hillary zegt: 'Huh? Vraag je me nu om te trouwen?' zegt hij: 'Jazeker.'

En zij zegt: 'Waarom? Ben je soms in verwachting?'

Daar werd nog harder om gelachen.

Dan moppert hij dat hij zich gebruikt voelt, als een onenightstand, en zij probeert hem gerust te stellen en zegt dat ze hem de volgende ochtend nog steeds respecteert.

Dit is een scène waar ik trots op ben. We namen alle conventionele man-vrouwreacties op de hak. Ik bracht er mijn argument dat vrouwen gelijk zijn aan mannen op een niet-bedreigende manier mee naar voren. Ik kon mijn geluk niet op toen dit de meest geliefde scène in de film bleek te zijn.

Voor mij was het heel interessant om me te verdiepen in wat er gebeurt als een vrouw de baas is in een film. In mijn echte leven liep ik namelijk tegen dezelfde dingen aan.

Jon bleef me ten huwelijk vragen. En ik bleef hem afwijzen. Om hem tevreden te houden, zei ik: 'Als we tien jaar samen zijn, trouw ik met je.'

Het was duidelijk dat er iets was wat me tegenhield. Maar het is verbazingwekkend hoeveel je over het hoofd kunt zien als je zo vurig naar een gezin verlangt. Toen we de ranch in Malibu kochten, beschouwde ik dat als het begin van een nieuw leven in een natuurlijke omgeving.

Maar Jon en ik waren even eigenzinnig en koppig, en we hadden niet altijd dezelfde kijk op de inrichting van ons huis. Hij liet een soort badkuip van steen bouwen. Daar kon je onmogelijk een bad in nemen, omdat de stenen zo ruw waren dat je er niet in kon gaan zitten. Als bijzettafeltje kwam hij aanzetten met een boomstronk. Ik zei: 'Maar de bovenkant is schuin. Je kunt er niets op zetten zonder dat het eraf glijdt.'

Ook hier kwam hij als winnaar uit de bus, door te zeggen: 'Het is mijn huis.'

Een van de redenen dat Jon het huis wilde bezitten was volgens mij dat hij altijd het laatste woord wilde hebben. Hij moest en zou de baas zijn. Ik dacht dat een gesprek met mijn therapeut misschien zou helpen. (Een freudiaan, en eerlijk gezegd een beetje kil.) De eerste vraag die hij aan Jon stelde was: 'Wat vind je eigenlijk van Barbra?'

Jon zei: 'Je bedoelt waarschijnlijk wat voel ik voor haar.'

En ik dacht: tjonge. Jon heeft gelijk. Zijn antwoord kwam niet uit zijn hoofd maar uit zijn hart. Ik was onder de indruk.

Toen Jon voorstelde dat ik zíjn therapeut zou bezoeken, leek me dat wel interessant. Ik ging er in mijn eentje naartoe. De therapeut kwam warm en aardig over. Hij wachtte totdat ik had plaatsgenomen, en zei toen: 'Wat is het probleem?'

'Jon en ik maken over veel dingen ruzie,' antwoordde ik.

'Zoals?'

'Zakelijke dingen... Financiën. Hij zegt altijd: "Je vertrouwt me niet." Ik denk dat vertrouwen moeilijk voor me is. Eerlijk gezegd vertrouw ik de meeste mensen niet.'

Hij zei: 'Waarom zou je ook? Vertrouwen moet worden verdiend.'

Ik voelde me enorm opgelucht. De tranen stonden in mijn ogen. Het is verbazingwekkend. Er is maar één zinnetje nodig dat waar en ondersteunend is om je te bevrijden.

Ik was zeer ingenomen met deze therapeut en heb hem jarenlang bezocht.

Als ik er nu op terugkijk, zie ik alle gebreken in mijn relatie met Jon.

Diep vanbinnen heb ik altijd geweten dat ik nooit volledig voor Jon zou kunnen kiezen.

Ik weet nog goed dat hij op de set van *For Pete's Sake* een gesprek had met Michael Sarrazin over stereo's. Jon zei: 'Het klinkt alsof je een heel slechte set hebt. Je krijgt van mij een betere.'

Weken later vroeg ik hem of hij ooit die stereo voor Michael had gekocht.

'O... Nee,' zei hij. 'Maar dat maakt niet uit.'

'Het maakt wel degelijk uit! Als je iets belooft, moet je je daaraan houden.'

Ik kon mijn oren niet geloven. Ik zou me vreselijk schuldig voelen als ik een belofte niet nakwam. Maar Jon had daar geen last van.

Hij negeerde ongemakkelijke feiten, en zijn versie van de waarheid verschilde vaak van de mijne. Hij zei steevast dat we een geweldige liefdesrelatie hadden. Een keer gingen we skiën in Aspen. We waren er met vrienden, en met hun en onze kinderen. We hadden doorlopend ruzie. Jon zei: 'Wat hebben we het leuk samen, vind je ook niet?'

Ik zei: 'Jon, we hebben elke dag ruzie. Dat is niet wat ik onder het leuk hebben versta.'

En toen werd hij zoals gewoonlijk ziek en wilde naar huis. Dat gebeurde regelmatig als we op vakantie waren. Buiten zijn vertrouwde omgeving voelde hij zich niet op zijn gemak.

Ik voelde me zelf ook niet meer op mijn gemak in de relatie. Ik had iemand ontmoet in het huis van de Bergmans. Hij was een zeer succesvolle zakenman die kunst verzamelde, huizen had in zowel Europa als de Verenigde Staten, politiek geëngageerd was... En hij hield van backgammon. Daar hield ik ook van, dus speelden we regelmatig samen. (Jon hield niet van spelletjes.)

Je kunt veel over iemand te weten komen als je backgammon met die persoon speelt. En we hadden veel gespreksonderwerpen. Hij had veel vernieuwende ideeën, bijvoorbeeld dat ik eigenaar van mijn eigen films zou moeten zijn. (Daar stak mijn advocaat een stokje voor.) Ik was onder de indruk van zijn kennis.

Deze man herinnerde me eraan dat er nog andere vissen in de zee zwommen, en ik voelde me tot hem aangetrokken. Ik wilde niet tegen Jon liegen, dus vertelde ik hem dat ik iemand had ontmoet in wie ik interesse had, en dat ik dat wilde onderzoeken. Ik was er volkomen eerlijk over. Ik zei dat ik van plan was een weekend weg te gaan om de betreffende man in New York te ontmoeten. En ik zou heel discreet zijn, zei ik erbij. Ik vroeg mijn vriendin

Joanne Segel ons te vergezellen als we een theater of een restaurant bezochten om te voorkomen dat ik alleen met hem in het openbaar zou worden gezien. Het laatste wat ik wilde was Jon in verlegenheid brengen.

Hij nam het goed op. Hij leek het te begrijpen. En hij werd niet boos. Ik vermoed dat hij zijn pijn wegdrukte, maar dat deed hij heel goed, en ik voelde me vrij om te gaan. Maar ik voelde me er nog steeds ongemakkelijk bij. In het gezelschap van Joanne en deze man bezocht ik *Sweeney Todd* op Broadway. De hele tijd werd ik in beslag genomen door gedachten als: moet ik dit wel doen? Ik hoop dat niemand een foto maakt van hem en mij. Ik was zo op van de zenuwen dat ik niet van het toneelstuk kon genieten. Pas later, toen ik hetzelfde stuk met Jason zag, dacht ik: jemig, dit is briljant! De eerste keer dat ik het zag, drong zelfs de muziek nauwelijks tot me door. Zo zie je maar hoe je gemoedstoestand je perceptie kan vertekenen.

Uiteraard schreven de roddelrubrieken uitgebreid over mij en mijn mysterieuze man in New York. Iemand moest ze getipt hebben, maar wie? Het moest iemand zijn die vaak met de pers praatte. Ik verdacht Sue Mengers, maar zij ontkende in alle toonaarden. Maar jaren later gaf ze toch toe dat zij het geweest was. Ze zei: 'Ik heb altijd een hekel aan Jon gehad.'

Ik hoopte dat deze nieuwe man me toegang zou verschaffen tot een andere wereld, eentje waar ik me toe aangetrokken voelde. En omdat hij het druk had met zijn eigen zaken, zou hij niet proberen zich met de mijne te bemoeien, zoals Jon wel deed. Maar alles ging bij hem alleen maar over zaken. Vanaf het moment dat hij 's morgens opstond, zat hij aan de telefoon, handelde hij in valuta en sloot hij deals. (Geen wonder dat ik meestal terechtkom bij artistieke types.)

Ik besefte al snel dat deze relatie geen kans van slagen had, dus ik belde Jon en zei: 'Kom me halen.'

Hij nam het eerstvolgende vliegtuig naar New York. Toen hij arriveerde, zei hij: 'Ik neem je mee uit winkelen.' Hij kocht een bontjas van Fendi voor me. Maar het was geen mooi Fendi-bont. Het was een nogal vreemd uitziende jas. Hij was gemaakt van aan elkaar genaaide stukken bont met gaten ertussen, zoals iets wat je in een kringloopwinkel koopt. Toch vond ik hem mooi, want hij had dezelfde henna-kleur als mijn haar.

Jon heeft me in de loop van de jaren mooie cadeaus gegeven... een armband met robijnen en diamanten, een klok van Cartier en een camper. Dat was toen ik zo vaak misselijk was. Ik moest vaak stoppen bij een tankstation om naar het toilet te gaan. Met die camper kon ik comfortabel heen en weer rijden tussen mijn huis en de studio, met mijn eigen badkamertje. Ik hield van die camper en schilderde hem in art-decokleuren – grijs en oudroze – en nu hoefde ik nooit meer voor een toilet te stoppen.

Maar Jon kon ook heel onattent zijn. We zaten in de auto en ik vroeg hem of hij alsjeblieft het raam dicht wilde doen. 'Ik heb het koud,' zei ik.

Zijn antwoord: 'Pak maar een deken.'

Is dat liefde? (Jim, mijn huidige echtgenoot, zou dat nooit zeggen. Hij zou snel het raampje dichtdoen en de verwarming aanzetten.)

Ik was soms sprakeloos door wat er uit Jons mond kwam. Hij beweerde dat we honderden hectares hadden, terwijl het er in werkelijkheid maar vierentwintig waren, waar we overigens genoeg aan hadden. Een keer vertelde hij een journalist dat we 50.000 bomen hadden geplant en 40 miljoen ton steen hadden verplaatst. Dat is typisch Jon... hij moet altijd overdrijven.

De waarheid was nooit genoeg voor hem.

En hij kon erg opvliegend zijn. Zijn driftbuien maakten me bang.

Jon had goed verdiend aan *A Star Is Born*. Mede daarvan kochten we een enigszins bouwvallig huisje aan het strand. Maar we hadden al ruzie op de dag dat we ernaartoe reden, omdat Sue me net had verteld dat Jon rondbazuinde dat ik zonder hem geen werk zou hebben.

Ik was woedend. 'Hoe durf je zoiets te zeggen? Je weet dat er niets van waar is.'

Jon zei: 'Ik wil dat we samenwerken.'

'Maar hoe kom je erbij dat ik al mijn films samen met jou ga doen?' antwoordde ik. 'We zijn twee afzonderlijke mensen. We zitten niet aan elkaar vastgeklonken. Hou op met die leugens over mij. Ik kan niet overweg met leugens!'

Jon was dus al in de stemming voor een ruzie toen we bij het huis aankwamen en we een vrachtwagen voor het huis geparkeerd zagen die de ingang blokkeerde. Ik dacht dat we er wel omheen konden, en dat er genoeg ruimte was om door de poort te rijden, maar Jon was woedend. Hij bleef op de claxon drukken totdat er ten slotte een grote, logge vent uitstapte.

'Haal die verdomde vrachtwagen van je weg,' zei Jon.

'Dat doe ik als ik er zin in heb,' antwoordde de man.

Meer had Jon niet nodig. Hij is maar een meter vijfenzeventig, en toch begon hij een gevecht met een kerel van minstens een meter negentig. Jon probeerde hem een kopstoot te geven, maar de man pakte zijn hoofd in een stalen greep. Dat moest vernederend zijn voor Jon, om zo verslagen te worden waar ik bij was, dus ik wendde me af. Ik hoorde hem hard 'Au!' roepen. Toen ik me weer omdraaide, zag ik Jon op de grond liggen met de man boven op hem. Vermoedelijk had hij zijn handen om Jons gezicht gehad, en het zag eruit alsof Jon hem aan het bijten was, en op een of andere manier beet de man terug. Ik gaf de man een dreun op zijn hoofd met het boek dat ik bij me had.

Later zei Jon: 'Je hebt me weer gered. Die vent beet in mijn vinger; het is bijna tot op het bot!'

Het werd erg vermoeiend om bij hem te zijn. Drama vind ik mooi in mijn films. In mijn leven hoef ik het niet zo nodig te hebben.

33

Genoeg is genoeg

Het album *Wet* begon in een jacuzzi.

Ik was moe, te moe om weer terug te keren naar de opnamestudio. Ik had net twee projecten afgerond: *The Main Event* en het art-decohuis. Voor het huis had ik een paar buitenmuren betegeld in bordeauxrood met accenten in grijs en zwart. En het zwembad, met aan één kant een jacuzzi, werd betegeld in zwart, met accenten in bordeaux en grijs. Op een middag zat ik in mijn jacuzzi, omringd door al die prachtige zwarte tegels, die als ze nat waren, glansden als leer. Dit zou een prachtige setting zijn voor een albumhoes, dacht ik. Heel eenvoudig, heel sensueel, alleen ik in het water met mijn natte haar. Ik vroeg Mario Casilli, die ook de foto's voor *Playboy* had gemaakt, of hij deze scène wilde fotograferen met borrelend water en opstijgende stoom, en daarna deden we nog eenzelfde versie in het houten bubbelbad bij de schuur.

Nu had ik een voor- en een achterkant voor een album, maar liedjes had ik nog niet.

Ik hou van albums met een thema, en vanwege de 'natte' foto's wilde ik het album *Wet* noemen, en ik bedacht dat alle liedjes op een of andere manier iets met water te maken moesten hebben. Dat beperkte de keuzes, maar in feite maakte dat mijn werk makkelijker. Zo is er Harold Arlens hit uit de jaren veertig, 'Come Rain or Come Shine'. Toen ik achttien was had ik het op een lijst gezet van liedjes die ik wilde zingen, maar zelfs in mijn enthousiasme realiseerde ik me dat een tiener die een sentimenteel liedje over een niet-beantwoorde liefde zingt een beetje belachelijk klonk. Daarom was ik er nooit aan toegekomen, tot nu. Ik had ook een paar prachtige hedendaagse ballads op het oog, zoals 'After the Rain' van Michel Legrand, en 'On Rainy Afternoons' van Lalo Schifrin (beide met teksten van de Bergmans).

Ironisch genoeg kwam het nummer dat uiteindelijk een hit werd bijna niet op het album. De enige reden dat het er wel op kwam, was op aandringen van de songwriters... En van mijn zoon, Jason.

Dit was 1979. Disco was op zijn hoogtepunt, en dankzij Paul Jabara en Bruce Roberts had ik zelf ook al een eerste discohit, 'The Main Event/Fight'. Dat is waarschijnlijk wat de meeste mensen zich van deze film herinneren. Toen ze hoorden dat ik aan een nieuw album werkte, kwamen ze met een nieuw nummer op de proppen: 'Enough Is Enough'. Charles Koppelman was echter niet erg ingenomen met het liedje. En daarnaast was er nog een nadeel. Het was, zoals Bruce zei, 'kurkdroog'. Dus vroeg ik of ze een couplet konden toevoegen met water erin. De nieuwe intro liet niet lang op zich wachten. Hij begon zo:

It's raining, it's pouring, my love life is boring me to tears...

En de nieuwe titel van het liedje werd 'No More Tears (Enough Is Enough)'.

Vervolgens kwam Paul nog met een ander idee. Hij dacht een grote slag te kunnen slaan als hij Donna Summer, de Queen of Disco (met wie hij bevriend was), een duet met mij kon laten zingen.

Hij wilde Donna laten overkomen om me te ontmoeten, maar hij kreeg me niet te pakken, en uiteindelijk wilde hij niet langer wachten en belde hij me rechtstreeks. Jason was degene die de telefoon opnam en de boodschap aan mij mocht doorgeven. Hij was destijds twaalf, en niet zo onder de indruk van de meeste beroemdheden. Maar toen hij de naam Donna Summer hoorde, was hij enthousiast. Ze was zijn favoriete zangeres, en hij had altijd muziek van haar opstaan.

En zo kwamen Paul, Bruce en Donna op bezoek in mijn kleine strandhuisje in Malibu. Ze speelden het liedje voor ons, en Jason vond het geweldig – dat alleen was al een goede reden om het te doen – en hij hield van Donna. Ik trouwens ook. Ze was een schat, en ik zei ja.

Disco was de wereld van Donna, en zij was daar de grootste ster. Ik voelde me in die wereld als een bezoeker. Haar muziek vereist dat je op de maat zingt, en voor mij is dat moeilijk. Voordat we in de studio aan ons duet begonnen, had ik dus een vraag voor haar.

'Is het oké als ik af en toe van de maat afwijk?'

Ze keek me verbaasd aan en zei: 'Barbra Streisand vraagt aan míj hoe ze moet zingen?'

Donna was een heerlijk nuchter persoon, en we hadden enorme lol met dat duet. Het liedje bevatte een zeer hoge noot, op het einde van de regel '*And we won't waste another tear*'. Het woord 'tear' wordt heel lang aangehouden (zeventien seconden, als je het precies wilt weten). Zittend op een paar krukjes repeteerden we het liedje, en toen we op het punt van die hoge noot kwamen, haalden we er allebei uit wat erin zat. Ik hield mijn hoofd achterover en mijn ogen gesloten... Het was een grote uitdaging, maar ik hield die noot vast. Toen ik mijn ogen opende zag ik Donna niet meer.

Ze lag op de vloer. Ze was van haar kruk gevallen.

Mijn adem stokte in mijn keel. 'Gaat het wel met je, Donna?' vroeg ik.

Een moment later stond iedereen om haar heen, maar toen zat Donna alweer rechtop en wuifde iedereen weg. Er was niets met haar aan de hand, zei ze. Mij legde ze het uit. 'Ik ademde niet goed,' zei ze. 'Waarschijnlijk kreeg ik geen lucht meer en ben ik flauwgevallen. Maar Barbra, toen ik bijkwam, kon ik mijn oren niet geloven... Jij hield die noot nog steeds vast!'

Ze begon te lachen, en ik ook.

Gelukkig had ze zich geen pijn gedaan.

En Francesco Scavullo nam een geweldige foto van ons beiden voor de hoes van de single. Het liedje behaalde al snel de eerste plaats, en sindsdien wordt het op elke dansvloer telkens weer gedraaid.

De laatste keer dat ik Donna zag, staat me nog helder voor de geest. Dat was in het huis van onze gemeenschappelijke vriend David Foster (een briljante muzikant met wie we allebei vaak samenwerkten). Ze zag er schitterend uit. We haalden herinneringen op en lachten samen. Niet lang daarna kreeg ik een enorme schok te verwerken toen ik vernam dat ze er niet meer was. Het was moeilijk te geloven. Ze was nog jong en had nog zoveel te geven.

Donna had een fantastische stem, maar bovenal was ze een geweldig en lief mens... Jason had helemaal gelijk over haar.

Mijn ouders, Emanuel en Diana Streisand.

Ik heb mijn lange benen van mijn vader (en ook mijn korte taille).

Vier jaar oud met mijn broer, Sheldon, en mijn moeder.

Mijn broer nam deze foto. Ik was zes. Ik had de strik van een snoepjesdoos af gehaald.

Shelly maakte mijn hoofdtooi voor de padvinders.

Mijn eerste zangoptreden op zevenjarige leeftijd.

Mijn eindexamenfoto van de middelbare school, Erasmus Hall in Brooklyn.

Mijn favoriete geruite bikini toen ik veertien was.

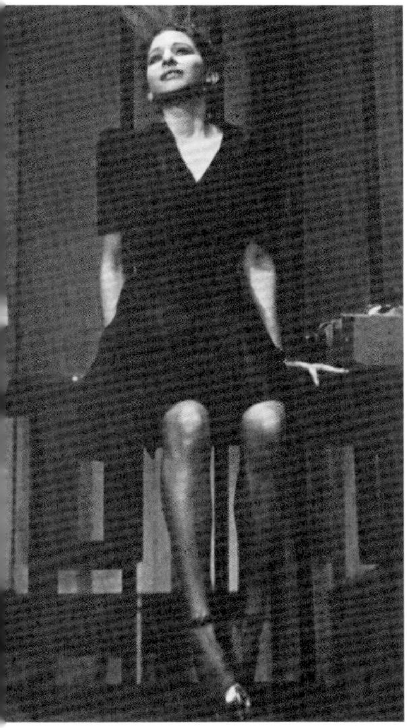

1961: *Another Evening with Harry Stoones.*

1960: *The Boy Friend* in het Cecilwood Theatre. Ik speelde Hortense, de Franse dienstmeid.

Een optreden buiten de stad.

1960: Bon Soir – een kleedkamer delen met de geweldige Phyllis Diller.

1961: Ik kocht deze Karakul-bontjas uit de jaren 30 voor 10 dollar. En ik droeg hem naar mijn auditie voor *I Can Get It for You Wholesale.*

1964: Mijn twee Grammy's voor mijn eerste album, *The Barba Streisand Album* – Album of the Year en Best Female Vocal.

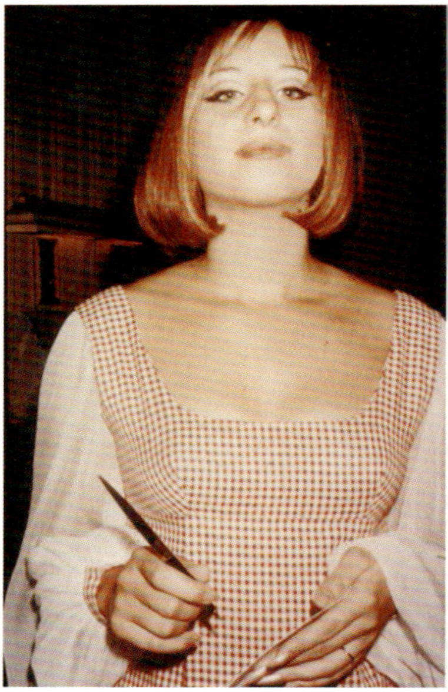

1963: Mijn debuut in L.A. in de Cocoanut Grove – ik was eenentwintig. Er waren zoveel beroemde mensen aanwezig om mij te zien, ik was de minst bekende persoon daar. Ik maakte mijn eigen jurk van een gingham tafelkleed.

1964: In *Funny Girl* en op Broadway in het Winter Garden Theatre.

Cis en Harvey Corman waren mijn tweede familie. Ik was zestien jaar toen ik Cis leerde kennen tijdens acteerlessen. Ze werd mijn beste vriendin, een geweldige casting director en de directeur van mijn filmbedrijf.

1965: Ik huilde dus huilde Cis ook tijdens mijn slotavond in *Funny Girl.*

964: Repetitie voor *Funny Girl* met
/ilton Rosenstock, de musical
.irector.

1963: Na onze huwelijksreis in het Beverly Hills Hotel.

1965: De Broadway-cast van *Funny Girl* gaf me mijn lieve Sadie voor mijn tweeëntwintigste verjaardag.

1966: Onze eerste Europese vakantie in Parijs met de Cormans.

1964: Het team van *Funny Girl* – Ray Stark, Isobel Lennart, Jule Styne, Jerome Robbins.

Ik speelde zingend 'I'm five'.

1965: Mijn eerste tv-special,
My Name Is Barbra.

Marty en ik.

1966: Mijn tweede tv-special, *Color Me Barbra*, werd geschoten in kleur.
We keken naar de playback met Joe Layton en Peter Matz.

1966: *Color Me Barbra*. Mijn schetsontwerp werd de roze jurk.

1966: *Color Me Barbra*. We hadden écht een klein circus op de set.

1967: *The Bell of 14th Street* tv-special. Ik ontwierp de koraalkleurige jurk met een antiek kralennet eroverheen, bij een antieke met zwarte kralen versierde top die ik in een kringloopwinkel vond! Een van mijn favorieten.

1967: *A Happening in Central Park* – meer dan 150.000 mensen kwamen ernaartoe. Een magische avond, ook al vergat ik sommige teksten, wat ertoe leidde dat ik jarenlang niet meer live optrad.

1967: De geweldige Harry Stradling was de cinematograaf bij mijn eerste vier films. Ik hield van hem.

1967: Ik had zoveel geluk om de geweldige William Wyler als regisseur te hebben voor mijn eerste film.

1967: Op de set van *Funny Girl* met Omar Sharif. Hij was een meesterlijk kaartspeler.

1966: Elliott nam deze eerste foto van ons als moeder en zoon.

1968: Het eerst woordje wat Jason zei (na 'mama'), was: 'hoed! hoed!'.

1967: *Funny Girl* filmset. Jason kwam elke dag mee naar de set.

1969: First Artists – Paul Newman, Sidney Poitier en ik startten ons eigen productiebedrijf om ervoor te zorgen dat we de films konden maken die we wilden.

1969: Een eerbetoon van de Friars Club aan mij, als Entertainer of the Year. Ik had dit bij de Oscars moeten dragen!

1969: In Londen, tijdens het filmen van *On a Clear Day You Can See Forever*. Ik was altijd al geïnteresseerd in kunst. Hier startte ik mijn kunstcollectie met Egon Schiele en Gustav Klimt.

1969: Het eerbetoon door de Friars Club. Een geweldige line-up van fantastische componisten: Cy Coleman, Jule Styne, Burton Lane, Harold Arlen, Jerry Herman, Harold Rome.

1969: Ik wilde dat mijn trailer eruitzag als de treinwagon van Sarah Bernhardt.

1970: *On a Clear Day*. Mijn historische kostuums door Cecil Beaton waren zo prachtig, alsof ik elke dag een verkleedpartijtje mocht houden met de allermooiste kleding.

1969: *Hello, Dolly!* De gouden jurk van Irene Sharaff was gemaakt met 14-karaats gouddraad en Swarovski-kristallen. Het was zo zwaar dat ze een verwijderbare sleep moesten maken, zodat ik erin kon dansen.

1969: *Funny Girl*. Ik won mijn eerste Academy Award voor Best Actress.

1970: Jason en ik bij de Royal Pavilion in Brighton, Engeland.

1970: *The Ow land the Pussycat* met George Segel.
We hadden heel veel lol op de set.

1971: Op bezoek bij Elliott op de set van Ingmar Bergman's film. Ingmar en ik hoopten te gaan samenwerken.

1971: Elliott en ik in New York, Jason in de gaten houdend in de speeltuin.

1973: *The Way We Were.* Ik wilde niemand anders dan Robert Redford voor de rol van Hubbell, en was in de wolken toen hij daarmee instemde.

1973: Het maken van deze film was een hoogtepunt in mijn carrière.

1972: *What's Up, Doc?* Ik snapte deze screwballcomedy niet, maar ik werkte graag samen met Peter Bogdanovich en Ryan O'Neal.

1979: Jon Peters en ik.

1974: *For Pete's Sake*. Jason komt langs op de set.

1975: *Funny Lady*. Queen Elisabeth kwam naar onze première in Londen, waar ik haar vroeg waarom alleen vrouwen handschoenen moesten dragen om haar de hand te schudden.

1974: Prins Charles kwam bij me langs in Burbank Studios waar ik liedjes voor *Funny Lady* aan het opnemen was.

1975: *Funny Lady*. Ik hou van het dragen van sluiers.

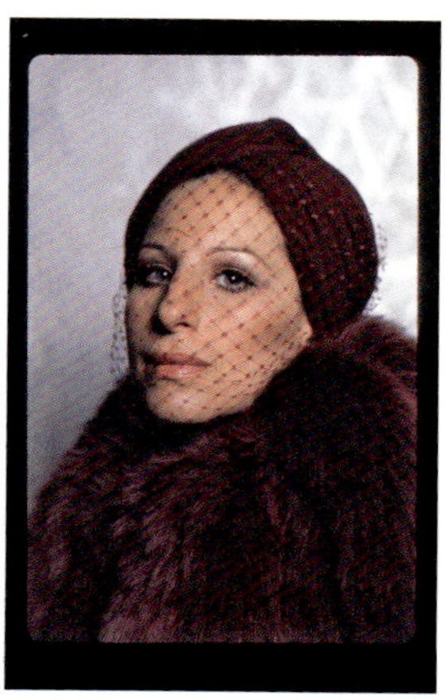

1975: *Funny Lady*. Een fotoshoot met James Caan.

1977: *A Star is Bron*. Ik vond het geweldig om als eerste vrouw een Academy Award te winnen voor het componeren van de muziek voor 'Evergreen'.

1976: Gitaar leren spelen voor *A Star Is Born*. Ik moest daarvoor van een van mijn handen de nagels kort knippen.

1976: Ik gebruikte mijn antieke art-deco-sjaals voor het maken van deze jurk.

1977: Willy Wyler kwam naar onze filmpremière. Het betekende zoveel voor me om hem daarbij te hebben.

‘Wat doet een leuk Joods meisje op de cover van *Playboy*?’

In 1977 werd ik gevraagd voor een interview voor *Playboy* (in die dagen werden de interviews daarin hooggewaardeerd). En toen zeiden ze: ‘We willen je ook op de cover.’ Ik stemde ermee in om het bunnypak aan te doen… en dat paste, maar dat gold niet voor mijn feministische waarden. Dus ik bracht de foto om zeep… tot nu.

Een antieke velours jurk uit mijn eigen garderobe.

1979: Ryan O’Neal, mijn favoriete sparringpartner in *The Main Event*.

34

Guilty

In 1979 was er maar één project waar ik voortdurend aan dacht: *Yentl.* Dit was het jaar waarin ik mezelf beloofde dat ik er alles aan zou doen om dat af te krijgen. Dus toen Charles me polste voor een nieuw album terwijl we nog aan *Wet* werkten, zei ik dat ik geen tijd had.

Ik wilde niet op zoek naar nieuwe nummers. Ik wilde ze niet eens horen.

Maar Charles hield zijn vinger aan de pols van de markt en wilde profiteren van de discomanie zolang die duurde. Voor 'The Main Event/Fight' had het goed gewerkt, en vervolgens ook voor 'No More Tears (Enough Is Enough)', dus wilde hij de vaart erin houden en nog een derde hit scoren.

Zijn idee was mij en de Bee Gees samen te brengen. Wiens idee dat precies was weet ik niet. Charles en Jon waren bevriend geraakt en eisten beiden de eer op. Heel moeilijk kan het niet geweest zijn, want ik hield van wat de Bee Gees voor *Saturday Night Fever* hadden gedaan. Dus toen hij Jon, mij en de kinderen uitnodigde voor een Bee Gees-concert in het Dodger Stadium zei ik meteen ja. We zaten midden in een menigte van 56.000 schreeuwende fans, maar de show was het helemaal waard. Na afloop kregen we het voorstel van Charles te horen. Barry Gibb, zo zei hij, had kort daarvoor vijf van de nummers geschreven en geproduceerd die op dat moment in de top 10 stonden. Dat was een ongekende prestatie, en nu had hij bekendgemaakt dat hij ook albums voor andere artiesten wilde produceren.

Ik was zeer onder de indruk.

Op dit punt is het goed dat ik iets vertel over de manier waarop ik werk. Als je de meeste van mijn albums naast elkaar legt, zul je kunnen vaststellen dat de liedjes die ik had gekozen allesbehalve commercieel waren. Ik ging nooit de studio in met de gedachte dat ik een hit ging opnemen. Als een nummer vervolgens toch de eerste plaats bereikte was ik natuurlijk blij, maar dat was niet de reden dat ik zo'n nummer op de plaat had gezet. Ik moet zelfs bekennen dat ik je ook nu niet zou kunnen zeggen welke nummers een hit zijn geworden (daarvoor moet ik altijd Jay Landers bellen).

De wereld van de hitlijsten was dus niet echt mijn wereld.

Aan de andere kant sta ik altijd open voor nieuwe ideeën en mag ik mezelf graag uitdagen, dus belde ik Barry.

Hij was heel aardig. Vanaf het moment dat hij 'People' had gehoord in Australië, waar hij destijds woonde, was hij een enorme fan geweest. Daar antwoordde ik op dat ik een grote fan was van zijn muziek, en vervolgens vroeg ik of hij interesse had om samen een album te maken.

Het bleef even stil aan de andere kant van de lijn. Een paar seconden later zei Barry: 'Die vraag overvalt me een beetje. Kun je me een dag de tijd geven om van de schok te bekomen en een antwoord te bedenken?'

Pas jaren later kwam ik erachter dat hij eigenlijk zenuwachtig was geweest en ervoor terugschrok om de baan aan te nemen. Hij belde Neil Diamond en vroeg hoe het was om met mij samen te werken. 'Maak je niet druk,' zei Neil. 'De samenwerking met Barbra is ontzettend leuk. Ik zou ervoor gaan.' Barry's echtgenote zei trouwens dat ze van hem zou scheiden als hij mijn aanbod afwees.

De eerste ontmoeting tussen Charles, Barry en mij vond plaats in mijn huis op Carolwood Drive, en Charles liet hem wat liedjes zien die hij had meegebracht. Barry keek er even naar en zei toen beleefd dat hij liever zijn eigen materiaal voor mij schreef. In dat idee kon ik me heel goed vinden. Barry was bereid om alles te doen: produceren, schrijven, arrangeren, opnemen en zelfs meespelen bij de verschillende nummers. Het enige wat ik hoefde te doen was zingen.

Goh, dacht ik. Wat een deal. Barry's aanbod was een geschenk uit de hemel. Voor mij betekende het dat ik me kon concentreren op *Yentl*, terwijl hij zich bekommerde om het album.

Het was perfect.

Al een maand later belde Barry. Of ik langs wilde komen om de nieuwe nummers te beluisteren. Dat is snel, dacht ik. (Nu was ik nog meer onder de indruk.)

Ik was uiteraard bereid om in het vliegtuig te stappen om Barry te zien, en ik kon van de gelegenheid gebruikmaken om Isaac Bashevis Singer weer eens te zien, want die verbleef op dat moment ook in Miami. Singer was Pools van geboorte. Hij was de auteur van het korte verhaal dat de basis vormde voor *Yentl*, en hij had kort daarvoor de Nobelprijs voor Literatuur gewonnen. Wat een combinatie: Barry Gibb en I.B. Singer. Zo zag mijn leven er op dat moment uit: stimulerend!

In de studio luisterde ik naar de demo's met nieuwe nummers die Barry had gemaakt. Hij had zelf met zijn unieke falsetstem mijn partijen gezongen. Sommige nummers had hij in zijn eentje geschreven, andere met zijn broer Robin, en weer andere met een van zijn partners, Albhy Galuten. Over de melodieën en het gevoel dat de liedjes opriepen, was ik meteen enthousiast. Over de teksten was ik echter nog niet zo zeker. Ze waren nogal abstract en riepen intrigerende, impressionistische beelden op die voor meerdere interpretaties vatbaar waren. (Met andere woorden, ik had er geen idee van wat Barry ermee wilde zeggen.)

Mijn gebruikelijke methode om teksten zoals een script te analyseren, zoekend naar onderliggende betekenissen en betekenisnuances, zou hier niet werken. Zoveel was me wel duidelijk. Ik was gewend om elk woord letterlijk te nemen. Maar Barry schreef figuurlijk. En ook nog niet-lineair. Er was geen sprake van een conventioneel verhaal met een begin, een midden en een einde. Ik was daarentegen gewend aan een verhaallijn.

Nadat ik alles nog een keer had beluisterd en er met Barry over had gesproken, nam ik een beslissing. Ik besloot hem te vertrouwen, me aan hem over te geven en met de stroom mee te gaan.

Barry nam alle tracks op in Miami. Vervolgens vloog hij naar Los Angeles en zong ik mijn partijen in. Het was een ongelooflijk gestroomlijnd proces. Mijn taak was elk nummer tien keer te zingen. Barry zorgde voor de rest.

Echt? Het leek zo eenvoudig.

Dat deed ik natuurlijk, maar tien keer hetzelfde liedje zingen gaat op den duur vervelen. Ik verzon dus doorlopend excuses om pauzes in te lassen... zoals eten. Zodra ik me ergens intensief op concentreer, krijg ik honger. Een psycholoog zou waarschijnlijk zeggen dat ik mijn ongemak weg probeer te eten, maar wat mij betreft is er iets anders aan de hand. Het is gewoon zo dat ik moet eten als ik werk. Als ik een opnamestudio binnenloop heb ik al honger.

Doorgaans zorg ik voor een gedekte tafel voor de muzikanten die is beladen met allerlei snacks: bagels, roomkaas, pindakaas en jam, prosciutto, meloen, kaas, fruit, koekjes, brownies (met walnoten!). En er is ook altijd een aparte tafel voor mij en de technici. En ik kijk altijd uit naar het avondeten (meestal chinees, dat eet ik het liefst).

Barry zei destijds tegen een verslaggever: 'Barbra is een harde werker. Ze werkt van 's morgens vroeg tot diep in de nacht... Maar we moesten haar tegenhouden als het eten kwam, want ze had altijd honger. We moesten haar bij het eten vandaan houden, zodat ze bleef zingen.'

Barry had zich blijkbaar voorgenomen het me zo makkelijk mogelijk te maken. Hij wist dat ik graag aan mijn script wilde werken. Ik bemoeide me uiteindelijk toch met de mix, maar niet in de mate waarin ik dat normaal gesproken doe.

Bij één nummer had ik bedenkingen: 'Woman in Love'. Die gingen niet over de melodie. Die vond ik mooi. Hij klonk me op een of andere manier zelfs Hebreeuws in de oren, met die opeenvolging van akkoorden in mineur. Het was de tekst. Ik twijfelde, en ik vergat mijn voornemen om gewoon met de stroom mee te gaan.

Het begint zo:

Life is a moment in space, when the dream is gone it's a lonelier place...

Oké, betekent dit dat dit stel uit elkaar is?

De tekst gaat verder:

I kiss the morning goodbye, but down inside you know we never know why...

Vraagt ze zich nu af waarom ze uit elkaar gaan?

The road is narrow and long, when eyes meet eyes, and the feeling is strong
I turn away from the wall, I stumble and fall, but I give you it all...

Heeft ze het over het ontmoeten van ogen met een nieuwe persoon, of herinnert ze zich haar verleden met degene met wie het voorbij is? En hoe zit het met die muur? Is dat een figuurlijke of een emotionele muur? Of is het een muur die tussen hen in staat?

En het refrein zat me ook niet helemaal lekker:

I am a woman in love, and I'd do anything to get you into my world and hold you within.

Anything? Alles?

Dat stukje kreeg ik moeilijk uit mijn mond. Ik neem aan dat er vrouwen zijn die 'alles doen' om een man te krijgen, maar zelf kon ik me daar niet in vinden. Begrijp me alsjeblieft niet verkeerd. Ik wil niemand tekortdoen. Maar voor mij kwam de vrouw in dit liedje over als een geraffineerde manipulator. Misschien ben ik een beetje jaloers op dat soort vrouwen, maar zo ben ik in elk geval niet. En ik moet zeggen dat ik niet eens zou weten hoe ik een man moest manipuleren.

Doorgaans raap ik al mijn moed bij elkaar en vraag ik botweg wat ik wil. (Hoewel mijn man zegt dat ik ook zo mijn maniertjes heb.)

Terug naar de tekst... Ik had ook mijn twijfels bij de volgende regel:

It's a right I defend, over and over again...

Welk recht? Om alle middelen die haar ten dienste staan in te zetten om een man te krijgen? En tegen wie verdedigt ze zich? De samenleving?

En dit is interessant: als je alleen naar Barry's muziek luistert en maar half op de woorden let, klinkt het als een ode aan de vrouwenemancipatie. Het was alleen niet het soort emancipatie waar ik zelf naar streefde. Ik herkende me dus niet in de vrouw in het liedje.

Maar ik besefte dat ik alles natuurlijk weer te letterlijk nam. Iedereen bij Columbia was laaiend enthousiast over het liedje. Dus dacht ik, fuck it. Laat die woorden maar. Zing het gewoon.

'Laat je behoefte om te begrijpen los,' heeft een wijze vriend ooit tegen me gezegd. Die les heb ik ter harte genomen, maar ik ben er ook nu nog niet zo goed in. Toen lukte het me echter wel... Waarschijnlijk omdat ik verder wilde schrijven aan *Yentl.*

We waren al bijna klaar met het album toen ik opeens besefte dat er een bepaald type nummer ontbrak, iets met een snel tempo, zoals misschien een bossanova.

Barry begreep gelukkig precies wat ik bedoelde, en niet veel later kwam hij met 'Guilty', het enige nummer op het album dat door alle drie de Bee Gees (Barry, Robin en Maurice) is geschreven. Ik vond het een geweldig nummer en zei: 'Wat mij betreft moet dit het eerste nummer en het titelnummer van het album worden. "*Guilty*" is zo'n krachtig woord. Psychologisch gezien zit er heel veel aan vast, en het publiek zal er zeker sterk op reageren.' Trouwens, ik ben Joods, en wij staan bekend om onze sterke schuldgevoelens.

Tot zover mijn grootste bijdrage aan het productieproces. Eigenlijk denk ik dat ik meer betrokken was bij de hoes dan bij het album. De art director van Columbia had een idee... Hij wilde een foto van me met een engeltje op de ene schouder en een duiveltje op de andere. Daar zag ik de logica niet van in. Als alternatief vroeg ik hem om Mario Casilli in de arm te nemen. Die had al uitstekend werk geleverd voor de coverfoto's voor *Playboy* en voor het album *Wet*.

Mario kwam naar de opnamestudio waar Barry en ik werkten om alvast een paar foto's voor de promotie te maken. Op dat moment hadden we nog geen idee voor de hoes. Die dag droeg ik een witte blouse en een witte broek, en toen ik de foto's onder ogen kreeg, zei ik: 'Dat is het. We moeten allebei wit dragen, en laten dan foto's maken voor een eenvoudige witte achtergrond.' Barry was een knappe man, en als we allebei in het wit gekleed voor een witte achtergrond stonden, kregen we de meest eenvoudige vormgeving. En we ontwierpen daarmee een monochroom beeld. Daar heb ik altijd van gehouden.

Een assistent werd eropuit gestuurd voor een grote rol wit papier. Een andere assistent ging naar Barry's hotel om zijn witte overhemd en broek op te halen. En zo maakten we daar ter plekke de foto's voor de hoes, zonder drama en zonder gedoe.

Nu ik er nog eens naar kijk, vind ik dat de foto een enorme puurheid uitstraalt met al dat wit. En toch was de titel *Guilty*. Dat is een interessante tegenstelling, maar op dat moment zag ik dat niet. Vaak kom ik er pas veel later achter waarom ik iets doe (soms is dat zelfs jaren later, zoals nu, tijdens het schrijven van dit boek).

Ik herinner me nog wel dat ik met opzet een foto koos waarbij ik een schuldige glimlach op mijn gezicht had. Maar waar we eigenlijk schuldig aan zijn? Daarvoor moet je naar het album luisteren.

Columbia wilde nog voordat het album in september 1980 de wereld in ging een promotiesingle uitbrengen. Drie keer raden welk nummer ze daarvoor kozen. 'Woman in Love'. Het enige nummer waar ik gemengde gevoelens over had. Maar de marketingafdeling was er zeker van dat het een hit zou worden, en omdat dit project al een oefening in loslaten was geweest, liet ik ze hun gang gaan en hoopte maar dat ze gelijk hadden.

Dat hadden ze. Het liedje steeg naar de eerste plaats, en vervolgens gebeurde hetzelfde met het album. *Guilty* behaalde niet alleen overal ter wereld de eerste plaats, maar Jay Landers vertelde me later dat het mijn bestverkochte album aller tijden was.

Het album werd ook genomineerd voor vijf Grammy Awards, waaronder Album of the Year. En 'Woman in Love' werd genomineerd voor Song of the Year. (Dus ja, wat weet ik er nou van?)

Barry en ik wonnen een Grammy voor Best Pop Performance by a Duo or Group. Ik had hem gevraagd om, net als ik, geheel in het wit te verschijnen, zoals we ook samen op de hoes stonden. En ik had een paar regels geschreven die we tegen elkaar konden zeggen als we op het podium stonden.

'En, Barry, voel je je schuldig?'

'Nee.'

'Ik wel.'

'Waarom? Waarom zou je je schuldig voelen?'

'Dat weet ik niet. Het voelt een beetje alsof ik Neil Diamond bedrieg.'

Daar moest iedereen hard om lachen, en Barry gaf me een dikke kus.

In 1986 (dat was jaren later) hadden we een gelukkig weerzien. Barry was toen zo welwillend om me te ondersteunen tijdens mijn concert *One Voice*. Ook daar verschenen we weer in het wit. We zongen 'Guilty' en 'What Kind of Fool'. Dat waren onze duetten op het album, en de respons was geweldig. Het was een van de hoogtepunten van de avond.

En Barry zei tegen me: 'Je hebt mijn leven veranderd.'

Want nadat we dat album hadden gemaakt, had hij plotseling een nieuwe carrière als producer voor artiesten zoals Kenny Rogers, Diana Ross en Michael Jackson.

Stephen Holden recenseerde het album in *Rolling Stone*. *Guilty* was wat hem betrof 'een lust voor het oor, meer dan ik in jaren heb gehoord'. En in *The New York Times* noemde hij onze samenwerking 'een sensationele mix van talenten... *Guilty* is gewoon perfect.' In een interview voor *Billboard* roemde ook Barry onze samenwerking. Hij zei: 'Ze is met afstand de beste zangeres ter wereld.'

Dat compliment wil ik hierbij graag teruggeven. Ik heb altijd teruggekeken op het album *Guilty* als de gemakkelijkste en leukste opnamesessies waar ik ooit bij betrokken ben geweest. Barry maakte het hele proces tot een genot. Hij wist precies hoe hij mij als artiest moest presenteren. Dat komt doordat hij zelf een geweldige artiest is.

35

Papa, kun je me horen?

In de winter van 1968 werd er in mijn appartement in New York een pakje bezorgd. Daarin trof ik een kopie van een kort verhaal: 'Yentl the Yeshiva Boy', van Isaac Bashevis Singer. Ik kende het werk van Singer niet, en de man die me zijn verhaal had gestuurd, kende ik ook niet. Het was een producer, Valentine Sherry. Ik vond het maar een vreemde naam, meer iets wat je als merknaam van snoep zou verwachten. Ik las snel zijn begeleidende briefje en voegde de kopieën toe aan de stapel scripts op mijn bureau.

Een paar dagen later nam ik het mee naar bed; daar las ik meestal. Het verhaal telde slechts negenentwintig pagina's. Mooi, dacht ik, dat heb ik zo uit. Mijn aandacht werd meteen getrokken door de eerste woorden: 'Na de dood van haar vader.' Mijn hart sloeg een slag over. Ik voelde meteen een band met de hoofdpersoon. En tegen de tijd dat ik de laatste bladzijde had omgeslagen, was ik verkocht. Ik was volkomen in de ban van dit verhaal over een jonge Joodse vrouw in het Polen van de negentiende eeuw, wier 'ziel hunkerde naar de studie van de Tora'. Dat was vergelijkbaar met naar de universiteit gaan en geschiedenis, rechten, filosofie en theologie studeren. Om dat te verwezenlijken deed ze zich voor als man. Alleen op die manier kon ze het onderwijs krijgen dat in die tijd voor vrouwen ontoegankelijk was. De volgende ochtend belde ik David Begelman, mijn agent. 'Ik heb zojuist mijn volgende film gevonden,' zei ik. 'Hij heet *Yentl the Yeshiva Boy*.'

David was onaangenaam verrast. Zijn weerstand was zelfs door de telefoon heen te voelen. 'Hou je me nu voor de gek?' zei hij. 'Tegen dat verhaal hebben we al nee gezegd. Je hebt net een Joods meisje gespeeld, en nu wil je een Joodse jongen spelen?'

Nu was ik degene die onaangenaam verrast was. 'Wacht eens even,' zei ik. 'Je hebt een idee voor een film afgewezen zonder dat eerst met mij te bespreken? Dat kun je niet maken!'

'Barbra, zodra *Funny Girl* in de bioscoop verschijnt, word je een grote ster. En er zitten nog twee grote films voor je aan te komen. En dan vertel je me nu dat je een of ander fakakta kort verhaal wilt verfilmen? Dat is zonde van je kostbare tijd.'

David dacht alleen maar aan geld. Het laatste wat hij wilde was mij een filmhuisfilm laten maken. Maar ik was gegrepen door dit verhaal, en het liet me niet los. Dus belde ik Valentine Sherry.

Toen wist ik het nog niet, maar dit was het begin van een episch verhaal dat me zou bezighouden, frustreren, uitdagen, vermoeien en enthousiast zou maken... en dat voor de komende vijftien jaar.

Sherry had Singer al aangenomen om een script te schrijven. Dat telde honderdvijfennegentig pagina's... veel te lang... en het verhaal was uitgerekt zonder dat er rekening mee was gehouden dat film een ander medium is. Het was goed geschreven. Het was alleen niet bruikbaar als script voor een film.

Sherry had ook al een regisseur ingehuurd, Ivan Passer. Hij maakte, met Miloš Forman, deel uit van de Tsjechische New Wave. Hij had met *Intimate Lighting* een prachtige, subtiele en scherpzinnige film gemaakt. Kortom, Passer leek me een uitstekende keuze. Ik ging ervan uit dat hij met zijn achtergrond een grondige kennis van Oost-Europa zou hebben.

Passer herschreef het scenario van Singer, en in 1971 werd officieel aangekondigd dat ik de film, nu met *Masquerade* als titel, zou gaan doen voor First Artists. Dat bleek echter iets te optimistisch. Het script voldeed nog steeds niet. Sherry schakelde een andere schrijver in, Jerome Kass. Deze maakte zijn eigen versie, en vervolgens werkten Passer en Kass samen aan weer een andere versie. Maar ik had nog steeds bedenkingen, en daarin was ik niet de enige. Passer bleek ook bedenkingen te hebben... over mij! Hij was bang dat ik te oud was voor de rol, en ook te beroemd. Sherry was degene die zijn keuze op mij had laten vallen, en ik was bang dat Passer zich gepasseerd zou voelen en zou vinden dat ik hem werd opgedrongen.

Ik was vijfentwintig toen Sherry en ik elkaar voor het eerst ontmoetten. Nu was ik negenentwintig, en hoewel de leeftijd van Yentl nergens in het verhaal wordt genoemd, nam Passer aan dat ze nog geen twintig was. Voor mij was haar leeftijd niet zo belangrijk. Mijn interesse ging vooral uit naar haar dilemma... En als Singer vond dat mijn leeftijd een probleem was, had hij dat nooit tegen me gezegd toen we elkaar ontmoetten.

Ik bezocht hem in zijn appartement in New York. Ik bruiste van enthousiasme en wilde graag met hem praten. Hij leek echter niet erg blij me te zien. Hij was niet erg gastvrij, en voor zijn vrouw gold hetzelfde. Ze serveerde met zichtbare tegenzin thee met harde, droge koekjes. Ik probeerde hem een glimlach te ontlokken, maar hij was een beetje een zuurpruim, en emotioneel nogal kil. Met zijn kale hoofd en bleke huid zag hij eruit als een boze kabouter. Er volgde nog een tweede bezoek. Dat was in Florida, en ik nodigde hem ook uit bij mij thuis toen hij voor een voordracht door de UCLA was uitgenodigd. Helaas zijn we er nooit in geslaagd om nader tot elkaar te komen. Ik denk dat hij ontstemd was omdat we zijn scenario hadden herschreven. Hij trok zich terug uit het project, en uiteindelijk stapte ook Passer eruit.

Voor mij was het meer een onderbreking. Ik maakte de ene film na de andere, maar *Yentl* was nooit uit mijn gedachten. In de loop van de jaren checkte ik regelmatig bij Cis om te kijken hoe het er met het script voorstond. Tegen die tijd had ik de rechten gekocht en met verschillende schrijvers gesproken. Na het zien van de Canadese film *Lies My Father Told Me*, over een orthodox-joodse jongen en zijn grootvader, nam ik Ted Allan, de man die het script had geschreven, in de arm om een nieuwe versie te maken. Hij begreep echter niet helemaal welke kant ik ermee op wilde. Ook sprak ik met Leah Napolin. Zij had het korte verhaal bewerkt tot een toneelstuk dat op Broadway werd opgevoerd. (Omdat ik de rechten bezat, moesten de producenten mij om toestemming vragen, die ik hun gaf). Daaruit is echter geen nieuw script voortgevloeid.

In de twee daaropvolgende jaren ging ik volledig op in *A Star Is Born*. In die tijd kon ik aan niets anders denken. Daarna had ik weer ruimte voor *Yentl*, maar inmiddels was Valentine Sherry overleden. Ik had nog steeds geen goed script, en ik had ook nog een regisseur nodig. Ik had de Franse regisseur

Claude Berri benaderd omdat ik zeer onder de indruk was van zijn film *The Two of Us*, over een acht jaar oude Joodse jongen die zijn geloof verbergt als hij tijdens de Tweede Wereldoorlog in huis komt bij een ouder katholiek echtpaar.

Dat was de film die ik koos toen Steven Spielberg en ik elkaar een van onze favoriete films lieten zien. (Hij koos *A Guy Named Joe*, met Spencer Tracy, gemaakt door Victor Fleming.)

Ik kon mijn ongeduld nauwelijks bedwingen en wachtte met spanning op het moment dat de oude man, een antisemiet, ontdekt dat de jongen van wie hij is gaan houden Joods is. Maar wat gebeurde er? Ik wachtte tevergeefs. Die scène zit niet in de film. Ik had het me helemaal voorgesteld. De oude man komt nooit achter de waarheid, maar de jongen leert iets van wezenlijk belang over de basale onwetendheid die ten grondslag ligt aan de meeste vooroordelen... En het moet hem verdriet gedaan hebben dat hij zijn geheim niet kon delen met de man van wie hij hield.

Het is een heel eenvoudig en ontroerend verhaal, in zwart-wit gefilmd. Zo zag ik *Yentl* ook, bijna als een kleinschalige Europese film. Op een dag zat ik thuis op Carolwood Drive in bad en voerde ik een lang telefoongesprek met Claude in Parijs. Helaas had hij het te druk met zijn eigen projecten.

Ik had een mooie ontmoeting met Miloš Forman, die later profetisch bleek te zijn. Maar op dat moment besefte ik dat nog niet. Hij luisterde naar mijn ideeën voor *Yentl*, en zei toen: 'Barbra, het is duidelijk dat je precies in je hoofd hebt wat je met deze film wilt. Waarom regisseer je hem niet zelf?'

Maar dat overwoog ik destijds niet eens. Nadat we *A Star Is Born* hadden afgerond en de film uitgroeide tot een enorme hit, had ik meer zelfvertrouwen. Misschien is het tijd om groter te denken, dacht ik. Misschien moet ik een risico nemen...

Het was ondertussen oktober 1978. Ik was zesendertig. De kans om de rol te spelen die me al tien jaar niet losliet, werd zienderogen kleiner.

Het leven is te kort, dacht ik. Het was nu of nooit... Ga ervoor of hou ermee op. Ik wilde niet op een dag als oude vrouw in mijn schommelstoel zitten en tegen mezelf moeten zeggen: 'Ik had *Yentl* moeten regisseren.'

Maar ik was bang.

We namen op dat moment *The Main Event* op bij Cedar Lake in de San Bernardino Mountains, en ik deed mijn best een zo goed mogelijk product af te leveren. Begrijp me niet verkeerd. Er waren aspecten aan deze film waar ik echt van genoot. Maar de opnamen waren allesbehalve gemakkelijk. Op een dag kregen we te maken met een sneeuwstorm, en dat betekende nog meer vertraging, en nog meer aanpassingen in het script.

Jon en ik stonden buiten in de kou, en opeens kwam al die opgekropte emotie naar boven en barstte ik los.

'Waarom verdoe ik mijn tijd met deze luchtige comedy? Waarom verspil ik mijn leven aan dit soort onzin? Ik moet iets doen waarin ik geloof, iets waar ik passie voor heb. Ik ga *Yentl* maken!'

'Natuurlijk doe je dat niet,' zei Jon. 'Je weet heel goed dat je die film nooit zult maken! Je hebt het er al jaren over. Je kunt geen mán spelen. Dat is belachelijk. We vinden wel iets anders om samen te doen.'

Ik staarde hem aan. Plotseling was het me duidelijk. Ook hij geloofde niet in *Yentl*. Tijdens het eerste weekend dat we in elkaars gezelschap doorbrachten, had ik hem het korte verhaal voorgelezen. Wat had hij in al die jaren terwijl ik aan mijn project werkte gedacht? Ik dacht dat hij het goed vond, dat had hij tenminste gezegd. Ik was er zonder meer van uitgegaan dat hij me steunde.

Dus niet.

Maar als Jon dacht dat hij me had ontmoedigd, had hij het mis. Integendeel. Hij bereikte precies het tegenovergestelde.

'Juist omdat je dit nu zegt,' zei ik, 'ga ik deze film maken, wat er ook gebeurt! Ik maak hem over jouw lijk!' Of misschien was het míjn lijk. In elk geval het lijk van een van ons, en het kon me niet schelen welk.

Ik was woest.

Iemand hoeft maar tegen me te zeggen dat ik iets niet kan, dan doe ik het juist. Zo zit ik nu eenmaal in elkaar.

Jon denkt dus dat ik geen man kan spelen? Ik zal hem eens wat laten zien. Op een avond trok ik mannenkleren aan en kwam ik de kamer binnen op een moment dat hij me niet verwachtte. Het duurde even voordat Jon me herkende, en even was ik bang dat ik een fout had gemaakt. Stel dat hij zijn pistool pakt, dacht ik. Later vertelde Jon me dat het inderdaad niet veel had gescheeld. En hij gaf ook toe dat ik hem beet had gehad. Hij besefte dat ik dit misschien toch wel zou kunnen.

Ik presenteerde mijn project aan diverse studiobazen.

'Ik heb hier een kort verhaal van Isaac Bashevis Singer...'

'Wie?'

'Hij is geboren in Polen en schrijft prachtige volksverhalen in het Jiddisch.'

'Huh?'

'Dit is een verhaal over een jonge vrouw die zich als man voordoet, zodat ze de Talmoed kan bestuderen.'

'Wat?'

Eigenlijk was het zinloos om door te gaan. Maar dat deed ik toch. Ik hoopte tegen beter weten in dat mijn enthousiasme aanstekelijk zou werken. Maar allemaal keken ze me glazig aan. Geen van hen had ook maar enige interesse in dit project. Naar zo'n film zou niemand willen kijken, dachten ze. Het verhaal van Isaac Bashevis Singer was veel te obscuur, vonden ze.

Een script voor een film pitchen is bepaald geen makkie. Twaalf jaar later bevond ik me weer in dezelfde positie. Deze keer legde ik *The Prince of Tides* voor aan weer andere studiobazen. En deze keer ging het niet om een onbekend kort verhaal, maar om een bestseller. Wat was deze keer het antwoord? 'Hmm, de film kan nooit even goed zijn als het boek.' Dus het ene verhaal was te obscuur, en het andere was te bekend. Wie het begrijpt mag het zeggen.

Dat *Yentl* niet commercieel was, wist ik zelf ook wel. En dan was er nog het probleem dat ik het grootste deel van de film in mannenkleren rondliep. De laatste actrice die dat had geprobeerd was Katharine Hepburn in *Sylvia Scarlett*. Dat was in 1936, en een groot succes was het niet geweest.

Dus ja, toegegeven, *Yentl* was anders dan anders, maar ik was vastbesloten om de studiobazen op andere gedachten te brengen.

Voor mij was het een universele geschiedenis, een verhaal over iets willen wat onbereikbaar voor je is. En strikt genomen was het een liefdesverhaal, met een paar behoorlijk onverwachte wendingen.

Yentl was eerst en vooral verliefd op leren, maar toen werd ze verliefd op een man die haar alleen als een vriend kon zien. Ze trouwde met de vrouw op wie hij verliefd was om hem een plezier te doen. Maar vervolgens raakte de vrouw in kwestie verliefd op Yentl.

Een beetje ingewikkeld is het wel… En een beetje shakespeariaans. Cupido's pijlen raakten de verkeerde doelwitten. We kunnen wel stellen dat de film over meerdere soorten liefde ging.

Het ging over een vrouw die tegen de mores van haar tijd in ging… Een vrouw die meer wilde dan een burgerlijk leven van sokken stoppen en het huis schoonhouden… Een vrouw die haar geest wilde vullen met ideeën, en niet alleen wilde nadenken over wat ze voor het avondeten moest maken. Voor mij voelde dat heel relevant, en voor mijn gevoel paste het ook in de tijd waarin we toen leefden.

Maar zo zagen de studiobazen het niet. Voor hen was en bleef het een film over Joden. Sommigen van hen waren weliswaar zelf Joods, maar misschien zagen ze zichzelf liever niet op het grote scherm. Misschien vonden ze het onderwerp te Joods. Joodse studiobonzen trouwden vooral in de begindagen van Hollywood zelden met Joodse vrouwen. Ze wilden integreren.

In sommige opzichten zijn Joden nog steeds 'de ander', denk ik. Eeuwenlang zijn ze gebruikt als zondebok... Telkens weer kregen ze de schuld van alle kwaad in de wereld. Ik ben altijd een fan geweest van het essay dat Mark Twain in 1899 schreef voor *Harper's Magazine*, getiteld 'Concerning the Jews'. Als onpartijdige waarnemer volgde Twain (die zelf niet Joods was) de geschiedenis van vooroordelen tot ver terug. Hij vroeg zich af of deze te wijten waren aan een afwijking in het Joodse karakter. Hij kwam echter tot de conclusie dat 'de Jood een goede, oplettende burger is', en dat de antipathie jegens hen eigenlijk weinig te maken had met godsdienst. Dit is wat hij schreef: 'Ik ben ervan overtuigd dat in Rusland, Oostenrijk en Duitsland negen tiende van de antipathie tegen Joden voortkomt uit het onvermogen van de gemiddelde christen om het met succes tegen de gemiddelde Jood op te nemen in het zakenleven.'

Om het succes van Joden te beperken, werd in de loop van de eeuwen het ene beroep na het andere voor hen verboden. In veel landen mochten ze bijvoorbeeld geen lid zijn van diverse gilden. Dat maakte het onmogelijk voor hen om bepaalde beroepen uit te oefenen. Vaak mochten ze geen onroerend goed bezitten. Het enige wat hun restte was goederen verhandelen en geld beheren. Dus blonken Joden uit in handel. Ze werden kooplieden, winkeliers en bankiers... Beroepen waarbij 'de basis van succesvol zakendoen eerlijkheid is', volgens Twain. Maar welke beperkingen er ook aan hun dagelijks leven werden gesteld, er was één ding dat nooit was veranderd: hun respect voor onderwijs.

'Na vele eeuwen van verboden en beperkingen,' zo betoogde Twain, 'bleef er één ding over dat niemand hun kon afnemen: hun hersenen. En dat gereedschap hadden ze tot in het oneindige verfijnd.' Twain verwees naar een statistiek die door een Duitser was aangehaald toen hij pleitte voor de uitzetting van Joden: '85 procent van de succesvolle advocaten in Berlijn was Joods, en ongeveer hetzelfde percentage van de grote en lucratieve Duitse bedrijven was in handen van Joden.' Twain concludeerde als volgt: 'Dat is een verbazingwekkende bekentenis. Op een bevolking van 48 miljoen, waarvan maar 500.000 Joden, was 85 procent van de hersenen en eerlijkheid bij hen ondergebracht.'

Dat maakte hen echter wel tot een doelwit. Mensen zijn bang voor alles wat anders is, en ze zijn nog banger om zelf als anders gezien te worden.

De studiobazen wilden niet verder kijken dan de Joodse context van *Yentl*. Daarmee gingen ze voorbij aan het grotere thema van gelijke kansen voor mannen en vrouwen. Dit verhaal ging in feite over een vrouw die niet meer wilde dan dezelfde kansen als een man. Onder de weigering van de studiobazen lag een onuitgesproken angst die ik echter goed kon voelen. Ze wilden niet de aandacht vestigen op Joden en hun wereld. Destijds schreef ik in mijn dagboek dat Joden blijkbaar beschouwd werden als te 'anders en vreemd, vooral nu, en wederom, en naar het schijnt altijd...'

En terwijl ik dit nu schrijf, nemen overal in de wereld nationalisme, fascisme en antisemitisme toe, zelfs in de Verenigde Staten. Het is moeilijk te geloven dat dit allemaal weer kan gebeuren. Ik ben altijd trots geweest op mijn Joodse afkomst. Toen ik als actrice aan de slag ging, heb ik het dan ook nooit geprobeerd te verbergen. Het is een essentieel deel van wie ik ben. Dat is een van de redenen dat ik deze film wilde maken, over een intelligente Joodse vrouw die veel eigenschappen bezat waar ik een grote bewondering voor heb. Ze verkleedt zich als man om iets met die eigenschappen te kunnen doen. De geschiedenis is vol van voorbeelden van vrouwen die hetzelfde hebben gedaan. Ook in sprookjes zie je vaak dat mensen zich vermommen zonder ontdekt te worden. *Yentl* beschouwde ik als een realistisch sprookje.

Het verhaal is namelijk niet op alle punten realistisch, maar het is ook niet allemaal fantasie. Het is beide. Daar is die tegenstelling weer: een van de redenen waarom ik dit zo'n leuk project vond.

Al die negatieve reacties waren erg ontmoedigend. En dan was er nog iets: ik wilde de film zelf regisseren. Ik was een actrice, en in de ogen van de mannen die de leiding over de studio's hadden, moest ik mijn plaats kennen. Ze vonden dat ik wel heel veel lef had om te geloven dat ik een film zou kunnen produceren, regisseren, schrijven én er de hoofdrol in spelen. (Mijn eigen gedachten over het op mij nemen van al deze rollen was: geweldig. Drie mensen minder om mee te discussiëren.) Die mannen hielden er zeer ouderwetse ideeën op na en zagen actrices als lichtzinnige wezentjes die geen financiële verantwoordelijkheid konden dragen. En ik maar denken dat het victoriaanse tijdperk achter ons lag. Als je naar deze mannen luisterde zou je dat echter niet zeggen.

Overal werd ik afgewezen, en er kwam een punt waarop ik het niet meer zag zitten. Maar toen gebeurde er iets wat me energie gaf, waardoor ik me weer volledig voor de film kon inzetten.

Op een dag belde mijn broer me met een ongelooflijk verhaal. Op Long Island had hij een Joodse huisvrouw ontmoet die werkte als medium. Ze had hem verteld dat er, toen ze pas dertien was, een geest contact met haar had gezocht, en dat ze, net zoals haar moeder dat had gekund, contact kon maken met de doden.

'Wat?'

'Barbra, ik kan de ervaring die ik heb gehad niet eens voor je beschrijven. Ik heb met papa gesproken. We legden onze handen op een tafel, de tafel begon te bewegen, en de poten op de vloer spelden papa's naam. En toen volgde de tafel me de hele kamer door.'

'Pardon?'

Mijn broer is allesbehalve zweverig. Shelly staat met zijn beide benen op de grond. Hij leest geen horoscopen, en hij gaat niet naar een waarzegger. Dus dit verhaal paste op geen enkele manier bij hem.

Ik stond met mijn oren te klapperen. Ik geloofde er geen woord van. Maar ik was wel nieuwsgierig. Dit moet ik met eigen ogen zien, dacht ik.

Dus toen ik weer in New York was, vroeg ik Shelly een sessie met dit medium voor me te regelen. Voorafgaand aan de ontmoeting wilde ik mijn vaders graf bezoeken. Geloof het of niet, maar ik was er nog nooit geweest. Mijn moeder heeft er niet één keer over gesproken, en ze heeft nooit aangeboden om me er mee naartoe te nemen. Het kan ook zijn dat ik er niet naartoe wilde omdat ik onbewust boos was op mijn vader omdat hij er niet meer was. Ik weet het niet.

Ik wist niet eens waar zijn graf precies was. Shelly wist het wel. We reden naar Mount Hebron Cemetery in Queens, en hij wees me de graven van mijn vaders moeder, Anna, en zijn vader, Isaac. En daar was ook het graf van mijn vader. Op de granieten grafsteen staat GELIEFDE ECHTGENOOT, VADER EN ZOON ... GEACHTE LERAAR EN GELEERDE ... en verder stonden de Joodse ster en het teken van Phi Beta Kappa erop.

Ik vroeg Shelly een foto van me te maken naast het graf en de steen. Het is de enige foto die ik heb van mij met mijn vader.

Diezelfde avond bezocht het medium ons in Shelly's huis in Great Neck. Ellen, mijn schoonzus, wilde er niets mee te maken hebben en trok zich terug in de keuken. We waren dus met zijn drieën: mijn broer, het medium en ik. Op het eerste gezicht leek ze een aardige Joodse dame. Er was niets bijzonders aan haar te zien. We namen plaats in de eetkamer van mijn broer, niet aan zijn grote eettafel. Daar stond een kleine, driehoekige tafel met drie poten waaraan we dicht bij elkaar konden zitten. Als we de scharnierende zijbladen wegklapten, mat de tafel rond de zeventig centimeter doorsnee. Voor de zekerheid keek ik even onder de tafel om me ervan te vergewissen dat het medium er geen touwtjes aan had bevestigd. We legden alle drie onze handen op het tafelblad.

Het medium vroeg: 'Is hier vanavond iemand aanwezig?'

Van tevoren had ze verteld dat één tik van de tafelpoot ja en twee tikken nee betekende. Een ogenblik later voelde ik een van de tafelpoten bewegen en een zwak geluid maken.

'Wie ben je?' vroeg het medium, die op het punt stond de letters van het alfabet op te noemen. Blijkbaar tilde de tafel een poot op wanneer ze bij de juiste letter was, om zo een woord te spellen. Ze hoefde niet ver door te gaan, want de poot bewoog al bij de A.

Mijn stem trilde. 'Ben je een vrouw?' vroeg ik.

Er volgde één zachte tik van de poot.

'Ben je mijn grootmoeder, Anna?' vroeg ik.

De enkele tik van de poot klonk nu een stuk krachtiger. Oef, dit vind ik niet leuk meer, dacht ik. Ik was zo bang dat ik maakte dat ik wegkwam en me naar de badkamer haastte. Terwijl ik me daar verstopte, hoorde ik harde geluiden uit de eetkamer komen. De tafel stampte.

Ik stak mijn hoofd naar buiten. Het medium was weer letters aan het opnoemen, en de poten gingen op en neer op M... A... N....

'Manny?' zei Shelly.

Hoe was het mogelijk dat die tafel mijn vaders bijnaam kende? Ik verliet de badkamer en schuifelde langzaam in de richting van de tafel. 'Heb je een boodschap voor iemand die hier aanwezig is?' vroeg het medium.

De tafelpoten spelden: B... A...

'Barbra?' vroeg het medium.

Toen vroeg ze: 'Wat is de boodschap voor Barbra?'

De tafel spelde: S... O... R... R....

Mijn broer was de eerste die het woord raadde: 'Sorry?'

O, mijn god. Ik kon mijn oren niet geloven. Als er één woord was dat ik mijn hele leven al van mijn vader wilde horen...

Zoiets kun je niet verzinnen. Als het medium zelf de woorden in de mond van mijn vader had willen leggen, had ze hem waarschijnlijk toch wel iets algemeners laten zeggen, zoals 'ik hou van je' of 'ik ben altijd bij je'. Maar in plaats daarvan zei hij: 'Sorry.' Ik was met stomheid geslagen.

De vrouw vroeg: 'Is er nog iets wat je kwijt wilt?'

De tafel begon weer te bonzen: S... I... N... G... P... R... O... U... D. Nu bonkten de tafelpoten zo snel dat ik mijn handen niet langer op het tafelblad kon houden. Mijn broer liet zijn beide handen er licht op rusten. Maar hij hield de tafel niet vast, en hij duwde hem ook zeker niet. Het enige wat hij deed was de tafel door de kamer volgen. Hij beperkte zich tot een duwtje toen de tafel niet over de drempel heen kwam. Vervolgens keerde de tafel terug naar waar het medium en ik nog zaten. Hij bewoog langzaam heen en weer tussen mijn broer en mij. En toen werd het stil. Niemand zei een woord.

Dit was het engste dat ik ooit heb meegemaakt. Ik weet dat het ongelooflijk klinkt, maar ik mag ter plekke doodvallen als ik lieg. Het was een ervaring die ik nooit meer wilde herhalen.

Zodra het medium vertrokken was, ging ik in mijn eentje naar boven, naar Shelly's slaapkamer. Ik trilde over mijn hele lichaam. Ik ging op zijn bed zitten en belde mijn beste vrienden, Cis en Harvey. Harvey nam de telefoon op, en ik vertelde hem wat er net was gebeurd.

'Ik geloof het niet,' zei hij.

'Ik heb het anders net met mijn eigen ogen gezien.'

'Ik geloof niet in dat soort dingen.'

'Wat voor dingen?'

Ik voelde me hulpeloos. Niets wat ik zei zou hem op andere gedachten kunnen brengen. Mijn relatie met Harvey was na dat telefoongesprek niet meer hetzelfde. 'Mag ik Cis even aan de lijn?' zei ik. Maar zij had eenzelfde reactie. 'Eerlijk gezegd vind ik dit moeilijk te geloven,' zei ze. Dat stelde me teleur. 'Ach,' antwoordde ik. 'In jouw plaats zou ik het waarschijnlijk ook niet geloofd hebben. Maar ik heb dit allemaal met mijn eigen ogen gezien. Die boodschap was absoluut voor mij.'

Dat ik die tafel al die woorden zag spellen, is een feit dat ik niet kan ontkennen. En evenmin kan ik de aanwezigheid van mijn vader ontkennen, en dat hij me vertelde hoezeer het hem speet dat hij me had verlaten. Dat alles had een diepgaand effect op me. Het bevrijdde me van de woede die ik zoveel jaren had gevoeld. Op de terugweg naar huis, in het vliegtuig naar Los Angeles, las ik het eerste deel van een paper die mijn vader had geschreven. Ik had het nu pas van Shelly gekregen. Eerder had ik er nooit om gevraagd.

Mijn vaders masterscriptie had ik al eens gelezen. Dat was een psychologische analyse van de gesprekken tussen mijn moeder en haar driejarige zoon als ze hem ertoe probeerde over te halen om te eten. De titel van de scriptie was: 'De zaak-Sheldon'. Het was een scherpe observatie en leek bij tijd en wijle wel een toneelstuk. Na elke dialoog volgde een samenvatting van wat mijn moeder verkeerd had gedaan en hoe haar gedrag niet leidde tot de gewenste resultaten. Het is allemaal heel logisch en zeer scherpzinnig, en het mag dan in 1938 geschreven zijn, maar het is nog even relevant.

Nadat ik die scriptie had gelezen, miste ik mijn vader nog meer. Dat was waarschijnlijk de reden dat ik dat andere stuk tot nu toe nooit had willen zien. Daarin vertelt hij dat hij bekende schrijvers als Shakespeare en Ibsen, en briljante dichters zoals Byron en Keats, gebruikte als hij Engelse les gaf aan gevangenen en jeugdige delinquenten. Ik voelde me enorm met hem verbonden. Ik wilde Juliet spelen, en ook Hedda Gabler, en nu zag ik dat mijn vader over dezelfde teksten schreef die ik als tiener tijdens de acteerles had ontdekt.

Voor de grap deed ik een paar van zijn testjes en koppelde schrijvers aan hun werk. Stel je voor dat ik met zo'n vader was opgegroeid. Dan was ik waarschijnlijk gaan studeren... En misschien was ik dan net als hij leraar geworden.

Een week na mijn bezoek aan Shelly stuurde hij me een doos met foto's. Daarin zag ik iets wat me verbaasde. Het was de naam op de grafsteen naast die van mijn vader.

Niet Irving of Murray, het soort naam dat je verwacht op een Joodse begraafplaats. Het was... Anshel. Dat is geen gewone naam. Je komt tegenwoordig niet veel Anshels tegen. De enige keer dat ik die naam had gezien, was in het korte verhaal van Isaac Bashevis Singer. Daarin is het de naam van Yentls overleden oom. (Voor de film had ik dat veranderd in de naam van haar overleden broer.) En als ze besluit zich voor te doen als man, neemt ze de naam van haar broer aan.

Ik was met stomheid geslagen. Dit was het teken waar ik op had gewacht. Dit was het teken dat ik deze film moest maken. In de tijd dat ik naarstig op zoek was naar ideeën voor *Yentl*, ontdekte ik tegelijkertijd mijn vader. Evenals Yentl deed hij niets liever dan leren. Ze waren uit hetzelfde hout gesneden. En ik ook.

Zijn leven was veel te vroeg geëindigd, en nu was mij de kans gegeven om het als het ware te verlengen. Om deze rol te spelen, moest ik mannenkleren dragen. In zekere zin stapte ik in de schoenen van mijn vader. Hij zou voortleven in mij, en in Yentl.

Nu wist ik zeker dat ik deze film zou maken.

Maar hoe? De grote studio's hadden geen interesse. Ze wilden wel een film met Barbra Streisand, maar dan dachten ze aan een musical, of op zijn minst aan een comedy. *Yentl* was geen van beide.

Grappig hoe de cirkel rond is. Ik begon mijn carrière als zangeres in nachtclubs omdat ik geen werk kon krijgen als filmactrice, en de ironie was dat het er nu op leek dat ik deze film alleen gemaakt kon krijgen als ik erin zong.

Dat idee was natuurlijk al bij me opgekomen. In al die jaren dat ik dit project aan studiobazen voorlegde, kreeg ik steevast de vraag of ik erin ging zingen, want dan waren ze misschien geïnteresseerd. Aanvankelijk zei ik nee, omdat ik me als actrice wilde bewijzen, en later, zelfs toen Marilyn en Alan Bergman ook voorstelden om er een musical van te maken, kon ik er nog steeds geen enthousiasme voor opbrengen. Ik was van plan deze film zelf te regisseren, en ik zag het niet als een musical. Maar nu had ik die boodschap van mijn vader, '*Sing proud*', in mijn hoofd.

Ik had een ontmoeting met Eric Pleskow en mijn vriend Mike Medavoy bij Orion. Ze waren een beginnende studio, en ze moesten dus snel een portfolio met nieuwe films in de markt zetten. Daarom stonden ze meer open voor het verhaal, en ook voor mij. Onvermijdelijk kwam de vraag of ik erin wilde zingen. Ik aarzelde en zei voorzichtig ja.

Het voelde alsof alle goden me in die richting duwden, en vanaf dat moment dacht ik aan *Yentl* als een musical, hoewel ik het liever een film met muziek noem. Ik vertelde dat het script nog niet af was. Mike vroeg me vervolgens waarom ik het dan niet zelf schreef. Ik had al aan verschillende conceptversies gewerkt met diverse schrijvers, maar ik vond mezelf nooit goed genoeg om het helemaal alleen te doen. Zou ik echt een heel script kunnen schrijven?

Ik moest wel. Ik had geen andere keus. Zoals ik de film in mijn hoofd had, kon ik hem niet beschrijven aan een andere schrijver. Die zou mijn visie nooit voor 100 procent weten te vangen. Ik wist precies wat ik wilde, en de enige manier om dat ook te krijgen was het zelf te schrijven zoals ik het wilde. Orion bood me zowaar een voorlopig contract aan.

Ik bruiste van energie na die bijeenkomst. Zodra ik weer thuis was, belde ik Marilyn en Alan en zei: 'We moeten na gaan denken over muziek.'

Kort daarna bespraken we de mogelijkheden. Als acteurs zingen, wordt het sprookjesachtige aspect van een verhaal versterkt. Maar het ging ook ten koste van het realisme, en dat wilde ik zo veel mogelijk voorkomen. Ik kon

Yentl niet zien als een conventionele musical. Die benadering leek me voor het onderwerp ongepast. Daar was het te intiem en te intens voor.

Pas toen we de musicaltraditie loslieten, vonden we een werkbare oplossing. In feite kwamen we op het idee door het personage. Het was een natuurlijke ontwikkeling. Zodra Yentl zich in mannenkleren hulde en een andere identiteit aannam, kon ze niet meer vrijuit spreken. Vanaf dat moment had ze een geheim. Ze moest haar gedachten voor zichzelf houden. Maar als we haar deze gedachten nu eens met het publiek lieten delen via een voice-over, niet gesproken maar gezongen?

Het leek een voor de hand liggend idee en we hadden er alle drie een goed gevoel over. Pas als Yentl alleen was, kon ze uit volle borst zingen (en ook op het schip naar Amerika, aan het einde van de film; dat voelt voor haar als een bevrijding). In alle andere gevallen, in het gezelschap van andere mensen, klonk de muziek alleen in haar hoofd, als ware het een gezongen stream of consciousness.

Diezelfde techniek had ik al eerder gebruikt. Toen we *Funny Girl* opnamen, wilde ik mijn deel in het duet 'You Are Woman, I Am Man' in een voice-over doen. Als Nick Arnstein haar probeert te verleiden, is het niet logisch dat Fanny haar gedachten hardop zingt. Ik probeerde altijd om een verhaal zo realistisch mogelijk weer te geven.

Yentl te laten zingen in een voice-over voelde voor mij op eenzelfde manier realistisch.

Maar als we aan dit idee vasthielden, kon geen van de andere personages zingen. Daar was ik nog niet helemaal uit. Hoe zou het publiek reageren als ik als enige zong? Ik wilde niet dat mensen zouden denken dat deze film één grote egotrip was.

Daar hoefde ik me geen zorgen over te maken, zeiden Marilyn en Alan. Ze vonden dit de perfecte oplossing: op deze manier voegden we op een natuurlijke wijze muziek toe en behielden we de intimiteit van het verhaal.

Deze film zou dus niet van die obligate scènes kennen waarop de gelukkige dorpelingen in gezang uitbarsten. Gelukkig, dacht ik, want als ik ergens geen zin in had, was het een traditionele musical met grote productienummers, en traditionele Joodse muziek wilde ik ook niet. Dat was al gedaan, met *Fiddler on the Roof*. Ik wilde muziek die eigentijdser aanvoelde, die niet aan een bepaalde cultuur of periode in de geschiedenis gebonden was, waar mensen zich in konden vinden omdat wat ze op het witte doek zagen tijdloos en universeel voor hen was.

Maar wie kon zulke muziek schrijven? We keken elkaar aan en zeiden: 'Michel.' We waren alle drie goed bevriend met Michel Legrand. Voor ons voelde hij als familie.

Nu had ik twee schrijvers voor de liedteksten, en ik had een componist. Ik hoefde alleen een script te schrijven. Dat moest ik zelf doen. Ik nam alle oude versies nog eens door en legde ze opzij. Geen enkele kwam overeen met hoe ik de film in mijn hoofd zag. Het probleem was om dat op papier te krijgen. Ik begon met een outline: een korte beschrijving van elke scène. Ik dacht na over Yentls emoties. Op welke momenten zou het voor haar kloppend voelen om haar emoties zingend te uiten? En wat ze zong moest de plot verder vooruithelpen. Ik gaf de outline aan de Bergmans en Michel, en met zijn drieën vulden we alle details in.

In de eerste scènes wilde ik al meteen laten zien dat Yentl geen belangstelling heeft voor de traditionele taken zoals die door vrouwen werden gedaan. We zouden haar zien op de markt. Ze is eropuit gestuurd om vis te kopen, maar ze neemt niet de moeite om, zoals de andere vrouwen, op de kwaliteit te letten. Ze laat het aan de visboer over omdat ze wordt afgeleid door de boekhandelaar en wil zien wat hij voor nieuwe boeken heeft meegebracht. Ze zoekt een boek uit, maar krijgt te horen dat ze dat niet mag lezen. 'Waarom niet?' vraagt ze. 'Waar staat dat geschreven?'

In de volgende scène zien we haar het boek lezen, terwijl ze eigenlijk de maaltijd voor de sabbat moet bereiden. Ze laat de vis aanbranden omdat ze luistert naar haar vader terwijl deze lesgeeft. Als hij zijn leerling een vraag stelt, kan Yentl het niet laten het antwoord eruit te flappen (net als ik). Ik stel me voor dat ze, nadat de jongen is vertrokken, met haar vader praat en hem deelgenoot maakt van haar frustratie. Ze is niet bedreven in huishoudelijk werk en ze zou veel liever lezen.

Singer schrijft in zijn verhaal dat haar vader haar de ziel van een man toedicht omdat ze zo'n bekwame leerling is.

'Waarom ben ik dan als vrouw geboren?' vraagt Yentl.

'Zelfs de hemel maakt weleens een fout,' antwoordt haar vader. Het is een mooie zin, maar hij past niet bij mijn Yentl. Ik was namelijk niet van mening dat de hemel in dit geval een fout had gemaakt. Omdat ze slim was en wilde studeren wilde dat nog niet zeggen dat ze de ziel van een man had. Dat vond ik nogal neerbuigend naar vrouwen toe, en ik had begrepen dat Singer een vrouwenhater was. Er zijn mensen die het verhaal zó interpreteren dat Yentl zichzelf eigenlijk beschouwt als een man die gevangenzit in het lichaam van een vrouw. Dat was echter niet het verhaal dat ik wilde vertellen. In mijn versie wilde ze niet van geslacht veranderen... ze wilde gewoon naar school. Ze is gewoon een vrouw die wilde studeren, en ze wilde liefde ervaren. Kortom, een vol leven.

Dit vond ik een goed moment voor een liedje waarmee ze haar verlangen en frustratie kon uitdrukken, en Marilyn en Alan schreven een prachtige tekst: 'Where Is It Written?' Yentl vraagt zich af waarom haar horizon zo beperkt is. Waar staat het geschreven...

that I can't dare to have the chance to pick the fruit of every tree
Or have my share of every sweet-imagined possibility...

Als ze voor het eerst alleen als man op pad gaat, stelde ik me haar voor in een bos, in het donker van de nacht, en in de greep van de angst. Met haar vader kan ze niet meer praten, dus kan ze niet anders dan voor hem zingen. Michel componeerde de ongelooflijk mooie melodie van 'Papa, Can You Hear Me?' en de Bergmans schreven de perfecte tekst.

Het was een ontzettend creatieve tijd... spannend, stimulerend en bevredigend. Er waren zoveel mogelijkheden! Het was alsof elk idee van de een weer een nieuw idee van een ander deed ontstaan. We konden alles zeggen, zonder bang te zijn voor kritiek. Het is heerlijk om zo te werken... zonder ego. Het was een echte en een hechte samenwerking. Tijdens een van onze eerste bijeenkomsten was ik zo enthousiast dat ik riep: 'Kunnen we niet in deze kamer blijven tot we met alles klaar zijn?'

Op een ochtend vertelde een vriendin me op de ranch dat ze huevos rancheros voor haar man als ontbijt had gemaakt, en ik dacht: tjonge, ik wou dat iemand zoiets voor mij deed. Het lijkt me geweldig om zo'n partner te hebben. (Zelf kook ik namelijk niet.)

Ik vertelde het aan Marilyn en Alan, en zij gingen met het idee aan de haal en schreven een slimme tekst voor 'No Wonder':

No wonder he loves her...
Before he even knows that he's hungry, she's already there with his plate
Before his glass is even empty, she's filling it up, God forbid he should wait!

De samenwerking beviel ons allemaal uitstekend. Zodra Michel een melodie had gecomponeerd, begonnen de Bergmans aan de tekst. Vervolgens kreeg ik een telefoontje om te komen luisteren. Dan ging Michel achter hun piano zitten om het voor me te spelen, terwijl ik het met de tekst in de hand voor het eerst zong. Tegelijkertijd lieten we een band lopen. We gebruikten mijn kleine Sony-recorder. Die had altijd het beste geluid. En Marilyn had altijd de heerlijkste zelfgemaakte koekjes, met thee en Engelse sandwiches.

Soms werd het laat voordat ik weer thuis was, maar zelfs als het allang bedtijd was, werd ik naar mijn bureau getrokken om met het script verder te gaan. Yentl wil de Talmoed bestuderen. Hoe maak je dat spannend in een film? Met welke concepten zou ze worstelen, vroeg ik me af, en ik besefte al snel hoe weinig ik van het jodendom wist. Mijn religieuze opvoeding reikte niet verder dan mijn negende. Toen verliet ik de jesjiva van Brooklyn en werd ik ingeschreven op P.S. 89.

Ik wilde ontzettend veel leren. Net als Yentl.

Ik doe echt heel graag onderzoek. Nog steeds. Ik ging er volledig in op... Documentaires kijken, het ene na het andere boek doorspitten, en foto's van Poolse Joden uit die tijd bekijken om te zien wat voor kleren ze droegen en hoe hun huizen eruitzagen.

Ik sprak ook met diverse schriftgeleerden. Een van hen was een jonge orthodoxe rabbijn uit Zuid-Afrika die aan het hoofd stond van een kleine sjoel op de boulevard van Venice. Bij mijn eerste ontmoeting met Daniel Lapin schudde hij me de hand. Dat verraste me. Ik had altijd gedacht dat, volgens de orthodoxe wet, een rabbijn de hand van een vrouw niet mocht aanraken tenzij hij met haar getrouwd was. Toen ik hem vroeg waarom hij van de leer afweek, antwoordde hij: 'Vriendelijkheid is wat mij betreft belangrijker. En ook dat staat in de wet. Het staat geschreven dat je mensen niet in verlegenheid moet brengen of hun een slecht gevoel moet geven.' Ik was aangenaam getroffen door zijn houding, en ik mocht hem als mens. Daniel was wiskundige, en hij kon nogal metafysisch uit de hoek komen. Die combinatie van concreet en abstract heb ik altijd intrigerend gevonden. Hij vertelde me dat vier (een van mijn favoriete getallen) een speciale symboliek heeft, en dat deze afgeleid zou kunnen zijn van de vier basiselementen, de vier seizoenen, de vier windstreken, de vier zijden van het vierkant, de vier windstreken van de wereld, de vier vragen, de vier matriarchen, en de vier beloften die zijn gedaan in het verbond van God. Volgens Daniel is vier het meest creatieve getal in het universum. Hij nam vier vieren en legde uit hoe je elk getal kunt maken. Hij begon met gewoon rekenen en vervolgde met vierkantswortels, machtsverheffen en breuken.

Op de jesjiva had ik al geleerd dat elke letter in de Hebreeuwse taal een numerieke waarde heeft: Alef is 1, Bet is 2, enzovoort, tot het getal 10. (Daarna ga je door met tientallen.) Vervolgens kunnen de getallen worden gerelateerd aan de betekenis van een woord.

In de orthodoxe joodse wet heeft de eerstgeboren zoon bijvoorbeeld recht op het dubbele van de erfenis van ieder ander kind. Om die reden is het woord voor eerstgeborene samengesteld uit de letter die bij het cijfer 10 hoort en de letter van het cijfer 20 (het dubbele van 10).

Ik vind het briljant.

Voor zijn bar mitswa schreef ik Jason in bij Daniel Lapin, zodat hij bij hem kon studeren. Zelf ontmoette ik de rabbijn ook regelmatig, bijvoorbeeld als ik vragen had met betrekking tot het script. De joodse dagschool van de sjoel moest haar deuren sluiten. Toen ik dat hoorde, doneerde ik wat geld om hen open te houden, en als dank noemden ze de school naar mijn vader.

Eén rabbijn was voor mij niet genoeg. Ik leg graag verschillende standpunten naast elkaar. Door Marilyn en Alan werd me Laura Geller aanbevolen, een vrouwelijke rabbijn.

Een vrouwelijke rabbijn?

Het kon niet beter. Dat was precies wat ik zocht. Laura was een levende versie van Yentl... Als de eerste vrouwelijke rabbijn aan de westkust was ze een hedendaagse pionier. Ik regelde een ontmoeting en vond haar scherpzinnig en begripvol, en ook vriendelijk en zachtaardig. Haar houding was zeer inclusief; dat paste bij de rabbijnen die ik kende. Die zouden nooit zoiets zeggen als: 'Ik geef je les.' Hun houding is veel nederiger, en in plaats daarvan zeggen ze liever iets als: 'Laten we samen leren.' Met Laura sprak ik over allerlei onderwerpen. Omdat ik wilde weten hoe het was om naar een jesjiva voor jongens te gaan en zij die ervaring nooit had gehad, bracht ze me in contact met een vriend van haar, rabbijn Chaim Seidler-Feller. Hij was charmant, grappig en warm. Waarmee hij me echter helemaal voor zich won, was dat hij de naam van zijn vrouw aan zijn eigen naam had toegevoegd toen ze trouwden. Hij was rabbijn én een feminist... Wauw!

Nu had ik dus drie rabbijnen tot mijn beschikking voor vragen: rabbijn Lapin (conservatief), rabbijn Geller (gereformeerd) en rabbijn Seidler-Feller (modern orthodox).

Ik wilde precies weten wat de leerlingen van een jesjiva zoal doen, dus zei ik: 'Ik zou graag de Talmoed bestuderen.' Chaim antwoordde dat we konden beginnen met een paar passages uit de Tora. Die komen overeen met de eerste vijf boeken van de Bijbel. Vervolgens zouden we deze bespreken op dezelfde manier als een jesjivaleerling zou doen met zijn leraar. Ben je erg orthodox, dan geloof je waarschijnlijk dat God de Tora aan Mozes heeft gedicteerd. De verschillende boeken zijn vervolgens door diverse geleerden geïnterpreteerd. En dat werd de Talmoed. Het is een lijvig werk van wel duizenden pagina's, en veel delen, die weer georganiseerd zijn rond specifieke thema's. De basistekst en de eerste commentaren zijn voltooid in de zesde eeuw. Daarna hebben andere schriftgeleerden weer commentaar geleverd op de eerdere commentaren, zodat je op één pagina opmerkingen vindt uit de zesde, de twaalfde en de veertiende eeuw met verschillende interpretaties van dezelfde passage. Dat is fascinerend om te lezen. Het is alsof je een gesprek leest tussen verschillende tijdperken.

Het deed me denken aan de juristen en wetenschappers die de grondwet van de Verenigde Staten hebben bestudeerd en bepaalde passages in rechtszaken citeren. De gestelde vragen zijn universeel, maar de antwoorden zijn altijd multi-interpretabel. In het tweede amendement staat bijvoorbeeld het volgende: 'Een goedgeorganiseerde militie is noodzakelijk voor de veiligheid van een vrije staat; daarom zal het recht van het volk om wapens in bezit te hebben en te dragen niet worden geschonden.' Er wordt nog steeds druk gedebatteerd over de betekenis van deze zin. Betekent het dat particuliere burgers in het openbaar wapens mogen dragen of mag dat alleen in het kader van een goedgeorganiseerde militie?

In de tijd dat de grondwet werd geschreven, kostte het enige tijd om een geweer te laden, dat vervolgens slechts één schot kon afvuren voordat het weer geladen moest worden. Nu hebben we moderne wapens waarmee in korte tijd honderden mensen gedood kunnen worden. Moet het individuele mensen toegestaan zijn deze te dragen?

Dat is natuurlijk een heel ander onderwerp. Het punt is dat we er nog steeds niet uit zijn. Zo'n soort debat zou een Talmoedische schriftgeleerde wel interesseren.

Maar in de Talmoed worden in principe geen zaken beslecht zoals in een rechtbank. Het is zelfs zo dat, als verschillende meningen van twee rabbijnen worden besproken, de Talmoed vaak stelt dat beiden gelijk hebben. Beiden verwoorden de woorden van de levende god, en beiden doen dat uit goddelijke inspiratie. Daarbij maakt het blijkbaar niet uit als ze elkaar tegenspreken. De Talmoed lost dus geen tegenstrijdige meningen op. Ze worden alleen maar vermeld. Het is aan jou om een beslissing te nemen of een voorkeur uit te spreken.

In de tijd van Yentl was het vrouwen niet toegestaan de Talmoed te bestuderen. Je kunt je dus voorstellen hoe bijzonder het voor haar was om zich erin te kunnen verdiepen. Als zij en haar vader een tekst lazen en bespraken, moesten ze de luiken sluiten. Ze overtraden niet alleen de wet. Wat ze deden was een schandaal.

Yentl benijdde de studenten die mochten discussiëren over het leven en de mysteries van het heelal. 'En wat leer ik?' zegt ze, 'Hoe je een haring van een karper kunt onderscheiden.'

'Yentl,' zegt haar vader, 'voor de duizendste keer, mannen en vrouwen hebben verschillende verplichtingen.'

'Dat weet ik wel, maar...'

'En vraag niet waarom.'

Maar dan geeft hij toe en zegt: 'Goed dan. Pak de boeken maar.'

Het begon met een paar vragen, maar al snel werd een nieuwe fascinatie voor de Talmoed geboren. Ik ging op zoek naar de oorsprong van verschillende gebruiken, zoals de regel om in een orthodox huishouden altijd twee serviezen te gebruiken, een voor vlees en een voor melkproducten. Daar ligt een praktische basis aan ten grondslag: de sappen van vlees bevatten bacteriën, en dus is het hygiënischer om de borden gescheiden te houden, zodat ander voedsel niet besmet kan raken.

Koosjere slagers slachten dieren heel snel, en gebruiken een zeer scherp mes. Het dier is dood voordat het beseft wat het overkomt. Tegenwoordig weten we dat de adrenaline die vrijkomt als een dier bang is slecht voor ons is omdat deze in het vlees achterblijft. Dat maakt deze manier van slachten niet alleen barmhartig, maar ook wetenschappelijk ondersteund.

Joden mogen geen varkensvlees eten. Dat had vast ook een praktische reden, want varkens zijn alleseters, en van niet goed bereid varkensvlees kun je trichinose krijgen. Maar ik hou nu eenmaal van varkensvlees. Toen ik acteerlessen had in Manhattan, kocht ik vaak een broodje varkensvlees met mayonaise op witbrood in de Duitse winkel om op te eten in de trein. Het was zo *gojisch*. Het kind (de jesjiva *bucher*) in mij voelde zich altijd schuldig. Totdat ik hoorde over een commentaar in de Talmoed. Dat was een opluchting. Er stond: 'Als een Jood in de gevangenis terechtkomt en daar gedwongen wordt om varkensvlees te eten... Geniet er dan van.'

Dat is het soort benadering waar ik van hou.

Chaim en Laura kwamen naar mijn huis voor de studie, en we kwamen soms ook bij elkaar in het huis van Marilyn en Alan, zodat ook zij deel konden nemen aan de discussie. Naar de universiteit had ik nooit gekund. Daar heb ik lang spijt van gehad. Dit was mijn kans om mijn liefde voor leren, die waarschijnlijk in mijn DNA zit, alsnog de vrije loop te geven. De schrijver Leo Rosten heeft iets gezegd wat me altijd is bijgebleven: 'Onder Joden was kennis de compensatie van wereldse beloningen. Ik denk dat inzicht de plaats innam van wapens: een manier om de haat van de onderdrukker tegen te houden is hem beter te kennen dan hij zichzelf kent.'

Dat is helemaal waar. Joden werd niet geleerd om te vechten. In plaats daarvan werden ze scherpzinnige waarnemers van de menselijke natuur. Zo waren ze hun vijanden te slim af, en misschien zijn er daarom zoveel Joodse psychiaters. Toen de pogroms begonnen en ze van huis en haard (en land) werden verdreven, was kennis het enige bezit dat hun niet kon worden afgenomen.

Er was één moment in de studiegroep dat heel belangrijk voor me bleek. We bespraken Genesis, hoofdstuk 2, vers 21, waar staat dat God Adam in een diepe slaap bracht. Vervolgens nam hij een van zijn ribben en maakte er een vrouw van. Chaim vertelde ons echter over een commentaar waarin wordt betoogd dat het Hebreeuwse woord dat gewoonlijk vertaald wordt als 'rib' (*tzela*) beter vertaald kan worden als 'zijde'. In feite komt dat woord slechts op één andere plaats in de vijf boeken van de Tora voor, en daar verwijst het naar de zijkant van een tempel. Ik dacht dat de orthodoxe rabbijn Lapin niet zou afwijken van de traditionele interpretatie, maar ook hij zei dat het woord waarschijnlijk 'zijkant' betekent.

Toch luidt de vertaling in de King James-versie van de Bijbel 'rib'.

Is het mogelijk dat de passage over Adams rib al die jaren een verkeerde vertaling is geweest? Daar kon ik met mijn hoofd niet bij. Eén woord kan een enorm verschil maken. Een rib is tenslotte slechts een klein, onbeduidend deel van de mannelijke anatomie. Hij kan best zonder. Maar als Eva echt uit Adams zijde is gemaakt, ontstaat er een heel ander beeld. Dat verheft haar meteen tot zijn gelijke. Ze is zijn andere helft.

Dat klonk mij veel logischer in de oren. Dat is nu wat Joodse geleerden doen, dacht ik. Ze zitten bij elkaar en discussiëren over de Tora. En zelfs eeuwen later kissebissen ze er nog steeds over. Worstelen met God noemen ze dat. Die grote Joodse traditie om alles in twijfel te trekken ligt me na aan het hart. De waarheid staat niet vast, zelfs niet onder de grootste geleerden. Er is een oud gezegde: 'Stel twee Joden een vraag en je krijgt drie meningen te horen.'

De vraag of het nu een rib of een zijde betrof fascineerde me. Ik zette het in het script als een van de Talmoedische discussies tussen Yentl en Avigdor. Avigdor is een student die Yentl ontmoet in een herberg. Hij probeert haar ertoe over te halen aan zijn jesjiva te komen studeren en schept op dat zijn rabbijn de beste is. Haar aanmelding moet echter in een persoonlijk gesprek worden goedgekeurd door de rabbijn. Ik schreef die scène met de woorden van een andere rabbijn in mijn achterhoofd: 'Ik herken een goede student niet aan zijn antwoorden maar aan zijn vragen.' Dat vond ik een mooie uitspraak.

Het leidde tot de volgende scène. Als Yentl de studeerkamer van de rabbijn verlaat, zegt deze: 'Hij stelt wel heel veel vragen.'

Yentl verontschuldigt zich. 'Het spijt me. Dat is me al vaker gezegd.'

Maar de rabbijn zegt: 'We kiezen onze studenten aan de hand van hun vragen. Het gaat ons niet alleen om hun antwoorden. Je vader heeft je goed onderwezen, Anshel. Welkom in onze jesjiva.'

Ze krijgt Avigdor aangewezen als studiepartner. De rabbijn ziet hoe slim ze is, en Avigdor is de beste student van de jesjiva. Eindelijk heeft ze iemand met wie ze op haar niveau kan discussiëren, zoals ze ook met haar vader had gedaan.

Ik schreef een scène waarin zij en Avigdor langs de rivier en een kudde schapen wandelen terwijl ze discussiëren over de passage over Adam en Eva.

Yentl zegt: 'Je hebt het bij het verkeerde eind, Avigdor. De vertaling klopt niet. Het Hebreeuwse woord *tzela* betekent niet rib maar zijde.'

Hij antwoordt: 'Rib... Zijde... Wat is het verschil?'

'Het verschil is enorm. Adam is zowel mannelijk als vrouwelijk geschapen...'

'Waar staat dat geschreven?'

'Genesis, hoofdstuk 5, vers 2. En als God één zijde van Adam nam en niet zijn rib om de vrouw te scheppen, betekent dat dat ze in feite hetzelfde zijn. En hetzelfde geldt voor alle mannen en vrouwen. Iedereen is hetzelfde. Begrijp je dat dan niet?'

'Wat ik begrijp is dat je nooit met een vrouw bent geweest.'

'Ik bedoel dat ze zowel mannelijke als vrouwelijke eigenschappen delen omdat ze uit dezelfde bron komen.'

Dat was voor mij ook nieuw, dat Adam aanvankelijk geen man was, of beter gezegd, dat hij oorspronkelijk twee geslachten had, zowel mannelijk als vrouwelijk. En bij de schepping van Eva werd hij in tweeën gesplitst: in een man en een vrouw. Chaim legde uit dat het concept waarschijnlijk afkomstig was uit de mythe van de androgyn, een wezen dat zowel mannelijk als vrouwelijk was en twee gezichten had. Ik vond dat een fascinerend idee – de goddelijke androgynie van de ziel – en het werd de grondslag van mijn script.

Avigdor is het echter niet met Yentl eens. Ter illustratie plaatste ik twee vrouwen – waarvan er één een baby de borst geeft – in de scène.

Avigdor zegt: 'Kijk, kun jij dat ook?'

'Wat?'

'Leven scheppen... Zoons baren? Als je dat kunt, mag je me vertellen dat we gelijk zijn.'

Dat Yentl altijd maar vragen stelde en dat ze de regels niet zomaar accepteerde, was wat me vanaf het begin aantrok in het korte verhaal van Singer.

En die regels, door wie werden die bedacht? Door mannen.

En sommige van die mannen hebben een zeer selectieve versie van de waarheid verkondigd.

Voor mij was het een openbaring dat de Talmoed vrouwen niet verbiedt om te studeren. Er staat alleen dat vrouwen niet *verplicht* zijn om te studeren. En waar staat het geschreven dat vrouwen bepaalde boeken niet mogen lezen? Of dat ze hun haar moeten afknippen als ze trouwen? Of dat ze niet mogen zingen?

Wat denk je? Dat staat nergens. God is eerlijk. Het is de mens die oneerlijk is. Mannen hebben alle geschriften doorgespit en precies datgene eruit gehaald wat ze nodig hadden om vrouwen te kunnen onderwerpen. Ze wilden vrouwen knechten. Hun plek was de keuken en de slaapkamer.

Daar neemt Yentl geen genoegen mee.

Terwijl ik aan het script werkte, hield ik tegelijkertijd aantekeningen bij in mijn dagboek:

> *Yentl gaat over risico's nemen – eropuit gaan – op zoek naar meer dan een gewoon bestaan* (wat de titel van het laatste liedje werd).
>
> *Zet haar droom om te studeren door – Avigdor gooit bijna roet in het eten – doordat ze verliefd op hem wordt – hij is fysiek. Zij niet – hij is seksueel – zij nog niet! Hij is een wetenschapper, net als haar vader. Complicaties!*
>
> *Ze ontmoeten elkaar in een pension – en gaan uit elkaar in een pension.*

Yentl ontmoet de geliefde van Avigdor: Hadass – Yentl is niet de enige vrouw in zijn leven – ze deelt hem – ze is niet zo blij daarmee.

Water om te zwemmen – seksuele aantrekkingskracht – het is een nieuwe inbreuk – fysieke passie.

Als je een film maakt die zich in een bepaalde periode afspeelt, zijn er ontzettend veel details waar je op moet letten. Er waren belangrijke vragen die ik moest beantwoorden, zoals: is Yentl chassidisch? Ik bezocht een chassidische gemeenschap in Brooklyn, maar vond hen nog minder gastvrij dan Singer. Ze waren nauwelijks bereid om met me te praten, dus ik besloot dat Yentl dus niet tot het chassidisch jodendom zou behoren. Dat waren ultraconservatieve fundamentalisten. Daar hou ik niet van, in geen enkele godsdienst. Het was een gesloten samenleving. Ze keken niet naar films, ze luisterden niet naar muziek, en ze stonden argwanend tegenover buitenstaanders. Ik had warmte en vriendelijkheid verwacht. Ik had verwacht dat ze me welkom zouden heten en dat ik me bij hen zou thuis voelen, maar in plaats daarvan voelden ze volkomen vreemd, en ik weet zeker dat het omgekeerd voor hen hetzelfde was. De joodse wetten die de basis vormden voor hun manier van leven waren veel te star voor het personage van Yentl.

Daarmee had ik één belangrijke vraag beantwoord. Er waren natuurlijk ook minder belangrijke vragen, zoals wat voor soort vis er op de markt te koop zou zijn. Zou de vis in oude kranten worden verpakt? En hoe zou ze hem mee naar huis nemen, in een soort van boodschappentas?

Ik had veel aan de mensen van het YIVO Institute for Jewish Research. De vis op de markt zou waarschijnlijk snoek of karper zijn, zeiden ze. Hij zou niet worden verpakt in een oude krant, maar in bruin papier. In een arm dorp hadden ze waarschijnlijk geen kranten. En ze zou de vis in een mand mee naar huis nemen.

Ik werkte stug door aan het script en herlas doorlopend wat ik had geschreven. Ik maakte me zorgen over de dialoog. Was die wel goed genoeg? Ik had een second opinion nodig.

Daarvoor belde ik Paddy Chayefsky, de briljante schrijver van *Marty*, *The Hospital* en *Network*. Na het zien van *Network* had ik hem middels een briefje verteld dat ik zijn script zo goed geschreven vond. Vervolgens waren we vrienden geworden. In 1977 had ik hem gevraagd een van de eerste scripts te lezen. Dat was het werk van Ivan Passer en Jerome Kass. Paddy wond er geen doekjes om. 'Het is geen goed script,' schreef hij terug. Hij gaf de voorkeur aan een bovennatuurlijk verhaal zoals *The Dybbuk*. 'Zie Yentl niet als een gezonde, sterke jonge vrouw die toevallig een Talmoedische geleerde wil worden,' betoogde hij. 'Ze is een bleek, gedreven, bezeten meisje, of je haar nu ziet als realistisch of grotesk.'

Daarmee leunde hij waarschijnlijk dichter aan tegen hoe Singer het personage zag. In zijn korte verhaal lacht Yentl bijna maniakaal nadat ze Hadass ten huwelijk heeft gevraagd. Het is haar bedoeling 'wraak te nemen op Avigdor... Het was alsof ze een pact had gesloten met Satan, de Boze.'

Als ik die regels na al die jaren herlees, denk ik: jakkes. De vrouwenhaat van Singer stond me tegen. Hij zag vrouwen als demonisch, zoveel was me wel duidelijk. En met Paddy was ik het evenmin eens. Ik zag haar niet als een bezeten meisje. Ik zag haar als een normale, gezonde jonge vrouw die dezelfde dingen van het leven verlangde als ik. En wat dat huwelijk met Hadass betrof... Tja, uit liefde doen mensen soms rare dingen. Mijn Yentl trouwt alleen met Hadass omdat ze Avigdor niet kwijt wil. Het huwelijk is de ketting waarmee ze hem aan zich bindt. Er schuilt in het geheel geen kwaad in.

Op haar huwelijksnacht (in mijn script) gebruikt Yentl haar verstand om zich te redden in wat voor haar per slot van rekening een uiterst netelige situatie is. Ze hoopt dat Hadass bang is en zegt: 'In de Talmoed staat dat een vrouw het recht heeft om haar man de bijslaap te weigeren.' Dat heeft niet het gewenste effect, dus vervolgt ze met: 'Er staat duidelijk geschreven dat een vrouw zich niet aan een man mag geven als ze nog aan een andere man denkt.' Maar Hadass verzekert haar dat dat niet waar is. Uiteindelijk weet Yentl haar van zich af te houden met humor en een flinke hoeveelheid wijn.

Singer stelde zich de nacht heel anders voor. Hij schreef: 'Anshel had een manier bedacht om zijn bruid te ontmaagden.' En als de moeder van Hadass zich de volgende ochtend met haar vrienden haast om de lakens te inspecteren, zijn ze verheugd als ze bloedsporen aantreffen. Dat vond ik veel te klinisch, en ik wilde voorkomen dat het publiek zich zou afvragen hoe dat was gebeurd. Ik zag de film als een realistisch sprookje. Dat betekende dat ik het realisme niet te ver wilde doordrijven.

Ik moet trouw blijven aan mijn visie, en niet aan de visie van iemand anders, ook al is het die van een groot schrijver zoals Singer of Paddy.

Ik was dus nogal zenuwachtig toen ik Paddy aan de telefoon vroeg of hij mijn eerste versie wilde lezen. 'Laat me alsjeblieft weten of ik hiermee de goede kant op ga.'

Ik was bang dat hij het maar niets zou vinden, want mijn Yentl leek in niets op zijn idee zoals hij dat aan me had verteld. Het moment dat mijn assistent belde om te zeggen dat Paddy het script had gelezen en er met mij over wilde praten, staat me nog helder voor de geest. Ik zat in de slaapkamer van Cis en Harvey, en ik belde hem meteen terug. De hand waarmee ik de telefoon vasthield trilde.

Hij zei: 'Ik ben onder de indruk. Dit is goed. De personages zijn goed. Het verhaal is goed. Je bent een schrijver.'

Dat zal ik nooit vergeten.

Godzijdank vond hij het goed. Ik voelde me gezegend.

Iets meer dan een jaar later zat ik met Cis in de wachtkamer van het Columbia-Presbyterian Hospital te wachten terwijl Harvey een hartoperatie onderging. Plotseling was het er een drukte van belang. Er werd met spoed een brancard naar de operatiekamer gereden, en iemand zei dat dat Paddy Chayefsky was.

Ik voelde me vreselijk... Harvey kwam uit de operatiekamer en Paddy nam zijn plaats in. Harvey zou het overleven, maar Paddy niet. Met zijn achtenvijftig jaar was hij veel te jong om te sterven. De laatste keer dat ik hem sprak, moest hij steeds hoesten. 'Gaat het wel goed met je?' vroeg ik.

'Het gaat best,' zei hij. 'Ik heb alleen pleuritis.'

In werkelijkheid had hij longkanker, maar dat heeft hij me nooit verteld.

Ik had het geluk Bo Goldman tot mijn kennissen te mogen rekenen. Bo had het script geschreven voor *One Flew Over the Cuckoo's Nest*. Ik stuurde hem mijn eerste versie en kreeg het volgende antwoord: 'Wat je hier hebt gedaan is geweldig. Het verhaal leeft en bruist van vitaliteit. En het belangrijkste is dat jij het karakter hebt van Yentl. Die vreemde dualiteit van haar aard, de bedrijvigheid, het analytische... Ga zo door.'

Deze twee mannen, die ik zoveel bewonderde, moedigden me aan om door te gaan. Dat had ik hard nodig.

Het was een doorslaggevende beslissing om Yentl te beschrijven als een normale, gezonde vrouw die voor het eerst verliefd wordt. Ik was ervan overtuigd dat iedereen zich daarin zou kunnen vinden. Tijdens onze studiesessies kwam ik veel aan de weet. Ik had al heel wat intrigerende weetjes opgedaan over het joodse geloof en seks.

Zo hebben de Hebreeuwse woorden voor man en vrouw elk drie letters. Twee letters zijn hetzelfde in beide woorden. Die letters vormen het woord 'vuur'. Dat is interessant, dacht ik. Vuur kun je zien als passie, en dat is wat een man en een vrouw samen moeten hebben voor een goed huwelijk.

De overblijvende letter in het woord voor man en de overblijvende letter in het woord voor vrouw vormen samen het woord 'God'.

Daar zou je uit kunnen concluderen dat het verbond tussen een man en een vrouw die in liefde samenkomen heilig is. En je zou er ook uit kunnen opmaken dat je zowel passie als spiritualiteit nodig hebt voor een perfecte verbintenis. Naast fysieke passie willen we een zielsverbinding met onze partner.

Toen we samen het Hooglied lazen, werd ik geraakt door de schoonheid van de taal en de weelderige beschrijvingen: 'Uw twee borsten... Uw lippen...' Het Hooglied gaat ontegenzeggelijk over seks, en het staat er heel open en natuurlijk. Het is dus niets om je voor te schamen. Volgens Chaim zou je zelfs kunnen zeggen dat we met behulp van seks het dichtst bij de eigen scheppingsdaad van God komen.

Dat is nog eens een gezonde en liefdevolle houding ten opzichte van seks. Hetzelfde geldt voor de Talmoed. Het is een onderwerp dat met groot respect wordt behandeld. Seks wordt zelfs gezien als een zegen. Op de sabbat mag je niet werken, koken, reizen of geld uitgeven... maar seks mag wel.

Er waren rabbijnen die vonden dat mannen de meer mystieke teksten van de kabbala pas na hun veertigste moesten bestuderen, bij voorkeur als ze getrouwd waren en al kinderen hadden. Mannen moesten met andere woorden eerst volwassen en seksueel rijp worden. Volgens de joodse wet moet een man zijn vrouw voorzien van voedsel, kleding en seks. De wet is zeer uitgesproken over het recht van de vrouw op seksuele bevrediging. Dat is toch verrassend in een patriarchale samenleving.

Een van de commentaren raakte me zo dat ik er iets van in de film wilde verwerken. Het was honderden jaren geleden geschreven door Nachmanides, een geleerde van die tijd. In het commentaar wordt beschreven hoe een man zich tegenover zijn echtgenote moet gedragen, en ik liet Avigdor het in Yentls oor fluisteren nadat het huwelijk met Hadass was voltrokken:

Spreek woorden die haar aanzetten tot liefde, verlangen en passie... En woorden van eerbied voor God. Dwing haar nooit. Haar stemming moet dezelfde als de jouwe zijn. Win haar met vriendelijkheid en verleiding. Wees geduldig en wacht totdat haar passie is opgewekt. Begin met liefde, en als ze in de stemming is, zorg er dan voor dat haar verlangen als eerste wordt bevredigd. Haar genot is wat telt.

Mijn eerste gedachte was dat het heel attent was om de vrouw voor te laten gaan. Maar ik besefte al snel dat het motief erachter voornamelijk praktisch was. Als de vrouw als eerste een orgasme beleefde, zou het makkelijker zijn om zwanger te raken. De zaadcellen van de man zouden zo hun reis naar de eicel makkelijker kunnen vervolgen. (Nachmanides was dus goed op de hoogte van de menselijke biologie.) Het voortbestaan van Joden stond altijd onder druk, en met behulp van deze instructies hielp men om het ras voort te planten.

Weliswaar fascineerde al deze informatie uit de Talmoed me zeer, maar het meeste kon ik niet gebruiken. Het enige wat ik in het script kon opnemen, waren die dingen die me hielpen mijn verhaal te vertellen. Uiteindelijk kwam slechts een klein deel van mijn onderzoek in de film terecht. Maar hoe er in een jesjiva werd gestudeerd, wilde ik ten volle begrijpen, en de manier waarop de studenten discussieerden en heen en weer bewogen tijdens het lezen. Ik ben ervan overtuigd dat die informatie goed overkomt op het publiek.

Mijn script was aan voortdurende verandering onderhevig. Er kwamen passages bij en er werden passages geschrapt om door iets heel anders te worden vervangen. Het was nooit genoeg; ik vond altijd dat het beter kon.

Daarom ben ik altijd een fan van dat citaat van Leonardo da Vinci geweest. ‘Kunst is nooit af,’ zei hij. ‘Alleen losgelaten.’

Na mezelf maanden opgesloten te hebben in een kamer met mijn script, kwamen de muren op me af. En toen werd ik gebeld door Sue Mengers. Ze vroeg of ik de rol van Lisa Eichhorn wilde overnemen in *All Night Long*, de film die Jean-Claude Tramont, Sues echtgenoot, aan het opnemen was. Dat script had ik al gelezen, maar ik had het afgewezen. Enerzijds wilde ik al mijn energie aan *Yentl* besteden, en anderzijds trok het idee om een blonde huisvrouw uit de buitenwijken te spelen me niet aan. Maar nu smeekte Sue me bijna om het toch te doen. Er was haar veel aan gelegen om de film van Jean-Claude te laten slagen. Ze beloofde me een lucratiever contract dan welke acteur of actrice ooit had gehad. (Ze moeten me wel heel hard nodig hebben gehad.) Het idee dat ik degene zou zijn die zo’n mijlpaal voor vrouwen bereikte stond me wel aan. En als tegenspeler kreeg ik Gene Hackman. Ik vond hem een geweldig goede acteur (en ik vond hem ook nog sexy). Het personage dat ik zou spelen, leek in niets op wat ik eerder had gedaan. Ze droomde van een carrière als singer-songwriter, maar het ontbrak haar aan talent.

Martin Scorsese had me ooit een vergelijkbare rol aangeboden. Daar had ik nee op gezegd, maar daar heb ik altijd spijt van gehad, dus zei ik deze keer toch maar ja. Eigenlijk kon ik een onderbreking van elke dag aan het script schrijven goed gebruiken, en ik vermoedde dat ik mijn werk objectiever zou kunnen bekijken als ik er een tijdje afstand van nam. Ik voelde ook mee met Sue. Ze probeerde tenslotte haar man te helpen zijn werk te behouden. Ergens had ik altijd het gevoel gehad dat Jean-Claude me alle aandacht die Sue me gaf kwalijk nam. Waarschijnlijk probeerde ik het hiermee goed te maken. Bovendien was het maar vierentwintig dagen werk, dus een al te grote verplichting was het nu ook weer niet.

Ik moest me snel verdiepen in het personage. Hoe ziet ze eruit, hoe kleedt ze zich, hoe klinkt ze? Ik zette een blonde pruik op, hulde me in smakeloze kleren en goedkope sieraden. Zo uitgedost zou ze een country-and-westernbar op het platteland kunnen bezoeken. Ik was nog niet binnen of iemand riep: 'Hallo, Barbra!'

Geweldig, dacht ik. Dat was het dan voor deze vermomming. En nu denkt iedereen vast dat ik mijn haar heb geverfd en een slechte kledingsmaak heb ontwikkeld.

De opnamen begonnen in juni 1980, en in juli staakte de Screen Actors Guild. De productie werd stilgelegd, ook al hadden we nog slechts een paar opnamedagen te gaan. Niemand wist wat er zou gebeuren, en we hadden geen andere keuze dan te wachten totdat de staking was afgelopen.

Op zo'n vertraging had ik uiteraard niet gerekend, maar ik maakte er het beste van en ging weer aan de slag met *Yentl*. Ik moest een beslissing nemen over de locatie. Het lag voor de hand dat de opnamen in Oost-Europa zouden plaatsvinden. Jon had me een van zijn medewerkers beschikbaar gesteld, Rusty Lemorande. Ik stuurde hem op pad om de boel te verkennen in Hongarije, Polen, Joegoslavië, Tsjecho-Slowakije en Roemenië. Daar kon hij lokale producenten ontmoeten en foto's maken van mogelijke locaties. Bij zijn terugkeer liet hij me zijn dia's zien. Ik was meteen enthousiast. De straten in de oude delen van Praag en Boedapest waren precies zoals ik het me voor de film had voorgesteld.

In september 1980 ging ik er zelf ook naartoe. Mijn eerste bestemming was Michels huis op het Franse platteland, waar ik met Marilyn en Alan aan de muziek wilde werken. Daarna wilde ik een paar van de locaties bezoeken die ik op de dia's had gezien. Ik vloog met Rusty en Cis naar Boedapest. Daar bevindt zich een prachtige synagoge in Moorse stijl die is gebouwd in 1859. Het is de grootste in zijn soort in Europa. Een geweldige rabbijn liet me zijn werkkamer zien. De wanden werden volledig aan het oog onttrokken door planken met prachtige oude boeken. Die kamer is in de film te zien als de plek waar Yentl aan de tand wordt gevoeld om te zien of ze mag worden toegelaten tot de jesjiva.

De meeste van mijn favoriete afbeeldingen kwamen echter uit Tsjecho-Slowakije, en Praag was de stad die ik echt wilde zien. We besloten om er vanuit Boedapest naartoe te rijden. Ik doe tijdens lange autoritten graag spelletjes om de tijd te doden en leerde Rusty de regels van het woordspelletje Ghost, zodat hij dat samen met Cis en mij kon spelen. Het was al midden in de nacht toen we bij de grensovergang arriveerden. Twee douaniers stelden zich op naast onze auto. Na een blik naar binnen en een korte discussie met de chauffeur verdwenen ze met onze paspoorten in hun wachthuisje. Er ging veel tijd voorbij, en nog steeds hadden we geen toestemming om te vertrekken.

Ik begon bang te worden. Hongarije en Tsjecho-Slowakije waren destijds nog communistisch en in de straten zagen we soldaten met kalasjnikovs. Mijn verbeelding sloeg op hol. Konden we gearresteerd worden?

Rusty stapte na verloop van tijd uit en liep naar het wachthuisje om te zien of hij iets kon doen om het proces te bespoedigen.

Blijkbaar niet.

Hij kwam terug en zei dat er niets anders op zat dan te wachten. Regelmatig kwamen er mensen naar ons gluren, meestal mannen maar ook een keer een vrouw. De slagboom bleef echter voor ons gesloten.

Na lange tijd kwamen de douaniers weer uit hun wachthuisje. We vroegen ons af of dit het moment van de waarheid was. Zouden we nu gearresteerd worden?

Nee dus. Ze gaven onze paspoorten terug. Er volgde nog een woordenwisseling met de chauffeur en een lange, laatste blik in de auto, en plotseling waren we vrij om te gaan. Zodra we erdoor waren, tikte ik de chauffeur op zijn schouder.

'Waar ging dat allemaal over? Waarom hielden ze ons zo lang vast?'

Dat bleek geen groot raadsel. Een van de douaniers had me herkend, en toen hij mijn naam op mijn paspoort zag, wist hij het zeker. In het wachthuisje vertelde hij het aan iedereen. Een voor een kwamen ze naar buiten om me te bekijken, en een van hen belde zijn vrouw en zei: 'Je gelooft nooit wie we hier hebben... Barbra Streisandova! En als je haar wilt zien, stap dan nu in de auto en kom naar de post!'

In Praag dwaalde ik urenlang door de oude stad met mijn tolk. Ze heette

Mila Radova, en ze liep over de kinderkopjes op hoge hakken. 'Dat loopt vast niet lekker,' zei ik. Ze antwoordde: 'Valt wel mee, hoor. Ik ben het gewend.' Maar mij zat het niet lekker, en ik liet een paar schoenen zoals ik die zelf droeg (wedgies met dikke rubberzolen) overkomen uit de Verenigde Staten. Ze was gek op die schoenen, en vanaf dat moment waren we vrienden voor het leven.

Ik was ook dol op Mila, en ik merkte dat ik sterk met deze plek verbonden was. Het voelde er meteen goed en vertrouwd. Ik liep door een straatje en zei tegen Mila: 'Dit lijkt sprekend op een foto uit een van mijn boeken. Ik heb sterk het gevoel dat ik deze straat eerder heb gezien. Zullen we hier eens om de hoek kijken?' En inderdaad, opeens waren we midden in het centrum van de Joodse wijk, met overal ouderwets uitziende winkels. Een daarvan werd de bakkerij van Peshe. Het was een perfecte locatie, met afbladderende groene verf en een Joodse naam die was uitgehouwen in de steen boven de deur. Ik was vol goede moed op de terugweg naar Los Angeles.

Ik zat tot over mijn oren in *Yentl*, maar eind oktober was de acteursstaking afgelopen en konden we verder waar we waren gebleven met *All Night Long*. Daar zag ik bepaald niet naar uit. Het was een rol die ik naar mijn gevoel al heel mijn leven speelde. En nu dacht ik dat ik beter niet op de vraag van Sue in had kunnen gaan. Bovendien was ik nogal teleurgesteld in haar. Er was veel in het script waar ik het niet mee eens was. Dat had ik voor de schrijver opgeschreven, en ik had begrepen dat hij het met mijn opmerkingen eens was. Sue had beloofd dat een en ander zou worden herschreven, maar dat was niet gebeurd.

Op een dag voelde ik, midden in een scène, een hevige bloeding. Het werd de zwaarste menstruatie die ik ooit had gehad. Ik was al bekend met endometriose en werd meteen naar het ziekenhuis gebracht voor een dilatatie en curettage. Ik zie nog voor me hoe de verpleegkundige mijn kamer binnenliep met een pil en zei dat ze me binnen korte tijd naar de operatiekamer zouden brengen. Ik was al behoorlijk van de wereld toen ik op een brancard werd gelegd en naar de lift werd gereden. Het was alsof ik me buiten mijn lichaam bevond en er van bovenaf op neerkeek. Ik wilde opstaan en weggaan, maar ik kon me niet verroeren. (Het deed me denken aan die ziekenhuisscène in *Up the Sandbox*.) De anesthesist zei dat hij een buisje in mijn keel zou plaatsen. 'Via je stembanden, maar we zullen extra voorzichtig doen.'

Geweldig. Moest hij me dat nu echt vertellen? Nu was ik nog banger. Ik hoopte trouwens dat ze bij iedereen extra voorzichtig waren. Langzaam maar zeker verloor ik het bewustzijn. Het laatste dat ik hoorde was de anesthesist die maar doorging over mijn concert in Central Park.

Het volgende dat ik voelde was de strakke band van een bloeddrukmeter om mijn arm, en mensen die me bij kennis wilden brengen.

Een paar dagen later was ik weer terug op de set. Iemand schoof me een exemplaar van de advertenties voor de film toe. Ik kon mijn ogen niet geloven. Het was een cartoontekening van mij met mijn rok omhoog terwijl ik langs zo'n brandweerstang naar beneden gleed. Dat beeld stelde de film totaal verkeerd voor. Zo leek het meer op een slapstickcomedy.

(Bij *Up the Sandbox* hadden ze iets soortgelijks gedaan. Daarvoor hadden ze een tekening gebruikt van mij met een reusachtige babyfles op mijn rug gebonden. Destijds had ik er nog geen idee van dat ik om een andere afbeelding kon vragen.)

Bovendien had ik toen slechts een kleine rol en leek ik door die tekening de ster.

Ik voelde me verraden. Tegen Sue zei ik: 'Hiermee misleiden we het publiek. Ik ben niet de ster van deze film, dus wil ik ook niet dat het zo lijkt. Het is het verhaal van Gene. Híj is de ster.' Ze gaven toe en veranderden de volgorde op de titelrol, maar de tekening bleef ongewijzigd. Dat is de reden dat ik altijd de volledige controle over alles wilde. Dat gold ook voor mijn imago, maar Sue had verzuimd om het in het contract te zetten.

Ik moest concluderen dat ze niet achter me stond als het om dit soort elementaire dingen ging. Dat was een pijnlijke gevolgtrekking. En bracht me tot een nog belangrijkere conclusie, iets wat ik al veel te lang had genegeerd en wat ik nu onder ogen moest zien: ik kon niet vertrouwen op haar oordeel. Sue haatte *Yentl* en probeerde het al jaren uit mijn hoofd te praten. Ze maakte er hatelijke opmerkingen over tijdens etentjes, gewoon waar ik bij was. Het was pijnlijk dat Sue me niet wilde steunen. Op een keer zei ik tegen haar: 'Ik kan niet met je praten, want je klinkt als mijn moeder. Je bent zo kritisch en daar zit ik niet op te wachten. Dan doe ik het liever alleen.' Om haar zo denigrerend over *Yentl* te horen spreken, speelde in op al mijn onzekerheden.

En wat me ook helemaal niet beviel, was dat ze een min of meer symbiotische relatie met mij had ontwikkeld. Ze leek zichzelf soms met mij te verwarren en sprak zonder mijn toestemming voor me. Ik was woest toen ik erachter kwam dat ze projecten had afgewezen zonder dat ze me zelfs de scripts had laten zien. Een daarvan was *Splash*. Jaren later kwam ik Brian Grazer, de producent, in een vliegtuig tegen. Hij vertelde me dat ik zijn eerste keuze was geweest voor de vrouwelijke hoofdrol. Toen ik Sue daarmee confronteerde, zei ze dat de rol niet genoeg tekst had. Dat is echt belachelijk. Ik beoordeel een rol niet op basis van het aantal regels in het script.

Het was tijd voor een serieus gesprek, dus belde ik haar op. 'Weet je,' begon ik, 'je hebt geprobeerd om me *Yentl* uit mijn hoofd te praten. En vervolgens heb je me deze film in mijn maag gesplitst. Het is duidelijk dat we niet dezelfde smaak hebben als het over filmrollen gaat. Ik vrees dat ik een andere agent moet zoeken. Dat gezegd hebbende, blijven we natuurlijk wel bevriend.'

Het bleef een tijdje stil aan de andere kant van de lijn. Toen zei ze: 'Als ik je agent niet kan zijn, ben ik ook je vriendin niet.'

Ik wist niet wat ik daarop moest antwoorden. Het deed me pijn. Was ik dan alleen goed zolang de kassa rinkelde? Al die tijd had ik gedacht dat we eerst en vooral een persoonlijke relatie hadden. We wisselden vaak ervaringen uit over onze moeders. Die leken erg op elkaar (niet in positieve zin). Dat schepte een band. En ze wist me altijd aan het lachen te krijgen.

Dit was echter heel iets anders. Hier was niets grappigs aan.

Als ik gekwetst word, trek ik me terug. Dus bande ik Sue uit mijn leven. Haar plaats als agent werd ingenomen door Stan Kamen van William Morris. Hij was aardig en dacht goed mee. Onze zakelijke relatie was uitstekend. Nu denk ik dat je vriendschap en zaken beter gescheiden kunt houden. (Marty ken ik ondertussen al meer dan zestig jaar, maar buiten het werk gaan we zelden met elkaar om. Ik ben zelfs nog nooit op zijn kantoor geweest.) Toen Sue eenmaal uit mijn leven was, viel me iets op. Op wonderbaarlijke wijze werd er niet langer naar de media gelekt over mijn privéleven.

Er zit nog een staartje aan dit verhaal. Sue en ik spraken elkaar twee jaar lang niet. Maar na de première van *Yentl* kreeg ik een telegram van haar: 'We hebben net *Yentl* gezien. Het is een briljante film geworden.' Ik belde haar op en kreeg te horen dat zij en Jean-Claude met Ray Stark naar de eerste matinee waren geweest. 'Ray en ik vonden het een prachtige film.'

'En Jean-Claude? Wat vond hij ervan?'

'Hij is halverwege de zaal uit gelopen.'

'O, dus hij vond het niks.'

Sue antwoordde: 'Het was meer dat hij overdonderd was door wat hij zag. Hij kon eenvoudig niet geloven dat jij deze film had gemaakt.'

Na dat telefoontje pikten Sue en ik de draad weer op, maar onze relatie werd nooit meer dezelfde.

Terug naar *Yentl*. Op 19 november 1980 presenteerden we ons budget aan Orion. Om deze film te maken, hadden we op zijn minst 13 miljoen dollar nodig. En dat moest mij weer gebeuren: het was dezelfde dag dat Vincent Canby's recensie van *Heaven's Gate* van Michael Cimino in *The New York Times* stond. Het was een vernietigend stuk, en de laatste regel was nog het ergste: '*Heaven's Gate* is iets wat je nog maar zelden ziet in de filmindustrie: een ramp in vrijwel alle opzichten.'

Alles wat er over de film werd gezegd, droeg bij aan dat vernietigende oordeel. Cimino – en de studio, United Artists – hadden het budget laten oplopen van 11,5 miljoen tot meer dan 44 miljoen dollar, en de film was ook nog eens een jaar te laat verschenen. Het was zo'n spectaculaire mislukking dat Hollywood er voorgoed door veranderde. Het ging de studio's vanaf dat moment eerst en vooral om het eindresultaat.

Bij het lezen van de recensie voelde ik enige sympathie voor Cimino, maar op dat moment had ik er nog geen idee van dat het mij persoonlijk zou raken. Ik had het te druk met de voorbereidingen voor mijn vliegreis naar Praag om nog meer locaties te verkennen, en deze keer had ik mijn kleine super 8-videocamera ingepakt. Ik wilde een gevoel krijgen voor hoe het eindproduct eruit zou kunnen zien, dus hulde ik me in mannenkleren van begin twintigste eeuw: een lange zwarte jas, een zwarte pet en een wit overhemd dat ik had gehuurd bij Western Costume. Rusty filmde me terwijl ik door de met kinderkopjes geplaveide straten liep. Speciale apparatuur hadden we niet meegenomen. We maakten gebruik van niet meer dan natuurlijk licht en schoten een eenvoudige film van acht minuten die er verrassend mooi uitzag, met schaduwrijke bogen en bleke stenen muren, een donker silhouet tegen een matglazen raam, en een in oudroze gestuukt huis dat de perfecte woning voor Hadass zou kunnen zijn. (Dat is een van mijn favoriete kleuren.)

Ik liet de beelden aan een paar mensen zien. Ik wilde weten of ik als man geloofwaardig overkwam. De film is een muzikale fabel, dus als publiek moest je sowieso al geen kritische vergelijkingen met de werkelijkheid maken. Ik maakte me echter zorgen dat ik misschien te veel van hen vroeg.

De Bergmans stelden me gerust. 'Wij zien een man als we jou zien, we geloven dat je een man bent,' zeiden ze me. 'Maak je dus geen zorgen.' De studio was het met hen eens. Zelf vond ik wel dat ik leek op de mensen in de bronnen die ik had geraadpleegd. En ik had al besloten dat Yentl achtentwintig was. Dat maakte het leeftijdsverschil minder groot. (Ik was negenendertig toen we met de opnamen begonnen, maar gelukkig is me altijd verteld dat ik er jong uitzag voor mijn leeftijd.) Een ongetrouwde vrouw van achtentwintig zou in 1904 absoluut zijn beschouwd als een oude vrijster, maar ik had voor dat jaartal gekozen omdat ik nu eenmaal van het cijfer vier hou.

Erop terugkijkend denk ik dat het een vergissing was om haar leeftijd niet meteen aan het begin van de film te vermelden. Aan de andere kant hadden sommige critici toch al een vooroordeel tegen me, en als het mijn leeftijd niet was geweest, hadden ze wel een andere stok gevonden om me mee te slaan.

Het is eigenlijk wel grappig. Aan het begin van mijn carrière als actrice kreeg ik rollen die te oud voor me waren, zoals Dolly Levi, en nu was deze rol blijkbaar te jong. Maar Singer had haar leeftijd in het midden gelaten, en in een jesjiva vond je mannen van alle leeftijden. Daar had Yentl heel goed tussen gepast.

Bovendien heb ik nooit beweerd dat ik een getrouwe versie van Singers verhaal wilde maken. Ik gebruikte het verhaal als springplank en paste de boodschap die ik erin zag aan de huidige tijd aan. Vrouwen streden voor gelijke rechten in de diverse staten van de Verenigde Staten, en voor mij was dit een kans om iets te zeggen over gelijke rechten voor mannen en vrouwen in een onverwachte context: een Joodse sjtetl in het Polen van 1904.

Tijdens deze verkenningstrip bezochten we ook het platteland en bekeken kleine dorpjes die konden doorgaan voor Yanev, waar Yentl met haar vader woonde, of Beshev, waar ze later studeerde in de jesjiva van Avigdor.

Hieronder volgen een paar aantekeningen die ik tijdens die reis heb gemaakt op Thanksgiving, 27 november 1980:

Vbrno – goeie dag – vrijwel elke plek die we bezochten was goed! Water om te zwemmen voor de jongens.

Chotětov – voor Yanev – best wel goed.

Zulke mooie dauw op bladeren – net een laagje suiker!

Het huis van de toekomstige bruid – perfect! – grootte van de kamer – goed licht – de rest van de ruimte is ook goed om in te filmen – niet te klein – een wc – en een geweldige keuken met zelfgemaakt lekkers – gepaneerde en gefrituurde bloemkool – gebakken appels – cakejes en allerlei geconserveerd eten.

De Zamosc Inn – charmant – met stro aan de nokbalken.

Dit staat me nog levendig voor de geest: ik liep een kleine heuvel op, en op het moment dat ik de top bereikte, werd ik korte tijd verblind door de ondergaande zon. Vervolgens werd ik getrakteerd op een betoverend tafereel:

Een kanaal voor een veerboot! – En het allermooist van de dag voor mij – ooievaarsnest bovenin een grote boom.

Het geheel zag er een beetje vreemd uit: een grote, dikke stam zonder bladerkroon. De boom had geen takken en bladeren, en het nest aan de top bestond uit takken die de ooievaars door elkaar hadden gevlochten. Het was een prachtig gezicht, en ik besloot ter plekke dat we hier zouden filmen om die ooievaars in de film te verwerken.

We gingen naar de Amerikaanse ambassade voor het Thanksgiving-diner, denkende dat ze vast wel kalkoen zouden serveren (we zagen diezelfde dag nog een levend wit exemplaar) – Maar ze hadden dezelfde Tsjechische hapjes die we elke dag al aten – ham, salami, en meer ham – het diner was witte broodjes met ham!

Op 5 december vloog ik via Londen naar huis. Daarvoor schreef ik het volgende in mijn dagboek:

Ik kan de obstakels niet meer geloven – gisteren sprak ik nog met de productiemensen – nu sluiten de Sovjets de grens tussen Oost-Duitsland en Tsjecho-Slowakije – slechts 70 kilometer van de Poolse grens af zijn kan een probleem zijn.

Ik had er geen vermoeden van dat me nog grotere problemen te wachten stonden. Van Orion kreeg ik te horen dat ik in het budget moest snijden. In plaats van 13 miljoen had ik nog maar 10 miljoen dollar tot mijn beschikking. Het fiasco van *Heaven's Gate* lag ten grondslag aan uitzonderlijke voorzichtigheid, en *Yentl* was wederom een periodefilm met een etnisch onderwerp. Bovendien kwam daar nog bij dat dit mijn eerste film als regisseur was. Die bezuiniging was ontmoedigend; het was bijna een vierde van het budget en ik bezuinigde al flink.

Maar al snel deed dat er allemaal niet meer toe, want Jon gooide in zijn oneindige wijsheid roet in het eten en beledigde Eric Pleskow. Na een ontmoeting tussen mij, Eric en Mike (waar Jon niet bij was, omdat hij wel vaker schitterde door afwezigheid als het over *Yentl* ging), ontstak Jon in woede. Hij belde Eric en zei: 'Hoe haal je het in je hoofd om dingen met Barbra te bespreken zonder dat ik erbij ben?'

'Jon,' antwoordde Eric, 'Barbra is de ster van deze film. Ze is ook de producent, de schrijver en de regisseur. Ik kan haar ontmoeten wanneer ik maar wil, met of zonder jou.'

Jon reageerde grof. Ik geloof dat hij zelfs tegen Eric zei dat hij kon oprotten.

Ik was woedend op Jon. Ik vermoedde dat hij mijn afspraken met Orion opzettelijk tegenwerkte omdat hij met Polygram in zee wilde. Daar dacht hij een betere deal voor zichzelf te kunnen krijgen. Bij Polygram kon hij samenwerken met Peter Guber. Daar was hij goed mee bevriend. En ik denk dat dat belangrijker voor hem was dan *Yentl*.

Polygram nam *Yentl* over, maar ik kreeg niet hun volledige financiële steun. Daarnaast voelde ik me evenmin volledig gesteund door Jon. In naam waren we allebei producent, maar in werkelijkheid was hij nauwelijks betrokken bij de film. Hij ging niet mee als we naar locaties zochten. Ik vermoed dat hij niet eens het script gelezen had.

Zijn gedrag had me al de overeenkomst met Orion gekost, en het werd me steeds duidelijker dat ik beter een punt achter onze werkrelatie kon zetten. Dat zou de film echter wederom in gevaar kunnen brengen.

Uiteindelijk besloot ik dat ik geen keus had. Jon en ik groeiden al een tijdlang op meerdere niveaus uit elkaar. Het werd tijd voor me om mijn eigen weg te gaan. Dat ik deze film moest maken, stond voor mij als een paal boven water. En dat betekende dat ik hem ook op eigen titel zou moeten produceren. Jon verzette zich niet. Hij wist waarschijnlijk even goed als ik dat ik hem niet nodig had.

Dus begon ik weer van voren af aan en legde mijn project voor bij diverse studio's. Volgens verschillende peilingen trokken mijn films volle zalen, en onlangs was ik bij de Golden Globes voor de vierde keer uitgeroepen tot World Film Favorite. Toch voelde ik me nu weer net zo als toen ik op mijn achttiende auditie deed voor een theaterstuk op Broadway. Warner Brothers dat al bijna 200 miljoen dollar aan mijn films had verdiend (meer dan 600 miljoen dollar als je het omrekent naar de huidige waarde) zei nee.

Columbia had nog meer aan me verdiend. Ook Columbia zei nee. Paramount had geen interesse.

De moed zonk me in de schoenen. Als de ster in hun films had ik hun bankrekening meerdere malen gespekt, gaven ze toe. Maar nu ik hen nodig had, bleven hun bankrekeningen gesloten voor me.

De ironie wilde dat het United Artists was die ons uiteindelijk een kans gaf. Dat was nota bene de studio die *Heaven's Gate* had gemaakt. Steven Bach was daar verantwoordelijk voor de productie, en hij besloot het erop te wagen. Wat hem ervan overtuigde dat ik kon regisseren was een rondleiding door mijn art-decohuis: 'Helemaal in bordeauxrood, roze, zwart en grijs, tot en met de theekopjes in de kast en de zeepjes in de badkamers,' schreef hij in *Final Cut*. 'Zelfs in de kasten vond ik authentieke art-decokleding in bordeauxrood, roze, zwart en grijs, en als je wilde weten of ze een visueel consistente film kon regisseren, hoefde je alleen maar naar dat huis te kijken.'

Het was echter zijn collega, Norbert Auerbach, die aanvankelijk op mijn naam had aangedrongen. Hij was een aardige oudere heer. Hij was geboren in Wenen en opgegroeid in Praag. Dat was een gelukkig toeval. Ik hoopte dat zijn achtergrond hem ontvankelijker voor mijn project zou maken. Hij bezocht me in mijn appartement in New York, en luisterde naar de liedjes voor de film. Hij was er weg van, en ook het verhaal vond hij prachtig. Hij zag zichzelf zelfs al in de rol van mijn vader.

Op 14 april 1981 schreef ik in mijn dagboek:

> *Nadat de spaceshuttle Columbia veilig was geland, konden wij ook opstijgen. Allebei twee jaar later dan gepland. Uiteindelijk vonden we een thuis bij United Artists. Hopelijk behalen we hetzelfde succes als de spaceshuttle. Cis en ik brachten een toost uit met koffie-ijs en Frangelico.*

En toen verdween plotseling wéér de grond onder onze voeten. Op een ochtend kreeg ik te horen dat United Artists was overgenomen door MGM. Auerbach en Bach stonden op straat.

En wie kwam er aan het hoofd te staan van het nieuwe MGM/UA? Mijn voormalige agent David Begelman, die er altijd op tegen was geweest dat ik *Yentl* zou maken.

36

Yentl *regisseren*

Was dit een grap? Het was alsof het weer 1968 was en ik weer terug was waar ik begon. David en ik moesten er zelfs om lachen. 'Geef je dan nooit op?' zei hij. Ik denk dat hij me bewonderde om mijn doorzettingsvermogen en zich misschien schuldig voelde omdat hij me niet had gesteund tijdens al die jaren dat ik had geprobeerd om deze film van de grond te krijgen. Of misschien leefde hij gewoon met me mee.

Mijn deal met United Artists bleef staan. Ik wist er zelfs nog meer uit te slepen. Van MGM/UA kreeg ik een budget ter beschikking van 14,5 miljoen dollar. In ruil daarvoor moest ik echter wel een paar concessies doen.

Om te beginnen kreeg ik niet betaald voor al mijn werk aan het script. Ondertussen had ik al drie versies geschreven. Mijn naam stond er echter niet op. Ik wilde niet dat mensen er al een oordeel over zouden hebben voordat ze het gelezen hadden. Op de titelpagina stond alleen *A Barwood Film*. Over mijn eigen werk ben ik altijd onzeker; ik bleef me afvragen of ik nog meer verbeteringen kon aanbrengen. Dus toen de studio voorstelde om het script door een meer ervaren schrijver nog een beetje bij te laten schaven, stond ik daar niet afwijzend tegenover. Prima, dacht ik. Zelf zit ik er zo diep in dat iemand met meer afstand en een frisse kijk misschien wel bevorderlijk is. Ik keur echter niets goed, tenzij ik het een verbetering vind.

Eerder had ik gehoord over Jack Rosenthal, een Britse schrijver die een teleplay had geschreven met de titel *Bar Mitzvah Boy,* dat in Londen werd gebracht als een musical. (De muziek was geschreven door Jule Styne. Dat leek me een goed teken.) Dus gaf ik Jack een kans met het script. Ik werd niet altijd blij van zijn wijzigingen, maar vond wel dat hij een paar goede dialogen had toegevoegd. Ik stelde dus voor om er samen naar te kijken. Schrijven is een eenzame bezigheid. Met zijn tweeën is leuker, en ik genoot echt van onze schrijfsessies. We waren het niet altijd eens, maar ook dan was de samenwerking nuttig omdat ik zo gedwongen werd om mijn gedachten te verduidelijken.

Als ik in Groot-Brittannië ben logeer ik meestal in het Berkeley Hotel in Knightsbridge. De slaapkamer is daar uitgerust met grote glazen deuren naar de woonkamer, zodat ik 's avonds vanuit bed de open haard kan zien. Jack en ik brachten vele uren door in die woonkamer. Elke dag weer keek ik uit naar de lunch, met mijn dagelijkse kalkoensandwich van bruinbrood met zoete mierikswortelsaus of Branston Pickle, gevolgd door thee met scones en *clotted cream* en gepureerde verse aardbeien. (Veel beter dan jam. En geen rozijntjes in de scones alstublieft!)

Ik verkeerde in de veronderstelling dat de regisseur altijd zoveel werk in het script stak. Daarbij wilde ik mezelf liever geen schrijver noemen en ik heb daarom nooit gevraagd om als zodanig op de titelrol vermeld te worden. Nadat we de opnamen hadden afgerond, leverde ik alle zestien scripts in (drie waren alleen door mij geschreven) bij de Writers Guild. Ik liet het aan hen over om te beslissen wie de eer zou krijgen. Die ging naar mij en Jack. Dat werd mijn eerste vermelding als schrijver, en ik was er zeer mee in mijn nopjes.

Nog even over de deal met MGM. Ik kreeg niet heel veel betaald voor de regie. Dat vond ik best. Ik had mezelf tenslotte nog niet bewezen als regisseur.

Maar ook mijn honorarium als actrice was veel minder dan ik voor mijn laatste film had gekregen. In werkelijkheid had ik de studio wel geld toe willen geven omdat ze me deze film lieten maken. Maar dat hield ik wijselijk voor me. Tenslotte moest ik er ook voor tekenen dat, mochten we het budget overschrijden, ik de helft van mijn salaris terug zou storten.

Best. Mij maakte het niets uit.

Het enige wat echt belangrijk voor me was, was de final cut. Die moest ik echter ook opgeven. Niet ik als regisseur had het laatste woord, maar de studio. Daar zat ik mee in mijn maag, maar ik had geen keus. Ik moest ermee akkoord gaan, want het was de enige manier waarop ik de film gemaakt kon krijgen. (Later bleek ik me voor niets zorgen te hebben gemaakt. De studio achtte het, nadat we de film hadden voltooid, niet nodig zelfs maar één frame te veranderen.)

Nu kon ik eindelijk een cast en een crew samenstellen. Voor Avigdor had ik aanvankelijk Richard Gere in gedachten. Ik had gezocht naar een gezicht dat zowel mannelijk als vrouwelijk was. Daarmee speelde ik weer met het idee van androgynie. Richard beschikte over een sterke neus, een mooie haardos en een mooie mond. En hij had een krachtige seksuele uitstraling. Tijdens onze ontmoeting toonde hij zich geïnteresseerd in de rol. Maar hij was het er niet mee eens dat ik zowel acteerde als regisseerde. Hij zou de film doen als ik of het één of het ander deed, maar niet allebei.

Dus moest ik een andere acteur zoeken. Ik wilde een sterke, charismatische acteur tegenover me. In het verleden had dat goed gewerkt, zoals met Omar Sharif en Robert Redford. Er volgde een ontmoeting met Michael Ontkean en met Harry Hamlin. Beiden zagen er goed uit, maar geen van beiden voelde goed. Mandy Patinkin had ik in het theater in *Evita* gezien. Ik vond hem interessant, maar er was niets androgyns aan hem. Cis haalde hem toch binnen. Audities doe ik als volgt: ik begin met een gesprek om een gevoel te krijgen wie de acteur is als mens. Als ik dan denk dat ze geschikt zijn voor de rol, geef ik hun een scène om te leren. Daarmee doen ze vervolgens auditie, en Rusty neemt ze op video op. De ervaring leerde dat sommige acteurs heel goed zijn als ze een scène moeten lezen, maar toch niet zo goed voor de camera tot leven komen.

Dat gold niet voor Mandy. Ik had hem de scène laten repeteren waarin Avigdor aan Yentl vertelt dat zijn huwelijk met Hadass niet doorgaat. Hij deed iets wat ik zelf nooit had kunnen bedenken. Het ene moment lachte hij, en het volgende moment huilde hij. Het was een fascinerend gezicht. Ik vind het altijd heerlijk om door een acteur verrast te worden.

Maar er was niets vrouwelijks aan hem, en hij had niet zo'n filmsterrengezicht waar vrouwen bij bosjes voor vallen. Hij was een zogenoemde karakteracteur. Ik aarzelde en bleef nog maanden doorzoeken. Maar toen dacht ik: nee. Ik geef de voorkeur aan talent boven uiterlijk. Dus kreeg Mandy de rol. Ik stuurde hem het zevendelige boek, *The Legends of the Jews* van Louis Ginzberg. Daarmee kreeg hij een spoedcursus in de Talmoed. Ik liet hem ook een jesjiva bezoeken om daar de studenten te observeren. Hij had al heel wat huiswerk voordat hij een voet op de set zette.

Voor Hadass had ik allereerst gedacht aan Carol Kane. Haar gezicht paste in een ander tijdperk – ze leek iemand uit een andere eeuw – en dan die onalledaagse piepstem. Ik voorzag komische mogelijkheden. Maar de studio wilde niet dat ik haar contracteerde. Ze zeiden nee. Absoluut niet. Drie Joodse mensen in de hoofdrol, dat kon echt niet.

Ik was geschokt. Wat maakte dat nu uit? Moest ik mijn acteurs selecteren op basis van hun godsdienst? En was het niemand opgevallen dat dit een film was over Joden?

Uiteindelijk besloot ik er geen punt van te maken. Carol had furore gemaakt in *Hester Street*, en voor deze film leek een nieuw gezicht me beter.

Ik had Amy Irving ontmoet toen ze getrouwd was met Steven Spielberg. Wat mij betrof had ze zo uit een van de schilderijen van de prerafaëlieten gestapt kunnen zijn, met haar bleke gezicht en haar van nature krullende, kastanjebruine haar. We stuurden haar een script, maar haar agent liet weten dat ze geen interesse had. Ze wilde niet nog een keer een of andere ingénue spelen, had ze gezegd.

Ik zag Hadass als een heel wat complexere persoonlijkheid, en ik nodigde Amy uit in mijn appartement in New York, zodat ik mijn visie over het personage kon presenteren. Het was mijn doel haar evenveel van het personage te laten houden als ik. Later vertelde ze me dat mijn passie voor de film zo overtuigend was dat ze geen nee meer kon zeggen. En Amy is een avontuurlijk mens. Ze was bereid me op deze reis te vergezellen. Eigenlijk is ze half-Joods (dat heb ik maar niet aan de studio laten weten) en ze had net haar vader verloren. Dat schiep een band tussen ons zonder dat we het erover hoefden te hebben, en ik vermoed dat ze me ook wilde steunen in mijn wens om deze film te regisseren. Ze was geweldig om mee te werken, en ze gaf zich volledig aan het project.

Nu moest ik alleen mijn vader nog zien te vinden.

Zoals in het vorige hoofdstuk staat, waren het de eerste paar woorden van

Singers verhaal – 'na de dood van haar vader' – die mijn aandacht hadden getrokken en me zo sterk op dit verhaal hadden doen reageren. Het ging over een jonge vrouw die een zeer hechte band met haar vader had gehad, en wier leven op zijn grondvesten schudde toen hij overleed. Ook mijn leven was drastisch veranderd na de dood van mijn vader.

Mijn moeder sprak nooit over mijn vader. Pas nu ik de papieren doornam die hij had nagelaten, kwam ik meer aan de weet over hem. Zo was hij op de universiteit lid geweest van het debatteam. En hij was ook lid geweest van de schaakclub, de wiskundeclub en de toneelclub. Hij had een bezoek willen brengen aan Californië. En een van zijn dromen was om schrijver te worden.

Stel je voor. Was ik misschien voorbestemd om zijn dromen waar te maken? Wat ik over hem ontdekte, verschafte me ook meer inzicht in mezelf. Want er was heel wat waarin we overeenkwamen. Zelfs op foto's zag ik de gelijkenis tussen ons. Ik heb dezelfde bouw als mijn vader. Ik lijk meer op hem dan op mijn moeder. Ik had zijn neus. Ik had zijn volle lippen. En ik had zijn ogen, een beetje dicht bij elkaar.

Deze film was voor mij een manier om erachter te komen hoe het zou zijn geweest om een vader te hebben. Ik bedacht scènes en dialogen rond Yentls vader. Zo creëerde ik de vader die ik nooit had gehad.

De rol zou aanvankelijk worden gespeeld door Morris Carnovsky, een van de oprichters van het Group Theatre. Hij werd echter geveld door een hartaanval. Gelukkig herstelde hij, en hij leefde nog tien jaar. Het was hem echter niet mogelijk om de film te doen.

Cis had Nehemiah Persoff gezien in zijn onemanshow. Die had hij geschreven op basis van de verhalen van Sholem Aleichem. Ik had Nicky gezien als taxichauffeur in *On the Waterfront* en had hem hoog zitten als acteur. En tijdens onze ontmoeting straalde hij zoveel warmte en vriendelijkheid uit dat ik hem meteen perfect geschikt achtte voor de rol van mijn vader.

Een deel van de film werd opgenomen op locatie in Tsjecho-Slowakije. We namen Londen als basis en werkten met een Britse crew. Als production designer wilde ik Roy Walker. Voor zijn werk aan *Barry Lyndon* (ook een periodefilm) had hij een Oscar gewonnen. En hij had ook meegewerkt aan *The Shining*, die onlangs in de bioscoop was verschenen. Beide films waren geregisseerd door Stanley Kubrick, en iemand die goed genoeg was voor Kubrick was goed genoeg voor mij, redeneerde ik. Roy had me al op meerdere verkenningstochtjes vergezeld en was overal voor in. Hij vond het leuk om de rol van mijn tegenspeler op zich te nemen terwijl Rusty ons filmde met de videocamera. Ik keek vaak naar de eerste opnamen die we in Praag hadden gemaakt. De beelden die we daar hadden vastgelegd, hadden iets, en ik wilde er zeker van zijn dat we dat iets in de uiteindelijke film zouden behouden. Dat kwam natuurlijk door de plek, de kenmerkende architectuur, oude stenen gebouwen met booggewelven die soms een hele straat overspanden. Voor een van onze opnamen bouwde Roy een boog over een straat die er geen had. Hij wist gewoon gevoelsmatig wat ik wilde.

Hoe een film er uiteindelijk uit komt te zien heeft ook te maken met zaken die voor een groot deel ongrijpbaar zijn: kleur en licht. Dat maakt de cinematograaf met wie je werkt van doorslaggevend belang. De man die ik op het oog had was Vittorio Storaro. Zijn fotografie in *Il conformista* had ik in 1970 overweldigend mooi gevonden.

Die film bevat een scène die ik nooit zal vergeten. De scène was in kleur, maar door de art direction (de set en de rekwisieten) leek het alsof deze in zwart-wit was gefilmd: het grijze behang, de schaduwen van de jaloezieën op de muren, de zwart-witte en grijze kleding van de acteurs, enzovoort. Een boeket gele rozen was het enige wat voor een fel kleurcontrast zorgde.

Ik heb altijd van zwart-wit gehouden. Dan denk ik bijvoorbeeld aan die buitenlandse films die ik vroeger zag in het Astor Theatre naast Erasmus Hall, mijn middelbare school. En mijn korte filmpje van acht minuten was eigenlijk ook in verschillende schakeringen van zwart-wit. De kleren die ik droeg waren in zwart en wit, want dat is wat studenten van een jesjiva nu eenmaal dragen. Ik kon me slechts één andere kleur in beeld voorstellen, zoals het groen van het gras tijdens een buitenopname.

Vittorio Storaro kwam langs in Malibu. Ik gaf hem een rondleiding door mijn art-decohuis. Hij was onder de indruk, en zodra we alles hadden gezien, zei hij dat hij *Yentl* met me wilde doen. Ik was in de wolken. Hij bleek al even gefocust op kleur als ik. We mochten allebei graag kletsen over de vele mogelijkheden van kleur; hoe krachtig kleur, of de afwezigheid ervan, kan zijn.

Ik vertelde hem dat ik naar Amsterdam was gevlogen om de schilderijen van Rembrandt te zien, omdat ik aan zijn werk had moeten denken toen ik nadacht over de beeldtaal van *Yentl*. Ik was op dat moment in Londen (niet ver weg, dus), en ik besloot tot een kort uitstapje. Ik had er geen idee van dat er ook schilderijen van Rembrandt in de musea van Londen hingen. Het maakte weinig uit. Amsterdam was prachtig, en de schilderijen die ik te zien kreeg, waren de reis ruim waard. Ik wilde ze van dichtbij kunnen zien. Zo was er dat rood, dat ik altijd als het rood van Rembrandt heb beschouwd.

Echt puur rood is het nooit. Er zit ook bruin in, dus het is gedempt. Je krijgt de indruk van een oude kleur. Ik heb me altijd aangetrokken gevoeld tot gedempte kleuren in verf. Het enige pure rood dat ik mooi vind is de kleur van rode azalea's.

Ik wilde het zwart van Rembrandt weleens in het echt zien. Hoe zwart was dat? Bij nadere beschouwing blijkt dat zwart meer donkerbruin dan diepzwart. En de gezichten; waren de randen hard of zacht? Voor zover ik kon zien, leken ze zacht. Er was geen sprake van harde contrasten. Als ik dat effect wilde nabootsen, zou ik speciale lenzen moeten gebruiken, filters met een hoge of lage densiteit, en ten slotte zouden we rekening moeten houden met het type film.

Als ik naar de schilderijen van Rembrandt keek, lette ik echter vooral op het licht. In veel van zijn werken zie je de bron van het licht niet. Het licht is diffuus, en verlicht de gezichten op een prachtige manier. Er straalt warmte vanaf. Voor mijn film wilde ik dezelfde lichtkwaliteit als de verf van Rembrandt. De gezichten van de studenten, zoals ze in de jesjiva op zoek waren naar kennis en waarheid, moesten verlicht worden door een innerlijke gloed. Ik wilde het licht vastleggen dat gepaard gaat met leren, het verlangen om contact te maken met een hogere bron, omdat leren letterlijk verlichting is. Daarvoor wilde ik voornamelijk gebruikmaken van natuurlijk licht. De interesse van Vittorio was gewekt. Hij zag wat ik zag. Hij begreep waar ik naar streefde. Evenals ik kon hij uren praten over licht.

Ik wilde hem er graag bij, maar dat zou ons 250.000 dollar kosten (veel geld in die tijd), en ook een deel van de winst. Dat laatste was voor een cinematograaf zeer ongebruikelijk. Maar dat waren zijn voorwaarden, en hij stond er ook op dat zijn vijf koppen tellende Italiaanse crew met hem meekwam. De studio was er niet voor in en zette de hakken in het zand. Ons budget was daarvoor eenvoudig niet groot genoeg. Dus had ik geen andere keuze dan deze uitzonderlijke artiest vertellen dat ik me hem niet kon veroorloven.

En een paar dagen later werd ik wakker en dacht: ik lijk wel gek. Beter gezegd, krankzinnig. Ik had net 500.000 dollar gedoneerd voor een leerstoel in mijn vaders naam voor cardiovasculair onderzoek aan de UCLA, maar ik kon me geen 250.000 dollar veroorloven voor Vittorio Storaro? Dat sloeg echt nergens op.

Ik moet wel bekennen dat er nog iets anders meespeelde. Ik voelde me aangetrokken tot Vittorio. Hij was slim, ontzettend getalenteerd en ook nog sexy, op een rustige manier.

Maar op een dag gebeurde er iets waardoor de betovering werd verbroken. Ik herinner me het moment nog goed. Ik beschreef een scène zoals ik voor ogen had. De camera zou beginnen met een shot van Yentl in de synagoge. Ze zit achter een houten balustrade op het bovenbalkon (dat was de enige plek waar vrouwen mochten zitten). Vervolgens daalde de camera naar haar vader, die helemaal beneden bij de andere mannen zat. Vittorio zag het anders. Hij zag het shot de andere kant op gaan, van de vader naar Yentl op het balkon. Dit was mijn eerste film als regisseur, en hij was een gerenommeerd cinematograaf. Dus beschikte ik niet over genoeg vertrouwen in mezelf om tegen hem in te gaan.

Dat was een slecht teken, en het was ook een slechte basis voor een werkrelatie. En mijn verliefdheid op hem zou het alleen maar erger maken, besefte ik. Ik zou de controle op de set kunnen kwijtraken, of ik zou mijn positie kunnen opgeven om Vittorio te behagen.

Dat was een complicatie die ik me niet kon veroorloven.

Als ik deze film wilde maken, zou het volgens mijn eigen visie zijn. En ik wilde er niet voor hoeven te strijden.

Jaren later vertrouwde Vittorio me toe dat hij er altijd spijt van heeft gehad dat hij niet aan *Yentl* had meegewerkt. Tegen die tijd had ik meer zelfvertrouwen en besefte ik dat ik bij zo'n soort conflict heel anders zou reageren.

Ik hoop nog steeds een keer met hem samen te werken. Dat zou toch geweldig zijn...

Maar het is zoals ze zeggen: als er één deur dichtgaat, gaat een andere open. We vonden David Watkin, een eveneens getalenteerde cinematograaf die aan *Chariots of Fire* had gewerkt. Ik weet nog hoe hij een testopname van mijn gezicht maakte. Hij keek naar de beelden en zei: 'Is dat je neus?'

Ik hou wel van mensen die me aan het lachen maken.

David liet zich door niemand de wet voorschrijven. Hij was een meester in zijn vak... Hij kon je het mooist denkbare licht geven en het toch simpel houden. En hij was de bescheidenheid zelve. Hij maakte nooit ergens ophef over en liep altijd rustig rond op de set om zijn werk te doen. Had hij de set eenmaal verlicht, dan kon je overal staan en ervan uitgaan dat de belichting perfect was. Zoiets had ik nog niet eerder meegemaakt.

David had wel een eigenaardige eigenschap. Soms was hij opeens verdwenen. Dan zochten we hem overal, totdat hij uiteindelijk in een hoekje in diepe slaap werd gevonden. Hij bleek te lijden aan narcolepsie, maar daar kwam ik pas later achter. Zodra we met de opname van een scène begonnen, viel hij in slaap. Hij had niet het gevoel dat hij op zo'n moment nog nodig was; hij vond niet dat de belichting tussen de verschillende takes aangepast hoefde te worden. Hij was ervan overtuigd dat hij alles in één keer goed had gedaan.

Tijdens een van onze eerste draaidagen vroeg ik hem naar een bepaalde scène. Hij keek me aan en zei doodleuk: 'Ik lees het script nooit. De slimme dingen laat ik aan Peter over.'

'Je maakt zeker een grapje?' zei ik.

Met 'Peter' bedoelde hij Peter MacDonald, een briljante cameraman en degene op wie ik uiteindelijk het meest leerde vertrouwen. In Groot-Brittannië werken ze niet zoals in de Verenigde Staten. In de VS zorgt de cinematograaf voor de belichting en stelt hij alles voor de scènes op in samenwerking met de regisseur. In Engeland wordt dat werk gedaan door drie mensen. De cinematograaf is alleen verantwoordelijk voor de belichting, terwijl de regisseur en de cameraman alles in scène zetten. Gelukkig las Peter het script wel en kon ik de diverse concepten met hem bespreken.

Hij was uiterst beleefd en netjes, kortom, heel Brits, maar onder die koele buitenkant klopte een warm hart en ik mocht hem heel graag. Het was een voorrecht om met hem te kunnen werken, en telkens als hij in de VS is, komt hij even langs. Ik koester de vriendschap met hem.

Alle elementen van de preproductie vielen langzaam maar zeker op hun plaats. Roy had op tweeënhalf uur rijden van Praag een dorpje genaamd Roztyly gevonden dat precies de rustieke uitstraling had die ik in gedachten had gehad voor Yanev, de plek waar Yentl opgroeide. De oude huizen waren van hout. Het huis voor Yentl en haar vader had ik al gezien... En ik was ook getroffen door het kerkhof, met verweerde, tegen elkaar aan leunende grafstenen. Ik vond het ontroerend dat de begraafplaats op een heuvel was gebouwd. Zo boden de dorpelingen hun doden voor eeuwig een prachtig uitzicht.

En toen brak er oorlog uit in Polen. Wat er in feite aan de hand was, was dat de vakbond Solidarność (Solidariteit) demonstreerde en dat de regering er soldaten en tanks op af stuurde om de protesten de kop in te drukken. Maar we hadden net de onderhandelingen met de studio overleefd, en dat er op niet meer dan zeventig kilometer van onze locatie werd gevochten, beschouwden we als niet meer dan een nieuwe uitdaging.

Tijdens een van mijn verkenningstochtjes in Europa belde ik Willy Wyler. 'Ik ga mijn eerste film regisseren,' zei ik. 'Ik brand van ongeduld om er een keer met jou over te praten. Kun je me misschien een paar tips geven?'

Ik stelde me zijn ondeugende glimlach voor aan de andere kant van de lijn. 'Om te beginnen zal ik je vertellen wat je niet moet doen,' zei hij.

Het was de bedoeling dat we elkaar zouden ontmoeten na mijn terugkeer. Maar toen ik in Los Angeles arriveerde, hoorde ik dat hij was overleden.

Ik was er kapot van. Dit was de man die mijn filmcarrière had gelanceerd, en ik ben hem voor altijd dankbaar. Er waren zoveel dingen die ik hem wilde vertellen, zoveel vragen die ik wilde stellen... En nu zou ik daar nooit de kans voor krijgen.

Ik belde zijn vrouw, Talli, om haar te condoleren en mijn medeleven te betuigen. Ik kreeg een prachtig briefje van haar: 'Als je op de set bent en niet weet hoe je verder moet, wees dan heel stil. Misschien hoor je Willy dan in je oor fluisteren.'

Ik droeg dat briefje overal met me mee. Het gaf me het gevoel dat de geest van Willy bij me was. Dat had ik nodig, nu ik eindelijk zover was dat ik zijn voorspelling waarmaakte. Hij was tenslotte degene die me als eerste had gezegd dat ik films moest gaan regisseren.

Van Alan Parker, een vriend die *Midnight Express* en *Fame* had geregisseerd, kreeg ik een pragmatischer advies. 'Als je niet weet hoe je iets moest filmen,' zei hij, 'zeg dan gewoon dat ze een track moeten bouwen. Dat geeft jou de tijd om rustig na te denken over wat je wilt.' Ik voelde me gerustgesteld, maar gedaan heb ik het nooit. Als ik mijn crew zou vragen werk te verrichten voor niets, zou ik me daar erg schuldig over voelen.

In januari 1982 verbleef ik in een woonhuis in de Londense wijk Chelsea en overlegde ik met de mensen die over de garderobe, het haar en de make-up gingen. Roy hield zich bezig met de bouw van de sets in de Lee International Studios. Deze bevonden zich net buiten de stad, en het was onze bedoeling om daar ongeveer acht weken opnamen te maken, en dan voor zes weken naar Tsjecho-Slowakije te verkassen, waarna we alles in Londen hoopten af te ronden.

Maar eerst moesten we alle muziek opnemen. Dat was iets wat vooraf moest gebeuren. (Live hoefde ik in deze film niet te zingen. Vrijwel alle liedjes waren in de vorm van een voice-over.) We besteedden er twee weken aan in februari en werkten met Marilyn, Alan, Michel en het orkest in de Olympic Studios in Barnes, in de buitenwijken van Londen.

Voor *Funny Girl* had ik destijds drie maanden de tijd gehad om alle muzieknummers in te studeren. Voor *Yentl* moest ik hetzelfde doen in negen dagen.

De eerste repetitiedag brak aan, en ik zie nog voor me hoe ik de set op kwam lopen. De crew stond in een lange rij naast elkaar opgesteld om me te ontmoeten. Een lange, magere man met een verlegen grijns – Bill Keenan, een van de toneelknechten – schudde me de hand. Zijn handpalm voelde zweterig aan. 'Ben je nerveus?' vroeg ik.

'Een beetje,' zei hij, met een zwaar Cockney-accent.

'Moet je mijn hand maar eens voelen,' zei ik. 'Niemand is hier nerveuzer dan ik.'

Zenuwachtig? Dat woord kon nauwelijks beschrijven hoe ik me voelde. Op weg naar de studio moest ik mijn chauffeur 's ochtends regelmatig vragen even langs de weg te stoppen omdat ik moest overgeven. Ik kende elke Wimpy en McDonald's op de route. (Op weg naar buiten kocht ik vaak een donut met slagroom voor later.)

Eenmaal op de set was ik zo geconcentreerd aan het werk dat ik me prima voelde. Gelukkig had ik de meeste muziek al in Los Angeles gerepeteerd. Ik had Marilyn en Alan gevraagd voor kleermaker te spelen (met ieder een historische pet op het hoofd) zodat ik het komen en gaan kon bepalen terwijl Yentl haar trouwpak past. Hun dochter Julie (en ook Renata) had ik gestrikt om Hadass te spelen, zodat ik haar verplaatsingen tijdens de verschillende eettafelscènes kon uitwerken. Al deze scènes namen we op video op, en daar maakten we weer montages van, zodat ik Peter en David precies kon laten zien wat ik in gedachten had. Iedereen kreeg de complete scène van tevoren te zien. Ze wisten precies wat ze moesten doen.

De scène waarin Hadass het avondeten serveert terwijl je het liedje 'No Wonder' hoort in de voice-over was het moeilijkst. Het liedje, de dialoog, de actie en de bewegingen van de camera moesten perfect gecoördineerd worden. De choreografie moest op een fractie van de seconde nauwkeurig, want de actie moest bij de tekst van het liedje passen. Dat moest allemaal op elkaar worden afgestemd. Mandy moest zich verslikken in de mierikswortel en Amy moest water voor hem inschenken, de bietjes morsen en vervolgens het brood doorgeven. Alles moest exact op het juiste moment. Hadass en haar moeder zijn bezig rond de tafel terwijl de andere acteurs ook verschillende dingen te doen hadden. En dat moest allemaal op film worden vastgelegd.

Ik had nog één ander element nodig. Op de achtergrond, terwijl we Yentl in de voice-over horen zingen, moet er natuurlijk ook een gesprek plaatsvinden. Het liedje vertegenwoordigt haar gedachten terwijl ze naar de gesprekken aan de eettafel luistert. Dat was een extra laag die we in de choreografie moesten verwerken. Het maakte de scène erg interessant voor me.

Het lukte me zelfs om er een kleine discussie over de Talmoed in te voegen. Steven Hill, die de vader van Hadass speelt, was behalve een geweldige acteur toevallig ook orthodox joods. Dat was een van de redenen dat mijn oog op hem was gevallen. Hij was strenggelovig. Dat betekende dat hij op vrijdag werkte tot de zon onderging (en geen minuut langer), en dat er koosjer eten voor hem moest zijn. Dat vond ik juist leuk. Zo was hij nu eenmaal. Hij kon gewoon 'zijn'... en dat beschrijft in één woord wat goed acteren voor mij inhoudt. Steve kende deze wereld door en door, en hij was natuurlijk ook goed bekend met de Talmoed. Dat verschafte hem een natuurlijk gezag, en dat was wat er voor deze rol nodig was. Zijn stem klonk ook als die van een erudiete Joodse oudere. Mandy had enige kennis opgedaan uit de boeken die ik hem had gestuurd. In mijn aanwijzingen kon ik dus volstaan met: 'Ik wil dat jullie twee aan tafel een soort van wetenschappelijk gesprek voeren.' Vervolgens kon ik erop vertrouwen dat ze zouden improviseren.

Die scène was een grote uitdaging. Ik geloof dat we er drie van de negen repetitiedagen mee bezig zijn geweest. Het was de ingewikkeldste scène en het moest er volkomen natuurlijk en moeiteloos uitzien.

Maar dat is nu juist het leuke als je regisseur bent. Het was ontzettend enerverend om de scènes vorm te geven, te verfijnen en vervolgens tot werkelijkheid te zien worden. In vergelijking daarmee was alleen acteren een beetje saai voor me geworden. Ik kijk nu eenmaal graag naar het grotere geheel. Het verhaal was van A tot Z belangrijk voor me. Ik voelde me als een schilder voor een leeg doek, en ik was degene met het penseel in mijn hand.

Als regisseur was het mijn taak om voor een sfeer van vertrouwen te zorgen waarbinnen iedereen zijn beste werk kon doen. Tijdens de scène met het avondeten viel op dat Mandy geen fan was van repeteren. In plaats van mee te doen las hij de krant, en het gebeurde zelfs een keer dat hij indommelde. Als hij oplette was er echter niets mis met Mandy's timing. Hij zat als Avigdor te praten en tilde zijn armen op, zodat Hadass een servet op zijn schoot kon leggen. Hij keek haar niet eens aan. Dat vond ik goed gedaan... een perfecte keuze.

Er waren erg veel bewegende delen in deze scène. Ik wilde mijn acteurs niet overbelasten door hun te vragen de scène te herhalen terwijl wij nog met de juiste camerastandpunten aan het experimenteren waren. In plaats daarvan liet ik een aantal crewleden hun plaats innemen. Beth Porter, mijn stand-in, vroeg ik om de rol van Hadass op zich te nemen. (In de film is zij het dienstmeisje dat tijdens het eten naar Anshel lonkt.) Zelda Barron, de scriptsupervisor, speelde haar moeder en Steve Lanning, de eerste assistent-regisseur, speelde Avigdor.

Dat was leuk om te doen. Ze hoefden niet te acteren, zei ik, alleen de tekst op te zeggen. Ze gingen er echter helemaal voor. Ik denk dat ze het leuk vonden om voor de verandering eens aan de andere kant van de camera te staan.

Ik had me geen betere crew kunnen wensen. Ze waren geweldig, en ze deden wat ze konden om me te helpen. De ruimte waar we onze sets konden bouwen was enorm. Mijn richtingsgevoel is altijd belabberd geweest, dus ik raakte vaak de weg kwijt op weg naar mijn kleedkamer. Op een dag arriveerde ik op de set en zag ik dat de toneelknechten zo aardig waren geweest om het terrein met gele tape te markeren (misschien hadden ze de gele klinkerweg in *The Wizard of Oz* in gedachten gehad), zodat ik zonder moeite de weg kon vinden.

Ik was ontzettend dankbaar voor alle steun die ik van de crew kreeg. Ik heb nooit iets gemerkt van weerstand ten opzichte van mij als vrouw in een machtspositie. Er was nooit sprake van wrevel of tegenwerking. Misschien speelde mee dat ze geregeerd werden door een koningin en Margaret Thatcher als premier. Dan was een vrouwelijke regisseur ook geen probleem. En ze hadden goede manieren. Britten zijn uiterst beleefd.

Het plan was om op 14 april te beginnen met de opnamen. De avond ervoor belde David Begelman met de mededeling dat ze een *completion bond* hadden afgesloten voor onvoorziene uitgaven ter waarde van 10 procent. Dit was een manier voor de studio om zich in te dekken als de kosten hoger uitvielen. Voor die garantie moest de studio een premie ophoesten van 700.000 dollar. In de praktijk kwam het er echter op neer dat dit bedrag van mijn budget af ging. Dat was een klap die ik niet had zien aankomen. De studio gaf me echter geen keus. Een paar dagen later hadden we een geschil over het schip. Als Yentl in de laatste scène van de film naar Amerika vertrekt, was het plan daarvoor een vrachtschip uit Liverpool te gebruiken waarmee we de Ierse Zee op konden. Dat ging 15.000 dollar kosten, en de studio weigerde dat geld ervoor neer te leggen. 'Haal dat schip maar uit de film,' zeiden ze.

Maar ik moest en zou dat schip erin hebben. Dus zei ik: 'Ik betaal hem zelf wel.'

Je zou denken dat ik helemaal enthousiast was toen eindelijk het moment kwam dat ik op de set stond en 'Actie!' kon roepen. Dat is tenslotte het beeld dat we hebben van een regisseur. Ik heb het inderdaad een paar keer gedaan, maar ik had er geen goed gevoel bij. Het was een machtspositie die ik eigenlijk niet wilde. Want ik wilde in die eerste paar seconden van een scène gewoon een actrice zijn. Ik wilde in het moment kunnen zijn en me niet met regisseren bezighouden. Voor die momenten droeg ik die taak over aan Steve Lanning. Het was zijn eerste keer als assistent-regisseur bij een grote film. Ik mocht hem graag: hij had geen ego en er was geen concurrentie tussen ons. We hadden een goede verstandhouding. Ik keek naar hem als ik zover was. Dan riep hij: 'Actie!' Maar ik was de enige die 'Cut!' kon roepen.

Als regisseur moet je de hele film al van begin tot eind in je hoofd hebben voordat je begint. Voor het overgrote deel geldt namelijk dat films niet in de volgorde van de eerste tot de laatste pagina van het script kunnen worden opgenomen. Je springt dus voortdurend van het ene moment in de film naar het andere en wisselt ook tussen locaties voor zover dat uitkomt. Als je een scène opneemt, moet je precies weten hoe het emotioneel met je personages is gesteld ten opzichte van de vorige scènes. Elk nieuw stukje moet precies in de puzzel passen.

De eerste scène die we opnamen was die waarin Yentl en Avigdor voor één nacht een kamer moeten delen omdat zijn hospita er slechts eentje beschikbaar heeft. Yentl kan geen kant op. Om te voorkomen dat ze met Avigdor in bed belandt, gaat ze aan een tafel aan de andere kant van de kamer zitten en doet ze alsof ze studeert. Avigdor wil gaan slapen en zegt haar de lamp uit te doen en in bed te komen. Ze trekt haar jas uit, maar struikelt over zijn koffer. Om hem af te leiden, maar ook omdat ze het echt wil weten, stelt ze een vraag die ze al langer wilde stellen: 'Wie is Hadass?'

'Mijn verloofde.'

Yentl kijkt even in de spiegel en vraagt of Hadass er leuk uitziet. 'Nee… ze is een schoonheid,' antwoordt Avigdor, en even zien we iets van verdriet op Yentls gezicht. 'En nu naar bed!' roept Avigdor. Yentl kan het niet langer uitstellen en schiet tussen de lakens. Ze gaat echter zo dicht bij de rand liggen dat ze er bijna uit valt.

Dat was grappig, en het was leuk om te doen. De fysieke comedy was allemaal improvisatie, en als Mandy niet begreep waar ik heen wilde, of als een van ons een zin verkeerd uitsprak, riep ik tegen de crew: 'Niet ophouden met filmen. Gewoon doorgaan.'

Uit ervaring wist ik dat je beter niet kunt stoppen voor een nieuwe take. Je kunt in dat geval niet voorkomen dat er mensen binnenkomen om je haar of make-up een beetje bij te werken of dat iemand wat water gaat drinken. Als dat gebeurt, verlies je onherroepelijk je concentratie. Dan moet je wachten tot de camera weer in positie is en helemaal opnieuw beginnen. Daarom doe ik de aanpassingen liever in het moment zelf. Dan kunnen we gewoon doorgaan.

Als het even kan neem ik ook liefst een scène in zijn geheel op. Dat komt natuurlijk door mijn theaterachtergrond. Daar kun je niet anders dan een scène van begin tot eind spelen, wat zorgt voor een meer samenhangende performance.

Tijdens de opnamen voor een film sta je dus voor een uitdaging: hoe kunnen we deze scène in zo weinig mogelijk shots opnemen?

Voor mij is de belangrijkste overweging altijd: hoe kan ik de camera het best inzetten om de prestatie van de acteur zo goed mogelijk tot zijn recht te laten komen (en dus niet andersom)?

Van lenzen had ik al een beetje verstand. Ik ben nu eenmaal een leergierige actrice. De meeste cinematografen gebruiken bij voorkeur primelenzen, dus daar zijn de meeste klassieke films mee opgenomen. Maar om de bewegingen van de acteurs in lange takes zonder onderbrekingen en meerdere shots te kunnen volgen, moesten we volgens Peter een zoomlens gebruiken.

Daarvoor moest hij wel overleggen met David.

David schudde zijn hoofd: 'Noem één film die met een zoomlens is opgenomen en die een succes is geworden,' zei hij.

'*Cabaret*.'

David was niet van zijn stuk gebracht. 'Noem twéé films die met een zoomlens zijn opgenomen en die een succes zijn geworden,' vervolgde hij.

Het was duidelijk: David gaf de voorkeur aan primelenzen. Met enige moeite wisten we hem er toch van te overtuigen dat we voor de lange shots die ik wilde maken een zoomlens nodig hadden. We zorgden er overigens wel voor dat we de camera altijd lieten meebewegen, zodat er voor de kijker geen zoom te herkennen was.

Met een zoomlens kreeg je trouwens ook een iets zachter beeld. Voor het uiterlijk van Yentl in de film kwam dat goed uit. Het was tenslotte een realistisch sprookje.

Ik plande elk shot van tevoren en stelde me in gedachten voor hoe de acteurs door het beeld zouden bewegen. Vervolgens legde ik Peter uit wat ik wilde, en dan zorgde hij ervoor dat het werd uitgevoerd. Dat is wat ik zo fascinerend vind aan regisseren. Je gebruikt de camera om een verhaal te vertellen. Dat is heel iets anders dan een roman schrijven. Het is een visuele vertelling. En omdat ik doorgaans een hele scène in één take opneem, moet iedereen alert zijn. Er hoeft maar één foutje gemaakt te worden en je moet weer van voren af aan beginnen.

Wat de liedjes betrof, vond ik het vooral belangrijk dat we niet met veel verschillende shots werkten. De muziek stopt niet, dus waarom zouden we de opname wel onderbreken? Voor zover mogelijk was dat waar ik naar streefde.

Het eerste nummer in de film – 'Where Is It Written?' – krijgen we te horen als Yentl haar vader goedenacht heeft gewenst en de deur van zijn slaapkamer achter zich heeft gesloten. Ze loopt heimelijk naar de roodfluwelen kist waarin zijn talliet (gebedskleed) ligt. En dit is wat ik zo leuk vind aan films maken. Ik hou van details. Ik maak de dingen graag zo specifiek mogelijk. En ik kon onze geweldige rekwisiteur, Tessa Davies, vertellen dat ik het fluweel in een specifieke kleur rood wilde hebben. Niet dieprood of blauwachtig rood, maar dat doffe, roestige rood dat ik in Rembrandts schilderijen had gezien. En dan haalde zij de onderste steen boven om dat voor me te vinden. Wat een voorrecht.

Yentl wil niets liever dan het gebedskleed om haar schouders draperen, maar dat is vrouwen niet toegestaan. Op het moment dat ze de kist aanraakt, krijgen we de eerste noten van de muziek te horen. Daarvoor gebruikten we een oud Oost-Europees instrument, een cimbalom, dat Michel had gekozen om het klagende, spookachtige geluid. Yentl haalt het kleed tevoorschijn en houdt het achter zich omhoog, zodat ze slechts een donker silhouet is tegen het licht van de lamp. Zo had ik deze scène aan Peter beschreven. Ik wilde dat de camera steeds dichterbij kwam en vervolgens om haar heen draaide. De camera kijkt over haar schouder. We zien haar in de spiegel als ze begint te zingen. Vervolgens zien we haar profiel, waarna de camera weer dichterbij komt voor een close-up. Dat alles deden we in één take.

Ik hou van vloeiende, natuurlijke overgangen. Ik laat de camera dansen met de acteurs. Ze zijn partners, en ze bewegen samen. Op mijn verzoek had Roy de sets zo gebouwd dat ze makkelijk uit elkaar konden worden gehaald. Om de scène in één keer zonder cut te kunnen doen, moest Peter een muur verwijderen, zodat de camera om Yentl heen kon draaien totdat we haar in de spiegel zagen. Van David verlangde ik dat hij inventief was met de belichting op het moment dat de camera dichterbij komt voor de close-up van Yentl als ze het gebedskleed tegen haar wang drukt.

Daar was David het aanvankelijk niet mee eens. 'Dat kan niet,' zei hij. 'Niet met de belichting zoals die nu is. De lamp is te fel. We zullen het shot moeten beëindigen en de belichting opnieuw moeten instellen.'

Maar ik zei: 'David, we kunnen op dit punt niet stoppen. Dan is de sfeer in één keer weg. Ik wil het nummer dus echt in één take doen. Kunnen we niet een dimmer op de lamp zetten? Is dat mogelijk?'

Daar moest hij een tijdje over nadenken, maar ten slotte zei hij: 'Ja, dat kan.'

Wat ik vroeg was heel wat moeilijker dan het klonk, maar David zorgde ervoor dat het werkte.

Deze scène was vooral belangrijk voor me omdat we op dit punt het muzikale concept voor de hele film introduceerden. We zien Yentl van achteren en horen haar bidden. Dan begint ze te zingen. Op dat moment wordt haar gezicht nog bedekt door het gebedskleed, maar dan tilt ze haar hoofd op en zien we dat ze hardop zingt. Dat kan ze doen omdat ze alleen is. Als ze haar vader hoort hoesten, draait ze zich om en loopt naar zijn kamer. Als ze de deur opendoet, gaat het lied verder, maar zie je haar mond niet meer bewegen en klinkt het geluid op een subtiele manier anders. En als ze de kamer verlaat en de deur weer achter zich dichttrekt, zingt ze weer hardop, en ze blijft zingen terwijl ze de vuile borden van tafel pakt en deze naar de keuken brengt. Er volgt een overgang zonder dat de muziek stopt, van Yentl die opruimt naar Yentl in de synagoge. Daar zit ze met de andere vrouwen op de tweede verdieping. Omdat er andere mensen bij zijn, hoor je het liedje weer in een voice-over. Het eind van de scène is ook het eind van het liedje. We horen de vrouwen onder elkaar praten en zien dat Yentl vanachter de balustrade op haar vader neerkijkt. Vervolgens zien we kippen kakelen achter de tralies van hun hok. Dat vond ik een mooie overgang.

Het is heel bevredigend als je kunt werken met mensen die graag problemen oplossen. Het idee van de dimmer werkte zo goed dat we het opnieuw gebruikten in de scène waarin Yentl op zoek gaat naar Avigdor. Deze zit in de put omdat de vader van Hadass het huwelijk heeft afgeblazen. Hij zit bij het raam en wordt verlicht door de ondergaande zon. Het wordt langzaamaan donker terwijl ze praten. De kamer wordt steeds donkerder, maar als Yentl een lucifer pakt om de lamp aan te steken, houdt Avigdor haar tegen. Dat donker vond ik mooi. Het paste bij de sfeer. Je kon hun gelaat nauwelijks onderscheiden.

Halverwege de scène liet ik onweer horen op de achtergrond. Dat was voor de volgende scène. Je ziet de regen van het dak druppelen. Daarmee wekken we de illusie van tranen, alsof de hemel met Avigdor meehuilt. Dat beeld ondersteunt het verhaal, denk ik, net als dat moment op een andere regenachtige dag, als Avigdor en Yentl zo in hun gesprek zijn verdiept dat ze ongemerkt door een plas lopen. Je ziet in één oogopslag dat Yentl iemand heeft gevonden die net zo geïnteresseerd is in ideeën, en die zich, evenals zij, weinig gelegen laat liggen aan de rest van de wereld.

Het is een detail, maar dan wel een detail dat heel veelzeggend is, en ik ben iemand die het niet kan laten zich met elk detail te bemoeien. Elk voorwerp in de eetkamer van Hadass had voor mij een betekenis: de kristallen kroonluchter, de zilveren kan met jugendstilmotief, en de tikkende klok. Dat waren naar ik vermoedde de bezittingen van een gezin in die tijd: een mengelmoes van victoriaanse en jugendstil meubels die in de loop van de jaren bij elkaar waren gesprokkeld. Het beddengoed en de kanten gordijnen in de slaapkamer van Hadass moesten er precies oud genoeg uitzien. Tessa probeerde dat voor elkaar te krijgen door een laken in koffie onder te dompelen. Daar werd het veel te donker van. Ik zei: 'Probeer thee, en hou het niet te lang onder. Haal het er snel weer uit.' En toen moesten we natuurlijk beslissen welke thee we zouden gebruiken. Welk merk is beter? PG Tips of Lipton? (Grapje!)

Op de tiende dag nadat we met de opnamen waren begonnen, was ik jarig. Ik werd veertig, en dat was een belangrijk jaar voor me. Veertig is een mijlpaal, en ik denk dat er iets met je gebeurt als je die bereikt. Volgens de joodse wet mag een man pas als hij de veertig is gepasseerd de kabbala bestuderen. (De kabbala is het mystieke deel van de Tora.) En in de Hebreeuwse kalender is het jaar 1982 het jaar 5742 (daar heb je nummer 42, het jaar waarin ik ben geboren). Ik had het gevoel dat ik eindelijk datgene aan het doen was waarvoor ik in de wieg was gelegd, en ik zette elke creatieve vezel die ik in me had ervoor in. Mijn hele crew was creatief. Ze gaven me het gevoel dat alles mogelijk was. Voor het nummer 'The Way He Makes Me Feel' had ik een heel specifieke visie, maar ik wist niet of die wel uitvoerbaar was. Ik beschreef wat ik in gedachten had aan Peter. Als Yentl haar kamer binnenkomt, beweegt de camera zich van haar af en zien we haar op het bed vallen. Vervolgens beweegt de camera omhoog, over haar hoofd, en als ze zich omrolt, beweegt hij met haar mee naar het voeteneind van het bed. Het is dus één lange, doorlopende beweging.

'Als het te moeilijk is,' zei ik, 'kan ik wel iets eenvoudigers bedenken.'

'Absoluut niet!' zei hij. Je krijgt het precies zoals je het hebben wilt.'

Tot op de dag van vandaag ben ik dankbaar voor zijn buitengewone inzet.

Ik had me de scène nu eenmaal precies zo voorgesteld. De inspiratie daarvoor kwam uit de muziek. De camera gedraagt zich bijna als een van de instrumenten in het orkest en beweegt in een ononderbroken cirkel door de kamer terwijl Yentl zich klaarmaakt om naar bed te gaan.

Ze wikkelt de doek van mousseline af waarmee ze haar borsten heeft ingesnoerd. Haar uitgestoken hand verandert in haar twee handen in de wasbak, terwijl ze water opschept om haar gezicht te wassen. De camera zakt naar haar voeten, en vervolgens weer langs haar lichaam omhoog, en we zien haar nachthemd als ze de zoom laat vallen en ze haar borsten aanraakt. En ten slotte zien we Yentl in haar geheel in bed. Het is een sensuele scène waarvan de sfeer wordt versterkt door de vloeiende beweging van de camera en de muziek. De scène eindigt als ze de kaars uitblaast om te gaan slapen.

Ik vond het heerlijk om elke ochtend weer op mijn werk te verschijnen, en de geur van finnan haddie (gerookte schelvis) zette elke keer weer mijn creatieve radertjes in beweging. Twee van de *sparks* (een populair woord voor elektricien in Groot-Brittannië) moesten elke ochtend vroeg uit de veren om op tijd op de set te zijn. Ze plachten hun ontbijt ter plekke in de studio te bereiden met behulp van een klein brandertje op de vloer. Ik ging er vaak bij zitten om een hapje mee te prikken. En ik verheugde me op de Engelse gewoonte om vier uur 's middags thee te drinken en liet dan vaak voor iedereen Cornish pasties, scones en andere zoetigheid komen.

De roddelpers schetste blijkbaar een heel ander beeld van me. Wat er precies in stond weet ik niet, want ik lees die bladen niet. Maar de crew was goed op de hoogte. Bill Keenan, de charmante man met het Cockney-accent die me de eerste ochtend de hand had geschud, had het idee dat ze met één stem moesten reageren. Ze gingen bij elkaar zitten en stelden een brief op, die vervolgens door Zelda werd getypt. Ik had er geen idee van wat ze aan het doen waren totdat ze me de brief lieten lezen. Dit is wat ze hadden geschreven: 'Hoewel Barbra onmiskenbaar een perfectionist is, heeft ze in haar omgang met iedereen (producenten, camera- en geluidsmensen, elektriciens, alsmede de mensen van de rekwisieten, de garderobe, de make-up, de kappers, de toneelknechten, de acteurs en de stand-ins) elke dag tijd gevonden voor een grapje en een praatje. Temperament en sterallures heeft ze niet. We horen haar stem nauwelijks op de set, maar haar glimlach zien we de hele dag.' De brief was ondertekend door alle leden van de crew en door alle acteurs. Ze stuurden het naar *The Times* en alle andere kranten. Geen enkele krant drukte de brief af.

Ik hoefde mijn stem nooit te verheffen. Iedereen luisterde naar me. Als je de macht hebt, zo heb ik gemerkt, geeft het een goed gevoel om 'm weg te geven en anderen zich ook machtig te laten voelen. Het is misschien tegenstrijdig, maar dat ik de leiding over deze film had, heeft me nederiger, dankbaarder en moederlijker gemaakt dan ik me ooit eerder in mijn leven heb gevoeld. De regisseur haalt het beste uit iedereen. Behalve regisseur ben je dus psychiater, architect, verpleegster, baas, liefje, vriendin, enzovoort.

De harmonie werd door slechts één persoon verstoord.

Het was de tweede week nadat we met de opnamen waren begonnen, en ik deed een scène met Mandy in de jesjiva. Tijdens zijn twee of drie tekstregels vermeed hij oogcontact. Hij hield zijn blik strak op mijn voorhoofd gericht. Opeens was het alsof ik weer op het podium stond met Sydney Chaplin. Nee hè, dacht ik, niet nog een keer.

Ik nam Mandy apart en vroeg: 'Wat is er aan de hand? Je kijkt niet naar me.' Hij zei: 'Jammer dan. Dikke pech.'

Hè? Had ik hem op een of andere manier geprovoceerd?

Ik zei: 'Ik denk dat je beter even met me mee kunt komen naar mijn kleedkamer om erover te praten.'

Zodra ik de deur achter ons had gesloten, keerde ik me naar hem toe. 'Mandy, het is duidelijk dat je iets dwarszit. Dat zie ik wel. Voor elke take zie ik je tegen deuren schoppen en hoor ik je vloeken. Ik begrijp er niets van. Het zal je manier van werken wel zijn. Daar wil ik me niet mee bemoeien. Maar iedereen heeft er last van als je tegen mensen schreeuwt in plaats van iets gewoon vriendelijk te vragen. Waar komt al die boosheid vandaan?'

Hij vertrok zijn gezicht en zei: 'Ik dacht dat onze relatie van een meer persoonlijke aard zou zijn.'

'Hè?' Ik had geen idee waar hij het over had.

'Ik had verwacht dat we iets met elkaar zouden krijgen.'

Ik was met stomheid geslagen. Ik voelde me ten eerste totaal niet tot hem aangetrokken, ten tweede was hij getrouwd, en ten derde zou ik nooit iets beginnen met een acteur die ik regisseerde.

Maar ik kon moeilijk zeggen dat ik hem op geen enkele manier interessant vond. Ik wilde hem niet kwetsen, dus hield ik het bij: 'Dat is niet de manier waarop ik werk.'

De tranen stroomden over zijn wangen.

En plotseling begreep ik de ware toedracht. Ik had niet genoeg aandacht aan hem besteed. Niet alleen als persoon, maar vooral als man. In elk geval had hij niet het soort aandacht van me gekregen dat hij nodig had. Het deed me denken aan die keer dat ik met hem en zijn vrouw had gegeten. Zodra hij niet langer het onderwerp van gesprek was, viel hij er bijna bij in slaap.

Ik zei: 'Mandy, zo kunnen we niet doorgaan. Ik ben bereid om je te vervangen. We zijn pas twee weken aan het filmen. Als je dit niet aankunt en je je niet professioneler kunt opstellen, begin ik opnieuw en neem ik al onze scènes opnieuw op. Deze film is een droom waar ik vijftien jaar op heb gewacht. Dat laat ik me door jou niet ontnemen.'

Ik kon alleen maar hopen dat ik tot hem was doorgedrongen. Hij beloofde me dat hij het zou proberen.

Ik besloot dat ik mijn best moest doen om er een succes van te maken, en ik probeerde meer begrip te tonen. Mandy was negenentwintig en kwam pas kijken op filmgebied. Hij voelde niet wanneer de camera op hem gericht was. Ik moest hem een handje helpen. Als hij niet de hoofdpersoon in de scène was, of als de camera niet op hem was gericht, deed hij er nog maar weinig moeite voor. (Zelf denk ik dat ik een betere prestatie lever als de camera niet op me gericht is. Dan hoef ik me er namelijk niet van bewust te zijn.) Na haar eerste scène met Mandy kwam Amy naar me toe. Ze was behoorlijk van haar stuk. 'Hij keek me niet eens aan,' zei ze. 'Hij geeft me helemaal niets.' Ik nam Mandy apart en zei: 'Je moet Amy iets geven om op te reageren. Je moet altijd in je rol blijven. Je moet onbaatzuchtig zijn.'

Het was ook een voortdurende strijd om hem tot rust te brengen. Hij was altijd in beweging en gebaarde voortdurend met zijn handen. Waarschijnlijk vond hij het vervelend dat ik hem eraan herinnerde dat al die onrust ten koste ging van zijn overtuigingskracht.

Als tiener had ik heel veel films gezien. Daar had ik iets van geleerd. Als je naar de grote filmsterren kijkt, zoals Marlon Brando, Gregory Peck en Gary Cooper, dan zie je het. Zij wisten hoe ze kalm moesten zijn.

En ik besefte ook nog iets anders: om emotie over te brengen, heb je echt niet altijd een close-up nodig. Vaak is het interessanter als je het gezicht van een acteur niet van voren ziet. Mogelijk zie je hem van de zijkant, en het kan ook zijn dat hij met zijn rug naar de camera staat. Echte emotie zie je zelfs van achteren.

Het is waar: soms is minder juist meer.

Het geheim van acteren is dat je niet echt hoeft te acteren. Als je helemaal in het moment bent en dat deel van jezelf gebruikt dat overeenkomt met je personage, dan vult het publiek in zekere zin je emoties in. Als je goed acteert, dan krijgt het publiek de ruimte om zich voor te stellen wat je voelt, en dan kunnen de acteur en het publiek die emoties samen ervaren.

Dat probeerde ik Mandy duidelijk te maken voordat we de scène in de herberg opnamen, waar Yentl en Avigdor elkaar voor het eerst ontmoeten. Ook voor het publiek is dit de eerste ontmoeting met Mandy, dus ik wilde er een memorabele scène van maken. Avigdor zat met een andere student te schaken. We hoorden zijn stem voordat we hem zagen. De camera was gericht op zijn hand terwijl hij een schaakstuk verplaatste. Vervolgens bewoog de camera omhoog naar zijn gezicht en zagen we hem de woorden 'jij bent aan zet' uitspreken. Tijdens de eerste opname stonden Mandy's ogen geen moment stil en bewoog hij zijn handen. Ik moest hem bijna op zijn stoel vastbinden. 'Probeer het te spelen als Gary Cooper,' stelde ik voor.

Hij had er duidelijk geen idee van wat ik bedoelde, dus zei ik: 'Niet bewegen. Kijk op en zeg gewoon wat je moet zeggen.'

Ik wilde een sterke, mannelijke Avigdor. Ik wilde een zekere volwassenheid zien, het soort man dat zowel Yentl als het publiek zou aanspreken. Mandy leek voornamelijk geïrriteerd. Waarschijnlijk had hij het gevoel dat ik hem in een dwangbuis probeerde te stoppen. Achteraf besefte ik dat hij nog nooit een hoofdrol had gespeeld. En dat is wat ik van hem probeerde te maken.

Ik was me volledig onbewust van alles wat er in zijn hoofd omging. Totdat hij me jaren later belde om te vragen of ik een tekstje wilde schrijven voor de achterkant van de hoes van een album dat hij wilde uitbrengen.

Ik zei: 'Mandy, de samenwerking met jou was een hel. Ik kan niets voor je schrijven. Het spijt me. Ik kan het echt niet. Waarom deed je destijds zo moeilijk?'

'Nou ja, ik was gewoon bang.'

'Echt waar?' Zo zie je maar weer dat iedereen anders met angst omgaat. Ik was ook bang, maar ik word dan juist stiller. Ik luisterde met meer aandacht.

Maar het was fijn om eindelijk de waarheid te horen. En ik zei: 'Ik had er geen idee van dat je bang was. Je hield het heel goed verborgen. En je joeg iedereen tegen je in het harnas met je onbeschofte gedrag.'

Veel mensen denken dat sterren zich altijd zo gedragen, maar in mijn ervaring is het meestal juist andersom: hoe groter de ster, hoe bescheidener deze zich opstelt. Een grote ster hoeft niet te doen alsof hij belangrijk is. Daar is iedereen al van doordrongen. Mandy deed alsof hij blaakte van zelfvertrouwen. Hij leek erg vol van zichzelf. Hij liet me nooit toe tot zijn angst. Maar toch had ik het moeten zien. Misschien was dat mijn tekortkoming.

Het belangrijkste is natuurlijk wat het publiek op het scherm ziet, en het moet gezegd dat Mandy in *Yentl* een fantastische Avigdor heeft neergezet. In *Homeland* vond ik hem trouwens ook heel erg goed. Het lijdt geen twijfel dat hij iets over de kracht van eenvoud en terughoudendheid heeft geleerd.

Het contrast met Avigdor met zijn mannelijke energie was Hadass. Zij was het vrouwelijke aspect van de film. Amy werd voor mij de pop die ik als kind nooit had gehad. Ik kon haar in mooie kleren steken, zoals ouderwetse, kanten blouses zoals die aan het begin van de twintigste eeuw werden gedragen, en ik bond haar haar op met zijden linten. Onder haar rokken liet ik haar originele petticoats dragen. Die kreeg het publiek vanzelfsprekend nooit te zien, maar ik ben ervan overtuigd dat haar acteerprestaties erdoor werden beïnvloed. Je beweegt je anders als je historische kleding draagt, en je gedraagt je anders als je zijde, kant of fijn katoen op je huid voelt in plaats van een of andere kunststof. Het was mijn bedoeling dat ze zich op die manier beter in haar personage zou kunnen inleven.

En ik haalde alles uit de kast om haar schoonheid te etaleren. Ik vroeg Roy of hij een ovaal raam in de deur van de keuken naar de eetkamer in haar huis kon plaatsen. Als we door dat raam filmden, maakte het publiek kennis met haar gezicht alsof ze naar zo'n ouderwets ovaal portretje keken. Hij schroefde ook een kandelaar tegen de muur om haar prachtige rode haar van tegenlicht te voorzien op het moment dat ze de kamer binnenkomt en even stil blijft staan met een schotel perfect bereide vis.

Storaro had me een van zijn trucs verklapt. Hij gebruikte een reflector met goudfolie om het gezicht van een actrice in warm licht te laten baden. Voor mijn scènes met Amy hield ik zo'n reflector onder haar om een warme gloed te creëren.

Naarmate de opnamen vorderden, deed zich een interessant verschijnsel voor. Amy ging steeds meer met me om alsof ik een man was. We maakten regelmatig een wandelingetje om een scène door te nemen. Ik vroeg me af waarom ze dan mijn hand vasthield. Maar ach, dacht ik, laat haar maar. Als dat voor haar de manier is om zich in haar personage in te leven, dan vind ik het best. Waarom zou ik me met haar manier van werken bemoeien? Maar toen ze de zoenscène wilde repeteren, stelde ik een grens. Laten we dat maar op de set doen, zei ik.

Eerder heb ik verteld over Ingmar Bergman. Dat hij onder de camera langs kroop om een acteur door een scène te loodsen. Met Amy in de scène van de huwelijksnacht deed ik hetzelfde. Ze kijkt naar haar nieuwe man terwijl deze zich omkleedt achter een scherm. Het was mijn bedoeling dat er bepaalde emoties van haar gezicht zouden zijn af te lezen: nieuwsgierigheid, anticipatie, angst en opwinding. Er was voor deze scène geen dialoog. Alles moest dus op haar gezicht te zien zijn. Om die emoties bij haar op te roepen, ging ik onder de camera zitten en zei ik wat ik dacht dat er nodig was om die emoties bij Amy op te roepen.

Eind juni stapten we met de volledige crew in het vliegtuig naar Tsjecho-Slowakije voor de tweede helft van de opnamen. Toen de piloot de motoren op toeren bracht en zich gereedmaakte om te beginnen met taxiën, riep ik: 'Stop het vliegtuig!' Van tevoren had ik scones besteld met verse aardbeien en clotted cream voor iedereen. De scones waren ondertussen gearriveerd, maar het was nog even wachten op de cream. Dat duurde nog even, maar het wachten was de moeite waard. Zodra we eenmaal in de lucht waren, liep ik door het gangpad om iedereen te serveren. Peter lachte en zei: 'Jij moet wel de duurste stewardess ooit zijn.'

Het was niet het beste moment in de geschiedenis van Tsjecho-Slowakije voor een bezoek. De communisten hadden het er voor het zeggen, en het was verontrustend om te zien hoe leeg de schappen in de winkels waren. Toch gaven de mensen van de filmcommissie ons met liefde alles wat we nodig hadden.

Tijdens de casting in Londen en Tsjecho-Slowakije had ik benadrukt dat ik Joden niet op de stereotype manier met lange neuzen wilde portretteren, zoals dat in veel films wel was gedaan. Als je naar foto's in boeken of naar documentaires kijkt, zul je zien dat sommige Joden een lange neus hebben en andere niet. Daarin verschillen ze niet van andere mensen. De leden van de gemeente in de synagoge moesten wat mij betrof door echte Joden worden gespeeld. Aan hen hoefde ik niet uit te leggen hoe ze moesten *daven* (op een traditionele manier bidden).

Het was ook niet het beste moment in de geschiedenis van Tsjecho-Slowakije om Joods te zijn. De regering had bijna alle synagogen gesloten, en de Joodse gemeenschap in Praag was maar klein. Ik geloof dat er maar één synagoge was die we konden bezoeken. Dat was een prachtig gebouwtje met oude, afbrokkelende gipsen muren. De filmcommissioners waren er tegen alle verwachtingen in, in geslaagd een aantal Joodse mannen te vinden waaruit ik een keuze voor de film kon maken. Maar de rauwe werkelijkheid van al die gesloten synagogen en de danig gekrompen Joodse gemeenschap was ontnuchterend. Ik plakte een Joodse ster op mijn pet en droeg deze bijna als een uitdaging. Volgens de regel moesten de figuranten voor hun eigen lunch zorgen, maar ik maakte me zorgen dat ze niet genoeg te eten kregen. Daarom gaf ik hun een deel van het eten dat voor de crew bestemd was. Het lokale dieet bestond grotendeels uit aardappelen, kool, brood, ham en warme chocolademelk. (Koolhydraten en suiker, dus. Dat ging er bij mij wel in.)

'Maar waar zijn de groenten?' vroeg ik.

Die leken ze in Tsjecho-Slowakije niet te verbouwen. Als we groenten wilden eten, zouden we die moeten importeren uit Engeland. Ik wilde mijn crew graag gezond houden.

Hotels waren er niet in de omgeving van de kleine dorpjes waar we zouden filmen. De filmcommissioners hielpen ons om een verblijfplaats te vinden. Een vrouw ging tijdelijk uit haar huis, zodat Renata en ik tijdens het filmen dicht bij de set konden zijn. Ze had een heerlijk gerecht voor me gemaakt en in de keuken voor me achtergelaten. Het waren deegpakketjes, een beetje zoals ravioli, vanbinnen gevuld met abrikozen en overgoten met een saus van rubberachtige kaas. Zoals ik het nu opschrijf, klinkt het niet erg appetijtelijk, maar het was echt heerlijk. We vroegen haar om het recept, en Renata waagde een dappere poging. Ze wist het origineel echter niet te evenaren.

De eerste keer dat we de set zien, is voor mij als regisseur altijd een spannend moment. Het moet echter gezegd: Roy had zichzelf overtroffen en een authentiek Pools dorp van rond de eeuwwisseling nagebouwd. Er stond een nieuwe synagoge, en er waren huizen en een markt. Bij de foto's die we op onze verkenningstochtjes hadden genomen, zat er een van een straat in een dorp in Hongarije waar in het midden een stroompje water van zo'n twintig centimeter breed doorheen sijpelde. Dat beeld was me bijgebleven. Ik vroeg Roy of hij hetzelfde op de set kon maken. Dat had hij snel gedaan. Het water kabbelde door de niet al te schone straat, en het geheel oogde volkomen natuurlijk. Dat is niet eenvoudig voor elkaar te krijgen. Hij had een pomp moeten installeren, pijpleidingen en God mag weten wat nog meer. Maar het was hem gelukt.

Het was Roy die op een dag tegen me zei: 'Je bent net een vrouwelijke Kubrick.'

Dat was een enorm compliment. 'Hoe bedoel je?' vroeg ik.

'Ik bedoel, hoe je elke set van tevoren zo gedetailleerd uittekent. Je hebt de actie al van begin tot eind in je hoofd. Je weet precies waar je een deur of een raam wilt en hoe groot deze moeten zijn. Je hebt al heel veel voorwerk voor me gedaan.'

Het eerste beeld dat je in de film te zien krijgt is een close-up van de paardenkar van een boekhandelaar. Hij is op weg naar het dorp, en je ziet de boeken in de kar door elkaar geschud worden. Boeken staan symbool voor kennis en plezier in leren. Dat is een belangrijk thema in de film. We zien de paardenkar tussen de huizen van het dorp verdwijnen, en het volgende beeld is een close-up van een veertje dat in dat stroompje op straat drijft. Je oog volgt de veer totdat er een schoen in beeld komt. De camera gaat een stukje naar achteren, en nu zien we een man die over het water stapt en op weg is naar de synagoge. Het volgende dat we zien is de voet van Yentl. Ook zij stapt over het water, en ze is op weg naar de markt.

Die opeenvolging van beelden kreeg vorm in mijn hoofd met het idee van dat stroompje water dat ik tijdens een verkenningstocht had gezien naast de boom met het ooievaarsnest. Het leek me interessant als Yentl, als ze huis en haard verlaat, meerdere keren water moet oversteken. Misschien moet het na het stroompje een beekje worden, en vervolgens een rivier. Telkens groter en dieper. Eerst het stroompje in Yanev, dan de beek bij de herberg waar ze Avigdor ontmoet, vervolgens een rivier op weg naar Lublin en aan het eind van de film de Atlantische Oceaan als ze op weg is naar de Verenigde Staten.

Toen ik dat idee kreeg, dacht ik helemaal niet aan wat er allemaal aan vastzat. Aan water oversteken zit een intellectuele, subliminale en psychologische kant. Daar kwam ik pas veel later achter, toen ik geïnteresseerd raakte in jungiaanse analyse en leerde dat water symbool staat voor ons onderbewuste. Dat is heel boeiend, want ik ga vaak vanuit mijn onderbewustzijn te werk. Ik heb zeer gedetailleerde dromen, zozeer dat ik er een film van zou kunnen maken.

Water staat natuurlijk ook voor het vrouwelijke, dus is het logisch dat het als symbool steeds terugkomt in het verhaal van Yentl, en dat ze de grootste waterplas aan het eind oversteekt om ergens te komen waar ze als vrouw vrij is om te studeren.

In het begin ging ik gewoon op mijn gevoel af. Het komt van heel diep vanbinnen. Ik voel het in mijn onderbuik. Het is niet iets waar ik veel over nadenk. Denken komt voor mij meestal pas na het voelen. Het waren beelden die ik eerst in mijn hoofd zag. Je kunt je voorstellen hoe spannend het was om ze ook daarbuiten tot leven te zien komen. Dank je wel, lieve Roy.

Naast de boom met het ooievaarsnest bouwde hij een complete herberg. Die had zo door Rembrandt geschilderd kunnen zijn. Eigenlijk was het een grote schuur met een hoog plafond, een zolder, een open haard waar je een groot vuur in kon bouwen, en houten balken waar stro aan hing. Het zag er bijna precies uit zoals ik op mijn verkenningstocht had gezien. David had zijn beroemde Wendy-lamp buiten het raam geplaatst. Daarmee leek het alsof het zonlicht helder naar binnen scheen en zich daar vermengde met de kringelende rook van het vuur en de pijpen van de mannen. (Wendy was Davids bijnaam. Het is Cockney-slang voor een homoseksuele man, en David was er trots op. De lamp was zijn uitvinding, en toen het een product werd, kreeg het zijn naam.) Het was net iets voor David om een nog uit de Tweede Wereldoorlog stammend zoeklicht van de Royal Air Force om te bouwen voor zijn eigen doeleinden. Hij werkte er graag mee omdat het een sterke, enkelvoudige lichtbron was. Als we in het donker filmden, gebruikte hij zijn lamp vaak om maanlicht na te bootsen.

David gebruikte zijn Wendy-lamp ook toen ik licht van het open boek op Yentls gezicht wilde laten reflecteren. David was de perfecte keuze voor deze film. Hij was een expert in indirect licht dat wordt weerkaatst door een oppervlak, zoals een muur of een plafond, in plaats van het onderwerp direct te raken. Het is gebruikelijk onder cinematografen om witte lakens om een set op te hangen om het licht terug te kaatsen. David deed iets wat ik nog nooit eerder had gezien: hij hing zwart fluweel op. Dat gebruikte hij voor de scène in de maanverlichte slaapkamer; het moment waar Yentl bang voor is en waarin Hadass haar rechten als echtgenote opeist (zoals het staat geschreven in de Talmoed). We zien van beiden niet meer dan een silhouet als Hadass voorover leunt om Yentl te kussen. Ik wilde echter geen zwart silhouet waarbinnen je niets meer kunt onderscheiden. Hun gezichten zijn weliswaar donker, maar ik wilde de huid van mij en Amy zwak zien oplichten, en ook iets van onze ogen en lippen.

Dat was een lastig shot. Als een gezicht helemaal donker is, zie je geen emotie. Een egaal zwart vlak was echter wel precies wat ik had gewild in een andere opname. Daarin zijn Yentl en Avigdor in silhouet te zien tegen het matglas van twee donkere houten deuren. Dat moest wat mij betrof overeenkomen met een soortgelijk moment in mijn video van acht minuten, en die was geheel met natuurlijk licht opgenomen. Daarom vroeg ik David al zijn lichten uit te doen. ‘Wacht,’ zei hij. ‘Ik moet op zijn minst een beetje licht hebben.’

‘Probeer het nou maar,’ zei ik.

En het lukte hem. Hun ogen zie je niet, maar je kunt de spanning tussen Avigdor en Yentl voelen.

David was een genie op fotografisch gebied; hij verbaasde me telkens weer met wat hij allemaal kon. Peter was op zijn beurt een tovenaar met de camera. Van sommige scènes was ik er altijd van uitgegaan dat we ze met een handcamera zouden filmen. Dat gold bijvoorbeeld voor de trouwscène. Toen het zover was, gaf ik Peter de vrije hand en liet ik het aan hem over. Hij wist alle details vast te leggen, van de uitgelaten, dansende gasten tot de heimelijke blikken van Yentl, die verlangend naar Avigdor keek, en Avigdor die al even verlangend naar Hadass keek.

Je begint met een visie... en dan heb je te maken met de werkelijkheid.

Op de opnamedag dat Yentl zou worden gefilmd terwijl ze op weg naar de herberg de rivier oversteekt, was alles in gereedheid en kon ik niet wachten om te beginnen. Roy had een rudimentaire veerboot gebouwd. Het was eigenlijk niet meer dan een vlot met een paar bankjes erop. Maar meer hadden we niet nodig, en iedereen stond klaar voor de opname. Voor mij ontbrak er echter nog iets. Ik wilde het water laten schitteren in het zonlicht, alleen wilde het weer niet meewerken. De zon bleef verborgen achter wolken.

Wat doe je op zo’n moment? Wacht je tot de zon verschijnt? Kun je je een lange wachttijd veroorloven? Hoeveel gaat dat kosten? Ik had twee keuzes: iets anders voor de zon bedenken of de scène uitstellen en ondertussen een andere scène opnemen. Konden we in plaats van deze scène alvast de herbergscène opnemen? Hoeveel tijd zou dat kosten?

Voor deze film was ik zowel producent als regisseur. Dat vond ik een leuke uitdaging. De producent neemt financiële beslissingen, terwijl de regisseur zich met de artistieke kant bezighoudt. Zulke beslissingen nemen ging me goed af. Ik had er plezier in.

Ik besloot eerst de scène in de herberg te doen.

De volgende dag stonden we weer klaar bij de rivier, maar de lucht was nog steeds grijs, en de zon scheen niet op het water. Wat een teleurstelling.

David probeerde me een hart onder de riem te steken. ‘Dit licht is prachtig... Zo zacht en grijs. Eigenlijk is dit mooier dan fel zonlicht.’

Ik begreep dat hij er een positieve draai aan probeerde te geven. Maar ik zei: 'Nee, zo zie ik het niet. Dit is een bijzonder en gelukkig moment voor Yentl. Dus wil ik de zon op het water zien schijnen.'

Soms krijg je het niet zoals je het wilt. Soms moet je accepteren wat het universum je opdist. Dit was echter niet een van die keren. Ik moest en zou zonlicht hebben. Ik kon de muziek in gedachten horen... Het moest een positieve scène zijn die een goed gevoel opriep, en ik wilde per se geen grijze dag. Dus deed ik het enige wat ik nog kon doen... Ik bad. Met alle wilskracht die ik in me had, bad ik tot God en tot mijn vader. Laat alsjeblieft de zon op het water schijnen.

Mijn vader was een gelovig man. In zekere zin maakte ik deze film voor hem. Ik wilde er de traditie van de studiebeurs die zijn naam droeg mee eren, en ik wilde de dochter zijn die hij zich zou hebben gewenst. Ik had sterk het gevoel dat hij me beschermde. En God is mijn getuige: de wolken trokken weg, en de zon kwam tevoorschijn en schitterde op het water.

Tijdens de opname van Yentl die op het vlot de rivier oversteekt, wierp ik een blik op de herberg en zag ik een ooievaar naar het nest vliegen. Ik riep: 'O god, er vliegt een ooievaar naar het nest! Die moeten we erbij hebben. Film die ooievaar als je kunt!' En Peter filmde hem.

Dat is het voordeel als je de regisseur bent: je kunt elk shot ter plekke aanpassen.

Ik ben die ooievaars eeuwig dankbaar. Toen ik dat nest voor het eerst zag op mijn verkenningstocht was het winter en was het leeg. Wat aardig van die ooievaars dat ze terugkeerden en op het nest bleven zolang we filmden. En we hadden geluk. Zodra we klaar waren met de opnamen, vloog het hele gezin uit en waren ze verdwenen. De jonkies zullen wel volwassen genoeg zijn geweest om te vliegen, dus hadden ze het nest niet meer nodig. Dat zijn mooie dingen. Je legt ze vast en kunt ze niet herhalen. De ooievaars waren gevlogen.

Het beeld van een vliegende ooievaar keert meerdere keren terug in de film. We zien er een als Yentl op de paardenkar op weg is naar de jesjiva, en ook als ze met Avigdor op weg is naar Lublin. Het was alsof die ooievaar over haar, en ook over mij, waakte.

Een van de scènes in de film die voor mij het persoonlijkst was, was die waarin Yentl met haar vader onder een boom in de achtertuin zit. Het baart hem zorgen dat ze maar doorgaat en tot diep in de nacht blijft studeren, terwijl ze elke kans op een huwelijk negeert.

'Kinderen zijn belangrijker dan de Talmoed,' zegt hij. 'Als we geen kinderen hebben om de leer door te geven, is er nadat de laatste oude mannen zijn gestorven geen Talmoed meer.'

Yentl zegt dat het haar spijt, maar haar vader betuigt eveneens spijt. 'Je bent een vrouw, maar ik heb je niet geleerd hoe je een vrouw moet zijn,' zegt hij.

Voor Yentl is het onverdraaglijk dat haar vader er zo over denkt. Het is haar stellige overtuiging dat hij er niet verkeerd aan heeft gedaan door haar zijn kennis door te geven. 'Leren is mijn leven,' zegt ze. 'Heb dus alsjeblieft geen spijt. Dat heb ik ook niet.'

'Het is nu zeker te laat om je te zeggen dat je met poppen moet spelen, he?'

Voor deze scène wilde ik dat haar vader haar aankeek en haar op een of andere manier liet weten dat ze goed was zoals ze was.

Nicky was een goede acteur, maar hij wist wat ik wilde niet in zijn reactie duidelijk te maken. Ik probeerde het hem uit te leggen, maar het lukte me niet. Het was een scène die we samen deden. Ik knielde aan zijn voeten en zat dus met mijn rug naar de camera. Dat maakte het mogelijk om met hem te praten en te improviseren. Op zijn opmerking 'Wat moet er nu toch van je worden, Yentl?' gaf ik een antwoord dat niet in het script stond: 'Ik zal me wel redden, papa. Ik ben immers je dochter.' En toen kreeg ik de reactie die ik had gewild: een liefdevolle glimlach. Hij schudde zijn hoofd en slaakte een diepe zucht terwijl hij mijn gezicht in zijn handen nam. En dat was precies de reactie die ik wilde.

Het was alsof ik daar met mijn eigen vader zat, en Nicky reageerde alsof ik zijn eigen dochter was. In de Director's Reel op de dvd zie je ons gezamenlijk aan deze scène werken. Aan mijn gezicht zie je hoe blij ik was toen we het hadden gekregen zoals ik het wilde. 'Mooi!' zei ik tegen Nicky. Ik draaide me naar Peter en knipte triomfantelijk met mijn vingers.

Het was gelukt omdat ik erbij was gebleven. Hoe je een acteur zover krijgt maakt niet uit, zolang het je maar lukt. En ik geef niet op voordat ik tevreden ben.

Dat wil niet zeggen dat ik graag veel takes doe. Aan twee of vier takes heb ik meestal wel genoeg. Het worden er ook weleens zes of acht, maar daarna is de spontaniteit eruit. Om die reden film ik graag al tijdens de repetitie. De eerste keer dat een acteur een scène doet is namelijk vaak de beste, hoewel er ook acteurs zijn die tien takes nodig hebben om warm te draaien. De moraal van het verhaal is dat je rekening moet houden met de eigenschappen van iedere afzonderlijke acteur.

In deze scène kreeg ik hulp van het universum. De zon ging onder en Nicky keek de goede kant op. Het licht aan het eind van de middag was wonderbaarlijk mooi. Doorgaans filmt de regisseur de vrouw eerst omdat ze dan nog helemaal fris is. Ik filmde mezelf echter altijd als laatste. (Ik wilde niet egoïstisch overkomen.) Maar in dit geval deden we mij waarschijnlijk eerst omdat ik met Nicky's shot wilde wachten totdat de zon onderging en het licht precies goed voor hem zou zijn. Dat perfecte moment kwam er, en we kregen het perfect op film. Toen Nicky zijn tekst zei, werden zijn ogen plotseling verlicht door de laatste gouden lichtstraal die door de bladeren van de boom drong. Het was een magisch moment.

Die scène werd verlicht door God. En David had dus geen kunstlicht nodig.

Vervolgens richtten we de camera op de boom en vingen we de laatste straaltjes licht door de takken op. En vervolgens zien we het bladerdak van een andere boom (deze keer in duister gehuld). We bevinden ons nu op een kerkhof. Yentl knielt en gooit een handvol aarde in een graf. We begrijpen dat haar vader is overleden. 'Wie zegt het kaddisj?' vraagt een van de aanwezigen. 'Dat doe ik,' zegt Yentl. De rouwende mensen zijn geschokt. Alleen een man wordt geacht het gebed voor de doden te zeggen. Ik hou van dit soort verhalen. En we laten het allemaal met behulp van de camera zien.

Soms keek ik naar een zojuist gemaakte opname op de videomonitor en riep ik: 'O, dat is goed gelukt.' Maar dan herinnerde ik me mijn moeder, hoe ze drie keer over haar schouder spuugde en 'poeh, poeh, poeh' prevelde om het boze oog af te weren als ze, God verhoede, een enthousiaste opmerking maakte. Die manier van denken had ze op mij overgedragen. Dat kun je beter niet zeggen, dacht ik. God zou het zomaar weg kunnen nemen.

Voor de scène waarin Yentl en Avigdor in Lublin arriveren, richtte ik wederom een gebed tot de hemel. Lublin was in werkelijkheid Praag. We hadden een scène met onze twee hoofdrolspelers gepland in een paardenkar over de Karelsbrug. Die brug is een van de beroemdste historische monumenten van Tsjecho-Slowakije. In de meer dan zeshonderd jaar van zijn bestaan, was hij nog nooit voor het publiek gesloten geweest. Maar voor ons gooiden ze hem dicht. We hadden ongeveer vierhonderd figuranten in historische kostuums, en we beschikten over een kraan. Ik zat op het dak van een hoog gebouw, zodat ik het overzicht had op het dramatische shot van Mandy en mijn stand-in als ze onder de grote boog van de brug zichtbaar werden. (Daarna stapte ik zelf op de wagen voor de close-ups.)

Maar het regende.

Yentl en Avigdor, doorweekt in een open paardenkar? Dat was niet het beeld dat ik voor ogen had gehad. Dit kan niet waar zijn, dacht ik.

Ik bad tot God en tot mijn vader met alle kracht die ik in me had. En ziedaar, de wolken trokken op en de zon verwarmde de oude stenen. Het licht danste op de rivier... en ik kreeg mijn opname van een vreugdevolle Yentl die opnieuw het water overstak. (Deze keer heel wat breder.)

Eind augustus vlogen we terug naar Londen. We waren nu de laatste scènes aan het opnemen. Daarbij hoorde ook wat in feite de climax van de film was: het moment van de waarheid tussen Avigdor en Yentl, als ze onthult dat ze in werkelijkheid een vrouw is. Aanvankelijk denkt hij dat ze de draak met hem steekt, maar dan knoopt ze haar hemd open en ziet hij de welving van haar borsten. Eerst is hij geschokt, dan bang en ten slotte woedend. Hij noemt haar een monster en een duivel. 'Je spuugt op de Tora!'

'Ik hou van de Tora!'

Hij valt woedend uit. 'Je bent met een vrouw getrouwd! Hoe kon je?'

'Dat was jouw idee.'

Ik wilde hen om elkaar heen laten draaien, met een tafel tussen hen in. Peter stelde twee camera's op die tegelijkertijd aan weerszijden van de kamer bewogen. Mandy was buiten zichzelf toen we met de scène begonnen. Hij gooide met dingen en sloeg met zijn vuisten tegen de tafel en op de muur. Ik was bang dat hij iets zou beschadigen. Hij schreeuwde zo hard dat we hem met moeite konden verstaan. Soms wist hij niet meer wat hij op welk moment moest zeggen en riep hij: 'Tekst! Tekst!'

Ik moest hem tot de orde roepen: 'Wacht. Wacht. Dit is veel te heftig.' Maar ik wilde de camera's niet stoppen en zijn concentratie onderbreken, ook al bleef hij het verkeerde woord zeggen. 'Waarom heb je me niet verteld dat je een man bent?' riep hij (in plaats van 'vrouw'). In gedachten zag ik de gemonteerde film al, en ik wist dat ik het juiste woord er in een omgekeerd shot (van mijn gezicht en zijn rug) tussen kon monteren. Dus zei ik dat hij ondanks het verkeerde woord gewoon door moest gaan, want zijn intensiteit was wat deze scène nodig had.

Avigdor schudt Yentl door elkaar. 'Geef antwoord! Waarom? Waarom?'

'Ik was bang.'

'Waarom?'

'Ik wilde in je nabijheid zijn.'

'Waarom?'

'Ik wilde je niet kwijtraken.'

'Waarom?'

'Ik hield van je.'

Uiteindelijk worden ze overmand door uitputting en gaan ze op de grond liggen. Yentl laat haar tranen de vrije loop. Avigdor is buiten adem. Ze houden elkaar vast, en langzaam maar zeker ebt zijn woede weg. Nu begrijpt hij wat hij al die tijd al heeft gevoeld. 'Ik dacht dat je niets van de liefde begreep,' zegt hij. 'Nu begrijp ik waarom. Al die keren dat ik naar je keek en je aanraakte... Het bracht me danig in verwarring. Ik dacht dat er iets mis met me was... Yentl, ik hield ook van jou.'

Ze buigen langzaam naar elkaar toe voor een kus, maar dan herinnert Avigdor zich Hadass en wordt de stemming verbroken.

Dat was niet de scène zoals ik die oorspronkelijk had geschreven. In mijn eerste versie bleven ze elkaar kussen. De volgende scène zou de volgende ochtend zijn. Dan worden ze samen wakker. Hij streelt haar hals en een blote borst terwijl hij haar vertelt hoe mooi alles nu zal worden. (Toen ik dat schreef, dacht ik nog dat Richard Gere de rol ging spelen.)

Dat was toen nog mijn gevoel erover, dat Yentl en Avigdor met elkaar zouden vrijen. Maar toen het zover was, kon ik het niet. Mandy maakte me al maanden het leven zuur, en ik kon de gedachte om met hem te vrijen niet verdragen. Zo'n goede actrice ben ik nu ook weer niet.

Dus herschreef ik de scène. Nu ik er echter jaren later op terugkijk, vraag ik me af of mijn frustratie over Mandy bepalend is geweest. Misschien had ik Yentl – en ook het publiek – dat moment moeten gunnen.

Het einde zou niet zijn veranderd. Door een paar verkeerde woorden zou alles nog steeds als een kaartenhuis in elkaar storten. Avigdor zou dezelfde woorden uitspreken: dat ze zullen trouwen en op zoek zullen gaan naar een nieuwe jesjiva.

'Voor ons allebei?' vraagt Yentl.

Dat is waar Avigdor de fout in gaat. 'Wil je dan nog steeds studeren?' vraagt hij. 'Dat hoeft niet meer. Laat het denkwerk maar aan mij over. Ik zal overal voor zorgen.'

'Nee, ik wil samen met je studeren, niet je sokken stoppen.'

'Wat je vraagt is onmogelijk.'

'Niets is onmogelijk.' (Dat heb ik als slogan gebruikt op de posters voor de film.)

Hij is met stomheid geslagen. 'Begrijp je het dan niet?' zegt hij. 'Ik wil dat je een echte vrouw bent.'

'Maar ik bén een echte vrouw.'

'Gedraag je er dan ook naar. Er is geen mooier, geen wonderbaarlijker geschenk van God denkbaar. Je weet alles al, en je hoeft er niet één boek voor te lezen. Wat kun je in godsnaam nog meer willen?'

Yentl is stil. Dan antwoordt ze met zachte stem: 'Meer.'

Dit is bij nader inzien een van mijn thema's. Evenals Margaret in *Up the Sandbox* en Esther in *A Star Is Born* wil Yentl alles. Ze weet nu dat ze moet vertrekken. Avigdor is te zeer vastgeroest in de traditie. Zijn vooroordelen zijn te sterk. De volgende ochtend gaan ze uit elkaar.

In de volgende scène zien we Avigdor en Hadass bij elkaar zitten. Ze lezen samen een brief van Yentl. De scène daarna is de laatste.

Op die laatste opnamedag koos ik uit de vele figuranten een klein meisje. Ik liet haar een boek lezen (een toekomstige Yentl?) en liet de camera over haar hoofd een schip vol vluchtelingen zien. We horen 'A Piece of Sky' in de voice-over. De camera zweeft over de schare mensen op het bovendek, totdat we daaronder, op de achtersteven een klein figuurtje op de rug zien.

Ik beschreef deze scène al in een vroeg stadium aan Peter: 'Ik wil dat de camera haar van dichtbij op haar rug filmt en vervolgens in een halve cirkel om haar heen beweegt, over het water, totdat we haar gezicht van voren te zien krijgen. En dan zien we ook dat ze zingt. En dan wil ik dat de camera haar in een ononderbroken shot volgt als ze zich al zingend omdraait, zich een weg baant over het dek en ten slotte naar binnen gaat. Is dat mogelijk? Ik bedoel, hoe krijgen we de camera over het water?'

Peter dacht er een tijdje over na en zei: 'We zouden het kunnen proberen met een Louma-kraan, maar dat is nog nooit gedaan op een varend schip. Ik moet er nog eens over nadenken.'

Van een Louma had ik nog nooit gehoord. Het bleek een op afstand bestuurbare camera op de uitschuifbare arm van een kraan. Het kostte ons twee dagen om er een platform voor te bouwen dat we aan de buitenkant van het schip konden bevestigen op zo'n manier dat de constructie zelf buiten beeld bleef. Het resultaat was heel mobiel, en ik was er erg enthousiast over. Met behulp van de Louma konden we alles in één ononderbroken opname filmen en kreeg ik precies het beeld dat ik voor ogen had gehad.

Als actrice voelde ik me helemaal vrij. Ik kon bewegen op de muziek en lopen waar ik wilde, dwars door de touwen en de bagage die op het dek lagen opgestapeld. We werkten met natuurlijk zonlicht, de playback functioneerde naar behoren, en de opname was als een perfect gechoreografeerd ballet. Ik had niet gelukkiger kunnen zijn.

We hadden een hele dag nodig voor het eerste deel van het nummer, en toen begon de hemel te betrekken. We verhuisden naar binnen. Daar stond Peter al klaar met de steadicam om Yentl te filmen als ze met de voice-over door een gang loopt waar nog meer vluchtelingen opeengepakt zitten. Dat was een simpele opname. Binnen een paar takes hadden we het erop staan.

Voor de volgende stap moesten we weer naar buiten, om op het bovendek het meest gecompliceerde deel op te nemen. Dat was het laatste deel van het nummer, en daarvoor hadden we een helikopter ingezet. Maar de natuur werkte nu echt niet meer mee. Er stak een storm op, en de zee werd woelig. Het schip deinde zo erg dat al snel honderdvijftig van de tweehonderd figuranten zeeziek werden. Daar had ik gelukkig zelf geen last van, en tegen beter weten in probeerde ik er nog een repetitie in te passen.

Maar het was onmogelijk om door te gaan. De helikopter kon niet blijven, en de kapitein besloot het schip om te keren en terug te varen naar Liverpool. Kort nadat de stuurman het roer had omgegooid, werden we geraakt door een enorme golf en kantelden we zo'n 40 graden. De apparatuur gleed links en rechts over het dek, en de bemanning graaide er verwoed naar om te voorkomen dat ze over de rand in zee zouden verdwijnen. Ik zag een van onze camera-assistenten bloeden uit een snee boven zijn ogen. Hij was tegen de zijkant van het schip geslingerd. 'O god, haal de verpleegster,' riep ik. Maar het bleek dat ook zij zeeziek was. Gelukkig bevonden zich onder de figuranten een paar Joodse artsen die zich over de gewonden konden ontfermen.

David Watkin stak zijn hoofd naar buiten, zag meerdere verbonden mensen en zei: 'Wat is hier gebeurd?' Peter vertelde het hem, en hij zei: 'O, dus daarom ben ik uit mijn bed gevallen.' Zoals gewoonlijk had hij overal doorheen geslapen en had hij al het drama gemist.

Naarmate we dichter bij de haven kwamen, werd de zee wat kalmer. Ik ging naar de kombuis om thee te halen voor de crew, en toen we de haven binnenvoeren, hoorde ik ze zeggen dat ze naar de pub gingen voor een paar biertjes. Dat hadden ze meer dan verdiend.

Op de ochtend van de tweede opnamedag stond ons nog een verrassing te wachten. En dat was geen aangename. Het lab liet ons weten dat de film van de vorige dag onbruikbaar was. Alle beelden met de Louma-kraan van Yentl op het achterschip met die prachtige zon waren mislukt omdat er condens op de lens had gezeten.

Ik geloofde mijn oren niet. Nu moesten we die ingewikkelde scène helemaal opnieuw opnemen, we stonden al onder grote druk om alles op tijd gereed te krijgen.

We besloten om ermee te wachten tot het eind van de dag en de opname met de ondergaande zon te doen. We zouden Yentl met de steadicam filmen zoals gepland, terwijl ze van een donkere trap naar het licht loopt. Vervolgens loopt ze tussen de passagiers op het bovendek door. Ze zingt gewoon door en trekt zich er niets meer van aan dat andere mensen haar kunnen horen: '*Papa, I have a voice now.*' Ze loopt naar het achterdek en kijkt naar het kielzog van het schip en het verleden dat ze achter zich laat.

Ik vermaakte me uitstekend met de Louma-kraan en vroeg Peter hem snel naderbij te laten zwenken, als een vogel in de vlucht, op het moment dat ik een hoge noot aanhield en '*why settle for*' zong, en dan weer afstand nam op de woorden '*just a piece of sky*'. Het was zo'n vernuftig hulpmiddel.

Voor het slot van het nummer wilde ik dat de camera zich verwijderde terwijl het schip richting de horizon voer. Daar hadden we een helikopter voor nodig, die al boven ons hing te wachten. Dat kon hij slechts twintig minuten volhouden voordat hij terug naar Liverpool moest om bij te tanken. Dat duurde bij elkaar zo'n drie kwartier en ging van onze kostbare tijd af. En ondertussen stak de wind weer op. Ik zong dapper door en probeerde mijn evenwicht te bewaren op het hellende dek. Maar de volgende tegenslag diende zich al aan: het playback-apparaat met het nummer dat ik zong erop gaf de geest. Ik vroeg mijn stand-in om mijn boombox te pakken en gehurkt onder de camera te gaan zitten, zodat ik kon proberen te zingen met de muziek op een cassettebandje (zonder de hulp van de tijdcodering en synchronisatie met de camera, met het risico dat de scène kon mislukken).

Ik haat lipsynchronisatie, en nu moest ik dat ook nog doen met een cassetterecorder die ik nauwelijks kon horen boven het lawaai van de helikopter recht boven me. Het schip deinde op en neer op de woelige golven, en telkens kwam ik dichter bij de ronddraaiende rotorbladen.

Ik was doodsbenauwd. Nog niet zo lang geleden was er een helikopter op een filmset neergestort en in het water terechtgekomen. Daarbij waren drie acteurs tragisch om het leven gekomen.

Maar ik had geen keus. Dat shot moest ik hebben. Het was nu of nooit, en niets kon me tegenhouden. Ik gebaarde naar de assistent-regisseur dat ze konden beginnen.

De camera draaide, de muziek begon, ik sloot mijn ogen en bad tot God en mijn vader... en ik zong.

De opname lukte. Ik haalde opgelucht adem. En ik was ongedeerd.

Daarna was het wachten tot de helikopter de heen- en terugreis naar Liverpool had gemaakt en had bijgetankt, zodat we voor de zekerheid nog een reservetake konden doen.

En de dag was nog niet voorbij. We moesten snel naar het benedendek om de beschadigde opname over te doen. En we hadden nog maar weinig tijd, want het zou al snel donker worden. Als door een wonder ving Yentl voor dat eerste moment bij de reling het laatste licht van de ondergaande zon. Maar toen ze terugliep naar de hut, zakte de zon achter de horizon. Ik had nog graag een opname willen maken, maar David schudde zijn hoofd: 'We kunnen niet meer filmen,' zei hij. We hebben niet genoeg licht.'

Maar Peter fluisterde in mijn oor: 'Zeg hem dat hij toch moet filmen.'

Ik zei: 'David, we hebben geen keus. We moeten het nu filmen of helemaal niet.'

'Maar er is niet genoeg licht.'

'Laten we die witte dingen van karton dan neerzetten.' (Ook wel *bounce boards* genoemd.)

De *grips* doken omlaag om buiten beeld te blijven en hielden de borden vast terwijl ze met me mee kropen naar de gang.

Het werkte. De opname lukte... En deze keer zonder condens!

Een film maken is zowel opwindend als beangstigend. Je moet het ene na het andere obstakel overwinnen. Maar voor elk probleem vonden we uiteindelijk een oplossing. Het ging natuurlijk wel om het slot van de film!

Het korte verhaal van Singer eindigde anders. Zijn Yentl blijft als man in Oost-Europa, en we kunnen ervan uitgaan dat ze naar een andere jesjiva gaat. Maar ik had iets anders in gedachten. In mijn versie liet ze haar oude wereld achter zich en vond ze een nieuwe wereld, waar vrouwen wel mochten studeren en datgene wat ze in zich hadden waar konden maken. Dat leek me een positiever einde.

En er was geen betere bestemming voor Yentl dan het meest progressieve, gastvrije land ter wereld voor vluchtelingen: de Verenigde Staten.

In zekere zin was de strijd van Yentl ook de mijne. Zij bewees zich in de mannenwereld van de jesjiva, en ik probeerde, ook in een mannenwereld, succesvol te zijn als regisseur.

Als je alles uit jezelf wilt halen wat erin zit, kan het zijn dat je alleen eindigt.

Net als Yentl wilde ik 'meer'. Voordat ik naar Londen vertrok om met de voorbereidingen voor de film te beginnen, gingen Jon en ik begin januari skiën in New Hampshire met Cis en Harvey. Dat was tegelijkertijd ons afscheid. We wisten dat ik minstens een jaar in Europa zou zijn.

Voordat ik vertrok, wilde Jon onze relatie naar het volgende niveau tillen. 'Ik wil trouwen,' zei hij. 'En ik wil dat we samen een huis kopen.'

'Dat wil ik niet,' antwoordde ik.

Natuurlijk kwetste ik hem daarmee. Hij werd boos en zei: 'Dan moet ik misschien maar een ander zoeken.'

Het enige antwoord dat ik kon bedenken was: 'Doe wat je niet laten kunt.'

Dus vertrok ik naar Europa, en tussen Jon en mij werd het nooit meer zoals het was. Kort nadat we in Londen waren begonnen met filmen, werd ik veertig. Kim en Jason kwamen vanuit de vs langs om het te vieren, en ik kreeg een prachtig cadeau van hen: een video van al mijn vrienden terwijl ze 'Happy Birthday' voor me zongen en herinneringen ophaalden aan alle leuke momenten die we hadden gedeeld.

Ze hadden Jon niet gevraagd om mee te doen. Daar was hij zeer ontstemd over. Hij kwam toch naar Londen, maar was zo bot tegen Jason dat hij daar bijna mijn verjaardag mee verpestte.

Voordat ik naar Europa vertrok, had ik hem gevraagd om een huisje op ons terrein tot montageruimte te verbouwen, zodat ik ook thuis aan de film kon werken. Ik had hem een budget gegeven. Het enige wat ik daar nodig had, had ik gezegd, waren een paar montagetafels, jaloezieën voor de ramen en een tapijt op de vloer om het geluid te absorberen.

Maar wat trof ik bij mijn thuiskomst aan? Jon had 2 miljoen dollar uitgegeven en (letterlijk) een heuvel verplaatst, zonder me ook maar ergens van in kennis te stellen. Die heuvel stond in de weg omdat hij een jacuzzi buiten de slaapkamer op de tweede verdieping wilde. (Alsof ik tijd zou hebben om daarin te gaan zitten.) Wat mij betrof was dat nergens voor nodig. Hij nam voor 400.000 dollar een binnenhuisarchitect in de arm om vier kamers en een keuken in te richten. En dat allemaal voor een huis waar nooit iemand in zou wonen.

Ik keek nog eens goed naar de kosten die hij had gemaakt en ontdekte dat hij ook een weg door het bos had aangelegd naar een huis dat hij eerder, op een aangrenzend terrein, had gekocht. En daar had hij mij voor laten betalen.

Jaren daarvoor had ik moeten luisteren naar Jons eigen therapeut. 'Jon is een *gonif*.' (Dat is Jiddisch voor dief.) 'Dat is hij nu eenmaal, en daar moet je je bewust van zijn.'

Natuurlijk had Jon er niet aan gedacht om een vergunning aan te vragen. Hij had er ook geen idee van dat hij met het verplaatsen van die heuvel het natuurlijke evenwicht met het land eromheen verstoorde. Meer dan een flinke regenbui was er niet nodig om de rest van de heuvel in een enorme modderstroom op het huis te laten komen. Het was nog een geluk dat er een stenen open haard in stond; dat was het enige wat de muren overeind hield. Maar de kelder liep helemaal onder, en allerhande schatten gingen verloren, zoals de witte Cecil Beaton-tulband uit *On A Clear Day You Can See Forever* en kostuums die ik in mijn tv-specials had gedragen.

Aan regels heeft Jon zich nooit veel gelegen laten liggen.

Hij pakte zijn spullen en we gingen uit elkaar. Kort daarna kreeg ik een uitnodiging om het huis dat hij had gevonden te komen bekijken. Op de bar in zijn kamer zag ik een flesje met pillen... met de naam van een vrouw op het etiket in plaats van de zijne.

Ik vroeg wie ze was. Hij zei: 'Iemand die ik af en toe zie.'

Interessant... Ik voelde even een steek, ook al waren we uit elkaar. Ik had er geen behoefte aan om bij Jon te zijn. En ik stelde het op prijs dat hij me niet over zijn nieuwe relatie had verteld terwijl ik aan *Yentl* werkte. Hij bemoeide zich tenminste niet met mijn werk.

Ik stortte me op het montageproces. Wat ik zo leuk vind aan een film maken is dat er nog van alles kan veranderen. Tot dat laatste moment, als je wat je gemaakt hebt in het blik moet stoppen en naar de bioscoop moet sturen. Tot dat moment is het een ding dat leeft. Dicht bij de set in de Londense studio hadden we de beschikking over een montageruimte. Tussen een paar scènes in kon ik daar samen met Terry Rawlings, mijn briljante editor, even naar het materiaal kijken dat we zojuist hadden opgenomen. Monteren doe ik het liefst zo snel mogelijk, tijdens het filmen al. Zo krijgt elke scène geleidelijk vorm. Terry ging met ons mee naar Tsjecho-Slowakije. Eind september waren alle opnamen gereed, en Terry vergezelde me naar Los Angeles om aan de montage te werken in de ruimte die ik in mijn werkkamer op Carolwood Drive had ingericht.

Het is spannend als je de prestaties van iedere acteur in je handen houdt.

Ik ben altijd op zoek naar het geluid van de waarheid in elke stem. Dat kun je horen. Het is net zoiets als het juiste akkoord in de muziek, en net zo bevredigend als je het vindt. Een goede film is in feite als een geweldig stuk muziek, met verschillende bewegingen en verschillende tempo's. Ik ben me altijd heel goed bewust van het ritme. Dat geldt voor muziek, maar ook voor film. Tijdens de montage zorg ik ervoor dat het ritme varieert. Denk aan staccato en legato in de muziek. Sommige scènes zijn snel, met snelle overgangen. En meteen daarna krijg je iets tragers, met lange, meeslepende bewegingen van de camera.

Het doet me vaak denken aan de tiende symfonie van Mahler, of aan een uitvoering zoals *Het Zwanenmeer*, waar het *corps de ballet* in een complex passenpatroon naar voren en naar achteren beweegt om ten slotte helemaal naar de achtergrond te verdwijnen, waarna de twee hoofddansers alleen op het podium achterblijven en daar een lyrische pas de deux laten zien. Het publiek voelt zich bevrijd en opgelucht. Na korte, snelle bewegingen heb je weer even rust nodig.

Tijdens het montageproces stond ik onder enorme druk. En de problemen waren nog lang niet achter de rug. De directiesamenstelling van United Artists was al vier keer gewijzigd sinds we het contract hadden getekend. David Begelman, mijn oude agent, was allang weg. Nu had Frank Yablans de leiding. We lieten hem een conceptversie zien, en godzijdank vond hij die goed.

Maar toen stond de completion bond-maatschappij erop dat ik de werkzaamheden snel afrondde, ook al was de publicatiedatum pas acht maanden later. We hadden het budget iets overschreden, met slechts 11 procent. Geen 100 procent, zoals een journalist had beweerd. Dat was overigens heel normaal voor een film die op locatie was opgenomen. Maar die vervelende completion bond-maatschappij wilde alles zo snel mogelijk af hebben. En wel nu.

'Alsjeblieft,' smeekte ik. 'Dit is nergens voor nodig. De film lijdt eronder, en ik kan die werkdruk niet aan.' Het kon ze niets schelen. Op een of andere manier lukte het me toch om alles op tijd klaar te krijgen, en ook nog op de manier die ik voor ogen had gehad. Ik had geen keus. De completion bond-maatschappij stond op het punt om de film van me af te pakken en aan iemand anders te geven.

En toen kwam de geruchtenmachine op gang. Zodra ik terug was in Los Angeles, beweerden roddelbladen dat de film in zwaar weer verkeerde. Waarom moesten ze daarover liegen? Het leek erop dat er mensen waren die niets liever zagen dan dat mijn project zou mislukken.

Het werd zo erg dat Frank Yablans een persbericht uit moest doen gaan om de roddels tegen te spreken. Daarin stond onder meer: 'Ik wil hierbij duidelijk stellen dat mevrouw Streisand zowel de voornaamste producent als de regisseur van deze film is. Dat is ze van het begin af aan geweest, en dat zal ze ook blijven. Ze heeft bovendien de volledige artistieke controle. De mensen van MGM/UA die de eerste versie hebben bekeken, zijn er zeer enthousiast over, en we zijn er trots op dat we aan *Yentl* hebben meegewerkt.' En hij schreef ook: 'Ik heb nog nooit te maken gehad met iemand die zo grondig verantwoordelijkheid droeg over de kosten als Barbra bij deze film. Elke cent uit het budget is in de film terechtgekomen.'

Ik kan alleen films maken over dingen die me na aan het hart liggen. De vader die ik in *Yentl* heb gecreëerd, was het evenbeeld van mijn eigen vader. Ik heb hem zelfs Mendel genoemd. Dat is de Hebreeuwse versie van Emanuel. In zekere zin heb ik met deze film een verloren relatie uitgewerkt.

Als er één ding is dat ik heb geleerd tijdens het maken van deze film, dan is het dat ik mijn eigen vader moet zijn. Ik kon niet leunen op een man om me te redden. Als mens maken we ons eigen lot, en ik was bereid om mijn verantwoordelijkheid te nemen. Het deed me dan ook veel genoegen om deze zin aan het eind van de aftiteling te zetten: 'Deze film is opgedragen aan mijn vader... En aan al onze vaders.'

Toen de film af was, nodigde ik mijn moeder uit voor een eerste vertoning in mijn filmzaal op Carolwood Drive. Haar reactie was niet zoiets als 'Wat geweldig!' of 'Wat heb je dat goed gedaan.' Ze was boos en zei: 'Waarom heb je deze film opgedragen aan je vader? Waarom niet aan mij? Ik leef nog.'

Dat was mijn eerste kritiek. Er zou nog heel veel meer volgen.

37

Verander er geen enkel frame aan

Op de dag dat *Yentl* in première ging – 18 november 1983 – was ik op van de zenuwen. Ik ging 's middags al naar het Village Theatre in Westwood om het beeld en het geluid te controleren. Meer kan ik niet doen, hield ik mezelf voor. En vervolgens dacht ik: dat dieet kan wel even wachten. Ik kocht een ham-kaascroissant, en toen wilde ik iets zoets, dus rende ik naar de dichtstbijzijnde snoepwinkel en kocht ik een berg marsepein met chocolade. Ik verschool me in mijn auto en propte me vol. Zo bang was ik dat er niemand zou komen opdagen.

Ik wist al dat ik zou worden aangevallen. Om die reden zie je aan het begin van de film niet de woorden 'Een film van Barbra Streisand'. (Zoals ik dat ook niet op mijn scripts had gezet.) De namen van alle betrokkenen zie je pas aan het eind van de film, op de aftiteling. Ik wilde dat het publiek *Yentl* onbevooroordeeld leerde kennen voordat ze mijn naam te zien kregen.

'Een film van...' zag je in die tijd overal. Het was standaard, en hoewel ik me door het beeld van die woorden erg aangetrokken voelde, dacht ik, nee, doe dat niet. 'Geregisseerd door...' was eenvoudig, en goed genoeg voor William Wyler, dus moest het ook maar goed genoeg zijn voor mij. Mensen zouden toch al denken dat ik te veel hooi op mijn vork had genomen, vreesde ik. De media hielden maar niet op over het feit dat ik de eerste vrouw was die een film produceerde, regisseerde, het script schreef, de hoofdrol speelde en dan ook nog zong. Als je het zo achter elkaar zet, lijkt het inderdaad nogal veel, en ik wilde voorkomen dat mensen me daarop zouden afwijzen.

Het was in de praktijk soms best eng om al die taken te vervullen. Met andere woorden, ik ben niet een of andere superzelfverzekerde, onverschrokken vrouw. Ik heb ooit iets gelezen wat me vaak heeft geholpen: 'Angst is de energie waarmee je je beste werk doet.'

Ik had veel van mezelf in deze film geïnvesteerd. Dit was het moment om hem los te laten en de wereld in te sturen. Ik kon alleen maar hopen, en bidden, dat het publiek hem goed zou vinden.

Ik wist dat ik beoordeeld zou worden. En ik was er klaar voor. Voor opbouwende kritiek ben ik altijd in. Een doordachte, scherpzinnige analyse van mijn werk mag ik graag lezen. Wat ik niet had verwacht, was dat sommige recensies meer over mij gingen dan over de film, en enkele van de meest negatieve waren geschreven door vrouwen. Misschien is er een overeenkomst met vrouwelijke rechters. Die zijn in echtscheidingszaken vaak ook veel strenger voor andere vrouwen.

Geraldo Rivera interviewde me voor *20/20*. Het programma duurde een uur en werd uitgezonden op de avond voordat *Yentl* in het hele land in première ging. (Ik deed alles wat ik kon om mijn film te promoten.) Na *20/20* zag ik een jonge vrouw in het lokale nieuws die me bekend voorkwam. Wacht eens even, dacht ik. Is dat niet een van de vriendinnetjes van Ray Stark? (De week ervoor presenteerde ze een kookprogramma. En nu is ze opeens recensent?) Ik hoor het haar nog zeggen, met die zangerige stem van haar: 'Jullie willen vast weten wat ik van *Yentl* vind. Nou, ik vond het best een aardige film, maar ik was er niet ondersteboven van.'

Daar had ik dan vijftien jaar van mijn leven aan besteed.

Of mensen veel aandacht aan haar schonken, waagde ik te betwijfelen. *The*

New York Times was echter een ander verhaal, en ik kon mijn ongeduld om hun recensie te lezen nauwelijks bedwingen. Je kunt je misschien voorstellen hoe ik me voelde toen Janet Maslin me in de eerste zin ervan beschuldigde dat ik een 'designer keppeltje' droeg.

Wat? Dat is belachelijk. Al onze kostuums waren ofwel authentiek of nagemaakt van foto's van Oost-Europese Joden uit die tijd. (Ingmar Bergman had eenzelfde keppeltje gebruikt voor een personage in *Fanny och Alexander*. Daar had niemand een probleem mee gehad.) Maslin deed ook heel neerbuigend over David Watkins ongelooflijke werk als cinematograaf. Zo te lezen had ze iets tegen zonlicht dat door een raam schijnt, want volgens haar was de scène met mijn vader in de synagoge overbelicht. In de laatste alinea van haar recensie vond ze nog gelegenheid om de spot te drijven met de gebreide muts die ik op het schip in de laatste scène droeg. Ze had meer te zeggen over mijn diverse hoofddeksels dan over de ideeën die ik met de film probeerde uit te drukken.

Dat soort onzinnige kritiek was onthutsend. Ik had gehoopt dat mensen de film zouden zien als een hommage aan de vrouw. Met deze film stond ik voor iets waar ik al mijn hele leven in geloof: gelijke kansen voor mannen en vrouwen. Ik wilde ieder meisje en iedere vrouw helpen alles uit hun leven te halen wat erin zat. En ik voelde ook een zware verantwoordelijkheid als vrouwelijke regisseur. Als deze film flopte, zou het voor andere vrouwen waarschijnlijk nog moeilijker worden om hun films gemaakt te krijgen, vreesde ik.

Voor de promotie had ik ook een interview gegeven aan Anna Quindlen. Zij werkte voor *The New York Times*, en ik kende en bewonderde haar werk. Ze was erg te spreken over *Yentl*, en we bespraken de ideeën die de film opriep. Elke zondag sloeg ik de krant open en zocht ik naar haar artikel, maar er was niets. Ik begreep niet waarom het nog niet was verschenen. Toen ik mijn ongeduld niet langer kon bedwingen, belde ik haar. Ze zei: 'Ik denk dat het volgende week geplaatst wordt.' Maar dat gebeurde niet. De krant plaatste het nooit.

Maar in plaats daarvan plaatsten ze iets anders. Een stuk van Isaac Bashevis Singer waarin hij zichzelf interviewt over *Yentl*. Mogelijk was hij nog boos omdat we zijn script niet hadden gebruikt. Hij schreef: 'Ik had me Yentl nooit voorgesteld terwijl ze liedjes zong. De passie voor leren en de passie voor zingen hebben wat mij betreft niet veel met elkaar te maken. In mijn boeken wordt vrijwel nooit gezongen.'

'Vrijwel nooit?' Dat was zeker een grapje.

Het ontroerde me toen Carol, de vrouw van Walter Matthau, me verdedigde. Ze wees erop dat Eliza Doolittle ook niet zong. Betekende dat dat *Pygmalion* van George Bernard Shaw dan ook nooit als *My Fair Lady* verfilmd had moeten worden? Ze schreef in een brief aan *The New York Times*: 'Ik ben tot de schokkende conclusie gekomen dat meneer Singer een gevoelloze, onsympathieke en chagrijnige man is. Ik ben blij dat Barbra Streisand risico's durft te nemen en zulk baanbrekend werk heeft geleverd.'

Ik kende Carol niet persoonlijk, maar ik belde haar op om haar te bedanken en het duurde niet lang voordat we bevriend raakten. Ze hield ook van rozen, en met David Rayfiel en Marlon Brando hadden we twee goede vrienden gemeen. Het voelde alsof onze vriendschap voorbestemd was.

De vriendelijkheid van Carol betekende veel voor me, omdat ik me nogal verslagen voelde. Maar nu ik de recensies over *Yentl* nog eens bekijk, verbaast het me dat er eigenlijk toch wel veel positieve tussen zitten.

Yentl van Barbra Streisand is een triomf. Het is een persoonlijke triomf voor Streisand als producent, regisseur, coauteur en hoofdrolspeler, maar het is tevens een triomf als film. Als regisseur heeft ze de hele cast tot prachtige acteerprestaties weten te bewegen.

ARTHUR KNIGHT, *THE HOLLYWOOD REPORTER*

Ze heeft een fascinerend en liefdevol portret geschetst van een periode en een cultuur die ver achter ons ligt... En ze heeft die luidruchtige, traditionele Hebreeuwse manier om wijsheid middels discussies op het scherp van de snede na te streven op een gepassioneerde en opwindende wijze weergegeven. Dat heeft ze smaakvol, nauwkeurig en met een berekenend gevoel voor humor bereikt.

SHEILA BENSON, *LOS ANGELES TIMES*

Vrijwel iedereen heeft weleens van de verkeerde persoon gehouden, zij het om de juiste reden. Dat is het domein van Yentl. Het is een film met het hart op de juiste plaats.'

ROGER EBERT

Zoals zo vaak wist Pauline Kael haar vinger precies op de juiste plek te leggen: 'Ik zie een waarlijk heldhaftige combinatie van subtiel en sterk die deze film tot een plastisch geheel maakt. In de eenenveertigjarige hoofdrolspeler/regisseur komen de perfect behouden gevoelens van een verlegen, bang meisje van twaalf tot uiting.'

Hoe wist ze dat? Ze zag de tegenstelling die de kern van mijn wezen uitmaakt. Van haar is ook een van de beste complimenten die ik ooit heb gekregen: 'Nu ze haar formele debuut als regisseur heeft gemaakt, begrijpen we waarom ze er bekend om staat schrijvers en regisseurs (en iedereen) te overladen met vragen. Dat is gewoon haar manier van leren. En het verklaart tevens waarom ze niet altijd even gelukkig was met haar regisseurs. Ze wist het echt beter.'

Een recensent die je uitnodigt beter naar jezelf te kijken is een groot geschenk. Van haar recensies leerde ik altijd wel iets, ook als ik het niet met haar eens was. Ze maakte bezwaar tegen Yentls vertrek naar de Verenigde Staten aan het eind van de film. Ze legde ook uit waarom: 'Streisand wil het publiek een zowel educatieve als spirituele boodschap meegeven. Zo maakt ze van Yentl een rolmodel. Waar Streisands intuïtie als artiest haar in de steek laat, is dat ze niet inziet dat Yentl op een magisch niveau bestaat. Als ze probeert om een eigentijdse heldin van haar te maken, trekt ze haar van dat niveau af.'

Wat mij betreft zijn die twee versies van Yentl niet met elkaar in strijd. Het is tenslotte een realistisch sprookje. Was ze nog maar onder ons, dan zou ik dat punt graag nog eens met haar bespreken, een beetje zoals twee geleerden die een discussie hebben over de Talmoed.

Singer was evenmin tevreden over het einde: 'Waren er geen andere jesjiva's in Polen of Litouwen waar ze verder kon studeren?' merkte hij op.

Die waren er inderdaad niet, tenzij Yentl zich bleef uitgeven voor een man. Er was maar één plek waar ze eerlijk kon uitkomen voor wie ze was. Er was maar één plek waar ze haar volledige potentieel als vrouw waar kon maken. Dat waren de Verenigde Staten.

Ik was de positieve recensies grotendeels vergeten, maar er is één artikel over *Yentl* dat in mijn geheugen gegrift staat. Dat was naar aanleiding van een interview met Dale Pollock voor de *Los Angeles Times*. Het artikel werd een maand voor de première gepubliceerd. We spraken over wat er allemaal voor nodig was geweest om *Yentl* gemaakt te krijgen, en ik vertelde hem wat er gebeurde toen Steven Spielberg vroeg of hij de film mocht zien.

Steven en ik waren bevriend geraakt toen we elkaar ontmoetten op de première van *A Star Is Born* in Westwood. We hadden meteen een band. Twee Joodse kinderen met *chutzpah* die wisten wat we wilden en er ook voor zorgden dat we het kregen. En we waren allebei erg verlegen als het niet over werk ging. En we herkenden dat al in elkaar voordat we zelfs gesproken hadden.

Steven had de verwantschap al heel vroeg gevoeld. Dat was heel bijzonder. Op zijn zestiende had hij me gezien in *The Judy Garland Show*, en hij had zijn moeder gevraagd: 'Hoort zij bij onze familie?'

We zagen elkaar maar zelden bij sociale gelegenheden, want we hadden het allebei heel druk. Maar één keer per jaar, op de tweede avond van Pesach, zaten we naast elkaar in het huis van Evelyn en Mo Ostin. Onder meer Sidney Poitier, Quincy Jones en hun prachtige gezinnen waren daar ook altijd te gast. Steven en ik hadden altijd veel om over te praten. En omdat hij, Quincy en ik ook goed bevriend waren met Steve Ross, het hoofd van Warner Brothers, maakten we deel uit van een andere familiekring. Als Steven me iets te vragen of mee te delen heeft, ondertekent hij zijn briefje nog steeds met '*little bro*'. En ik ben zijn '*big sis*'.

Hij was al beroemd als regisseur, en toen werd ik ook regisseur. Het grappige is dat we geen van beiden richtingsgevoel hebben. Zo was er die avond dat we allebei waren uitgenodigd voor hetzelfde diner. Steven haalde me op, en we raakten totaal de weg kwijt. Een paar weken later belde hij me heel opgewonden op. Hij wilde me iets laten zien dat hij net had ontdekt. Het was een heel vroege versie van een navigatiesysteem. Ik was er zeer van onder de indruk. Het was precies wat we nodig hadden.

Steven liep in alles wat hij deed altijd voor op de rest.

Ik was nog maar net terug uit Europa en had het thuis druk met de montage. Steven vroeg of hij wat van *Yentl* mocht zien. Hij was erg benieuwd naar Amy in de film, want lang geleden had hij een relatie met haar gehad. 'Dat is prima,' zei ik. 'Ik kan je haar scènes laten zien.' Dus kwam hij langs en keken we naar de beelden op het schermpje van het montage-apparaat. Ik was zenuwachtig en erg onzeker. Was het wel goed genoeg? Maar Steven zei: 'Dit is prachtig. Ik kan niet wachten om de hele film te zien als je ermee klaar bent.'

Wat Amy betrof had ik het dus in elk geval goed gedaan.

Het duurde nog een paar maanden voordat het zover was. Ik was bijna klaar met de film en regelde een speciale vertoning voor Steven en Freddie Fields in het theater op het MGM-terrein. We waren met zijn drieën in een theater dat plaats bood aan driehonderdvijftig mensen. Zelf zat ik helemaal achterin. Ik wilde Steven niet het gevoel geven dat ik elke reactie van hem met argusogen bekeek. Zodra de lichten aangingen, kwam hij naar me toe. Het eerste wat hij zei was: 'Verander er geen enkel frame aan.' Ik kon mijn geluk niet op. Ik had zojuist de goedkeuring gekregen van een van de grootste regisseurs in Hollywood. Hij zei ook nog: 'Ik zou je best willen vertellen hoe je je film nog beter kan maken. Maar dat kan ik niet.' Hij was op meerdere vlakken onder de indruk, zei hij. Hij hield maar niet op over de schoonheid van de cinematografie, de harmonieuze regie en de geweldige acteerprestaties. Ik kon wel juichen van blijdschap. En als klap op de vuurpijl zei hij: 'Ik wil je graag vragen om ook voor mijn bedrijf een film te regisseren.'

Nog een film regisseren? dacht ik.

Voor mezelf had ik nu bewezen dat ik het kon. Ik was er echter niet zo zeker van dat ik het meteen weer wilde doen.

Nu zal ik je vertellen hoe dit hele verhaal in de krant kwam. Er stond: 'Steven Spielberg geeft Barbra Streisand advies over de montage.' Hè? Het enige advies dat hij me gaf was: 'Verander er geen enkel frame aan.' De daaropvolgende woorden werden volledig uit hun verband gerukt: 'Ik raakte in paniek... Ik trilde. Ik dacht: ik? Regisseren?' En wat Steven daarvóór had gezegd, hadden ze weggelaten.

Ik belde Dale Pollock en zei: 'Hoe heeft dit ooit kunnen gebeuren?' Hoe konden ze die twee doorslaggevende zinnen – 'verander er geen enkel frame aan' en 'ik wil je graag vragen om ook voor mijn bedrijf een film te regisseren' – uit het artikel hebben geschrapt? Had dan niemand gezien dat ze daarmee de betekenis helemaal hadden veranderd?

Blijkbaar niet. Zijn redacteur had hem verteld dat het artikel te lang was en daarom had hij er in geknipt, zei Pollock, en hij kreeg het resultaat pas onder ogen toen ze op het punt stonden het naar de drukker te sturen. Het speet hem heel erg.

Niet zoveel als ik. De schade kon namelijk niet meer ongedaan worden gemaakt. Door die omissie kregen mensen een volkomen vertekend beeld, en meer hadden sommigen in de filmwereld niet nodig. Nu konden ze geloven dat ik, als vrouw, het nooit zonder de hulp van een man had gered. En niet zomaar een man, maar iemand die werd beschouwd als de grootste regisseur van Hollywood.

Het is een feit dat Steven Spielberg mijn script nooit onder ogen heeft gehad, zich tijdens de opnamen nergens mee heeft bemoeid en dat ik hem ook nooit heb gebeld toen we aan het filmen waren.

Maar vanaf dat artikel was Stevens naam onlosmakelijk verbonden met *Yentl* en 'wist' iedereen dat hij het was die me van advies had voorzien. Dat is de kracht van het gedrukte woord. Toen de film in première ging in Europa, gaf ik interviews aan de buitenlandse pers. Een verslaggever zei: 'Ik heb vernomen dat Steven Spielberg je mentor was.'

Ik had de *Los Angeles Times* om een rectificatie moeten vragen, maar ik wist niet eens dat dat mogelijk was, en ook Lee Solters, mijn publicist, heeft het me nooit verteld. Maar wat dan nog; niemand schenkt aandacht aan een rectificatie. Uiteindelijk groeide het verhaal zo uit zijn voegen dat Steven zich genoodzaakt voelde om alle roddels te ontkennen. In *People* zei hij: 'Men is er blijkbaar van overtuigd dat ik met haar heb gewerkt. Dat is echt niet zo.'

En hij bleef over *Yentl* praten in de media. Hij noemde het 'het beste regiedebuut sinds *Citizen Kane*' en zei tegen een verslaggever: 'Het ziet ernaar uit dat ze al haar crewleden boven zichzelf stelde. Dat is wat ik onbaatzuchtig regisseren noem. Naar mijn gevoel komt dat allemaal voort uit haar ervaring, en dan bedoel ik niet haar ervaring als actrice die wordt geregisseerd en ondertussen de kunst afkijkt. Nee, dan doel ik op haar autonomie als muzikant en zangeres. Als je naar haar liedjes luistert, zijn ze in elk opzicht vlekkeloos. Dat is Barbra die zichzelf regisseert.'

Ik had mijn persagent moeten ontslaan en Steven ervoor in de plaats moeten nemen. Hij was zo royaal met zijn lofuitingen. Hij vertelde me ook dat hij dankzij de film helemaal opnieuw verliefd was geworden op Amy. En dat ze getrouwd waren. Het was een leuke gedachte dat *Yentl* daar iets mee te maken had gehad.

Ik wou dat ik de kritiek in de media van me af had kunnen laten glijden. Maar die behoefte om me te kleineren, voelde wel heel erg persoonlijk. Het is één ding als je mijn werk niet goed vindt. Dat is legitiem. Maar als ze niet eens geloofden dat ik de maker van de film was, of als ze iets hadden tegen de manier waarop ik me in dit project had vastgebeten en het feit dat ik zei waar het op stond, of zelfs dat ik ook actrice was, dan deed dat echt pijn. Ik ben kwetsbaar, net als iedereen. En ik zou die kwetsbaarheid nooit kwijt willen raken. Die is van groot belang voor mijn werk.

Die kritiek kan heel pijnlijk zijn, en dat is voor een groot deel de reden waarom ik acht jaar lang geen film meer heb geregisseerd. Ik dacht: ik kan dit niet. Ik weet niet hoe ik me hiertegen kan verzetten. Ik hou echt van het creatieve proces, van het eigenlijke werk. Maar waar ik niet van hou is wat je daarna voor je kiezen krijgt, als je je project moet promoten. Het 'show'-

gedeelte van showbusiness kan me gestolen worden. De waarheid is dat ik er schoon genoeg van had.

Mannelijke regisseurs laten hun films ook aan elkaar zien. Niemand zegt vervolgens dat ze dat doen omdat ze hulp nodig zouden hebben. Maar laat een vrouw haar film zien, dan gaat men er voetstoots van uit dat ze hulp nodig heeft en gered moet worden. Hoe zou ze zoiets immers ooit voor elkaar kunnen krijgen zonder de hulp van een man?

Is het dan zo bedreigend? Moet je dan zo boos worden als een vrouw buiten de gebaande paden durft te treden en dromen durft te hebben?

En hoe zit het met die mensen die er zo tegen zijn? In welke zin worden zij er minder van? Waarom motiveert het hen in plaats daarvan niet om zelf ook hun dromen na te streven? Maar nee, liever trekken we haar naar beneden, zodat zij zich beter en groter kunnen voelen.

Er zitten heel goede kanten aan een project als dit boek: ik zie al mijn papieren weer eens langskomen en vind allerlei dingen die ik was vergeten, zoals de brieven van vrienden en collega's die de film hadden gezien.

Wat was ik gisteravond trots op je. Ik voelde me zeer geraakt door wat je met deze film hebt neergezet. Het is een prachtige film geworden, en het is zonder meer een grootse prestatie.

SYDNEY POLLACK

Je film is een meesterwerk. Ik heb hem samen met Meryl Streep gezien, en we konden onze tranen niet bedwingen. Het ontroerde me zeer dat Yentls probleem met de wereld hetzelfde was als jouw moeilijkheden als regisseur in de filmwereld. Jullie hebben beiden je problemen briljant opgelost en zijn met gevoel en wijsheid te werk gegaan. Je bent een artiest in hart en nieren, en ik bewonder je zeer.

MIKE NICHOLS

Lieve Barbra, je hebt mijn bewondering en respect verdiend om de vastberadenheid waarmee je je droom hebt verwezenlijkt. Yentl is een geweldige prestatie. Daar mag je met recht trots op zijn.

ELIZABETH TAYLOR

Yentl is prachtig. Het is zonder meer een van de best geregisseerde, best geschreven en best geacteerde films die ik ooit heb mogen zien. Ik heb zowel gelachen als gehuild, en ik heb grote bewondering voor wat je hebt gedaan. Dit moet wel de twintigste film zijn die je hebt geregisseerd. Het is zeker niet je eerste. En je mag altijd een film van mij regisseren als je dat wilt. En een sexyer jongen dan jij heb ik nog nooit gezien.

NEIL SIMON

Kijkend naar jouw film was ik er trots op vrouw te zijn. Ik was trots op mijn Joodse afkomst, en ik was er trots op dat ik je persoonlijk ken. Bravo! Dit is een meesterwerk.

DIANE VON FURSTENBERG

En nu waren de reacties van sommige studiobazen heel anders dan de reacties die ik eerder had gekregen. Michael Eisner, destijds nog president van Paramount, schreef: 'Ik zou willen dat je geen filmster was. Ik zou willen dat je geen beroemde zangeres was. Ik zou willen dat je geen bekende naam voor het bioscooppubliek was. Ik zou willen dat films niet alleen werden gemaakt dankzij je roem en je talent. Was je maar niets meer dan een onbekende regisseur die haar eerste film had gemaakt. Dan zou Paramount het zich kunnen veroorloven om een algemeen regisseurscontract met je af te sluiten, en dan zouden we iemand hebben binnengehaald die enorm getalenteerd is en veel geweldige films voor ons zou maken.'

Ik vraag me af wat er gebeurd zou zijn als ik zo'n contract had afgesloten.

De film kwam binnen in de top 10 van *Time* en de National Board of Review. En toen de Golden Globe-nominaties bekend werden gemaakt, bleek *Yentl* genomineerd voor de grootste prijs: Best Motion Picture – Comedy or Musical. Ik kon wel juichen van blijdschap. En dat was nog niet alles. Mandy was genomineerd voor Best Actor – Comedy or Musical, en ik was genomineerd voor Best Actress. Michel Legrand en de Bergmans waren genomineerd voor Best Original Score en Best Original Song voor 'The Way He Makes Me Feel'. En ik was genomineerd als Best Director, samen met Mike Nichols voor *Silkwood*, Bruce Beresford voor *Tender Mercies*, James L. Brooks voor *Terms of Endearment*, Peter Yates voor *The Dresser* en Ingmar Bergman voor *Fanny och Alexander*.

Ik had nooit verwacht dat ik deel zou uitmaken van dat rijtje. Dus toen de Directors Guild of America de nominaties voor Best Director bekendmaakte en ik er niet bij zat, was ik niet verbaasd.

Op de avond van de première was ik op een feestje waar toevallig veel regisseurs aanwezig waren. Ik was er samen met een vriend. Toen we binnenkwamen, was er niemand die naar me toe kwam voor een praatje. Daar is op zich niets vreemds aan. Mensen reageren altijd op één van twee manieren op me: ofwel stormen ze allemaal tegelijk op me af, of niemand merkt me op (of ze doen alsof). Met mensen die me al kennen loopt het natuurlijk anders. Die doen gewoon normaal tegen me. Maar in een kamer vol vreemden gebeurt het vaak dat ik overal om me heen levendige gesprekken zie en ik me een buitenbeentje voel. Toen Jason nog een tiener was, zei hij een keer dat hij niet van feestjes hield omdat er nooit iemand naar hem toe kwam. Ik vertelde hem wat ik daar zelf van had geleerd: 'Je kunt er niet op rekenen dat mensen je benaderen. Naar mij komen ze ook niet toe. Ik moet mezelf ertoe dwingen om als eerste mijn hand uit te steken. Misschien moet jij dat ook eens proberen.'

Ik stond daar in mijn eentje en dacht: oké, doe je best. Ik zag Martha Coolidge en dacht: O, mooi, een vrouw die ook regisseert. Ik liep op haar af, maar ze was al met iemand in gesprek, dus trok ik me terug.

Ik kreeg Jack Nicholson in het oog. Ik kende hem nog van *Clear Day*. Hij had twee films geregisseerd, en ik vroeg hem of hij liever acteerde of regisseerde. Zijn antwoord kan ik me nu niet meer herinneren. Ik denk dat het 'acteren' was. Maar hij vroeg me niet naar mijn ervaring als regisseur. Hij praatte alleen over zichzelf.

Niet een van alle aanwezige regisseurs vroeg naar *Yentl*. Mijn indruk was dat ze niet zo blij waren met mij als het nieuwe lid van hun club. De sfeer was kil, ik kan het niet anders zeggen. Het was een gesloten wereldje. En voor vrouwen was het volgens mij nog moeilijker om ertussen te komen dan voor mannen. Daarvoor waren we ook met te weinig. In de DGA (Directors Guild of America) waren de vrouwen op één hand te tellen. En nu moesten ze opeens ook nog plaatsmaken voor mij. Als vrouwen in de carrière van hun keuze de ladder beklimmen, zien ze dat de spoeling aan de top dun is. Dan voelen ze zich vaak gedwongen om hun territorium te beschermen. Er is echter één ding dat ze daarbij over het hoofd zien: naarmate er meer vrouwen bij komen, wordt de spoeling aan de top minder dun.

Bij mijn vertrek van het feest zag ik een lange, donkere man met krullend haar tegen de bar bij de deur leunen. Dat bleek Richard Baskin. Hij hield me staande en zei: 'Ik ben gisteren naar *Yentl* geweest. Ik vond het een prachtige film.' Richard komt later in dit boek aan de orde, want ik heb drieënhalf jaar met hem samengewoond. Dat is echter een ander verhaal.

Toch jammer dat ik niet drink, dacht ik op de avond van de Golden Globes. Niet dat ik van de blauwe knoop ben. Ik vind wijn of sterkedrank gewoon niet lekker. Een glas bier wil ik nog weleens nemen. (En een half borrelglaasje wodka met veel tonic kan ik ook nog wel waarderen.)

Iedereen leek zich wel te vermaken. Maar ik kreeg pijn in mijn buik toen onze categorieën een voor een aan bod kwamen. Het was een flinke teleurstelling dat Michel Legrand en de Bergmans niet onder de winnaars waren. Ik was er zeker van geweest dat ze erbij zouden zitten.

Dat ik ook maar enige kans zou maken op Best Director had ik in mijn stoutste dromen niet verwacht. Maar toen riep Mark Rydell mijn naam.

Ik greep Marilyns hand en liep toen naar het podium. Ik droeg een ouderwets collier in de vorm van een choker en een zwarte rok met pailletten met bijpassend topje dat voortdurend van mijn schouder af gleed. Omdat ik niet zo gauw iets kon bedenken, zei ik het eerste wat er in me opkwam: 'Tjonge, wat ontzettend spannend. Dit had ik niet verwacht... Echt niet.' Ik was er ondersteboven van, en ik weet nog dat ik vond dat Jim Brooks had moeten winnen. Ik moest een paar keer diep ademhalen voordat ik verder kon. 'Regisseren was voor mij een allesoverheersende ervaring. Bij dit werk gebruik je alles wat je ooit hebt gezien, gevoeld, gekend of gehoord. Het was het hoogtepunt van mijn leven... van mijn professionele leven. Deze prijs betekent heel veel voor me.'

Tijdens zulke momenten ben ik niet op mijn best. Andere mensen zie ik het podium op lopen om hun prijs in ontvangst te nemen. Ik zie ze emotioneel worden: ze lachen, ze huilen... en iedereen vindt dat prachtig. Ik zou nooit kunnen huilen om zo'n prijs. Zo ben ik gewoon niet. Ik ben altijd bang dat ik niet de emoties zal kunnen laten zien die mensen verwachten. Een toespraak houden vind ik iets vreselijks. Alleen al bij de gedachte stokt de adem me in mijn keel.

In de perskamer kreeg ik te horen dat ik als eerste vrouw de Golden Globe voor Best Director had gewonnen. Tjonge, dacht ik. Dat is best geweldig. Ik ben graag ergens het eerst in.

Maar toen drong de volle betekenis ervan tot me door. Hoe was het mogelijk dat zoveel uitzonderlijk getalenteerde vrouwen werden genegeerd? Tientallen jaren later is er niet veel veranderd. In de afgelopen jaren zijn er veel prachtige films geregisseerd door vrouwen: *Queen & Slim*, *Little Women*, *Mudbound*, *Wonder Woman*, *The Nightingale*... Daarvan is er niet één genomineerd.

De avond was nog lang niet voorbij, dus ik keerde terug naar mijn tafel. De prijs voor Best Actor voor Mandy en Best Actress voor mij ging aan onze neus voorbij. Daarmee gingen Michael Caine en Julie Walters van *Educating Rita* aan de haal. Toen mijn oude vriend George Segal en Teri Garr de prijs voor Best Motion Picture – Comedy or Musical uitreikten, was ik dus niet erg hoopvol gestemd. Er verscheen een brede glimlach op het gezicht van George toen hij de envelop opende. '*Yentl*,' zei hij.

Voor de tweede keer liep ik in een roes naar het podium. Ik wilde heel veel mensen bedanken, maar ik moest het kort houden. Ik wist dat ik iemand zou vergeten, en dat gebeurde ook: mijn lieve Peter MacDonald, die tijdens het filmen nooit van mijn zijde was geweken. Tijdens die dagen op de set was er niemand belangrijker voor me dan hij. Zelfs nu, jaren later, doet het me nog pijn dat ik hem vergeten ben te noemen.

Dit is waar ik mee afsloot: 'Ik wil mijn vader bedanken. Hij is een ware inspiratie voor me. En ik bedank mijn moeder. Ze heeft zich enorm zorgen om me gemaakt. "Ga je een film maken in Tsjecho-Slowakije?" zei ze. Dit zijn allemaal mensen die betrokken waren, en als mensen betrokken zijn, is alles mogelijk.'

(Ik had er geen vermoeden van dat mijn toekomstige echtgenoot zich die avond onder de aanwezigen bevond. James Brolin was genomineerd als Best Television Actor – Drama Series voor zijn acteerprestatie in *Hotel*. Hij herinnert zich nog dat ik hem passeerde en dat we elkaar even aankeken. Het was maar een kort moment, maar hij is het nooit vergeten.)

Twee weken later werden de nominaties voor de Academy Awards bekendgemaakt. *Yentl* kreeg vijf nominaties. Het deed me deugd dat Amy was genomineerd als Best Actress in a Supporting Role. Roy Walker en zijn team waren genomineerd voor Art Direction, en Michel en de Bergmans waren genomineerd voor Original Song Score of Adaptation Score en voor twee nieuwe liedjes: 'Papa, Can You Hear Me?' en 'The Way He Makes Me Feel'.

Yentl had weliswaar net een Golden Globe gewonnen voor Best Picture, maar werd in die categorie totaal genegeerd, en ik werd evenmin genoemd voor de regie.

Ze zullen mijn film wel niet goed hebben gevonden, dacht ik. In elk geval niet goed genoeg.

Zo dacht ik erover. Ik denk in feite nooit dat wat ik doe goed genoeg is. Tekortkomingen zie ik beter dan wie dan ook, en ik ben meestal ook de eerste die erop wijst.

Ik probeerde me groot te houden. De waarheid is echter dat ik er kapot van was. Ik kreeg zelfs griep. Ik ben zelden ziek, dus dat zegt genoeg.

Ik voelde me afgewezen. Hebben ze me afgewezen omdat ze de film niet goed vonden? vroeg ik me af. Of is het omdat ze me gewoon niet mochten?

Ik wilde niet geloven dat het was omdat ik een vrouw was. Maar als ik nu terugkijk naar videofragmenten uit die tijd, blijkt dat veel mensen juist vonden dat ik om die reden werd gediscrimineerd. Gary Arnold van *The Washington Post* had in zijn recensie in november gezegd dat 'het een groot schandaal wordt in Hollywood als Streisand niet wordt genomineerd voor een Oscar als regisseur van *Yentl*, en dan zou ze ook moeten worden genoemd als actrice, producent en scriptschrijver.' Het leek erop dat hij gelijk kreeg. De media stookten het vuur op en mensen kozen partij. In dezelfde krant verscheen een artikel van Gregg Kilday met als kop: HOE STREISAND WERD GENEGEERD: BEOORDEELDE DE ACADEMY *YENTL*... OF HAAR? In een ander artikel kwam hij terug op belangrijke ontbrekende nominaties: 'Het is misschien niet netjes dat ik het zeg, maar de schandelijke behandeling van Streisand door de Academy brengt ons tot twee zeer onaangename conclusies: ten eerste is Hollywood er duidelijk nog niet klaar voor om een vrouw te erkennen die haar eigen film heeft geregisseerd, geproduceerd, geschreven en er ook nog in heeft geacteerd. En ten tweede is het zo dat veel leden van de Academy weliswaar zelf Joods zijn maar met lede ogen toezien hoe een mede-Jood het aandurft om de kwestie van de Joodse identiteit aan de orde te stellen in de vorm van populair entertainment.'

Dat maakte ik niet vaak mee, dat een journalist als Gregg voor me opkwam. En hij sneed een belangrijk punt aan. Weinig films gingen specifiek over een Joods onderwerp. *Gentleman's Agreement* was gemaakt in 1947 door een stel zeer moedige mensen. De meeste mensen riskeerden liever geen controverse. Dat is heel begrijpelijk. Kijk naar de geschiedenis en wat Joden in de loop van de eeuwen is aangedaan, van de verdrijving uit Spanje in de veertiende eeuw tot de Holocaust in de twintigste eeuw. Om die reden zit het waarschijnlijk inmiddels in ons DNA: we zorgen er automatisch voor om geen aandacht op onszelf te vestigen.

Met *Yentl* brak ik daar doorheen. Bij het herlezen van deze artikelen voelde ik de behoefte om Lee Grant (ook een actrice die de moed had gehad om een film te regisseren) opnieuw te bedanken. Haar reactie aan *People* over de houding van Hollywood: 'Wil je mijn eerlijke mening hierover? De Academy kan barsten. Wat dan nog? Ze hebben het niet voor het zeggen. Ze moet gewoon films blijven maken. Dat is het belangrijkste. Ze heeft de deur voor vrouwen niet alleen geopend, maar ingetrapt.' En Bette Davis maakte een opmerking die ik nooit zal vergeten: 'Zeg haar maar dat de vogels alleen in het beste fruit pikken.' Ook mijn geweldige filmvader, Nehemiah Persoff, nam het in *People* voor me op. 'Een stel ouderwetse macho's, dat zijn we nog steeds. Als Warren Beatty deze film had gemaakt, zouden ze de rode loper weer voor hem uitrollen.'

Ook de National Organization for Women mengde zich in het strijdgewoel. De Directors Guild of America (DGA) had gedaan alsof ik niet bestond. Het bestuur van de afdeling in Californië reageerde met een resolutie: 'We beschouwen dit als de zoveelste poging om vrouwen eronder te houden. Zowel de kwaliteit als de kwantiteit van hun inbreng in de Amerikaanse samenleving wordt stelselmatig ontkent, en omdat *Yentl* mede een feministische boodschap heeft, is het ons duidelijk dat mevrouw Streisand wordt gediscrimineerd om haar overtuiging en omdat ze een vrouw is.' Op de avond van de Golden Globes werd me gevraagd wat ik van de houding van de DGA vond. Ik antwoordde: 'Als er in de toekomst meer vrouwelijke regisseurs opstaan, zullen ze misschien langzaam maar zeker aan ons bestaan wennen.'

Maar toen ook de Academy me straal negeerde, vond ik het niet nodig om me daar nogmaals publiekelijk over uit te spreken. Eerlijk gezegd was ik de hele situatie meer dan zat.

Godzijdank kwam er een moment dat ik het allemaal achter me kon laten. Publiciteitstours zijn over het algemeen niet mijn ding, maar deze keer wilde ik graag naar Europa om *Yentl* daar te helpen promoten.

In Parijs voegde Michel Legrand zich bij de Bergmans en mij voor een persconferentie. De première was op dezelfde dag, en 's avonds organiseerde Pierre Cardin een feest voor ons bij Maxim's. Vanwege de prachtig bewaarde art-nouveau-interieurs was dat de perfecte locatie voor deze gelegenheid. Ik had mijn outfit aangepast aan het interieur: een zwarte, edwardiaanse jurk met een hoge hals en een kanten lijfje dat was versierd met een ingewikkeld kralenpatroon. Ik heb zojuist de foto's van die avond weer eens bekeken. Ik zit naast Jeanne Moreau en Charles Aznavour op een canapé van donkerrood fluweel en eet het heerlijke brood dat er werd geserveerd: met verse, zoete boter op kamertemperatuur. Jack Lang, de Franse minister van Cultuur, overhandigde me tijdens een speciale ceremonie La Croix d'Officier des Arts et des Lettres als erkenning voor mijn bijdrage aan de kunst. Dat was een enorme eer.

Vervolgens vertrokken we naar Hamburg om de Duitse media te woord te staan en het officiële startsein voor de première te geven. We maakten van de gelegenheid gebruik om het Zwarte Woud te bezoeken. Daar verbleven we in Brenners in Baden-Baden, een van die grote Europese kuuroorden die nog dateren uit het einde van de negentiende eeuw. Het deed me denken aan de romans van Thomas Mann.

In Rome wist ik weer waarom ik het haat om een 'filmster' te zijn. Ik wilde net als iedereen gaan winkelen op de Via Condotti. Maar de paparazzi zwermden als muggen om me heen. Ik probeerde met hen te onderhandelen. 'Als ik je een foto van me laat maken, laat je ons dan met rust?' Het antwoord was *si*, maar vervolgens gingen ze gewoon door. Ze waren ongelooflijk agressief en kwamen heel dichtbij. Uit pure angst zocht ik mijn toevlucht in een schoenenwinkel. Het personeel deed snel de deur achter me op slot om de paparazzi buiten te houden. En wie werd er uiteindelijk gearresteerd? Mijn beveiliger, die alleen maar had geprobeerd om me te beschermen tegen een agressieve fotograaf die zijn camera in mijn gezicht duwde. Het kostte ons een borgsom om hem vrij te krijgen, en de volgende dag stond het hele verhaal in geuren en kleuren in alle kranten. Ze schilderden het af als een groot drama, en natuurlijk klopte er weer niets van. Een van de fotografen had een grote hond bij zich. Die viel mijn beveiliger aan, maar de kranten deden het voorkomen alsof de beveiliger de hond had aangevallen!

Vergeleken daarmee viel de première nog mee. Eerder die dag had ik het theater bezocht voor een soundcheck. Ik vind het nog altijd gek om de stem van een andere actrice uit mijn mond te horen komen. In Italië wordt elke film in het Italiaans nagesynchroniseerd. Maar van mijn zang moesten ze afblijven. Ik dacht: tjonge, deze film vliegt voorbij. Maar toen begon het eerste liedje. Mijn stem klonk hoger dan normaal, alsof ze hem in een hogere toon hadden gezet, en het nummer ging veel sneller dan het was opgenomen. Pas toen besefte ik wat er mis was: ze speelden de film op een hogere snelheid af. Ik stond op en liep naar de projectiecabine.

'Wat doen jullie nu?' riep ik. 'Dit is niet de juiste snelheid.'

De projectionist was er laconiek over. Voor het theater kwam het beter uit als de film maar twee uur duurde. De lengte van *Yentl* was twee uur en veertien minuten, maar hij had een slimme oplossing: hij draaide de film gewoon sneller af, zodat hij net onder de twee uur bleef.

Ik schakelde over in de producer-stand en zei: 'Het spijt me, maar dat kun je niet maken.'

Dachten ze nu echt dat ik dat niet zou merken?

Het welkom van de Italiaanse filmgemeenschap was ontroerend warm. Franco Zeffirelli nodigde me uit voor een geweldig feest in zijn landhuis net buiten Rome. Daar kon ik tot mijn grote vreugde weer eens bijpraten met Vittorio Storaro en zijn vrouw. (We begonnen meteen weer te kletsen over licht en lenzen.)

Ik zag gezichten die ik herkende uit al die prachtige Italiaanse films waar ik in de loop van de jaren met zoveel plezier naar had gekeken, van Vittorio Gassman tot Monica Vitti en Mariangela Melato. Van die twee vrouwen was ik een enorme fan. We konden het uitstekend met elkaar vinden, want ze namen geen blad voor de mond. Als ze geen accent hadden gehad, zou je gedacht kunnen hebben dat ze allebei uit Brooklyn kwamen. Mariangela had een fantastische rol neergezet in Lina Wertmüllers kostelijk provocerende *Swept Away*. Haar tegenspeler, een erg verlegen Giancarlo Giannini, was eveneens op het feest. En de ontmoeting met Giulietta Masina was een groot genoegen. Ik bewonderde haar al sinds ik haar als tiener voor het eerst zag in *La Strada*. Ze was getrouwd met de beroemde Federico Fellini, die me de volgende dag uitnodigde voor een lange, heerlijke lunch in zijn favoriete restaurant.

Daar zat ik dan, volkomen in de ban van zijn persoonlijkheid. Fellini had golvend grijs haar, droeg een bril en was gekleed in een wit overhemd met stropdas, een gilet en een colbert. Hij onderscheidde zich in niets van de welgestelde zakenlieden aan de tafeltjes om ons heen. Behalve dan in dit: hij had iets magnetisch. Hij had een scherpe, doordringende blik, alsof hij tot in het diepst van je wezen kon zien. Het leed geen twijfel dat hij vele malen bekender en beroemder was dan de andere aanwezigen. Toch was hij gespeend van enige pretentie. Hij was direct en volledig in het hier-en-nu. Het voelde als de natuurlijkste zaak van de wereld dat ik na de lunch mijn armen om hem heen sloeg en hem een afscheidskus op zijn wang gaf. Een stevige knuffel zegt zoveel. Dan zijn er geen woorden nodig.

Lina Wertmüller was ook ontzettend aardig. Ze organiseerde speciaal voor mij een etentje en serveerde overheerlijke vierkante pasta met een uitgelezen citroen- en kappertjessaus die ik na al die jaren nog steeds kan proeven.

In Londen werd de première bijgewoond door prinses Alexandra. De baten kwamen ten goede aan een van de koninklijke goede doelen, de National Association for Mental Health.

Vervolgens vlogen we met El Al naar Israël. Die reis was afschuwelijk. Het vliegtuig steeg met veel moeite op (zo voelde het in elk geval), en eenmaal in de lucht werden we langdurig door elkaar geschud. Ik zat te trillen in mijn stoel. De orthodoxe Joden aan boord knielden en baden in de gangpaden. Deden ze dat altijd of wisten zij meer dan wij? Stonden we op het punt om neer te storten? Toen we eindelijk in Tel Aviv waren geland, kon ik niet wachten om uit dat vliegtuig te komen. Het was al na middernacht, maar de landingsbaan stond vol fotografen die en masse op het vliegtuig toestroomden. O, nee. Hier ook al? Ik was te misselijk om me er iets van aan te trekken. Na die vliegreis was ik al blij dat ik nog leefde.

Voor de première had ik me mooi aangekleed, maar tot mijn verbazing zag ik veel mensen in vrijetijdskleding. Veel van de mannen waren in hemdsmouwen. Tja, het is dan ook warm daar. Ik was niet helemaal gerust over de reacties van de Israëli's, maar maakte me zorgen om niets. Aan het eind van de film, terwijl de aftiteling nog liep, stond het publiek op en applaudisseerde het gedurende vijf minuten ononderbroken. Later, tijdens het diner, zat ik naast Samuel Lewis, de Amerikaanse ambassadeur in Israël. Daar had ik geen enkel bezwaar tegen. Ik praat nu eenmaal graag over politiek, hoewel ik heb gemerkt dat sommige politici liever over films praten.

De volgende dag zouden we naar Jeruzalem gaan maar daar was een terroristische aanslag in een winkelgebied gepleegd. Een van de terroristen werd gedood, en achtenveertig mensen raakten gewond. Dat was ontnuchterend. Cis en Harvey, Marilyn en Alan, en Shelly en zijn vrouw Judy reisden met me mee, en ook Kim en Renata waren erbij. Mijn vriend Arnon Milchan is een zeer succesvolle zakenman die in Israël is geboren. Hij had ons in Parijs ook al vergezeld en was nu bij ons in Israël. Hij kende mensen bij de Israëlische inlichtingendienst en had zichzelf belast met onze veiligheid. Dat gaf me een veilig gevoel.

We vertrokken volgens de planning, in kleine busjes, en geflankeerd door soldaten. Nooit eerder heb ik zoveel mensen zoveel wapens in alle openheid zien dragen. Zelfs meer dan in Tsjecho-Slowakije. Onze beveiligers, zo werd ons verteld, sliepen met een handgranaat onder hun kussen. Dat was niet bepaald geruststellend.

Maar bang of niet, ik liet me niet tegenhouden. Ik was op weg om het Emanuel Streisand Building for Jewish Studies aan de Hebreeuwse Universiteit van Jeruzalem officieel te openen. Dit betekende ontzettend veel voor me. Het was mijn manier om mijn vader te vertellen hoe trots ik op hem was. Ik was er trots op om zijn dochter te zijn, en ik was er trots op om zijn naam te dragen. Dit was mijn manier om het te laten zien.

Het Emanuel Streisand Building was een plek waar vrouwen de werken van grote Joodse geleerden konden bestuderen. Daarvoor hoefden ze zich niet als man te vermommen. Het spreekt vanzelf dat dit belangrijk voor me was. Het bezoek aan deze campus raakte me diep, hoog op de berg Scopus, met aan de ene kant het uitzicht over de oude stad van Jeruzalem en aan de andere kant de wildernis van Judea, de Jordaanvallei en de bergen van Moab. Destijds zei ik erover: 'Je bent je hier sterk bewust van de tijdloosheid van deze plek, en ook van de tijdloze waarden waar de Hebreeuwse Universiteit voor staat.'

Bij elke universiteit die ik bezoek, kom ik in de verleiding om me in te schrijven. Maar dat is voor mij een gepasseerd station (hoewel ik in L.A. wel wat cursussen heb gevolgd). Ik zie mezelf als een eeuwige student; ik ben altijd wel iets nieuws aan het leren. Voor mijn gevoel weet ik nooit genoeg over welk onderwerp dan ook: kunst, literatuur, geschiedenis, de wereld, enzovoort. Ik zal nooit genoeg boeken hebben gelezen.

Bovendien ben ik ervan overtuigd dat onderwijs de sleutel tot vrede is.

Na de opening zaten mijn verplichtingen erop en was ik vrij om te genieten. Arnon Milchan organiseerde een etentje voor me, en Shimon Peres (die vijf maanden later premier zou worden) was een van de gasten. De meeste mensen staren van een afstand naar me, maar durven me niet te benaderen. Maar Shimon kwam meteen op me af en gaf me een knuffel. Ik heb het grootste deel van de avond met hem zitten praten. Ik voelde me meteen op mijn gemak bij hem. Hij was precies zoals ik me mijn vader altijd had voorgesteld: aardig, empathisch, waardig, een geleerd man en een religieus geleerde. Ik stond versteld van zijn kennis over mijn muziek en films. Hij leek er oprecht trots op te zijn dat een Joods meisje het gemaakt had.

Hij bleek over een diepe compassie te beschikken. 'Wat kun je doen om de situatie met de Palestijnen op te lossen?' vroeg ik hem.

Hij zei: 'Door hun leven beter te maken.'

Hij had een diep meevoelende ziel.

Elke dag van deze reis zat volgeboekt. Met de premier, Yitzhak Shamir, had ik een ontmoeting in zijn kantoor. De burgemeester van Jeruzalem, Teddy Kollek, gaf ons een rondleiding door de oude stad. We beklommen de rots naar het fort van Massada en bezochten Yad Vashem, dat letterlijk 'gedenkteken' betekent en een instituut is dat aan de slachtoffers van de Holocaust is gewijd. Toen de grote deuren van het museum zich achter onze groep sloten, sloeg de angst me om het hart. Mijn gedachten gingen onwillekeurig terug naar de jaren veertig en de verschrikkingen van die tijd. Ik stond daar naar die hartverscheurende verzamelingen haar, brillen en schoenen te staren en vroeg me af of er echt een God bestond: hoe had dit ooit kunnen gebeuren?

Datzelfde gevoel van paniek overviel me in concentratiekamp Mauthausen in Oostenrijk.

Toen we in Londen de muziek voor *Yentl* opnamen, had ik de Bergmans uitgenodigd voor een weekendje Wenen, om het werk van Bruegel in het Kunsthistorisches Museum te bekijken. In Europa wonen vond ik een geweldige ervaring. Op slechts een paar uur afstand had je een andere cultuur, valuta en taal. We hadden ons echter in de tijd vergist, en toen we bij het museum aankwamen, stonden ze al op het punt om de deuren te sluiten. '*Achtung!*' riep de beveiliger toen we naar binnen wilden, en versperde ons de weg.

Ik smeekte hem ons toch binnen te laten. 'O nee, nee! We zijn speciaal hierheen gevlogen om de Bruegels te zien.'

Maar mijn smeekbede vermocht hem niet te vermurwen. '*Raus!*'

Verwend als ik was, nam ik daar geen genoegen mee. Een van de voordelen van beroemd zijn, is dat ik musea vaak na sluitingstijd mag bezoeken. Eenmaal terug in ons hotel benaderde ik de manager: 'Wie heeft de leiding in dit land?' vroeg ik. 'Ik bedoel, hebben jullie hier een koning of zo? Iemand met wie ik kan praten?'

'We hebben een *Bürgermeister*,' antwoordde hij.

'Kan ik hem alsjeblieft te spreken krijgen?' vroeg ik. 'We zijn helemaal voor dit museum uit Londen gekomen. Morgen is het gesloten, dus dit is onze enige kans.'

De man verdween eventjes en kwam een paar minuten later terug aan de telefoon met een antwoord van de Bürgermeister zelf. '*Ve vill ahr-range!*' Ze gingen wat regelen.

De volgende dag, toen het museum gesloten was voor het publiek, lieten ze ons heel vriendelijk binnen. En een conservator gaf ons een rondleiding langs de schilderijen. Echt fantastisch.

Te midden van al dat moois in Wenen (met niet te vergeten overheerlijk gebak) was er echter ook duisternis. Op weg naar Mauthausen stopten we om de Stadttempel te bezichtigen. Dat is de oudste synagoge in Wenen, en de enige die de nazi's had overleefd. Vijf maanden daarvoor, tijdens een bar mitswa-dienst, had er een terroristische aanslag plaatsgevonden waarbij twee mensen het leven hadden verloren en dertig mensen gewond waren geraakt, dus stonden er nu bewakers met geweren buiten.

Mauthausen was aangrijpend. We zagen de gaskamer en de crematieovens met de deuren open. Alles was witgekalkt, alsof dat de duisternis van de dood kon uitwissen. Die donkerte kun je op geen enkele manier wegwassen. Ik kreeg een paniekaanval en moest weg. Op weg naar buiten zag ik het prikkeldraad op het zware, metaalgazen hek. In een ander leven had mij dat ook kunnen overkomen, dacht ik.

In Jeruzalem gaf ik via satellietverbinding een interview aan David Hartman van *Good Morning America*. Het kon niet uitblijven: hij vroeg waarom *Yentl* niet was genomineerd voor een of meer Oscars. Voor mij leek dat nu allemaal erg lang geleden. Ik zei: 'Het is mijn gevoel dat de media en mensen in het algemeen wat positiever in het leven mogen staan. Dat hebben we nodig om te overleven op deze planeet. Met andere woorden, ik waag me niet aan negatieve bespiegelingen over het waarom.' Ik was het zat om het erover te hebben. Ik wilde me op positieve dingen richten. Ik had die film gemaakt, en dat was voor mij de echte beloning.

Ik kon me maar moeilijk voorstellen dat de televisiekijkers in de Verenigde Staten me konden zien terwijl ik op datzelfde moment in Israël was. Op een zeker moment zei David dat we op het punt stonden de verbinding met de satelliet te verliezen, dus moesten we het interview helaas voortijdig beëindigen. 'Waar is die satelliet?' vroeg ik, en hij antwoordde: 'Als je het precies wilt weten, hij staat 36.210 kilometer boven ons.' En ik zei: 'Kun je je dat voorstellen? Als we met ons hart even grote stappen konden zetten als met de technologie, dan zouden we er als mensheid heel goed voor staan.'

Het laatste deel van deze promotiereis was een rondreis door Egypte. Dat was een land waar ik als tiener al naartoe werd getrokken. Ik zette mijn ogen destijds steevast aan met zwarte eyeliner, net als Nefertiti. Vanuit het vliegtuig boven Israël keek ik uit het raam en zag ik dat het groene land steeds bruiner en droger werd naarmate we dichter bij Caïro kwamen. Cis en Harvey vergezelden me naar onze eerste bestemming: het egyptisch museum. We wilden de mummies zien, maar die bleken afwezig. We kregen te horen dat ze voor een tentoonstelling in een ander land waren uitgeleend. Raad eens waar? Ze waren in Londen. We waren echt heel teleurgesteld.

We stapten weer in de auto en reden naar Gizeh en de piramides. Dat was een angstaanjagende rit door de grootste verkeerschaos die ik ooit heb meegemaakt. Op de kruispunten stonden geen stoplichten. De auto's raasden van alle kanten op ons af. Ik was doodsbang en kneep steeds mijn ogen dicht. Er was geen ontkomen aan. Het was alsof we in een doolhof zaten.

Toen we eindelijk bij de piramides aankwamen, leek het in geen enkel opzicht op het beeld dat ik er uit films van had gekregen: kale, eenzame bouwwerken omringd door zand in de stilte van de woestijn. In plaats daarvan wemelde het er van de toeristen en mannen die allerhande goedkope prulletjes en frisdrank verkochten of een ritje op een kameel aanboden. De piramides waren ook vanbinnen te bekijken. Daarvoor moesten we door een donkere, smalle tunnel die zo laag was dat ik er gebukt doorheen moest lopen. De claustrofobie sloeg toe, en toen kneep er ook nog iemand in mijn kont.

Dat was de druppel. Ik moest eruit. Heel mijn leven had ik het gevoel gehad dat ik in een ander leven in Egypte had geleefd. Nu was ik bang dat ik er misschien ook was gestorven. Alles kwam me opeens als beangstigend voor. We beëindigden onze reis ter plekke en namen het vliegtuig terug naar Londen. Ik heb er nog steeds spijt van dat ik Luxor heb gemist. We brachten geloof ik zelfs de nacht niet meer in Egypte door.

Ik was net op tijd thuis voor de Oscars. Die werden op 9 april uitgereikt. Ik kon me er echter niet toe brengen om erbij te zijn. Ik had er genoeg van om me op te doffen voor premières en rode lopers. Ik had ook echt geen zin om daar te moeten doen alsof. Dus bleef ik thuis en bekeek het hele gebeuren op televisie. Tot mijn verbazing stonden er demonstranten voor het Dorothy Chandler Pavilion. Een vrouwengroep die streefde naar gelijke kansen binnen de filmwereld was bijeengekomen om mij te steunen. Op een van de borden stond: OSCAR, KUN JE ME HOREN? Dat ontroerde me.

We hadden vijf nominaties, maar wisten er slechts één te verzilveren: Michel, Marilyn en Alan voor Best Original Song Score. Dat was tenminste beter dan niets.

Een organisatie genaamd Women in Film vroeg of ik een prijs wilde accepteren. Opeens voelde het alsof ik weer een plek had in de filmindustrie. En op 4 juni, de datum van de ceremonie, was ik er klaar voor om mijn zegje te doen. Het deed me een groot plezier dat ik in aanmerking kwam voor hun Crystal Award. Die wordt uitgereikt aan 'bijzondere vrouwen die met hun doorzettingsvermogen en de buitengewone kwaliteit van hun werk hebben bijgedragen om de rol van vrouwen binnen de entertainmentindustrie te versterken.'

Als je je gedurende vijftien jaar inzet om één film gemaakt te krijgen, kun je denk ik wel van doorzettingsvermogen spreken.

Ik moest natuurlijk een toespraak houden. Waarschijnlijk hadden ze verwacht dat ik daarbij de nadruk zou leggen op de verschillende behandeling van mannen en vrouwen. Er was veel waar ik het over wilde hebben. Ik was jarenlang volledig in beslag genomen door *Yentl*, en het stoorde me dat men die 'obsessie' met mijn werk gebruikte om me naar beneden te halen (en dat gebeurt nog steeds). Een man mocht geobsedeerd zijn door zijn werk, een vrouw mocht dat niet (maar een vrouw mocht dan weer wel geobsedeerd zijn door een man).

En dan waren er nog die filmbazen die hadden gezegd dat niemand – behalve een klein groepje in New York en Los Angeles – mijn film zou willen zien. De werkelijkheid was echter dat de film het beter deed in Texas en Taiwan dan in Brooklyn. Demografie zei dus helemaal niets!

Er was publiek van over de hele wereld toegestroomd, en op onverwachte plaatsen zoals Finland en Noorwegen werden zelfs records gebroken. Op de dag van de lunch had de film al meer dan vier keer de investering opgebracht. Het album met de soundtrack was al driedubbel platina. Dat was zeer bevredigend.

Maar terwijl ik mijn toespraak aan het schrijven was, besefte ik dat ik het daar niet specifiek over wilde hebben. Ik wilde geen woorden vuilmaken aan de door mannen gedomineerde machtsstructuur in Hollywood. Het onderwerp dat ik wilde aansnijden lag nog een stuk gevoeliger: vrouwen tegen vrouwen. Het deed me nog steeds pijn dat de hardste, venijnigste en meest persoonlijke opmerkingen over de film afkomstig waren geweest van vrouwelijke recensenten.

Wat maakt dat vrouwen zo nodig de strijd met elkaar moeten aangaan? Waarom halen we elkaar door het slijk? Waarom zijn we zo bang voor het succes van een andere vrouw?

In mijn toespraak zei ik: 'We gedragen ons vaak als tieners die elkaar de loef proberen af te steken om een wit voetje te halen bij de knapste jongen van de school, terwijl hij op het voetbalveld druk bezig is met tactiek, strategie en andere zaken die hem bezighouden. Mannen leren al vroeg in een team te functioneren. Maar vrouwen niet. Mannen leren over macht: hoe ze het kunnen krijgen en hoe ze het kunnen gebruiken. Vrouwen niet.'

Toen ik na zoveel jaren eindelijk regisseur van mijn film werd, toen ik die macht kreeg, toen... voelde ik een diepe rust. Ik hoefde niet langer te knokken om gehoord te worden. Ik hoefde er niet zozeer voor te zorgen dat men naar me luisterde; nee, nu moest ik goed naar alle anderen luisteren. En ik ontdekte het krachtigste wat je met macht kunt doen: die macht delen. Als je anderen macht geeft, versterk je daarmee die van jezelf.

Vrouwen proberen soms zo hard om deel uit te maken van de mannenwereld, is mijn overtuiging, dat ze ondertussen de slechtste eigenschappen van mannen overnemen.

Ik heb er geen behoefte aan om op een man te lijken. Ik wil mezelf liever neerzetten als vrouw.

Het vervulde me met dankbaarheid dat ze me in de gelegenheid stelden deze toespraak te houden. Daarin kon ik alles kwijt wat ik over deze kwestie voelde. In die zin was het zelfs goed dat ze me niet voor een Oscar hadden genomineerd. Zo konden we de aandacht nog beter vestigen op het seksisme in de filmindustrie.

In een opwelling belde ik de vrouw van het lokale nieuws die zo neerbuigend over de film had gedaan. Ik kon me nog vaag herinneren dat ik haar weleens bij Ray had ontmoet. Ik vroeg haar: 'Waarom heb je dat gedaan?'

Tot mijn verbazing probeerde ze niet te rechtvaardigen wat ze had gezegd. Het zal wel een onbewaakt ogenblik geweest zijn, maar ze vertelde me gewoon de waarheid. 'Ik was gewoon jaloers. Ik heb altijd een script willen schrijven, maar het is me nooit gelukt.'

Inzicht in al die vooroordelen gaf mijn leven een nieuwe wending. In de tijd van *Yentl* was de rol van de vrouw nauw omschreven: trouwen, koken, schoonmaken, kinderen krijgen, voor de man zorgen. Sinds wanneer denken we er zo over?

Mijn theorie gaat helemaal terug naar het stenen tijdperk. Stel je voor wat de gemiddelde holbewoner moet hebben gevoeld toen hij een vrouw een baby zag baren. Plotseling komt er zo'n schoppend, schreeuwend mensje uit haar lichaam. Kun je je de angst, de verwarring en het gevoel van ontzag voorstellen? Was ze een heks? Was ze een demon? Of was ze een godin? Hoe dan ook was ze machtig. Alleen zij had het vermogen om een ander mens te dragen en te voeden.

Misschien dacht hij dat een wezen dat leven kon scheppen het ook kon vernietigen. Zo ontstond angst in het mannelijke collectieve onderbewuste.

Vanaf dat moment, zo stel ik me voor, besloot hij dat hij haar maar beter in huis of liever gezegd, in de grot kon houden. Ze moest haar plaats kennen. Met andere woorden, ze moest in de man haar meerdere erkennen. Maar toen hij aandacht van haar wilde, werd deze opgeëist door de baby, die aan haar borst zoog. Dat zal hem ongetwijfeld jaloers hebben gemaakt. Hij voelde zich buitengesloten. Hij wilde haar genegenheid. Hij had haar nodig. En behoefte creëert vaak wrok.

Dit onderwerp hield me zo bezig dat ik in 1984 een leerstoel doneerde aan de University of Southern California om intimiteit en seksualiteit tussen de man en de vrouw in een veranderende samenleving te bestuderen. Wat gebeurt er als een vrouw macht krijgt? Wat verandert er dan in haar relaties met mannen? Verandert er ook iets in de fysieke aantrekkingskracht? Ontstaat er een andere dynamiek?

Deze vraag heeft meer dan een sociologische strekking. Er bestaat een sterke verstrengeling met godsdienst.

Er zijn meerdere godsdiensten, zoals het orthodox-joodse geloof, die mannen en vrouwen gescheiden houden in gebedshuizen. Dat heb ik maar eens aan een rabbijn voorgelegd. Zijn antwoord was dat vrouwen de mannen afleiden van het gebed, en dus van God.

Freud had dus gelijk. Alles draait om seks.

Het is een lastige kwestie. Ik heb wel te doen met mannen. De rollen zijn binnen één generatie zo snel veranderd dat het niet anders dan verwarring moet geven. En dan is er nu ook nog de #MeToo-beweging. Die heeft de westerse wereld gedwongen om ongemakkelijke waarheden onder ogen te zien en ons gedrag bij te stellen.

Dit alles begon voor mij pas echt te spelen met *Yentl*. Dankzij de film begon ik me in te zetten voor gelijke kansen voor vrouwen. Ik vond dat vrouwen dezelfde kansen in het leven moesten krijgen als mannen. Dat werd een kwestie die me zeer bezighield.

Uiteraard hoort daar ook bij dat je als vrouw een film mag regisseren.

ason's bar mitswa met de Bergmans,
›nze *extended familiy*.

Steve Ross was een geweldige man en een goede vriend.

Shelly, Judy, Richard en ik.

Richard Baskin en ik in Sun Valley.

Mijn neven Harvey en Lowell.

Mijn levenslange vriendin of 'Cister' zoals we haar noemden.

Yentl als Anshel.

Mandy Patinkin en Amy Irving aan het regisseren.

Mijn 'filmvader', de liefdevolle Nehemiah Persoff.

Yentl – mijn eerste film regisseren.

Peter MacDonald, de beste cameraman.

Ik ging graag lunchen met de geweldige Federico Fellini.

Franco Zeffirelli wilde al heel vroeg dat ik Shakespeare ging doen.

Een *Yentl*-protest bij de Academy Awards.

WHERE'S THE BABS? Barbra Streisand may not have attended the Oscars, but a group of about 100 of her fans made sure the Academy was made aware of their displeasure at the lack of any major nominations for "Yentl," which she wrote, produced, directed and starred in. In today's Q&A, some of them explain/See following page.

Amos Oz – een geweldige verhalenverteller. Ik bezocht hem in zijn kibboets in Israël.

1984: Ik ontving de Scopus Award.

Ik vroeg aan Ray Aghayan om een jurk te maken in de stijl van Gustav Klimt.

Mijn vriend, cinematograaf Andrzej Bartkowiak overhandigde mij de American Society of Cinematographers Board of Governors Award.

Aan het werk met Nick Nolte.

Nick en Jason regisseren.

Geweldig vond ik deze mannen in *The Prince of Tides* – Jeroen Krabbé, Jason Gould, Nick Nolte.

Kijkend door een lens om een shot te vinden.

Mijn goede vriend Peter Matz start *The Broadway Album.*

Mijn tijd met James Newton Howard, die de achtergrondmuziek schreef voor *The Prince of Tides.*

Zo'n eer om samen te werken met Stephen Sondheim.

The Concert – zo trots om twee Emmy Awards te winnen.

Mijn favoriete danspartner, Jeff Bridges.

The Mirror Has Two Faces – een heerlijke tijd.

Mijn visie aan het bespreken met Andrzej Bartkowiak.

Een familieaangelegenheid.

Twee heel speciale vrouwen, Virginia Clinton en mijn moeder.

Het was puur plezier om met Marvin Hamlisch te werken.

Mijn peetdochter Caleigh.

Twee geweldige vrouwen – Coretta Scott King met mij en Virginia.

De jurk die ik had ontworpen voor mijn eerste concert in zevenentwintig jaar.

Mijn schets werd door Donna Karan tot leven gebracht in stretch velours (makkelijk om in te ademen!).

Vrouwen op het Change National Organization for Women-evenement.

De 44ste president, Barack Obama, en ik – *lucky number 4's.*

Richard, Bill Clinton en ik op een fundraiser.

Op Harvard aan het spreken over 'The Artist as Citizen'.

Twee lange en geweldige mannen.

De familie Choy introduceren bij Jim.

Jim zijn haar toen we elkaar voor het eerst ontmoetten: 'Waar is zijn geweldige hoofd met haar?'

Onze trouwdag. Donna maakte de jurk en Soonie deed mijn haar. Renata nam nog een andere geweldige foto van mij in mijn bruidsjurk voor *People* magazine.

Family time met mijn zoon en zus.

Jason – mijn trots en vreugde.

Jim gaf me mijn geliefde Sammie.

De Brolins – schoonzus Kathryn, Josh, ik en Jim bij UCLA voor een milieu-award.

Jim en Marty, altijd aan mijn zijde.

The Music, The Mem'ries,
The Magic.

Mijn dierbare Fanny, Scarlet en Violet.

e zee van mensen in Hyde Park.

Renata – een buitengewoon persoon die al vijftig jaar aan mijn zijde staat.

Stephan Weiss en zijn twee echtgenotes – Donna was vrouw #1 en hij noemde mij vrouw #2.

Soul sisters gemaakt uit hetzelfde kleed.

Een magische avond met Marlon, John en Kelly.

Ik was vereerd met de Chaplin Award, uitgereikt door president Clinton.

Al mijn vriendinnen in de Senaat.

First Lady, Senator, Secretary of State en de Vrouw Die President Had Moeten Zijn.

Mijn lieve kleinkinderen.

Mijn schoondochter Kathryn, haar moeder Debbie en de meiden Chapel en Westlyn. Drie generaties vrouwen, en de kinderen die het leven waard maken!

Mijn knappe, sexy, easy going echtgenoot die al ruim vijfentwintig jaar aan mijn zijde staat.

Barbra Streisand

44

Chopard

Goodman
ARMSTRONG

Een aantal van mijn favoriete albumhoezen.

38

The Broadway Album

Na *Yentl* was ik helemaal opgebrand. Ik had lang en hard gewerkt om die film de wereld in te krijgen. Nu ik eindelijk weer tijd voor mezelf had, realiseerde ik me iets. Ik was zo bezig geweest met werk dat ik mijn persoonlijke leven helemaal had verwaarloosd.

Sinds Jon en ik uit elkaar waren, had ik het te druk gehad om voor mijn plezier ergens heen te gaan. Sinds kort had ik weer contact met iemand, maar het werd langzaam maar zeker duidelijk dat er niet meer in zat dan een vriendschap.

Maar toen gebeurde er iets vreemds. Eerder heb ik Richard Baskin genoemd, de man met wie ik kort contact had gehad op het feest waar ik naartoe ging op de avond dat *Yentl* in première ging. In de week daarna bleef ik hem tegenkomen. Ik zag hem bijvoorbeeld tijdens een feest van de Bergmans. Hij begroette me, en mijn eerste reactie was: 'O, jij weer?' Ik wilde hem niet per se ontmoedigen (en gelukkig was Richard niet het type dat snel ontmoedigd raakte). Een beetje vreemd vond ik het alleen wel. We woonden tenslotte al jaren in dezelfde stad en waren elkaar voor die tijd nooit tegengekomen. (Richard vertelde me later dat we elkaar vijftien jaar daarvoor ook al eens kort hadden ontmoet. Dat was toen ik aan *Clear Day* werkte.) Maar nu waren we elkaar binnen een paar dagen zomaar twee keer tegengekomen. Er kwam een derde keer. Dat was in de bioscoop, waar ik naartoe was gegaan om de documentaire van Courtney Ross over mijn vriend Quincy Jones te zien. Richard zat er al toen ik binnenkwam en vier rijen achter hem ging zitten. Hij zei tegen zichzelf: ik draai me om en kijk haar aan. Als ze lacht, vraag ik haar mee uit.

Blijkbaar glimlachte ik, want de volgende dag belde hij Marilyn Bergman en vroeg hij haar om mijn telefoonnummer. Voor onze eerste date nam hij me mee naar de Hamburger Hamlet op Sunset Strip. Dat klinkt heel informeel, en dat was het ook. (Ze hadden goede hamburgers en een drankje dat naar amaretto malt smaakte.) Richard had verwacht dat het er rustig zou zijn. Dat bleek inderdaad het geval.

Ik voelde me meteen op mijn gemak bij Richard. Hij was muzikant en had muziek gecomponeerd voor *Nashville* van Robert Altman. Op dat niveau konden we het goed met elkaar vinden. Ik vond hem aantrekkelijk. Hij was erg lang, met een bos donker krullend haar, vriendelijke ogen en een zachtaardige manier van doen. En hij deed iets voor me wat ik heel charmant vond. Hij schreef een liedje voor me. Dat was natuurlijk zijn manier om me het hof te maken, en ik moet toegeven dat het werkte. Het duurde niet lang voordat we veel tijd met elkaar doorbrachten. We gingen regelmatig skiën in Sun Valley omdat hij daar een huis had.

Ik ging zo op in mijn nieuwe relatie dat mijn hoofd er niet naar stond om een nieuw album op te nemen. Ik was er echter nog wel een verschuldigd aan Columbia. De naam van het album werd *Emotion*, maar ik kan me er maar heel weinig van herinneren. Wat ik nog wel weet is dat het leuk was om een nummer te schrijven met John Mellencamp. Hij schreef de muziek, en ik schreef de tekst voor 'A Step in the Right Direction' (en dat was precies wat ik voor Richard voelde).

Ik had ook een andere melodie geschreven. Toen ik die voor Richard speelde, vroeg hij of hij de tekst mocht schrijven. Dat werd 'Here We Are at Last'. Eindelijk had ik een echte partner gevonden, dacht ik. Dat nummer bewees dat we konden samenwerken. Dus vroeg ik of hij met me wilde werken aan een videoclip voor een ander nummer, 'Emotion'. Mijn idee was: een vrouw probeert haar slapende man op te winden. Als dat niet lukt, laat ze haar fantasie over andere mannen de vrije loop. Het is allemaal een droom, dus leek het een goed idee om alles op kleur te coördineren: alles in roze en zwart, dan in rood en zwart, en ten slotte weer terug naar roze en zwart. Visueel leek me dat wel leuk. Het betekende ook dat mijn outfits, mijn haar en mijn make-up qua kleur telkens moesten worden aangepast aan de veranderende sets. Voor een bepaald moment in de clip had ik me laten inspireren door een van mijn favoriete scènes uit *Il conformista*. Dat was mijn eerbetoon aan Bertolucci en Vittorio Storaro. Een vrouw zit op een bureau in het kantoor van een zakenman. Hij haalt een parelsnoer tevoorschijn om haar te verleiden. Mijn gele jas is de enige kleur in het verder zwart-witte beeld.

We namen de clip in 1984 op in Londen, dat met de mode ver vooruitliep op de Verenigde Staten. Op straat vroeg ik tieners met ongelooflijke hanenkammen en oogverblindende make-up of ze een kleine rol in mijn videoclip wilden. Dezelfde vraag stelde ik aan Mikhail Baryshnikov, toen hij op een avond naar mij en Richard toekwam in een Chinees restaurant. Tot mijn grote verbazing zei hij ja en wilde hij wel een rol spelen in een van mijn fantasieën. Als kind wilde ik balletdanseres worden, en wie beter dan Misha kon door een raam naar binnen springen om me op te tillen en mee te voeren?

Het was Richards idee om Roger Daltrey van The Who te vragen om de rol van mijn echtgenoot op zich te nemen. Hij nam het sportief op toen ik hem met een boek op zijn hoofd sloeg. In 2008 ontvingen we beiden de Kennedy Center Honors. Het was geweldig om hem weer te zien.

Aan de video voor 'Emotion' beleefden we veel plezier, maar het album zelf was een ratjetoe. Ik kon me niet vinden in de samenstelling van de nummers. En ik zei tegen mezelf: dat doe ik nooit meer. Het leven is te kort om tijd te steken in iets waar ik niet in geloof.

Mijn volgende album zou dan ook iets heel anders worden. Ik had er al een idee voor. Ik wilde terug naar mijn roots. Die lagen op Broadway. Daar was ik begonnen als actrice. Daar werden de nummers geschreven op het lijf van een personage en vertelde de tekst het verhaal. Sommige van de beste liedjes die ooit zijn gemaakt, zijn geschreven voor musicals op Broadway. Die nummers worden algemeen beschouwd als een unieke Amerikaanse bijdrage aan de cultuur. Dit is de muziek die ik voor het eerst hoorde als tiener. Ik zag de filmversies in het Loew's Kings Theatre in Brooklyn, en vervolgens nam ik de subway naar Manhattan om ze live op het podium te zien. Dat is de muziek waar ik van hou.

Zo bracht ik in 1985 veel tijd door met luisteren naar albums met muziek van musicals. De nummers die ik interessant vond, zette ik op een lijst. Daar waren legendarische componisten bij zoals Harold Arlen, de Gershwins, Jerome Kern, Cole Porter, Rodgers en Hart, Rodgers en Hammerstein, en Lerner en Loewe. Ik vroeg Peter Matz of hij het album met me wilde produceren. Mijn vermoeden was dat het hem wel zou aanspreken, ook al was Peter niet echt een platenproducer. Maar hij maakte deel uit van die periode in mijn leven toen ik voor het eerst dit soort liedjes zong, en we hadden altijd goed samengewerkt. We zaten samen achter mijn piano en experimenteerden met arrangementen (tempo's en ritmes). Zo kozen we de nummers die het wat ons betrof waard waren om nader te bekijken.

Dit project betekende niet alleen een terugkeer naar de muziek waar ik van hield, maar ook een hernieuwde samenwerking met Peter. Het was inmiddels alweer tien jaar geleden dat ik hem had gevraagd mee te werken aan *Funny Lady*. Destijds had hij de muziek gearrangeerd en het orkest gedirigeerd. Voor die tijd had hij ook al eens voor me gedirigeerd. Dat was voor twee afzonderlijke optredens in het International Hotel in Las Vegas. Het eerste optreden vond plaats in de zomer van 1969. We hadden toen kort daarvoor de opname voor *Clear Day* afgerond, en de gedachte om weer live op een podium te staan maakte me nerveus. Maar ik wilde Marty niet teleurstellen. Wat was hij trots op de deal die hij er tijdens de onderhandelingen uit had gesleept. Een van de directeuren van het hotel zei tegen de pers dat ik daarmee 'de bestbetaalde artiest in de geschiedenis van de nachtclub' zou worden. Een pakket aandelen in het hotel was onderdeel van de deal, en dat interesseerde me meer dan het honorarium. Ik vreesde echter dat Las Vegas, met al die serieuze gokkers en toeristen, niet echt mijn publiek was. En wat me ook stress opleverde, was dat het hotel nog steeds in aanbouw was. Terwijl ik op de openingsavond een lied ten gehore bracht, dwarrelde er gipsstof van het plafond naar beneden. Het enige wat ik kon bedenken was er de draak mee te steken: 'Kijk, het sneeuwt!'

Vanaf het moment dat ik het podium op liep, was de overheersende gedachte: wat doe ik hier?

Het deed me daarom geweldig goed om Peters vriendelijke gezicht te zien en zijn steun te voelen. Vanaf onze eerste ontmoeting voelde ik dat er een band tussen ons was. Ik hield van zijn intelligentie, zijn ernst en zijn gevoeligheid. Ik had me zelfs altijd al enigszins tot hem aangetrokken gevoeld en had het idee dat dat wederzijds was. Maar we waren in die tijd allebei getrouwd en deden verder niets met die gevoelens. Maar onder de oppervlakte sluimerde het. En tien jaar later, in Las Vegas, was ik na mijn scheiding van Elliott weer single en was ook Peters huwelijk op de klippen aan het lopen. Dat bracht een verschuiving teweeg.

Het was een warme avond in het huis van vrienden. Ik zat met Cis, Peter en Marty Farrell (die grappen voor de show had geschreven) in het zwembad. Het was heel mooi en sereen daar in het donker onder de sterren. De continu knipperende neonlichten van The Strip waren ver weg. We hadden overal ter wereld kunnen zijn. Cis en Marty zaten rustig te praten. Ik hield me vast aan de rand van het zwembad en liet mezelf drijven. Ik voelde dat iemand me van achteren naderde. Het was Peter. Hij wreef zachtjes met zijn mond over mijn nek.

Zoiets had hij nog nooit gedaan.

Dat was het begin.

Eigenlijk wel grappig. George Lazenby, die destijds overal ter wereld vrouwenharten sneller deed kloppen als de nieuwe James Bond, vloog over uit Engeland om me te zien. Maar ik gaf de voorkeur aan het gezelschap van Peter.

Vrienden zoals Phyllis Diller, Ernest Lehman en de Bergmans kwamen ook naar Las Vegas voor mijn optreden. Elvis Presley en zijn manager, Colonel Parker, stuurden me een heel aardig telegram: 'Beste wensen. We zijn zeer vereerd dat die lui van het International Hotel zo'n hoge dunk van Elvis hebben dat ze hem hebben gevraagd direct na jou op te treden.'

Tjonge! Elvis was ermee akkoord dat hij in dezelfde zaal zou optreden nadat mijn contract van een maand was afgelopen. De zaal bood ruimte aan tweeduizend toeschouwers, waar nog tweehonderd extra plaatsen tussen waren gepropt. Op de slotavond woonde hij mijn optreden bij, en na afloop zocht hij me backstage op. Hij had twee bodyguards bij zich, maar die had hij blijkbaar niet nodig. Hij maakte een gebaar met zijn hoofd (zoals in de film) dat ze konden ophoepelen. We waren alleen in mijn kleedkamer. Ik was een beetje zenuwachtig in zijn nabijheid. Omdat ik me geen houding wist te geven, begon ik mijn nagels te lakken. Over koetjes en kalfjes heb ik nooit goed kunnen praten, en ik was toen nog geen grote Elvis-fan. (Later ben ik hem enorm gaan waarderen.) Mijn verlegenheid werkte verlammend. Van ons gesprek kan ik me niets herinneren. Ik keek hem nauwelijks aan. Ik staarde recht in zijn navel en de enorme zilveren gesp van zijn riem. Zijn colbert hing open, en daaronder droeg hij niets. Zijn dikke haar was pikzwart geverfd. Waarom zou een jonge man zijn haar al moeten verven? dacht ik. Hij was pas vierendertig. Misschien werd hij vroeg grijs.

Voor sommige mensen is het misschien moeilijk te geloven, maar de aanwezigheid van Elvis drong nauwelijks tot me door. Ik had het veel te druk met denken aan Peter.

Na zoveel jaren van vriendschap kwam er een nieuwe dimensie bij. Opeens was er ook een seksuele component. Dat voelde heel natuurlijk. Maar de liefde maakte me ook bang. Het was zo'n krachtig gevoel.

Op een dag kon ik Peter niet bereiken en raakte ik in paniek. Zou er iets met hem gebeurd zijn? Misschien was hij onder een auto gekomen! Harvey Corman ging op mijn verzoek naar Peter op zoek en vond hem op zijn hotelkamer in diepe slaap.

Jason was bij me in Las Vegas, zoals altijd. Na mijn laatste optreden keerden we met zijn allen in een door Peter gehuurde camper terug naar Los Angeles. Peters jongere zoon had hem in Las Vegas opgezocht en vergezelde ons. Onze zoons waren ongeveer even oud en we hadden zoveel plezier tijdens deze kleine roadtrip dat we er een paar dagen aan vastplakten in Elliotts strandhuis in Malibu. (Uiteraard met toestemming van Elliott.)

Het was een idyllische tijd. We speelden met de jongens in het zand en hielden hun handjes vast terwijl ze ravotten in de golven. Een paar dagen lang waren we net een gezinnetje. Het was een droom die bewaarheid werd. Ik weet nog dat we een strandwandeling maakten, en dat onze zoons stokken, stenen en schelpen verzamelden. Peter en ik stonden even stil en keken elkaar aan. Er ging een rilling door me heen.

Ik was dol op hem.

Na ons korte verblijf op het strand zette Peter Jason en mij af op Carolwood Drive en nam hij met zijn zoon een kamer in een hotel. We vonden het geen van beiden een goed idee dat hij in mijn huis logeerde. Die eerste nacht apart slapen was niet makkelijk. Hij kwam terug om me mee uit eten te nemen en liet Jonas achter bij Jason en Babs, zijn geweldige Schotse kindermeisje. We aten pannenkoeken bij Denny's, niets bijzonders verder. Meer dan een maand daarvoor reed ik ook met hem mee. Toen stonden de jacaranda's langs de kant van de straat er nog en zag ik een zee van paarsblauwe bloemen. In die tijd repeteerden we voor Las Vegas. Nu waren alle bloemen weg.

Peter vloog terug naar New York en schreef me prachtige brieven waarin hij zijn liefde verklaarde en bekende dat hij al heel lang iets met me had willen beginnen. Hij had echter altijd een respectvolle afstand bewaard. Nu was hij weer aan het werk. Hij hield zich bezig met *The Kraft Music Hall* (een tv-programma), maar met de concentratie wilde het niet zo best lukken. 'Ik zie steeds jouw gezicht in mijn gedachten,' schreef hij. 'Daar kan ik niet altijd even goed mee overweg. Er staat een plank vol opnamen in het kantoor. Ik was daar vanmiddag en probeerde aan het werk te gaan, en toen ik even opkeek, staarde jouw beeltenis me aan van de hoes van *Je m'appelle Barbra*. Om mijn arrangement ongestoord af te kunnen maken, zette ik er tijdelijk een album van Judy Garland voor.'

Geen wonder dat ik zo dol op hem was.

In een andere brief schreef hij: 'Je bent de hele tijd in mijn gedachten. Mijn maag is volkomen van streek. Dat is al zo sinds mijn vertrek uit Los Angeles. Ik kan me nauwelijks voorstellen dat het alweer een week geleden is. In gedachten zie ik steeds je gezicht terwijl we aan het vrijen zijn. Zo fijn heb ik het nog nooit gehad. Het is een ongelooflijke mix van genegenheid, voorkennis, verkenning, tederheid, waanzin en liefde.'

Tussen zijn brieven vond ik een notitie die ik op de achterkant van een envelop had geschreven: 'Toen ik de ochtend na je vertrek wakker werd, keek ik op de klok. Die was de avond ervoor om een uur 's nachts opgehouden met tikken.' (Dat verbaasde me niet. Een deel van mijn leven stopte ook toen Peter terugkeerde naar New York.) 'Ik mis je heel erg. Ik ben ervan overtuigd dat, wat het ook is dat je besluit te doen, het de juiste beslissing zal zijn. Ik ben altijd bij je. B.'

Peter stond in dubio. In een andere brief betreurde hij ons verschil in inkomen. 'Jij kunt op vele verschillende manieren heel veel geld verdienen, terwijl ik met dit programma bijvoorbeeld slechts 3.500 dollar per week verdien. Voor mijn wereld is dat veel geld, maar voor de jouwe niet. Ik twijfel er niet aan dat dit voor problemen in onze relatie zal zorgen.'

Zijn honorarium was voor die tijd vorstelijk. Zelf dacht ik helemaal niet aan onze financiële situatie. Dat zat me totaal niet dwars, maar voor hem was dat dus duidelijk anders.

Een nog groter struikelblok was dat hij nog getrouwd was. Ik was ervan op de hoogte dat hij en zijn vrouw al lang voordat we met elkaar begonnen relatieproblemen hadden, en Peter had er veel energie in gestoken om deze op te lossen. Hij was een goede vader. Zijn kinderen waren heel belangrijk voor hem, en uiteindelijk vond hij dat hij ze niet in de steek kon laten.

Natuurlijk respecteerde ik zijn beslissing. Maar pijnlijk was het wel.

'Alle consequenties waren duidelijk,' schreef hij. 'Helder en zuiver als een hoge noot.'

Dat was het einde van onze relatie. We bleven echter wel bevriend. In 1970 kwam hij zelfs naar Las Vegas om voor me te dirigeren. Daarna zagen we elkaar nauwelijks tot *Funny Lady*, en dan nu weer voor dit album. Natuurlijk waren er momenten, bijvoorbeeld als de jacaranda's bloeiden, dat ik in gedachten weer terugging naar Peter en naar die ene zomer.

Terug naar het album. Ik benaderde Columbia met mijn idee om een album met Broadway-nummers te maken. Walter Yetnikoff en de andere directeuren konden hun oren niet geloven. 'Meen je dat serieus?' zeiden ze. 'Niemand wil covers van muziek op Broadway horen. Dat is zo gedateerd. Er is niets commercieels aan.'

'Dus "Somewhere" uit *West Side Story* is niet commercieel?' vroeg ik. 'Dat is grote onzin want het was een enorme hit. Bovendien is het, net als al die Broadway-liedjes, een ballad. En dan nog iets. Mijn grootste hits, zoals "People" en "The Way We Were", zijn ook ballads. Dat is waar ik goed in ben.'

'Wij willen dat je popliedjes doet. Maak liever nog een eigentijds album.'

'Goede liedjes zijn altijd eigentijds,' zei ik.

Ik had er bij Columbia drieëntwintig jaar op zitten. Ik had evenzoveel albums (en tien soundtrack- of compilatiealbums) voor ze gemaakt. Na vijf albums die op nummer 1 hadden gestaan, na zeven Grammy Awards en miljoenen dollars aan verkochte platen, moest ik mezelf opnieuw bewijzen. Ik voelde me eigenlijk wel een beetje vernederd.

Ik kreeg mijn hele leven (vanaf mijn achttiende) al dezelfde dingen naar mijn hoofd geslingerd. 'Wat moet je met die belachelijke liedjes?' 'Dat is niet wat mensen tegenwoordig kopen.' 'Wat een riskant idee.'

Met andere woorden: nee.

Daarom ben ik Marty Erlichman eeuwig dankbaar. Hij zorgde ervoor dat de creatieve controle bij mij lag. Dat stond vanaf het allereerste begin al in mijn contract. Dus ik kon elk album maken zoals ik het wilde. De platenmaatschappij liet me echter weten dat ik deze keer geen voorschot van ze kreeg, en dat ze het album niet meetelden voor mijn contractuele verplichting aan hen tenzij er 2,5 miljoen van zouden worden verkocht. Ze hadden niet de verwachting dat dit zou gebeuren.

Meer dan dat had ik als uitdaging niet nodig.

Ik was vastbesloten. Ik moest en zou dit album maken, wat ze ook zeiden. En ik dacht: waarom zou ik geen gebruikmaken van de waarheid? Waarom zou ik niet open en eerlijk zijn over de tegenstand die ik ondervond? En toevallig kende ik een nummer dat precies ging over dit eeuwenoude conflict tussen kunst en business. 'Putting It Together' was afkomstig uit een musical genaamd *Sunday in the Park with George*, en was geschreven door de buitengewone componist en tekstschrijver Stephen Sondheim.

Ik bracht maanden door met het uitzoeken van nummers die ik zou kunnen gebruiken. Eén naam kwam telkens weer terug, en dat was Steve. Ik wist dat hij geniaal was, want ik had al zijn Broadway-shows gezien. Ik had echter maar twee van zijn nummers opgenomen: een stukje van 'Small World' uit *Gypsy* op *Color Me Barbra*, en een versie van een onbekend liedje, 'There Won't Be Trumpets' (dat overigens uit het door Arthur Laurents geregisseerde *Anyone Can Whistle* was geschrapt). Uiteindelijk besloten we het ook niet op te nemen voor *Butterfly*. We brachten het pas in 1991 uit, op *Just for the Record*. Het werk van Steve kwam telkens weer bovendrijven.

Dat is overigens geen raadsel. Ik hou van liedjes met een emotioneel verloop: een begin, een midden en een einde. En Steve kan heel goed een verhaal vertellen binnen een liedje. Als componist is hij zeldzaam: zijn talent bestrijkt zowel de tekst als de muziek. Hij weet zowel de juiste toon te treffen als de juiste woorden te vinden. Je kunt niet anders dan met stille bewondering luisteren naar het verfijnde rijmpatroon, de vermakelijke dubbele bodems en de slimme woordspelingen.

Het is geweldig hoe hij altijd weer een geheel eigen manier weet te vinden om zich in een nummer uit te drukken. Zijn teksten zijn allesbehalve makkelijk, en gemakzuchtig rijm als 'moon' en 'June' zul je er niet in aantreffen. Niet alleen de grote emoties maar ook subtiele gevoelens krijgen vaak een vleugje ironie mee. Daardoor kan de toon van een lichtvoetig nummer opeens veranderen en een meer sombere of scherpere ondertoon krijgen. Hij weet wat passie is en is in staat deze in zijn liedteksten over te brengen. En hij beschikt over een diepgaand inzicht in de menselijke natuur. Als actrice kon ik er alle kanten mee op. In een nummer met zoveel lagen kreeg ik veel om mee te werken.

Zijn nummers zijn bovendien interessant om te zingen omdat het ritme er al in is gebouwd. Het verloop is schijnbaar onvermijdelijk, zoals dat bij de beste nummers vaak het geval is. Alles past. Alles voelt goed. En ik zou hem willen bedanken dat hij de hoge noten op de klinkers plaatst. De beste songwriters weten hoe ze voor een zanger of zangeres moeten schrijven.

Als eerste nummer voor het album koos ik 'Putting It Together', omdat het zowel relevant als waar was. Ik was namelijk degene die het album en het bijbehorende project samenstelde. Het nummer wierp licht op het creatieve proces. De strijd, de angst, de tegenwerking en de opwinding waar je als artiest mee te maken krijgt, had Steve kernachtig in de tekst samengevat. Er was wel een klein probleempje. Het nummer ging niet over een zanger maar over de kunstwereld en een beeldend kunstenaar (de kleinzoon van Georges Seurat, die met licht en lasers werkte).

Daar had ik wel een oplossing voor, maar dat moest ik eerst met Steve bespreken.

Weliswaar was ik hem in het gezelschap van Arthur Laurents een paar keer tegengekomen bij sociale gelegenheden, maar echt persoonlijk kende ik hem niet. Arthur gaf me zijn telefoonnummer.

Ik vertelde Steve hoezeer ik door zijn nummer werd geraakt. 'Met mijn platenmaatschappij maak ik nu hetzelfde mee, en ik zou jouw nummer willen om als het ware de toon van het album te zetten.'

Na diep adem te hebben gehaald, vervolgde ik met: 'Mijn vraag aan jou, en ik weet dat het veel gevraagd is, is of je bereid zou zijn om de tekst zo te bewerken dat deze niet over de kunstwereld maar over de platenindustrie gaat.'

Daar moest hij even over nadenken, en na wat voor mij een eeuwigheid leek, antwoordde hij: 'Dat is best. Ik zal het proberen.'

Ik viel bijna van mijn stoel van opwinding. Wat Steve deed was namelijk heel opmerkelijk. De meeste songwriters zouden er niet over piekeren om de tekst van een reeds voltooid nummer te veranderen. Maar Steve was net als ik van mening dat kunst een levend proces is. Niets staat voor eeuwig vast. Kunst leeft en ademt, dus is het aan verandering onderhevig.

Dat ene telefoongesprek was het begin van vele vervolggesprekken.

De regel '*I remember lasers are expensive*' veranderen in '*I remember vinyl is expensive*' leek Steve aanvankelijk eenvoudig. Maar toen hij met het nummer aan de slag ging, besefte hij dat hij alle verwijzingen naar de kunstwereld zou moeten wijzigen, zodat ze op de wereld van de muziek van toepassing zouden zijn. Dat betekende het einde van het bestaande rijm. Hij moest een nieuw rijmschema bedenken. Het was veel meer werk dan hij had gedacht. In zijn autobiografie, *Look, I Made a Hat*, schreef hij: 'Ik voelde me verplicht iemand te helpen om het nummer voor haar persoonlijk te maken, en ik voelde me schuldig dat ik er moeite mee had om die verplichting na te komen en het nummer helemaal goed te krijgen.'

Zo zei ik tegen hem: 'Ik sta er versteld van dat ik na drieëntwintig jaar nog steeds auditie voor deze mensen moet doen. Zou je dat in de tekst kunnen verwerken?'

En hij was zo goed in wat hij deed dat hij dit als volgt verwerkte:

Even when you get some recognition, everything you do, you still audition

Werken met Steve was een waar genot. Ik heb zelfs zelden zo goed samengewerkt. We kwamen tenslotte allebei uit New York. We praten snel en we denken snel. De helft van de tijd spraken we in een soort steno. Vaak hoefden we een zin niet eens af te maken omdat de ander al intuïtief aanvoelde wat er werd gezegd. Het was ontzettend leuk om zo met iemand op één lijn te zitten. Er waren momenten dat ik mijn enthousiasme aan de telefoon niet kon inhouden en het uitschreeuwde van plezier.

We spraken het volgende af. Als we het ergens niet over eens waren, zou degene met de meeste passie ervoor winnen. De enige keer dat we er niet uit kwamen (het was eigenlijk meer een discussie dan een meningsverschil), ging het over deze regels:

A vision's just a vision if it's only in your head
If no one gets to see it, it's as good as dead

Ik vroeg hem het te veranderen in '*if no one gets to hear it*', maar daar dacht Steve anders over. 'Een visie kun je niet horen,' betoogde hij. 'Een visie kun je alleen zien.'

'Als je aan een schilderij denkt wel,' wierp ik tegen. 'Maar als ik aan muziek denk, hoor ik het in mijn hoofd. Ik hoor een nummer zoals het is als het voltooid is. Dat is een muzikale visie.'

Wie er uiteindelijk gewonnen heeft, weet ik niet meer. Ik moest het album tevoorschijn halen en er opnieuw naar luisteren. '*Hear*' is wat ik zing. Uiteindelijk zal ik hem dus wel overtuigd hebben. In zijn boek heeft hij echter voor die regel een andere oplossing gekozen en is het dit geworden: '*If no one gets to share it.*' We hebben dus allebei gewonnen.

Ik wist Steve ertoe over te halen om een tijdje bij me in Los Angeles te logeren, zodat we nauwer konden samenwerken. Het kwam er in feite op neer dat ik hem een paar dagen gevangenhield. Ik herinner me een dag dat we in de patio van mijn art-decohuis zaten bij de buitenhaard.

'Steve, de nieuwe tekst is fantastisch.' (Ik begon met het goede nieuws en ging voorzichtig verder.) 'Je hebt al heel veel veranderd. Daarom vraag ik het niet graag, maar wat het einde betreft...'

'Wat?'

'Ik heb meer tekst nodig. Een langer nummer, met acht extra rijmen.'

De uitdrukking op zijn gezicht zal ik nooit vergeten. 'Maar gisteren heb ik al acht nieuwe rijmen voor je geschreven,' zei hij.

'Weet ik, weet ik... Maar ik denk dat we er nog acht nodig hebben. Het is zo'n spannend nummer, en je voelt de opbouw naar de climax. De luisteraars zullen me als het ware naar adem horen snakken. Ze kunnen zich niet voorstellen dat er nog meer tekst achteraan komt. En dan gebeurt het toch. Het nummer gaat maar door, alsof er geen einde aan komt. Dat zou echt ongelooflijk zijn!'

Steve stond op en liep hoofdschuddend weg. Waarschijnlijk kon hij me wel wurgen. Maar de volgende dag kreeg ik nog acht rijmen van hem, en hij had er iets heel moois van gemaakt.

Wat hij met dit nummer had gedaan was niets minder dan geniaal, en hij was bij me in de studio toen ik het opnam. Later zei hij tegen een journalist dat hij me niet had durven vragen of hij erbij mocht zijn.

Stel je voor. Ik vond het juist heel fijn dat hij erbij was. Ik had een enorm respect voor zijn mening. Het was een enerverende dag. We namen die dag meer op dan alleen het nummer. Mijn bedrijf, Barwood Films, zette ook een kijkje achter de schermen op film van het hele proces. Dat werd later een HBO-special, *Putting It Together: The Making of The Broadway Album*. De zaal zat stampvol. Er was een cameraploeg, er waren geluidstechnici plus opnametechnici, en dan was Peter er om het orkest te dirigeren. (Het deed me enorm veel plezier toen bleek dat sommige muzikanten al voor me hadden gespeeld toen ik *Funny Girl* deed op Broadway.)

Ik had nog een ander idee. Dat maakte het geheel wel ingewikkelder. Het leek me wel interessant om aan het begin van het nummer een paar mannenstemmen het idee van het album te horen verwerpen. Dat was tenslotte wat de directie van Columbia had gedaan. (Naar mijn mening gaat de directie in sommige gevallen op de stoel van de artiest zitten. Eigenlijk zijn ze gewoon jaloers op artiesten en hun creatieve vermogen.)

Ik schreef op wat ik me van het gesprek met hen herinnerde en vroeg drie vrienden om de directieleden te spelen. Sydney Pollack voelde er wel wat voor, en voor mij was het heel leuk om hem te regisseren nadat hij voor mij hetzelfde had gedaan in *The Way We Were*. Een andere deelnemer was David Geffen, die aan het hoofd stond van zijn eigen platenmaatschappij. In feite was dat een vorm van typecasting. En ten slotte was er Ken Sylk. Dat was een vriend van Richard en de enige professionele acteur van het stel. Het was mijn bedoeling om het nummer te doorspekken met onze dialoog, en het zal niemand verbazen dat ik bleef experimenteren en herschrijven.

Er waren veel bewegende delen, maar ik wilde alles live doen: alles in het moment en in één ononderbroken take. Daarmee gaven we elk nummer de energie waar ik van hou. Het bleek een lastige opgave, want alles moest precies op het juiste moment. Alle deelnemers moesten hun tekst op exact het juiste ogenblik zeggen. Zelf moest ik de hele tijd schakelen tussen praten en zingen. Het nummer begint langzaam, maar het tempo wordt gaandeweg opgevoerd, totdat het heel snel gaat. Dus zijn er veel woorden die je heel snel moet zeggen. Elke seconde telt. Alles moest precies zoals het geschreven stond. Zo niet, dan stortte het als een kaartenhuis in elkaar.

De mannen waren nerveus omdat alles in één take moest, dus ging ik ermee akkoord om het in twee segmenten te doen. We begonnen met het eerste, korte deel (daarin kreeg ik te horen dat ik dit album niet moest maken), en vervolgens kwam het eigenlijke nummer: ik zing en de mannen onderbreken me telkens met hun commentaar. Ik deed mijn best om hen gerust te stellen. 'Zie het gewoon als een gesprek tussen ons. Je hebt het script voor je neus. Maak je onverhoopt toch een fout, stop dan niet maar ga gewoon door.'

Ze keken nog steeds bezorgd.

'Ontspan je nou maar,' zei ik. 'Doe gewoon met me mee. Dit wordt leuk.'

We namen de tekst nog een keer door, en toen dacht ik dat we klaar waren voor de opname. De mannen namen hun positie in hun respectievelijke cabines in, en ik overlegde nog een laatste keer met de cameramensen om zeker te weten dat ze wisten wat ze moesten doen. Het was een uitdaging, maar dat gaf me juist energie. Het deed me denken aan de 'No Wonder'-scène aan de eettafel in *Yentl*. Ook toen moesten actie, dialoog en zang perfect op elkaar worden afgestemd. Zulke situaties trekken me aan; ik doe graag drie dingen tegelijk.

Ik stapte mijn cabine in en zette mijn koptelefoon op. 'Kan iemand "take one" roepen?' riep ik. Peter gaf het teken aan het orkest, en we gingen van start als hardlopers na het startschot. Het eerste segment verliep verrassend goed. Daarna lasten we een korte pauze in. Ik complimenteerde de mannen en vergewiste me ervan dat ze gereed waren voor de volgende ronde. Ik stak mijn haar op en keerde terug naar mijn cabine. De verantwoordelijkheid lag nu volledig op mijn schouders. Dit was het langste deel van het nummer. Het duurde ongeveer vier minuten, maar het voelde als vijftien omdat het zo'n complex nummer was.

Ik keek naar Peter en zei: 'Ik ben zover.' Het orkest begon te spelen, en op een of andere manier lukte het me om alles in één take voor elkaar te krijgen. Het voelde alsof ik net een marathon had gelopen. En het deed me ontzettend veel plezier dat we alles goed op film en op band hadden gekregen. In de opnamestudio geldt vaak net als op een filmset dat mijn eerste take vaak de beste is.

Op sommige momenten vergaten de mannen om hun tekst te zeggen.

'Wat is er gebeurd, lieverds?' vroeg ik.

'We waren naar jou aan het luisteren terwijl je zingt!' zei David.

Daar moesten we allemaal om lachen. Ik was allang blij dat het gelukt was om het hele nummer in één take op te nemen. De tekst van de mannen kon er eventueel nog tussen geplakt worden, maar de eerste opname van mijn zang was moeilijk te repliceren.

We namen alles nog eens door, en toen kondigde Peter aan dat ze gereed waren voor de tweede take.

'Wacht,' zei ik. 'Voordat ik nog een take doe, wil ik de eerste horen.'

Wat er toen gebeurde is me nog nooit eerder overkomen, en daarna ook nooit meer. Ik kreeg te horen dat er geen take was. Wat? Mijn eerste zangtrack was de meest levendige en de meest energieke. Vocaal waren zowel de toonhoogte als de emoties perfect geweest. Maar alles was op een of andere manier gewist.

Mijn adem stokte in mijn keel. Ik moest even gaan zitten. Dit had ik in mijn hele carrière nog nooit meegemaakt. Er was zomaar een vocale track gewist, zonder het eerst te vragen. Dat doe je geen enkele performer aan.

Ik was verbijsterd. Hoe had dit kunnen gebeuren?

In het digitale tijdperk is het aantal sporen vrijwel onbeperkt, maar destijds werkten we analoog en hadden we de beschikking over een maximum van vierentwintig sporen. Blijkbaar had iemand een spoor nodig en vond deze persoon het nodig om het mijne te wissen. Tot op de dag van vandaag weet ik niet of het Peter was of Don Hahn, de geluidstechnicus, die het prima had gevonden om mijn eerste take te wissen, waarschijnlijk in de veronderstelling dat ik er nog meer zou doen.

Les één: nooit zonder meer iets aannemen.

Op mijn zangtrack kwam niet eens een echt instrument te staan. Mijn zang werd vervangen door een synthesizer.

Hoe het precies was gebeurd, deed er minder toe dan wie de leiding had gehad. Dat was Peter. Het deed me nog meer pijn omdat ik hem vertrouwde en zo close met hem was geweest. Het was alsof hij een einde maakte aan onze liefdesrelatie. Zo voelde het tenminste. Ik was er kapot van.

Het geluid dat je hoort in de tv-special is van een simpele *two track* Nagra die normaal gesproken door de videoploeg werd gebruikt (niet voor muziek maar voor interviews). Zo'n spoor was met andere woorden goed genoeg voor televisie, maar niet voor een muziekalbum. Die dag deed ik nog zestien takes in de studio (zo van streek was ik). Vervolgens voegden we de beste stukken samen, en bleek de titel van het nummer, 'Putting It Together', heel toepasselijk. Het kostte me veel moeite om het telkens weer opnieuw te zingen, want ik wist dat ik het in de eerste take helemaal goed had gedaan.

Dit project lag me zeer na aan het hart. De gedachte aan die verloren gegane track vind ik nog steeds ondraaglijk.

De andere nummers op het album betekenden minstens evenveel voor me. Van 'Can't Help Lovin' That Man' uit *Show Boat*, van Jerome Kern en Oscar Hammerstein II, maakten we drie verschillende versies voordat we er een hadden waar we tevreden over waren. Die film had een diepe indruk achtergelaten. Ik zie mezelf nog zitten in het Loew's Kings met mijn ijsje. Peters eerste arrangement was met een trompet. Dat was een beetje te jazzy naar mijn smaak. Destijds had ik Ava Gardner het nummer horen zingen in de film (toen wist ik nog niet dat ze was nagesynchroniseerd), en ik wilde het opnieuw horen. Ik vond een exemplaar van het album met de soundtrack. Het bleek een eenvoudig maar prachtig arrangement van Conrad Salinger met heel mooie harmonieën van de strijkinstrumenten. (Salinger werkte aan meerdere grote musicals van MGM, zoals *Singin' in the Rain.*) Zijn werk verbeteren leek een onmogelijke taak, dus zei ik: 'Waarom vragen we geen toestemming om zijn versie te gebruiken?'

Richard Baskin opperde het idee om een harmonica toe te voegen en stelde ook voor om daarvoor de getalenteerde Stevie Wonder te vragen. Ik had er nooit aan gedacht dat Stevie daar überhaupt in geïnteresseerd zou kunnen zijn, maar Richard zei: 'Waarom vraag je het hem niet?'

Ik volgde zijn advies op, en Stevie zei: 'Ja. Absoluut. Waar moet ik naartoe en hoe laat moet ik er zijn?'

Zijn inbreng was fantastisch. Hij luisterde een paar keer naar het nummer en improviseerde erop los. Elke take was een beetje anders, maar ze waren allemaal goed omdat ze allemaal voortkwamen uit zijn authentieke zelf. Aan het einde van het nummer speelde hij de eerste maten van 'People'. Dat was een grappige verwijzing naar *Funny Girl*.

Sinds ik de filmversie van *Porgy and Bess* van George Gershwin met Sidney Poitier en Dorothy Dandridge heb gezien en door de muziek werd meegesleept, ben ik een fan. Daarom leek het me leuk om van twee van de nummers een medley te maken. Peter maakte een arrangement met zijn persoonlijke geluid; hij had een geheel eigen manier van schrijven voor de blazers en de strijkers. Hij stond er ook om bekend dat hij met behulp van diverse instrumenten op een vermakelijke manier commentaar leverde op de tekst. Het deed me altijd denken aan van die oude tekenfilms, waarin fluitjes en tromgeroffel aankondigen dat er straks iemand onderuitgaat. Muzikale opsmuk. Zo zou ik het willen noemen. Het nummer werd er charmanter door.

Peters arrangement voor *Porgy and Bess* was weliswaar goed maar had niet dat rijke, weelderige geluid waar ik naar zocht. Ik kreeg er niet door terug wat ik had gevoeld toen ik de film zag. Daarvoor heb je een grote strijkerssectie nodig. Het klinkt tegenstrijdig, maar hoe meer violen je inzet, hoe zachter het geluid is.

Opnieuw gingen we terug naar de film. Alexander Courage had evenals Conrad Salinger gewerkt aan *Show Boat* en *Porgy and Bess*. Later was hij ook verantwoordelijk voor *My Fair Lady*, *Fiddler on the Roof* en *Hello, Dolly!* Daarom had ik er geen moeite mee om hem te bellen, en hij bleek zo vriendelijk om een nieuwe orkestratie voor me te maken die paste bij wat ik in de film zo mooi had gevonden.

Ik had ook het plan opgevat om 'If I Loved You' uit *Carousel* van Rodgers en Hammerstein te zingen. Er was echter één noot die me dwarszat.

Grappig, als men me vraagt hoe het me lukt om een noot aan te houden, is mijn antwoord: 'Omdat ik dat wil.' In dit geval wist ik echter niet eens of ik die noot wel kon halen, want het was een es en lag dus buiten mijn normale bereik. De hoogste noot die ik kan halen is een d. Elk arrangement dat voor me is geschreven, is daarop gebaseerd. In mijn hoofd kon ik de noot echter perfect horen, dus riep ik de hulp in van een zangcoach. Misschien kon hij me aan een techniek helpen om die noot toch te halen.

De leraar nam naast me aan de piano plaats en luisterde naar mijn uitleg: 'Ik denk niet dat ik die hoogte kan bereiken,' zei ik. 'Mijn stem piept als ik het toch probeer.'

Om het hem zelf te laten horen, zong ik de passage die naar de noot leidde, en tot mijn grote verbazing haalde ik hem probleemloos. Ik was stomverbaasd.

Ik wilde het dan ook wel heel erg graag.

Dat was dus dat. Ik had geen les meer nodig. Ik bedankte de zangcoach en begeleidde hem naar buiten.

'Weet je,' zei hij voordat hij vertrok. 'Ik geef les volgens de Streisand-methode.'

'Wat mag dat dan wel zijn? Ik heb helemaal geen methode. Ik zing puur op mijn gevoel.'

Hij wijdde uit over ademhaling vanuit de borstkas of het middenrif. Ik begreep er niets van. Toen niet en nu nog steeds niet. Zingen is iets wat altijd volkomen natuurlijk voor me is geweest.

Op de dag dat we 'If I Loved You' opnamen, ging ik er helemaal in op. Als je naar de tekst kijkt, zie je wel waarom ik het zo'n mooi nummer vond. Er valt heel veel in te acteren. Ik speelde de scène na in mijn hoofd. Ze houdt van hem. Ze weet niet wat hij voor haar voelt. En ze is verlegen. Omdat ze hem haar ware gevoelens niet durft te tonen, zingt ze '*if I loved you*'. En op het hoogtepunt van het liedje horen we al haar passie op die hoge noot (die ik godzijdank wederom wist te halen). Daarna wint haar verlegenheid het weer en horen we een laatste '*if... I loved you*'.

Ik keek naar Peter terwijl ik zong. Het was een van zijn mooiste arrangementen, en de emoties gierden door mijn hoofd en hart. Ik vroeg me af wat hij erbij dacht en voelde. We hadden het al jaren niet meer over onze relatie gehad.

Ik zong de laatste regels:

Soon you'd leave me, off you would go in the mist of day
Never, never to know, how I loved you, if I loved you

Ik kende de waarheid achter die '*if...*'

Als je eenmaal van iemand houdt, is dat voor altijd. Hij zit voor eeuwig in je hart. Oscar Hammerstein, die deze scherpzinnige tekst schreef, was ook een mentor van Stephen Sondheim, die daar duidelijk veel van had opgestoken. Van Steve heb ik uiteindelijk zes nummers voor het album opgenomen. Het waren er zelfs acht als je de twee nummers uit *West Side Story* ook meetelt. De muziek voor die nummers was geschreven door Leonard Bernstein, maar de teksten waren van de hand van Steve. Dat theaterstuk wordt nu beschouwd als een klassieker, maar dat was in 1957 wel anders. Toen het stuk in première ging, was het revolutionair omdat er maatschappelijke vraagstukken in werden behandeld die zelden op een Broadway-podium te zien waren geweest, zoals bendegeweld en rassendiscriminatie. Het was ongepolijst en had een donkere kant, en ik kan de opwinding die ik voelde toen ik het stuk en de verliefdheid tussen de hoofdrolspelers, Tony en Maria, voor het eerst zag nog steeds terughalen.

Ik prees me dan ook gelukkig met het voorrecht dat ik kon werken met ieder van de mannen die aan dit stuk hadden gewerkt: Jerry Robbins, Arthur Laurents, Leonard Bernstein en Stephen Sondheim.

In nummers als 'Something's Coming' was de opwinding voelbaar. Richard Baskin en Randy Waldman maakten een modern arrangement met synthesizers voor me. Ik luisterde ernaar en zei: 'Geweldig. Dit is wat ik zocht.'

Een ander nummer van Bernstein en Sondheim op het album is 'Somewhere'. Als ik daarop terugkijk, ontroert het me hoe actueel het is. De tekst van Steve begint zo:

There's a place for us, somewhere a place for us
Peace and quiet and open air, wait for us, somewhere

Het is interessant hoe een liedje dat in een bepaalde periode is geschreven in een andere periode een andere betekenis kan krijgen. Met de dood van Rock Hudson in 1985 was het grote publiek zich bewust geworden van aids, en ik was onder de indruk van het medeleven met de slachtoffers. Tegelijkertijd keerde de overheid zich af en werd er onvoldoende geld beschikbaar gesteld voor onderzoek. Mensen met hiv en hun naasten werden op een afschuwelijke manier gediscrimineerd. Ik bleef maar denken: waar kunnen we naartoe? Waar is dat 'ergens'? In de Verenigde Staten was het niet, en in andere landen zag ik het evenmin, dus misschien moet het ooit wel op een andere planeet zijn.

Dat bracht me op het idee dat we een buitenaards aandoend arrangement nodig hadden, zeg maar met een hemelse klank. Dat konden we bereiken met synthesizers, en daarvoor was naar mijn mening David Foster de beste persoon. Als producer van het album was het mijn taak om voor elk nummer de juiste arrangeur te zoeken, zoals ik voor een film op zoek zou gaan naar de juiste acteurs.

David begreep het meteen toen ik hem benaderde. Synthesizers waren destijds niet wat ze nu zijn. Het was een zeer ingewikkeld proces, en het kostte David weken voordat hij de track gereed had. We zochten samen naar de juiste geluiden, en toen hij het uiteindelijk voor me speelde, zei ik: 'Het is nog iets te traag. Kun je het aanpassen naar hoe het op de demo was? Dat was namelijk perfect.'

Het had hem echter al heel veel tijd gekost om deze versie te maken. Voor een nieuwe had hij geen tijd. Dat begreep ik helemaal.

Is er ooit iets echt perfect? In de loop van je leven leer je dat perfectie vrijwel onbereikbaar is. Waar het eerder om gaat, is de zoektocht en het streven naar perfectie.

Ik weet wel zeker dat de directie van Columbia opgelucht was toen David Foster – een slimme, hippe producent met een flink aantal Grammy's op zijn naam – had meegewerkt aan 'Somewhere'. Ze besloten dat dit dan ook de eerste single zou worden.

Voor een videoclip bij het nummer had ik al een concept in gedachten. Het begin zou zich afspelen in de kosmos, tussen de sterren. Dan daalt de camera af naar mij in een theater en zie je me zingen voor een publiek. Als het nummer op zijn einde loopt, draait de camera om me heen en trekt zich dan terug. We zien een leeg theater, en keren weer terug naar het heelal.

Ik was bevriend met Billy Friedkin, de bewierookte regisseur van *The French Connection*. We hadden elkaar ontmoet in de jaren zeventig, toen hij *The Night They Raided Minsky's* regisseerde. Daar speelde Elliott een hoofdrol in, en hij kwam een keer langs op de ranch met Jeanne Moreau, zijn toenmalige echtgenote. We hadden al heel lang de wens om een keer samen te werken. Deze video bood een mooie gelegenheid. Ik legde mijn idee voor de clip aan hem voor, en hij maakte er een perfecte video van. Hij is een slimme, attente man. Ik vroeg hem of hij ook bereid was me te interviewen voor de tv-special over het maken van het album. Hij stelde me ook voor aan de zeer begaafde cinematograaf, Andrzej Bartkowiak. (Ik was zo onder de indruk van hem dat ik hem later heb gevraagd voor *Nuts* en voor *The Mirror Has Two Faces*.) Zoals ik het voor me zag, moesten de beelden dezelfde buitenaardse sfeer ademen als de muziek.

Billy zocht uit hoe hij met de camera kon inzoomen op Manhattan, en vervolgens in het theater en op het podium en mij. Achter me zie je een langwerpige schaduw, zoals op de tekening die Erté van me heeft gemaakt. (Net als in werkelijkheid is de persoon klein en de schaduw veel groter.) Verder wilde ik dat de camera een overgang zou maken van mij naar de gezichten van het publiek, eerst in de zaal en vervolgens van luisteraars van over de hele wereld. Daarvoor castte Billy de juiste mensen. Ik bedacht dat we uiteindelijk niet zoveel van elkaar verschillen: we houden van onze kinderen en van onze familie. Toch hebben we er moeite mee om in vrede met elkaar samen te leven. '*Peace and quiet and open air*': het zijn eenvoudige woorden, maar de realisatie ervan is dat niet.

De single (en de video) waren een succes. De opbrengsten doneerde ik in zijn geheel aan AMFAR (een Amerikaanse stichting die onderzoek verrichtte naar aids) en aan PRO-Peace (een stichting tegen de verspreiding van kernwapens). Van Jay Landers begreep ik dat ons heelalarrangement door veel andere zangers is gebruikt. Van Bernsteins originele uitvoering heeft het echter nooit deel uitgemaakt. Maar volgens Jay is ons arrangement nu de definitieve versie van het nummer.

Voordat we het nummer uitbrachten, had ik nog geen idee welke reacties we konden verwachten. Het ging me daarbij vooral om de mening van Leonard Bernstein, dus stuurde ik hem een exemplaar van het album. Dit is het briefje dat ik van hem terugkreeg:

> ***Lieve Barbra,***
>
> ***Ik hou van je stem, van je stijl, van je lef en van je arrangementen ('Somewhere' is echt iets bijzonders!) en ik hou van je omdat je me het album hebt gestuurd. 'Putting It Together' is nog zacht uitgedrukt.***
>
> ***Dank je wel.***
> ***Lenny***

Ik voelde me gezegend.

Ik wil nog even terug naar de tv-special over *The Broadway Album*. Mijn rol was die van producent, en ik was verantwoordelijk voor de videoclip van 'Somewhere'. Daarvoor noemde ik Billy als regisseur. Op de aftiteling zal je echter opvallen dat er niemand wordt genoemd als regisseur van de eigenlijke special.

Slechts een jaar daarvoor was ik afgewezen door de Academy voor *Yentl*. Dat stond me nog vers in het geheugen, en ik redeneerde dat, als sommige mensen in de filmindustrie er een probleem mee hadden dat ik regisseerde, ik er geen behoefte aan had om over deze special wederom te worden neergesabeld. Dus was ik weliswaar de regisseur, maar zette ik mijn naam er niet op. Uit angst voor nog meer kritiek deed ik mezelf tekort.

Dat doe ik niet meer.

Nog een laatste opmerking over de special. Ik wilde de zang van 'Putting It Together' herhalen tijdens de aftiteling. Tijdens de montage kreeg ik het perfecte idee voor het einde. Dat schreef ik op, en ik belde Sydney Pollack als eerste om hem zijn tekst te geven. We namen het telefonisch op vanuit de studio. Daarna belde ik David Geffen. Hij was op dat moment in Hawaï, zodat ik geen andere keus had dan ook via de telefoon met hem te repeteren. David is geen acteur. Ik moest zijn tekst voorlezen om er wat meer drama in te krijgen.

De laatste woorden die je in de special hoort zijn van Sydney: 'Nou, het lijkt erop dat we het bij het verkeerde eind hadden,' zegt hij schaapachtig.

En dan het antwoord van David: 'Hoe bedoel je "we"? Ik heb haar op mijn blote knieën moeten smeken om dit album te maken.'

Daarna hoor je de laatste drie noten van het orkest voor een bezielend einde.

Ik vond het heel amusant, en ook ironisch, dat de directeur van de platenmaatschappij (natuurlijk niet de echte maar de denkbeeldige directeur) de geschiedenis herschreef en de eer opeiste voor het idee dat hij aanvankelijk had afgewezen.

Ik wil dit hoofdstuk niet afsluiten zonder over nog één nummer van Sondheim te vertellen: 'Send in the Clowns' uit *A Little Night Music*. Dat was een musical die ik niet goed kende. Ik benaderde het nummer als actrice en analyseerde de tekst zoals ik dat met een script zou doen. Iets in het emotionele verloop kwam vreemd op me over. Ik belde Steve om erover van gedachten te wisselen.

De regel '*Don't bother, they're here*', was in mijn ogen briljant. Het was een dramatisch moment. Maar de regel stond in het midden van het nummer, en voor mijn gevoel moest hij aan het eind omdat het voelde als de climax.

Ik kon het niet laten: 'Heb je er bezwaar tegen als ik de positie van een regel verander?' vroeg ik.

Zijn eerste reactie was: 'Ho, ho. Dat kun je niet doen.' Maar vervolgens zei hij: ‘Laat me je hierover terugbellen.’ Twee uur later ging de telefoon en zei hij: ‘Je hebt gelijk.’

Hij had beseft, zo zei hij, dat er in feite niets vreemds aan mijn verzoek was. Als het nummer in het theater werd opgevoerd, was er na die regel een korte stilte. De actrice die zingt is de ouder wordende Desiree. Ze is nog steeds verliefd op de man die ze ooit afwees en die nu getrouwd is met een veel jongere vrouw. Toch is hij bij haar teruggekomen, en ze hoopt dat ze alsnog een relatie kunnen hebben. Met spijt in zijn stem vertelt hij haar echter dat hij zijn fantasie over deze jonge vrouw (met wie hij nog niet eens seks heeft gehad) nog niet wil opgeven. Hij verdwijnt van het toneel, en een teleurgestelde Desiree hervat haar lied.

Maar buiten de context van het stuk, zonder die tussenliggende scène (die ook muzikaal werd ondersteund), viel er ‘een emotioneel gat’ tussen de twee coupletten, aldus Steve.

Ik vroeg hem of hij iets kon schrijven om die lacune op te vullen en zo meer duidelijkheid te scheppen in wat er tussen deze twee mensen was gebeurd. Ik stelde voor dat hij de muziek van de overbrugging zou gebruiken. Die vond ik mooi, en ik wilde er graag nog een keer gebruik van maken. Het lukte Steve om een uitstekend passende nieuwe tekst in te voegen en zo meer informatie te verstrekken over de relatie:

What a surprise, who could foresee?
I'd come to feel about you what you felt about me
Why only now when I see that you've drifted away
What a surprise, what a cliché

Dat maakte het voor mij mogelijk om het nummer te eindigen met die pijnlijk trieste regel die er midden in had gestaan:

Isn't it rich? Isn't it queer?
Losing my timing this late in my career
And where are the clowns?
Quick, send in the clowns
Don't bother, they're here

O, de ironie. De dynamiek tussen deze twee personages is verschoven. Desiree heeft eindelijk haar gevoelens kenbaar gemaakt, en nu verwenst ze de domme hoop dat ze verder konden gaan waar ze waren gebleven. Dat maakt haar tot de grootste clown, en nu begrijpt ze dat ten volle.

Steves nieuwe tekst was perfect. Precies zoals ik het graag zie: eenvoudig maar tegelijkertijd complex.

Het raakte me dat hij bereid was om een nummer dat hij twaalf jaar eerder had geschreven – en dat inmiddels een klassieker was geworden – te herschrijven. Ik vond het ongelooflijk.

Barbra Streisand heeft een van de twee of drie beste zangstemmen ter wereld. Het is niet alleen haar stem, maar ook de intensiteit waarmee ze zingt, haar passie en de controle over haar materiaal. Ze werkt zoals Seurat aan zijn schilderijen werkte: punt voor punt, moment voor moment, maat voor maat en noot voor noot. Wat me wel verbaasde is dat ze evenveel grondige aandacht besteedde aan de arrangementen als aan haar eigen zang. Dat is de reden dat ze zulke hoge ogen gooit. Ze heeft niet alleen een gave, maar is bereid zoveel moeite te doen als nodig.

STEPHEN SONDHEIM

Tijdens het mixen van dit album raakte ik geïnteresseerd in de opnametechnologie. Voordien had ik daar nooit veel aandacht aan besteed.

Deze keer was ik niet tevreden met het geluid van de vinylplaat. Die klonk minder goed dan de cd. Ik vroeg me af waarom. De technici zeiden dat het precies hetzelfde klonk, en zij hadden weliswaar veel meer ervaring dan ik, maar mijn oren vertelden me een ander verhaal. Ik probeerde uit te vogelen wat er aan de hand was en stelde vooral veel vragen.

Het begint er al mee dat een vinylplaat andere fysieke eigenschappen heeft dan een cd. Het is een ronde schijf waar cirkelvormige groeven in gekerfd zijn. Die cirkels worden kleiner naarmate ze dichter bij het middelpunt komen, en de groeven worden krapper. Hoe krapper de groef, hoe minder geluid deze kan bevatten.

Dat betekent dat je een beslissing moet nemen over het eerste en het laatste nummer op de plaat. Als afsluitend nummer wilde ik 'Somewhere' op de plaat zetten, want het voelde als het emotionele hoogtepunt van het album. We kregen het volledige geluidsbereik echter niet in die kleinere groeven. Op de eerste mastertape die ik te horen kreeg, was het geluid volledig vlak geworden. Omdat het geluid werd gecomprimeerd, verloor het nummer de opbouw. We hadden geen andere keuze dan wederom met de audiobewerking aan de slag te gaan om de equalisatie te verbeteren. De bas en de treble (ofwel de lage en hoge tonen) alsmede de echo moesten opnieuw in balans worden gebracht om de kwaliteit van de opnamestudio te benaderen.

De vraag is hoe een en ander zich vertaalt naar een cassettebandje of een cd. Het bleek dat elk formaat zijn eigen specifieke geluid en zijn eigen beperkingen heeft. Vinyl wordt beschouwd als vol en warm, maar je hebt altijd te maken met de vervorming van de binnengroef. Met een cassettebandje heb je dat probleem niet, maar heb je weer te maken met een lichte ruis. Met de uitvinding van de cd kregen we geluid met een volledig nieuwe helderheid en nauwkeurigheid. Dat heldere geluid kan echter ook broos klinken, tenzij je het compenseert in de mix. (Dit was in 1985, toen de digitale technologie nog in de kinderschoenen stond en meer een probleem vormde dan nu.)

Naar verluidt zijn niet alle artiesten zo betrokken bij de audiobewerking. Nu ik zelf echter meer van de technologie begreep, was ik van mening dat we voor elke geluidsdrager elk nummer afzonderlijk moesten mixen. Alleen de cd kostte al zes weken.

In de tijd dat mijn eerste albums verschenen, kozen we doorgaans de beste take. Dat was wat er op het album terechtkwam, ook als ik bijvoorbeeld een noot niet gehaald had. Bewerken deden we toen nog niet. Nu staan ons weliswaar middelen tot onze beschikking om diverse verbeteringen aan te brengen, maar ik probeer de originele uitvoering toch zo veel mogelijk intact te houden. Dat komt door mijn tijd in het theater. Die beginperiode vormt de basis voor alles wat ik doe als regisseur, actrice en zangeres. Het liefst maak ik van een nummer een complete scène.

Na urenlang in de studio te hebben gezongen, vind ik het leuk om met de geluidstechnicus aan het mengpaneel te zitten en meteen alvast aan een ruwe mix te werken.

Diezelfde avond of de volgende ochtend luister ik naar alle takes en vul ik mijn *comp sheets* in. Die bevatten een analyse van elk nummer. De tekstregels staan onder elkaar in de linkermarge en de nummers van de diverse takes staan bovenaan in kolommen. Als ik tevreden ben over een regel in een bepaalde take, zet ik er een vinkje bij. Met een schuine streep geef ik aan dat een regel deels goed is, terwijl een vraagteken betekent dat het een twijfelgeval is. Nadat ik alle takes heb beluisterd, zie je in één oogopslag welke de meeste vinkjes heeft gekregen.

Stel dat het take 2 en take 4 zijn. Dan begin ik daarmee. Tegen die tijd heb ik de eerste mix van de geluidstechnicus ontvangen en kan ik die vergelijken met mijn aantekeningen. Ik zou kunnen zeggen: 'Wat is er met die zucht in take 5 gebeurd?' En als ik een of meer woorden niet goed genoeg vind, vervang ik die door een betere versie uit een andere opname. Klinkt het dan nog steeds niet goed, dan ga ik de cabine weer in om het hele nummer opnieuw te zingen.

Mixen is een proces. Elke versie is weer iets beter dan de vorige. De eindmix is uiteraard de beste, en het is voor mij ook de laatste mogelijkheid om het nummer voor het nageslacht uit te voeren. Als ik de volledige uitvoering niet in één take goed kan krijgen, moet ik eraan sleutelen. Dat betekent bijvoorbeeld dat ik het orkest opnieuw (figuurlijk) moet dirigeren. Ik zou de geluidstechnicus kunnen vragen: 'Kunnen we de cello's iets harder laten klinken bij die hoge noot?' of 'Waar is die glissade van de harp gebleven?' Als ik vraag: 'Kun je die invoegen?' zegt hij misschien: 'Dat is niet mogelijk, want die is gekoppeld aan de violen.' Dat betekent dat de instrumenten door dezelfde microfoon zijn opgepikt en dat je de een niet kunt veranderen zonder de andere mee te nemen. Dat is uiteraard frustrerend.

Ik ben zo fortuinlijk geweest dat ik met de beste geluidstechnici heb kunnen werken. Deze mensen stonden altijd open voor wat ik hoorde. Als kind al kreeg ik te horen dat ik, ondanks mijn tinnitus, een supersonisch gehoor heb (een beetje zoals mijn honden). Vroeger kon ik een technicus vragen: 'Kun je de stem een klein beetje harder zetten?' En dan verhoogde hij de stem een hele decibel (dB). Vaak zei ik dan: 'Dat is iets te veel. Kun je er slechts twee tienden van een decibel bovenop doen?' Soms kreeg ik dan te horen: 'Je hoort het verschil pas bij een halve decibel.'

Nou, ik kan het verschil al veel eerder horen.

Het was frustrerend omdat ze me het gevoel gaven dat ik om het onmogelijke vroeg. Maar als je een goede geluidstechnicus hebt, is het onmogelijke mogelijk omdat zij hetzelfde horen als jij. Dan is de samenwerking heel plezierig.

Voor kleur geldt overigens hetzelfde.

Toen ik de kleurcorrectie voor *Yentl* deed, zei ik: 'Voeg een heel klein beetje rood toe. Het hoeft maar heel weinig te zijn, minder dan een punt op een hele stop.' Ook hier kreeg ik te horen dat zo'n kleine verandering niet zichtbaar was.

Ik begrijp het wel. En het is inderdaad niet zo dat je het verschil kunt zien. Maar je kunt het wel vóélen.

Misschien ga ik hierin te ver, maar ik vind dat ik mijn eigen gevoel moet volgen. Het eindresultaat is tenslotte in principe voor eeuwig. Je legt een moment in de tijd vast. Wat mij betreft is het de moeite waard om het zo goed mogelijk te doen. En dan hoop ik dat andere mensen het ook mooi vinden.

Bij de opnamen voor mijn album *Encore* zong ik voor een orkest van tweeënzeventig musici. Ik stopte omdat ik een vreemde noot hoorde in een van de overgangen. Ik dacht dat ik misschien iets verkeerd deed en vroeg: 'Moet ik misschien van een noot af voor het volgende akkoord?'

Bill Ross, mijn geweldige arrangeur en dirigent, bladerde door de partituur en zei: 'Nee, dat is nergens voor nodig.'

'Maar het klonk zo raar toen ik de noot vasthield.'

Bill zei: 'Het is de grote septiem van de noot. Het past. En het zou uitstekend moeten klinken.'

Daar was ik echter niet van overtuigd. 'Mag ik dan alleen die ene maat horen?' zei ik.

Bill vroeg de musici om het nog een keer te spelen, maar Bruce Dukov, de eerste violist en de concertmeester, onderbrak hem: 'Bill, ik heb een vermoeden van wat haar misschien dwarszit. We zitten vlak naast haar en we spelen de b...'

Bill keek nog eens goed naar de pagina en zei: 'Ach nee. Daar hoef je je niet voor te verontschuldigen. De volgende noot had een aïs moeten zijn.'

Precies die ene noot was verkeerd getranscribeerd.

Bill kwam naar me toe en sloeg zijn arm om mijn schouders. Met een brede glimlach zei hij: 'Onderschat nooit de oren van deze vrouw.'

Het hele orkest stampte met hun voeten, en de strijkers tikten met hun strijkstokken op de muziekstandaards. Dat was hun versie van een applaus.

Toen we *The Broadway Album* aan het mixen waren, rende ik maandenlang heen en weer tussen drie verschillende studio's en werkte ik met telkens verschillende geluidstechnici tot soms twee uur 's nachts aan de verschillende nummers. Daarbij schitterde Peter door afwezigheid. Toen Columbia bedong dat er naast mij nog een meer ervaren producer bij het project betrokken werd, had ik een lans gebroken voor Peter. Nu had ik het gevoel dat ik achter zijn rug om sommige van zijn arrangementen opnieuw deed. Maar Peter was er niet, en uiteindelijk haalden we Jeremy Lubbock erbij om aan 'Send in the

Clowns' te werken. In mijn hoofd hoorde ik een vreemde, atonale tegenmelodie (het deed me een beetje denken aan Bartók) die mijn stem volgde in het laatste deel van het nummer. Ik kan geen muziek lezen, dus kon ik hem niet precies vertellen welke noten hij moest spelen. Maar ik kon het wel voor hem zingen. Jeremy schreef het voor een hobo, en het resultaat was precies zoals ik het me had voorgesteld.

Het album was een intense klus. Er ging acht maanden werk in zitten, en er waren nog zo'n vijf of zes nummers die ik wel heb gezongen maar die het album niet gehaald hebben.

Telkens als ik Peter op zijn horloge zag kijken om te zien of het al tijd was om naar huis te gaan, zonk de moed me in de schoenen. Hij was een belangrijke persoon in mijn leven. Ik zal altijd van hem houden, maar dit was de laatste keer dat we zouden samenwerken.

Het laatste dat we moesten doen, was de foto voor de albumhoes. Daarvoor zag ik mezelf op het lege podium van een Broadway-theater, met van die klassieke roodfluwelen stoelen op de achtergrond. Ik zit in een bureaustoel, met een werklamp naast me en bladmuziek op de vloer. Dat was een subtiele verwijzing naar mijn auditie voor *I Can Get It for You Wholesale*.

De voorverkoop liep al snel op tot 800.000. Dat was nog voordat het album in de winkels lag. We behaalden de eerste plaats in de hitlijsten; het was een enorm succes. (Blijkbaar zijn er wereldwijd 7,5 miljoen exemplaren van verkocht.) Het leed geen twijfel dat ik hiermee aan de voorwaarden van mijn contract had voldaan.

Columbia was dan ook heel tevreden.

Van Stephen Sondheim kreeg ik een lief briefje:

Lieve Barbra,

Nu alles achter de rug is, wil ik je nogmaals bedanken voor het plezier en het voorrecht om met je te werken, en natuurlijk ook voor je gastvrijheid. Ik hoop dat het een grote hit wordt, maar ik hoop nog meer dat je er over een paar jaar naar kunt luisteren en er nog steeds tevreden over kunt zijn met 'joy and pride' (twee welbekende schoonmaakmiddelen).

Liefs,
Steve

Ik had weer vertrouwen in het publiek. Als je iets om de juiste redenen doet, in je project gelooft, van je werk houdt en de waarheid spreekt, dan zullen mensen daar goed op reageren.

Met liegen bereik je niets. Je kunt geen echte emoties overbrengen, en het publiek voelt zich niet geraakt. Als actrice kun je de perfecte belichting hebben, en als zangeres kun je het beste geluid hebben, maar als er geen waarheid schuilt in wat je doet, is het niets waard.

Technologie is niet alles. Als een scène niet perfect gefilmd is maar wel een kern van waarheid bevat, kan dat genoeg zijn. Waarheid is universeel. Mensen worden erdoor geraakt. Het raakt mensen zowel emotioneel als mentaal.

Ik heb mijn hart en mijn ziel in de nummers op dit album gestoken. Het zijn musicalklassiekers die in het theater werden opgevoerd, en ik ben erg dankbaar dat ik de kans heb gekregen om ze te zingen. Ik heb mijn best gedaan om die nummers te geven wat ze naar mijn mening verdienen.

The Broadway Album werd genomineerd voor een Grammy als Album of the Year, en zelf werd ik genomineerd voor Best Pop Vocal Performance, Female. Op de avond van de ceremonie, 24 februari 1987, zat ik in het publiek en dacht: kijk eens naar die fantastische vrouwen tegen wie ik het moet opnemen: Madonna, Tina Turner, Dionne Warwick en Cyndi Lauper. En alle vier hadden ze grote hits gescoord met hedendaagse muziek.

Aan de ene kant was ik er zeker van dat een van hen zou winnen. Maar er was ook een andere gedachte...

Toen mijn naam werd genoemd, liep ik het podium op, bedankte het publiek en zei: ‘Het is een bijzondere eer om gehuldigd te worden voor mijn werk aan *The Broadway Album*. Ik zie het als een bevestiging van de status en de kwaliteit van dit tijdloze materiaal. Dat ik deze nummers van Rodgers en Hammerstein, Gershwin, Jerome Kern, Leonard Bernstein en Stephen Sondheim heb mogen zingen, was al een beloning op zich.’ En vervolgens deelde ik mijn tweede gedachte. ‘Eerlijk gezegd had ik het gevoel dat ik deze prijs weleens zou kunnen winnen.’ Het publiek lachte en begon te juichen, maar ik schudde mijn hoofd en zei: ‘Wacht. Ik heb nog niet gezegd waarom. Vandaag is het de vierentwintigste. Mijn geluksgetal is altijd vierentwintig geweest. Dat is misschien omdat ik op de vierentwintigste geboren ben, omdat ik van mijn zoon beviel toen ik vierentwintig was, en omdat het nu vierentwintig jaar geleden is dat ik mijn eerste Grammy in dezelfde categorie mocht ontvangen. Dus met jullie steun en een beetje geluk zien we elkaar hier misschien over vierentwintig jaar weer.’

Vierentwintig jaar later werd mijn album *Love Is the Answer* genomineerd. Het haalde de eerste plaats in de hitlijsten, maar ik won die avond geen Grammy. De erkenning was echter al heel bevredigend.

Nu ik dit schrijf, besef ik dat ik een 'vierentwintig' vergeten ben: *The Broadway Album* was mijn vierentwintigste studioalbum. De wegen van het universum zijn ondoorgrondelijk.

39

One Voice

In april 1986 verkeerden we over het lot van de wereld opeens in grote onzekerheid. De eerste aanwijzing voor iedereen dat er iets grondig mis was kregen we op maandag 28 april. Een Zweedse technicus liep door een stralingsdetector in een kerncentrale en liet daarmee een alarm afgaan. Men ging naarstig op zoek naar een lek in de Zweedse reactor. Dat leverde echter niets op. De radioactieve deeltjes bevonden zich op de schoenen van de technicus, en men besefte dat de bron ervan het gras buiten de centrale was.

Hoe kwamen ze daar? Tijdens een analyse van de deeltjes zag men componenten die typisch waren voor Sovjet-reactoren. De wind kwam dat weekend uit het zuidoosten, en men vroeg zich af of deze de radioactieve deeltjes uit Rusland had meegevoerd. Bovendien had het in Zweden geregend. Dat verklaarde dat meer deeltjes op de grond waren neergeslagen.

Het Kremlin ontkende aanvankelijk dat er iets aan de hand was. Totdat ook Finland, Noorwegen en Denemarken uitzonderlijk hoge stralingsniveaus meldden. Ten slotte kon Rusland niet anders dan toegeven dat er een ongeluk had plaatsgevonden in hun honderden kilometers verderop gelegen kerncentrale in Tsjernobyl.

Ik nam met ontzetting kennis van het nieuws. Op zaterdag 26 april rond halftwee 's nachts blies een explosie in reactor nummer 4 van Tsjernobyl het duizend ton zware dak van het gebouw af en schoot er een enorme vuurbal de lucht in. Er vond een meltdown plaats in de reactorkern, en de straling kon ongehinderd naar buiten. Het was een acute noodsituatie, maar de Sovjet-autoriteiten informeerden de omliggende bewoners pas zesendertig uur later, op zondagmiddag. Pas vanaf dat moment werden mensen geëvacueerd. Het vuur in de reactorkern bleek niet te blussen.

Naar schatting kwam er 50 miljoen curie aan straling vrij. Dat is vijfhonderd keer zoveel als de bom op Hiroshima. Bomen, struiken, gewassen, dieren, auto's, winkels, huizen: alles was besmet. Een zogenoemde vervreemdingszone van dertig vierkante kilometer rond de centrale zou voor honderden of zelfs duizenden jaren onbewoonbaar blijven.

Het nieuws was apocalyptisch. Deze gedachte liet me niet los: hoe kunnen we zulke bedreigingen tegen onze wereld toestaan? We zijn uiteindelijk allemaal met elkaar verbonden. Als mensheid delen we deze planeet, en opeens was ik me ervan bewust hoe kwetsbaar deze is. Radioactief geladen wolken verspreidden zich over de wereld en vergiftigden lucht, voedsel en water. Met andere woorden, ze bedreigden alles wat leeft. Na een ramp in Rusland moesten we ons zorgen maken over kaas uit Frankrijk en appels uit Oregon, want de wind dreef alles in onze richting. Dit vuur dat niet geblust kon worden, voelde als een waarschuwing. Was dit het begin van het einde van de wereld?

Ik was zo bang dat ik iemand nodig had om mijn hart te luchten, dus belde ik Marilyn Bergman. We hadden het vaak over de toestand in de wereld. Ik werd bijvoorbeeld woedend als ik over de nucleaire wapenwedloop las. Wat was dat toch met die jongetjes en hun speelgoed? Zijn ze jaloers op elkaars raketten?

Die wedstrijd om wie de meeste wapens had, was infantiel en ongelooflijk gevaarlijk. En dan was er president Reagan met zijn *Star Wars*-fantasie. Hij wilde lasers in de ruimte plaatsen om op de Verenigde Staten gerichte raketten neer te halen. Veel wetenschappers hadden daar een andere mening over. Bijvoorbeeld Murph Goldberger van Caltech. Tijdens een gesprek met hem legde hij me uit dat er slechts een of twee door de verdediging hoefden te breken. Dat was al genoeg om de hele wereld te vernietigen.

Hoe konden we deze waanzin een halt toeroepen?

Ik voelde me vaak verlamd door hoeveel ik niet wist. Mijn gevoel zei me echter dat dit gekkenwerk was. In plaats van bommen maken zouden we boeken moeten kopen. Graansilo's zouden we moeten vullen, en geen raketsilo's. Op dat moment stonden er rond de 50.000 kernwapens in de wereld opgesteld. Dat waren wapens die we nooit konden gebruiken. Het was alsof de technologie het gezonde verstand had verdrongen. De realiteit overweldigde en verlamde me. Het was genoeg om depressief van te worden. Tsjernobyl schokte me echter tot in het diepst van mijn wezen.

'Wat kunnen we doen?' riep ik tegen Marilyn. 'Er moet iets zijn wat we kunnen doen.'

De altijd praktische Marilyn antwoordde: 'Het enige wat we kunnen doen is onze stem uitbrengen op meer mensen die onze mening delen.'

Ronald Reagan was in 1984 voor de tweede keer gekozen. De tussentijdse verkiezingen waren echter de komende november al. We konden hem tegenhouden als we de Senaat terug konden veroveren voor de Democraten. (In het Huis van Afgevaardigden hadden we al een meerderheid.)

De Democratische kandidaten hadden geld nodig.

'Er is een manier om veel geld in te zamelen,' opperde Marilyn. 'Als je nu eens een concert organiseerde... Mensen zullen diep in hun buidel willen tasten om je te horen zingen, vooral als het voor een goed doel is.'

Ik aarzelde. Het was al bijna twintig jaar geleden dat ik live voor een groot publiek had opgetreden. Dat was in 1967 geweest, tijdens *A Happening in Central Park*. Ik was toen de tekst van mijn nummer vergeten; daar was ik behoorlijk van geschrokken. In Las Vegas had ik ook opgetreden, maar daar had ik zelf mijn nummers kunnen kiezen. Het was geen echte 'show' geweest. Verder had ik nog weleens op een benefietavond gezongen. Nu weer op een podium staan was het laatste waar ik zin in had. Live optreden trok me niet meer aan.

Maar Marilyn zei: 'Waar ben je banger voor? Live optreden of doodgaan in een atoomoorlog?'

Daar kon ik niets tegen inbrengen.

Marilyn was een van de oprichters van het Hollywood Women's Political Committee. Daar was ik ook lid van geworden. Daarmee hadden we ons omringd met een stel zeer slimme vrouwen, en samen bedachten we een plan. We besloten onze inspanningen te richten op zes senaatskandidaten die stonden voor de bescherming van de aarde: Alan Cranston in Californië, Patrick Leahy in Vermont, Tom Daschle in South Dakota, Tim Wirth in Colorado, Bob Edgar in Pennsylvania en de kandidaat die de Democratische voorverkiezing in Maryland zou winnen (dat bleek Barbara Mikulski te zijn).

We hadden heel wat logistieke problemen om op te lossen. Waar moest het concert bijvoorbeeld plaatsvinden? We hadden al verschillende locaties overwogen toen ik een idee kreeg.

'Weet je waar ik me meer op mijn gemak zou voelen? In mijn eigen achtertuin.'

We willen immers de natuur vieren. Waar kunnen we dat beter doen dan midden in de natuur? (Het zou veel kosten schelen als we niet voor een locatie hoefden te betalen en dat geld direct aan onze kandidaten konden geven.) We maakten ruimte vrij aan de achterkant van de ranch en bouwden een eenvoudig houten podium, met een halve cirkel van verhoogde stoelen voor vijfhonderd mensen. Ik zou de gasten bij mij thuis uitnodigen. Dat zou het geheel volgens het comité nog specialer maken.

Speciaal moest het ook wel worden, vond ik, want ze wilden een toegangsprijs van 5.000 dollar per paar vragen. Dat vond ik echt te veel.

'Dan komt er niemand!'

Maar Marilyn zei: 'Wacht maar af. We zullen mensen moeten teleurstellen omdat we in no-time uitverkocht zijn.'

Het was Marilyns idee om mij een audio-uitnodiging op te laten nemen. Dat deed ik als volgt:

Hoi, dit is Barbra.

Ik had nooit gedacht dat ik nog eens voor een groot publiek zou optreden, maar ik had ook nooit gedacht dat ik me zo'n zorgen zou maken om Star Wars, Contra's, apartheid en een nucleaire winter. Toch is dat nu onze dagelijkse werkelijkheid.

Telkens als er een stemming plaatsvindt in de Senaat, bepalen ze ons lot.

Met een meerderheid van één stem hoeven ze zich niets aan te trekken van de grondwet en spreken de rechtbanken met de stem van extremisten. Met een meerderheid van één stem konden ze de MX-raket goedkeuren en kwam de grote wijzer van de nucleaire klok weer een stukje dichter bij middernacht.

Daarom voel ik de behoefte om weer op te treden. Daarmee hoop ik geld in te zamelen, zodat we een Democratische meerderheid in de Senaat kunnen kiezen die dit doemscenario kan afwenden. Wij kunnen ervoor zorgen dat er mensen in Washington komen die problemen oplossen in plaats van creëren. Dat is onze boodschap.

Kom op 6 september naar mijn ranch, onder de sterren. Ik zou het heel fijn vinden als je komt. We eten samen, kijken samen naar de zonsondergang, maken muziek en sturen onze boodschap de wereld in.

Het allerbeste, Barbra

De HWPC-leden pakten de cassettes in mooie blikken doosjes in en bedekten deze met potpourri. Vervolgens werden alle doosjes persoonlijk bezorgd.

Marilyn bleek gelijk te hebben. Iedereen accepteerde de uitnodiging. Ik voelde me zeer gesteund door de komst van zoveel collega's in Hollywood, zoals Quincy Jones (die werd vergezeld door Whitney Houston), Barry Diller, Jack Nicholson en Anjelica Huston, Sydney Pollack, Jane Fonda en Tom Hayden, Goldie Hawn en Kurt Russell, Whoopi Goldberg, Bette Midler, Henry Winkler, Sally Field, Bruce Willis, Chevy Chase, Penny Marshall en Rob Reiner, en Norman Lear. Steven Spielberg was in Londen, maar hij stuurde een cheque van 5.000 dollar, en Bruce Springsteen deed hetzelfde omdat hij evenmin in de gelegenheid was om het optreden bij te wonen.

Godzijdank regende het niet.

Ik zie dit als een unieke gelegenheid om haar te zien optreden.

SALLY FIELD

Ik heb haar nog nooit zien optreden. Dat geldt voor veel mensen hier. Het is een dubbele traktatie.

BETTE MIDLER

Ik heb haar nog nooit zien optreden. Dit is de avond, en ik loop over van enthousiasme.

WHITNEY HOUSTON

We serveerden drankjes en eten op de tennisbaan. Marilyn heette iedereen welkom en buitengewoon congreslid Barbara Jordan introduceerde de kandidaten. Politici zoals burgemeester Tom Bradley en senator George Mitchell waren ook aanwezig en verleenden steun. Na een introductie begaf iedereen zich naar het mini-amfitheater voor de voordracht van Robin Williams. Hij had erin toegestemd om de avond te openen, en hield een briljante monoloog. Zoals we van hem gewend waren, was hij tegelijkertijd grappig en scherp.

En zoals ik van mezelf gewend was, gierden de zenuwen voor het optreden door mijn keel. Ik moest mezelf telkens voorhouden dat dit mijn vrienden waren, maar toch had ik ervoor gezorgd dat we pas zouden beginnen als het donker was om ze niet te hoeven zien. Ik zat in mijn eentje in het gastenverblijf en probeerde mezelf te kalmeren. Dat is waar Jack en Anjelica me vonden. Jack is altijd ontspannen en heeft een droog gevoel voor humor. Hij praat en hij lacht, en ik begrijp nooit helemaal waar hij het over heeft. Toch voelde ik me beter door hun gezelschap.

Het concert begon met 'Somewhere'. We hadden slechts weinig muzikanten om de kosten zo laag mogelijk te houden, en verder maakten we gebruik van twee grote synthesizers. ('Acht man en een flinke energierekening,' zei ik later gekscherend.)

De eerste regels van het nummer zong ik *offstage*, en toen ik opkwam was ik niet meer dan een donker silhouet. Het licht kwam van achteren en zette me als het ware in een stralenkrans terwijl ik tussen de musici doorliep en ten slotte in het volle licht van de spots stapte. Het volledige publiek stond op en applaudisseerde. Dat was alvast een goed begin.

Na het nummer had ik het publiek iets te vertellen: 'Ik lig al nachten wakker van de vraag wat ik zelf zou kunnen doen dat 5.000 dollar waard zou zijn. En toen bedacht ik dat ik 3.924 noten kon zingen tegen iets meer dan 1 dollar per noot. Sommige noten zijn langer. Die zijn best 3 dollar waard. Andere zijn korter. Die leveren maar 50 cent op. Het is natuurlijk maar een gemiddelde.'

Het publiek lachte. Het concert was begonnen. Ik zong oude nummers, zoals 'People', en voor mij nieuwere nummers, zoals 'Over the Rainbow'. Dat nummer bracht ik ten gehore als eerbetoon aan de vrouw die het beroemd had gemaakt en ontzettend aardig voor me was geweest.

Met de eerste akkoorden van 'Guilty' werd de stemming lichter. De stem van Barry Gibb was al te horen voordat het publiek hem te zien kreeg. Hij stapte uit de schaduw en zong met me mee. Het verraste me dat ik het zo leuk vond om te doen. Op dit soort muziek moet je wel bewegen. Ik zal best hier en daar een woord zijn vergeten of een beat hebben gemist, maar ik heb wel flink met de muziek meebewogen. Dat was meer dansen in het openbaar dan ik ooit had gedaan.

Het was een magische avond. Tot het laatste nummer verliep de show vlekkeloos. Dat was 'America the Beautiful'. (Ik wilde het publiek eraan herinneren dat de Republikeinen de vlag niet bezitten.) Ik vroeg hun om mee te zingen, maar ik had niet verwacht dat ze zouden gaan staan en mijn zicht op de autocue zouden blokkeren. (Die autocue was een van de redenen waarom ik erin had toegestemd om op te treden. Daarmee hoefde ik me geen zorgen te maken dat ik mijn tekst zou vergeten).

Maar nu kon ik de tekst niet zien. Ik liep van links naar rechts over het podium, zoekend naar een plek waar ik de autocue kon zien. De avond ervoor hadden we een generale repetitie gehad. Die hadden we gefilmd, en gelukkig konden we die beelden gedeeltelijk gebruiken voor de televisieversie van de show.

Aanvankelijk was het niet de bedoeling om het optreden te filmen. Toen we echter besloten daadwerkelijk een podium in mijn achtertuin te bouwen, zei ik: 'Als we dit zo groots opzetten, waarom filmen we het dan ook niet voor de televisie?'

Marty benaderde HBO en maakte afspraken voor de uitzending. Het netwerk droeg bij aan de kosten, en ze betaalden ook voor het recht om het eenmalig uit te zenden. Het idee live te moeten zingen, boezemde me nog steeds angst in. Daarom vroeg ik Marty nog een voorwaarde toe te voegen: als het uiteindelijke resultaat me niet beviel, mochten de opnamen niet worden gebruikt.

Mijn oude vriend Dwight Hemion trad op als regisseur en maakte er iets moois van. Zijn acht cameramannen maakten interessante opnamen. De productie was in handen van Gary Smith en Dwight. Bij hen wist ik me in goede handen, en het was fijn om weer met hen samen te werken.

Het evenement was een groot succes.

We haalden 1,5 miljoen dollar op. Dat was het grootste bedrag in de geschiedenis van Californië dat ooit was ingezameld tijdens een eenmalig liveoptreden op één avond. (En meer dan president Reagan bij elkaar wist te krijgen bij een vrijwel gelijktijdige actie met drie keer zoveel gasten.)

Het belangrijkste was bovendien dat vijf van onze zes kandidaten wonnen. Mede dankzij onze actie kwam de Senaat voor het eerst sinds 1980 weer in handen van de Democraten. En daarmee gaven we een andere richting aan het land.

Gloria Steinem interviewde me op de dag na het concert voor *The Today Show*. Ik zei dat ik me al jarenlang grote zorgen maakte over de toestand in de wereld, maar dat ik me daarbij vooral machteloos had gevoeld en niets had gedaan. Tsjernobyl had me echter tot actie aangezet. Ik besefte dat artiesten zich in een unieke positie bevinden. Als wij onze stem verheffen, dan worden we gehoord.

Ik geloof in de kracht van één stem (daarom hebben we onze special *One Voice* genoemd). Gloria vroeg me naar mijn gedachten over macht. Mijn antwoord: 'Als je macht hebt, betekent dat niet dat je meedogenloos of onaardig bent, of dat je je stem verheft om dingen voor elkaar te krijgen. Dat is niet hoe je macht moet gebruiken.' Je kunt macht op een zachtaardige manier gebruiken. Dat had ik geleerd tijdens het regisseren van *Yentl.*

Als ik oud was, wilde ik niet met spijt op mijn leven terugkijken omdat ik niet het risico had genomen om op te komen voor waar ik in geloofde.

Het voelde niet goed voor me dat dit een eenmalige inspanning zou zijn. Dus stak ik al het geld dat ik verdiende aan de special van HBO, het album en de video (en uiteindelijk ook de dvd) in een nieuwe stichting (de Barbra Streisand Foundation) om zo de strijd voort te kunnen zetten. Ik wilde de daad bij het woord voegen. Mijn steun was er niet alleen voor nucleaire ontwapening en de milieubeweging, maar voor alles wat me na aan het hart lag, zoals vrouwenrechten, burgerrechten en onvervreemdbare mensenrechten.

Voor mij was dit een nieuw begin. Vanaf dat moment liet ik mijn stem horen en was ik meer betrokken bij de wereld.

40

Het recht van iedereen om lief te hebben

Er zijn van die liefdes in je leven waar je nooit helemaal overheen komt. Ik werd niet zozeer verliefd op een mens als wel op een toneelstuk. Ik ging erachteraan en kreeg wat ik wilde maar raakte het ook weer kwijt, en zelfs toen ik er formeel niet meer bij betrokken was, probeerde ik er nog steeds een film van te maken. Het was een obsessie, en ik ben er meer dan vijfentwintig jaar mee bezig geweest.

Ik woonde de voorstelling van *The Normal Heart* van Larry Kramer voor het eerst bij in het Las Palmas Theatre in Hollywood. Dat was op 8 januari 1986. Het verhaal speelt zich af in de begintijd van de aidsepidemie. Toen was het vooral de homogemeenschap die door deze nieuwe ziekte werd getroffen. Aanvankelijk wist niemand wat aids veroorzaakte, en het was ook niet bekend hoe het werd overgedragen. Dat was beangstigend. Jonge mannen stierven er in groten getale aan, maar de medische wereld en de regering van Ronald Reagan keken de andere kant op. Het was een doorlopende strijd om aids onder de aandacht te brengen, en Larry stond daarin vooraan. De Gay

Men's Health Crisis verstrekte informatie en bood hulp aan slachtoffers. Die stichting werd in Larry's woonkamer opgericht. Het toneelstuk is grotendeels Larry's eigen verhaal. Het verhaal is enigszins gefictionaliseerd maar gaat over echte mensen en echte gebeurtenissen. De hoofdpersoon is Ned Weeks, het alter ego van Larry. In Los Angeles werd die geweldig neergezet door Richard Dreyfuss. Bruce Davison nam de rol op zich van Felix (Neds geliefde), en Kathy Bates speelde dokter Emma Brookner. Haar rol was gebaseerd op een bijzondere vrouw, dokter Linda Laubenstein. Zij was een van de eersten die alarm sloeg, en ze was coauteur van het eerste artikel dat over de ziekte werd gepubliceerd. Toen er nog maar weinig artsen waren waar patiënten terechtkonden, werden de meesten in New York door haar behandeld.

Aan het einde van het stuk voert Emma een geïmproviseerde huwelijksceremonie op voor Ned en de stervende Felix. De laatste is te zwak om uit zijn ziekenhuisbed op te staan. Toen ik dat zag, barstte ik in tranen uit.

The Normal Heart is een prachtig toneelstuk met een sterk thema. Wat mij betreft gaat het over het recht van iedereen om lief te hebben, en ik dacht dat het een geweldige film kon worden. Ik hoopte dat de houding ten opzichte van de homogemeenschap zou veranderen als mensen deze personages zagen, hun verhalen hoorden en iets meekregen van hun kwetsbaarheid.

Nadat ik het stuk had gezien, nam ik contact op met Larry om de rechten te verwerven. Na twee maanden onderhandelen van mijn advocaat en zijn agent kondigden we in maart 1986 aan dat ik de film zou produceren en regisseren voor Barwood Films, en dat ik de rol van de dokter op me zou nemen. Dit was geen makkelijk onderwerp, en mij werd verteld dat de film eerder groen licht van een studio zou krijgen als ik er zelf ook in meespeelde.

Waarom ga ik altijd voor projecten die niemand anders commercieel haalbaar vindt? Dat had men gezegd over *Yentl*, en nu zeiden ze het over deze film. Ik bleef echter even vastbesloten. Verhalen over onrecht trekken me onweerstaanbaar aan. Als ik onrecht zie, zoals seksuele discriminatie, kan ik niet anders dan proberen het te stoppen.

Larry was al aan een script begonnen. Toen ik erbij betrokken raakte, stuurde hij me deze mooie brief:

> *In zekere zin ben je sinds je betrokkenheid een muze voor me geworden. Nu ik weet van je interesse en je toewijding voor dit toneelstuk, en nu jij de rol van Emma op je neemt, schrijf ik met nog meer plezier aan het script. Haar rol is me altijd dierbaar geweest, en ik had haar graag*

> ***een grotere rol toegekend als we daar in het toneelstuk meer ruimte voor hadden gehad.***

Als Larry de rol groter wilde maken en dacht mij daarmee een plezier te doen, had hij het bij het verkeerde eind. Ik zag er vooral naar uit om te regisseren en zelf niet meer dan een kleine rol te spelen.

Dustin Hoffman leek me een goede keuze voor de rol van Ned. Ik stuurde hem het script voor het toneelstuk en beloofde hem ook het script voor de film als dat gereed was. Ik sprak met productieleiders en hoopte in september of oktober te kunnen beginnen met de opnamen.

Toen ik van Larry het voltooide script in handen kreeg, had ik er echter een zwaar gevoel bij. De openingsscène was saai. We zien Ned en zijn broer, Ben op het platteland, waar Ben van plan is een huis te bouwen. Vervolgens bevinden we ons in een kleedkamer na een tenniswedstrijd, waar het voornamelijk gaat over overgewicht en lichaamsbeeld. Op pagina 3 zijn we op Fire Island, dat bekendheid geniet om zijn stranden en de feestjes die in de zomer honderden homo's aantrekken. We zien zongebruinde mannen die drinken, dansen, flirten en zich vermaken in het zwembad. Het voelde oppervlakkig. Het ging meer over hun levensstijl dan over hun leven.

Larry had een aantal nieuwe scènes toegevoegd met Emma, en hij had een subplot bedacht waarin Emma en Ned zich tot elkaar aangetrokken voelen. Daar zag ik het nut niet van in. Dat was een extra romance die we goed konden missen. Er was maar één liefdesverhaal waar het publiek zich wat mij betrof op moest concentreren: dat van Felix en Ned. Al haar extra scènes konden naar mijn mening in de prullenbak.

Larry's toneelstuk was goed zoals het was. Daar wilde ik niets aan veranderen. De dialogen waren schitterend. En de boodschap moest ongewijzigd blijven. Wat ik wel wilde was het geheel filmischer maken. Weinig mensen gingen naar de bioscoop om de geschiedenis van de homorechtenbeweging te zien. Daarom wilde ik het verhaal toegankelijk maken voor een breder publiek. En ik wilde ook dat het publiek deze mannen zou leren kennen en van ze ging houden.

Ik vroeg Larry om naar mijn huis in Los Angeles te komen en er samen met mij aan te werken. Ik maakte hem deelgenoot van mijn gedachten erover en zei dat we de hoofdpersonen zo moesten introduceren dat iedereen zich ermee kon identificeren. En we moesten niet meteen over homoseksualiteit beginnen. Aan het begin van de film mocht het publiek zich afvragen wie de hoofdpersonen waren en wat hun onderlinge band was. Ik vond dat het publiek aan het begin van de film niet hoefde te weten wie homo of hetero was. Dat was op dat moment nog niet belangrijk. Het moeten gewoon mensen zijn, zonder etiketjes.

We waren het erover eens dat een heteroseksuele regisseur goed voor de film was. Ik zou een ander gezichtspunt inbrengen. We praatten elke avond dat hij bij mij was tot middernacht. Het waren creatieve, opwindende gesprekken.

Dat leek voor Larry ook te gelden. Hij was enthousiast toen hij afscheid nam en in het vliegtuig stapte om de Londense productie van zijn toneelstuk te zien. Maar in april kwam alles tot stilstand. Opeens maakte Larry bezwaar tegen sommige voorwaarden in de deal. Dat was verontrustend, want eerder had hij er al mee ingestemd. Na verloop van tijd konden we zijn bezwaren achter ons laten en hij leverde een tweede versie. Hij had een nieuw begin geschreven en op basis van mijn opmerkingen andere wijzigingen doorgevoerd, maar het script had nog een lange weg te gaan. Larry ging weer aan het werk, en in augustus zette hij een punt achter de deal. Onze advocaten stuurden een brief naar zijn advocaten. Ze legden uit dat wij nu juridisch gezien over de rechten beschikten. Dat standpunt werd gedeeld door niemand minder dan Larry's eigen agent. Een deal was een deal, bevestigde hij.

Diverse mensen adviseerden me het project te laten vallen. 'Hoe kun je werken met iemand die zo onbetrouwbaar is?' zeiden ze.

In oktober begonnen de opnamen voor *Nuts*. Die film was al in voorbereiding, lang voordat ik Larry ontmoette. Maar ik kon *The Normal Heart* niet loslaten. Ik belde Larry en kreeg te horen dat hij een ander aanbod had. Serieus? Was al die heisa niet meer dan zijn manier om een betere deal te krijgen?

Pas in februari 1987 deed hij eindelijk (wederom) een toezegging.

Vanaf dat moment werkten Larry en ik weer samen aan het script. Dit is wat hij tegen de media zei: 'Ze daagt je uit bij elk woord. Ze acteert de woorden. Dat schaven totdat het perfect is... Als schrijver hou je daarvan of niet. Zelf werk ik ook zo, vooral aan mijn roman, dus ik doe niets liever. Ze herinnert je aan versie vier terwijl jij alweer een paar versies verder bent en alle vorige versies bent vergeten.'

Ik was me ervan bewust dat het moeilijk voor Larry moest zijn om zijn toneelstuk te herschrijven. Hij had al een verhaal dat met succes was opgevoerd, en nu vertelde ik hem dat er scènes toegevoegd moesten worden om bij het publiek meer empathie met de personages te kweken. Larry was, evenals Ned, boos en gepassioneerd. Daar had hij alle recht toe, vond ik. Bovendien hield ik van zijn passie. Maar in de film wilde ik ook Neds zachtere kant te zien krijgen. Een van de kritiekpunten op het toneelstuk was dat het een opeenvolging van tirades was. Daar was ik het niet mee eens, maar ik vond wel dat te veel woede een afknapper kon zijn. Als je te hard schreeuwt, horen mensen niet wat je zegt.

Larry en ik raakten in een impasse. Cis probeerde te helpen en zocht andere schrijvers. Ze benaderde Michael Cristofer, Alan Bennett, David Seltzer, Alvin Sargent, John Sayles, William Goldman en Darryl Ponicsan. Geen enkele van hen voelde zich tot het project aangetrokken.

Misschien kwam dat door Larry. Hij had nu eenmaal de reputatie dat hij moeilijk was om mee te werken. Het was een project waar niemand bij betrokken wilde raken. Dat is vandaag de dag misschien moeilijk voor te stellen, maar de algemene houding ten opzichte van het onderwerp was toen anders. Toch was ik heel verbaasd toen een vriend van mij, een intelligente, progressieve, modern denkende filmproducent, tegen me zei: 'Ik wil geen film zien over twee homo's.' En Richard Dreyfuss vertelde dat, toen hij een rol had in het toneelstuk, er meestal iemand in het publiek opstond en wegging als Ned en Felix elkaar kusten.

Ik beschouwde mezelf weliswaar als zeer progressief, maar zelfs ik voelde me toen ik het stuk voor het eerst zag een beetje ongemakkelijk bij het personage van Tommy, die werd voorgesteld als een extraverte nicht met verwijfde maniertjes. In mijn ogen was dat een stereotype, en ik wilde niet dat mensen zich daardoor zouden laten afschrikken want aan het eind van het stuk was ik dol op Tommy. Hij was het toonbeeld van een meelevend, attent en liefdevol mens.

Het was een prachtige gewaarwording om mijn gevoelens in de loop van twee uur volledig te zien omslaan. Hetzelfde wilde ik bereiken met het publiek dat de film zag.

Als Ned en Felix hun eerste date hebben, wilde ik niet dat ze meteen seks zouden hebben, zoals in het toneelstuk. Een van de eerste dingen die Felix daarin tegen Ned zegt is: 'Ontspan je maar. We gaan vrijen.' Voor Larry was dat een enorme verandering, maar wat ik in de film probeerde te bereiken was een situatie waarin iedereen zich kon herkennen. Het publiek moest ernaar uitzien dat deze twee mensen tot elkaar kwamen. Ik wilde geen seksverhaal maar een liefdesverhaal.

Larry was het niet met me eens. Voor hem was zowel zijn toneelstuk als de film een homomanifest. 'Zo gaat het nu eenmaal,' zei hij. 'Eerst neuken, dan praten.' Dat was de vrijheid waarvoor ze gevochten hadden. Het was een manier van doen die hun het leven kon kosten, maar veel homo's wilden die vrijheid niet opgeven. Larry probeerde dit gedrag weliswaar te veranderen, maar hij wilde het ook laten zien omdat het een waarheidsgetrouwe weergave was van de seksualiteit van homo's. Het deed hem niets als hij daarmee het heteroseksuele publiek shockeerde. Het kon hem niet schelen als ze daar niet tegen konden. Door die houding liep hij het risico dat er alleen gelijkgestemden op zijn werk afkwamen. En daarmee schoot hij zijn doel voorbij, en het hielp ook niet om de film gemaakt te krijgen.

Helaas was er in de wereld van Larry geen discussie mogelijk. Je was voor hem of tegen hem. In 1988 verbrak hij onze overeenkomst en probeerde een aantal jaren tevergeefs iemand anders voor zijn film te vinden. In 1992 zag hij *The Prince of Tides*. Hij belde Cis, zei dat hij erg onder de indruk van de film was en vroeg of ik nog steeds geïnteresseerd was in *The Normal Heart*.

Daar hoefde ik geen twee keer over na te denken. Natuurlijk was ik nog steeds geïnteresseerd. Van Columbia, waar ik een voorkeursrecht had, kreeg ik een optie op de rechten.

In 1993 leende ik met veel plezier mijn naam aan een geënsceneerde lezing van het toneelstuk bij Roundabout Theatre Company in New York. De baten waren voor ACT UP en Broadway Cares/Equity Fights AIDS. Het stuk werd prachtig geregisseerd door Jerry Zaks. De acteurs waren ook niet de minsten: Kevin Bacon, Eric Bogosian, Stockard Channing, Harry Hamlin, D.W. Moffett (die Felix had gespeeld in de originele productie in Joe Papp's Public Theater), Tony Roberts en John Turturro. Ik deed de introductie en bedankte Larry dat hij al zoveel jaren aandacht voor zijn zaak had gevraagd. Hij werd een 'schreeuwlelijk', een 'gek' en 'enorme lastpak' genoemd, maar wat hij deed was zowel moedig als noodzakelijk.

Dit onderwerp riep emoties in me op. 'Homofobie is als een ziekte die we nog moeten genezen,' zei ik. Het is en blijft een van mijn meest fundamentele overtuigingen dat iedereen waardigheid en respect verdient. We moeten ons hart openen voor liefde en compassie.

Ik vertelde het publiek ook dat de film nu echt gemaakt ging worden.

Mijn relatie met Larry was er inmiddels niet op vooruitgegaan. Hij maakte een moeilijke tijd door. Daar was ik me goed bewust van. In 1988 was hij positief getest op hiv, dus hij stond onder grote druk om deze film gemaakt te krijgen. Hij wilde koste wat het kost het nieuws naar buiten brengen voordat nog meer mensen met het virus besmet zouden raken.

Ik wilde de film even graag maken als hij, maar zonder script kon ik niet veel.

Dat bracht ons wederom in een impasse. Nadat onze wegen zich hadden gescheiden, was Larry meteen teruggevallen op de opening uit Fire Island, en ook de rest had hij weer teruggedraaid. Dat script wilde Columbia echter niet gebruiken.

Samen aan het script werken leverde niets op, en uiteindelijk stemde Larry ermee in dat we een andere schrijver zouden zoeken. Hij stelde Jon Robin Baitz voor. Dat was een toneelschrijver die eveneens homoseksueel was. Mijn ontmoeting met Baitz was veelbelovend. Hij was erg ontvankelijk. Maar toen slaagde Larry erin om hem diep te beledigen. Hij viel hem lastig met telefoontjes en trok zijn betrokkenheid bij het project in twijfel. Dat leidde er uiteindelijk toe dat Baitz zich terugtrok en een ander project aannam.

Ramsey Fadiman was de volgende schrijver die ik vond. Ik koos hem onder meer omdat hij niet bekend was en ervoor openstond om me te helpen mijn concept op papier te krijgen.

Als ik een film regisseer en aan het script werk, probeer ik me in ieder personage in te leven. Ned staat aanvankelijk enigszins wantrouwig tegenover Felix omdat deze aantrekkelijk is en Ned zich niet kan voorstellen dat hij in hem geïnteresseerd is. Daar kon ik me goed in inleven. Het maakt niet zoveel uit als een personage mannelijk is en ik vrouwelijk. Mannen hebben dezelfde onzekerheden als vrouwen. En de meeste mensen in het publiek zouden dat volgens mij ook wel begrijpen.

Je kent waarschijnlijk dat gevoel wel als je partner voor je zorgt. De verbondenheid die daarmee gepaard gaat, betekent heel wat meer dan seks. Zoiets voel je alleen als er liefde in het spel is. Maar hoe breng je dat tot uitdrukking in een film? Ik herinnerde me dat ik als kind altijd de haartjes in mijn opa's oren weg mocht knippen. In mijn script knipt Felix daarom de haren van Ned. Voor mij was dat een liefdesscène, zij het van een andere soort dan we gewend zijn te zien op film.

En midden in dit terloopse, gewone moment, schreef ik een serieuze dialoog voor hen. Felix vertelt Ned dat hij getrouwd is geweest en een zoon heeft. Het is geen voor de hand liggende keuze om belangrijke informatie op deze manier te onthullen, maar dat is wat mij als schrijver en regisseur interesseert: scènes waarin meer dan één ding tegelijk gebeurt.

Terwijl ik aan mijn versie van het script werkte, ging Larry op zijn eigen manier verder met de bewerking ervan, en het werd almaar langer. In een interview met *The Advocate* noemde hij Ramsey een 'Hollywood-hacker', en in een brief aan mij en Gareth Wigan, de studiobaas die het project begeleidde, dreigde hij Columbia aan te klagen tenzij ze hem onmiddellijk zouden betalen voor zijn laatste versie. Dat was geen slimme zet, en dat was nog zacht uitgedrukt. Wat had het voor nut een man die ons probeerde te helpen van ons te vervreemden, om nog maar te zwijgen van de studio?

Ramsey en ik werkten gestaag door. Het kostte ons een paar versies voordat we iets hadden wat voor mij goed voelde. Ik was vooral tevreden over mijn opening. Die was erg filmisch. De film zou beginnen met de beëdiging van Ronald Reagan die de presidentiële eed uitspreekt en belooft 'de grondwet van de Verenigde Staten in stand te houden, te beschermen en te verdedigen'. Dan zoomt de camera uit en blijkt dat we naar televisiebeelden kijken. Een prop papier raakt het scherm en valt op de grond. We horen iemand zeggen: 'Onzin. Allemaal onzin.' De camera volgt een hond die de papierprop oppakt en terugbrengt naar de man die hem heeft gegooid. Nu zien we Ned, die boos zit te typen en tegelijkertijd een telefoongesprek voert.

Vervolgens zien we een kurk uit een champagnefles knallen, en een jonge secretaresse overhandigt een glas aan een knappe man, Bruce, die met zijn collega's van de bank waar hij werkt naar dezelfde scène op televisie kijkt. 'We hebben het voor elkaar,' zegt de man naast hem. De man kijkt aandachtig naar het in een strak jurkje gestoken achterste van de secretaresse als ze zich van hen verwijdert. Hij stoot Bruce aan en zegt: 'Zou je daar niet eens in willen knijpen?' Bruce glimlacht.

In de volgende scène zien we Ned zijn hond uitlaten. Hij hoort iemand zijn naam roepen, draait zich om en ziet Craig, die aan het hardlopen is. Craig haalt hem in en vraagt buiten adem: 'Waarom heb je me nooit teruggebeld?' Ned, die nooit iemand heeft gemogen die hem aardig vond, bedenkt een flauwe smoes. Craig krijgt een hoestbui op het moment dat ze voor een elektronicawinkel staan, en we zien vijfentwintig televisies in de etalage, die allemaal staan afgestemd op Ronald en Nancy Reagan terwijl ze dansen op het inaugurele bal.

Vervolgens zien we een deur met het opschrift NEW YORK CITY DEPARTMENT OF HEALTH. Een man loopt erdoorheen en langs ons volgende personage, Mickey. Hij zit aan zijn bureau en leest een artikel in *The New York Times* met de kop: ZELDZAME VORM VAN KANKER BIJ 41 HOMO'S AANGETROF-

FEN. Uit een draagbare radio op een plank klinkt de stem van Ronald Reagan.

In vier snelle scènes hebben we het tijdsbestek bepaald en vier belangrijke personages geïntroduceerd in hun dagelijkse leven. Het publiek heeft er geen idee van of ze homo of hetero zijn. Ze zien eruit als ieder ander, en dat was ook mijn bedoeling.

In de volgende scène loopt Ned de spreekkamer van dokter Brookner binnen omdat zij hem heeft opgeroepen om te helpen de homogemeenschap te informeren. Craig wordt binnengebracht door Mickey; hij is op straat in elkaar gezakt. Vervolgens zien we Bruce naar binnen stormen. Hij is de man die we in de bank hebben zien glimlachen, en het blijkt dat hij Craigs partner is. Pas als we deze vier mannen in Emma's spreekkamer zien, zien we het verband en beseffen we dat ze allemaal homo zijn.

Dat was niet wat Larry wilde. Hij wilde nog steeds dat de seksualiteit centraal stond. Het was niet dat ik daar geen begrip voor had, maar ik vond niet dat we moesten laten zien dat ze, zoals Larry het uitdrukte, 'eerst neukten'. In meerdere versies van het script kwamen scènes voor in badhuizen. Daar zagen we mannen kleine kamertjes in gaan en anonieme seks hebben met vreemden. Ik zei: 'Larry, het is genoeg als we daar in de film over praten. En dat zullen we ook doen. Het is nergens voor nodig om het ook nog eens te laten zien.'

Het was een andere tijd, een tijd waarin homo's bij veel mensen niet bepaald geliefd waren. Mijn doel was die mensen op andere gedachten te brengen, en Larry's benadering leek me daarvoor niet de beste manier. Maar Larry zocht graag de grenzen op. Die hedonistische strandscènes op Fire Island lagen hem na aan het hart. In een van zijn brieven verwoordde hij het aldus: 'De beelden van tien-, twintig-, dertigduizend homoseksuele mannen die langs de oceaan lopen, zorgen ervoor dat iedere homo in de wereld de film wil zien, en dat rechtgeaarde christenen bleek wegtrekken. Iedere homo weet dat Fire Island was waar het in de jaren zeventig allemaal om draaide... Al die mooie, beschikbare mannen.'

Als je wilt dat alleen homoseksuele mannen je film willen zien, zit je daarmee op het goede spoor. Maar ik wilde dat deze film de hele wereld aan zou spreken.

Ik moest horen hoe het klonk als acteurs de regels in mijn script uitspraken, dus organiseerden we in april 1995 een lezing in Los Angeles met een geweldige groep acteurs, waaronder Tony Shalhoub, D.W. Moffett en Stephen Spinella. De reacties waren meer dan enthousiast. De opwinding maakte zich weer van me meester.

Met behulp van mijn script trokken we twee briljante acteurs aan: Kenneth Branagh en Ralph Fiennes. Ik wilde dat Ken de rol van Ned zou spelen en Ralph die van Felix, en beiden zeiden dat ze daartoe bereid waren. Helaas zouden ze geen van beiden een jaar beschikbaar zijn. Ken werkte aan een andere film, en Ralph speelde Hamlet op het toneel, eerst in Londen en daarna op Broadway.

Van de studio hadden we nog steeds geen groen licht gekregen. Ik dacht: oké, dit is het lot. Omdat we sowieso op de acteurs moesten wachten, besloot ik *The Mirror Has Two Faces* te maken. Daar had ik al veel werk in gestoken. Die film was volledig gefinancierd, en niets stond ons in de weg om met de opnamen te beginnen. Mijn plan was om meteen daarna een begin te maken met de opnamen van *The Normal Heart*.

Toen Larry het nieuws hoorde, sprong hij uit zijn vel. Hij stuurde een boze brief naar mijn agenten bij CAA en beschuldigde hen ervan het project te saboteren omdat ze weigerden hun cliënten beschikbaar te stellen. Hè? Hij dreigde iedereen bij het agentschap in de pers uit te maken voor homofoob. 'Je kunt ervan uitgaan,' schreef hij, 'dat als deze film niet gemaakt wordt, en wel deze zomer, ik jou en je agentschap daarvoor aansprakelijk stel.'

Hij was weliswaar snel bereid anderen de schuld in de schoenen te schuiven, maar deed alles liever dan naar zichzelf kijken.

Het was de ironie ten top. Niet alleen in het toneelstuk, maar ook in het echte leven werd Larry uit de organisatie gezet die hij zelf had opgericht. Hij was zo vijandig en had zo'n grote mond dat hij iedereen van zich vervreemdde, zelfs zijn vrienden. En nu deed hij het weer. Hij joeg mensen tegen zich in het harnas die hij hard nodig had om deze film gemaakt te krijgen.

En toen richtte hij zijn pijlen op mij. In april 1996 vertelde hij aan *Variety*: 'Deze vrouw heeft dit stuk al sinds 1986.' (Dat was niet waar, want hij had onze oorspronkelijke deal verbroken. Daarna had hij zich zelf vier jaar lang alleen met het project beziggehouden voordat we weer tot elkaar waren gekomen.) Hij trok ook mijn toewijding aan de homogemeenschap in twijfel. Dat werd echter tegengesproken door de feiten. Terwijl ik probeerde *The Normal Heart* op de rails te houden, maakte mijn productiemaatschappij, Barwood Films, enkele films voor televisie, zoals *Serving in Silence: The Margarethe Cammermeyer Story*, die drie Emmy's won en miljoenen Amerikanen de pijnlijke waarheid liet zien over de slechte behandeling van homo's in het leger, en *What Makes a Family?*, over de oneerlijke wetgeving met betrekking tot adoptie door homo's.

Larry sloeg als een wilde om zich heen. Hij was blijkbaar vergeten dat ook ik jaren van mijn leven had gewijd aan deze film. En ik had dat belangeloos gedaan, terwijl Larry betaald was voor elke versie van zijn script, en voor elke keer dat we onze optie hadden verlengd.

Onze optie was inderdaad verlopen aan het begin van dat jaar. Dat was toen ik midden in de opnamen van *The Mirror Has Two Faces* zat. En nu legde Larry nieuwe voorwaarden op tafel. Als we onze optie wilden verlengen, zouden we niet alleen de rechten van *The Normal Heart* moeten kopen, maar ook die van een ander toneelstuk van zijn hand (en daar was naar mijn mening geen film van te maken), én we zouden hem als scenarioschrijver moeten nemen. We moesten er nu ook veel meer voor betalen.

Met al zijn eisen werd het project alleen maar moeilijker uitvoerbaar.

Larry had John Schlesinger al benaderd voor de regie voordat ik erbij betrokken raakte, dus zei ik: 'Waarom vraag je hem niet nog eens of hij de film wil regisseren?' John was een uitstekende regisseur, en hij was homo. (Larry was van gedachten veranderd en beschouwde dat nu als een voordeel.) 'Als je niet op mij wilt wachten,' zei ik, 'en je hebt er nu het geld voor, laat John dan de regie doen en hou mij aan als producent.' Ik vond het wel interessant dat Schlesinger een voorschot van 125.000 dollar wilde. Dat was voordat hij zelfs maar iets aan de film had gedaan. Ik was zo naïef dat ik niet besefte dat regisseurs doorgaans ook betaald kregen als ze een script ontwikkelden.

En toen kreeg ik van Larry te horen dat hij me niet nodig had om de film te produceren.

Dat kwetste me diep, maar ik gaf hem waar hij om vroeg.

Ik gaf mijn eigen verklaring uit: 'Ik ben me er pijnlijk van bewust dat de tijd niet stilstaat. Daarom trek ik me terug; ik zal niet langer betrokken zijn bij het project. Ik wens Larry succes met *The Normal Heart.* Persoonlijk voel ik me zeer betrokken bij projecten die de behoeften van de homogemeenschap weerspiegelen en bevorderen.'

Mijn zoon is homoseksueel. Dat maakte mijn betrokkenheid dubbel zo sterk. Jason had heel graag gewild dat ik deze film zou maken, en ik had ernaar uitgezien om er samen met hem aan te werken. De film betekende ontzettend veel voor me, en nu was ik er niet langer bij betrokken.

In het openbaar bleef ik beleefd. Ik heb nooit geprobeerd Larry in verlegenheid te brengen, zoals hij dat bij mij wel deed. In een ander interview voor *The Advocate* vond hij het zelfs nodig de seksuele geaardheid van mijn zoon te noemen. Daar had hij niets mee te maken. Jason was er open over, maar hield zijn privéleven graag privé. Het had zijn keuze moeten zijn wanneer en waar hij er in het openbaar over had willen praten.

Nadat ik mijn verklaring had gepubliceerd, stuurde ik Larry een fax waarin ik hem precies vertelde wat ik van hem dacht. Een van de zinnen staat me nog helder voor de geest: 'Je bent zo zelfdestructief.'

Larry had wederom alle rechten, en wederom gebeurde er niets. Ik had weliswaar geen contractuele betrokkenheid meer maar kon het niet loslaten. Ik bleef me ervoor inzetten om *The Normal Heart* gemaakt te krijgen. Ik belde Craig Zadan en Neil Meron. Met hen en Cis had ik *Serving in Silence* en *What Makes a Family?* geproduceerd. Ik vroeg hun of ze konden helpen. Ik kon het niet zo laten eindigen. Het was eeuwig jammer als dit verhaal en deze zaak niet de aandacht kregen die ze verdienden.

Ik probeerde ook nog steeds verschillende acteurs warm te maken voor de film. Het moet in 1997 zijn geweest. Ik bezocht een feestje van de journalist Todd Purdum en zijn vrouw Dee Dee Myers, de voormalige perschef van president Clinton, en op de oprijlaan liep ik Ben Stiller tegen het lijf. Ik kende Ben nauwelijks, maar ik hield hem staande en zei: 'Heb je weleens overwogen om in een serieus drama te spelen?' Op dat moment stond hij vooral bekend als acteur van komische rollen. Ik denk echter dat een goede komiek het doorgaans in zich heeft om ook een goede dramatische rol neer te zetten. Ik zag Ned in hem. Dus zei ik: 'Ik heb een geweldige rol voor je in *The Normal Heart.*'

Ben keek me aan alsof hij wilde zeggen: 'Ben je gek geworden?' en haalde zijn schouders op.

Jaren later, in 2005, kon ik een glimlach niet onderdrukken toen Ben een toneelstuk regisseerde van George Wolfe in het Public Theater en opeens iedereen aan hem dacht voor de rol. Maar in het jaar daarvoor hadden Ben en ik al samengewerkt in *Meet the Fockers*.

Ik kreeg een telefoontje van Craig en Neil. Ben had zo'n goede ervaring met George gehad dat hij hém als regisseur wilde.

Wederom een steek in het hart. Larry was dolblij met George. Hij duwde me opnieuw aan de kant, maar wilde me nog steeds voor de rol van Emma. En ook om groen licht van de studio te krijgen, verliet hij zich op mijn hulp. George had *Angels in America* geregisseerd. Dat vond ik een geweldig toneelstuk, en hij had ook andere hits voor toneel op zijn naam staan. Met film had hij echter weinig of geen ervaring. Maar ik wist mijn gevoelens opzij te zetten. Oké, dacht ik, ik speel gewoon de rol. Ik zal er alles aan doen om deze film eindelijk gemaakt te krijgen.

Larry's script bleef een groot probleem, en hij stond erop dat het gebruikt zou worden. Inmiddels had hij het opgeblazen tot bijna tweehonderd pagina's. Dat is veel te lang voor een filmscript. Larry schreef in een mailtje: 'Ik schrijf een episch script voor jullie, zoals *A Man for All Seasons*, misschien met halverwege een pauze. De rol voor Ben is zo veelomvattend en verrijkend dat hij nooit meer zoiets te spelen zal krijgen.'

Dat mailtje werd gevolgd door een tweede. Daarin dreigde hij de stekker uit het project te trekken als we niet meteen begonnen met filmen. Dat was het begin van een lange kettingreactie. Van Craig kregen we te horen dat Larry Ben met mailtjes bestookte. Dat ging zo ver dat Ben erover dacht zich terug te trekken. Craig kon niet overweg met al die telefoontjes van Larry en reageerde er niet meer op. Larry was woedend. En George las Larry's laatste script en liet het vervolgens een halfjaar liggen, terwijl hij Larry's smeekbeden om contact met hem op te nemen straal negeerde. Uiteindelijk hebben we twee jaar op George moeten wachten. Totdat de hele zaak als een kaartenhuis in elkaar stortte.

We waren er zo dichtbij. De film had gemaakt kunnen worden, maar Larry was telkens degene die zand in de raderen strooide.

Ondertussen waren er andere films over het onderwerp verschenen, zoals *Philadelphia* en *Brokeback Mountain*. Die kregen inderdaad de positieve reacties waar ik op had gehoopt. Er werd gezegd dat *The Normal Heart* een reeds gepasseerd station was. Als toneelstuk was het zijn tijd ver vooruit. Dat gold vooral voor de laatste scène van het stuk, met een als vanzelfsprekende acceptatie van het homohuwelijk. Maar er was ondertussen zoveel gebeurd dat het stuk gedateerd was.

Langzaam maar zeker werd duidelijk dat we het geld voor de film niet bij elkaar zouden krijgen. Ik dacht: oké, dan doen we het wel op tv. Dan bereikten we tenminste een groot publiek. Maar zelfs HBO had niet meer dan 250.000 dollar over voor het script, en Larry deed het niet weg voor minder dan 1 miljoen dollar. Geen enkel bedrijf was bereid zoveel geld op tafel te leggen, en Larry weigerde om ook maar één wijziging in zijn script te accepteren.

Daarop volgde nog een ander groot conflict tussen Larry en mij. In zijn script stond een zeer expliciete seksscène: een man ejaculeerde op de buik van een andere man. Toen ik daar bezwaar tegen maakte, weigerde hij de scène aan te passen. Hij betichtte me ervan dat ik een afkeer had van twee vrijende mannen.

Dat was zeker niet het geval.

Mijn bezwaren hadden niets te maken met geslacht. Een scène tussen een man en een vrouw zou ik ook niet zo expressief in beeld willen brengen. Het was vooral een kwestie van goede smaak.

Zelfs nu kon ik het project niet loslaten. Craig belde en zei: 'Ik heb net Larry's advocaat gesproken. Als je een cast bij elkaar kunt krijgen en aan Larry presenteert, en als je kunt hardmaken dat ze beschikbaar zijn om met de opnamen te beginnen, dan is Larry misschien bereid om jouw versie van het script te gebruiken.'

Mijn script week waarschijnlijk minder af van het oorspronkelijke toneelstuk dan het zijne. Larry was steeds verder afgedreven van het origineel. In mijn versie waren de beste scènes uit zijn toneelstuk nog intact, en ik had waar mogelijk zijn dialogen gebruikt.

Als we de financiering wilden rondkrijgen, hadden we een sublieme cast nodig. Mark Ruffalo las mijn script en was enthousiast. Hij wilde de rol van Ned op zich nemen. Ik stuurde mijn script ook naar Bradley Cooper. Hij zei meteen dat hij de rol van Felix wilde doen. Mijn enthousiasme laaide weer op.

Julia Roberts leek me bij uitstek geschikt voor de rol van Emma. Dat betekende dat ik zelf niet hoefde te acteren en me helemaal op de regie kon concentreren. Ik besprak het met haar, en ook zij was enthousiast.

Met Mark Ruffalo, Bradley Cooper en Julia Roberts had ik een fantastische cast bij elkaar gekregen. Maar toen was Julia opeens niet meer bereikbaar, en ook haar agent konden we er niet toe bewegen dat ze zich vastlegde.

Vervolgens kreeg ik een brief van Larry. Hij had de financiering rond en vroeg me voor de laatste keer of ik de film wilde regisseren. Ik moest echter zijn script in ongewijzigde vorm gebruiken.

Ik schreef hem terug: 'Je weet hoezeer dit project me aan het hart gaat, maar als regisseur moet ik volledige artistieke vrijheid genieten. Als ik dat nodig vind, moet ik hier en daar wijzigingen in je script kunnen aanbrengen.

Julia was in Europa voor de opnamen van *Eat Pray Love*. De film werd geregisseerd door Ryan Murphy. En vervolgens hoorde ik dat hij Larry een cheque had gegeven van 1 miljoen dollar. Hij werd de regisseur van een televisiefilm voor HBO, met Julia Roberts en Mark Ruffalo in de hoofdrollen. (Hij had tenminste niet ook nog Bradley Cooper gekregen. Dan had ik mezelf wel van kant kunnen maken.)

En Larry bleef me in de media belasteren. Hij bagatelliseerde al het werk dat ik had gedaan. Ook beweerde hij dat ik het script had herschreven om van de vrouwelijke arts de ster te maken. Ik kon het gewoon niet geloven. Hij wist heel goed dat dit niet waar was. Hij verdraaide de boel gewoon. Dat de film nog steeds niet was gemaakt, was niet mijn schuld. Hij had de rechten al vijftien jaar in handen, en tot 2014 was het hem zelf ook niet gelukt.

Tegen die tijd waren veel van de onderwerpen waartegen hij ageerde al niet langer actueel. Dan denk ik aan diverse doorbraken, zoals gelijke rechten en voordelen voor stellen van hetzelfde geslacht die in wetgeving waren vastgelegd, en in het leger waren er nieuwe regels, zodat lhbtiq+'ers openlijk als militair konden functioneren. Voor wat betreft het homohuwelijk had er ondertussen een revolutionaire verandering plaatsgevonden. Dat is nu in elke staat mogelijk (momenteel in elk geval wel). De werkelijkheid reikt nu verder dan Larry's buitengewone toneelstuk.

Zevenentwintig jaar nadat ik voor het eerst het idee had er een film van te maken, zag ik *The Normal Heart* op televisie. Het deed me deugd dat dit verhaal hiermee eindelijk een groot publiek bereikte. Tegelijkertijd deed het me verdriet, want ik wist hoe het ook had kunnen zijn.

Het viel me uiteraard op dat Ryan Murphy enkele veranderingen had doorgevoerd. Sommige scènes uit Larry's script waren verdwenen. Ik belde Ryan en vroeg hem hoe hij Larry zover had gekregen.

Hij zei: 'O, ik zag allerlei dingen waar ik het niet mee eens was. Gaandeweg heb ik die er gewoon uitgehaald.'

Waarom had ik daar niet aan gedacht? Ik vond waarschijnlijk dat ik Larry de waarheid moest vertellen. Dus als ik ergens bezwaar tegen had, dan vertelde ik hem dat.

Met twee belangrijke keuzes van Ryan was ik het niet eens. Zijn versie begon op Fire Island, en in de eerste paar minuten van de film kreeg je vier naakte mannen voorgeschoteld die onder een boom een mini-orgie beleefden. Wie weet hoeveel mensen na die scène naar een andere zender zijn overgeschakeld. En Ryan had ervoor gekozen om zijn film te eindigen met een scène op Yale, waar Ned (en Larry) als student zo ongelukkig waren geweest. Ned keert er terug voor de Gay Pride Week. Dat was bijna dertig jaar daarvoor, in de tijd dat Larry zijn stuk schreef, ondenkbaar geweest. We zien hem stilletjes aan de zijlijn zitten bij een dansfeest, terwijl hij met tranen in zijn ogen naar de jonge mensen kijkt. Het laatste beeld is dat van een zoveelste Rolodex-kaart met de naam van een slachtoffer die in een lade verdwijnt. Vervolgens gaat het scherm op zwart.

Die prachtige speech die Larry in een vroege versie had geschreven was er ook uitgehaald. In mijn versie staat die wel. Mijn assistent nam een kijkje in de archieven en vond mijn versie van 1995, zodat ik er nog eens naar kon kijken.

Het einde zoals ik dat had beschreven vindt eveneens plaats op Yale. Ned spreekt de studenten toe die in een stampvolle eetzaal wachten totdat het dansfeest begint. En hangt een spandoek met een aankondiging voor Gay Pride Week. 'Goh,' zegt hij, 'ik weet nog goed hoe ik hier dertig jaar geleden in dezelfde zaal stond en zelfmoord wilde plegen omdat ik dacht dat ik de enige homo op de wereld was. Nu sta ik hier op dezelfde plek en zie ik slimme, uitzonderlijke, jonge, openlijk homoseksuele mannen en vrouwen. Jullie leiden je leven eerlijk, dapper en met grote integriteit. Ik ben ontzettend trots op jullie.'

De rest van Neds toespraak horen we in een voice-over, terwijl we kijken naar een auto die over een bochtige weg bergopwaarts rijdt. 'We leven in een wereld die onder meer Michelangelo, Leonardo da Vinci, Alexander de Grote, Plato, Socrates, Aristoteles, Marcel Proust, Lord Byron, Walt Whitman, Colette, Henry James, Gertrude Stein, Tsjaikovski, Cole Porter, Montgomery Clift, Tennessee Williams, James Baldwin, Martina Navratilova en Virginia Woolf heeft voortgebracht. Onze gezichten zijn onuitwisbaar geëtst in de tijd, en we staan hier vandaag als een essentieel en blijvend onderdeel van het weefsel van Amerika en van de wereld.'

De camera zoomt uit, en met een wide shot vanuit een helikopter zien we de bestuurder van de auto de top bereiken en uitkijken over de oceaan bij Cape Cod. (Nu zou je dit met een drone kunnen filmen.) Ned stapt uit en kijkt naar het panoramische uitzicht. Zijn hond dartelt om hem heen. Dit is het land dat Felix hem heeft nagelaten. De camera zoomt weer in. Ned richt zijn blik op de lucht en zegt: 'Dank je wel, Felix. Je was het licht van mijn leven. Jij was de man van wie ik meer dan van wie ook heb gehouden. Je had altijd het gevoel dat het je aan moed ontbrak. Wat je niet besefte, is dat je over de meest zeldzame moed beschikte: de moed om lief te hebben en je lief te laten hebben.'

Dat brengt ons weer terug bij waar de film naar mijn mening over ging: het recht van ieder mens om lief te hebben.

De camera zoomt weer uit als Ned naar de hemel schreeuwt: 'Felix, je zei dat ik nooit mijn boosheid moest verliezen. Nou, als je eerst dacht dat ik een moeilijk figuur was, berg je dan maar. Ik zal het nooit opgeven. Dat beloof ik je, verdomme.'

Ten slotte gaat het scherm op zwart en horen we de hond janken, alsof hij ook tegen Felix praat.

Gek is dat: terwijl ik het script lees, kan ik het niet laten in gedachten in de dialogen te knippen en nieuwe shots te bedenken. Ik vraag me af welke regels in die laatste scène in een voice-over moeten. Het is alsof ik deze film morgen ga maken. En weet je? Als het kon, zou ik het doen.

Ik zal het altijd jammer blijven vinden dat ik *The Normal Heart* niet heb kunnen maken. Daar moet ik mee leren leven.

Maar voor Larry ben ik blij dat hij het eindelijk voor elkaar heeft gekregen. Het is erg moeilijk voor me geweest om een verhaal te vinden waar ik zo nauw bij betrokken was. Ik zou er bijzonder trots op zijn geweest als ik die film had kunnen maken.

Dit was een heel moeilijk hoofdstuk om te schrijven, heel pijnlijk. Dit alles nog een keer in gedachten beleven was niet zo fijn. Het zal me altijd pijn blijven doen.

41

Nuts

Ondertussen was Richard Baskin bij me ingetrokken (samen met zijn grote golden retriever Caleb). Wanneer we die beslissing precies hebben genomen, weet ik niet meer. Met Richard ging dat heel makkelijk; het ging eigenlijk gewoon vanzelf. Hij had nog steeds zijn eigen huis, hij woonde er alleen niet meer in. Hij was innemend en prettig in de omgang. Na Jon kon ik dat goed gebruiken. Als ik 's ochtends wakker werd, vond ik lieve briefjes die hij voor me had geschreven. En hij was slim, onafhankelijk en had vertrouwen in zichzelf.

Op een dag was hij aan het tennissen met zijn vriend Terry Semel, de president van Warner Brothers. In de loop van hun gesprek zei Richard dat hij had gehoord dat Debra Winger zich terugtrok uit een film die Terry onder beheer had. De titel van de film was *Nuts*. Het verhaal was dat de overeenkomst met Warner Brothers niet was wat ze ervan had gehoopt. Dat wist Richard omdat hij ook bevriend was met Debra en haar ex-vriend, die het hem tussen neus en lippen door had verteld.

Richard zei tegen Terry: 'Als het met Debra niets wordt, denk dan eens aan Barbra.'

'Meen je dat?' zei Terry. 'Zou Barbra daarvoor openstaan?'

'Dat weet ik wel zeker,' zei Richard.

Ik had hem namelijk verteld dat ik het script voor het toneelstuk van Tom Topor had gelezen en er enthousiast over was. In 1981 had ik een journalist verteld dat ik interesse had in die rol. Op dat moment werd ik echter volledig in beslag genomen door *Yentl*, en Mark Rydell, die de regie voor zijn rekening nam, wilde blijkbaar niet op me wachten.

In de jaren erna kwam *Nuts* niet van de grond. Diverse deals liepen op niets uit, en de mensen die erbij betrokken waren, wisselden voortdurend. Ten slotte verhuisde het project van Universal naar Warner Brothers, waar Terry ermee aan de slag ging. Het was bijna alsof deze film op me had gewacht, zoals ook was gebeurd met *Funny Girl*.

Het mysterie van 'schijn bedriegt' heeft me altijd beziggehouden. Dat was een van de redenen dat ik zo gecharmeerd was van *Yentl*. Mensen kunnen oppervlakkig gezien een bepaalde indruk wekken maar in werkelijkheid iemand anders zijn. Daar hebben we zelfs een uitdrukking voor: schijn bedriegt. De hoofdpersoon van *Nuts* is Claudia Draper. Ze heeft een doodnormale opvoeding genoten in een middenklassegezin maar kiest ervoor om haar geld te verdienen als callgirl. Aan het begin van de film zit ze in de gevangenis omdat ze een klant heeft vermoord.

Claudia maakt een verwarde indruk. Ze wordt de rechtszaal binnengeleid in een verfomfaaide jas over een vormloze ziekenhuisjurk. Ze spreekt in bruuske, korte zinnen en heeft ze schijnbaar niet allemaal op een rijtje. Op een gegeven moment geeft ze haar advocaat een klap. Haar moeder en stiefvader komen daarentegen heel normaal over en zien er netjes uit. Op het eerste gezicht denk je dat ze er zijn om haar te steunen, maar in werkelijkheid zien ze liever dat ze wordt opgenomen in een psychiatrische inrichting dan dat ze terechtstaat en haar verhaal vertelt (wat Claudia's bedoeling is).

Dus is Claudia ontoerekeningsvatbaar, of populair gezegd, gek? Dat is de vraag, maar het blijkt dat we dezelfde vraag even goed aan verschillende andere mensen in de rechtszaal kunnen stellen. Ook hier zijn de dingen niet altijd wat ze lijken. Wat is welbeschouwd gek? En wat is normaal?

Ik vond dat een intrigerend concept. Mark Rydell, die ik vaak had ontmoet bij Marilyn en Alan, had het script in de loop van de jaren met behulp van diverse schrijvers aangepast. In 1985 kreeg ik het van hem te lezen, en wat mij betrof moest er nog wel wat aan gebeuren.

'Wie zou je het willen laten herschrijven?' vroeg hij.

Ik zei: 'Alvin Sargent.'

Alvin had uitstekend werk geleverd met de scènes voor *The Way We Were*. Sindsdien had hij twee Oscars gewonnen voor zijn scripts voor *Julia* en *Ordinary People*. Ik mocht hem graag – hij had een lieve, zachtaardige persoonlijkheid – en ik hield van zijn manier van schrijven. Dus stuurde Mark hem het script.

Een paar weken later belde Mark. 'Ik wil het script naar Darryl Ponicsan sturen,' zei hij. Darryl had de roman *Cinderella Liberty* geschreven en ook aan het script voor de film gewerkt. De film was geregisseerd door Mark.

'Wat is er met Alvin gebeurd?' vroeg ik.

'Daar hebben we nooit iets van gehoord.'

'Mark, het is niet zo netjes om het script naar een andere schrijver te sturen voordat je iets van Alvin hebt gehoord. Neem gewoon contact met hem op en zeg dat je nu een beslissing nodig hebt.'

Weer een paar weken later belde Mark weer, deze keer vanaf zijn vakantieadres op Hawaï. 'Ik stuur je een lijst met schrijvers,' zei hij.

'Waarom? Hoe zit het dan met Alvin en Darryl?'

'O, die zijn allebei afgevallen.'

En toen vertelde hij me wat er gebeurd was. Blijkbaar waren de twee schrijvers bevriend en hadden ze samen geluncht. Darryl had Alvin naar zijn volgende project gevraagd, en Alvin zei: 'Ik overweeg om aan *Nuts* te werken.' En toen zei Darryl natuurlijk: 'Ik heb *Nuts* net aangeboden gekregen.'

Wat een knoeiboel. Nu waren we onnodig twee grote talenten kwijtgeraakt.

Ik belde Alvin en hij bevestigde wat er was gebeurd. Hij voegde ook nog een detail toe dat Mark had verzuimd erbij te vertellen. Blijkbaar hadden Alvin en Darryl na hun lunch Mark direct een telegram gestuurd met de woorden: 'Beste Mark: vanuit Hawaï, loop naar de hel. Getekend, Alvin en Darryl.'

Ik was blij dat ik Alvin had kunnen spreken. Hij vertelde me in alle openheid waarom hij niet meteen had geantwoord. Hij worstelde op het moment met een writer's block. Dat bracht me op een idee.

Ik belde Darryl en vertelde hem de waarheid. 'Ik heb eerst naar Alvin gevraagd omdat ik al met hem heb gewerkt, maar ik heb ook veel respect voor jouw werk.' Vervolgens deed ik hem een voorstel. 'Jij en Alvin zijn uitstekende schrijvers, ieder met een geheel eigen stijl. Jouw teksten zijn wat steviger, terwijl die van Alvin zachtaardiger zijn. Eigenlijk vormen jullie een heel goede combinatie, en jullie zijn nog bevriend ook. Wat vinden jullie van het idee om samen aan dit script te werken?'

Darryls eerste reactie was: 'Nee.' Hij was nog steeds boos en zei: 'Met Mark wil ik niet werken.'

'Doe het dan voor mij,' zei ik. 'Werk samen met mij. Mark hoeft er helemaal niet aan te pas te komen. Ik werk met liefde met jullie samen, en ik zou het geweldig vinden als jullie met zijn tweeën op papier konden krijgen wat ik in mijn hoofd heb.'

Ik lichtte vast een tipje van de sluier op en zei dat ik flashbacks naar Claudia's jeugd voor me zag, en dat ik ook de psychologische wortels van haar gedrag beter wilde onderzoeken. (Het toneelstuk bevatte geen flashbacks.) Ik vertelde ook dat ik me goed kon verplaatsen in de mannen in het stuk: de onbekwame psychiater, de gespannen officier van justitie en haar stiefvader. Claudia's moeilijke verleden met haar stiefvader deed me denken aan wat ik met mijn eigen stiefvader had doorgemaakt.

'Ik zou dit alles graag in samenwerking met jullie willen onderzoeken,' zei ik tegen Darryl.

Tot mijn grote vreugde zei hij ja, en vervolgens stemde Alvin eveneens toe. Zo zie je maar weer dat eerlijk altijd het langst duurt.

Mij leverde het de meest creatieve periode op die ik in samenwerking met schrijvers had gehad.

Terry en Warner Bros. gaven ons slechts één week om het script te herschrijven. Eén week? dacht ik. Aan *Yentl* had ik jarenlang zitten schrijven.

Maar ik had het verhaal zo duidelijk in mijn hoofd dat ik dacht dat we het binnen die tijd konden redden.

We gingen meteen aan het werk. Ik zat met Darryl en Alvin aan mijn eettafel op Carolwood Drive met het meest recente script tussen ons in en we gingen er regel voor regel doorheen. Soms liet ik hen aan verschillende scènes werken. 'Darryl, deze stoere scène is echt iets voor jou... Alvin, deze tedere scène is meer in jouw straatje.' Andere keren liet ik hen samen aan een scène werken. Of ik vroeg hun om afzonderlijk aan dezelfde scène te werken, zodat ik twee versies had om uit te kiezen. Dan nam ik de tekstdelen die ik het beste vond en voegde ze samen... Of ik bedacht iets nieuws, wat we dan met zijn drieën verder uitwerkten.

Het was mijn bedoeling dat de ideeën vrijelijk zouden stromen. Zelfcensuur was uit den boze. Je wist nooit hoe je van het ene idee op een beter idee zou komen. Als het er puur om gaat een zo goed mogelijk script af te leveren, en als je alles kunt zeggen wat er in je opkomt, dan is er een veilige plek waar iedereen helemaal vrij is om te delen wat hij voelt.

Die tafel was onze vaste plek geworden; we werkten, lachten en aten (Renata verzorgde dagelijks drie maaltijden), en het was altijd leuk. Echt pauze om te eten namen we niet; alles lag op tafel, zowel het eten als al het papier (en er kwam ook eten óp het papier). En op een of andere manier lukte het ons om het script in zeven dagen af te hebben.

Op vrijdagavond typten we de laatste pagina en omhelsde ik Darryl en Alvin ten afscheid. Ik belde Mark en zei: 'Nou, het script is af. Zal ik het met een koerier laten bezorgen?'

'Nee hoor,' zei hij. 'Ik moet naar een feestje. Ik kan het pas zondag lezen.'

Dat was een beetje een domper. Voordat ik Mark sprak had ik een overweldigend goed gevoel en was ik trots op het werk dat we hadden verzet. Ik kon niet wachten tot hij het zou lezen. Maar ik verbeet mijn teleurstelling en belde Terry, die gelukkig heel wat enthousiaster was.

Die zondagavond had ik nog steeds niets van Mark gehoord. Dat baarde me zorgen. Toen hij die avond eindelijk terugbelde, vroeg hij naar mijn mening over het script. 'Ik denk dat het behoorlijk goed is,' antwoordde ik.

'Wat vinden de schrijvers er zelf van?'

'Zij zijn er heel tevreden over.'

Toen zei hij: 'Ik kan het niet eerder dan maandag lezen.'

Terry las het in het weekend en belde me om te zeggen dat hij het heel goed vond. We spraken af dat we die dinsdag samen zouden komen (Terry, Mark en ik) om het script te bespreken. We zaten in mijn werkkamer op Carolwood Drive. Er stond een grote bank met aan weerszijden twee gemakkelijke stoelen. Ik zie Mark nog languit onderuitgezakt in een van die stoelen zitten, met zijn benen wijd uit elkaar. (Zijn idee van een machokerel?) Hij had tien pagina's met aantekeningen in grote letters op geel gelinieerd papier gekrabbeld. Ik was in de hoek van de bank naast hem gaan zitten omdat ik hem het gevoel wilde geven dat we een team waren. Terry zat in een stoel tegenover Mark.

Achteraf gezien is het opmerkelijk dat ze tegenover elkaar en zo ver mogelijk uit elkaar zaten. Dat kwam doordat ze al een meningsverschil hadden. Wat Terry betrof kreeg ons script – en daarmee de film – groen licht. Dat was tegen het zere been van Mark. Hij was niet blij met ons script. Hij gaf de voorkeur aan zijn eigen versie. Er volgde een discussie waarbij Terry rechtstreeks tegen mij bleef praten en Mark niet aankeek, hoewel ik hem subtiel probeerde duidelijk te maken dat hij dat beter wel kon doen om Mark het gevoel te geven dat hij de leiding had. Maar ik was het evenmin eens met Marks opmerkingen en liet dat ook in klare taal weten.

Mark had op van alles en nog wat iets aan te merken. Hij legde zout op elke slak die hij kon vinden en klaagde zelfs dat het script 'in het verkeerde formaat' was getypt. En hij wilde meer onverbloemde seks. Hij bleef maar zeggen: 'Waar is de seks? Ze is een hoer, maar we zien het haar nooit doen.'

Daarmee bevestigde hij wat ik al vanaf het begin had gevoeld. Onze visie op dit stuk was totaal verschillend.

Mark bevond zich al op glad ijs bij Warner Brothers. Dat leek hij echter niet te beseffen. En toen kwam hij ook nog eens met een budget van 19 miljoen dollar aanzetten, terwijl Terry akkoord was gegaan met 16 miljoen dollar. Ik zag donkere wolken boven de horizon.

Ik belde hem en zei: 'Alsjeblieft, Mark. Als je niet wat van het budget af doet, ontslaat Terry je.'

Maar hij wilde niet luisteren.

Ik smeekte Terry om hem nog een kans te geven. Het was me duidelijk dat hij niet veel geduld met Mark meer kon opbrengen. 'Het contact met deze man lijkt op watermarteling,' zei hij.

Ik gaf het niet op en bleef proberen Mark en de film voor het naderende onheil te behoeden. Mijn reputatie was ook in het geding, want als Mark werd ontslagen, zou ik daar waarschijnlijk de schuld van krijgen. Maar je kunt geen mensen helpen die zichzelf niet willen helpen. Mark weigerde om water bij de wijn te doen, en Terry ontsloeg hem.

Nu moest ik op zoek naar een andere regisseur.

De vraag is natuurlijk waarom ik niet zelf als regisseur optrad. Het antwoord is dat de Directors Guild daar een regel tegen had aangenomen. Ze hadden bedongen dat een producent of acteur niet de regisseur kon ontslaan om het vervolgens over te nemen, zoals Clint Eastwood had gedaan in een van zijn films. Ik was nu beide, want Warner Bros. had me verzocht om de film te produceren. Regisseren was geen optie voor me.

Iemand bij Warner stelde Martin Ritt voor. Er was me verteld dat hij goed met zijn acteurs omging. Hij had Paul Newman, Patricia Neal en Melvyn Douglas geregisseerd in *Hud*. (Zowel Neal als Douglas ging met een Oscar naar huis.) En Sally Field won een Oscar voor *Norma Rae*.

Hij las ons script en vond het goed. Dat maakte de samenwerking in elk geval makkelijker. Onze eerste ontmoeting was gedenkwaardig. Marty kwam binnen in een overall. Hij zag eruit als een medewerker van een tankstation, maar hij was er nogal dol op want hij droeg er elke dag een: oranje, blauw en soms met strepen. Hij kwam hard en nors over.

'Ik wil deze film graag doen,' zei hij, 'maar ik ben er niet zo zeker van dat jij deze rol aankunt.'

Ik was met stomheid geslagen. Het personage in deze film was niet voor de poes. Maar wist hij dan niet dat ik uit Brooklyn kwam?

Ik haalde diep adem en zei zachtjes: 'Ik zal je weleens laten zien wie deze rol kan spelen, klootzak!'

We staarden elkaar aan. Marty had een keuze. Als hij deze film wilde regisseren, moest hij mij accepteren als actrice en als producent.

Ik was woedend, maar onder boosheid zit vaak pijn. Ik kon twee dingen doen, dacht ik: hem zeggen dat hij zijn spullen kon pakken of hem gebruiken.

Want opeens wist ik aan wie deze man me deed denken: mijn eigen eveneens gedrongen, norse stiefvader, Louis Kind, die nooit in me had geloofd en die me op geen enkele manier had gesteund. Als actrice zou ik die herinneringen en emoties voor mijn personage kunnen inzetten.

Het zag ernaar uit dat we geen makkelijke samenwerking tegemoet konden zien. Hij was geen Willy of Sydney. En ik was geen Sally Field. Daar bedoel ik niets verkeerds mee. Ik vind Sally een geweldige actrice, maar ze heeft absoluut een zachtere persoonlijkheid dan ik. Met haar was Marty misschien wat vaderlijker in zijn benadering.

Zo zag hij mij dus niet. Marty zei dat hij *Yentl* had gezien en dat hij het een goede film vond. Maar ik denk niet dat hij blij was met het feit dat ik net een film had geregisseerd. Dat betekende dat hij zou moeten werken met een vrouw die zich op zijn terrein had begeven.

En het script waarmee hij moest werken, was gedeeltelijk door mij geschreven. Bovendien was ik de producent. Dat betekende dat ik het uiteindelijk voor het zeggen had, en ook de eindcontrole lag bij mij.

Toen hij aan boord was gekomen, zei Shirley MacLaine: 'Marty Ritt? Hoe kon je dat nou doen? Weet je dan niet dat hij een vrouwenhater is?' (Dat wist ik niet.)

En zo begonnen we. Voor de casting gaf ik Marty de vrije hand. Karl Malden vond ik geweldig in *On the Waterfront*. Ik was dus bijzonder verguld dat hij de rol van mijn stiefvader op zich zou nemen. Als de psychiater, dr. Morrison, koos Marty voor Eli Wallach. Eli was een goede vriend van Cis en Harvey, dus ik had hem in de loop van de jaren vaak ontmoet. Leslie Nielsen speelde de griezelige klant met wie het fout afloopt. Dat was heel iets anders voor hem dan zijn hilarische rol in *Airplane*.

Zelf had ik meteen al gedacht aan Maureen Stapleton als Claudia's moeder. Ze kan zich zo zachtaardig en kwetsbaar opstellen. Ze leek me perfect. David Rayfiel was een van mijn favoriete mensen. In de jaren zestig was hij drie jaar getrouwd met Maureen. (Als je iemand leuk vindt, hoort deze persoon vaak bij iemand anders die je leuk vindt. Interessant, toch?) Een andere hoofdrol was weggelegd voor Aaron Levinsky, de door de rechtbank toegewezen advocaat. Marty en ik waren het erover eens dat Richard Dreyfuss daar heel geschikt voor was. Ik had hem niet zo lang daarvoor nog op het toneel in *The Normal Heart* gezien en was zeer onder de indruk. We waren bijna zover dat we hem konden contracteren, maar toen accepteerde hij de hoofdrol in een andere film, *Tin Men*, en konden we weer van voren af aan beginnen. Even leek het erop dat ik eindelijk zou kunnen samenwerken met Dustin Hoffman. Maar hij stelde hogere eisen dan ons budget toeliet. Dat bracht Richard weer in beeld, en iedereen was het erover eens dat we de startdatum uitstelden en op hem zouden wachten.

Dat was een goede beslissing. Richard is een fantastische acteur die nauwelijks aanwijzingen nodig had. Hij is slim en gedisciplineerd, en hij voelt zich vrij genoeg om te reageren op wat zich in het moment voordoet. De samenwerking met hem verliep vlekkeloos (en ik mocht ook graag met hem over politiek praten). Hij zette een waarheidsgetrouwe, nuchtere persoon neer. We zien twee mensen die met elkaar opgescheept worden en daar niet blij mee zijn. Naarmate het verhaal vordert, waarderen ze elkaar echter steeds meer en komen ze erachter dat ze eigenlijk een beetje op elkaar lijken.

Omdat we moesten wachten totdat Richard beschikbaar was, had ik zelf meer tijd tot mijn beschikking om onderzoek te doen. Het was mijn bedoeling om in Claudia's huid te kruipen en te begrijpen wat haar dreef. Ik bezocht het Sybil Brand Institute (de vrouwengevangenis in het centrum van L.A.) en sprak met een paar hoeren. Ik bezocht ook Madame Alex. Zij runde een duur bordeel in Hollywood. (Ik meen me te herinneren dat Jon Peters me over haar had verteld.) Ik kreeg de kans om de vrouwen die voor haar werkten te vragen hoe een sessie normaal gesproken zou verlopen. Ik wilde ook horen hoe ze met hun klanten omgingen. Wat waren dat voor mannen?

Sommige mannen waren bang voor vrouwen, vertelden ze. Vreemd genoeg betekende dat voor hen dat de vrouw het initiatief tot seks moest nemen. Veel klanten waren naast diverse andere problemen ook nog impotent. Eigenlijk leek het werk dat deze vrouwen deden meer op sekstherapie. Het was niet het beeld dat ik van callgirls had gehad. En ze schaamden zich niet voor wat ze deden. Over het algemeen kreeg ik te horen: 'Ik geef ze plezier. Wat is daar verkeerd aan?' Ik vond het ook interessant om te horen dat de seks voor veel mannen eigenlijk niet zo belangrijk leek te zijn. Waar ze vooral naar verlangden was gezelschap.

In het Camarillo State Hospital voor mensen met psychiatrische problemen had ik gesprekken met zowel artsen als patiënten. Ik zag een jong meisje op blote voeten dat aandachtig aan een tafel zat te tekenen. Ik vroeg aan de twee artsen die bij me aan tafel zaten of ze bij ons mocht komen zitten. Dat betekende dat we nog een stoel nodig hadden. Een van de artsen droeg een cowboyriem met een grote, opzichtige gesp. Hij schreeuwde tegen een verpleegkundige: 'Haal een andere stoel, nu meteen!' Zijn stem schalde luid en boos door de ruimte. Ik vroeg me af waarom hij niet zelf even een stoel pakte. Of zijn vraag op een normale, vriendelijke toon stelde. Het leek er sterk op dat hij grotere problemen had dan zijn patiënten.

Het meisje was heel interessant. Ze tekende graag mensen als dieren. 'Welk dier zie je in mij?' vroeg ik.

Ze bekeek me aandachtig en zei: 'Een lama.'

Terwijl ze me zat te tekenen, zei ze: 'Als ik hier weg ben, mag ik dan bij je op bezoek komen?'

Haar vraag bracht me van mijn à propos. Luisterend naar mijn gevoel zei ik: 'Nee, dat kan niet. Je kunt niet bij me op bezoek komen.'

Ik vertelde haar de waarheid. Daar maakte ik me wel een beetje zorgen over. Misschien was mijn antwoord schadelijk voor haar. De andere arts stelde me echter gerust. 'Het is eigenlijk goed dat je dat zo hebt gezegd. De meeste mensen zeggen ja. Daar heeft de patiënt niets aan.'

Ook in het Bellevue Hospital in New York sprak ik met artsen, en ook observeerde ik daar de patiënten. Ik bezocht ook de afdeling geestelijke gezondheidszorg van UCLA. Het leuke aan onderzoek is dat het net is alsof je een college volgt op de universiteit. Ik leerde veel over mensen met borderline en paranoïde schizofrenie. In hun gezelschap voelde ik me helemaal op mijn gemak. (Daar hoeft niemand meteen een conclusie uit te trekken.)

Wat me vooral aan hen beviel, was hun directheid. Ze hadden geen filter. Ze zeiden gewoon wat ze dachten en hadden lak aan sociale regels.

Voor mij voelde dat normaal, want ik ben ook zo. Ik heb het hart op de tong. Dat is waarschijnlijk niet altijd gepast. Onlangs verraste John Mayer me bijvoorbeeld met een optreden op mijn verjaardag. We hadden elkaar ontmoet toen we een duet deden op mijn album *Partners*. Ik mocht hem graag. Het was al een paar jaar geleden dat ik hem voor het laatst had gezien, en het eerste wat ik eruit flapte was: 'Hoe is het met je hart?'

Ik wist dat hij leed onder een relatiebreuk en wilde het over iets echts hebben in plaats van over koetjes en kalfjes. John was zo getroffen door mijn directe vraag dat hij er iets over zei voordat hij begon met zingen: 'Ik zou willen dat iedereen uit het vertrek verdween, zodat ik onder vier ogen met Barbra kon praten.'

Het is heel fijn als je mensen kent die op een dieper niveau willen communiceren. John reageerde op mijn directheid. Dat deed niet iedereen. Er zijn mensen die zich er ongemakkelijk bij voelen. Ze trekken zich terug, geven het gesprek een andere wending of lopen gewoon weg. Mijn botte manier van doen kan mensen afschrikken. Dat besef ik heel goed, maar het is waarschijnlijk te laat voor me om nog te veranderen. Met smalltalk kan ik niet zoveel. Ik wil gewoon geen tijd verspillen.

Terug naar de patiënten. Bij licht schizofrene patiënten viel me hun zachtheid en schoonheid op. Ze droomden en fantaseerden, en ze leken op verkenning in een andere wereld te zijn.

Leven in de werkelijke wereld is niet altijd makkelijk.

Ik heb weleens tegen een therapeut gezegd dat ik soms het gevoel had dat ik een beetje gek werd. Zijn antwoord was: 'Gek zijn we allemaal. Jij bent gek. Ik ben ook gek. Het enige verschil is dat ik mijn gekte respecteer.'

Dat was heel onthullend. Ik dacht: ah, het is dus prima. Ik ben niet de enige. In alle lagen van de bevolking voelen mensen zich zo en misschien is dat helemaal niet zo erg. Misschien krijg je als artiest de gelegenheid om dat gevoel in je werk uit te drukken. Dat was heel bevrijdend. Met die paar woorden had hij de helft van mijn angst weggenomen.

We begonnen op 30 september 1986 met de opnamen. Eerst filmden we in New York, en vervolgens deden we de rest van de film in Los Angeles. De eerste dag op het terrein van Warner Bros. staat me nog levendig voor de geest. Ik maakte me namelijk zo'n zorgen dat ik er 's avonds toen ik thuiskwam in mijn dagboek over schreef. Bovenaan de pagina schreef ik 'Marty'. Daaronder schreef ik tien dingen op waarvan ik 'niet kon geloven dat hij ze niet wist'.

Het ging over dingen die heel eenvoudig waren. Marty had de volgorde van de film niet op een rijtje. Hij wist niet meer waar de scène die we net hadden opgenomen in het verhaal paste.

Het was de scène in de bar van een duur hotel. Claudia had daar afgesproken met Allen (gespeeld door Leslie Nielsen), zodat ze een goede indruk van hem kon krijgen voordat ze hem als klant accepteerde. (Ze was namelijk nogal kieskeurig.) Als ze binnenkomt, draaien de mannen aan de bar zich om en kijken naar haar.

Dat shot wilde ik gebruiken aan het begin van de film. Als ze uit haar gevangeniscel naar de rechtszaal wordt geleid en langs cellen vol mannen loopt, ziet ze hen naar haar loeren en hoort ze hun grove opmerkingen. Dan herinnert ze zich het moment in de bar. Die mannen aan de bar hadden dezelfde gedachten gehad. Was er eigenlijk wel verschil? Behalve dan een dun vernislaagje van beleefdheid.

Ik vond het interessant om die twee beelden tegenover elkaar te zetten. Het is ook een beetje mysterieus, want het publiek weet op dat moment nog niet waar we naar verwijzen. De rest van de scène komt pas later in de film.

Ik hou van mysterie.

Maar Marty begreep het niet. 'Hoe voeg je die twee scènes dan samen?' vroeg hij.

Ik zei: 'Je zou een shot van Claudia's gezicht kunnen laten zien voordat je overschakelt naar de mannen aan de bar, zodat we als publiek beseffen dat dit is wat er door haar hoofd gaat. Dan ziet ze de mannen in de cellen, en dat triggert de herinnering aan de mannen aan de bar.'

'Maar zo staat het niet in het script. Er staat nergens iets in over een "close-up van Claudia".'

'Tja, het spijt me. Dat hebben we er inderdaad niet bij gezet. We gingen er eigenlijk van uit dat je dat uit jezelf zou doen.' (Nooit zomaar ergens van uitgaan.)

Natuurlijk heb ik niet alles gedetailleerd beschreven. Misschien had ik dat wel moeten doen. De bedoeling van de scène leek me duidelijk. Ik liet de beslissing over hoe we het zouden filmen aan hem over. Toen Marty een vrouw aan de bar wilde zetten, moest ik hem uitleggen dat dat niet kon vanwege de parallel tussen de mannen in de cellen en de mannen aan de bar.

Het viel Marty ook niet op dat er te veel ruimte was tussen de mannen aan de bar. Hun acteerprestaties waren onder de maat. Daar leek hij niet mee te zitten. 'Het geeft niet,' zei hij steeds. 'Het maakt niet uit.'

Mij maken zulke dingen wel uit. Hij liet de assistent-regisseur alle mannen met hun gezicht naar de bar zetten. Dat zag er onrealistisch uit. Iedere man moest iets te doen hebben, vond ik. Een van de mannen kon een sigaret roken met zijn gezicht naar de zaal, een andere kon een krant lezen, en op de achtergrond kon de barman bestellingen opnemen. Darryl Ponicsan is trouwens het eerste gezicht dat je ziet aan de bar (ik gebruik graag echte mensen als het enigszins mogelijk is) en de muziek die je hoort is door mij geschreven: 'Here We Are at Last'.

Claudia en Allen zitten aan een rond tafeltje. Marty maakte de opname van Leslie over mijn schouder met een 29mm-lens. Dat is een behoorlijke groothoek. Daardoor leek de achterkant van mijn hoofd in verhouding erg groot, en was Leslie in verhouding juist heel klein. Psychologisch gezien klopte dat niet. Naar mijn mening hadden we een langere lens nodig voor dat soort intieme scènes. Ik vroeg onze briljante cinematograaf, Andrzej Bartkowiak, naar zijn mening en hij was het ermee eens. Nadat ik het Marty had uitgelegd, was hij het er ook mee eens, en we schakelden over op een 75mm-lens.

Helaas moest ik Marty die dag nogal veel uitleggen. Blijkbaar was hij blij met mijn hulp, want elke ochtend kwam hij naar mijn trailer met de pagina's voor de opnamen van die dag. 'Wat is jouw idee over deze scène?' vroeg hij dan. Als er leden van de crew bij waren, vroeg hij overigens nooit om mijn advies. Dat neem ik hem niet kwalijk. Waarschijnlijk wilde hij niet de indruk wekken dat hij hulp nodig had.

Maar ik hoorde de woorden 'ik begrijp dit niet' wel erg vaak uit zijn mond komen. 'Ik heb nooit eerder een film met flashbacks gemaakt,' zei hij. Dat was een probleem, want de flashbacks waren uit deze film niet weg te denken. Uit mijn dagboek blijkt dat ik mijn zorgen tegenover Richard Dreyfuss heb geuit. Er staat: 'Richard zei: "Hij is seniel aan het worden."'

Marty was tweeënzeventig. Dat is nog niet zo oud, maar een paar jaar daarvoor had hij een hartaanval gehad. Hij maakte nu best een fitte indruk.

Na de scène met de lens belde ik Andrzej elke avond om de scènes van de volgende dag met hem door te nemen. 'Marty kijkt nooit in de camera,' zei hij. 'Hij blijft in zijn stoel zitten. Ik denk dat hij gewoon moe is.'

Tegelijkertijd moest ik me met het personage Claudia bezighouden. Ze is nu niet bepaald sympathiek, maar dat maakt haar wel interessanter. Ze wordt beschuldigd van doodslag. Haar eerste advocaat was in de arm genomen door haar ouders. Deze benadrukte dat ze er het best op kon mikken om ontoerekeningsvatbaar te worden verklaard. In dat geval hoefde ze niet voor moord terecht te staan. Met andere woorden, hij hield haar voor dat ze moest liegen.

Claudia wil echter de waarheid vertellen. Ze is ervan overtuigd dat ze onschuldig is, en ze is niet van plan zich als ontoerekeningsvatbaar voor te doen om een deal te kunnen sluiten. Niemand luistert echter naar haar.

Het doet me weer denken aan *Saint Joan* en een citaat van George Bernard Shaw dat ik nooit ben vergeten: 'Wie te veel de waarheid vertelt, zal zeker hangen.' Dat waren de woorden van Jeanne d'Arc tijdens haar proces, en het is een van de redenen waarom ik me als tiener met haar identificeerde.

Ik ben iemand die de waarheid vertelt, en dat heeft me maar al te vaak in de problemen gebracht. Ik heb een mening. Ik praat voor mijn beurt. Ik klaag. Aan het begin van mijn carrière werd ik door een journaliste door Europa gevolgd. Toen het uiteindelijk tot een interview kwam, voelde ik me gedwongen het voortijdig af te breken omdat ik hoofdpijn had. Ik vertelde haar gewoon de waarheid. Haar houding kwam neer op: je bent rijk en beroemd, dus mag je geen hoofdpijn hebben.

Maar hoofdpijn is nu eenmaal hoofdpijn. Het doet pijn.

Het verbaast me hoeveel mensen de waarheid niet blijken aan te kunnen. Ze willen het gewoon niet horen. Daarom mag ik Claudia wel. Ze is niet bang voor de waarheid.

Tijdens het eerste gesprek met Levinsky, die haar advocaat is geworden nadat ze de advocaat van haar ouders een klap heeft gegeven, moet Claudia er zo snel mogelijk achter zien te komen of hij haar daadwerkelijk wil helpen of dat ook hij haar zaak meer kwaad dan goed zal doen. Ze is agressief en bijt van zich af. Ze zit in een emotionele achtbaan. Ze komt destructief en provocerend over terwijl ze met haar benen op tafel onderuitgezakt in haar stoel zit. Over dokter Morrison, de ziekenhuispsychiater, heeft ze niets goeds te zeggen. 'Wat een rare vent is dat. Ik liet hem een stukje blote huid zien, maar hij keek niet eens. Hoe zit het met jou, Levinsky? Ben jij ook zo raar?'

'Ik zal wel oké zijn. Ik kijk tenslotte.'

Omdat ze mensen zo graag tegen de schenen schopt, kon ik die kant van mezelf inzetten voor deze rol. Als ik bovendien overkwam alsof ik een beetje gek was, zou dat het publiek verwarren. Misschien is ze gevaarlijk, zouden ze denken. Ze heeft tenslotte een man vermoord.

Een rol als deze is voor een actrice een waar geschenk. Ik kon me goed inleven in de woede die ze voelde. Over veel dingen ben ik nog steeds boos. Die boosheid kon ik gebruiken. Het voelde heel goed om het er allemaal uit te gooien... je gewoon te laten gaan en niet aardig te hoeven zijn.

Het was heerlijk om die vrijheid te hebben. Ik kon schreeuwen, huilen en vloeken (wat ik in het echte leven ook best vaak doe). Over mijn haar hoefde ik me ook geen zorgen te maken. Hoe slordiger het zat, hoe beter. Make-up gebruikte ik zo weinig mogelijk. In het grootste deel van de film loop ik in een vormeloze ziekenhuisjurk. Dat kwam me uitstekend uit, want ik haat het om kleding te passen. Ik hoefde maar drie keer van outfit te wisselen. Perfect. Minder is meer.

Wat acteren betreft geldt naar mijn mening hetzelfde. Er is een scène in de spreekkamer van dokter Morrison waarin Claudia de rollen omdraait en hem analyseert. Daarin vond ik Eli een beetje overdreven. Ik nam Marty even apart en fluisterde: 'Ik vind dat Eli nogal overdrijft. Zou het juist niet beter overkomen als hij wat minder geagiteerd was?'

Hoe onbewogener Eli was, hoe dreigender hij zou overkomen, dacht ik.

Marty praatte er met Eli over, maar toen we de scène opnieuw deden, was er niet veel veranderd. Ik nam Marty nogmaals apart: 'Zeg hem dat hij aan Harvey Corman moet denken,' zei ik zachtjes.

'Wat? Bedoel je de komiek?' zei Marty.

'Nee, nee, natuurlijk niet. Harvey Corman is een goede vriend van hem, en van mij ook. Hij is psychiater en heeft een sterke, rustige aanwezigheid. Dat is wat Eli mist. Wat hij zegt is misschien een beetje gek, maar zijn houding moet kalm zijn.'

Ik stelde voor dat Eli een trui en een stropdas zou dragen. Misschien kon hij zelfs, net als Harvey, een pijp roken. Eli moest gezag uitstralen en zich volkomen op zijn gemak met zichzelf voelen. Het ging nu de goede kant op met de scène.

Het had geen zin om hem als arts belachelijk te maken. Dit was een zeer ernstige situatie. We maakten een realistische film over een moeilijk onderwerp. Daar was niets moois aan. De gevangenisscènes zijn beklemmend. De psychiatrische afdeling is somber. Je ziet maar weinig kleur. Het grootste deel van de film speelt zich af in de rechtszaal. Om het oog iets meer te doen te geven, wilde ik die een beetje opfleuren en vroeg ik de kunstafdeling om van die vervaagde klassieke muurschilderingen te maken. Zoiets had ik tijdens mijn onderzoek gezien, en ik vond die monochrome sepiatinten erg mooi.

Veel muziek was er voor deze film niet nodig. Die kon ik makkelijk zelf schrijven. Slechts een paar scènes waren naar mijn idee geschikt voor muziek, zoals de scène waarin Levinsky naar Claudia's appartement gaat om een jurk uit te zoeken die ze in de rechtszaal kan dragen. Terwijl hij haar spullen doorzoekt, komen hij en het publiek meer over haar te weten. Ik wilde dat elk voorwerp je informatie zou verschaffen over haar persoonlijkheid. Dat had Anne McCulley, onze geweldige decorontwerpster, heel mooi voor elkaar gekregen. Aan de hand van haar spullen zie je het kind in Claudia.

De muziek die ik voor deze film heb geschreven, heeft wel iets van een liefdesthema. Maar dit is geen liefdesverhaal. Er ontstaat weliswaar een band tussen de twee hoofdpersonen, maar dat heeft niets met oppervlakkige seksuele aantrekkingskracht te maken. Ze respecteren en begrijpen elkaar. Dat laatste tot op zekere hoogte. En als er al een onderstroom van seksuele aantrekkingskracht is, dan handelt noch Claudia noch Levinsky ernaar.

Ze is een moeilijke persoonlijkheid, en net wanneer Levinsky warm voor haar begint te lopen en een broodje pastrami voor haar meeneemt, valt ze weer tegen hem uit. De aanleiding is de tas met kleren die hij voor haar heeft meegenomen. Ze was er niet van op de hoogte dat hij naar haar appartement zou gaan, en ze is boos omdat hij het blijkbaar niet nodig vond haar er van tevoren van op de hoogte te stellen. Ze trekt een zwarte kanten beha en een slipje uit de tas en zegt: 'Wat geeft jou het recht om bij me binnen te dringen? Ik bepaal wie mijn ondergoed te zien krijgt.'

Levinsky biedt zijn verontschuldigingen aan. Claudia's gebruik van het woord 'binnendringen' is echter veelzeggend. Voor haar is wat hij heeft gedaan bijna een fysieke schending. Vervolgens zien we een flashback van Allen die ongevraagd door een lade met haar ondergoed snuffelt. 'Hier zou ik je weleens in willen zien,' zegt hij, terwijl hij een slipje omhooghoudt.

Dat was de directe aanleiding tot de moord.

Dat was een ontzettend vervelende scène om te filmen. Veel opnamen hebben we er niet aan gewijd. Voor mij was één zelfs al genoeg geweest. Toen Leslie deed alsof hij me wurgde, deed hij dat iets te realistisch en harder dan strikt noodzakelijk. Ik schrok, dat is op het scherm goed te zien. Ik acteerde niet alleen bang, ik was het ook echt.

Die scène lost alvast één mysterie op. We weten nu dat Claudia haar klant niet in een vlaag van moordzuchtige woede om het leven bracht. Hij was degene die haar aanviel. Zij verdedigde zichzelf slechts. Claudia staat echter niet terecht voor moord. Daar gaat deze rechtszaak niet over. Dit is niet meer dan een hoorzitting om te bepalen of ze bekwaam is om terecht te staan. Er is nog een ander mysterie. We weten niet waarom haar ouders bang lijken te zijn voor de waarheid en niet willen dat Claudia getuigt.

Een volgend mysterie is waarom Claudia een hekel heeft aan haar ouders. Als de rechter een korte pauze inlast, lopen ze naar haar toe en zeggen: 'We houden van je.'

Ze kijkt hen kil aan en laat hen elk woord langzaam herhalen. Ze drijft de spot met hen en gedraagt zich bot. Omdat ze zo naar doet tegen haar ouders, begint het publiek zich tegen haar te keren.

Claudia vraagt zich echter af wat liefde eigenlijk is. Mensen zeggen doorlopend dat ze van je houden, maar tegelijkertijd gedragen ze zich daar niet naar. Het zijn verwarrende woorden, en de persoon die ze te horen krijgt, kan er dan ook moeilijk op reageren. Haar ouders zeggen de woorden wel, maar gedragen zich anders.

Er is een scène waarin Claudia's moeder, Rose, in de getuigenbank haar liefde voor haar dochter betuigt. Dat roept bij Claudia een herinnering op, die we als een flashback te zien krijgen. Als klein meisje zit ze op haar bed te huilen en ziet haar moeder langslopen met een drankje in haar hand. De moeder werpt een blik op haar dochter en doet dan de deur dicht.

Voor mij is dat een schokkend moment. De scène riep herinneringen op uit mijn eigen kindertijd. Hij raakte me op een kwetsbare plek. Mijn moeder vroeg me nooit hoe ik me voelde. Ze nam het nooit voor me op als mijn stiefvader me kleineerde. Ze deed nooit een poging om hem tegen te houden. Ze was bereid het risico te nemen om haar dochter te verliezen, zolang ze haar nieuwe man maar kon houden.

Na jaren therapie begrijp ik haar beter. Ik ben me ervan bewust dat een vrouw die al een man heeft verloren niet graag haar relatie met een nieuwe man op het spel zet. Ze kiest ervoor zijn ongepaste gedrag tegenover haar kind niet te horen of te zien, en ze erkent al helemaal niet dat het überhaupt gebeurt. En ik ben me er eveneens van bewust dat het voor een man niet makkelijk moet zijn om in een nieuw huis met een nieuwe vrouw te gaan wonen en haar kinderen erbij te moeten nemen.

Die kennis verzacht de pijn echter niet.

Het keerpunt in de film is wanneer Levinsky de diepere oorzaak achter Claudia's gedrag begrijpt. Dat inzicht krijgt hij op het voor hem meest frustrerende moment. Ze maakt het hem niet makkelijk, en als hij dichterbij komt, ziet hij wat ze op haar schrijfblok aan het tekenen is. Het zijn haar stiefvader, haar moeder en haarzelf. Geen van hen heeft een mond. 'Waar kunnen ze niet over praten?' vraagt Levinsky.

Claudia is boos en zegt: 'Hou op!'

Maar Levinsky is ook boos en vraagt door over haar stiefvader. Hij stookt het vuur op als hij zegt dat haar stiefvader wel een heilige moet zijn om van zo'n lastig mens als Claudia te houden. In de rechtbank probeert hij Arthur zover te krijgen om toe te geven dat hij zijn geduld weleens verloren is. Rose komt voor haar man op en zegt: 'Arthur zou Claudia nooit pijn doen.'

Claudia schiet uit haar slof. 'Wat weet jij daar nou van, mama?'

Levinsky kijkt naar Claudia, die naar beneden kijkt. Langzaam draait hij zich om. Hij kijkt naar Rose, en plotseling weet hij het. Hij ziet het. In één klap heeft hij het mysterie opgelost. Dat besef vindt plaats zonder woorden. Als publiek lezen we het van zijn gezicht af. Het was een briljante acteerprestatie van Richard.

Hij keert zich naar Arthur en zegt ronduit: 'Heb je je stiefdochter misbruikt?'

Ontkennen is zinloos. In een flashback zien we het moment dat hij de jonge Claudia tegen zich aan drukt terwijl ze na haar bad alleen in een handdoek is gewikkeld. Vervolgens zien we een shot van Claudia als ze door Allen tegen de vloer van haar badkamer wordt gedrukt. In de rechtszaal barst ze in tranen uit. 'Nee, papa! Laat hem me niet aanraken. Laat hem me geen pijn meer doen.'

Voor deze scène was het nodig dat ik huilde, en ik heb al eerder opgemerkt dat huilen moeilijk voor me is. Om het toch te kunnen, schreef ik iets op een papiertje. Dat was iets wat mijn eigen stiefvader tegen me had gezegd en wat me vreselijk pijn had gedaan. Dat gebruikte ik om de benodigde emoties naar boven te halen.

Voordat we met de opnamen begonnen, heb ik veel onderzoek gedaan naar seksueel misbruik van kinderen. De cijfers erover waren onthutsend. Als ik het me goed herinner, was een op de vier meisjes en een op de acht jongens misbruikt, meestal door een familielid of iemand die in hetzelfde huis woonde, zoals een vriend of een oom. En het gebeurde ook door vaders en stiefvaders. Het is duidelijk een enorm probleem. De volwassene maakt misbruik van de onschuld van het kind. Het geeft de dader een gevoel van macht over het machteloze kind. En de slachtoffers raken levenslang beschadigd. Vaak vervallen misbruikte kinderen als volwassene in dezelfde fout.

Zelf ben ik nooit seksueel misbruikt door mijn stiefvader. Het misbruik dat ik heb moeten doormaken was emotioneel. Maar ik kon me goed in Claudia inleven. Deze rol was een louterende ervaring voor me. Daarmee kon ik eindelijk de laatste resten van Lou Kinds greep op me uitdrijven.

Ik speelde *Funny Girl* op Broadway en had hem al jaren niet gezien toen mijn moeder belde om me te vertellen dat hij naar de middagvoorstelling zou komen. Ik was die ochtend wakker geworden met een krasje op mijn hoornvlies. Dat ene oog kon ik niet openhouden. Er bleef maar traanvocht uit komen. Ik had een invaller, maar daar wilde ik het niet aan overlaten. Ik belde een oogarts en vroeg of hij naar het theater kon komen. Hij deed een druppeltje van het een of ander in mijn oog om het tranen te laten stoppen en me de kans te geven op te treden. Na de voorstelling wachtte ik in de coulissen op mijn stiefvader.

Maar hij kwam niet opdagen. Ik heb nooit geweten wat hij van de show vond... of van mij.

De volgende dag was ik in mijn appartement en bracht de portier een pakketje dat Lou had afgegeven. Het was een grote glazen pot, gevuld met harde snoepjes. Het waren allemaal verschillende kleuren. Die pot had sinds 1964 op de rand van mijn badkuip gestaan. Maar dankzij *Nuts* had ik mijn geschiedenis met Lou Kind opnieuw beleefd en zag ik het verleden anders. Die snoepjes zaten nu allemaal aan elkaar vastgekleefd.

Waarom bewaarde ik dit nog?

Gedurende een lang moment staarde ik naar die pot. En toen, eindelijk, na drieëntwintig jaar, gooide ik hem weg.

Na de openbaring over haar stiefvader is Claudia kwetsbaarder dan we haar ooit hebben gezien. Die avond zoekt Levinsky haar op in haar gevangeniscel om te zien hoe het met haar is. Ze ligt gedrogeerd in bed en reageert nauwelijks op zijn woorden. 'Misschien hebben ze wel gelijk,' zegt ze zwakjes. 'Misschien ben ik toch gek. Ik heb hem niet gezegd dat hij moest ophouden. Ik wilde alleen dat hij van me hield. Dat is alles.'

Dat diep weggestopte schuldgevoel is de oorzaak van haar eigen gedrag. Tijdens mijn onderzoek kwam ik erachter dat de meeste vrouwen hun vaders verafschuwden om wat ze met hen hadden gedaan. Maar er waren ook vrouwen die het prettig hadden gevonden om door hun vader aangeraakt te worden. 'Het voelde eigenlijk gewoon goed,' zei een vrouw tegen me.

Dat was een schok voor me, maar ik had er ook begrip voor als ik dacht aan de onbewuste rivaliteit tussen moeders en dochters. In het geval van Claudia was er de pijn en de woede omdat haar moeder zich van haar had afgekeerd.

Op dit punt vraagt Claudia zich af of ze misschien toch gek is. Daarmee doelt ze niet op de definitie van krankzinnigheid volgens een psychiater, maar op de destructieve manier van leven die ze zich heeft aangemeten.

Tijdens de voorbereidingen voor de muziek bij deze scène belde ik Jeremy Lubbock, die de arrangementen verzorgde. Het was twee uur 's nachts, en ik zong mijn compositie voor hem, zodat hij aan de andere kant van de lijn de akkoorden kon horen zoals ik me deze had voorgesteld. We deden een reprise van het hoofdthema, maar deze keer met meer atonaliteit. Ik wilde dat soulvolle geluid van de cello, met akkoorden die een beetje schril klonken. Dat kon Jeremy als geen ander.

Op de avond voordat we de laatste scène in de rechtszaal zouden opnemen (dat is de scène waarin Claudia zelf getuigt), vroeg ik Marty me als actrice speciaal voor deze scène te beschermen. Als Claudia in de getuigenbank staat, is ze nog steeds enigszins onder invloed van het middel dat ze in de gevangenis heeft gekregen. Dat moet aan haar te zien zijn. Om die reden wilde ik mijn tekst niet te goed kennen. Het moet realistisch zijn dat ik naar woorden moet zoeken. Daarom vroeg ik Marty mij eerst te filmen.

Als hij de andere acteurs eerst filmde, zou ik tegen de tijd dat hij aan mij toekwam te bekend zijn met de tekst omdat ik deze dan al urenlang had herhaald.

De volgende ochtend zag ik echter dat Marty de camera had ingesteld om de mannen eerst te filmen.

Ik was met stomheid geslagen. 'Marty,' zei ik, 'dit is de enige keer dat ik je om hulp heb gevraagd. Waarom heb je dat dan niet gedaan?'

Hij kwam met een absurde smoes: het zou meer geld hebben gekost.

Ik zei: 'Ik ben hier de producent. Ik neem de beslissingen over de kosten. Het belangrijkste is dat ik hier mijn beste optreden kan geven. Dit is het hoogtepunt van de film. Het is de scène waarin Claudia haar zaak wint of verliest.'

Daar had hij geen antwoord op, dus was de beslissing aan mij. En gelukkig was ik de producent. 'Draai de set alsjeblieft om,' zei ik.

De volgende dag zaten we dieper in de scène. Richard zei: 'Ik wil graag iets proberen, als dat mogelijk is.'

'Natuurlijk,' antwoordde Marty. 'Ga je gang.'

Nadat Richard zijn ding had gedaan, stak ik mijn hand op en zei: 'Ik wil ook iets proberen.'

En Marty's antwoord was: 'Nee.'

'Pardon?' zei ik.

Dat was buitengewoon vernederend. Het enige wat ik wilde was de enscenering uitwerken met Andrzej, de cinematograaf, voor mijn belangrijke getuigenverklaring aan het eind. Ik wilde drie verschillende lenzen met hem uitproberen. Voor de tweede keer in mijn carrière liep ik van een set af omdat ik volkomen overstuur was. Ik had al mijn zelfbeheersing nodig en nam de tijd om op adem te komen. Ik wilde noch Marty noch mezelf in verlegenheid brengen door tegen hem uit te varen, en ik wilde evenmin dat de leden van de crew zich er ongemakkelijk bij zouden voelen. Ik herinner me nog wat ik dacht: Shirley had gelijk. Hij is een vrouwenhater.

Wat dacht hij wel? Waarom deed hij dit? Was het een kwestie van puur machtsvertoon? Wilde hij duidelijk maken wie hier de regisseur was?

Ik zal het nooit weten, maar toen was ik er volkomen door van mijn stuk.

Het was een pijnlijke ervaring voor me om een film te maken zonder de steun van de regisseur. Hij heeft me niet één keer verteld dat hij wat ik deed goed vond.

Waarschijnlijk sprak Claudia's getuigenis aan het eind, als ze de rechter toespreekt, me daarom zo aan. 'Ik weet dat ik een braaf meisje moet zijn,' zegt ze. 'Ik weet wat er van me wordt verwacht. Maar ik ben meer dan een plaatje in jullie hoofd. Dat moet iedereen goed begrijpen. Ik ben meer dan de dochter, de echtgenote, de hoer, de patiënt of de verdachte. Denk daar eens over na. Je denkt dat je wel gek moet zijn om iemand te pijpen voor 500 dollar. Maar ik ken vrouwen die trouwen met een man die ze verachten om in een Mercedes te kunnen rijden en hun zomers in de Hamptons door te kunnen brengen. Ik ken vrouwen die door het slijk gaan voor een bontjas. Ik ken vrouwen die hun dochter verkopen om bij hun man te kunnen blijven. Dus veroordeel me niet omdat ik een man pijp voor geld. Pijpen is gezond. Ik wist elke verdomde minuut wat ik deed, en ik neem verantwoording voor wat ik doe.'

Dat is verfrissend eerlijk.

Claudia werd prostituee om zelf te kunnen kiezen wanneer ze seks had en met wie. En om haar eigen prijs te bepalen. Claudia neemt verantwoordelijkheid voor wie ze is. Dat is wat ik zo mooi vind aan haar. Ze vertelt de waarheid, en daarom komt ze er met haar waardigheid intact uit.

Op het hoogtepunt van de film kijkt Claudia naar de psychiater, vervolgens naar de officier van justitie en daarna naar haar moeder: 'Nu kan hij een stuk papier ondertekenen waarop staat dat ik gek ben,' zegt ze, 'maar dat is maar een stuk papier. Dat is niet de manier waarop je me voor gek kunt laten verklaren. Het maakt niet uit hoeveel handtekeningen je zet en hoe vaak je het zegt. Weet dat ik me door niemand gek zal laten verklaren.'

Wat ze daar zei voelde voor mij zo waarheidsgetrouw dat ik mijn tranen niet kon bedwingen, zelfs al had ik het gewild. Daar had ik deze keer geen tekst op een papiertje voor nodig.

Claudia laat zich door niemand vertellen wat of wie ze is.

Mijn rol in deze film heeft me doen beseffen dat ik geen controle heb over wat mensen over me zeggen of schrijven. Ik heb nooit graag interviews gegeven, omdat mijn woorden vaak uit hun verband worden gerukt. Het enige waar ik uiteindelijk controle over heb is mijn werk. Daarom geef ik daarin alles wat ik heb.

Marty begreep nooit helemaal waar deze film over ging. Hij had een script gekregen waar niets meer aan gedaan hoefde te worden. Daar liep hij mee rond op de set. Maar ik was een van de auteurs van dat script. Ik kende elke scène van voor naar achter en wist wat het doel ervan was.

Ik had naar Marty's versie gekeken en gezien dat het niet de film was zoals ik die in gedachten had gehad. Warner Bros. was er evenmin tevreden over. Marty's stijl van monteren was, net als zijn manier van filmen, nogal basic en rechtlijnig. Hij volgde de regels van het *master shot* en het two shot. Op de duur kan dat saai worden, en dat geldt natuurlijk vooral als je een rechtbankdrama filmt met slechts één set. Mijn visie op deze film had meer variatie.

Ik zag visuele associaties voor me, die ik wilde laten zien via flashbacks. Het beeld van water dat in een badkuip loopt, komt meerdere malen terug in de film. Het misbruik van Claudia als kind vond plaats in de badkamer. Haar stiefvader draaide de kraan open om te voorkomen dat er onverkwikkelijke geluiden te horen zouden zijn. We zien hoe ze zich als tiener, en later ook als volwassene, opsluit in de badkamer, ook met stromend water, om haar stiefvader uit de weg te gaan. In de film draait haar cliënt de kraan open en verkondigt dat hij met haar in bad wil. Dat roept bij Claudia herinneringen op. Als ze zegt dat ze niet in bad gaat, wordt hij boos en begint te slaan. Het leek me dat ik die verbanden visueler zou kunnen weergeven. De overgangen konden wat mij betrof wel wat interessanter. Met dat idee ging ik de montageruimte in om samen te werken met de editor die door Marty was aangesteld. Die editor was niet blij met mijn aanwezigheid. Maar hij kende elk frame van de film, en ik had maar weinig tijd tot mijn beschikking om het af te krijgen.

Ik bedacht een proces dat je als een primitieve voorloper zou kunnen beschouwen van wat later digitaal bewerken zou worden. Als ik een goede versie van een scène aantrof, speelden we die af op het scherm van het montage-apparaat en nam ik hem op met mijn kleine videocamera. Vervolgens monteerden we de film aan de hand van diverse andere ideeën, die ik ook weer op video zette. We maakten meerdere versies, die ik later thuis op video bekeek om de beste eruit te kiezen. Op die manier spaarden we veel tijd uit. We hoefden geen verschillende versies naar het lab te sturen om er kopieën van te laten maken en hadden het origineel toch veiliggesteld. Van elke versie had ik een kopie op video. Daarmee konden we de versie van mijn keuze makkelijk opnieuw maken.

Het einde van Marty's cut was een *freeze frame* van Claudia als ze de rechtszaal verlaat. Je ziet haar in de deuropening. Ik had een heel ander idee. Dat was gebaseerd op iets wat ik op een dag voor mijn huis op Carolwood Drive had gezien. Ik zag een man met een fel hawaïshirt luid zingend over straat zwalken, waarbij hij het risico liep dat hij door een auto werd aangereden. Hij leek niet helemaal bij zijn volle verstand.

Dat bracht me op een idee voor het einde van de film. Ik liet Claudia uit het gerechtsgebouw in New York de straat op lopen. Er komt een acteur in een hawaïshirt langs die luidkeels onzin loopt te zingen. Claudia draagt nog steeds haar ziekenhuisjurk. Daardoor lijkt ze even gek als de zingende man. Maar wij weten ondertussen wel beter. Ze is een beetje ongewoon en onconventioneel, maar gek is ze niet.

De moraal is dat je niet te snel over mensen moet oordelen.

In diezelfde scène wordt er ook een kledingrek voor haar langsgereden. Dat bracht me weer op een ander idee. Claudia is vrij, en omdat ze nu eenmaal blijft wie ze is, leek het me leuk als ze een rode sjaal van dat rek zou pakken en met een zwaai om haar hals zou gooien. Dat paste voor mijn gevoel niet alleen bij het moment, maar ook bij haar personage. Ze is en blijft een 'bad girl'.

Maar wacht even, misschien is dat ook weer een oordeel… Het is net alsof ze daarmee toch een beetje gek is.

Als we met zulke labeltjes werken, houden we onszelf onvermijdelijk voor de gek. Claudia is ongewoon. Ze is een complexe persoonlijkheid, maar dat zijn we in feite allemaal. Misschien was ze uiteindelijk wel een beetje gek, maar ook hier geldt dat we dat allemaal zijn.

Tijdens de try-out kreeg de film goede cijfers van het publiek. Warner Bros. had hoge verwachtingen en koos 20 november voor de première. Net op tijd voor de feestdagen. Maar dit was allesbehalve een kerstfilm. Daar was het onderwerp te serieus voor. Daar kwam nog iets bij. Op 19 oktober hadden we de Zwarte Maandag gehad. Dat was de eerste grote beurskrach na de Tweede Wereldoorlog. De Dow Jones beleefde toen de grootste procentuele daling op één dag in zijn geschiedenis. Ik denk niet dat veel mensen rond die tijd in de stemming waren om naar de bioscoop te gaan.

De reclamecampagne was ook allesbehalve aanlokkelijk. Het was een close-up van Richard en mij, maar met een heel zuur gezicht. Bah. Dat was mijn schuld. Daarmee wilde ik duidelijk maken dat deze film geen comedy was, maar als ik die affiche nu weer bekijk, was het een beter idee geweest om mij zittend op de grond achter de tralies te zetten. En zonder zo'n boos gezicht.

Als producent ben ik misschien de fout in gegaan. In een brief aan de recensenten had ik hun verzocht het einde niet te verklappen omdat het een psychologisch mysterie was. Maar misschien waren er meer mensen op afgekomen als ze hadden geweten waar het over ging.

We kregen wel drie Golden Globe-nominaties: voor Best Film-Drama, Best Actress en voor Richard een nominatie voor Best Supporting Actor.

Daarvan hebben we er niet één verzilverd.

Maar ach. Dit is een film waar ik nog steeds erg trots op ben. Het is een belangrijk onderwerp, en het doet me altijd goed als de gerechtigheid overwint.

42

Geen spijt

Tijdens de opnamen voor *Nuts* had ik het er erg druk mee. De film slokte al mijn aandacht op. Op een ochtend werd ik wakker en riep ik: 'Ik weet hoe we het shot kunnen doen!'

Richard pakte een sigaret van het nachtkastje en draaide zich naar me toe. 'Halloooo???' zei hij. 'Ook goedemorgen.'

Op dat moment besefte ik dat onze relatie op zijn einde liep. Ik had het gevoel dat hij mijn creatieve proces niet begreep. Dat kwetste me.

'Richard, als je partner een film aan het maken is en wakker wordt met een idee, is de juiste reactie zoiets als: "Laat me snel pen en papier voor je pakken, zodat je het meteen kunt opschrijven voordat je het vergeet."'

Dat was dus het begin van het einde.

Voordat ik verder vertel, wil ik wel dat je weet dat ik een heleboel geweldig mooie herinneringen heb aan de drieënhalf jaar dat Richard en ik samen zijn geweest. Ik hou zielsveel van hem, hij is een van mijn trouwste vrienden, en Jim en ik beschouwen hem als familie.

En ik weet ook best dat ik niet de makkelijkste was toen ik aan *Nuts* werkte. Ik was altijd druk en met al mijn aandacht op de film gericht. Richard was daarentegen heel ontspannen. Hij had minder verplichtingen en meer vrije tijd. Als hij wilde gaan skiën of ergens naartoe wilde, kon het gebeuren dat ik daar geen tijd voor had. Dan ging hij er in zijn eentje op uit.

Waarschijnlijk voelde hij zich wat verwaarloosd. Ik geef toe dat projecten voor mij een obsessie zijn. Met uitzondering van mijn zoon sluit ik alles en iedereen uit. Mijn vrienden klagen dat ze me nooit te zien krijgen. Dat geeft me een schuldgevoel, en nu was de druk nog groter omdat ik ook mijn partner niet wilde teleurstellen.

Toen ik eindelijk zover was dat ik tijd vrij kon maken, zei Richard: 'Ik kan nu niet weg. Ik moet werken.'

Dat voelde als een koekje van eigen deeg. Ik begreep de boodschap. Hij liet me weten dat hij ook een leven had... *Jij hebt nu dan misschien tijd, maar dat betekent niet dat ik die nu ook heb.*

Hij zei altijd: 'Je kunt niet alles krijgen wat je wilt en wanneer je het wilt.'

Voor mij gaat dat zeker op. Vaak wil ik iets onmiddellijk hebben. Ik kan er namelijk niet zeker van zijn dat die persoon of dat voorwerp er later nog zal zijn.

Met Richard iets beginnen was makkelijk omdat hij zo lief was, en om dezelfde reden was het makkelijk om er een punt achter te zetten. Hij ging terug naar zijn eigen huis. (Maar zijn hond besloot bij mij te blijven.) Van enige rancune was geen sprake. We gaven nog steeds om elkaar.

Maar eind 1987 stond ik er dus weer alleen voor.

Gelukkig waren mijn vrienden er voor me. Irvin Kershner kwam bij me eten en trakteerde me op verhalen over zijn laatste avonturen, maar was ook erg betrokken bij de situatie in de wereld. Onze gesprekken waren me dierbaar. Met hem kon ik altijd de diepte in.

Van David Rayfiel kreeg ik een van zijn vermakelijke briefjes. Hij eindigde met '*I love you, ya know*'. Hij hield altijd contact met me, en we brachten een leuke avond met elkaar door. Ik schreef in mijn dagboek: 'Hij vergeet niets van wat ik hem ooit heb verteld.'

Ik schreef ook: 'Hoe komt het toch dat mannen tot wie ik me niet aangetrokken voel wel gevoelens voor mij ontwikkelen?'

En waarom duwde ik degenen die zich tot me aangetrokken voelden weg?

Dat was een patroon dat ik wilde doorbreken. Elke vezel in mijn lijf wilde veranderen.

Deed ik iets verkeerd? De meeste mannen lijken een partner te zoeken die alle aandacht op hen richt, iemand die op geen enkele manier een bedreiging voor hen kan vormen. Was ik te veeleisend? Te overheersend?

Maar dat was alleen maar de buitenkant. Het was niet het hele plaatje.

Als iemand dat nu maar eens kon zien. Konden twee mensen dan niet als gelijken door het leven? Zo onmogelijk klonk dat toch niet.

Ik wist dat ik een beter evenwicht zou moeten vinden tussen mijn privé-leven en mijn werk. Want wat is uiteindelijk belangrijker?

Je persoonlijke relaties.

Ik wilde mijn leven met iemand delen. In mijn uppie was het maar erg eenzaam.

Met kerst ging ik naar Aspen. Tijdens een feestje werd ik benaderd door een man. Dat was verfrissend. Als een man de eerste stap zet, is hij goed op weg.

Hij was slank en gebronsd, met een aantrekkelijke lach (en goede tanden). Zijn naam was Don Johnson en hij genoot in die tijd een grote populariteit door zijn hoofdrol in de tv-serie *Miami Vice*. Ik moet toegeven dat ik me erg aangetrokken voel tot aantrekkelijke mannen. (Misschien ben ik dan toch oppervlakkig.) Ik zie het bijna als iets esthetisch... als een kunstwerk dus. Ik ben zogezegd een verzamelaar.

We praatten een tijdje met elkaar, totdat hij me bij de arm nam en meenam naar een stille plek om ongestoord verder te kunnen praten. Ik vond het fijn dat hij de leiding nam en me als het ware meevoerde. Het was alsof er niemand om ons heen was.

Hij stuurde bloemen en belde me op. Toen hij me mee uit vroeg, had ik geen idee waar we het de hele avond over zouden kunnen hebben. Maar ik was aangenaam verrast. Hij bleek heel anders dan zijn reputatie van 'bad boy' deed vermoeden. Hij kwam zorgzaam en gevoelig over, en hij vertelde me dingen over zijn moeilijke jeugd die hij naar eigen zeggen aan niemand anders had verteld. Zo'n stoere vent is hij dus niet, dacht ik. Mensen hadden een verkeerd beeld van hem. Net als van mij.

Dat was aanvankelijk iets wat ons verbond.

Don kon heel romantisch zijn. We hadden een keer afgesproken in een restaurant. Toen ik ging zitten, zei hij: 'Mijn hart zingt als ik naar je kijk.'

Don liep over van charme, en ik was niet de enige die daarop reageerde. Ik was een keer met hem in een sushirestaurant toen een man hem om een handtekening vroeg, terwijl mij door een vrouw hetzelfde werd gevraagd. Het deed me goed dat hij net zoveel aandacht kreeg als ik. Ik had me jarenlang moeten verontschuldigen tegenover de mannen in mijn gezelschap omdat ik wilde voorkomen dat ze zich overschaduwd voelden. Maar nu kon ik me echt ontspannen. Don was heel anders dan ik; hij hield van alle media-aandacht. Tegen een journalist zei hij: 'Ik heb duizenden vrouwen gekend, maar Streisand stelt iedereen in de schaduw. In alles wat belangrijk is, heeft ze geen gelijke. Ik hou van haar kracht, van de directe manier waarop ze muziek maakt en acteert, en van hoe ze met mensen omgaat. Ze maakt me aan het lachen en ze zet me aan het denken.'

In januari moest hij naar New York, en hij vroeg of ik met hem meeging. Eerst twijfelde ik, maar toen dacht ik: ach, waarom ook niet? Ik zegde al mijn afspraken af en stapte, ondanks mijn vliegangst, in het vliegtuig. Ik ben een aardeteken (Stier). Die houden er niet van als ze geen vaste grond onder de voeten hebben. Ik was erg nerveus en probeerde mezelf af te leiden met boeken, kranten en alles wat ik verder nog kon bedenken. Toen we boven New York aan de landing begonnen, had ik last van de druk op mijn oren. Een stewardess stond naast mijn stoel en zei met een brede glimlach: 'O, wat spannend. Het is de eerste keer voor deze piloot dat hij het vliegtuig laat landen.'

Ik staarde haar stomverbaasd aan. 'Is dit een grap?' vroeg ik. 'Waarom vertelt u me dit? Ik heb vliegangst, dus ik ben erg nerveus.'

'Hij is ook best zenuwachtig. Maar weet je? Hij redt het wel.'

Daar had ik niets aan. In de daaropvolgende twintig minuten was ik ervan overtuigd dat mijn laatste uur geslagen had. Voordat we konden landen, moesten we ook nog een rondje boven het vliegveld maken. Het vliegtuig schokte door de turbulentie, mijn oren deden pijn en ik dacht: hier zit ik dan. Ik had me zo verheugd op een romantische ontmoeting, en deze kerel laat het vliegtuig neerstorten.

Na wat een eeuwigheid leek, waren we eindelijk geland. Het was een enorme opluchting om weer vaste grond onder mijn voeten te voelen. En toen ik Don zag, voelde ik de opwinding tot in mijn buik. Hij nam me mee naar Atlantic City om een bokswedstrijd met Mike Tyson te zien. Zoiets stond normaal gesproken niet bovenaan mijn lijstje, maar Don was dol op al die jongensdingen, football (hij probeerde me vergeefs de regels uit te leggen), helikopters, snelle boten, enzovoort. Toen ik hem bezocht in Florida, nam hij me mee op zijn speedboot. Hij leerde me hoe ik het ding moest besturen. Aanvankelijk was ik bang, maar opeens vloog ik over het water met honderdtien kilometer per uur. Ik genoot ervan. Het was heel opwindend.

Hij hield van hard rijden en varen, hoog vliegen en hard spelen.

Als tiener had ik nooit afspraakjes. Met behulp van Don maakte ik nu een inhaalslag. De puberale opwinding die daarbij hoort, voelde ik in elk geval wel. Het was alsof ik weer op de middelbare school zat en uitging met de aanvoerder van het footballteam.

In februari moest ik naar de ShoWest-conventie in Las Vegas om de Star of the Decade Award in ontvangst te nemen. Het was een mooi eerbetoon door de National Association of Theater Owners. Ik moet bekennen dat ik te laat was voor de lunch, maar alles was vergeven toen ik hand in hand met Don naar binnen liep. Ik liep naar de microfoon en zei: 'Sorry dat ik een beetje laat ben, maar ik heb auditie gedaan voor een rol in *Miami Vice*.' Het publiek ging uit zijn dak.

(In feite ben ik echt een keer kort in *Miami Vice* te zien geweest. Dat was zonder rolvermelding en puur voor de lol.)

Het samenzijn met Don was leuk, echt leuk. Ik was gelukkig, en dat was goed aan me te zien. Ik zie het als ik naar de foto's uit die tijd kijk. Als stel stonden we in het middelpunt van de belangstelling. En er begon me iets op te vallen. Het spreekt vanzelf dat Don altijd knap werd genoemd, maar de media zeiden opeens ook positieve dingen over mijn uiterlijk. Na *Funny Girl* ben ik door de pers jarenlang beschreven als eigenaardig en met een raar uiterlijk. En het is waar. Ik was anders dan anderen.

Uiteindelijk groeiden mijn persoonlijkheid en mijn uiterlijk naar elkaar toe, vermoed ik.

Of misschien zat het wel dieper. Toen ik eindelijk was opgehouden met me afvragen of ik wel aantrekkelijk genoeg was en mezelf niet langer naar beneden haalde en juist wat vriendelijker voor mezelf was geworden, zag ik dat weerspiegeld in de media. Opeens beschreven ze me met woorden als 'mooi' en 'glamoureus'. Dat was verfrissend, en ik moest wel tot de conclusie komen dat het een reflectie was van hoe ik me voelde.

Ik denk dat de wereld weerspiegelt wat we van onszelf vinden. Als een vrouw zich mooi voelt, ziet de wereld haar ook als mooi.

Een paar maanden later was ik iets minder blij met al die media-aandacht. Als ik op onze romance terugkijk, denk ik dat we onze beste momenten eigenlijk in Dons huis in Aspen hebben gehad. Toen waren we alleen. En het ging nog beter als Jesse, zijn zesjarige zoon, er ook bij was. Jason was ondertussen volwassen en woonde op zichzelf. Hij bezocht de filmschool van NYU. Voor mij was het dus heerlijk om weer een jong kind om me heen te hebben, en Jesse was heel bijzonder. Ik speelde graag met hem, keek toe als hij aan het fietsen was en stopte hem 's avonds in bed. Het woord dat we altijd met elkaar gebruikten was 'gezellig', en dat was de sfeer waar we naar streefden. Zijn moeder was Patti d'Arbanville, met wie ik goed had samengewerkt in *The Main Event*.

Tussen mij en Don was het snel gegaan, dus het stelde me nogal teleur toen hij in april niet naar mijn verjaardagsfeestje kon komen. Hij had echter een goede reden. Hij was een film aan het opnemen in Calgary. Zonder Don voelde ik me eenzaam, en toen kreeg ik opeens een telefoontje van Pierre Trudeau. Hij nodigde me uit om met hem naar Rusland te gaan. 'We kunnen elkaars hand vasthouden in Gorky Park,' zei hij. Dat was lief.

Ik had naar Moskou moeten gaan, maar in plaats daarvan ging ik naar Calgary. Toevallig trad Rozzie, mijn zus, daar op. Zo kon ik Don zien en haar steunen.

Maar het werd een pijnlijk bezoek. Ik had het gevoel dat Don niet echt blij was met mijn komst. In de auto zat hij te telefoneren en was voortdurend met andere mensen in gesprek. En hij wilde de demo van ons nummer niet horen.

Dat nummer was een idee van mij geweest. Don had me verteld dat hij zijn carrière verder wilde uitbouwen. Een paar jaar daarvoor, op het hoogtepunt van zijn roem met *Miami Vice*, had hij een album opgenomen. Een single daarvan was veel op de radio te horen geweest, en nu hoopte hij op dat succes te kunnen voortbouwen. Ik had er geen idee van dat hij zong, totdat hij op een dag langskwam en zei dat hij zijn gitaar een keer zou meenemen om liefdesliedjes voor me te zingen.

Toen ik aan een nieuw album begon, lag het dus voor de hand dat we samen een nummer zouden doen. Het heette 'Till I Loved You', en op dat punt in onze relatie had ik juist het gevoel dat ik meer tijd met hem wilde doorbrengen. Dus waarom zouden we niet samenwerken? Het lag in mijn vermogen om hem een gezamenlijk nummer aan te bieden, dus ik dacht er niet lang over na.

De sessie in de studio ging voor zover ik het kon beoordelen goed. Aan het eind improviseerden we wat, we lachten en hadden plezier. Ik had Phil Ramone gevraagd om het te produceren, en we waren allebei blij met het resultaat.

Maar op een of andere manier ging er toch iets niet goed. Dat was niet het duet zelf. De problemen begonnen pas daarna met Dons houding. Met mij samen zingen maakte hem blijkbaar erg onzeker. En in plaats van er eerlijk over te praten, trok hij zich terug. Hij werd koud, wantrouwend en boos. Ik probeerde met hem mee te voelen. Het was allesbehalve mijn bedoeling om zijn carrière ten gronde te richten, maar dat was wel waar hij zich zorgen over maakte. Ik vond dat nogal overdreven, maar hij was er behoorlijk door van streek, en dat maakte dat ik me er ook niet goed bij voelde.

In mijn dagboek schreef ik dat het me niet kon schelen of de single ooit werd uitgebracht en dat onze relatie belangrijker was dan welk album dan ook. Als hij me nu maar kon vertellen waar hij mee zat, dan zou ik hem proberen te steunen.

Wat ik nodig heb in een relatie zijn eerlijkheid en communicatie. Ik wil weten wat er in mijn partner omgaat. Maar Don wilde nergens over praten. Over gevoelens of emotionele problemen wilde hij het sowieso nooit hebben. Er was altijd wel een excuus om het gesprek te onderbreken. Dan was het een tenniswedstrijd, dan een zakenbespreking, en dan weer een massage.

Het gevolg was dat ik me ook terug begon te trekken. Ik zei dat ik moest werken. (Soms gebruik ik mijn werk om niet met mezelf bezig te hoeven zijn.)

Ik zag de ironie er wel van in. De verschillende nummers op *Till I Loved You* (dat was nu ook de titel van het album) volgen het verloop van een relatie, van het begin tot het einde. Dat leek nu ook met ons te gebeuren.

Hij was zijn huis in Aspen aan het verbouwen. Ik liet hier en daar wat hints vallen over wat een vrouw mooi zou vinden in haar badkamer, zoals een kleine wastafel in het gedeelte waar ze haar make-up doet. Ik had echter sterk het gevoel dat ik niet degene was die die wastafel zou gaan gebruiken. Ik vroeg hem om te komen kijken naar het huis waar ik nu woon (dat was jaren voordat ik het geld ervoor had en het kon kopen), maar hij had het te druk.

Hij wilde wel dat ik naar de première van zijn film *Sweet Hearts Dance* kwam. Dat deed ik dan ook. Hij zocht weliswaar toenadering, maar het voelde alsof hij me tegelijkertijd van zich af duwde.

Zijn gereserveerdheid bracht me rechtstreeks terug naar mijn kindertijd.

Zijn stilte maakte me bang. Aan de andere kant kon ik mijn gevoelens niet vrij uiten zonder dat ik er een lading boosheid voor terugkreeg. Daardoor voelde ik me niet langer veilig.

Maar wacht eens. Waarom werd ik zelf niet boos?

Tijdens therapie heb ik dat goed geleerd: wat je onderdrukt, herhaal je.

Ik heb zo lang geprobeerd om die patronen te veranderen. Ik wilde een man die zowel wist te geven als te ontvangen, een man die niet bang was voor eerlijkheid.

Eerlijk gezegd was ik blij dat hij weer terugging naar Florida.

Op een dag belde ik hem in Miami en werd de telefoon opgenomen door Melanie Griffith. Tien jaar daarvoor waren ze een paar maanden getrouwd geweest, en ze belde vaak als ik bij Don thuis was. Op dat moment was ze aan het afkicken. Don had zijn eigen drugsverslaving overwonnen en deed zijn best om haar te helpen. (Daar verklap ik overigens geen geheimen mee. Ze zijn er allebei heel open over geweest.) Ik had er geen probleem mee dat hij met haar praatte, maar het zat me wel dwars dat hij niet zo eerlijk was geweest om me te vertellen dat het weer aan was tussen hen.

Ik kan niet met een man zijn die niet eerlijk is over zijn gevoelens.

Dus dat was dat. De romance was voorbij. Het was leuk zolang het duurde. Spijt heb ik er niet van.

Ondertussen is het dertig jaar later en kom ik Don nog weleens tegen op een feestje van gemeenschappelijke vrienden. Dan omhelzen we elkaar en fluistert hij in mijn oor: 'Ik hou van je.'

Ik zeg het niet tegen hem.

43

Verliefd op een boek

'Gisteravond heb ik om een teken gevraagd.' Dat schreef ik op 2 maart 1990 in mijn dagboek. Ik moest aan Brugh Joy denken, die heel goed in contact stond met zowel het onderbewuste als het bewuste. Hij zei ooit: 'Als je een beslissing moet nemen, vraag dan om het antwoord in een droom.' En dit was een grote beslissing. Ik wilde weten of ik de film met de titel *The Prince of Tides* moest gaan regisseren of een huis moest gaan bouwen.

Ik had een stuk land boven in Beverly Hills gekocht, aan de Summitridge Drive. Van daaruit had je een spectaculair uitzicht over de stad. Ik wilde er een landhuis neerzetten in de Natchez-stijl, met twee verdiepingen en veranda's met pilaren aan de voor- en achterkant. Het zou twee woonkamers krijgen, een links en een rechts, net als die geweldige oude *Southern homes.* misschien zelfs met een dubbele trappartij in de grote hal om het spectaculaire uitzicht te omlijsten (als dat tenminste niet werd belemmerd door de smog).

Ik stelde me zo voor dat de bomen buiten behangen zouden zijn met luchtplantjes en in de vijver zouden zwanen zwemmen. (Oké, misschien niet die zwanen. Die blijken behoorlijk gemeen te kunnen zijn.) Ik had een architect in de arm genomen en bouwtekeningen laten maken.

Ondertussen was ik al een jaar bezig met het schrijven van een script, gebaseerd op *The Prince of Tides,* de bestseller van Pat Conroy.

Maar nu stond dat project opeens op instorten. MGM/UA was in de financiële problemen geraakt en had de film voorlopig uitgesteld. We waren in onderhandeling met Columbia om het project over te nemen, maar zij eisten dat ik mijn salaris drastisch zou verlagen. (Mijn honorarium voor het produceren, regisseren en acteren was al veel lager dan wanneer ze drie afzonderlijke mensen zouden moeten betalen.) Dus die verlaging ging mij te ver, en als ze zo weinig respect voor mijn talent hadden, wist ik niet eens of we wel een samenwerking moesten aangaan.

Voordat ik die nacht in slaap viel, twijfelde ik nog steeds of ik de film door moest zetten of het huis moest gaan bouwen. Dus ik vroeg om een teken en deed het licht uit.

Wat er toen gebeurde was heel bijzonder. Midden in de nacht werd ik ineens wakker van een klik. Ik ging rechtop zitten en zag dat het spotje dat het schilderij boven de open haard uitlichtte op een of andere manier was aangegaan. Hoe kon dat nou? Ik wist zeker dat ik het had uitgedaan voordat ik naar bed ging. Het schilderij was een portret van een vrouw van begin twintigste eeuw in een prachtige roze satijnen jurk. Het lichtknopje zat vlak naast mijn bed. Ik deed het uit en viel weer in slaap.

Maar even later gebeurde het opnieuw. Het licht ging voor de tweede keer aan.

Wacht eens even. Dit is onmogelijk. Ik knipte het licht weer uit, maar ik was inmiddels behoorlijk in de war. Wat was hier aan de hand?

Pas de volgende ochtend besefte ik dat het licht dat aanfloepte het teken was geweest waarom ik had gevraagd. De geportretteerde vrouw was in gedachten verzonken met haar kin rustend op haar hand; ook ik moest hard nadenken over het maken van de film. Het feit dat het licht op haar scheen...

Dat is het, dacht ik. Ik moet het licht op mijn kunst laten schijnen!

Hup, aan het werk. Ga die film regisseren. En toen het licht voor de tweede keer aanging – alsof het wilde zeggen 'Hallo, dring ik wel tot je door?' –

was dat om mij eraan te herinneren dat ik de vrouw in mij in het zonnetje moest zetten, dat ik moest zijn wat vrouwen zo goed kunnen zijn: zachtaardig, sterk, stimulerend.

Slechts een paar uur later kreeg ik het telefoontje waarin me werd verteld dat Columbia akkoord ging met mijn voorwaarden (we hadden een compromis gesloten over het salaris) en dat de deal kon worden gesloten. Overigens was Jon Peters een van de twee voorzitters van Columbia. (Soms zijn exvriendjes best handig.)

Dus de film ging door en dat bevestigde wat ik al dacht. Hoe het brein werkt heeft me altijd al gefascineerd. Daarom vind ik dromen ook zo interessant, want die onthullen wat er omgaat in je onderbewuste. Soms wordt de betekenis van een droom pas duidelijk wanneer je er iets mee doet. Niet lang hiervoor was ik met mijn vriendin Joanne Segel en haar man Gil naar een congres van Brugh over het interpreteren van dromen geweest. Joanne is mijn vaste metgezel op dit soort spirituele reizen. Ik had toen gedroomd dat ik in zee lag en door gigantische golven heen en weer werd geslingerd, terwijl twee mannelijke regisseurs, Orson Welles en Warren Beatty, naast mij zwommen.

Die droom rakelde alle ellende die ik na *Yentl* had gevoeld weer op en Brugh en ik hadden het over de betekenis gehad. Ik vond dat het mijn twijfels uitdrukte. Zou ik weer worden aangevallen? Zou ik opgeslokt worden door de golven? Zou ik ooit zo goed kunnen worden als die twee mannen?

Orson was een genie, maar hij had zijn laatste films niet mogen afmaken en werd in de media het mikpunt van minachting. Warren daarentegen was er vrijwel zonder kleerscheuren van afgekomen. *Reds* was een meesterwerk, zowel de regie, het acteerwerk, het script als de productie. Toen zijn film werd vertoond, beschuldigde niemand hem ervan dat hij buiten zijn boekje was gegaan of vrienden om hulp had gevraagd.

Toen mij dat overkwam, werd ik ziek van alle insinuaties in de media. Ik denk dat ik me daardoor had teruggetrokken. Maar toen stelde Brugh me een eenvoudige vraag: 'Wat doe jij zélf waardoor de vrouw in jou zich terugtrekt?'

Verdorie, hij heeft gelijk! dacht ik. Natuurlijk... Als ik mezelf kleiner maak, dan hebben zij gewonnen. Dan zal ik nooit meer de moed vatten om nog een film te maken. Natuurlijk zijn de golven eng. 'Misschien ga je wel dood in het water,' zei mijn moeder altijd.

Maar ik moest me over mijn angst heen zetten en weer in het diepe springen.

Ik hoorde voor het eerst over *The Prince of Tides* van een muziekuitgever bij *Nuts.* Zij had het boek gelezen en dacht dat ik het wel interessant zou vinden om de film te regisseren. Don Johnson was het toevallig ook aan het lezen. Er zaten stukken in het verhaal die hem deden denken aan zijn eigen jeugd, en soms las hij die hardop aan me voor. Ik werd gegrepen door de lyrische kwaliteit van de taal en de diepe inzichten en daarom moest ik het zelf gaan lezen. Ik werd verliefd. Ik word niet vaak verliefd op een boek – het laatste was *Love in the Time of Cholera* geweest, van Gabriel García Márquez – maar *The Prince of Tides* las ik in één ruk uit. En toen ik de laatste van de 567 pagina's had omgeslagen, was ik zo opgewonden dat ik weer opnieuw begon. Het was een uitgebreid verhaal, met genoeg materiaal voor een miniserie van dertien uur. Hoe moest ik dat allemaal in een film van twee uur vatten? In het begin had ik geen idee, maar ik wist wel dat ik het wilde proberen.

Toen ik mijn agent Mike Ovitz belde, kwam ik erachter dat Robert Redford de rechten al had gekocht en verschillende scripts had laten schrijven. Ik vond niet dat er een goed script tussen zat, maar ik wist wel dat er een prachtige film in zat. Ze hadden hem alleen nog niet gevonden.

Omdat ik voor *The Way We Were* met ontzettend veel plezier met Bob [Redford] had samengewerkt, dacht ik nu: waarom doen we dit niet sámen? We bespraken onze rollen, maar Bob wist niet zeker of hij wel zelf in de film wilde spelen. Hij zegt niet gemakkelijk ja of nee, want hij is zo iemand die het moeilijk vindt om zich ergens aan te verbinden.

Ik ben precies zo.

Met andere woorden: ik begreep zijn twijfels. Ikzelf wilde destijds heel graag *Skinny and Cat* regisseren en spelen. Het was een film waar ik al sinds 1984 aan werkte, over de fotograaf Margaret Bourke-White. Bob zou trouwens ook heel goed haar echtgenoot Erskine Caldwell hebben kunnen spelen...

Hoe dan ook, ik hink dus ook vaak op twee gedachten, want als je je toelegt op het ene project sluit je daarmee onvermijdelijk andere mogelijkheden uit. Maar als ik eenmaal een beslissing heb genomen, wil ik meteen beginnen. Ik ben van nature niet in staat om op iemand te wachten. Volgens mij zwichtte Bob uiteindelijk voor mijn enthousiasme en zei hij zoiets als: 'Vooruit. Ga je gang maar.'

Toen nodigden mijn goede vriend Steve Ross en zijn vrouw Courtney me uit op een cruise langs de Griekse eilanden. Het was de ultieme gelegenheid om aan mijn huis, mijn kantoor en de voortdurend rinkelende telefoons te ontsnappen. Ik wilde mijn hoofd leegmaken en zien of ik de vorm voor een film kon ontdekken in dit grote, rijke, mooie en hartverscheurende boek, zoals een beeldhouwer de vormen ziet in een blok marmer.

Op de boot herlas ik het boek keer op keer, probeerde elk detail in me op te nemen en me de herinneringen van de hoofdpersonen eigen te maken. Waar ik ook heen ging, het boek ging mee.

Als je met Steve meereist, is alles tot in de puntjes geregeld. Je hoeft je geen zorgen te maken over je bagage of transport, of een route uit te stippelen. Je hoeft eigenlijk helemaal niets te doen en wordt op magische wijze naar de meest interessante plekken vervoerd. Je eet in de heerlijkste restaurants en de maaltijden aan boord zijn zo mogelijk nog subliemer (en rustiger, wat ik prettiger vind). Gewoonlijk ben ik de laatste die van tafel gaat, omdat ik alle toetjes van de anderen wil proeven en van lang natafelen hou, maar tijdens deze reis wilde ik snel weer naar mijn hut om aantekeningen te maken bij het volgende hoofdstuk.

Steve had me een prachtige hut gegeven die groter was dan mijn vroegere appartementje boven Oscar. Er stond zelfs een bureau op een verhoging met uitzicht op de zee... Alsof het wilde zeggen: 'Kom, gebruik me. Ga hier zitten om te schrijven.'

Ik markeerde de delen van het verhaal die me aanspraken, onderstreepte de beelden die ik mooi vond en beschreef andere beelden die in mijn hoofd opkwamen.

Sommige scènes zag ik al helemaal voor me.

Verhalen over transformatie spreken me altijd al aan: over liefde en verlies, en de verhulde geheimen die levens kunnen verwoesten. Ik geloof zelf dat therapie kan helpen die geheimen aan het licht te brengen en de deur naar genezing open te zetten. Dat leidt tot vergiffenis, tot het in staat zijn om mensen te accepteren en te begrijpen, om hun tekortkomingen te omarmen... En om jezelf te accepteren met al je eigen tekortkomingen.

In het eerste hoofdstuk van *The Prince of Tides* komt Tom Wingo, de hoofdpersoon, erachter dat zijn tweelingzus Savannah voor de derde keer een zelfmoordpoging heeft gedaan. Savannahs psychiater dr. Susan Lowenstein wil graag met haar familie praten om meer over haar verleden te weten te komen. Hun moeder Lila heeft het te druk om naar New York te gaan: 'We geven zaterdag een etentje en dat is maanden geleden al afgesproken.' Dus Tom vliegt naar New York om te kijken of hij iets kan doen.

Ik was net weer naar een congres van Brugh geweest, waar heel veel therapeuten en psychiaters aanwezig waren. Het ging over jungiaanse archetypes, kunst en creativiteit. De ideeën die ik daar had opgedaan buitelden in mijn hoofd over elkaar heen. Ineens leek alles verband te houden met het boek. Toms zoektocht is als een heldenepos. Hij is het kind van een gewelddadige vader en een liefhebbende, maar erg ingewikkelde en een tikkeltje manipulatieve moeder. Hij is een man die de trauma's uit zijn jeugd niet langer moet onderdrukken en eindelijk de waarheid onder ogen moet zien zodat hij kan beginnen met rouwen. En Savannah, die eveneens het slachtoffer is van een trauma... Was haar creativiteit een soort gekte, zoals Plato en Socrates beweerden? En hoe zat het met het feit dat ze tweelingen waren... Waren Tom en Savannah een variatie op Apollo en Artemis uit de Griekse mythologie? Ze kregen in elk geval meer dan genoeg schik- en wraakgodinnen voorgeschoteld.

Volgens mij schuilen er altijd elementen van mythen in goede verhalen. En nu mocht ik nota bene alle historische plekken bezoeken waar die mythen zich afspeelden!

Ik zat graag op de door de zon verwarmde stenen naar de ruïnes te kijken, liet alles via mijn poriën bij me binnenkomen en wachtte dan af wat voor ideeën er bij me opkwamen.

Op het eiland Santorini reden we op ezeltjes naar de top van een dorp, waar een typisch, eenvoudig kerkje met een koepel stond. Ik ga graag op onderzoek uit, maar dit was best eng. Het pad liep vlak langs een steile klif. Alleen een laag muurtje scheidde ons van de zee die tientallen meters onder ons lag. Ik had te doen met de arme dieren, die braaf doorstapten in die verstikkende hitte. Stel dat die van mij ineens ging bokken? Dan zou ik zo van de klif worden gegooid. (Op de terugweg naar beneden heb ik zelf gelopen.)

Eenmaal terug op de boot kon ik weer ontspannen. Gewoonlijk is er alleen een douche in de badkamer, maar in mijn badkamer stond een gigantisch bad met een onverwacht snufje: een ingebouwde stereo met speakers. Daar heb ik veel tijd doorgebracht, met mijn rug tegen het koele porselein, terwijl ik naar opnamen van het congres luisterde.

De opnamen, de droomanalyses, de jungiaanse symboliek, de Griekse mythen... Het valt allemaal onder het kopje research, hoewel het grootste gedeelte ervan nooit in een film terugkomt. Maar door die research wist ik meer, en daardoor werd de film gelaagder.

Ik wilde alles onderzoeken. Waarom maakte Tom altijd grappen als hem een serieuze vraag werd gesteld? Waarom had hij een ongelukkig huwelijk? Wat was zijn relatie met zijn zus? Zijn vader? En waarom deed hij zo vijandig tegen zijn moeder?

Verstoorde familierelaties fascineren mij enorm. Ik kom tenslotte zelf uit zo'n gezin.

Tegen het einde van de tiendaagse reis had ik het boek vier keer gelezen en wist ik welk verhaal ik wilde vertellen. De hele film zat in mijn hoofd.

Ik was niet zo geïnteresseerd in de verhaallijn over de tijger, gekocht door de vader om in een kooi bij zijn zieltogende benzinestation te zetten om zo klanten aan te trekken. Ik kon onmogelijk alle wendingen in het dertigjarige leven van de drie broers en zussen aan bod laten komen, dus in plaats daarvan probeerde ik rechtstreeks naar de kern van het verhaal te gaan: Toms reis naar zijn verleden om zijn zus te kunnen helpen. In de loop van dat proces ontstaat er een diepe connectie tussen Tom en Lowenstein, die alles voor hem verandert. Het doet dienst als aanjager van een aantal kettingreacties waardoor andere relaties ook veranderen. Toen ik eenmaal mijn rode draad te pakken had, vielen grote stukken van het verhaal gewoon weg en werd het steeds gemakkelijker om te zien wat er in de film thuishoorde en wat niet.

Ik wilde de film die in mijn hoofd zat op papier krijgen en na die reis door Griekenland deed ik er meer dan een jaar over om het laatste script dat ik van Bob had gekregen te bewerken. Het was geschreven door ene Becky Johnston, die het weer had gebaseerd op een scenario dat Pat Conroy zelf had geschreven voordat het boek was verschenen. Het leek me logisch om met haar samen te werken, omdat ze het materiaal goed kende. Op een zeker moment haalde ik haar zelfs voor drie weken naar mijn art-decohuis, zodat we dag en nacht konden werken aan nieuwe scènes en de beste dialogen uit het boek konden vissen. Ik drong er steeds op aan dat ze Pats woorden gebruikte.

Het deed me denken aan hoe ik Sydney Pollack had gedwongen terug te gaan naar het eerste script van Arthur Laurent voor *The Way We Were*. Meestal zit er iets waardevols in het originele materiaal. Als ik een script krijg toegestuurd waar tweede of derde versie op staat, vraag ik altijd of ik de eerste versie ook mag zien, als het script me tenminste interesseert. Ik wil de eerste bedoeling van de schrijver zien… voordat andere mensen zich ermee gingen bemoeien en om veranderingen gingen vragen. Meestal worden de interessantste ideeën eruit gegooid.

Ik had moeite met een aantal zaken in Becky's versie van Pats roman. Ik had het gevoel dat de focus verkeerd lag, omdat ze veel te diep inging op

Savannah en haar psychische strubbelingen, terwijl Tom de ware hoofdpersoon van het verhaal is. We zien de gebeurtenissen door zijn ogen, dus hij is de enige om wie we geven. En net als bij het originele script voor *A Star Is Born* wilde ik het liefdesverhaal vertellen, omdat de romance met Lowenstein spanning en drama in het verhaal brengt... en uiteindelijk tot de oplossing leidt.

Wat ik echt niet begreep, was waarom Becky de kern van het verhaal vermeed: een traumatische gebeurtenis in het verleden die groots effect heeft op de levens van drie kinderen en hun moeder. De explosie van geweld is schokkend en verschrikkelijk, maar die scène en de nasleep ervan zijn cruciaal om de personages te kunnen begrijpen. Het ligt aan de basis van de emotionele problemen van het gezin.

Toch kwam het in niet één van de vorige scripts voor. Waarom niet? Waren de schrijvers of de filmstudio er bang voor? Ik wist zeker dat ik de film niet kon maken zonder die scène.

Maar Becky was koppig en wilde er niet in meegaan. Ze dreigde zelfs haar naam van het script af te halen. Ik zei: 'Prima.' (Maar ze heeft het nooit gedaan.) Uiteindelijk zei ik tegen haar dat er hoe dan ook een flashback naar die verschrikkelijke gebeurtenis in het script zou komen en dat ze kon vertrekken als zij die niet voor me wilde opschrijven.

Daarna ontspande de sfeer. Ik praatte – ik wilde dat de dialogen van alle personages echt klonken – en zij typte. En we waren het voortdurend oneens. De volgende ochtend gaf ze me dan de herschreven scènes.

Ik begon aan mezelf te twijfelen. In mijn dagboek schreef ik: 'Voel me zenuwachtig... Weet niet precies waarom... Hoe haal ik plezier uit dit proces? Hoe zorg ik ervoor dat ik niet bang ben om mezelf teleur te stellen?'

Of om Pat teleur te stellen... Of het publiek...

Soms denk ik dat ik de helft van de obstakels op mijn pad zelf heb gecreëerd.

Terwijl dit allemaal speelde, vroeg Richard Baskin of ik een televisieoptreden voor Earth Day wilde doen. (Zoals ik al verteld heb, bleven we goed bevriend.) Ik zong 'One Day', dat ooit was begonnen als melodie, in de late jaren zestig geschreven door Michel Legrand. De eerste keer dat ik het hoorde, vroeg ik aan Marilyn en Alan Bergman of ze er tekst bij konden schrijven, 'maar niet weer een liefdeslied. Schrijf iets over de wereld.' En dat deden ze. Het liedje is een zachte smeekbede om vrede, en een visioen van een groenere planeet. Het was perfect voor deze show, die door mijn goede vriend Dwight Hemion werd geregisseerd. Het gaf me ook de kans even weg te lopen bij het script. Ik besefte dat ik nu nog niet alle antwoorden hoefde te weten. Ik moest er gewoon op vertrouwen dat ik die tijdens het proces zou vinden.

Ik was al meerdere keren naar North en South Carolina geweest om op zoek te gaan naar filmlocaties. En omdat ik nu eenmaal altijd meerdere dingen tegelijk doe, maakte ik daar ook foto's van architectonische details die ik mooi vond, voor het geval ik ze wilde opnemen in het ontwerp voor het huis dat ik nog steeds wilde laten bouwen.

Deze keer ging ik iets optimistischer terug naar South Carolina en vond ik precies wat ik zocht in het stadje waar Pat Conroy was opgegroeid. Beaufort (dat in de roman Colleton heet) ligt in het laagland langs de kust, tussen Savannah en Charleston. Het is het op een na oudste stadje van de staat, gesticht in 1711, en er hing nog steeds een vooroorlogs sfeertje. Garnalenboten, waar Toms vader stuurman op was, voeren er nog steeds over de waterwegen. Het was allemaal zo voor de hand liggend dat ik me afvroeg waarom we ooit ergens anders hadden gezocht.

Er ontbrak echter nog één laatste puzzelstukje.

Als ik regisseer, wil ik alles over de personages weten. Ik wilde Tom kennen. En hoe kon ik Tom leren kennen? Door de man te leren kennen die hem had gecreëerd. Het personage kwam immers voort uit Pat Conroys eigen ervaringen, zijn leven en zijn verbeelding.

Maandenlang probeerde ik een afspraak met Pat te maken, maar hij reageerde nooit. Eerst verbaasde me dat. Daarna nam ik gewoon aan dat hij niet betrokken wilde zijn bij de film. En daarna voelde ik me gekwetst.

Maar toen namen het lot en mijn eigen intuïtie het heft in handen en deed ik nog meer mijn best om met hem in contact te komen. Ik deed een laatste poging om hem op te sporen en trof hem in een hotel in Los Angeles. Toen ik naar zijn kamer belde en hij opnam, zei ik kortweg: 'Met Barbra Streisand. Waarom bel je me nooit terug?'

Pat schaamde zich kapot. Hij legde uit dat hij dacht dat mijn berichten een grap waren, dat een vriend hem voor de gek hield. Hij verontschuldigde zich uitgebreid. Ik nodigde hem uit in New York om samen met mij aan het script te werken.

We brachten twee heerlijke weken samen door, waarbij we volledig ondergedompeld waren in de personages die hij had verzonnen.

Ken je dat, dat je je onmiddellijk op je gemak voelt bij iemand? Zo voelde ik me bij Pat. Vanaf het moment dat we elkaar ontmoetten, hadden we het over de geest, het belang van dromen, en de zoektocht naar betekenis. Hij vertelde me iets heel bijzonders: 'Ik luister naar muziek als ik aan het schrijven ben. Toen ik dit boek schreef luisterde ik naar jouw plaat, *Songbird*. Dus het voelt alsof het klopt dat jij de film gaat regisseren en Lowenstein gaat spelen.'

Daar was ik erg blij om.

Het idee om een psychiater te spelen intrigeerde me, omdat ik groot respect voor ze heb en veel over mezelf heb geleerd in therapie. (Totdat ik het beu was om over mezelf te praten en dacht: klaar, ik heb genoeg geleerd.)

Wie zei ook alweer: 'Een leven dat niet onderzocht wordt, is het leven niet waard.' (Ik heb het zojuist opgezocht. Het was Socrates.) Maar therapeuten zijn ook maar mensen en ik heb er wel een aantal ontmoet die behoorlijk in de war waren. Dat viel me op als ik naar de congressen van Brugh ging en ook toen ik zelf therapeuten bezocht, zoekend naar eentje met wie ik een connectie voelde. Een van de artsen die ik had bezocht, stuurde me zelfs een boze brief toen ik hem niet had gekozen. Hij zei dat ik een grote fout maakte. Hij klonk als een afgewezen minnaar. Belachelijk. Volgens mij had híj therapie nodig. Ik had hem in elk geval niet nodig om me een schuldgevoel te geven, want dat lukt me prima in m'n eentje.

Ik denk dat sommige mensen therapeut worden omdat ze zelf problemen hebben en op zoek zijn naar antwoorden; vaak is het veel gemakkelijker om de problemen van anderen op te lossen dan die van jezelf. Dat concept van de gekwelde heler was iets wat me aansprak.

Ik ben altijd op zoek naar de waarheid. 'De waarheid zal u vrijmaken,' zei Jezus al in de Bijbel. (Dit vormde de inspiratie voor de tekst die uiteindelijk op de filmposters kwam: 'Een verhaal over herinneringen die ons plagen en de waarheid die ons vrij zal maken.')

Wat ik zo mooi vind aan Pats manier van schrijven is dat hij niet bang is om zichzelf bloot te geven in zijn werk. Hij stelt zich kwetsbaar op. Die kwetsbaarheid herken ik. Die is mij heel vertrouwd. Om mijn werk als actrice en zangeres te kunnen doen, moet ik me ook emotioneel blootgeven.

En Pat begreep dat natuurlijk. Jaren later schreef hij in een prachtige brief aan mij:

> ***Wanneer ik mensen vertel dat jij de hardst werkende persoon bent die ik ooit heb ontmoet, gaan mijn gedachten terug naar die magische dagen waarin magnifiek werk werd verzet. Ik zag je worstelen met het scenario, terwijl er overal om je heen creatieve vuurtjes oplaaiden die zacht gloeiden. Diezelfde heilige aandacht leg jij in het kiezen van een lied of***

wanneer je franje voor een schemerlamp koopt. Die onlesbare passie vormt het kenmerk van jouw genialiteit. Soms word je er doodmoe van en drijft het je bijna tot waanzin. Toch is het enige nadeel dat ik aan jou kan ontdekken dat je me zo doet denken aan mezelf. En daarmee bedoel ik mijn melancholie, mijn onzekerheid en de gekwetstheid die ik alle dagen van mijn leven als kunstenaar bij me draag.

... Ik zag ook hoe weinig vertrouwen je haalde uit het feit dat je de beste bent en dat je (net als ik) je ideeën over jezelf vormt op basis van de kwetsende bijdragen van mensen die niet van ons werk houden en weigert te luisteren naar de stemmen van mensen die van je houden.

Hoewel ik nog niet weet wat het betekent, schuilt het geheim van kunst ergens in die illusie... Maar je genialiteit zou niet kunnen zijn wat die is zonder het lijden en de hatelijke opmerkingen, en je overweldigende en succesvolle wens om er iets groots, blijvends en onovertroffens van te maken.

Ik was er stil van. God, wat was hij opmerkzaam. Wat is het toch bijzonder als iemand je echt zíét. Door mezelf door zijn ogen te bekijken, heb ik ook iets over mezelf geleerd. Door hem leerde ik mijn eigen melancholie waarderen, doordat hij me had uitgelegd dat ik die melancholie via mijn kunst omvorm tot iets positiefs. Het feit dat een man met zoveel talent, dat poëtische genie, de tijd heeft genomen om me zo dichterlijk te omschrijven, stemt me nederig.

Toen hij naar New York kwam, begonnen we met het hardop voorlezen van het script. Pat speelde Tom en ik Lowenstein. Ik wilde horen hoe de woorden klonken met zijn stem, zodat ik zeker wist dat Toms tekst de juiste cadans had en bij zijn aangename zuidelijke accent paste. Pat heeft beschreven hoe dat was: 'Een paar weken lang was ik haar tegenspeler. Hoeveel schrijvers maken mee dat hun fantasie werkelijkheid wordt? Na het voorlezen van een scène zei ze: "Weet je, ik vind dat mijn tekst beter klinkt." Ik zei: "Ja, daar is een goede reden voor: jíj hebt een Oscar gewonnen en ik ben zomaar iemand. Jij zult altijd beter klinken."'

En ik dacht: hoezo, zomaar iemand? Nee, je bent een geweldig auteur, een poëet en een heel bijzonder mens.

Ik had de versie van het script bestudeerd die Pat jaren daarvoor had geschreven en delen daarvan in de laatste versie verwerkt. Toen we dat nieuwe script samen doorliepen, merkte ik op dat mijn dialogen op bepaalde punten beter konden. Ik vroeg hem of hij die kon veranderen. Pat werkte er dan 's nachts aan en gaf me de volgende ochtend de nieuwe versie. Soms moest ik dan voorzichtig zeggen: 'Dit is prachtig, Pat. Maar niemand praat zo.'

Het soort taal dat heel goed werkt op de bladzijden van een roman, kan in een film veel te bloemrijk klinken. De meeste mensen praten immers niet dichterlijk (tenzij ze een stuk van Shakespeare opvoeren), en het was een van mijn taken om de dialogen om te vormen tot een spreektaal die iedereen zou aanspreken.

Ik was heel bang dat ik hem hiermee beledigde. Hij was tenslotte de bestsellerauteur, ik niet. Maar Pat was heel bescheiden. Hij verzette zich nooit. Hij begreep het meteen.

Het verbaasde hem dat ik het boek zo goed kende. Zonder dat ik het voorhanden had, zei ik bijvoorbeeld: 'Er staat een heel mooie omschrijving van Savannahs poëzie op pagina 540. Kunnen we daar iets van gebruiken?' Of: 'Die passage over het redden van walvissen die aanspoelen, heb je dat echt meegemaakt?' Ik wilde alle verwijzingen in het boek begrijpen, ook al stond het niet in het script.

Ik wilde zijn verhalen horen... Over zijn vader, zijn moeder, zijn familie, zijn hele leven. Ik was gulzig naar elk detail waardoor ik de hoofdpersonen tot echte mensen kon maken en de wereld in de film kon begrijpen. Ik kom natuurlijk niet uit het Zuiden, maar Pat had op dat moment een Joodse vrouw uit Brooklyn, dus dat zag ik als een goed voorteken. Onze samenwerking was voorbestemd! Ik was de Lowenstein voor zijn Tom en probeerde de essentie van deze man te vatten.

In het boek stond een dans die de *shag* werd genoemd. Ik had er nog nooit van gehoord.

Hij legde uit: 'Zo dansten we in South Carolina toen ik jong was.'

Ik vroeg: 'Kun je het me een keer voordoen?'

En plotseling veranderde de enigszins verlegen heer uit het Zuiden in een beroepsdanser. Een swingkikker. Hij had echt losse heupen! Wat hebben we gelachen, toen we de shag dansten in mijn kantoor. Volgens mij deed ik de passen helemaal niet zoals het moest, maar dat maakte niet uit, want Pat was ontzettend goed. Hij pakte mijn hand en draaide me rond en ik volgde. Zijn voetenwerk was ook indrukwekkend.

Toen we lachend weer neerploften, haalde hij een zakdoek uit zijn zak, veegde zijn voorhoofd af en zei: 'Ik heb Barbra Streisand de shag geleerd. Nu kan ik sterven als een gelukkig man.'

Hij was bescheiden en gul, aardig, hartelijk en liefdevol... Kon je heerlijk omhelzen en hij was groot, dus als hij je omarmde, was het een gróte knuffel. Dan werd je helemaal ingepakt.

Het was een genot om met hem te werken en ik vond het een hele eer dat hij mij vertrouwde met zijn boek. En hij heeft me een groot cadeau gegeven: de gelegenheid om met mijn zoon samen te werken.

In de film heeft Lowenstein een zoon, Bernard, die net als zijn vader heel goed vioolspeelt. Maar hij is uit het footballteam gegooid op school, terwijl hij liever football speelt dan viool. Tom was als leraar op een middelbare school ook footballcoach geweest, dus vraagt Lowenstein aan hem of hij haar zoon wil coachen.

Ik had al een jonge man die Chris O'Donnell heette aangenomen om Bernard te spelen. Hij was negentien, een goed acteur en heel sportief.

Ik liet een foto van Chris aan Pat zien, en die zei toen: 'Dat is 'm niet, Barbra. Hij ziet eruit als een topsporter, en het idee is juist dat Bernard van nature niet atletisch is.'

En toen zag hij een foto van mijn zoon Jason in een glazen lijstje op de piano staan. 'Dát is Bernard,' zei hij.

In het boek wordt Bernard als volgt beschreven: 'Een knappe jongen die denkt dat hij lelijk is. Hij is heel lang... Heeft heel grote voeten en zwart krullend haar... Hij had de lange benen van zijn moeder, haar volle lippen, dezelfde donkere, veelzeggende blik en zijn huid was zo glad als vers fruit. Afgezien van zijn voortdurend norse blik, was hij een bijzonder knappe jongen.' Ik herinnerde me de omschrijving en ik herinnerde me ook hoeveel Bernard woog: zeventig kilo.

Ik belde Jason op en vroeg: 'Hoeveel weeg jij?'

'Zeventig kilo, hoezo?'

'Je bent aangenomen,' zei ik, en ik dacht: jeetje, dit heeft zo moeten zijn.

Jason had de rol voor me voorgelezen toen ik bezig was met het uitkiezen van acteurs, zodat ik kon horen hoe de tekst klonk. Hij deed het fantastisch, maar ik dacht dat hij met zijn drieëntwintig jaar misschien te oud zou zijn om een zeventienjarige te spelen. En ik vroeg me ook af of hij wel aanwijzingen van me zou aannemen. Of hij me kon zien als zijn regisseur in plaats van zijn moeder. Moest ik het erop wagen en mijn eigen zoon aannemen voor de rol? Ik wist dat we allebei veel te verduren zouden krijgen. Cis waarschuwde me: 'Dit moet je niet doen. Je krijgt hier kritiek op.'

Maar ik zei: 'Ik krijg hoe dan ook kritiek, wat ik ook doe, dus dan kan ik net zo goed iets doen waar ik in geloof.'

En Jason, die nooit ergens om vroeg, wilde de rol heel graag hebben.

We betaalden Chris O'Donnell zijn honorarium en boden onze excuses aan. We legden hem uit dat hij niet leek op degene die de auteur voor zich zag.

Pat had gelijk. Jason was op allerlei manieren Bernard. Hij begreep Bernards woede, zijn pijn en zijn onzekerheid. Dankzij Pat had ik de juiste beslissing genomen.

Pat was bij mij in New York op 24 april, toen ik achtenveertig werd. De bel ging voortdurend en dan kwam mijn assistent weer met een prachtige bos bloemen aan... Van Jason en andere lieve vrienden... Richard Baskin... Don Johnson... Jon Peters. Pat was verbaasd. 'Ik heb heel veel ex-vriendinnen, maar ik krijg nooit bloemen of zulke lieve kaartjes van ze op mijn verjaardag.' Hij keek hoe ik de geur van de laatste bos opsnoof. 'Eerlijk gezegd had ik niet eens verwacht dat er zoveel levende rozen in New York zouden zijn.'

Van hem kreeg ik een paar boeken, waaronder een exemplaar van *The Prince of Tides* met op het titelblad de inscriptie: *Voor Barbra Streisand, Queen of Tides.*

Een paar dagen later, vlak voordat hij weer terug naar huis ging, gaf hij me een poëziebundel van James Dickey, een van zijn eerste schrijfdocenten. Daarin schreef hij:

Voor Barbra Streisand,

Graag wil ik je bedanken voor deze twee bijzondere weken. Je bent veel dingen, Barbra, maar je bent ook een groot lerares... Een van de grootsten die ik in mijn leven heb gekend. Ik eer grootse leraren door ze te laten voortleven in mijn werk. Ze dansen onzichtbaar in de kantlijn van mijn proza. Door jou ben ik een betere schrijver geworden, je hebt mijn lieve boek gered, en je hebt me een eer bewezen door het zo serieus en liefdevol aan te pakken...

Veel lof, dank en liefs,

Pat Conroy
30 april 1990

Als ik zo'n bericht lees, word ik eraan herinnerd dat ik zelf maar een gebrekkige schrijver ben. Neem nou dat beeld: 'Ze dansen onzichtbaar in de kantlijn van mijn proza.' Je leest het niet alleen, maar je vóélt wat hij bedoelt. En dat is zo geniaal. Ik zou nooit zo'n zin kunnen verzinnen.

Ik kan scripts schrijven, politieke artikelen, maar een roman? Met mooie taal?

Vergeet het maar.

Ik werd verliefd op zijn boek en daarna werd ik verliefd op de man. Ik zal de boeken van mijn lieve Pat voor altijd koesteren.

Eindelijk had ik mijn script, nu moest ik het nog filmen.

44

The Prince of Tides *regisseren*

Terugkijkend op het maken van *The Prince of Tides* herinner ik me vooral de hitte en luchtvochtigheid die vanaf de eerste dag dat ik met de crew in Beaufort aankwam meedogenloos waren. Om een of andere onverklaarbare reden filmden we tijdens de heetste periode van het jaar, juni, juli en augustus, wanneer het buiten bijna 40 graden is en de luchtvochtigheid 100 procent. Mijn haar werd slap. Ik had allemaal verkeerde kleren bij me. En het huis dat ik had gehuurd was tweehonderd jaar oud. Het had een prachtige bouwstijl met een veranda, maar wat ik me niet had gerealiseerd, was hoe donker de kamers op de eerste verdieping zouden zijn door de brede overkapping.

En ik zal nooit vergeten dat ik een keer in bad stapte en een gigantische waterkever uit de kraan zag kruipen.

Ik gilde, rende de badkamer uit en riep om Renata.

De insecten waren een verschrikking, maar de hitte en al het andere nam ik voor lief, want het landschap speelde een rol in het verhaal. De openingszin van het boek is: ‘Geografie is mijn wond. Het is ook mijn anker, mijn thuishaven.’

Mijn hemel, wat een beeld. Het woord 'wond' is zo krachtig, en Pat gebruikte het heel vaak in het boek. Het deed mij denken aan die tekst die ik uitsprak als vijftienjarige Medea: 'Waarom hebt u een meisje van me gemaakt? Waarom deze borsten, deze zwakte, deze open wond midden in mezelf?'

Tom was, net als Pat, opgegroeid naast de zoutpannen, waar de rivier de Beaufort op weg naar de zee door de uiterwaarden meandert. Hij was onuitwisbaar verbonden met deze plek, waar grenzen vervagen en waar land en water bij elk getijde van plaats wisselen. Waar oesterschelpen in de modder liggen en reigers, zilverreigers en visarenden over het hoge gras scheren.

Ik zag de zoutpannen voor het eerst toen ik er met een vliegtuig overheen vloog en dacht: wat is dit móói. Het was in de namiddag en het gouden licht kleurde het water in een prachtige zachte perzikkleur. Het contrast tussen het donkerdere land en lichtere water maakte vreemde vormen en verschuivende patronen door de weerspiegeling van de wolken in het water. Het was alsof ik het landschap in mijn binnenste kon voelen. Het deed denken aan een kaart van de bloedvaten in het menselijk lichaam waar de energie doorheen stroomt. Ik zag de shots waar ik uiteindelijk de film mee zou beginnen al voor me.

De camera glijdt over de zoutpannen en beweegt dan omhoog langs de oever van de rivier naar een klein wit huis, waar je Tom, Savannah en Luke als kinderen ziet. Hun jeugd ziet er idyllisch uit... Ze rennen achter elkaar aan tussen de bomen, spelen met een puppy, gaan met hun moeder mee om aan het einde van de dag op de steiger naar de zonsondergang te kijken. Ik vond ze net een groepje pulletjes, en ik gaf het meisje een deken om met zich mee te slepen, wat me herinnerde aan mijn eigen babydekentje van een oudroze, grof geweven stof. Als ik duimde aaide ik mijn dekentje en zo viel ik in slaap.

Een andere mooie passage in het boek is wanneer Lila haar kinderen op een warme zomeravond uit bed haalt om ze een van de wonderen der natuur te laten zien. Ze wijst naar het oosten en zegt dat ze goed moeten kijken. Daar komt de maan op, terwijl de zon op hetzelfde moment in het westen ondergaat. De zon en de maan zijn allebei te zien en de dag wordt nacht.

We hadden opgezocht wanneer het volle maan zou zijn, vergeleken de tijden van maansopkomst en zonsondergang en kozen zo een datum waarop we de grootste kans hadden om dit fenomeen te filmen. Onze cinematograaf Stephen Goldblatt had een speciale camera zo ingesteld dat hij van de ene naar de andere kant kon zwaaien. Maar toen we allemaal klaarstonden om met de opnamen te beginnen, werkte het weer niet mee. Het was veel te bewolkt. Zowel de zon als de maan was onzichtbaar.

Ik was radeloos. De realiteit kwam helemaal niet overeen met mijn visioen.

Maar helaas, tegen de feiten valt niet te vechten... Wederom wil ik hier de mythe van de compromisloze kunstenaar ontkrachten. Het leven en de kunst zijn vaak een aaneenschakeling van compromissen. Als ik regisseer en produceer, ben ik voortdurend de financiële en artistieke aspecten tegen elkaar aan het afwegen. En ja, de regisseur in mij zou willen wachten tot de zon weer tevoorschijn kwam, maar de producer in mij waarschuwde me dat dat 100.000 tot 150.000 dollar per dag zou kosten.

Ik moest op zoek naar een andere manier om in beeld te brengen wat ik wilde. Ik moest accepteren wat het universum me bood en het daarmee doen. En in sommige gevallen pakt iets wat in eerste instantie een compromis lijkt juist veel beter uit.

Ik zette de moeder op de steiger, met haar armen om de kinderen heen en besloot in te zoomen op de emotie in plaats van het shot dat ik eerst wilde. En toen bad ik in stilte, net als ik acht jaar daarvoor had gedaan bij *Yentl*, bij de opnamen van de wagen die over de Karelsbrug reed. (Het lijkt alsof ik heel veel bid tijdens filmopnamen.)

En ook deze keer werden mijn gebeden verhoord. Op het allerlaatste moment brak de ondergaande zon door de wolken heen en baadde het gezin in een warm, roze licht. Dat was alles wat ik nodig had. De maan kwam niet tevoorschijn, maar dat hoefde ook niet meer. Ik kon niet precies het beeld uit het boek vangen, maar mijn gebeden hadden er op een of andere manier voor gezorgd dat ik iets kon vastleggen wat minstens zo mooi was.

En daarna, in de volgende scène, valt het idyllische beeld in duigen. De ouders schreeuwen naar elkaar, de kinderen rennen het huis uit om het geruzie te ontvluchten en springen met hun kleren aan vanaf de steiger in het water.

Het heeft iets heel vrijs en ongedwongens. Het deed me denken aan een moment toen Jason nog klein was. Hij was aan het spelen in het zwembad op Carolwood Drive en toen ik naar hem toe liep, zei hij: 'Kom ook in het zwembad, mama.' En in een opwelling sprong ik er zomaar in, met mijn rok, blouse en schoenen nog aan. Ik zal nooit vergeten hoe verbaasd hij was.

En daarna begon hij te giechelen en ik ook.

In de roman vormen de kinderen onder water een kring door elkaars handen vast te houden en komen ze pas boven als ze hun adem niet langer kunnen inhouden.

Dat vond ik een schitterend beeld.

We filmden het onderwatergedeelte in een grote watertank, omdat het in de echte rivier te donker en troebel zou zijn om iets te zien. Het duurde twee weken voordat het water de juiste kleur had. Soms was het te blauw, te groen, te licht, te donker. Dan keek ik door de lens en zei: 'Wacht! Er zijn geen waterplanten. Het ziet er niet natuurlijk uit.' Ik had een beeld in gedachten van lange dunne groene slierten die door het water zwierden, maar de mensen van de rekwisieten konden alleen aan dikke slierten komen. Dus moesten we alle slierten doormidden splijten.

Ik weet het. Het is letterlijk haarkloverij, maar dat is nou eenmaal mijn aandacht voor detail. Misschien is het een vloek, misschien een zegen (maar waarschijnlijk beide).

Ik moest kinderen inhuren die zowel goed konden zwemmen als acteren. Als ze boven water komen, wilde ik helder ochtendlicht hebben, dus moesten we een felle lamp boven de watertank hangen. De camera zoemde in op de rimpelingen in het water, die omvormden tot golven die aanspoelen op een andere oever waar de volwassen Tom in het namiddaglicht met zijn eigen kinderen speelt. De camera glijdt vloeiend over de golven die het verhaal zonder cut naar de volgende scène brengen. Op die manier zijn de overgangen natuurlijker.

Ik heb lang nagedacht over de beelden bij elke scène en over de meest vanzelfsprekende overgangen van de ene plek naar de andere.

De kinderen maakten deel uit van het verhaal en ik moest de jonge Wingo's in drie verschillende leeftijdsgroepen inhuren, plus de kinderen van Tom zelf. Het is heerlijk om met kinderen te werken, want ze kunnen zo spontaan zijn. Ze passen nog geen censuur op zichzelf toe en hebben geen vooroordelen. Ik heb heel veel met ze gepraat en geïmproviseerd. Daar maakten we dan opnamen van, zodat ik zeker wist dat ze ontspannen voor de camera zouden zijn. De meisjes die Toms dochters speelden moesten ook heel ontspannen zijn bij Nick Nolte, die Tom speelde. Ik wilde dat ze over hun papa heen kropen als puppy's.

Pat beschreef Toms moeder Lila als een heel mooie vrouw. En dat gold zeker voor Kate Nelligan, die in eerste instantie auditie deed voor de rol van Sallie, Toms vrouw. Ik had haar gezien in *The Spoils of War*, het toneelstuk van Michael Weller, en vond haar fantastisch. Ze speelde daarin een verleidelijke, ambitieuze vrouw die een moeilijke relatie met haar zoon heeft. De overeenkomsten tussen dat personage en Lila zorgden ervoor dat ik haar de tekst van Lila liet lezen. Kate heeft een soort aangeboren spanning en kracht in zich die perfect was voor deze rol. Ze is zo'n goede actrice dat ze nauwelijks aanwijzingen nodig had. Ze had aan een of twee woorden genoeg om precies te doen wat ik wilde. Ze voelde het schitterend aan en haar zuidelijke accent klonk perfect. Als een acteur zelf niet goed kan luisteren, kun je de fouten horen in de intonatie, net zoals je ook onmiddellijk een verkeerde noot in een muziekstuk hoort.

In eerste instantie stelde de castingdirector voor dat ik twee actrices zou inhuren: een voor de jonge Lila en een die haar dertig jaar ouder zou spelen, maar dat is nooit ideaal. Meestal is het vrij duidelijk dat het niet dezelfde vrouw is. Gelukkig was Kate zo getalenteerd dat ze beide leeftijden kon spelen. Ze was in staat de rijpere leeftijd te laten blijken met haar bewegingen en met behulp van wat ouder makende make-up, die er meestal af viel wanneer ze ging lunchen waardoor ze het daarna weer opnieuw moesten aanbrengen (wat een aantal uur duurde).

Voor de rol van Sallie had ik het genoegen om Blythe Danner te kunnen inhuren. In het echte leven is zij ook heel hartelijk en lief, waardoor de rol haar op het lijf geschreven was. Op zeker moment legt Tom uit dat hij verliefd werd op Sallie omdat ze zo heerlijk normaal was, in tegenstelling tot het gezin waar hij zelf uit kwam. Toevallig had Blythe ook de rol van echtgenote gespeeld in *The Great Santini*, een eerdere verfilming van een boek van Pat Conroy. Blijkbaar had ze affiniteit met Pats heldinnen. Ik vond dat het haar meer ervaring en gelaagdheid gaf.

Melinda Dillon is een actrice die altijd interessant is om naar te kijken. Ze heeft zo'n open gezicht... Ze heeft een soort delicate kwetsbaarheid waardoor ze mijn eerste en enige keus was voor de rol van Savannah. Ik had haar carrière gevolgd en zei tegen haar: 'Jij weet wie zij is. Je hoeft niet te acteren. Wees gewoon jezelf.'

Iemand vinden voor de rol van Tom Wingo bleek een grotere uitdaging. Ik moest iemand zien te vinden die geloofwaardig was als footballcoach én als leraar Engels. Hij moest dus aan de ene kant sportief zijn en aan de andere kant iets literairs en gevoeligs hebben. Daarbij kwam nog dat hij een zekere gekwetstheid moest kunnen uitstralen én – niet onbelangrijk – hij moest sexappeal hebben. Ik wilde dat vrouwen zouden zwijmelen als ze hem zagen. In mijn films blijkt het altijd goed te werken als ik een heel sterke, aantrekkelijke man tegenover me heb, en bovendien is het gewoon leuker!

Toen Bob Redford was overleden, benaderde ik Warren Beatty. Maar ook hij sloeg de rol af. Ik nam contact op met Kevin Costner, hij kwam bij me langs, schudde mijn hand en vertelde dat hij bezig was met een western, wat later *Dances with Wolves* bleek te zijn. (Toevallig overhandigde ik hem later daarvoor een Oscar voor Best Picture.) Richard Gere belde me op en zei dat hij Tom wel wilde spelen. Weet je nog dat hij zei dat hij niet in *Yentl* wilde spelen omdat hij dacht dat ik niet tegelijk kon acteren en regisseren? Blijkbaar was hij van gedachten veranderd. Ik had heel graag met hem samengewerkt, maar ik zag hem gewoon niet als een Tom. Ik zei: 'Jij bent gewoon geen man uit het Zuiden, Richard.'

Nick Nolte daarentegen kon gemakkelijk doorgaan voor een traditionele zuiderling. Hij had dat brutale uiterlijk, maar toch kon ik veel pijn in zijn blik zien. En toen we erover spraken, merkte ik dat hij op een interessant punt in zijn leven zat, waarop hij bereid was diepere gevoelens te onderzoeken en zichzelf kwetsbaar op te stellen.

Voor zijn vorige rol was Nick twintig kilo aangekomen en had hij zijn haar bruin geverfd. Ik vroeg hem om af te vallen en we gaven zijn haar weer een mooie blonde kleur. Nick was een aparte vogel. Hij kwam naar de studio in een wijde ziekenhuisbroek, als een dokter, met een plastic zakje waar zijn speciale dieet in zat: rauwe eieren en kip.

Als het even kan, maak ik graag gebruik van de uitzonderlijke eigenschappen van een acteur. Nick was een kettingroker. Zodra ik 'Actie!' riep, stak hij een sigaret op om snel een paar trekjes te nemen. Ik bedacht dat ik dit wel in het script kon verwerken: dat hij een man was die het maar niet lukte om te stoppen met roken. Wanneer hij dan de zoon van Lowenstein gaat coachen, zorgt Bernard ervoor dat hij zijn sigaretten weggooit. Maar aan het einde van de film, wanneer Tom een moeilijke beslissing moet nemen, zien we hem weer roken.

Het viel me op dat Nick er op beeld een beetje rood uitzag. Ik hoorde dat hij naar de zonnebank ging omdat hij dacht dat hij er meer uitzag als een zuiderling als hij een kleurtje had. Ik nam hem apart en zei: 'Dat moet je niet doen.' Zijn gezicht mocht niet elke keer een andere kleur hebben. Ik wilde dat de muren in het ziekenhuis een warme grijze kleur hadden in het shot waarin hij de monoloog houdt naast zijn zus die in coma ligt. Maar nu moest ik tijdens de postproductie de muren blauwer maken, zodat hij er minder rood uitzag.

Als regisseur kruip ik graag in de huid van een acteur, dus ik vroeg Nick of hij me meer over zijn leven wilde vertellen. Over zijn relatie met zijn moeder, zijn zus, zijn vrouwen... Zodat ik iets in beeld kon brengen wat echt aanvoelde.

Ik wilde Nick bespelen alsof hij een instrument was, de hoge en lage tonen van menselijke emoties uit hem halen. De stem laten klinken die iemand kan raken, als hij tenminste voortkomt uit de waarheid.

Om dat voor elkaar te krijgen, moest ik zijn vertrouwen winnen, net zoals Lowenstein het vertrouwen moest winnen van de broer van haar patiënte om Savannah te kunnen helpen. Fascinerend toch, hoe het leven de kunst imiteert?

Op de eerste draaidag, filmden we een flashback naar een etentje waarbij Henry Wingo zijn eten uitspuugt en zijn bord naar zijn vrouw toe schuift. Vervolgens reageert hij zijn woede af op de tienjarige Tom.

Ik ben dol op flashbacks. Ze laten je precies zien wat er is gebeurd, kort en bondig, waardoor je het niet door iemand hoeft te laten uitleggen. Bovendien voelt het cinematografisch heel natuurlijk om terug te gaan in de tijd om een verhaal te vertellen. Zo denken we immers ook. Flashbacks brengen een soort stream of consciousness op het scherm.

De flashbacks waren emotioneel gezien misschien wel de moeilijkste scènes, en daarom wilde ik die als eerste draaien. Op die manier konden de acteurs die de oudere personages speelden naar de beelden kijken en die in hun achterhoofd houden bij hun acteerwerk.

Bij Tom wordt de flashback opgeroepen als hij staat te koken. Hij wast de garnalen die hij heeft gekocht en denkt aan een ruzie met zijn vader. Dan gaat het beeld van Tom en zijn garnalen naar zijn vader die walgend zijn garnalen uitspuugt: 'Jezus, Lila, er zit wijn in!' Hij zet het bord op de grond voor de hond – de puppy uit de inleiding is nu een volgroeide hond – en zegt: 'Zelfs de hond vreet het niet!'

Tom verdedigt zijn moeder door te zeggen: 'Ik vind het lekker.'

'Wie heeft jou wat gevraagd?' zegt zijn vader, waarop hij hem een tik geeft. Als Tom dan begint te huilen, noemt zijn vader hem een mietje. Lila zegt dat ze wel wat restjes voor hem zal opwarmen en vraagt Tom en Savannah of ze haar komen helpen in de keuken, om ze uit de buurt van Henry's woede te houden. We zien de jonge Tom uien snijden en de oude Tom uien in de pan gooien. De jonge Tom doet er peper bij en de oude Tom doet hetzelfde.

Als Lila een blik hondenvoer openmaakt en het in de pan gooit, kijken de kinderen met open mond toe. Het is interessanter om het verhaal te vertellen door de ogen van de kinderen. Als ze het bord voor Henry's neus zet en hij een hap neemt, zegt hij: 'Dít is tenminste eten, Lila.' De hond ruikt iets bekends en zet bedelend zijn voorpoten op tafel.

Voor het eerste shot aan de eettafel wilde ik graag dat het bord dat over de lange tafel naar de moeder wordt geschoven in beeld bleef. Ik beschreef het aan Stephen. Hij keek me aan en zei: 'Nee. Dat kan niet. Onmogelijk.'

Ik was stomverbaasd. Meestal werken mijn mensen graag mee. Van Peter MacDonald, de geweldige Engelse cameraman die mijn leven zo mooi had gemaakt bij *Yentl*, had ik nog nooit nee te horen gekregen. Voor hem was niets onmogelijk. Hij zei altijd: 'Als jij het zo voor je ziet, dan gaan we dat doen.'

Stephen was minder toegeeflijk. Na een discussie die nergens toe leidde, gaf ik het op en nam ik genoegen met een ander shot dat er een beetje bij in de buurt kwam.

Ik had ook nog een shot voor in de keuken bedacht. Lila zou de koelkast opendoen, er boter en rijst uit halen, het blik hondenvoer openmaken en het allemaal in de pan gooien; in één take.

Daar zei Stephen ook nee tegen.

Ik raakte gefrustreerd. Het hielp waarschijnlijk ook niet mee dat er geen airconditioning was. We hadden het interieur van het huis nagebouwd in een gymzaal van een school en ik kon Paul Sylbert, de production designer, nergens vinden om hem om een paar ventilatoren te vragen.

Het was er bloedheet. Ik had geen zin meer om tijd te verdoen met Stephen overhalen om het op mijn manier te doen. Ik wilde alleen maar dóór.

Na de eerste draaidag lagen we al een dag achter. (O nee, zou het weer net zo gaan als bij *A Star Is Born*?)

Ik belde Peter in Londen om hem eens te vragen of ik iets onmogelijks had gevraagd. 'Jij zou me dat shot met het bord wel hebben gegeven. Waarom wil hij het dan niet?'

'Nou, waarschijnlijk omdat je dan de muur moet verplaatsen.'

Ja, nou en? Dan verplaats je de muur... Een set is zo opgebouwd dat hij makkelijk uit elkaar kan worden gehaald en je die mogelijkheid dus hebt.

Ik snapte er niets van. Stephen was onvermurwbaar. Het lukte me niet om tot hem door te dringen. En hij communiceerde ook niet met mij. Zijn medewerker Ray De La Motte was al even vaag. Gewoonlijk kijkt een regisseur na een shot even naar de cameraman. Die geeft dan met een duim omhoog of omlaag aan of het er goed op staat. Peter en ik deden dat altijd automatisch.

Maar Ray niet. Het was verontrustend. Stephen en hij reageerden totaal niet op me. Ik had geen tijd om elk shot op de monitor af te spelen en ik wilde ook niet dat iedereen er dan omheen kwam staan. Dan wordt het momentum verstoord.

Ik deed meerdere pogingen om Stephen apart te nemen, in de hoop een betere verstandhouding te krijgen en op een avond, na een draaidag, raakten we eindelijk in gesprek. Ik vroeg hem naar zijn moeder, omdat naar mijn mening iedereen gevormd wordt door zijn moeder, vooral jongens. Pat heeft daar een mooi stuk over geschreven in zijn boek: 'Als mijn moeder verdrietig of gekwetst was, dan gaf ik mezelf de schuld of kreeg het gevoel dat ik iets onvergeeflijks had gedaan. Een zeker schuldgevoel is jongens uit het Zuiden niet vreemd: ons hele leven bestaat uit gecompliceerde, joekels van verontschuldigingen aan onze moeders omdat onze vaders zulke slechte echtgenoten waren.'

En ik dacht dat alleen Joodse jongens een schuldgevoel met zich meedroegen!

Ik vroeg aan Stephen: 'Leeft je moeder nog?'

'Ja.'

'Is ze een sterke vrouw?'

'Ja.'

'Werkt ze?'

'Ja.'

'Wat doet ze dan?'

'Ze is psychiater.'

O néé, dacht ik. Ze is een werkende vrouw, een psychiater en zij heeft hem opgevoed. Waarschijnlijk projecteert hij zijn gevoelens over haar op mij. Eerlijk gezegd klonk zijn nee inderdaad als een achtjarige die zijn moeder dwars wil zitten.

Tjonge, dacht ik. Ik ben de sigaar.

Als je als vrouw aan het hoofd van een groep mannen staat, kun je niets laten merken.

Nick wist niet hoe hij zich tegenover mij moest opstellen. Soms deed hij als een klein jongetje dat aan de staartjes trok van het meisje waar hij een oogje op had. Dan plaagde hij me, kietelde me, probeerde me aan het lachen te maken. Ik was zijn regisseur, maar ik speelde ook de rol van zijn geliefde. Op dat soort momenten, wanneer ik Lowenstein werd, veranderde de dynamiek tussen ons. Waarschijnlijk was het voor iedereen verwarrend, want ik ging de hele tijd heen en weer tussen die twee.

Soms was ook Nick twee verschillende mensen. Lief en aardig als we met z'n tweetjes zaten te praten, en even later liep hij weer stoer als een of andere macho over de set.

Toen we de eerste scène met Lowenstein draaiden, waarin Tom in New York aankomt en rechtstreeks naar haar kantoor gaat, waren we aan het einde van de dag nog niet klaar. Ik wilde nog een paar minuten doorgaan om dat laatste shot erop te krijgen: een close-up van Nick terwijl ik hem vragen stel. Tom is moe van zijn reis en maakt zich zorgen om zijn zus. De stad is niet bepaald een vriendelijke plek voor hem, hij heeft hoofdpijn en hij voelt zich nog ongemakkelijker in het kantoor van de psychiater omdat hij er niet mag roken. Ik wilde dat je de vermoeidheid van zijn gezicht kon aflezen als hij zei: 'Wat wilt u van me?'

Lowenstein antwoordt: 'Ik wil dat je haar geheugen bent.'

Herinneringen zijn pijnlijk voor hem, dus hij antwoordt: 'Ik probeer me mijn hele leven al niets te herinneren.'

En dan vraagt hij voor de grap: 'U hebt niet toevallig wat morfine bij de hand?'

Het leek me logisch om die scène op dat moment te draaien, omdat Nick ook echt moe was. Anders zouden we het de volgende dag moeten filmen (wanneer hij was uitgerust) en zouden we daarna de hele set moeten ombouwen om mij nog te filmen. (Nogmaals, ik filmde altijd eerst mijn tegenspeler, omdat ik hun acteerwerk belangrijker vond dan dat van mij.)

Ik vroeg Thomas Reilly, de assistent-regisseur, of we nog even konden doorgaan, en hij zei: 'Ik vind het beter om het morgen te doen.' (Wéér zo'n dwarsliggende man.)

Stephen zei: 'Nee. Ik wil niet overwerken.' En Ray was er ook op tegen.

Nick koos hun kant.

Ik vroeg alleen maar om een kwartiertje van hun tijd. (Ik had mijn lesje geleerd: Niet vragen... Opdragen!)

Die avond ging om tien uur mijn telefoon. Het was Nick. 'Het spijt me,' zei hij.

Ik was blij dat hij belde en zei: 'Ik hoop dat je begrijpt dat ik alleen maar wilde dat jij er goed opstond.'

Hij was heel berouwvol. 'Ik had je moeten steunen, maar ik durfde niet tegen de mannen in te gaan. Ik voel me een enorme sukkel.'

Ik accepteerde zijn verontschuldiging, maar ik was nog steeds boos op de andere drie.

De volgende ochtend zat Nick zo vol energie (misschien wilde hij iets goedmaken) dat het wel zeventien takes duurde voordat zijn spel weer even geloofwaardig was als de avond ervoor. En toen vertelde mijn fantastische productieassistent Tommy Saccio me dat Stephen, Ray en Thomas in een hoekje stonden te mopperen dat ik alleen maar zoveel takes had laten nemen om hen te pesten. Wat belachelijk is, want ik was ook de producer, en wie wil er nu geld verspillen? Geloof me, ik vind het ook niet leuk om zeventien takes te moeten nemen. En door zoveel tijd aan Nick te besteden, werd míjn dag alleen maar korter. Toch wilde ik pas stoppen wanneer ik tevreden was met zijn spel.

Toen deze kerels tegen me zeiden dat ze naar huis wilden, had ik moeten zeggen: 'Wacht eens even. Zeggen jullie nou tegen míj, de regisseur en producer, wanneer ik moet ophouden met het filmen van een scène? We doen dit nu. En als jullie niet blijven, zijn jullie ontslagen.'

Maar ik had er het lef niet voor. Ik wilde aardig gevonden worden. Ik vind het niet makkelijk om mensen te ontslaan en ik had de fout gemaakt te buigen voor die mannen in plaats van te kiezen voor dat wat het beste was voor de film.

Ik heb eens ergens gelezen dat een regisseur vijftien mensen ontsloeg in de eerste draaiweek. Zoiets zou ik nooit doen. Ik durfde er niet eens één te ontslaan, vanwege de kritiek die ik dan zou krijgen: 'Wat een kenau, zeg.'

Bij *Yentl* zou de crew nooit hebben geklaagd over een kwartiertje overwerken. Zij zouden me nooit zo vernederen en ze beschouwden mijn eisen tenminste niet als een aanval op hun mannelijkheid. We waren collega's die samenwerkten... Maar goed, dat was in Engeland.

Bij deze film voelde ik me erg alleen.

Gelukkig had ik Cis, die mijn partner was geworden bij Barwood Films en *The Prince of Tides* samen met mij produceerde. Samen namen we Paul Sylbert mee naar het kantoor van haar echtgenoot in Upper West Side, zodat hij het kon nabouwen als kantoor van Lowenstein. Het was een prachtig herenhuis met lambriseringen van donker eiken, boekenkasten met glazen deuren, donkere meubels, hoge ramen en een kroonluchter. Het was een kantoor met een mannelijke uitstraling, maar misschien moest Lowenstein zich ook wel mannelijk opstellen om het succes dat ze had te bereiken. Tegelijkertijd was het ook een elegant en ingetogen kantoor, precies zoals zij is. Volgens mij kan een set onmiddellijk veel tonen over een personage.

De manier waarop Tom erop reageert als hij aan het eind van haar werkdag komt voor zijn afspraak, vertelt ons ook veel over hem. Hij is nieuwsgierig, bladert door een boek, is rusteloos. Hij kan niet stilzitten, blijft maar bewegen, draait aan een knop op de lambrisering waardoor hij de deur naar een verborgen badkamer opent. Paul maakte zo'n heisa over die deur. Blijkbaar was het moeilijk om die zo te maken dat hij wegviel in de lambrisering. Het was heel vernuftig... Ik had Nick langer voor die deur moeten laten staan, zodat iedereen hem beter zou zien.

Ik speelde weer interieurarchitectje. Ik wilde Griekse en Romeinse beelden bij Lowenstein op de schoorsteenmantel hebben. Hoewel de beelden verder geen rol spelen voor het verhaal, waren ze wel belangrijk voor mij. Ik weet dat ze de meeste mensen die de film zouden zien niet eens zouden opvallen, maar toch vind ik dat zo'n detail een extra laag toevoegt. Voor mij laten ze zien wat een psychiater zoal doet: het verleden bestuderen en het naar het heden brengen. Ik weet niet zeker of ik er destijds zo goed over na had gedacht... Ik vond gewoon dat ze Griekse beelden in haar kantoor moest hebben. Maar nu, als ik de film terugkijk, besef ik pas de volle betekenis ervan. (Al die Griekse mythen die ik in mijn hoofd had!) En hoewel het publiek die link misschien niet zal leggen, zullen ze toch het gevoel krijgen dat die beelden in Lowensteins kantoor thuishoren.

Ook kleding kan je veel vertellen over een personage. We lieten Nick geruite overhemden dragen op een kaki broek en in één scène zelfs bretels, als eerbetoon aan Pat Conroy, die ze graag droeg. En ik wilde dat Lowenstein begon in op maat gemaakte pakken in donkere kleuren: zwart, bruin en grijs. Niets lichts; dat weerspiegelt haar persoonlijkheid. In het begin lijkt ze een humorloze vrouw. Maar later, wanneer ze ontspant en persoonlijker gaat reageren op Tom, gaat ze lichtere kleuren dragen: camel, roze, lichtblauw, wit en zachtere kleding. Haast onbewust wordt ze steeds vrouwelijker.

Nadat Tom een paar weken in New York is geweest, is hij van plan om een weekend naar huis te gaan. Maar dan krijgt hij een telefoontje van Sallie. Dit is een kleine gebeurtenis, maar precies het soort kleine gebeurtenis waar ik van hou. Het draait om de waarheid. Om echte gevoelens. Dit was een emotionele scène voor Blythe, en ik wilde dat ze alle steun kreeg die ze nodig had. Dus ik liet Nick in een andere ruimte daadwerkelijk met haar aan de telefoon praten. We wisselden van set als we haar kant van het gesprek filmden.

Op de avond dat we Blythes kant filmden, stormde het. Het geluid van de storm was zo hard dat ik haar er iets over liet zeggen, anders zou het publiek er misschien over vallen. Sallie zegt tegen Tom dat ze niet zeker weet of ze een relatie met hem wil. 'Ik wilde dit niet over de telefoon zeggen. Ik wilde het vertellen voordat je zou vertrekken, maar de manier waarop je vertrok... Er was gewoon geen tijd voor.'

Ze huilt. En dan raadt hij wat ze wil gaan zeggen.

'Hoe heet hij?'

Ik weet nog dat ik in de regiekamer zat en zorgvuldig hier en daar een adempauze inlaste. Ik zeg weleens dat een film maken net als schilderen is. Tijdens de montage breng je de laatste kwaststreken aan. Elk moment moet waarachtig zijn; je moet geloven dat er aan de andere kant van de lijn een levend wezen staat. Als je goed luistert, kun je haar horen zuchten.

Ze vertelt hem de naam van de man en nadat Tom eerst woedend wordt en dan de andere man belachelijk maakt, wordt hij ineens ernstig. Als hij vraagt 'Ben je echt verliefd op hem?' klinkt hij echt kwetsbaar, bijna als een kind dat vraagt naar iets wat zo onwerkelijk is dat hij zich afvraagt of het wel echt bestaat.

Na de dood van zijn broer had Tom geprobeerd zich af te sluiten voor zijn gevoelens, en tijdens dat proces had hij zich ook afgesloten voor zijn liefde voor zijn vrouw, gewoon omdat hij het niet meer aankon om iets te voelen. Hij kon de pijn van al die gevoelens niet verdragen.

In een roman kun je al die opgekropte gevoelens opschrijven, maar in een film weet je niets als een acteur ze niet kan uiten. Daarom besloot ik om net als in *Yentl* een voice-over te gebruiken. (Die heb ik overal in de film gebruikt waar een passage van Pat zou passen die niet in de dialoog naar voren kon komen, maar die ik ook niet wilde schrappen.)

Nick en Sallie hangen op en hij loopt naar zijn bureau om alle dingen die hij niet hardop kon zeggen op papier te zetten. We horen zijn stem die brief hardop voorlezen. 'Ik wou dat de woorden "ik hou van jou" niet zo moeilijk voor mij waren. Ik heb je gemist. Ik mis het om je aan te raken. Ik weet niet wat me zo op afstand houdt. Het spijt me als ik je teleurstel, Sallie, maar je hebt het recht om je zo te voelen. Wat moet je immers met slechts een halve man?'

En dan gaan we terug naar de rode draad van de film: Toms reis door zijn verleden. Ik wilde de laatste keer dat hij echt in staat was geweest om liefde te ontvangen vastleggen. Lila, die tegen een tienjarige Tom zegt: 'Ik hou meer van jou dan van de anderen.' (Waarmee ze op zijn broertje en zusje doelt.) Lila trouwde met een man die haar mishandelde en van wie ze niet hield. Al haar opgekropte hartstocht zoekt een andere uitweg.

Hij roept uit: 'Mama toch!' Hij wil dat helemaal niet horen. Hij houdt van zijn broer en zusje.

Maar zij zegt: 'Het is gewoon zo. Ik kan er niets aan doen. Jij bent mijn lieveling en dat blijft ons geheimpje.'

Tom beschrijft dit moment aan Lowenstein en zegt: 'Ik heb er twintig jaar over gedaan voordat ik Luke en Savannah mijn geheimpje durfde te vertellen. En toen ik dat deed, vielen ze gierend op de grond. Mijn moeder had ieder van ons namelijk apart genomen en ieder van ons precies hetzelfde verteld.'

Voor Tom bewijst dit eens te meer de tweeslachtigheid van zijn moeder: dat ze niet te vertrouwen is. En die houding heeft al zijn relaties met vrouwen beïnvloed. Hij heeft nu het gevoel dat zijn vrouw hem heeft verraden, en hij valt uit naar Lowenstein als die voorzichtig oppert dat hij misschien niet genoeg aandacht voor Sallie had, ook al heeft hij dat al toegegeven in de brief die hij haar heeft geschreven. Tom reageert nog steeds op gebeurtenissen in het heden alsof ze in het verleden plaatshebben, wat een van de omschrijvingen van een neurose is.

Een volwassen leven wordt gevormd door de jeugd. Dat is een van de thema's in het boek en het verklaart waarom Savannah suïcidale neigingen had, waarom Luke zo opstandig was en waarom Tom later zo cynisch werd. De kinderen leefden de rol die ze door hun ouders toebedeeld hadden gekregen. Lila had Savannah ooit 'de gestoorde' genoemd, Luke 'de fanaticus' en Tom 'de mislukkeling'.

Er zijn mensen die me hebben gevraagd waarom Lowenstein, een gevoelige en toegewijde therapeut, in het begin van de film zo kil lijkt, maar zo werd ze omschreven in het boek en ik wilde trouw blijven aan Pats woorden. Bovendien gaf het me houvast als actrice. Op die manier kon je haar geleidelijk aan warmer en kwetsbaarder zien worden.

Ze begint te ontdooien wanneer zij en Tom elkaar toevallig tegenkomen op een feestje en hij zich verontschuldigt voor zijn uitbarstingen. Hij vraagt haar ten dans. Ze stemt schoorvoetend in en later, als ze hem loslaat en zegt dat ze moet gaan, staat hij erop haar naar huis te brengen.

In die scène draag ik een wit pak dat van mezelf was, lange gouden oorbellen en een van mijn favoriete gouden kettingen die ik op reis in Griekenland had gekocht. Hij is gemaakt door Lalaounis, een Griekse juwelier die wordt geïnspireerd door antieke stukken. Toen ik hem kocht, wist ik nog niet hoe toepasselijk die voor Lowenstein zou zijn. Maar toen ik die passage in het boek herlas, vond ik het bijna griezelig dat ik precies de juwelen in huis had die Pat beschrijft: een dikke gouden ketting en lange gouden oorbellen die tegen haar sleutelbeenderen bungelden.

Wederom: de krachten van waarheid en het lot...

Jasons eerste scène is die waarin Lowenstein Tom vraagt of hij nog even binnen wil komen om Bernard te ontmoeten. Haar zoon gedraagt zich dan zo vervelend tegenover Tom en zijn moeder dat ze zich voor hem moet verontschuldigen. (In slechts een paar zinnetjes weet Jason zijn hele personage neer te zetten. Ik staarde hem aan en voelde me zo trots, tot me te binnen schoot dat mijn personage zich voor hem schaamde!) Later kreeg ik daar kritiek op: dat ik een psychiater in beeld had gebracht die zelf een disfunctioneel gezin heeft, alsof artsen geen mensen mogen zijn. Maar weet je? Soms kunnen therapeuten die anderen heel goed kunnen helpen zichzelf niet helpen. (Ook zij doen soms maar wat.)

En nogmaals, dit is hoe Pat het had beschreven.

Als ze volmaakt was geweest, was ze niet interessant geweest. Vaak zijn het de gebreken die het publiek aanspreken, en die Tom aanspreken in haar. Lowenstein is iemand die voornamelijk in haar hoofd zit en niet bij haar gevoel. Een van de redenen waarom ze verliefd werd op haar man, was omdat hij een heel goede violist was wiens muziek haar raakte en naar andere oorden vervoerde. Hij had, zoals zij het zegt, 'de gave om andere mensen te laten voelen'. Ze bewonderde hem als artiest, hoewel de man erachter die bewondering niet bleek te verdienen.

Ik vond Jeroen Krabbé, een Nederlandse acteur, perfect voor de rol van Lowensteins echtgenoot Herbert Woodruff. Ik had hem gezien in Nederlandse films van Paul Verhoeven, waarin hij me zowel de arrogantie als de charme van Woodruff liet zien. Alle vioolmuziek in de film is gespeeld door de wereldberoemde Pinchas Zukerman. Ik had het geluk dat hij wilde meewerken aan de film en dat ik bij de opnamen mocht zijn.

Mijn fantastische editor Don Zimmerman heeft de klassieke muziek in de montage prachtig onder de beelden gezet waarin Tom Bernard coacht. Hij heeft de footballscènes precies op de muziek gemonteerd en dat werkt schitterend.

De hele montage moet het verstrijken van de tijd overbrengen – de footballbeelden worden onderbroken door een telefoongesprek met Toms familie en een sessie in het kantoor van Lowenstein. Dit geeft ook subtiel het thema van de film weer: Tom is een expert in die machomannenwereld, maar ontredderd in de wereld van gevoelens.

De sessie in het kantoor van Lowenstein begint met een shot van haar benen, door Toms ogen gezien, terwijl ze loopt te ijsberen. Een vrouwelijke schrijver had daar kritiek op. Alsof ik dat shot erin had gedaan uit een soort ijdelheid.

Het punt is dat Tom zich langzaamaan aangetrokken begint te voelen tot Lowenstein. Hij kijkt ineens anders naar haar, op een seksuele manier. Hoe kun je dat anders snel overbrengen?

Het deed er niet toe welke actrice Lowenstein zou spelen; zo zou ik die verhaallijn altijd in beeld hebben gebracht.

Mensen vergeten gauw dat Lowenstein en Tom nooit arts en patiënt van elkaar zijn geweest. Ze is Savannahs psychiater, niet de zijne, en ze zijn inmiddels bevriend geraakt, elkaars gelijken. Hij is nu duidelijk meer op zijn gemak bij haar en gaat nonchalant op de bank liggen. Wanneer hij overeind komt om te vertrekken gooit hij onverwacht de football waar hij mee zat te spelen naar haar. Ze vangt hem op en gooit hem terug – het shot volgt de bal die zij gooit door de lucht en die landt in Bernards handen in het park – en zo zijn we weer op het footballveld aanbeland.

Van de sport football wist ik overigens niets en Jason ook niet. Gelukkig wist Nick er vrij veel van en kon hij Jason een paar goede moves leren. Als Tom en Bernard het park verlaten en naar een boekenwinkel lopen, zie je de verandering in Bernards manier van bewegen; Jason had leren lopen als een sporter. Toen we bezig waren met dat shot keek ik op en zag ik Paul Newman op de hoek staan. Hij stak Madison Avenue over en kwam even hallo zeggen. Het was heerlijk om hem te zien. Twintig jaar daarvoor waren we partners geweest bij First Artists en nu waren we hier: allebei regisseur én acteur. Het was alsof dat concept ons op allerlei manieren had gevoed. En toen moesten we weer afscheid nemen, zodat ik weer verder kon met mijn werk.

In de winkel komt Tom een boek tegen dat alleen maar door zijn zus kon zijn geschreven en toch heet de auteur Renata Halpern. Die naam was hij ook tegengekomen op rekeningen op het bureau van Savannah. Dan beseft hij dat zijn zus een tweede identiteit heeft. De sfeer verandert op slag als hij Lowenstein met zijn ontdekking confronteert. Hij is woest dat ze hem er niets over heeft verteld. Hij schreeuwt, zij probeert rustig te reageren, en zo praten ze door elkaar heen zoals dat in het echte leven gaat.

Veel regisseurs lieten stiltes tussen de verschillende tekstregels vallen zodat het makkelijker was om te monteren, maar dan lijkt het niet meer op een natuurlijk gesprek. Het is kunstmatig. Het kan het acteerspel volledig bederven. Als ik een van de acteurs close-up film, laat ik de camera die de tegenspeler filmt altijd meedraaien, zodat het geluid van beide stemmen echt klinkt.

Tom maakt haar van streek, drijft haar zover dat ze niet langer kalm en professioneel kan blijven. Hij maakt haar zo kwaad dat ze een boek naar hem gooit, waardoor hij een bloedneus krijgt, waar zij van schrikt en zich voor schaamt.

Tijdens een etentje in een restaurant waar ze hem mee naartoe neemt om het goed te maken, zegt ze: 'Ongelooflijk dat ik dat bij je heb gedaan.'

'Laten we wel wezen, Lowenstein. Ik haal het beest in je naar boven.'

Dat is de meest duidelijke verwijzing naar de verandering in hun relatie onder het mom van een grapje, wat typisch is voor Tom. In het boek is Lowenstein meer een flirt. Zij is degene die over hem droomt en hem daarover vertelt, maar dat vond ik te uitdagend, dus draaide ik het om. In de film heeft hij die droom en flirt hij met haar.

En zij gaat erop in. Hier begin je het ook te zien aan haar kleding. In de volgende scène, waarin ze hem in het park een sandwich komt brengen, is haar haar los en krullerig en draagt ze een zachtroze trui; een kleur waar we haar nog nooit eerder in hebben gezien.

Tom neemt Lowenstein mee naar Savannahs appartement om haar oude filmpjes te laten zien van hem met zijn broer en zus als kinderen. De filmpjes zijn een regie-trucje, een manier om veel achtergrondinformatie in een paar minuten te proppen. Als je te maken hebt met zo'n grote roman, zal een deel van het verhaal moeten sneuvelen. Ik kan niet ieders verhaal vertellen en dit was mijn manier om het deel over Luke in te dikken tot de kern die het publiek moest weten. Tom legt uit dat Luke de enige was die niet bang was voor die tijger – 'hij was heel moedig' – en hij vertelt haar hoe Luke is gestorven. Het is duidelijk dat Tom zijn broer altijd heeft bewonderd en als hij voor de filmprojector gaat staan, zie je de flakkerende beelden op zijn gezicht. Lowenstein kijkt naar Tom en ziet hoe het verleden op zijn lijf staat geschreven. Als de film is afgelopen, schittert het felwitte licht in zijn ogen.

We namen eerst Nicks kant van het verhaal op. Nogmaals, als ik regisseer heeft de andere acteur – mijn tegenspeler – altijd voorrang.

De scènes met mij erin hield ik altijd achter de hand. Als we niet konden filmen omdat het bijvoorbeeld ging regenen, dan konden we altijd de scènes met Lowenstein in haar kantoor filmen. Ik moest dus altijd startklaar staan om te gaan acteren. Soms met een kleine pauze ertussen omdat mijn haar anders moest – steil of juist met krullen – zodat het overeenkwam met de eerder geschoten beelden van een bepaalde scène. Cis hoorde een paar mannen van Goldblatts cameracrew daar een flauwe opmerking over maken, terwijl ze nooit iets zeiden als we op Nick moesten wachten.

Op de dag dat we die scène met de oude filmpjes schoten, deed Nick zijn verhaal en ik vond dat hij het schitterend deed. Daarna was het tijd voor mijn deel van het verhaal. Terwijl ik mijn tekst opzei, bedacht ik ineens dat Nick niet hetzelfde had gezegd als toen we de close-up hadden gefilmd. Ik zei: 'Je moet wel precies hetzelfde zeggen, Nick. Je zit in dezelfde scène en ik kan niet tussen jou en mij heen en weer gaan als je niet precies hetzelfde zegt.'

Nick draaide zich om naar de cameraman en vroeg: 'Hé Ray, kun je mijn mond zien bewegen?'

En Ray antwoordde: 'Nee, dat zie ik niet.'

Ik bekeek de opnamen op de monitor bij mijn voeten en kon wel degelijk zien dat zijn mond bewoog. Ik liep naar Ray toe en zei: 'Ik heb net op de monitor gekeken. Je ziet zijn mond bewegen. Waarom lieg je tegen hem?'

Hij haalde zijn schouders op en zei: 'Mannen onder elkaar.'

Ik betwijfel of Martin Scorsese ooit zoiets is overkomen.

Mensen denken vaak dat je pas een succesvol regisseur kunt zijn als je veeleisend en dwingend bent. Maar een acteur gaat daarvan heus niet beter acteren. Ik weet dat je pas het beste in mensen naar boven haalt als je voorzichtig bent, aardig en begripvol. Nick kwam vaak depressief naar de set. Dan gaf ik hem een knuffel en vroeg wat er aan de hand was. Soms zei hij ergens midden op de dag. 'Kom eens hier. Kom eens bij me op schoot.' Ik vond het ongemakkelijk om bij hem op schoot te zitten, maar als hij dat nodig had om zich veilig en op zijn gemak te voelen... oké, dan deed ik het wel. Dan gedroeg ik me zo vrouwelijk als ik maar kon.

Als regisseur wilde ik iedereen steunen en openstaan voor alle ideeën. Tijdens de eerste repetitie zei ik altijd dat de acteurs alle kanten op mochten bewegen. Ik wilde zien wat ze van nature zouden doen. Ik wilde weten wat voor hen vertrouwd voelde, ook al had ik al in mijn hoofd hoe het er volgens mij uit moest zien. Misschien hadden zij wel een beter idee. Je wilt een acteur uiteraard niet ontmoedigen. Je wilt dat mensen zich vrij voelen om te experimenteren.

De moeilijkste scène voor Nick – zijn emotioneelste moment – is wanneer Tom eindelijk breekt en het geheim dat hij al jaren bij zich draagt aan Lowenstein vertelt. Het gaat over een traumatische ervaring. Ik had tegen Nick gezegd dat hij zelf kon kiezen wanneer we het zouden filmen. We zouden het pas doen als hij voelde dat hij er klaar voor was.

Het einde van de draaidagen naderde en Nick had nog steeds niet aangegeven dat hij het wilde doen. Ray zou vertrekken voordat we officieel klaar waren met filmen en Stephen kwam naar me toe om te zeggen: 'Ik wil die scène met mijn eigen cameraman opnemen.'

'Het spijt me,' zei ik tegen hem, 'maar ik kan die scène niet aanpassen aan Rays rooster. Ik heb tegen Nick gezegd dat hij mocht kiezen wanneer, dus het hangt van hem af.'

Dus Ray vertrok en we haalden Dick Mingalone erbij, een heel fijne cameraman die eerder met Woody Allen had gewerkt. Dick was briljant. Hij was goed, vriendelijk en hij had inzicht. Ik legde hem uit wat ik voor ogen had en dan bracht hij precies in beeld wat ik bedoelde. Na elke take keek ik naar hem om te zien of het erop stond en dan knikte hij, of niet. Ik hoefde niet meer naar de monitor te lopen om het te checken, want het liep allemaal op rolletjes. Toen Dick erbij kwam, beleefde ik de beste drie dagen van alle opnamedagen.

Voordat Nick aan zijn grote scène begon, wilde hij er met mij aan werken tijdens het weekend. Ik las de hoofdstukken uit het boek aan hem voor zodat hij alle afgrijselijke details die niet in de film zouden komen wel in zijn hoofd zou hebben. Ik liet hem de flashbacks zien die we al hadden gemonteerd. We hadden ze opgenomen met een handcamera zodat het er nog rauwer en ongemakkelijker uitzag. De camera schokt en draait om het plotselinge geweld en de angst over te brengen. Ik wilde dat Nick die beelden in zijn hoofd had, dat hij ze zou zien, en diep vanbinnen zou voelen, zodat hij de emoties heel natuurlijk kon overbrengen.

Het is de kern van de film: het mysterie dat aan de grondslag van het verhaal ligt wordt ontrafeld wanneer hij Lowenstein die avond het verhaal vertelt.

'Er werd bij ons ingebroken. Drie mannen. Mama gilde: "Help ons, Tom!" En ik wilde wel, maar ik kon niet. Een van hen heeft Savannah verkracht. Een van hen heeft mijn moeder verkracht. Ik weet niet of dat de oorzaak is van alle problemen die Savannah heeft... maar ik vond dat je het moest weten.'

Lowenstein schrikt van het verhaal, maar je ziet het alleen in haar ogen. Verder blijft ze opzettelijk kalm. Ze beweegt nauwelijks, het is bijna alsof ze een gewond dier tegenover zich heeft dat ze niet wil afschrikken.

Zachtjes vraagt ze: 'Wat deed jij toen dit allemaal gebeurde?'

'Weet ik niet.'

'Je weet het niet? Ging je misschien hulp halen?'

Tom schudt zijn hoofd.

'Waarom niet?'

'Weet ik niet. Ik weet het niet.'

Ze voelt dat er meer achter het verhaal schuilt dan hij haar vertelt. Voorzichtig dringt ze aan.

'Er waren drie mannen, zei je. Wat deed die derde man?'

En dan zoomt de camera in op Nicks gezicht. Ik wilde dat je in zijn ogen kon kijken. Dat is de enige heftige close-up in de film. Hij ziet eruit als een hert dat in het licht van de koplampen gevangenzit. Zijn gezichtsuitdrukking verstijft. Zijn ogen schieten heen en weer.

'Waar was die man, Tom?'

We gaan heen en weer tussen de flashback en Tom... En nu schudt hij zijn hoofd, alsof hij niet wil geloven, niet hardop kan zeggen wat hij tegen haar moet zeggen.

'Het is goed, Tom. Vertel het me maar.'

En voor het eerst in zijn leven vertelt Tom het hele verhaal. Over hoe hij misbruikt is door een man – verkrácht – terwijl de gruwelijke scène in beeld is. Je hoort het angstaanjagende geluid van zijn scheurende spijkerbroek... Dat soort zintuiglijke herinneringen blijven je voor altijd bij.

En toen kwam Luke binnenrennen en vermoordde hij de twee mannen met zijn geweer. De derde werd door Lila neergestoken. Daarna laat Lila haar kinderen beloven dat ze het nooit aan iemand vertellen.

Tom zegt: 'Volgens mij was het zwijgen erger dan de verkrachtingen. Drie dagen later probeerde Savannah zelfmoord te plegen. Ze kon wel zwijgen, maar ze kon niet liegen.' En dan probeert hij het heel verdrietige verhaal luchtiger te maken door plotseling een dansje te doen en te zingen: '*And that's what I like about the South!*', alsof hij de variétézanger Al Jolson is.

De volgende scène is iets wat eigenlijk niet in het boek staat, maar wat mij daadwerkelijk is overkomen. Ik ging vroeger naar een therapeut (een vrouw deze keer) en ik praatte met haar over iets wat er gebeurd was met Cis. We waren in een antiekwinkel en ik zag een schilderij dat ik mooi vond. Ik liet het aan Cis zien en ineens wilde zij het ook hebben. 'Jij kunt alles kopen wat je wilt,' zei ze tegen me. 'Laat mij deze hebben.'

Ik stond versteld. Het ging niet zozeer om het schilderij – dat ik haar inderdaad heb laten kopen – maar meer over het feit dat het leek alsof ze vergeten was dat een deel van mij nog steeds dat zestienjarige meisje was, Barbara Joan, dat graag rommelmarkten en antiquairs afstruinde, net als vroeger, toen ik wel drie keer na moest denken voordat ik een tientje uitgaf aan iets moois wat alle anderen over het hoofd hadden gezien. Een van de redenen waarom ik zoveel van Cis hield, was omdat ze ook al van mij hield toen ik nog niet beroemd was.

We waren altijd heel hecht, maar nu leek ze me opeens met een andere blik te zien: als een rijke vrouw die een schilderij niet mocht kopen omdat ze al zoveel had. Ze pakte het echt uit mijn handen. Het was voor het eerst dat ik een klein beetje afgunst in haar stem hoorde doorklinken.

De therapeut onderbrak me en vroeg: 'Hoe voelde je je daarbij?'

'Verschrikkelijk,' antwoordde ik. Het wierp me terug in mijn jeugd, een heel duistere, emotioneel jonge plek.

'Ik kan het niet aan je horen,' zei ze. 'Je stem staat niet in contact met je hart.'

Ik keek haar aan.

'Je klinkt zo afstandelijk,' legde ze uit. 'Er is geen verbinding tussen wat je zegt en de emoties die je moet hebben gevoeld.'

En toen legde ze haar hand op de mijne.

Nou, dat ene simpele gebaar... die menselijke aanraking... die was zo krachtig. Freudiaanse analisten raakten hun patiënten nooit aan. Ik stond nogal perplex. Het had onmiddellijk effect op me; er kwamen allerlei gevoelens naar boven. Ik begon te huilen en kon niet meer stoppen. Het was als een dijkdoorbraak. Alle muren die ik had opgetrokken vielen weg.

'Ik voel je verdriet,' zei ze, en daarna omhelsde ze me en bleef ze me vasthouden. Ik weet nog dat ik dacht: o dus zo hoort het te voelen als je moeder je vasthoudt.

Als het bij mij werkt, werkt het vast ook bij Nick, dacht ik, en het kan een krachtig slotstuk zijn voor deze belangrijke scène.

Dus ik schreef het in het script.

Nadat Tom zijn grapje heeft gemaakt, blijft Lowenstein stil.

Hij zegt: 'Zeg iets, Lowenstein.'

'Hoe voel je je?' vraag ze.

'Eh, wel oké. Ik bedoel, ik dacht dat ik op de grond zou liggen nadat ik je dit had verteld, maar het valt reuze mee.'

Dan ploft hij naast haar neer, maar hij blijft met zijn benen wiebelen, waardoor je weet dat hij nog steeds nerveus is.

Zij kijkt dwars door hem heen. Ik laat haar zeggen: 'Je hebt echt goed geleerd je verdriet te maskeren, of niet? Dat doe je je hele leven al. Dat dertienjarige jochie heeft nog heel veel verdriet.'

'Niet doen, Lowenstein. Niet bij mij.'

Ze legt haar hand op zijn arm, pakt daarna zijn hand en zegt: 'Ik voel je verdriet, Tom.'

En dan zie je zijn gezicht vertrekken.

'Sta jezelf toe het te voelen. Je kunt het. Je kunt het aan. Wees niet bang. Toe maar.'

En dan stort Nick in. Snikkend ligt hij in mijn armen, net zoals ik in de armen van mijn therapeut had gelegen. Ik wieg hem, zoals je bij een klein kind zou doen.

Nick was echt briljant in die scène, die vroeg om een diepgaande, intense innerlijke manier van acteren – elke emotie moest je van het gezicht kunnen aflezen – en daarna gooide hij alles eruit en liet hij zich helemaal gaan.

Ik was heel tevreden toen Nicks stylist Billy me vertelde dat hij Nick nog nooit zo kwetsbaar had gezien.

Ik heb met mannen te doen, nog veel meer sinds ik zelf een zoon heb. Ik heb nooit begrepen waarom sommige mensen tegen een kind zeggen: 'Jongens huilen niet.' Wat maakt het nou uit of een jongen of een meisje huilt? Als je pijn hebt, dan huil je. Maar jongens krijgen te horen dat ze zich op een bepaalde manier moeten gedragen die als mannelijk wordt gezien, en daar horen tranen niet bij. Waar moet je dan heen met al je emoties?

Tom is een man die nooit heeft teruggekeken op zijn verleden, en hij heeft moeten leren ermee om te gaan. Als kind kon hij niet tegenhouden wat er die nacht gebeurde en al die jaren erna heeft hij al dat verdriet opgepot. Het ging in zijn lichaam zitten, in zijn ziel, zijn hart, zijn geest. En toen Luke jaren later stierf, was hij opnieuw de weg kwijt. Hij had zichzelf nooit toegestaan om te rouwen om zijn broer, die volgens hem zijn leven had gered, of om zichzelf, of om Savannah... Die nacht was voor alle drie hun jeugd voorbij.

Als Tom eindelijk de waarheid van die avond onder ogen ziet en zichzelf toestaat het verdriet te voelen, is het alsof er een last van hem af valt. Hij krijgt weer lucht, en hij kan weer openstaan voor andere gevoelens. Hij kan met een nieuwe houding naar de vrouwen in zijn leven kijken. Hij kan liefdevoller zijn voor anderen nu hij in staat is zichzelf te accepteren en vergeven.

Want ook dat kan verdriet met je doen. Het is een deel van het leven en mag niet worden genegeerd. Je moet het verdriet accepteren om weer blijdschap te kunnen voelen.

Zijn sessies in het kantoor van Lowenstein zijn klaar – ze heeft eindelijk alle informatie verzameld die ze nodig heeft om Savannah te kunnen behandelen – en dan bloeit de romance tussen Tom en Lowenstein pas echt op.

De nacht voordat we de eerste liefdesscène zouden opnemen, kon ik niet slapen.

We weten allemaal wat we kunnen verwachten. Gewoonlijk ligt het stel in bed te rollebollen en zie je close-ups van verschillende lichaamsdelen. Ik was vastbesloten om iets anders te doen, ik wist alleen nog niet wat.

Uiteindelijk zei ik: 'We laten ze tegen een muur leunen en zoenen... Het licht komt van achteren, zodat je alleen hun silhouet ziet, en de kleren blijven aan.' Dat was deels omdat ik zelf verlegen was, maar ook omdat ik dacht dat het origineler zou zijn.

Als regisseur wil je iets ontwerpen wat sexy en vrij is, maar als actrice vind ik het heel ongemakkelijk om die dingen te doen ten overstaan van tientallen mensen. Ik ben totaal niet exhibitionistisch; misschien hou ik daarom ook niet van liveoptredens.

Maar volgens mij had Nick er wel naar uitgekeken. Ik heb al verteld dat hij me graag plaagde en dit was natuurlijk bij uitstek een gelegenheid om dat te doen; hij heeft de regisseur in zijn armen en zij moet volgens het script haar beheersing verliezen.

Ik kan nu wel vertellen dat Nick goed kan zoenen – dat was een aangename verrassing – maar daarna deed hij bijvoorbeeld zijn hand onder mijn jurk en dan riep ik: 'Cut!'

Dan lachte hij en hij sprak me erop aan. 'Waar loop je voor weg? Elke keer als het net lekker gaat, wanneer het eindelijk een beetje sexy wordt, dan roep je "Cut!"'

Objectief gezien moest ik hem gelijk geven.

Bij dit soort scènes is het moeilijk voor me om de regisseur en de actrice gescheiden te houden. Gewoonlijk kan ik naadloos van de ene naar de andere rol overstappen, maar hierbij, als regisseur, moest ik naar mezelf kijken in een liefdesscène en ik vond het gênant.

Het duurde een hele tijd voordat ik kon ontspannen.

Misschien liggen daar wel mijn beperkingen als actrice. Zou ik een betere actrice zijn als ik niet de leiding had?

Waarschijnlijk wel. Maar het heeft geen zin om je daar nu zorgen over te maken.

Maar goed, wat we wel hebben opgenomen in de film was blijkbaar prima, want mensen spreken me er nog steeds op aan dat Nick zo aantrekkelijk was in de film. Hij had lange tijd niet zoiets romantisch gedaan en ik wilde graag dat aspect van hem naar voren halen.

Dit is een film over hoe liefde en mededogen mensen kunnen veranderen. Lowensteins liefde verandert Tom. Zijn liefde verandert haar. Hun gezamenlijke liefde en zorg veranderen Savannah. Toms vriendschap met Lowensteins zoon verandert Bernard, Bernards reactie verandert Tom en Bernards nieuwe houding verandert zijn relatie met zijn moeder.

De scène waarin Tom en Bernard afscheid van elkaar nemen, hebben we op Grand Central Terminal in New York gefilmd. Dat is ongeveer zo ver verwijderd van een begrensde, besloten filmset als maar kan. Het was een werkdag en we konden alleen van tien uur 's ochtends tot drie uur 's middags filmen om het spitsuur te vermijden. We mochten één perron gebruiken, spoor 29. Toevallig is Jason geboren op de negenentwintigste. Ik hou van dat soort toevalligheden. We konden niet het hele station afsluiten, dus we moesten onze shots filmen tussen de dagelijkse drukte. Dat was een hele uitdaging, want de mensen liepen voortdurend door ons beeld. (Probeer New Yorkers maar eens te vertellen dat ze moeten blijven staan en wachten.)

We hadden een Louma-kraan geïnstalleerd op het perron, want ik wilde dat de camera in staat zou zijn om van grote afstand in en uit te zoomen, zodat de grootsheid van het station goed overkwam. Wanneer Tom en Bernard naar binnen lopen, gaan ze eerst op in de massa; anonieme figuren op een marmeren trap onder die gigantische ramen van zeven verdiepingen hoog. En dan vraagt Tom aan Bernard of hij viool voor hem wil spelen. Ik wilde dat de camera langzaam zou uitzoomen zodat je dat kleine figuurtje in die grote ruimte vanuit vogelvluchtperspectief die hemelse muziek ziet spelen, terwijl het zonlicht naar binnen valt en de forenzen met hun lange schaduwen op de marmeren vloer voorbijsnellen.

Toen we de muziek kozen, 'Praeludium en Allegro' van Fritz Kreisler, had ik geen idee dat Pinchas Zuckerman, die het zou spelen, dit een van de honderd moeilijkste stukken vond. En Jason kon nog niet eens vioolspelen. Toen hij me na zijn eerste lessen bezocht in South Carolina en 'Twinkle Twinkle, Little Star' voor me speelde, barstte ik in lachen uit. Ik heb hem daar waarschijnlijk mee gekwetst en dat vind ik heel erg, maar het was echt verschrikkelijk! En ik dacht: o god, wat heb ik mijn zoon aangedaan?

Toch wist ik diep vanbinnen dat het hem zou lukken. Jason studeerde drie maanden heel hard op het stuk. Hij kreeg de vingerzetting en lichaamstaal echt onder de knie en de manier waarop hij de strijkstok vasthoudt... Zo kon ik hem vioolspelend in beeld brengen. Ik was heel erg onder de indruk.

Van Jeroen kon ik dat niet zeggen. Hij zei dat hij zou leren vioolspelen, maar dat bleek een beetje optimistisch. Daarom zie je zijn vingers nauwelijks in beeld als hij tijdens het etentje speelt. Ik laat alleen zijn gezicht zien en hoe hij reageert op de muziek. Gelukkig is hij een heel goede acteur, dus je gelooft echt dat hij zelf speelt.

De scène waarin Lowenstein en Tom afscheid van elkaar nemen, bewaarde ik tot het einde van de draaidagen. Emotioneel gezien vond ik dat logisch. Als acteurs heb je dan de meeste ervaring samen, en het paste goed in het schema. Dus de laatste scène die we opnamen was het moment waarop Lowenstein uit het huis komt waar haar kantoor zit en Tom aan de overkant van de straat ziet staan. Hij loopt te ijsberen en rookt. Ze hoeft alleen maar zijn gezicht te zien om te weten dat hij heeft besloten om terug te gaan naar zijn vrouw.

Ze vermant zich en steekt heel langzaam de straat over. 'Ze heeft gebeld,' zegt ze.

Hij knikt.

Ze raakt zijn gezicht aan en zegt: 'Tja, we wisten dat deze dag zou komen, hè? Toch ben je er nooit echt op voorbereid.'

Hij omhelst haar en zij laat de papieren die ze vastheeft op de grond vallen. 'Hou me alsjeblieft vast,' zegt hij tegen haar. 'Het voelt alsof ik doodga.'

Zij huilt, hij huilt, en de emoties van deze twee mensen gaan zo diep, ze komen van zo ver terug dat ik in mijn hoofd een baby hoorde huilen. Daarom laat ik in de film een moeder langslopen met een kinderwagen waarin een huilende baby ligt.

Door haar tranen heen zegt Lowenstein: 'Een van de dingen die ik zo leuk aan je vind, is dat je het type man bent dat altijd terug zal gaan naar zijn gezin.' Een prachtige zin uit het boek. Ze heeft haar armen om hem heen. We zien haar gezicht over zijn schouder. Impulsief slaat ze met haar vuisten tegen zijn rug. 'Oooo... Ik moet op zoek naar een lieve Joodse vent. Jullie doen me de das om.'

Als ik nu naar die scène kijk, besef ik dat ik een fout heb gemaakt door mijn nagels niet korter te knippen. Toen ik Pat voor het eerst ontmoette, zei hij: 'Wat heb je mooie handen... Je nagels zijn net als die van Lowenstein.'

Dus liet ik ze zo. (Bovendien was het moeilijk om op locatie tijd vrij te maken voor een manicure.)

Tijdens het maken van een film groeien de cast en de crew naar elkaar toe – als alles goed gaat, tenminste. En nu zaten de filmdagen erop en zou iedereen uit elkaar gaan. Vlak voordat we de laatste scène filmden, kwam Nick mijn kleedkamer binnen. We hoefden niets tegen elkaar te zeggen. Woorden waren onnodig. We keken elkaar alleen maar aan, omhelsden elkaar en hielden elkaar lang vast met veel waardering en een soort intimiteit die bijna liefde is.

We voelden allebei zoveel ingehouden emoties en dat hielp goed bij de scène die we vlak daarna moesten spelen. Ik wist hoe dit moment voelde omdat ik het in het echte leven ook had meegemaakt, met Peter Matz, die ook terugging naar zijn gezin. Verder kon ik inspiratie halen uit een ander moment, toen Jason vijftien jaar was en met een paar vrienden door Europa reisde in het kader van een uitwisselingsproject. We ontmoetten elkaar heel even in Rome. Toen hij daar naast me zat in de hotelkamer, deed hij iets wat hij al tien jaar niet had gedaan... Hij legde zijn hoofd op mijn schoot. Ik aaide zijn haar en hij kon waarschijnlijk wel voelen hoeveel ik hem had gemist. Misschien had hij ook wel een beetje heimwee. Ik weet nog dat ik op dat moment zoveel liefde voelde dat ik er een beetje bang van werd. Stel dat hij in de Alpen gaat skiën en tegen een boom knalt? Stel dat hij in een trein zit die ontspoort?

Het was compleet irrationeel, maar het was een soort oergevoel... Net als toen ik op die vensterbank klom toen ik anderhalf was om mijn vader te zien, maar op een dag kwam hij niet meer thuis.

Liefde is pijnlijk. Ik voel dat verlies nog steeds. Het doet pijn om zoveel van iemand te houden, want daarbij hoort ook de angst om iemand te verliezen.

Ik kon de film niet afsluiten terwijl Lowenstein daar snikkend op straat staat als een soort slachtoffer. Ik vond dat hun relatie moest eindigen met een gevoel van acceptatie, en niet alleen verdriet.

Daarom ontmoeten Lowenstein en Tom elkaar nog voor een laatste keer in de Rainbow Room. Ze zitten aan tafel en dan zegt zij moedeloos: 'Geef nou maar toe, je houdt gewoon meer van haar.'

Tom schudt zijn hoofd. 'Nee, Lowenstein. Alleen langer.'

Dat hij dat zegt is zo aardig... Het is weer zo'n mooie zin van Pat Conroy, alleen stond hij niet in het boek. Hij had hem toegevoegd toen hij het boek bewerkte tot script en natuurlijk heb ik hem gebruikt.

Zij glimlacht, pakt zijn hand vast en geeft er een kus op... En dan beweegt de camera naar de dansvloer, zodat we zien dat ze de enige overgebleven gasten zijn die samen langzaam dansen, net als in Toms droom. Dat shot hebben we echt opgenomen in de Rainbow Room, heel laat 's avonds, en we waren pas klaar toen de zon al opkwam.

Ik had minstens drie versies van het einde van de film. Je kent me toch, ik ben de koningin van meerdere versies. Ik wil graag meerdere opties hebben om mee te spelen tijdens de montage.

De scène aan tafel was eerst langer – met meer dialoog – maar ik heb hem tot de essentie teruggebracht. Het deel in de Rainbow Room eindigt met een shot van de skyline van New York; de wolkenkrabbers schitteren in het licht, omringd door water, wat overgaat in een shot van Beaufort aan het water, wat overgaat in een shot van Toms vrouw en kinderen die aan het strand spelen.

Het ene water gaat dus over in het andere, net als aan het begin van de film. We gaan terug naar het water, terwijl Tom teruggaat naar huis, naar de plek waar zijn hart ligt, naar het gezin waar hij van houdt.

Toen we dat shot op het strand filmden, waarschuwden ze me dat het erg bewolkt zou zijn, maar toen ik aankwam op de set, zag ik dat de wolken een cadeautje waren. Het grijze licht scheen zacht op hun gezichten terwijl Tom zijn vrouw en dochters omarmt.

De film eindigt zoals hij begon, met de voice-over van Tom, alleen heeft hij het deze keer over Lowenstein: 'Zes weken geleden was ik bereid om mijn vrouw en kinderen te verlaten. Ik wilde overal vanaf. Maar zij heeft dat veranderd. Zij veranderde mij. Voor het eerst heb ik het gevoel dat ik iets terug kan geven aan de vrouwen in mijn leven. Dat verdienen ze.'

We zien verschillende beelden uit zijn dagelijkse leven terwijl hij vertelt: 'Ik ben een leraar, een coach, een geliefd man. Dat is meer dan genoeg. In New York heb ik geleerd dat ik van mijn vader en moeder kon houden ondanks al hun tekortschietende, waanzinnige menselijkheid. Binnen gezinnen bestaan er geen misdaden die niet vergeven kunnen worden.'

In het boek staan die laatste twee zinnen in de proloog, maar ik vond dat dát de les is die hij heeft geleerd, dus bewaarde ik ze voor het einde.

In de laatste scène rijdt Tom in zijn auto en vertelt de voice-over: 'Terwijl ik over de brug rijd die me thuisbrengt, voel ik de woorden in me opkomen. Ik kan ze niet tegenhouden en weet ook niet waarom ik ze zeg, maar als ik boven op de brug rij, fluister ik deze woorden voor me uit. Als een gebed... Als spijt... Als eerbetoon. Ik zeg: Lowenstein... Lowenstein.'

Dan zwelt de muziek aan en het laatste beeld van de film is een kopie van het eerste beeld. De cirkel is rond als we uitkijken over de moerassen, met het glinsterende water in het namiddaglicht.

Het is niet zozeer een happy ending, maar wel een oprecht einde.

45

Vergiffenis

Wanneer ik een film regisseer of produceer, ga ik er volledig in op. Het heeft mijn volledige aandacht en al het andere wordt naar de achtergrond gedrukt. En eigenlijk maakt dat mijn leven eenvoudiger, ook al wordt er op een filmset voortdurend iets van me gevraagd. Al het andere moet een stapje terug doen: het kantoor, het onderhoud van mijn huis, rekeningen betalen. (Ik kijk er niet eens naar als ik aan het filmen ben. Ik delegeer alles en hoop maar dat het allemaal goed komt.)

Soms denk ik dat ik mijn leven altijd zo moet inrichten. Ik heb die heldere focus nodig, anders word ik afgeleid door andere dingen die beslag leggen op mijn tijd. Op een bepaalde manier word ik rustiger van het leven op een filmset. Het regisseren neemt elke vezel van mijn wezen in beslag. Alles wat ik ooit heb geleerd, gezien, gevoeld en ervaren draagt bij aan hoe ik de film voor me zie.

Zodra al het filmmateriaal in het filmblik zit, begint mijn favoriete onderdeel: monteren. Nu ben ik iemand die kan eten wat ik wil, omdat ik nooit op mijn gewicht heb moeten letten. (En bij Sony hebben ze zelfs een ijswinkel! Wat wil een mens nog meer?) Ik kan spelen, de beste opname uitkiezen... de best uitgesproken zinnen... en zo kan ik van iedere acteur het beste spel tonen. Ik vond het heel fijn om aan *The Prince of Tides* te werken met Don Zimmerman, die me aanmoedigde en ondersteunde. Ik gebruikte weer mijn eigen videocamera op een statief om elke optie te filmen zodat Don niet elke keer de hele film hoefde te verknippen om iets anders te proberen.

Toen we midden in het montageproces van deze film zaten, dacht ik: gelukkig hoef ik me niet druk te maken om een echtgenoot. Ik kon me niet voorstellen hoe dat zou gaan als ik een relatie had. Hoe zou ik mijn tunnelvisie kunnen combineren met tijd besteden aan een partner in mijn leven?

Gelukkig ben ik nu getrouwd met iemand die het begrijpt wanneer ik me op mijn werk moet concentreren, net zoals ik het begrijp wanneer hij dat moet doen. En Jim is heel flexibel. Soms komt hij mee naar de studio om me gezelschap te houden. Als hij zijn laptop maar heeft, kan hij overal werken. Ik kan dat niet. Ik kan mijn werk niet doen te midden van het creatieve proces van een ander.

Als ik bezig ben met de montage, denk ik ook aan de muziek. Eerst had ik John Barry ingehuurd om voor de muziek te zorgen. Ik vond zijn muziek bij alles, van de *James Bond*-films tot *Out of Africa* en *Dances with Wolves* fantastisch en ik wilde graag met hem samenwerken. Omdat ik tijdens het filmen al delen monteer, kon ik hem in november al een ruwe versie laten zien. We waren nog maar net klaar met filmen. Terwijl hij ernaar keek was ik zenuwachtig, en opgelucht toen hij zei dat hij het mooi vond.

Maar het werd algauw duidelijk dat we verschillende ideeën over samenwerken hadden. Hij wilde naar huis in New York gaan en zelf alle muziek uitkiezen, bijna vijfduizend kilometer verderop, en me dan het afgeronde product voorschotelen. Ik wilde er veel meer bij betrokken worden, het liefst scène voor scène. Dus die samenwerking ging niet door.

Marilyn en Alan Bergman stelden me voor aan hun vriend James Newton Howard, omdat hij misschien een goede vervanging zou zijn. James was toen nog niet de briljante en succesvolle componist die hij vandaag de dag is, maar er was net een film uit waar hij de muziek voor had gedaan, *Pretty Woman*, en dat was een grote hit. Marilyn en Alan verzorgden een ontmoeting bij hen thuis tijdens een etentje, en ik was erg gecharmeerd van James. Hij deed me denken aan Peter Matz; slim en gevoelig. Hij droeg zelfs een bril, net als Peter. Hij leek iemand die ik kon vertrouwen...

Ik huurde hem in.

De eerste stap bij het uitzoeken van de filmmuziek is het aanwijzen van de plekken waar muziek onder moest. Samen bekeken we de film meerdere keren en ik wees aan waar muziek volgens mij zou passen. Op een andere avond gingen we na het werk naar een restaurant, waar James me vertelde dat hij de hele dag gelukkig was omdat hij wist dat hij mij zou zien. Dat was heel lief. De meeste mannen zijn niet zo open over hun gevoelens. Hij zei dat hij meteen een klik met mij had gevoeld.

Dat maakte me nieuwsgierig, maar ook een beetje nerveus. Toen hij me aan het einde van die avond vastpakte om me goedenacht te kussen, was ik zo gespannen dat ik me geschrokken terugtrok.

Het was fijn om begeerd te worden. Volgens mij spraken we elkaar bijna elke avond voor het slapengaan aan de telefoon en vertelden we elkaar over ons verleden. Hij kwam net uit een relatie en had het moeilijk. Ik dacht dat het te snel was om iets met elkaar te beginnen... En hij was een paar jaar jonger dan ik, wat ik ook moeilijk vond. Maar hij was aanhoudend. 'Het is net alsof ik met jou in een droom zit,' zei hij. 'Ik wil samen met jou oud worden.'

Samen oud worden?

We kenden elkaar amper. 'Ik denk niet zo groot,' zei ik tegen hem. 'Waarschijnlijk is dit meer een soort tussendoortje.'

Het voelde alsof we veel te snel gingen, zoals we over de toekomst praatten. En ik maakte me zorgen omdat hij al die verwachtingen had. Ik probeerde op de rem te trappen en zei: 'Waarom gaan we niet gewoon daten?'

Maar ik moet toegeven dat ik genoot van zijn passie en dat ik het moeilijk vond om hem te weerstaan. Hij zei heel mooie dingen. Ik zou willen dat ik zo poëtisch was als hij, maar helaas, dat soort woorden komen niet bij me op. Ik heb ze nooit gehoord toen ik opgroeide, dus nu voelt het geforceerd als ik ze uitspreek.

Mijn moeder drukte zich immers niet zo snel uit. Ze was totaal niet knuffelig, eerder stijf en afstandelijk. Cis was veel hartelijker. Zij kon mensen al een goed gevoel geven met een eenvoudig complimentje en dat vond ik zo mooi aan haar. Voor mij was het echter niet gemakkelijk. Het gaat nu een stuk beter, nadat ik het van haar en andere fijne vrouwen heb geleerd.

In het begin vond ik James lief, maar ik vond wel dat hij er een beetje raar uitzag, en later vond ik hem knap. Zo zie je maar: de schoonheid der vrijster ligt in 's vrijers oog. (Of in het hart?) Hij was heel rustig en complex, en dat wekte mijn interesse. Ik voelde me erg aangetrokken tot de muzikant in hem en wist dat hij prachtige muziek zou maken voor de film. Nadat ik hem de onderwaterbeelden had laten zien, droomde ik dat wij tweeën onder water elkaars hand vasthielden, zoals de kinderen in de film. Blijkbaar verzette ik me niet meer tegen mijn gevoelens.

Op een avond tijdens het eten gaf ik hem zelfs het laatste hapje van mijn toetje... En het was nog wel een van mijn lievelingstoetjes: lavacake met vanille-ijs! Ik geef niet gauw mijn toetjes weg, dus op dat moment wist ik hoe laat het was. (Daarvóór had ik alleen maar mijn laatste hapje aan mijn zoon gegeven!)

We maakten plannen om er met Kerstmis samen tussenuit te gaan. Het was een mooie tijd, we gingen skiën in Deer Valley. James was heel romantisch en hij heeft me eigenlijk gewoon veroverd. Ik herinner me ook nog een tripje naar San Francisco, waar hij de hele hotelkamer vol had gezet met gardenia's. Hij had een bepaald beeld van liefde zonder grenzen... En daar raakte ik aan verslaafd.

Maar toen kwam de realiteit om de hoek kijken. Hij was een ingewikkeld mens en hij werd soms depressief of kreeg heel sombere buien. Hij was ook gediagnosticeerd met het epstein-barrvirus, wat kan resulteren in het chronischvermoeidheidssyndroom, en ik weet zeker dat dat zijn gemoedstoestand niet ten goede kwam.

Het ene moment was hij gepassioneerd en betrokken, en het volgende moment wilde hij alleen zijn. Ik schreef veel van wat hij zei op in mijn dagboek, om te proberen het te begrijpen. Op een avond zei hij: 'Ik wil dat jij je veilig voelt.' Dat was opmerkzaam van hem. Mensen die me niet kennen, lijken te denken dat ik heel sterk ben, maar ik ben meerdere dingen... Zelfverzekerd en stoer als ik voor iets vecht waar ik echt in geloof, maar ook heel kwetsbaar als het gaat om relaties.

Ik vond het fijn dat James voorbij dat eerste beeld keek. Ik wilde hem vertrouwen, want het voelde zo goed.

Maar dan kreeg hij weer een heel andere bui waarin hij zichzelf hekelde en dingen zei als: 'Ik verdien jouw liefde niet.' Ik weet niet of hij dat echt geloofde of dat het slechts een excuus was omdat hij zocht naar een zachte manier om het uit te maken. Hij belde me een keer 's avonds laat op. Hij klonk heel ongelukkig en verward en zei dat hij nog steeds gevoelens had voor zijn vorige vriendin, ook al was hij verliefd op mij geworden.

Ik zag dat hij het moeilijk had. Hij had het uitgemaakt met zijn vriendin, had mij de liefde verklaard, maar hij wilde ook kinderen en dat ging niet gebeuren met een vrouw van mijn leeftijd (op dat moment was ik achtenveertig). Zijn ex-vriendin was een stuk jonger.

Ik had wel een keer bedacht dat we misschien een kind zouden kunnen adopteren als hij zoveel van me hield. Ik dacht al langer na over het adopteren van een meisje in mijn eentje, omdat ik zo dol was op mijn petekind Caleigh. Het was een speling van het lot geweest dat ik goed bevriend raakte met Christine Peters, de vrouw met wie Jon een affaire had toen we uit elkaar gingen. En toen Christine besloot een meisje te adopteren, mocht ik vaak op haar passen. Ik vond het heerlijk om met Caleigh te spelen. Maar wat me uiteindelijk weerhield van zelf adopteren was het feit dat het kind zou opgroeien zonder vader.

Hoe dan ook leek adopteren voor James helemaal geen optie, iets wat mijn onzekerheid alleen maar voedde. Zou er ooit iemand zijn die zoveel van mij hield dat al het andere er niet toe deed?

De Hertog van Windsor had nota bene afstand gedaan van de troon omwille van de vrouw van zijn leven!

Maar ik zette die gedachten opzij en probeerde James op te beuren. Ik zei dat het vanzelfsprekend was dat hij aan zijn ex dacht, omdat het normaal is dat je om iemand blijft geven van wie je ooit hebt gehouden. Ik wist dat hij worstelde met zijn innerlijke demonen. Het leven was niet gemakkelijk voor hem.

En waarschijnlijk was ik ook niet gemakkelijk voor hem... Of laten we zeggen dat ik niet gemakkelijk ben voor de meeste mannen. Ik heb een sterke eigen mening, kan koppig zijn, boos worden. En ik sta al heel lang in de schijnwerpers, en dat betekent dat mensen op me afkomen om een handtekening te vragen. Daarom blijf ik meestal thuis.

En dan het geld.

James zei op een bepaald moment tegen me: 'Ik kan me niet veroorloven wat jij je kunt veroorloven.'

Dat kan een probleem zijn, en ik had het vaker gehoord. Ik denk niet dat hij begreep dat het mij niet uitmaakte dat hij minder verdiende dan ik. 'Ik kan mijn bestedingspatroon ook aan het jouwe aanpassen,' zei ik.

Misschien raakte hij erdoor van slag dat ik zijn liefde begon te beantwoorden. Sommige mensen houden van de jacht, de romantiek, de fantasie.

Hij zei een keer: 'Ik ben van de kaart door mijn liefde voor jou.' Misschien vond hij dat een ongemakkelijk gevoel en begon hij zich daardoor terug te trekken, in te houden, af te sluiten. Hij zei ook weleens: 'Ik wil even geen contact.'

Daar raakte ík dan weer door van slag. Ik moest ervan huilen.

'Ik wil je niet blijven kwetsen,' was ook iets wat hij zei.

Het voortdurende aantrekken en afstoten was dodelijk vermoeiend. Op een zeker moment zaten we bij een therapeut. Toen ik een keer de opnamen van die sessie wilde terughoren, bleek er niets op de band te staan. Was dat een teken? Wat wilde het mij vertellen? Ik denk dat de les was dat er niets meer viel te leren dan wat ik diep vanbinnen al wist.

We zouden niet samenblijven. Dat was de realiteit die ik moest accepteren. Dus ik besloot dat ik James moest laten gaan.

Toen het net uit was, zat ik een keer in een auto en werd ik overvallen door een verschrikkelijke vlaag van moedeloosheid. En ondertussen schreef James nog steeds de muziek voor mijn film. Volgens mij hebben alle gevoelens die we toen zelf voelden bijgedragen aan die muziek. Die was heel emotioneel.

Ik herinner me de dag nog waarop hij belde en zei dat hij het liefdesnummer had geschreven. Hij kwam langs op Carolwood Drive en speelde het voor me op de vleugel in mijn woonkamer. Zodra hij klaar was, zei hij: 'Dat is het. Dat is Lowensteins themanummer.'

Wat een opluchting. Ik was er heel blij mee. Emotioneel paste het bij de film: mooi maar een beetje melancholisch. Complex, en toch kon je het meeneuriën. Het raakte me.

Muziek is iets magisch. Als de juiste akkoorden worden gespeeld, reageer je er lichamelijk op. Ik wist dat zijn muziek perfect zou passen bij de liefdesscène in de gang, en op vele andere plekken in de film. Het gaf expressie aan de relatie tussen Tom en Lowenstein en uiteindelijk ook aan de gevoelens tussen James en mij. En dat maakte het des te aangrijpender.

In mei begonnen we met de opnamen van zijn muziek, gespeeld door een volledig orkest op het beroemde podium van MGM. In de hoogtijdagen van Hollywood was dit de plek waar de muziek van heel veel bekende musicals en films werd gespeeld, zoals *The Wizard of Oz*, *Gone with the Wind*, *Singin' in the Rain*, *Gigi*, en *An American in Paris*. Iedereen wil die zaal gebruiken omdat de akoestiek er zo goed is. Veel van mijn laatste platen zijn er opgenomen en drie soundtracks voor mijn films, dus ik was heel erg trots toen ze in 2004 besloten de zaal naar mij te vernoemen. Tijdens de ceremonie was Howard Stringer, die op dat moment aan het hoofd van Sony stond (en Sony had de boel van MGM overgenomen) heel complimenteus. Op dit moment staat zijn broer Rob aan het hoofd en ook hij is een heel fijne man.

Na onze eerste opnamedag belde James me om elf uur 's avonds op. Ik zat in de auto op weg naar huis en ik weet nog precies wat hij zei, omdat ik het heb opgeschreven in mijn dagboek: 'Ik haatte je vandaag. Je wilt mijn muziek veranderen. Maar zelfs terwijl ik je haat, hou ik ontzettend veel van je. Het is alsof je het ene moment mijn geliefde bent en het volgende mijn folteraar. Misschien is het wel hetzelfde. Ik wou dat ik op dit moment bij je was.'

God, wat was dat een moeilijke tijd... Maar uit verdriet komt prachtige muziek voort.

Later bleek dat ik in staat was om mijn geliefde los te zien van mijn liefde voor muziek, om liefde en werk te scheiden. Zonder dat het werd uitgesproken, wisten we allebei dat ik de beslissende stem had. Als ik vond dat de muziek op een bepaald punt niet klopte, vroeg ik hem om iets anders. Ik was niet van plan om tegen mijn eigen artistieke ingevingen in te gaan. Niet voor een man, en al helemaal niet nu ik mijn best moest doen om afstand te nemen van die man.

Eindes zijn nooit gemakkelijk. We hadden nog steeds een band en we vertelden elkaar nog steeds onze gevoelens. Er waren nog allemaal restjes hartstocht en het was moeilijk om daar afstand van te doen.

Uiteindelijk bleken we dus toch een tussendoortje te zijn, hoewel ik soms dacht dat het meer had kunnen worden. Maar hij ging terug naar zijn jongere ex-vriendin. Hij wilde kinderen. En die kreeg hij, twee zelfs.

Ik heb nergens spijt van.

Onze tijd samen was ondoorgrondelijk, sexy, romantisch en ik zal hem nooit vergeten, want hij bestaat nog steeds in dat prachtige liefdesthema dat hij voor mijn film heeft gecomponeerd.

Marilyn en Alan schreven de tekst erbij. Ze noemden het 'Places That Belong to You'. De studio wilde dat ik het zou zingen aan het einde van de film. Zoals ik had uitgelegd aan de leiders van Columbia, ging dit verhaal over Tom Wingo's reis. Het laatste dat je in de film moet horen is zijn stem, niet Lowenstein die in zingen uitbarst over haar gevoelens. Ik vond dat het een te abrupte overgang zou zijn die de focus op de hoofdpersoon, Tom dus, zou verstoren.

Daarnaast gingen er bij mij ook allerlei alarmbelletjes af. Ik dacht: jeetje, moet ik nou nog steeds zingen om geloofd te worden? Is de film die ik heb gemaakt niet genoeg?

Dus ik wilde niet zingen.

Uiteraard probeerde iedereen me over te halen het wel te doen. Marilyn, Alan, en James natuurlijk, wilden alle drie dat ik hun nummer zou zingen. De studio dacht dat het de verkoopcijfers van de soundtrack zou opkrikken en iedereen herinnerde me er steeds aan dat de soundtrack genomineerd kon worden voor een Oscar, iets wat altijd goede publiciteit voor een film is.

Ik stemde er alleen mee in om de opnamen te maken. In de montagekamer probeerde ik het op allerlei manier in de film te verwerken. Aan het begin (echt niet) en tijdens de titelrol aan het einde. Zo hebben we het bij de voorvertoning in San Diego laten zien. 86 procent van het publiek koos ervoor het nummer erin te houden.

Maar ik kon het niet. Ik moest luisteren naar mijn onderbuikgevoel en me niet door andere meningen laten overhalen. Ik vond dat het de film minder geloofwaardig maakte. Ik vond het goedkoop en zelfs verkeerd om zelf aan het einde te zingen.

Het was heel fijn dat ik zelf de doorslaggevende stem had, waardoor de studio me niet kon dwingen het liedje vanwege commerciële doeleinden in de film op te nemen. Columbia mocht het van mij wel op de soundtrack zetten die in winkels te koop zou zijn, samen met mijn versie van 'For All We Know', de melodie waar Tom en Lowenstein op dansen in de Rainbow Room, onder voorbehoud dat het bonustracks zouden zijn, die níét in de film voorkwamen.

Ik liet de film pas aan mijn vrienden zien toen hij helemaal af was. Ik was bang dat iemand weer zou zeggen dat ik om advies vroeg. Toen Don en ik op een dag bezig waren met de kleurcorrecties – en ik moet zeggen dat Stephen Goldblatt ervoor heeft gezorgd dat de film er prachtig uitziet – draaide hij zich naar me om en zei: 'Je hebt een verdomd goeie film gemaakt.' Don is niet het soort editor dat strooit met complimentjes, dus ik gloeide van trots.

Maar tegen die tijd zat ik er zo dicht bovenop dat ik er zelf niet meer goed over kon oordelen. Voordat we met filmen begonnen zei iemand van de filmstudio tegen me dat het script erg goed was, maar dat ik de scène waarin Tom Herberts viool in de lucht gooit er echt uit moest halen.

Wat? Dat vond ik nu juist een van de beste scènes in het boek... En in de film.

En raad eens? Toen we na de voorvertoning aan het publiek vroegen wat hun favoriete scène was, kozen de meeste mensen de vioolscène.

Ik vind voorvertoningen niet prettig. Sterker nog, ik vind het een kwelling om in het donker samen met het publiek voor het eerst naar de film te kijken. Het is alsof je bij de dokter zit te wachten op de uitslag van een onderzoek. Heeft hij iets verschrikkelijks gevonden? Of gaat hij me vertellen dat er niets aan de hand is? Het is alsof op zo'n moment alles op het spel staat.

Toen 97 procent van het publiek aangaf dat ze de film goed of uitstekend vonden – zelfs twee keer zo vaak uitstekend als goed – was ik dolgelukkig.

De filmstudio was ook gelukkig. Zo gelukkig zelfs dat ze besloten om de film, die in september 1991 zou uitkomen vast te houden tot december, zodat het hun grote kerstfilm zou zijn.

Mijn eerste reactie was: o nee. Hij is af, ik ben er klaar mee, hij moet nú uitkomen. De spanning zou alleen maar hoger oplopen.

Het had me drieënhalf jaar gekost om deze film te maken. Ik was twee jaar bezig geweest met het script, dat ik tijdens het filmen ook nog steeds aanpaste. Het is een levend proces... Soms zit je bijvoorbeeld te dagdromen en dan wordt dat iets wat je in de film wilt verwerken.

Regisseren en monteren is echt het meest creatieve werk. Ik krijg er hetzelfde fantastische gevoel bij als toen ik zwanger was. Elke dag veranderde er iets, groeide er iets. Het is een wonderlijke ervaring.

Een van de redenen waarom ik ervoor heb gekozen om hier mijn levenswerk van te maken, is omdat platen en vooral films een tijdsgeest weergeven. (In *Funny Girl* ben ik voor altijd vijfentwintig.) En als onze planeet het gaat overleven, zal dit medium ook blijven bestaan. Als je een goede film maakt, zal hij nog bestaan als je er zelf niet meer bent. En dat vind ik een heel geruststellend idee.

En als het over zaken gaat die jij belangrijk vindt, zoals *The Prince of Tides*, die over vergiffenis, acceptatie en liefde gaat, is het heel louterend. De meeste mensen hebben in hun jeugd wel iets pijnlijks meegemaakt, maar als je je ouders of wie dan ook de schuld blijft geven, blijf je een slachtoffer.

Toen we drie weken aan het draaien waren en ik bezig was met filmen in South Carolina, belde mijn zus om te zeggen dat onze moeder naar het ziekenhuis moest voor een bypassoperatie. Ik vond dat eng. Door dat bericht werden al mijn problemen met de film onmiddellijk in perspectief geplaatst. Toen de mogelijkheid bestond dat ik mijn moeder zou verliezen, werd de film als het ware een stuk gemakkelijker. Het was immers maar een film, niet zo belangrijk als het leven zelf... Of dat van mijn moeder, om precies te zijn.

Ik stopte meteen met waar ik mee bezig was en wilde artsen spreken om alle ins en outs van de operatie te achterhalen. Mijn moeder overleefde de operatie zonder een centje pijn. Goddank waren er geen complicaties. Net als Tom in het verhaal moest ik leren hoe ik van mijn moeder kon houden in al haar 'tekortschietende, waanzinnige menselijkheid'.

Toen de film in Los Angeles in première ging, was ik dankbaar dat zij erbij kon zijn.

Blijkbaar was de mond-tot-mondreclame erg goed, want de bezoekersaantallen bleven maar stijgen en we kregen veel goede recensies.

The Prince of Tides toont dat Ms Streisand precies weet wat de belangrijkste onderdelen van het verhaal zijn en hoe ze die op schitterende wijze op het scherm tot leven kan brengen.

JANET MASLIN, *THE NEW YORK TIMES*

Uit elk frame van The Prince of Tides blijkt de intensiteit en zorg van een toegewijd filmmaker die dezelfde oprechte, schaamteloos emotionele betrokkenheid bij haar personages voelt als Wyler.

VARIETY

Ik was in de zevende hemel dat ik in dezelfde zin werd genoemd als Willy, maar er was één persoon aan wiens mening ik echt waarde hechtte. Wat hij ervan vond betekende meer voor me dan al het andere. Pat Conroy. Ik had hem de film laten zien zodra die af was, en hij stuurde me de volgende brief toen de film uitkwam:

Lieve Barbra,

Een liefdesbrief. Ik schrijf dit op eerste kerstdag, wetend dat de film vandaag uitkomt. Ik hoop dat hij het goed gaat doen, maar of dat zo is of niet zal geen invloed hebben op mijn grote dankbaarheid voor de manier waarop je deze film hebt gemaakt, met veel passie en artisticiteit.

Ik sta versteld van je talent. Elke keer als ik de film bekijk, zie ik weer andere details die ik eerder over het hoofd heb gezien, kleine kwaststreken met jouw briljante oog voor detail. Ik hoop dat je kunt genieten van het feit dat je een van de beste filmmakers van onze tijd bent. Niemand weet beter dan ik hoe moeilijk het was om mijn onhandelbare roman in een film te veranderen. Ikzelf had het idee jaren geleden al laten varen. Er was visie voor nodig, genialiteit – een vurige vrouw – en dat is precies wat jij hebt geboden. Jij hebt me mijn boek teruggegeven. Voordat jij deze film maakte, schrok ik elke keer als ik de titel van mijn boek hoorde. Ik voelde er verdriet, berouw en spijt bij. Nu is het dankzij jou weer van mij. Ik vertel iedereen dat jij het script hebt geschreven – ik hoop dat je dat niet erg vindt, want het is de waarheid en uiteindelijk zal Becky Johnston terugslaan – jij hebt het echt geschreven en hoe! Ik ben er trots op dat ik deel mocht uitmaken van wat je hebt neergezet.

Ik kan je het volgende vertellen: ik ben dol op de filmversie van The Prince of Tides. Echt dol. Het boek kent veel tekortkomingen die zijn gebaseerd op de tekortkomingen in mijn karakter. Maar de film zingt en stijgt erbovenuit. En dan nog iets. Ik vond de film Yentl een stuk mooier dan dat verhaal van I.B. Singer.

Met veel lof en liefs,
Pat Conroy

Een vurige vrouw. Dat raakte me. Weet je nog dat mijn grootmoeder me fabrent noemde, wat Jiddisch is voor 'vurig'? Bijzonder toch, dat Pat precies die bewoording koos?

Ik belde Nick, om te checken of hij de recensies had gelezen. De critici konden maar niet ophouden over zijn werk. *Variety* noemde het 'zijn levenswerk'. Ik was zo blij voor hem, en trots.

Toen hij mijn stem hoorde, zei hij: 'Ik heb in mijn hoofd al zoveel gesprekken met je gevoerd.' Hij vertelde dat hij het nummer 'For All We Know' had opgezet, maar het meteen weer moest afzetten omdat het hem te veel deed denken aan de Rainbow Room. Hij lachte, maar ik kon de emotie in zijn lach horen en was geroerd. Hij vertelde ook hoe moeilijk het was om weer thuis te komen. 'Ik voelde me net als Tom Wingo'.

Ik wist precies wat hij bedoelde. Het is een gevoel dat blijft hangen wanneer je een filmset verlaat van een film waarvan je weet dat die goed wordt. Je mist die creatieve roes en de mensen die hem met je deelden. Het laat een blijvende indruk achter.

Jaren later kwam ik Nick tegen op een feest. Hij kwam naast me zitten en in een onbewaakt moment van eerlijkheid zei hij: ‘Ik ben verliefd op je geworden tijdens die film, wist je dat?’

Het verraste me. Het voelde goed om dat te horen, maar ik begreep ook wat hij bedoelde. Als je een liefdesverhaal goed wilt spelen, moet je wel een beetje verliefd worden op je tegenspeler om die emoties over te brengen. (Het gebeurt niet elke keer; ik heb me bijvoorbeeld nooit aangetrokken gevoeld tot Yves Montand of David Selby of Walter Matthau.)

Iets soortgelijks kan gebeuren tussen een regisseur en zijn ster. Ik kan me voorstellen dat Willy Wyler een beetje verliefd werd op Bette Davis en Audrey Hepburn, omdat hij heel hartelijk tegen mij deed. En denk eens aan Ingrid Bergman: zij verliet haar man voor Roberto Rossellini, nadat hij *Stromboli* had geregisseerd. De band die zich ontwikkelt tijdens een film kan heel sterk zijn. Willy was te oud voor mij om romantische gevoelens voor hem te krijgen, maar ik had wel gevoelens voor hem als voor een vader, iemand die ik kon vertrouwen. En hij wist dat er goed werk ontstaat als acteurs hun regisseur vertrouwen, als ze weten dat hij hen in het positiefste licht wil plaatsen.

De man-vrouwenergie die er tussen mij en Nick bestond (we waren echt tegenpolen), gebruikte ik om het spel uit hem te halen dat ik nodig had. Ik moest hem het gevoel geven dat hij de man was die ik in beeld wilde brengen! Ik wilde dat de vrouwen in het publiek verliefd op hem werden, want dan was de film echt gelukt.

Ik ben misschien wel een redelijk goede actrice, maar ik denk dat ik een betere regisseur ben.

Ik wil mezelf niet op de borst kloppen, dus ik zal het anders zeggen. Ik ben als regisseur meer toegewijd. Ik wil dat mijn acteurs het beste uit zichzelf halen. En blijkbaar was mijn poging om van Nick een filmidool te maken geslaagd, want toen de film uitkwam, zette het blad *People* hem op de cover als ‘meest sexy man’.

En Jim Wiatt, Nicks agent, belde me op om me te vertellen dat Nick had gezegd dat ik de beste filmmaker was met wie hij ooit had gewerkt en dat hij niet kon wachten tot hij weer met me kon samenwerken. In januari zat ik naast Nick bij de uitreiking van de Golden Globes. Hij won de onderscheiding voor Best Actor Drama. Hij klom op het podium en zei: ‘Ik moet

Barbra Streisand bedanken voor haar fantastische regie.' Dat betekende heel veel voor me. De film was ook genomineerd voor Best Film - Drama, en ik was genomineerd voor Best Director, maar Nick was de enige winnaar die avond. Ik was opnieuw trots en blij voor hem.

Een week later werd ik genomineerd voor de DGA Award, die wordt uitgereikt door het regisseursgenootschap van Amerika voor een bijzondere prestatie op het gebied van filmregie. Ik was opgewonden, want het was een hele eer om genomineerd te worden door andere regisseurs. Het betekende dat ze me als gelijke beschouwden en ik bevond me in uitstekend gezelschap. De andere genomineerden waren Jonathan Demme voor *The Silence of the Lambs*, Barry Levinson voor *Bugsy*, Ridley Scott voor *Thelma & Louise* en Oliver Stone voor *JFK*.

Door de nominatie voelde ik me gewaardeerd, maar toch heb ik een hekel aan dit soort wedstrijden die van winnaars verliezers maken omdat er maar één de winnaar kan zijn. (En dat was Jonathan Demme, die een prachtige film had gemaakt.)

In februari vloog ik met Jason, Nick en Marty naar Londen voor de première daar; een benefiet voor het AIDS Crisis Trust, een liefdadigheidsproject van prinses Diana. Ik was onder de indruk van Diana's bezoeken aan ziekenhuizen, waar ze de hand van vele aidspatiënten vasthield. Haar vriendelijke, open houding zorgde ervoor dat de ziekte minder gestigmatiseerd werd. Ze was ook prachtig om te zien: lang, mooi, met een goed figuur. Ik vond haar korte haren leuk, haar blauwe ogen en haar ietwat lange neus. Ze was hartelijk en vriendelijk en het was leuk om samen met haar op het balkon van het theater aan Leicester Square te zitten en naar de film te kijken. Toen hij was afgelopen applaudisseerden mensen. De lichten gingen aan. Mij was verteld dat de prinses als eerste moest opstaan – dat was het protocol bij mensen van het koninklijk huis – maar in plaats daarvan zat Diana met iedereen mee te klappen en te lachen. 'U moet opstaan,' fluisterde ze tegen me.

'Echt waar?' zei ik. 'U moet toch als eerste gaan staan? Weet u het zeker?'

'Ja hoor!' zei ze, en toen gaf ze me een duwtje.

Tijdens het zitten was de rits van mijn rok een beetje opengegaan, en dat zag zij. Ze trok hem snel dicht voordat ik ging staan. Renata hielp daarbij vanaf de rij achter me. Ik keek uit over het publiek en sprak de volgende woorden: 'De laatste keer dat ik hier was, was voor *Yentl*, en dat was toen heel speciaal. En nu, acht jaar later, maken jullie het opnieuw speciaal.' Er werd heel lang geklapt. Het was heel bijzonder.

Toen ik eindelijk ging zitten, zei Diana tegen mij: ‘Heb je enig idee hoe fantastisch je bent?’

Ik keek haar aan, terwijl ik dacht aan een ander moment in mijn leven. Marilyn Bergman had dertig jaar geleden precies hetzelfde tegen me gezegd in The Bon Soir.

Toen wist ik dat zeker niet. En nu? Ik weet het niet... Misschien een beetje.

Ik vond Diana fantastisch. Ik vraag me af of zíj enig idee had hoe fantastisch ze was.

Ik was nog in Londen toen de volgende dag de Oscar-nominaties bekend werden gemaakt. De film was zeven keer genomineerd: Best Picture, Best Actor, Best Supporting Actress, Best Writing/Adapted Screenplay, Best Cinematography, Best Art Direction, Best Music/Original Score.

Voor Nick Nolte, Kate Nelligan, Pat Conroy, Becky Johnston, Stephen Goldblatt en James Newton Howard was het de eerste keer dat ze werden genomineerd voor een Oscar.

Maar – net als bij *Yentl* – was ik niet genomineerd voor Best Director.

De lijst was hetzelfde als voor de DGA Award, alleen had John Singleton de vijfde plek voor *Boyz n the Hood*. Ik kende John Singleton. Hij had me gevraagd om hem voor te dragen als lid van de DGA, en dat deed ik maar al te graag. Ik vond dat hij een schitterende film had afgeleverd.

En toch voelde het alsof ik werd buitengesloten.

Er gaan zoveel dingen door je heen. Oké. Misschien vonden de leden van de Academy de film gewoon niet goed genoeg. Dat mogen ze vinden.

Maar hij is wel genomineerd voor Best Picture.

Wat is hier dan aan de hand?

Die onderscheidingen zijn deels wedstrijden in populariteit en ik heb nooit veel genetwerkt, geen mensen voor me gewonnen, geen invloed uitgeoefend. Ik ga niet naar alle premières van anderen, omdat ik het afschuwelijk vind om me in een jurk te hijsen en op hoge hakken te lopen. Als ik dan toch moet gaan, glip ik door de achterdeur naar binnen. Ik ben niet op mijn gemak als ik op de rode loper moet poseren voor foto’s. Ik kan dat niet: een pose aannemen en mijn jurk en juwelen showen. (Ze kiezen trouwens altijd de verkeerde foto’s.) Het komt gewoon door die aangeboren gereserveerdheid van me, maar sommige mensen trekken het zich persoonlijk aan. Waarom zouden ze dan voor mij stemmen?

Ik heb wel gezegd dat ik uit zelfbehoud regisseur ben geworden, maar dat is niet waar. Niemand bood me rollen aan. Ik zweer het je, mensen waren gewoon bang voor me. Ik heb de reputatie een moeilijk mens te zijn; weer zo'n mythe die keer op keer wordt aangehaald in interviews en doordat het zo vaak herhaald wordt, gaan mensen het geloven.

Wat betekent 'moeilijk zijn' eigenlijk?

Is het omdat ik in alles wat ik doe naar perfectie streef?

Ik geef veel om elk aspect van de film. Ik wil dat de acteurs hun beste spel tonen, dat ik het beste script heb en de beste muziek. Ik wil dat het publiek met de hoofdpersonen kan meevoelen en zich ermee kan identificeren... Ik wil dat mensen geraakt worden.

Iedere goede regisseur heeft een visie. Iedere artiest wil de controle hebben. Naarmate de toewijding groter wordt, zul je meer controle moeten uitoefenen om ervoor te zorgen dat je visie niet vervaagt.

Stephen Sondheim zei dat heel mooi in de tekst van 'Putting It Together':

Every moment makes a contribution, every little detail plays a part
Having just a vision's no solution, everything depends on execution
Putting it together, that's what counts!

Met *Yentl* had ik mezelf bewezen dat ik een film kan regisseren, en na die ervaring wist ik niet zeker of ik het nog een keer wilde doen. Veel regisseurs gaan van de ene film naar de andere. Ik niet. Ik ga emotioneel heel erg in een film op. En nu maakte ik hetzelfde mee met de nominaties. Deze keer deed het nog meer pijn dat ik niet was genomineerd.

Eerst voelde ik me erg gesteund door alle telefoontjes van vrienden en verslaggevers. Het feit dat ik niet was genomineerd, bracht opnieuw de vooroordelen jegens vrouwelijke regisseurs naar boven. Seksisme binnen het werkterrein van films werd weer voor het voetlicht gebracht.

Dit was in 1992 en er was nog maar één vrouwelijke regisseur genomineerd voor een Oscar: Lina Wertmüller voor *Seven Beauties* in 1977.

En voor de DGA Awards waren maar twee vrouwen genomineerd. Weer Lina Wertmüller in 1977 en Randa Haines voor *Children of a Lesser God* in 1987.

We hebben alle drie niet gewonnen.

Maar goed, ik was wel blij met de medaille van de Directors Guild. Die is prachtig, gemaakt van zilver en hij ligt naast mijn gouden medaille voor het winnen van de DGA Award for Directorial Achievement voor de tv-special *Barbra: The Concert* in 1995 (gedeeld met coregisseur Dwight Hemion). En dan heb ik ook nog een plakkaat, want in 2002 werd ik genomineerd voor

Timeless: Live in Concert (samen met Don Mischer). Die drie onderscheidingen vormen samen een mooi geheel.

Ik was niet bij de Oscar-uitreikingen toen *Yentl* vijf keer was genomineerd, maar bij *The Prince of Tides* dacht ik: weet je wat? Deze keer ga ik gewoon. En ik ga met mijn zoon. En ik wilde graag dat Cis ook meeging met haar zoon.

Ik heb me die avond wonderwel vermaakt. Buiten stonden weer veel mensen met spandoeken te protesteren omdat ik niet was genomineerd in de categorie Best Director, en dat raakte me. Ik moest erg lachen toen Billy Crystal zong: 'Zeven nominaties, gefeliciteerd! Maar heeft de film zichzelf geregisseerd?' (Op de melodie van 'Don't Rain on My Parade'.) En daarna kwamen verschillende sterren op het podium, waaronder de geweldige Jessica Tandy, commentaar geven over mijn uitsluiting. Liza Minelli en Shirley MacLaine riepen me uit tot 'regisseur met wie ze het liefst wilden samenwerken'. Heerlijk, wanneer vrouwen elkaar steunen. Dat was zo aardig en solidair.

Eerlijk gezegd denk ik dat die erkenning nog beter was dan het winnen van een Oscar. (Ik hoefde geen speech te geven!) En daar moesten we het mee doen, want ieder van ons die genomineerd was, ging die avond met lege handen naar huis.

Toch waren die zeven nominaties op zich al genoeg.

En het duurde nog tot 2010 voordat er weer een vrouw een Oscar won voor regie. Ik mocht hem uitreiken aan Kathryn Bigelow, voor haar prachtige film *The Hurt Locker*. Dat was een emotioneel moment. Ik was trots dat de Academy vond dat ik de juiste persoon was om hem aan haar uit te reiken. Twee vrouwelijke regisseurs. In de loop der jaren waren er zoveel andere vrouwen over het hoofd gezien. Daarom zei ik toen ik de envelop openmaakte: 'Nu is het eindelijk zover...' En daarna sprak ik vol trots haar naam uit.

Maar als ik heel eerlijk tegen mezelf ben, stak het toch een beetje dat ík niet de eerste vrouwelijke regisseur was die een Oscar kreeg.

Grappig eigenlijk, in *Yentl* probeerde ik te laten zien dat een vrouw moet kunnen zijn wie ze kan zijn, en in *The Prince of Tides* was het een man die moet weten dat hij sterk en teder tegelijk kan zijn, zijn kinderen kan opvoeden en zich niet hoeft te schamen als hij huilt in de armen van een vrouw. Met andere woorden, in die film promootte ik juist dat mannen alles moeten kunnen zijn wat ze zijn.

Waarschijnlijk zal ik steeds dezelfde film blijven maken, tot deze boodschap tot iedereen doordringt.

Jarenlang heb ik me schuldig gevoeld over mijn succes. Ik wilde niet dat mensen afgunstig op mij waren. Misschien kreeg ik daarom wel last van mijn buik. Maar ik ben er klaar mee mezelf dingen te verwijten. Wat je vanbinnen van jezelf vindt, wordt in de buitenwereld weerspiegeld.

Toen ik *The Prince of Tides* maakte, gaf dat net zoveel aan me terug als ik erin stak. Ik werd gedwongen te groeien, te leren hoe ik een gezonder, accepterend mens kan zijn.

Juist toen ik dacht dat ik kon ontspannen omdat de film zo goed was ontvangen, verscheen er nog een artikel in *The New York Times*, met daarin het korte commentaar van negen psychiaters, allemaal mannen, die dr. Lowenstein analyseren. De eerst bekritiseert haar omdat ze 'zulke overduidelijk incestueuze fantasieën' heeft. Incest? Waar heeft hij het over? Heb ik iets gemist?

Een andere arts zegt: 'De film is zwaar reactionair: "Lowensteins professionaliteit wordt volledig ondermijnd; het eerste wat ze doet is Tom een kop koffie geven."' Hou toch op. Waar staat geschreven dat een dokter geen kopje koffie mag zetten?

Een andere arts zegt: 'Lowenstein pleegt de doodzonde in de psychiatrie door met Tom Wingo naar bed te gaan.' Een ander voegt daaraan toe: 'Deze film houdt het stereotype in stand van de therapeut met een saai privéleven die wordt "genezen" door verliefd te worden op haar patiënt.'

Ik zat er zo erg mee dat ik besloot een artikel te schrijven als antwoord. 'Artsen, genees uzelf' werd gepubliceerd in *Newsweek*. Ik vond het belangrijk om iets recht te zetten. Ten eerste was Tom Wingo op geen enkel moment de patiënt van Susan Lowenstein, zoals de artsen hadden kunnen weten als ze beter hadden opgelet tijdens de film. Hij vroeg niet om haar hulp en zij schaadde zijn vertrouwen niet. Ten tweede, ook al vonden ze het onethisch dat een arts een relatie krijgt met de broer van haar patiënt: zo stond het in het boek van Pat Conroy! Ze lijken te vergeten dat de film fictie is, geen documentaire. Ik heb geprobeerd het allemaal zo echt mogelijk te laten lijken door veel artsen te raadplegen voordat ik aan de film begon. Niet één van hen trok de plot in twijfel. En ten derde: waarom had *The New York Times* alleen mannelijke artsen om hun mening gevraagd? Konden ze niet één vrouwelijke psychiater vinden die commentaar wilde geven?

Blijkbaar niet.

Ik heb groot respect voor mensen die anderen helpen, maar artsen zijn ook maar mensen, en dus feilbaar, net als alle anderen. En zoals in elk vak het geval is, is de ene therapeut beter dan de andere.

Pat pakte universele thema's aan in zijn boek, en dat zijn het soort thema's waar ik van hou.

Deze film gaat over liefde, de liefde tussen broers en zussen, echtgenoten, ouders en kinderen, mannen en vrouwen... En volgens mij uiteindelijk ook over de liefde voor jezelf. Liefde maakt beter, geneest, bevrijdt en transformeert de ziel.

De film gaat over positieve groei. Mensen die het verleden leren accepteren en daardoor weer vooruit kunnen.

Ik wilde een film maken waarin alle personages er sterker uit komen, met een beter en dieper begrip van het leven zelf met al zijn moeilijkheden, vreugdes en zorgen.

Op 4 maart 2016 stierf Pat Conroy. Nu ik het opschrijf moet ik alweer huilen. Hij was pas zeventig jaar oud... Veel te jong, veel te getalenteerd en veel te lief en aardig om ons te verlaten. Toen ik het nieuws hoorde, was ik er kapot van. Ik had een dierbare vriend verloren en de wereld had een groots schrijver verloren. Hij had nog veel meer te geven en hij was zo gul met zijn tijd, zijn inzicht en zijn emoties.

Ik zou willen dat ik hem op kon bellen en zijn zuidelijke accent weer kon horen... dat ik weer met hem kon praten... tegen hem klagen... nog een keer met hem kon dansen... en hem heel, heel lang omhelzen.

Ik was blij dat ik hem vlak daarvoor nog had kunnen vertellen hoeveel hij voor me betekende in een brief die ik hem had gestuurd voor zijn zeventigste verjaardag. Zo sloot ik die brief af:

> *Ik heb een keer een interview met je gelezen waarin je zegt dat de samenwerking met mij was alsof je samenwerkte met de godin Athena. Dat was erg gul van je.*
>
> *Als ik Athena ben, ben jij Apollo, de god van de poëzie, waarheid en muziek. Je natuurlijke taalgebruik is als poëzie; je schrijft zinnen als toverspreuken. Je ziet elke nuance van menselijk gedrag en graaft door tot je bij de waarheid komt, die je in al zijn glorieuze en koppige complexiteit aan het licht brengt. En wat muziek betreft... Je kunt te allen tijde naar me toe komen om nog een keer te dansen!*
>
> *Veel liefs en dankbaarheid,*
>
> *Barbra*

46

Just for the Record

Ik weet niet meer wie de eerste was die voorstelde dat ik een autobiografie moest schrijven, maar ik weet nog wel hoe opgetogen ik was toen Jacqueline Kennedy Onassis me in 1984 benaderde. Zij werkte als uitgever bij Doubleday. Alle anderen had ik makkelijk kunnen afwimpelen, om de eenvoudige reden dat ik het gewoon te druk had, en eerlijk gezegd vond ik mezelf met tweeënveertig jaar te jong voor een autobiografie omdat ik nog veel meer werk zou maken. Maar ik had groot respect voor Jackie en vond dat ik op z'n minst eens naar haar kon luisteren. President Kennedy had ik wel een keer ontmoet bij het Correspondents Dinner in het Witte Huis, maar haar had ik nog nooit ontmoet.

Dus nodigde ik haar uit op de thee. We zaten samen voor de grote open haard in mijn woonkamer, waar we omringd werden door boeken (ik wist dat ze dat een fijne kamer zou vinden) en praatten. Ze sprak echt met die zachte, hese, ademloze stem die ik van tv kende. En dan dat beroemde gezicht, heel mooi, met grote ogen die bijna te ver uit elkaar stonden, iets wat haar nog mooier maakte, omdat het uniek was.

Ik vond haar heel innemend en verrassend open voor iemand die haar hele leven al beroemd was. Ze straalde iets serieus en bijna onschuldigs uit, wat niet alledaags was. En ze was net zo nieuwsgierig naar mij als ik naar haar.

Het bedankbriefje dat ze me na onze theeafspraak stuurde, heb ik bewaard. Daar stond onder andere in:

> ***Ik denk dat je een ontroerend boek in je hebt. Mocht je besluiten het op te schrijven, dan zou ik het een prachtige ervaring vinden om je daarbij te helpen.***
>
> ***We worden allemaal geïnspireerd en onderhouden door de levens van anderen. We leren net zoveel van ieders zoektocht als van de antwoorden die ze vinden.***
>
> ***Jouw boek zal de mensen veel brengen, en ik denk dat het voor jezelf heel verhelderend kan zijn.***

Dat wekte mijn belangstelling, maar ik wilde me toen nergens op vastpinnen. Ik was nog heel erg bezig met *Yentl*... In maart en april zou ik in Europa en Israël zijn voor nog meer premières, persconferenties en tv-optredens. Daarna wilde ik aan de slag met de plaat *Emotion*. Bovendien vond ik het geen aantrekkelijk idee om mezelf zo kort na *Yentl* weer op te sluiten om te schrijven.

's Avonds laat als ik alleen was, dacht ik na over hoe het boek zou beginnen, en dan schreef ik een paar zinnen op.

Maar ik werd weer afgeleid door het leven en had het te druk om te gaan zitten en erover te schrijven.

Ondertussen kreeg ik weer een nieuw idee voor een plaat, die ook een soort autobiografie werd. Een muzikale autobiografie die *Just for the Record* heette. Het plan was om allerlei historisch materiaal te verzamelen dat mensen anders nooit te horen zouden krijgen. Het was zo'n project dat steeds uitgebreider werd naarmate ik er langer aan werkte. Uiteindelijk werd het te groot voor één plaat. In september 1991 (drie maanden voor *The Prince of Tides*) kwam het uit als een boxset van vier cd's met een boekje van 92 pagina's erbij, waarin ik over elk nummer iets vertel. De eerste twee cd's beslaan de jaren zestig en de derde en vierde cd respectievelijk de jaren zeventig en tachtig.

Dit project was anders dan al het andere dat ik ooit had gedaan. Het was niet zomaar een verzameling. Als ik nu naar die nummers luister is het alsof ik terugga in de tijd. Dan kan ik het bijna opnieuw beleven, ik kan dat jonge meisje horen opgroeien en al die gevoelens weer voelen.

Ik wist altijd al dat het moest beginnen met dat krakerige geluid van een 78 toerenplaat waarop ik op mijn dertiende in 1955 'You'll Never Know' had opgenomen. En ik vond dat het moest eindigen met datzelfde nummer, maar dan als een duet waarin ik meezing met mijn jongere ik en in mijn eentje eindig. Daartussenin zou allerlei materiaal komen, opnamen van mijn vroegste tv-optredens, zoals het duet dat ik met Judy Garland zong in haar variétéprogramma in 1963.

Toen was er natuurlijk nog geen YouTube, dus niemand had gemakkelijk toegang tot die oude shows. Het kostte ons zelfs meerdere jaren om de verschillende optredens op te sporen en in veel gevallen was het teleurstellend nieuws. We kwamen erachter dat sommige programma's gewoon waren gewist, of dat er een andere show overheen was opgenomen. De enige manier om er dan nog aan te komen, was als een fan toevallig de show op tv had opgenomen. Marty liet een reclamespotje maken waarin hij mensen opriep om alles wat ze hadden met ons te delen. Dat was slim. (Zo is Marty. Hij zit altijd vol goede ideeën.)

Ik ben zo blij dat de laatste keer dat ik *Funny Girl* op Broadway speelde was opgenomen. Zo is te horen hoe ik 'I'm the Greatest Star' en 'My Man' die avond zong. Je kunt ook het enige publieke optreden horen waarin ik de alternatieve versie van 'The Way We Were' zing. Marvin en Marilyn en Alan Bergman schreven twee versies voor de film omdat ze de eerste versie acht weken voordat het nodig was al af hadden. Alan besloot te kijken of ze zichzelf konden overtreffen. Beide nummers waren goed en de enige manier om te kiezen welke we zouden gebruiken was door ze allebei in de film te stoppen. Het was meteen duidelijk. Eén werkte. De ander niet. Ik noemde de tweede 'The Way We Weren't'.

Sommige nummers zijn heel persoonlijk, zoals een opname van mijn moeder die 'Second Hand Rose' zingt, wat toevallig in dezelfde toonsoort staat als mijn versie op *My Name Is Barbra*, dus daar loopt het naadloos in over.

Er staan stukken op van de avond in 1969 toen ik werd gelauwerd als Entertainer of the Year bij de Friars Club.

De zeven beste componisten van Amerika: Harold Arlen, Jule Styne, Richard Rodgers, Harold Rome, Cy Coleman, Jerry Herman en Burton Lane gingen ieder achter de piano zitten en een van hun nummers spelen met een tekst die speciaal voor mij was geschreven. Stel je eens voor hoe ik me voelde: als relatieve nieuwkomer hoorde ik aan hoe deze levende legenden me de hemel in prezen!

Hier volgen een paar stukjes. Op de melodie van 'Come Rain or Come Shine', zong Harold Arlen, die ik al aanbad vanaf mijn achttiende:

I'm gonna love you like nobody's loved you
Come Ray or come Stark
My Brooklyn princess who eats her cheese blintzes
Above Central Park.

En op de melodie van 'Time After Time' zong Jule Styne:

Time after Time, I Tell myself that I'm
So Lucky to be Jule Styne.

Daarop lag iedereen in een deuk, en toen ze waren uitgelachen ging Jule verder:

When things seemed so dark
I walked up to Ray Stark
And I said 'Please meet a friend of mine'
Ms Streisand sang and I played
He said, 'She looks like my maid'...
Which just goes to show
How much producers know...

En het eindigde met Richard Rodgers, die zelf de tekst had geschreven op 'The Sweetest Sound'. De nieuwe regels sprak hij uit over de muziek:

The sweetest sounds she's ever made
Are still inside her head
The best reviews she's ever had
Are waiting to be read.
The notes that issue from her throat
Will still be lovely things
And the world will know its happiest times
When wondrous Barbra sings.

Toen ik als tiener auditie deed bij Rodgers en Hammerstein, was dat voor Eddie Blum. De illustere meneer Rodgers had ik dus nog nooit ontmoet, en nu zat hij over mij te zingen!

Op *Just for the Record* staan ook nummers van projecten die op een of andere manier niet doorgingen, zoals twee prachtige nummers van een onafgemaakt album dat de hele levenscyclus van een vrouw vanaf de geboorte tot haar dood zou beslaan. Michel Legrand had het concept bedacht en schreef er mooie melodieën voor. Marilyn en Alan schreven de teksten, die ik schitterend vond. Maar op de dag in 1973 dat we de studio in zouden gaan om de eerste nummers op te nemen, kreeg ik een idee. Ik vroeg of ik midden tussen het orkest kon staan terwijl ik zong. Ik had het gevoel dat het veel inspirerender zou zijn om omringd te worden door musici in plaats van in mijn eentje in een zanghokje achter glas te staan.

En het wás ook heel spannend, maar toch was het een mislukt experiment... Daar kwamen we achter toen we de muziek gingen afmixen. Dat bleek bijna onmogelijk, omdat mijn microfoon niet alleen mijn stem had opgenomen, maar ook het geluid van alle instrumenten om me heen. Dus wanneer we bijvoorbeeld de violen harder in de mix wilden, werd mijn stem ook harder. En als we probeerden de pauken wat zachter te zetten, werd mijn stem te zacht. Het lukte uiteindelijk maar bij twee nummers om er een acceptabele mix van te maken. Het eerste en laatste nummer, over de geboorte en de dood, hebben me nooit aangesproken (ik vond ze te morbide), en Michel wilde de muziek niet veranderen. Ondertussen raakten we allemaal weer betrokken bij andere projecten en hebben we het album nooit afgemaakt.

En toen kwamen er een aantal onvergetelijke momenten, zoals het gesprek via de satelliettelefoon met Golda Meir voor het tv-programma *The Stars Salute Israel at 30* in 1978. Vanwege het tijdsverschil en alle potentiële technische moeilijkheden hielden we het telefoongesprek eigenlijk een paar dagen eerder. Ik zat op de ranch terwijl de voormalige minister-president in Israël werd gefilmd. Op die manier konden ze haar in beeld brengen terwijl ik mijn kant van het gesprek nog eens overdeed op het podium in het Dorothy Chandler Pavilion. Als afsluiter zong ik 'Hatikwah', het volkslied van Israël, terwijl het publiek aan beide kanten van de wereld kaarsen aanstak, want er zat ook publiek in Israël te kijken via een gesloten tv-netwerk.

Ik voelde me zo vereerd dat ik met deze briljante en geliefde vrouw mocht praten, die een belangrijke rol had gespeeld bij het stichten van de staat Israël. Helaas overleed ze een paar maanden daarna.

Ik zie haar nog steeds voor me op dat tv-scherm, volledig pretentieloos in haar eenvoudige jurk en zonder make-up... Ze was bescheiden en glimlachte hartelijk, als een typisch Joodse moeder.

Na bijna tien jaar voelde het als een bevrijding om *Just for the Record* alsnog uit te brengen. Op werkgebied voelde ik me erg voldaan, want ik had *The Prince of Tides* ook net afgemaakt.

Nu moest ik de film nog promoten.

In het kader van de publiciteitscampagne stemde ik ermee in om nog een keer door Mike Wallace te worden geïnterviewd in *60 Minutes*.

Daaruit alleen al blijkt dat ik bijna alles doe om mijn film te promoten. Ik kende Mike al toen ik negentien was en weleens in zijn show *PM East* optrad en ik was nog steeds een beetje bang voor Mike, omdat hij nooit echt aardig tegen me had gedaan. Maar *60 Minutes* was een heel gerenommeerd programma. Het zou goede publiciteit zijn voor de film, dus stapte ik over mijn eigen twijfels heen.

Het programmaonderdeel werd natuurlijk aan mij gepresenteerd alsof het allemaal vrij onschuldig was. In Los Angeles ontspande ik en liet ik me volgen door de crew terwijl ik aan het werk was met de editors om de laatste puntjes op de i te zetten voor *The Prince of Tides*.

In New York deden we zo'n *trip down memory lane*-verhaal, waarbij ik aanwijs waar ik vroeger woonde boven Oscars visrestaurant. Nog mooier: we mochten zelfs naar binnen. Ik was nieuwsgierig naar hoe het eruitzag. Het was net zo klein als ik me herinnerde, met die provisorische keuken en een totaal nutteloos raam dat uitkeek op een bakstenen muur.

Daarna gingen Mike en ik in mijn appartement in Central Park West zitten voor het interview. Terwijl ik achteroverleunde tegen de roze fluwelen kussens op mijn Stickley-bank, voelde ik een golf van dankbaarheid. Ik was ver gekomen: van dat kleine flatje met een badkuip in de keuken naar een penthouse met deze grote, comfortabele werkkamer met meubels in American-arts-and-craftsstijl en uitzicht op de vijver in Central Park in plaats van een bakstenen muur.

Toen de crew alles klaarzette, vroeg ik iets over de belichting en stelde ik de cameraman iets anders voor omdat ik inmiddels wel wist bij welk licht en met welk camerastandpunt ik het beste in beeld kom. Ik deed gewoon wat ik al zo lang doe en wat bijna automatisch gaat. In de loop der jaren heb ik veel geleerd van de beste mensen in het vak en bovendien was ik net klaar met de regie van mijn tweede film.

Maar het was duidelijk dat het Mike irriteerde. Hij werd meteen vijandig en maakte een vervelende opmerking en of we 'nou alsjeblieft konden beginnen met dat interview'.

Het was heel neerbuigend en ik wist precies waar hij mee bezig was – hij probeerde me in beeld te brengen als 'moeilijke vrouw' – en daarom vroeg ik hem ook om deze voorbereidingen niet in het programma op te nemen. (Wat hij uiteraard wél deed.)

Op camera zei hij: 'Het liefst had jij nu zeker de leiding?'

'Jazeker,' zei ik. 'Wat dacht je dan? Natuurlijk! Ik vertrouw jou niet.'

Daar was het weer: die oude kwestie van controle. Natuurlijk wil ik de controle hebben over mijn werk en hoe het wordt gepresenteerd. Maar zou hij die vraag ook hebben gesteld als ik een man was?

Ik legde uit: 'Als ik te maken heb met mensen die net zoveel om hun werk geven als ik, dan vinden zij niet dat ik moeilijk doe, omdat ze zelf ook naar perfectie streven. Ze willen hetzelfde als ik. Het is niet "moeilijk". Sterker nog, het is leuk.' Om precies te zijn, om elk detail belangrijk te vinden, om het beste te willen.

Maar hij kon die positieve toon niet vasthouden. Een interview afnemen alsof het een kruisverhoor was, was nu eenmaal zijn gimmick. Hij was alleen maar geïnteresseerd in het drama van negativiteit en conflicten. Hij was net een leeuw die langzaam om zijn prooi heen loopt en zijn prooi dan plotseling naar de hals vliegt. Hij zei: 'Weet je? Ik vond je dertig jaar geleden echt helemaal niks.'

Hoe moest ik daar nou op reageren? Ik zei het eerste wat in me opkwam. 'Waarom niet?'

Voordat hij antwoord gaf, zei hij: 'En volgens mij vond je mij ook niet aardig.'

Ik vertelde hem de waarheid. 'Ik vond je gemeen. Ik vond je heel erg gemeen.'

En toen zei hij: 'Ik had niet het idee dat je me zag staan, omdat je zoveel met jezelf bezig was dertig jaar geleden.'

Dat vond ik interessant. Dus ik zag hém niet staan?

'Wacht eens even,' zei ik. 'Dit vind ik niet kloppen. Jij nodigde me uit als gast in je show en stelde me vragen over mijzelf, en toen ik daar antwoord op gaf vond je dat ik te veel met mezelf bezig was?'

Ik begreep er niets van.

Misschien vond hij het niet prettig dat ik hém ook vragen stelde... Of dat ik het onderwerp veranderde omdat ik iets interessanter vond, zoals voeding. Ik denk dat ze me daarom steeds weer uitnodigden: omdat ik een vermakelijke gast was.

Maar toen begon Mike over psychoanalyse en vroeg: 'Ik vraag me toch af: wat probeer je toch te achterhalen dat twintig tot dertig jaar therapie kost?'

'Ik ben een langzame leerling.'

Ik probeerde er een grap van te maken, want ik vond het een minne streek. En toen Mike er maar over doorging, vroeg ik hem: 'Waarom klink je zo beschuldigend? Ben je soms tégen therapie?' (Jaren later bleek dat hij aan depressies leed en dat hij zelfs een keer een zelfmoordpoging had gedaan. Maar hij zweeg al die jaren over zijn ziekte en zijn therapie, omdat hij bang was dat het zijn carrière zou schaden.)

Toen Mike op een minachtend toontje begon over het verlies van mijn vader en zei: 'Hij blijft bijna wanhopig belangrijk voor je, of niet?' werd ik een beetje emotioneel.

'Ja, ik had graag een vader willen hebben,' zei ik.

'Maar je had toch een stiefvader?' zei hij.

Ja, een stiefvader die wat betreft opleiding, karakter of vriendelijkheid nog niet in de schaduw mocht staan van mijn echte vader. Mike weigerde me te geloven toen ik vertelde dat de man nooit met me praatte. Op dat moment deed hij me echt denken aan mijn stiefvader: gemeen. Ik probeerde uit te leggen welk gevoel Lou Kind me als kind had gegeven, hoe het voelde om niet gezien te worden, om niet interessant te zijn. 'Ik dacht gewoon dat ik verschrikkelijk was,' zei ik.

En toen kwamen al die herinneringen boven en stortte ik in. Ik begon te huilen. Ik kon er niets aan doen. Ik gebaarde naar de camera dat ze moesten stoppen met filmen, want ik kon niet meer praten. Ik moest mezelf eerst weer onder controle krijgen.

En toen zag Mike zijn kans. Hij liet me een stukje film zien waarin hij aan mijn moeder vraagt of ze trots op me is. Ze zei: 'Wie zou er níét trots op haar zijn?'

Ik zag dat ze erg op haar hoede was. Ze kon zichzelf er niet toe zetten om te zeggen: 'Ja, ik ben trots op haar.'

En toen keek hij naar mij en zei hij: 'Weet je wat je moeder me vertelde over haar relatie met jou?'

'Nou?' vroeg ik. Ik zette me schrap voor het antwoord en hield mijn natte zakdoekje bij de hand.

'Ze zegt dat je geen tijd hebt om mensen dichtbij te laten komen.'

Dat was zo ontzettend pijnlijk. Het waren niet zozeer haar woorden als wel haar houding. Ik dacht dat ik de issues met mijn moeder inmiddels wel te boven was gekomen, maar nu voelde ik al die oude pijn weer.

Ik keek Mike aan en zei: 'Geniet je hiervan? Dat 40 miljoen mensen me zo zien...' Huilend op de nationale televisie.

Op een of andere manier lukte het me om het weer over de film te hebben. Ik zei: 'Het zit zo... Ik wilde in de film een duidelijk punt maken over rouw, over huilen... Om vreugde te voelen moet je in staat zijn om verdriet te voelen. Maar voor mij hoeft dat niet ten overstaan van 40 miljoen mensen! Het is een privékwestie.'

Toen het programma werd uitgezonden, schrok ik van de manier waarop Mike het verhaal had verdraaid. Het leek meer op een therapiesessie met mij dan op een interview over *The Prince of Tides*. Ik vond het niet erg dat hij het deel waarin ik huil had gebruikt – dat was nou eenmaal echt gebeurd – maar het verbijsterde me dat hij dat éne deel waarvan ik had gevraagd het eruit te halen erin had gelaten. In de inleiding zegt hij: 'Kijk maar eens hoe regisséúr Streisand de boel overneemt.'

Zo vernederend. Vrouwen met een sterke mening waren destijds niet bepaald welkom. (En nu eigenlijk nog steeds niet.) Hij vernederde me en plein public en hield zo het stereotype in stand dat het op een of andere manier verkeerd was als een vrouw de leiding had – of een film regisseerde.

Ik belde Mike op om te zeggen dat ik wat hij had gedaan niet leuk vond. Ik begreep zijn techniek en ik kon het hem niet kwalijk nemen dat hij probeerde iets uit te lokken, maar zijn houding was veel te geringschattend en neerbuigend.

'Nu weet ik weer waarom ik je dertig jaar geleden niet mocht,' zei ik.

Toen ik de uitzending van *60 Minutes* van de week daarop zag, viel mijn mond open van verbazing. Nadat Mike een paar brieven had voorgelezen van kijkers die zijn gedrag verwerpelijk hadden gevonden, zei hij: 'Maar Barbra heeft ook van zich laten horen... En zij vond het prachtig.'

Wat? Nu was ik echt woest, want ik had dat nooit gezegd. Het was een regelrechte leugen. En als er één ding is dat ik niet kan vergeven, dan is het liegen.

Ik belde hem opnieuw en zei: 'Hoe durf je zo te liegen? Je hebt me gebruikt toen ik negentien was en nu gebruik je me dertig jaar later opnieuw!'

Ik was stomverbaasd over zoveel openlijke vijandigheid.

Pas nadat ik de show had gedaan las ik een artikel waarin stond dat zijn ouders hun achternaam Wallechinsky hadden ingekort, en waarin Mike het had over zijn sterke Joodse moeder, aan wie hij een hekel had. Projecteerde Mike onbewust zijn gevoelens voor haar op mij? (Vijftien jaar later zei hij op aandringen van Lesley Stahl: 'Barbra, ik moet me verontschuldigen. Ik heb niets dan groot respect en bewondering voor je.')

Ik kreeg de kriebels van het hele voorval en dat filmpje van mijn moeder bleef me ook achtervolgen. Het deed me denken aan iets wat ik als tiener had gezien. Edward R. Murrow interviewde Marlon Brando, die net een Oscar had gewonnen voor *On the Waterfront* en hij vroeg aan Brando's vader of hij trots op zijn zoon was. En zijn vader zei: 'Nou, als acteur niet zo heel trots...' Ik werd er onwel van. Je zag Marlons gezicht betrekken en ik weet nog dat ik dacht: o god, zijn vader is al net zo kritisch als mijn moeder.

Achteraf bezien is dat misschien ook een reden waarom Marlon en ik het zo goed met elkaar konden vinden. Ik herkende zijn verdriet.

Ik heb me vaak afgevraagd waardoor we ons als vanzelf tot bepaalde mensen aangetrokken voelen. Oscar Hammerstein zegt dat heel treffend in een songtekst:

Some enchanted evening, you may see a stranger
You may see a stranger across a crowded room
And somehow you know...

Maar hóé weten we het dan? Het kan komen door feromonen, of misschien bestaat er echt een elektrische lading tussen twee individuen. Ik heb gelezen dat zenuwcellen in de hersenen emoties aansturen die als hersengolven het universum in gaan. Zou kunnen. Volgens Einstein is alles energie. Ik ga niet doen alsof ik dit begrijp, maar ik was nieuwsgierig genoeg om het op te zoeken en kwam toen iets heel interessants tegen. In de kwantummechanica kunnen twee deeltjes op onverklaarbare en onontkoombare wijze met elkaar verbonden raken, zodat iets wat met het ene deeltje gebeurt onmiddellijk effect heeft op het andere, zelfs als ze kilometers bij elkaar vandaan zijn. Dat heet 'energetische verbondenheid' en het is in wezen een omschrijving van liefde, nietwaar?

Ik voelde het voor Brando, en het is nog een paar keer in mijn leven voorgekomen: een sterke verbintenis met bepaalde mannen. Brando was veel ouder dan ik, maar een andere keer was de man veel jonger... Dus je weet het nooit.

Dit soort verbondenheid voelen, was iets wat ik nooit had kunnen voorspellen.

Het begon toen Steve Wynn, de casino-eigenaar uit Las Vegas, me vertelde dat hij een vriend had die mij 'bewonderde'... Andre Agassi.

'Wie?'

Omdat ik nooit naar sport kijk, had ik nog nooit van hem gehoord. Steve legde uit dat hij een tenniskampioen was en dat hij op Wimbledon zou staan, dus ik zei: 'O, wens hem succes van me.'

Toen belde Andre. Hij had zojuist *The Prince of Tides* gezien en wilde me vertellen hoe leuk hij de film vond. Uiteindelijk praatten we twee uur lang met elkaar.

Die zomer van 1992 zag ik hem op Wimbledon op tv. Ik dacht: hij speelt op topniveau! Hij zag er ook knap uit en hij had mooie tanden. Toen hij won stuurde ik hem een telegram om hem te feliciteren. En toen volgden er telefoongesprekken en uiteindelijk ook ontmoetingen. Ik kon goed met hem praten... Hij was slim en gevoelig en wat ik ook heel aantrekkelijk vond, was dat hij wijzer was dan zijn leeftijd deed vermoeden.

Het was een volstrekt onverwachte band en het was leuk. Hij stuurde me zes dozijn roze en gele rozen na een etentje. Hij kwam naar de ranch. Ik herinner me dat ik heb getennist met hem als mijn partner in dubbelspel (niet lachen), en dat ik zó mijn best deed dat ik mijn meniscus heb gescheurd. Ik hoorde hem daadwerkelijk knappen, maar ik wilde niet stoppen, ook niet om er ijs op te doen, want ik wilde niet dat hij dacht dat ik een watje was.

In september ging ik met een aantal vrienden naar de US Open in New York om hem te zien spelen. Toen een verslaggever me later in een interview vragen stelde over Andre, zei ik wat ik van hem dacht: 'Hij is een heel bijzonder mens. Hij speelt als een zen-meester.'

Ik bedoelde dat hij volledig gefocust was. Die uitspraak werd overal geciteerd, waarschijnlijk omdat mensen ook vonden dat het zo was. Als Andre speelde was hij helemaal in het moment, en dan die zware, dierlijke kreun als hij de bal sloeg.

De zomer daarop werden we overspoeld door de media toen ik in Londen naar Andre kwam kijken op Wimbledon. Ik had Donna Karan en haar man Stephan Weiss en Renata ook meegenomen. Naast tennis werd er nog een ander spel gespeeld, namelijk het ontwijken van de persmuskieten. Toen Andre op een avond met ons kwam mee-eten, had zijn chauffeur hem zelfs in de kofferbak verstopt. (Iets waar we toen erg om moesten lachen.) Volgens mij was mijn vriendschap met Andre het begin van een nieuwe ontvankelijkheid van mijn kant. Ik was blij dat *The Prince of Tides* af was, en misschien had ik de boodschap die ik in de film wilde overbrengen zelf ook wel ter harte genomen. Ik stond meer open voor andere mensen en trad meer in het openbaar.

Toen de organisatie Women in Film me vroeg of ik de Dorothy Arzner Directors Award in ontvangst wilde nemen (deze is vernoemd naar het eerste vrouwelijke lid van de Directors Guild) zei ik ja, ook al wist ik dat ik dan een toespraak zou moeten houden. Het betekende zoveel voor me dat mijn werk als regisseur werd gewaardeerd dat ik mijn angst voor spreken in het openbaar ervoor opzijzette.

Men zegt wel dat moed hetzelfde is als de angst voelen en het tóch doen. Toen ik bezig was met het schrijven van mijn toespraak, zag ik de ironie in het feit dat ik de onderscheiding zou krijgen die vernoemd was naar die pionierende vrouwelijke regisseur, terwijl de situatie voor vrouwen in Hollywood sindsdien niet echt was verbeterd. Sterker nog, het was verslechterd. De vrouwonvriendelijkheid waarmee ik te maken had gekregen toen ik *Yentl* maakte, was nog steeds de norm. Niet alleen in mijn vak, maar in elk aspect van het leven. En ik was het ontzettend beu.

Het verhoor van Clarence Thomas werkte voor mij, en voor veel andere vrouwen, als een katalysator. Hoe was het mogelijk dat die mannelijke senatoren weigerden het verhoor te heropenen toen de informatie van Anita Hill aan het licht kwam? Pas toen zeven vrouwelijk congresleden naar het Capitool waren gemarcheerd en uitstel van de beslissende stemronde eisten, mocht Anita Hill haar getuigenis afleggen. Maar de mannen bleven elkaar steunen en verwierpen haar aanklacht. Ze ontkenden de realiteit van grensoverschrijdend gedrag. En om het nog erger te maken, maakten ze háár te schande in plaats van Clarence Thomas, de dader. Het was te verschrikkelijk om aan te zien.

Dus ik stopte al mijn frustratie hierover in mijn toespraak. Ik vond het een belangrijk punt en ik wilde er graag heel duidelijk over zijn. Het voelde alsof ik tegen alle vrouwen sprak die zich tekortgedaan voelden.

Taal geeft ons inzicht in de manier waarop vrouwen worden gezien in een samenleving die wordt gedomineerd door mannen...
Een man toont gezag – een vrouw is veeleisend.
Een man is krachtig – een vrouw drammerig.
Een man is compromisloos – een vrouw is een kenau.
Een man is een perfectionist – een vrouw doet moeilijk.
Hij is assertief – zij agressief.
Hij is strategisch – zij manipulatief.
Hij toont leiderschap – zij is bazig.
Hij is toegewijd – zij geobsedeerd.
Hij is vasthoudend – zij meedogenloos.

Hij staat op zijn strepen – zij is koppig.
Als een man iets goed wil doen, wordt hij gerespecteerd en bewonderd.
Als een vrouw iets goed wil doen, is ze moeilijk en onmogelijk.
Als hij acteert, produceert en regisseert noemen ze hem een multitalent. Als zij hetzelfde doet, noemen ze haar ijdel en vol van zichzelf.

De toespraak was nog langer, je kunt hem helemaal lezen op mijn website. Het punt dat ik wil maken, is dat er een gevoel van solidariteit in de zaal hing. Ik voelde me daardoor moediger. In november stond ik op voor een ander doel dat ik van harte ondersteun: het gevecht tegen aids. Ik vond het een grote eer dat ik de Commitment to Life Award kreeg uitgereikt door het AIDS Project LA. Het was vooral fijn dat ik die kreeg uit handen van mijn goede vriend Warren Beatty. Eerst vertelde hij hoe we elkaar hadden ontmoet. Ik was zestien en paste op de kinderen van mijn acteerleraar en zijn vrouw, en Warren was eenentwintig en speelde die zomer met hen in een stuk. Hij vertelde verder en stak de loftrompet over mijn prestaties door de jaren heen en zei: 'Eigenlijk is er niets veranderd... die moed, eerlijkheid, energie en gulheid... en daarnaast kan ze ontzettend goed babysitten!' Daar werd smakelijk om gelachen.

Ik kwam tevoorschijn uit de coulissen, we omhelsden elkaar en toen was ik aan de beurt om iets te zeggen. Ik was nog steeds zo boos om alle aidsslachtoffers dat ik zei: 'Die kwaadaardige verwaarlozing gedurende de afgelopen twaalf jaar heeft ervoor gezorgd dat het immuunsysteem van ons land is ingestort: op het gebied van milieu, cultuur, politiek, zowel geestelijk als lichamelijk. Ik vraag me steeds af: waarom was ons immuunsysteem niet sterker? Waarom waren we niet resistent tegen dat dodelijke virus dat haat is?'

Die avond heb ik ook live gezongen. Ik moest wel, want ik realiseerde me dat mijn angst voor optreden in het niet viel bij de noodzaak om geld in te zamelen tegen deze ziekte. Naast dollars storten voor het goede doel, kon ik ook zingen voor het goede doel. En gelukkig zong ik niet alleen, want de geweldige Johnny Mathis kwam uit de coulissen om samen met mij een medley van twee nummers uit *West Side Story* te zingen.

Het publiek wist het toen nog niet, maar dat duet stond op mijn nieuwste plaat.

Naast alles wat er op dat moment in mijn leven gebeurde, was ik bezig met een nieuw project: *Back to Broadway*.

Al sinds het succes van *The Broadway Album* wilde ik een vervolg opnemen (en deze keer was de platenmaatschappij een héél stuk enthousiaster over het idee). Het leek me leuk om weer met Rupert Holmes te werken. Sinds de laatste keer dat ik hem had gezien, had hij zijn eigen Broadway-musical *The Mystery of Edwin Drood* geschreven en het duurde nog tot 1988 tot onze agenda's eindelijk met elkaar overeenkwamen. We hadden genoeg tijd om een paar nummers op te nemen, maar die waren nog niet helemaal af. Daarna ging ik zo op in *The Prince of Tides* dat ik het project met Rupert opzij moest zetten.

In 1992 ging ik er weer mee aan de slag en vroeg ik David Foster om me te helpen met de productie. Tegen die tijd had ik een hele verzameling andere nummers die ik ook wilde uitproberen.

Ik had overwogen om 'One Hand, One Heart' uit *West Side Story* op mijn eerste Broadway-plaat te zetten, maar had toen besloten dat het te kort was. Het was een heel eenvoudig en mooi nummer, en ineens dacht ik: waarom combineer ik het niet met 'I Have a Love'... Als ik daarmee begin en eindig... misschien voelt het dan meer als een volledig stuk? Het was alsof de medley eigenlijk de bedoeling was; zelfs de teksten gingen heel goed samen.

En toen raakte ik geïnspireerd. Ik vroeg me af of Johnny Mathis het met mij wilde zingen. Zoals je weet was Johnny mijn favoriete zanger sinds ik hem op mijn vijftiende in *The Ed Sullivan Show* had gezien.

Stel je eens voor hoe het zou zijn om met hem te zingen! Het was alsof mijn kinderdroom in vervulling ging en het bracht veel herinneringen omhoog; die benauwde woonkamer waar ik hem op onze kleine Zenith-tv zag en de vurige wens voelde om zelf ooit zo beroemd als hij te worden.

Tientallen jaren later moest ik mezelf knijpen voordat ik kon geloven dat Donna Karan Johnny had uitgenodigd als speciale gast op het verrassingsfeestje dat ze voor me had georganiseerd in een restaurantje in Malibu. (Ik blijf graag dicht bij huis.) En toen zong Johnny voor mij! Het is zo bijzonder om iemand te ontmoeten die je eerst op afstand bewonderde, en dat hij dan precies blijkt te zijn wie je hoopte dat hij was... een echte gentleman.

Op een of andere manier had Andrew Lloyd Webber er lucht van gekregen dat ik bezig was met een nieuwe plaat. Hij vroeg of ik een nummer van zijn aanstaande musical *Sunset Boulevard* erop wilde zetten. Hij had Marty gebeld en Marty verbond hem door naar mij in de studio. Ik herinner me dat Andrew het nummer 'With One Look' omschreef als het topnummer, die ene die mensen na de voorstelling nog zouden neuriën. Ik vroeg of hij het over de telefoon voor me wilde afspelen, maar hij zei dat het dan niet tot zijn recht zou komen. Hij hield vol dat ik de melodie pas goed kon waarderen als ik naar Londen zou komen zodat hij het zelf voor me kon spelen.

Maar ja, omdat ik niet van vliegen hou, stuurden we mijn A&R-man Jay Landers ernaartoe. Hij kwam terug met twee demo's. Eentje van 'With One Look' en een andere van 'As If I Never Said Goodbye'. Ik vond het tweede nummer nog mooier dan het eerste, dus ik nam ze allebei op. Ze hadden sterke melodieën en ik kon de tekst goed uitbeelden. Andrews show was een musicalversie van Billy Wilders briljante film *Sunset Boulevard* met Gloria Swanson als Norma Desmond, de ster van stomme films van wie de beroemde jaren voorbij zijn. In de musicalversie zingt Norma 'As If I Never Said Goodbye' op het moment dat ze terugkomt bij de studio van Paramount, denkend dat dit haar comeback zal zijn. Later komen we erachter dat ze haar alleen maar hadden gevraagd te komen om haar oude auto te lenen. Ik vond het een schrijnende scène.

Deze nieuwe nummers werden aangevuld met Broadway-klassiekers als 'Some Enchanted Evening' uit *South Pacific*. 'Ik kan het je gewoon hóren zingen,' zei Jay. 'Het is een perfect nummer voor jouw stem.'

Het enige wat ík kon horen, was die prachtige opera-achtige stem van Ezio Pinza op de originele opname, dat was totaal niet mijn stijl.

Maar, dacht ik, ik wil heel graag een keer met Johnny Mandel werken. Ik had net een plaat gehoord die hij voor Shirley Horn, een heel goede nieuwe zangeres, had geproduceerd en gearrangeerd. Hij heette *Here's to Life*, en mijn hemel, wat was die vrouw een inspiratie! Ik werd op slag verliefd op haar stem, haar pianospel en Johnny's fantastische arrangement met die lange, aanhoudende strijkers.

Ik zei tegen Johnny en David dat ik 'Some Enchanted Evening' niet op de manier wilde doen zoals het altijd was gedaan. Ik vond het een prachtige tekst voor een openingsnummer om te zingen als ik ooit weer zou optreden. Hoe zag ik dat voor me als actrice? Hoe hoorde ik het dan in mijn hoofd?

Voor mij was het zoals dat moment waarop ik Leslie Carons huis in Londen binnenkwam en om me heen keek in de woonkamer. Het gevoel dat ik heel klein en heel alleen was. Ze had heel veel interessante mensen uitgenodigd, maar zou er ook iemand tussen zitten met wie ik contact kon maken? En daar was hij... uitgerekend Marlon Brando.

Ik wilde precies dát wonderlijke voorgevoel in het lied zien te vangen, het moment waarop je hoopt dat er iets uitzonderlijks zal gebeuren. In mijn hoofd hoorde ik het op een manier die een tikje anders was dan het origineel.

Ik vertelde het aan Johnny en David. 'Ik wil in het begin voorzichtiger zijn. Ik wil na elke zin stoppen. Kijk zo: "Some enchanted evening"... stop. En dan moet de muziek antwoord geven. "You may see a stranger"... stop. En weer een echo. Ik heb die ruimte nodig zodat je de aarzeling en het verlangen kunt voelen. Ik kan niet van de ene naar de andere zin springen.'

Toen we met het nummer bezig waren, kreeg ik nog een idee. 'Ik wil in het midden iets heel bijzonders horen, vlak na de brug... Een grote, aanzwellende emotionele overgang. Het gaat over dat moment waarop twee mensen zonder woorden bij elkaar komen. Het moet elektrisch zijn. Ik wil dat het vonkt. Het moet een muzikale wervelwind zijn, vlak voordat ik overga naar het laatste couplet... Maar deze keer in een andere toonsoort.'

Ik wilde dat mijn stem naar de hemel reikte. (En ik hoopte maar dat ik die hoge noten zou halen.)

Omdat ik niet zeker wist of dat zou lukken, vroeg ik Johnny om het arrangement in drie verschillende toonsoorten te maken; een daarvan zou toch moeten lukken.

Als iets te hoog voor me is, pas ik altijd die oude truc toe van de stiekem veranderde toonsoort. Wat ik daarmee bedoel is dat het een verborgen verandering is, waarbij de akkoorden omlaagmoduleren, terwijl het klinkt alsof ze omhooggaan. Om dit te doen heb je een ervaren muzikant nodig.

Johnny en David hebben zoveel talent dat ze dit begrepen en ze gingen meteen een demo opnemen waarmee ze me versteld deden staan. Voor die climax hadden ze zoiets prachtigs bedacht... Ik kan het technisch niet uitleggen, maar als je de plaat opzet, kun je het horen, vlak na '*wise men never try*'. Een spannende crescendo met die spanning erin waar ik om gevraagd had. De combinatie van instrumenten is super. Het was nog beter dan ik me had voorgesteld... Zo rijk. Ik hoefde niet verder te zoeken. Dit was het.

Toen ik de volgorde van de nummers op de plaat moest bepalen, besloot ik te beginnen met dit nummer. Het werd dus inderdaad mijn openingsnummer, maar dan op de plaat in plaats van op het podium.

Ik genoot erg van de opnamen voor deze plaat en het bood ook gelegenheid voor een andere verrassing: een reünie met Stephen Sondheim. Ik wilde 'Everybody Says Don't' uit *Anyone Can Whistle* zingen omdat ik de titel zo vaak in mijn eigen leven heb gehoord! En ik had een heel vastomlijnd idee voor het arrangement: ik wilde dat dissonante geluid. Ik werkte samen met orkestleider Bill Ross, die sindsdien een goede vriend is en daarna nog vaak voor me heeft gedirigeerd in de studio en op tour.

Ik hou van onverwachte nevenschikkingen. 'Everybody Says Don't' is een heel snel nummer en ik dacht dat het wel interessant zou zijn om hoge violen tegen de lage syncopen van de bassen af te zetten. Ik kon niet precies de noten noemen, maar ik kon wel de hoekige strijkers voorzingen die ik in gedachten had. Die hebben we in het laatste arrangement gebruikt. Bill kan heel goed de geluiden die ik in mijn hoofd hoor tot leven brengen. Daarnaast is hij een meesterlijke dirigent. Hij wil altijd een camera in het zanghokje, zodat hij mij op een monitor kan zien terwijl ik zing. Hij moet mij kunnen zien, omdat hij weet dat ik er helemaal in opga als ik zing en de tweede keer nooit hetzelfde doe. Misschien doe ik langer over een bepaalde frase of adem ik op een ander moment in. Het heeft allemaal te maken met de beelden in mijn hoofd en hoe ik op de muziek reageer als ik sta te zingen. Bill is heel bijzonder. Hij kan van de ene op de andere frase anticiperen waar ik heen ga en hoe ik daar kom, omdat hij weet wanneer ik ademhaal. Hij let zo goed op mij dat hij – en daardoor zijn hele orkest – letterlijk met me mee ademt.

Het tweede Sondheim-nummer op de plaat is 'Children Will Listen', een nummer waar ik al weg van ben sinds ik het voor het eerst hoorde in *Into the Woods*. Ik vond het een van de boeiendste en scherpzinnigste nummers die ik ooit had gehoord, omdat het gaat over de verantwoordelijkheid die ouders hebben ten opzichte van hun kinderen en hoe hun woorden een indruk kunnen achterlaten die ze de rest van hun leven bij zich zullen dragen. Het raakte me echt. Het enige probleem was dat het nummer in de show te kort was!

Dus ik belde Steve en vroeg of hij iets had wat er voor de film misschien was uitgeknipt, maar dat we zouden kunnen gebruiken om het nummer te verlengen. En wat bleek: hij had prachtige kwatrijnen geschreven, en hij paste ze aan om er een nieuw couplet en de brug van te maken. Wederom zag ik hem zijn eigen nummer uit elkaar halen en weer in elkaar zetten. Ik ben hem zo dankbaar voor zijn bereidheid om aan iets te blijven werken wat al prachtig was en het voor mij opnieuw uit te vinden. (Volgens mij houdt hij gewoon van uitdagingen.)

Dat doet me denken aan een ander verhaal. Ik werd verliefd op nog een ander nummer dat Steve had geschreven. Het heet 'I Remember'. Ik wilde het in 2001 graag op mijn plaat *Christmas Memories* zetten. Het had alleen niets met Kerstmis te maken (behalve dat er sneeuw in de tekst wordt genoemd), dus ik belde hem op en zei: 'Hé Steve, ik vind het een prachtnummer, maar kun je er iets van kerst in stoppen?'

Het was nogal een vreemde vraag. Het nummer, uit het tv-stuk *Evening Primrose,* werd door een meisje gezongen dat al sinds haar kindertijd in een warenhuis woonde (wat óók een vreemd gegeven is.)

Maar de tekst was fascinerend... Zo eenvoudig en poëtisch, bijna als een haiku:

I remember sky, it was blue as ink
Or at least I think, I remember sky...

En de muziek was heel delicaat en weemoedig. Ik wilde het meteen zingen. Zo ben ik... Ik wil meteen mijn behoeften bevredigen. Ik was te ongeduldig om op een andere plaat te wachten.

Opnieuw stelde Steve me niet teleur. Een paar dagen later stuurde hij me een cassettebandje waarop hij een nieuw eerste couplet zingt:

I awake on a chilly Christmas morning, watch the choirs singing carols on TV
I gaze out through my window at a dozen other windows, then I plug in my artificial tree
And like a dream I begin to remember every Christmas I used to know
A thousand miles away, a million years ago

Het is apart en anders, net als de rest van het nummer en Bill Ross had zichzelf weer overtroffen met het arrangement. (Het is een van mijn favoriete liedjes.)

Op *Back to Broadway* wilde ik ook het prachtige nummer 'Move On' van Steve zingen, uit *Sunday in the Park with George.* Toen ik dat voor het eerst hoorde op Broadway, kreeg ik kippenvel omdat het de waarheid zo goed weet te vatten; zelfs in een mislukte relatie schuilt iets van waarde. De truc is dat je daar dan iets van leert:

Stop worrying where you're going, move on
If you can know where you're going, you've gone
Just keep moving on
I chose and my world was shaken, so what?
The choice may have been mistaken, the choosing was not
You have to move on

Wederom een prachtig nummer om uit te beelden. En de melodie is ook heel mooi. In de show wordt het als een duet gezongen, maar ik had Steve ook gevraagd of hij er voor mij een solostuk van kon maken. Ik stelde voor dat hij een deel van een ander nummer ('We Do Not Belong Together') uit de show erin zou verwerken. Het was duidelijk dat we op dezelfde golflengte zaten, want hij vertelde me dat 'Move On' oorspronkelijk een verlenging van dat nummer was.

Het was heel spannend om de nieuwe versie te zien ontstaan en ik besloot dat het de ideale boodschap was voor aan het einde van de plaat.

Steve was heel scherpzinnig als het op gevoelens aankwam. Hij schreef heel eloquent over liefde in al zijn facetten. Ik vind dat interessant, want we zijn allebei opgegroeid met gereserveerde moeders die hun liefde niet toonden. Ik vraag me af of dat ook een van de redenen is waarom we het zo goed met elkaar kunnen vinden...

Nog één verhaal over Steve. In 2016 werkten we samen aan vijf nummers van hem voor mijn album *Encore*, waaronder nog een nummer uit *Evening Primrose* dat 'Take Me to the World' heet. Zoals altijd bestudeerde ik elke regel nauwkeurig. Ik ontdekte een paar dingen die ik met hem wilde bespreken. Soms betrof het maar een kleine aanpassing, zoals het veranderen van '*the world*' in '*a world*' in een bepaalde regel.

Maar er was één regel die me echt dwarszat. De hoofdpersoon wil dat een man haar meeneemt de wijde wereld in, en dan zegt ze: '*Let me be a world with you.*' Toen ik dat voor het eerst las, dacht ik: hè? Ik snapte er niets van. Ik dacht dat het moest zijn: '*Let* it *be a world with you.*'

Ik begreep niet dat Steve het zo had opgeschreven. En raad eens? Dat was ook niet zo.

Ik vroeg hem om eens te kijken naar de bladmuziek die hij me had opgestuurd, en toen zei hij: 'O jee, het is verkeerd opgeschreven.' (Dat gebeurt vaker dan je denkt.)

Hij zei dat de fout hem nooit eerder was opgevallen. Zoals ik dacht dat de zin moest zijn, was de manier waarop hij het had bedoeld!

Back to Broadway was een mijlpaal in mijn carrière... Mijn vijftigste plaat voor Columbia en de eerste die rechtstreeks op nummer 1 in de top 100 kwam toen hij in juni 1993 uitkwam. Daar was de platenmaatschappij héél erg blij mee.

Ik voel persoonlijk iets heel anders bij deze plaat, vanwege een andere Steve in mijn leven. Zoals ik op de hoes van het album zeg: 'Deze plaat is opgedragen aan mijn goede vriend Steve Ross... Hij zal voor altijd in mijn hart voortleven.'

De meeste mensen weten het volgende over Steve: hij was een ongelooflijk succesvol zakenman die Warner Bros. overnam toen het slecht ging met het bedrijf en maakte er het grootste media- en entertainmentbedrijf ter wereld van. Hij was een visionair die van tevoren begreep hoeveel impact kabel-tv en videospelletjes zouden hebben. Hij was een goede baas die getalenteerde mensen inhuurde en ze aanspoorde risico's te nemen.

Maar dat cv is te summier. Voor mij was hij meer dan een vriend. Hij was een vaderfiguur, omdat hij alles was wat mijn vader in mijn gedachten zou zijn geweest: vriendelijk, gul, liefdevol.

Toen Marty voor mij met Warner Bros. onderhandelde over *What's up, Doc?* zei ik: 'Misschien kan Warner Bros. als onderdeel van de deal mijn huis in New York kopen.' Ik had dit huis destijds gekocht toen ik door twee directies was afgewezen. Door die ervaring voelde ik me zo onwelkom in mijn eigen stad, dat ik besloot naar L.A. te verhuizen.

Ik wilde dat huis graag kwijt, en Steve Ross zei toen blijkbaar: 'Ik koop het wel', waardoor mijn probleem in één klap was opgelost. Later hoorde ik dat Warner het met winst had verkocht. Dat is typisch voor Steve. Hij was gewoon een heel goede zakenman.

Ik weet nog dat ik hem uitvoerig bedankte toen ik hem ontmoette. Hij maakte veel indruk op me. Steve was erg lang, met wit haar. Hij zag er heel voornaam uit. Een elegante man met een lieve glimlach. Heel slim en tegelijkertijd heel aardig.

Toen ik *A Star Is Born* produceerde voor Warner, waren de meeste grote bazen niet kapot van Jon Peters, maar Steve nam de moeite om hem persoonlijk te ontmoeten. Samen maakten ze een rit in Jons rode Ferrari, en hij heeft nooit één kwaad woord over Jon gezegd. Dat vond ik chic. Misschien maakte Steve zich ook geen zorgen over hem omdat hij wist dat hij op mij kon vertrouwen. Ik had immers de eindverantwoordelijkheid voor deze film.

En ik kon erop vertrouwen dat Warner mijn visie zou steunen.

Ze hebben me ook een keer gered van een dramatische vakantie. Jon en ik en de kinderen hadden samen met vrienden en hun kinderen twee woonboten gehuurd op Lake Powell en alles wat mis kon gaan, ging mis. De boot van onze vrienden ging stuk, dus ineens zaten we met z'n elven op die van ons, met maar één piepklein badkamertje. En toen begon het te regenen en waaien. De boot deinde wild op de golven en 's nachts maakten de vleermuizen duikvluchten boven onze hoofden. Ik kon alleen maar aan rabiës denken, want Robert Redford was een keer door een vleermuis gebeten op Lake Powell, vlak voordat we *The Way We Were* maakten, en hij moest wekenlang pijnlijke injecties in zijn buik krijgen. De gedachte aan de injecties alleen al maakte me bang. En toen voer Jon de boot op een zandbank.

Dat was de druppel. Ik belde Warner en zei: 'Kom ons alsjeblieft hier weghalen!'

Daarbij moet ik uitleggen dat Steve ontzettend gul was voor zijn vrienden. Hij liet ons gebruikmaken van het vliegtuig van de zaak, waarmee ik in de loop der jaren op veel plekken ben geweest. Deze keer moesten ze een klein vliegtuigje sturen vanwege een heel korte landingsbaan. Toen we het vliegtuigje zagen landen, was het alsof het door de goden naar beneden was gestuurd.

Ik heb nog twee films voor Warner gedaan – *The Main Event* en *Nuts* – met Steves vrienden Bob Daly en Terry Semel, en we raakten allemaal bevriend. Ik bewaar ook goede herinneringen aan de samenwerking met Rob Friedman en Joe Hyams voor de publiciteit. We waren een hecht en lief team. Ik mis die tijd en die vriendschappen.

Steve, zijn vrouw Courtney en ik werden op slag vrienden. Ik ben eens met haar naar de Golden Door geweest. Zij probeerde aan te komen en ik probeerde af te vallen, maar ik heb toen alle koekjes opgegeten die zij op haar bord liet liggen en kwam tweeënhalve kilo aan.

Soms gingen we uit eten met Quincy Jones (hij was zowel goed bevriend met hen als met mij) en dan lachten we zoveel dat het pijn deed. (Quincy en ik denken hier nog vaak aan terug en moeten dan opnieuw heel erg lachen.) We vlogen met het bedrijfsvliegtuig naar een villa van Warner in Acapulco voor gezamenlijke vakanties. Steve en ik waren allebei dol op een bepaalde reep die we als kinderen in Brooklyn vaak hadden gegeten – Goldenberg Peanut Chews – en elk Warner-vliegtuig had die repen aan boord. Dat was gevaarlijk. Elke keer als ik langs het eten liep, nam ik er weer een. Of hij vloog ons naar de Bahama's in de winter, waar we backgammon in het zand speelden. Steve was een heel goede speler, maar hij kon ook heel goed valsspelen (zo goed dat hij uit Las Vegas werd verbannen). Hij kon ook goocheltrucs met kaarten en leerde mij er een paar (maar die ben ik natuurlijk meteen weer vergeten).

Daarnaast was hij absoluut kampioen in cadeautjes geven. Hij genoot er zelf enorm van als hij mensen kon verrassen met dingen waar ze blij van werden.

Ik weet nog dat ik probeerde om een art-decosculptuur te kopen bij een veiling. Ik bood niet hoog genoeg, dus ik kreeg die niet. Maanden later kwam ik na *Yentl* uit Europa en stapte ik in New York uit het vliegtuig. Ik wilde een paar galeries bezoeken. En daar zag ik die sculptuur weer! Alleen was deze nu drie keer zo duur. Nee, dacht ik, dat kan ik er niet voor betalen. Maar een paar weken later hadden Steve en Courtney een etentje voor mij georganiseerd in hun appartement in New York. Ik had Pierre Trudeau meegenomen. Toen Steve ons rondleidde en we hun kunstverzameling bewonderden, liepen we de trap op, waar ik die sculptuur zag staan, boven op een prachtig voetstuk van Josef Hoffmann.

Ik was zo opgewonden dat ik uitriep: '*O my god!* Hebben jullie dat beeld? Ik ben zo blij dat het nu bij mensen is van wie ik hou!'

Ik vertelde Steve het verhaal dat ik erop had geboden, maar had verloren. En toen zei hij: 'Maak de kaart eens open.'

Welke kaart? Ik had hem niet eens gezien, hij zat achter het beeld geschoven. Ik maakte de kaart open en begreep even niet wat ik las.

Er stond in dat het beeld een cadeau voor mij was, voor het maken van *Yentl*... Een film die niet eens van Warner Brothers was!

Dat moment zal ik nooit vergeten.

Ik deed erg mijn best om Steve en Courtney net zulke attente cadeaus te geven, maar dat was niet makkelijk. Nadat ze me hadden uitgenodigd op een bootreisje (dankzij Steve leerde ik het concept 'privécruise' kennen en hij wist altijd de juiste boten te huren), vond ik op een volkskunstveiling een ark van Noach uit de negentiende eeuw, met alle koppeltjes dieren erop in perfecte staat. Het deed me heel veel plezier om die bij hen thuis in East Hampton te zien staan in een speciale vitrine.

Gelukkig kon ik Steve in 1984 verdedigen toen Rupert Murdoch dreigde met een vijandige overname van Warner Bros. Ik schreef Steve een brief waarin ik mijn steun uitte, en die brief werd gedeeld met de aandeelhouders. Er stond onder andere in: 'Wegens de huidige omstandigheden vind ik het noodzakelijk om je te vertellen dat ik weg zou gaan bij Warner Bros. als jij niet meer bij hen bent.' Ik hoop dat het een beetje heeft geholpen. Steve heeft die moeilijke tijd in elk geval overleefd en het bedrijf bleef succesvol.

Ik wilde dat hij wist dat hij op me kon rekenen, omdat ik wist dat ik op hem kon rekenen. Hij was eindeloos gul en zijn gulheid overspande de hele wereld. Steve was een filantroop, hij droeg bij aan allerlei goede doelen. Hij was ook sponsor van het gebouw van de Hebreeuwse Universiteit dat naar mijn vader was vernoemd. Daar blijf ik hem dankbaar voor.

En toen werd ik in 1985 een keer gebeld door Courtney. Ze vertelde dat Steve was geopereerd voor prostaatkanker en dat de operatie goed was verlopen, maar toen we ophingen, begon ik te huilen. Ik besefte toen pas goed hoeveel hij voor me betekende. In mijn dagboek schreef ik: 'Hij is zo'n goed mens. Waarom moet híj nou ziek worden? Waarom moet hij pijn lijden, die angst meemaken? Het is niet eerlijk.'

Gelukkig herstelde hij en brachten we nog veel tijd met elkaar door. Ik heb al verteld over die bootreis die we maakten langs de Griekse eilanden in 1989, toen ik me voorbereidde op *The Prince of Tides*. De zakenmensen om hem heen vonden Steve waarschijnlijk al een goede onderhandelaar, maar ze hadden hem eens moeten zien in Bodrum in Turkije, waar hij onderhandelde over achtenzeventig paar Turkse puntsloffen om aan zijn vrienden cadeau te doen... Of op straat in Corfu, waar hij met een verkoper onderhandelde over kralenarmbanden en kaftans. Met andere woorden, hij was dol op onderhandelen. Het was typisch iets voor Steve dat hij er ook wat tegenover wilde stellen, dus gaf hij de verkopers spulletjes van *Batman*, de film. Onze boot lag vol met propvolle weekendtassen vol met *Batman*-merchandise: T-shirts, petjes, jacks, sweaters, horloges en hoeden. Elke keer als we een haven uit voeren, stond een hele rij verkopers ons uit te zwaaien in hun volledige *Batman*-tenue. Het was een heel grappig gezicht.

En toen sloeg het noodlot toe. In 1991 kreeg ik het hartverscheurende bericht dat de kanker terug was en dat hij zou beginnen met chemotherapie. Toen de voorvertoning van *The Prince of Tides* plaatsvond, was hij te ziek om te komen. In oktober 1992 onderging hij nog een zware operatie. Ik weet nog precies wanneer ik het telefoontje van hem kreeg. Hij zei: 'Zit je?' En toen vertelde hij dat de kanker weg was.

Ik raakte bijna buiten zinnen, zo opgelucht en blij was ik voor hem. En ik besloot dat ik het allermooiste zakhorloge dat ik kon vinden voor hem zou kopen... Een art-deco-ontwerp van platina met zwart onyx van Cartier uit 1925. Eigenlijk was het voor zijn verjaardag in april, maar ik kon niet wachten en besloot het hem te geven als cadeau voor zijn herstel. Ik liet op de achterkant graveren: KOESTER DE TIJD ZOALS IK JOU KOESTER. LIEFS, BARBRA.

Maar uiteindelijk bleek dat de kanker helemaal niet was verdwenen en op 20 december 1992 overleed Steve. Samen met alle Warner-vrienden zoals

Bob, Terry, Quincy en anderen nam ik het Warner-vliegtuig naar de begrafenis. De ceremonie vond plaats in Guild Hall in East Hampton, waar nog meer dierbare vrienden van hem waren zoals Steven Spielberg en Dustin Hoffman. Ik had mezelf nauwelijks onder controle, maar toch lukte het me om nog een praatje te houden voor Steve:

Ik zal de tijd die we samen hebben doorgebracht nooit vergeten... De lol, de spelletjes, de reisjes. Jij hebt me de kunst van het afdingen geleerd. Je probeerde me te leren hoe je moet genieten van het leven, elke minuut, en hoe ik, net als jij, heel gul kon zijn. Uiteindelijk doet het er niet toe hoe rijk je bent als je deze aarde verlaat, maar hoe rijk je leven was. Rijk aan dromen die uitkomen, aan vriendschappen, aan liefde... Hoeveel mensen jou nog in hun hart zullen dragen wanneer je er niet meer bent.

En we weten allemaal dat jij hierin uitblinkt, Steve, met een ellenlange lijst. We zullen je voor altijd bij ons dragen.

Hij was niet mijn vader, maar ik hield van hem... Ik hou van je, Steve, als van een vader.

Dit is voor jou... En vooral voor je kinderen Mark, Toni en voor jou Nicole.

En toen probéérde ik 'Papa, Can You Hear Me' te zingen, wat niet makkelijk was met een brok in mijn keel... Maar het was het minste wat ik kon doen voor de tweede vader die ik verloor.

47

Politiek

In 1992, na acht jaar Ronald Reagan en vier jaar George H.W. Bush – met belastingverlaging voor de rijken, bezuiniging op programma's voor de armen, bedrijven die verkozen werden boven mensen, en de kredietcrisis – wilde ik een Democraat in het Witte Huis. In het begin steunde ik senator Tom Harkin uit Iowa, tot mijn vriend Mike Medavoy me meenam om een andere kandidaat aan te horen: de jonge, toen nog redelijk onbekende gouverneur van Arkansas, Bill Clinton.

Ik luisterde naar zijn toespraak en was diep onder de indruk. Hij was op de hoogte van zowel de geschiedenis als de huidige staat van het land, waardoor hij antwoord op alle vragen had. En wat nog uitzonderlijker was, hij kon een ingewikkeld onderwerp met zulke eenvoudige bewoordingen uitleggen dat iedereen het begreep. Ik vond de problemen van het land bijna niet te overzien: de sociale ongelijkheid, genderongelijkheid, de toegenomen nucleaire ontwikkelingen, klimaatverandering. Toch leek Bill Clinton te vinden dat voor elk probleem een oplossing bestond. En het voelde alsof hij nog van de uitdaging genoot ook! Alles wat hij zei, leek logisch en het beleid dat hij voorstelde was helder en gedetailleerd. Ik dacht bij mezelf: deze man zou echt weleens gekozen kunnen worden! Hij had het allemaal: de geest en het hart, het intellect en de ziel. Hij was slim én charismatisch... Een jongen van het platteland die met een Rhodes-beurs naar Oxford was gegaan en daarna afstudeerde aan Yale en toch gewoon was gebleven.

Mike was een vriend van Bill. Hij stelde me aan hem voor, maar dat was een vluchtige ontmoeting op de gang. We spraken elkaar die avond niet. Toch had hij indruk op me gemaakt. Ik was in mijn nopjes toen hij de nominatie won en Al Gore koos als vicepresident, want die deelde mijn zorgen om het milieu. Ik wilde me graag voor hen inzetten bij de verkiezingen, dus toen de Hollywood Women's Political Committee in september een benefietavond organiseerde, besloot ik te zingen. Die avond sprak ik voor het eerst met Bill en Hillary Clinton. We zaten bij elkaar aan tafel in de achtertuin van producer Ted Field.

Ze waren een ontzettend aantrekkelijk stel. Zij was al net zo scherp als hij, maar leek een beetje timide tegenover zoveel mensen; iets wat ik herkende. Maar Bill was in zijn element, hij was echt opgetogen om eenieder die hem benaderde te leren kennen. Hij leek nog meer van het leven te genieten dan ieder ander. Het was fascinerend om te zien hoe hij iedereen aandacht gaf en geïnteresseerd deed. Het trok mensen aan en gaf hun het gevoel dat ze bijzonder waren.

Toen we zaten te kletsen, zei hij: 'Mijn favoriete nummer van jou is "Evergreen".'

'Nou, ik zing het vanavond niet, maar als je verkozen wordt tot president zal ik het bij je inauguratie zingen. Afgesproken?'

Ongelooflijk dat ik dat zelf voorstelde (ik, vrijwillig optreden voor miljoenen mensen!), maar ik wilde echt heel graag dat deze man werd gekozen. Een van de nummers die ik die avond wél zong, was 'It Had to Be You', met een nieuwe tekst, geschreven door Marilyn en Alan:

The thought of change gives me a thrill
Can't wait to call you President Bill
It has to be you
And Hillary too
It has to be you.

De nummers die die avond werden gezongen en de speeches die werden gegeven, werden bij fundraisers in het hele land uitgezonden via een gesloten tv-netwerk. Dat vond ik slim, en ik kan me nog precies herinneren wat ik die avond zei, omdat ik het heel sterk voelde. Ik vertelde het publiek dat ik er trots op was dat ik van de 'verkeerde kant' was... namelijk liberaal. En ik was ook trots dat ik een feminist was en onderdeel van de artistieke gemeenschap van Hollywood. Daarna keek ik recht in de lens van de camera en zei ik: 'Dus ja, ik ben er trots op dat ik een liberale, feministische, Amerikaanse kunstenaar ben.'

En toen zong ik het laatste nummer 'God Bless America'. Toen ik daarmee klaar was, vroeg ik Bill, Hillary en de anderen die die avond hadden opgetreden om op het podium te komen voor een toegift, en toen zongen we het nog een keer met z'n allen. Toen was de avond voorbij. Ik had een paar vrienden gevraagd of ze bij mij thuis wilden komen voor een toetje, en in een opwelling liep ik naar Hillary toe. 'Ik woon hier om de hoek. Ik zou het leuk vinden als Bill en jij bij me langskomen om mijn huis te zien.' En ze kwamen!

Zo begon onze vriendschap.

Bill en ik groeiden allebei op zonder vader... De zijne stierf drie maanden voordat hij werd geboren. We praatten daarover toen hij me belde om me te bedanken voor mijn optreden. Ik zei: 'Ik heb mijn vader nooit gekend. Zo'n verlies laat een blijvende afdruk achter op je ziel.'

Hij snapte precies wat ik bedoelde.

We waren allebei al jong ambitieus, en ik vroeg me af of hij ook het gevoel had dat hij veel moest bereiken omdat zijn vader zo jong al was gestorven.

We hadden allebei een stiefvader gehad en de zijne was, net als de mijne, een tweedehandsautoverkoper. Dat vond ik zo'n waanzinnig toeval, naast het feit dat we allebei president John F. Kennedy hadden ontmoet in 1963. Ik had toen voor hem gezongen tijdens het White House Correspondents' Dinner en de zestienjarige Bill had hem een hand gegeven in de Rose Garden.

Hoewel Bill uit Hope kwam, in Arkansas, en ik uit Brooklyn, hadden we toch veel met elkaar gemeen.

Ik weet nog dat ik grappend tegen hem zei: 'Hé, dat is mijn tekst!' Ik had het over het '*I feel your pain*'-moment uit *The Prince of Tides*. Toevallig had Bill precies hetzelfde gezegd en de pers had er een kreet van gemaakt tijdens zijn campagne omdat het iets essentieels over zijn karakter zei. Maar hij leefde ook echt met mensen mee, en dat werd duidelijk tijdens de debatten.

Voor het eerste debat tegen George H.W. Bush en Ross Perot, stuurde ik hem een telegram: 'Wees niet bang om je passie en woede te tonen. Aanval is de beste verdediging. We eren je overtuigingen en je integriteit en we steunen je.' Ik praatte tegen hem alsof ik zijn regisseur was.

Eerlijk gezegd had hij mijn hulp helemaal niet nodig. Op 3 november werden Bill Clinton en Al Gore gekozen.

Dat was een bijzonder moment. Het voelde alsof er een nieuwe wind waaide. Ik denk dat er nog nooit zoiets heeft plaatsgevonden als hun inauguratie. Om te beginnen organiseerde Quincy Jones op zondag 17 januari een gratis concert bij het Lincoln Memorial waar allerlei fantastische artiesten optraden, van Diana Ross tot operazangeres Kathleen Battle. Ik kwam even langs om Quincy op te zoeken en daarna gingen we samen op stap om het te vieren.

Ik had erin toegestemd om te zingen op het Presidential Gala op dinsdag (de avond voor de inauguratie) samen met sterren als Aretha Franklin, Michael Jackson, Judy Collins, Chuck Berry en Fleetwood Mac.

Op die dag reed ik naar Landover voor het optreden. Het verkeer zat niet mee en het duurde te lang, ook al hadden we een politie-escorte. Jason, Richard Baskin, Donna Karan en Stephan Weiss waren met me meegekomen naar Washington. (Donna had Clintons pak voor de inauguratie ontworpen.) We zaten met z'n allen in één auto. Mijn vriendin Ellen en haar toenmalige echtgenoot Bruce Gilbert en hun kinderen konden geen taxi krijgen, dus vroeg ik of ze konden meerijden in een van de politiewagens. Bruce zei dat het wel leuk zou zijn als hij zelf mocht rijden, en toen gooide de agent de sleutels naar hem toe! Ze reden voor ons uit. We kwamen steeds langzamer vooruit en ik weet nog dat ik dacht: zet die sirene aan! En dat deed hij. Zo passeerden we snel een paar kruispunten. De kinderen vonden het fantastisch.

Uiteindelijk kwamen we ruim op tijd aan. Dat was het dan. Nu had ik geen enkel excuus meer. Ik moest zingen. Ik vond het eng, maar ook spannend. Het was zo fijn dat we eindelijk een president hadden wiens waarden overeenkwamen met de mijne.

Ik was de laatste die op moest. Warren Beatty en zijn vrouw Annette Bening kondigden me aan. Ik vertelde het verhaal over Bill en 'Evergreen' en zei: 'Dit is een belofte die ik heel graag inlos.' De sfeer was geladen. We waren allemaal blij dat we er waren. Bill straalde.

En toen zong ik 'Children Will Listen' een liedje van Sondheim dat ik had uitgekozen met Hillary in gedachten, omdat zij altijd opkwam voor alle kinderen. Ik was die avond een beetje hees, en ik verontschuldigde me ervoor door te zeggen: 'Goddank is hees zijn in de mode dankzij onze nieuwe president.' Daar moest men om lachen. Daarna ging ik op iets serieuzere toon verder: 'Ik ben dankbaar voor alle zegeningen die ons ten deel vallen... De rijkdom en schoonheid van ons land, de diversiteit van ons volk en vooral het nieuwe leiderschap dat ons voorwaarts zal helpen naar een toekomst vol hoop en genezing.'

Het publiek applaudisseerde. Ik ging verder: 'Ik ben dankbaar voor onze nieuwe vicepresident, omdat ik weet dat de planeet veilig is in uw handen.' Nog meer applaus. 'En ik ben héél dankbaar voor onze nieuwe president, die de last van al onze verwachtingen draagt in deze onrustige wereld. Zijn taken zijn immens, maar u geeft ons vertrouwen... Een gevoel van vertrouwen in de toekomst en dat is nieuw en prachtig. Ik bid voor uw gezondheid, uw doorzettingsvermogen en uw plezier in het werk dat voor u ligt. We zijn allemaal gezegend.'

Dat was de introductie voor mijn laatste nummer 'God Bless America'. Ik vond het ontzettend ontroerend om daar te staan zingen voor deze man – met tranen in mijn ogen – omdat we hem en ons land allemaal het beste wensten.

Bill Clinton kwam het podium op en we omhelsden elkaar lang en hartelijk. Het hele publiek joelde en hield niet meer op. Het was een groots moment en ik was blij dat ik er deel van uitmaakte.

De volgende ochtend keken we allemaal naar Bill en Al die de eed aflegden in de vrieskou. Mijn vingers vroren er zowat af, ook al droeg ik handschoenen en een bonten mof. Met mijn lange grijze wollen jas en Russische bontmuts zag ik eruit als een Kozak (zoals Jule Styne zei).

Die avond kleedden we ons allemaal mooi aan voor het Arkansas Ball. We liepen een bomvol congrescentrum binnen met alleen maar staanplaatsen. Daar werden we naar een soort wachtruimte geleid. Ik stierf inmiddels van de honger en keek wanhopig om me heen of ik iets te eten kon vinden. Ik zag niets... Misschien probeerden de Democraten te bezuinigen! Daar kwam ik Hillary's moeder tegen, Dorothy Rodham. We stonden te praten toen we iemand hoorden roepen: 'Ze zijn er! De president komt eraan!' Een man gebaarde dat we hem moesten volgen en plotseling stonden Richard, Donna, Stephen, Bruce, Ellen en ik op het podium, naast Bills moeder, Virginia Clinton en Chelsea.

Bill stelde zijn familie voor aan het publiek en ik dacht: wat lief! Ik bleef een beetje op de achtergrond, terwijl hij sprak en iedereen bedankte. Toen ze dansten zagen hij en Hillary er allebei stralend uit. En toen gaf de grote Ben E. King zijn saxofoon aan Bill en speelde de president van de Verenigde Staten 'Your Mama Don't Dance' met de band. Het publiek ging uit zijn dak. Iedereen was een beetje dronken van vreugde.

Ondanks alle festiviteiten, en terwijl alle aandacht was gericht op de nieuwe president, dacht hij nog steeds aan zijn broer. Bill wendde zich tot zijn moeder en zei: 'Roger staat verderop te zingen op het MTV Ball. Ik zou er maar snel heen gaan.' En toen zei hij tegen mij: 'Ga jij maar met haar mee, Barbra.'

Ik keek zijn moeder aan en vroeg: 'Vindt u dat goed?'

Die avond leerde ik Virginia Clinton kennen.

Ze pakte me bij mijn hand en samen liepen we het podium af. Richard nam een foto van ons, van achteren (ik ben dol op foto's van achteren, want die zijn op een heel andere manier onthullend), en die foto is een van mijn dierbaarste bezittingen. Hij markeert het begin van een bijzondere vriendschap. Virginia was een heel hartelijke, liefdevolle en sterke vrouw. Je kon goed zien van wie Bill die kwaliteiten had.

Na het MTV Ball ging ik op een brede beklede trap zitten. Mijn voeten deden pijn, dus ik moest mijn schoenen even uitdoen. En op dat moment kwam Al Gore langslopen. We hebben toen heel leuk gepraat. (Terwijl zijn assistent maar bleef zeggen: 'Meneer Gore, we moeten door.') Ted Kennedy organiseerde een afterparty waar mijn vrienden en ik ook heen gingen. Ik kende hem al sinds de première van *Funny Lady.*

Deze inauguratie was een formidabel tijdsgewricht. Het voelde alsof het hele land het met ons meevierde. CBS betaalde meer dan 8 miljoen dollar om het presidentiële gala te mogen filmen. Een verslaggever schreef: 'Alleen maar omdat Streisand had beloofd te gaan zingen.' En dat geld ging naar de kosten van de inauguratie. Het gaf me een goed gevoel dat ik op een kleine manier had bijgedragen.

Je kunt je dus wel voorstellen dat ik stomverbaasd was toen iemand me een week later de voorpagina van de *New York Post* liet zien. SENATOR YENTL stond er met koeienletters op. Ze hadden iets wat ik op de inauguratie had gezegd verdraaid om er een verhaal van te maken, namelijk dat ik van plan was om me verkiesbaar te stellen als senator... tegenover de Democraat Patrick Moynihan.

Gewoonlijk ga ik niet in op dit soort onzin, maar in dit geval liet ik snel een verklaring uitgaan dat ik me helemaal nergens verkiesbaar voor stelde. Ik legde uit: 'Laat er geen verwarring bestaan tussen iemand met een passie voor de politiek en iemand met ambitie in de politiek.'

Geloof me, elke ochtend opstaan om naar het Congres te gaan is wel het laatste wat ik wil. Ik krijg er nu al het zuur van.

De dag daarop sloeg ik *The New York Times* open en zag ik een karikatuur van mij op de opiniepagina naast een artikel met kritiek op mij... Niet om iets belangrijks, maar om wat ik aanhad op het presidentiële gala.

Serieus?

Kennelijk was mijn kledingkeuze een tikje ongewoon. Ik had een antracietgrijs mantelpak met een krijtstreep gezien in de showroom van Donna. Het was precies iets waar ik me gemakkelijk in zou voelen. Om er avondkleding van te maken, had ik Donna gevraagd of ze er een lange rok en een vest bij wilde maken. En dat droeg ik die avond. De lange, strakke rok had een split aan de zijkant. Het vest droeg ik in plaats van een blouse. En ik had een negentiende-eeuwse diamanten ketting om (die ik ook omhad in die scène tijdens het etentje in *The Prince of Tides*). Wederom lijk ik me qua kleding aangetrokken te voelen tot het mannelijke én vrouwelijke; vrouwenkleding van mannelijke stof. (Net als mijn visgraatvest en lange rok in The Bon Soir, toen ik achttien was.)

Waar maakte die journalist (het was overigens een vrouw) zich nou druk om? Was het verkeerd om een pak te dragen in plaats van een japon? Blijkbaar wel, want ze vond het maar een 'verwarrende metafoor: een vrouw die ons laat weten dat ze onder haar transparante patserpak, onder al haar lef en prestaties nog steeds een toegankelijke femme fatale is'.

Ja, precies!

Eerst vatte ik het op als een compliment, totdat ik besefte wat ze eigenlijk bedoelde. Namelijk: 'Hoe durft ze een pak te dragen dat er zowel sterk als verleidelijk uitziet?' Ze deed het af als een 'verwarrend signaal' en 'een kokette dubbelzinnige boodschap'. Eerlijk gezegd snap ik niet wat daar mis mee is. Ik geloof dat vrouwen heel veel dingen zijn. Was deze journalist dan zo kleingeestig dat ze ons een deel van onze kracht ontzegde? Vrouwen zijn toch complexe wezens?

Waarom kunnen we dan niet deskundig én aantrekkelijk, sterk én gevoelig, intelligent én sensueel zijn?

Met andere woorden, we zijn het allemaal. Het is niet het een of het ander... Zoals dat aloude stereotype van de madonna en de hoer. De maatschappij probeert ons al eeuwenlang in een hokje te duwen. Als ik nu naar mijn kleding van die avond kijk, zie ik dat ik inderdaad het beeld van de vrouw met vele gezichten vertegenwoordig. Voordat ik besloot het pak op die bewuste avond aan te trekken had ik er helemaal niet zo bij stilgestaan. Het is een mannelijk pak, maar door de hoge split en het decolleté toch ook vrouwelijk. En waarom is vrouwelijkheid fataal? Dat is weer zo'n mythe, net als Circe of de Sirenes. Oké, geef de vrouwen maar weer de schuld! Maar het zijn gewoon weer de mannen die geen verantwoordelijkheid nemen voor hun eigen seksuele driften... En misschien staan ze het vrouwen niet toe om die driften ook te voelen.

Ik vond het interessant om te zien dat een aantal mannen me verdedigde in brieven aan de krant. 'Hou jij maar lekker je doorkijkpatserpak aan, Barbra; je hebt het verdiend.'

Maar de allermooiste reactie kwam van de feministische geleerde Camille Paglia. Zij schreef: 'Barbra Streisand zag er spectaculair uit. Met die gesmolten seksualiteit en artistieke kracht straalde ze bijna nog meer dan president Clinton zelf. Ze was helemaal de man én de vrouw.'

Dat vond ik prachtig. Zij had het tenminste begrepen en ze zag er geen kwaad in.

Het was een eer om te mogen zingen bij de inauguratie, en mijn nieuwsgierigheid was erdoor gewekt.

Vanaf dat moment werd ik geobsedeerd met politiek. Ik nam een abonnement op *The Nation* en *The Economist*. Ik wilde van álles op de hoogte blijven en er gebeurde op dat moment behoorlijk veel in Washington. De president had er al wetten doorgekregen over zwangerschaps- en medisch verlof, hij had het verbod op onderzoek naar foetaal weefsel afgeschaft en de zwijgplicht van dokters in openbare klinieken afgeschaft. Hij drukte de 'Motor Voter'-wet door het Congres, zodat mensen gemakkelijker konden stemmen, en hij was vastberaden om een andere grote uitdaging aan te pakken: de torenhoge kosten van de zorgverzekeringen, waar ik me ook zorgen om maakte.

In maart werd ik samen met Mike Medavoy uitgenodigd om een speciale vergadering over gezondheidszorg bij te wonen. Wij waren daar als een afvaardiging van Hollywood om advies te geven over communicatie en marketing; over hoe de regering berichten aan de burgers moest overbrengen.

Wat nog wel het spannendste was, was dat we mochten logeren in het Witte Huis... Mike en zijn vrouw in de Lincoln Bedroom en ik in de Queens' Bedroom, waar allerlei koninklijke gasten – inclusief koningin Elizabeth – hadden geslapen.

Het was een prachtige kamer met een mahoniehouten hemelbed, zachtroze muren en wit lijstwerk. Een elegante butler met handschoentjes aan bracht ons naar onze kamers toen we op vrijdagmiddag aankwamen. Daarna gingen we naar de westvleugel, waar we Clintons persoonlijke secretaresse Betty Currie ontmoetten, en Marsha Scott, het hoofd van de afdeling Personeel – twee aardige vrouwen die vriendinnen van me werden. Bill moet op een zeker moment ook uit het Oval Office zijn gekomen, want ik herinner me dat hij zei dat hij zo snel mogelijk naar ons toe zou komen en dat we het onszelf intussen gemakkelijk moesten maken.

Toen we weer boven waren, volgde ik zijn advies op en trok een broek en een trui aan met sneakers eronder. Toen klopte Bill al op onze deuren en vroeg hij of we zin hadden in een rondleiding. Ik was nog nooit in het Witte Huis geweest en ik had geen idee dat het zo ontroerend zou zijn om door die kamers te lopen waar zoveel geschiedenis was geschreven. Clinton woonde er pas twee maanden, maar hij wist al bij elk schilderij iets te vertellen... Zoals het portret van George Washington door Gilbert Stuart, dat door Dolly Madison was gered doordat zij het in een wagen had meegenomen vlak voordat het Witte Huis in brand werd gestoken door de Britten in de oorlog van 1812. Van elke afgebeelde gevechtsscène wist hij de datum en plaats en hoe het gevecht was afgelopen.

Hij leidde ons naar de Blue Room, met het vergulde Franse empire-meubilair, de daarnaast gelegen Red Room, waar Jackie Kennedy had gekozen voor Amerikaans empire-meubilair, met neoclassicistische motieven. Maar de grootste onthulling vond ik de rustige pracht van het achttiende-eeuwse Amerikaanse meubilair in de Green Room. Die stoelen en tafels hadden geen goud nodig om de aandacht te trekken. In plaats daarvan kon je genieten van de heldere, elegante lijnen, houtnerven, mooi houtsnijwerk en onberispelijke verbindingen. Het was simpel en bescheiden. Je kon het vakmanschap in elk detail zien. Geen wonder dat de makers hun handtekening op hun stukken hadden gezet.

Toen ik daar zo stond, was ik trots dat ik een Amerikaan was. Het inspireerde me zo dat ik daarna zelf ook achttiende-eeuwse Amerikaanse meubels ben gaan verzamelen en uiteindelijk mijn appartement in New York helemaal opnieuw inrichtte met de mooiste stukken die ik had gevonden.

Op het einde van de rondleiding kwamen we aan bij de bioscoop. Er zaten een paar leden van de staf naar een basketbalwedstrijd te kijken. Ik pakte een zak popcorn om erbij te gaan zitten, maar uiteindelijk gingen we in een andere kamer zitten kletsen met andere vrienden van Bill. Ik had een van de eerste exemplaren van mijn nieuwe plaat *Back to Broadway* voor hem meegenomen en hij wilde die voor iedereen afspelen, ook al kon ik zien dat hij moe was.

Zaterdagochtend vond de gezondheidszorgtop plaats. Deze regering was ambitieus genoeg om te proberen het systeem te verbeteren, hoewel ze wisten dat het moeilijk zou worden. Bill had Hillary aangewezen als hoofd van de vergadering, maar ze was niet bij deze eerste bijeenkomst, omdat haar vader in Little Rock een beroerte had gehad en ze bij hem in het ziekenhuis wilde zijn. Die dag hoorde ik haar dus niet spreken, maar ik kan me nog goed herinneren hoe welbespraakt en goed geïnformeerd ze was toen ze later in september getuigde voor het Congres en honderden vragen moest beantwoorden. Dat was een verbluffend optreden. Ze was een vrouw die haar tijd ver vooruit was, en daar werd ze voor gestraft.

Die avond moesten Bill Clinton en Al Gore naar een jaarlijks diner in de Gridiron Club, en op een of andere manier mochten Mike, zijn vrouw en ik mee. Ik had geen lange jurk bij me (ik wist niet dat we iets chics zouden gaan doen) maar ik had wel een zwarte rok en een zwarte blouse bij me. De rok kon ik nog iets omlaagtrekken, zodat hij er iets netter uitzag. Virginia Clinton logeerde dat weekend ook in het Witte Huis. Ze vertelde me over de kapper van het Witte Huis en samen gingen we die middag daarnaartoe om ons haar te laten doen. Toen we even later allebei onder een droogkap zaten te praten, moesten we steeds giechelen wanneer we bedachten dat we in het Witte Huis waren.

Die avond werden de president en de vicepresident geplaagd met flauwe grappen en liedjes door journalisten die gewoonlijk heel serieus waren. Wie had ooit gedacht dat die dat konden? (*Everybody wants to be in show business!*)

Toen we weer terugkwamen in het Witte Huis, gingen we niet naar bed maar bleven we tot diep in de nacht met de president hartenjagen. (Hij is net zo gek op spelletjes als ik. Hij won, natuurlijk.) We zaten met z'n vieren in de privévertrekken van het gezin... Gewoon een kleine, comfortabele kamer met een keukentje waar je zelf een boterham met pindakaas kon smeren – compleet het tegenovergestelde van de statige ruimten beneden dus.

Op zondag vloog ik terug naar L.A., en nog geen vierentwintig uur later stond ik op het podium om de Award for Best Director uit te reiken.

In de media werd 1992 'Het Jaar van de Vrouw' genoemd, maar bij de laatste verkiezingen voor het Huis van Afgevaardigden werden er maar zevenenveertig vrouwen verkozen van de vierhonderdvierendertig leden in totaal. En van de honderd mensen die voor de Senaat werden gekozen, waren er maar vier vrouw (waarmee het totaal aantal vrouwen in de Senaat op zes stond).

Niet bepaald een aardverschuiving.

Maar toch hadden ze bij de Academy aangehaakt bij het idee en was het thema die avond 'Oscar viert de vrouwen in de filmbusiness'. Uiteraard waren er wederom geen vrouwen genomineerd voor Best Director. Iemand had voorgesteld dat ik hem zou uitreiken omdat hij het jaar ervoor aan mijn neus voorbij was gegaan. O, ironie.

Op zulke momenten weet ik nooit goed wat ik moet zeggen. Je wilt een punt maken, maar je wilt niet de confrontatie aangaan. Ik dacht er dus lang over na en toen ik het podium op liep, keek ik naar het publiek en zei ik wat ik had opgeschreven: 'Vanavond eert de Academy vrouwen en film. Dat is heel aardig, maar ik kijk uit naar een tijd waarin dit soort verering niet meer nodig is. Een tijd waarin er helemaal geen 'jaar van de vrouw' is, omdat er al op allerlei prominente plekken vrouwen zitten. Deze onderscheiding is niet voor een vrouwelijke regisseur of een mannelijke regisseur. Deze onderscheiding is voor de beste regisseur, en de eer is aan mij om hem vanavond uit te reiken.'

Clint Eastwood won trouwens, voor *Unforgiven*, wat leuk was, omdat we elkaar kenden. Hij had me ooit gevraagd om met hem in een film te spelen die *The Gauntlet* heette, maar het was een gewelddadige film en het idee om wekenlang in een bus te moeten zitten om een film te maken, vond ik niet aantrekkelijk. Daarvóór had ik ook al eens met Clint en zijn vrouw aan tafel gezeten bij een of ander evenement. Toen had hij mijn oor aangeraakt en gezegd: 'Je hebt fantastische oren.' Ik moet zeggen dat ik dat een heel origineel compliment vond.

In mei kwam ik opnieuw naar Washington voor het White House Correspondents' Dinner. Ik wilde er graag heen omdat het veel voor me betekende dat ik was uitgenodigd. Dertig jaar daarvoor had ik op hetzelfde evenement voor president Kennedy gezongen. Deze keer was ik er als gast van *Newsweek* en Richard Baskin kwam met me mee.

Ik kende Washington D.C. niet, dus ik had er een week voor uitgetrokken om alle toeristische dingen te doen waar ik eerder nooit aan toe was gekomen. Een bezoek aan het Capitool, het Supreme Court, het Lincoln Memorial... Al die indrukwekkende monumenten stonden op mijn lijst. Maar wat ik echt heel graag wilde zien, was een stuk kleiner: Monticello, het huis dat Thomas Jefferson voor zichzelf had ontworpen.

Ik had het een en ander over Jefferson en zijn vele roepingen gelezen; hij was advocaat, linguïst, architect, naturalist en uitvinder. President John F. Kennedy deed ooit de beroemde uitspraak tijdens een diner voor Nobelprijswinnaars: 'Volgens mij is dit de bijzonderste verzameling talenten en menselijke kennis die ooit in het Witte Huis bijeen is gekomen, met uitzondering van die keren dat Thomas Jefferson hier in zijn eentje at.'

Ik wilde zien hoe deze briljante man had geleefd, door zijn kamers had gelopen. Ik vond het huis dat hij had gebouwd schitterend en tegelijkertijd verrassend bescheiden. Er was niets pompeus aan. Hij begreep de schoonheid van eenvoud en hij geloofde in klassieke verhoudingen... en het moest praktisch zijn. Kasten aan beide zijden van de open haard in de eetkamer verborgen etensliften die de wijn uit de kelder omhoogbrachten. Een draaideur leidde naar een gang naar de keuken en had planken aan beide zijden, zodat daar borden op konden worden gezet, waarna de deur naar de eetkamer kon worden gedraaid. Heel vernuftig!

Als een botanist hield hij dagboeken bij met gedetailleerde aantekeningen over hoe zijn verschillende planten – waaronder groente, fruit en bloemen – het deden. Dat vond ik zo leuk, en ik was steeds van plan om zelf ook zoiets te doen bij mijn tuin. (Maar ik ben er nooit aan toegekomen.)

De grootste ontdekking voor mij was echter dat Jefferson anoniem had meegedaan aan de prijsvraag voor het ontwerp van het Witte Huis. Hij verloor, maar dat deed er niet toe, zoals Bill Clinton ooit zei, want hij had de architectuur van het land al ontworpen toen hij de onafhankelijkheidsverklaring opstelde. Zijn woorden klinken nog luid en duidelijk door: 'De volgende waarheden beschouwen wij als vanzelfsprekend: dat alle mensen gelijk zijn geschapen; dat zij van hun Schepper onvervreemdbare rechten kregen, zoals het leven, de vrijheid en het streven naar geluk.'

En toch... Toen ik in die kamers was, werd ik achtervolgd door de vraag: hoe kon de man die slavernij 'een abominabele misdaad' noemde en 'een moreel verdorven handeling' nog steeds slaven houden? Hadden zij dan geen recht op het leven, de vrijheid en het streven naar geluk? Hoe kon dezelfde persoon in het abstracte zo rechtschapen en meelevend zijn en tegelijkertijd de realiteit van de situatie in zijn eigen huis niet onder ogen zien?

Jefferson maakte zijn eigen idealen niet waar. En als land hebben we die woorden uit de Onafhankelijkheidsverklaring ook nog steeds niet waargemaakt.

Na een speciale rondleiding door de bibliotheek van het Congres ging ik naar het nationaal archief waar ik mee werd genomen naar de kelderkluis. Ze gaven me een paar handschoenen, zodat ik de oude documenten kon aanraken. Ik zag de eerste inauguratiespeech van George Washington, de Monroe Doctrine, de Louisiana Purchase. En ik mocht de Emancipation Proclamation in mijn handen houden. Het handschrift is opvallend vaag, je kunt de woorden die het verloop van de oorlog hadden bepaald nauwelijks lezen. Ik dacht aan al het bloedvergieten vanwege het idee van vrijheid, hoeveel mensen er waren gestorven vanwege de woorden die ik in mijn handen had. Het was een nederig stemmende ervaring.

Ik maakte een tochtje naar Mount Vernon, waar George Washington had gewoond, en vroeg daar of Washington ook kersenbomen had geplant als boetedoening voor het feit dat hij er als kind eentje had omgehakt. De curator moest lachen en vertelde me dat dat beroemde verhaal niet waargebeurd was. Blijkbaar was het in zijn biografie gekomen, die nadat Washington was overleden was geschreven door een minister die van de president een rolmodel wilde maken. Daarom had hij hem aan zijn vader laten bekennen: 'Ik kan niet liegen.' Sindsdien werd dat verhaal nog honderden jaren herhaald in kinderboeken.

Daar had je het weer: de kracht van het geschreven woord.

Ik bracht ook een bezoekje aan het Smithsonian en bracht uren door in het Holocaust Memorial Museum, waar ik films van overlevenden zag die zich nooit hadden laten overmannen door cynisme. Dat raakte me heel diep. Een vrouw sprak over het delen van haar ene stukje brood met iemand die het volgens haar meer nodig had dan zijzelf. Dat ongelooflijk lieve en onbaatzuchtige gebaar onder die extreme omstandigheden, daar kreeg ik tranen van in mijn ogen. Het versterkte mijn vertrouwen in de mensheid. Deze mensen waren niet verhard. Ondanks alles geloofden ze nog steeds dat het leven kostbaar was.

Janet Reno nodigde me uit voor een lunch. Bill Clinton had haar benoemd tot minister van Justitie. Weer een mijlpaal. Ze was de eerste vrouw op die positie. Ik mocht haar meteen, ze was heel direct en pretentieloos, en ze vertelde me: 'Elke dag dat ik in het Witte Huis ben, moet ik mezelf knijpen om het te geloven.'

Die hele week in Washington had ik precies hetzelfde gevoel.

En toen gebeurde het opnieuw. Mijn bijzondere reisje, deze leerervaring, werd volledig verkeerd geïnterpreteerd in de kranten. Op de voorpagina van *The New York Times* verweet Maureen Dowd de Clintons dat ze 'starstruck' waren en tegelijkertijd haalde ze uit naar alle Hollywood-sterren die het lef hadden om de politiek serieus te nemen. Volgens haar namen we onszélf allemaal veel te serieus.

De foto die ze bij dit artikel plaatsten was er een van mij met generaal Colin Powell tijdens het Correspondents' Dinner. Volgens haar had ik met hem gesproken over 'Bosnië en homoseksuelen in het leger'. Maar ik wist helemaal niets over Bosnië en die avond hadden we het niet eens over het leger gehad, want dat had ik al een keer eerder met hem besproken. (Ik vind natuurlijk dat homo's openlijk in het leger moeten kunnen dienen. Naar mijn bescheiden mening verdient iedereen die bereid is te sterven voor dit land ons volledige respect.)

Ik had Colin voor het eerst ontmoet tijdens de conferentie van de American Academy of Achievement in juni. De vierhonderd slimste middelbarescholieren waren daar uitgenodigd om prominente mensen te horen spreken over de redenen voor hun succes. Ik was een van de prominenten die dat jaar de eer hadden een praatje te houden. Daar ontmoette ik ook Bill Gates, operazangeres Jessye Norman, en de natuurkundige Arno Penzias, die de Nobelprijs had gewonnen voor zijn bijdrage aan de oerknaltheorie. (Stel je eens voor dat je voor al die mensen een speech moet geven!) Andere aanwezigen waren de directeurs van de CIA en de FBI (nogal stijfjes) en Colins medegeneraal Norman Schwarzkopf (heel hartelijk). Met beide generaals kon ik het goed vinden, dus ik bleef bij ze in de buurt.

Toen ik Colin weer zag bij het Correspondents' Dinner, werden we als vanzelf weer naar elkaar toe getrokken. We hielden allebei van een lolletje. Hij was een jongen uit de Bronx, en ik een meisje uit Brooklyn, dus onze achtergrond zorgde er al voor dat we iets gemeen hadden. En het is ongelooflijk maar waar: hij sprak Jiddisch. (Beter dan ik zelfs. Blijkbaar had hij als tiener voor een Joodse winkeleigenaar gewerkt.) Ik vond zijn nuchtere manier van doen heerlijk en ik was benieuwd naar zijn kijk op de wereld.

En nu insinueerde Maureen Dowd dat mijn gesprek met hem en mijn lunch met Janet Reno op een of andere manier ongepast waren, alsof ze wilde zeggen dat ik me met mijn eigen zaken moest bemoeien. De kritiek voelde maar al te vertrouwd. Ik had immers ook al gehoord: hoe durf jij te gaan regisseren?

En nu was het: hoe durf jij interesse te tonen in politiek?

Het voelde alsof dezelfde mensen van de media die achter de Clintons aangingen, Colin probeerde te vernederen omdat hij met mij was omgegaan. Gelukkig trok hij zich er niets van aan en stuurde hij me een heel charmante fax:

> ***Voor jou spijt het me dat de media er zo bovenop zijn gedoken. Ik daarentegen ben de meest benijde man van het Pentagon geworden. Mijn vrouw vindt het een prachtfoto. Mijn dochters mompelen zachtjes dat 'papa denkt dat hij heel wat is'. Mijn zoon schept op tegenover zijn vrienden.***
> ***Wanneer zullen we het nog eens overdoen, Barbra?***
>
> *Groetjes,*
> *Colin*

In datzelfde artikel in *The New York Times* maakte Maureens maatje Leon Wieseltier, cultureel uitgever van *The New Republic*, de hele entertainmentbusiness af met één nare quote: 'Het idee dat deze afgezonderd levende en omhooggevallen mensen zouden helpen het beleid te maken is absurd.'

Nou, ten eerste maakten we geen beleid en ten tweede zou ik Sid Sheinberg – de president van Universal Studios, die een van de aanwezigen was tijdens de bijeenkomst over gezondheidszorg – niet 'omhooggevallen' noemen. (Is Robert Redford, die zich al tientallen jaren inzet voor milieubescherming, omhooggevallen? Was Elizabeth Taylor, die een van de eersten was die haar steun uitsprak voor de aidsslachtoffers, omhooggevallen?) Het leek me dat de president van Universal Studios evenveel respect verdiende als de directeur van een autofabriek. Hollywood produceerde immers films die de hele wereld wilde zien, waar miljoenen dollars mee werden verdiend, die voor duizenden banen zorgden en waar gigantisch veel belasting over werd betaald.

Waarom dan zo'n giftige houding tegenover ons... en tegenover Bill Clinton?

In die periode deed ook een mop de ronde. De paus en president Clinton vergaderden vanwege veiligheidsmaatregelen in een roeibootje midden op een meer. Door een windvlaag vloog de hoed van de paus in het water. Clinton zei: 'Geen probleem. Ik haal hem wel even.' En hij stapte uit de boot, liep over het water en kwam terug met de hoed. De volgende dag stond er niet op de voorpagina van de kranten: CLINTON LOOPT OVER WATER maar CLINTON KAN NIET ZWEMMEN.

Ik voelde me op een bepaalde manier met hem verwant. Rond dezelfde tijd vertelde iemand me een mop die rondging over mij. Een man stikte in een restaurant en Barbra Streisand zat aan het tafeltje ernaast. Ze haastte zich naar de man, deed de Heimlich-manoeuvre en redde zijn leven. De volgende dag stond op de voorpagina van de krant: BARBRA STREISAND STOOT MENSEN HET BROOD UIT DE MOND.

Het is ook nooit goed.

Mensen nemen een onsje waarheid en maken er kilo's leugens van. Soms denk ik dat de mensen die zelf een drukpers bezitten de enigen zijn die van persvrijheid genieten.

Maar ik wil dat één ding heel duidelijk is: ik heb groot respect voor de pers en ik bewonder serieuze journalisten. Ik heb alleen niet veel op met journalisten die de feiten niet checken en hun persoonlijke mening opdringen.

Ik heb een paar interviews gedaan in een poging de misvattingen die door Dowd en anderen werden verspreid op te helderen. Ik vind het niet prettig dat mensen Hollywood gebruikten om de president in diskrediet te brengen.

Eerlijk gezegd denk ik dat sommige mannen die uitzonderlijk kritisch op Bill waren gewoon jaloers waren. Op die vent die uit het niets kwam en hen zomaar voorbijstreefde. Hij was president en zij niet. Misschien vonden ze het ook wel vervelend dat hij zulk goed haar had! Wie weet?

Hoe dan ook, ik was blij met wat hij bereikte en trots dat ik deel uitmaakte van zijn grote vriendenkring.

En ja, ik heb ook een mening. En het is mijn recht om die te uiten, net als iedere andere burger dat recht heeft.

Ik vind het zelfs onze plicht. Zoals Teddy Roosevelt al zei is het 'de eerste plicht van Amerikaanse staatsburgers' om betrokken te zijn bij de politiek.

48

Hoezo nooit meer live zingen?

Door naar Washington te gaan en daar zoveel intelligente, toegewijde mensen te leren kennen die het land leidden, werd ik weer optimistisch. Ik voelde me energiek en geïnspireerd. Ik wilde me meer bezighouden met de wereld om me heen. Toen ik het daarover had met Marilyn, zei ze: 'Je kruipt uit je schulp.'

Zo had ik het nooit bekeken, maar het was wel interessant dat andere mensen het zo zagen.

Ik wilde me meer openstellen voor andere mensen, aanwezig zijn en productief. Ik dacht er zelfs over om voor het eerst in zeventwintig jaar weer een concert te geven... Maar eerst moest ik die angst die me daarvan weerhield van me af zien te schudden.

Met Kerstmis had Donna Karan een huis gehuurd in Sun Valley, waar ze een feest gaf. Liza Minnelli kwam en nam Billy Stritch mee, haar jarenlange begeleider. Buiten sneeuwde het en we zaten in de woonkamer te praten, waar toevallig een piano stond, toen Donna zei: 'Als je een piano hebt, gaat Liza zingen. Dat hoef je niet eens te vragen.' En ja hoor, Billy ging aan de piano zitten en Liza liep ernaartoe en begon te zingen.

Ik weet nog dat ik dacht: jeetje, hoe kun je zomaar opstaan en voor al deze mensen gaan staan zingen? Het was een helverlichte kamer en ze kon ieders gezicht zien. Leidde haar dat niet af?

Blijkbaar niet.

Voor mij zou het echter onmogelijk zijn. Ik had het duister van een theater nodig om in mijn eigen wereldje te kruipen, zoals ik altijd doe als ik optreed. Als ik allemaal gezichten kan zien, dan val ik uit mijn rol en maak ik me ineens zorgen wat ze ervan zullen vinden... Vooral als ze niet erg geïnteresseerd lijken. Eigenlijk ben ik nog steeds dat meisje dat haar gezicht naar de muur keerde in Cis' keuken, omdat ze niet bekeken wilde worden terwijl ze zong.

Liza maakte zich daar geen zorgen om. Ze zag er blij uit en ik herinnerde me dat ik ergens had gelezen dat haar moeder, Judy Garland, ook vaak zong op feestjes in Hollywood. Misschien zat het in hun DNA. (Maar dan klopte het nog niet, want mijn moeder zong ook te pas en te onpas.)

De mensen klapten voor Liza, ik ook, maar ik weet nog hoe ik me voelde daar in die stoel, terwijl ik hard probeerde niet op te vallen omdat ik bang was dat iemand *míj* nu zou vragen om iets te zingen.

En toen dacht ik: belachelijk eigenlijk. Ik zing al sinds mijn achttiende. Waarom zou ik dit niet kunnen?

Een paar maanden later gaf mijn vriend David Foster, de platenproducer, een feestje voor de Canadese minister-president Brian Mulroney. (David is ook Canadees.) Hij vroeg me van tevoren of ik zou willen zingen, en ik zei: 'Nee, dat kan ik niet.'

'Kom op, Barbra,' zei hij. 'Eén liedje maar...'

David kan erg overredend zijn, bovendien wilde ik mezelf uitdagen. Ik was vastberaden om van mijn podiumangst af te komen. Dus ik zei dat ik het zou proberen.

We kozen 'Some Enchanted Evening' en David zou me begeleiden op de piano.

De avond van het feest brak aan. Ik stond gezellig te praten met Brian en zijn vrouw Mila. Wat een heerlijk stel. Hij vertelde dat president Clinton me de groetjes deed en het was een fijn idee dat deze twee leiders mijn vrienden waren.

Het eten was vast heerlijk, want ik eet altijd als ik zenuwachtig ben (en ook als ik niet zenuwachtig ben, trouwens), maar het enige wat ik me echt herinner is die angst. Ik zag enorm op tegen het moment waarop ik moest gaan zingen. Ik zat aan mijn tafel naar Nathalie Cole te kijken, die prachtig zong. (En ondertussen dacht ik: waarom zing jij niet nog een paar nummers?) Lionel Richie was ook goed, maar op een gegeven moment was hij klaar. (Wat mij betreft veel te vroeg.) En toen hoorde ik David mijn naam zeggen.

Het moment was aangebroken.

Ik liep naar de microfoon en voelde me helemaal opgeblazen. (Ik had niet zoveel moeten eten vlak voor mijn optreden. Nu bestond de kans dat ik een boer moest laten en zou ik dat moeten verdoezelen!)

De muziek begon... ik begon te zingen... en toen verstijfde ik. Ten overstaan van al die mensen moest ik na een paar regels stoppen en zeggen: 'Het spijt me. Ik kan het niet. Ik moet even zitten.'

Mijn knieën knikten, mijn hart bonsde, en ik vond dat mijn stem raar klonk. Niets klopte.

Daarnaast kon ik ook nog eens al die mensen zien terwijl ze me aanstaarden.

Trouwens, als ik op een formulier moet invullen wat mijn beroep is, schrijf ik vaak 'artiest' op, omdat het kort is en omdat het de verschillende aspecten van mijn carrière omvat. Maar hoe kon ik mezelf nou een artiest noemen als ik niet eens kon optreden?

Dat is best moeilijk uit te leggen. Toen ik nog de behoefte voelde om iets aan mezelf en mijn moeder te bewijzen, voelde ik die drang om op te treden nog wel. Bovendien moest ik in mijn onderhoud voorzien, dus het kwam goed uit dat ik werd betaald om te zingen bij The Bon Soir, en ik kreeg er zelfs plezier in. Ik was heel blij toen ik een bijrol kreeg in een Broadway-show en daarna de hoofdrol in *Funny Girl*... Maar ik genoot meer van het repeteren dan van de optredens zelf.

Toen ik eenmaal had bewezen dat ik op een podium kon staan en daarmee succes boekte, wilde ik het niet meer. Maar acteren in films en opnamen maken in studio's vond ik nog wel heel leuk, want dat is zonder publiek.

Optreden voor betalend publiek is iets heel anders.

Ik hoor mensen weleens zeggen dat ze het zo heerlijk vinden om te entertainen en dat ze altijd staan te popelen om weer op het podium te staan. Ze praten vol lof over het publiek en na een nummer houden ze soms extra lange pauzes om het applaus in ontvangst te nemen. (Ik ga het liefst meteen door met het volgende nummer.) Ik heb dan het gevoel dat ze zó graag leuk gevonden willen worden dat het bijna gênant is.

Soms vraag ik me af of ik het juiste beroep heb gekozen. Ik sta niet graag op een podium. Ik haal er geen voldoening uit. Ik word niet graag vereerd... Het enige wat me altijd heeft aangetrokken tot dit werk is de opwinding van het werk zelf.

Begrijp me niet verkeerd. Ik waardeer het applaus echt wel. Ik heb vele momenten meegemaakt waarop ik de liefde van het publiek kon voelen en daar ben ik heel dankbaar voor. Maar dat is niet het soort liefde waar ik voldoening uit haal.

Ik voel liever de liefde van één persoon voor mijn echte zelf, dan al het applaus ter wereld.

Daarnaast hou ik er niet van om me mooi aan te kleden en over het podium te paraderen alsof ik aan een of andere missverkiezing meedoe. Dat voelt gewoon onnatuurlijk. Zo ben ik niet. En ik haat hoge hakken. Die doen pijn aan mijn voeten. Eerlijk gezegd wil ik alleen maar mijn muziek maken... In de studio, met mijn koptelefoon op, omringd door muzikanten. En naderhand, vaak alleen met een technicus, laat op de avond... Wanneer ik op niemand indruk hoef te maken, behalve op mijzelf.

En zo is het echt. Diep vanbinnen maak ik me zorgen of ik wel kan voldoen aan de verwachtingen van het publiek.

Tientallen jaren, sinds ik in 1967 mijn tekst vergat in Central Park, heb ik dus nauwelijks voor publiek opgetreden. Ik heb in een interview gezegd dat er zevenentwintig jaar tussen mijn concerten zat, maar toen telde ik bepaalde optredens niet mee. Kennelijk zie ik de shows die ik in Las Vegas deed niet als concerten. Ik vergat ze meteen weer. En het *One Voice*-optreden móést ik wel doen, omdat ik het opstaan tegen de nucleaire ontwikkelingen belangrijker vond dan mijn eigen zenuwen. En toen we de samenstelling van de Senaat veranderden, besefte ik dat ik een bepaalde zeggenschap had die ik moest gebruiken.

Dus die paar keer dat ik live heb gezongen, was het altijd met een bepaald doel. Het geld dat ermee werd opgehaald ging naar goede doelen, en dat was de reden dat ik het deed. Het gaf me een goed gevoel om op mijn kleine manier iets bij te dragen. Het deed me denken aan een Joodse traditie. Toen ik jong was hadden we een *pushke*, een goededoelendoosje waar we geld in spaarden voor mensen die het minder goed hadden dan wij.

Het *One Voice*-concert gaf me een eerste zetje, en daarna gebeurden er nog een aantal dingen die me over de streep trokken. In 1992 ontving ik de Grammy Legend Award. Het feit dat die werd uitgereikt door Stephen Sondheim maakte het nog specialer. Hij was welbespraakt als altijd en zei: 'Ze is een genot voor iedere songwriter die hoopt dat het nummer nog beter wordt gezongen dan het in zijn hoofd klonk. Ze heeft niet alleen een van de bijzonderste stemmen ter wereld, maar haar muzikale aanleg is ongeëvenaard, en dat is een formidabele combinatie.'

Ik vond hém juist een formidabele combinatie – een groot componist én tekstschrijver – en ik vond het een eer dat hij de tijd had genomen om die twee dingen voor mij te doen. Ik kwam het podium op, we omhelsden elkaar, en daarna las hij voor wat er in het juryrapport stond. Toen hij bij de regel 'je meedogenloze hang naar perfectie' aankwam, keken we elkaar aan (want hij wist precies hoe meedogenloos ik was) en riep hij uit: 'Ik zou niet weten wie hem meer verdient dan jij. Je bent fantastisch!' We lachten en zoenden elkaar op de wangen. Ik bedankte hem, en toen het applaus wegstierf zei ik tegen het publiek: 'In alle eerlijkheid moet ik zeggen dat ik me geen legende voel. Ik voel me eerder een *work in progress*.'

Het was een award voor iemands levenswerk, maar ik stond nog midden in het leven! Maar het zorgde er wel voor dat ik met dankbaarheid voor de fans die me altijd hadden gesteund kon terugkijken op mijn zangcarrière.

Die fans waren ontzettend trouw, ze bleven mijn platen kopen, en ik was ze veel verschuldigd. Het feit dat ik ze al jaren geen concert had gegeven, bezorgde me een schuldgevoel. (Dat is typisch Joods.) Mensen kwamen weleens naar me toe en vroegen dan: 'Gaan we je ooit nog live zien zingen?' en dan wist ik niet wat ik daarop moest antwoorden.

Die avond van de Grammy's zong ik een paar regels van het eerste nummer dat ik ooit had opgenomen toen ik dertien was, om mijn waardering te tonen. '*You'll never know how much I love you.*' Ik stopte, keek om me heen en zei: 'Wie zei dat ik nooit meer live zou zingen?'

En toen liep ik van het podium af.

Niet lang daarna belde Kirk Kerkorian met Marty. Ik had in 1969 al een hotel voor hem geopend in Las Vegas, en nu wilde hij dat ik er nog een opende – het MGM Grand – op oudjaarsavond 1993. In eerste instantie zei ik nee. De gedachte alleen al om in zo'n grote zaal met wel 14.000 stoelen te moeten optreden joeg me de stuipen op het lijf. Het kon me niet schelen hoeveel geld hij me ervoor bood.

En toen deed Kirk iets heel bijzonders. Naast een heel gul honorarium bood hij aan om 3 miljoen dollar te schenken aan goede doelen die ik mocht uitkiezen, als ik het aanbod op z'n minst wilde overwegen. Hij zou het geld ook schenken als ik besloot het niet te doen.

Wat een slimme kerel was het toch. Geen wonder dat Kirk zo succesvol was. Hij was niet alleen slim, hij was ook nog eens heel gul en heel verlegen. Dat was een heel onverwachte karaktertrek en ik mocht hem daardoor nog meer. Ik schrok ervan dat hij zoveel geld bood en vroeg: 'Waarom zou je dat doen?'

'Ik ben het eens met de doelen die jij steunt,' antwoordde hij.

Hoe kon ik een goed doel zo'n grote donatie onthouden? Ik belde Marge Tabankin, de voorzitter van mijn stichting, en ik vroeg haar om een lijst samen te stellen van mijn recente donaties plus een paar extra mogelijkheden. Aidsonderzoek, het milieu, mensenrechten, vrouwenrechten, interreligieuze organisaties, groepen die kinderen ondersteunden... Er waren zoveel goede doelen die de moeite waard waren om te steunen!

En toen zei ik dat ik zou zingen, gewoon, omdat ik niet Kirks geld kon aannemen zonder hem er iets voor in de plaats te bieden. Dan zou ik me nog veel schuldiger voelen!

En trouwens, het werd tijd dat ik me over mijn angst heen zette.

De podiumvrees was begonnen op Broadway toen ik in *Funny Girl* speelde en het gedrag van Sydney Chaplin me rijp voor de psychiater maakte. De nawerking van die angst was sterk. Ik weet nog dat ik naar *Follies* van Sondheim ging kijken. De acteur John McMartin begon een liedje te zingen en te dansen, maar dat ging algauw mis. Hij vergat zijn tekst, de melodie, de pasjes... Ik kreeg een paniekaanval... Ik dacht namelijk dat het hem echt overkwam, terwijl het gewoon in het script stond. Maar ik moest de zaal verlaten.

Toen ik in de dertig was, werd ik geplaagd door nog meer angststoornissen. Ik schreef in mijn dagboek: 'Ik wou dat mijn maag weer normaal was. Ik wou dat ik mijn angst kon accepteren en denken dat alles wel goed komt. Ik wil liever zijn, ook tegen mezelf. Ik wil leren hoe ik mijn negatieve gedachten kan ombuigen naar iets positiefs.'

Ik schreef: 'Angst is iets groots. De angst om te falen, angst om lief te hebben, angst voor afwijzing, angst voor vernedering.' Door mijn sessies met bepaalde therapeuten wist ik dat ik die angst moest accepteren, in plaats van mezelf erom te veroordelen.

Wat een openbaring. Ik kon mijn houding dus zodanig omvormen dat ik de angst kon gebruiken. En het werkte nog ook! Mijn grootste triomfen zijn gebeurd wanneer ik mijn angst onder ogen zag en tóch doorzette. Zoals Brugh altijd zei: 'Wat is moed? Moed is bang zijn en het tóch doen.'

Ik besloot het voortaan zo te doen...

De eerste die ik erover vertelde was Virginia Clinton. Ik zal dat gesprek nooit vergeten. Het was mei 1993.

Ik belde haar op en zei: 'Volgens mij ga ik na al die jaren weer zingen.'

En zij zei: 'Ik zal erbij zijn, Barbra!'

Dat was niet vanzelfsprekend. Ik wist dat de borstkanker die in 1990 bij haar was ontdekt weer terug was; reizen was niet gemakkelijk voor haar.

De data waren toen nog niet vastgelegd, maar ik belde haar opnieuw toen ik er twee had afgesproken, eentje op oudjaarsavond en de tweede op nieuwjaarsdag. (Mooi, dacht ik. De ene dag de première en de volgende dag al de slotshow. Lekker kort!) Ik belde haar opnieuw.

'Ik wil echt dat je erbij bent,' zei ik tegen haar. 'Ik hoop dat je mijn gast wilt zijn.'

'Natuurlijk kom ik graag!' zei ze. 'Als het aan mij lag, zou ik er altijd bij zijn als jij gaat zingen!'

'Welke avond wil je komen?'

'Hoe bedoel je? Hoe vaak ga je optreden?'

'Twee keer.'

'Dan wil ik er twee keer bij zijn!'

Ik denk echt dat ik ten dele ja heb gezegd tegen die concerten omdat ik voor Virginia wilde zingen.

Ze was zo lief voor me, en ik kon altijd eerlijk tegen haar zijn. Ik zei: 'Ik vind het een hele uitdaging, want ik hou niet van optreden. Helemaal niet. Maar ik denk dat ik een nieuwe fase inga. Het heeft iets te maken met de wens te willen schenken... maar ook te ontvangen... om die liefde toe te staan, zoals ik die ook voelde bij de inauguratie.'

En toen vertelde ik haar een geheimpje.

'Ik heb een hekel aan oud en nieuw. Ik ben op die avond heel vaak alleen en ongelukkig geweest. Ik weet dan nooit wat ik met mezelf aan moet; of ik thuis moet blijven of uit moet gaan. Maar dit staat nu vast. Nu heb ik iets te doen.'

Toen ik eenmaal had ingestemd met het concert moest ik natuurlijk een show in elkaar zetten.

Ik wilde niet doen wat veel anderen doen: gewoon de grootste hits zingen. In plaats daarvan wilde ik dat elk nummer voortkwam uit een moment, een ervaring die ik had gehad... Misschien toen ik nog jong was en jongens niet met me uit wilden... of later, de eerste aanraking van een jongen in mijn tienerjaren. Het idee was dat ik nummers zou kiezen die het verhaal zouden vertellen van hoe ik de vrouw was geworden die ik ben, en die uitdrukten wat ik op belangrijke momenten had gevoeld.

Maar goed, ik wist in elk geval al wat ik zou voelen als ik dat podium zou betreden... pure angst.

Ineens wist ik precies welk liedje ik zou gaan zingen: 'As If We Never Said Goodbye' van Andrew Lloyd Webber, uit de musical *Sunset Boulevard*, want de eerste zinnen van dat nummer waren perfect voor de gelegenheid:

I don't know why I'm frightened
I know my way around here.

Ik had het al opgenomen voor de plaat *Back to Broadway* en als actrice sprak het me ook erg aan. Maar één dingetje klopte niet: de tekst ging over een filmster die weer terugging naar de studio waar ze ooit filmopnamen had gemaakt. Ik dacht: misschien kan de tekst herschreven worden, zodat het over iemand gaat die weer het podium betreedt...

Zoals ik ook naar Steve had gebeld om 'Putting It Together' te herschrijven, belde ik nu Andrew op. Ik vroeg hem of hij me in contact kon brengen met tekstschrijvers Don Black en Christopher Hampton. Gelukkig stonden ze open voor mijn idee. Ze kwamen bij me thuis langs, we bespraken wat er veranderd zou moeten worden, en dat hebben ze vervolgens heel mooi gedaan. Hun oorspronkelijke idee van *'the cardboard trees, the painted scenes'* werd *'the band, the lights, the familiar sights'* en ze verwerkten er zelfs een verwijzing naar mijn eigen leven in:

I guess in every lifetime, you go through different stages
You grow, you learn, you try to turn new pages

Maar wat moet ik daarna zingen, vroeg ik me af. Wat was het volgende moment? Nou, als ik tegen die tijd nog niet gevloerd was door een zenuwinzinking, zou ik iets voelen in de trant van: Poeh! Dat heb ik overleefd! Ik kan het nog.

En daardoor moest ik denken aan dat prachtige nummer van Sondheim: 'I'm Still Here'. Er sprak zowel zelfspot als triomf uit. Er was alleen één probleempje... Alle verwijzingen in het nummer naar de tijd van de Grote Depressie waren prima voor het karakter in *Follies*, maar ze hadden niets met mij te maken. En deze keer zou het niet een kwestie zijn van eenvoudig een andere tekst verzinnen... Nee, het hele nummer zou herschreven moeten worden.

Ik belde Steve weer eens en hij reageerde weer eens geweldig! Volgens mij lijden we allebei aan onzekerheid, we hebben allebei het idee dat iets altijd beter kan. (Dat is ook typisch Joods.) En nu zaten wij, twee eigenwijze Joden, weer elk woord onder de loep te nemen en elke emotie te ontleden. En hij verzon een heel andere songtekst voor mij. De ene regel nog beter dan de andere:

One day you're hailed for blazing trails
Next day you're nailed for fingernails

Heel treffend, maar dit was nog maar het begin. Hij ging verder:

Talent she's got, but those screeches...
Sounds like her throat's in a sling
And now they say 'Talent she's got, but those speeches...
Why can't she shut up and sing?'

Dat hoorde ik steeds vaker. En toen ging hij verder met iets wat ik ooit in een speech had gezegd over hoe vrouwen en mannen anders worden behandeld:

'Songwriting, acting, producing...
What makes her think that she can?
Or better yet, songwriting acting, producing...
What does she think, she's a man?'

Precies. En het laatste couplet was het beste:

I've kept my clothes and kept my space
I've kept my nose to spite my face

O, wat vind ik het toch heerlijk om met slimme mensen samen te werken!

Nu moest ik de rest van de show nog schrijven. Marilyn en Alan zeiden dat ze me er graag bij wilden helpen. En ik dacht: waarom niet? Het is een stuk leuker als ik het samen met vrienden kan doen. Ik vertelde hun over de verschillende momenten in mijn leven die tot muziek konden leiden.

Hoe kon ik mijn verhaal vertellen? Wat was interessant? Ongewoon? Onverwacht?

En toen bedacht ik iets... Waar vertel ik mijn verhalen? Aan wie?

Bij de therapeut! In therapie was ik inmiddels heel bedreven, en daardoor ontstond een idee. Stel dat ik op het podium met een therapeut sprak, maar je zou hem niet te zien krijgen. Het enige wat je zou horen, was zijn stem. Ik ben immers dol op voice-overs. (Uiteindelijk maakten we er drie therapeuten van, een vrouw en twee mannen, een oudere en een jongere.) Het leek me grappig om een stoel op het podium te hebben die iedere therapeut voor moest stellen, maar er zou niemand op zitten. Alleen een spot op de stoel en die stem zonder lichaam. Ik zou acteurs inhuren om de stemmen op te nemen en zij konden vragen stellen die me allerlei kanten op zouden sturen. Ik kon praten over momenten die mijn leven hadden gevormd als meisje, als vrouw, als actrice. Het zou heel intiem en persoonlijk worden.

Tegelijkertijd dachten we na over de nummers die ik kon gaan zingen. Soms bedachten we eerst het nummer wat ons leidde naar een verhaal... En soms leidde het verhaal naar een nummer.

Ik nam Marvin Hamlisch mee in de discussie omdat ik wist dat hij heel goed zou kunnen helpen bij het kiezen van het materiaal. Ik wilde heel graag dat hij het concert voor me dirigeerde en de muziek arrangeerde, maar ik dacht niet dat hij het kon doen, omdat hij al met zoveel andere projecten bezig was. Tot mijn verbazing zei hij toch ja! Dat is nog eens een goede vriend. Hij wist dat hij me alleen al zou helpen door op het podium aanwezig te zijn.

Een show in elkaar zetten bestaat uit zoveel onderdelen, en ik was overal bij betrokken omdat ik ook de regisseur was. Toen David George zijn eerste ontwerp voor de set liet zien, bleek dat heel modern te zijn, en dat past niet bij mij. Ik had er geen gevoel bij. Maar door te zien wat er mis was, wist ik ook meteen wat er wel goed zou zijn. We gingen er samen voor zitten. Ik beschreef mijn visie voor hem. Het leek op niets wat ooit in Las Vegas was vertoond. Eerst was David een beetje uit het veld geslagen. Hij legde uit: 'De meeste artiesten willen graag de grootste knal die je maar voor ze kunt regelen,' maar mijn concept bevatte totaal geen poespas.

Het was geïnspireerd op mijn trip naar Monticello. Ik hield van die theekamer, met zijn grote ramen en doorzichtige roomwitte gordijnen. Ik haalde mijn boek over Monticello tevoorschijn en liet David foto's zien. Maar die theekamer was slechts een uitganspunt, want uiteindelijk pakten we verschillende elementen van het huis... de Dorische zuilen, de elegante profielen, de hoge ramen met halfronde bovenkant in de serre... en maakten we er iets eigens van.

Ik dacht dat het dramatischer zou zijn als ik bij opkomst een trap met een mooie mahoniehouten leuning zou afdalen, dus ontwierp David die voor me. Ik vind het altijd heel mooi als er midden in een kamer een ronde tafel staat met een vaas met bloemen erop, en ik wilde ook dat de vloer verschillende verhogingen had, zodat die als verschillende ruimten konden fungeren en ik van de ene naar de andere kon lopen.

Ik denk dat ik onwillekeurig een set ontwierp die meer op een huis leek, zodat ik me gemakkelijker zou voelen op het podium. En de zaal van het MGM Grand was zo gigantisch dat ik het iets warmer wilde maken.

Ik ken mezelf: ik ben gewoon gelukkiger als ik word omringd door mooie dingen. David heeft fantastisch werk verricht, vooral met de gordijnen. Die hingen elegant langs de muren en zweefden boven de hoge ramen, waardoor de set meer hoogte kreeg. En achter die ramen kon ik Marvin en zijn orkest zien, wat me een veilig gevoel gaf.

Daarna koos ik een aantal meubels in achttiende-eeuwse stijl die ik allemaal met verschillende ivoren stoffen wilde laten bekleden... Eenvoudig en monochroom. Daar hou ik van. Toen de set helemaal klaar was, was ik er zo blij mee dat ik er wel in had kunnen wonen.

En toen dacht ik: waarom moet het publiek naar hetzelfde decor kijken als ze na de pauze terugkomen? Dus vroeg ik David of hij voor de tweede set vloerkleden in gebroken wit neer kon leggen, zodat het er anders uit zou zien. Ook werden de ramen eruit gehaald, zodat het hele orkest zichtbaar werd en het grootste gedeelte van de meubels verdween, waardoor het er meer uitzag als een gewoon concert.

Ik vroeg hem zelfs of hij ervoor wilde zorgen dat alle bloemen op de set gebroken wit waren, omdat ze dan de kleur van het licht aannamen, dus als er een andere kleur spot op het podium werd gericht, veranderden de bloemen mee.

Er is nog een onderdeel van het ontwerpen van een concert dat onzichtbaar maar essentieel is, en dat is het geluid. De akoestiek is niet ideaal in die grote stadions, maar ik vond dat de mensen die betaalden om mij te zien niets minder dan het allerbeste verdienden. Ik wilde dat mijn stem klonk als in de opnamestudio en om dat te bereiken, huurden we de beste geluidstechnicus in die er bestaat: Bruce Jackson. Toen hij adviseerde om het hele stadion met vloerbedekking te bekleden – zelfs onder de stoelen – en grote gordijnen langs de muren te hangen, trok Marty wit weg. Maar het kon mij niet schelen hoeveel het zou gaan kosten. En het werkte, elke echo werd erdoor weggenomen. Bruce ontwierp ook speciale podiummonitors voor me, omdat ik die dingetjes in je oor die andere artiesten gebruiken om zichzelf te horen zingen (ook wel *in-ears* genoemd) niet kan verdragen. (Ik denk dat mijn gehoorgangen te nauw zijn.)

Ik weet dat ik beter zou klinken als ik ze wel zou gebruiken, want je kunt dan horen hoe je stem in de muziek van het orkest is gemixt, net als met een koptelefoon. Ik heb geprobeerd om in-ears op maat te laten maken. Eerst gieten ze warm vloeibaar plastic in je oor om een mal te maken. Ik was bang dat het naar mijn hersenen zou stromen, dus ik liet Marty eerst gaan. Maar toen mijn in-ears klaar waren, pasten ze nog steeds niet. Het andere probleem is dat je ze moet aansluiten op een kastje op je rug, net als bij *Funny Girl*. Ik heb een hekel aan al die apparaatjes. Daarbij sluiten de in-ears het geluid van het publiek af, en als ik dan toch live ga optreden, dan wil ik de mensen horen ook!

Het komt allemaal hierop neer: je kunt niet alles hebben.

En dan is er nog een laatste aspect aan het ontwerpen van een concert... Wat moest ik aan? Ik wilde dat het decor en mijn kleding elkaar aanvulden. Voor de eerste helft zag ik iets voor me wat net zo elegant was als het decor. Ik ben altijd al dol op de klassieke eenvoud van zwart en wit. Met dat in mijn achterhoofd begon ik te schetsen.

Om te kunnen zingen, moet ik kunnen ademen, dus een jurk mag niet te strak om mijn middenrif zitten. En omdat ik zo van eten hou, is een jurk in empirestijl heel geschikt voor mij. Dan hoef ik alleen te laten zien wat ik wil laten zien: mijn schouders. Zoals Donna zegt: 'Een vrouw komt nooit aan op haar schouders.' Dus ik schetste een halslijn met blote schouders en een V-vormig decolleté. Ik stelde het me voor in zwart fluweel, en toen bedacht ik dat het interessanter zou zijn als de rok van voren in tweeën zou splitsen, vanaf de V-hals helemaal tot onderaan, met een ivoorkleurige inzet. Dat zou het licht vangen als ik bewoog. Tot slot voegde ik er voor de glamour een lijntje kleine parels en stras aan toe langs de hoge split.

Alsof het zo moest zijn, bleek Donna precies de goede stoffen in huis te hebben: rekbaar zwart fluweel en rekbaar ivoorkleurig satijn. Zo kon ik zingen zonder me zorgen te maken dat de naden zouden openscheuren! Ik vond dat ik mijn hals bloot moest laten: geen ketting, ten behoeve van de eenvoud. In plaats daarvan één antieke broche met diamanten en parels om de basis van de V-hals te accentueren en een paar fijne oorbellen met diamanten en parels.

Klaar.

Voor de tweede helft, met al dat witte tapijt, wilde ik een gebroken wit wollen pak dragen in mijn favoriete stijl: een op maat gemaakt jasje, een gilet en een lange, smalle rok met een split, zodat ik gemakkelijk kon lopen. De revers en de split werden afgezet met kleine strassteentjes en parels. Verticale lijnen van buiskraaltjes op het gilet zorgden voor een subtiel effect.

En dat was alles. Geen franje. Geen dansers. Geen talloze verkleedpartijen. Ik organiseerde een heel andere show dan je gewoonlijk in Las Vegas zag, en dat baarde me ook een beetje zorgen. Maar toen de kaartverkoop in november van start ging, werd er meer dan 1 miljoen keer gebeld. Marty vertelde me dat beide concerten binnen achttien minuten waren uitverkocht.

Wat een opluchting! Ik denk altijd dat er niemand komt.

Ondertussen was ik wanneer ik maar kon aan het werk me Marilyn, Alan en Marvin. Wat was het heerlijk om na al die jaren weer met Marvin samen te werken. We hebben altijd al een goede band. Vanaf dat we elkaar leerden kennen, herkenden we elkaars talent en konden we zonder enige uitleg elkaars angsten begrijpen. We zijn ook allebei nogal hypochondrisch... We hebben altijd wel last van allergie of een bijholteontsteking.

'Die bijholten, dat is iets Joods,' zei Marvin dan, waar ik om moest lachen.

Ik wist precies wat hij bedoelde met 'dat is iets Joods', en het werd een terugkerend geintje tussen ons tweeën. Als we tijdens het repeteren pauze namen om te lunchen (we houden allebei van eten), bedachten we vóórdat we ons eten ophadden al waar we de volgende keer heen zouden gaan... 'Dat is iets Joods.'

Eenmaal weer achter de piano speelde hij een nieuw arrangement voor me. Als hij dan een majeur-akkoord aansloeg en ik riep: 'Wacht, wacht... Kan dat ook een mineur-akkoord worden?' dan draaide hij zich om naar de andere muzikanten en zei hij: 'Dat is iets Joods.'

En dan moesten ze lachen. Ze waren dol op hem, omdat hij Leonard Bernstein en Jack Benny in één persoon was. Hij bracht plezier in het werk.

En ik zal nooit vergeten dat hij naar al mijn suggesties luisterde en dan snel een paar mogelijkheden voor me speelde. Als ik om ingrijpendere veranderingen vroeg: *Bam!* Dan was het nieuwe arrangement de volgende ochtend klaar, terwijl andere mensen daar gewoonlijk dagen over doen. Marvin was briljant, charmant en ontzettend grappig... De perfecte man om mee samen te werken.

Het was heerlijk om met mijn vrienden te werken, ideeën uit te proberen en een show te bedenken. Ik vertelde Marilyn en Alan dat ik op mijn dertiende verliefd werd op Marlon Brando toen ik *Guys and Dolls* zag. Ik was jaloers op zijn tegenspeelster Jean Simmons, want zij mocht hem zoenen, waardoor hij verliefd werd op haar. Ik wilde dat hij verliefd werd op mij!

En toen dacht ik: zou het niet leuk zijn om stukjes van die film te laten zien, en dan de delen met Jean eruit te knippen en te vervangen door filmbeelden van mijzelf toen ik dertien was?

We besloten de scène te gebruiken waarin Marlon 'I'll Know' voor haar zingt, want ik was altijd al dol op dat nummer. Onze videobewerker Tom McQuade vogelde uit hoe hij een frame van een oud zwart-witfilmpje van mij (waarin ik met mijn neef Lowell dans op zijn bar mitswa) kon uitknippen, inkleuren en in de film kon voegen. Voor mij was dat een wens die uitkwam... Eindelijk zong mijn idool voor mij en kon ik een duet met hem zingen. Op het moment dat hij zijn arm uitstrekt voor een omhelzing, verandert het beeld van mij weer in Jean Simmons en is de fantasie voorbij. Hij zoent haar, niet mij! Mijn eerste liefdesverdriet.

Ik ging zo op in de voorbereidingen van het concert dat ik bijna geen last had van zenuwen... totdat we in Las Vegas aankwamen. Toen drong het allemaal pas goed tot me door en werd ik doodsbang. Zweren dat je je angsten zult overwinnen is iets heel anders dan ze daadwerkelijk overwinnen. Voor het eerste optreden zat ik boven in mijn suite en probeerde ik rustig te worden door naar opnamen van een vrouw genaamd Darby Long te luisteren, die ik kende via mijn vriendin Evelyn Ostin. Een van de opnamen ging over het hebben van een positieve houding, en de andere, 'Excellence', herinnerde me aan iets wat ik op mijn vijftiende besefte... dat niets perfect is. Ik had toen in mijn dagboek geschreven: 'Perfectie is imperfectie'.

Perfectie is kil en een tikje onmenselijk. Het laat geen ruimte over voor het leven of kwetsbaarheid. Dat geloof ik nog steeds, maar in werkelijkheid wil ik dat mijn werk het allerbeste is. En ik kan blijven doordrammen totdat het zo is. Toch voelde ik, terwijl ik ouder en hopelijk wijzer werd, dat ik de behoefte om alles perfect te doen een beetje kon loslaten.

Het is moeilijk. Als ik een kamer binnenkom en ik zie dat twee vazen op een tafel niet even ver van het midden staan, moet ik ze nog steeds verplaatsen. Maar toen ik mijn art-decohuis inrichtte, was het ook interessant om asymmetrie te verkennen... Maar dat is weer een ander verhaal.

Ik weet dat ik niet perfect ben en ik probeer mijn hele leven al om mezelf te verbeteren... Om een betere echtgenote, moeder en vriendin te zijn. Ik zou ook graag een betere actrice, regisseur en muzikant zijn, maar ik kan niet altijd de films maken die ik wil maken of elke noot helemaal zuiver halen, of een huis bouwen zonder fouten te maken. Dat is onmogelijk. En volgens mij bestaat mijn levensles daaruit: dat ik echt accepteer dat niets ooit perfect zal zijn.

Het Navajo-volk maakt prachtige dekens, maar omdat zij geloven dat alleen God perfect is, weven ze er expres foutjes in, om te tonen dat ze niet de strijd aangaan met God.

Wat ik leerde door die opname 'Excellence' van Darby Long, was dat het stréven naar perfectie genoeg is... En ik wist dat ik dat kon.

Het werd tijd om naar mijn kleedkamer te gaan en me klaar te maken voor de show. Renata had alles zoals altijd voor me geregeld, dus ik kon mijn make-up doen zonder erbij na te denken. Zonder Renata zou ik dit concert (of iets anders) absoluut niet hebben kunnen doen. Zij regelt werkelijk alles: het eten, de kleding, juwelen, honden, inpakken, uitpakken, de hotelkamer inrichten... En als we thuis zijn runt ze het hele huishouden en kookt ze de heerlijkste maaltijden. Ze is een soort moeder, een zus, en de allerbeste assistent, want ze kan alles. Dan zegt ze: 'Zeg maar wat je wilt, dan regel ik het voor je.' Ze is al bijna vijftig jaar bij me. (En ze ziet er geen dag ouder uit dan veertig!) We zijn al zo lang bij elkaar dat ze vaak al weet wat ik nodig heb voordat ik het zelf weet. Bijvoorbeeld: net als ik merk dat ik een beetje keelpijn krijg, staat ze al klaar met een kop thee met honing, alsof ze mijn gedachten heeft gelezen. Ze voelt dingen bijzonder goed aan, heeft een uitstekende smaak en ze maakt de beste kippensoep die er bestaat. (Terwijl ze niet eens Joods is!) Daarnaast is ze briljant, aardig, ontzettend trouw en de enige persoon aan wie ik dingen overlaat. Het is niet te geloven hoeveel zij doet, en wat nog bijzonderder is, is dat ze het allemaal met zoveel liefde doet. Ik denk haast dat mijn vader haar naar mij heeft gestuurd. Het is een zegen om haar in mijn leven te hebben en zoals ik al vaak tegen haar heb gezegd: ik kan me een leven zonder haar niet voorstellen.

Terug naar die kleedkamer. Ik bereidde me op de automatische piloot voor. Maar niets werkte. Mijn hart ging tekeer. Ik wist niet eens of ik het podium wel op kon lopen. Als ik bang word, gaat mijn stem trillen en dat helpt niet bij het zingen. Ik heb er geen controle over.

Ik stelde me de vreselijkste scenario's voor. Stel dat het een fiasco wordt?

Joanne Segel hield mijn handen vast en probeerde met me te mediteren en te ademen. Marge stond naast haar en deed haar best om me gerust te stellen. Later zei ze daarover: 'Toen ik zag hoe getraumatiseerd je was, dacht ik: niemand zou zo moeten lijden om zijn werk te kunnen doen.'

En toen werd er op de deur geklopt. Het voelde als dat moment waarop ze je naar de operatiekamer brengen.

Het was Marty. Hij zou me naar het podium brengen, zoals hij al meer dan zestig jaar deed. Ik vermande me, ook al trilde ik nog. Hij nam me bij de arm en zorgde dat ik in het donkere backstage niet over kabels struikelde. Renata liep achter ons. Met één hand hield ze de achterkant van mijn jurk van de vloer en in de andere hand had ze de thermosfles met thee. In een schoudertas had ze alle dingen die ik op het laatste moment nodig kon hebben: make-up, honing, haarborstel, water.

Ik zag Marvin op zijn plek staan. Hij dirigeerde het vierenzestigkoppige orkest door het openingsstuk. Hij keek naar mij... Klaar?

Niet echt. Maar het was nu of nooit.

Ik knikte.

Renata pakte mijn handen vast en bracht haar liefde en rotsvaste vertrouwen in mij over. Ik sloot mijn ogen en ademde een keer diep in. En toen de laatste noten van 'People' door het stadion klonken, beklom ik de trap naar het podium. Bovenaan de trap trok iemand het gordijn opzij en ik stapte op het balkon in het felle licht. Nu was ik heel blij met die mahoniehouten leuning; ik trilde zo erg dat ik me eraan vastklampte om overeind te blijven.

Ik wist niet hoe het publiek zou reageren, maar ze kwamen meteen joelend en klappend overeind. Het applaus duurde zo lang en was zo luid dat ik het bijna fysiek kon voelen, als een golf die over me heen kwam.

Ik keek naar het publiek. Dat is zo'n bijzonder gevoel... die overweldigende stroom van emotie die op je afkomt. Ik kreeg een grote glimlach op mijn gezicht en schudde ongelovig mijn hoofd toen ze maar niet wilden ophouden met klappen. Ik kon niets uitbrengen. Het enige wat ik kon doen, was spontaan mijn hand op mijn hart leggen, omdat het me zo raakte.

Het orkest begon te spelen, het zaallicht doofde en ik begon te zingen: '*I don't know why I'm frightened.*' De eerste noten klonken een beetje wiebelig, maar ik dwong mezelf controle over mijn stem te krijgen. En ik voelde dat het publiek me steunde. Toen ik bij de regel '*Why everything's as if we never said goodbye*' aankwam, klonk er opnieuw applaus. Alsof ze al wisten dat ik het nog steeds kon!

Ik wandelde de trap af en naar het midden van het podium, terwijl het nummer opbouwde naar een climax:

I've been in the wings too long, all that's in the past
Now I'm standing center stage, I've come home at last!

De muziek zwol aan, de drums roffelden en mijn stem klonk op zijn krachtigst. Het publiek ging uit zijn dak. Ze kwamen als één man overeind en juichten. Op dat moment wist ik dat ik het wel zou redden. Toen ik klaar was met zingen keek ik om naar Marvin en wisselden we een betekenisvolle blik.

Voor mij was dit een heel persoonlijk concert en ik was trots op wat we ervan hadden gemaakt. Na een aantal nummers leunde ik achterover op de chaise longue en zei ik: 'Het is allemaal zo gek, weet je. Het is ongelooflijk wat er tegenwoordig allemaal gebeurt, dokter.' En toen ging de spot aan boven een lege stoel. Een mannenstem met een Weens accent begon me vragen te stellen en het publiek begreep het meteen. We hoefden de stukjes met de therapeuten niet in te leiden met een saaie uitleg. Het concert was meer een soort film, waarin je van de ene scène naar de andere gaat.

Ik vertelde de eerste therapeut hoe het was op de middelbare school en dat ik bij een blind date had moeten wachten op de jongen, en dat ging over in 'Will He Like Me?' Op die manier ging het gesprek door in het nummer. Daarna liep ik naar de andere kant van het podium, waar ik op een neoclassicistische bank ging zitten om met een andere therapeut te praten. Het was ook een manier om een sprong in de tijd te maken, want hier sprak ik over een andere periode in mijn leven. Ik vind het mooi dat er een logische reden was voor de verplaatsing, je wilt immers ook dat beide kanten van het stadion je van dichterbij kunnen zien.

Het uitkiezen van de stemmen voor de therapeuten was een leuk karweitje geweest. Ik wilde dat de tweede een vrouw was, met een zachte, tedere stem. Ze vroeg naar relaties en ik vertelde haar over de eerste keer dat ik me tot iemand aangetrokken had gevoeld, waarna ik 'He Touched Me' zong. Een heel teder lied over een teder moment.

Toen de derde therapeut, een man, me vroeg of ik ooit eerder therapie had gevolgd, trok ik een gezicht waarmee ik de lachers op mijn hand kreeg. Daarna maakte ik de opmerking: 'Door alle overdracht en tegenoverdracht weet ik soms niet meer of ik nou de patiënt ben of de arts,' wat naadloos overging in een montage van mijn films waar ik vele lange avonden met Tom aan had gewerkt. We hadden er veel plezier in gehad om verschillende stukken film uit *Clear Day*, *Nuts* en *The Prince of Tides* zo te monteren dat het leek alsof de verschillende rollen die ik speelde met elkaar praatten. Ik vond het een schitterend onderdeel van de show.

We hadden een gigantisch Jumbotron-scherm tot onze beschikking en daar wilde ik gebruik van maken. Het tweede deel van de show begon met een montage van stukken uit *Yentl*, *Funny Girl* en ten slotte het moment waarop ik Robert Redford zie slapen op een barkruk in El Morocco en mijn hand uitsteek om zijn haar aan te raken. Dat was het moment waarop ik weer op het podium verscheen en 'The Way We Were' begon te zingen.

Later lieten we nog beelden van Jason door de jaren heen zien, terwijl ik nog een lied van Stephen Sondheim voor hem zong, dat begint met de regel: '*Nothing's gonna harm you, not while I'm around.*' De montage begon met een babyfoto van hem toen hij twaalf weken oud was, met zijn handjes in elkaar geslagen onder zijn kin. Hij is daar net een kleine boeddha, zo wijs... En hij heeft nog steeds die intelligente blik in zijn donkerbruine ogen. Die foto staat tot op de dag van vandaag op mijn kaptafel.

Tegen het einde van de show wilde ik dat de beelden bij 'Happy Days Are Here Again' meer aanvoelden als een modern journaalitem, om de frisse wind die door het land waaide te tonen. Ik wilde dat de vooruitgang die onder president Clinton werd geboekt op het gebied van vrouwenrechten, mensenrechten en economie werd uitgelicht en ook dat de inflatie daalde, werkloosheid daalde en het tekort in de staatskas kromp. Ik vond het belangrijk om dat punt te maken en om dat op een effectieve en aantrekkelijke manier te doen.

Dus een beetje politiek en een beetje plezier... Zo zong ik 'Someday My Prince Will Come' voor mijn petekind Caleigh, omdat het haar favoriete nummer was. Veel van de nummers die ik had gekozen, gingen over liefde.

Aan het publiek vertelde ik: 'Ik geloof dat het menselijk hart de sterkste krachtbron is die er bestaat.'

Ik was zo blij toen het eerste optreden erop zat! De volgende dag ging het allemaal een stuk gemakkelijker, omdat ik meer ontspannen was... Zo ontspannen dat ik zelfs een grapje kon maken toen ik de tekst vergat van 'Evergreen', dat ik nota bene zelf had geschreven. Het was een nummer waarvan ik dacht dat ik het vanbinnen en vanbuiten kende, dus ik keek niet eens naar de autocue, die ik trouwens niet altijd kan zien. De autocue zorgde wel voor de zekerheid die ik nodig had om deze concerten te kunnen doen, ook al keek ik er niet de hele tijd naar. Ik wilde alleen weten dat hij er was.

En het publiek was heerlijk! Er waren zoveel staande ovaties dat ik de tel kwijtraakte en aan het einde van de tweede avond stampten ze zelfs met hun voeten. Ik was enorm opgelucht... Goddank was het voorbij! En de reacties gaven heel veel voldoening.

Veel vrienden en familie waren komen kijken: Jason, zoals altijd... Elliott en zijn moeder Lucy, mijn zus Rozzie, mijn broer Shelly en zijn vrouw Judy, Marilyn en Alan, Cis en Harvey, Donna en Stephan, Steven Spielberg en Kate Capshaw, Quincy Jones, Michael Douglas, Sydney Pollack, Peter Bogdanovich, Gregory Peck en zijn vrouw Veronique, Richard Gere en Cindy Crawford, Andre Agassi, Bella Abzug, David Foster, en Alec Baldwin en Kim Basinger. Ik vond het vooral een eer dat Coretta Scott King in het publiek zat.

Toen ik op de premièreavond in het publiek keek, zag ik Virginia Clinton naast haar man Dick Kelley zitten. Ze glimlachten allebei naar me en gaven me een bijzonder en veilig gevoel.

Maar mijn moeder zag ik nergens. Ik had haar met twee vriendinnen laten overkomen, zodat ze naar de show konden komen. Ik had alles in het hotel geregeld zoals zij het prettig vond en ik had zelfs voor een rolstoel gezorgd, zodat ze niet door de lange gangen hoefde te lopen (voor Virginia had ik dit ook geregeld). Maar mijn moeder zat niet op haar plek.

Wat was er aan de hand?

Was er iets met haar gebeurd?

49

Mijn moeder

Waar was mijn moeder?

Even had ik weer datzelfde gevoel als toen ik zes jaar was en wakker werd in een vreemd ziekenhuis nadat mijn amandelen eruit waren gehaald. Mijn moeder was nergens te bekennen.

Toen ik naar het publiek keek op de première van *Funny Girl* was mijn moeder er ook niet. Haar excuus, bij beide gelegenheden, was dat ze te zenuwachtig was en rondjes was gaan lopen.

En nu, op deze avond waarop ik alle steun kon gebruiken die ik maar kon krijgen, was ze er weer niet.

Pas toen ik dit boek ging schrijven, vertelde Joanne me het hele verhaal. Zij en haar man Gil kwamen toevallig net het MGM Grand binnen toen mijn moeder in haar rolstoel naar buiten werd gereden door een medewerker van het hotel, met haar twee vriendinnen erbij. Zoals Joanne het me beschreef, stonden er zo ver je kon zien mensen in de rij om het stadion binnen te komen. Mensen met kaartjes die wachtten tot ze naar binnen konden en anderen die hoopten dat iemand nog kaartjes wilde verkopen.

Joanne begroette mijn moeder en zei: 'Wat is dit spannend, hè?'

Mijn moeder zei: 'Wij gaan uit.'

Joanne keek haar aan en vroeg: 'Hoe bedoel je? Ga je niet naar Barbra kijken?'

'Nou, het is oudjaarsavond en mijn vriendinnen en ik willen graag uit.'

Joanne was met stomheid geslagen. 'Zie je al die mensen in de rij?' vroeg ze. 'Ze komen uit het hele land, zelfs uit alle hoeken van de wereld om jouw dochter te zien. En moet je al die mensen zien die alleen maar een glimp van haar hopen op te vangen. Ze zouden er alles voor overhebben om naar binnen te mogen, en jij gaat úít?'

Mijn moeder was onverstoorbaar. 'We willen de stad in en plezier maken.' Ze keek haar vriendinnen aan om aan te geven dat dit gesprek voorbij was, en toen ze Gil en Joanne voorbijreed zei ze langs haar neus weg: 'Zeg jij het even tegen Barbra?'

Maar Joanne zei die avond helemaal niets tegen me, en ook niet in al die jaren erna, omdat ze me niet wilde kwetsen.

Hierdoor kwam een andere herinnering bovendrijven aan een tijd rond mijn zevende jaar. Ik was heel opgewonden, want mijn moeder nam me mee naar de film, maar midden op straat veranderde ze van gedachten, en we draaiden om en gingen weer naar huis.

Dat moment ben ik nooit vergeten. Ik kon er niet op vertrouwen dat ze zich aan haar beloften hield. Dan zei ze iets, maar deed ze het vervolgens niet, waardoor ik diep teleurgesteld was, en hulpeloos, omdat ik er geen controle over had.

Niet op je eigen moeder kunnen vertrouwen is heel verwarrend.

Toen ik haar opbelde om te vertellen dat ik het concert in Las Vegas zou doen, vertelde ik ook over het gulle honorarium dat Kirk Kerkorian had geboden. Ik denk dat ik gewoon wilde dat ze trots op me was en mijn opwinding met me zou delen, en ik wist dat het geld iets was wat ze zou begrijpen. Maar het enige wat ze zei was: 'Waarom zouden ze jóú zoveel betalen om te zingen?'

Ze kon zo'n domper op mijn vreugde zijn. Ik vond het dan ook nooit leuk als ik wist dat ze naar een optreden zou komen, omdat me dat extra zenuwachtig maakte. Wat zou ze deze keer zeggen? Wat zou er nu weer niet goed zijn?

Ik had haar gevraagd: 'Wil je naar de show in Las Vegas komen, mam?' En omdat ik niet verwachtte dat ze meer dan één avond zou willen, vroeg ik: 'Welke avond?'

'Ik kom de eerste avond,' antwoordde ze.

En ze hield zich er weer niet aan.

Waarom was ik nog verbaasd? Ik wist inmiddels toch wel dat het geen zin had om steeds hetzelfde te doen en dan een ander resultaat te verwachten?

Verstandelijk kon ik het wel verklaren, maar toch bleef het moeilijk om het patroon te doorbreken.

Het feit dat het haar niet boeide of ze erbij was op een van de belangrijkste avonden van mijn leven, voelde als een klap in mijn gezicht. Alsof ze me daarmee wilde zeggen: andere mensen vinden je misschien fantastisch, maar ik niet.

Maar de grap is: ik vind mezelf helemaal niet fantastisch. En dat heeft ze nooit begrepen.

De eerste keer dat het tot me doordrong dat haar gedrag niet normaal was, was volgens mij op kerstavond in 1964. Ik was tweeëntwintig, deed *Funny Girl* op Broadway, en Elliott en ik hadden een paar goede vrienden en mijn moeder uitgenodigd in ons appartement in Central Park West. Ik keek uit naar een gezellig, rustig etentje en het uitwisselen van cadeaus.

Ik wist wat mijn moeder graag als cadeau wilde. Ik herinnerde me dat ze me ooit had gevraagd wat Elliott me voor mijn verjaardag had gegeven. Dit was voordat we getrouwd waren, en hij had iets heel liefs en romantisch gedaan: hij had me een roos gegeven en een hotelkamer voor ons geboekt. Maar ik vertelde haar dat hij me geld had gegeven, omdat ik wist dat ze dat zou goedkeuren. Daarom gaf ik haar bij bijzondere gelegenheden altijd geld, en een cadeau. Ik had een boek gevonden met foto's van filmsterren uit de jaren veertig. Ik dacht dat ze dat wel leuk zou vinden. Op het titelblad schreef ik: 'Dit had jij kunnen zijn, mama! Liefs, Barbra en Elliott.' Ik dacht echt dat ze een carrière had kunnen hebben, als ze het echt had geprobeerd. Ze was mooi en ze had een prachtige stem.

Terwijl iedereen cadeaus uitdeelde, gaf ik haar het boek. Ze pakte het uit en zag de inscriptie. Toen keek ze naar alle cadeaus die ik kreeg en vroeg ze met luide stem: 'Waar zijn míjn cadeaus? Waarom geven jullie háár cadeaus? Jullie zouden míj cadeaus moeten geven! Ik ben de moeder!'

En toen stond ze op en volgde er een tirade. Ze schreeuwde: 'Ik ben de moeder! Zonder mij is ze níéts!' Ze had haar ogen dichtgeknepen, maar de tranen stroomden over haar wangen.

Het werd muisstil in de kamer. Elliott pakte haar snel bij haar onderarmen en moest haar bijna meeslepen naar de kleine kamer naast de keuken, waar hij haar probeerde te kalmeren.

Ik was me rot geschrokken en moest even in mijn eentje in de woonkamer gaan zitten om te verwerken wat er was gebeurd. Hoe kan dit, dacht ik. Was mijn eigen moeder soms jaloers op me? Benijdde ze me om mijn succes, in plaats van trots op me te zijn?

Het was als een openbaring, want alles leek te kloppen. Natuurlijk was het mogelijk dat ze jaloers op me was. Een vrouw die vroeger zong met de bezemsteel als microfoon, zo had ze een verslaggever ooit verteld. Ze wilde dolgraag een plaat maken (en nam mij mee toen ik dertien was), maar ze had er nooit iets mee gedaan. Ik zei altijd tegen haar dat ze een mooie stem had. Ik vroeg zelfs een keer: 'Waarom heb je niet geprobeerd om zangeres te worden?'

'Daar was ik te verlegen voor,' antwoordde ze.

Tja, ik ben ook verlegen, maar dat heeft mij er niet van weerhouden. Ze had een droom, maar ze heeft die nooit nagejaagd. Waarschijnlijk had ze daar nu spijt van, nu ze zag dat ik allemaal dingen deed waar zij nooit de moed voor had gehad.

Haar citaten in oude interviews zijn veelzeggend. Ze zegt dat al het muzikale talent in de familie haar verdienste is: 'Ik zong altijd in huis, en dat deden ze na.' (Grappig. Ik heb thuis nooit gezongen.) Volgens een artikel in *The New York Times* 'hoopte Diana nog steeds op een carrière in de showbizz'. (Ze was toen eenenzestig jaar.) Sommige dingen die ze over mij zegt, zijn pijnlijk om te lezen: 'Ik heb haar nooit gezien als actrice. Ik was ertegen. Ze was niet knap genoeg.'

Dat doet pijn.

Het is vast fijn om een moeder te hebben die tegen je zegt dat je alles kunt als je je best doet. Zo'n moeder was mijn moeder niet. Ze heeft me nooit aangemoedigd. Ze vroeg niet eens wat mijn dromen waren. Ik vind het sneu voor haar dat haar eigen dromen niet zijn uitgekomen, maar nu moest ik leren omgaan met het feit dat ze jaloers op me was.

Ik denk dat ik daarom zo gevoelig ben voor elke schijn van jaloezie, ook nu nog. Ik wil niet dat iemand mij benijdt. Dat schaadt een relatie. Het zondert me af van de ander en dat vind ik een rotgevoel.

Toen ik nog jong was, had ik nooit het gevoel dat ik ergens thuishoorde. Mijn moeder begreep me niet. We verschilden te veel van elkaar. Ik weet nog dat ik zei: 'Hé, ma. Heb je mij op de stoep gevonden of zo?'

Dat doet me denken aan een ander gesprek dat ik met haar had, vlak nadat we *Color Me Barbra* hadden gefilmd. Ik was al meer dan vierentwintig uur aan het werk in het Philadelphia Museum, toen Rex Reed me kwam interviewen. Ik moest met hem praten terwijl ik ondertussen mijn make-up deed en glitters onder mij wenkbrauwen plakte voor het modernekunstgedeelte. En toen kwam hij op tv en vertelde hij een belachelijk verhaal over dat ik een banaan had gegeten en de schil op de grond had gegooid. Zoiets is nooit gebeurd, en mensen die mij kennen weten dat, want ik ben bijna obsessief netjes. Ik vond het een schande dat hij zoiets verzon. (Pas later kwam ik erachter dat hij pissig was, omdat hij een tijd had moeten wachten.) Toen ik dit aan mijn moeder vertelde, vroeg ze: 'Heb je dan geen schil op de grond gegooid?'

'Hoe bedoel je? Mam, je kent mijn appartement. Je weet dat ik er niet tegen kan als er iets verkeerd ligt. Denk je nou echt dat ik een bananenschil op de grond zou gooien?'

'Nou,' zei ze. 'Ik weet het niet. Zou kunnen.'

Heel fijn. Dus zelfs mijn eigen moeder geloofde me niet.

Toen ik Marilyn Bergman over dit gesprek vertelde, zei ze: 'Dat is het, in een notendop.' Mijn moeders twijfels brachten al mijn frustraties uit mijn kindertijd omhoog over niet gezien en niet begrepen worden. Mijn moeder weet niet wie ik ben, dacht ik. Ze heeft het nooit geweten en zal het nooit weten. En dat vind ik in- en intriest.

Marilyn kon wat dat betreft erg scherpzinnig zijn. Ze had meteen de kern te pakken toen ze zei: 'Wanneer je als kind geen onvoorwaardelijke liefde hebt gekend, als je niet een periode hebt gekend waarin jij het middelpunt bent, zul je de rest van je leven bezig zijn om dat alsnog voor elkaar te krijgen.'

Wat een geweldige analyse. Echt een eyeopener. Omdat ik thuis geen liefde voelde, kende ik ook het gevoel van echte veiligheid niet.

Ik heb eens een boek gelezen waarin een psycholoog werd geciteerd die zei dat onvoorwaardelijke liefde niet bestond. Daar geloof ik niets van. Ik hou onvoorwaardelijk van mijn zoon. Zelfs als Jason me zou vertellen dat hij iets ontzettend slechts had gedaan, zou ik nog een manier vinden om te begrijpen waarom hij het had gedaan en hem steunen... Omdat ik geloof in zijn goedheid. Ik ken zijn hart, zijn hoofd, zijn geest.

Ik dacht dat er iets mis met mij was, omdat ik zelf dat soort liefde nooit heb gekend. Ik heb me dat altijd afgevraagd: zal iemand ooit onvoorwaardelijk van mij kunnen houden?

Het heeft me jaren gekost om dat een plekje te geven. Dat is gelukt, deels doordat ik mijn moeder heb geaccepteerd zoals ze is. Een wijze vrouw zei ooit tegen me: 'Lijden is het verzet tegen wat er is.'

Over één ding wil ik heel duidelijk zijn. Ik weet dat mijn moeder haar best heeft gedaan. Toen mijn vader op zijn vijfendertigste overleed en haar achterliet met twee kinderen en zonder inkomen, moet ze doodsbang zijn geweest. De wereld had haar verraden en ze was er verbitterd en wrokkig van geworden. Ik denk dat ze zich toen vanbinnen heeft afgesloten.

Dat kan ik begrijpen.

Toen ik oorsuizen en pijn op de borst had, wilde ze er niets van weten... Waarschijnlijk omdat ze het eng vond. Later zei ze tegen me: 'Ik zou toch niet hebben geweten waar ik je heen had moeten brengen.'

Het was alsof ik geen moeder had.

In de loop der jaren heb ik geprobeerd er met haar over te praten, want ik wilde mezelf begrijpen, via haar. Op zekere dag heb ik ons gesprek zelfs opgenomen, omdat ik meer wilde weten over opvoeding en een aantal verhalen wilde ophelderen. Als ik aan mijn jeugd in dat appartementengebouw in Brooklyn denk, was ze altijd zuur en chagrijnig. Alsof ze altijd boos op me was. Dus ik vroeg aan haar: 'Was ik zo'n verschrikkelijk vervelend kind?'

Ze antwoordde: 'Je was niet een gemakkelijk kind. Je wilde dat bepaalde dingen op jouw manier gebeurden.'

Dat is waar. Ik ben altijd al wilskrachtig geweest, dus dat was vast moeilijk. Ik weet dat ik dingen op mijn manier wil en als ik goed naar mezelf kijk, moet ik ook toegeven dat ik geen hartelijke, extraverte persoon ben. Volgens mij komt dat doordat mijn moeder, of wie dan ook, niet warm en knuffelig was. Ik vroeg niet aan vriendinnetjes of ze na school bij mij kwamen spelen omdat ik me zou schamen als ze hun geen koekje zou aanbieden (en al helemaal geen melk).

En toen vroeg ik haar: 'Waarom gaf je nooit een knuffel, sloeg je nooit een arm om me heen?'

Haar antwoord: 'Ik had geen idee dat je dat wilde.'

Wat een merkwaardig antwoord. En toen zei ze ook nog: 'Als een ouder een kind de hele tijd moet knuffelen en vertroetelen, dan is er iets mis... Dan is het kind ziek. Ik geloof niet in veel genegenheid.'

Dat verklaart in elk geval waarom ik me altijd zo ongemakkelijk voelde als mensen me omhelsden. Als kind had ik het nooit ervaren, dus ik vond het verdacht. (Tegenwoordig gaat dat een stuk beter.)

Een eindje verder op de opname zeg ik: 'Ik kan me niet herinneren dat je ooit iets opbouwends of leuks over mij hebt gezegd. Je zei nooit dat ik er goed uitzag. Je zei niet dat ik slim was.'

Daarop zei ze: 'Ik wist niet dat je complimentjes wilde. Ik wist wel dat je goed was. Waarom moet ik dat dan ook nog eens bevestigen? Zodat je naast je schoenen gaat lopen?'

Maar hoe kan een kind dat nou weten, als het het nooit te horen krijgt? Zelfs toen ik ouder werd, begreep mijn moeder niet hoeveel een complimentje van haar voor mij zou betekenen.

Ik weet wel dat ze op haar manier van me hield. Voor haar betekende liefde dat ze me te eten gaf. Toen ik naar Manhattan verhuisde om naar de toneelschool te gaan, bracht ze me weleens een halve meloen of kippensoep en een paar stengels bleekselderij.

Maar ze zéí het niet. Zelfs bij mijn honden zie ik dat ze ervan genieten als ik zeg: 'O wat ben je toch schattig. Ik ben dol op je!' Dan houden ze hun kopje scheef, glimmen hun oogjes en gaan ze kwispelen.

Iedereen moet horen dat er van ze wordt gehouden.

Onlangs kreeg ik foto's uit 1984 te zien. Ik kreeg de Scopus Award van de American Friends of the Hebrew University of Jerusalem. Het gala in L.A. was een benefiet voor het Emanuel Streisand Building for Jewish Studies dat ik had geschonken om mijn vader te eren en zijn toewijding aan onderwijs.

Het was een prachtige avond... Mijn vriend (en eerdere prijswinnaar) Gregory Peck was er, Shirley MacLaine was ceremoniemeester en Neil Diamond zong het publiek toe. Ik zei tegen de zaal: 'Dit is als de bat mitswa die ik nooit heb gehad.'

Er was een jurk voor me gemaakt naar de jurk op het portret van Adèle Bloch-Bauer van Gustav Klimt. Ik was altijd al gek op dat schilderij. De gouden stof werd geborduurd met lovertjes en kraaltjes om de schitterende patronen op het schilderij na te bootsen. Op alle foto's met Greg, Shirley en Neil sta ik lachend... Totdat de heerlijke avond werd verstoord.

Ik was er met Richard Baskin heen gegaan. Op een gegeven moment nam hij me apart om me te vertellen dat mijn moeder op het damestoilet stond te schreeuwen. En ja hoor. Toen ik erheen snelde, zag ik allemaal geschrokken vrouwen staan. Mijn moeder schreeuwde: 'Waarom wordt zíj gelauwerd? Waarom niet ík? Ik ben de moeder!' Het was een absurde herhaling van die kerstavond. Ik moest haar door elkaar schudden tot ze ophield met schreeuwen.

Bij mijn moeder was het altijd alsof je door een mijnenveld liep. Ik wist nooit wanneer de volgende explosie kwam.

Een keer had ik haar opgehaald om met Jom Kipoer naar de synagoge te gaan. In de auto begon ze al te ruziën. Toen we later naast elkaar in de bank zaten, bad ik stilletjes tot God: alstublieft, zorg ervoor dat ik van haar kan houden. Zorg ervoor dat ik haar kan vergeven.

Na het maken van *The Prince of Tides* nam ik de les in die film zelf ter harte – toen mijn moeder letterlijk haar hart liet repareren, probeerde ik haar te vergeven.

Ik hou echt van haar. Maar dat betekent nog niet dat ik haar aardig vind. (Maar ik zal haar altijd dankbaar zijn voor het feit dat ze op een bepaald moment, op een bepaalde avond met mijn vader heeft gevreeën waardoor ik ter wereld ben gekomen.)

Ze was van nature kritisch op alles en iedereen. Haar natuurlijke staat van zijn was negatief. Het is vaak voorgekomen dat er weer eens iets naars over me werd gezegd in een of andere roddelrubriek. Ik lees die troep niet, maar mijn moeder knipte het artikel uit en stuurde het naar me op. Op een dag belde ik haar op en vroeg ik: ‘Waarom stuur je me die dingen, mam? Is het soms je bedoeling dat ik me slecht voel?’

Ze probeerde zichzelf te verdedigen door te zeggen: ‘Ik vond gewoon dat je het moest weten.’

Ik kon niets meer uitbrengen. De tranen stonden in mijn ogen. Zachtjes piepte ik: ‘Alsjeblieft, mam. Stuur ze niet meer op. Ik kan er niet meer tegen dat je me zo kwetst.’

Na een heel lange stilte zei ze voor het eerst van mijn leven: ‘Het spijt me. Ik zal het niet meer doen.’

Dat was onverwacht, maar fijn om te horen.

Nog even over die oudjaarsavond in Las Vegas in 1993. Mijn moeder kwam de volgende avond wel naar de tweede show. Ik vroeg of ze wilde gaan staan, zodat ze applaus in ontvangst kon nemen. (En daarna moest ik zeggen dat ze weer moest gaan zitten, want anders zou ze blijven buigen!) Aan het eind van de voorstelling werd de camera op haar gericht toen ze in haar rolstoel werd weggereden. Stralend blies ze kushandjes naar het publiek.

Ik vroeg Firooz Zahedi, die het hele evenement vastlegde, of hij backstage een foto wilde maken van mij met mijn moeder en Virginia. Het is een prachtige foto geworden. Ik sta tussen die twee vrouwen, die allebei heel belangrijk zijn in mijn leven. Toen ik de afdruk voor het eerst zag, viel me iets op wat ik destijds niet had beseft. Virginia en ik houden elkaars hand vast. Mijn moeder en ik niet.

50

Virginia

Ik moest het nu eindelijk onder ogen zien: ik zou nooit van mijn moeder krijgen wat ik nodig had.

Zou ik het ooit van iemand krijgen?

Op een dag werd ik gebeld door mijn vriendin Evelyn. Ze wilde me aan een bijzonder iemand voorstellen die haar spiritueel erg had geholpen. Dus ik nodigde de vrouw uit en we praatten wat, tot ze op een gegeven moment zei: 'Je hebt een engeltje op je schouder.'

Wat? Een engeltje? Echt waar?

'Een mannelijk engeltje,' ging ze verder.

Oké, dacht ik. Dat is waarschijnlijk mijn vader die op me let. Als dat zo is, heeft hij het goed gedaan.

En toen zei ze: 'Maar hij verandert nu. Er komt een vrouw in je leven.'

Eerlijk gezegd klonk het allemaal meer als wishful thinking dan realiteit.

Ik dacht onmiddellijk aan alle vrouwen die ik kende. Ik had een hele trits oudere vriendinnen; eerst Muriel Choy, toen Cis, en daarna Marilyn, Joanne en Evelyn. Al die vrouwen verstonden de kunst van het liefhebben en genegenheid tonen. Ze gaven complimentjes en zeiden lieve dingen... Al die eenvoudige, onwillekeurige gebaren die ik altijd een tikje ongemakkelijk vind.

Wie zou die nieuwe vrouw zijn?

Ik had natuurlijk geen idee dat het de moeder van Bill Clinton zou zijn: Virginia.

Vanaf het moment dat ze mijn hand pakte tijdens de inauguratie en we samen wegliepen, voelde ik een band. Het was het soort band waarbij woorden niet nodig waren (een beetje zoals liefde op het eerste gezicht). Chemie misschien? Als je mensen voor het eerst ontmoet, weet je vaak meteen of je een hechte band met ze kunt krijgen.

Op een of andere manier maakten we vanbinnen contact met elkaar. Harten kunnen elkaar kennelijk raken zonder woorden.

Ik weet nog hoe ze mijn hand vastpakte... Gewoonlijk hou ik er niet van als mensen die ik niet ken me aanraken, maar bij haar voelde het volkomen natuurlijk.

En toen brachten we dat weekend in maart samen door in het Witte Huis. Dat was zo ontzettend leuk. We gingen samen naar de kapper, kletsend als vriendinnen. Het verbaasde me dat we meteen zo close waren, dat we het zo vrij en ontspannen over zinnige dingen konden hebben.

Ik vroeg haar een keer hoe ze als alleenstaande moeder zo'n bijzonder kind had grootgebracht, toen haar man net was overleden.

'Hoe verklaar je Bill?'

'Hij valt niet te verklaren,' antwoordde ze. 'Hij is net als jij, geboren met een heel grote gave. Maar het zou niet zijn gebeurd als hij die gave niet had gevoed. En dat heeft hij gedaan, net als jij.'

Ik was zelf niet zo zeker over mijn vaardigheden, maar Virginia zag iets vergelijkbaars in haar zoon en mij en ze vond het fijn dat we met elkaar bevriend waren.

Ik belde haar elke week. Ik wist dat ze ziek was en wilde weten hoe het ging, maar zij was meer geïnteresseerd in míjn verhalen.

Ik was net bezig met de voorbereidingen van een concert en vertelde haar hoe zenuwachtig ik werd voor een optreden. 'Ach, Barbra,' zei ze. 'Ieder ander zou ermee lopen te pronken als hij jouw talent had. Het is een zegen van God.'

Zo had ik het nooit bekeken.

Ze sprak altijd zo gemakkelijk en vertrouwd over God. Haar geloof vormde het fundament van haar leven en daar hadden we het een keer over. Ik zei: 'Ik geloof in een universele spiritualiteit die alle religies overstijgt... Christelijk, joods, moslim, wat dan ook... Het doet er niet toe, want het komt allemaal op liefde neer.'

In de meeste religies zeggen ze dan ook: heb je naaste lief zoals jezelf.

'En nu vraag ik me af of er een manier is om die boodschap over te brengen tijdens mijn concert, zonder dat mensen het gevoel hebben dat ik loop te prediken.'

Virginia was in mijn ogen de verpersoonlijking van dat soort spiritualiteit. Vriendelijkheid was haar religie.

Na elk gesprek met haar voelde ik me verrijkt.

Ze was heel opgewonden over het concert. 'Nu heb ik echt iets om naar uit te kijken!'

Ik maakte me zorgen om haar gezondheid en zei: 'Ik wil dat je gezond en sterk bent. Kan ik iets voor je doen?'

'Helemaal niets. Het komt allemaal goed. Echt.'

Voor haar was het glas altijd halfvol en ze wilde me nooit lastigvallen met haar problemen. In plaats daarvan deed ze heel vrolijk, zelfs als ze weer bezig was met zo'n afgrijselijke chemokuur. Toen ze al haar haar kwijt was, zei ze: 'Je zou mijn pruik eens moeten zien!'

'Ziet hij er precies zo uit als je eigen haar?'

'Nee, dikker en mooier.'

'Zit die typische pluk wit haar erin?'

'Zeker weten!'

Ik stuurde haar het boek van Norman Cousins over de helende kracht van het lachen, video's van de Marx Brothers en cd's met muziek die ze volgens mij wel mooi zou vinden. En toen kwam ik erachter dat ze geen cd-speler had, dus stuurde ik haar die ook. Ze was altijd heel dankbaar en vroeg een keer, heel beleefd, of het misschien mogelijk was om cd's met míjn muziek erop te sturen. In haar bedankbriefje schreef ze: 'Weet je wel hoe heerlijk het is dat ik jouw prachtige stem door mijn huis hoor schallen terwijl ik zelf helemaal niet kan zingen?'

Grappig is dat... Haar stem, met dat typische zuidelijke accent, klonk mij juist altijd als muziek in de oren.

Ik stuurde haar ook een afdruk van de foto van ons tweeën bij de inauguratie en toen zei ze: 'Ik vind dit zo'n mooie foto van onze ruggen. Je weet inmiddels wel hoeveel foto's ik heb, maar deze pakt niemand mij nog af!'

Ze waardeerde onze vriendschap echt. Ze zei: 'Ik moet je een keer een lange brief schrijven om je te vertellen over mijn gevoelens, want als ik dat nu vertel moet ik huilen.'

Virginia wilde niet huilen Ze koos voor plezier in plaats van verdriet. Zelfs toen ze het heel moeilijk had, was ze dankbaar voor elke dag. (Wat een schitterend voorbeeld was ze! Ik probeer haar advies nog steeds op te volgen.)

Elk gesprek eindigde ze met lieve woorden, zoals: 'Ik ben echt dol op je, Barbra!' Of: 'Weet je wel wat voor schat je bent?'

Ze was heel hartelijk en ik voelde me bij haar op mijn gemak. Ze omhelsde me alsof ik familie was. Ik kijk nu naar een berichtje van haar dat begint met: 'Aan mijn lieve, prachtige dochter, mijn Barbra.' Er zit zelfs een lippenstiftafdruk op de envelop waar ze er een kus op heeft gedrukt! Typisch Virginia. Ze had geen enkel probleem met het uiten van haar liefde.

Het raakte me dat ze me zag als haar dochter. Ik vertelde haar over mijn moeilijke relatie met mijn eigen moeder, en toen zei ze: 'Haar verlies is mijn winst.'

Ik noemde Virginia altijd mijn zuidelijke moeder. Door haar voorbeeld heb ik geleerd om openlijker lief te hebben, om mensen te vertellen dat je om ze geeft. Ik was vroeger nooit zo gul met lieve woordjes, maar ik ben er een stuk beter in geworden.

In een andere brief schreef ze: 'Volgens mij weten mensen niet hoe hard jij werkt... Zorg alsjeblieft goed voor jezelf.'

Dat was zo typisch... Terwijl zíj behandeld werd voor kanker, maakte ze zich zorgen om mij!

Bill vertelde me dat Virginia en Dick met Thanksgiving bij hen in Camp David zouden zijn. Toen hij vroeg of ze met Kerstmis ook wilden komen, antwoordde ze: 'Dat weet ik niet, hoor.'

'Hoe bedoel je, dat weet ik niet?'

'Nou, ik moet naar Barbra's concert in Vegas en ik weet niet zeker of ik dan nog tijd heb voor kerst bij jullie.'

Dus, zei hij tegen mij: 'Kerst in het Witte Huis stelde niks voor vergeleken bij Barbra, en ze stemde pas in om met kerst te komen toen ik had beloofd haar op tijd bij jou in Vegas te krijgen.'

Ik was heel blij dat ze zou komen, maar wat ik niet wist – omdat ze altijd lachte en nooit klaagde – was dat ze toen twee bloedtransfusies per dag kreeg, terwijl ik dacht dat ze al die tijd achter haar geliefde gokautomaat zat.

Ik zie haar nog voor me, op die première, in haar zwart-met-gouden glitterjasje met een luipaard erop, en die stoere witte pluk in haar zwarte haar, en die lange wimpers. Ze vertelde me lachend dat ze elke ochtend eerst haar gezicht waste en dan haar nepwimpers opdeed... Ze ging nergens heen zonder die dingen. Als ik aan dat beeld denk, moet ik altijd glimlachen.

Ze was dapper en grappig en levendig toen ze haar whisky-soda voor beide concerten bij mij in de suite dronk. Gewoonlijk zie ik geen mensen voordat ik moet optreden, maar voor Virginia en Dick maakte ik een uitzondering. Dick was een schat. Hij behandelde Virginia met de zorg en het respect die ze verdiende.

Het viel me op dat ze op beide avonden hetzelfde jasje droeg, dus wilde ik dat ze met me mee terugging naar L.A., zodat ik mooie kleren met haar kon gaan kopen. Dat zou me zoveel plezier hebben gedaan. Ik had ook gehoopt haar mee te kunnen nemen naar de Hollywood Park-racebaan, zodat ze op paarden kon wedden (en ik ook, net zoals ik in Detroit had gedaan toen ik achttien was).

Maar helaas moest ze naar huis voor weer een behandeling.

Op 5 januari kreeg ik onverwacht een telefoontje van de president. 'Weet je waar mijn moeder is?' vroeg hij.

Ik moest lachen en ik vertelde hem: 'Dit is heel grappig, want in een Joods gezin is het altijd de moeder die niet weet waar de zoon uithangt... "Je belt niet, je schrijft niet," (dat schuldgevoel weer) en niet andersom.'

Bill zei dat hij had geprobeerd haar te bereiken in Las Vegas, maar dat was niet gelukt omdat ze het blijkbaar te druk had gehad met uitgaan en plezier maken. En nu kon hij haar thuis in Arkansas ook al niet bereiken.

Later die avond, rond negen uur, had ik haar eindelijk aan de lijn. 'Virginia,' zei ik. 'Je zoon zoekt je. Je moet hem terugbellen!' Daar moesten we allebei om lachen en ik zei weer dat ik niet kon wachten tot ze naar L.A. zou komen en zij nodigde me uit in Hot Springs en zo grapten we wat over wie er eerst naar wie zou komen. Voordat we ophingen zei ik: 'Ik hou echt van je, Virginia.'

En zij zei: 'En ik van jóú, Barbra.'

Maar toen veranderde alles.

Om 12.51 uur diezelfde nacht ging mijn telefoon. Ik weet de exacte tijd nog, want ik had hem opgeschreven in mijn dagboek. Het was Roger Clinton die me vertelde dat Virginia in haar slaap was overleden.

Nee! Nee! Dat kon niet. Ik had haar net nog gesproken.

Ik was helemaal in shock. De president had me wel verteld dat de prognose niet goed was, maar toch hoopte ik op een wonder. Ze was te goed om te sterven.

Ik vloog naar Arkansas voor de begrafenis, die in een congrescentrum werd gehouden. Dat was de enige zaal die groot genoeg was voor al haar vrienden. De predikant grapte dat ze nog hadden overwogen om het op de racebaan te houden waar ze vele vrolijke middagen had doorgebracht. Blijkbaar kende hij haar goed en was hij ook dol op haar. Hij zei ook heel opmerkzaam: 'Virginia was als een rubberen bal. Hoe harder het leven haar neergooide, hoe hoger ze stuiterde.'

Het was heerlijk om te horen hoe haar vrienden zich haar herinnerden en te luisteren naar haar favoriete hymnes, zoals 'Just a Closer Walk with Thee', die werden gezongen door een gospelkoor. Bill vertelde me een verhaal over de solozangeres. Zij was een keer haar stem kwijt en bad toen tot God dat als hij haar haar stem teruggaf, zij haar hele leven zou wijden aan het eren van God. En toen zong een andere vrouw een lied dat ik nog nooit had gehoord. Het was zinderend. De tekst ging over dat we in de nabijheid van God altijd op 'heilige grond' staan. Ik zat achter Bill en klopte op zijn schouder; het raakte me zo diep. Hij draaide zich om en knikte instemmend.

Opnieuw werd ik geraakt door de kracht van muziek. Op een of andere manier kan het een soort verbindend weefsel tussen zielen zijn. En bij deze gelegenheid leek het alle mensen in de zaal te verbinden en ons bij elke noot iets hoger op te tillen, alsof we een direct lijntje met God hadden.

Naderhand vroeg ik aan de president: 'Wie is die vrouw en wat was dat voor nummer? Het was prachtig!' Hij vertelde me dat de zangeres hun vriendin Janice Sjostrand was en het lied heette 'On Holy Ground'.

Ik wist toen al dat ik dat nummer wilde gaan zingen. Het vormde de aanzet tot een nieuw album met inspirerende nummers over het leven, de liefde en vertrouwen. Ik vroeg Marvin, Marilyn en Alan om een speciaal nummer voor Virginia te schrijven en dat werd: 'Leading with Your Heart' (gebaseerd op de titel van haar aangrijpende autobiografie).

Een ander nummer dat speciaal voor het album werd geschreven, heette 'Higher Ground' en dat werd ook de titel van het album, want dat is de weg die ik zelf wil bewandelen. Ik wil boven triviale gedachten uitstijgen en positiever zijn... En goede daden verrichten en goed werk doen dat iets voor me betekent.

Ik droeg het album op aan Virginia, die me had geïnspireerd en zo'n goed voorbeeld voor me was geweest met al haar kracht, optimisme en compassie... En haar vermogen om zo intens lief te hebben.

Na de begrafenis bood de president vriendelijk aan om mij (en Renata en Richard die met me mee waren gekomen) mee terug te nemen naar Washington in de kleine versie van Air Force One. Hij zag wel dat wij het heel bijzonder vonden om in dat vliegtuig te zitten, dus hij was zo lief om ons doosjes M&M's en speelkaarten met het presidentiële logo erop mee te geven als souvenir. We hadden het over zijn moeder, en hij vertelde me: 'Jij hebt haar in leven gehouden, want ze wilde dat concert voor geen goud missen.'

En ik zei tegen hem: 'Jij hebt zoveel geluk dat je zo'n geweldige moeder hebt gehad.'

Ik was al bezig met het opzetten van een fonds voor borstkankeronderzoek aan het medisch centrum van de universiteit van Arkansas in haar naam. Het deed me plezier dat ik de eerste van vele donateurs was. Ik hoopte een beetje dat het een ode zou zijn aan haar levensvreugd... Zo'n stralende geest moest voortleven!

In 2016 waren Jim en ik op Bill Clintons zeventigste verjaardag. Hij zei toen iets wat me heel diep raakte. Het was heel gul en lief, net zoals Virginia kon zijn... Hij was echt het kind van zijn moeder. Hij introduceerde me als volgt: 'Toen ik Barbra voor het eerst ontmoette, dacht ik dat ik in de hemel was aanbeland. Ik merkte wel dat ze verlegen was, maar ik vond het heel fijn om met haar te praten, bijna net zo fijn als haar te horen zingen. En toen werd ze een vriendin van mijn moeder. Die twee waren onafscheidelijk. Het was alsof Barbra ook een kind van haar was. Barbra belde mijn moeder elke week, voor de rest van haar leven... Ik ben haar eeuwig dankbaar voor de manier waarop ze met mijn moeder omging.'

Het was heel gemakkelijk om van Virginia te houden. Ze was de moeder die ik nooit had gehad en van wie ik altijd had gedroomd. Ik ben dankbaar voor de tijd die we samen hebben gehad. Ik koesterde haar, en zij stelde haar hart voor me open, gaf me veel liefde en steun. Ze heeft me echt geholpen om mijn angsten te overwinnen en op dat podium bij MGM Grand te gaan staan, want ik wist hoe graag ze me wilde horen zingen. Dat motiveerde mij enorm... Ik wilde voor háár zingen.

Terwijl ik dit opschrijf krijg ik tranen in mijn ogen. Ze was zo ziek, en toch wist niemand het omdat ze zo sterk was, emotioneel, mentaal en spiritueel. Ze zou geen moment van haar leven verspillen aan klagen of ongelukkig zijn. En dat was een grote les voor mij.

Het is bijzonder dat mensen in je leven komen op het moment dat je ze nodig hebt.

Ik kan haar vrolijke gezicht nog steeds voor me zien, haar lach nog steeds horen.

51

Een of andere Charles

Een dierbare verliezen plaatst al het andere in perspectief. Het gros van mijn zorgen leek ineens onbeduidend.

Ik dacht steeds aan mijn tijd met Virginia... Aan hoe ze dat laatste weekend in Las Vegas had genoten. En ik hoopte dat ze wist dat zij me door die concerten heen had gesleept. Het is verbazingwekkend dat de steun van iemand van wie je houdt zoveel verschil kan maken. Ik denk dat ik me daardoor ook beter kon openstellen voor de liefde die de rest van het publiek me die avonden schonk.

Ik heb al vijfentwintig jaar niet naar de dvd's van dat concert gekeken, maar ik heb delen moeten bekijken om erover te kunnen schrijven. Ik kan aan mijn glimlach zien dat ik diep geroerd was door die eerste golf van applaus... Drie staande ovaties voordat ik het eerste nummer uit had gezongen! Ik kon merken dat het publiek echt blij was om er te zijn. En tegen het eind van de tweede avond moest ik toegeven dat ik me zélf eigenlijk ook best had vermaakt.

Eenmaal thuis bleef ik maar horen van mensen die erbij waren geweest. Gregory Peck, die ik aanbad, belde me op en vertelde me zoiets bijzonders dat ik het in mijn dagboek schreef om het niet te vergeten. 'Ik heb in mijn leven drie grootse momenten in het theater meegemaakt... Laurette Taylor in *The Glass Menagerie*, Marlon Brando in *A Streetcar Named Desire* en jou, die avond.'

Na het laatste optreden stond Marty van oor tot oor te grijnzen. Hij probeerde al tientallen jaren om mij weer op het podium te krijgen. 'Je moet gaan touren!' drong hij steeds aan. We hadden het er al over gehad om deze voorstelling ook op andere plekken te gaan spelen, maar ik zei dat ik niets wilde vastleggen tot ik wist hoe het voelde om weer voor een publiek te staan. Dat begreep hij.

Maar nu was ik hem een antwoord verschuldigd.

Natuurlijk was het logisch om nu te gaan touren. We hadden immers zoveel werk in deze show gestoken dat het haast verspilde moeite leek om hem maar twee keer op te voeren.

En ik hou niet van verspilling. Dat is de Brooklynse in mij. Ik gebruik een theezakje nog steeds voor twee kopjes thee en doe het licht uit als ik de kamer verlaat. Jaren geleden was dat om geld te besparen. Nu is het om energie te besparen.

In veel opzichten ben ik nog steeds dat kind aan de Pulaski Street, en dat is zowel een vloek als een zegen... Want ik denk dat de artiest voortkomt uit dat kind. Ze speelt, en daar begint de verbeelding. Sommige kinderen hebben dan een denkbeeldig vriendje of vriendinnetje. Ik had een denkbeeldige pop in de vorm van een kruik. Als ik die behoefte om mijn eigen realiteit te creeren niet had gevoeld, was ik nooit actrice geworden.

Daar had ik nooit zo over nagedacht totdat ik met therapie begon, waar ik leerde dat je alle verschillende aspecten van jezelf bij elkaar moet brengen om een volledig persoon te zijn... het kind en de volwassene. En ik had mezelf iets bewezen met deze concerten. Het kind mag dan wel bang zijn, maar de volwassene heeft voor haar gezorgd.

'We doen het,' zei ik tegen Marty.

Maar nu ik eindelijk zover was dat ik wel wilde touren, kon het niet.

Marty legde uit dat het drie tot vier maanden duurt om een tour te plannen... Om de steden en stadions uit te kiezen, de data te prikken en de publiciteit op te zetten om kaartjes te verkopen. Ik voelde de drang om naar Londen te gaan, ik hou van die stad, en Marty zei: 'Dat is mooi, maar dat betekent wel dat we alle spullen per schip daarheen moeten sturen.'

Goddank had ik Marty om dat soort zaken te regelen. Het leek vreselijk onlogisch om helemaal naar Europa te gaan voor slechts een paar shows, maar hij besloot: als dat mij aan het touren kreeg, dan was het de moeite waard.

Nu moest ik nog een paar maanden wachten... En hopen dat ik in de tussentijd niet van gedachten veranderde.

Ondertussen had ik het druk. We hadden beide concerten laten filmen met mijn oude maten Gary Smith en Dwight Hemion aan het roer. Ik was al begonnen de beelden te bekijken. We hadden wel tien camera's op het podium gehad, dus er was veel materiaal. Ik dompelde mezelf helemaal onder in de montage.

Marc Brickman had het licht voor de shows gedaan. We hadden verschillende kleuren gebruikt voor de verschillende sferen die bij elk nummer pasten. Maar het palet was beperkt, want bij podiumverlichting worden er voornamelijk primaire kleuren gebruikt, veel blauw en magenta. En dan is het ook nog zo dat wat je in het echt ziet op tv anders overkomt.

Maar in de montagekamer kwam ik erachter dat ik een oneindig scala aan tinten tot mijn beschikking had door alleen maar te schuiven met de knoppen op het kleurenpaneel. Met één schuifje kon ik het blauw oplichten of er wat grijs aan toevoegen, en zo kon ik de subtiele tinten krijgen die ik wilde: een verfijnd blauw-grijs, zacht lila, donkergroen. Voor de perfecte perzikkleur moesten we een beetje rood toevoegen aan geel en dan nog een snufje wit. Ik zat kleuren te mengen zoals een schilder zijn verf mengt op zijn palet. Wat had ik daar veel plezier in!

Doordat ik de opnamen keer op keer bekeek, vielen me ook andere dingen op die we konden verbeteren voor de tour. Ik wilde een paar gesprekken met de therapeuten inkorten. De Disney-medley had ik speciaal voor mijn peetdochter gedaan, en die besloot ik nu te vervangen door een medley uit *Yentl*. We voegden er een paar scènes uit de film aan toe. Wanneer Yentl 'A Piece of Sky' zingt op het scherm, leek het me leuk om daar op het podium de tweede stem bij te zingen.

Voorheen sloot ik mijn shows vaak af met 'Happy Days Are Here Again', omdat het een bredere betekenis had die te maken had met de stemming in het land en bij de twee shows in Vegas had ik het ook gezongen. Mijn interpretatie ervan veranderde voortdurend; het kon vrolijk of verdrietig zijn, afhankelijk van wie er op dat moment president was. Dat hield het voor mij actueel. In Las Vegas had ik 'My Man' en 'For All We Know' gedaan als toegift, maar voor de tour vond ik dat de toegift ook een breder thema moest hebben. Ik voegde het nummer 'Somewhere' eraan toe, omdat dat voor mij een diepere betekenis heeft en de belofte in zich heeft. Ik koos het voor alle rechteloze mensen die ervoor vochten om gehoord en gezien te worden. En door die zwevende melodie voelde het als een positieve noot om mee te eindigen.

De tour zou op 20 april in Londen beginnen en dan langs vijf Amerikaanse steden gaan, wat minder is dan de meeste artiesten doen. Maar voor mij leek het veel. Ik wist niet zeker of ik al die grote stadions kon vullen, maar Marty twijfelde daar niet aan. In november, toen de concerten in het MGM Grand in de verkoop gingen, was hij zelf naar het kantoor van de ticketservice gegaan om te zien hoeveel telefoontjes er binnenkwamen. Hij zag dat er duizenden mensen teleurgesteld moesten worden. Marty had altijd al helder voor ogen gehad hoeveel ik waard was... Ikzelf had dat niet echt.

Hij was ervan overtuigd dat de vraag naar kaartjes voor de tour net zo hoog zou zijn en hij had gelijk. Toen ze op 27 maart 1994 in de verkoop gingen, werden de kantoren overstelpt met meer dan 5 miljoen telefoontjes in het eerste uur. Mensen bleven maar bellen en bellen en sommigen kwamen er niet doorheen. Alle concerten waren binnen een uur uitverkocht. Om de teleurgestelde mensen tegemoet te komen, spoorde Marty me aan om meer shows aan het schema toe te voegen.

Ik kwam een paar dagen te vroeg in Londen aan zodat ik over mijn jetlag heen kon komen, wat van die overheerlijke kleine sandwiches kon eten die ze bij een high tea serveren en natuurlijk een paar repetities kon doen. De decors en alle apparatuur waren al uitgeladen in de Wembley Arena. Bruce Jackson en zijn team hadden de gordijnen opgehangen en de hele zaal bekleed met tapijt. Dat zouden ze in elke zaal van de tour doen – meer dan vijfduizend vierkante meter tapijt – alleen maar om te zorgen voor het beste geluid voor het publiek.

Op de dag voor het eerste concert kwam ik uit de generale repetitie om met een aantal reporters te praten die zich buiten hadden verzameld, maar deze persconferentie ging niet over mij. Hij was voor de steun aan een goed doel voor kinderen. De drogisterijketen Boots had uit mijn naam 1 miljoen pond aan de Variety Club of Britain geschonken die minder bevoorrechte en gehandicapte kinderen steunt. Ik voelde me zeer vereerd door hun gift. Het was ontzettend veel geld en ik wilde ze graag publiekelijk bedanken. En het leek wel serendipiteit, want ik vond het altijd al heerlijk om speciale crèmes in prachtige victoriaanse verpakkingen bij Boots te kopen.

Door hun donatie kreeg ik weer het gevoel dat al het werk dat we in deze concerten hadden gestoken de moeite waard was. Naast het feit dat het een gelegenheid bood om alle fans te bedanken die me hadden gesteund, was het een kans voor mij om iets wezenlijks terug te geven.

Daarom besloten we om een liefdadig component aan de hele tour toe te voegen. In elke stad in de VS gaven we geld aan muziekscholen en kunstprojecten waarop was bezuinigd. Ik vind dat kinderen zich moeten kunnen uiten in kunst en muziek, als gezonde uitlaatklep voor hun emoties. Er werden ook kaartjes apart gehouden voor lokale groepen die armoede tegengingen en nationale organisaties, zoals de Legal Aid Foundation en de National Resources Defence Council. Er werd meer dan 10,25 miljoen dollar aan liefdadigheid gegeven, waaronder 3 miljoen voor aidsorganisaties.

Ik haal veel voldoening uit geven. Het verrijkt mijn ziel, vult mijn hart en geeft me een goed gevoel. Voor mij is het een fijne manier van geld uitgeven, want ik help graag. Volgens de Joodse traditie is het zelfs een plicht, net als extra muntjes in een collectebus stoppen. Het maakt allemaal deel uit van een Joods concept dat *tikkun olam* heet, wat vertaald kan worden als 'de wereld repareren'.

Ik denk dat we allemaal de wereld willen verbeteren, maar dat is een gigantische taak. Stukje bij beetje kunnen we echter wel onszelf veranderen en die kleine veranderingen zullen bij elkaar opgeteld hopelijk voor een grotere verandering in de wereld zorgen.

Op de première in Londen, was ik weer zenuwachtig als altijd. Interessant weetje: ik heb ergens gelezen dat het lichaam op dezelfde manier reageert op opwinding als op angst. In beide gevallen voel je die adrenalinestoot. Lichamelijk is er bijna geen verschil.

Ik zou willen dat ik mijn bonzende hart als opwinding kon zien, in plaats van angst.

Het publiek was in elk geval wél opgewonden. De Britten hebben de reputatie dat ze nogal gereserveerd zijn, maar ze gaven me na elk nummer een staande ovatie. Het was hartverwarmend. Het was de eerste keer dat ik de *Yentl*-medley zong voor een publiek. Later zei Tom dat hij op de knop had gedrukt waardoor de *Yentl*-beelden werden afgespeeld en daarna uit de coulissen was gekomen om te zien hoe het overkwam. 'Ik kon de hele zaal zien,' vertelde hij, 'en ik heb in mijn hele leven nog nooit zo'n daverend applaus gehoord. Het was zo hard en zo lang, dat ik echt even naar adem moest happen.'

Oorspronkelijk waren we van plan om maar twee shows in Londen te doen, maar we moesten er nog twee aan toevoegen om aan de vraag te voldoen. Ik vond het prima. (Nog meer kleine sandwiches!)

Op de tweede avond kwam prins Charles kijken. Een deel van de kaartverkoop ging naar zijn goede doel The Prince's Trust. Hij had geregeld dat hij van tevoren naar mijn kleedkamer zou komen, omdat hij niet naderhand kon komen. Het koninklijke protocol wil namelijk dat niemand de zaal kan verlaten voordat hij is vertrokken. Ik vond het leuk om hem weer te zien en hij was vriendelijk als altijd.

Ik had toch weer een paar Disney-nummers in de setlist opgenomen, omdat ik het wel grappig vond om 'Someday My Prince Will Come' te zingen terwijl er een echte prins in de koninklijke loge zat. Op het podium vertelde ik het verhaal over onze eerste ontmoeting in 1974, toen ik de nummers opnam voor *Funny Lady* en we samen een kop thee dronken. (Ondertussen werden er beelden van die ontmoeting vertoond op het grote scherm.) En toen kon ik het niet nalaten om erbij te zeggen: 'Wie weet? Als ik toen aardiger tegen hem was geweest, had ik de eerste échte Joodse prinses kunnen zijn!'

Daar werd hard om gelachen. Gelukkig had prins Charles gevoel voor humor.

De volgende dag liep ik mijn hotelsuite uit en stuitte ik in de gang op een tafel die afgeladen was met bloemen en cadeaus. Eén boeket viel vooral op omdat het er niet uitzag als een doorsneeboeket van een bloemist. Het was losser en slordiger, alsof iemand het in de achtertuin had geplukt. Ik vroeg aan Kim van wie het kwam, en ze zei: 'O, van een fan. Een of andere Charles.'

'Laat me het kaartje eens zien?' vroeg ik.

Er stond inderdaad gewoon 'Charles' op, maar wat Kim niet had gezien was het koninklijke wapen bovenaan het kaartje. De bloemen kwamen uit zijn tuin! Wat een aardig gebaar. Hij schreef: 'Wat een traktatie om gisteravond je concert bij te wonen. Je was fantastisch en ik heb van elke minuut genoten. Mijn dank is groot voor je gulle donatie aan mijn trust – het wordt zéér gewaardeerd.'

Kim is dat moment nooit vergeten, en ik ook niet. Nu lachen we erom, maar toen schaamde ze zich kapot. Sindsdien is ze zeer bedacht op koninklijke wapens!

Later dat jaar zag ik prins Charles weer toen hij in Los Angeles was en me uitnodigde in het Bel-Air Hotel. We zijn allebei geïnteresseerd in tuinen, biologisch eten en een gezonde planeet. Later stuurde hij me heerlijke haverkoekjes die hij maakte onder zijn eigen merknaam Duchy Originals. Hij had het idee gekregen om een bedrijf op te zetten dat de kleine boeren steunde en waarvan de winst naar liefdadigheid ging.

Later werd me verteld dat Charles heeft gezegd dat ik zijn 'enige pin-up' was (blijkbaar had hij een poster van mij aan de muur op Cambridge), en hij omschrijft me als 'woest aantrekkelijk' met 'veel sexappeal'.

Wie had dat gedacht?

Ik in elk geval niet, en dat is misschien maar beter ook, anders had ik me ongemakkelijk gevoeld bij onze ontmoetingen.

In 1995 nodigde hij me uit om bij hem in Highgrove te komen logeren om zijn tuinen te bekijken en een benefietdiner bij te wonen voor een zomercursus voor architectuurstudenten. Toevallig was ik al van plan om naar Frankrijk te gaan voor een bruiloft van een vriendin, dus maakte ik een tussenstop in Londen. De prins was een heel hoffelijke gastheer. Hij maakte het me heel gemakkelijk en stuurde zelfs een auto met chauffeur naar het hotel in Dorchester om mij en Renata, die me vergezelde, op te halen.

Highgrove is een elegant georgiaans huis. Het eerste wat me opviel toen we naar binnen liepen was een gigantische tafel vol met bloemen, mooie objecten en boeken. Het voelde zo uitnodigend dat ik dit later nadeed in de entree van de boerderij die ik liet bouwen. Ik was onder de indruk van het interieur omdat het traditioneel Engels was, in de beste zin van het woord, kunstzinnig en vertrouwd, met veel prachtig chintz.

Voorafgaand aan het diner nam prins Charles ons allemaal mee op een rondleiding door zijn tuin. Dat ging een beetje moeizaam in mijn lange witte jurk, en mijn hoge hakken zakten steeds in de grond, maar het was leuk om een aantal planten die ik in L.A. ook had te herkennen. En toen schoven we aan voor het diner in een schitterende tent met antieke meubels... bij kaarslicht. Ik zat naast Charles en dacht steeds: als een van die kaarsen maar niet omvalt!

Alles was perfect en we hadden interessante gesprekken over kunst en architectuur.

Ik sliep in een prachtige slaapkamer met net zo'n hemelbed als ik in New York heb, waardoor ik me helemaal thuis voelde. De volgende ochtend zat ik rechtop in bed, Renata was net binnengekomen, toen er op de deur werd geklopt. Er verscheen een vrouw met op een dienblad een geweldig Engels ontbijt. We waren de mooie gerechten en de kanten placemat aan het bewonderen toen we plotseling een kleine jackrussellterriër zagen, die met zijn voorpoten op bed naar me zat te staren. Hij was heel vriendelijk, dus Renata tilde hem op en hij kwam naast me liggen. Ik moet toegeven dat ik een stukje ei met hem deelde.

Na een tijdje werd er weer op de deur geklopt. Deze keer was het Charles, die naar binnen gluurde en vroeg: 'Is mijn hond hier toevallig binnen?' Blijkbaar had hij het hele huis doorzocht naar Tigga. Toen Renata naar het bed wees, lachte hij en zei: 'Je hebt duidelijk nog een fan, want deze hond wijkt nooit van mijn zijde!'

De volgende dag lunchte ik met Charles en een stel dat luxe safaritochten in Afrika organiseerde. Over toeval gesproken: de man had net een documentaire gemaakt met James Brolin in Kenia, maar op dat moment had ik Jim zelf nog niet ontmoet.

Het was heel prettig om langere tijd met Charles te kunnen praten. Hij liep met me door het huis en liet me schilderijen van zijn voorouders zien... Namen die ik alleen kende uit geschiedenisboeken, maar voor hem waren ze gewoon familie.

Wat een bijzondere vriendschap! En die duurt nu al tientallen jaren. Onlangs stuurde hij me een alleraardigste kaart voor mijn verjaardag met een van zijn eigen aquarellen op de voorkant. En op zijn verjaardag heb ik hem vier Barbra Streisand-rozenstruiken gestuurd voor in zijn tuin, en een van mijn tekeningen van bloemen in een vaas. En in 2022, toen ik een groot verjaardagsfeest hield, verraste Kim me met een prachtige video waarop premier Justin Trudeau, met wie ik al twintig jaar bevriend ben, vertelt over zijn vaders vriendschap met mij. Aan het einde van de video komt prins Charles aan het woord, die nu koning Charles III is en al bijna vijftig jaar een goede vriend. (Ik ben zo blij voor hem en ik weet dat hij zal blijven vechten voor het milieu.)

Terug naar de tour. Na Londen was de volgende stop in Washington D.C., waar ik optrad in hetzelfde stadion waar ik voor president Clinton had gezongen op de avond van zijn inauguratie. Ik was blij dat ik weer in de hoofdstad was, omdat ik nu vrienden in de regering had. Veel daarvan kwamen naar het concert, zo ook congreslid Nancy Pelosi en haar man Paul, Betty Currie, senator Barbara Boxer, minister van Arbeid Robert Reich, minister van Gezondheid Donna Shalala, senator Barbara Mikulski, die inmiddels haar tweede termijn diende nadat mijn *One Voice*-concert had geholpen haar te kiezen in 1986. Nu hadden we dus zeven vrouwen in de Senaat.

Ik was nog steeds heel erg bezig met politiek en vond het heerlijk om met mensen te praten die er meer van afwisten dan ik. Toen Bill Schneider, politiek verslaggever bij CNN, na het concert backstage kwam, was het eerste wat ik tegen hem zei: 'Waarom verhoogt Alan Greenspan in godsnaam de rente?'

Met andere woorden: ik wilde het niet over mijn optreden hebben. Ik wilde weten wat hij vond van het laatste nieuws.

Op de tweede avond begon het publiek hard te applaudisseren toen president Clinton en de first lady de zaal in kwamen. Het was heerlijk dat ze erbij waren en ontzettend leuk om ze na afloop even te spreken. Clinton bereikte op dat moment zoveel dat ik de politieke films die tijdens mijn optreden werden vertoond wilde bijwerken om zijn laatste wapenfeiten erin op te nemen. Tom McQuade huurde daarom in elke stad een montageruimte voor een dag.

Tijdens de hele tour bracht ik steeds kleine verbeteringen in de show aan... Ik herschreef het geklets tussen de nummers door voor elke stad en voegde nummers toe of haalde nummers weg. Als ik elke avond precies hetzelfde zou moeten doen, zou ik me namelijk doodvervelen. Mijn kleding veranderde ik ook steeds. Donna had een zwarte jurk voor me gemaakt van rekbare matte jerseystof, met een laag uitgesneden halslijn en strakke mouwen. Ze stuurde hem naar me op met twee verschillende rokken. De een reikte tot de vloer en was gemaakt van dezelfde stof als de jurk en de andere was kort, tot boven de knie, en was gemaakt van crêpe georgette.

Ik belde Donna op om te vertellen hoe blij ik met de jurk was.

'Mooi!' zei ze. 'En welke rok heb je gekozen?'

'Allebei,' antwoordde ik.

Ze lachte, maar Donna kende me inmiddels en ze luisterde terwijl ik mijn idee uitlegde. Ik dacht dat het interessanter zou zijn als de jurk twee lagen had. De lange rok met de split in het midden als bovenste laag en daaronder de korte rok. Op die manier zou het eruitzien alsof ik een lange jurk aanhad, maar zodra ik zou bewegen zou de split opengaan en zou je de kortere laag eronder zien en een deel van mijn benen.

Ik vroeg Donna of het mogelijk was om de twee rokken aan elkaar vast te maken. Natuurlijk kon ze dat en het pakte perfect uit.

Tussen de repetities in D.C. door nam ik de tijd om een bezoek te brengen aan de Frederick Douglass Junior High School, de lokale school die we hadden uitgekozen voor onze donatie. De muziekafdeling had geen geld, maar de docent was heel creatief en liet de kinderen zien hoe ze zelf eenvoudige instrumenten konden maken, zodat ze tenminste iets hadden om op te spelen. Tot mijn grote vreugde besloot Sony om ons donatiebedrag te verdubbelen en genoeg echte instrumenten voor de hele klas te kopen.

Na Washington D.C. gingen we naar Auburn Hills in Michigan, een buitenwijk van Detroit. Ik heb altijd een zwak gehad voor Detroit, omdat dat de eerste stad buiten New York City is waar ik heb opgetreden, en iedereen was heel aardig tegen me. Zoals ik aan het publiek vertelde: 'Mijn vrienden daar namen me mee naar hun huis en gaven me te eten. Mensen die me te eten geven vergeet ik nooit.'

Bobby Sosnick, die jaren geleden had aangeboden om het contract met mijn eerste manager af te kopen, was erbij. Hij was nu een van de eigenaars van het stadion waar ik speelde. En ik kon Bernie Moray van Robinsons Furniture omhelzen. Van hem had ik de meubelstof mogen uitkiezen, waar ik een jurk van maakte voor mijn allereerste tv-optreden in *The Jack Paar Show*. Het bracht zoveel oude herinneringen omhoog toen ik ze weer zag. (In 2016, bij mijn laatste concert in Chicago, was Bernie er ook bij... Hij was toen zevenennegentig jaar oud en zag er vijftien jaar jonger uit.)

Dat is het leuke van touren, dat je oude vrienden weer kunt opzoeken, en met goede vrienden als Marvin kunt samenwerken. Hij stond altijd pal achter me op het podium, volgde me in elke ademteug (en hield ondertussen de score bij van baseballwedstrijden). Hij wist ook in elke stad bij welk restaurant je het beste eten kon bestellen.

Touren is een onwerkelijk leventje. Je bent voortdurend onderweg, maar dan zonder die vervelende ongemakken van reizen. Wanneer je moet uitchecken bij een hotel, hoef je niet naar beneden te bellen om iemand te laten komen die helpt bij al je bagage en je hoeft je ook geen zorgen te maken om fooien. Sterker nog, je hóéft helemaal niet uit te checken, want alles is al geregeld door de tourmanager, die er ook voor zorgt dat je bagage wordt opgehaald en afgeleverd bij het volgende hotel. Ik stapte gewoon in de auto en liet me meevoeren.

Het is een flinke uitdaging om een tour als deze logistiek gladjes te laten verlopen. Er waren negentien vrachtwagens en elf bussen nodig om de decors, apparatuur en crew te verplaatsen Er reisden zo'n honderdvijfenvijftig man met ons mee, zowel crew als muzikanten... En sommigen gingen met het vliegtuig. Het is alsof je een hele filmset meezeult. Maar daar hoefde ik me geen zorgen over te maken. Ik hoefde alleen maar te komen opdagen en te zingen.

In Detroit begon ik me ineens af te vragen hoe ik de rest van de concerten moest overleven. Ik voelde me niet topfit. Het is heel vermoeiend om zo vaak achter elkaar op te treden. Lichaam en stem moeten in topvorm zijn. Op vrije dagen probeerde ik niet veel te praten (dat was nog geen sinecure), maar ik deed geen stemoefeningen. Ik oefen nooit, omdat het saai is.

Ook vond ik het lastig om te zien dat er elke avond een horde verslaggevers voor het appartement van Jackie Onassis stond. Ze was heel ziek, en ze stonden in feite te wachten op haar overlijden. Daar werd ik zo verdrietig van. Dat iemand die zo op zichzelf was niet eens met rust kon worden gelaten terwijl ze de wereld verliet.

De laatste show in Detroit was op 19 mei. Toen ik aan het eind van het podium af stapte, vertelde iemand me dat ze was overleden. Dat was een dreun, ook al verwachtte ik hem. Ik wil niet de suggestie wekken dat we heel close waren. Het voelde alleen alsof ik haar kende, net zoals de rest van de wereld, gewoon omdat ze zo lang in de publiciteit had geleefd.

Toen ik het podium weer op liep voor de toegift, vertelde ik het publiek dat Jackie was overleden. Ik vertelde ook dat ze die ene keer naar mijn huis was gekomen, en dat het zo fijn was dat ik haar had ontmoet. Ze was een opmerkelijke vrouw, elegant en moedig. En met vierenzestig jaar veel te jong om te sterven. De zoveelste tragedie voor die familie.

Ik maakte die show nog af, maar daarna was het alsof mijn gebeden werden verhoord... Ik had geen zin meer in optreden en ja hoor, ik werd ziek. Ik had hoge koorts en de diagnose van de arts was virale strottenhoofdontsteking en ontstoken stembanden. Ik mocht niet meer praten, anders zou ik mijn stem permanent kunnen beschadigen.

Ik vloog naar mijn huis in Los Angeles, nam medicijnen voor mijn keel en tegen bronchitis en lag tien dagen in bed. Ik moest vier shows in Anaheim uitstellen naar het einde van de tour, wat ontzettend onhandig was voor iedereen die al kaartjes had gekocht. Ik vond het verschrikkelijk en liet een persbericht uitgaan waarin de diagnose werd uitgelegd en waarin ik me verontschuldigde tegenover de fans.

Toen ik op 2 juni de show in Anaheim deed, voelde ik me ook niet helemaal goed, maar ik wilde het niet nóg een keer uitstellen. Ik had het er met Carolyn Conger over, een fantastische vrouw die ik via Brugh Joy kende. Ik zei: 'Ik weet niet wat ik moet doen. Ik heb nog steeds koorts, maar al die mensen komen al naar de show en ik wil ze niet nog een keer teleurstellen.'

Toen zei ze: 'Zie die koorts als het heilige vuur.'

Aha! Wat een geweldig beeld. Ze maakte iets positiefs van iets negatiefs. En het werkte. Ik ging die avond op en was zelfs in staat om grapjes te maken met het publiek over de top 10 van redenen waarom ik niet had kunnen optreden. (David Letterman had zijn versie van de top 10 al gedaan, dus ik dacht: dat kan ik zelf ook.)

In de mijne stonden dingen als 'ik zat thuis te wachten op een pakketje', 'het was uitverkoop bij Nordstroms schoenenwinkel' en 'ik had drie dagen nodig om het nieuwe boek van Dan Quayle te lezen en toen nog eens vier dagen om de spelfouten eruit te halen'. Die lijst werd in veel nieuwsberichten in de kranten en op tv aangehaald. (Ik had niet beseft dat mijn uitgestelde concerten zulk groot nieuws waren geweest.)

Aan het einde van die show nam ik mijn temperatuur op en bleek de koorts weg te zijn.

Ray Stark was er ook. Hij vroeg aan Marty: 'Wie heeft deze show bedacht?'

Blijkbaar dacht hij nog steeds dat een vrouw daar niet slim genoeg voor was.

Ralph Fiennes zat die avond ook in het publiek en reed met me mee terug naar L.A. in mijn camper. Ik vond het heel leuk dat ik meer tijd met hem kon doorbrengen, want ik was onder de indruk van zijn spel in *Schindler's List* en wilde het met hem hebben over *The Normal Heart*. (Zelfs terwijl ik aan het touren was, probeerde ik dat project nog van de grond te krijgen.) Hij leek me geknipt voor de rol van Felix, de knappe man voor wie Ned valt. Ik wilde Ralph voor die rol, omdat ik wist dat hij voor zowel mannen als vrouwen aantrekkelijk was. Bovendien kan hij betoverend acteren, met veel charisma en bezieling.

De volgende twee concerten waren in San Jose. Ik hoestte een beetje en moest tussen de nummers door veel thee drinken. Gelukkig zat er een pauze tussen, voordat ik in New York moest zingen.

Ralph kwam bij me eten en een film kijken, voordat ik naar de oostkust vertrok. Hij had twee dichtbundels voor me meegenomen: het verzamelde werk van W.B. Yeats en *Four Quartets* van T.S. Eliot. Ik kon goed praten met

Ralph, want hij was in veel dingen geïnteresseerd. Tegen de tijd dat we naar de filmkamer gingen, was ik erg op mijn gemak. En toen veranderde de sfeer ineens. Het was een subtiele verandering: de blik in zijn ogen terwijl hij mijn gezicht en haar aanraakte. Het werd bijna te intiem. En ik dacht: o nee, deze man is zo aantrekkelijk. Maar ik wilde hem regisseren in mijn film, dus ik mocht niet ingaan op zijn avances.

Het was wel heel verleidelijk.

Maar Ralph ging gewoon naar huis en ik stapte de volgende dag in het vliegtuig. Hij schreef me een heel lief briefje om me te bedanken voor de avond. Het begon met: 'Lieve Barbra, ik had de hele avond wel willen blijven!'

Hij moest eens weten...

Later zag ik hem nog een keer toen hij Hamlet speelde in New York. En hij kwam naar een feestje dat Donna Karan voor mij gaf in Londen. En een paar jaar geleden gaf mijn agent in L.A. een feestje met kerst, waar een man op me af kwam die zei: 'Je herkent me niet, hè?' (Hij had zijn hoofd kaalgeschoren voor een rol.)

'O, mijn god,' zei ik. 'Rafe!' (Zo spreek je het dus uit.)

En hij zei: 'Weet je nog dat we samen in jouw filmkamer op Carolwood Drive zaten? En dat onze blote voeten elkaar aanraakten?'

We keken elkaar alleen maar aan. Het was zo'n moment waarop je allebei hetzelfde denkt... en toen vertelde ik hem waarom ik er die avond niet op in was gegaan. 'Ik wilde je voor een rol vragen, dus ik moest objectief blijven.'

We praatten nog wat verder en toen vroeg ik: 'Waarom ben je niet opnieuw getrouwd? Wil je geen kinderen?'

'Ik hou van te veel vrouwen om te trouwen,' zei hij.

En nog recenter kwam hij naar een van mijn concerten in Hyde Park in 2019.

Nog steeds had ik graag *The Normal Heart* met hem willen doen.

Terug naar 1994. Na mijn etentje met Ralph vloog ik naar Washington D.C. Gelukkig was ik eindelijk helemaal beter, want ik had een belangrijke afspraak die ik niet wilde missen: president Clintons eerste staatsbanket voor keizer Akihito en keizerin Michiko van Japan. Ik had Pierre Trudeau uitgenodigd als mijn begeleider, maar hij kon niet omdat hij op dat moment in Europa moest zijn. Toen hoorde Marge Tabankin dat Peter Jennings mij graag wilde zien en vroeg ze of ze hem mijn nummer mocht geven. Ik dacht, waarom niet? Ik probeerde iets meer uit mijn schulp te kruipen en nieuwe mensen te leren kennen.

Toen Peter belde, kwam ik tot de ontdekking dat ik bijna geen avonden meer vrij had, vanwege de tour. Daarom vroeg ik hem spontaan of hij met me mee wilde naar het Witte Huis. Dat wilde hij wel.

Het gebeurde allemaal heel spontaan en ik dacht alleen maar: hij is presentator bij ABC. Zo kan ik het nieuws als eerste horen!

Ik weet eigenlijk niet waar we elkaar voor het eerst ontmoetten, maar ik weet nog wel dat we samen naar dat staatsbanket zijn geweest. Bij dit soort gelegenheden is er een ritueel wanneer je het Witte Huis binnenloopt. Op een bepaald punt in een lange gang sta je stil voor een foto en stellen verslaggevers je een paar vragen. Ik was een beetje teleurgesteld dat ze alleen maar naar mijn jurk vroegen. Het was een mooie tingrijze outfit van Donna, en het mooie eraan was het gebruik van verschillende soorten stof. Het was een kasjmier trui met blote schouders op een lange wijde tafzijden rok die over de grond sleepte. Het was dus zowel casual als chic. Maar toch... 'Is dat alles wat jullie willen weten? Over mijn jurk? Niets over mijn politieke ideeën?' (In 2011 kwamen Jim en ik op een ander staatsbanket bij Obama voor de president van China en toen vroeg een vrouwelijke verslaggever aan me: 'Waarom denkt u dat ú bent uitgenodigd?' Dat vond ik nogal onbeleefd, dus ik zei: 'Misschien omdat ik in een Chinees restaurant heb gewerkt!')

Dat eerste staatsbanket van Clinton werd in een grote witte tent op het gazon gehouden. Voor zo'n formele gelegenheid was het verrassend ontspannen en het eten was heerlijk. De nieuwe chef-kok had al die verfijnde Franse gerechten vervangen door eenvoudiger Amerikaans eten. Ik herinner me nog steeds de kreeftworstjes met wildepaddenstoelenrisotto. Ik had leuke gesprekken met iedereen en Peter was heel attent, maar uiteindelijk besloot ik dat ik liever het nieuws vernam via de tv. Toch was de avond verder precies wat ik nodig had: afleiding van mijn normale routine, die op dat moment vooral was gericht op het herschrijven en bijstellen van de concerten in New York.

De eerste avond in Madison Square Garden was op 20 juni en de allerliefste Jule Styne en zijn vrouw Maggie waren erbij. Ik stelde ze voor aan het publiek voordat ik dat prachtige nummer 'People' zong en onwillekeurig werd ik eraan herinnerd dat het dankzij zijn steun was, dat ik de rol in *Funny Girl* had gekregen.

Daarvoor ben ik hem eeuwig dankbaar.

Drie maanden later was hij er niet meer. De doodsoorzaak was hartfalen, maar dat lijkt haast onmogelijk, want hij had een enorm groot hart. Ik ben blij dat ik hem die avond nog heb omhelsd. Jule geloofde vanaf het eerste begin in mij en ik zal hem voor altijd in mijn hart dragen.

Liza Minnelli was die avond ook in Madison Square Garden. Ik droeg 'The Man That Got Away' aan haar moeder Judy Garland op. Zij had daar een prachtige versie van gezongen in *A Star Is Born*.

In New York was het alsof ik thuiskwam. Het kiezen van een school voor onze donaties was heel gemakkelijk: die ging naar de muziekafdeling van mijn oude middelbare school Erasmus Hall. Ik nodigde heel veel mensen uit mijn verleden uit voor het concert. Mijn jeugdvriendinnen Barbara Sulman en Roslyn Arenstein, Muriel en Jimmy Choy, Irving Borookow, en heel veel Streisands, onder wie Shelly en zijn vrouw Judy, zijn vorige vrouw Ellen, mijn nicht Rickie, en mijn neven Lowell en Harvey. Natuurlijk waren Cis en Harvey er ook, zoals altijd. En de allerliefste Gracie Davidson, die ik al kende sinds *Funny Girl*. Nadat ze een beroerte had gehad, ging ze weer in Brooklyn wonen en toen kwam ik erachter dat ze nog een heel gezin had... twee oudere dochters dan de ene die ik kende van mijn leeftijd: Dorothy. Ik stuurde een limousine om ze op te halen en toen ze backstage kwamen, met Gracie in een rolstoel, zagen ze er prachtig uit: ze waren allemaal in het wit.

Ik dacht dat ze wel op de foto zouden willen met Jesse Jackson, die er ook was, en dat deed hij graag. Hij was heel lief tegen Gracie, die op dat moment bijna niet meer kon praten. (Een keertje op Carolwood Drive ging de telefoon terwijl ik zat te eten. Kim wilde me niet storen, maar zodra ik wist dat het Gracie was geweest, belde ik haar terug. Blijkbaar was er iets over mij op tv geweest wat Gracie had gezien en daarom wilde ze me spreken. Haar dochter gaf haar de telefoon. Stotterend en met bibberstem zei ze: '*I... love... you.*' Ik moest ervan huilen en zei dat ik ook van haar hield.)

Ik heb die foto van Gracie met Jesse Jackson in mijn woonkamer staan. Hij leunt over haar rolstoel heen en haar dochters staan erachter. Ik hoorde niet wat hij in haar oor fluisterde, maar ik weet nog wel wat hij tegen mij zei, want dat heb ik in mijn dagboek opgeschreven: 'Je bent heel bijzonder. Je bent een heler... Aangeraakt door God.'

'Ik voel me anders heel gewoontjes,' zei ik tegen hem.

En hij reageerde met: 'Dat is heel goed. Anders zou je met bakstenen in je zakken moeten lopen om met beide benen op de grond te blijven!'

Heel grappig! Jesse kon altijd heel geestig uit de hoek komen.

Het publiek in New York was ongelooflijk. In eerste instantie hadden we drie shows ingepland, maar we voegden er nog twee aan toe, en dan nóg waren er mensen die geen kaartje hadden kunnen bemachtigen. David Letterman had het er wekenlang over in zijn tv-programma dat hij geen kaartjes had kunnen krijgen en dat bracht Marty op een idee. Ik wilde niet in zijn show gaan zitten en kletsen, maar Marty zei: 'Je kunt ook gewoon in beeld lopen en twee kaartjes op zijn bureau leggen.'

Dus dat deed ik op een avond, onaangekondigd, net toen hij weer zat te klagen. Het publiek werd helemaal wild toen ik hem de kaartjes gaf en toen het eindelijk weer stil was, zei ik: 'En nu ophouden met *kvetchen*!' waarna ik het podium af liep.

Pierre Trudeau was inmiddels terug aan onze kant van de Atlantische Oceaan en kwam ook naar de show. Hij vergezelde me ook naar een cocktailparty waar ik mijn oude vriend kon voorstellen aan mijn nieuwe vriendin Madeleine Albright. Ze was onze gastvrouw voor die avond en de Amerikaanse ambassadeur voor de Verenigde Naties, aangesteld door president Clinton. Een paar dagen daarvoor was ze te gast geweest bij mijn concert. Madeleine en ik ontmoetten elkaar voor het eerst in 1993 toen ze een toespraak gaf bij de Hollywood Women's Political Committee in L.A. Ze was al bezig toen ze een vrouw binnen zag komen die zich verschool onder haar baret, vertelde ze me later. O jee, dat is Barbra Streisand, dacht ze bij zichzelf. Na haar toespraak ging ik naar haar tafel om me te verontschuldigen voor mijn late binnenkomst, maar voordat ik iets kon zeggen, zei ze: 'Ik heb je altijd zo bewonderd!' En toen zei ik: 'Niet meer dan ik jou!' We lachten en praatten en toen vroeg ze: 'Kom je weleens in New York?'

'Ja. Ik heb daar nog steeds een appartement.'

'Mooi, want ik wil je graag uitnodigen voor een van de lunches die ik organiseer in mijn ambtswoning in de Waldorf Towers.'

'Ik kom heel graag,' zei ik, want ik wist dat er andere interessante mensen zouden komen en ik was nieuwsgierig naar de ambtswoning met de verschillende stijlkamers waarover ik had gehoord.

Die lunch vormde het begin van een heel lange vriendschap.

Madeleine was klein van stuk, maar ze was groots in kennis en het was een voorrecht om het over politiek te hebben met iemand die zo goed geïnformeerd was, en die geen blad voor de mond nam. Ze vormde een ongewone combinatie; een schrandere staatsvrouw die op een of andere manier tegelijkertijd schattig en briljant was. Destijds waren we allebei vrijgezel, en ik herinner me het plezier dat we hadden tijdens onze theaterbezoekjes, filmavonden in de Sony-voorvertoonzaal, en shoppen bij antiquairs. We waren vriendinnen die samen aten en alles bespraken van buitenlands beleid tot mannen.

Madeleine was in Tsjecho-Slowakije geboren. Sinds *Yentl* voelde ik een band met dat land. Toen ze me uitnodigde om mee te gaan naar een Tsjechisch toneelstuk en ze me de titel van het stuk vertelde, *The Insect Comedy*, zei ik: 'Dit geloof je niet: ik heb in dat stuk een vlinder gespeeld toen ik achttien was.' Deze nieuwste versie bleek echter een soort opera-achtige musical te zijn, dus... Laat ik het zo zeggen: na de eerste acte wilden we al vertrekken. (We zagen onze vriend Miloš Forman ook weggaan.) Toen Madeleine een seintje gaf aan haar bodyguard, vertelde hij haar dat ze een telefoontje had ontvangen van de secretaris-generaal. (Dit smoesje had ze van tevoren met hem afgesproken.) Maar deze keer bleek hij echt te hebben gebeld, dus moest ze hem echt terugbellen. Toen we goed en wel in haar auto zaten, konden we niet weg omdat de auto een lekke band had. Dus moesten we op zoek naar een taxi. Die hele avond was een soort klucht (en een stuk grappiger dan het toneelstuk). Uiteindelijk lukte het ons om bij haar thuis te komen, waar we de koelkast leegaten.

Madeleine had een bepaalde hartelijkheid die veel verder ging dan diplomatieke vriendelijkheid. Geen wonder dat zoveel wereldleiders haar als echte vriendin beschouwden. Ze organiseerde een keer een picknick op haar boerderij in Virginia ter ere van Václav Havel, dissident en toneelschrijver die later president van Tsjecho-Slowakije werd. Hij was heel inspirerend, want hij was niet wrokkig na jaren vast te hebben gezeten als politiek gevangene. In plaats daarvan koos hij ervoor om zich te richten op het goede in de mens en verder te gaan, net als Nelson Mandela.

Madeleine had diezelfde compassie, en toen president Clinton haar tot eerste vrouwelijke minister benoemde, voegde ze een nieuw perspectief toe aan het werk. Haar familie was gevlucht voor despotisme, en ze wist dat vrijheid fragiel was.

Madeleine was negenenvijftig jaar oud toen ze ontdekte dat ze niet katholiek was, zoals ze was opgevoed, maar Joods. Op die leeftijd was dat nogal een schok. (Ze kwam er toen ook achter dat meer dan twintig familieleden van haar waren omgekomen tijdens de Holocaust.) Mijn reactie was: welkom bij de club. En ik dacht: tjee, zal dit de reden zijn waarom we het meteen zo goed met elkaar konden vinden?

Maar Madeleine kon het met allerlei mensen meteen goed vinden. Over de hele wereld waren er mensen die van haar hielden en haar respecteerden.

Havel stelde zelfs voor dat ze zich kandidaat zou stellen voor het presidentschap van Tsjecho-Slowakije, maar ze zei dat haar hart bij Amerika lag, waar ze als elfjarige vluchteling met open armen was ontvangen. Ze was dankbaar voor alle kansen die ze had gekregen. En om andere vrouwen ook die kansen te geven, deed ze iets wat geen enkele minister tot dan toe had gedaan: ze maakte vrouwenrechten tot centraal punt in haar buitenlands beleid. Ze erkende iets fundamenteels, en dat is dat samenlevingen gezonder en productiever zijn als vrouwen er politiek en economisch zeggenschap hebben.

En nu weer terug naar 1994 en die concerten: je kunt je wel voorstellen dat ik trots was dat zij naar mijn show kwam!

De vraag naar kaartjes was zo hoog dat we op het allerlaatst zelfs nog twee avonden toevoegden (waarmee het aantal concerten tijdens deze tour op vierentwintig kwam, mijn geluksgetal). Inmiddels hoefden we geen tickets meer apart te houden voor CAA en Sony. Alle gratis kaartjes waren vergeven. Alle aanwezigen waren dus echte fans en ze waren fantastisch. In mijn dagboek schreef ik: 'Ik heb de longen uit mijn lijf gezongen.'

Marty had geregeld dat het laatste nummer van de laatste avond, 'Somewhere', vanuit Madison Square Garden live zou worden uitgezonden op Times Square. (In zekere zin stond ik dus weer op Broadway!) Duizenden mensen verzamelden zich daar om ernaar te kijken. Prachtig vond ik dat.

Daarna moest ik nog terug naar Arrowhead Pond in Anaheim om de shows te doen die waren uitgesteld. Ik besloot van de gelegenheid gebruik te maken en deze concerten te laten filmen. Inmiddels stond ik ontspannen op het podium. We besloten camera's mee te nemen en het laatste optreden op 24 juli te filmen. (Blijkbaar is dat getal mij altijd goedgezind.)

De optredens in Anaheim waren leuk om te doen, omdat ik daar veel vrienden uit L.A. zag: Irvin Kershner, Warren Beatty en Annette Bening, Sean Connery, Tom Hanks en Rita Wilson, Dustin Hoffman, Don Johnson, Bill Maher, Shirley MacLaine, Carol (en zelfs Walter) Matthau, Kelly Preston en John Travolta, en Brenda Vaccaro. Ik kon niet geloven dat Ralph Fiennes er ook weer was. En toen Sidney en Joanna Poitier backstage kwamen, zei Sidney: 'Ik ben zo blij dat ik leef terwijl jij leeft.' (Zo lief.) We waren partners geweest bij First Artists en onze vriendschap betekende veel voor me.

En op die laatste avond vertelde ik het publiek aan het einde van de show: 'Dit is een heel bijzondere avond voor mij, de laatste avond van de tour... Ik heb heel veel geleerd. Ik heb een aantal angsten overwonnen... En ik wil dat jullie weten hoe dankbaar ik ben voor de liefde en steun die ik van jullie heb gekregen, niet alleen vanavond, maar gedurende de afgelopen jaren. Dank jullie wel.'

Na drie toegiften wilde het publiek me nog niet laten gaan. Ik moest wéér het podium op. Ik bedankte hen voor hun komst en ik bedankte mijn moeder die er ook was... samen met Jason, Elliot en zijn moeder Lucy. Voordat ik het podium verliet, keek ik Roger Clinton recht aan en zei ik: 'Voor Virginia.'

Maar het publiek hield maar niet op. Ze bleven maar staan en applaudisseren. Dus ik moest nóg een keer op, voor de laatste keer, en eindigde de show zoals hij was begonnen in het MGM Grand, met mij bovenaan de trap met mijn handen op mijn hart, terwijl ik het publiek bedankte voor hun uitbundige reactie.

Nu moest ik binnen vier weken een heel ander concert monteren, omdat het op 21 augustus op HBO zou worden uitgezonden. HBO wist nog niet welke versie ze zouden krijgen, die show in het MGM Grand of die in Anaheim... Ikzelf wist het ook nog niet!

Ik besloot uiteindelijk die in Anaheim te kiezen. Ik bracht elke dag met Dwight, Gary en editor Bruce Motyer in de montageruimte door. Als Dwight en Gary 's avonds vertrokken, bleef ik nog tot in de vroege uurtjes doorwerken met Bruce. Daarna sliep ik even op een stoel terwijl hij de veranderingen verwerkte en hij maakte me wakker zodra hij klaar was om het resultaat te laten zien.

HBO werd steeds zenuwachtiger, omdat we nog steeds aan het monteren waren, terwijl de show over een paar uur al in de lucht moest. Er werd druk onderhandeld tussen Marty en de zender over een satellietwagen die ze naar ons toe konden sturen zodat deze direct contact kon maken met de montageruimte en de show niet eerst in het HBO-systeem hoefde te worden gezet. Op het laatste nippertje lukte het ons toch nog om de hele film vlak voor sluitingstijd aan te leveren.

Barbra: The Concert werd zoals gepland op 21 augustus om negen uur uitgezonden. De zender liet weten dat het voor hen de best beoordeelde special was. In 1965 had mijn tv-special *My Name Is Barbra* vijf Emmy's gewonnen, en ook nu wonnen we er vijf (wat ik best bijzonder vond), waaronder die voor Outstanding Variety, Music or Comedy Special. Marvin won voor Music Direction. Bruce Jackson werd erkend voor zijn geweldige geluid. En Marvin, Marilyn en Alan wonnen met het nummer dat ze speciaal voor het concert hadden geschreven, 'Ordinary Miracles'. En ik won voor Outstanding Individual Performance. Maar de prijs die het meest voor me betekende was de DGA Award voor Outstanding Directorial Achievement die Dwight en ik wonnen. Ook wonnen we met *Barbra: The Concert* opnieuw de prestigieuze Peabody Award, net als destijds met *My Name Is Barbra.*

Ik was in mijn nopjes... Maar de eerste versie die ik in het MGM Grand had opgenomen, vond ik ook nog steeds mooi. Het was moeilijk kiezen geweest tussen die twee, en er was één stukje dat alleen in de show in het MGM voorkwam: de parodie op Linda Richman. Mike Myers had het karakter jarenlang op *Saturday Night Live* gespeeld: een New Yorkse Joodse vrouw met hoog opgestoken haar en lange nagels. Een terugkerende grap was dat Linda groot fan van mij was – ze zei altijd dat mijn stem 'zacht als boter' was – en Mike deed dat zo grappig dat die uitspraak bleef hangen. Ik was zelfs een keer spontaan verschenen in hun show terwijl hij bezig was met zijn sketch samen met Madonna en Roseanne Barr. Ze waren compleet overrompeld.

In Las Vegas verscheen Mike als Linda spontaan bij mij in het publiek, en toen ik hem op het podium uitnodigde, zei ze: 'Ik ben helemaal *verklempt.*' Overspoeld door emoties. En toen zei ik: 'Nu word ik ook verklempt. Praten jullie maar even met elkaar. Ik zal jullie een onderwerp geven... *The Prince of Tides* gaat niet over prinsen en ook niet over het getij. Bespreek dat maar eens.'

Het was heel grappig en het was leuk dat Mike het had gedaan. Ik wilde graag dat meer mensen het konden zien, en dat was een van de redenen dat ik erover dacht om de MGM-versie ook uit te brengen... Hij was immers anders! Het duurde een paar jaar, maar uiteindelijk is de show op dvd uitgebracht in 2004.

Wat zal ik ervan zeggen? Ik hou graag alle opties open tot ik word gedwongen te kiezen.

52

De kunstenaar als burger

Tijdens die hele periode dat ik bezig was met het samenstellen van het concert, maakte ik nog steeds tijd vrij voor politiek. Ik voerde campagne voor David Dinkins als kandidaat voor burgemeester van New York en ik was bij hem toen hij verloor. De volgende dag was ik dus nogal down, toen ineens de telefoon ging. Het was Nelson Mandela.

We hadden elkaar een paar maanden eerder ontmoet tijdens zijn bezoek aan L.A., en nu wilde hij me bedanken voor een donatie en me uitnodigen in Zuid-Afrika. 'Ik wacht op je en zal je met open armen ontvangen,' zei hij. 'Ik denk nog steeds aan dat moment waarop ik je in L.A. ontmoette. Zie je er nog steeds zo schitterend uit als toen?'

Wat een charmeur... Hij had veel geleden en toch liet hij zich niet eronder krijgen. Door zijn warme hart kreeg ik het gevoel dat er nog hoop was voor de wereld.

Ondertussen volgde ik de gebeurtenissen in Washington op de voet. Mijn favoriete tv-kanaal was C-SPAN, waardoor ik een inkijkje kreeg in onze politiek. Het was een bijzondere ervaring om een president en first lady te hebben die echt mijn vrienden waren. Ik had vertrouwen in hen en ik voelde me persoonlijk betrokken bij hun overwinning.

Maar zoals gewoonlijk had ik ook mijn eigen mening.

Zoals iedereen die Bill Clinton heeft ontmoet weet, is hij heel open en een gemakkelijke gesprekspartner, want hij is oprecht geïnteresseerd in wat andere mensen denken en voelen. Ik denk dat het daardoor kwam dat ik het gevoel had dat ik hem wel een paar vragen kon stellen... Of eigenlijk, een heleboel vragen. Ik was nog steeds dat meisje op de jesjiva die het niet kon hebben als ze iets niet snapte. Ik wilde altijd weten: waaróm?

Bill was bereid om alles uit te leggen. 'Stuur maar een lijst met vragen,' zei hij. 'Dan zal ik ze beantwoorden.'

Dus ik begon ze op te schrijven:

'Hoe komen we aan geld om de toenemende criminaliteit in de VS tegen te gaan? Ik ben van mening dat er meer projecten moeten komen voor onze kinderen, in plaats van meer gevangenissen.'

'Waarom kan er niet meer bezuinigd worden op defensie? Ik heb gehoord dat we niet meer dan 180 miljard nodig hebben, wat nog steeds vier keer zoveel is als het defensiebudget van Rusland of Japan. Zo houden we 80 miljard over voor binnenlandse behoeften.'

Nu ik ze herlees, denk ik: tjee, wat een lef dat ik die vragen durfde te stellen. Het is duidelijk dat ik destijds heel veel las en veel aantekeningen maakte. Ik herinner me niet veel meer van mijn geschiedenislessen op school (ik was toen vooral bezig met actrice worden), en ik weet niet eens of we ook maatschappijleer kregen. Maar dat probeerde ik nu allemaal in te halen. Ik denk dat deze periode, waarin ik meer aandacht had voor de wereld om me heen, eigenlijk mijn opleiding was.

Ik schreef Clinton: 'Ik hoorde je uitleg over de belasting op fossiele brandstoffen op C-SPAN voor New Hampshire, maar dat is een te klein publiek. Waarom leg je het niet uit aan het hele land? Ga op de nationale televisie en leg het in simpele bewoordingen uit zodat mensen kunnen begrijpen welk effect het op hen zal hebben.' (Daar doe ik weer alsof ik de regisseur ben en hij een acteur.)

Het BTU-belastingplan was een vroege poging om mensen aan te zetten tot energiebesparing en het gebruik van niet-fossiele brandstoffen aan te moedigen, maar de oppositie was fel, en veel Democraten die vóór stemden verloren hun zetel tijdens de midtermverkiezingen van 1994. Ontzettend zonde... Als die wet er toen door was gekomen, zouden we nu al veel verder zijn geweest in onze strijd tegen klimaatverandering.

Die mentaliteit van het snelle geld heb ik nooit begrepen. Geeft de olie- en gasindustrie dan echt helemaal niets om onze planeet?

Ik was erg geroerd toen ik las dat de Iroquois geloofden dat ze vóórdat ze een beslissing namen eerst moesten bedenken welk effect die beslissing over zeven generaties zou hebben. Dat is ontzettend vooruitziend en heel wijs.

Nu ik naar alle papiertjes met aantekeningen kijk, durf ik te wedden dat ik de meeste ervan nooit heb opgestuurd. (Net als die brieven die ik aan Lee Strasberg schreef in de metro.) Ik denk dat ze meer waren bedoeld om mijn eigen gedachten op een rijtje te krijgen.

Ik was wel verbaasd toen president Clinton de Republikeinse strateeg Dick Morris inhuurde, en dat zei ik ook tegen hem: 'Ik vind het een beetje spannend. Hoe kan iemand nou voor beide kanten werken? Dan heeft hij geen morele overtuiging. Ik weet dat je probeert om onpartijdig te zijn, maar zijn loyaliteit ligt niet alleen bij jou. Uit de polluitslagen blijkt dat hij helpt, maar hoeveel waarde moet je aan polluitslagen hechten?'

Ik herinnerde me iets wat Shimon Peres me had verteld toen ik naast hem zat bij een diner. Ik wilde het met Clinton delen. Shimon zei: 'Een leider is als een buschauffeur. Hij mag nooit omkijken naar zijn passagiers. Daar worden ze zenuwachtig van. Ze willen dat hij zijn ogen op de weg vóór hem houdt.'

Met andere woorden: doe waar je zélf in gelooft en trek je niet te veel aan van polluitslagen.

Op een ander papiertje uit 1996 had ik geschreven: 'Ik denk de laatste tijd na over wat iemand tot een goede leider maakt. Welke eigenschappen komen voor bij mensen zoals jij en Roosevelt? Behoefte aan aandacht, een roeping, burgerplicht? De behoefte niet vergeten te worden?'

(Volgens mij allemaal.)

Bij de Oscar-uitreikingen van dat jaar, sprak iemand die de Holocaust had overleefd en zelf het onderwerp was van een winnende documentaire. Over de mensen die waren gestorven zei hij: 'Zij zullen nooit de magie kennen van een saai avondje thuis.'

Dat raakte me zo dat ik het aan Clinton schreef en eraan toevoegde: 'Ik mag nooit vergeten dankbaar te zijn. PS Heb je ooit het Cherry Garcia-yoghurtijs van Ben & Jerry's geproefd?'

Dat briefje illustreert perfect hoe het er in mijn hoofd aan toegaat... Van de hak op de tak, van leiderschap naar yoghurtijs.

Wanneer president Clinton en ik elkaar tegenkwamen bij verschillende benefietevenementen, zetten we ons gesprek voort. Dat deed me terugdenken aan mijn vaders vader, Isaac, die vaak zei: 'Manny was zo ontzettend slim. Die kon met presidenten praten.'

En hier stond ik, volledig op mijn gemak, met deze president te praten. Toen ik dat besefte moest ik glimlachen.

Misschien was ik een beetje naïef – en ernstig was ik zéker – in het willen geven van mijn mening, maar ik verbeeldde me niets. Zoals ik een brief schreef: 'Ik weet dat je waarschijnlijk niet in mijn mening bent geïnteresseerd, maar ik wil hem toch met je delen.' Een andere eindigde met: 'Ik kijk ernaar uit om met je te kissebissen over het standpunt dat je volgens mij moet innemen.'

Dat was natuurlijk een grap, want ik herinner me geen gekissebis, en als dat er al was, lijdt het geen twijfel wie er zou hebben gewonnen. Ik ging intuïtief te werk – ik dacht dat ik een gevoel voor de tijdsgeest had – maar hij had alle feiten.

Dus ik had geluk. Hij vond lesgeven leuk, en ik leerde graag.

Clinton was een razendsnelle advocaat die altijd een paar stappen vooruitdacht. Hij zag het grote plaatje en wist welke strategie hij moest volgen om te krijgen wat hij wilde, en dat is een heel handige vaardigheid voor een leider. Hij geloofde oprecht dat de overheid mensen kon helpen en kwam met ambitieuze plannen het ambt in, hopend dat hij anderen ervan kon overtuigen om met hem mee te werken. Daarin was hij een optimist, net als zijn moeder.

Ik ben heel blij dat Bill Clinton lef had en groot kon denken. Misschien was het uitzonderlijkste moment van zijn eerste jaar als president wel de gebeurtenis op 13 september 1993, toen hij tussen de premier van Israël, Yitzhak Rabin, en voorzitter van de PLO, Yasser Arafat, in stond op het gazon van het Witte Huis en deze twee aartsvijanden aanspoorde elkaar de hand te schudden. Het publiek eromheen hapte naar adem en applaudisseerde.

Het Oslo-akkoord, waarin de PLO het bestaansrecht van Israël erkent, en Israël de PLO erkent als legaal vertegenwoordiger van het Palestijnse volk, was net getekend en Shimon Peres was de voornaamste onderhandelaar aan de kant van de Israëli's. Vanaf het moment dat we elkaar in1984 hadden ontmoet na de Israëlische première van *Yentl* was ik al dol op Shimon. Hij was toen zo trots op mij geweest, en nu was ik trots op hem, omdat iets wat veel mensen voor onmogelijk hadden gehouden hem was gelukt. Het Oslo-akkoord vormde een grote doorbraak, een grote stap in de richting van vrede in het Midden-Oosten, en hij, Rabin en Arafat zouden later een gedeelde Nobelprijs krijgen voor deze prestatie.

Maar er was in september nog veel meer werk te doen voordat de overeenkomst in praktijk kon worden gebracht. Twee maanden later was premier Rabin alweer op het Witte Huis, en ik had de eer te komen lunchen. We ontmoetten elkaar kort bij binnenkomst. Hij deed beleefd, maar zat duidelijk met zijn gedachten ergens anders. (Hij had het immers druk met de wereld redden.) Een paar dagen later zag ik hem en zijn vrouw Leah weer tijdens een lunch van het Israel Policy Forum in Los Angeles. Opnieuw leek hij koel en gereserveerd, heel anders dan Shimon, die hartelijk en innemend was. Ik weet nog dat Clinton zei dat hij heel goed bevriend was geraakt met Rabin en hem als een vaderfiguur zag. Dat gevoel herkende ik wel. Ik denk dat we allebei in zekere zin op zoek waren naar onze afwezige vaders en mijn vaderfiguur was Shimon.

Als ik er nu op terugkijk, zie ik dat mijn politieke bewustzijn en mijn creatieve leven overlapten. Ik wilde films maken over serieuze onderwerpen en zaken die belangrijk voor me waren. Een paar maanden nadat ik Rabin had ontmoet, kreeg ik een script in handen dat begon met een gesprek onder medewerkers van het Witte Huis die zich voorbereidden op die cruciale ontmoeting in de Rozentuin. Daarna ging het verhaal terug in de tijd om vijftig jaar Midden-Oosterse geschiedenis te vertellen door middel van de parallelle levens van twee jongens – Rabin en Arafat – die de leiders worden van rivaliserende partijen. Wat ik niet wist en heel interessant vond, was dat ze allebei in Jeruzalem waren geboren en slechts een paar kilometer bij elkaar vandaan opgroeiden... En toch lagen hun ideologieën mijlenver uit elkaar. Hun tegenovergestelde overtuigingen waren als een muur tussen hen in, en hoewel hun verledens overlapten, hadden ze elkaar nog nooit ontmoet tot op die dag bij het Witte Huis.

Het script heette *Two Hands That Shook the World*, en het onderliggende idee was om een eerlijk en uitgebalanceerd portret te schetsen van het Arabisch-Israëlische conflict. Het script was zelfs zó onpartijdig dat we de medewerking van Rabin én Arafat kregen. Ze zouden fungeren als raadgevers voor de film, die voor Showtime zou worden gemaakt.

En toen werd Rabin op 4 november 1995 vermoord door een rechtse fanaticus, een Israëliër die tegen zijn vredesonderhandelingen was.

Die dag schreef ik huilend in mijn dagboek: 'Waarom worden goede mensen van ons afgepakt?'

President Clinton vloog naar Israël om een van de grafredes te geven voor zijn goede vriend. Hij nam de gelegenheid te baat om iedereen aan één basale waarheid te herinneren: 'Uw premier was een martelaar voor de vrede, maar een slachtoffer van haat. Wij moeten van zijn martelaarschap leren dat als mensen hun haat voor de vijand niet los kunnen laten, ze de kans lopen om haat te zaaien onder hun eigen mensen.'

Twee weken later kondigde ik alsnog aan dat we de film zouden maken en ik was trots dat ik een quote van Rabins *chief of staff* kon toevoegen aan ons persbericht: 'De overleden premier was zeer enthousiast over dit project en als zijn naaste adviseur hoop en verwacht ik dat het een passend monument wordt voor zijn persoonlijke streven naar blijvende vrede tussen alle Arabieren en Israëliërs, een missie die hij tot het allerlaatste moment op zich nam.'

Maar de film werd nooit gemaakt, niet eens om een belangrijke reden. Nee, zelfs een heel onbenullige reden... De regisseur wilde 1 miljoen dollar verdienen, wat voor Showtime te veel was, dus weigerden ze dat te doen. (Ook al waren Cis, de producer die het script onder onze aandacht had gebracht, en ik bereid om het verschil uit onze eigen zak bij te passen.) En zo ging er weer een waardevol project ter ziele.

Maar ik kreeg het nog wel voor elkaar om een andere tv-film te maken, die door sommige mensen nog veel controversiëler werd gevonden. Hij heette *Serving in Silence: The Margarethe Cammermeyer Story*. Het begon allemaal met een artikel dat ik in 1992 in *The New York Times* had gelezen. Colonel Cammermeyers zesentwintig jaar lange carrière als militair verpleegster was voorbeeldig. Ze had een Bronze Star gekregen voor haar diensten in Vietnam. Ze werd tot Verpleger van het Jaar uitgeroepen door de Veterans Administration. En toen Grethe zou promoveren tot militair hoofdverpleegster van de natie, moest ze een vraag beantwoorden: 'Bent u homoseksueel?'

Het antwoord was nog niet zo lang duidelijk voor haarzelf (nadat ze vijftien jaar getrouwd was geweest met een man en vier zoons had gekregen), maar ze antwoordde naar waarheid: 'Ja.'

Ze werd ontslagen en dat betekende het einde van haar carrière.

Toen ik dit las, liepen de rillingen over mijn rug. Wederom werd ik herinnerd aan die ene regel uit *Saint Joan* van Shaw: 'Iemand die te veel de waarheid vertelt, zal zeker hangen.'

Ik weet nog dat ik dacht: hoe durven ze dit een vrouw aan te doen die zesentwintig jaar van haar leven heeft gewijd aan het leger? Grethe had een smetteloze staat van dienst. Haar ontslag had niets te maken met haar werk. Nee, het was een overduidelijk geval van discriminatie. Ze besloot haar ontslag aan te vechten bij de federale rechtbank.

Ik belde meteen Cis op en zei: 'We moeten hier iets aan doen. We moeten dit verhaal vertellen.'

Alle commotie rond homoseksuelen in het leger zat me al langer dwars. Het officiële beleid, dat homoseksuelen uit het leger weerde, sloeg naar mijn mening nergens op. Je zou denken dat iedereen die bereid was voor het land te sterven welkom zou zijn. Maar nee, homo's werden gedemoniseerd. Waar waren ze precies bang voor? Dat ze zouden flirten in de loopgraven?

Andere landen, waaronder Israël, Australië, Canada, Zweden, Noorwegen, Frankrijk, België, Portugal, Spanje en Zuid-Korea lieten wel homoseksuelen in het leger toe. Wervers voor ons leger spoorden altijd alle capabele burgers aan om in dienst te gaan. Grethe was duidelijk capabel, dat had ze keer op keer bewezen. Het leek absurd dat haar seksuele geaardheid een rol speelde.

Een van de redenen waarom ik Bill Clinton had gesteund, was omdat hij tijdens zijn campagne had beloofd om het verbod op te heffen. Wat ik me toen niet realiseerde was hoeveel tegenwerking hij daarin kreeg van de gezamenlijke stafchefs. Ondertussen bleek uit peilingen dat de meerderheid van het land tegen een opheffing van het verbod was. Ook werd de oppositie in het Congres steeds steviger. Het Huis van Afgevaardigden nam een resolutie aan tégen het beëindigen van het verbod op homoseksuelen in het leger en de Senaat ging erin mee. Als Clinton zou doorzetten, dreigden ze zijn bevel terug te draaien met een amendement op de wet op de defensiekredieten, waardoor het voor de president moeilijk zou worden zijn veto uit te spreken. En zelfs als hij dat zou doen, hadden zij genoeg veto's om zijn veto te verwerpen.

Dus Clinton werd gedwarsboomd en daarom was hij gedwongen zich neer te leggen bij het alom bekritiseerde '*Don't ask, don't tell*'-beleid, dat in feite inhield dat het leger niets zou doen zolang iemand niet toegaf dat hij of zij homoseksueel was, maar nog steeds het recht had om iedereen die openlijk homoseksueel was te ontslaan.

Ik was diep teleurgesteld en liet dat president Clinton ook weten. (Dit hoefde hij natuurlijk helemaal niet van mij te horen, want hij was zelf ook teleurgesteld.)

Mensen zijn bang voor het onbekende, en daarom wilde ik *Serving in Silence* maken. Ik dacht dat de Amerikanen zich beter zouden kunnen identificeren met Grethe als ze haar leerden kennen. Ik ben van mening dat we allemaal dingen gemeen hebben: we willen allemaal gelukkig zijn, geliefd zijn, gerespecteerd worden, ongeacht onze seksuele geaardheid. Ik denk dat we meer op elkaar lijken dan van elkaar verschillen.

Niemand zou moeten leven met een leugen.

Maar eerst moest ik Grethe ervan zien te overtuigen dat ik haar verhaal mocht vertellen. En ik wilde heel duidelijk maken wat zo'n project voor haar zou kunnen betekenen. Een tv-film kan in één avond miljoenen harten en hoofden bereiken... Dat is de positieve kant. Maar er is ook een negatieve kant... Haar privéleven zou openbaar worden gemaakt en ik wilde zeker weten of ze dat risico wilde nemen.

Onze eerste ontmoeting vond bij mij thuis plaats. Ik vroeg haar op de man af: 'Ben je er klaar voor om je hele leven op tv te laten zien?'

En ze antwoordde: 'Nee.'

Dat was een heel gezonde reactie.

We praatten door. Ik legde uit wat ik met de film wilde doen en dat ik dacht dat we er miljoenen mensen mee zouden kunnen helpen. Pas toen ik het in dit bredere perspectief plaatste, kon ze het als het ware buiten zichzelf plaatsen. Zoals Grethe zei: 'Ik moest ervan worden overtuigd dat er een soort verlossende reden was om dit te doen.' Uiteindelijk besloot ze het te doen 'niet voor mij, maar voor iedereen' die de maatschappij iets verder richting tolerantie wilde duwen.

Net als ik geloofde ze dat de waarheid bevrijdt.

Daarom gaf ze haar privacy op. Ik beloofde haar verhaal deugdelijk, waardig en waarheidsgetrouw te vertellen.

Het bleek dat *Yentl* ook had geholpen. Zoals Grethe zei: 'Ik had Barbra in *Yentl* gezien en ze had een mooie stem, ook al zong ze geen country.' (Haar favoriete genre.) En omdat ik in *Yentl* had gespeeld, dacht ze dat ik zou begrijpen hoe het was om gediscrimineerd te worden en te leven met een geheim.

Toen ik Grethe ontmoette en haar blonde, Scandinavische uiterlijk met sterke jukbeenderen zag, dacht ik meteen aan Glenn Close. Ik had het gevoel dat Glenn diezelfde rustige autoriteit uitstraalde als Grethe: ietwat koel en gereserveerd.

Ik was dus betrokken bij de casting en was heel blij toen Judy Davis ermee instemde om de belangrijke rol van Grethes partner te spelen, maar verder liet ik de meeste details aan Cis over. Zij ontwikkelde het project en koos Alison Cross voor het script. (Zij had de prijswinnende tv-film *Roe v. Wade* geschreven.)

Vanaf het begin zag ik *Serving in Silence* als een romantisch verhaal. Net als *The Normal Heart* gaat het over ieders recht om lief te hebben.

Ik hou van liefdesverhalen. Volgens mij is liefde het belangrijkste woord in alle menselijke talen.

Ik was nog druk bezig met mijn tournee, dus ik had pas tijd om de set in Vancouver te bezoeken toen ik klaar was met het monteren van *Barbra: The Concert* voor HBO.

Ik vond dat Jeff Bleckner Glenn en Judy prachtig regisseerde. Ze deden het schitterend en *Serving in Silence* trok een gigantisch publiek toen het op 6 februari 1995 op NBC werd uitgezonden.

Nu is het moeilijk voor te stellen hoe controversieel het onderwerp toen was. Een zender in Alabama zette het beeld zelfs op zwart toen Glenn en Judy elkaar één keer kusten, maar verder waren de reacties van kijkers heel bevredigend. De film werd genomineerd voor zes Emmy's, waaronder Outstanding Made for Television Movie. We wonnen er drie: Glenn Close voor Outstanding Lead Actress, Judy Davis voor Outstanding Supporting Actress en Alison Cross voor Outstanding Writing.

Toevallig kreeg ik zelf die avond ook een Emmy voor *Barbra: The Concert*, maar volgens mij was ik enthousiaster over hun prijzen dan over de mijne. Ik heb nog een foto van Glenn en mij, allebei met onze trofeeën in de hand. Ik was heel trots toen *Serving in Silence* ook nog de Peabody Award, de LAMBDA Liberty Award, de GLAAD Media Award en de National Education Association Award for the Advancement of Learning won.

Maar wat belangrijker was, was dat Grethe haar rechtszaak won en in ere hersteld werd bij de National Guard. Er moesten echter nog vijftien jaar verstrijken voordat president Obama eindelijk 'Don't ask, don't tell' afschafte... en zelfs toen (2010) ondervond hij weerstand.

Ik ben blij dat het land eindelijk de gevoelens die we in de film tonen heeft ingehaald. En ik ben dankbaar dat Grethe me genoeg vertrouwde om haar verhaal te vertellen. *Serving in Silence* was een heerlijk en stressvrij project... En bij mij zegt dat heel veel.

Het was de eerste van een aantal films die Cis en ik voor de televisie produceerden over serieuze onderwerpen. *Rescuers: Stories of Courage* ging over niet-Joden die hun leven riskeerden om Joden te redden tijdens de Holocaust. *What Makes a Family* ging over de voogdijzaak van een lesbisch stel dat een baby krijgt met behulp van kunstmatige inseminatie. *The Long Island Incident* gaat over een schietpartij in een trein vol forenzen, waardoor Carolyn McCarthy, van wie de man en zoon ernstig gewond raakten, besluit om de politiek in te gaan om zo wapenbezit te bestrijden. *Variants War* vertelt het verhaal van Varian Fry, die veel artiesten en schrijvers heeft geholpen te ontsnappen aan de nazi's door ze Vichy-Frankrijk uit te smokkelen. De lijst van mensen die door hem zijn geholpen is buitengewoon: Marc Chagall, Marcel Duchamp, Hannah Arendt, Max Ophuls, en Franz Werfel en zijn vrouw Alma, die de weduwe was van Gustav Mahler.

Pas toen we de research voor deze film deden, kwam ik erachter dat de symfonie waar ik altijd al weg van was, was geschreven door Mahler. Symfonie nr. 10... Hij schreef hem toen hij wanhopig was om de affaire van zijn vrouw met een andere man. Plotseling begreep ik hoe hij die akkoorden had weten te vinden en al dat gevoel, verlangen en verlies wist uit te drukken... Het is een heel pijnlijk en tegelijkertijd mooi stuk.

Weer een ander project was *Reel Models: The First Women of Film*, over de vergeten vrouwen die de filmindustrie hadden gevormd. D.W. Griffith wordt meestal gezien als de vader van de film, maar in 1896, dat is negentien jaar voordat hij *The Birth of a Nation* maakte, was er een jonge Franse secretaresse die Alice Guy-Blaché heette en die een korte film regisseerde. Uiteindelijk zou zij haar eigen filmstudio hebben. Twintig jaar later was Lois Weber de bestbetaalde regisseur bij Universal Studios, waar zij dapper taboeonderwerpen aansneed zoals prostitutie en antisemitisme. In 1916 werkten er een stuk of tien vrouwen regelmatig als regisseur in Hollywood.

Honderd jaar later werden maar vier van de honderd topfilms geregisseerd door vrouwen. In 1916 deden we het dus een stuk beter!

Ik vond het leuk om dit soort documentaires te maken. Grappig eigenlijk, ik vond het heel gemakkelijk om me uit te spreken in mijn werk, maar me uitspreken in het echte leven was een ander verhaal.

In 1994 werd ik benaderd door het Institute of Politics van de John F. Kennedy School of Government, op Harvard. Ze vroegen of ik wilde meewerken aan een programma dat in de loop der jaren allerlei sprekers had aangetrokken, variërend van Shinzo Abe, de premier van Japan, tot Ted Turner, de oprichter van CNN.

Jeetje, dacht ik... Ik was geïntimideerd, maar vond het ook moeilijk om te weigeren, want ze troffen me precies op het juiste moment. Ik was zo kwaad over wat er allemaal aan de hand was, en dit was een gelegenheid om me daarover te uiten.

Mensen als Newt Gingrich verdraaiden de waarheid en schilderden Clinton af als een of andere liberaal die de belasting aan de ene kant verhoogde om het aan de andere kant weer uit te geven. (Ja, nou en? Het is vooral ironisch, omdat Clinton de enige president in meer dan zeventig jaar bleek te zijn die vier jaar achter elkaar zorgde voor een begrotingsoverschot.)

Maar bij de midtermverkiezingen scoorden de Democraten slecht (door aan de ene kant de olielobby, die niet gecharmeerd was van de brandstofbelasting, en aan de andere kant de NRA, die niet gecharmeerd was van het verbod op automatische wapens). Het was heel deprimerend, veel mensen spoorden Clinton aan om zijn strategie te veranderen.

Maar ik dacht daar heel anders over. Ik vermoedde dat de wolven zouden aanvallen als ze zwakte bespeurden. Newt Gingrich en de zijnen waren uit op ruzie. (Ik stond versteld van Gingrich. Hij stond een keer achter me bij een staatsbanket voor Tony Blair en zei: 'Ik ben fan van jou.' Ik kon er niets aan doen, maar ik zei: 'Ik niet van jou.')

In een brief aan Clinton schreef ik: 'Je kunt het contrast tussen jouw visie en zijn gemeenheid uittekenen... en teruggaan naar waar je zo goed in was tijdens de campagne... de gemene politiek van de Republikeinen een gezicht geven... Gingrich geeft geen zier om arme moeders. Hij zal je afschilderen als een liberaal die het zuurverdiende geld van de werkende klasse weggeeft aan bijstandsmoeders.'

De Republikeinen moedigden de angst voor het andere altijd aan en meestal betekende dat andere: iemand met een andere huidskleur dan zij.

Ik spoorde Clinton aan: 'Je moet een manier zien te vinden om de angst weg te nemen in plaats van aan te wakkeren.'

Dit was een beslissend moment tijdens zijn presidentschap en dat was nóg een reden waarom ik besloot de toespraak te houden aan Harvard. Ik werkte drie maanden lang aan die toespraak, deed research, praatte met historici, theologen, politieke kopstukken. Vaak besprak ik mijn verschillende ideeën met vrienden. Ik wilde niet overkomen als een anti-Republikein. Ik zag mijn toespraak meer als pro-menselijk.

In die periode was ik zo geobsedeerd bezig dat ik mijn vrienden waarschijnlijk tot waanzin heb gedreven. Ik had allemaal ideeën die door mijn hoofd tolden... Er viel zoveel te zeggen! Maar niet alles paste in die ene toespraak.

De druk werd steeds hoger en ik kwam in de verleiding om het allemaal weer af te zeggen. In die laatste weken voordat ik naar Boston vloog, was ik zo gespannen dat ik niet eens honger had. Nou, dan weet je wel hoe erg het met me gesteld was.

Op woensdagavond 1 februari kwam ik in Cambridge aan. Harvard had gevraagd of ik een college wilde bijwonen en de les waarin ik geïnteresseerd was, was staatsrecht van professor Laurence Tribe. Het zou de volgende ochtend worden gegeven. Dit was zo'n moment waarop ik zou willen dat ik had gestudeerd. Het college was zo fascinerend. Er was een moment waarop hij een vraag stelde en ik mijn hand opstak en het antwoord gaf. Waarschijnlijk had ik het goed, of in elk geval goed genoeg, want Larry en ik werden daarna goede vrienden.

Na het college had John F. Kennedy jr. een lunch georganiseerd met een aantal promovendi en onderzoeksassistenten van het Institute of Politics. Ik vond John net zo leuk als zijn vader en hij had ook dezelfde guitige flikkering in zijn ogen. Dat zag ik toen hij me een jaar later vroeg voor de cover van zijn nieuwe tijdschrift *George*. Hij had het idee om me in net zo'n nauwsluitende jurk te steken als Marilyn Monroe droeg toen ze 'Happy Birthday' voor zijn vader had gezongen. Eerst dacht ik dat hij een grapje maakte, maar hij bleek serieus. Ik zei dat ik liever een historische figuur was. Uiteindelijk ging ik als Betsy Ross die de vlag naaide op de foto.

Op de dag van de shoot wilde John er zelf bij zijn. Samen met Ken Sunshine, mijn persvertegenwoordiger aan de oostkust, reed hij naar mijn huis in Malibu. (Ken en ik hadden elkaar ontmoet toen ik campagne voerde voor Bella Abzug. We hebben samengewerkt aan verscheidene politieke evenementen.) Iedereen zette de spullen klaar in Oma's Huis (dat is het kleine gastenverblijf op het terrein waar ik vaak zit te werken aan muziek of films. Mijn man heeft het zo genoemd omdat het eruitziet als een huis waarin een oma zich thuis zou voelen). Toen het licht, de fotograaf en ik eindelijk klaar waren om te beginnen, waren Ken en John nergens te bekennen. Ik ging ze zoeken en toen ik naar de achterkant van het grote huis liep, zag ik twee mannen in het zwembad rondspetteren. Het was warm, ze hadden spontaan hun kleren uitgedaan en waren erin gesprongen.

Ik glimlachte en vroeg: 'Is het water lekker?'

Maar goed, terug naar Harvard. Na de lunch werd ik meegetroond om officieel te worden verwelkomd door Albert Carnesale, de decaan van de Kennedy School of Government. Daarna werd ons groepje rondgeleid over de campus. Later was er nog een diner met decaan Carnesale, professor Tribe, gouverneur William Weld, Henry Lewis Gates jr., dr. Cornel West, Doris Kearns en Dick Goodwin en rechter Leon Higginbotham. Ik had Cis, Marge en Marty meegenomen. Ik wilde dat die avond eeuwig zou duren. De mensen waren zo interessant, de gesprekken zo rijk... En bovendien moest ik de volgende dag mijn toespraak houden.

Ik vond het echt eng toen ik de zaal in liep en al die lichten, verslaggevers en tv-camera's zag. Ik dacht dat ik voor een klein publiek van studenten en docenten zou spreken, maar er waren meer dan zevenhonderd mensen en ook nog eens iets wat leek op een voltallige persdienst.

Decaan Carnesale stond op het podium en ik ging naast hem zitten terwijl hij de inleiding gaf, die overigens heel complimenteus was maar wel heel lang duurde. Ik vond het zo eng dat ik niet wist of ik de introductie wel zou overleven om de toespraak te geven! Ik gebaarde zelfs naar hem dat hij moest opschieten en stond een keer op om een glas water van het spreekgestoelte te pakken.

Eindelijk was ik aan de beurt. Mijn buik deed pijn, mijn lippen plakten aan elkaar. Als je naar de opnamen kijkt, kun je zien hoe nerveus ik was. Ik kon amper praten.

Als eerste zei ik: 'Ik heb voor duizenden mensen opgetreden, maar ik kan jullie vertellen dat dit vele malen enger is. Misschien komt het doordat het de John F. Kennedy School of Government is en ik noch politicus noch professor ben.' Ik wachtte even terwijl ik me aan het spreekgestoelte vastklampte. 'Misschien heeft mijn angst deels te maken met het feit dat ze me verteld hebben dat het heel goed mogelijk is dat de toekomstige president van de VS hier in het publiek zit. En als dat zo is, dan weet ik zeker dat zíj mij de moeilijkste vragen gaat stellen.'

Er werd geklapt en gejuicht. (Of misschien hoorde ik alleen het kloppen van mijn hart.)

Ik vertelde ze dat ik het een eer vond om daar te staan en dat mijn onderwerp de kunstenaar als burger was. Wat is de politieke rol van een kunstenaar? Waarom worden er zoveel mensen kwaad als een kunstenaar zich uitspreekt? Het was iets waar ik vaak aan dacht sinds die nasleep van mijn laatste tripje naar Washington D.C. Ik gaf toe: 'Ik denk dat ik mezelf wel een kunstenaar kan noemen, hoewel het woord na dertig jaar nog steeds pretentieus aanvoelt.

Maar ik ben allereerst een burger: een belastingbetalende, stemmende, bezorgde Amerikaanse burger die toevallig een mening heeft... heel veel meningen... waar andere mensen last van lijken te hebben.'

Ik voelde me nog steeds gekwetst door de manier waarop kunstenaars niet alleen door Republikeinen maar ook soms door de media belachelijk werden gemaakt. Newt Gingrich, die zogenaamd een groot kunstliefhebber was, wilde kunstprojecten als eerste schrappen om inkomsten en uitgaven gelijk te trekken. 'Maar,' zei ik, 'de bijdragen van de overheid aan de NEA [National Education Association] en de PBS [Public Broadcasting Service] zijn eigenlijk al heel mager. Om het in perspectief te zetten: het volledige budget voor de NEA staat gelijk aan de kosten van één F-22 straaljager... En de PBS kost iedere belastingbetaler 1 dollar per jaar...

Dus misschien gaat het niet om het rechttrekken van inkomsten en uitgaven. Misschien gaat het om het monddood maken van kunstenaars die iets zinnigs te zeggen hebben. Wij moeten in de psyche van andere mensen kunnen kruipen, de problemen van anderen kunnen begrijpen, om ons werk te kunnen doen. We moeten in andermans schoenen kunnen staan, in andermans huid kunnen kruipen. Hierdoor zijn we vaak meer genegen tot een politiek die toleranter is. In ons werk, onze voorbereidingen en onze research proberen we voortdurend te blijven leren. En bij leren hoort compassie. Leren is de vijand van onverdraagzaamheid en haat. Het is moeilijk om iemand die je volledig begrijpt te haten.'

Ik vond het een verschrikkelijk idee dat er een partij was die dacht het alleenrecht te hebben op gezinswaarden, persoonlijke verantwoordelijkheid en religie. De Republikeinen beriepen zich maar al te graag op God, maar was God ook echt voor wapenbezit en tegen voedselbonnen voor arme kinderen? Ik vond het veelzeggend dat mensen die tegen abortus waren er niet in geloofden om de kinderen te ondersteunen als ze eenmaal waren geboren.

Ik was die hypocrisie kotsbeu. Als ze gezag en orde zo belangrijk vonden, waarom vonden ze vrij vuurwapenbezit dan goed?

President Kennedy, de man naar wie de school was vernoemd, zei ooit dat hij waarde hechtte aan kunstenaars omdat ze 'zowel middernacht als de middag kenden en zowel de beproevingen als triomfen van de menselijke geest kenden.' Hij was zich ervan bewust dat kunst controversieel kon zijn. Zoals hij zei, moest een kunstenaar 'vaak tegen de stroom van zijn tijd in zwemmen. En dat is geen populaire rol.' (Overigens was president Kennedy de eerste die voorstelde om de NEA op te richten.)

Ik heb groot respect voor kunstenaars. Hun werk biedt ons een tijdsbeeld, en soms dagen ze ons uit om te zien wat anderen liever niet zien. Ze kunnen een stem geven aan de stemlozen, door zich uit te spreken wanneer niemand anders dat doet. En als dat goed wordt gedaan, gaan we daardoor nadenken en voelen... en wordt er verandering ingezet. Kunstenaars kunnen het geweten van een land vormen.

Daarom is kunst de vijand van tirannen en dictators.

Als politici kunstenaars hekelen en de financiering van kunsten proberen stop te zetten, is het tijd om de politici in te wisselen.

Ik geloof dat we allemaal niet alleen het recht, maar ook de verantwoordelijkheid hebben om politiek actief te zijn en de autoriteiten in twijfel te trekken. Zoals Teddy Roosevelt ooit zei: 'Als wordt aangekondigd dat er geen kritiek op de president mag zijn, of dat we de president moeten steunen, of die nu goed of slecht is, dan is dat niet alleen onpatriottisch en slaafs, maar ook moreel verraad van het Amerikaanse volk.'

Ik wist zelf wel dat ik geen expert was, maar net als iedere andere Amerikaan bezat ik één bijzondere kwaliteit. President Jimmy Carter formuleerde dat heel goed in zijn afscheidsspeech: 'Over een paar dagen leg ik mijn officiële taken neer en pak ik de enige titel in onze democratie op die superieur is aan die van president: die van burger.'

Dat raakte me echt, dus ik eindigde zelf met de volgende woorden: 'Dus totdat vrouwen gelijkwaardig worden behandeld, totdat homoseksuelen en minderheden niet meer worden gediscrimineerd, en totdat kinderen volledige rechten hebben, moeten kunstenaars doorgaan met zich uitspreken. Ik zal daar een van zijn. Het is niet anders... de kunstenaar als burger is een blijvertje.'

En toen stortte ik zowat in van opluchting, omdat het voorbij was. Ik moest even van het podium af voordat het vragenuurtje begon. Ze zeiden dat ik het kon overslaan en dat had ik maar wat graag gedaan, want onvoorbereid spreken in het openbaar is een van mijn grootste angsten. Maar het voelde alsof ik geen keus had. Ik had drie maanden lang zoveel gelezen en geleerd als ik kon, en nu wilde ik het publiek niet teleurstellen. Dus ik ging weer op en deed het uit de losse pols.

Een van de eerste vragen kwam van een jonge vrouw. Ze begon: 'U kunt ontzettend goed speechen.' Ik bedankte haar. En toen ging ze verder: 'U bent rijk, intelligent, heel populair...'

Ik onderbrak haar: 'Ken je een leuke man voor me?'

Daar moest de zaal om lachen. Ik begon eindelijk een beetje te ontspannen.

Maar toen ging ze verder: 'Dus wilt u alstublieft overwegen om u kandidaat te stellen voor het presidentschap in zesennegentig?' Het publiek klapte, maar ik riep uit: 'O nee! Nee, nee, nee. Ik ben heel gepassioneerd over bepaalde punten, maar volgens mij kan ik veel meer bereiken door te blijven doen wat ik doe.'

Films maken is een schitterende manier om mensen te bereiken... met een verhaal.

Wat zo mooi is aan kunst, is dat het de emoties van mensen bevrijdt. Soms raak je geblokkeerd, dan voel je niets meer... Maar dan luister je naar muziek, of je ziet een film, je identificeert je met de hoofdpersoon en dan kun je lachen, of huilen. Het bevrijdt je.

Naderhand liep ik de receptie in en schrok ik toen daar honderd gasten stonden. Maar iedereen was heel aardig. Mensen zeiden zelfs dat het vragenuurtje het beste deel van de avond was, en dat deed me goed.

Maar toen voelde ik me ineens weer beroerd – duizelig, een beetje misselijk – waardoor ik het diner vroegtijdig moest verlaten. Ineens had ik de behoefte om alleen te zijn. Ik wilde dat deze bezoeking voorbij was. En raad eens? Die nacht en de volgende ochtend trok er een grote sneeuwstorm over. Alle vluchten van en naar Boston werden geannuleerd.

Maar dat kon mij niet tegenhouden. Kim belde met Amtrak. De treinen reden wel, dus kochten we daar kaartjes voor. In de trein verzonnen ontzettend veel mensen een reden om langs ons te lopen, maar ik bleef gewoon naar beneden kijken en zat de hele weg naar New York met Renata te kaarten.

Het waren veelbewogen dagen. Mijn speech aan Harvard was op vrijdag en *Serving in Silence* kwam maandag voor het eerst op tv. Terwijl ik ernaar keek viel me op hoe hard de reclames klonken die tussendoor kwamen. Ik belde met de zender en vroeg of ik de geluidstechnicus kon spreken.

Ik dacht dat er iets mis was met de soundtrack van de film... Stond die te zacht? Maar ik was naïef, want de technicus legde uit dat alle reclames altijd expres harder worden gemaakt. We praatten nog wat over geluidsniveaus en toen vroeg ik beleefd of hij het geluidsniveau van de reclames twee decibel lager kon zetten. Hij was heel vriendelijk en deed het.

Dit is waarschijnlijk wat mensen bedoelen als ze me een perfectionist noemen.

53

The Mirror Has Two Faces

Ik wilde gewoon eens een film maken met een happy ending. Al die rollen die ik had gespeeld – Fanny, Katie, Yentl, Lowenstein – stonden er in het laatste shot alleen voor. Het werd tijd dat het meisje eindelijk de jongen kreeg.

The Mirror Has Two Faces was een leuke romantische comedy, hoewel dat label niet helemaal de lading dekt. Het is comedy én drama, het leven is grappig én verdrietig. De meest interessante comedy's hebben een serieuze ondertoon. Ik dacht dat het een makkelijk project zou worden, en TriStar gaf me groen licht.

Als regisseur was het een uitdaging voor me. Ik had vijftien jaar aan *Yentl* gewerkt, waarvan vijf jaar heel intensief. *The Prince of Tides* had ongeveer drieënhalf jaar van mijn leven in beslag genomen. Nu wilde ik aan mezelf bewijzen dat ik ook sneller een film kon maken. Ik dacht dat ik deze keer aan anderhalf jaar wel genoeg zou hebben.

We zouden filmen in New York en dat kwam precies op het goede moment, want ik had net een huis in Malibu gekocht dat een beetje verbouwd moest worden en het huis ernaast werd gerenoveerd, dus ik wilde daar niet zijn.

Ik dacht: ik ga deze film maken met slechts vierenhalve week voorbereidingstijd. De zomer liep op zijn einde en we moesten filmen voordat de bladeren van de bomen zouden vallen.

En wie weet, misschien zou ik er zelfs plezier in hebben.

Richard LaGravenese en ik hadden in 1992 samen aan het script gewerkt. Hij was toen ingehuurd door TriStar om een remake te maken van de Franse film uit 1958, maar tegen de tijd dat zijn script bij mij terechtkwam, was er niet veel meer van de originele film over, behalve de titel. Richard had het grootste deel van de gecompliceerde plot laten vallen en had van een duister drama een romantische comedy gemaakt. De diepere laag was dat er twee mensen teleurgesteld waren in de liefde. Gregory Larkin is een wiskundeleraar die knikkende knieën krijgt als hij in de buurt van mooie vrouwen is. Als hij zich seksueel aangetrokken tot iemand voelt, heeft hij zichzelf niet meer onder controle. Hij wordt duizelig, kan niet meer werken, en hij kan niet normaal met een vrouw omgaan, dus is het onvermijdelijk dat ze weer bij hem weggaat. Omdat hij toch zijn leven met iemand wil delen, besluit hij dat het vinden van een vrouw tot wie hij zich níét aangetrokken voelt de enige oplossing is, zodat seks in elk geval geen probleem vormt. Hij zet een advertentie in de krant en ontmoet Rose Morgan, een eenzame lerares Engels die wijde kleding draagt en weinig aan haar uiterlijk doet. De twee kiezen voor een seksloos huwelijk, maar dan beginnen de problemen.

Schoonheid heeft me altijd gefascineerd. Wat is het nou eigenlijk? Wat ik mooi vind, vind jij misschien niet mooi. Je zou kunnen zeggen dat ik zowel geïnteresseerd ben in het oppervlakkige aspect van uiterlijk, maar ook in de onderliggende vraag hoe een vrouw zichzelf ziet, hoe zij denkt dat ze eruitziet.

En ik wilde onderzoeken welk effect schoonheid op mannen heeft. Wat is aantrekkingskracht? Is het een fysieke gewaarwording of een zielsverwantschap? Of beide?

In het eerste script dat Richard had geschreven, ondergaat de hoofdpersoon plastische chirurgie om zichzelf aantrekkelijker te maken voor haar man. Daar was ik het niet mee eens. Ik vond dat de verandering van binnenuit moest komen.

Richard kwam naar mijn huis, we gingen tegenover elkaar aan mijn antieke bureau zitten en herschreven het verhaal. Wat ik wilde overbrengen was dat schoonheid niet alleen iets is voor het oog, maar wat je ook voelt in het hart. Je kunt je aangetrokken voelen tot iemand die vanbuiten mooi is... Maar wat ligt er achter hun ogen? Als ze geen karakter hebben, geen ziel, dan vervaagt de indruk die hun uiterlijke schoonheid maakte heel snel.

Nadat Richard nog een nieuwe versie had gemaakt, liet ik het script lezen door Gena Rowlands, Ray Liotta, George Segal, Teri Garr, Peter Bogdanovich en Carrie Fisher. Nogal veel mensen voor een reading! Helaas werd duidelijk dat er nog heel wat veranderd moest worden aan het script, dus ik legde het weg om me te richten op het maken van *The Normal Heart*, de voorbereidingen van mijn concert in het MGM Grand, de tournee en de productie van het verhaal van Margarethe Cammermeyer.

Richard ging ook met andere dingen bezig, maar we spraken elkaar zo nu en dan nog wel. Een jaar later stuurde hij me een nieuwe versie en toen zag ik mogelijkheden. Ik werd opnieuw enthousiast over het verhaal en nodigde Richard uit om langs te komen en het erover te hebben. Toen we voor het eerst samenwerkten, was hij een beetje afstandelijk geweest, arrogant bijna. Nu wilde hij uitleggen waarom.

'Jij hebt mijn leven veranderd,' vertelde hij. 'Toen ik negen was, zag ik *Funny Girl* en werd ik halsoverkop verliefd op je. Ik zei tegen mezelf: dat wil ik ook. Werken in de filmindustrie. Jij kwam uit Brooklyn, ik kwam uit Brooklyn, en je had een zelfvertrouwen en talent waar ik helemaal ondersteboven van was.'

Dat raakte me heel erg, en dat zei ik ook tegen hem. En toen ging hij verder: 'Ik ben nog nooit zo zenuwachtig geweest om iemand te ontmoeten als bij jou. Ik was heel erg geïntimideerd en omdat ik niet over wilde komen als een fan deed ik afstandelijk. Jij dacht waarschijnlijk dat ik onbeschoft was.'

Dat klopte. Maar nu begreep ik tenminste waarom. Ondertussen had Richard met verschillende andere mensen samengewerkt en een paar succesvolle films geschreven, zoals *The Bridges of Madison County*. Hij had meer zelfvertrouwen. We ontdekten nieuwe lagen in het verhaal. Ik wilde de moeder-dochterrelatie verder uitdiepen; het leek me interessant om dieper op die dynamiek in te gaan. Hoe een vrouw zichzelf ziet is voor een deel afhankelijk van hoe haar ouders haar zagen. Als je tegen een klein meisje zegt dat ze mooi is, dan zal ze dat altijd geloven. En als je tegen haar zegt dat ze niet mooi is, gelooft ze dat ook.

Het verhaal bood ons ook de gelegenheid om de vele gezichten van liefde te verkennen en dieper in de complexiteit van relaties te duiken... De angst om lief te hebben. Seks verandert echt alles. Het bemoeilijkt relaties en maakt ons zo kwetsbaar dat we diep gekwetst kunnen worden of onze partner kunnen kwetsen.

Richard kwam met het idee van hoofse liefde: het middeleeuwse concept van liefde tussen een ridder en een adellijke dame die oprecht was, maar niet werd geconsummeerd. We gebruikten het in Rose' lezing tegenover haar leerlingen over de verschillende soorten liefde. Over deze platonische relaties zegt ze: 'Ze haalden de seks ertussenuit, waardoor alleen de eenwording van hun zielen overbleef. Seks is altijd al een dodelijk liefdeselixer geweest; het enige waar het toe kon leiden was gekte, wanhoop of de dood.'

Je ziet dan dat Gregory, die stiekem de collegezaal was binnengeslopen om haar te bespieden, dit maar al te goed begrijpt!

Ik voegde het stukje toe over naar de bioscoop gaan, omdat ik zelf gevormd ben door al die liefdesscènes met mooie muziek eronder. Rose zegt: 'Medische experts, geleerden en mijn tante Esther zijn er allemaal van overtuigd dat ware liefde spirituele aspecten kent, terwijl romantische liefde niets meer dan een leugen is... een illusie... een moderne mythe... zielloze manipulatie. En over manipulatie gesproken, dat is net zoiets als naar de film gaan en de geliefden zien zoenen op het scherm terwijl de muziek aanzwelt. We geloven het allemaal, toch? Als mijn date me daarna naar huis brengt en me goedenacht zoent en ik geen orkest hoor, dan dump ik hem.'

Het echte leven kan niet tegen films op.

Het script werd steeds beter, maar we hadden nog steeds geen slot. Maar toen was ik op een avond in New York en voelde ik me een beetje down, dus besloot ik naar de opera te gaan. Tientallen jaren eerder, toen ik pas negentien jaar oud was, had ik tegen een journalist van een krant gezegd dat ik ooit een opera zou willen dirigeren. Wie weet, misschien ga ik dat nog doen. Het is een spectaculair medium... Theatraal, groots, met fantastische muziek en grote stemmen. Ik weet verder niet veel van opera af, dus het feit dat ik die avond naar de Met ging, was een uitzondering. En daar, zoals Goethe zei, presenteerde het universum mij wederom precies wat ik nodig had.

De voorstelling was Franco Zeffirelli's verbluffende productie van Puccini's *Turandot*. Niet alleen haalde het me uit mijn dipje, maar ik hoorde die prachtige aria 'Nessun Dorma' en dacht: zo moet de film eindigen. Met Puccini!

Rose en Gregory moeten die schitterende aria horen op het moment dat ze beseffen dat ze verliefd zijn. Waarom willen mensen verliefd worden, als ze weten dat het pijnlijk kan zijn? Rose beantwoordt die vraag in haar lezing. Ze zegt: 'Omdat we dan voelen dat we leven, alle zintuigen staan open, elke emotie is uitvergroot, ons dagelijkse leven verdwijnt naar de achtergrond en we worden de hemel in geworpen... Een tijdje geleden las ik een artikel waarin stond: "Als we verliefd worden, horen we Puccini in ons hoofd." Dat vond ik mooi. Volgens mij is dat omdat muziek ons verlangen naar romantische liefde en passie in ons leven uitdrukt.'

Daar wordt het pad geëffend voor mijn Puccini-aria, maar ik moest nog steeds verzinnen hoe die op het einde verschijnt.

We begonnen in oktober 1995 te filmen in New York op sets die waren gebouwd op het oude exercitieterrein aan Fifth Avenue en 142nd Street en op verschillende andere plekken, zoals Tavern on the Green, de Monkey Bar, Bloomingdale's en Columbia University. Rose en Gregory waren allebei docent aan Columbia en die universiteit had een speciale betekenis voor mij. Mijn vader had op de lerarenopleiding van Columbia gezeten, dus het voelde fijn voor mij om een docent te spelen, zoals hij was geweest. (Ik had immers net een college gegeven aan Harvard! En in mei kreeg ik een eredoctoraat van Brandeis University. Academisch gezien was ik dus goed bezig.)

De cast waar we mee werkten was fantastisch. Ten eerste de heerlijke Jeff Bridges als Gregory. Jeff is een heel goede acteur en hij is ook nog eens heel knap en heeft een sterk, mannelijk lijf. Hij ademt seksualiteit. Je kunt gewoon voelen dat hij van vrouwen houdt. Waarschijnlijk heeft dat te maken met het feit dat hij zo'n geweldige moeder had: Dorothy. Zij was me er eentje... Sterk, eigenwijs, prachtig, hartelijk en grappig. En ze was ook heel lief tegen mij, want een van de voordelen van Jeff leren kennen is dat je zijn hele familie leert kennen, omdat ze zo close zijn. Zijn vader Lloyd, zijn broer Beau, zijn zus Cindy en zijn vrouw Susan ontvingen me allemaal met open armen. Ik werd uitgenodigd op familiegelegenheden, en Dorothy kwam Moederdag vieren bij mij thuis met mijn gezin. Ze was heel geestig en verzon vieze rijmpjes en vertelde hoe ze de kinderen had leren acteren... 'Oké, nu moet je me boos aankijken! Verdrietig! Blij!' Zodra ik Jeff over zijn moeder hoorde praten, wist ik dat het makkelijk zou zijn om hem te regisseren. (Als je een date met een man hebt, zou je hem eerst moeten vragen: 'Hoe is je relatie met je moeder?')

Ik had Gena Rowlands gevraagd om de moeder van Rose te spelen omdat ze het erg goed had gedaan bij de reading, maar helaas had ze al een ander project. Cis kwam toen met de legendarische Lauren Bacall aandragen. Ik had haar altijd al bewonderd om haar schoonheid, maar ik werd nog doller op haar toen zij en Jason Robards naar de première van *Funny Girl* op Broadway waren gekomen. Ze kwam bij me langs in New York om het over de rol te hebben en ze leek me perfect: een beetje excentriek en stoer, precies zoals Hannah moest zijn. En ze was nog steeds prachtig om te zien. Het zachte, jeugdige in haar gezicht was met de leeftijd verfijnd, maar haar mooie jukbeenderen waren nog net zo duidelijk zichtbaar. Ze vertelde dat ze Joods was, iets wat ik nog niet wist. Haar echte naam was Betty Joan Perske, en iedereen noemde haar Betty, wat veel zegt over hoe authentiek ze was.

Mijn zus moest gespeeld worden door een lange, zeer aantrekkelijke vrouw, als contrast met mijn rol, en ze moest een goed figuur hebben om de strakke kleding van Claire te kunnen dragen (in tegenstelling tot wat Rose droeg). Mimi Rogers voldeed aan alle eisen. En ze was ook nog eens heel prettig om mee te werken en ingewijd in comedy.

Op een dag zei ik tegen Dick Guttman, mijn persvertegenwoordiger: 'Ik zoek een heel erg knappe man... je weet wel, type Pierce Brosnan... om de man van mijn zus te spelen.'

'Pierce Brosnan is misschien wel een goed idee,' antwoordde Dick.

'Ben je gek? Die heeft net James Bond gespeeld!'

Dick bleek ook vertegenwoordiger van Pierce te zijn. Hij stelde de rol aan hem voor en we stuurden hem het script. Toen belde Pierce me op en zei: 'Ik doe het.'

Wat het nog leuker maakte, is dat Pierce in het echte leven net zo charmant is als in films. Hij is heel slim en kan toch een oppervlakkige vent spelen. De vrouw met wie hij in het echt trouwde, Keely, mag ik ook erg graag. Zij is heel fanatiek op het gebied van milieubescherming. Austin Pendleton, met wie ik heel goed had samengewerkt in *What's Up, Doc?* speelde de rol van mijn vroegere vriendje. Gregory's ex moest een klassieke schoonheid zijn. Elle Mcpherson was precies de juiste keuze. Zij was een meter tachtig en schitterend! En George Segal, mijn oude vriend van *The Owl and the Pussycat* nam de rol van Gregory's beste vriend in toen Dudley Moore vanwege gezondheidsredenen helaas niet meer kon. Brenda Vaccaro speelde mijn beste vriendin. Ik kende haar al sinds de jaren zestig, dus die scènes kostten geen moeite. Ze is heel lief, erg grappig en aardig en ze heeft een heel aanstekelijke lach.

Donna Karan wilde heel graag die rol. Ze smeekte me, ze bood me zelfs 500.000 dollar om de rol te mogen spelen.

Maar ik zei: 'Je weet toch dat je dan moet doen wat ik je opdraag? En je moet de tekst uit je hoofd leren en waarschijnlijk keer op keer opzeggen.'

'O, ik weet niet of ik dat wel kan,' antwoordde ze. 'Kan ik niet gewoon met je praten zoals we in het echt doen?'

Nee...

Ik hou best van improvisatie, maar niet als er helemaal geen kader is. Tijd is geld op een filmset, en je kunt niet zomaar wat doen. Ik ben dol op Donna, en ze heeft veel bijzondere talenten, maar ik ken haar te goed om te denken dat ze aanwijzingen kan opvolgen. Dus ze heeft haar filmdebuut nog niet gemaakt.

Ik heb het dagboek bekeken dat ik bijhield tijdens het maken van deze film en de eerste weken waren echt lastig. Het lijkt wel alsof de problemen elkaar opvolgden. Het geluid viel weg toen een generator haperde. Op onze eerste avond in Tavern on the Green keek ik door de camera, en toen ik achteruit stapte viel ik over een koffer met microfoons en bezeerde ik mijn rug. Brenda's jurk scheurde open. Betty's jurk paste niet. Er was elke dag wel wat.

Ik had Andrzej Bartkowiak gevraagd als cinematograaf, maar hij had het druk met een andere film, dus huurde ik Dante Spinotti in. Hij had eerder samengewerkt met Lina Wertmüller, dus ik dacht dat hij wel overweg zou kunnen met een vrouwelijke regisseur.

De testshots die hij buiten maakte waren heel mooi. 'Ziet er goed uit,' zei ik. De volgende dag gingen we naar binnen om wat tests te filmen met kostuums, make-up en belichting (en dat is andere koek) en 's middags maakten we nog wat meer testshots. Toen we de opnamen van die dag bekeken, zei ik: 'Die in de middag zien er anders uit. Mijn ogen lijken een beetje vaag. Wat is er veranderd?'

'Niets,' zei hij. 'Het is precies hetzelfde. Je zult wel andere make-up hebben opgedaan.'

'Ik draag al dertig jaar dezelfde make-up!' zei ik.

Via de assistent-cameraman kwam ik erachter dat Dante het filter had veranderd. Waarom zei hij dat niet gewoon?

Ik heb met veel cameramensen een heel goede band. We werken samen als gelijken. Maar na elke take keek ik naar Dante en gaf hij geen reactie.

Ik moest vragen: 'Was het goed?'

En dan zei hij: 'Ik zeg het wel als het niet goed is.'

Dat vond ik zo onaardig. Kennelijk communiceerden Dante en ik niet goed met elkaar. Misschien was het de taalbarrière. Of misschien klikte het gewoon niet goed.

Met kerst besloten we samen om de samenwerking stop te zetten. Inmiddels was Andrzej gelukkig weer beschikbaar. Hij begon in januari en ik schreef toen in mijn dagboek: 'Wauw! Wat een verschil. Andrzej is heel enthousiast en aardig. En zijn cameraman is een echte pro.' (Dat was de fijne Dick Mingalone, die ook al een paar heerlijke dagen aan *The Prince of Tides* had meegewerkt.)

Nu Andrzej erbij was, werd het werk weer leuk.

Jeff leverde schitterend werk. We hadden meteen een goede band; het soort chemie dat ervoor zorgt dat een scène gaat sprankelen. We deden een paar takes, en dan zei ik: 'Het staat erop.'

Soms zei hij dan: 'Laten we het nog één keer doen. Gewoon een beetje uitproberen, een beetje spelen.'

Jeff had het vertrouwen om vrij te zijn, om te verkennen en het was heel leuk om met hem te spelen. Net als ik kon hij nog bij dat deel van zichzelf komen dat nog kind was.

Betty was een ander verhaal. Er zat een moment in het script waarop Rose haar moeder vraagt: 'Hoe voelde het... om mooi te zijn? Hoe voelde het, als mensen bewonderend naar je keken?' (Ik voegde die vraag over mooi zijn toe, want ik wilde het echt weten.)

Dit móést Lauren Bacall bekend voorkomen. Ze was een grote schoonheid en ik had foto's uit de jaren veertig van haar in films als *To Have and Have Not* opgehangen op de set. Ze hoefde alleen maar de waarheid te vertellen.

Maar de reactie die ik wilde zien bleef uit. Ze klonk te luchtig, te vrolijk en oppervlakkig. Dus ik zei tegen de crew: 'Zet de camera uit.' (Maar daarvóór had ik ze al stiekem opgedragen om mijn opdracht te negeren en de camera te laten lopen.)

In het echt was Betty heel eerlijk en direct, maar ze had de neiging om te veel te 'acteren' als de camera draaide. Ik wilde dat ze echt over de tekst nadacht, in plaats van de regels uit het script op te zeggen.

Dus ik vroeg aan haar: 'Hoe was het toen je je eerste film maakte, toen je met Howard Hawks samenwerkte en verliefd werd op Humphrey Bogart?'

Ze dacht lang na en zei toen zachtjes en eenvoudigweg: 'Het was heerlijk.'

En ik zei: 'Cut! Het staat erop!'

Ze lachte toen ze doorhad dat ze was gefilmd.

De volgende avond kon ik zien dat Betty moe was na een hele dag filmen. Dat was precies wat ik nodig had voor de scène die we de volgende ochtend zouden schieten. Ze had dan zogenaamd de hele nacht wakker gelegen en zat met Rose aan de keukentafel. Als ik haar naar huis zou laten gaan om uit te rusten, zou ze de volgende ochtend weer fris en fruitig op de set verschijnen met haar haar en make-up perfect. Dat was niet wat ik wilde.

Dus ik vroeg of ze wat langer kon blijven en legde uit dat ik die scène nu wilde filmen.

'Dat kan niet,' zei ze. 'Ik ken de tekst nog niet.'

Maar ik wilde helemaal niet dat ze de tekst kende. Ik dacht dat het echter zou klinken als ze zou moeten zoeken naar woorden.

'Dat geeft niet,' verzekerde ik haar. 'Zet het script gewoon op de stoel tegenover je en dan kun je daarnaar kijken als het nodig is.'

Haar haar zat in de war en ze had een tandenstoker in haar mond die ze wilde wegleggen. 'Hou die maar,' zei ik.

Deze scène was een belangrijk moment tussen moeder en dochter. Doordat Betty onzeker was over haar tekst, hakkelde ze en klonk het nog aangrijpender toen ze zei: 'Weet je, dat wat jij voor Gregory voelt. Volgens mij heb ik dat nooit gevoeld, zelfs niet voor je vader. Het is niet gemakkelijk om dit te zeggen, vooral niet tegen jou. Het is verschrikkelijk om terug te kijken op je leven en te beseffen dat je met minder genoegen hebt genomen.'

Ze bekent iets tegenover haar dochter wat ze nog nooit heeft durven toegeven, zelfs niet aan zichzelf. De scène gaat over de pijn die verbonden is met liefde... de fouten die ouders maken met hun kinderen... en de onvermijdelijke spijt die hoort bij ouder worden.

Maar het was nog niet precies wat ik wilde zien.

Het was weer zo'n geval waarbij de actrice niet hoefde te 'acteren'. Ik wilde dat ze heel gewoon deed.

Dus ik vroeg haar wat ze vond van ouder worden. 'Vertel het maar in je eigen woorden.' (Ondertussen gebaarde ik naar de cameraman om te blijven draaien.)

Ze moest nadenken. Sloeg haar ogen neer. Veel acteurs denken dat je in de camera moet kijken voor een betekenisvol moment, maar ik vind dat de interessantste dingen gebeuren als de acteur in zichzelf gekeerd is. Als je naar Brando kijkt, begrijp je wat ik bedoel.

Op dat moment probeerde Betty geen indruk te maken en was ze zich niet bewust van haar uiterlijk, en dat leidde tot de scène die in de film is gekomen. 'Het probleem was dat ik altijd dacht dat ik nog tijd genoeg had,' zegt ze. 'En nu voel ik me vanbinnen jong, als een kind, alsof het net begint en alles nog voor me ligt. Maar dat is niet zo.'

Het was een aangrijpend moment. De geest blijft jong en het lichaam wordt oud.

Ik vond het prachtig dat het zo oprecht klonk. Ze liet ons toe in haar leven.

Het was een gouden moment, zo eentje waar ik altijd naar op zoek ben in films. Die momenten raken je omdat ze zo waar zijn.

Bravo, Betty!

Rose komt thuis in haar moeders appartement omdat Gregory haar romantische toenadering heeft afgewezen, en wat er dan gebeurt is het kantelpunt in de film. Haar moeder geeft haar een foto van een tweejarig kind. Rose neemt aan dat het haar mooie zus is en zegt: 'Ze was toen al mooi. Moet je die ogen zien... En die lippen.'

En dan zegt haar moeder: 'Dat is Claire niet, dat ben jij.'

Rose is stomverbaasd. 'Ben ik dit? Was ik... móói?' (Het is trouwens een foto van mijn mooie peetdochter Caleigh. Zelf was ik op mijn tweede nog kaal.)

'Je vader was dol op je. Dat gevoel had hij nooit zo met Claire. Alleen bij jou.' En voor het eerst in haar leven hoort Rose haar moeder zeggen: 'Jij was heel erg mooi. Onthoud dat.'

Vanaf dat moment verandert Rose' houding ten opzichte van zichzelf. Ze had zichzelf nooit als mooi gezien. Dat wil niet zeggen dat ze het niet was... Alleen dat haar werd vertéld dat ze het niet was. En nu heeft ze een ander beeld van zichzelf. Haar zelfvertrouwen krijgt een flinke oppepper en er gaat een wereld voor haar open. Als ze ooit mooi was, kan ze weer mooi worden, en dat is ze dan ook van plan. Ze gaat ervoor zorgen dat haar lichaam weer in vorm komt en – niet onbelangrijk – haar geest ook. Ze stopt met kritiek op zichzelf hebben en laat haar ware aard zien.

In de eerste drie kwartier van de film, laat Rose nog niet eens een blote arm zien. Ze hult zichzelf helemaal in kleding. Houdt zich schuil. Maar nu gooit ze al die wijde kleren weg, laat haar haar knippen en blonderen, doet make-up op. Zoals we vroeger zeiden: ze was helemaal *faputzed*.

Het is alsof de echte Rose wordt onthuld.

De fysieke transformatie is slechts de uiterlijke indicatie van een diepere verandering vanbinnen. Dit bedoelde ik toen ik tegen Richard zei dat de verandering van binnenuit moest komen en niets te maken had met plastische chirurgie.

Ze krijgt meer zelfvertrouwen, ziet eindelijk in wat ze waard is. Samen met die nieuwe houding, komt nieuwe kracht. Ze voelt zich niet meer verlegen en onzeker tegenover Gregory, kijkt niet meer naar de grond, verbergt haar gevoelens niet meer. Nee, ze kijkt hem nu recht aan en vertelt hem dat ze niet door wil met hun huwelijk. 'Ik dacht dat ik ermee kon leven. Ik dacht dat het genoeg zou zijn, maar ik heb gelogen. Gelogen tegen mezelf, tegen jou... Ik geloof wél in de liefde en in lust en seks en romantiek... Ik wil rotzooi en chaos... Ik wil passie voelen en hitte en zweet en gekte!'

Ze gaat bij hem weg. En wanneer Alex, die Rose heeft gedumpt toen hij haar zus ontmoette, haar probeert te versieren (hij en Claire zijn inmiddels uit elkaar), voelt Rose de verleiding er weer op in te gaan. Maar dan komt ze tot haar grote vreugde tot de ontdekking dat de gevoelens die ze misschien voor hem heeft gehad, totaal zijn verdwenen. Ze probeert het uit te leggen: 'Ik dacht dat ik niet goed genoeg voor je was.'

Hij zegt: 'Maar je bent wel goed genoeg voor me Rose! Dat ben je wel!'

'Weet ik, weet ik. Maar jij bent niet goed genoeg voor mij, Alex.'

Ze ziet hem nu door andere ogen (en dan bedoel ik niet ogen die chirurgisch zijn veranderd), en nu dumpt zíj hém.

Tijdens het filmen vond toevallig de ergste winter in de geschiedenis van New York plaats. In januari kwam heel Manhattan tot stilstand door een sneeuwstorm die alle records verbrak. Ik vond het heerlijk. De sneeuw verstomde de stad. Het was heel vredig en stil... Alles was bedekt met een witte laag. Ik kreeg datzelfde gelukkige gevoel dat ik als kind kreeg, als ik door mijn raam op de eerste verdieping aan Pulaski Street naar de vallende sneeuw keek. De sneeuw bleef nog maanden vallen, wat ons hele schema in de war schopte. Grappig eigenlijk, want voordat we begonnen met filmen was me gevraagd of ik mijn twee schilderijen van Edward Hopper wilde uitlenen voor een expositie in het Whitney Museum. Ik had ze moeten teleurstellen, want ik wilde niet dat ze zo lang bij me weg zouden zijn. Wist ik veel dat ik zo lang in New York zou blijven voor deze film? Ik had ze in het Whitney kunnen bezoeken!

Tegen het eind van februari hoefden we in feite alleen nog maar de laatste scène te filmen, met Rose en Gregory op straat voor het appartement van Rose. Maar het vroor nog en er lag sneeuw, en dat was een probleem, want de scène moest eigenlijk in de vroege herfst plaatsvinden. Daarom besloten we om te stoppen en de grote verzoeningsscène in mei te filmen. (En ook dan zouden we nog bladeren aan de bomen moeten vastmaken.)

De scène ontwikkelde zich ondertussen op een wonderlijke manier...

Als ik regisseer, bedenk ik altijd of ik de eigen talenten van de acteurs kan inzetten. Op een avond in januari nam Jeff me mee naar een feest van Terry Gilliam. Toen hij me ten dans vroeg zei ik nee. Ik ben gewoon te verlegen om te gaan dansen met mensen erbij. Maar toen ik naar Jeff keek, zag ik dat hij ontzettend goed kon dansen.

Een paar avonden later, toen we de filmdag afrondden, kwam hij naar mijn kleedkamer met zijn favoriete cd's van Van Morrison. 'Kom, dans met me!' Het was uitzonderlijk dat ik een kleedkamer had die groot genoeg was om in te dansen, maar we hadden de sets in de hal op het exercitieterrein. Je kon er dus een heel leger kwijt; er was genoeg ruimte. Deze keer was ik niet verlegen, omdat niemand toekeek. Het was zo gemakkelijk om met Jeff te dansen... Ik hoefde hem alleen maar te volgen terwijl hij me alle kanten op draaide. Het was ontzettend leuk en het werd onze vaste routine: vrijwel elke avond na het filmen, dansten we in mijn kleedkamer.

Op een avond speelde ik een nummer af dat Quincy Jones had geproduceerd en naar me had opgestuurd omdat hij wilde dat ik naar een jonge zangeres luisterde, ene Tamia. Het heette 'You Put a Move on My Heart' en het had een heel lekker ritme, dus we dansten er veel op. Alle stress van het filmen viel weg en ik kon echt ontspannen. Het was de perfecte manier om de dag af te sluiten.

En toen ging me een licht op... dit zou ook de perfecte manier zijn om de film af te sluiten en een van Jeffs talenten te tonen. We zouden op straat dansen!

Ik wilde niet dat het er gechoreografeerd of gerepeteerd uitzag. Ik wilde dat het net zo spontaan zou zijn als in mijn kleedkamer.

Het is het laatste shot van de film, en ik zei tegen Jeff: 'We doen het op de laatste avond.'

Het is ingewikkeld om op een echte locatie te filmen, helemaal in Manhattan. We moesten een paar blokken aan West End Avenue afzetten, al onze apparatuur en lichtarmatuur erheen brengen en de bewoners informeren dat we hun slaap misschien zouden verstoren. Ik probeer mensen altijd zo min mogelijk tot last te zijn, en gelukkig lukte het om de hele scène op één avond op te nemen. Het begint ermee dat Gregory in een taxi aankomt bij het gebouw waar Rose woont. Het is heel laat, dus de portier weigert hem binnen te laten. Dan begint hij vanaf de straat naar het raam van Rose te schreeuwen, mensen worden wakker en zij komt naar beneden om met hem te praten. Hij is zo emotioneel dat hij stottert, zinnen begint die hij niet afmaakt.

In een poging hem te kalmeren zegt ze: 'Wat is er toch, Gregory? Ik sta hier wortel te schieten. Wat wil je nou precies zeggen?'

Hij probeert uit te leggen hoeveel spijt hij heeft dat hij haar heeft gekwetst. Dat waarvan zij dacht dat het een afwijzing was, was eigenlijk helemaal geen afwijzing; hij was gewoon bang geweest.

'Ik verlangde zo erg naar je dat ik de dingen niet meer helder zag,' zegt hij tegen haar en dan komt hij eindelijk tot de kern. 'Ik hou van je, Rose. En ik wil met je trouwen.'

Met een uitdrukkingsloos gezicht zegt Rose: 'Je bént al met me getrouwd, Gregory.'

En hij zegt: 'Dat klopt... Dat klopt... Inderdaad.' En dan zoenen ze en wordt hij duizelig.

Zij zegt: 'O jee. Rustig, het gaat vanzelf over. Hou mij maar vast.'

'Laat me nooit meer alleen, Rose.'

'Ik laat je niet meer alleen. Ik hou van je.'

In de film is een van de mensen die wakker wordt van Gregory's geschreeuw een dikke Italiaan, en nu zien we hem glimlachend op hen neer kijken en een plaat uit een hoes halen. (Toen ik op zoek was naar de juiste locatie, keek ik naar de ramen en toen bedacht ik hoe ik die prachtige aria van Puccini in de scène kon verwerken.)

Gregory zegt dan: 'Het maakt me niet uit of je mooi bent. Ik hou toch wel van je.'

En zij verzekert hem: 'Luister, als ik oud word gaat alles hangen en ik word al dikker waar je bij staat.'

Dan zoenen ze weer en klinkt die prachtige stem van Luciano Pavarotti die 'Nessun Dorma' zingt. Gregory en Rose kijken verbaasd omhoog. Ze zien niet waar de muziek vandaan komt. Uit de hemel? Is het dan echt waar? Dit moet wel echte liefde zijn, want ze horen muziek!

Ze kijken elkaar aan en lachen. Hij omhelst haar en dan zoenen ze weer terwijl de muziek aanzwelt tot die schitterende climax. Op de laatste noot bevriest het beeld en horen we de eerste tonen van het nummer 'I Finally Found Someone' en dan beginnen Gregory en Rose te dansen op straat.

Er zit een verhaal achter dat nummer. Het begon midden in een opnamesessie. Plotseling wendde ik me tot de dirigent en zei ik: 'Wacht even. Laat niemand iets spelen. Ik heb een melodie in mijn hoofd... Laat me die even neuriën. Kan iemand in de controlekamer alsjeblieft op een knop drukken zodat het wordt opgenomen?'

Toen ik Marvin vroeg of hij de muziek voor *The Mirror Has Two Faces* wilde maken, speelde ik die opname voor hem af en vroeg: 'Wat vind je hiervan, als themanummer?'

'Geweldig!' zei hij.

Zo werd mijn melodietje het thema, dat Marvin door de hele film laat terugkomen, en we maakten er een nummer van voor het einde. (Marvin voegde er een schitterende brug aan toe.) Ik vroeg aan de Bergmans of ze de tekst wilden schrijven, en die versie is te horen op het album met de soundtrack. Daar heet het 'All of My Life'.

Het is een mooie ballad, maar hij zit niet in de film omdat hij te rustig en bedachtzaam is. Er zat geen sexy ritme onder waardoor je zou willen dansen, of een opbouw die kon overbrengen dat deze twee mensen elkaar eindelijk hadden gevonden.

En toen kreeg Jay Landers een idee. 'Dit nummer gaat over twee mensen,' zei hij. 'Misschien moet het een duet worden.' Hij stelde Bryan Adams voor, die net een nummer 1-hit had gehad. Ik dacht: perfect! Zijn schuurpapierstem zou een interessant contrast vormen met mijn stem.

Helaas was Bryans platenmaatschappij niet zo happig op het idee. Ze maakten zich zorgen dat het niet goed zou zijn voor zijn rocksterimago als hij met mij zou zingen. Maar Bryan was enthousiast geworden na het horen van het thema en hij wilde proberen er een nummer op te maken met zijn schrijfpartner 'Mutt' Lange. Hun eerste poging was nog niet helemaal goed, maar de tweede was fantastisch. Ze begonnen met mijn thema en weefden er dan een andere melodie doorheen, met nieuwe tekst en een goed ritme, waardoor het nummer veel moderner werd. Ik vroeg David Foster om de plaat te produceren, en hij heeft dat schitterend gedaan.

Ik vond het prima om te zingen aan het einde van deze film, omdat het daar paste bij de rollen. Ik zag de hele scène al voor me in mijn hoofd. Tegen Andrzej zei ik: 'We hebben een kraan nodig en een vaste camera, zodat de een ons vanboven kan filmen en de andere vanaf de straat. En de man op de grond moet met ons meebewegen en in- en uitzoomen.'

En het moest snel, want we hadden maar even de tijd voordat de zon opkwam.

Het was zo heerlijk om met Jeff te dansen. Hij leidt niet alleen goed, maar hij kan er ook voor zorgen dat ik er eleganter uitzie dan ik ben. Op zeker moment duwt hij me zelfs achteruit tegen een auto en beweegt dan heel sexy zijn hand over mijn lijf en tilt mijn been op tot zijn middel, als bij een erotische tango. En daarna rende ik weg en strekte hij zijn handen naar mij uit. We renden weer naar elkaar toe en vielen elkaar in de armen. Hoe ik ook bewoog, ik kon erop vertrouwen dat hij me zou opvangen en hij had een prachtige glimlach op zijn gezicht. Als regisseur én actrice was ik meer dan tevreden. En heb ik al gezegd dat hij heel lekker zoent? Die Susan boft maar.

Het was heel spontaan en gemakkelijk. We zwierden en zwaaiden en soms gebaarde ik midden in een beweging naar Gregory Lundsgaard, de cameraman, dat hij dichterbij moest komen of verderaf moest staan. Hij deed het heel goed... Hij danste bijna met ons mee!

Ik vind dat een heerlijke manier van werken. Je weet zo'n beetje wat je gaat doen en toch ook weer niet. Iedereen is gefocust. Iedereen is enthousiast. We hadden slechts tijd voor drie takes omdat de zon opkwam en het licht te fel werd.

Voordat we begonnen stond ik voor nummer 505 aan West End Avenue en toen kwam er een bewoner naar me toe. 'Vroeger zag ik je hier heel vaak,' zei hij. En toen besefte ik pas dat dat het gebouw was waar Peter Matz woonde en waar ik kwam repeteren voor mijn eerste plaat toen ik twintig was. (Voor de film heb ik het nummer 505 in 404 veranderd, omdat de meeste gebouwen niet het echte adres in beeld willen. En ik hou meer van het cijfer 4.)

Nog meer serendipiteit dus. En nu stond ik met honderd mensen en een kraan van vijfentwintig meter hoog een droom waar te maken. Dat is het mooie van regisseren.

Natuurlijk zijn er ook altijd weer uitdagingen.

Toen we ons klaarmaakten om te gaan dansen, merkte ik dat David James, die de stills fotografeerde zoals hij ook bij *Yentl* had gedaan, nergens te bekennen was. Ik liep naar de producer en vroeg: 'Waar is David?'

'O, die moest weg. Hij kon de laatste avond niet komen.'

'En dat heb je me niet verteld? Waarom heb je niet een andere fotograaf ingehuurd?' (Dat zou maar 500 dollar hebben gekost.) 'Dit is het hoogtepunt van de film. Is het niet bij je opgekomen dat we misschien foto's van deze scène nodig zouden hebben? Voor de reclamecampagne?'

En raad eens? We hebben inderdaad een foto van die scène gebruikt op de filmposter waar we een paparazzi-fotograaf 35.000 dollar voor moesten betalen. Dat soort verspilling vind ik echt verschrikkelijk.

Ik ging terug naar Los Angeles en bracht de zomer door in mijn pas gerenoveerde huis, terwijl ik samen met mijn oude vriend Jeff Werner de film monteerde. Twee maanden na de laatste filmdag hadden we al iets wat we konden laten zien als voorvertoning. Mijn hart ging tekeer toen er mensen voor het eerst naar zouden kijken.

Maar het publiek bij de voorvertoningen reageerde geweldig. En toen de film op 15 november 1996 uitkwam, was hij nog meer een publiekstrekker dan al mijn eerdere films.

Maar toen kwamen de recensies. Robert Ebert vond de film goed en begreep wat ik wilde zeggen. Vreemd genoeg pikte hij ook de scène met Lauren Bacall eruit, toen ik haar had gevraagd hoe het voelde om mooi te zijn. Hij zei: 'We krijgen het eigenaardige, magische gevoel dat we Streisand en Bacall zelf horen praten.'

Precies!

Maar andere recensies waren minder aardig. Ik probeerde me er niet veel van aan te trekken, maar toch was het kwetsend. Het was ook opvallend dat zoveel mensen de film verkeerd interpreteerden. Een tijdschriftenuitgever uit New York had de film gezien en zei: 'Ik vind de boodschap in de film niet prettig. Alsof je mooi moet zijn voordat er iemand van je kan houden.'

Ze had het helemaal mis! Rose veranderde alleen haar houding, niet haar gezicht. En Gregory werd juist verliefd op de oude, gewone Rose. Daar werd hij zelf bang van, en daarom ging hij ervandoor. Daarna moest hij wennen aan haar nieuwe ik. De ironie is juist dat Gregory van haar houdt, ongeacht het feit dat ze nu mooier is.

Het is heel complex... de liefde.

Ik vond het heel fijn om met Jeff samen te werken en ik was blij toen hij zei dat hij er ook van had genoten. 'Je hebt me in mijn hart geraakt,' zei hij. (Dat was vooral erg lief, omdat het een zin is uit het nummer waar we zo vaak op hadden gedanst.)

Ik was erg blij toen Lauren Bacall de Screen Actors Guild Award won voor Best Supporting Actress en werd genomineerd voor een BAFTA. En toen won ze ook nog een Golden Globe!

Toevallig was Jeff Bridges degene die de prijs mocht uitreiken aan Betty. Ongelooflijk dat dit de éérste keer was dat ze was genomineerd voor welke rol dan ook in haar carrière. Haar speech raakte me heel erg: 'Ik moet Barbra Streisand bedanken... Als zij er niet was, zou deze film niet zijn gemaakt. Als zij er niet was, zou ik deze rol niet hebben gekregen. En als zij er niet was, zou ik hier nu niet staan... voor de manier waarop zij de film regisseerde en mijn rol in het bijzonder.'

Ik belde haar naderhand en zei: 'Ik ben ontzettend trots op je!' En ik bedankte haar voor haar lieve woorden. Ik was ook genomineerd als actrice, maar ik kan niet tegen die spanning, dus ik bleef gewoon thuis en bekeek het allemaal op tv.

Marvin Hamlisch was genomineerd voor Best Original Score en 'I Finally Found Someone' was genomineerd voor Best Original Song. Geen van ons won, maar het nummer werd een grote hit en werd ook genomineerd voor een Oscar. En Lauren Bacall ook. Dat was heel bijzonder voor haar en ik was blij dat de Academy haar prestatie erkende.

Ik besloot naar de Oscar-uitreikingen te gaan, maar ik zei tegen de producers dat ik het nummer niet kon zingen. Daar zou ik te zenuwachtig voor zijn. Dus vroegen ze Natalie Cole, maar zij werd op het laatste moment ziek en toen viel Celine Dion in. (Zij stond al op de rol om een van de andere genomineerde nummers te zingen.) Ik zat in het publiek naar de voorstelling te kijken en was dolblij toen de choreograaf Michael Kidd, mijn vriend van *Hello, Dolly!* zijn ere-Oscar kreeg... En toen begon ik ineens te bloeden. (Ik had last van endometriose.) Ik stond snel op en haastte me naar de wc's. Toen ik weer naar buiten kwam, had Celine het nummer al gezongen. Ik wist niet dat zij op het punt stond om te beginnen en vond het verschrikkelijk dat ik haar had gemist. De kranten probeerden er natuurlijk weer een of ander schandaal van te maken, alsof ik haar expres niet had willen horen zingen.

Niets was minder waar. Wie zou niet willen dat Celine Dion een nummer zong dat jij mede had geschreven? Later trof ik haar en verontschuldigde ik me uitvoerig. Ze begreep het volkomen. Ik zei: 'We moeten een nummer zoeken dat we samen kunnen zingen.'

En dat leidde tot 'Tell Him', ook geproduceerd door David Foster, dat genomineerd werd voor een Grammy.

Maar 'I Finally Found Someone' won geen Oscar en Betty ook niet... wat nog veel teleurstellender was.

De hele ervaring was behoorlijk stressvol en het herinnerde me eraan dat ik dit soort evenementen gewoonlijk vermeed. Ik was op een punt in mijn leven aanbeland waarop ik dacht dat ik geen films meer wilde maken. Ik had aan mezelf bewezen dat ik kon regisseren, maar ik wist niet of ik het nog eens zou willen doen.

En er gebeurde nog iets. Ik was die avond niet alleen. Even was het alsof het leven een film was, want ik ontmoette James Brolin.

Rose kreeg haar man, en ik ook!

54

Jim

Jeff Werner en ik zaten aan de montagetafel in Oma's Huis toen ik het me ineens herinnerde.

'Hoe laat is het?' vroeg ik hem.

Hij keek op zijn horloge. 'Halfzeven.'

'Shit. Ik moet weg.'

Ik had helemaal geen zin in het dinertje. Toen Christine Peters me twee weken daarvoor had gebeld, zei ik dat ik druk bezig was met het monteren van *The Mirror Has Two Faces* en dus geen tijd had voor feestjes. Maar ze stond erop dat ik kwam, want ze wilde me aan iemand voorstellen... James Brolin.

Ik wist niet veel over hem, dus vertelde ze me het een en ander. Hij had de jonge, motorrijdende dr. Steven Kiley gespeeld in de tv-serie waar hij beroemd mee werd, *Marcus Welby, M.D.*, maar die had ik nooit gezien. Recenter had hij ook in een andere serie gespeeld: *Hotel*. Dat kwam me wel bekend voor... Ik zag een knappe man met dik, donker haar en een baardje voor me. Christine zei dat ze Jim net had ontmoet op een feestje en dat hij heel aardig was én single! Ze dacht dat we elkaar wel zouden mogen, dus had ze dit etentje georganiseerd om ons bij elkaar te krijgen als een soort blind date. (Nou ja, halfblind dus, omdat we wel van elkaar wisten hoe we eruitzagen.)

Met tegenzin zei ik: 'Goed dan.' Maar daarna vergat ik het weer. En toen was het ineens 1 juli, de dag van het etentje, en was ik te laat om een smoes te verzinnen.

Ik moest weg, net toen de tweede ploeg van editors aankwam. Ik zette iedereen aan het werk, zei: 'Ik ben zo snel mogelijk weer terug, waarschijnlijk rond tienen,' en ging ervandoor.

Renata bracht me naar Christines huis. Er waren meer mensen dan ik had verwacht. Ik werd weer helemaal verlegen, dus besloot ik naar beneden te gaan om bij Caleigh en Skye te gaan kijken. (Christines relatie met Jon had geen standgehouden, maar de onze wel, en ik was de peetmoeder van beide meisjes.) Op weg naar beneden zag ik een glimp van een man die tegen een muur leunde en met iemand praatte. Is dat hem? vroeg ik me af. Waar was dan die grote vent met snor en baard en dik donker haar die ik verwachtte? Deze man was gladgeschoren en had heel kort haar. Op dat moment keek hij naar mij en glimlachte. Ik zwaaide flauwtjes en bleef doorlopen.

Ik bleef beneden met de kinderen spelen terwijl er boven cocktails en hapjes rondgingen, totdat Christine riep: 'Het eten is klaar. Kom naar boven!'

Op het terras waren drie tafels gedekt voor tien mensen en er was nog maar één stoel vrij. Het was de stoel naast Jim. Nu kon ik zijn haar beter bekijken. Het zag er raar uit, want het was grijs bij de aanzet en een beetje roodachtig bruin aan de uiteinden. Toen ik achter hem langsliep om te gaan zitten, deed ik iets wat heel ongewoon was voor mij, want ik raak het haar van een man meestal niet aan, tenzij ik met hem werk als acteur of regisseur.

Maar nu liet ik mijn vingers zachtjes door zijn korte stekeltjes gaan en vroeg: 'Wie heeft je haar zo verpest?'

Hij voelde zich niet beledigd, maar was onder de indruk. Later vertelde hij me dat zijn eerste gedachte was: ik heb in Hollywood veel leugenaars ontmoet, maar dit is iemand die de waarheid zegt.

Hij had zijn haar net kort laten scheren voor een rol, en liet de verf van een andere rol uitgroeien. Dus zijn hoofd zag er een beetje raar uit, als een kogel met stoppels.

Dat was het begin van een lang gesprek over van alles. Van architectuur tot relaties. Geen van beiden praatten we die avond nog met iemand anders. Een paar uur later dacht ik pas aan de editors en zei ik: 'Ik moet gaan.'

Jim zei: 'Ik breng je naar huis.'

'Dank je, maar mijn assistente Renata komt eraan met de auto en ik moet nog werken. Er zitten twee editors op me te wachten.'

'Zeg dat ze naar huis mogen gaan.'

Nu was *ík* onder de indruk. Ik kende deze man nauwelijks, en hij nam zomaar het heft in handen. En het bijzondere was dat ik er nog in meeging ook. Ik belde Renata en zei dat ze naar huis kon gaan, het licht voor ons kon aanlaten en de editors naar huis kon sturen.

Dus Jim bracht me thuis en kwam mee naar binnen, waar we het gesprek voortzetten. Ik liet Renata zelfs mijn middernachtelijke massage afbellen. (Cadeautje aan mezelf als ik tot laat doorwerk.) Het was voor het eerst dat ik dat voor een man had gedaan. We zaten in mijn woonkamer te kletsen tot ik op de klok keek en schrok. 'Ongelooflijk. Het is twee uur 's nachts en ik moet heel vroeg op om te werken.'

Dus we stonden op en ik zei: 'Ik loop wel even met je mee naar de deur.'

Dat betekende dat we door mijn ruime hal zouden lopen, waar allemaal Amerikaans antiek staat, onder andere een tafel met kandelaars, een vaas met bloemen en een koperen dienblad met een karaf met port en een paar glaasjes erop.

Het ziet er een beetje uit als een decor, en er zit nooit iemand, maar het was alsof Jim en ik nog geen afscheid konden nemen, want op een gegeven moment zaten we daar alweer een uur te kletsen. We namen zelfs een glaasje port. (Dat dronk ik vroeger af en toe voordat ik last kreeg van brandend maagzuur.)

Uiteindelijk moesten we toch echt afscheid nemen en terwijl we dat deden, werden we allebei opeens een beetje verlegen. Het was een spannend moment. Beiden voelden we dat er mogelijkheden waren, die we niet wilden verpesten. Later vertelde Jim me dat hij zich niet wilde opdringen, en ik voel me eigenlijk altijd ongemakkelijk in dat soort situaties.

Als iets de potentie heeft om serieus te worden, heb ik van nature de neiging om me terug te trekken, want elke stap vooruit kan grote gevolgen hebben. Ik word dan nog voorzichtiger, omdat nieuwe emoties eng zijn en alle kleine dingetjes ertoe doen.

Daar bij de deur hield ik dus afstand, maar Jim kwam dichterbij en ik dacht: ik hoop dat hij niet gaat proberen me te zoenen, want dan zou ik niet weten hoe ik moet reageren.

En toen spreidde hij zijn armen en gaf me gewoon een knuffel. Dat voelde goed.

Ik weet nog dat ik even later glimlachend in bed lag, want dat heb ik in mijn dagboek geschreven. Ik schreef ook op dat hij 'heel leuk, aantrekkelijk en mannelijk' was en dat hij mooie tanden had. Jim heeft prachtige jukbeenderen, een sterke kaak en een aristocratische neus, en zijn gezicht is zo symmetrisch dat hij er van alle kanten goed uitziet (in tegenstelling tot mij). Hij deed me zelfs een beetje denken aan van die marmeren heldenbeelden die ik in Washington D.C. had gezien. En ik vond het ook leuk dat hij meer interesses had dan acteren. Hij was piloot en hield van vliegen. Hij genoot er ook van om dingen met zijn handen te bouwen. En goddank was hij ouder dan ik.

Op donderdag was het de Fourth of July en op vrijdag had ik een paar vrienden met kinderen uitgenodigd, dus ik nodigde Jim en zijn achtjarige dochter Molly ook uit. Ik weet nog dat ik met haar in de keuken stond en vroeg of ze ijs wilde.

'Ik heb vier verschillende smaken,' zei ik. 'Chocola, vanille, aardbei en koffie. Welke wil je?'

'Ik hou niet van ijs,' zei ze.

Wat? Ik had nog nooit een kind ontmoet dat niet van ijs hield.

'Mijn moeder zegt dat het slecht voor je is,' vertelde ze.

Bijzonder, een achtjarige die op haar gezondheid lette.

Ondertussen was Jim steeds met iemand anders in gesprek als ik naar hem keek. Ik herinner me nog dat ik tegen mijn vriendin Lynda Obst zei: 'Dit wordt niks, volgens mij. Kijk nou. Het is alsof hij helemaal niet met me wil praten.'

Maar Jim legde later uit dat hij zag dat iedereen met me wilde praten en dat hij niemand in de weg wilde zitten. En ik was zelf veel te gereserveerd om op hem af te stappen. Kortom, het was ongemakkelijk.

De dag daarna zou ik naar Skyes verjaardag gaan en daar bleek dat Christine Jim en Molly ook had uitgenodigd. Ik kwam laat omdat ik wist dat hij zou komen en niet kon beslissen wat ik aan moest trekken. Het was een zwemfeestje, en zodra ik er aankwam wist ik dat ik de verkeerde keus had gemaakt. Iedereen liep in korte broek of badpak en ik zag er idioot en misplaatst uit in mijn zwarte hemdje, zwarte rok, zwarte panty en zwarte ballerina's met zwarte linten op een hete zomerdag. (Wat bezielde me?)

De kinderen lagen in het water en ik zag Jim aan de andere kant van het gazon staan. Hij droeg een hawaïshirt. Ik hou niet van hawaïshirts. (Ze zijn vaak heel druk en leiden af van iemands gezicht.)

En vanaf dat moment werd alles alleen nog maar erger.

Ik hoorde Jim met een vrouw praten en hij vertelde haar exact hetzelfde persoonlijke verhaal als hij mij die eerste avond had verteld. Ik voelde me in één klap minder bijzonder én ik voelde dat ik weer in mijn schulp kroop. (Op dat moment wist ik nog niet dat hij en die vrouw in Montecito buren waren geweest.)

Voor de lunch kwam er een hotdogkarretje. Het rook heerlijk en ik wilde er dolgraag een, maar ik was die ochtend wakker geworden met het idee om voor hem op dieet te gaan. Bovendien zijn hotdogs lastig om te eten, dus ik zou ongetwijfeld mosterd op mijn topje hebben gemorst. Dus ik wist me in te houden, en ook bij de ijsjes als toetje. Ik liep naar de tafel met mijn ijsthee en toen stond Jim net op toen ik wilde gaan zitten.

Dit wordt echt niks, dacht ik. Lááit maar.

Het is wel interessant om te zien hoe snel ik van geïnteresseerd naar 'dit wordt nooit wat' kon gaan. Waarschijnlijk was ik gewoon gefocust op het negatieve, en zag ik dat daardoor alleen maar. Dus ik vertrok, en Jim herinnert zich nog dat ik hem niet eens gedag heb gezegd.

Thuis was ik zo van streek dat ik Renata vroeg om een hotdog voor me te maken, compleet met zuurkool en mosterd. Laat dat dieet ook maar zitten, dacht ik. Toen ik de hotdog op had zei ik: 'Ik wil er nog een.' Ik at ze allebei in bed op, met twee koffie-ijsjes als toetje. (Ik kan het nooit bij eentje houden.) Ondertussen las ik het nieuwste exemplaar van *The Economist* en dacht bij mezelf: geen relaties. Terug naar de politiek.

Jim belde die avond een paar keer, maar ik had nog geen zin om hem te spreken. Ik had Renata opdracht gegeven om te zeggen dat ik er niet was.

Maar hij gaf niet op. Hij was op een of andere manier aan mijn faxnummer gekomen en faxte me zondagochtend het volgende: 'Reageer, anders ga ik smerigheid faxen.' Daar moest ik wel om lachen. Hij had zijn telefoonnummer erbij gezet en schreef verder: 'Vanavond? Ja? Nee? Misschien? Ik ga vanochtend naar mijn ouders.' (Hij schreef het nummer van zijn autotelefoon er ook bij. 'Liefs, Jim.'

Liefs! Kun je het je voorstellen? Waarom zou hij 'liefs' schrijven? Ik doe dat nooit, tenzij ik echt van diegene hou. Hij kon toch niet zo snel al van mij houden?

Na die fax (die ik nog steeds heb; hij staat ingelijst op mijn bureau) moest ik hem wel terugbellen.

'Wanneer kan ik je weer zien?' vroeg hij.

Dat vond ik fijn... rechtdoorzee. Ik antwoordde: 'Je kunt me bijvoorbeeld meenemen naar de film, maar ik kan niet te lang weg.' We gingen naar een bioscoop in de buurt, op zeven minuten van mijn huis. Ik weet nog dat hij links van me zat en steeds opzijkeek om naar mij te kijken in plaats van naar het scherm. Tot ik fluisterde: 'Kijk niet zo naar me. Daar word ik verlegen van.' (Maar stiekem vond ik het wel leuk.)

Onze eerste eetafspraak was op 10 juli in Caffé Delfini, een klein, eenvoudig Italiaans restaurant waar de verlichting bestond uit één enkele kaars op elk tafeltje. Voor mij is dat de verschrikkelijkste verlichting. Niemand ziet er goed uit wanneer hij van onderaf wordt belicht. Daarom zette ik mijn lege wijnglas op zijn kop en zette de kandelaar daar voorzichtig bovenop. Dit zorgde voor een betere positie van het licht.

Overal waar ik kom, probeer ik de belichting te verbeteren, ik kan er niets aan doen. Als ik in de eetkamer van vrienden ben, zeg ik bijvoorbeeld: 'Het is beter om langere kaarsen te hebben, zodat het licht op ooghoogte is.' (De meeste vrouwen waarderen dat.)

Jim en ik hadden een heerlijke avond in het restaurant. Het was ontspannen en romantisch. Hij was heel open over zijn gevoelens. Hij zei dat hij zijn hart had voelen fladderen toen we elkaar voor het eerst ontmoetten. (Toen ik dit net aan hem voorlas, zei hij: 'Ja natuurlijk, ik ben geboren met een hartruis.' Had ik al verteld dat hij heel grappig is?)

De dag na ons dinertje was ik in de studio bezig met ADR (*additional dialogue replacement*, oftewel: ik zat een paar extra zinnetjes in te spreken) samen met Jeff en Brenda. Zij gingen weg, en ik stond op het punt om mijn eigen zinnen in te spreken toen Jim me verraste met een bezoekje. Hij zag er heel knap uit in zijn zwarte T-shirt. En het leek alsof zijn haar alweer ietsje was gegroeid! Hij had een doosje gemberthee voor me meegebracht en zei: 'Dit is goed voor je keel.' Dat vond ik zo attent, want ik zou die dag urenlang moeten praten.

Hij ging weer weg, zodat ik aan het werk kon en toen werd ik door James Newton Howard gebeld. Ik ging naar een klein kamertje met een glazen schuifdeur, zodat ik hem in alle rust kon spreken. Ik had hem niet meer gezien sinds hij met zijn vrouw naar mijn concert in Anaheim was gekomen, maar nu vertelde hij me dat hij zoveel aan me moest denken en dat hij me zo miste.

'Nu ik je toch aan de lijn heb,' zei ik, 'moet ik je wat vertellen.'

'Wat dan?'

'Ik heb iemand ontmoet.'

'Maar dan kunnen wij misschien nog wel een affaire hebben?'

Ik begon te lachen en zei: 'Hou toch op.'

Toen was het stil aan de andere kant van de lijn. Na een tijdje zei hij: 'Ga ervoor.'

En dat deed ik.

Jarenlang had ik geen tijd gehad voor een echte relatie, omdat ik het druk had met de ene film na de andere. Maar nu, nu ik net klaar was met het regisseren van een film en het spelen van Rose – iemand die wél heel graag romantiek in haar leven wil – leek het alsof de werkelijkheid de fantasie inhaalde, want Jim verscheen in mijn leven.

Het was alsof Rose beter wist wat goed voor me was dan ikzelf.

Diep vanbinnen had ik ook behoefte aan romantiek gehad, maar ik verloor me steeds in mijn werk. Ik had de neiging om mijn werk te gebruiken als vervanging van een relatie.

Jim en ik ontmoetten elkaar op een punt in mijn leven waarop ik eigenlijk al had opgegeven dat ik ooit nog iemand zou ontmoeten. Eerlijk gezegd vond ik het prima om alleen te zijn. Ik had leuke vrienden die me gezelschap hielden, ik haalde voldoening uit mijn werk en ik was helemaal weg van mijn nieuwe huis in Malibu met uitzicht op zee.

Misschien moet je eerst zelf gelukkig zijn voordat je gelukkig kunt worden met iemand anders.

Tussendoor wil ik even vertellen over dat huis waar ik uiteindelijk met Jim zou gaan wonen. Toen ik het voor het eerst zag in 1984, vond ik de locatie spectaculair. Maar Richard Baskin, met wie ik op dat moment een relatie had, zei dat het te dicht bij de klif stond en dat ik er heel veel aan zou moeten veranderen. Er was bijvoorbeeld niet echt een entree. Door de voordeur kwam je in een klein halletje met een lompe trap naar boven. De slaapkamer en het bad waren klein. Het zou nog een hele verbouwing vergen en dat was niet aantrekkelijk, aangezien ik net vijf jaar lang het art-decohuis had verbouwd.

En toen zei mijn zakelijke adviseur: 'Je kunt het je pas veroorloven als je de ranch verkoopt.'

Dus ik liet dat huis voor wat het was... en dacht er de komende elf jaar verlangend aan terug.

Het stel dat het toen wel kocht, was drie jaar bezig met verbouwen. Ze kregen te horen dat ik vaak kwam kijken bij de verbouwing, dus nodigden ze me via hun makelaar uit toen het klaar was. Ik liep naar binnen en dacht: mijn hemel, dit is ongelooflijk! Het was alsof ze mijn gedachten hadden gelezen, want ze hadden alles precies zo gemaakt zoals ik het zou hebben gedaan. Ze hadden gezorgd voor een elegante entree met stucwerk en pilaren en een prachtige gedraaide trap. Het was precies wat ik me had voorgesteld en nu bestond het gewoon in het echt. Wat een geschenk!

Toen ik boven de slaapkamer bekeek, zag ik een deur die ik eerder niet had gezien. Was het een linnenkast? Een bezemkast? Ik deed hem open en mijn hemel: het was nog een kamer! Met een bad! Toen ik daar in de deuropening stond, dacht ik: hier is ruimte voor een man. Hij zou hier zijn werkkamer kunnen hebben, met een bureau en een bank, zijn eigen kasten en zijn eigen bad. Het zou perfect zijn... Als ik een man had gehad.

Het was net zoals toen ik op mijn zestiende graag actrice wilde worden en op de drempel van de slaapkamer in mijn eerste New Yorkse appartement stond. Toen had ik naar mijn onopgemaakte bed gekeken en gedacht: als ik beroemd word, kan ik mijn bed laten opmaken door iemand anders.

En die droom is uitgekomen.

Maar in 1987 waren mijn dromen over het huis nog niet uitgekomen. De makelaar zei dat de eigenaars het wel wilden verkopen en hij noemde een prijs.

Ik zou het hebben begrepen als ze het dubbele vroegen van wat ze ervoor hadden betaald, of zelfs het driedubbele, maar het vierdubbele? Het voelde alsof ze misbruik van me wilden maken. Ik deed een lager bod, maar dat accepteerden ze niet. Het huis glipte dus voor de tweede keer door mijn vingers.

Maar driemaal is scheepsrecht! Het stel ging scheiden, de prijs ging omlaag en in 1995 kon ik eindelijk het huis kopen waar ik zo lang naar had verlangd.

Nu ik die kamer had, die zo geschikt was voor een man, verscheen ook de man: Jim.

Had de kracht van de verbeelding daarvoor gezorgd?

Volgens mij wel.

Slechts twee weken nadat we elkaar hadden ontmoet, moest hij naar de Filipijnen voor een film. We namen een foto in mijn woonkamer, om onze tijd samen vast te leggen. Op die foto lachen we allebei breeduit en oprecht. (Jim heeft die foto nog steeds op zijn nachtkastje staan.)

Hij belde elke dag. We waren net pubers. Elk telefoontje duurde tussen de twee en vijf uur. Ik ben zelfs een keer op de grond in mijn kleedkamer in slaap gevallen met de telefoon in mijn hand. Die arme man spendeerde zijn hele salaris aan die telefoontjes.

Soms is het gemakkelijker om intieme zaken te delen als de andere persoon heel ver weg is. We leerden elkaar toen echt beter kennen. Ik vond hem heel intrigerend: lang en knap, en als we in een vliegtuig zouden zitten en er iets met de piloot gebeurde kon hij het overnemen. Hij was ook een heel goede chauffeur. Toen hij jonger was had hij aan autoraces gedaan. Hij was vriendelijk en gevoelig, en hij gaf me een veilig gevoel. Hij zei: 'Die eerste keer dat we elkaar ontmoetten werd ik al verliefd op je toen je zei: "Wie heeft je haar zo verpest?" Op dat moment wist ik dat we een relatie zouden krijgen.'

Daar sloeg mijn hart van over. En toen hij thuiskwam, was het zoals Jim zegt: 'Net een shampooreclame, we renden naar elkaar toe en vielen elkaar in de armen.'

Voor mij was het ongewoon om zo snel zo close met iemand te worden. Maar Jim was gewoon niet geïntimideerd door mij. Hij was juist heel sportief en zei: 'Ik steun jou.'

Dat bracht me van mijn stuk, omdat niet veel mannen bereid zijn een vrouw de leiding te geven, en afgunstig zijn als zij die op eigen houtje pakt. Hij had iets heel bijzonders gezegd wat veel voor me betekende, niet alleen vanwege de aanmoediging die hij me daarmee bood, maar ook omdat het toonde dat hij voorbij het bestaande beeld van mij keek en mijn kwetsbaarheid en onzekerheid zag.

Het cliché bestaat dat de vrouw het liefst wil settelen, maar dat was bij ons niet het geval. Jim overrompelde me een beetje met zijn plannen voor de toekomst. Ik was veel voorzichtiger. Bovendien was ik nog druk met de laatste loodjes van *The Mirror Has Two Faces*.

De campagnes voor de presidentsverkiezingen waren ook in volle gang. In september zong ik op een benefietavond van de Hollywood Women's Political Committee in de achtertuin van Ted Field voor president Clinton. Het was als een déjà vu. Maar deze keer had ik Jim bij me, en ik kon niet wachten tot ik hem kon voorstellen aan de president en zijn vrouw.

Ze waren heel blij voor ons. 'Je verdient dit,' zei Bill tegen me. En Hillary zei dat Jim heel knap was en ze nodigde ons uit op het Witte Huis. Iemand maakte een foto van me, met de mannen aan weerszijden van me, en ik weet nog dat Bill toen met een grote glimlach zei: 'Een sandwichfoto. Jij, tussen je twee grootste bewonderaars.'

Die avond straalde iedereen.

Ik schreef weer naar president Clinton over de aanstaande debatten. Ik zei dat hij aan JFK moest denken; die had Nixon nauwelijks aangekeken en niet met zijn hoofd geschud als de ander antwoord gaf. Hij gaf zijn macht niet uit handen. Ik schoot in de regisseursrol en zei tegen Bill: 'Reageer niet op alles wat Dole zegt. Kijk gewoon naar beneden en maak aantekeningen. Het is veel interessanter als het publiek niet weet wat je denkt totdat je het hardop zegt.'

Op de dag van de verkiezingen vlogen Renata en ik op uitnodiging van de Clintons naar Little Rock. Jim was toen in Ierland zijn eerst film *My Brothers War* aan het regisseren, waar hij ook in acteerde. Zodra we in het hotel aankwamen, belde ik zoals beloofd naar Jim, om hem te laten weten dat we veilig waren aangekomen. Daarna gingen we naar de ruimte waar iedereen samenkwam om met president Clinton en vicepresident Gore naar de uitslag van de verkiezingen te kijken. Uiteindelijk zat ik op de grond te spelen met Tyler, de tweejarige zoon van Roger Clinton. Hij e-mailde me toevallig onlangs. Hij noemt me nog steeds tante Barbra.

Toen Clinton om negen uur die avond tot winnaar werd verklaard, zoende en omarmde iedereen elkaar dolblij. Wat een opluchting! De volgende ochtend ontbeten we met z'n allen. Bill bestelde grutten met kaas en dat zag er zo lekker uit dat ik vroeg om een hapje... waarna ik een kom voor mezelf bestelde. Daarna vloog ik naar New York voor een reeks tv-interviews omtrent de première van *The Mirror Has Two Faces*, die op 10 november zou plaatsvinden. Jim had op een of andere manier weten te regelen dat hij erbij kon zijn. Daarna vloog hij meteen weer terug naar Ierland. Dat hij die moeite nam, maakte veel indruk op me.

Ik genoot ervan dat hij zo attent was. Als we niet bij elkaar waren, stuurde hij me lieve, grappige faxen: 'Mis je het dat ik je niet midden in de nacht kom storen?' En we hadden weer van die marathontelefoontjes. Eén keer hadden we elkaar zelfs zeven uur lang aan de lijn, in drie etappes. Het was maar goed dat ik had geregeld dat ik met Thanksgiving naar Ierland zou gaan, al was het maar vanwege de telefoonrekening.

Jim had een kleine cottage gehuurd, en voor Renata vonden we er eentje in de buurt. Het waren oude huisjes, met de hand gebouwd. Toen ik de kraan boven het bad opendraaide, kwam er bruin water uit. 'Dat komt door het veen. Het is goed voor je!' zei Jim.

Ja hoor.

Ik moet in elk geval wel heel verliefd zijn geweest, want ik stond op wanneer hij moest opstaan (om vijf uur) en maakte ontbijt voor hem voordat hij naar de set ging. Ik wilde hem steunen in zijn werk, net zoals hij mij steunde. Maar zoals ik al heb verteld: ik kan niet koken. Jim wist niet dat Renata alle ingrediënten 's avonds voorbereidde, zodat ik ze alleen maar in de pan hoefde te gooien en het fornuis moest aansteken. Brood roosteren en boter smeren deed ik wél zelf.

Het was een magische periode. Ik was uit mijn normale leven gestapt dat bestond uit werken, werken en nog eens werken, en voor de verandering was ik vrij. Vrij om mijn verzorgende kant te verkennen. Ik vond het heerlijk om dingen voor deze man te doen.

We zaten in het westen van Ierland, aan de kust van Connemara, maar ik kreeg nog meer van het land te zien omdat Jim een avonturier is. Hij houdt ervan om de auto te pakken en ergens heen te rijden, ook al weet hij niet wat hij daar aantreft. Hij wil niet eens iets reserveren. Hij ontdekt liever een leuk restaurantje onderweg.

Ik ben precies het tegenovergestelde. Ik wil graag precies weten waar ik heen ga en plan alles van tevoren. Ik ben doodsbang om ergens op verlaten landweggetjes te verdwalen zonder telefoon, zonder navigatiesysteem en zonder hulp. Daarom bereid ik me altijd voor op het ergste wat er kan gebeuren, terwijl hij uitgaat van het beste en in de veronderstelling verkeert dat het lot hem wel goedgezind zal zijn... En meestal is dat ook zo.

In de weekenden maakten we lange ritten over het Ierse platteland, wat het woord 'groen' een diepere betekenis gaf. Ik heb nog nooit zoveel kleuren groen gezien. Elk landschap leek wel een pastoraal schilderij, met schapen op de heuvels. En ik heb ook nog nooit zoveel weersoorten op één dag meegemaakt. Het ging van mistig naar hoosbuien naar stralende zon, en dat was alleen nog maar de ochtend.

Ik heb veel herinneringen aan die tijd. We brachten een nacht door in het dertiende-eeuwse kasteel van Ashford, waar een luxehotel van was gemaakt. Wij kregen de John Wayne-suite. Blijkbaar hadden hij, Maureen O'Hare en regisseur John Ford in 1951 in het kasteel gelogeerd toen ze de film *The Quiet*

Man maakten. Daar werd je voortdurend aan herinnerd, want ze speelden er non-stop John Wayne-films af.

Op de terugweg naar onze nederige cottage kreeg ik zoals gewoonlijk honger, dus stopten we bij een pub waar we heerlijk Iers sodabrood aten met de beste tomatensoep die ik ooit heb geproefd (zelfs beter dan die van Campbell's).

In een restaurant in Galway, waar we vaak aten, hoorde ik een prachtig pakkend stuk muziek. Het was instrumentaal, met alleen piano en viool. Ik vroeg wat het was en kreeg te horen dat het 'Heartstrings' heette en op een plaat stond die *Songs from a Secret Garden* heette. Het restaurant had maar drie cd's dus we leerden die plaat goed kennen. Ik vond het nummer heel aangrijpend en Jim was nog op zoek naar muziek voor zijn film. Dus ik stelde voor dat dit stuk geschikt kon zijn voor het einde. Daar was hij het mee eens en hij heeft het gebruikt.

Ik stopte net even met schrijven om me te herinneren wanneer hij me voor het eerst ten huwelijk vroeg. Ik vroeg het hem en hij zei: 'Vanaf het begin al. Ik kreeg er zere knieën van.'

Waarschijnlijk nam ik hem toen niet serieus.

Hij zegt: 'Jij was nogal schichtig. Ik realiseerde me dat ik je moest laten wennen aan het idee, dus dan hield ik me een poosje in, zodat je erover na kon denken.'

Dat hij me in Ierland heeft gevraagd herinner ik me nog wel.

Ik heb moeite met vertrouwen en waarschijnlijk stelde ik hem onbewust op de proef.

Ik herinner me een avond in New York. Er speelde een opera waar ik heen wilde in de Met, en ik nodigde Cis en Harvey uit om met ons mee te gaan. Onze twee stoelen stonden pal voor die van hen en ik hoopte dat Jim zijn arm om mee heen zou slaan, zodat zij konden zien hoeveel ik voor hem betekende. Maar dat deed hij niet. Hij paste zich niet aan aan het plaatje in mijn hoofd. (Jim vindt het niet prettig om in het openbaar affectie te tonen, maar dat wist ik toen nog niet.)

Ik raakte zo van streek, dat ik opstond om naar de wc te gaan en mezelf te kalmeren. Toen ik terug wilde gaan naar de zaal, zei de ouvreuse dat ik pas weer naar mijn plaats kon na de eerste acte. Hierdoor raakte ik nog meer van streek en ineens voelde ik me heel kwetsbaar, terwijl ik daar zo stond. Mijn kinderachtige gekwetstheid ging over in woede. Ik draaide me om en liep naar buiten, waar ik de chauffeur die ons gebracht had vroeg me naar huis te brengen.

Ik liet Jim daar zitten, met Cis en Harvey. (Ik vind het nog steeds ongelooflijk dat ik dat heb gedaan.)

Uiteindelijk kregen ze door dat er iets aan de hand was en stonden ze op om erachter te komen wat ik had gedaan. Jim belde me op en zei: 'Ik ga rechtstreeks naar het vliegveld om naar huis te gaan.'

Daar schrok ik zo van dat ik mijn boosheid vergat. We praatten het meteen uit aan de telefoon. Goddank nam hij die avond een taxi naar mijn appartement. Ik heb zoiets nooit weer gedaan.

In mijn dagboek schreef ik: 'Ik begrijp mezelf nog steeds niet. Soms neem ik gekke beslissingen. Ik wou dat ik minder snel kwaad werd. Ik wou dat ik over sommige gevoelens heen kon stappen.'

Ik begreep dat mijn gedrag in de Met irrationeel was, maar op een bepaalde manier ben ik nog steeds dat kind dat door haar vader in de steek is gelaten. Misschien wilde ik Jim in de steek laten voordat hij het bij mij kon doen.

Op andere momenten voelde ik me juist heel veilig bij hem.

Natuurlijk was er ook fysieke aantrekkingskracht (heel belangrijk). Ik genoot van zijn aanwezigheid, zijn relaxte persoonlijkheid, zijn glimlach. Ik kan uren naar hem kijken. En als geliefden waren we volmaakt. Het klopte.

Hij was heel toegewijd, een man die van een vrouw geniet en haar waardeert.

Ik weet nog wel dat we in het begin in het zwembad lagen en dat ik op zijn rug klom. Hij droeg me dan door het water. Ik had mijn kin op zijn schouder en dacht: zo moet een kind zich voelen dat zonder angst naar de wereld kijkt omdat ze veilig is in de armen van haar vader.

Ik was dus dat kwetsbare kleine meisje én de tevreden vrouw en alle andere versies van mijn persoonlijkheid. Jim zegt dat hij nooit weet wie hij gaat aantreffen als hij binnenkomt, en toch accepteert hij al mijn ikken. In mijn dagboek schreef ik: 'Ik ben net een doos bonbons.' Je weet nooit of de vulling zoet of zout of hard of zacht is. Zit er een amandel in of een kumquat?

Ik las de vorige alinea net aan hem voor en hij zei: 'Daarom raak ik nooit op je uitgekeken.'

Ik denk dat onze relatie standhoudt omdat we allebei bereid zijn ons best ervoor te doen. Jim en ik zijn heel verschillend. Zoals hij tegen mij zei: 'Jij bent een expert in zien wat er mis is, terwijl ik gewoon blij ben dat ik 's ochtends wakker word.' (Hij wordt vast veel ouder dan ik. Hij zei altijd dat hij honderd jaar wordt, maar heeft dat onlangs bijgesteld naar honderdtien. Met zo'n houding gaat hem dat nog lukken ook.)

Zoals veel andere stellen hebben ook wij onze problemen, maar ik heb het altijd belangrijk gevonden om daaraan te werken. In onze eerste jaren samen hadden we soms een scheidsrechter nodig. Dan boekte ik een gezamenlijke sessie bij mijn therapeut en die heeft ons geleerd hoe we onze meningsverschillen moeten benaderen. Zoals Jim zegt: 'We konden ontzettend kwaad zijn, maar na zo'n sessie was het alsof iemand een speld in een ballon had gestoken. Dan voelden we ons altijd verbonden.'

Eén ding dat we geleerd hebben is heel eenvoudig: dat je echt naar elkaar moet luisteren zonder elkaar in de rede te vallen.

En er viel me iets op: Jim was altijd de eerste die begon te huilen als we het over onze gevoelens hadden. Hij is een heel mannelijke man, maar is gelukkig niet bang voor zijn vrouwelijke kant. Ik vind het ook heel fijn dat hij mij een vrouwelijk gevoel geeft, maar zelf mans genoeg is om mijn mannelijke kant te accepteren.

Tegenwoordig weet ik dat mijn boosheid, als die weer de kop opsteekt, meestal een dekmantel is voor gekwetstheid. Vroeger zei ik alles wat ik voelde. Ik gooide het er allemaal uit. Toen ik dit aan Jim voorlas zei hij: 'Ik was altijd gek op die eerlijkheid van je... Totdat ik er pissig om werd.'

Elliott heeft weleens gezegd dat ik de waarheid gebruik als wapen, en daarmee legde hij de vinger op de zere plek.

Ik doe dat nu niet meer. Wat daarbij heeft geholpen is het boek van de dalai lama. Daaruit heb ik geleerd dat je de waarheid moet vertellen, maar wel met compassie.

Iets mag dan wel waar zijn, maar als je het hardop zegt, kan het iemand ook zo diep kwetsen dat je het nooit meer kunt goedmaken. In de loop der jaren heb ik veel geleerd over accepteren, over weten wanneer ik me moet inhouden omdat ik een partner wil zijn en geen tegenstander.

En Jim is heel meegaand. Als ik zeg 'Zullen we gaan zwemmen?' zegt hij 'Als jij dat wilt.' Als ik zeg 'Zullen we gaan eten?' zegt hij 'Waar wil je heen?' Als ik zeg 'Ik ga aan mijn muziek werken in Oma's Huis,' zegt hij 'Ik ga met je mee.' En dan voel ik me heel geliefd.

Hij heeft ook eens een keer iets gezegd wat ik nooit zal vergeten. We lagen in bed, lepeltje-lepeltje. Hij hield mij vast en ik viel al bijna in slaap toen hij fluisterde: 'Ik wil niet in slaap vallen.'

'Waarom niet?' vroeg ik doezelig.

'Omdat ik je dan zal missen.'

Het was zo mooi en poëtisch. Met die woorden ving hij het moment van volmaakt geluk; fysiek, emotioneel en spiritueel.

Ik heb dat verhaal ook verteld toen Jim en ik te gast waren bij Barbara Walters in *20/20*, in 1997. De songschrijfster Diane Warren keek die avond tv en was zo geraakt door Jims woorden en vond het zo'n origineel idee dat ze er een nummer over heeft geschreven:

I don't want to close my eyes
I don't want to fall asleep
'Cause I'll miss you, babe
And I don't want to miss a thing

Het nummer 'I Don't Want to Miss a Thing' werd door Aerosmith uitgevoerd, kwam op nummer 1 binnen in de hitlijsten en werd hun grootste hit waar wereldwijd miljoenen exemplaren van zijn verkocht.

Het was heel vleiend om te zien dat Jims woorden bij zoveel mensen een snaar raakten. Maar geen wonder... want dat deden ze bij mij ook.

Waarschijnlijk heeft iedereen wel behoefte aan romantiek en nu maakte ik het zelf in het echt mee in plaats van in een film. Dat was een hele omschakeling. Ik hoefde niet langer op het werk te vertrouwen om me tevreden te voelen en ik liet het met liefde liggen om meer tijd met Jim door te brengen. Toen hij meespeelde in de tv-serie *Pensacola* in San Diego en alleen in het weekend naar huis kon komen, reed Renata me vaak heen en weer zodat ik doordeweeks ook bij hem kon zijn. Als hij aan het werk was, bezocht ik de vele leuke bloemen- en antiekwinkeltjes in La Jolla. 's Avonds aten we samen en 's nachts waren we samen. Mijn leven draaide voor de verandering helemaal om hem, en dat was heerlijk.

Ik dacht altijd dat als ik ooit weer zou trouwen, het met iemand zou zijn die meer op mijn vader leek. Een professor, of dokter of advocaat.

Jim is dat allemaal niet, maar ik ook niet.

Ik werd het zoeken naar perfectie beu... Het bestaat niet.

Dus toen hij me opnieuw vroeg of ik met hem wilde trouwen, zei ik eindelijk ja.

In juni 1998 woonden we al twee jaar samen en hielden we een minivakantie in Big Sur. We dachten na over een geschikte datum. Zouden we in de herfst gaan trouwen, of misschien rond oud en nieuw? Ik had bij mensen om me heen gezien dat het regelen van een bruiloft doorgaans zes tot acht weken duurde.

Maar toen dacht ik: wacht eens even. Ik wil helemaal niet twee data hebben om te onthouden. Wat vier je nou eigenlijk? De dag waarop je getrouwd bent, of de dag waarop je elkaar hebt ontmoet?

'Zullen we gaan trouwen op 1 juli, omdat we elkaar op die datum hebben ontmoet?' vroeg ik aan Jim.

Dat betekende dat ik nog tweeënhalve week had om de bruiloft te plannen. O jee.

Maar, dacht ik, ik heb *The Mirror Has Two Faces* ook gemaakt met slechts vierenhalve week voorbereiding, dus dit was gewoon weer zo'n uitdaging.

Mijn eerste zorg was de jurk. Elliott en ik waren spontaan getrouwd. Ik had toen alleen mijn katoenen seersucker-pak gehad om aan te trekken, maar deze keer wilde ik een traditionele trouwjurk en een échte bruiloft, met vrienden en muziek en taart.

Jim zocht online naar trouwjurken. (Hij was altijd veel sneller dan ik met computers.) Ondertussen dacht ik aan een antieke kanten jurk uit 1910 die al in mijn kast hing. Dat zou fantastisch zijn, die paste al! En ik had ook precies de goede roos voor het boeket. Tom Carruth had een roos met mijn naam gekweekt en hij had me onlangs een nieuwe soort gegeven waarvan de bloemen precies de goede beige kleur hadden... als Engelse thee met melk. (Mijn voorstel was om de roos Tea Time te noemen, maar die bestond al, dus noemde Tom hem Koko Loco.) Die roos paste perfect bij het oude kant.

Toen ik Donna Karan belde om te vertellen dat we eindelijk een datum hadden geprikt, zei ze: 'Ik maak je jurk! O, wat spannend dit... Dat wordt mijn huwelijkscadeau!'

Wat een aardig gebaar. Ik begon te schetsen wat ik voor me zag. Iets met blote schouders, een smalle taille en een lange wijde rok. Ik stuurde het naar haar op. Ze liet me stalen van verschillende stoffen zien, waaronder een kanten tule in gebroken wit, die was geborduurd met kleine kristallen kraaltjes (waardoor het kant werd geaccentueerd). Die stof was ongelooflijk mooi. Er was ook een eenvoudiger tule in gebroken wit, met kleine zilveren stipjes erop die perfect was voor de sluier.

Toen Donna de stoffen had besteld, bleek dat die nog met de hand geborduurd moesten worden in India. Kwam dat wel op tijd af? Ze had me ook haar eigen ideeën voor de jurk verteld. Iets strakker, maar ze wilde me niet de schetsen laten zien. 'Ik moet het op je lichaam vormen,' zei ze. Dus ze liet een patroonsnijdster, Nelly, naar Los Angeles komen met wit chiffon dat ze om me heen drapeerde, speldde en plooide. Het resultaat zag er een beetje vreemd uit, maar Donna bleef zeggen: 'Met die andere stof valt het anders.' Ik had zo mijn twijfels, maar besloot te vertrouwen op mijn vriendin.

Ondertussen belde ik volgens mij eerst de cateraar, nog vóórdat ik mijn familie belde, omdat de cateraar de datum moest reserveren. En we konden geen bruiloft vieren zonder ons favoriete eten. Voor de hapjes wilde ik hoe dan ook gerookte zalm met crème fraîche en bieslook, miniblintses, wontons met groentevulling, sushi, kokosgarnalen en pizza. (Iedereen lust pizza.) Het hoofdgerecht moest onder andere bestaan uit krab, ravioli met wildepaddenstoelvulling, gegrilde groenten, en aardappelgratin. Ik had een lange lijst met toetjes en probeerde te kiezen tussen brownies met walnoten (en een paar zonder), warme lavacake, verse bessentaartjes, profiteroles met vanille-ijs, en kleine hoorntjes met koffie-ijs. Jim wilde lemon-meringue-taartjes en chocoladebroodpudding. En toen dacht ik: we doen gewoon alles. Waarom ook niet?

Het andere telefoontje dat ik meteen pleegde was naar Marvin Hamlisch, omdat ik wist dat het goed zou worden gedaan als hij de muziek zou regelen. Dan hoefde ik me over één ding minder zorgen te maken. Hij is zo'n lieve man... Winnaar van verschillende Oscars, Emmy's en de Pulitzerprijs, en nu moest hij weer op een bruiloft spelen!

Ik had besloten dat we het best konden trouwen in ons eigen huis. Intiemer, minder gereis. Tijdens de ceremonie zouden de gasten in de woonkamer zitten. Ik zou dan door het gangpad naar Jim en de rabbi lopen die in de erker zouden staan die ik had laten bouwen. We konden alle meubels uit de eetkamer halen en de muzikanten daar neerzetten.

Jim en ik gingen naar de rabbi om te praten over het soort dienst dat we wilden, en dat duurde langer dan we hadden verwacht, waardoor we te laat kwamen op een etentje bij John Travolta en Kelly Preston. Marlon Brando, Tom Hanks en Rita Wilson waren er ook en we waren zo opgewonden dat we ons grote nieuws wel moesten vertellen en ze allemaal uitnodigden voor de bruiloft (nadat we ze hadden laten zweren het nog aan niemand te vertellen). De gastenlijst was opzettelijk klein. We nodigden alleen onze naaste vrienden en familie uit. Verder vond ik het belangrijk dat elk stel dat we uitnodigden gelukkig getrouwd was, zoals Marilyn en Alan Bergman, Gil en Joanne Segal, Evelyn en Mo Ostin. Dat was de energie die ik om ons heen wilde voelen op deze dag. We verstuurden geen officiële uitnodigingen, maar lieten Kim discreet opbellen om te vragen of mensen de dag vrij wilden houden voor een 'speciale gelegenheid'. Ik wilde echt niet dat de hele wereld attent werd gemaakt op wat er stond te gebeuren.

Op maandag, twee dagen voor de bruiloft, werd de ivoorwitte tent opgezet en werden de tafels gedekt met het sèvres-porselein en de Franse schotels die ik had uitgekozen. Elke rozenstruik in de tuin werd ontdaan van uitgebloeide bloemen en elk bloembed werd gewied. Het had er nog nooit zo prachtig uitgezien.

Ik kon helaas niet in de tuin trouwen, dat was niet privé genoeg, maar we konden wel de tuin naar binnen halen. Op elke tafel in de tent stonden boeketten met siererwten, rozen en hortensia's in de kleuren lila, bordeauxrood, roze en ivoorwit zodat het bij het servies paste. In de woonkamer werden de bloemen uitgekozen bij de appelgroene gordijnen en de kleuren bordeaux, roze en ivoorwit die in het vloerkleed voorkwamen. Guirlandes van smilax met lelies, rozen en bruidsbloemen en heel bijzondere amaranthus, die als frambooskleurige ijspegels naar beneden hingen, versierden de ramen en de erker. De geur van gardenia's, lelietjes-van-dalen, lupine en nog meer rozen hing in de lucht.

Die avond kwamen Donna en Stephan uit New York aan, samen met Nelly en naaister Anna, en... de jurk. Ze had er zelfs twee gemaakt. Eentje naar mijn originele schets, voor het geval dat ik dat nog steeds het mooist zou vinden. (Ik vond het een heel attent gebaar dat ze dubbel zoveel moeite had gedaan om ervoor te zorgen dat ik hoe dan ook tevreden zou zijn.) Eerst trok ik de jurk naar mijn ontwerp aan. Hij leek op alles wat ik anders ook droeg.

En toen deed ik de jurk aan die ze voor mij op maat had gemaakt en ik hoorde Renata naar adem happen. Hij was echt schitterend, en de vorm was helemaal nieuw voor mij. De kantachtige tule was onder de borst bij elkaar genaaid en zat strak om mijn heupen en benen. Onderaan werd het weer een wijde rok die tot op de grond rond mijn voeten zwierde. Het silhouet deed me een beetje denken aan die art-nouveauvazen van de danser Loie Fuller, die ik vroeger spaarde. Wat nog uitzonderlijker was, was de manier waarop de kristallen kraaltjes het licht vingen. 'Je ziet eruit alsof je besprenkeld bent met duizenden sterren,' zei Donna met een grote glimlach. Het leed geen twijfel welke jurk ik zou kiezen... Mijn geniale vriendin had gelijk.

Op de ochtend van de bruiloft was ik voortdurend in beweging. Ik controleerde elk detail. Ik verplaatste nog naamkaartjes aan de tafels in mijn badjas op pantoffels, zodat iedereen naast iemand zat die hij of zij graag mocht, ik herschikte de bloemen. De donkere guirlande van klimop met rozen langs de trapleuning had iets nodig om hem op te lichten. We vlochten er een ivoorwit kanten lint doorheen.

Ik wilde Jim een cadeau geven, maar ik had hem een paar maanden daarvoor al een antiek Rolex Daytona-horloge gegeven. Wat kon ik nog doen dat heel speciaal was? Eerst probeerde ik hem een brief te schrijven waarin ik alle gevoelens uitte die ik met hem wilde delen, maar toen kreeg ik een idee... Ik kon het beter zeggen met een liedje. Jim hield van de melodie van 'Heartstrings' van die Ierse plaat, dus ik vroeg Jay Landers om Ann Hampton Callaway (een heel goede songwriter en ik dacht dat ze Iers was) te vragen daar een tekst op te schrijven die ik voor hem kon zingen.

Ja, ik, de vrouw die optreden voor een publiek verafschuwt en nooit op een bruiloft van anderen wilde zingen, zou gaan zingen op mijn eigen bruiloft omdat ik wist dat het veel voor Jim zou betekenen.

En nu belde ik Jay in paniek op omdat ik een geluidsband in mijn toonsoort nodig had om op te zingen, maar die was nog niet bij me bezorgd.

Nog meer stress... Mijn jurk was prachtig, maar hij was nog niet helemaal af. Er moest nog een zoom ingelegd en nog een paar andere puntjes op de i. Nelly en Anna waren daar druk mee bezig. Als klap op de vuurpijl was er de vorige dag brand geweest op de Interstate 405 en een aardverschuiving had een deel van de Pacific Coast Highway afgesloten. Ik dacht meteen aan het worstcasescenario: hoe ironisch zou het zijn dat na al het werk niemand zou kunnen komen?

Ik kreeg een angstaanval, maar daar was geen tijd voor. Ik moest me klaar gaan maken. Toen ik onder de douche stapte, ging mijn hart als een wilde tekeer. (Nu ik dit opschrijf word ik alweer gespannen. Het is een moment dat ik nooit zal vergeten.) Uiteindelijk stond ik stil en leunde ik met mijn ogen dicht tegen de tegels. Ik kan niets meer doen, dacht ik bij mezelf. Dit is mijn trouwdag en dit zijn onze vrienden. De jurk, de bloemen en het nummer dat ik zing maken hun niet uit. Zij willen gewoon dat wij gelukkig zijn. Laat los en laat God. Ik visualiseerde hoe alle spanning met het water door het doucheputje wegstroomde.

En op een of andere manier kwam het allemaal goed. De cateraar en haar personeel kwamen ruim op tijd met het eten en het lukte al onze gasten om Malibu te bereiken, ook al was er nog een obstakel bij gekomen: de meute aan paparazzi en tv-camera's aan het begin van onze straat. Bij aankomst werden oude vrienden en collega's zoals Irvin Kershner, Sydney Pollack en Quincy Jones opgepikt en naar het hek van Oma's Huis gereden. Ze kwamen lopend de tuin binnen, waar de muziek van *Songs from a Secret Garden* speelde uit verborgen boxen en kelners langsliepen met schalen vol drankjes en hapjes. (Op het laatst had ik nog kleine aardappeltjes met een toefje kaviaar erop toegevoegd.) Het was een paradijselijk, landelijk tafereel... Afgezien van die helikopter die erboven cirkelde.

De vorige dag hadden verschillende helikopters overgevlogen om de voorbereidingen te filmen. Ik had toen de grote netwerken opgebeld en gevraagd of ze alsjeblieft niet mijn trouwdag wilden verpesten. 'Het is zo'n kabaal.' Ze waren zo vriendelijk dat niet te doen, maar één helikopter met paparazzi bleef maar boven de gasten in de tuin cirkelen en ook boven het huis tijdens de ceremonie.

Niets is heilig voor die mensen als ze een foto kunnen schieten die ze kunnen verkopen.

Vlak voor achten werden de gasten naar het huis geleid. Langs het leistenen pad naar de voordeur stonden aan weerszijden vijf violisten en een bassist die liefdesliederen speelden. (Ik had ze op het hart gedrukt dat ze geen nummers van mij moesten spelen.)

Donna, Renata, Nelly en Anna hielpen me in mijn jurk, maar ik had geen tijd meer om mijn haar te doen, dus zei ik tegen Soonie: 'Steek het maar gewoon op.' De vintage bruidskrans van wassen bloemetjes die Renata voor me had gevonden om de sluier op zijn plek te houden, werd op mijn hoofd gezet. Het had vagelijk iets vertrouwds toen ik in de spiegel keek, maar ik begreep pas wat het was toen ik later de foto's zag. O! Mijn haar zat net zoals bij de zwangere bruid in *Funny Girl*.

Toen alle gasten op hun plaats zaten, gingen Jims broer Brian, mijn broer Shelly, Richard Baskin en die ouwe trouwe Marty aan weerszijden van de rabbi staan en begon de bruidsprocessie. De melodie van 'Just One Lifetime' speelde. Ik overwoog dat nummer te gebruiken voor een plaat vol lovesongs, geïnspireerd op mijn relatie met Jim. (Marvin had het nummer gearrangeerd voor een zestienkoppig kamerensemble.) Jim leidde Helen, zijn moeder, door het gangpad naar haar zitplaats linksvoor naast zijn vader en ging toen voor de rabbi staan. Mijn moeder, die te zwak was om te lopen, zat al op haar plek rechtsvoor. Daarna kwam Jims zoon Josh door het gangpad aanlopen om naast Jim te gaan staan. Hij was zijn vaders getuige. En toen kwam Rozzie, mijn getuige, naast Shelly staan. De kinderen Molly en Trevor (Josh' zoon) droegen de ring en Josh' dochter Eden en mijn nichtje Haley strooiden bloemen.

Ik had Marvin verteld dat ik niet van de melodie van 'Here Comes the Bride' hield, dus had hij een atonale versie ervan geschreven. De eerste paar maten daarvan werden gespeeld toen ik in de deuropening verscheen. Toen ik door het gangpad liep aan de arm van mijn mooie zoon Jason, hielden Caleigh en Skye voorzichtig het uiteinde van mijn lange sluier vast.

Op dat moment begon die prachtige muziek. Het was een stuk waar ik verliefd op was geworden, geschreven door André Previn voor de film *The Four Horsemen of the Apocalypse*. Toen ik het voor het eerst hoorde op een plaat met filmmuziek die John Williams had samengesteld en naar mij had opgestuurd omdat 'Papa, Can You Hear Me?' erop stond, dacht ik al: op deze muziek wil ik trouwen... Zo heerlijk romantisch was het.

Later vroeg ik een keer aan Marilyn en Alan om er tekst op te schrijven en zo werd het 'More in Love with You', dat ik zong op *The Movie Album*.

Ik zag Jim die met een grote glimlach op me stond te wachten. Hij zag er zo knap uit in zijn smoking. Toen ik bij de voorste rij aankwam, boog ik me spontaan voorover om mijn moeder een kus te geven, en daarna gaf ik Jims moeder ook een kus... bij wijze van dank dat jullie ons hier hebben gebracht. (Zonder jullie twee waren wij er niet geweest.)

En toen ging ik op mijn plaats naast Jim staan. De rabbi begon te spreken.

We konden hem natuurlijk niet goed horen vanwege die ongehoorzame helikopter die buiten rondvloog. Ze mogen niet eens lager dan vijfhonderd *feet* vliegen, maar deze hing zowat naast het huis.

Nadat we allebei hadden verklaard elkaar tot wettige echtgenoot te nemen en alle plichten te vervullen die door de wet aan de huwelijkse staat worden verbonden – ja, ik wil – gooiden we naar Joodse traditie het ceremoniële glas kapot en kusten we elkaar. Onze gasten juichten. Daarna ging iedereen naar de tent voor het eten en nadat ze de kans hadden gehad om al dat heerlijke eten te verslinden, stond Richard Baskin op voor de eerst toost. Hij wendde zich tot mij en zei: 'Ik moet zeggen dat ik je in vijftien jaar nooit stralender, mooier of gelukkiger heb gezien dan vanavond... Je bent een uitzonderlijke, unieke gebeurtenis in het universum en toen ik Jim leerde kennen bleek al vrij snel dat hij een goede man is, een eerlijke man, en dat hij helemaal, hoteldebotel verliefd op je was. Toen begreep ik dat deze unieke persoon haar unieke man had gevonden.' Verder zei hij nog dat het belangrijkste was dat we aardig voor elkaar waren, en dat heb ik goed onthouden.

Daarna stond Marty op. Hij zei: 'Ik heb de eer en het genoegen om nu al achtendertig jaar in Barbra's leven te zijn.' Ik onderbrak hem en riep: 'Ik was pas vier!' En daarna wenste hij ons het allerbeste. Renata stond op en zei: 'Vierentwintig jaar geleden kwam ik voor Barbra werken. Ik dacht dat ik na zes maanden weer weg zou zijn, wat geld zou sparen en naar Disneyland zou gaan. Nu, een kwarteeuw later, ben ik nog steeds niet naar Disneyland geweest, maar ik heb een spannender leven dan een achtbaan, een attractiepark of een draaimolen me had kunnen geven.' Ik riep: 'We nemen je mee naar Disneyland!'

Ze wenste ons 'tomeloos plezier en geluk', en ik werd geëmotioneerd toen ze zei: 'Jim, je hebt de zeldzaamste bloem ter wereld gevonden en ik weet dat je goed voor haar zult zorgen.'

Daarna las Josh een gedicht voor dat hij voor ons had geschreven. De volgende regels vond ik prachtig:

My father and
His bride
Look at how they watch each other
Those silhouetted moments
When all this is stripped away
And eyes are the only life
And touch is every moment remembered
I want to learn
What feeling is
Without thinking

Ik wist al wel dat hij poëzie schreef, maar toch was ik verrast door zijn sensitiviteit. De observaties waren gewoonweg schitterend. Marvin was grappig en charmant, hij vermaakte iedereen met zijn pianospel en improviseerde een nummer voor ons. En toen was het mijn beurt om het kleine podium te betreden en voor Jim te zingen. Hij had geen idee wat er zou komen, maar hij ging heel lief op het trapje aan mijn voeten zitten.

Het was allemaal heel last minute. De geluidsband was net binnen en ik had geen tijd gehad om te oefenen. Ik stond me dus al te verontschuldigen voordat ik was begonnen: 'Ik heb eigenlijk al een jaar niet meer gezongen, sinds mijn laatste plaat... Hopelijk is dit het juiste nummer in de juiste toonsoort en zo.' Iedereen lachte en iemand riep: 'Gewoon zingen, schat!'

'Oké,' zei ik, en ik vroeg of ze de band wilden starten. De muziek begon, maar toen onderbrak ik hem weer. 'Ik wil jullie nog iets vertellen.' Opnieuw lachte iedereen, maar ik moest uitleggen wat de muziek voor ons betekende. Ik had een vel papier met de tekst erop in mijn hand en was overduidelijk zenuwachtig, want ik bleef het maar uitstellen. 'Ik hoop dat ik op het goede moment inval, vergeef me als dat niet zo is.' Het was belachelijk ongemakkelijk. Ik moest mijn bril opzetten zodat ik kon lezen en Jim bood aan om het papier met de tekst voor me vast te houden.

Uiteindelijk zong ik. Goddank was de tekst welbespraakter dan ik.

I've dreamed of you, always feeling you were there
And all my life I have searched for you everywhere...

And just when I thought love had passed me by we met
That first look in your eyes I can't forget...

Come dream with me as I've dreamed of you all my life

En toen was het tijd om de taart aan te snijden. Dat was het moment waarop Jim het woord nam. 'Na dat optreden van jou kan alles wat ik zeg alleen nog maar tegenvallen.' Maar hij zette toch door: 'Ik kan je niet vertellen hoe gelukkig ik ben dat dit me overkomt op deze leeftijd. Elke dag, elke nacht en elke ochtend is een nieuw avontuur. Slapen is tijdverspilling. Ik kan niet wachten tot ik haar 's ochtends weer zie.'

Bruiloften zijn zo wonderlijk. Dat twee mensen elkaar ooit vinden is al een wonder. En nu hadden we ons aan elkaar verbonden, we waren echtgenoot en echtgenote en het voelde heel goed en gepast. Het was heel fijn om 'mijn man' te kunnen zeggen en ik voelde ook een verandering bij Jim, alsof er een nieuw gevoel van verantwoordelijkheid en bezitterigheid over hem kwam. We waren allebei heel gelukkig en onze vrienden met ons. Iedereen at en praatte en danste, maar ik heb geen kans gezien om het eten te proeven dat we hadden uitgekozen, want ik had het te druk. Ik liep van tafel naar tafel, omhelsde en praatte met iedereen. Tegen het einde van de avond kon ik amper nog op mijn benen staan. Die goddelijke jurk was loodzwaar. Pas toen de laatste gasten waren vertrokken, kon ik hem eindelijk uittrekken en gaan zitten. Toen drong pas tot me door dat ik verschrikkelijk veel honger had. Jim vond nog een restje ravioli, dat we koud opaten.

We wachtten tot vier uur 's nachts om de paparazzi te vermijden en reden toen rechtstreeks naar de jachthaven. We houden allebei van boten, dus hadden we besloten om een boot te huren voor onze huwelijksreis en langs de kust om Catalina en de Channel Islands te varen. Het moest een korte huwelijksreis zijn omdat Jim nog bezig was met *Pensacola.* Donna en Stephan huurden hun eigen boot en volgden ons. En op hun boot was ruimte voor een masseur, dus we konden allemaal gemasseerd worden. (Eindelijk had ik daar tijd voor!)

Toen Jim en ik eindelijk gesetteld waren op onze boot, keek ik naar hem en dacht: we hebben het 'm geflikt. Het was ons gelukt om in minder dan tweeënhalve week een bruiloft te plannen en min of meer onze privacy te bewaren. Onze vriendin Deborah Wald, een heel goede fotograaf, had aangeboden om foto's te maken van de gelegenheid. Een paar daarvan zouden naar de media worden gestuurd, nadat wij ze hadden goedgekeurd. Verder hebben we nog heel amateuristische videobeelden van de bruiloft die nooit zijn bewerkt. Misschien doen we dat voor ons vijfentwintigjarige jubileum.

Het was een ontzettend lange, vermoeiende dag geweest en ik begon me net te ontspannen toen ik opeens een grote zwarte vlek voor één oog zag. Ik vond het eng en belde mijn oogarts. Hij legde uit dat het waarschijnlijk *mouches volantes* waren (mogelijk een gevolg van alle stress) en zei dat het geleidelijk aan zou oplossen. Tot die tijd adviseerde hij een ooglapje. Ik maakte een provisorisch ooglapje op mijn huwelijksnacht. Ik zag eruit als een piraat. (Gelukkig waren vele nachten in de twee jaar dat we samen waren al een soort huwelijksnachten geweest.)

De zee werd onrustig en natuurlijk was er nog een boot met paparazzi die ons probeerde te volgen, maar we gingen zo snel dat we ze konden afschudden.

En weet je? Ik besloot me er geen zorgen om te maken, of om iets anders, want ik was bij mijn man en dat was het enige wat ertoe deed. We stapten van de boot om een paar bezienswaardigheden te bezoeken en toen mijn benen pijn begonnen te doen van het omhooglopen tegen een heuvel op een van de eilanden, tilde mijn man me op zijn rug en droeg hij me verder naar boven.

Wat wilde ik nog meer?

55

Timeless

Voor mij zal 1998 altijd het jaar blijven waarin Jim en ik trouwden, maar het was ook het jaar waarin ik tot mijn schrik zag hoe ver rechts kon gaan om president Clinton zwart te maken. Ze dreigden hun greep op de macht te verliezen omdat hij zijn werk zo goed deed. De economie bloeide op, criminaliteit nam af en het minimumloon was omhooggegaan. Hij zorgde ervoor dat de overheid werkte voor de mensen in plaats van voor het bedrijfsleven en dat konden de Republikeinen niet uitstaan. Als het aan hen lag, zouden ze vrouwen het recht afnemen om te kiezen, milieubescherming intrekken en de sociale voorzieningen plunderen ten behoeve van belastingverlaging voor de rijken. Ze zouden de NRA beschermen, mensenrechten ontkennen, wetten over het financieren van politieke campagnes afwijzen en de hervorming van de gezondheidszorg de das omdoen.

Hun plannen waren niet erg populair en daarom moesten ze mensen afleiden van het feit dat ze geen oplossingen hadden voor de serieuze problemen in het land. En wat is nou betere afleiding dan een schandaal over het privéleven van de president?

Naar mijn bescheiden mening ging alles wat Bill Clinton achter gesloten deuren uitspookte ons helemaal niets aan. Het Amerikaanse volk had hem gekozen, twee keer zelfs, om president te zijn, niet de paus!

En dan was er nog het feit dat ten minste twintig Republikeinen die Clinton maar al te graag beschuldigden zélf een problematisch privéleven hadden, inclusief buitenechtelijke affaires, waar in sommige gevallen zelfs kinderen uit voort waren gekomen. Newt Gingrich scheidde van zijn vrouw terwijl ze doodziek was om met een jongere vrouw te trouwen met wie hij een affaire had. Daarna scheidde hij ook van die vrouw toen ze de diagnose multiple sclerose kreeg om met een nóg jongere vrouw te trouwen. Nadat hij afstand nam van zijn baan als voorzitter van het Huis van Afgevaardigden (niet vanwege een ethische kwestie maar omdat zijn partij het slecht had gedaan bij de midtermverkiezingen) moest zijn opvolger, Robert Livingston, ook ontslag nemen vanwege al zijn affaires die aan het licht kwamen. En zíjn vervanger, Dennis Hastert, gaf vele jaren later toe dat hij jongens had misbruikt toen hij nog worstelcoach was. En zo kan ik nog wel even doorgaan, maar je hebt inmiddels een beeld.

De hypocrisie was verbijsterend. Je zou denken dat mensen die hun geloof zo uitdragen beter bekend zouden zijn met de Bijbelse waarschuwing 'Wie zonder zonde is, werpe de eerste steen.'

Ik zag Clinton het volk toespreken vlak nadat hij voor de jury had moeten getuigen. Hij gaf toe dat het verkeerd was wat hij had gedaan en nam verantwoordelijkheid voor zijn daad. En toch, als ik ernaar keek als regisseur, had ik het gevoel dat zijn woorden en het gevoel dat hij probeerde over te brengen niet overeenkwamen.

Dus, je kent me... Ik moest dat tegen hem zeggen, omdat hij mijn vriend was en omdat ik wist hoe pijnlijk het moest zijn. Toen ik hem eindelijk aan de lijn kreeg, zei ik dat ik vond dat hij te boos klonk, waardoor zijn verontschuldiging werd afgezwakt. (Ik heb geleerd dat het nooit een goed idee is om je door boosheid te laten leiden.) Ik aarzelde of ik hem wel kritiek kon geven, want dat was het laatste wat hij nodig had. Maar hij was het met me eens. Hij wilde dat hij net zo berouwvol had geklonken als hij zich voelde.

Ik had het idee dat het Amerikaanse volk er wel gevoelig voor zou zijn als hij om begrip en vergiffenis zou vragen. Ze zouden het verschil begrijpen tussen een leugen over een privéaangelegenheid en een leugen over staatszaken. En dat was ook zo. Ze bleven hem steunen, zelfs nadat het Huis van Afgevaardigden zijn afzettingsprocedure in december doorzette. In februari 1999 werd hij in de Senaat vrijgesproken, waarna hij een ongekend hoog populariteitscijfer scoorde van 73 procent. Een grote meerderheid had duidelijk door dat het hier om politieke karaktermoord ging. Hun gezonde verstand vertelde hun dat de overtreding van Bill Clinton niet het niveau had van 'zware misdaden' zoals die in de grondwet waren omschreven.

Ik vond Bill Clinton een heel goede president en ik denk dat de geschiedenis het daarmee eens zal zijn. Hij heeft het land op de goede weg richting voorspoed gezet met de grootste economische groei aller tijden. Er werden 22 miljoen banen gecreëerd gedurende zijn ambtsperiode. Hij bracht vooruitgang voor vrouwen. Hij bepaalde dat er een wet voor controle op wapenbezit moest komen en deed automatische geweren in de ban. Hij voerde de wet voor zwangerschapsverlof door en verdubbelde bijna de subsidie op medisch onderzoek aan de National Institutes of Health. Toen hij vertrok waren het water en de lucht schoner. Hij onderhandelde een vredesverdrag uit in Bosnië, een staakt-het-vuren in Noord-Ierland en kwam zelfs adembenemend dicht bij een akkoord tussen Israël en Palestina.

Dat was zijn gave: dat hij mensen bij elkaar en tot overeenkomst kon brengen. Hij was een verbinder, geen verdeler.

Na dat heftige jaar was ik er weer klaar voor om me op mijn werk te richten. Ik werd opnieuw gevraagd om een concert te geven in het MGM Grand in Las Vegas op oudjaarsavond, aan het begin van een nieuw millennium. Ik vond dat een belangrijke datum en wat ze me ervoor boden was zo genereus dat ik nauwelijks kon weigeren. We begonnen een show samen te stellen die we *Timeless* noemden. Eén show werden er twee en toen stelde Marty voor om hem ook in Australië op te voeren. Dat was verleidelijk, want Jim houdt van reizen en zo kon ik het nuttige met het aangename verenigen. Ondertussen had ik problemen met mijn privacy. Elke keer als mijn man en ik een wandeling op het strand maakten of naar een dealer gingen om auto's te bekijken, dook er wel weer ergens een fotograaf op. Ik wilde dus graag weg, en Australië leek heerlijk ver weg.

Het zou ons ook de gelegenheid bieden om wat tijd voor onszelf te nemen en Nieuw-Zeeland, Bali en China te bezoeken als we toch aan die kant van de wereld waren. Nadat ik was getrouwd, had ik andere prioriteiten gekregen. Ik wilde meer tijd met mijn man doorbrengen, het rustiger aan doen en genieten van het leven.

In zekere zin was dat een reactie op een bericht van mijn vader.

Nadat ik een avond had doorgebracht met twee vriendinnen, Evelyne en Joanne, die uitgebreid hadden verteld over hun goede relatie met hun vaders – waardoor ik me diepbedroefd voelde – ging ik naar mijn werkkamer. Daar op tafel lag een brief die net met de post was gekomen. Toen ik hem openmaakte bleek er een gedicht van drie pagina's lang in te zitten dat was geschreven door mijn vader toen hij negentien was. Het was voor een meisje op wie hij toen verliefd was. Zij had het al die jaren bewaard en bij een bezoek aan een synagoge in Brooklyn aan mijn neef Mel Streisand gegeven. Ze had gevraagd of wij familie waren, zodat hij het gedicht aan mij kon geven.

Wat een geschenk! Ik was verbijsterd. Het voelde bijna magisch om het juist op deze avond te ontvangen, nu ik hem zo vreselijk miste. En zijn woorden... Het was alsof hij het tegen míj had.

Zijn schrijfstijl was bijna shakespeariaans, over het wel en wee van het leven en hoe liefde het zinvol maakt. Het was gepassioneerd, bezield en oprecht.

Hij had zo'n interessante geest. Bovenaan de eerste pagina (ik heb het gedicht nu ingelijst bij mijn slaapkamerdeur hangen) schreef hij: 'Opgedragen aan vier woorden die bij zorgvuldige lezing in dit gedicht te vinden zijn.'

Eerst snapte niemand het, maar uiteindelijk hebben we de puzzel opgelost. Als je de eerste letter van het eerste woord van de eerste regel van elke strofe nam, vormde dat 'ik hou van Dorothy'.

Ik deelde het gedicht met mijn publiek tijdens het concert en legde uit waarom het me zo raakte. De les die ik eruit haal is dat liefde het enige in het leven is wat ertoe doet.

Het is een wijs advies, en ik nam het ter harte. Ik zou mijn carrière niet meer leidend laten zijn in mijn leven. Daarom had ik aangekondigd dat dit mijn laatste concerten zouden zijn. Nog twee data in Las Vegas, vier in Australië en nog een in Los Angeles en een in New York. Zo kon ik eindigen waar ik was begonnen.

Mijn eerste show in Australië zou plaatsvinden in een voetbalstadion in Sydney. Het werd afgelast omdat het te hard regende en verplaatst naar de volgende avond. Gelukkig klaarde het op. Maar op de dag van het tweede concert regende het opnieuw, en deze keer konden we niet uitwijken. De show móést doorgaan. Ik grapte: 'Welkom bij The Wet Album.... Live!' Ik maakte me zorgen om het publiek en vroeg steeds of alles nog in orde met ze was, op die stoeltjes op het veld in hun plastic regenjassen en doorzichtige paraplu's. Ik werd zelf ook elke keer nat als ik naar de voorkant van het podium liep. Ze hadden me gewaarschuwd dat het gevaarlijk kon zijn om met al die elektronische bedrading in de regen te zingen, maar ik besloot het erop te wagen. Ergens was het best spannend, totdat het nog harder begon te regenen. Tijdens de pauze werd het toneel drooggedweild en ik dacht: mooi dat ik die witte jurk niet aantrek voor het tweede deel! In plaats daarvan trok ik een eenvoudig shirt, een stretchbroek en sneakers aan, met daarover een traditionele Australische waxcoat en een leren cowboyhoed op mijn hoofd. Als extra toegift zong ik 'Come Rain or Come Shine'.

In New York kwam het vroegere vriendinnetje van mijn vader naar mijn een-na-laatste optreden in Madison Square Garden. Ik had haar opgebeld om haar te bedanken voor het gedicht en haar uit te nodigen. Ik stelde haar zelfs voor aan het publiek en backstage heb ik met haar gepraat. Ik wilde graag alles horen wat ze zich nog van mijn vader kon herinneren. (Het was even geleden... Ze was inmiddels tweeënnegentig!) 'Hij kleedde zich altijd goed en was heel beleefd,' vertelde ze me.

Toen het moment aanbrak voor het laatste nummer van het laatste concert, leidde ik het als volgt in: 'Er is een nummer dat ik vanaf het begin bij me draag. Ik zing het al vijfendertig jaar.'

People, people who need people
Are the luckiest people in the world...

Daarna verliet ik het podium met de woorden: 'Wees lief voor elkaar. Goeienacht.'

Op dat moment was ik er vast van overtuigd dat ik nooit meer op tournee zou gaan. Ik was vastbesloten om dat allemaal gedag te zeggen en mijn energie in nieuwe dingen te steken... Zoals campagne voeren voor Al Gore. Toen hij de Democratische nominatie had geaccepteerd op de laatste avond van het partijcongres, was er een gala. Ik sloot de avond af door vier nummers te zingen. Ik gaf ook een korte toespraak, omdat ik het belangrijk vond dat iedereen in Amerika begreep hoe belangrijk deze verkiezingen waren. Nadat ik een hele trits van Democratische successen had opgesomd en Gore had geprezen om zijn inzet voor het milieu, probeerde ik in één zin te zeggen waar het om draaide: 'De eerste drie redenen om voor Al Gore te stemmen zijn: het Hooggerechtshof... het Hooggerechtshof... en het Hooggerechtshof!'

Na de verkiezingen van 2000 was de macht van het Hooggerechtshof angstaanjagend duidelijk geworden toen het de hertelling in Florida dwarsboomde en het presidentschap toewees aan George W. Bush. Gore had de nationale populariteitsstemmen gewonnen met meer dan 500.000 stemmen – 543.895 om precies te zijn – en tóch verloor hij Florida en daarmee het Electoral College met de minimale marge van 537 stemmen.

Mijn grootste angst werd bewaarheid.

Een week later was ik nog steeds van slag van het nieuws toen ik naar Washington vloog om de National Medal of Arts in ontvangst te nemen. Ik voelde me vereerd dat ik in het bijzondere gezelschap verkeerde van onder andere Maya Angelou, Itzhak Perlman en Michail Barysjnikov, en was vooral trots omdat ik de medaille ontving uit handen van mijn vriend president Clinton. Hij was welbespraakt als altijd en volgens mij stond ik te blozen toen hij aan het einde van zijn toespraak zei: 'Ze heeft een scherpe geest, is enorm getalenteerd, heeft een heel groot hart en de stem van een generatie. Ik ben blij dat we haar deze eer kunnen bewijzen en ik bedank haar voor alles wat ze ons heeft gegeven.' Dat raakte me echt. Hij deed de medaille om mijn hals en omhelsde me.

Die avond was er een formeel diner in het Witte Huis voor iedereen die een medaille had ontvangen en op weg daarnaartoe maakten Jim en ik een tussenstop om even bij Al en Tipper Gore langs te gaan.

Ik denk dat ieder van ons witheet zou zijn als we net het presidentschap hadden verloren door vals spel. Ik wilde in elk geval niet dat hij zich erbij neerlegde, maar Gore is een man van eer. Voor hem was het een kwestie van principe dat hij zich eervol gedroeg. Hij zou de nooit eerder vertoonde beslissing van het Hooggerechtshof niet aanvechten en het land daarmee in een crisis sleuren.

Denk je eens in hoe anders onze wereld eruit zou hebben gezien als Gore toen president was geworden. De oorlog in Irak had dan niet plaatsgevonden en hij zou met de regering de klimaatsverandering hebben aangepakt.

Het is echt een heel tragisch verlies.

Ik vond ook dat sommige Democraten het verlies nog erger maakten met hun passiviteit. Ik kon niet achteroverleunen terwijl ik nog kwaad was, dus schreef ik in maart 2001 een brief met de titel 'Nice Guys Finish Last' die ik naar vooraanstaande Democraten in het Congres stuurde. In die brief hield ik me niet in: 'Wat is er met de Democraten gebeurd sinds de verkiezingen in november? Sommigen van jullie lijken wel verlamd, ontmoedigd en depressief. Ik hoop dat jullie ophouden met onderling ruziën en afstand nemen van president Clinton. Jullie laten je door hen afleiden van de successen die zijn regering in de afgelopen acht jaar heeft behaald.'

Ik heb gemerkt dat Republikeinen het altijd voor elkaar opnemen, of ze het nu eens zijn of niet. Ze volgen de leider. Zij begrijpen de kracht van eenheid. Democraten geloven in individualisme. Het is goed om verschillende meningen te hebben, maar je moet samenwerken om een verkiezing te winnen. Daarna kun je weer bakkeleien over je verschillende meningen, maar om wetten door te voeren moet je een gezamenlijk front vormen.

In mijn brief schreef ik verder:

Het volk reageert op kracht. Jullie hoeven niet zo meedogenloos als de Republikeinen te zijn, maar wel sterk. Dit is een belangrijk moment in de geschiedenis. We kunnen niet toestaan dat rechts dertig jaar van sociale vooruitgang weer terugdraait. We hebben een Congres dat wetten invoert waar het bedrijfsleven en een paar geprivilegieerden van profiteren ten koste van de werkende mannen en vrouwen in dit land. De rechterflank van het Hooggerechtshof verruilt de wensen van het volk met zijn eigen oordeel door zich de bevoegdheid van het Congres om wetten te maken toe te eigenen.

In weerwil van de problemen waar we tegenover staan, is de Democratische partij de partij van, door en voor het volk, terwijl de Republikeinse partij een partij is van, door en voor het bestuur. Blijf mensen daaraan herinneren! Onze leiders en beleidsmakers moeten vechten voor de concepten en idealen die de Democratische partij al generatieslang hebben gevormd. Alleen maar aardig zijn werkt niet. We moeten nu opstaan en vechten, voordat het te laat is! Ik weet dat jullie het kunnen.

Terwijl ik helemaal opging in de staat van het land, had ik nog een andere interesse ontwikkeld. Ik schreef in mijn dagboek: 'Ik ben verslaafd geraakt aan beleggen... de risico's en de beloning. Het zorgt voor de dosis drama die ik per dag nodig heb.' Van 1998 tot ongeveer 2000 was ik van maandag tot vrijdag, van halfzeven 's ochtends tot een uur 's middags bezig met beleggen. (Dat bewijst al hoe toegewijd ik was, want ik ben geen ochtendmens.) Maar de beursnoteringen wisten me op een of andere manier te wekken. Om vijf voor halfzeven was ik klaarwakker, zonder wekker. Dan stond ik op, trok mijn ochtendjas aan, ging aan mijn bureau zitten met een kop warme chocolademelk en begon ik te handelen.

Het was helemaal nieuw voor me. Handelen op de aandelenbeurs is net zoiets als gokken, en ik hou van gokken. Elke keer als ik in Las Vegas was om te zingen, ging ik eenentwintigen, waarbij je de kaarten echt goed moet volgen en de uitkomst berekenen. Dat vind ik interessant, omdat het zowel om intuïtie draait als om rekenkunde. Bij beleggen moest ik zowel het nieuws volgen als aandelen kiezen. Ik las over een nieuw medicijn voor mannen dat Viagra heette en dacht: dat wordt vast heel populair! Het werd door Pfizer gemaakt, dus kocht ik meteen een paar aandelen Pfizer. Ik koos Apple omdat ik van hun producten hou. Renata is dol op koffie van Starbucks, dus kocht ik daar ook aandelen van. Ik koos zelfs een keer aandelen omdat ze mijn initialen hadden. (Zoals je ziet deed ik maar wat.)

Het was leuk. De aandelenmarkt kan een achtbaan zijn, angstaanjagend en opwindend tegelijk. De voornaamste reden waarom ik het zo leuk vond, was omdat het anoniem was. Ik hoefde er niet voor te acteren of zingen. Niemand keek naar me. Ik kon alle transacties via de telefoon doen in mijn nachtjapon.

Het was toen min of meer mijn werk, en zo behandelde ik het ook. Ik hield heel serieus elke transactie bij die ik maakte. Het leek een beetje op het werk bij Michael Press, alleen verdiende ik er veel meer mee dan 45 dollar per week. Het ging zelfs zo goed dat de baas van het bedrijf dat het gros van mijn investeringen beheert me opbelde om me een baan aan te bieden. Daar moest ik om lachen, maar hij was serieus.

In een maand verdiende ik een bedrag met zes cijfers door aandelen van eBay, Amazon, AOL en Apple te kopen en verkopen. Dat wekte de interesse van Donna Karan. Ze wilde dat ik 1 miljoen dollar van haar investeerde. Eerst zei ik nee. Ik vond het al vervelend genoeg als ik mijn eigen geld verloor (want dat gebeurde heus weleens), maar ik zou het echt verschrikkelijk vinden als ik het geld van een vriendin verloor.

Ik vroeg haar of ze bereid was alles te verliezen: 1 miljoen dollar. En ze zei:

'Ja!' (Waarschijnlijk kwam dat doordat haar man Stephan, die niet alleen kunstenaar is maar ook een slimme zakenman, net een gigantisch goede deal voor haar had gesloten bij de verkoop van haar bedrijf.) Als we winst zouden boeken, spraken we af dat we het zouden uitgeven aan boten huren, want dat was onze favoriete manier van vakantie vieren.

Dus ik stemde in, en daar kreeg ik heel veel spijt van. Op de eerste dag kocht ik eBay en Amazon, en die kelderden allebei met twintig punten. Dit waren toen nog geen eersterangsbedrijven, ze stonden bekend als FANG* en sommige handelaren wilden hun vingers er niet aan branden. Maar ik dacht dat ze het potentieel hadden om heel waardevol te worden en ze deden het vaak heel snel beter, juist vanwege hun veranderlijkheid.

Ik vond het heel stressvol om die nieuwe verantwoordelijkheid te hebben. Het handelen werd daardoor veel te serieus. Als ik geen goede week had, kon ik Donna niet eens even bellen om te kletsen, zoals we gewoonlijk deden, omdat ik van streek was over haar beleggingen. Waarschijnlijk merkte ze dat wel aan me. Maar goddank lukte het me op een of andere manier om haar investering te vergroten tot 1,8 miljoen in vijf maanden.

Dat was meteen de laatste keer dat ik voor iemand anders belegde.

Voor mezelf ging ik nog wel door, maar niet meer zoveel als eerst. Ik beleg ook niet meer van die grote bedragen. Nadat ik een paar keer behoorlijk bedrogen uitkwam (de beurscrash van 2008 had me volledig uitgekleed), besloot ik me te beperken tot obligaties. Ik moest er niet aan denken om nog te handelen.

Toch heeft het nog niet alle glans verloren. Soms kijk ik voordat ik naar bed ga even naar de futures om te zien wat de Dow Jones en de Nasdaq zullen gaan doen. Jim belegt ook, maar hij heeft veel meer lef dan ik. Als ik nu weleens een kans zie, koop ik soms vijftig tot honderd aandelen. Hij koopt er zomaar duizend of meer. Het is een fascinerend spel waar we allebei van genieten. Als de bel klinkt bij het sluiten van de beurzen vergelijken we onze score. Het is een vriendschappelijke wedstrijd en vaak ben ik zelfs blijer als *híj* wint.

Geen wonder dat ik steeds minder interesse in acteren had: ik had het gewoon veel te druk!

En toen ik in 2000 de Cecil B. DeMille Lifetime Achievement Award kreeg bij de Golden Globes *móést* ik wel uit mijn ochtendjas en knusse kamer te-

---

* Het acroniem FANG verwijst naar de stocks van vier grote Amerikaanse techbedrijven: Facebook (Meta), Amazon, Netflix en Google (Alphabet).

voorschijn komen. Mijn vriendin Shirley MacLaine hield een praatje terwijl er stukjes van mijn films werden vertoond en riep me naar het podium. Nadat ik mezelf van vijfentwintig jaar vierenvijftig had zien worden op het scherm, zei ik: 'Wat een fijn beroep. Je wordt publiekelijk oud.'

Ik was heel erg dankbaar voor mijn carrière en die avond werd ik eraan herinnerd hoeveel geluk ik had gehad, vooral met het feit dat William Wyler me een kans had gegund op het witte doek. Ik wilde echter ook heel duidelijk zijn over de obstakels, want het leven van een acteur is moeilijk... Je wordt voortdurend afgewezen en je succes hangt heel erg af van zaken waar je geen controle over hebt. 'Onlangs vroeg iemand me of ze acteur moest worden en ik antwoordde: "Als je dat nog moet vragen, is het antwoord nee."' De enige reden om jezelf te onderwerpen aan zoiets is omdat het je grote passie is, waardoor je geen andere keus hebt.

Ik voelde me opnieuw heel vereerd toen het American Film Institute mij in 2001 uitkoos voor een Lifetime Achievement Award, hoewel ik het wel een beetje spannend vond om naar een evenement te gaan dat geheel gewijd was aan mijn werk. Het deed me denken aan verdrinken: wanneer je hele leven nog een keer aan je voorbijtrekt.

Maar het bleek gelukkig een heerlijke, hartverwarmende avond te zijn. Gary Smith had het prachtig geproduceerd en zijn vrouw Maxine, die me heel goed kent, had de set aangekleed met art-nouveaustukken waar ik zo van hou. Ik leerde haar kennen in 1973, toen Gary mijn tv-special in London produceerde, en we kwamen er algauw achter dat we veel gemeen hadden. Als kind waren we zelfs naar dezelfde Joodse zomerkampen geweest!

Ik hoefde bij hem geen ideeën aan te dragen. Het enige wat ik hoefde te doen was achteroverleunen en toekijken. Marvin en de Bergmans schreven een speciaal nummer waarmee de show werd geopend en heel veel vrienden en collega's kwamen verhalen over mij vertellen. Elizabeth Taylor stapte het podium op en zei: 'Ik ben jarenlang doodsbang voor je geweest omdat ik geïntimideerd was door zoveel talent. Je bent te groot, te perfect, te schitterend.'

En Elizabeth Taylor was een van de grootsten in het vak! Toen ik als tiener filmbladen las, was ik altijd zo onder de indruk van haar spannende leven. En nu zei ze dat ze geïntimideerd was door míj?

Warren Beatty beschreef hoe hij me had ontmoet toen ik nog maar net zestien was. 'Toen al bezat je die unieke combinatie van intelligentie, kritische scepsis en erotiek die we allemaal kennen en waarderen.'

Erotiek? Hmmm... Interessante woordkeus. Het zei waarschijnlijk meer over Warren dan over mij! Hij kan heel scherpzinnig zijn, en ook grappig, en dat maakt hem zo charmant. Hij ging verder: 'Als iemand die je goed genoeg kent om zich jouw cholesterolgehalte te herinneren, kan ik zeggen dat ik trots ben dat ik met je ben bevriend, niet alleen vanwege je integriteit als kunstenaar, maar ook je integriteit als burger en je bereidheid om je uit te spreken voor wat in jouw optiek juist is, ongeacht wat het je zal kosten.'

Uit zijn mond betekende dat veel, omdat ook hij nooit te beroerd was om zich uit te spreken over politiek.

Het was een hele ervaring om daar te zitten luisteren naar al die bijzondere mensen die een deel van mijn leven waren geweest, zoals Phyllis Diller en Dustin Hoffman. Dustin vertelde een grappig verhaal. Hij had me voor het eerst horen zingen in *PM East*, toen we als kind in dezelfde toneelklas zaten: 'Mijn bek viel open en de haartjes op mijn armen en in mijn nek gingen overeind staan. Het was voor het eerst dat ik zoveel talent zag bij iemand die ik kende. Het talent was zo groot dat ik zwoer om nooit meer met haar te praten!'

En dan waren Irvin Kershner, Ryan O'Neal, Robert Redford, Sydney Pollack, Kris Kristofferson, Quincy Jones, Nehemiah Persoff, Amy Irving, Nick Nolte, Jeff Bridges en Lauren Bacall er ook nog. Mijn hart zwol van alle liefde die ik voelde. Ik was vooral geroerd door de woorden van Anjelica Huston: 'Het is geen geheim dat mijn vader zich aangetrokken voelde tot verhalenvertellers, non-conformisten en vernieuwers. En hij bewonderde jou heel erg, Barbra. Je bent de vaandeldraagster van de vrouwelijke regisseurs.' (Hij had ooit gezegd dat ik Cleopatra had moeten spelen, zonder dat hij wist hoe graag ik precies dat had gewild.)

Van president Clinton was er een video-opname. Hij zei: 'Ik weet zeker dat ik niet de enige van je vrienden ben die het is opgevallen dat je niet alleen op het scherm maar ook daarbuiten graag wilt regisseren. Ik weet niet hoe vaak ik in de afgelopen acht jaar een fax of telefoontje van je heb gekregen waarin je me wilt helpen bij het regisseren van Amerika en de wereld een betere plek voor onze kinderen en onze toekomst probeert te maken.' (Hij moest eens weten hoeveel faxen in ik níét had verstuurd!)

Toen kondigde mijn oude vriend Sidney Poitier me aan. Ik was erg aangedaan toen ik naar het podium liep om mijn onderscheiding in ontvangst te nemen. Eindelijk kon ik iedereen die die avond had gesproken bedanken, waaronder de mensen die al vanaf het begin bij me waren zoals Cis, de Bergmans, Marty, en Marvin die weer achter de piano zat.

Ik heb me altijd een buitenbeentje gevoeld, maar nu voelde ik me echt onderdeel van deze gemeenschap. En wat een bijzondere groep mensen was het toch. Ze hadden hun leven gewijd aan de kunst van het filmmaken. Ik zei: 'Jim en ik gaan vaak naar de film en als ik dan in het publiek zit besef ik hoeveel kracht films hebben. Samen in het donker lijken we meer wel op elkaar dan niet, geven we om dezelfde dingen: liefde, vrede, hoop, familie.'

Als ik terugdenk aan die avond was Jason degene die mij het meest verraste. Het ene moment zat hij nog naast me en het volgende stond hij op het podium. Ik had geen idee dat hij van plan was om iets te zeggen, want hij wil nooit het middelpunt van de aandacht zijn bij dat soort gelegenheden. De tranen stonden in mijn ogen toen hij het publiek vertelde hoe graag hij in *The Prince of Tides* had willen spelen: 'Ik wil je bedanken voor de samenwerking, mam... Die ervaring heeft onze relatie echt verdiept en verbreed op persoonlijk niveau. Dus dank je wel. Ik ben blij dat ik je zoon mocht spelen in een film over moeders en zoons, en ik ben blij dat ik hier als jouw zoon mag staan om je te zeggen dat ik van je hou.'

Zijn woorden vlogen rechtstreeks mijn hart binnen. Het was zo fijn om hem in de buurt te hebben toen ik die film maakte. Dat ik hem voor de rol koos was een belangrijke beslissing geweest en ik was heel trots op hoe hij het had gedaan, op hem.... zijn eerlijkheid, zijn talent, zijn intelligentie en zijn vriendelijkheid.

Jason is een oude ziel. Hij is altijd heel zeker van zijn zaak geweest en tegenwoordig uit hij zichzelf in zijn muziek, in pottenbakken en kunst. Toen we op een dag samen zaten te schilderen in Oma's Huis, zei ik: 'Laten we die houten dozen schilderen.' Mijn versie zag er nogal voorspelbaar uit in vergelijking tot de zijne. Hij had altijd al een bijzondere kijk op dingen. Jason heeft een aangeboren creativiteit, maar hij wilde nooit in de spotlights staan. (In tegenstelling tot mijzelf toen ik veertien was.) Hij heeft gewoon zijn eigen interesses gevolgd en zijn eigen pad bewandeld.

Tegenwoordig gaan onze gesprekken over politiek en planten. Hij heeft onlangs een mooi huis ontworpen en laten bouwen op een heuvel in Northern California. Het heeft een lage stenen muur langs de oprit met fruitbomen tot bovenaan. Hij heeft zelf de tuin aangelegd en een kleine kas neergezet.

Ik kan urenlang over planten praten (en dat doe ik ook). Toen ik de tuin voor de ranch wilde inrichten, heb ik zelfs drie maanden lang verschillende kwekerijen bezocht en elke plant zelf uitgekozen. Het was zo'n obsessie geworden dat ik zelfs in mijn slaap nog de Latijnse namen mompelde... *Pitto-*

sporum undulatum. En nu staat er een mooie oude olijfboom in mijn tuin waar ik helemaal weg van ben. Maar aan één tak worden de blaadjes bruin. Ik vind het zo moeilijk om daar elke dag naar te kijken dat ik mijn tuinman heb gevraagd om op een ladder te klimmen en de blaadjes groen te schilderen. (Maak je geen zorgen, we hebben ervoor gezorgd dat het de boom geen pijn zou doen.)

Jason houdt net zoveel van bloemen als ik en laatst vroeg hij aan de telefoon: 'Heb je ooit een lichtblauwe delphinium gezien?'

Daarop ontsproot een heel gesprek over al hun kleuren en of het eenjarige of vaste planten zijn. We houden allebei van delphiniums omdat ze hoog en majestueus zijn, en toch ook delicaat.

Hij heeft een heerlijke logeerkamer in huis die altijd voor mij en Jim klaarstaat als we willen ontsnappen. En overal waar je kijkt staat wel een of ander interessant object dat hij heeft verzameld. Als ik vraag waar hij het heeft gevonden is het antwoord meestal eBay en niet een of andere chique antiekzaak. Jason is iemand die mijn zucht naar schoonheid begrijpt, we hebben dezelfde genen.

56

Teruggeven

Familie, vrienden en honden die van je houden, dat is eigenlijk het enige wat telt. Op 11 september 2001 werd ik daaraan herinnerd. Op die ochtend lagen Jim en ik te slapen toen Renata ons wekte met een telefoontje om te zeggen dat we de tv moesten aanzetten. Het was afschuwelijk.

Net als de rest van het land vond ik het schokkend en hartverscheurend. De Emmy's zouden een paar dagen daarna uitgereikt worden, maar ik kon me niet voorstellen hoe ze dat zouden doen. Gelukkig werd het uitgesteld. Toen de ceremonie in november wel doorging, vroeg de producer Gary Smith of ik 'You'll Never Walk Alone' wilde zingen aan het einde van de avond, ter nagedachtenis aan de slachtoffers.

Ik twijfelde. Het houden van een prijsuitreiking in de nasleep van zo'n tragedie leek me ongepast, en ik was ook bang dat een grote Hollywood-show als deze weer een doelwit zou zijn voor nieuwe terroristische aanslagen. Maar toen dacht ik: ik moet het doen, al was het maar om te laten zien dat we ons niet laten intimideren. En als er ook maar een kleine kans bestond dat iemand een beetje getroost werd door het nummer, dan was het het waard.

En als er tóch iets zou gebeuren... Tja, dan zou ik zingend ten onder gaan.

Bij de laatste Emmy-show die ik had bijgewoond, ging mijn hart zo tekeer dat ik mezelf had beloofd dat ik er nooit meer heen hoefde. Daarom kwam ik deze keer opzettelijk laat aan, vlak voordat ik moest zingen. Marty begroette me bij de auto met de woorden: 'Je hebt zojuist een Emmy gewonnen zonder dat je er was.' Het was mooi dat mijn optreden in *Timeless* werd erkend, maar eerlijk gezegd vond ik alle awards onder deze omstandigheden onbeduidend.

Mijn optreden was niet aangekondigd. Ik liep in het donker het podium op en keek naar alle namen van slachtoffers die op het scherm achter me werden geprojecteerd. Op de grond lagen bergen bloemen en stonden kaarsen te branden. Ik zong de eerste regels van het nummer in het donker en keerde me pas om naar het publiek toen de lichten aangingen. Natuurlijk was ik zenuwachtig, maar dat gevoel werd naar de achtergrond gedrukt door een gevoel van noodzaak.

Naderhand werd me in de perskamer gevraagd hoe ik me voelde, en ik zei: 'Ik ben gewoon dankbaar dat we in een land wonen waar we mogen zingen, waar we muziek mogen hebben en onszelf en onze emoties mogen uiten. Het is een trieste tijd in onze geschiedenis, een angstige tijd. En ik wilde op een of andere manier iets terugdoen.' Het nummer was voor degenen die waren overleden en voor de overlevenden die verder moesten... We moeten allemaal verder leven met onze angsten, maar ik hoopte dat deze ervaring betere mensen van ons zou maken, dat we aardiger voor elkaar zouden zijn. 'Elke dag is nu een zegen en ik denk dat we daardoor heel dankbaar zijn voor wat we hebben. De kracht van liefde is sterker dan de dood.'

In maart 2002 zat ik naast het bed van mijn moeder toen ze overleed. De laatste zes jaar leed ze aan alzheimer. Goddank bestaat er prozac, want toen ze heel erg opgefokt raakte, schreef de arts dat voor en dat was ongelooflijk: ze vergat om boos te zijn.

Het was onmogelijk om nog een gesprek met haar te voeren. Ik vroeg me af of ze zich de nummers die ik altijd zong nog zou herinneren. Dus toen ik op een dag bij haar was, zong ik 'One Kiss' een nummer dat ze had opgenomen toen we samen naar die opnamestudio in Manhattan waren geweest, een leven geleden. En toen begon ze mee te zingen! Ze kon zich de woorden niet meer herinneren (en ik kende zelf alleen de eerste regel), maar ze zong de melodie met me mee. Zo zie je maar hoe krachtig muziek kan zijn. Het graaft zich in in je brein en nog dieper in je ziel.

Tijdens haar laatste maanden was het moeilijk om aan te zien hoe snel ze achteruitging. Toen ze haar laatste ademteug nam, dacht ik alleen nog maar: nu heeft ze tenminste rust. In een opwelling knipte ik een plukje van haar haar af om iets van haar bij me te houden. Maar ik kon niet huilen. Daar voelde ik me heel slecht over, maar het was net alsof ik geen gevoel meer over had.

Toen ik die avond terugkwam uit het ziekenhuis, nam Jim me mee naar Palm Springs, waar we een paar dagen in het huis van onze vriend Todd Morgan mochten doorbrengen. Mijn man had bloemen voor me laten bezorgen en toen ik de volgende ochtend een deel van het boeket naar de slaapkamer bracht, ging de telefoon. Het was Bill Clinton. 'Ik heb gehoord dat je moeder is overleden,' zei hij.

'Hoe wist je waar ik was?' vroeg ik.

Hij lachte en antwoordde: 'Ik mag dan misschien wel niet meer president zijn, maar ik ben nog wel ondernemend.'

We praatten een tijdje over mijn moeder. Toen Virginia was overleden had ik hem ook gebeld, en nu belde hij mij, om te checken hoe het met me ging. En toen vroeg hij of ik *De vier inzichten* had gelezen, een boek van Don Miguel Ruiz.

'Je zult het niet geloven,' zei ik tegen hem, 'maar ik zit hier op het bed van mijn vriend en het ligt hier naast me op het nachtkastje.'

Het was alsof het universum me ernaartoe wilde leiden. En dat is niet zo gek, want het boek zou een grote inspiratiebron voor me worden. Ik kan me niet meer alle lessen uit het boek herinneren, maar de vier inzichten nog wel. 'Wees onberispelijk in beloften' (als je zegt dat je iets gaat doen, dan doe je het!) en 'doe geen aannamen' (die les heb ik aan den lijve ondervonden). Wacht eens, wat waren die andere twee nou? Jim heeft het even voor me opgezocht. 'Neem niets persoonlijk' (daar werk ik nog aan) en 'doe altijd je best' (dat gaat bij mij vanzelf).

Nadat mijn vriendin Joanne me later aan Don Miguel Ruiz had voorgesteld, nodigde ik hem een keer bij me thuis uit. Ik bood hem een ijsje aan en we zaten op de veranda van Oma's Huis naar de zee te kijken. Het was een zalig moment, om daar met die wijze, rustige man te zitten en van het leven en de natuur te genieten.

Hij deed me aan de dalai lama denken in de manier waarop hij glimlachte en genoot van het hier-en-nu. Ruiz was niet zo oud, dus het verbaasde me toen ik hoorde dat hij een hartaanval had gehad die hem bijna fataal was geworden (uiteindelijk kreeg hij een harttransplantatie), maar hoe hij over de dood sprak was heel geruststellend. Hij beschouwde het als een deel van het natuurlijke verloop van het leven. Gelukkig herstelde hij helemaal en schreef nog meer boeken.

Toen ik hem over zijn ervaring hoorde vertellen en aan mijn moeder moest denken, voelde ik de dwang om al mijn dagelijkse dingen opzij te zetten. Ik wilde me richten op dat wat echt belangrijk was. De volgende keer dat ik voor publiek zong, na de Emmy's, was dat om geld in te zamelen voor de Democratische kandidaten voor het Congres in 2002. En ik zong voor John Kerry in 2004. Dat was ook weer zo'n schokkende verkiezingscampagne. Dat de Republikeinen in staat waren om een onderscheiden oorlogsheld zo door het slijk te halen, zijn medailles betwistten en zijn vaderlandsliefde in twijfel trokken, was misselijkmakend. Ze wisten dat Kerry's oorlogsverleden Bush overschaduwde, want Bush had niet in Vietnam gevochten. En daarom logen ze schaamteloos. Toen ik zelf in dat jaar een onderscheiding kreeg van de Human Rights Campaign, zei ik in mijn toespraak: 'Ik heb nog nooit zoiets genadeloos of onverbiddelijks als dit meegemaakt. Ze nemen een verdachtmaking die is bedacht door de Republican National Committee of een valse leugen van de Heritage Foundation, herhalen hem op Fox, zetten hem op Limbaugh, drukken hem af in *The Wall Street Journal* totdat hij in alle media opduikt. Het steevast herhalen van leugens maakt ze niet waar, maar het zorgt er wel voor dat mensen ze steeds meer gaan geloven totdat ze niet meer om de waarheid malen.'

Ongeveer twee weken na de verkiezingen, en de teleurstelling dat Kerry had verloren, vlogen Jim en ik naar Little Rock voor de inwijding van Bill Clintons presidentiële bibliotheek. Het regende dat het goot die dag, en de ceremonie vond buiten plaats. Duizenden gasten zaten op klapstoeltjes onder paraplu's. Het was geruststellend om Bill en Hillary en veel andere vrienden weer te zien, zoals Shimon Peres, maar wat echt inspirerend was, was de aanwezigheid van alle levende presidenten behalve Gerald Ford (omdat hij ziek was). Het was als een droom van tweepartijdigheid, zowel Republikeinen als Democraten waren allemaal aanwezig, inclusief de opnieuw verkozen Bush en John Kerry en Al Gore.

En toen moest ik terug naar mijn andere leven. In december kwam *Meet the Fockers* uit. Eerst had ik die film afgewezen, maar Jay Roach, de regisseur, belde me persoonlijk op. Ik mocht hem graag en het voelt altijd goed als een regisseur specifiek om jou vraagt. Roz Focker was een sekstherapeute, dus daar lagen mogelijkheden, en Jay stond verrassend open voor al mijn ideeën voor de rol. Toch twijfelde ik nog steeds, totdat Ben Stiller me opbelde om te zeggen dat ik echt zijn moeder moest spelen. Dustin Hoffman zou zijn vader spelen, dus dat was nog een reden om het te doen; zo zouden we eindelijk eens samenwerken.

Waarom ook niet, dacht ik uiteindelijk. Het was acht jaar geleden dat ik in een film had gespeeld, dus het werd tijd dat ik het weer eens probeerde. Ook vond ik het leuk om weer in een comedy te spelen.

Dustin en ik hadden ontzettend veel lol. We behandelden het script als uitgangspunt en improviseerden erop los, net zoals we vroeger op toneellles hadden gedaan. We kenden elkaar al toen we nog lang geen 'sterren' waren. Hij was toen conciërge en ik babysitter. Het was vreemd om te bedenken dat dat meer dan veertig jaar geleden was, want het voelde als gisteren. Dustin is vijf jaar ouder dan ik, maar onze filmcarrières begonnen tegelijkertijd. Hij deed toen *The Graduate* en ik *Funny Girl*.

Robert De Niro, die de vader van de bruid speelde, kende ik via Cis, die met hem had gewerkt voor *The Deer Hunter*. Toen ik het script voor het eerst las, hadden onze rollen niet veel met elkaar te maken, maar het leek mij leuk als mijn rol meer met Bob te maken had. Ik stelde voor dat ik hem een massage zou geven, omdat ik toch een sekstherapeute speelde. Ik had ooit meegemaakt dat een masseuse op mijn rug ging zitten, dus waarom probeerden we dat niet? Bob liet zich helemaal gaan en riep: 'Harder! Harder!' Tot op de dag van vandaag doet mijn linkerduim nog zeer... En Bob stuurt me elk jaar bloemen op mijn verjaardag. (Ik weet niet of dat uit schuldgevoel of genegenheid is.)

Even tussendoor: dit was de eerste keer dat ik het effect van de loonkloof in Hollywood voelde. Ik vroeg niet wat de anderen verdienden, maar ik was echt gekwetst toen ik erachter kwam dat Dustin drie keer zoveel als ik verdiende, plus een klein percentage van de opbrengst kreeg, wat vrij aanzienlijk was aangezien er 520 miljoen dollar met de film werd verdiend. Ik kreeg smoesjes te horen, dat ik de laatste was die had getekend, maar het enige wat me een beetje opbeurde was dat mijn lieve vriend Ron Meyer me een bonus gaf. Hij staat aan het hoofd van Universal. Het was de eerste en enige keer dat ik een bonus heb gekregen. Ik vermoed dat hij ook vond dat het oneerlijk verdeeld was.

Hoe dan ook, ik denk liever terug aan de leuke tijd die we hadden tijdens het maken van die film. Het was heerlijk om weer met Blythe Danner samen te werken en we hebben allemaal veel gelachen. Het enige wat ik hoefde te doen, was de tekst uit mijn hoofd leren. Ik hoefde niet te regisseren, dus het was heel makkelijk... maar wel saai.

Zolang ik me kan herinneren wilde ik actrice worden, maar als ik nu terugdenk, is er in de loop der jaren iets veranderd in mijn houding ten opzichte van acteren. Vroeger werd ik ambitieus genoemd, maar als ik zo ambitieus was, waarom had ik dan zoveel films afgewezen? Ik weet nog dat ze me een rol in *The War of the Roses* aanboden plus de kans om het te regisseren, en ik dacht: je moet deze vrouw een reden geven om haar man al die gekke dingen aan te doen... Maak hem overspelig. Geef haar ook een tekortkoming zodat hij even gemotiveerd raakt.

Ik vond dat de kwinkslagen meer op waarheid gebaseerd moesten zijn, maar niemand ging daarin mee.

Ik zat naast mijn zwembad op Carolwood Drive toen ik *Shadowland* las, dat me was opgestuurd door Sydney Pollack. Hij had besloten het niet te regisseren en dacht dat ik het misschien wel wilde doen. Ik vond het een prachtig script... Ik zag elke scène voor me. Het was een spannend idee om te filmen op de universiteit van Oxford in Engeland. En de hoofdrollen spraken me erg aan. Ik zou natuurlijk de Joodse vrouw uit de Bronx spelen die verliefd wordt op C.S. Lewis. (Een waargebeurd verhaal, en Anthony Hopkins zou hem schitterend kunnen spelen.) Het was de perfecte film voor mij, maar ik was nog maar net klaar met *The Prince of Tides* en genoot van de zomer.

Dus ik wees het af, ook al was het aanbod verleidelijk. Ik ben echt een vat vol tegenstrijdigheden. Voor elke reden om ja te zeggen, kan ik er twee verzinnen om nee te zeggen.

Waarschijnlijk heb ik daarom in weinig films gespeeld – het zijn er maar negentien – terwijl andere actrices die in dezelfde periode begonnen er wel vijftig of meer hebben gedaan. Maar eigenlijk werd ik gewoon steeds minder ambitieus. Wanneer ik tevreden was in mijn privéleven, voelde ik de drang niet om te acteren. Bovendien moest ik me heel gepassioneerd voelen bij een film, en dan nog kon ik weleens lui worden. Die eigenschappen, de gepassioneerdheid en de luiheid, bezit ik allebei.

Voor *Meet the Fockers* had ik maar drie films in twintig jaar gemaakt. Ik raakte altijd zwaar gefrustreerd als ik niet de films kon maken waar ik jaren aan gewerkt had, zoals *The Normal Heart* of *Skinny and Cat*. Dan raakte ik helemaal ontmoedigd.

En toen werd Cis, mijn partner bij Barwood Films en een van mijn eerst surrogaatmoeders, langzaamaan dement. Het was hartverscheurend om te zien. Ik verloor degene die ik het meest had vertrouwd sinds mijn zestiende. Zij was degene die wist hoe ze scenarioschrijvers moest vinden en projecten moest opstarten. Ik was daar niet goed in en zonder haar, en alle anderen, bleven projecten op de plank liggen. Ik wilde haar niet vervangen.

Misschien zou het nog wel interessant zijn om te acteren als ik zou samenwerken met een goede regisseur aan een interessante film. Verscheidene producers hebben me verteld dat ze me wel wilden inhuren, maar dachten dat de rol, of het honorarium, te klein was... En daarom vroegen ze het maar niet.

Dat is wel ironisch: dat je op een punt kunt komen dat je de vergetelheid in geprezen bent.

Achteraf voelt het alsof ik niet alles eruit heb gehaald wat erin zit. En nu is het te laat... Hoewel Sarah Bernhardt Juliet durfde te spelen toen ze vierenzeventig was! En Sarah had net een hoofdrol aangenomen in een speelfilm, toen ze op haar negenenzeventigste overleed (tot het einde steeds geliefd bij de mannen).

Ik bewonder haar geestdrift en soms denk ik er nog weleens over om haar te spelen en het verhaal te maken dat ik zou willen vertellen. Ik kreeg een idee toen ik een keer aan mijn kaptafel zat en in de spiegel keek om eyeliner op te doen. Vroeger kon ik een kaarsrechte lijn trekken, maar tegenwoordig heb ik niet meer zo'n vaste hand. Dit is een mooie openingsscène, dacht ik, voor Sarah op latere leeftijd, in een kleedkamer van een theater. Maar als er dan op de deur wordt geklopt, is ze er toch helemaal klaar voor. Eenmaal op het podium kruipt ze in haar rol en gelooft het publiek haar.

Ik zou willen dat ik Sarah had gespeeld, maar ik kreeg het niet voor elkaar. In plaats daarvan stopte ik al mijn creatieve energie in de bouw van een huis – een elegante schuur – iets waar ik al jaren over nadacht. In mijn eerste boek *My Passion for Design* heb ik daarover geschreven. Er staan ook heel veel foto's van mijn huis in.

Dat doet me trouwens ergens aan denken.

Ik wil graag iets rechtzetten over het 'Streisand-effect'. Toen ik er voor het eerst van hoorde, dacht ik heel naïef: gaat dat over het effect van mijn muziek? Maar nee. Toen mijn assistent me alle verwijzingen naar het Streisand-effect op internet liet zien was ik ontzet.

Laat me één ding duidelijk maken: in tegenstelling tot de bewering op Wikipedia, heb ik niet geprobeerd een foto van mijn huis te "verbieden". Ik heb nooit problemen gehad met die foto... Het ging alleen om het gebruik van mijn naam bij die foto.

Lang verhaal kort: toen een rijke zakenman besloot om duizenden huizen langs de kust van Californië te fotograferen en er in 2003 een website mee te vullen, werden alle huizen vermeld met de lengte- en breedtegraad en niet met de naam van de eigenaar, behalve vijf huizen van beroemdheden, onder wie ik. Ineens stond er een foto van mijn huis op internet met mijn naam erbij en de exacte coördinaten waar het zich bevond. Dat vond ik onveilig voor mij en mijn gezin. We hadden in de loop der jaren al een aantal keren indringers gehad op het terrein. Ik hoop dat jullie nu begrijpen waar ik me zo druk om maakte.

In de omschrijving van het Streisand-effect staat het dus verkeerd. Ik wilde niet dat die foto van het net werd gehaald, ik wilde alleen dat die man me net zo behandelde als alle anderen en om veiligheidsredenen mijn naam weghaalde. Maar dat weigerde hij.

Interessant... Als het zijn doel was om de erosie van de kust in kaart te brengen, zoals hij beweerde, wat deed het noemen van mijn naam er dan toe, milieukundig gezien? Had hij misschien andere motieven? Wilde hij meer aandacht voor zijn website door mijn naam te gebruiken?

Ik wendde me tot het enige middel dat ik nog had: een rechtszaak.

De grote Louis Brandeis van het Hooggerechtshof geloofde in ieders 'recht op privacy en veiligheid'. Maar Laurence Tribe, mijn vriend en briljant grondwetgeleerde, zei later tegen me: 'Ik wou dat je mij had gebeld, want ik had je wel kunnen vertellen dat je niet kon winnen... Met de komst van het internet zijn we allemáál onze privacy verloren!'

Ik had het idee dat ik een principe moest beschermen, maar achteraf bezien was dat een vergissing. Ik had ook aangenomen dat mijn advocaat had gedaan wat ik hem had gevraagd, namelijk vragen of mijn naam bij de foto kon worden weggehaald, maar wederom moest ik de volgende les leren: neem nooit zomaar iets aan. (Het is ook mijn eigen schuld. Ik had tijd vrij moeten maken om al het juridische papierwerk zelf door te nemen.)

Voor je principes staan, bleek een kostbare aangelegenheid, niet alleen financieel, maar ook emotioneel, want ik vind het verschrikkelijk dat mijn naam op zo'n negatieve manier wordt gebruikt. Alsof ik de pers iets wilde verbieden, terwijl dat nooit mijn bedoeling was geweest. Als Democraat ben ik voorstander van persvrijheid.

Onlangs heb ik geprobeerd het Wikipedia-lemma te corrigeren, zodat de feiten erop zouden staan, maar we kregen te horen dat dat onmogelijk was.

Hoezo? Is de waarheid niet goed genoeg?

Tegenwoordig hebben we dankzij internet meer informatie tot onze beschikking dan ooit tevoren, maar eigenlijk zijn we nu slechter geïnformeerd omdat het zo gemakkelijk is geworden om zomaar leugens te verspreiden. Ironisch toch?

Wat ook ironisch is, is dat ik de opbrengst van de rechtszaak, als ik die had gewonnen (wat niet het geval was) zou hebben gedoneerd aan organisaties die het milieu beschermen (wat in eerste instantie het doel van de foto's was). Dat is een doel waar ik al tientallen jaren achter sta. Ik besteed mijn energie veel liever daaraan.

In 2006 vond ik een nieuwe manier om dat te doen, toen het Clinton Climate Initiative onder mijn aandacht werd gebracht. Ik was zo onder de indruk van de praktische aanpak, zoals het aanpassen van bestaande gebouwen zodat ze een derde minder energie verbruiken. Het begon met het Empire State Building en daarna kwamen burgemeesters van steden over heel de wereld bij elkaar om samen energiezuinige materialen te bestellen voor gebouwen, stoplichten, straatlantaarns, bussen... zodat het betaalbaarder werd.

Toen president Clinton me bij een symposium in New York het podium op riep om me te bedanken voor mijn donatie van 1 miljoen (de grootste donatie die mijn stichting tot dan toe had gedaan, omdat ik me zoveel zorgen maakte over klimaatverandering), zat Rupert Murdoch in het publiek. Ik zei toen hardop wat ik dacht: 'U bent miljardair, meneer Murdoch, en u gaf maar 500.000. Vindt u niet dat u nog een cheque moet uitschrijven?'

Iedereen moest lachen. (Behalve misschien Murdoch zelf. Ik ben benieuwd of hij die cheque nog heeft uitgeschreven.)

Om dat soort donaties te kunnen blijven geven, moest ik mijn spaargeld aanvullen. Daarom besloot ik toch nog een tour te doen, maar omdat ik had gezegd dat mijn afgelopen tour de laatste was, was ik het publiek wel een verklaring verschuldigd. Ik schreef in het programmaboekje: 'De reden dat ik weer op het podium ga staan, is omdat ik geld wil inzamelen om te doneren aan doelen die voor ons allemaal belangrijk zijn. De onsterfelijke Dolly Levi verwoordde het heel goed: "Geld is al mest. Het is niets waard tot het verdeeld wordt en jonge dingen kunnen groeien."' Er waren heel veel goede doelen die ik wilde steunen met de Streisand Foundation.

Overigens werd geen van mijn concerten daarna nog aangekondigd als een afscheidstournee. Ik had mijn lesje wel geleerd: zeg nooit nooit! Of, zoals ik tijdens een van mijn recente concerten zei: '*It's not over till the fat lady sings*, en zo dik ben ik nog lang niet!'

We zetten dus weer een nieuwe show in elkaar en gingen ermee langs twaalf Amerikaanse steden en twee in Canada. Ik zag het als een uitdaging voor mezelf. Kon ik het nog aan?

Gelukkig reageerde het publiek heel positief, ik voelde de liefde. Daarnaast blijkt een tour ook een manier te zijn om oude vrienden weer eens te zien, zoals Bill en Hillary Clinton in New York, Madeleine Albright in Washington D.C., Oprah in Chicago, Nancy Pelosi in Los Angeles en nog vele anderen. Oprah kwam bij me langs in het hotel waar ik zat en bracht een fles champagne mee. Ze vroeg wat ik ervan vond dat ze een kandidaat voor het presidentschap steunde. Zoiets had ze nog niet eerder gedaan. 'Moet je zeker doen,' zei ik tegen haar. 'Als je in iemand gelooft, moet je dat aan de mensen vertellen, want jouw stem wordt gehoord.' Later bleek het Barack Obama te zijn, die ik voor het eerst ontmoette in 2004 toen hij campagne voerde om in de Senaat te komen. Hij was zo'n charismatisch mens waar je gewoon naar móét kijken. Ik was onder de indruk van zijn oprechtheid, deugd en intelligentie, en niet in de laatste plaats zijn mooie tanden.

In Phoenix bleek Kris Kristofferson aan de andere kant van de stad te spelen. Toen ik klaar was met mijn toegift liep ik van het podium af en kwam ik terug met Kris als verrassing. Het publiek vond het prachtig. Er werd uitbundig gejuicht terwijl we elkaar langdurig omhelsden. Hij had nog steeds die lieve, verlegen glimlach en het was heerlijk om hem weer te zien.

De tour ging zo goed dat ik me door Marty liet overhalen om er nog zeven steden in Europa aan vast te plakken in de zomer van 2007, op voorwaarde dat ik tussendoor steeds een paar dagen vrij had zodat ik naar musea kon gaan, in goede restaurants kon eten en antiquairs kon bezoeken. Dat was niet bepaald rendabel omdat er honderdachtenvijftig man aan crew en muzikanten mee waren die betaald moesten worden, of ze nu aan het werk waren of niet. Maar dat was de enige manier waarop ik het wilde doen. Ik had die dagen nodig om me weer op te laden. En om het leuker te maken, nodigde ik Maxine Smith, een van mijn beste vriendinnen, uit om mee te komen, samen met haar man Gary. Op die manier had Jim ook een vriend om samen dingen mee te doen wanneer ik met Maxine op antiekjacht was. Kim had me een gids gegeven met de grootste vlooienmarkten erin en ik had de tour zo'n beetje daaromheen opgebouwd. Ik moest tenslotte nog een hele schuur inrichten!

Op een zondag in het Loiredal in Frankrijk besloot ik spontaan om naar Brussel te gaan, omdat daar de oudste art-nouveauhuizen staan. Ik wilde het huis van de architect Victor Horta zien, wat nu een museum is, omdat ik van plan was om op de begane grond van de schuur een hele kamer in te richten in art-nouveaustijl. We stapten in de auto voor een reis van vijf uur (de kok van het hotelletje had de lekkerste appeltaart die ik ooit heb geproefd meegegeven) en bezochten een stad die ik anders zou hebben overgeslagen.

Ergens tussendoor gaf ik ook nog een paar concerten. De eerste was in Zürich, daarna Wenen, waar mijn favoriete toetje Kaiserschmarrn (luchtige stukjes gekaramelliseerde pannenkoek) op de tweede plaats kwam ná de kunst. Dit was de stad waar Klimt en Schiele hadden gewoond en ik wilde zo veel mogelijk van hun werk bekijken. In het Albertina werd ik betoverd door de prachtige portretten van Klimt, vooral het *Portret van Fritza Riedler* in haar hemelse witte jurk en paarlen choker. In het Belvedere mocht ik naar het kantoor van de directeur komen, waar tot mijn verbazing twee foto's van mij op het bureau stonden. De ene was gemaakt in 1969 in Londen naast de schilderijen van Klimt en Schiele die ik net had gekocht. Op de andere stond ik in een gouden jurk en deed ik Klimts *Portret van Adèle Bloch-Bauer* na. In het Belvedere hangen meer Klimts dan waar ook ter wereld en het was ontzettend spannend om zijn iconische stuk *De Kus* eindelijk in het echt te zien. Volgens mij heb ik er wel een halfuur naar staan kijken.

De volgende dag bracht ik twee uur lang in het Leopold Museum door, waar de grootste collectie van het werk van Schiele hangt. Elizabeth Leopold, die samen met haar man het museum heeft opgericht, kwam me begroeten. Wandelend door de gangen leidde ze me naar een muur en zei: 'Ik denk dat je dit wel interessant zult vinden.' En daar hing míjn Schiele, *Naakt met groene kousen*, die ik in 1969 had gekocht. Ik kon mezelf wel voor mijn kop slaan dat ik het weer had verkocht, maar het gaf toch een klein beetje voldoening dat zij ook de waarde ervan in hadden gezien en dat het nu in een museum hing.

O, en ik gaf natuurlijk nog een concert op een podium dat was opgebouwd vóór het Schloss Schönbrunn, het zomerverblijf van de Habsburgse keizers. Volgens mij was dit de meest vorstelijke omgeving waarin ik ooit heb gezongen. De geschiedenis op die plek is onontkoombaar, laat staan het behang!

In Parijs zaten Charles Aznavour, Alain Delon en Jean-Paul Belmondo in het publiek, evenals Michel Legrand, van wie ik het mooie nummer 'The Summer Knows' zong, speciaal voor hem. Belmondo leunde op een wandelstok toen hij aanklopte bij mijn kleedkamer en was innemend als altijd, met die kwetsbaarheid verscholen achter een hard gezicht. Charles, Alain en Michel waren ook in het Élysée-paleis toen president Nicolas Sarkozy me de hoogste Franse onderscheiding, de Légion d'honneur, gaf. Ik vond het leuk om de president voor te stellen aan Jason, Jim, Marty, Renata en mijn lieve hondje Sammie.

Berlijn was de volgende stop. Toen ik een stuk jonger was, had ik het gevoel dat ik nooit in Duitsland zou kunnen zingen omdat een aantal familieleden zijn omgekomen in de Tweede Wereldoorlog. Maar nu dacht ik: waarom moeten de Duitsers van nu boeten voor de zonden van hun ouders en grootouders?

Toch werpt het verleden nog een schaduw over het heden, want het amfitheater waar ik optrad was in 1936 in opdracht van Hitler gebouwd voor de Olympische Spelen. Samen met Marty liep ik door de zigzaggende tunnels waar ook Hitler doorheen had gelopen, zo werd ons verteld. De scherpe bochten waren speciaal zo ontworpen dat niemand op hem kon schieten. De rillingen liepen over mijn rug.

Ik was benieuwd hoe het Duitse publiek zou reageren... Het was algemeen bekend dat ik jarenlang alle verzoeken om te komen zingen had afgeslagen. Maar het publiek barstte uit in luid applaus zodra ze me zagen. Het was nog licht buiten toen het concert begon, dus ik kon alle gezichten zien, alle glimlachen van oor tot oor. Zoveel enthousiasme had ik niet verwacht.

Jim was er ook. Hij is bij elke show. (Ik vroeg hem een keer: 'Wordt het niet saai?' En hij antwoordde: 'Nee, het is elke keer anders.') Die avond, toen ik vragen uit het publiek beantwoordde, pakte ik een kaartje op en in plaats van een gewone vraag, stond erop: 'Geef de microfoon aan Bill Ross.' Bill was de dirigent.

'Is dit een grapje?' vroeg ik.

Maar toen kondigde Bill aan dat het de volgende dag mijn trouwdag was en dat hij Jim en mij namens de hele crew wilde feliciteren. En toen begon het concert de muziek te spelen die op onze bruiloft was gespeeld: het themanummer van *The Four Horsemen of the Apocalypse*. Dat was een enorme verrassing en toen kwam Jim ook nog het podium op met een grote taart, geglazuurd met pure chocolade. En mijn man, die niet houdt van affectie in het openbaar, kuste me zomaar op het podium!

Het was een betoverende avond en ik werd een beetje overdonderd door zoveel staande ovaties. Aan het einde van de show zei ik: 'Bedankt voor jullie komst. Bedankt voor het wachten. Jullie zijn een fantastisch publiek! Ik zal jullie nooit vergeten.'

Het is heerlijk als je werk tijdens een tour wordt gewaardeerd, maar wat nog fijner is, is wat het betekent voor mijn stichting.

En ik had een nieuw goed doel.

In 2007 had ik in *The New York Times* een artikel gelezen waar ik van was geschrokken. Daarin stond dat er meer vrouwen overlijden aan hartziekten dan mannen. Sterker nog, er gaan nog meer vrouwen aan hartziekten dood dan aan alle vormen van kanker. Toch was er in de afgelopen vijftig jaar vrijwel alleen maar onderzoek gedaan bij mannen.

Ik begreep er niets van. Hoe kun je een vrouw behandelen tegen een levensbedreigende ziekte als alle diagnostiek en technologie is ontwikkeld voor mannen? Vrouwen hebben een heel ander lichaam... Andere bedrading, andere maten harten, kleinere kleppen, kleinere aders. Daarom kan een hartaanval bij een vrouw er heel anders uitzien.

Jaren geleden had dr. Bernardine Healy iets ontdekt wat zij het 'Yentlsyndroom' noemde. Hiermee bedoelde ze dat wat er met een vrouw gebeurt als ze bij de eerste hulp komt met symptomen die niet stroken met die van een klassieke mannelijke hartaanval. Vaak wordt ze niet serieus genomen, krijgt ze een verkeerde diagnose, te weinig behandeling. Misschien krijgt ze wel te horen dat het een paniekaanval is en wordt ze naar huis gestuurd met iets tegen maagzuur. Soms neemt ze het middel in, gaat naar bed en wordt nooit meer wakker.

Dit is de reden waarom een op de drie vrouwen sterft aan een hartziekte.

Ik ben altijd heel uitgesproken geweest als het om ongelijkheid gaat, of het nu mensenrechten, homorechten of genderdiscriminatie is. Nu blijkt dat gender er wel degelijk toe doet in de medische wetenschap, vooral bij klinisch onderzoek. De ongelijkheid gaat zelfs op bij muizen in het lab. Dat zijn allemaal mannetjes! Toen ik vroeg waarom dat zo was, kreeg ik als antwoord dat de vrouwtjes hormonen hebben waardoor ze te complex zijn.

Precies, en zo is het bij vrouwen ook!

Ik was op zoek naar iemand die bezig was deze ongelijkheid recht te trekken, en zo kwam ik bij dr. Noel Bairey Merz uit, een beroemde cardiologe die zowel gespecialiseerd is in onderzoek als behandeling van vrouwelijke hartziekten aan het Cedars-Sinai Women's Heart Center. Eerst financierde ik een onderzoek en educatieprogramma. Ik vond het interessant om te horen dat een van haar collega's, dr. Doris Taylor, het eerste menselijk hart had opgekweekt uit stamcellen. Het was voor haar een doorbraak toen ze erachter kwam dat het gebruik van enkel vrouwelijke stamcellen de oplossing was, want de mannelijke stamcellen werkten niet. Die raakten meestal verdwaald. (Net als mannen houden de mannelijke stamcellen er kennelijk niet van om de weg te vragen.)

Ik was zo gedreven voor dit goede doel dat ik een paar keer naar Washington D.C. ging om in het Congres te lobbyen voor meer geld voor onderzoek bij vrouwen. Ik gaf toespraken en verscheen op televisie om meer bewustzijn hierover te creëren onder vrouwen, voordat ze zelf in een ziekenhuis zouden belanden. Al die toespraken bleken de moeite waard, want onze samenwerking met alle geniale wetenschappers was vruchtbaar. Nu besteedt het NIH meer geld aan onderzoek naar hartziekten bij vrouwen, meer vrouwen doen mee aan klinische trials en er zitten zelfs vrouwelijk muizen in het lab.

Het gevolg is dat het aantal vrouwen dat sterft aan een hartziekte gedaald is naar een op de vier.

Zo krijg je dus verandering: als vrouwen zich uitspreken.

57

How much do I love you?

Liefdadigheid en politiek. Dat waren nu mijn passies.

Toen Hillary Clinton in 2007 besloot mee te doen aan de presidentsverkiezingen steunde ik haar, omdat ik haar ontzettend slim vond en dacht dat ze heel goed zou zijn voor het land. Daarnaast werd het weleens tijd dat we een vrouwelijk staatshoofd kregen. Andere landen hadden al Indira Gandhi, Golda Meir en Angela Merkel. Waarom lagen wij zo achter?

Maar de andere kandidaat, Barack Obama, had de wind mee en nadat Hillary haar nominatie aan hem had afgestaan, steunde ik hem ook. Toen me werd gevraagd of ik wilde zingen op een benefietavond, zei ik van harte ja. En ik was dolblij toen deze bijzondere man in november 2008 tot president werd uitgeroepen.

In december werd ik samen met de andere ontvangers van de Kennedy

Center Honors in het Witte Huis uitgenodigd voor een receptie van de vertrekkende president Bush. (Blijkbaar had Bush van tevoren Bill Clinton opgebeld om te vragen of ik niets gênants zou zeggen, omdat ik de afgelopen acht jaar nogal uitgesproken was geweest over mijn politieke voorkeur. Ik zei tegen Bill dat hij tegen Bush kon zeggen dat hij zich geen zorgen hoefde te maken. Ik zou hem nooit tijdens zo'n gelegenheid in verlegenheid brengen.)

Dit was de eerste keer dat ik president Bush ontmoette, dus ik stak mijn hand uit en was verrast toen hij zei: 'Ach, kom op, geef me een knuffel.' Ik moet zeggen dat zijn hartelijkheid me verbaasde. Ik vond hem ontwapenend. (Hoewel hij me waarschijnlijk kuste ter begroeting, terwijl ik hem kuste als afscheid.)

Gedurende de ceremonie in het Witte Huis somde hij mijn successen op en zei hij: 'Barbra is ook iemand met uitgesproken overtuigingen en meningen die ze graag deelt.' Ik legde mijn handen voor mijn mond uit zogenaamd berouw, terwijl de andere gasten lachten. Ook Bush moest lachen en voegde eraan toe: 'Ik weet het niet. Dat heb ik me laten vertellen. Weet je, het doet me wel een beetje denken aan een andere Barbara die zich graag uitspreekt.' (O ja... mannen en hun moeders!)

Als politicus ben je gebaat bij een goed gevoel voor humor.

Toen ik die avond op weg was naar het theater waar het gala zou plaatsvinden, werd ik overstelpt met vragen van de pers over onze ontmoeting... Blijkbaar had die knuffel voor heel wat beroering gezorgd. Ik zei gewoon: 'Op een avond als deze overstijgt kunst de politiek,' en toen ging ik bij de andere onderscheiden personen zitten, naast president Bush en de first lady. Ik zal verder niet ingaan op alle schitterende artiesten die ter ere van mij optraden, maar ik werd vooral geraakt door iets wat twee bijzondere vrouwen zeiden.

Queen Latifah vertelde dat ze als jong meisje naar mij had gekeken en geïnspireerd was geraakt om grenzen te doorbreken: 'Barbra verwierp alle regels met betrekking tot het standaardidee van een filmster... We doen niet wat de jongens willen dat we doen. We doen alles. We kunnen zingen, we kunnen acteren, we kunnen produceren en we kunnen leidinggeven, niet alleen aan de mensen die voor ons werken, maar aan alle meisjes die dromen hebben zoals wij. Je hoeft alleen maar de moed op te brengen, net als Miss Streisand, om je dromen waar te maken.' Ik wierp haar een kushandje toe en toen eindigde ze haar toespraak met de woorden: 'Een vernieuwer voldoet niet aan onze verwachtingen, ze verandert ze... Voor altijd.'

En toen kwam Beyoncé op om 'The Way We Were' te zingen. Ik vond het super. Na haar laatste noot keek ze me recht aan, midden in het applaus, en zei: 'Het is een eer om voor u te zingen, Miss Streisand.' Tijdens het feest na afloop was ze heel charmant en complimenteus en ik zei dat ik hetzelfde over haar dacht. Ze heeft zoveel verbeeldingskracht in haar muziek en video's... Verbluffend gewoon.

Toevallig hebben we ook nog iets anders gemeen. Blijkbaar was ze niet zo blij met haar optreden, maar ze had het al een keer laten opnemen (voor de versie die later op tv zou komen). Daar kon ik me zo in vinden! En een paar weken later bij het inauguratiebal was ze weer uitmuntend.

Ik voelde me heel blij en hoopvol voor de toekomst van ons land en ik denk dat dat doorklonk in mijn muziek. Dat jaar bracht ik *Love Is The Answer* uit. Het was Marty's idee om de plaat te promoten door middel van een prijsvraag, waarbij fans een kaartje voor een eenmalig optreden (precies wat voor mij!) van mij in een kleine nachtclub in Greenwich Village konden winnen. Terug naar waar het begon. Ironisch genoeg was de enige nachtclub uit die tijd die nog steeds bestond de Village Vanguard, waarvan eigenaar Max Gordon me toen ik achttien was had afgewezen.

Op de avond van de show kwam mijn oude vriend Rick Edelstein, die de auditie destijds had geregeld, dat verhaal vertellen. Honderddrieëntwintig mensen stonden opeengepakt in dat minuscule zaaltje. Ik moest me ertussendoor wurmen om bij het kleine podium te komen en zei toen: 'Dit is hilarisch! Voelen jullie je nu geen haring in een tonnetje?' Tussen de prijswinnaars stonden nog een paar bekende gezichten zoals Bill en Hillary Clinton, Nicole Kidman en Sarah Jessica Parker, en een paar oude vrienden zoals Marilyn en Alan, Jule Stynes weduwe Maggie en Jim, helemaal vooraan. (De mensen die ik verder had uitgenodigd keken toe vanuit een ruimere kamer in het Waldorf Hotel, waar we voor eten, drinken en een liveverbinding hadden gezorgd.)

Er was in elk geval één ding waar ik me minder zorgen om hoefde te maken. Grappend zei ik: 'Je kunt moeilijk podiumvrees krijgen als er bijna geen podium is!'

Ik zong klassiekers van de plaat zoals 'In the Wee Small Hours of the Morning' en 'Make Someone Happy' begeleid door een kwartet, net als vroeger. Het was allemaal heel gezellig en ontspannen.

Marty had gelijk gehad. *Love Is the Answer* ging heel goed van start... Het kwam bovenaan de hitlijsten binnen en werd mijn negende nummer 1-plaat.

De volgende keer dat ik live zong was in 2011, toen ik door MusiCares werd geëerd. MusiCares is een fantastische organisatie die muzikanten in nood helpt. (En die avond haalden ze 4 miljoen dollar op!) Ik ben dol op Bill Maher, die gastheer was, en Prince introduceerde me, wat een leuke verrassing was omdat ik hem nog nooit had ontmoet en hem altijd heel interessant heb gevonden. Maar hij leek wat stijfjes en ongemakkelijk en pas jaren later hoorde ik van mijn assistent Grace Handy het hele verhaal. Een van de medewerkers van Prince had haar verteld: 'Barbra is een van de weinige mensen ter wereld die Prince echt bewondert en tegen wie hij opkijkt. Hij was die avond vol ontzag.'

Ik was fan van hem en nu bleek hij ook fan van mij. Grace vertelde me zulke prachtige verhalen over hem. In 1976 was hij als achttienjarige zo weg van *A Star Is Born* dat hij hem zes keer had gezien. De filmposter was het enige wat in zijn slaapkamer aan de muur hing. Hij had zelfs een keer een demo van 'Evergreen' opgenomen. En toen hij *Yentl* had gezien, liet hij zijn assistenten de film bestuderen en zei hij: 'Zij heeft het allemaal gedaan!' In maart 2016, een paar weken voordat hij stierf, trad hij op in Toronto en vroeg hij aan het publiek: 'Heeft iemand *The Way We Were* gezien? Herinner je je dat stuk waarin Robert Redford het uitmaakt met Barbra Streisand? De enige die ze kon bellen... was hij.' (Dat is precies het stuk dat ik zelf ook zo mooi vind!)

Het raakte me dat Prince mijn werk bewonderde. Ik zou willen dat hij die avond backstage was gekomen om met me te praten, maar blijkbaar was hij te verlegen, wat ik ook begrijp. Een deel van die verlegenheid bestaat uit de angst om afgewezen te worden, een angst die veel getalenteerde mensen kennen, heb ik gemerkt. En die kwetsbaarheid klinkt door in het werk, hoe zelfverzekerd je je ook voordoet. Ik denk zelfs dat dát hetgeen is wat de mensen die ernaar kijken of luisteren raakt.

Als ik had geweten hoe Prince zich voelde, zou ik meer mijn best hebben gedaan om contact met hem te krijgen en hem te vertellen hoezeer ik zíjn werk bewonderde, zijn originaliteit, zijn stijl, zijn gigantische talent. Misschien hadden we een keer samen een duet kunnen doen.

Maar ineens was hij er niet meer. Zo jong nog. Wat een verlies.

Ik weet nog dat ik die avond bij MusiCares niet erg bang was. Volgens mij trilde mijn stem niet eens tijdens het eerste couplet van 'The Windmills of Your Mind', dat ik a capella zong. Het hielp waarschijnlijk dat ik niet voor mezelf zong, maar voor een goed doel.

Maar twee avonden daarna was mijn angst weer terug, toen ik 'Evergreen' zong bij de uitreiking van de Grammy's, vijfentwintig jaar nadat dat nummer was uitgeroepen tot Song of the Year. Ik wist dat Kris Kristofferson me zou aankondigen en ik was trots op de muziek die ik had geschreven, dus ik kon geen nee zeggen.

Maar toen ik in het publiek keek, een veel jonger publiek met de nieuwste hiphop- en rap-sterren in maffe outfits, was het net als dat moment in *A Star Is Born* waarop ik midden in een rockconcert opkom om te zingen. Toen was ik bang dat de jongere generatie 'Evergreen' niet zou waarderen, en nu voelde ik diezelfde angst weer.

Ik trilde zo dat ik de microfoonstandaard moest vastgrijpen en hopen dat ik niet zou omvallen. Tjonge, wat was ik blij toen het nummer was afgelopen. En net als altijd wist ik niet wat ik met mezelf aan moest toen het publiek opstond en begon te juichen.

Je zou denken dat ik inmiddels wel wat zelfverzekerder zou zijn, maar nee hoor, ik stond daar maar, verstijfd om me heen te kijken op zoek naar de plek waar ik van het podium af kon. En toen dat voorbij was had ik ineens razend veel honger. Ik verkleedde me snel en sloeg de chique afterparty's over om naar een Chinees restaurant te gaan.

O, ik zie dat ik *Little Fockers* zomaar heb overgeslagen, maar daar kan ik ook niet veel over vertellen omdat ik me er nauwelijks iets van herinner, behalve één moment. We zaten, met een andere regisseur deze keer, een scène te bespreken waar alle zes acteurs in voorkwamen. Hij zei dat hij drie dagen had ingepland om die scène te filmen en ik dacht bij mezelf: waarom? Hij zou het in de helft van de tijd kunnen doen als hij twee camera's zou gebruiken en om de acteurs heen zou verplaatsen. Zo zou hij ook interessantere hoeken krijgen.

Het herinnerde me eraan dat ik het regisseren miste.

Moest ik het weer eens proberen? Maakte ik niet genoeg films?

Er was een regisseuse, Anne Fletcher, die me graag wilde hebben voor een rol. Ze wilde dat ik een Joodse moeder zou spelen in *The Guilt Trip*. Ik vond haar leuk, en de man die het had geschreven, Dan Fogelman, ook. Bovendien was het een hoofdrol, iets wat ik al lang niet had gedaan.

En zoals een vriendin zei: 'Je bent een actrice. Waarom acteer je niet?'

Dus ik nam de rol. Seth Rogen speelde mijn zoon en die is in het echt net zo grappig als op het scherm. Hij kon iets heel onverwachts toevoegen aan een komische tirade, dat vond ik leuk. Maar de scène die ik het mooist vond, was een rustig moment waarop we ijs zitten te eten aan de keukentafel en ik hem vertel over een man van wie ik had gehouden. Als ik dan toch take na take ijs moest eten, wilde ik wel dat het mijn lievelingsijs was, Brazilian Coffee van McConnell's in Santa Barbara. Dus ik belde ze op en vroeg of ze wat wilden bezorgen voor die scène. En weet je wat ze bezorgden? Drie enorme bakken van bijna 10 liter per stuk! Alsof ik in de hemel was gekomen! Elke dag at ik op de set twee bolletjes op een hoorntje en natuurlijk maakte ik er ook een voor Seth. Toen we klaar waren met de scène hadden we nog genoeg over om de hele crew een weeklang van ijs te voorzien. Dat vonden ze heerlijk.

Op een avond filmden we op locatie op een parkeerplaats. Het werd al donker, dus Anne zei dat we de rest maar een andere keer in de studio moesten filmen, maar ik zag een snellere manier waardoor we die dag nog klaar konden zijn. Omdat ik ook een van de executive producers was en ervoor had gezorgd dat zij de Engelse cameraman had gekregen die ze wilde, ondanks de hogere kosten, had ik het gevoel dat ik wel op hem af kon stappen. Ik beschreef hem een shot met een steadycam dat Seth en mij tegelijk in beeld kon brengen. Hij dacht dat het wel zou lukken, dus beschreef ik mijn idee aan Anne. Het was een beetje lastig, maar heel erg leuk om te doen en zo bleven we op schema.

Nu wilde ik echt weer zelf regisseren, maar omdat ik geen film had, moest ik mijn energie in andere dingen steken. In 2012 hield ik een benefiet voor het Women's Heart Center bij mij thuis, waar ik mijn pleidooi voor gendergelijkheid in medisch onderzoek herhaalde. Bill Clinton had de overheidssubsidies voor vrouwelijke gezondheid verhoogd toen hij president was, en hij was zo vriendelijk om te komen en zijn steun te betuigen. Hij was ook erg grappig: 'Als zij in het Congres zou zitten en ik nog president was, zou zij op onze "zeg maar ja"-lijst staan. We hadden een lijstje van congresleden – met minder dan tien personen erop – tegen wie we altijd ja zeiden als ze ergens voor belden, omdat ze het vroeg of laat tóch wel zouden doen. Dus toen zij me belde en over alle feiten begon te ratelen, zei ik uiteindelijk: "Stop! Wat wil je dat ik doe?"'

Iedereen moest lachen. (Ik heb mijn best gedaan om hem fatsoenlijk te belonen voor het feit dat hij hiervoor helemaal naar L.A. was gekomen; ik heb hem laten zien hoe je rummikub op je laptop kunt downloaden zodat hij dat in zijn eentje kon spelen.)

Bij het diner die avond kondigde de voorzitter van het Cedars-Sinai Heart Institute aan dat ze hadden besloten het centrum naar mij te vernoemen. Als tiener wilde ik niets liever dan mijn naam op de markies van een theater zien.

Maar ik had niet kunnen bevroeden dat het nog veel bevredigender zou zijn om mijn naam in roestvrij staal op het Barbra Streisand Women's Heart Center te zien.

Later die zomer was ik met Jay Landers en Bill Ross aan het werk in Oma's Huis. We waren bezig met het samenstellen van een show die *Back to Brooklyn* zou gaan heten en waarin ik mijn favoriete muziek eerde, geschreven door mensen van wie ik hield. Een van die mensen was Marvin Hamlisch. Ik ben altijd op zoek naar nieuwe nummers en ik had net een demo gehoord van een vrij onbekend nummer dat Marvin had geschreven. Het heette 'Any Moment Now' en kwam uit een Broadway-show die was geflopt. Het sprak me meteen aan, omdat het heel 'acteerbaar' was: een duet tussen man en vrouw waarin veel duidelijk werd over hun relatie. Maar het paste niet echt bij het concept van dit concert. (Maar daardoor kwam ik wel op het idee om een plaat te maken met Broadway-nummers waarop muziek en dialoog zouden worden gecombineerd. Dit project heeft nog een paar jaar op een laag pitje gestaan en werd uiteindelijk *Encore*, een plaat die in 2016 uitkwam.)

We probeerden een nieuwe manier te verzinnen om de oude hits te vertolken die ik al een miljoen keer had gezongen. Vaak ga ik terug naar de originele versie en dat besloten we ook te doen met 'The Way We Were': we zouden Marvins originele compositie uit de film gebruiken. Ik ben dol op die versie. Ik wilde het Marvin zelf vertellen en ook zeggen dat ik 'Any Moment Now' zo goed vond, dus ik maakte een notitie dat ik hem moest bellen. Toen Bill vertelde dat hij wat extra filmmuziek moest schrijven voor een film waar Marvin op dat moment aan werkte, dacht ik: o jee, dat klinkt niet goed. Ik maakte me zorgen.

Toen we rond elf uur 's avonds klaar waren, belde ik Marvin, maar ik kreeg hem niet te pakken. Ik belde de Bergmans om te vragen of zij wisten waar hij was, maar zij hadden hem ook niet te pakken kunnen krijgen.

De volgende ochtend... Ik vind het zelfs moeilijk om dit op te schrijven, want ik heb alle herinneringen aan hoe ik erachter kwam dat hij was overleden weggedrukt. Ik kan niet uitleggen hoe erg ik ervan schrok. Hij was pas achtenzestig jaar. Ik vond het zo verschrikkelijk dat ik hem niet meer heb kunnen vertellen hoeveel ik van hem hield.

Ik kende Marvin al bijna vijftig jaar. Hij zat achter de piano bij *Funny Girl* en hij was erbij op al mijn tournees. Hij had zelfs op mijn bruiloft gespeeld! Het succes was Marvin nooit naar zijn hoofd gestegen, hij werd alleen maar nog meer wat hij al was: getalenteerd, schattig, grappig, gul, aardig en attent. Hij vergat mijn verjaardag nooit en stuurde me altijd precies de bloemen die ik mooi vond: een paar kleine, geurige boeketjes die ik in verschillende kamers kon zetten.

Een van de vele films waarvoor hij de muziek had geschreven, was *A Chorus Line*. Daarin komt de tekst '*a singular sensation*' (een unieke sensatie) voor. En dat was hij. Een groot muzikaal talent en een mooi mens. Hij had de wijsheid van een volwassene en het enthousiasme van een kind.

In september vloog ik naar New York om te zingen bij zijn herdenking. Ik liep het podium op en zei met een zwaar New Yorks accent zijn naam: 'Maahvin.' Het publiek moest lachen. Alleen al bij zijn naam moet ik glimlachen, omdat die me doet denken aan Brooklyn. Ik zag voor me hoe zijn moeder uit het raam hing om hem te roepen: 'Maahvin! Maahvin!'

Als je zoals ik erin gelooft dat een geest voortleeft, dan weet ik bijna zeker dat Marvin op een of andere manier bij ons was, luisterde en genoot van de viering van zijn prachtige leven. Alle aanwezigen hielden van hem en ik weet dat al die liefde hem bereikt... *Any moment now.*

Een week later kwam *Release Me* uit. Het was een plaat met nummers uit mijn kluis die om een of andere reden niet op andere platen terecht waren gekomen. Ik droeg hem op aan Marvin.

En toen ik werd gevraagd om tijdens de Oscars voor hem als eerbetoon 'The Way We Were' te zingen, twijfelde ik geen moment. Toen ik het podium op kwam aan het eind van het 'In Memoriam', de eerste maten van het nummer neuriënd, voelde ik me wankel op mijn hoge hakken. Ik liep naar voren, sprak een paar woorden over mijn lieve vriend en begon te zingen. Opeens trilde mijn rechterbeen zo erg dat ik bang was dat het publiek het, zelfs onder mijn lange jurk, zou zien. Maar goddank heb ik de voorstelling doorstaan, doordat ik tegen mezelf zei: dit gaat niet over jou. Dit gaat over Marvin.

Maar ik had het over *Back to Brooklyn*. Dat concert bleek uiteindelijk heel bijzonder voor mij, omdat ik samen met mijn zoon heb gezongen.

Het was volkomen onverwacht.

Toen hij klein was, zongen we weleens samen. Hij was toen twee of drie en kende de hele tekst van 'Itsy Bitsy Spider' al, maar dat wilde nog niet zeggen dat hij later muzikant zou worden. En toen hij vijftien was, liep ik een keer langs de dichte deur van zijn kamer en hoorde ik een prachtig zoemend geluid. Ik klopte aan en zei: 'Jason? Ben jij dat?'

'Ga weg, mam,' antwoordde hij.

Dat was het enige. Totdat hij tientallen jaren later tegen me zei: 'Weet je dat ik ben gaan zingen? Ik ben bezig met een paar nummers.'

'Echt waar?' Ik was heel verrast, want ik kon me voorstellen hoe moeilijk dat moest zijn als míjn zoon. Maar ik vond het heel erg leuk en wilde niet te veel zeggen. Het was duidelijk dat hij het op zijn eigen manier wilde aanpakken. Even later stuurde hij me een opname van het nummer 'How Deep Is the Ocean', dat in 1930 was geschreven door Irving Berlin. Ik zat er in de woonkamer naar te luisteren en viel bijna van de bank. Ten eerste was zijn stem echt prachtig! Er zaten boventonen in, alsof hij de verschillende noten van een akkoord tegelijkertijd zong... Net alsof er een kamermuziekkwartet in zijn keel zat. Mijn hart zwol van trots en ik was ontzettend blij voor mijn zoon. Jeeminee, hij kan niet alleen zingen, maar heeft ook een idee van hoe het hele nummer moet klinken, dacht ik. Hij had samen met zijn compagnon Stephan Oberhoff een arrangement uitgewerkt dat heel inventief was. Toen ik hem wilde vertellen hoe goed dit was, wist ik niet waar ik moest beginnen.

In april 2012 gaven Donna Karan en Richard Baskin een feestje ter ere van mijn zeventigste verjaardag in een restaurantje hier in de buurt. Daar verraste Johnny Mathis me met die schitterende serenade. En het andere hoogtepunt van de avond was een film die Jason had gemaakt van allemaal foto's van ons tweeën. De soundtrack eronder was een pakkende bewerking van de klassieker 'Nature Boy' uit 1940. Het klonk zo mooi en soulvol dat iedereen er stil van werd. Toen de film was afgelopen, hoorde ik mensen fluisteren: 'Wie zong dat?'

'Dat was Jason!' zei ik trots.

Die film was zo overdonderend. Hij had het perfecte nummer erbij uitgekozen en zijn lieve stem in combinatie met het originele arrangement was uitmuntend!

Ik wist dat mijn zoon slim, zachtaardig, vriendelijk, creatief en artistiek was, maar ik wist nog niet dat hij zo'n prachtige stem had. Hij had hem heel lang voor zichzelf gehouden, maar nu volgde hij zijn eigen ingeving, geloofde in zijn talent en had de moed om het naar buiten te laten komen.

Net als alle andere aanwezigen was ik geroerd en onder de indruk. Jason werd overladen met complimenten. Quincy Jones kwam naar hem toe en zei: 'Wij gaan samen een plaat maken.'

'O ja?' zei Jason stomverbaasd.

En ik zei: 'Ik wil met je zingen, Jason.' In mijn hoofd was ik al bezig met een tweede plaat vol duetten (wat uiteindelijk *Partners* werd, mijn tiende plaat, die in 2014 uitkwam.)

Zonder het te weten had hij me het perfecte nummer voorgeschoteld voor een moeder-en-zoonduet. De tekst van 'How Deep Is The Ocean' drukte precies uit hoe ik me voelde:

How much do I love you?
I'll tell you no lie
How deep is the ocean?
How high is the sky?

En ik kreeg nóg een idee. 'Lieverd, je moet meedoen met het concert *Back to Brooklyn*, zodat we dit samen kunnen zingen op het podium. Ik wil dat je meegaat op tournee.'

Welke moeder zou immers niet meer tijd willen doorbrengen met haar volwassen zoon?

Maar Jason wist het nog zo net niet. Hij had tot nu toe alles op eigen houtje gedaan en hij wilde niet dat mensen zouden denken dat hij mij als kruiwagen gebruikte.

Ik vroeg hem of hij op z'n minst met Jay, Richard Jay-Alexander, Bill Ross en mij de mogelijkheden wilde bespreken. Hoe het duet zou werken, wie wat zou zingen. En toen begonnen we te experimenteren met samen zingen en toen Bill uitriep: 'Dit is fantastisch!' zag ik dat Jason er meer plezier in kreeg en meer zelfvertrouwen kreeg. Toch moesten we allemaal nog op hem inpraten voordat hij ja zei.

En toen kwam mijn zoon, die nog nooit voor publiek had gezongen, ineens naast mij op het podium van enorme stadions staan, voor een publiek van 20.000 man. En het was alsof hij nooit anders had gedaan.

Ik herinner me de eerste keer dat Jason en ik ons duet voor publiek zongen. Voordat ik hem op liet komen, liet ik de film zien die hij voor mijn verjaardag had gemaakt en daarna zei ik: 'Graag wil ik jullie voorstellen aan de maker van de film én de zanger. Graag een hartelijk applaus voor mijn oogappel, mijn zoon, Jason Emanuel Gould.' We zaten op krukken (het was de tweede helft, dus ik mocht wel even zitten!) en praatten wat. Ik vertelde dat ik vaak thuiskwam van mijn werk, of het nu *Funny Girl* of *Hello Dolly!* was, en dat hij dan binnen de kortste keren de tekst van de nummers kende. En dan zongen we ze samen.

Jason vroeg met uitstekende timing: 'Hebben we ooit iets gezongen van een film waar jij niet in speelde?'

Daar moest men wel om lachen. Ik vertelde over zijn plaat (en zei daarbij dat die in de lobby te koop was, zoals een goede moeder betaamt). En dan begon Jason te zingen. Hij had net de eerste twee regels gezongen – '*How much do I love you? I tell you no lie*' – toen het publiek in een spontaan applaus uitbarstte. Zo'n reactie kun je niet bewust uitlokken. Ik kon die golf van verrukking voelen die uit de zaal komt als het publiek iemand goed vindt. En toen hij improviseerde bij de vierde regel – '*How hiiiiigh is the sky*' – klonk er opnieuw applaus. En toen hij klaar was met zijn solodeel van het nummer, klapten ze voor de derde keer!

Ik zat te zwijmelen op mijn kruk.

Na ons duet stapte ik uit de spotlight en keek ik toe terwijl hij 'This Masquerade' zong en over het podium liep alsof hij er thuishoorde.

Ik was *kvelling*. Voor iemand die zo verlegen was, was dit heel bijzonder.

Het werkte zo goed dat ik dacht: waarom maak ik er geen familieaangelegenheid van? Dus ik vroeg mijn zus Rozzie om zich later ook aan te sluiten bij de tour. Zij heeft een heel mooie stem en lijkt totaal niet op mij. Ze is dol op optreden.

De Noord-Amerikaanse tour, twaalf optredens in tien steden, eindigde in november. In april van het jaar daarop, 2013, koos de Film Society of Lincoln Center mij uit voor hun Chaplin Award, vernoemd naar de grote Charlie Chaplin. Ik ben altijd geroerd als mensen met wie ik heb samengewerkt tijd vrijmaken om iets te zeggen bij zo'n uitreiking.

Ik vond het heel plezierig om met haar te acteren. Ik vond haar mooi. Ik vind haar nog steeds mooi. En die schoonheid zit diep en ze is getalenteerd. En daar heb ik van mogen meegenieten. Je kunt me dus wel een gezegend man noemen.

ROBERT REDFORD

Barbra Streisand is iemand die ik nooit van mijn leven zal vergeten... Ik denk niet dat er iemand in de filmindustrie is van wie ik meer hou dan van haar.

OMAR SHARIF

> *Ik ben dankbaar voor het feit dat ze die drie magnifieke films heeft geproduceerd, geregisseerd en gespeeld. Ik ben dankbaar dat ze een magnifieke Funny Girl was. Ik ben dankbaar voor het feit dat ik nog steeds een brok in mijn keel krijg bij The Way We Were.*
>
> BILL CLINTON

De onderscheiding was nog bijzonderder omdat Bill Clinton degene was die hem uitreikte. En het was ook heel fijn om Hillary weer te zien.

Het was een heel aangrijpende ceremonie, maar toch vond ik de hele situatie wel ironisch. De onderscheiding was voor mijn prestaties in films, maar ik kreeg nergens toestemming om de films te maken die ik nog wilde maken.

Sinds 1984 was ik al bezig met een script over Margaret Bourke-White, een vrouw die haar tijd ver vooruit was. Zij was de eerste vrouwelijke fotojournalist voor het tijdschrift *Life*, een wegbereider die zich naar binnen wist te praten bij staalfabrieken en in hutjes van deelpachters om de schoonheid die ze daarin zag te fotograferen. Haar passie voor haar werk was net zo sterk als haar passie voor een man, de schrijver Erskine Caldwell, maar toen ze vertrok om verslag te doen van de Tweede Wereldoorlog scheidde hij van haar. Hij wilde een vrouw die thuisbleef en eten voor hem kookte, terwijl zij verslag wilde doen van het nieuws en haar land wilde dienen.

In eerste instantie zou ik Margaret spelen, regisseren en coproduceren, maar het project stagneerde toen een versie van het verhaal al op tv verscheen. Toch bleef het project me dierbaar en in 2012 wist ik het nieuw leven in te blazen. Tot mijn grote vreugde hadden Cate Blanchett en Colin Firth (vlak na zijn Oscar voor *The King's Speech*) toegezegd om de hoofdrollen te vertolken, en ik zou regisseren. Maar toen ik op tournee was met *Back to Brooklyn* tekende mijn coproducent een contract bij een andere maatschappij, waardoor ik werd buitengesloten. Al het werk dat ik al aan het script had besteed, was nu blijkbaar van iemand anders. Alles wat ik zo zorgvuldig had verzameld, stortte in en het resultaat was dat de film nooit werd gemaakt.

En dan had ik nog een ander project.

Ik droomde er altijd al van om Momma Rose in *Gypsy* te spelen.

Mijn filmcarrière begon met een grote musical en ik wilde hem beëindigen met een andere musical. Veel mensen beschouwen *Gypsy* als de beste Broadway-musical aller tijden. Hij is gebaseerd op de memoires van de beroemde stripper Gypsy Rose Lee over haar leven met de dominante moeder Rose. De musical is geschreven door Arthur Laurents en de muziek door Jule Styne, met teksten van Stephen Sondheim. Het leek mij de perfecte afsluiter en tegenhanger van *Funny Girl* (waarvan de muziek ook geschreven is door Jule).

Deze droom speelt al heel lang op een of andere manier een rol in mijn leven. Arthur vroeg me in 1974 voor het eerst voor die rol in de toneelmusical, maar ik sloeg hem af omdat ik vond dat ik te jong was voor de rol met mijn eenendertig jaar. Toch had hij het goed gezien. En toen Jule Styne me in 1982 vroeg om er een filmversie van te maken, zag hij hetzelfde als wat Arthur had gezien. Hij stuurde me een telegram met daarin: 'Ik heb het idee dat je geschiedenis zou schrijven als jij deze krachtige rol van Momma Rose zou spelen, vooral als je ook de filmmuziek inzingt.' Ik was toen veertig, dus het had gekund, maar ik zat midden in *Yentl* en kon er niets anders bij hebben. En toen ik in 1989 een voorstel in elkaar liet zetten door Marty en mijn agenten, kreeg ik te horen dat Steve en Arthur niet nog een film wilden maken. (Geen van beiden vonden de film uit 1962 goed. Ik ook niet.) Ik hoopte nog steeds dat ik het ooit zou doen, omdat ik voor me zag hoe dat eruit zou zien. In mijn dagboek stond het bovenaan mijn lijstje van projecten die ik nog graag wilde doen.

In 2007 vroeg ik Marty om weer te proberen de rechten te verkrijgen, maar dat lukte hem niet. En toen was ik in 2010 op een feest en kwam er een producer naar me toe die vroeg: 'Welke rol wil je het liefst hierna spelen?'

Het antwoord was eenvoudig: 'Momma Rose in *Gypsy*.'

Ik vertelde hem dat ik al jaren probeerde de rechten te krijgen. Hij zei: 'Ik krijg ze wel voor je.'

'Als jij de rechten kunt krijgen,' zei ik, 'dan mag je hem samen met mij produceren.'

Rose was een vrouw die nooit haar eigen dromen had waargemaakt en moet toekijken hoe haar dochter een ster wordt. De kern van het verhaal is dat Rose jarenlang haar best doet om haar dochters beroemd te maken terwijl ze eigenlijk zelf beroemd wilde zijn. Mijn moeder had ook de droom om zangeres te worden, maar in tegenstelling tot Rose, die haar dochters de showbizz in duwde, werkte mijn moeder mij juist tegen. Net zoals Rose, die vond dat Louise niet veel talent had (en haar mooiere zusje June voortrok), dacht mijn moeder dat ik nooit actrice zou worden. Daardoor werd ik nog vastberadener, net als Louise, omdat ik aan haar en aan de wereld wilde bewijzen dat ik meer waard was dan zij dacht. En toen ik er ondanks alles in slaagde, was mijn moeder jaloers op mijn succes... Net als Rose.

Ik kende deze rollen dus maar al te goed en ik denk dat het stuk me daarom zo trok. Ook ik had een droom. Net als Momma Rose liet ik me niet ontmoedigen. Ik was ruw. Ik was opstandig. Ik dacht dat ik zowel haar wreedheid als haar tekortkomingen goed zou kunnen spelen, met al haar humor, stoerheid en kwetsbaarheid.

Aan het einde van het stuk heeft iedereen die haar dierbaar was haar verlaten en is ze alleen met haar onvervulde dromen en dan zingt ze dat geweldige nummer 'Rose's Turn'. Het is het musical-equivalent van King Lears tirade op de heide, en het moet angstaanjagend klinken, maar ook hartverscheurend.

Ik wist precies hoe ik het wilde doen en toen ik dit boek begon te schrijven en aan mijn moeder moest denken, begreep ik waarom. Ik voelde meer sympathie voor haar toen ik besefte hoe pijnlijk het voor haar moet zijn geweest om toe te kijken terwijl ik werd wat zij had kunnen zijn, met haar goede stem en mooie gezicht. Dus achter de pijn van Rose schuilt een klein meisje dat erkend en toegejuicht wilde worden.

Zoals altijd verwerkte Sondheim verwijzingen in zijn teksten naar het emotionele pad dat de personages volgen. Rose stopt een paar keer met zingen na het woord 'Momma'. Wat betekende dat? Ik wist vanwege mijn eigen research dat haar moeder haar maanden achtereen alleen liet om korsetten aan prostituees te verkopen in mijnstadjes. Ik dacht dat het wel interessant zou zijn om een deel van die achtergrond te onthullen en ik had ook een idee hoe we dat konden doen.

Ik schreef mijn concept voor het begin van de film op. Ik zag het voor me als flashbacks die werden vertoond tijdens de openingstune. In één scène zie je de moeder de deur uit lopen met haar koffers. Rose als klein meisje rent achter haar aan, trekt aan haar jas en roept 'Mama! Mama!' terwijl haar vader haar terugtrekt.

Ik zag de hele film al voor me in mijn hoofd, dus natuurlijk wilde ik regisseren. Bovendien wist ik dat ik de muziek als de beste kon vertolken.

In januari 2011 zag het ernaar uit dat de producer de rechten van Warner Brothers kon kopen, die de eerste film hadden gemaakt. In februari sprak Arthur voor zijn beurt toen hij de pers vertelde dat er een nieuwe versie zou komen, met mij in de rol van Momma Rose. En omdat hij een hekel had aan de film met Rosalind Russell, zei hij: 'Ik zou het heel fijn vinden als we een andere versie hebben die de geschiedenis in gaat.'

De reacties hierop waren heel bemoedigend, afgezien van wat gemopper dat ik te oud was voor de rol.

Ik heb altijd de verkeerde leeftijd voor mijn films. Ik was te jong om de volwassen Fanny Brice in *Funny Girl* te spelen. Te jong voor *Hello, Dolly!* en te oud voor *Yentl.* Dus waarom zou ik me nu laten weerhouden door mijn leeftijd?

Zoals Arthur zei: 'Ten eerste had niemand die die rol heeft gespeeld de juiste leeftijd. En ten tweede, wat maakt het uit?'

Maar in maart gaf Arthur weer een interview waarin hij zei dat hij van gedachten was veranderd en toch niet een nieuwe versie wilde maken. In de kranten stond dat de film was afgelast, met koppen als: ARTHUR LAURENTS SMOORT HET IN DE KIEM, TERWIJL HOMOSEKSUELEN VAN EEN BEPAALDE LEEFTIJD ZICHZELF BIJ BOSJES UIT HET RAAM WERPEN.

Ik belde hem op, zei dat ik zijn boek voor de musical zo bewonderde en nodigde hem uit in L.A. om het samen met mij tot een script om te vormen. Het lukte me om de film nieuw leven in te blazen en mijn vriend Ron Meyer heeft daarin een cruciale rol gespeeld door hem uit te brengen bij Universal. Het bleek mijn laatste gesprek met Arthur te zijn geweest. In mei stierf hij op drieënnegentigjarige leeftijd. En de deal was nog steeds niet beklonken.

Voor mij stond het vast dat ik deze film zou maken. Ik besloot zelfs dat ik tijdens mijn *Back to Brooklyn*-concert een tipje van de sluier zou oplichten. De eerste helft van het concert eindigt met een medley van Jule Styne met twee nummers uit *Gypsy* erin. Een daarvan was 'Rose's Turn'. Na alle publiciteit over het wel of niet doorgaan van de film, was dit als een soort verklaring: ik zou die rol koste wat het kost spelen!

Er was echter nog één obstakel. Alle oorspronkelijke schrijvers hadden hun goedkeuring gegeven maar Sondheim had één voorwaarde. 'Je kunt acteren of regisseren. Ik vind niet dat je beide moet doen.'

'Is dat omdat je *Yentl* niet goed vond?' vroeg ik.

'Nee, nee,' antwoordde hij. 'Ik vond *Yentl* wel goed. Ik denk alleen dat het in dit geval te veel wordt.'

Hij wilde me niet geloven toen ik zei dat het juist gemakkelijker zou zijn.

Hij legde uit: 'Ik wil niet dat je je energie moet verdelen.'

Hij was onvermurwbaar. Dus ik moest op zoek naar een nieuwe regisseur. Hoezeer ik Stephen ook bewonderde en had genoten van onze samenwerking aan alle nummers die ik van hem had gezongen omdat we allebei graag graven naar alle onderliggende lagen, toch viel het me zwaar om hem te vergeven dat hij de vaart eruit haalde terwijl ik al toestemming had van Universal om zowel te acteren als regisseren. Eigenlijk denk ik dat hij vond dat *Gypsy* een toneelstuk moest blijven en geen film.

Omdat het filmen voorlopig nog niet zou beginnen, stemde ik in met Marty's voorstel om het concert in juni 2013 in Europa te geven. We begonnen in Londen en daarna gingen we naar Amsterdam, waar we een tweede show moesten toevoegen, wat prima was, want daardoor kon ik vaker naar de musea! Toen ik daar voor het laatst was, was dat om de schilderijen van Rembrandt in het Rijksmuseum te bestuderen voordat ik *Yentl* ging maken. Maar deze keer wilde ik meer tijd doorbrengen in het Van Gogh-museum. Ik werd al vrij jong betoverd door het werk van Van Gogh. Het is heel intuïtief, met die dikke, sierlijke kwaststreken die de emoties van de schilder nauwelijks kunnen beteugelen. En daar, in een glazen vitrine, lagen zijn versleten kwasten en tubes verf. Heel aandoenlijk om te zien.

Ik ging ook weer naar het Rijksmuseum, waar Jeroen Krabbé – de Nederlandse acteur die de echtgenoot in *The Prince of Tides* had gespeeld – ons vergezelde. Het was zo leuk om Jeroen weer te zien. Hij zag er heel goed en blij uit... Hij fietste heen en weer naar het hotel! En hij had een heel bijzondere dag gepland voor de hele crew. Eerst maakten we een boottochtje door de grachten, met eten aan boord, en daarna zette de boot ons af bij het Anne Frank-huis, waar hij een avondbezoek had geregeld.

Zoals je weet was het eerste stuk dat ik op Broadway zag *The Diary of Anne Frank*, en vanaf dat moment voelde ik een band met haar. In haar dagboek schrijft ze pijnlijk eerlijk over haar gevoelens. Ze was nog zo jong, pas veertien, en je wordt meteen meegezogen in die eerste woelige tijd van verliefd worden wanneer ze ontzettend invoelbaar schrijft over haar relatie met Peter, de jongen die ook in het achterhuis ondergedoken zit.

De eerste keer dat ik in Amsterdam was, had ik het huis al bezocht, maar deze keer nam de directeur ons mee de steile trap op naar de zolder, waar de meeste mensen officieel niet mogen komen. We zaten in het donker bij het raam, net zoals zij en Peter hadden gedaan. Vanaf de straat kon niemand ons zien. Ze legde in haar dagboek uit dat het voor hen makkelijker was om eerlijk en open te praten in het donker. Ik zag de maan opkomen en bedacht dat zij die altijd zo graag wilde zien, hoe bijzonder het voor haar was om bij het open raam te zitten, de regen te ruiken, de wind langs haar wangen te voelen en de wolken voorbij te zien glijden. Uit het raam kijken was riskant, maar ze werd er rustig van als ze de lucht en de kastanjeboom zag.

Het was beangstigend om op die donkere zolder te zitten en je voor te stellen hoe zij zich moest hebben gevoeld... Elk moment kon er op de deur worden gebonsd door de Gestapo. Ik bewonder Annes moed en haar kracht en onstuitbare levensvreugd. Ze was vastberaden om iets belangrijks te doen in haar leven, ze wilde herinnerd worden na haar dood, en dat gevoel herkende ik.

Maar ik zou me verder niet met haar durven te identificeren: zij zat opgesloten in een kamer, alleen maar omdat ze Joods was!

Toch heb ik het gevoel dat ik haar ken, omdat ze al haar diepste gevoelens en gedachten op papier heeft gezet. Ze had een sterke mening en doelen. Ze wilde schrijfster worden en je ziet dat ze allerlei ideeën uitprobeert. Ze was verontwaardigd over het feit dat vrouwen als minderwaardig werden gezien. Ze was geschokt door de verspilling en zinloosheid van oorlog, maar ze deed niet het voor de hand liggende en gaf een ander niet de schuld. Ze had het idee dat er in iedereen iets destructiefs schuilt en zei dat we allemaal moesten veranderen.

En op een of andere manier wist ze, opgesloten en levend met een voortdurende angst, haar optimisme te bewaren. Ondanks alles, schreef ze in een van de laatste passages in haar dagboek, dat ze nog steeds geloofde dat mensen in wezen goed zijn.

Als ik naar de wereld van nu kijk, vind ik het moeilijk om die hoop te delen. Ik maak me zorgen om de opwarming van de aarde en het verdwijnen van de bijen. Ik word diepbedroefd door het zinloze geweld dat in bijna elk journaal wordt gemeld. Ik verafschuw de eindeloze stroom aan onmenselijke daden van de mens.

Anne Frank vertegenwoordigt het tegenovergestelde. Ik zou willen dat iedereen haar dagboek las en zich erdoor liet inspireren. Zij streefde er voortdurend naar om de beste versie van zichzelf te zijn, en dat zouden wij ook moeten doen.

Na Amsterdam gingen we naar Duitsland, het land dat voor mij nog steeds die geschiedenis ademt. Maar ik werd buitengewoon hartelijk ontvangen in Keulen, waar ik tweeëntwintig nummers zong en tweeëntwintig staande ovaties kreeg. Ik had nog niet eerder zo'n enthousiast publiek gezien. In Berlijn was de ontvangst ook hartverwarmend toen ik opkwam in een outfit die ik niet vaak droeg, omdat er zoveel glitters op zaten. Het was een jacquet, met daaronder een laag uitgesneden topje en een lange strakke rok die onderaan wijd uitliep, en alles was bezet met lovertjes die glinsterden in het licht. Goddank was het van rekbaar materiaal, want ik paste er nog steeds in na alle *Bratwurst* en gebakjes die ik had gegeten.

Chris Botti, die de hele tour meereisde, deed een deel van de show mee. Het was heel leuk om duetten met hem en zijn trompet te doen. Chris is een schat, maar ik snap niet hoe hij zo kan leven: hij is bijna altijd aan het touren. Toen we in Brooklyn op het podium stonden, vertelde hij dat hij meestal tweehonderdvijftig à driehonderd shows per jaar doet. En toen vroeg hij: 'En hoeveel doe jij er?'

Dat wist ik, want Marty en ik hadden ze geteld. 'Ik heb er vierentachtig gedaan, inclusief vanavond.'

Hij reageerde met: 'Vierentachtig per jaar? Dat is ook niet mis.'

'Nee, vierentachtig sinds ik ben begonnen in 1963!' zei ik. Hij kon zijn oren niet geloven.

De laatste shows van de tour waren in Israël, waar ik nog nooit eerder had opgetreden. Het leek erop dat nu het juiste moment was, omdat Shimon Peres, de president van Israël (en 's werelds oudste staatshoofd) me had gevraagd om te komen zingen op zijn negentigste verjaardag en dat wilde ik graag voor hem doen. Als ik daarvoor toch in Israël was, kon ik net zo goed nog twee concerten geven. We moesten zelfs een hele week vrijmaken om alle evenementen in te passen.

Nadat ons vliegtuig op zondag was geland, was de Klaagmuur de eerste plek waar ik naartoe wilde. Het is een heilige plek in het oude deel van Jeruzalem. Ik stak een briefje in een gleuf tussen de stenen, maar ik ga niet vertellen wat erop stond, anders komt mijn wens niet uit.

Op maandag moest ik veel aan mijn vader denken toen ik een eredoctoraat in filosofie kreeg aangeboden door de Hebreeuwse Universiteit. Het was mijn eerste bezoek sinds 1984, toen ik had besloten om het Emanuel Streisand Building for Jewish Studies ter ere van mijn vader op te richten. Hij had zijn leven gewijd aan onderwijs, dus in zekere zin was het eredoctoraat ook een beetje voor hem. Hij zou hier, met zijn honger naar kennis, goed aan zijn trekken zijn gekomen. In mijn toespraak zei ik: 'Een van de dingen die ik altijd heb bewonderd aan deze universiteit is het feit dat mannen en vrouwen, Joden en Arabieren, christenen en moslims, geboren Israëliërs en immigranten samen in de collegebanken en kantine zitten, leren van dezelfde docenten en samen dromen over een goed en betekenisvol leven. Ik zou willen dat de wereld meer leek op de gangen van de Hebreeuwse Universiteit.'

En toen bracht ik, omdat ik nog steeds dat nieuwsgierige meisje ben – ook al ben ik daardoor meermaals in de problemen gekomen – de ongemakkelijke waarheid over genderongelijkheid ter sprake. 'Het is verontrustend om te lezen dat vrouwen in Israël worden gedwongen om achter in een bus te zitten. Of wanneer we te horen krijgen over de "Vrouwen van de Muur" die metalen stoelen naar hun hoofd krijgen geworpen terwijl ze vredig proberen te bidden. Of wanneer het vrouwen wordt verboden om bij openbare gelegenheden te zingen.' Dat waren de reacties van ultraorthodoxe Joden die anderen met meer vrije ideeën niet wilden accepteren. En ik zei: 'Ik ga niet doen alsof ik alle historische, wettelijke of culturele details ken... maar als we zwijgen over dit soort zaken staat dat gelijk aan ze toelaten. Dus ik vraag nog maar eens: waarom?'

Die toespraak trok veel aandacht van de Israëlische media, en niet louter positief, dus ik vond het wel geruststellend toen Shimon Peres me er die avond mee complimenteerde. Hij had me uitgenodigd om bij hem in het presidentiële huis te komen en daar kinderen van de Make-A-Wish Foundation te ontmoeten. Die kinderen waren allemaal ernstig ziek, en toch waren ze heel positief. Ze hadden veel vragen. Ik vond het heerlijk om met ze te praten en er viel me iets op, waar ik hem later naar vroeg.

'Wat me opviel... De kinderen noemen je allemaal Shimon, of niet?'

'Zo heet ik.'

'Maar ze noemen je dus niet president Peres.'

'Dat wil ik niet. President is een titel. Shimon is een persoon.'

'O, wat mooi!'

'En ik ben liever een persoon dan een titel.'

Dat zegt heel veel over deze man.

Op dinsdag was de verjaardagsviering gepland, gelijktijdig met de Israeli Presidential Conference, waar leiders van over de hele wereld op afkwamen. Voordat de festiviteiten begonnen, werd ik uitgenodigd om samen met Bill Clinton, Tony Blair en premier Benjamin Netanyahu in Shimons privévertrekken te komen. Opnieuw werd ik herinnerd aan die woorden over mijn vader. 'Manny was zo ontzettend slim. Die kon met presidenten praten.'

Die avond zat ik met mijn gedachten elders. Ik had net gebeld met mijn vriend Howard, een kunsthandelaar. Ik overwoog een bod te doen op een schilderij van Modigliani. Sinds ik dat naaktschilderij had gezien in de etalage van de galerie van Klaus Perls toen ik eenentwintig was, was ik weg van zijn werk.

Het is moeilijk om uit te leggen wat je aanspreekt in het werk van een bepaalde kunstenaar. Als je naar een schilderij kijkt, dan pakt het je of niet.

Ik hou niet zo van abstracte kunst. Ik begrijp het niet. Ik zie er geen emotie in en daarom voel ik niets als ik ernaar kijk.

Maar Modigliani ontroert me echt. Volgens mij schildert hij met zijn ziel, net als Van Gogh. En toen ik meer over hem begon te lezen, kwam ik erachter dat hij Joods was, geboren in Italië. (Voelde ik me daarom zo met hem verbonden?) Tijdens zijn leven werd hij niet echt erkend. Hij was arm en de mensen die voor hem poseerden waren vrienden of geliefden, dus er kwam een emotioneel aspect bij kijken dat zich op een of andere manier vermengde met de verf.

Die avond in Israël zou het schilderij dat ik wilde hebben, worden geveild op het moment dat ik op het podium zou staan te zingen.

Waarom gebeurt alles altijd tegelijkertijd? Nog geen maand geleden lag ik bij de tandarts toen *De Jodin* werd geveild, een schilderij van Modigliani dat ik heel graag wilde hebben. Ik had al een slabbetje om mijn hals en ze hadden me een verdovingsprik gegeven toen ik riep: 'Wacht even! Nog niet beginnen! Ik moet eerst bieden op een schilderij!'

De Jodin is een portret van Maud Abrantes, een Amerikaanse vrouw die Modigliani's geliefde was. Ze had zelfs een kromme neus, net als ik. (Hij leek een voorkeur te hebben voor vrouwen met een onalledaags uiterlijk en lange neuzen. Als ik in die tijd had geleefd, zou ik misschien een van zijn modellen zijn geweest, en daarna zijn geliefde zijn geworden... En zo kan ik nog wel even verder fantaseren!) Mauds blik is op de kijker gericht en waar ze aan denkt blijft gissen. Ze fascineerde me. Het bieden begon en Howard, die ter plaatse was, zei dat een man zijn bordje opstak en gewoon omhoog bleef houden. Hij liet hem niet eens zakken, ook al ging de prijs omhoog. Hij had het idee dat deze man vastbesloten was om het schilderij te kopen, dus ik stopte met bieden. Later kreeg ik daar spijt van. Waarom was ik gestopt met bieden? Misschien had ik niet moeten opgeven. Tot op de dag van vandaag denk ik daaraan.

Deze keer was ik bereid om hoger te bieden, maar de stress van de veiling én het feit dat ik voor al die hoogwaardigheidsbekleders moest gaan zingen, zorgden ervoor dat ik óp was van de zenuwen. Ik zat op de voorste rij met Bill en Shimon aan de ene kant en president Paul Kamage van Rwanda en Tony Blair aan de andere kant van me. Toen ik het podium op ging, zei ik dat ik Shimon zo bewonderde 'om zijn moed, omdat hij altijd bereid was de status quo uit te dagen en om niet te accepteren dat iets onmogelijk was'.

En toen zong ik het liedje dat hij graag wilde horen: 'Avinu Malkeinu', dat een verzoek is aan God om mededogen met onze kinderen te hebben. Shimon en Bill waren de eersten die overeind kwamen om te applaudisseren. Ik sloot af met 'People' en daarna nam Shimon het woord. Hij zei dat het 'het waard was geweest om negentig jaar te wachten op deze engelachtige stem', wat ik heel lief vond.

Toen het hele programma was afgelopen en we allemaal naar buiten werden geleid door de security, hoorde ik Renata ergens achter me roepen. 'Je hebt het! Je hebt het!'

'Wat heb ik?' Ik was het schilderij helemaal vergeten.

Maar wat was ik blij. Na al die spanning liepen de daaropvolgende concerten als een trein.

Mijn dierbaarste herinnering aan die reis is het telefoontje van Shimon op de ochtend van het laatste concert. Hij zei: 'Hoi Bar...ba...raaa,' met zijn Hebreeuwse accent. 'Ik wil je graag zeggen: dat wat jij in drie dagen hebt bereikt, niemand anders zou hebben gekund.'

Ik wist niet precies wat hij bedoelde, maar hij legde uit: 'Je hebt het hart van ons volk gestimuleerd... Het was een nieuwe wind, een nieuwe geest, nieuwe hoop.'

'Dank je wel, Shimon, dat is heel aardig van je.'

'Ik weet niet of je de kranten hebt gelezen?'

'Nee, we konden het niet vertalen, dus ik weet niet wat erin staat.'

'Ik vertaal het hierbij voor jou en geloof me, meer hoef je niet te lezen. Je hebt gewoon de sfeer in het hele land veranderd.'

'Jeetje.' Was dat echt zo?

'Je hebt de schoonheid en diepte van de Joodse ziel naar ze toe gebracht.'

'Fijn dat je me dat vertelt, Shimon. Ik voel me vereerd.'

En toen ging hij verder: 'Waar ik ook heen ga, ik ben heel trots. Heel dankbaar... Jouw stem is uniek en je gevoelens zijn dat ook, en ze kwamen samen. Mensen voelden dat. Je kwam niet alleen zingen. Je kwam een boodschap overbrengen: "Laat je hart niet zakken."'

'Inderdaad,' interpreteerde ik, 'Laat de moed niet zakken. Blijf hoop houden. En ik wil jóú bedanken, Shimon, voor wat jíj voor de wereld, je land en het volk doet, want jij geeft ze de kracht van liefde.'

Ik had het geluk dat ik Shimon nog een paar keer kon ontmoeten in Los Angeles, en toen ontving ik het telefoontje dat hij nog maar een paar uur te leven had. Hij verliet deze wereld op 28 september 2016. Ik liet het volgende bericht uitgaan:

Mijn hart bloedt... Mijn tranen vallen... Want Shimon Peres is niet langer bij ons. Hij was als een vaderfiguur, niet alleen voor zijn geliefde land Israël, maar ook voor mij, want hij was precies hoe ik me mijn vader voorstel.

Shimons geest was open en zijn hart was begaan. Hij was een briljant staatsman, hij kon luisteren naar anderen die zijn mening niet deelden en een vastberaden pad vooruit volgen.

Hij had de stem van de rede die toevallig ook de fijngevoeligheid van een dichter bezat – attent en zachtaardig – maar zijn woorden galmden over de hele wereld.

Ik was dol op Shimon, en ik ben heel dankbaar dat ik in de loop der jaren wat tijd met hem heb kunnen doorbrengen en heb mogen zingen op zijn negentigste verjaardag in Israël.

Gelukkig zullen zijn geest, zijn wijsheid en zijn idealen voortleven. Moge hij rusten in vrede.

58

Oude vrienden

Hoewel ik tegenwoordig de meeste onderscheidingen afsla, moest ik de Board of Governors Award van de American Society of Cinematographers in 2015 wel accepteren, omdat het een mooie gelegenheid bood om alle grote filmmakers met wie ik ooit had samengewerkt te bedanken.

Het was me die avond echter bijna niet gelukt om in de balzaal aanwezig te zijn. Toen ik namelijk mijn laarzen uittrok om mijn hoge hakken aan te doen, kreeg ik die niet aan. Ze zaten ineens veel te strak. Een vriendin van mij uit New York was met me mee. Ik keek naar haar schoenen, die toevallig precies de goede kleur hadden en vroeg: 'Welke maat heb jij?'

'Negenendertig en een half,' antwoordde ze en ze trok ze al uit.

Gelukkig pasten ze. Niemand zag dat een van ons tweeën blote voeten had toen we met Jim naar onze tafel liepen en ik kon het podium op om de prijs in ontvangst te nemen uit handen van Andrzej Bartkowiak. Zoals ik die avond zei: 'Ik heb heel veel geluk gehad! Ik heb mogen werken met een paar van de beste filmmakers ter wereld!' (En als je tot hier alles hebt gelezen dan weet je alles over hen, om te beginnen met Harry Stradling.) Ik heb veel respect voor hun werk en ik heb veel van al die mannen geleerd. Iedere regisseur heeft een partner nodig, iemand die zijn of haar visie steunt, en ik ben heel dankbaar dat alle filmmakers met wie ik heb gewerkt mijn werk er zo goed uit lieten zien. Het was een heerlijke avond en het was heel fijn om Andrzej weer te zien.

Eigenlijk is dat de beste reden om naar prijsuitreikingen te gaan: je ziet je oude vrienden weer eens. Zoals Robert Redford. Bob en ik moeten elkaar steeds aankondigen bij verschillende gelegenheden. In 2002 reikte ik aan hem de Oscar voor Lifetime Achievement uit. Hij verraste mij door erbij te komen zitten bij *Oprah* in 2010. En in 2015 was ik weer in het Lincoln Center om aan hem de Chaplin Award uit te reiken. Ik had een speech geschreven die op de autocue werd vertoond, maar toen ik op het podium stond, kon ik de woorden niet goed lezen. (Dat had ik van tevoren natuurlijk moeten checken.) Dus ik riep naar Renata (die zoals gewoonlijk in de coulissen stond) om me mijn bril te brengen.

Na de ceremonie waren Bob en ik backstage, waar we posters van de Film Society signeerden, toen zijn vrouw Sibylle Szaggars, langskwam om hallo te zeggen. Zij is kunstenares en ik weet dat Bob vroeger ook kunstenaar was omdat hij me had verteld dat hij als twintigjarige naar Parijs was gegaan om te schilderen. Dus ik vertelde dat ik ook was begonnen met schilderen.

'Er is namelijk een schilderij van Modigliani dat *De Jodin* heet en dat ik heel graag wilde hebben...'

'Modigliani?' onderbrak Bob mij. 'Dat is mijn favoriete schilder!'

'Echt waar?'

'Jazeker. Ik wilde vroeger helemaal geen acteur worden. Ik wilde Modigliani worden.'

'Wat toevallig,' zei ik. 'Hij spreekt mij ook heel erg aan. En toen ik dat schilderij niet kon krijgen bij de veiling kon ik het niet verkroppen... Dus heb ik het zelf geschilderd.'

'Wát heb je gedaan?' riep Bob uit.

'Ik heb mijn eigen versie geschilderd. Het was het eerste wat ik ooit schilderde. Ik heb er natuurlijk niet Modigliani onder gezet, maar Barbra.'

Hij moest ontzettend lachen.

Een paar maanden later was het zijn beurt om aan mij een Leadership

Award uit te reiken tijdens een ontbijt van de Women in Entertainment. Nadat hij me heel aardig had geïntroduceerd, zei ik: 'Ik kom jou ook overal tegen! Het was leuk om even met je getrouwd te zijn geweest, maar nu is het klaar, hoor!' Daar werd hard om gelachen.

Naderhand kwam hij bij me lunchen. Ik had hem naar mijn huis gelokt met het vooruitzicht om mijn echte Modigliani te zien, maar eigenlijk denk ik altijd maar aan één ding, want ik wilde een vervolg van *The Way We Were* met hem bespreken. Volgens mij had hij het draaiboek dat ik in 1980 had geschreven nooit gezien, en ik wilde hem bewijzen wat het kon worden. Ik kende de rollen door en door en ik had altijd al het idee gehad dat ze elkaar meer te vertellen hadden. In de eerste film won het principe van de passie... Katie liet Hubbell gaan, want dat was in die omstandigheden het verstandigste besluit. Maar in het vervolg zou de passie winnen.

Misschien heb ik de rondleiding langs mijn kunstwerken een beetje afgeraffeld, want ik kon haast niet wachten om mijn ideeën met hem te delen. Tijdens de lunch kwam ik daar eindelijk aan toe. Ik vertelde het verhaal in grote lijnen. Het speelt tijdens een andere belangrijke periode in de geschiedenis van ons land. Katie en Hubbell ontmoeten elkaar weer in 1968 wanneer hun dochter, die dan aan Berkeley studeert, wordt gearresteerd tijdens een protestmars van studenten tegen de oorlog in Vietnam. (Het is duidelijk een dochter van Katie!) Hubbell is inmiddels een tv-verslaggever, en hij verslaat de rellen die ontstaan. Op het moment dat hij de dochter herkent die hij alleen nog maar op foto's heeft gezien, wordt ze meegenomen door de politie. Hij belt Katie in New York om haar te vertellen dat hij Rachels borg heeft betaald. Katie vliegt meteen naar Californië, waar ze zich verenigen in hun zorgen om hun dochter.

Zonder al te diep op de plot in te gaan, kan ik wel zeggen dat de aantrekkingskracht tussen Hubbell en Katie er nog steeds is. Maar wat interessant is, is hoezeer ze allebei zijn veranderd. Hij is veel meer geïnteresseerd in politiek terwijl Katie, die nu uitgever is en een man en een puberzoon heeft, juist minder activistisch is geworden, hoewel ze nog steeds sterke politieke overtuigingen heeft. Het is nu dus makkelijker voor hen om het eens te worden. En dan raakt Rachel, die boos is op haar vader omdat hij er nooit voor haar is geweest, maar tegelijkertijd door hem is gecharmeerd, ineens verwikkeld in een soort wedstrijd met haar moeder. De emotionele dynamiek tussen deze drie wordt heel ingewikkeld, bijna als een soort driehoeksverhouding. Uiteindelijk komt alles tot een uitbarsting als ze bij de Democratic National Convention in Chicago zijn waar rellen uitbreken.

Twintig jaar lang probeerden Sydney en ik dit vervolg te maken. Er werden verschillende scripts geschreven, maar niet één daarvan was goed genoeg. Arthur Laurents had een paar goede ideeën, maar die van hem begonnen met de laatste scène van het eerste deel en eindigden met iets wat ook op een herhaling leek. Ik zag een heel ander verhaal voor me... Je zou Katie zien die verward door een ziekenhuis rent, en pas op het einde van de film weet je naar wie ze op zoek is. David Rayfield bedacht een prachtige scène in een restaurant, waar je de spanning voelt tussen vader, moeder en dochter.

Maar het vervolg dat in mijn hoofd vorm kreeg was veel ingewikkelder dan alles wat ik had gelezen. En het eindigde op de enige manier die mijns inziens mogelijk was en goed paste bij de verschillende rollen.

Uiteindelijk deed ik een poging het zelf te schrijven en kwam ik met een draaiboek. Maar we streden een verloren strijd, want Bob houdt niet van vervolgfilms.

Toen we het er deze keer over hadden, was er wel een moment waarop we dachten: zou het kunnen lukken? En Bob zei iets in de trant van: 'Als we dit gaan doen, zou ik heel graag mijn eigen tekst willen schrijven.' (Maar misschien maakte hij een grapje.) Hoe dan ook, ik gaf hem een kopie van mijn draaiboek, zodat hij het thuis kon lezen. En toen heb ik er nooit meer iets over gehoord.

Ik wilde hem niet onder druk zetten, dus ik heb hem ook niet gebeld. Eerlijk gezegd denk ik dat leeftijd een grote rol speelde voor hem. Ik had daar minder last van. We waren immers ook veel te oud om nog te studeren in het origineel. Maar als er goed wordt geacteerd, dan zet het publiek zich daar wel overheen.

Maar nu moest ik onder ogen zien dat het juiste moment voorbij was gegaan en dat een vervolg alleen maar in mijn hoofd zou bestaan.

Iets korter geleden had ik hem aan de telefoon en raakten we in een discussie over kunst. Hij vertelde me dat hij weer was gaan schetsen.

Ik was benieuwd naar zijn werk, dus vroeg ik of hij wat tekeningen wilde opsturen. 'Je mag de mijne zien als ik de jouwe mag zien.'

Hij lachte en zei: 'Tuurlijk!'

Dus ik stuurde hem de eerste schets die ik ooit had gemaakt, waarbij mijn tekenleraar had gezegd: 'Teken mij maar.' En ik deed er nog een potloodschets van appels bij omdat schijnbaar alle impressionisten appels tekenden.

En Bob stuurde mij een paar vroege schetsen van mensen, die heel sterk waren met krachtige strepen en dikke zwarte lijnen. Heel expressionistisch, wat wel logisch was omdat hij me had verteld dat hij, als hij naar mensen keek, altijd het gezicht zag dat mensen aan de wereld wilden laten zien. En dan tekende hij het ware gezicht dat er volgens hem achter zat.

Die scherpzinnigheid maakt ook dat hij zo'n goede acteur is.

Terug naar 2015. Het was fijn om naast twee andere oude vrienden te zitten, namelijk Stephen Sondheim en Steven Spielberg, toen we in november in het Witte Huis waren. We zouden van president Obama allemaal de hoogste onderscheiding voor burgers krijgen, namelijk de Presidential Medal of Freedom. President Obama was die dag heel charmant en hield grappige praatjes in aanloop naar het officiële gedeelte van de gelegenheid. Zo begon hij bijvoorbeeld een beschrijving van mij voor te lezen: 'Geboren in Brooklyn in een Joods gezin uit de middenklasse...' Hij stopte, draaide zich naar mij om en zei: 'Ik wist niet dat je Joods was, Barbra.' Daar werd hard om gelachen. Hij noemde mijn chutzpah (wat hij perfect uitsprak) en ging verder: 'En het helpt ook als je veel talent hebt, waardoor ze een wereldwijde sensatie werd, met een stem die wordt beschreven als "vloeibare diamanten" en van wie de fans hebben overwogen haar gebruikte koffiebekertjes in brons te laten gieten... Ze heeft ook bijna alle onderscheidingen ontvangen die er bestaan, dus ik geloofde bijna niet dat ze deze nog niet heeft! Buiten het podium is ze een hartstochtelijk voorvechtster van zaken als hartziekten en gelijkheid voor vrouwen. Ik word al helemaal *verklempt* als ik eraan denk.'

Hij was zo ontspannen en charmant, kletste met ons allemaal, dat het bijna niet te geloven was dat hij net van een gezamenlijke persconferentie met president François Hollande kwam. Daar had hij zijn medeleven met de nabestaanden van de terroristische aanslagen uitgesproken en beloofd samen hard op te treden om IS te verslaan. Blijkbaar moet een succesvol president de zaken goed kunnen scheiden om iets voor elkaar te krijgen, maar ik was nog steeds onder de indruk dat hij zo snel kon schakelen.

Pas later kwam ik erachter dat hij die dag nóg een veiligheidsissue had moeten doorstaan. Ken Sunshine, die er ook was voor de ceremonie, vertelde me dat een agent van de Veiligheidsdienst naar het Oval Office was gekomen en tegen de president had gezegd dat Barbra Streisand een hond zou meebrengen naar het Witte Huis en wat hij daaraan moest doen.

Blijkbaar neemt niemand zijn hond mee naar het Witte Huis, maar dat wist ik niet. Sammie gaat overal mee naartoe, zelfs naar balletvoorstellingen of toneel, omdat ze zo'n brave meid is. Ze blaft nooit. Ze vindt het gewoon leuk om erbij te zijn. Toen we aankwamen had Renata haar in een draagtas gestopt die ze over haar schouder droeg. We hadden geen idee dat we iets deden wat niet mocht en ik zou het nog steeds niet hebben geweten als Kenny het me niet had verteld, want iedereen deed gewoon heel beleefd.

En president Obama hield zoals altijd het hoofd koel. Kenny vertelde dat hij de agent van de Veiligheidsdienst recht aankeek en de volgende beslissing nam: 'Barbra mag alles.'

Was dat maar waar... In 2016 viel die illusie helemaal in duigen.

Het jaar begon gewoon prima. Ik was bezig met de opnamen van *Encore*. (Het zaadje voor dit idee was jaren eerder geplant toen ik hoorde dat 'Any Moment Now', het nummer van Marvin, eindelijk begon te rijpen.) Het zou wederom een plaat vol nummers van Broadway-musicals zijn, maar wat hem anders maakte, was dat ik ook een stukje van de scène waar het lied uit voortkwam erbij wilde voegen. Dit was een riskant idee en ik betwijfelde of een platenmaatschappij zoiets commercieel interessant zou vinden, maar ik vond het concept van muziek én dialoog interessant. En deze keer wilde ik met acteurs zingen in plaats van met andere zangers, zoals ik gewoonlijk had gedaan. Voor mij was het mooiste dat ik die acteurs dan ook nog mocht regisseren!

Ik had dus acteurs nodig die konden zingen en de eerste die ik opbelde was Hugh Jackman. Ik zocht hem op in New York, waar ik hem zag spelen in het stuk *The River*. Na afloop ging ik hem in zijn kleedkamer feliciteren met zijn prachtige spel en liet ik hem het nummer van Marvin horen. Hij zei meteen ja, en iedereen die ik daarna vroeg zei ook ja en ik had een fantastische tijd in de studio met al deze geweldige acteurs. Hugh is een doorgewinterde zanger, maar anderen, zoals Melissa McCarthy, waren nog nooit in een opnamestudio geweest. Ze waarschuwde me. 'Ik kan niet zingen!' Maar ik zei dat ze zich geen zorgen hoefde te maken... De tekst van 'Anything You Can Do (I Can Do Better)' was voor ons herschreven en de tekst was zo grappig dat haar stem er niet eens toe deed. Ze is een heel goede comédienne en de manier waarop ze de tekst bracht was veel belangrijker.

Heel voorzichtig wist ik de juiste noten uit haar te krijgen en uiteindelijk hebben we heel veel gelachen, zoals je kunt zien als je het YouTube-filmpje bekijkt van ons tweeën in de studio. Er is een moment waarop ze een zin zingt en ik mijn hand op haar arm leg en 'Wauw! Goed zo!' zeg. En zij kijkt me dan stomverbaasd aan, zegt 'Echt waar?', en dan legt zij haar hand op mijn hand en zegt ze ernstig: 'Laat me even van dit moment genieten.'

Jamie Foxx was een natuurtalent in de opnamestudio, net zoals op het scherm. Hij wilde dat alles precies goed was. Net als Bradley Cooper, die alleen een praatstukje had in 'At the Ballet' uit *A Chorus Line*. Hij had het voor ons opgenomen op zijn iPhone en dat werkte prima, want hij moest toch een regisseur voorstellen die via een microfoon praat met de vrouwen die auditie doen. Daisy Ridley, Anne Hathaway en ik. En toen belde hij op en vroeg hij: 'Moet ik dat stuk nog veranderen?' Hij wilde me heel graag meer keuze geven, en was bereid om de zinnen op verschillende manieren op te nemen. Ik ben dol op zulke acteurs, die denken dat het altijd nog beter kan.

Verder moet ik ook nog de andere medewerkers Alec Baldwin, Antonio Banderas, Seth MacFarlane, Chris Pine en Patrick Wilson bedanken, want het was een genot om met ze te werken. (Bekijk de officiële filmpjes op YouTube maar om te zien hoeveel lol we hadden tijdens het maken van deze plaat.)

En toen kwam Marty op een middag in de studio met een voorstel. Hij wilde dat ik opnieuw op tournee zou gaan en herinnerde me eraan dat ik met het uitbrengen van *Partners* in 2014 'de enige artiest aller tijden was die in zes achtereenvolgende decennia een plaat op nummer 1 had gehad'. Hij vond dat dat iets was om te vieren en stelde voor om nummers van al die nummer 1-platen te zingen, samen met een paar van de plaat waar we nu mee bezig waren.

Ik moet toegeven dat ik helemaal geen zin had om weer op tournee te gaan... Maar er zou weer een schilderij van Modigliani geveild worden dat heel verleidelijk was, en het zou ook fijn zijn om nog meer goede doelen te kunnen steunen met mijn stichting.

Dus ik zei ja.

In juni, vlak voordat we zouden beginnen met repeteren, mocht ik tot mijn grote vreugde de Tony Award voor Best Musical uitreiken aan Lin-Manuel Miranda voor *Hamilton*, een musical die ik had gezien en fantastisch vond. Hij was ontzettend vindingrijk en heel lief. Tijdens de afterparty stelde hij me voor aan zijn hele familie.

En in augustus was ik al op tour met *Barbra: The Music, The Mem'ries, The Magic* en toen *Encore* later die maand uitkwam, werd het mijn elfde plaat die op nummer 1 kwam. Ondertussen nam de verkiezingscampagne steeds meer mijn aandacht in beslag. Hillary Clinton deed mee aan de presidentsverkiezingen. Als voormalige first lady, senator en minister was zij de best gekwalificeerde kandidaat. De andere was Donald Trump, de reality-tv-ster en projectontwikkelaar die vrouwen, immigranten en mindervalide mensen beledigde, die zijn aannemers oplichtte en al zes keer failliet was gegaan.

Drie keer raden wie ik steunde.

In september zong ik voor Hillary bij een lhbtiq+-fundraiser en die avond zat ik ook naast haar aan het diner. Ze was een beetje schor (dat is niet ongewoon voor iemand die midden in een campagne zit) en ik maakte me zorgen of ze wel goed voor zichzelf zorgde. 'Waar is je thee?' vroeg ik en ik zei: 'Hier neem de mijne maar.' Twee dagen later werd vastgesteld dat ze longontsteking had, maar dat hield haar niet tegen. Ik wist al dat ze ontzettend veel doorzettingsvermogen had. Ze had immers een verhoor van elf uur lang over Benghazi doorstaan, door Republikeinen die vastberaden waren om haar neer te halen. Maar ze slaagden daar niet in omdat ze elke aanval wist te pareren met feiten en de hele tijd haar kalmte wist te bewaren (een uitstekende eigenschap voor een aanstaande president).

Ik schrok die dag van de sfeer. De Republikeinen leken ervan te genieten om deze vrouw te vernederen. Het was alsof ze steeds harder werd aangepakt naarmate ze meer bereikte.

En dat brengt me bij iets wat ik zelf ook jarenlang heb gevoeld: sterke vrouwen met macht worden in onze cultuur vaak met de nek aangekeken. Sommige mannen voelen zich bedreigd en sommige vrouwen zijn jaloers.

Hillary werkte al heel lang voor de overheid, terwijl Trump nog nooit iets voor een ander had gedaan. Hij deed voornamelijk dingen voor zichzelf. Hillary had onderhandeld met wereldleiders om te zorgen dat wij veilig waren, terwijl Trump zei: 'Als we toch kernwapens hebben, waarom mogen we die dan niet gebruiken?'

Zijn onnozelheid was gewoon schokkend. Hij noemde klimaatverandering een 'hoax' en sprak de oerinstincten van het publiek aan door ze aan te moedigen om demonstranten en verslaggevers 'op hun bek te slaan' terwijl hij tekeerging tegen de media en ze 'de vijand van het volk' noemde. Hillary schilderde hij af als 'misdadig' en 'corrupt' en hij voerde de spreekkoren aan met '*Lock her up!*' Maar met alles wat hij Hillary verweet, beschreef hij in feite zichzelf. Hij is een misdadiger, dus noemt hij haar misdadig. Trump is een klassiek voorbeeld van iemand die door psychologen 'de verstoten ik' wordt genoemd: iemand die zijn eigen tekortkomingen op anderen projecteert en ondertussen weigert ze in zichzelf te herkennen. In *The Washington Post* stond de kop: TRUMPS VERBLUFFFENDE VERLEDEN VOL CORRUPTIE.

Hij liegt net zo gemakkelijk als hij ademt. En de geschiedenis wijst uit dat als je een leugen maar vaak genoeg herhaalt, hij uiteindelijk wordt geloofd.

Ik stond paf dat Trump het zover had geschopt in de campagne. Je gaat toch ook niet naar een arts die geen geneeskunde heeft gestudeerd en geen ervaring heeft met het behandelen van jouw ziekte? Waarom zouden mensen dan in godsnaam ons land willen toevertrouwen aan een roekeloze narcist zonder ervaring en met schaamteloze veronachtzaming van de waarheid, waardoor hij totaal niet geschikt is om president te worden?

Op de avond van de verkiezingen zat ik naast Marilyn en Alan in de hotelsuite van senator Barbara Boxer in Beverly Hills. Ik was bloedzenuwachtig. Uit de peilingen kwam Hillary als winnaar naar voren, maar toen we de cijfers zagen binnenkomen zakte de moed ons in de schoenen. Het voelde alsof mijn ziel buiten mijn lichaam trad. Hoe was het mogelijk dat dit gebeurde?

Later werd alles maar al te duidelijk: het onderdrukken van stemmen, gemanipuleer met kiesdistricten, James Comey, het achterhaalde Electoral College en Russische inmenging (versterkt door Facebook), en vervolgens zaten we opgescheept met Donald Trump.

Hoe kon het dat Hillary bijna 3 miljoen stemmen meer kreeg en niet in het Oval Office zat? Mag nu eindelijk eens het volk zelf de president kiezen? En hoe zat het ook alweer met '*one person, one vote*'?

Maar de Republikeinen kunnen dat niet laten gebeuren. Terwijl ik dit boek schrijf, heeft slechts één Republikein de populariteitsstem gewonnen in acht verkiezingen. Dat geeft wel aan dat hun beleid helemaal niet zo populair is, en daarom zijn ze heel goed geworden in valsspelen om te winnen. Trump wakkerde het vuur van angst en afkeer aan, en het kon hem niets schelen dat hij daarmee het land verscheurde.

Ik was alle haat en verdeeldheid die Trump zaaide zo beu. Vooral jegens immigranten. In 2012, toen Bill Clinton bij mij thuis een toespraak gaf om geld in te zamelen voor onderzoek naar hartziekten, zei hij iets wat me altijd is bijgebleven. Een recent onderzoek had aangetoond dat je genetische materiaal voor 99,9 procent identiek is aan alle andere mensen op de aardbol, ongeacht je huidskleur of waar je geboren bent, Cuba of China, Maleisië of Madagaskar. Dat vond ik fascinerend en ik deelde het met het publiek tijdens mijn concert.

Toen ik eind november de tour hervatte in Houston, nodigde ik voormalig president George W. Bush en zijn vrouw Barbara uit als mijn gasten, uitgaand van het principe dat redelijke mensen – of ze nu Republikeinen of Democraten zijn – gewoon met elkaar moeten kunnen praten. We ontmoetten elkaar vóór de show en ik gaf hem een paar sokken, omdat ik wist dat hij die spaarde, en ik gaf haar mijn eerste boek, omdat ik had gehoord dat zij ook van binnenhuisarchitectuur hield. Barbara gaf mij een sjaal. We lachten wat terwijl we het hadden over onze honden en de stand van het land. Tijdens het concert stelde ik hen voor aan het publiek en ze kregen een staande ovatie. Er waren veel mensen van de NASA en het leger. Het was een prachtige avond.

Ik geloof erin dat wat ons samenbrengt sterker is dan wat ons uiteendrijft. Maar zelfs tijdens zijn inauguratie was Trump er niet toe in staat om over zijn eigen schaduw heen te stappen zodat het land zich verenigd zou voelen. In plaats daarvan schilderde hij een duister apocalyptisch beeld van een Amerikaans bloedbad, waardoor mensen hun voorhoofd fronsten en zich afvroegen: waar heeft hij het over? Het had weinig te maken met de realiteit, maar het zei veel over zijn mentale gesteldheid.

De dag daarna was ik in L.A. aanwezig bij de Women's March, de grootste eendaagse protestmars in de geschiedenis van de Verenigde Staten. Ik begon mijn toespraak met een citaat van H.L. Mencken, die in 1920 had gezegd: 'Op een zekere, mooie dag zullen de gewone lieden van het land hun hartenwens in vervulling zien gaan en zal er eindelijk een complete randdebiel in het Witte Huis zitten.'

Iedereen met een beetje kennis was een bedreiging voor Trump, dus hij probeerde dat altijd te devalueren. Ondertussen werd gewoon fatsoen door hem met voeten getreden en zijn grove gedrag gaf zijn volgers vrij spel om al even gemeen te doen. Wat me zorgen baarde, was dat de jongere generatie hem zou proberen te evenaren, een man die geen vriendelijkheid of empathie toonde voor andere mensen.

Mijn tournee eindigde met een laatste optreden in Brooklyn in mei 2017. Vlak voordat de zaallichten dimden, gingen Bill en Hillary op hun plaatsen zitten. Zelfs backstage kon ik de commotie nog horen; vrijwel het hele publiek was opgestaan om voor Hillary te klappen. Het was een spontaan eerbetoon en toen ik het podium op kwam, knikte ik naar hen. Het was heel ontroerend en ik voelde een groot verlies toen ik dacht aan hoe het had kunnen zijn.

Het jaar bracht nog een ander groot verlies... Mijn geliefde kameraadje Sammie overleed. Ik had haar in 2003 van mijn echtgenoot gekregen als cadeautje voor onze trouwdag. Jim had Sammie uitgekozen omdat ze de enige van het nest was die op hem afkwam. (Misschien omdat hij zo knap is, of omdat ze allebei wit haar hadden!) Sammie was anders dan de andere puppy's. Ze had krullen, terwijl de meeste cotons de tuléar steil haar hebben. Ze was de vreemde eend in de bijt, net zoals ik me als klein meisje had gevoeld. En Sammie was míjn kleine meisje.

Heb je ooit gehoord van een hond die kan praten? Als ik haar een vraag stelde, maakte ze een bepaald geluidje om me te antwoorden, of ze wiebelde met haar achterste als het een heel leuk voorstel was. Ze kon mijn buien feilloos aanvoelen en reageerde erop. Dan hield ze haar koppie vragend scheef en keek me aan met een blik van: wat is er? Het was altijd een opluchting als ik mijn zorgen opzijzette en een van haar speeltjes gooide, waar zij dan achteraan rende. Ze had een klein trapje aan de voet van mijn bed, dat ze beklom om bij de kussens te gaan liggen, waar ze zich veilig voelde.

Toen ik haar meenam naar de set van *Meet the Fockers* was Sammie nog maar een puppy. De crew deed heel lief en maakte zelfs een speciaal stoeltje voor haar. In de vroege ochtend, als we met mijn camper naar de studio reden, vielen we allebei in slaap, terwijl zij als een echte baby op mijn borst lag. Thuis sliep ze vaak op mijn hoofdkussen, boven mijn hoofd. En toen ze ouder werd, liep ze vaak achter Renata aan om bij haar te slapen, omdat Jim en ik te laat opbleven voor haar. Renata zorgde net zo goed voor Sammie als ze voor mij zorgde en ze was net zo dol op haar als ik.

Sammie was een goede reisgenoot. Ze ging overal met ons mee naartoe, ook naar elk concert. Ze sloeg geen repetitie over en lag dan op de piano naar me te kijken. Net als Sadie, mijn eerste hond, kende ze mijn muziek door en door. Als ik op het podium stond tijdens de echte show, lag ze vaak een tukje te doen op mijn schoenen in de kleedkamer, maar ze hoorde de muziek door de speakers en wist precies wanneer ze haar ogen open moest doen. Tijdens de pauze wachtte ze me op achter de deur... een warm, pluizig bolletje liefde en steun. Aan het eind van een concert bracht Renata haar vaak naar het podium zodat ze mee kon als ik mijn laatste applaus kreeg. Maar volgens mij had ze net als ik podiumvrees, want ze rende er altijd heel snel weer van af.

Toen ik door al het filmmateriaal van *Barbra: The Music, The Mem'ries, The Magic* ging voor een Netflix-special, lag Sammie naast mij en de editor in Oma's Huis. Als Renata haar kwam halen, verstopte ze zich onder de montagetafel... Tenzij het etenstijd was natuurlijk. Ze was dol op eten, net als ik.

Ik wist dat Sammie ziek was toen ze geen interesse meer toonde in eten. Toen we erachter kwamen dat er een tumor in haar longen zat, namen we haar mee naar verschillende specialisten en ik belde experts op aan twee universiteiten die onderzoek deden naar kanker bij honden, om zeker te weten dat we alles voor haar deden wat we konden. We besloten dat de tumor zou worden verwijderd. Op de dag van de operatie kwam de dierenarts naar buiten om me te vertellen dat Sammies hart vertraagde door de verdoving.

'Wat wilt u doen?' vroeg ze.

'Stoppen,' zei ik. 'Haal haar van die tafel. Ik neem haar mee naar huis.'

Sammie hield het nog vrij lang vol, maar tegen het einde moesten we haar elke dag naar het dierenhospitaal brengen om het vocht uit haar longen te laten halen. Het was naar om haar zo te zien lijden en de laatste dag was echt verschrikkelijk. We zaten in de auto op weg naar huis en kwamen aan het einde van de middag in een file terecht, toen Sammie opeens een geluid maakte dat ik nooit meer zal vergeten. Een heel schrille hoge gil die heel lang aanhield. We voelden ons zo hulpeloos en we konden niet omkeren om terug te gaan naar het ziekenhuis. Ik hield Sammie vast en probeerde haar te kalmeren, terwijl Renata met de dierenarts belde die haar al behandelde vanaf de tijd dat ze een puppy was. 'Het klinkt alsof ze een aanval heeft,' zei hij, 'maar ik wil dat jullie weten dat ze geen pijn heeft.' (Ik hoop dat dat waar is. Ik krimp nog steeds ineen als we langs die plek rijden.) Hij zei dat we haar moesten komen brengen en dat hij op ons zou wachten.

Ik wist dat we haar uit haar lijden moesten verlossen, maar ik moest er niet aan denken dat ik haar voor altijd kwijt zou zijn. Het enige wat het draaglijk maakte, was de hoop dat ik een deel van haar levend kon houden. Een vriend van mij had zijn hond laten klonen, en wij waren bereid hetzelfde te doen. Sammies arts had de reageerbuisjes al klaarliggen en schraapte wat cellen van de binnenkant van haar wang en de huid op haar buikje om naar het lab te sturen. Daarna liet hij haar inslapen terwijl ik haar aaide... Binnen een paar seconden was ons kleine meisje vertrokken.

Er wordt wel beweerd dat de mate van verdriet aangeeft hoeveel liefde je hebt gedeeld. Terwijl ik dit schrijf stromen de tranen opnieuw over mijn wangen. Sammie en ik hadden veertien jaar lang een heel hechte band en zonder haar voelt het huis erg leeg. Jim zat aan de andere kant van de wereld in Roemenië, waar hij een film regisseerde.

Twee dagen nadat Sammie doodging, gebeurde er iets heel bijzonders. Op een heldere dag met geen wolkje aan de hemel stond ik in mijn zwembad aan haar te denken en haar te missen, toen ik opeens een soort ploppend geluid hoorde. Ik keek omhoog naar de lucht en daar zag ik een witte pluim. Ik dacht: Sammie? Ik kwam uit het zwembad, en tegen de tijd dat ik mijn telefoon pakte om een foto te maken van de witte pluim, was die veranderd in het beeld van een hond van achteren, met een staart, twee achterpoten en twee opstaande oortjes. Het zag eruit als een rennende Sammie. Ik riep naar Renata dat ze moest komen, en goddank had zij haar telefoon bij zich, want zo kon ze vastleggen wat er daarna gebeurde. Boven de horizon op zee verscheen een donkere wolk met een witte pluk erbovenop die leek op de kop van een hond. Daarna veranderde het in het hele lichaam van een witte hond die op vier pootjes stond, boven op een grijze wolk.

Hoe dat mogelijk is? Het is een fenomeen en mensen rollen misschien ongelovig met hun ogen als ze de foto's zien. Maar als je zoals ik gelooft in de mystieke kant van het leven, dan is het niet zo moeilijk te verklaren. Dit was Sammie die op een donkere wolk naar de hemel reed en me vertelde dat alles goed was.

Jim belde en ik vertelde hem over Sammie, maar hij was te ver weg en ik voelde me heel erg alleen. En toen gebeurde er nog iets geks. De volgende dag zat ik in bed en probeerde te schrijven. Toen ik opkeek stond er een man in de deuropening met een boeket. Eerst dacht ik: waarom komt de bezorger naar mijn slaapkamer? Heel even besefte ik niet dat het mijn man was, want voor zover ik wist zat die in Roemenië. Maar Jim had alles on hold gezet zodra hij het nieuws hoorde en was naar huis gekomen. Ik was zo blij dat hij bij me kon zijn.

Samen begroeven we Sammie in een speciale tuin die we hebben ontworpen rondom haar grafsteen met haar afbeelding erop in porselein (zoals ze dat in Europa doen). En er staat een bankje waar Renata en ik vaak zitten als we willen mijmeren over die goeie tijd met Sammie.

Ik was diepbedroefd zonder haar en twijfelde of ik nog wel een nieuwe hond wilde. Ik wist dat ik haar nooit zou kunnen vervangen, net zoals ik Sadie nooit had kunnen vervangen. Maar een paar maanden later kreeg ik een telefoontje van Sammies fokker. 'Ik heb hier een puppy,' zei ze. 'Ze is de enige in het nest. Ze heeft geen krulletjes, maar haar moeder heet Funny Girl.' Hoe kon ik haar weigeren? Wat moet ze alleen zijn geweest, zonder broertjes en zusjes om mee te spelen. Dus ik nam haar en noemde haar Fanny.

Twee maanden later kreeg ik een telefoontje van het lab dat Sammie zou klonen. Ze hadden ons vanaf het begin gewaarschuwd dat het mogelijk was dat de cellen niet zouden aanslaan, maar het tegenovergestelde bleek het geval.

Het werkte zo goed dat ze meer honden hadden geproduceerd dan ik had verwacht.

Nu heb ik dus drie honden. Fanny, de oudste, kijkt vaak naar Violet en Scarlet alsof ze haar ogen niet kan geloven. Ze was enig kind en nu moet ze haar huis delen met twee onstuimige indringers. Ze hebben allebei krulletjes, net als Sammie, en ze lijken zoveel op elkaar dat ik bij de een lila en bij de andere rood zijden bloemetjes aan de halsband heb gemaakt om ze uit elkaar te houden. En als ik het haar rond hun snuitjes knip, doe ik het bij de een iets anders dan bij de ander (eentje wat korter). Maar nu hun karaktertjes duidelijk beginnen te worden, is het gemakkelijker om ze uit elkaar te houden. Scarlet is wild en mijn man speelt ruiger met haar, alsof ze zo'n grote hond is die hij vroeger had. Zij is de alfahond en trekt meer naar Jim toe. Mijn kleine Violet is meer verlegen en stil. Ze blijft bij me in de buurt en wil graag opgetild en vastgehouden worden en als ik bezig ben met iets anders, als ik bijvoorbeeld zit te lunchen in de keuken, neemt ze ook genoegen met de stoel naast me.

Het is fascinerend om bepaalde trekjes te zien die me aan Sammie doen denken en toch zijn deze twee lieve wezentjes ook uniek. Je kunt het uiterlijk van een hond wel klonen, maar de ziel niet.

En toch denk ik elke keer aan mijn Samantha als ik naar hun snuitjes kijk.

59

Een reden om te zingen

Terwijl Trump door zijn presidentschap banjerde en een spoor van chaos naliet, lag ik 's nachts vaak wakker van zijn laatste wandaad. Het was schokkend om te zien hoe hij fundamentele democratische principes zoals vrijheid van meningsuiting en persvrijheid verwierp. Hij vernielde het aanzien dat we hadden in de wereld en bracht de veiligheid van ons land, en onze planeet, in gevaar door het klimaatakkoord van Parijs en het Iran-akkoord los te laten. Hij vormde in zijn eentje een massavernietigingswapen.

Als ik 's ochtends wakker werd, pakte ik met ingehouden adem mijn telefoon om het nieuws te bekijken. Het kan niet erger zijn dan gisteren, dacht ik dan. Maar als ik de eerste koppen zag, wist ik: jaaaa hoor, het kan nóg erger!

Ik was zo kwaad dat ik allerlei tweets uitstuurde en talloze artikelen opstelde voor *The Huffington Post.* Ik probeerde alle negatieve energie die ik voelde kwijt te raken. Ondertussen was het tijd voor een nieuwe plaat, maar dat leek zo zinloos, totdat ik dacht: waarom maak ik niet een plaat over wat me nu bezighoudt?

Lang leve de muziek. Ik kon het gebruiken om mijn gevoelens te uiten en dat was een hele opluchting: ik had een reden om te zingen.

Ik verheugde me op een etentje met de Bergmans, want dat zou de gelegenheid bieden om het nieuwe album, de politiek en vele andere onderwerpen te bespreken. Maar in die periode merkte ik dat Marilyn er steeds minder bij was. Ik verloor mijn geniale vriendin aan dezelfde dementie die haar moeder had geveld en dat was precies Marilyns grootste angst geweest. Ik zag de verwarring in haar ogen als ze mijn hand vastpakte, alsof ze wilde zeggen: ik ben er nog... vanbinnen. En toen haar negentigste verjaardag aanbrak, herkende ze me niet eens meer. Wat was dat een pijnlijk moment. Deze vrouw, die zo slim en welbespraakt was, werd verloochend door haar eigen hersenen. Dus nu waren er drie belangrijke vrouwen in mijn leven – mijn moeder, Cis en Marilyn – getroffen door dezelfde ziekte.

Alan was ontzettend lief voor Marilyn en bleef voor haar zorgen terwijl ze aftakelde. Die twee waren voor mij het voorbeeld van hoe een goed huwelijk kon zijn... Altijd aardig en lief voor elkaar terwijl ze zestig jaar samen werkten en leefden.

Die avond bij het diner vertelde ik over mijn idee voor de plaat, maar alleen Alan kon reageren. Ik praatte over het feit dat het land voor zoveel uitdagingen stond, terwijl Trump alleen maar een muur wilde bouwen die miljarden zou kosten en niets zou oplossen. Een paar dagen later stuurde Alan me een tekst die 'Walls' heette. De titel sprak me meteen aan, want muren waren het perfecte symbool voor de grote scheiding die ons land en de wereld aan het wankelen bracht.

'Dit is fantastisch!' vertelde ik hem aan de telefoon. '*Walls* moet de titel van de plaat worden. Ik zie de hoes al voor me!' (En ik wist ook al precies waar ik gefotografeerd moest worden: voor de stenen muur in Jims atelier. Daarvoor hoefde ik niet eens van huis!)

De originele tekst gaat als volgt:

Walls, high and low, thick and thin
They keep you out, they keep you in
Walls, narrow and wide, round or square
With warning signs, 'Watch out, beware!'

Brick by brick they build them, but it seems to me
Brick by brick they build them where they shouldn't be
Walls, here and there, ev'rywhere
In ev'ry city, ev'ry town
We would have that better day
If all the walls came tumbling down

Het was een uitzondering dat Alan al een tekst had geschreven zonder dat hij de muziek had gehoord, dus dat was opwindend. Nu hadden we alleen nog een componist nodig, en ik werkte toevallig samen met Walter Afanasieff, een heel goede producer die ook prachtige melodieën had geschreven. Jay bracht hem in contact met Alan, en zo viel alles op zijn plek. Ik kan me nog levendig herinneren dat Walter in maart 2018 achter de piano ging zitten in Oma's Huis en voor Jay en mij speelde wat ze hadden gemaakt.

Ik belde Alan meteen op om hem te vertellen hoe mooi ik het vond. 'Maar ik heb nog een idee. Ik zou het onderwerp graag willen oprekken, zodat het niet alleen over fysieke muren gaat, maar ook over emotionele muren die tussen mensen ontstaan, tussen vrienden, geliefden, mannen en vrouwen.' Alan vond het een heel goed idee.

Walter zat al achter de piano, dus hij begon meteen iets te spelen wat muzikaal bij het nieuwe concept paste (een soort tweede brug). Ik keek hem aan en slaakte verrukt een gilletje. 'Ja! Dat is heel goed! De melodie wordt er zelfs door opgetild.' Ik begon mee te zingen met zijn akkoorden en Alan, die op *speakerphone* stond, werd ook enthousiast en zei: 'Ga door! Ga door!' En toen zei Walter dat hij zo snel mogelijk naar huis moest om een demo op te nemen nu de muziek nog vers in zijn geheugen zat. De volgende dag speelde hij het hele nummer voor me. Het was perfect. Ik had heel veel zin om het te zingen. Het ging allemaal heel gemakkelijk omdat het voelde als iets onvermijdelijks... Het was zowel muzikaal als tekstueel het juiste idee. En Alan schreef de volgende nieuwe tekst die precies vatte wat ik in mijn hoofd had:

Brick by brick, at times they're of a diff'rent kind
Brick by brick, they're built around the heart and mind
Sometimes lasting longer than the ones that are made of stone
Keeping us apart and alone

These are walls that we don't see,
That we build between the you and me
Made of broken dreams and wounded feelings that go on
Like walls we wish to go away, could we have ourselves that better day
If we took the chance to simply say that we forgive
And then we forget... they'd be gone

Daarna ging het nummer weer terug naar de oorspronkelijke melodie. Ik belde Alan op en zei: 'Dank je wel. Dit is heel mooi... Maar ik heb nog één piepklein ideetje. Moeten we geen bruggen bouwen in plaats van muren? Zou je dat erin kunnen krijgen?'

En dat deed hij heel mooi door toe te voegen:

We should be building bridges to a better day
Where no walls would stand in the way

Dat was precies wat ik bedoelde.

Ik herinner me ook nog het ontstaan van een ander nummer. Ik zat met Jim in zijn pick-uptruck, zijn geliefde Raptor, en de radio stond aan. We luisterden naar het nieuws en hoorden Trump en zijn leugens weer. Ik werd er horendol van. Zoals ik al eerder zei, kan ik niet tegen mensen die tegen me liegen en ik vind ook niet dat je tegen een land mag liegen. Ik snapte gewoon niet dat hij al die leugens kon vertellen zonder zich er schuldig over te voelen. (Hij was duidelijk niet Joods.)

Ik dacht: ik zou hier wel een nummer over willen schrijven. Dus ik begon het een en ander op te schrijven op een stukje papier. '*Lies, lies, lies*', '*How do you sleep at night?*' En daaruit ontstond 'Don't Lie to Me'. Het werd de eerste single en ik regisseerde er een videoclip bij. Eerst wilde ik de betekenis een beetje in het midden laten, maar toen dacht ik: waarom eigenlijk? En toen ging ik los. Hoewel Trump niet bij naam genoemd wordt, gaat het nummer heel duidelijk over hem.

Na alle zorgen bleek dit een heel creatieve tijd voor mij. Ik sjeesde van de ene kamer naar de andere en het ene project naar het andere... Mixte de plaat met mijn supersnelle technicus Jochem van der Saag in zijn montageruimte en terwijl hij de laatste hand legde aan de opnamen, ging ik in zijn woonkamer op mijn computer kijken en de laatste veranderingen beoordelen die ik had aangebracht in *A Star Is Born* voor Netflix.

Walls kwam op 2 november uit. Die avond zat ik in de Bill Maher-show. Mijn kleindochter werd op 3 november geboren... En vijf dagen later veranderde de wereld buiten in een vuurzee. De bosbrand van Woolsey ontstond op 8 november en breidde zich in de nacht uit. Renata belde ons om zeven uur wakker en vertelde ons dat we verplicht waren te evacueren. Jim en ik keken vanaf ons balkonnetje naar buiten en zagen de vlammen aan de kust. Het was heel beangstigend. Ik voelde mijn hart bonzen en mijn keel dichtknijpen.

Zo zie je maar dat het leven van het ene op het andere moment kan veranderen. De avond ervoor had ik nog zoveel plezier gehad aan tafel met een paar van de grootste filmmakers ter wereld: Alejandro Iñárritu, Guillermo del Toro en Damien Chazelle. Allemaal Oscar-winnaars. En toen kwam Leonardo DiCaprio, die met zijn hoofdrol in Alejandro's *The Revenant* ook een Oscar had gewonnen, er ook nog bij. Alejandro had mijn schuur nog nooit gezien, dus hij kwam wat eerder voor een rondleiding. Hij was heel geïnteresseerd in alle objecten en wilde er alles over horen, waardoor ik mijn eigen spullen door zijn ogen zag en opnieuw waardeerde.

En nu werd de schuur en alles wat we hadden gebouwd bedreigd. Ik was nog in mijn nachtjapon, trok snel een kamerjas eroverheen aan en schoot de dichtstbijzijnde schoenen aan. Zo haastte ik me de deur uit met Fanny in mijn armen. Ik stapte bij Jim in de auto. Renata zou ons volgen in haar eigen auto met de andere twee hondjes. Ik maakte me zorgen om haar, omdat het verkeer op de snelweg langs de kust helemaal vaststond en zij niet veel benzine meer had. Ik verweet mezelf dat ik zo slecht voorbereid was... Ik vergat mijn pillen en had niet eens een riem bij me voor Fanny, wat ik pas ontdekte toen we op een parkeerplaats stopten om haar uit te laten. (Ik vroeg aan een vreemde of ik zijn hondenriem mocht lenen.) Wat een opluchting was het toen we allemaal veilig bij mijn vriendin Ellen aankwamen. We waren van plan om naar een hotel te gaan, maar zij stond erop dat we bij haar en haar man zouden logeren. Het logeerpartijtje met vijf mensen en zeven honden zou uiteindelijk twee weken duren en verliep heel soepel.

Het is moeilijk om aan die vreselijke tijd terug te denken, want het is verschrikkelijk om op tv te zien hoe je buurt in vlammen opgaat. Het heeft iets apocalyptisch. Ik ben heel dankbaar voor de ontzettend toegewijde mensen die voor mijn huis zorgen en al jaren bij me werken. Zij weigerden te vertrekken en deden alles wat ze konden om ons terrein te beschermen. Ik stond doodsangsten uit voor hen, maar Vicente, die de leiding over het team heeft, verzekerde me dat ze konden ontsnappen als het vuur te dichtbij kwam, door van de kliffen af te klauteren en in een bootje te springen dat hij had gehuurd. Ik was diep geroerd door hun loyaliteit en moed.

We hadden wel een kleine brandweerkazerne vlak bij onze straat, maar de bluswagens waren allemaal naar Pepperdine University gegaan, waar de brand de studenten in gevaar bracht. Onze verzekeringsmaatschappij beweerde ook een bluswagen te hebben, maar die kwam nooit opdagen. We konden er niet van uitgaan dat het water van de brandkranen onze huizen zou kunnen blussen, dus mijn assistente Pam Lyster volgde een tip op die ik van een vriend had gehoord en zorgde dat er een vrachtwagen vol water bij ons huis kwam, voor het geval het zwembadwater opraakte. Ze regelde ook met een vrouw uit de buurt dat ze eten bezorgde voor mijn mannen.

Helaas zijn er drie huizen bij ons in de straat afgebrand en nog heel veel meer in de buurt. Maar als bij een speling van het lot had ik een paar weken daarvoor een babyshower voor mijn schoondochter Kathryn gegeven en even verderop een stuk land gehuurd waar alle vrienden hun auto konden parkeren. Vicente was daarnaartoe gegaan en had er alle struiken verwijderd. Ik geloof echt dat ons huis daardoor gespaard is gebleven. Anders had het vuur gewoon verder kunnen woekeren tot aan ons huis.

We hebben enorm veel geluk gehad, maar ik heb vreselijk te doen met de mensen die bijna alles zijn verloren.

Wij hadden tenminste nog ons huis, hoewel het niet bewoonbaar was toen we er weer terugkwamen. Alles stonk naar rook en was bedekt met een laagje as, waardoor het door specialisten gereinigd moest worden. Wij verbleven nog een week in een hotel in Santa Monica en gingen in het weekend naar een vriend in Ojai. We leken wel zwervers, zoals we onze tassen rondzeulden.

Ik was er erg door van mijn stuk gebracht. Alsof alles waar ik op vertrouwde, van mijn huis tot de democratie, ineens niet meer vaststond. En alsof dat nog niet genoeg was, las ik in februari 2019 het nieuws dat de producer die zogenaamd mijn zakenpartner was zonder mijn medeweten de rechten van *Gypsy* had verkocht aan een andere productiemaatschappij.

Ik stond perplex. Ik weet dat dit relatief onbelangrijk lijkt, maar in combinatie met al het andere was het een verpletterende klap. Plotseling werd ik buitengesloten van een project dat ik zelf had opgestart en dat ik jarenlang had geprobeerd op het witte doek te krijgen.

Ik had zoveel van mezelf gestoken in het herschrijven van het script. De eerste schrijver in 2012 was geen goede combinatie geweest met het materiaal. Ik vond het originele stuk schitterend en wilde nog meer van Arthurs dialogen herstellen. (Interessant: net als bij *The Way We Were.*)

Ik kon voor me zien hoe het verhaal in beeld zou worden gebracht, dus zocht ik een andere schrijver om dat op papier te krijgen, te beslissen welke zinnen uit het toneelstuk we zouden gebruiken, waar ik een paar nieuwe scènes zou toevoegen en hoe ik de muzikale gedeelten in beeld zou brengen.

Er zou bijvoorbeeld een scène in kunnen komen waarin Herbie, Rose en de meisjes terug naar hun hotel lopen dat naast een ijswinkel zit en hij geeft de meisjes wat kleingeld om een ijsje voor zichzelf te kopen. (Natuurlijk zag ík weer iets met ijs voor me.) Als ze naar buiten komen, leunt Rose tegen een geparkeerde auto en is ze diep in gesprek met Herbie, die probeert te polsen hoe ze ertegenover staat om een gezin te vormen. De meisjes rennen langs hen heen het hotel binnen om naar boven te gaan en op de brandtrap te gaan zitten, omdat ze wel aanvoelen dat er iets aan de hand is en ze hen willen afluisteren. Het beeld zou afwisselen tussen de twee volwassenen en de twee meisjes die giechelend aan hun ijsjes likken terwijl ze 'If Momma Was Married' zingen. Tijdens een van mijn telefoongesprekken met Sondheim vertelde ik hem terloops over dit idee en toen zei hij: 'Dat is precies hoe ik het ook in het toneelstuk had willen doen door gebruik te maken van de verdieping in het decor, maar dat ging niet, omdat het meisje dat June speelde hoogtevrees had.'

Is dat niet toevallig? Het voelde net als vroeger, toen Steve en ik alle mogelijkheden van een nummer uitprobeerden en elkaar altijd feilloos aanvoelden.

Ik was echt enthousiast over hoe het kon worden, dus voordat al mijn ideeën waren uitgetypt door een andere schrijver, vertelde ik een producer al dat ik aan de film werkte en meewerkte aan het script en dat ik daar deze keer ook de eer voor wilde krijgen.

Ik had er nooit veel aandacht aan besteed of iets ook op mijn naam kwam te staan (en kwam er later achter dat ik dat wel had moeten doen) en vaak gaf ik de eer uit handen, omdat het werk zelf voor mij het enige was wat telde.

Maar er was inmiddels het een en ander veranderd in de filmindustrie. Vroeger zou een regisseur als Sydney Pollack nauw met de schrijver samenwerken aan het script, net als ik bij elke film deed die ik regisseerde en produceerde, zoals *A Star Is Born* en *Nuts*. Maar het zou niet bij me zijn opgekomen om ook de eer op te strijken voor het schrijfwerk. Ik dacht dat dat gewoon onderdeel was van wat een regisseur of producer deed. Maar tegenwoordig zijn er steeds meer acteurs die ook regisseren en die er geen enkele moeite mee hebben om ook het schrijfwerk op hun naam te zetten.

Als ik terugkijk op mijn eigen gedrag vraag ik me af waarom vrouwen zo vaak bang zijn om te vragen om iets waar ze recht op hebben. Toen ik in 1993 weer het podium op stapte, schreef ik samen met de Bergmans het script van mijn show, dat was gebaseerd op mijn eigen leven. Omdat zij toen nog bezig waren om naam te maken als schrijvers van meer dan alleen songteksten, liet ik de eer aan hen. Hun vriendschap was belangrijker voor me.

En in 1986, toen ik een tv-special produceerde en regisseerde over het maken van *The Broadway Album*, vroeg ik hierbij opnieuw niet of het schrijven op mijn naam kon staan. Ik wilde niet riskeren dat ik weer zou worden bekritiseerd omdat ik nog meer deed dan alleen acteren en zingen.

Als ik íéts aan mezelf zou kunnen veranderen (eigenlijk zijn er meerdere dingen), dan zou ik willen dat ik in die situaties sterker was geweest. Het is die onzekere kant van mij, die dan weer de kop opsteekt. Zelfs wanneer ik vond dat ik goed werk had geleverd, dacht ik dat het nog beter kon. Dan ben ik zelf de eerste die het onderwaardeert.

Met dat in gedachten even terug naar *Gypsy*... Mijn coproducent had me verzekerd dat ik ook de eer zou krijgen voor het scriptschrijven, omdat ik zo nauw samenwerkte met de schrijver en elke zin uitploos.

Maar dát gebeurde dus ook niet.

Ik vind het nog steeds stuitend als mensen zich niet aan hun beloften houden. (Weer een les uit *De vier inzichten*: kom je beloften na.) Marty en ik werken al zestig jaar samen en we hebben nog nooit met een contract gewerkt, alleen elkaars hand geschud. Maar blijkbaar is die tijd voorbij.

Ik was erg van streek, en toch deed ik wat vrouwen dan vaak doen: ik hield mijn gevoelens voor me. Ik maakte mezelf wijs dat het belangrijker was dat de film zou worden gemaakt. En ik wilde niet degene zijn die de knuppel in het hoenderhok gooide. Maar het bleef onduidelijk of de film zou worden gemaakt, omdat verschillende studio's en regisseurs instapten en ook weer uitstapten.

Er was veel tijd verspild, omdat men niet vertrouwde dat ik tegelijkertijd zou kunnen acteren en regisseren, ook al had ik dat al bij drie andere films gedaan. Maar ik bleef aandringen... totdat de droom in duigen viel.

Het verlies van *Gypsy* zal altijd een grote teleurstelling voor me blijven. Ik wilde de film niet alleen voor mezelf maken, maar ook voor Jule Styne en Jerry Robbins (die het origineel had geregisseerd) en Arthur Laurents en

Stephen Sondheim. Terwijl ik dit schrijf zijn deze briljante mannen stuk voor stuk niet meer onder ons.

Na *Gypsy* dacht ik: ik kan dit niet nog een keer... Zoveel tijd en moeite investeren om vervolgens weer een film te zien misgaan. Het voelde alsof mijn creatieve leven op zijn einde liep en dat was deprimerend. Maar toen bleek opnieuw de muziek mijn redding.

De organisatoren van een jaarlijks zomerfestival in Hyde Park hadden aan Marty gevraagd of ik een concert wilde geven in juli 2019. Het zou maar om één avond gaan. Ik ben dol op Londen en het aanbod was te genereus om te weigeren. Het leek wel alsof het zo moest zijn, want Jim en ik waren al van plan om in die periode in Europa te zijn om vrienden te ontmoeten die een huis in Frankrijk hadden.

Dus ik zei ja en begon samen met mijn team de show te plannen. Toen we klaar waren om te gaan, moest ik met een privévliegtuig vliegen zodat ik mijn drie honden kon meenemen en de luchtdruk zelf kon regelen zodat mijn oren niet dagenlang dicht zouden zitten. Het is een heel lange vlucht van L.A. naar Londen en ik ben claustrofobisch, dus ik besloot hem te onderbreken met een tussenstop in New York. Dat betekende dat we allemaal een paar uur lang van boord konden gaan. Maar ik had ook nog een andere reden: ik wilde heel erg graag *The Ferryman* zien, die de Tony Award voor Best Play had gewonnen en was geregisseerd door Sam Mendes. Ik vind hem een fantastische regisseur en dit was mijn enige kans om het stuk te zien, omdat het het laatste weekend was dat ze het opvoerden.

De tussenstop kostte ontzettend veel geld (die extra uren betekenden dat ze de crew moesten vervangen) maar toch dacht ik: gewoon doen! Ga naar dat toneelstuk!

Ik ben nog steeds dezelfde als toen ik zestien was en dol was op theater.

Toen we dichter bij New York kwamen, keek ik op een schermpje naar de kaart die toont waar het vliegtuig zich bevindt. Tot mijn verbazing zag ik dat we niet de normale route vlogen maar op weg waren naar het zuiden. Wat? En we zaten al krap in de tijd! Waarom vlogen we de verkeerde kant op?

Toen ik ernaar vroeg, kreeg ik te horen dat het luchtruim was gesloten vanwege Trumps militaire parade voor de viering van Fourth of July. (Blijkbaar dacht hij dat we Noord-Korea waren in plaats van Amerika. Gelukkig kreeg hij het niet voor elkaar om met tanks over Pennsylvania Avenue te denderen.)

Het gevolg was dat wij een zuidelijke omweg moesten maken en dan langs de oostkust weer omhoog zouden vliegen. Ik raakte over mijn toeren. We zouden zo laat aankomen dat ik het hele toneelstuk zou missen! Gelukkig schoot een vriend van me te hulp; hij stuurde een helikopter om ons op te halen van de landingsbaan bij Teterboro en ons rechtstreeks naar de stad te brengen, wat maar zes minuten duurde. Zijn auto wachtte ons in Manhattan op. Het duurde langer om die paar blokken naar het theater te rijden dan van New Jersey naar Manhattan te vliegen, dus Jim en ik sprongen uit de auto en renden het laatste stuk naar het theater. De manager had het begin van het stuk zo lang mogelijk uitgesteld en stond ons op te wachten bij de deur. We hadden alleen de eerste acte gemist. En het was een geweldig stuk, dus alle moeite was niet voor niets geweest!

Nadat we in New York *The Ferryman* hadden gezien, gingen we op donderdag – mijn enige vrije avond vóór het concert – naar *The Lehman Trilogy* in Londen, die ook was geregisseerd door Sam Mendes. Ik twitterde over beide toneelstukken en kreeg een heel aardig berichtje van Sam terug.

Op zaterdagochtend had ik een paar uur de tijd voor de soundcheck op het podium voordat de artiesten van die dag zouden arriveren. Toen ik naar het grote lege veld keek, voelde ik weer die oude angst: stel dat er niemand komt opdagen?

Maar toen ik op zondagavond het podium op liep, stond het veld bomvol en werd ik begroet met een daverend applaus. Even had ik een déjà vu, toen ik dacht aan mijn concert in Central Park op een vergelijkbare zomeravond in 1967. Ik voelde een golf van dankbaarheid door me heen gaan bij het zien van het publiek dat er na al die jaren nog steeds was.

Het concert was zelfs volledig uitverkocht. Ze hadden nog een paar mensen extra toegelaten zodat het totale aantal op 70.000 mensen kwam. Dat bracht weer een andere herinnering naar boven, want dat was hetzelfde aantal als in het Sun Devil Stadium bij het grote openluchtconcert van *A Star Is Born*. Hier zag ik opnieuw allemaal jonge mensen in het publiek toen ik 'Evergreen' inzette... En raad eens? Ze zongen allemaal mee! Toen Kris Kristofferson, mijn tegenspeler uit die film, het podium op kwam, werd hij begroet met een explosie van applaus. Samen zongen we 'Lost Inside of You'. Lionel Richie en Ramin Karimloo kwamen ook een paar nummers meezingen, maar we hadden niet veel tijd gehad om te repeteren dus dat voelde een beetje als koorddansen zonder vangnet. (En er waren geen staande ovaties om me een hart onder de riem te steken, want iedereen stond al. Er waren geen stoelen!)

Zingen onder de sterrenhemel heeft iets magisch en daarom voelde het goed om 'Silent Night' te zingen, net als ik in Central Park had gedaan. Tussen de nummers door haalde ik herinneringen op aan mijn eerdere bezoekjes aan Londen, maar ik maakte ook van de gelegenheid gebruik om over iets serieuzers te praten, namelijk de toestand in de wereld. Ik wilde mensen eraan herinneren dat we de macht hadden om dingen te veranderen, maar dat we dan wel onze mond open moesten doen. Zoals ik zei: 'Naar mijn bescheiden mening zijn er een aantal dingen waar we het hopelijk over eens zijn: het tegengif tegen leugens is de waarheid, de remedie tegen oorlog is vrede en de oplossing voor haat is liefde.' Dat leidde me tot de eerste zinnen van een ander nummer, dat ik a capella zong: '*What the world needs now is love, sweet love...*' En het hele publiek zong mee. Dat was heel ontroerend.

Aan het einde van de avond nam ik afscheid en bracht Renata de drie hondjes op het podium. Ze waren helemaal niet onder de indruk van hun podiumdebuut. Daarna kwamen er allerlei gasten bij mijn trailer langs, waaronder mijn vrienden Ralph Fiennes, Antonio Banderas, Leslie Bricusse, Helen Mirren en Taylor Hackford, Daisy Ridley, Valentino, Richard E. Grant, Donna Karan en Maxine Smith. Ik had ook graag gedag gezegd tegen Tilda Swinton, Kate Moss en die goeie ouwe Peter MacDonald, maar het was hun op een of andere manier niet gelukt om backstage te komen. Gelukkig kon ik Mila Radova, mijn vertaalster bij *Yentl*, nog wel innig omhelzen. Ze was speciaal voor mijn concert uit Tsjecho-Slowakije gekomen!

Ik zat zo druk met iedereen te praten dat ik helemaal vergat te eten, en toen we eindelijk in mijn suite in het Savoy aankwamen, stierf ik van de honger. We belden roomservice om drie uur 's nachts en bestelden clubsandwiches voor mijn hele team, met extra frietjes voor Renata. (Die ze niet heeft opgegeten, want ze had het te druk met inpakken.) Ondertussen keek Jim op zijn telefoon op Twitter en YouTube en liet hij me zien wat mensen had gepost toen ze van de show naar huis gingen. Er zat een filmpje bij in een metrostation waar het publiek het concert voortzette door hun eigen versie van 'The Way We Were' te zingen. Het was hartverwarmend om te zien.

En toen haalde Marty me over om het concert nog twee keer te herhalen, omdat we het toch al hadden voorbereid. Dus na onze vakantie in Frankrijk ging ik al werkend terug naar de westkust, met eerst een concert in New York en daarna in Chicago. Onderweg veranderden we de show en mijn outfit. In de tweede helft van de show ging ik van zwart naar wit (of liever ivoorwit), met een elegante, antiek uitziende mantel die ik in Donna's kast had gevonden en waar zij binnen twee dagen een satijnen jurk bij had gemaakt.

In Chicago had ik een verrassing voor het publiek. Ik zong de eerste regel van 'Enough Is Enough' en toen kwam Ariana Grande het podium op om de tweede regel te zingen. De zaal werd wild. Plotseling stond iedereen te dansen op dat nummer. Het was ontzettend leuk om met Ariana te zingen.

Gelukkig had ik mijn stem nog, wat best bijzonder was, omdat ik er nooit goed voor had gezorgd. Als ik al stemoefeningen doe, dan is dat meestal in de auto op weg naar de opnamestudio of het stadion en duurt het maar een minuut.

Zingen was iets wat ik gewoon vanzelfsprekend vond.

Maar nu niet meer... Ik ben heel dankbaar dat God me dit instrument heeft gegeven. De gave waarmee mijn carrière van de grond kwam.

Tientallen jaren aan opgenomen nummers, concertfilms, speelfilms, brieven en foto's liggen nu in mijn archief. Toen ik erover nadacht wat ik hiermee zou doen (ik denk dat het naar de Library of Congress gaat, de nationale bibliotheek), las ik een artikel over een paar dingen in het archief van Bob Dylan. Het ontroerde me dat hij ook een brief van mij had bewaard. Voor zover ik me kan herinneren, had hij me in 1970 bloemen en een alleraardigst berichtje gestuurd dat met kleurpotlood in een kinderlijk handschrift was geschreven. Hij vroeg of ik met hem wilde zingen. Ik stuurde hem het briefje dat nu in zijn archief zit, waarin ik hem bedank voor de bloemen en de uitnodiging. Om een of andere reden is het samen zingen nooit gebeurd.

Jaren later, toen *Yentl* net uit was, stuurde hij me zijn meest recente plaat met een briefje erbij. Daarin stond: 'Er staan een paar nummers op deze plaat die jij vast graag wilt zingen.' Hij voegde eraan toe: 'Ik kijk ernaar uit om je film te zien. Misschien kun je mij een keer regisseren in een van mijn films.' En dan schrijft hij: 'Je bent mijn favoriete ster. Je vastberadenheid, humor, temperament en gevoel voor rechtvaardigheid hebben me altijd erg aangesproken.'

Dat is wederzijds, want ik heb ook groot respect voor zijn talent. We begonnen tegelijkertijd... Bob Dylan, The Beatles en ik.

En toen verscheen er in 2020 een transcriptie van een niet-gepubliceerd interview met hem uit 1971. Toen er werd gevraagd naar zijn nummer 'Lay Lady Lay' vertelde hij: 'Dat is eigenlijk geschreven voor Barbra Streisand.'

Echt waar? Ik vroeg aan Jay of hij het wilde controleren, dus hij belde een van Dylans collega's en toen bevestigde Bob dat hij inderdaad mij in gedachten had gehad toen hij het schreef. Ik voelde me uiteraard heel gevleid.

Ik had hem moeten bellen en moeten zeggen: 'Hé Bob, welk nummer wilde je nou samen met mij zingen? En laten we het nu doen, want we worden er niet jonger op!'

Tegenwoordig word ik voortdurend herinnerd aan de kwetsbaarheid van het leven.

Marilyn Bergman is gestorven op haar drieënnegentigste... dezelfde leeftijd die mijn moeder had bereikt. Ik was pas twintig toen ik haar ontmoette, en zij en Alan werden mijn familie. Onze kinderen, hun dochter Julie en mijn zoon Jason, groeiden samen op. Haar man Alan schrijft op zijn zevenennegentigste nog elke dag... De schat.

Je hoopt dat bepaalde mensen voor altijd bij je blijven, maar dan slaat de werkelijkheid toe. Ik heb de laatste tijd zoveel vrienden verloren. Peter Bogdanovich, Sidney Poitier, Colin Powell en mijn geniale vriendin Madeleine Albright, die een grote inspiratie voor me was.

Wat zij in 2018 in haar boek *Fascism: A Warning* schreef, is al aan het gebeuren, want er komen steeds meer autoritaire regimes in allerlei landen. En een van hun eerste doelwitten zijn de vrouwen. De geschiedenis leert dat het inperken van vrouwenrechten een van de eerste tekenen is dat de democratie onder druk staat. Dit zien we nu gebeuren. Het Hooggerechtshof van Amerika wil *Roe v. Wade* intrekken. Bijna vijftig jaar lang hebben vrouwen het recht gehad om te kiezen of ze een kind wilden krijgen of niet, wat vanzelfsprekend zou moeten zijn. Die beslissing zou niet bij de staat moeten liggen.

Zijn vrouwen te succesvol geworden nu ze plekken innemen in bestuurskamers, rechtbanken en gemeentehuizen? Voelen sommige mannen zich zo bedreigd dat ze de autonomie van vrouwen willen terugdringen?

Want het klinkt alsof ze willen zeggen: 'Jullie enige recht is het aanrecht.'

Clarence Thomas heeft voor ons een beeld geschetst van wat volgt. Hij vindt dat het recht op anticonceptie en het recht op homohuwelijken ook moeten worden ingetrokken.

Het doet er niet toe dat de meerderheid van de Amerikanen juist vóór die rechten is, want dankzij de Republikeinse bedriegerij waarmee hun *minority rule* is vastgelegd, hebben Thomas en consorten nu de leiding.

Een meerderheid van de Amerikanen is ook vóór een wet tegen wapenbezit, en toch heeft het Hof in een land waar de schietincidenten aan de orde van de dag zijn het voor de staten nog moeilijker gemaakt om wetten in te voeren die hun burgers moeten beschermen. En als klap op de vuurpijl proberen ze ook het Environmental Protection Agency (het agentschap dat belast is met de bescherming van volksgezondheid en milieu) te fnuiken. Zijn ze soms omgekocht door bedrijven die er baat bij hebben als er veel geweren worden verkocht, ons water wordt vervuild en fossiele brandstoffen worden gepromoot? Ondertussen is de temperatuur hoger dan ooit, smelten de gletsjers, stijgt het zeeniveau en woeden er bosbranden. We hebben de verfijnde balans van de natuur verstoord met onze roekeloze zelfverrijking, zonder ons te bekommeren om de generaties na ons en de planeet zelf.

Ik kan dit niet bevatten. Hoe kan iemand het overtuigende bewijs van klimaatverandering ontkennen? De feiten zijn onomstotelijk. Nogmaals vraag ik me af: is de waarheid niet genoeg?

En wat ik nog verontrustender vind is dat veel mensen kennelijk geen onderscheid meer kunnen maken tussen leugens en de waarheid... Of het maakt ze niets uit.

Ik geloof in de kracht van de waarheid. Als actrice, zangeres en filmmaker is de waarheid altijd goed voor me geweest. Ik heb gezien hoe sterk mensen reageren op de waarheid als ze die herkennen in mijn werk. In kunst is geen ruimte voor leugens.

Nu het einde van dit boek nadert, denk ik veel na over wat ik wil achterlaten als ik er niet meer ben. De platen, de tv-specials, de concertfilms en de films zijn allemaal onderdelen van het werk dat ik aan de wereld heb geschonken.

Maar er is nog een aspect van mijn werk dat net zoveel voor mij betekent, en dat is liefdadigheid. Mijn zorgen om het milieu en de toename van kernwapens hebben ertoe geleid dat ik in 1986 de Streisand Foundation heb opgericht. Een van mijn eerste grote giften was voor het instellen van een leerstoel bij het Environmental Defense Fund, die eerst werd ingenomen door Michael Oppenheimer, die tegenwoordig nog steeds baanbrekend onderzoek doet.

Sindsdien heeft de stichting duizenden giften uitgereikt aan organisaties die goed werk doen voor onze democratie en het stemrecht, vrouwenrechten, burgerrechten en mensenrechten bevorderen. En nu wil ik nog meer. Daarom bekostig ik het Barbra Streisand Institute aan UCLA, waar vier onderzoekscentra onder zullen vallen:

Center for Truth in the Public Sphere
Center for the Impact of Climate Change
Center for the Dynamics of Intimacy and Power Between Women and Men
Center for the Impact of Art on the Culture

Het instituut zal een levende nalatenschap zijn, waar geleerden ideeën kunnen uitwerken en oplossingen kunnen zoeken voor essentiële zaken die ons allemaal aangaan.

Ik heb zoveel van het publiek gekregen en daarom vind ik het belangrijk om iets terug te geven, om te doen wat ik kan om de toekomst hoopvoller te maken. Het Center for Truth in the Public Sphere staat bovenaan mijn lijst. Ik wil erachter komen wat mensen ertoe aanzet om liever leugens te geloven dan de waarheid, waarom ze stemmen op een partij die hun belangen niet behartigt. Ik wil een manier zien te vinden om de verdeeldheid tegen te gaan en die eindeloze oorlog die ons land verscheurt te beëindigen.

Goddank is er een nieuwe generatie opgestaan die kleurenblind en genderblind is, en die heel veel geeft om het milieu. Zij zijn onze hoop op een toekomst en we zijn ze een leefbare planeet verschuldigd.

Ik geef veel om de toekomst, we moeten dit samen doen. Je denkt misschien dat je in je eentje geen verschil kunt maken, maar dat is niet waar. Dus ik zeg het nog maar eens, want het voelt alsof we op een kantelpunt voor onze democratie staan. We hebben allemaal iets heel krachtigs voorhanden: een stem. Ik smeek je om die te gebruiken. Elke stem telt en als we onze stemmen verheffen en samenwerken, kunnen we deze wereld eerlijker, rechtvaardiger en vredelievender maken.

Epiloog

Niets is onmogelijk.

Ik werd een filmster, ook al voldeed ik niet aan het ideale plaatje, met mijn asymmetrische gezicht, opvallende neus en grote mond. Maar ik had een droom en ik luisterde niet naar mensen die me tegen probeerden te houden. Ik bleef gewoon doorgaan. Misschien heb ik er met mijn wilskracht voor gezorgd dat mijn visioen werkelijkheid werd.

Om dat te kunnen doen, moest ik me concentreren op mijn werk. Ik denk dat ik dat van mijn vader heb. Nadat hij en mijn moeder een paar maanden bij elkaar waren geweest, zei hij tegen haar dat hij haar een jaar lang niet kon zien omdat hij moest afstuderen. Zo toegewijd was hij aan zijn werk. Mijn moeder begreep dat niet en nadat er een jaar was verstreken zei ze tegen haar zus Anna: 'Als hij nog belt, zeg je maar dat ik er niet ben.' Maar op een dag zat ze in de tram en ja hoor: mijn vader stapte in dezelfde tram! En zo kwam het weer goed.

Dus ik geloof in het lot. Bepaalde dingen zijn voorbestemd, anders zou ik er nu niet zijn, en dit boek ook niet! Het was voorbestemd dat ik het leven zou leiden dat ik heb geleid. Het was bashert.

En net als mijn vader wilde ik blijven leren en groeien. Ik denk dat ik minder veroordelend en liefdevoller ben geworden... maar ongeduldig ben ik nog steeds. Als ik iemand opbel en ze zeggen hallo, dan zeg ik de helft van de tijd niet eens hallo terug, maar begin ik meteen te vertellen wat ik wilde vertellen. Dat doet me denken aan een gesprek dat ik met Jason had toen hij tweeënhalf was. (Ik nam onze gesprekken vaak op, al vanaf dat hij een baby was, omdat ik wilde onthouden hoe hij klonk.) Ik geloof niet in kinderachtig praten tegen een kind en ik probeerde hem uit te leggen dat hij beleefd moest zijn en 'hallo' en 'dag' moest zeggen tegen de portier wanneer we ons gebouw in New York in en uit gingen.

Maar Jason had een eigen theorie: 'Ja maar, alf ik naar het huif van menfen ga, dan kan ik geen hallo en dag meer feggen.' (Hij lispelde zo schattig.)

'Waarom niet?'

'Want dan fijn fe op.'

'Maar lieverd, we kunnen oneindig hallo en dag blijven zeggen. Weet je wel hoe blij mensen ervan worden als jij ze gedag zegt? Dan weten ze dat je hen ziet, en dat voelt goed, dat voelt lief.'

Nu werd hij een beetje gefrustreerd en zei hij: 'Ja maar, bij mij if het ánderf. In mijn wereld feg je géén hallo en dag. In jouw wereld feg je wél hallo en dag. Fie je?'

Jason is heel logisch ingesteld, net als mijn vader en ikzelf. Maar ik moet toegeven dat ik mijn eigen advies ook niet altijd opvolg. Ik ben niet goed in hallo zeggen en ik besef nu dat ik ook niet zo goed ben in afscheid nemen...

Ik heb altijd wel een project lopen. Dit boek schrijven was het laatste project, maar het in elkaar passen heeft veel langer geduurd dan ik had verwacht, want het is niet mijn gewoonte om in het verleden te leven. Nu ik al mijn herinneringen heb gedeeld, sommige pijnlijk maar vele zoet, kan ik mijn hele carrière overzien. Ik heb gedaan wat ik wilde doen, hoewel ik het gevoel heb dat ik nog meer had kunnen doen. Maar op dit punt in mijn leven wil ik het rustig aan gaan doen, in elk geval voorlopig.

Terugkijkend was het veel leuker om te dromen van beroemd worden dan daadwerkelijk beroemd te zíjn.

Ik vond het ongemakkelijk om op een voetstuk gezet te worden, alsof ik niet meer een gewoon mens was. Ik vond het niet leuk dat er zoveel rare verhalen over mij werden verzonnen, en ook niet dat mensen mij benijden om mijn succes.

Roem is een holle trofee.

Ongeacht wie je bent, je kunt maar één pastrami-sandwich tegelijk op.

In het proloog heb ik geschreven dat ik dacht dat succes je niet echt verandert. Je wordt alleen maar méér wie je al bent. En ik ben nog steeds dat meisje dat voor zichzelf en anderen opkomt, dat vertrouwt op haar eigen gevoel over hoe een nummer moet klinken, hoe een personage zich moet gedragen of hoe een film moet verlopen.

Het voelt nu alsof de cirkel rond is, alsof ik weer aan het begin van mijn carrière sta. Mijn laatste plaat bestaat uit opnamen uit 1962 in The Bon Soir, die eigenlijk op mijn eerste plaat hadden moeten komen toen ik twintig was. Destijds moesten we ze laten liggen, omdat ik de algehele sound niet mooi vond en de platenmaatschappij was het met me eens. Het probleem zat 'm in de akoestiek van de club. Maar na zestig jaar is de plaat alsnog uitgebracht, dankzij moderne technologie en de vaardigheden van mijn technicus Jochem en de begeleiding van Jay.

Op een avond zat ik met Marty vijf uur lang in Jochems studio te luisteren naar de oude opnamen. Marty was er ook bij geweest toen het werd opgenomen. Hij is nu drieënnegentig en gelukkig nog steeds heel scherp, want ik zou niet weten wat ik zonder zijn steun zou moeten doen. Al sinds mijn negentiende is hij een constante in mijn leven, iemand op wie ik altijd kon vertrouwen en die mijn carrière wijs en integer wist te managen. (En hij stuurt me al tientallen jaren elke week drie gardenia's, omdat hij weet dat ik zo van de geur hou.)

Jay zat in een andere stoel. Hij is nu al dertig jaar mijn A&R-manager. Ik hecht waarde aan zijn mening en ik vind het fijn om met hem samen te werken omdat hij slim, toegewijd en kalm is en ook nog goed gezelschap. (We hebben veel lol en hij herinnert zich meer van mijn zangcarrière dan ikzelf, omdat hij bij de opnamen altijd aantekeningen maakt.)

En Jim was er ook bij, omdat hij graag naar mijn muziek luistert en op een of andere manier tegelijkertijd zijn eigen werk kan doen.

Toen ik op de bank ging zitten, vroeg Jochem: 'Wil je niet dichter bij de speakers zitten, zoals je gewoonlijk doet?'

'Nee, nee,' antwoordde ik. 'Ik zit hier prima.'

Dat was omdat de salontafel met al het eten erop pal voor me stond. Annie, Jochems vrouw, had fruit, kaas, brood, dipsausjes, olijven en chocolade neergezet en ook mijn favoriete kleine sesamkoekjes (die ze helemaal uit Taiwan had meegebracht). Het zag er allemaal heel mooi uit. Iets waarvan ik eerst dacht dat het een roos was, bleken gevormde plakjes salami te zijn. Heel creatief.

Ik had het zo druk met eten dat ik me nauwelijks kon concentreren op de opnamen.

Mijn stem was toen hoger... Ik klonk een beetje als een vogel.

'Moet je eens horen,' zei Jay. 'Hoe puur.'

'Ja hoor,' zei ik, terwijl ik naar de volgende kaasstengel greep. Maar na een tijdje luisteren moest ik toegeven: 'Die meid is lang niet slecht.'

Marty en Jay moesten daarom lachen.

Jochem had wonderen verricht met het mixen. Heel subtiel had hij de drie originele banden opnieuw in balans gebracht, zodat je elk nummer kon horen zoals het bedoeld was. Het was hem zelfs gelukt om de ruis eruit te krijgen. Maar aan mijn stem had hij niets veranderd, want zoals Jay zegt is dat wat deze plaat zo bijzonder maakt juist het feit dat het een historisch document is, een weergave van een moment toen ik net was begonnen.

Verdeeld over drie avonden had ik vierentwintig nummers gezongen, elke avond in een andere volgorde om het voor mezelf interessant te houden. Ik zal altijd met plezier terugdenken aan The Bon Soir. Daar begon alle opwinding over een nieuw meisje dat Barbra (zonder die middelste a) Streisand heette.

Toen we deze plaat afmaakten, moest ik denken aan een idee dat ik had gehad voor een andere plaat: met nummers die ik was vergeten te zingen. Onlangs was ik de lijsten tegengekomen die ik als achttienjarige had gemaakt, toen ik in kleine clubs werd geboekt. Ik zie ernaar uit om weer de studio in te gaan, waar ik me niet netjes hoef aan te kleden, geen make-up op hoef, niet op mijn houding hoef te letten of mijn buik moet inhouden. Met andere woorden: waar ik alleen aan mijn eigen verwachtingen hoef te voldoen en niet aan die van anderen. Als ik in het opnamehokje sta, ben ik alleen met de muziek.

Ik ben dankbaar dat ik kan blijven opnemen. Ik waardeer echt de steun en liefde die ik van het publiek krijg en ik heb ontzettend veel geluk dat ik mijn man heb ontmoet nadat ik zoveel jaar alleen was. Als dit boek af is, zijn we vierentwintig jaar getrouwd (daar heb je dat getal weer), en dat bewijst maar weer eens dat liefde geen leeftijd kent. Liefde is *evergreen*. Ik vind het heerlijk om Jim naast me te zien als we 's avonds bij de open haard zitten. De honden liggen om ons heen en Renata maakt het eten klaar, terwijl ik door mijn aantekeningen van die dag ga en Jim werkt op zijn laptop. We hoeven niets te zeggen... Alleen in elkaars gezelschap zijn brengt rust. Elke dag is een zegen en dat wil ik elk moment beseffen.

Je weet nooit wat er gaat gebeuren. Op mijn afgelopen verjaardag kreeg ik een onverwacht cadeau... van mijn moeder. Het was een onafgemaakt schilderij van mij als volwassene met mijn vader (hij was slechts een schets), waar mijn moeder in de jaren tachtig de opdracht voor had gegeven, maar ze had het nooit opgehaald. Een goede vriendin van haar stuurde het naar me op, samen met een brief waarin verhalen stonden die mijn moeder haar verteld had. Voor het eerst hoorde ik dat mijn vader bij thuiskomst eerst mij optilde, nog voordat hij zijn jas uitdeed... Ik hoorde dat hij me op straat droeg met mijn gezicht naar voren omdat hij 'wilde dat ik altijd kon zien waar ik heen ging', en over hoe hij van mijn 'zoete babygeur' hield. Dat hij me kusjes in mijn hals gaf 'zoals hij mij ooit had gekust' had mijn moeder haar vriendin verteld.

De vriendin beschreef ook dat ze had gevraagd of mijn moeder jaloers was op de aandacht die mijn vader voor mij had. Toen had Diana naar de grond gekeken en ja geantwoord. Mijn moeder had gezegd dat ik 'te veel' voor haar was. En toen ze zag dat ik me tot andere vrouwen wendde voor advies, bevestigde dat haar idee dat ze 'niet goed genoeg of slim genoeg' voor mij was. Ik voelde haar verdriet. En toen ik las dat het haar speet dat ze mij nooit verteld had hoe trots ze op me was en dat ze van me hield, bracht dat tranen in mijn ogen. Ik had het gevoel dat ze het eindelijk tegen me zei. Het was iets waar ik altijd naar had verlangd, net als naar die woorden van mijn vader, allemaal ingesloten in die andere onverwachte brief van jaren geleden.

En ik begreep ook dat ze op haar eigen manier wél van me hield. Dat was het echte cadeau, samen met de verhalen over mijn vaders liefde voor mij. Ik heb nooit een foto van hem met mij gehad, maar nu had ik tenminste deze beelden in mijn hoofd.

Een heel belangrijk deel van mijn verleden was dus alsnog door mijn moeder ingevuld. Ik kon het afsluiten en naar de toekomst kijken. Mijn man heeft me het ultieme cadeau gegeven: een familie. We hebben inmiddels heel veel kleinkinderen die we kunnen verwennen. Ik heb dit boek geschreven, omdat ik de waarheid over mijn leven op papier wilde zetten en misschien willen zij het ooit lezen. Ik zou het fijn vinden als ze weten wie ik ben, wie ik was en waar ik in geloof. Nu ben ik gewoon 'omie' en dat is de mooiste aanspreekvorm die ik ooit heb gehoord. Ik koester elk moment dat ik met Westlyn en haar kleine zusje Chapel doorbreng. En Jims dochter Molly heeft ons nu ook een kleinzoon geschonken die Sol heet. Het is heel bijzonder om hen de wereld te zien ontdekken.

Ik kijk ernaar uit om een ander stukje lucht te zien. Jims favoriete manier van reizen is gewoon in zijn pick-uptruck stappen en gaan, zoals we in het begin deden. Hij wilde me toen een paar plekken in het zuidwesten laten zien waar inheemse Amerikanen wonen, dus ik pakte een koelbox in met magere yoghurt en cottagecheese. (Want stel dat we autopech kregen en zouden moeten overleven in de woestijn?) De eerste nacht brachten we door in Las Vegas, waar we een chique hotelsuite kregen aangeboden door een vriend, maar de koelkast was daar kapot dus ik kon het eten nergens kwijt. De volgende avond kwamen we laat aan in een motel in Moab, het enige waar nog plaats was, want mijn man houdt niet van vooruit boeken. Hij vond het vervelend dat de kamer naar sigaretten rook, maar ik vond het juist fijn dat je recht voor je kamerdeur kon parkeren (zonder door een lobby te hoeven lopen). Ik ging rechtstreeks naar de koelkast, en die deed het! Het is trouwens ongelooflijk wat je allemaal kunt kopen bij tankstations: geroosterde amandelen, hotdogs, ijs, en zelfs de beste rijstpudding! We kochten alle ingrediënten om sandwiches te maken en die maakte ik dan op mijn schoot terwijl Jim reed. Het was heerlijk om zo dicht naast elkaar te zitten op die oude voorbank.

Het leven is een wonder en ik ben er klaar voor om ervan te genieten. Misschien stappen we op een mooie dag weer eens in de pick-up. Ik wil me laten meevoeren door de wind. Ik weet niet waar dat heen leidt, maar ik wil licht genoeg zijn om me te laten brengen waar ik wezen moet.

Op het leven, op dromers en hun dromen... Ik wens jullie liefde en heel veel geluk.

Ik denk echt dat ik een van de gelukkigste mensen ter wereld ben.

Dankbetuiging

Eindelijk, het boek is af. (De mensen van de uitgeverij moesten het echt uit mijn handen rukken.) Van tevoren dacht ik dat een boek schrijven makkelijker zou zijn dan een film maken, maar dat had ik goed mis. Van nature ben ik niet gewend om zoveel over mijn leven te delen, daarom wil ik de mensen die mij hierin hebben bijgestaan bedanken.

Ten eerste mijn fantastische uitgever Christine Pittel, die een dierbare vriendin is geworden en mijn nieuwste 'moeder' (ook al is ze jonger dan ik). Elke keer als ik het hele manuscript uit het raam wilde gooien, begreep ze me omdat ze wist hoe moeilijk het voor me was om mijn diepste gedachten te uiten. Maar keer op keer herinnerde ze me eraan: 'Als er geen bloed op de pagina's komt, is het niet goed geschreven.' Ze stimuleerde me altijd om dieper te graven.

Mijn lieve man Jim, die meegaat waar ik maar heen wil en naast me in bed zit terwijl we allebei zitten te werken. Als ik aan de telefoon stukken voorlas aan Christine, zei hij altijd bemoedigende dingen als: 'Dat klonk ontzettend goed.' En hij klaagde nooit, zelfs niet als we doorwerkten tot laat op de avond en hij in slaap viel bij het geluid van mijn stem.

Mijn mooie zoon Jason Emanuel, die me altijd onvoorwaardelijk heeft gesteund in mijn werk en liefdadigheid. Het heeft me zoveel plezier gedaan om hem te zien opgroeien en zijn bijzondere talenten ontwikkelen. Maar wat ik waarschijnlijk het meest in hem bewonder is dat hij zo'n *mensch* is... Jiddisch voor een goed persoon, slim, attent, aardig en eerlijk. En hij heeft een manier gevonden om gelukkig te zijn. (Zelf heb ik daar veel langer over gedaan.) Ik kan alles met hem bespreken en elk gesprek eindigt met 'ik hou van je'.

En dan is er nog de unieke en onvervangbare Renata Buser. Ik nomineer haar voor een heiligverklaring. Ze is al vijftig jaar bij me en ze is ontzettend goed en gul tegenover mij, mijn gezin en onze schattige hondjes. Ze is een vrouw die alles kan en alles er makkelijk laat uitzien. Ze kan zelfs schitterende boeketten maken.

Ik wist niet dat ik zo lang zou doen over het schrijven van dit boek (tien jaar!), daarom wil ik uitgever Rick Kot van Viking bedanken voor zijn geduld en ook de directeur en uitgever van Viking Penguin, Brian Tart, omdat hij me de tijd heeft gegund om het goed te doen. Graag wil ik mijn waardering uiten voor alle mensen bij Viking die op een of andere manier aan dit boek hebben meegewerkt. Ook ben ik mijn advocaat Robert Barnett dankbaar en mijn manager Marty Erlichman, omdat zij het allemaal hebben geregeld. Dank ook aan Ken Sunshine omdat hij het persgedeelte voor zijn rekening heeft genomen.

Veel dank aan Kim Skalecki, die de afgelopen vijfenveertig jaar zorgvuldig aantekeningen van mijn schema heeft bijgehouden en mijn archief op orde heeft gebracht. Ze kon in een handomdraai de foto of iets anders waar ik om vroeg tevoorschijn toveren. Alle fotografen die me hun foto's hebben toevertrouwd: dank jullie wel. Als ik vragen had over mijn opnamen, wist Jay Landers alle antwoorden. Hij is bij heel veel projecten mijn steun en toeverlaat geweest. Heel veel dank ook aan Isabella Giovannini, de eerste die van mij het manuscript mocht lezen. Haar opmerkingen waren slim, opmerkzaam en liefdevol en haar hulp tijdens de laatste loodjes was van onschatbare waarde.

Ik wil ook graag mijn toegewijde assistenten bedanken die tijdens deze periode mijn kantoor draaiende hielden: Pamela Lyster, Grace Handy en de jongste, Grace Steele, die mijn ontwerpen voor het boek op de computer kon uitvoeren. En als we een vraag hadden over een datum of een detail, waren we altijd blij met Matt Howe, die heel veel informatie heeft verzameld op zijn website Barbra-Archives.info en altijd snel reageerde. Dank aan de fijne Craig Hall, die aan de andere kant van de wereld woont en mijn website en social media bijhoudt.

Sommige mensen maken al jarenlang deel uit van mijn leven en ik wil ze daarvoor bedanken. Marge Tabankin, die vanaf het begin in 1986 voorzitter is geweest van de Barbra Streisand Foundation en nog steeds een adviseur en goede vriendin is. Frank Smith en Jesse Brown hebben het nu van haar overgenomen en zij helpen me bij het steunen van vooruitstrevende organisaties voor een betere wereld.

De heerlijke Soonie Paik, die sinds *A Star Is Born* al mijn haar doet. En de enige reden dat ik nog sport: mijn personal trainer Gaylene Ray. Zij houdt me al vierenveertig jaar fit en altijd met een glimlach en het laatste politieke nieuws.

Mijn oude vrienden, zoals Donna Karan, zijn mij heel dierbaar. We gaan met elkaar op vakanties, we ontwerpen met elkaar, we discussiëren met elkaar. Verder ben ik gezegend met een aantal andere trouwe vrienden op wie ik altijd kan vertrouwen... Jullie weten zelf wel wie jullie zijn.

Mijn hart is gevuld met dankbaarheid... Ik koester jullie allemaal.

Veel liefs,
Barbra

Beeldcredits

Alle foto's met toestemming van Barbra Streisand Archives, tenzij anders vermeld.

HOOFDSTUKOPENINGFOTO'S

Frontispice, hoofdstuk 23, 31: Steve Schapiro, met dank aan Steve Schapiro Estate
Hoofstukken 4, 7: Don Hunstein © Sony Music Entertainment
Hoofdstuk 6, 11: met toestemming van Sony Music Archives
Hoofdstuk 9: Don Bronstein/met toestemming van Sony Music Archives
Hoofdstuk 12: met toestemming van Barbra Streisand Archives/Bill Eppridge
Hoofdstuk 13: met toestemming van Barbra Streisand Archives/Joe Covello/Black Star
Hoofdstuk 14, 15: FUNNY GIRL © 1968, verlengd 1996 Columbia Pictures Industries, Inc. Alle rechten voorbehouden. Met toestemming van Columbia Pictures
Hoofdstuk 17: 'Hello, Dolly!' © 1969 20th Century Studios, Inc.
Hoofdstuk 18: Getty Images
Hoofdstuk 19: copyright ©1969, foto door Lawrence Schiller, alle rechten voorbehouden.
Hoofdstuk 20: THE OWL AND THE PUSSYCAT ©1970, verlengd 1998 Columbia Pictures Industries, Inc. Alle rechten voorbehouden. Met toestemming van Columbia Pictures
Hoofdstuk 22, 30, 32, 41: met licentie van Warner Bros. Entertainment Inc. Alle rechten voorbehouden.
Hoofdstuk 24: THE WAY WE WERE ©1973, verlengd 2001 Columbia Pictures Industries, Inc. Alle rechten voorbehouden. Met toestemming van Columbia Pictures
Hoofdstuk 25: met toestemming van Barbra Streisand Archives/Baron Wollman
Hoofdstuk 26: FOR PETE'S SAKE © 1974, verlengd 2002 Columbia Pictures Industries, Inc. Alle rechten voorbehouden. Met toestemming van Columbia Pictures
Hoofdstuk 27: FUNNY LADY © 1974, verlengd 2002 Columbia Pictures Industries, Inc. Alle rechten voorbehouden. Met toestemming van Columbia Pictures
Hoofdstuk 28: met toestemming van Sony Music/Sam Emerson
Hoofdstuk 29, 33: © International Center of Photography en Francesco Scavullo Trust Beneficiaries
Hoofdstuk 34: Mario Casilli/mptvimages.com
Hoofdstuk 35, 36: YENTL © 1983 Ladbroke Entertainments Limited. Alle rechten voorbehouden. Met toestemming van MGM Media Licensing
Hoofdstuk 38: met toestemming van Sony Music/Mark Sennet
Hoofdstuk 39: foto © 1986 door Spike Nannarello
Hoofdstuk 40, 47, 59: Kevin Mazur/Getty Images
Hoofdstuk 42: Randee St. Nicholas
Hoofdstuk 43, 51: Ron Galella/Getty Images
Hoofdstuk 44, 45: THE PRINCE OF TIDES © 1991 Columbia Pictures Industries, Inc. Alle rechten voorbehouden. Met toestemming van Columbia Pictures
Hoofdstuk 46: met toestemming van Sony Music/Dan Zaitz
Hoofdstuk 48: met toestemming van Barbra Streisand Archives/Firooz Zahedi
Hoofdstuk 49: met toestemming van Barbra Streisand Archives/Annie Leibovitz
Hoofdstuk 50: met toestemming van Barbra Streisand Archives/Firooz Zahedi
Hoofdstuk 53: THE MIRROR HAS TWO FACES © 1996 TriStar Pictures, Inc. Alle rechten voorbehouden. Met toestemming van TriStar Pictures
Hoofdstuk 54: Deborah Wald
Hoofdstuk 55: Kevin Mazur/Getty Images
Hoofdstuk 56: foto door Thomas Neerken
Hoofdstuk 57, 58: Russell James

EERSTE FOTOBIJLAGE

Pagina 1: (rechtsonder) Sheldon Streisand
Pagina 2: (rechtsboven) Sheldon Streisand
Pagina 3: (linksboven) Avery Willard/Billy Rose Collection/NY Public Library; (rechtsmidden) Bob Schulenberg
Pagina 5: (linksboven) Milton Rosenstock, met toestemming van Barbra Streisand Archives; (rechtsboven) Bob Willoughby/mptvimages.com; (rechtsmidden) Bill Eppridge; (onder) FUNNY GIRL © 1968, verlengd 1996 Columbia Pictures Industries, Inc. Alle rechten voorbehouden. Met toestemming van Columbia Pictures
Pagina 6: (onder) met toestemming van Barbra Streisand Archives/Bill Eppridge
Pagina 7: (midden) met toestemming van Barbra Streisand Archives/Bill Eppridge
Pagina 8: (linksboven) met toestemming van Barbra Streisand Archives/Joe Covello/Black Star; (midden en onder) FUNNY GIRL © 1968, verlengd 1996 Columbia Pictures Industries, Inc. Alle rechten voorbehouden. Met toestemming van Columbia Pictures
Pagina 9: (boven) met toestemming van Barbra Streisand Archives/Elliott Gould; (onder) FUNNY GIRL © 1968, verlengd 1996 Columbia Pictures Industries, Inc. Alle rechten voorbehouden. Met toestemming van Columbia Pictures
Pagina 10: (linksboven) Steve Schapiro, met dank aan Steve Schapiro Estate; (midden) Copyright ©1969, foto door Lawrence Schiller, alle rechten voorbehouden.
Pagina 11: (linksboven en linksmidden) 'Hello, Dolly!' © 1969 20th Century Studios, Inc. Met toestemming van 20th Century Fox Studios, Inc.; (rechtsboven en linksonder) Copyright ©1969, foto door Lawrence Schiller, alle rechten voorbehouden; (rechtsonder) met toestemming van Columbia Pictures en de Academy of Motion Picture Arts and Sciences. Oscar statuette © A.M.P.A.S.
Pagina 12: (boven) THE OWL AND THE PUSSYCAT ©1970, verlengd 1998 Columbia Pictures Industries, Inc. Alle rechten voorbehouden; (linksmidden) met toestemming van Barbra Streisand Archives/Bo-Erick Gyberg; (rechtsmidden) met toestemming van Barbra Streisand Archives/Michael J. Nordstom
Pagina 13: (boven en midden) THE WAY WE WERE ©1973, verlengd 2001 Columbia Pictures Industries, Inc. Alle rechten voorbehouden. Met toestemming van Columbia Pictures; (onder) met licentie van Warner Bros. Entertainment Inc. Alle rechten voorbehouden.
Pagina 14: (linksboven) Tom Wargacki/Wire Image; (rechtsboven) FOR PETE'S SAKE © 1974, verlengd 2002 Columbia Pictures Industries, Inc. Alle rechten voorbehouden. Met toestemming van Columbia Pictures; (linksmidden) FUNNY LADY © 1974, verlengd 2002 Columbia Pictures Industries, Inc. Alle rechten voorbehouden. Met toestemming van Columbia Pictures; (rechtsmidden) met toestemming van Barbra Streisand Archives/Mark Sennet; (onder) FUNNY LADY © 1974, verlengd 2002 Columbia Pictures Industries, Inc. Alle rechten voorbehouden. Met toestemming van Columbia Pictures
Pagina 15: (linksboven) met licentie van Warner Bros. Entertainment Inc. Alle rechten voorbehouden; (middenboven) Gary Lewis/ mptvimages.com/met toestemming van the Academy of Motion Picture Arts and Sciences, Oscar statuette © A.M.P.A.S. (rechtsboven) met licentie van Warner Bros. Entertainment Inc. Alle rechten voorbehouden; (linksmidden) Warner Bros. Entertainment Inc. Alle rechten voorbehouden; (rechtsmidden) Warner Bros. Entertainment Inc. Alle rechten voorbehouden.
Pagina 16: (boven) Mario Casilli/mptvimages.com; (midden) met licentie van Warner Bros. Entertainment Inc. Alle rechten voorbehouden; (onder) met licentie van Warner Bros. Entertainment Inc. Alle rechten voorbehouden.

TWEEDE FOTOBIJLAGE

Pagina 2: alle foto's met toestemming van MGM Media Licensing YENTL © 1983 Ladbroke Entertainments Limited. Alle rechten voorbehouden.
Pagina 3: (linksboven) met toestemming van Barbra Streisand Archives/Umberto Pizzi; (midden) Javier Mendoza/Herald Examiner Collection; (onder) met toestemming van Barbra Streisand Archives/Alan Berliner
Pagina 4: (onder) met toestemming van Barbra Streisand Archives
Pagina 5: alle foto's THE PRINCE OF TIDES © 1991 Columbia Pictures Industries, Inc. Alle rechten voorbehouden. Met toestemming van Columbia Pictures
Pagina 6: (linksboven) Mark Sennet; (midden) Ebet Roberts; (onder) Ron Galella/Getty Images
Pagina 7: (boven, midden en linksonder) THE MIRROR HAS TWO FACES © 1996 TriStar Pictures, Inc. Alle rechten voorbehouden. Met toestemming van TriStar Pictures
Pagina 8: alle foto's Firooz Zahedi
Pagina 9: (boven) Kevin Mazur/Getty Images
Pagina 10: (boven) © 1992 foto door Spike Nannarello; (linksonder en rechts) Alex J. Berliner/ABImages
Pagina 11: (onder) Kevin Mazur/Getty Images
Pagina 12: (onder) Deborah Wald
Pagina 13: (boven en linksonder) Russell James; (rechtsonder) Eric Charbonneau
Pagina 14: Russell James
Pagina 15: (boven) Kevin Mazur/Getty Images; (onder) foto van Barbra Streisand op het podium, Hyde Park UK (2019), met toestemming van Cheche Alara
Pagina 16: (linksboven) Russell James; (linksonder) Joseph Marzullo/MediaPunch
Pagina 17: (boven) Walter McBride
Pagina 18: (onder) Russell James
Pagina 19: (rechtsboven, middelste rij en rechtsonder) Deborah Wald; (linksonder) Alex J. Berliner/ABImages
Pagina 20: (linksboven) Wood Kuzoumi;

(middenboven) foto door Philippe Halsman © Philippe Halsman Estate 2023; (rechtsboven) met licentie van Warner Bros. Entertainment Inc. Alle rechten voorbehouden; (linksmidden) foto door by Greg Gorman; (midden) FOR PETE'S SAKE © 1974, verlengd 2002 Columbia Pictures Industries, Inc. Alle rechten voorbehouden. Met toestemming van Columbia Pictures; (rechtsmidden) Randee St. Nicholas; (linksonder) Firooz Zahedi; (middenonder) Jason Merritt/Getty Images Entertainment; (rechtsonder) Russell James
Pagina 21: (tweede rij, derde foto) Deborah Wald; (derde rij, tweede foto) Russell James; (derde rij, derde foto) Eric Charbonneau
Pagina 22: (eerste rij, links) National Archives; (derde rij, midden) © 1992 Michael J. Jacobs/MJP; (vierde rij, links) © 1992 Michael J. Jacobs/MJP; (vierde rij, rechts) Kevin Mazur/Getty Images; (vijfde rij, midden) Kevin Mazur/Getty Images
Pagina 23: (eerste rij, rechts) Steve Schapiro, met dank een Steve Schapiro Estate; (tweede rij, midden) Shutterstock; (vierde rij, tweede van links) Bob Levey/ WireImage via Getty Images; (vierde rij, derde van links) Kevin Mazur/ Getty Images
Pagina 24: met toestemming van Sony Music Archives

GOEDE VRIENDEN
(Pagina 21)
Bovenste rij: Evelyn Ostin, Joanne en Gil Segel; Richard Baskin, Ellen Gilbert, Renata Buser; Quincy Jones, Alan en Marilyn Bergman
Tweede rij: Donna Karan; Ron Meyer; Kelly Preston en John Travolta; Mike en Irena Medavoy
Derde rij: Maxine Smith; Russell James; Norman Lear; Cis Corman en Marilyn Bergman
Vierde rij: Todd Morgan; Steven Spielberg; Marge Tabankin; David Foster en Andre Agassi

EEN AANTAL BIJZONDERE MENSEN DIE IK DOOR DE JAREN HEEN HEB ONTMOET!
(Pagina 22)
Bovenste rij: President John F. Kennedy; Daniel Ellsberg, John Lennon, Yoko Ono en Ringo Starr
Second row: Bella Abzug; General Colin Powell; President William Jefferson en First Lady Hillary Clinton, Caleigh en Skye Peters
Derde rij: Secretary of State Madeleine Albright; Governor Bill Clinton; Speaker Nancy Pelosi
Vierde rij: Whoopi Goldberg en Hillary Clinton; President Shimon Peres; President en Secretary Clinton
Vijfde rij: President Barack Obama; tijdens president Clinton's inauguratie; Diana, Princess of Wales en Nick Nolte
(Pagina 23)
Bovenste rij: President Lyndon Johnson; George McGovern en Quincy Jones
Tweede rij: Senator Ted Kennedy; Nelson Mandela; Anita Hill en Senator Barbara Boxer
Derde rij: Maya Angelou; HRH Prince Charles; James Caan en President Gerald Ford
Vierde rij: Senator John McCain; President George H.W. Bush; President William Jefferson en First Lady Hillary Clinton; Gerry Adams
Vijfde rij: Jim, Sophie Trudeau, Prime Minister Justin Trudeau; Vice President Al Gore en Caleigh; King Hussein of Jordan

Tekstcredits

BRIEVEN

Er is dankbaar gebruikgemaakt van de toestemming om de volgende materialen op te nemen:

Fragmenten uit Larry Kramer's ongepubliceerde brieven aan Barbra Streisand. Gebruikt met toestemming van Will Schwalbe namens David Webster.

Fragmenten uit Arthur Laurents's ongepubliceerde brief aan Barbra Streisand. Gebruikt met toestemming van Jonathan Lomma namens de erven van Arthur Laurents.

Fragmenten uit een ongepubliceerd telegram van Jerome Robbins aan Isobel Lennart. Gebruikt met toestemming van Luke Janklow en Chris Pennington namens het Robbins Archive.

Fragmenten uit Omar Sharif's ongepubliceerde brieven. Gebruikt met toestemming van Tarek Sharif namens de ervan van Omar Sharif.

Fragment uit George Balanchine's ongepubliceerde brief aan Barbra Streisand. BALANCHINE is een handelsmerk van The George Balanchine Trust. Gebruikt met toestemming van The George Balanchine Trust.

Fragmenten uit ongepubliceerde geschriften van Pat Conroy, inclusief brieven en inscripties. Gebruikt met toestemming van de Pat Conroy Literary Center en Cassandra King Conroy namens de erven van Pat Conroy.

Fragment uit Henry Fonda's ongepubliceerde brief aan Barbra Streisand. Gebruikt met toestemming van Jane Fonda.

Fragmenten uit Stephen Sondheim's ongepubliceerde briefje aan Barbra Streisand © de erven van Stephen Sondheim. Met toestemming gebruikt.

Fragmenten uit Anthony Newley's ongepubliceerde brieven aan Barbra Streisand. Gebruikt met toestemming van Lisa Alter en de Anthony Newley Estate.

Fragmenten uit Harry Stradling Sr.'s ongepubliceerde brief aan Barbra Streisand. Gebruikt met toestemming van de familie Stradling.

ESSAY

Er is dankbaar gebruikgemaakt van de toestemming om het volgende materiaal op te nemen:

Het Jerome Robbins-essay uit *Double Exposure* door Roddy McDowall, oorspronkelijk gepubliceerd door Delacorte, een imprint van Penguin Random House, opnieuw gebruikt met toestemming van de Robbins Right Trust.

MUZIEKTEKSTEN

Er is dankbaar gebruikgemaakt van de toestemming om de volgende tekstfragmenten op te nemen:

Answer Me (Barbra Streisand/Paul Williams/Kenneth Ascher) BJS Music Corp./Sunset Squid Music c/o WC Music Corp.

As If We Never Said Goodbye (Andrew Lloyd Webber/Don Black/Christopher Hampton) The Really Useful Group Ltd. c/o Universal Music Publishing

By the Way (Barbra Streisand/Rupert Holmes) BJS Music Corp./Widescreen Music

Cry Me a River (Arthur Hamilton) Chappell & Co./Harmony Grace Publishing

Don't Rain on My Parade (Jule Styne/Bob Merrill) Broadway Tunes LLC DBA Sons of Funny Girl/ Chappell & Co.

Gotta Move (Peter Matz) Alley Music Corp. co Round Hill Music/Trio Music Company c/o BMG Bumblebee

How Deep Is the Ocean (Irving Berlin) Irving Berlin Music c/o Universal Music Publishing

I Don't Want to Miss a Thing (Diane Warren) Realsongs

I Hate Music (Leonard Bernstein) Warner Bros., Inc. c/o Warner Chappell Music

I'm Still Here (Stephen Sondheim) Herald Square Music, Inc. c/o Carlin America, Inc./ Round Hill Music

I've Dreamed of You (Rolf Lovland/Ann Callaway) Emanuel Music/Halaron Music/Works of Heart/ Warner Chappell Music

If I Loved You (Richard Rodgers & Oscar Hammerstein II) Williamson Music c/o Concord Music

Let Me Go (Randy Newman) Screen Gems EMI Music

Ma Première Chanson (Barbra Streisand/Eddy Marnay) BJS Music Corp.

Miss Marmelstein (Harold Rome) Chappell & Co.

Move On (Stephen Sondheim) Revelation Music/Rilting Music/Warner Chappell Music

Much More (Harvey Schmidt/Tom Jones) Chappell & Co.

No Wonder (Michel Legrand/Alan & Marilyn Bergman) Emanuel Music/EMI April Music Inc./F Sharp Productions, Ltd/Spirit Two Music Crescendo

People (Jule Styne/Bob Merrill) Broadway Tunes LLC BDA Sons of Funny Girl/Chappell & Co.

Putting It Together (Stephen Sondheim) Revelation Music/Rilting Music/Warner Chappell Music

Send in the Clowns (Stephen Sondheim) Revelation Music/Rilting Music/Warner Chappell Music

So Pretty (Leonard Bernstein/Betty Comden/ Adolph Green) Leonard Bernstein Music c/o Universal Music Publishing

Some Enchanted Evening (Richard Rodgers & Oscar Hammerstein II) Williamson Music c/o Concord Music Publishing

Somewhere (Leonard Bernstein/Stephen Sondheim) Leonard Bernstein Music/Chappell & Co.

Stoney End (Laura Nyro) EMI Blackwood Music

Too Much Woman (Anthony Newley) Downtown Music

Value (Jeff Harris) Frank Music c/o MPL Music Publishing

The Way We Were (Marvin Hamlisch/Alan & Marilyn Bergman) Colgems EMI

Who Can I Turn To (When Nobody Needs Me)? (Anthony Newley/Leslie Bricusse) Downtown Music/TRO Essex Music Group

Walls (Walter Afanasieff/Alan & Marilyn Bergman) Wally World Music co Kobalt Songs/ Alamar Music Co. c/o Spirit Two Music Crescendo